D1752797

David Scherfgen

3D-Spieleprogrammierung
mit DirectX 9 und C++

2., erweiterte und aktualisierte Auflage

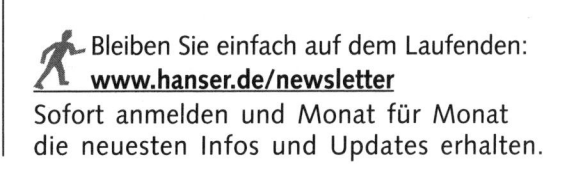

Bleiben Sie einfach auf dem Laufenden:
www.hanser.de/newsletter
Sofort anmelden und Monat für Monat
die neuesten Infos und Updates erhalten.

David Scherfgen

3D-Spiele-programmierung

mit DirectX 9 und C++

2., erweiterte und aktualisierte Auflage

HANSER

Der Autor:
David <Speedy> Scherfgen, Euskirchen

Alle in diesem Buch enthaltenen Informationen wurden nach bestem Wissen zusammengestellt und mit Sorgfalt getestet. Dennoch sind Fehler nicht ganz auszuschließen. Aus diesem Grund sind die im vorliegenden Buch enthaltenen Informationen mit keiner Verpflichtung oder Garantie irgendeiner Art verbunden. Autor und Verlag übernehmen infolgedessen keine Verantwortung und werden keine daraus folgende oder sonstige Haftung übernehmen, die auf irgendeine Art aus der Benutzung dieser Informationen – oder Teilen davon – entsteht, auch nicht für die Verletzung von Patentrechten, die daraus resultieren können.

Ebenso wenig übernehmen Autor und Verlag die Gewähr dafür, dass die beschriebenen Verfahren usw. frei von Schutzrechten Dritter sind. Die Wiedergabe von Gebrauchsnamen, Handelsnamen, Warenbezeichnungen usw. in diesem Werk berechtigt also auch ohne besondere Kennzeichnung nicht zu der Annahme, dass solche Namen im Sinne der Warenzeichen- und Markenschutz-Gesetzgebung als frei zu betrachten wären und daher von jedermann benutzt werden dürften.

Bibliografische Information Der Deutschen Bibliothek
Die Deutsche Bibliothek verzeichnet diese Publikation in der Deutschen Nationalbibliografie; detaillierte bibliografische Daten sind im Internet über http://dnb.ddb.de abrufbar.

Dieses Werk ist urheberrechtlich geschützt.
Alle Rechte, auch die der Übersetzung, des Nachdruckes und der Vervielfältigung des Buches, oder Teilen daraus, vorbehalten. Kein Teil des Werkes darf ohne schriftliche Genehmigung des Verlages in irgendeiner Form (Fotokopie, Mikrofilm oder ein anderes Verfahren), auch nicht für Zwecke der Unterrichtsgestaltung, reproduziert oder unter Verwendung elektronischer Systeme verarbeitet, vervielfältigt oder verbreitet werden.

© 2004 Carl Hanser Verlag München Wien
Gesamtlektorat: Fernando Schneider
Copy-editing: Sandra Gottmann, Bonn
Herstellung: Monika Kraus
Datenbelichtung, Druck und Bindung: Kösel, Krugzell
Printed in Germany

ISBN 3-446-22869-1

www.hanser.de/computerbuch

Inhalt

Einleitung 1

1	Einleitung	2
1.1	Ein paar Dinge im Voraus	2
	1.1.1 Was Sie erwartet	2
	1.1.2 Was Sie nicht erwartet	2
	1.1.3 Voraussetzungen	3
	1.1.4 Die Schriftformate in diesem Buch	3
	1.1.5 Zu den Versionen von Visual C++	3
	1.1.6 Zu DirectX 9.0 und DirectX 9.0c	3
	1.1.7 Die ungarische Notation	3
1.2	Einführung in die Spieleprogrammierung	4
	1.2.1 Der kleine Unterschied	4
	1.2.2 Was macht ein Spiel eigentlich?	5
	1.2.3 Eingliederung in die Windows-Architektur	7
	1.2.4 Das Problem mit der Zeit	8
	1.2.5 Die verschiedenen Seiten eines Spiels	13
	1.2.6 Rückblick	14
1.3	DirectX und C++	14
	1.3.1 Was ist DirectX?	14
	1.3.2 Die perfekte Kombination mit C++	16
	1.3.3 Das COM – Grundlage von DirectX	18
	1.3.4 Rückblick	21
1.4	Wir bauen uns eine eigene Engine!	21
	1.4.1 Was versteht man unter einer Engine?	21
	1.4.2 Verschiedene Entwicklungsansätze	21
	1.4.3 Konkrete Planung	22
	1.4.4 Installation der Engine und Einrichten eines Projekts	25
	1.4.5 Vorgabefunktionen, Klassen und Makros vorgestellt	27
	1.4.6 Rückblick	38
	1.4.7 Übungsaufgaben	38
1.5	Tipps zum Debuggen	39
	1.5.1 Verwenden Sie die Debug-Version!	39
	1.5.2 *D3DSpy*	42
	1.5.3 Wenn *alles* fehlschlägt	42
1.6	Ausblick	42

3D-Grafik ... 43

2	3D-Grafik	... 44
2.1	Was Sie in diesem Kapitel erwartet	... 44
2.2	Einführung in die 3D-Grafik	... 44
	2.2.1 Ein neues Koordinatensystem	... 44
	2.2.2 Theorie der 3D-Grafik	... 46
	2.2.3 Vektoren	... 48
	2.2.4 Matrizen	... 67
	2.2.5 Ebenen	... 91
	2.2.6 Das RGB-Farbsystem	... 97
	2.2.7 Rückblick	... 100
	2.2.8 Übungsaufgaben	... 101
2.3	Direct3D-Grundlagen	... 101
	2.3.1 Was ist Direct3D?	... 101
	2.3.2 Die Transformationspipeline	... 102
	2.3.3 Der Rasterizer	... 103
	2.3.4 Die wichtigsten Schnittstellen	... 104
	2.3.5 Ressourcen	... 104
	2.3.6 Oberflächen	... 105
	2.3.7 Direct3D im C++-Programm ansprechen	... 109
	2.3.8 Rückblick	... 109
2.4	Initialisierung von Direct3D	... 110
	2.4.1 Erstellen der *IDirect3D9*-Schnittstelle	... 110
	2.4.2 Adapterinformationen	... 111
	2.4.3 Caps – die Fähigkeiten eines Geräts	... 116
	2.4.4 Erstellen des Fensters	... 117
	2.4.5 Erstellen der *IDirect3DDevice9*-Schnittstelle	... 119
	2.4.6 Direct3D herunterfahren	... 131
	2.4.7 Beispielprogramm: eine komplette Direct3D-Anwendung	... 131
	2.4.8 Rückblick	... 133
	2.4.9 Übungsaufgaben	... 134
2.5	Das erste Dreieck	... 134
	2.5.1 Vertizes	... 134
	2.5.2 Erste Render-States	... 136
	2.5.3 Setup der Transformationspipeline	... 140
	2.5.4 Der Zeichenvorgang	... 142
	2.5.5 Rückblick	... 148
	2.5.6 Übungsaufgaben	... 149
2.6	Texturen	... 149
	2.6.1 Was Texturen sind	... 149
	2.6.2 Grundlegende Dinge	... 152
	2.6.3 Der bilineare Filter	... 154
	2.6.4 MIP-Mapping – schnell und schön	... 157
	2.6.5 Weitere Spielereien	... 159
	2.6.6 Texturen mit D3DX laden	... 160
	2.6.7 Texturinformationen abfragen	... 162
	2.6.8 Das Beispielprogramm	... 163

	2.6.9	Kachelfähige Texturen erzeugen	168
	2.6.10	Rückblick	170
	2.6.11	Übungsaufgaben	171
2.7	Vertex- und Index-Buffer		171
	2.7.1	Zweck von Vertex- und Index-Buffern	171
	2.7.2	Der Vertex-Buffer im Detail	171
	2.7.3	Der Index-Buffer im Detail	175
	2.7.4	Das Beispielprogramm	179
	2.7.5	Rückblick	184
	2.7.6	Übungsaufgaben	185
2.8	Nebel		185
	2.8.1	Die Theorie	185
	2.8.2	Nebel mit Direct3D	188
	2.8.3	Das Beispielprogramm	189
	2.8.4	Rückblick	190
	2.8.5	Übungsaufgaben	191
2.9	Beleuchtung		191
	2.9.1	Ein einfaches Beleuchtungssystem	191
	2.9.2	Die Praxis – Beleuchtung mit Direct3D	199
	2.9.3	Das Beispielprogramm	206
	2.9.4	Rückblick	208
	2.9.5	Übungsaufgaben	209
2.10	Alpha-Blending		209
	2.10.1	Die Theorie	209
	2.10.2	Alpha-Blending mit Direct3D	212
	2.10.3	Das Beispielprogramm	215
	2.10.4	Rückblick	216
	2.10.5	Übungsaufgaben	217
2.11	Multi-Texturing		217
	2.11.1	Der theoretische Teil	217
	2.11.2	Multi-Texturing anwenden	222
	2.11.3	Mehr über Texturkoordinaten	225
	2.11.4	Das Beispielprogramm	227
	2.11.5	Rückblick	229
	2.11.6	Übungsaufgaben	230
2.12	Exotische Texturformen		230
	2.12.1	Volumentexturen	231
	2.12.2	Umgebungstexturen	235
	2.12.3	Bump-Mapping	245
	2.12.4	Rückblick	248
	2.12.5	Übungsaufgaben	249
2.13	Der Stencil-Buffer		250
	2.13.1	Was war das noch gleich?	250
	2.13.2	Die Details	250
	2.13.3	Das Beispielprogramm	254
	2.13.4	Rückblick	257
	2.13.5	Übungsaufgaben	257

2.14	D3DX-Effekte	258
	2.14.1 Probleme beim Verwalten von Modellen	258
	2.14.2 „Effekte"	258
	2.14.3 Laden eines Effekts	262
	2.14.4 Mit Effekten rendern	262
	2.14.5 Variablen von außen setzen und abfragen	264
	2.14.6 Das Beispielprogramm	266
	2.14.7 *Effect Edit*	268
	2.14.8 Rückblick	269
	2.14.9 Übungsaufgaben	269
2.15	Transformierte Vertizes für 2D-Grafik	270
	2.15.1 Wozu denn noch 2D?	270
	2.15.2 Die Transformation umgehen	270
	2.15.3 Ein anderes Vertexformat	271
	2.15.4 DirectDraw imitieren	272
	2.15.5 Eine andere Methode für 2D-Grafik	274
	2.15.6 Rückblick	275
	2.15.7 Übungsaufgaben	275
2.16	In Texturen rendern	275
	2.16.1 Schritt 1: Erstellen einer Textur und eines Z-Buffers	275
	2.16.2 Schritt 2: Das neue Render-Target setzen	276
	2.16.3 Schritt 3: Rendern!	276
	2.16.4 Einfacher mit D3DX	277
	2.16.5 Wozu braucht man das?	277
2.17	Ausblick	278

3D-Grafik mit der TriBase-Engine 279

3	3D-Grafik mit der TriBase-Engine	280
3.1	Was Sie in diesem Kapitel erwartet	280
3.2	Direct3D mit der TriBase-Engine	280
	3.2.1 Was uns das Leben leichter machen kann	280
	3.2.2 Die Klasse *tbDirect3D*	282
	3.2.3 Der Texturmanager – *tbTextureManager*	293
	3.2.4 *tbVertexBuffer* und *tbIndexBuffer*	306
	3.2.5 Die Effektklasse *tbEffect*	319
	3.2.6 Ein allumfassendes Beispielprogramm	323
	3.2.7 Rückblick	332
	3.2.8 Ausblick	332
3.3	Modelldateien	332
	3.3.1 Die Vorarbeit	333
	3.3.2 Der Konverter	338
	3.3.3 Eine Modellklasse	340
	3.3.4 Das Beispielprogramm	352
	3.3.5 Rückblick	356
3.4	Texte zeichnen	356
	3.4.1 Speicherung der Zeichen	356
	3.4.2 Das Format der Textur	357

	3.4.3	Transformierte Vertizes für Texte	358
	3.4.4	Der Weg von TrueType zur Bitmap-Font	358
	3.4.5	Inhalt der TBF-Dateien	359
	3.4.6	Programmierung einer Schriftartklasse	360
	3.4.7	Das Beispielprogramm	370
	3.4.8	Rückblick	372
3.5	Ausblick		372

Eingabe 373

4	Eingabe		374
4.1	Was uns in diesem Kapitel erwartet		374
4.2	DirectInput kurz vorgestellt		374
	4.2.1	Was kann DirectInput besser als Windows?	374
	4.2.2	Geräte und Geräteklassen	375
	4.2.3	GUIDs	375
	4.2.4	Achsen und Knöpfe	376
	4.2.5	Die Funktionsweise von DirectInput	376
	4.2.6	Ein paar Worte zum Debuggen	377
4.3	Der Startschuss fällt		377
	4.3.1	Erstellen des *IDirectInput8*-Objekts	378
	4.3.2	Eingabegeräte abzählen	379
	4.3.3	Rückblick	381
4.4	Initialisierung eines Geräts und Datenabfrage		381
	4.4.1	Keine Angst vor *CreateDevice*!	381
	4.4.2	Vorbereitungen treffen	382
	4.4.3	Auf verlorene Eingabe achten!	383
	4.4.4	Hinterlassen Sie Ihren Platz	384
	4.4.5	Einmal Daten, bitte!	384
	4.4.6	Rückblick	384
4.5	Die Tastatur		385
	4.5.1	Das Datenformat der Tastatur	385
	4.5.2	Tastencodes	385
	4.5.3	Das Beispielprogramm	387
	4.5.4	Begrenzungen der Tastatur	389
	4.5.5	Rückblick	389
4.6	Die Maus		389
	4.6.1	Das Datenformat der Maus	390
	4.6.2	Relative Achsen	390
	4.6.3	Die Mausknöpfe	391
	4.6.4	Der exklusive Modus	391
	4.6.5	Das Beispielprogramm	391
	4.6.6	Rückblick	392
4.7	Der Joystick		392
	4.7.1	Achsen, Knöpfe, POVs und Schieberegler	393
	4.7.2	Das Joystick-Datenformat	394
	4.7.3	Das Beispielprogramm	395
	4.7.4	Rückblick	396

4.8	Objekte abzählen und kalibrieren	397
	4.8.1 Objekte abzählen	397
	4.8.2 Eigenschaften festlegen	398
	4.8.3 Achsenmodus	399
	4.8.4 Achsenskalierung	399
	4.8.5 Die tote Zone	400
	4.8.6 Sättigung	401
	4.8.7 Das Beispielprogramm	401
	4.8.8 Gepufferte Daten und direkte Daten	401
	4.8.9 Rückblick	402
4.9	Übungsaufgaben	402
4.10	Eine Eingabeklasse für die Engine	402
	4.10.1 Probleme mit DirectInput	402
	4.10.2 Das Prinzip der analogen Knöpfe	403
	4.10.3 Die *tbDirectInput*-Klasse	405
	4.10.4 Das Beispielprogramm	423
	4.10.5 Rückblick	425
4.11	Ausblick	425

Sound und Musik **427**

5	Sound und Musik	428
5.1	DirectSound kurz vorgestellt	428
	5.1.1 Was kann DirectSound besser als Windows?	428
	5.1.2 Soundpuffer und Mixer	429
	5.1.3 Die Schnittstellen	430
5.2	Initialisierung von DirectSound	430
	5.2.1 Formale Dinge	430
	5.2.2 Abzählen der DirectSound-Geräte	430
	5.2.3 Erstellung der *IDirectSound8*-Schnittstelle	431
	5.2.4 Die Kooperationsebene wählen	432
	5.2.5 Rückblick	432
5.3	Erstellen von Soundpuffern	432
	5.3.1 Eigenschaften der Soundpuffer	433
	5.3.2 Das Format eines Soundpuffers	435
	5.3.3 Anfordern der *IDirectSoundBuffer8*-Schnittstelle	436
	5.3.4 Der primäre Soundpuffer	437
	5.3.5 Rückblick	438
5.4	Füllen eines sekundären Soundpuffers	438
	5.4.1 Eine kleine Einführung in die Akustik	438
	5.4.2 Wir sperren den Soundpuffer	443
	5.4.3 Entsperren	445
	5.4.4 Hinein mit den Daten!	445
	5.4.5 Rückblick	447
5.5	Kontrolle eines Sounds	448
	5.5.1 Die *Play*-Methode	448
	5.5.2 Festlegen der Lautstärke	450
	5.5.3 Festlegen der Balance	450

	5.5.4	Festlegen der Abspielfrequenz 450
	5.5.5	Das Beispielprogramm 451
	5.5.6	Rückblick 452
5.6	WAV-Dateien laden 452
	5.6.1	Der RIFF-Header 452
	5.6.2	Die WAV-Chunks 453
	5.6.3	Die Funktion *LoadWAVFile* 454
5.7	3D-Sound 456
	5.7.1	Theorie des 3D-Sounds 456
	5.7.2	Die *IDirectSound3DBuffer8*-Schnittstelle 457
	5.7.3	Die *IDirectSound3DListener8*-Schnittstelle 459
	5.7.4	Das Beispielprogramm 460
	5.7.5	Rückblick 461
5.8	Echtzeiteffekte 462
	5.8.1	Effekte – vorberechnet und in Echtzeit 462
	5.8.2	Verschiedene Effektschnittstellen 463
	5.8.3	Vorwarnung erforderlich! 463
	5.8.4	Effekte mit *SetFX* anfordern 464
	5.8.5	Die Effektschnittstelle abfragen 465
	5.8.6	Effektparameter am Beispiel des Echos 466
	5.8.7	Experimentieren ist angesagt! 467
	5.8.8	Rückblick 467
5.9	Ergänzende Informationen 467
	5.9.1	Die verschiedenen Schnittstellen 467
	5.9.2	Klonen von Sounds 468
	5.9.3	Status eines Soundpuffers 469
5.10	Die Klasse *tbDirectSound* 470
	5.10.1	Erweiterung des Konfigurationsdialogs 470
	5.10.2	Was *tbDirectSound* können soll 471
	5.10.3	Die Klassendefinition 471
	5.10.4	Die Initialisierungsmethode *Init* 473
	5.10.5	Der Umgang mit dem Hörer 474
5.11	Die *tbSound*-Klasse 475
	5.11.1	Fähigkeiten der Klasse 476
	5.11.2	Das Prinzip der Soundpufferliste 476
	5.11.3	Die Klassendefinition 476
	5.11.4	Laden des Sounds 478
	5.11.5	Die *Exit*-Methode 480
	5.11.6	Die *SetPosition*-Methode 481
	5.11.7	Einen Sound abspielen 482
	5.11.8	Abspielen des nächsten Soundpuffers 483
	5.11.9	Die restlichen Methoden 483
5.12	Musik ins Spiel bringen 483
	5.12.1	Was unterscheidet Musik von Soundeffekten? 484
	5.12.2	DirectShow-Grundlagen 484
	5.12.3	Kontrolle über den Filtergraphen 486
	5.12.4	Die Klasse *tbMusic* 488

	5.12.5 Das Beispielprogramm	490
5.13	Ausblick	492

Theorie der Spieleprogrammierung ... 493

6	Theorie der Spieleprogrammierung	494
6.1	Was Sie in diesem Kapitel erwartet	494
6.2	Warum Planung wichtig ist	494
6.3	Am Anfang steht die Idee	494
	6.3.1 Inspiration	495
	6.3.2 Auf Ideen vorbereitet sein	496
	6.3.3 Aussortieren	496
	6.3.4 Storydesign	497
	6.3.5 Entwicklung eines Ablaufschemas	498
6.4	Suche nach Teammitgliedern	498
6.5	Vermitteln des Spiels und gemeinsame Analyse	499
	6.5.1 Die Absichten klarmachen	499
	6.5.2 Machbarkeitsanalyse	499
	6.5.3 Tipps	500
6.6	Ausarbeitung der Details	500
6.7	Einteilung in Module	501
6.8	Level-Design und Atmosphäre	501
	6.8.1 Abenteuer-, Action- und Rollenspiele	501
	6.8.2 Puzzlespiele	502
	6.8.3 Simulatoren	502
	6.8.4 Wann eine Aufgabe zu schwer ist	503
	6.8.5 Tipps für das Level-Design	503
	6.8.6 Allgemeine Tipps für eine bessere Spielatmosphäre	505
6.9	Tipps zum Programmieren	507
	6.9.1 Planung und Standard	507
	6.9.2 Implementierung neuer Features	508
	6.9.3 Die Liebe zum Detail	509
6.10	Testen Ihres Spiels	509
	6.10.1 Testen während des Entwicklungsprozesses	509
	6.10.2 Testen des fertigen Spiels	510
6.11	Ausblick	511

Das erste Spiel ... 513

7	Das erste Spiel	514
7.1	Was Sie in diesem Kapitel erwartet	514
7.2	Planung	514
	7.2.1 Das Spielprinzip und der Name des Spiels	514
	7.2.2 Die Darstellung	515
	7.2.3 Die Spielzustände	515
	7.2.4 Das Spielgerüst	516
7.3	Die Grundklasse *CBreakanoid*	517
	7.3.1 Variablen	517

	7.3.2		Methoden	518
	7.3.3		Die *WinMain*-Funktion für Breakanoid	523
7.4	Das Titelbild			524
	7.4.1		Planung des Titelbilds	524
	7.4.2		Die Schriftarten	524
	7.4.3		Initialisieren, Laden und Entladen des Titelbilds	525
	7.4.4		Rendern des Titelbilds	526
	7.4.5		Bewegung des Titelbilds	528
7.5	Das Hauptmenü			529
	7.5.1		Planung des Hauptmenüs	529
	7.5.2		Laden, Entladen, Betreten und Verlassen	529
	7.5.3		Rendern	530
	7.5.4		Bewegen des Hauptmenüs	532
	7.5.5		Sound für das Hauptmenü!	533
7.6	Das Spiel			534
	7.6.1		Planung des Spiels	534
	7.6.2		Schritt 1: die *CGame*-Klasse	536
	7.6.3		Schritt 2: Anzeigen des Levelmodells	537
	7.6.4		Schritt 3: Her mit dem Schläger!	539
	7.6.5		Schritt 4: Ein Levelsystem	543
	7.6.6		Schritt 5: Bälle hinzufügen	544
	7.6.7		Schritt 6: Die Blöcke	550
	7.6.8		Schritt 7: Versuche	556
	7.6.9		Schritt 8: Punkte	558
	7.6.10		Schritt 9: Sound für das Spiel	560
	7.6.11		Schritt 10: Hier spielt die Musik!	561
7.7	Minimieren im Vollbildmodus			561
	7.7.1		Das Problem	561
	7.7.2		Die Lösung	561
7.8	Motion-Blurring			563
7.9	Erweiterungsvorschläge			565
7.10	Ausblick			566

Das zweite Spiel ... 567

8	Das zweite Spiel			568
8.1	Was Sie in diesem Kapitel erwartet			568
8.2	Planung			568
	8.2.1		Das Spielprinzip und der Name des Spiels	568
	8.2.2		Die Spielzustände	569
	8.2.3		Die Schiffe	569
	8.2.4		Die Waffensysteme	570
	8.2.5		Speicherung der Informationen	571
	8.2.6		Die Schiffssysteme	572
8.3	Schiffs- und Waffentypen			573
	8.3.1		Die Struktur *SShipType*	573
	8.3.2		Die Struktur *SWeaponType*	574
	8.3.3		Laden aus der INI-Datei	575

8.4	Die Klasse *tbObject*		577
	8.4.1	Unser bisheriger Ansatz	577
	8.4.2	Das neue Prinzip	577
	8.4.3	Position und Skalierung	578
	8.4.4	Ein Fall für die Matrix!	578
	8.4.5	Relativ zu absolut – und zurück	579
	8.4.6	Die Physik kommt hinzu	580
	8.4.7	Implementierung von *tbObject*	581
8.5	Der Umgang mit Schiffen		587
	8.5.1	Die *CShip*-Klasse	587
	8.5.2	Integrierung in *CGame*	589
	8.5.3	Bewegen der Schiffe	590
	8.5.4	Kontrolle eines Schiffs	595
	8.5.5	Rendern der Schiffe	597
	8.5.6	Aufschalten von Zielen	598
8.6	Alle Waffen abfeuern!		600
	8.6.1	Die *CProjectile*-Klasse	600
	8.6.2	Feuern	601
	8.6.3	Bewegen	604
	8.6.4	Rendern	605
8.7	Sprites		606
	8.7.1	Was sind Sprites?	606
	8.7.2	Missbrauch der Kameraachsen	606
	8.7.3	Die TriBase-Sprite-Engine	607
	8.7.4	Zurück zum Spiel: Rendern der Laser	613
8.8	Kollisionserkennung		616
	8.8.1	Rückblick: Umgebungskugel und Umgebungsquader	616
	8.8.2	Das Prinzip der Kollisionserkennung	616
	8.8.3	Kugel – Kugel	617
	8.8.4	Linie – Kugel	618
	8.8.5	Linie – Dreieck	623
	8.8.6	Dreieck – Dreieck	630
	8.8.7	Linie – Quader	636
	8.8.8	Quader – Quader	641
	8.8.9	Wie wir mit Modellen umgehen	643
	8.8.10	Vorberechnungen	645
	8.8.11	Linien und Modelle	654
	8.8.12	Kollision zwischen zwei Modellen	657
	8.8.13	Hardcore-Kollisionserkennung	662
	8.8.14	Volltreffer!	662
	8.8.15	Zusammenstoß zweier Schiffe	665
8.9	Auto-Aiming		668
	8.9.1	Definition	668
	8.9.2	Der mathematische Hintergrund	669
	8.9.3	Die neue *CShip::Fire*-Methode	670
8.10	„Künstliche Intelligenz"		671
	8.10.1	Das Verhalten eines Schiffs	671

	8.10.2 Schritt 1: Kurs auf das Ziel nehmen	671
	8.10.3 Schritt 2: Feuern	674
	8.10.4 Schritt 3: Ausweichmanöver bei Treffer	675
	8.10.5 Schritt 4: Ausweichmanöver bei drohender Kollision	675
	8.10.6 Schritt 5: Wechseln des Ziels	676
8.11	Partikel	676
	8.11.1 Was Partikel sind	676
	8.11.2 Das Partikelsystem der TriBase-Engine	677
	8.11.3 Antriebs- und Raketenflammen	679
	8.11.4 Explosionen	680
	8.11.5 Aufleuchten des Schutzschilds	683
	8.11.6 Trümmer	684
8.12	Weitere optische Verfeinerungen	685
	8.12.1 Sky-Box, Licht und Nebel	685
	8.12.2 Ein „Sternenfeld"	688
	8.12.3 Glühen von Projektilen	690
8.13	Die Kamera	691
8.14	Das Cockpit	693
	8.14.1 Das Cockpitmodell	693
	8.14.2 Die Anzeigen	695
	8.14.3 Das HUD	698
	8.14.4 Radar	699
8.15	Der Sound	705
	8.15.1 Schüsse	705
	8.15.2 Antriebssounds	706
	8.15.3 Der Hörer	707
8.16	Die Benutzeroberfläche	708
	8.16.1 Die TriBase-Benutzeroberfläche	708
	8.16.2 Erstellung des Hauptmenüs	717
8.17	Optimierungen und der Feinschliff	724
	8.17.1 Sichtbarkeit eines Objekts	724
	8.17.2 Render-Modell und Kollisionsmodell	728
	8.17.3 Musik	729
	8.17.4 Wackelndes Cockpit	729
	8.17.5 Screenshots schießen	729
8.18	Erweiterungsvorschläge	730
8.19	Ausblick	731

Fortgeschrittene Techniken ... 733

9	**Fortgeschrittene Techniken**	**734**
9.1	Was Sie in diesem Kapitel erwartet	734
9.2	Schatten mit dem Stencil-Buffer	734
	9.2.1 Schatten in der 3D-Grafik	734
	9.2.2 Ansätze	734
	9.2.3 Das Prinzip	735
	9.2.4 Die Klasse *tbShadowVolume*	740
	9.2.5 Das Beispielprogramm	749

9.3	Videos abspielen	749
	9.3.1 Zielsetzung	749
	9.3.2 Schreiben eines eigenen Filters	750
	9.3.3 Verwenden des Filters	760
	9.3.4 Der Back-Buffer-Mechanismus	761
	9.3.5 Videos in den Speicher laden	762
9.4	Stereo-3D-Grafik	762
	9.4.1 Das räumliche Sehen	763
	9.4.2 Trennen der Bilder	764
	9.4.3 Implementierung	766
	9.4.4 Beispielprogramme	767
9.5	Raumaufteilung	767
	9.5.1 Rekursives Rendern	767
	9.5.2 PVS und Portale	768
	9.5.3 Light-Mapping	769
	9.5.4 Die TriBase-Klasse *tbOctree*	771
9.6	Terrain-Rendering	772
	9.6.1 Repräsentierung eines Terrains	772
	9.6.2 Unterteilung des Terrains	772
	9.6.3 Erzeugen der Dreiecke	773
	9.6.4 Terrain-Rückruffunktion	774
	9.6.5 Geo-MIP-Mapping	775
	9.6.6 Texturierung	775
	9.6.7 Beleuchtung	777
	9.6.8 Das TriBase-Tool *TerrainEditor*	777
9.7	Einführung in Vertex- und Pixel-Shader	779
	9.7.1 Was ein Shader ist	779
	9.7.2 Einsatzgebiete	779
	9.7.3 Die fixe und die programmierbare Rendering-Pipeline	780
	9.7.4 Ein einfacher Vertex-Shader	780
	9.7.5 Ein einfacher Pixel-Shader	783
	9.7.6 Weiterführende Quellen und Referenz	785
9.8	Charakteranimation	785
	9.8.1 Das Grundprinzip	785
	9.8.2 Skinning in Hardware	787
	9.8.3 Skinning mit D3DX	787
	9.8.4 Weitere Informationen	787
9.9	PlugIns schreiben und laden	788
	9.9.1 DLL-Dateien explizit laden	788
	9.9.2 Adresse einer Funktion abfragen	789
	9.9.3 DLL-Dateien erzeugen	790
	9.9.4 Die Kommunikation zwischen Anwendung und PlugIn	791
	9.9.5 Das Beispielprogramm	792
9.10	Arbeiten mit Threads	792
	9.10.1 Prozesse im Betriebssystem	792
	9.10.2 Was ist ein Thread?	793
	9.10.3 Die Thread-Funktion	794

	9.10.4	Erzeugen eines Threads 794
	9.10.5	Verwaltungsfunktionen 795
	9.10.6	Thread-Synchronisierung 796
	9.10.7	Zusammenfassung 801
9.11	Eine einfache Skriptsprache 801	
	9.11.1	Einsatzgebiet von Skriptsprachen 801
	9.11.2	Ein Skript als Liste von Befehlen 802
	9.11.3	Der Trick mit den Funktionszeigern 802
	9.11.4	Übergabe von Parametern 803
	9.11.5	Einen Thread verwenden 803
	9.11.6	Die Klasse *CScript* 804
	9.11.7	Das Beispielprogramm 810
	9.11.8	Fortgeschrittenere Skriptsprachen 811
9.12	Interpolationen 811	
	9.12.1	Nachteil linearer Interpolationen 811
	9.12.2	Hermite-Interpolation mit Tangenten 811
	9.12.3	In zwei Richtungen – die bilineare Interpolation 815
9.13	Abstrakte Spiel- und Spielzustandsklassen 816	
	9.13.1	Die Spielzustandsklasse 816
	9.13.2	Die Spielklasse 818
	9.13.3	Die Anwendung 820
9.14	Online-Highscores und Versionskontrolle 821	
	9.14.1	Die Möglichkeiten 821
	9.14.2	Die Realisierung 821
	9.14.3	Internetseiten in einem C++-Programm abrufen 822
9.15	Ausblick 823	

Internetseiten und CD-ROM 825

10	Internetseiten und CD-ROM 826	
10.1	Interessante Internetseiten 826	
10.2	Die Programme auf der Begleit-CD-ROM 828	
	10.2.1	3Dografe 828
	10.2.2	AC3D v4.08 Demo 829
	10.2.3	gmax v1.2 830
	10.2.4	MilkShape 3D v1.7 Demo 831
	10.2.5	Paint Shop Pro 8.1 Demo 832
	10.2.6	POV-Ray v3.6 833
	10.2.7	Sound Forge 7 Demo 834
	10.2.8	Terragen 835
	10.2.9	Texture Maker v2.7 Demo 836
	10.2.10	Visual Assist X Demo 837
10.3	Das Ende 837	

Index 839

Vorwort

Sie haben dieses Buch wahrscheinlich gekauft, weil Sie einen Einstieg in die Spieleprogrammierung suchen. Sie haben möglicherweise aber auch bereits einige Spiele programmiert und möchten nun weitere Techniken kennen lernen, damit Sie diese noch verbessern können. Vielleicht kommt es Ihnen auch vor allem auf die Programmierung mit DirectX an. Egal, was davon zutrifft – Sie werden mit Sicherheit auf Ihre Kosten kommen!

Ein Spiel am PC zu spielen, ist schon etwas ganz Besonderes. Ein gutes Spiel fesselt uns regelrecht und zieht uns tief in seine dichte Atmosphäre hinein. Ein gutes Spiel kann uns zum Lachen bringen oder uns Angst machen – es macht einfach Spaß, ein gutes Spiel zu spielen! Es kann uns wochen-, monate- oder gar jahrelang in seinen Bann ziehen und selbst bis in unsere Träume vordringen.

Doch mindestens genauso viel Spaß wie das Spielen macht es, anderen Leuten dabei zuzusehen, wie sie fasziniert ein Spiel spielen, das man selbst programmiert hat; zu sehen, wie sie sich freuen, wenn sie endlich das Rätsel, das man ihnen aufgegeben hat, lösen konnten.

Heutzutage ist es aber leider nicht mehr so einfach, ein Spiel zu programmieren, das den allgemeinen hohen Ansprüchen genügt. Das liegt wohl an den vielen großen Firmen, die ihre Spiele mit riesigen Teams (bestehend aus einer Vielzahl von Programmierern, Grafikern, Komponisten, Managern und Designern) im Akkord arbeiten. Kein Monat vergeht, ohne dass wieder neue und bessere Spiele auf dem Markt erscheinen – jedes wieder mit neuerer und besserer Technik und mit neuen Fachbegriffen, die wohl noch nie ein Mensch zuvor gehört hat.

Wie Sie als Hobbyprogrammierer trotzdem gute Spiele entwickeln können, werden Sie in diesem Buch lernen. Auch wenn der Weg zum eigenen Spiel nicht immer leicht ist – am Ende hat man etwas Eigenes geschaffen, auf das man mit Recht stolz sein kann. Eine gute Spielidee sollte auf keinen Fall untergehen, nur weil sich die Grafik nicht mit den allerneusten Spielen messen kann. Mit ein wenig Übung wird es auch sicherlich Ihnen gelingen, Ihre Spielidee umzusetzen.

Ich wünsche Ihnen viel Spaß und Erfolg!

David Scherfgen

Anmerkungen zur zweiten Auflage

Nach dem großen Erfolg der ersten Auflage entschieden wir uns sofort dafür, nicht nur neu zu drucken, sondern gleich eine komplett überarbeitete Neuauflage zu veröffentlichen. Dank der freundlichen und konstruktiven Kritik vieler Leser und Besucher meines Forums hoffe ich, Ihnen hiermit ein rundum verbessertes Buch präsentieren zu können, das den heutigen Anforderungen gerecht wird.

Die Quellcodes wurden überarbeitet und sind jetzt ein wenig stärker objektorientiert. Außerdem hat das Buch ungefähr 90 Seiten an Umfang gewonnen, und zwar durch ausführlichere Erklärungen der TriBase-Engine und einige neue spannende Themen in den Kapiteln 2 und 9. So werden jetzt auch Themen wie Threading, Skriptsprachen, Online-Highscores, Pixel- und Vertex-Shader oder Bump-Mapping angesprochen. Natürlich wurden auch einige Fehler beseitigt, die sich in die erste Auflage eingeschlichen hatten.

Außerdem habe ich hin und wieder kleine Übungsaufgaben in die ersten Kapitel eingebaut, die Sie sich unbedingt ansehen sollten, da sie oft sehr hilfreiche Tipps und Tricks beinhalten.

Danksagung

An dieser Stelle möchte ich all den Leuten danken, die mich beim Schreiben dieses Buchs unterstützt haben. Dazu zählen vor allem Fernando Schneider, der sich beim Hanser-Verlag um mein Projekt gekümmert hat, und natürlich meine Korrektoren Stephan Kirfel, Albert und Bernhard Kalchmair, Kay Fleischmann, Eli Düthorn, Gerard Choinka, Andreas Dürselen und Eckehard Kirmas. Ein großes Dankeschön geht auch an meinen Vater Rolf Scherfgen, der mir in Sachen Musik und Sound geholfen hat. Vielen Dank natürlich auch an meine Mutter Gertrud Scherfgen für die viele Arbeit, die sie sich mit dem Korrekturlesen gemacht hat. Selbstverständlich soll auch dem Rest meiner Familie gedankt werden.

Besonders möchte ich noch Ingmar Baum erwähnen, der vor allem dem zweiten Spiel *Galactica* zu einem atemberaubenden Erlebnis in Sachen Sound und Musik verholfen hat.

Nicht zuletzt versorgten mich alle diese lieben Leute auch immer wieder mit guten Ideen und Verbesserungsvorschlägen. Viele Grüße gehen an meinen Autorenkollegen und Battlefield-Kameraden Heiko Kalista und die Essbar Schulze in München!

Kontakt und Updates

Falls während des Lesens irgendwelche Fragen aufkommen sollten, die in diesem Buch nicht beantwortet werden, oder wenn irgendetwas nicht funktioniert: Zögern Sie nicht, in dem extra für dieses Buch eingerichteten Forum auf meiner Seite http://www.scherfgen-software.net nachzufragen. Mittlerweile hat sich schon eine recht große Community gebildet. Einmal kurz die Suchfunktion zu verwenden, um nachzusehen, ob Ihre Frage nicht bereits beantwortet wurde, würde auch nicht schaden.

Ich empfehle Ihnen, auch schon vor dem Lesen des Buches einmal einen Blick auf meine Seite zu werfen, denn dort werden auch eventuelle Druckfehler aufgezeigt. Außerdem werden hier mögliche Updates zum Download angeboten.

1

Einleitung

1 Einleitung

1.1 Ein paar Dinge im Voraus

1.1.1 Was Sie erwartet

Vielen Dank, dass Sie sich für dieses Buch entschieden haben! Sie werden in diesem Buch mit vielen interessanten Techniken der 3D-Grafik- und -Spieleprogrammierung für den PC vertraut gemacht.

Als Erstes wird der Blick auf die Grundsätze der Spieleprogrammierung gerichtet: Was unterscheidet ein Spiel sowohl inhaltlich als auch technisch gesehen von einer Anwendung?

Weiter geht es mit einer umfassenden Tour durch DirectX 9. Schritt für Schritt werden wir die wichtigsten Bereiche von DirectX kennen lernen und nebenbei eine eigene Spiele-Engine. Auch Grafikeffekte und Algorithmen, die für bestimmte Spieletypen spezifisch sind, kommen nicht zu kurz.

Nach dem ausführlichen Teil über DirectX folgt ein kürzeres, eher theoretisches Kapitel, das Fragen wie *„Was macht ein Spiel interessant?"*, *„Wie sollten Levels entworfen werden?"* und *„Wann ist ein Spiel zu schwer?"* behandelt. Sie werden hier vor allem auf die Planung eines Spiels vorbereitet, die mehr Arbeit erfordert, als die meisten Menschen glauben.

Aufbauend auf der Spiele-Engine und dem erworbenen theoretischen Wissen werden wir im letzten Teil des Buches zwei kleine, aber feine Spiele programmieren.

1.1.2 Was Sie nicht erwartet

Ich werde in diesem Buch keine exakte Anleitung geben, wie ein Spiel herzustellen ist. Ein Spiel ist immer etwas sehr Persönliches und spiegelt seinen Autor beziehungsweise seine Autoren wider – es gibt keine allgemein gültigen Regeln, wie man einen Klassiker schreibt.

Wir werden jedoch anhand vieler Beispiele lernen, aus welchen Blickwinkeln man Probleme betrachten und entsprechend lösen kann, die während des Programmierens auftauchen können. Am Anfang steht aber immer eine Idee, die ich Ihnen als Autor nicht geben kann. Ich will jedoch einmal annehmen, dass es Ihnen nicht an Ideen mangeln wird!

Dieses Buch lehrt außerdem nicht die Programmiersprache C++. Diese sollten Sie bereits beherrschen. Ist das nicht der Fall, so empfehle ich Ihnen, C++ zu erlernen und dann zu diesem Buch zurückzukehren. Literatur zu diesem Thema gibt es in Hülle und Fülle.

Auch soll das Buch keineswegs die von Microsoft geschriebene DirectX-Dokumentation ersetzen. Diese ist so umfangreich, dass man daraus ein eigenes Buch machen könnte. Um ins kleinste Detail gehende Erklärungen zu erhalten, ist die Dokumentation unerlässlich, und es erwies sich auch bei mir als äußerst praktisch, eine Verknüpfung zu ihr direkt in der Windows-Quick-Launch-Leiste zu platzieren.

Sie sollten auch nicht erwarten, dass die mitgelieferte Spiele-Engine bis ins letzte Detail hergeleitet wird. Zum Thema Engine-Design existieren nämlich komplette Bücher, die sich viel umfassender damit beschäftigen können.

1.1.3 Voraussetzungen

Folgende Dinge sollten Sie besitzen, um den Inhalt dieses Buches optimal nutzen zu können:
- Einen einigermaßen modernen PC mit 3D-Karte, die DirectX 9 unterstützt (für DirectX 9 ist mindestens Windows 98 erforderlich – Windows 95 wird seit Version 8.1 nicht mehr unterstützt)
- Microsoft Visual C++ (am besten Version 6) oder Visual Studio .NET – anderenfalls können Sie auch die kostenlose Autorenedition von Visual C++ 6 benutzen
- Fundierte Kenntnisse in der Programmierung in C++ und eventuell grundlegende WinAPI-Kenntnisse (nicht unbedingt erforderlich)
- Geduld und logisches Denkvermögen sowie Mathematikkenntnisse
- Fantasie, Kreativität... und nicht zuletzt: viel Zeit!

1.1.4 Die Schriftformate in diesem Buch

Im Verlaufe dieses Buches werden Sie immer wieder einmal kleinere Quellcodeabschnitte (so genannte *Listings*) zu sehen bekommen. Diese sind an der Schriftart `Letter Gothic` zu erkennen. Auch im Fließtext verwendete Variablen-, Klassen- oder Funktionsnamen verwenden diese Schriftart. Datei- und Ordnernamen sowie die Namen von Schaltflächen, die Teil eines Programms sind, sind in KAPITÄLCHEN gehalten. Tastaturangaben werden stets in eckigen Klammern geschrieben. Beispiel: Drücken Sie [Strg]+[Esc], um den Clown in die Luft zu jagen.

1.1.5 Zu den Versionen von Visual C++

Mit dem Auftauchen der *Visual Studio .NET*-Programmierumgebung haben sich einige Dinge geändert – vieles ist nicht mehr, wie es noch in *Visual Studio 6* war.

Wenn dieses Buch Bezug auf einen Vorgang in der Visual C++-Entwicklungsumgebung nimmt, so gibt es jedes Mal eine Beschreibung für Visual C++ 6 und eine für Visual C++ .NET – Sie können also getrost weiter mit der etwas älteren Version arbeiten (die, wenn man nicht auf die Verwendung des .NET-Frameworks aus ist, der neuen Version nur in wenigen Dingen nachsteht).

1.1.6 Zu DirectX 9.0 und DirectX 9.0c

Mit der zweiten Auflage dieses Buches wird nun auch DirectX 9.0c verwendet. Hierbei handelt es sich um eine leicht verbesserte Version von DirectX 9.0 – einige Fehler wurden beseitigt, und es kamen neue Features hinzu. Sie sollten DirectX 9.0c in jedem Fall installieren. Möglicherweise funktionieren sonst die Beispielprogramme und die Spiele nicht richtig. DirectX 9.0c befindet sich auf der CD-ROM.

1.1.7 Die ungarische Notation

Alle in diesem Buch und auf der CD-ROM gezeigten Quellcodes machen von der so genannten *ungarischen Notation* Gebrauch. Dabei handelt es sich um eine Technik, bei der man wichtigen Elementen eines Programms (Variablen, Strukturen, Klassen) je nach Typ ein einmaliges *Präfix* gibt. Ein Präfix ist eine kleine Zeichenkombination, die *vor* dem eigentlichen Namen steht. Nach kurzer Zeit hat sich das Auge des Programmierers so an diese Namen gewöhnt, dass es zum Beispiel auf einen Blick erkennt, welchem Typ eine Variable angehört.

Natürlich sollte man nur für die wichtigsten und am häufigsten verwendeten Typen ein eigenes Präfix verwenden, denn es würde sehr unübersichtlich, wenn man sich für jede Klasse und jede Struktur ein neues Präfix ausdenken müsste.

Tabelle 1.1 Präfixe der *ungarischen Notation*

Typ	Präfix	Beispiel
Struktur	S	struct SEnemyInfo;
Klasse	C	class CBSPTree;
Aufzählung	E	enum EGameState;
Array	a	int aiData[256];
Zeiger	p	char* pcPlayerName;
Globale Variablen	g_	int* g_piLevel;
Klassenelemente (*Members*)	m_	int m_iNumBytes;
unsigned-Werte aller Art	u	unsigned int uiLevel;
char	c	char cKeyPressed;
short	s	short sVersionInfo;
int	i	int iNumPlayers;
float	f	float fDistance;
double	d	double dPi;
HINSTANCE, HANDLE, HMODULE, HWND,...	h	HWND hWindow;
BOOL	b	BOOL abVisible[256];
WORD (= unsigned short)	w	WORD wSignature;
DWORD (= unsigned long)	dw	DWORD dwPlayerScore;
tbVector2, tbVector3 (Vektorklassen)	v	tbVector3 vPosition;
tbMatrix (Matrixklasse)	m	tbMatix mRotation;

Die ungarische Notation ist umstritten, aber meiner Meinung nach kann sie recht hilfreich sein, wenn man es nicht übertreibt. So ist auf den ersten Blick immer klar, worum es sich bei einer Variablen handelt. Natürlich bleibt es jedem selbst überlassen, wie weit er sich an die Vorschläge halten möchte – es gilt, ein gesundes Mittelmaß zu finden. Der Typ mancher Parameter oder Zählervariablen ist so klar, dass keine Präfixe mehr nötig sind.

1.2 Einführung in die Spieleprogrammierung

1.2.1 Der kleine Unterschied

Als Erstes wollen wir uns mit den Unterschieden zwischen einer „normalen" Anwendung wie zum Beispiel Microsoft Word, Excel oder Paint und einem Spiel beschäftigen.

Um es gleich vorwegzunehmen: Der Hauptunterschied zwischen einer Büroanwendung und einem Spiel ist eindeutig der *Zweck*. Während der Zweck einer Anwendung ausschließlich Ef-

1.2 Einführung in die Spieleprogrammierung

fektivität ist, ist der eines Spiels hauptsächlich *Spaß*. Ein Spiel muss Spaß machen, und das möglichst lange, sonst wird es auf Dauer keinen Erfolg haben. Eine hochkomplexe Wirtschaftssimulation mag vielleicht absolut realistisch sein, aber sie macht möglicherweise überhaupt keinen Spaß. Natürlich gibt es auch Spiele, bei denen scheinbar andere Dinge als Spaß im Vordergrund stehen: die *Lernspiele*. Aber auch diese zählen insgeheim auf Spaß, denn welches Kind würde schon ein Lernspiel spielen, das es total langweilig findet (es sei denn, es würde dazu von seinen Eltern gezwungen ...)?

Eine Anwendung hingegen muss keinen Spaß machen, dafür aber viele Möglichkeiten bieten, leicht zu benutzen sein und dem Benutzer all seine Fähigkeiten auch noch übersichtlich präsentieren.

Ein Spiel hat diese Probleme meistens nicht, es sei denn, es handelt sich um ein sehr komplexes Spiel mit vielen Daten, Statistiken und Zahlen. Mit solchen Projekten werden wir uns aber nicht beschäftigen.

Spiele müssen also lange Spaß machen und – vor allem heute sehr wichtig – gute Grafik und guten Sound beziehungsweise Musik aufweisen. Noch vor einiger Zeit gaben sich die Spieler mit einfacher SVGA-Grafik zufrieden. Doch sobald wieder eine neue Technologie entwickelt wird, erwarten die Spieler auch, dass sie in den Spielen genutzt wird. Das zu erreichen ist nicht einfach – vor allem dann, wenn man nur als Hobbyprogrammierer tätig ist und gar kein oder nur ein sehr kleines Team um sich hat. Besonders schwer ist es, wenn man Spiele wie zum Beispiel *Half-Life* sieht und solche Verkaufshits nachahmen möchte. Das endet meistens damit, dass man unzufrieden ist, weil das selbst gemachte Spiel eben nicht so gut ist wie das Vorbild.

Wir sollten uns bewusst nicht solch hohe Ziele setzen, denn jeder fängt einmal klein an!

Da wir nun die Hauptunterschiede zwischen einer Anwendung und einem Spiel kennen, können wir uns jetzt mit der Programmierung befassen.

1.2.2 Was macht ein Spiel eigentlich?

Stellen Sie sich eine typische Büroanwendung vor. Was tut sie? Die meiste Zeit *wartet* sie nur auf die Eingaben des Benutzers. Dann führt sie Befehle aus und wartet wieder. Also ein ewiges Warten und Reagieren.

Bei einem Spiel ist das ganz anders. Auch wenn es so scheint, als ob es nichts tun würde, wenn man keine Eingabe macht (Taste drücken, Joystick oder Maus bewegen) – es ist die ganze Zeit über beschäftigt, ob es nun die Gegner steuert oder die Flugbahn von Geschossen berechnet. Ein *Spiel ruht so gut wie nie!*

Ich nehme an, dass Sie sich bereits ein wenig mit der Programmierung unter Windows auskennen. Unter Windows müssen sich alle laufenden Programme die verfügbare Rechenzeit teilen. Das Betriebssystem kann also viele (*Multi*) Aufgaben (*Tasks*) gleichzeitig bearbeiten, *Multi-Tasking* eben. Eine Aufgabe ist in diesem Fall als ein laufendes Programm zu verstehen.

Außerdem muss jedes Programm – egal ob Spiel oder Anwendung – die so genannte *Nachrichtenschleife* durchlaufen. Dort werden die Nachrichten, die Windows an das Fenster des Programms schickt, dekodiert und verwertet. Wenn ein Programm diese Schleife nicht ausführt, trägt es damit nicht gerade zur Stabilität des Betriebssystems bei.

Dadurch, dass wir unsere Anwendungen komplett in den Schatten dieser Schleife stellen müssen, lässt sich die *lineare Programmierung* nicht mehr so leicht durchführen. Hier ein Beispiel der linearen Programmierung, das den Hauptmenübildschirm eines Spiels darstellen soll:

```
void MainMenu()
{
    // Hauptmenübildschirm zeichnen
    ClearScreen();
    DrawText(10, 10,  "Hauptmenü:");
    DrawText(10, 90,  "Taste 1: Neues Spiel beginnen");
    DrawText(10, 105, "Taste 2: Spiel laden");
    DrawText(10, 120, "Taste 3: Spiel beenden");

    // Auf Eingabe warten, dann auswerten
    int iKey = getch();

    switch(iKey)
    {
        case '1':
            // Neues Spiel beginnen
            // ...
            break;
    }
}
```

Listing 1.1 Demonstration eines einfachen linearen Programmablaufs

> Die hier verwendeten Funktionen wie `ClearScreen` oder `DrawText` werden nur als Beispiel verwendet. Es soll mit ihrer Hilfe lediglich der lineare Verlauf des Programms verdeutlicht werden.

An diesem Beispiel sehen Sie, wie ein Spiel mit vollkommen linearer Programmierung funktioniert. Es zeichnet beispielsweise den Bildschirm des Hauptmenüs und wartet dann einfach auf die Eingabe des Benutzers. Die Funktion `getch`, die bekanntlich auf einen Tastendruck wartet, wird erst dann beendet, wenn sie eine Eingabe abgefangen hat.

Dies passt offensichtlich nicht in das Konzept einer Nachrichtenschleife. Es gibt zwar einige Tricks, wie man es trotzdem noch so machen kann, aber sie sind (wie wir bald sehen werden) eigentlich gar nicht der Mühe wert. Eine Nachrichtenschleife muss her! Das Gerüst unserer Programme wird also lediglich Windows dienen und für die Verwaltung des Nachrichtenverkehrs zuständig sein. Doch wie integrieren wir jetzt unseren Spielverlauf? Ganz einfach! Schauen wir uns erst einmal eine solche Nachrichtenschleife an. Sie befindet sich meistens in der `WinMain`-Funktion, also in der Hauptfunktion des Programms:

```
int WINAPI WinMain(HINSTANCE Instance, HINSTANCE PrevInstance,
                   char* pCommandLine, int iShowCommand)
{
    MSG Message; // Nachricht

    // Nachrichtenschleife
    ZeroMemory(&Message, sizeof(MSG));
    while(Message.message != WM_QUIT)
    {
        // Eventuelle Nachrichten verarbeiten
        while(PeekMessage(&Message, NULL, 0, 0, PM_REMOVE))
        {
            TranslateMessage(&Message);
            DispatchMessage(&Message);
        }
    }

    return FALSE;
}
```

Listing 1.2 Eine kompakte Windows-Nachrichtenschleife

Dieser Code führt nacheinander die folgenden Schritte aus:

1. Leeren der `Message`-Variablen vom Typ `MSG`, die später die empfangenen Nachrichten enthalten wird, damit zu Beginn keine eventuellen Speicherreste die Inhalte der Variablen verfälschen.
2. Beginnen der Nachrichtenschleife. Falls die Nachricht zum Beenden des Programms angekommen ist (`WM_QUIT`): Schleife verlassen (das Programm wird danach beendet).
3. Nachrichten abrufen (durch `PeekMessage`) und verarbeiten (mit den beiden Funktionen `TranslateMessage` und `DispatchMessage`), bis sich keine Nachrichten mehr in der Warteschlange befinden.
4. Ende der Schleife – zurück zu Punkt 2.

Das ist bereits alles. Wie Sie sehen, macht die Schleife immer nur dasselbe – abrufen und verwerten von Nachrichten. Die Frage ist jetzt: *Wie können wir damit ein Spiel programmieren?* Dazu müssen wir die Aktionen eines Spiels in zwei wesentliche Schritte zerlegen.

1.2.2.1 Eingabe, Verarbeitung und Fortbewegung

Dieser Teil des Spiels wertet die Eingaben des Benutzers aus. Beispielsweise würde man die Spielfigur in die Luft springen lassen, wenn die entsprechende Taste gedrückt wurde. Unter Fortbewegung versteht man, aus der momentan herrschenden Situation in der virtuellen Welt die nächst folgende zu berechnen, wozu auch das Fortbewegen der Spieler und anderer Objekte gehört.

Die Funktion, die diese Aufgaben übernimmt, bezeichnen wir als die *Move-Funktion* – sie bringt Bewegung und Action ins Spiel.

1.2.2.2 Ausgabe

Hierunter fällt hauptsächlich das *Zeichnen* des aktuellen Spielstatus. Das ist vergleichbar mit einem Foto, das geschossen wird: Es spiegelt immer nur die aktuelle Lage wider. Wenn das Spiel also gerade läuft, dann werden der Level, die Spielfiguren und alle sonstigen Objekte gezeichnet. Falls wir uns aber zum Beispiel gerade im Hauptmenü befinden, wird eben das Hauptmenü gezeichnet.

Wir werden die Funktion des Spiels, die für diese Aufgaben zuständig ist, ab jetzt *Render-Funktion* nennen. Unter „Rendern" versteht man nämlich in der Grafikprogrammierung vor allem das Zeichnen beziehungsweise Berechnen von Grafiken.

1.2.3 Eingliederung in die Windows-Architektur

Die grobe Aufteilung des Spielablaufs in die oben gezeigten Schritte scheint die Programmierung zunächst eher zu verkomplizieren. Doch werfen wir einmal einen Blick auf den Code, in dem Render- und Move-Funktion in der Nachrichtenschleife integriert sind.

```
MSG Message; // Nachricht

// Spiel initialisieren
InitGame();

// Nachrichtenschleife
ZeroMemory(&Message, sizeof(MSG));
while(Message.message != WM_QUIT)
{
    // Nachrichten verarbeiten
    while(PeekMessage(&Message, NULL, 0, 0, PM_REMOVE))
    {
        TranslateMessage(&Message);
        DispatchMessage(&Message);
    }

    // Bewegungen durchführen
    MoveGame();

    // Spielzustand zeichnen
    RenderGame();
}

// Spiel beenden
ExitGame();
```

Listing 1.3 Die Nachrichtenschleife mit integrierter Render- und Move-Funktion

Die komplette Initialisierung (also die nötige Vorarbeit wie zum Beispiel das Laden von Grafiken oder Geräuschen) sei durch den Aufruf der Funktion InitGame erledigt, während ExitGame für das Gegenteil steht.

Wie man sehen kann, wird das Spiel jetzt bewegt und gezeichnet, nachdem eventuell angekommene Nachrichten verarbeitet wurden. So haben wir das Problem der Eingliederung dieser beiden Funktionen elegant gelöst, und es wird uns später wesentlich einfacher fallen, Bewegung in die Spiele zu bringen – gerade *weil* alles immer nur *schrittweise* und *immer wieder* ausgeführt wird.

Winterschlaf halten

Wenn das Fenster des Spiels minimiert wird oder in den Hintergrund gerät, ist es eine gute Idee, eine Pause zu machen. Darum erstellen wir eine globale Variable, die den Status des Anwendungsfensters beinhaltet. Wenn die Nachricht WM_ACTIVATE abgefangen wird, wird diese Variable auf den entsprechenden Wert gesetzt (TRUE bei Aktivierung und FALSE bei Deaktivierung). In der Nachrichtenfunktion des Fensters prüfen wir dann, ob diese Variable TRUE ist. Falls ja, wird das Spiel fortbewegt, andernfalls nicht.

1.2.4 Das Problem mit der Zeit

1.2.4.1 Diagnose: Zeit vergessen!

Haben Sie schon einmal ein sehr altes Spiel gespielt, vielleicht eines, das noch aus der „Steinzeit" der Computer stammt? Falls ja, dann haben Sie bestimmt gemerkt, dass viele dieser Spiele heute unglaublich schnell ablaufen und man zum Einsatz von so genannten *Blocker-Programmen*, die den Prozessor verlangsamen, gezwungen wird. Ich möchte einmal das Beispiel *Frogger* ansprechen. Dort steuert der Spieler einen Frosch quer über eine stark befahrene Straße.

1.2 Einführung in die Spieleprogrammierung

Startet man dieses Spiel auf einem heutigen Rechner, kommt man leider kaum zum Spielen, weil es innerhalb von einem Bruchteil einer Sekunde schon wieder zu Ende ist. Doch warum ist das so? Die damaligen Programmierer hatten wohl die Entwicklung der Prozessorgeschwindigkeit reichlich unterschätzt und haben auch *keine Rücksicht auf die Zeit genommen*. Sie haben also einfach vorausgesetzt, dass alle möglichen Computer für verschiedene Aktionen *gleich lange* brauchen würden.

Folgendes kleine Codebeispiel soll dieses Problem demonstrieren. Es wird ein Objekt bewegt, dessen Position in Form von *xy*-Koordinaten in der Variablen POINT Position vom Typ POINT gespeichert ist:

```
POINT Position = {0, 0};

void MoveGame()
{
    // Das Objekt nach rechts bewegen
    Position.x += 1;
}
```

Listing 1.4 Ein typisches Beispiel: Die Zeit vergessen!

An diesem Code ist zwar an sich nichts falsch, aber er nimmt eben keine Rücksicht auf die Zeit. Erinnern Sie sich daran, dass die Funktion MoveGame bei jedem Durchgang in der Nachrichtenschleife aufgerufen wird? Stellen wir uns einmal vor, dass ein kleines Programm mit dieser Move-Funktion auf mehreren verschieden konfigurierten Rechnern laufen würde, und zwar exakt eine Sekunde lang. Anschließend gibt jeder Rechner den Wert seiner Position-Variablen aus. Das Ergebnis könnte wie folgt aussehen, wenn man bedenkt, dass auch gleichzeitig noch einmal die Render-Funktion pro Bild aufgerufen wird (die vielleicht einige kleine Zeichenoperationen erledigt):

Tabelle 1.2 Mögliches Ergebnis des Prozessorwettstreits

Prozessor	Wert von Position.x
Intel Pentium II, 233 MHz	250
Intel Pentium III, 600 MHz	450
Intel Pentium 4, 1400 MHz	750
AMD Athlon, 1400 MHz	800

Dies sind natürlich nur Schätzwerte – ich möchte mich nicht mit irgendwelchen Prozessorherstellern anlegen. Die tatsächlichen Werte sind auch nicht so wichtig. Wichtig ist, dass diese Werte sich stark voneinander unterscheiden. Was würde das wohl für das Spiel bedeuten?

1.2.4.2 Ungerechtigkeit

Die Situation: Man hat sich ein kleines Spielchen aus dem Internet heruntergeladen, das man auch im Netzwerk gegeneinander spielen kann. Es ist ein kleines Hüpfspiel, in dem vier Spieler gegeneinander antreten. Jeder der oben genannten Prozessoren ist im Duell vertreten.

Die Programmierer des Spiels haben aber leider nicht aufgepasst und die Bewegungsfunktion ungefähr so geschrieben:

```
void MoveGame()
{
    // Je nach Tastendruck die Spielfigur bewegen
    if(abKey[KEY_LEFT])  Position.x -= 1; // Nach links bewegen
    if(abKey[KEY_RIGHT]) Position.x += 1; // Nach rechts bewegen
}
```

Listing 1.5 Eine ungerechte Move-Funktion

In den beiden Zeilen wird geprüft, ob eine bestimmte Taste gedrückt ist – falls ja, dann wird eine Bewegung des virtuellen Spielers (der hier nur durch seine Position gekennzeichnet ist) durch Veränderung seiner Koordinaten eingeleitet.

Das Spiel geht los. Der Besitzer des Athlon-Prozessors wird glücklich feststellen, dass er seine Spielfigur am schnellsten steuern kann, am schnellsten schießen kann und überhaupt überall nur Vorteile hat. Der arme Besitzer des Pentium II-Prozessors jedoch wird beleidigt sein, dass er überall benachteiligt ist, weil er so langsam ist, und das Spiel wird ihm keinen Spaß mehr machen.

Warum ist das so? Ganz einfach: Da Render- und Move-Funktion immer *hintereinander* aufgerufen werden, bedeutet ein langsamerer Prozessor auch automatisch, dass beide Funktionen *seltener* aufgerufen werden, also das Spiel langsamer abläuft. Meistens ist es so, dass die Render-Funktion die meiste Rechenzeit verbraucht.

„*Verdammt!*", denken sich da die Programmierer und wünschten sich, dass sie früher über dieses Problem nachgedacht hätten! Bei ihnen im Büro ist es ihnen gar nicht aufgefallen, da dort alle Rechner gleich schnell sind – was in der Realität natürlich nicht zu erwarten ist!

1.2.4.3 Lösungsansätze

Die Programmierer des Spiels machen sich Gedanken über die Lösung des Problems. Die erste Idee, die ihnen dabei kommt:

> „Sagen wir doch einfach, dass die Move-Funktion auf dem schnellsten Rechner nur *einmal* ausgeführt wird, und auf den langsameren Rechnern eben *mehrfach*, zum Beispiel auf dem Pentium II 100 Mal, auf dem Pentium III 56 Mal, auf dem Pentium 4 33 Mal und auf dem Athlon nur 31 Mal. Damit das Spiel dann nicht zu schnell läuft, erhöhen wir pro Move-Funktionsaufruf die Position nicht um 1, sondern nur um 0.01."

Was sagen Sie zu dieser Idee? Sie ist sicherlich leicht einzubauen und erfordert wenig Arbeit – und die Argumentation klingt logisch, oder? Diese Methode hat aber Nachteile:

- Rechenzeit wird verschwendet (immer schlecht!).
- Die Verhältnisse stimmen immer noch nicht ganz – das Spiel würde nicht auf allen Computern gleich schnell laufen. Dafür müsste die Move-Funktion schon viel öfters pro Durchgang aufgerufen werden, was aber wiederum *noch mehr* Rechenzeitverschwendung wäre.
- Wenn die Move-Funktion so oft aufgerufen wird, macht sich auch bemerkbar, dass natürlich auch *sie* nicht auf allen Computern gleich schnell läuft!

Diese Methode wäre also nur eine schlechte Lösung und würde höchstens dafür reichen, die Spieler noch ein wenig hinzuhalten, während die Programmierer an einer neuen Methode arbeiten. Rechenzeit ist nun einmal das Kostbarste, was uns Programmierern zur Verfügung steht (neben schnellem Speicher), und deshalb dürfen wir damit nicht so verschwenderisch umgehen. Es muss also ein anderer Ansatz her ...

Wäre es denn überhaupt nötig, eine Funktion *100-fach* aufzurufen, wenn man das gleiche Ergebnis auch mit *einem einzigen* Aufruf hervorrufen könnte? Nein, es ist nicht nötig! Hier ein kleines Beispiel:

```
for(int a = 0; a < 100; a++) Position.x += 1;
```

Das könnte doch genauso gut so geschrieben werden:

```
Position.x += 100;
```

Das klingt doch logisch – das Spiel wird ganz einfach direkt um *100 Einheiten* fortbewegt anstatt hundertmal *einzeln* um *eine* Einheit. Doch bleibt da noch ein kleines Problem: Wie bestimmen wir, um *wie viele* Einheiten sich das Spiel fortbewegen soll?

> Dafür gibt es aber eine einfache Lösung: *die Zeit*! Alles, was wir machen müssen, ist, die Zeit zu stoppen, welche die Render- und die Move-Funktion benötigen. Angenommen, die beiden Funktionen brauchen zusammen auf dem Pentium II-Rechner 1/250 Sekunde – dann muss das Spiel auch nur um 1/250 Einheit fortbewegt werden. Auf dem Athlon-Rechner braucht die Funktion nur 1/800 Sekunde, und daher muss das Spiel dann auch nur um 1/800 Einheit bewegt werden.

Wir müssen also...

- ... die Zeit stoppen, welche die Render- und die Move-Funktion brauchen.
- ... die Move-Funktion so anpassen, dass sie das Spiel *um einen beliebigen Zeitwert* fortbewegt. Dieser Zeitwert steht für die seit dem letzten Frame vergangenen Sekunden.

1.2.4.4 Implementierung

Die Theorie ist so weit klar – nun fehlen uns nur noch die passenden Funktionen. Wie können wir zum Beispiel die Differenz zwischen zwei Zeitpunkten messen? Glücklicherweise gibt es die Funktion `timeGetTime`, die uns Windows bereitstellt (deklariert in der Datei MMSYSTEM.H, Bibliotheksdatei WINMM.LIB). Besagte Funktion liefert die vergangene Zeit seit dem letzten Systemstart in *Millisekunden* (Tausendstelsekunden).

Wir bestimmen also den Zeitpunkt vor der Move-Funktion (genauer gesagt: *vor der Nachrichtenabfrage*) und den Zeitpunkt nach der Render-Funktion. Wenn wir diese beiden Zeitangaben dann voneinander abziehen, erhalten wir logischerweise die Zeit, die für einen Durchlauf der Schleife benötigt wurde. Es mag zwar zuerst unnötig scheinen, auch noch die Zeit zu messen, welche die *Move-Funktion* braucht, aber auch sie kann bei manchen Spielen sehr viel Zeit verschlingen. Wenn Sie einmal darüber nachdenken, wie viele zusätzliche Berechnungen ein fertiges Spiel durchführen muss – zum Beispiel die künstliche Intelligenz oder physikalische Simulationen –, dann versteht sich das schnell von selbst.

Nun ist es etwas umständlich, in Millisekunden zu rechnen. Denn es ist wesentlich einfacher, sich eine Geschwindigkeit in *Metern pro Sekunde* vorzustellen als in *Metern pro Millisekunde*. Eine Division durch 1000 bringt uns die gewünschte Maßeinheit *Sekunde*. Die Variable, welche das Ergebnis speichert, sollte vom Typ `float` oder `double` sein, da es sich ja um Dezimalbrüche wie zum Beispiel 0.0275 Sekunden handelt. Ich bevorzuge `float`, da diese Variablen weniger Speicher benötigen, aber in den meisten Situationen immer noch genau genug sind.

Eine Änderung fehlt noch: Wie machen wir der Move-Funktion jetzt klar, dass sie das Spiel nicht um eine Sekunde fortbewegen soll, sondern zum Beispiel nur um eine Tausendstelsekunde? Ganz einfach – wir übergeben der Move-Funktion einen *Parameter*, der die Anzahl der Sekunden beinhaltet, um die das Spiel bewegt werden soll. Auf diese Weise verschwenden wir kaum Rechenzeit, und das Ergebnis ist fast perfekt – das Spiel läuft auf allen Rechnern bei allen Situationen *so gut wie gleich schnell*. Zur Sicherheit wird die Sekundenanzahl auch noch der Render-Funktion übergeben – man weiß eben nie, ob sie dort vielleicht nicht noch von Nutzen sein könnte. Die angepasste Hauptschleife könnte nun so aussehen:

```
MSG     Message;        // Nachricht
DWORD   dwTime1;        // Startzeitpunkt in Millisekunden
DWORD   dwTime2;        // Endzeitpunkt in Millisekunden
float   fTime = 0.0f;   // Zeitspanne in Sekunden

// Spiel initialisieren
InitGame();

// Nachrichtenschleife
ZeroMemory(&Message, sizeof(MSG));
while(Message.message != WM_QUIT)
{
    // Startzeitpunkt messen
    dwTime1 = timeGetTime();

    // Nachrichten verarbeiten
    while(PeekMessage(&Message, NULL, 0, 0, PM_REMOVE))
    {
        TranslateMessage(&Message);
        DispatchMessage(&Message);
    }

    // Bewegungen durchführen
    MoveGame(fTime);

    // Spielzustand zeichnen
    RenderGame(fTime);

    // Endzeitpunkt messen und Anzahl der Sekunden berechnen
    dwTime2 = timeGetTime();
    fTime   = (float)(dwTime2 - dwTime1) / 1000.0f;
}

// Spiel beenden
ExitGame();
```

Listing 1.6 Auf die Zeit Rücksicht nehmende Nachrichtenschleife

Die neue Move-Funktion, die nun einen `float`-Parameter erwartet, könnte so aussehen:

```
void MoveGame(float fTime)
{
    // Je nach Tastendruck die Spielfigur bewegen
    if(bKey[KEY_LEFT])  Position.x -= fTime * 100.0f;
    if(bKey[KEY_RIGHT]) Position.x += fTime * 100.0f;
}
```

Listing 1.7 Die zeitfreundliche Move-Funktion

> In Wirklichkeit könnte hier *nicht* der Datentyp `POINT` verwendet werden, da dieser nur aus zwei `int`-Werten besteht – wir brauchen jedoch `float`s, da die Bewegung ja nun in kleineren Bruchteilen stattfindet.

Mit dieser Änderung hat also die Move-Funktion einen Parameter bekommen, der ihr sagt, wie weit sie das Spiel bewegen soll. In unserem Beispiel würde sich die Spielfigur um 100

1.2 Einführung in die Spieleprogrammierung

Einheiten bewegen, wenn wir die Pfeiltaste genau eine Sekunde lang drücken würden, also um *100 Einheiten pro Sekunde*.

1.2.5 Die verschiedenen Seiten eines Spiels

Mit linearer Programmierung könnte ein Spiel zum Beispiel wie folgt aufgebaut werden:

1. Die Funktion für das Hauptmenü aufrufen – diese liefert die Wahl des Benutzers in Form einer Zahl zurück (zum Beispiel: 1 = *Neues Spiel*; 2 = *Spiel laden* ...).
2. Den Rückgabewert der Funktion mit den verschiedenen Möglichkeiten vergleichen. Bei einem Wert von 1 wird zum Beispiel eine weitere Funktion aufgerufen, die das eigentliche Spiel darstellt.
3. Nachdem die entsprechende Funktion beendet ist, wird die Kontrolle wieder an das Hauptmenü übergeben, und alles beginnt von vorne – so lange, bis sich der Spieler für das Beenden des Spiels entscheidet.

Wir unterscheiden hier also zwischen verschiedenen *Spielabschnitten*, deren Steuerung jeweils durch eine eigene Funktion erfolgt.

Als Windows-Programm können wir ein Spiel nicht mehr so schön linear aufbauen, denn was würde dann aus der Nachrichtenschleife? Das sollte aber kein Grund sein, dieses schöne Konzept aufzugeben – prinzipiell kann es nämlich (mit ein paar kleinen Tricks) beibehalten werden.

> Wir führen eine globale Variable ein, die den aktuellen Spielabschnitt enthält. Diese Variable wollen wir `GameState` nennen (englischer Ausdruck für *Spielstatus*). Je nachdem, welchen Wert diese Variable hat, wird dann in der Render- und der Move-Funktion entschieden, was getan wird. Es ist klar, dass das Hauptmenü andere Dinge zu erledigen hat als das eigentliche Spiel oder der Abspann. Zu Beginn des Spiels setzt man den Spielstatus höchstwahrscheinlich auf *Vorspann* oder *Hauptmenü*.

C++ bietet uns eine gute Möglichkeit, diese Situation sehr elegant zu meistern: die so genannten *Aufzählungen* (Schlüsselwort: enum). Falls Sie diese Technik noch nicht kennen, sehen Sie hier, wie man sie verwenden kann:

```
// Aufzählung für den Spielstatus
enum EGameState
{
    GS_INTRO     = 1,         // Vorspann (Wert = 1)
    GS_MAIN_MENU = 2,         // Hauptmenü (Wert = 2)
    GS_GAME      = 3,         // Das Spiel (Wert = 3)
    GS_CREDITS   = 4          // Abspann (Wert = 4)
};

EGameState g_GameState;       // Globaler Spielstatus

g_GameState = (EGameState)(2); // Erste Zuweisungsmöglichkeit
g_GameState = GS_MAIN_MENU;    // Zweite Zuweisungsmöglichkeit
```

Listing 1.8 Beispiel für eine Aufzählung, die verschiedene Möglichkeiten des Spielstatus beinhaltet

Aufzählungen sind recht nützlich, da man ihnen echte „Namen" zuweisen kann – `GS_INTRO` ist doch viel aussagekräftiger als nur der Wert 1. Es reicht übrigens aus, nur dem ersten Element einer Aufzählung einen Wert zuzuweisen – der Compiler erhöht diesen Wert dann automatisch für jedes Folgeelement (bei überhaupt keinem Wert ist das erste Element automatisch null).

1.2.6 Rückblick

Damit haben wir das Prinzip des Ablaufes eines Spiels erarbeitet. Wer früher noch für DOS programmiert hat, hat sicherlich einen großen Unterschied festgestellt, aber es ist nicht so schwer, sich umzustellen, und es lohnt sich allemal! Eine kurze Zusammenfassung dieses Kapitelabschnitts:

- Windows-Spieleprogrammierung unterscheidet sich vor allem dadurch von der DOS-Spieleprogrammierung, dass ein linearer Ablauf nicht mehr sinnvoll ist.
- Der Ablauf eines Spiels kann im Wesentlichen in zwei Schritte aufgeteilt werden: *Bewegen* (*Move*) und *Zeichnen* (*Rendern*). Diese Schritte werden während des gesamten Spiels andauernd in einer Schleife wiederholt. Dazu erweitert man die normale Nachrichtenschleife, die alle Windows-Programme aufweisen.
- Man misst die benötigte Zeit eines Schleifendurchlaufs und bewegt das Spiel um diesen Zeitwert fort, damit die Geschwindigkeit auf allen Computern gleich ist.
- Das Spielgeschehen wird in *Game-States* aufgeteilt. Ein Game-State sagt uns, welcher Teil des Spiels gerade aktiv ist: beispielsweise das Hauptmenü, der Abspann oder natürlich auch das Spiel selbst. Die Render- und Move-Funktionen bestimmen ihr Verhalten basierend auf dem aktuellen Game-State.

1.3 DirectX und C++

1.3.1 Was ist DirectX?

1.3.1.1 Fähigkeiten von DirectX

DirectX bietet den heutigen Spieleprogrammierern alles, was sie wollen: superschnelle 3D-Grafik, glasklaren 3D-Sound, 3D-Musik, Ansteuerung aller Arten von Eingabegeräten (Tastatur, Maus, Joystick, Game-Pad, Lenkrad, Gaspedal ...), Netzwerkunterstützung, Medienwiedergabe (MP3-Dateien, Videos) und noch mehr – und das alles mit *Hardwarebeschleunigung*, falls die Hardware denn mitspielt.

Wenn im PC keine superschnelle Hardware schlummert, bietet DirectX in den meisten Bereichen aber immer noch eine ausreichend schnelle *Softwareunterstützung* (*Emulation*) – die Berechnungen werden dann dem Hauptprozessor überlassen.

Im Gegensatz zu OpenGL bietet DirectX also *nicht nur Grafik*, sondern auch alles andere, was das Herz des Spieleprogrammierers begehrt! Damit möchte ich den OpenGL-Anhängern keinesfalls auf die Füße treten – auch OpenGL hat seine Vorzüge!

1.3.1.2 DirectX und seine Komponenten

DirectX wurde hauptsächlich dafür entworfen, wofür wir es gebrauchen werden, nämlich für die Programmierung von anspruchsvollen *Spielen*, die auch das letzte Fünkchen Leistung aus einem Computersystem herauskitzeln wollen beziehungsweise müssen.

DirectX besteht aus verschiedenen Komponenten:

1.3 DirectX und C++

DirectX Graphics

Entworfen, um anspruchsvolle und schnelle 3D-Grafiken auf den Bildschirm zu zaubern, bietet uns *DirectX Graphics* viele Möglichkeiten, schöne Effekte in unsere Spiele einzubauen. Ohne 3D-Beschleunigung geht (leider) seit DirectX 8 so gut wie gar nichts mehr.

Früher gab es zwei Grafikkomponenten namens *Direct3D* und *DirectDraw*. Direct3D war für 3D-Grafiken und DirectDraw für 2D-Grafiken zuständig. Ab DirectX 8 wurden die beiden Komponenten zu *DirectX Graphics* vereint. Ich werde aber trotzdem noch den Namen *Direct3D* benutzen.

Nachdem in der Version 8 von DirectX Freunde der 2D-Grafik schon beinahe verzweifelten, weil dort fast keine pure 2D-Grafik mehr unterstützt wurde, dürfen sie jetzt wieder aufatmen: DirectX 9 bietet wieder ähnliche 2D-Grafikfunktionen wie ältere Versionen, die zumindest die grundlegendsten 2D-Operationen ohne den Umweg über die 3D-Grafik erlauben.

Zu erwähnen ist noch die sehr hilfreiche Zusatzbibliothek mit dem Namen *D3DX*. Sie beinhaltet viele nützliche Funktionen (zum Beispiel mathematische Hilfestellungen) zur Arbeit mit Direct3D. Davon werden wir allerdings nicht allzu viel Gebrauch machen, da D3DX die ausführbare EXE-Datei unseres Spiels unnötig vergrößert. Beispiel: ohne D3DX nur 55 KB und mit D3DX schon ganze 300 KB. Außerdem kann es nicht schaden, das, was uns D3DX bietet, auch noch einmal selbst zu schreiben, da man es immer wieder braucht und von daher auch gut verstehen sollte.

DirectX Audio

DirectX Audio ist – welch eine Überraschung – für den *Sound* zuständig. Unter den Begriff *Sound* fallen dabei sowohl Soundeffekte wie zum Beispiel eine Explosion als auch interaktive Hintergrundmusik, die sich je nach Spielsituation in Laufzeit verändern lässt. DirectX Audio besteht aus *DirectSound* und *DirectMusic*.

Mit auf der Feature-Liste steht *3D-Sound*. Wenn zum Beispiel ein virtueller Krankenwagen auf uns zufährt, wird sein Sirenengeräusch so verzerrt, wie das auch in Wirklichkeit der Fall wäre (man spricht dabei vom *Dopplereffekt*).

Außerdem kann man – eine Dolby-Surround-Soundkarte und entsprechend viele Boxen vorausgesetzt – die Sounds sogar wirklich *räumlich* abspielen (vorne, hinten, rechts, links). Das geht auch ohne eine solche Karte, aber das Raumgefühl ist dann nicht ganz so toll.

Auch das Aufnehmen von Sounds per Mikrofon zählt zu den Funktionen von DirectX Audio. Sie ahnen schon, was sich damit bewerkstelligen lässt: richtige *Unterhaltungen* während eines Netzwerkspiels oder *Sprachkommandos*.

DirectInput

DirectInput ist für die *Eingabe* zuständig, wie es der Name bereits sagt. Ohne DirectInput wären wir kaum in der Lage, zum Beispiel ein Game-Pad in unserem Spiel zu unterstützen. Nahezu alle Eingabegeräte haben auch Treiber für DirectInput. Das heißt, wir können auf alles zugreifen, was der Markt so bietet.

Zur Liste der Fähigkeiten zählt auch die Unterstützung einer Technik namens *Force-Feedback*. Dadurch kann der Joystick *eigene Bewegungen* durchführen (zum Beispiel Rütteln oder Gegenlenkung) – wenn er es unterstützt.

DirectPlay

Damit wir unsere Spiele auch im Internet, im Netzwerk, per Kabelverbindung oder sogar per Telefonverbindung spielen können, wurde *DirectPlay* entworfen. Es macht es uns relativ (!!!) einfach, eine *Multi-Player-Funktion* in unsere Spiele einzubauen.

Es gibt sogar eingebaute *Voice-Chat-Funktionen*, durch welche die Spieler per Mikrofon miteinander sprechen oder sich während eines heißen Duells mit üblen Ausdrücken beschimpfen können (denn einen *Bad-Words*-Filter gibt es noch nicht).

DirectPlay kennt keinen Unterschied zwischen einem Internetspiel und einem Netzwerkspiel – man kann für alle Möglichkeiten genau dieselben Funktionen benutzen, was die Sache natürlich viel leichter macht.

DirectShow

Durch diese Komponente sind wir in der Lage, alle möglichen Typen von *Multimedia-Dateien* abzuspielen – von der MP3-Datei bis zum MPEG-Video, was wir gut für Hintergrundmusik beziehungsweise Zwischensequenzen gebrauchen können. DirectShow ist auch für die Wiedergabe von DVDs und für die Steuerung von Aufnahmegeräten (Videokameras) zuständig. Ohne DirectShow wären diese Dinge bei weitem nicht so leicht zu erledigen.

DirectSetup

Keine wirklich wichtige Komponente, aber auch *DirectSetup* gehört zu DirectX. Mit seiner Hilfe können wir ein Installationsprogramm für DirectX in unsere Spiele einbauen. Im Klartext bedeutet das: Ein Spiel kann testen, ob die geforderte Version von DirectX auf dem Computer vorhanden ist, und dann bei Bedarf die aktuelle Version aufspielen.

Vor allem kommerzielle Spiele machen von DirectSetup Gebrauch – die vom Spiel geforderte DirectX-Version befindet sich dann komplett mit auf der CD-ROM. Das eignet sich natürlich nicht für Spiele, die mühsam aus dem Internet heruntergeladen werden müssen – denn die Größe des Softwarepakets steigt dadurch dramatisch an (mit mehr als 30 MB muss man dabei schon rechnen).

1.3.2 Die perfekte Kombination mit C++

1.3.2.1 Warum gerade C++?

C++ wird von den meisten Spieleprogrammierern verwendet, weil es schnell, einfach und auf niedriger Ebene angelegt ist. Man kann in C++ zum Beispiel ohne Probleme einfach so auf den Speicher zugreifen, was in anderen Sprachen undenkbar wäre.

Die *Objektorientiertheit* von C++ stellt eine gute Möglichkeit dar, den Quellcode lesbarer zu gestalten und die Arbeit ein wenig zu erleichtern. Da in der Spielewelt auch alles aus *Objekten* besteht, trifft sich das sehr gut.

1.3.2.2 Das DirectX-SDK

Sie wissen jetzt, wie DirectX aufgebaut ist, aber wie all diese Dinge angesprochen werden können – darüber habe ich Sie bis jetzt noch im Dunkeln gelassen. Nun ja, Programme wie das folgende werden jedenfalls garantiert fehlschlagen (auch wenn manche Leute immer noch an solche Wunder glauben):

1.3 DirectX und C++

```
// Los geht's! ;)
DirectX("Nun mach mal los!");
DirectX("Zeichne mir mal ein schönes Flugzeug!");
DirectX("Steuerung bitte per Joystick mit Force-Feedback.");
DirectX("Bitte mit viel Geballere und so, klar?!");
```

Listing 1.9 *So nicht!*

Damit wir DirectX korrekt ansprechen können (nicht so wie in dem Beispiel oben, sondern etwas „höflicher"), stellt Microsoft uns das *DirectX-SDK* zur Verfügung.

SDK ist die Abkürzung für *Software Development Kit*, was so viel wie *Softwareentwicklungspaket* heißt. Das SDK ist sozusagen der *Vermittler* zwischen unserer Programmiersprache und DirectX (nicht nur C++, sondern auch die neue Programmiersprache C# (*C Sharp*) und Visual Basic werden unterstützt).

Installation des SDK

Nun, was tun wir normalerweise, wenn wir eine Funktion aufrufen wollen? Wir müssen zuerst dafür sorgen, dass die nötige Header-Datei (H-Datei) per #include eingebunden wird, welche die Funktion deklariert. Dann müssen wir unser Programm noch mit der richtigen Bibliotheksdatei (LIB-Datei) linken.

Genau so ist es auch bei DirectX. Ein paar kleine Änderungen an einem Projekt, und schon können wir DirectX-Funktionen aufrufen. Und wie kommen wir an diese Header- und Bibliotheksdateien? Genau *die* liefert uns das DirectX-SDK, neben vielen Beispielprogrammen und einer ausführlichen Dokumentation aller DirectX-Funktionen.

Das DirectX-SDK ist auf der Begleit-CD-ROM enthalten. Legen Sie die CD-ROM in Ihr Laufwerk ein, und warten Sie, bis sich das AutoRun-Programm öffnet. Falls das nicht geschieht, starten Sie das Programm bitte manuell – es ist die Datei mit dem einfallsreichen Namen CD.EXE im Stammverzeichnis. Von dort aus können Sie auf den ganzen Inhalt der CD-ROM zugreifen.

Klicken Sie auf DIRECTX 9.0 SDK (SUMMER 2004) und auf INSTALLIEREN. Falls Sie bereits eine frühere Version des DirectX-SDK installiert haben, so empfiehlt Microsoft dringend, diese zuerst zu *deinstallieren* (am besten über die Systemsteuerung). Sie werden die Dateien zuerst in einen temporären Ordner extrahieren müssen. Von dort aus können Sie dann die Datei SETUP.EXE aufrufen, um das SDK zu installieren. Wohlgemerkt lässt sich nur das SDK deinstallieren, nicht jedoch DirectX selbst (das ist nur mit speziellen Tools möglich).

Am Anfang der Installation werden Sie gefragt, ob die Erweiterungen für Visual Studio mit installiert werden sollen. Diese Erweiterungen erlauben es Ihnen später, Grundgerüste für DirectX-Anwendungen auf Knopfdruck zu erzeugen oder Pixel- und Vertex-Shader in der Entwicklungsumgebung zu debuggen und zu kompilieren.

Visual C++ besitzt von Haus aus bereits DirectX-Header- und Bibliotheksdateien, jedoch sind diese meistens nicht auf dem aktuellen Stand. Um sicherzugehen, dass nicht diese alten Dateien verwendet werden, sollten sie am besten ganz aus dem LIB-Verzeichnis von Visual C++ gelöscht werden. Eventuell müssen Sie die Verzeichnisse der DirectX-Dateien selbst eintragen, falls das Setupprogramm dies nicht automatisch einrichten kann, oder Sie ersetzen die mit dem Compiler gelieferten durch die Neuen. Wie Sie das tun können, wird später noch beschrieben.

Wenn das DirectX-SDK installiert wurde, wurden alle benötigten Header- und Bibliotheksdateien kopiert sowie Beispielprogramme, Tools und die sehr wichtige *Dokumentation*, die jede noch so kleine und unscheinbare DirectX-Funktion genauestens erklärt. Das Setup-Programm erzeugt auch Einträge im Startmenü, die sich im Ordner PROGRAMME ⇨ MICROSOFT DIRECTX

9 SDK UPDATE (SUMMER 2004) befinden. Von dort aus können Sie die Dokumentation lesen oder die zahlreichen Beispielprogramme aller Komponenten ausprobieren. Der *Sample Browser* bietet Ihnen einen guten Überblick über alle Beispielprogramme und Tutorials. Den Quellcode und die ausführbaren Dateien von diesen Programmen finden Sie in dem Verzeichnis, in das Sie das SDK installiert haben (zum Beispiel C:\PROGRAMMIEREN\DIRECTX 9 SDK\ und dann im Unterordner SAMPLES\C++).

1.3.3 Das COM – Grundlage von DirectX

1.3.3.1 Das Problem der übersichtlichen Gestaltung

Entwirft man eine so umfangreiche Funktionsbibliothek wie DirectX, dann kann es sehr ernsthafte Folgen haben, wenn die Organisation aller Funktionen nicht gut genug durchgeplant ist. Eine Möglichkeit ist es, alle Funktionen mehr oder weniger ungeordnet bereitzustellen – keine Klassen oder Komponenten. So macht es beispielsweise OpenGL.

DirectX besitzt nun aber eine so große Anzahl von Funktionen, Klassen, Methoden, Schnittstellen und Strukturen, dass diese Art der Organisation nicht unbedingt angebracht wäre – alles würde wahrscheinlich in einem riesigen Chaos enden.

Das *COM* (dessen Name für *Component Object Model* = Komponentenobjektmodell steht) ist ein Modell, das die übersichtliche Organisation von großen Funktionsmengen vereinfacht. DirectX baut auf dem COM auf.

Viele Programmierer verkriechen sich ängstlich in eine Ecke, wenn sie den Namen *COM* hören. Wenn man sich einmal ein paar Programme anschaut, die extensiveren Gebrauch davon machen, dann kann man das durchaus verstehen – oft endet das in Kopf- und Augenschmerzen höchsten Grades, denn alles scheint wirklich nur noch unnötig kompliziert zu sein. Ich kann Sie aber beruhigen, denn als DirectX-Programmierer macht man wirklich nicht sehr viel Gebrauch vom COM.

1.3.3.2 Die Lösung: Aufteilung in Schnittstellen

Das COM fordert die Aufteilung einer Bibliothek in verschiedene *Schnittstellen* (*Interfaces*) – jede Schnittstelle deckt jeweils einen mehr oder weniger großen Aufgabenbereich ab. Eine Schnittstelle ist im Grunde nichts anderes als eine normale *Klasse* in C++, mit dem kleinen Unterschied, dass sie *nur Methoden und keine Variablen* enthält (zumindest keine offen einsehbaren). Eine Schnittstelle steht immer nur für Funktionalität und verkörpert nicht direkt ein Objekt.

Namensgebung

Schnittstellennamen tragen immer das Präfix „I" für „*Interface*". Der eigentliche Name der Schnittstelle folgt direkt danach, zum Beispiel IDirect3D9. Neben der normalen Schnittstelle gibt es immer noch eine *Zeigervariante*. Diese beginnt mit „P" (*Pointer*), und danach folgt der ebenfalls in Großbuchstaben geschriebene eigentliche Name der Schnittstelle, jedoch ohne das „I" – zum Beispiel PDIRECT3D9. PDIRECT3D9 ist dann nichts anderes als ein Zeiger auf eine IDirect3D9-Schnittstelle, also IDirect3D9*. Manche Schnittstellen verwenden auch „LP", was für *Long Pointer* steht, anstelle von „P". Beides bedeutet aber das Gleiche.

1.3 DirectX und C++

Erstellung von Schnittstellen

Während man eine Klasseninstanz zum Beispiel ganz einfach mit ihrem *Konstruktor* erzeugt, muss eine Schnittstelle zumeist durch eine Funktion erzeugt werden. Welche Funktionen dafür verantwortlich sind, hängt immer vom Schnittstellentyp ab.

Schnittstellenverwaltung

Das COM geht davon aus, dass ein und dieselbe Schnittstelle möglicherweise von mehreren Programmen oder Programmteilen *parallel* verwendet wird. Nun hätte es selbstverständlich katastrophale Folgen, wenn der eine Programmteil die besagte Schnittstelle ganz einfach löschen könnte – der andere Programmteil würde dann ins Leere greifen.

Damit das nicht passiert, besitzt jede COM-Schnittstelle einen so genannten *Referenzzähler*. Jeder auf die Schnittstelle zugreifende Programmteil erhöht den Zähler um 1, wenn er die Schnittstelle zum ersten Mal anfordert. Ist dann die Arbeit mit der Schnittstelle erledigt, so wird ihr Referenzzähler wieder um 1 verringert. Und nun der Trick: Erreicht der Zähler den Wert 0, dann – und wirklich erst dann – wird die Schnittstelle komplett abgebaut (ähnlich wie man eine vorher erstellte Klasseninstanz mit delete löscht). So wird auf elegante Weise verhindert, dass ein Programmteil dem Anderen eine Schnittstelle „vor der Nase" weglöscht.

Die Basisschnittstelle *IUnknown*

Damit man gewisse Verwaltungsmethoden nicht für jede Schnittstelle neu implementieren muss, wurde eine *Basisschnittstelle* namens IUnknown definiert. Alle anderen Schnittstellen sind von dieser *abgeleitet* – wie man das auch schon von C++-Klassen kennt –, und demnach sind die Methoden der Basisschnittstelle auch ein Teil von ihnen selbst. Die Basisschnittstelle definiert nichts weiter als die für die Schnittstellenverwaltung erforderlichen Methoden.

Das COM bietet auch die Möglichkeit, von jeder beliebigen Schnittstelle eine Schnittstelle eines anderen Typs anzufordern, man kann praktisch von der einen Schnittstelle auf die andere schließen. Das funktioniert – wie man es sich vorstellen kann – lange nicht mit *jeder* Schnittstellenkombination, aber zumindest besteht die Möglichkeit.

Tabelle 1.3 Die drei Grundmethoden der IUnknown-Schnittstelle

Methode	Zweck
AddRef	Erhöhen des Referenzzählers um 1
Release	Freigeben der Schnittstelle, Verringern des Referenzzählers um 1 und Abbau der Schnittstelle beim Wert 0
QueryInterface	Anfordern eines anderen Schnittstellentyps

Schnittstellen-IDs

Möchte man eine Schnittstelle durch eine allgemeine Methode generieren, die nicht für einen bestimmten Schnittstellentyp ausgelegt ist (wie zum Beispiel die Methode QueryInterface), dann ist es wichtig, dass jeder Schnittstellentyp exakt beschrieben werden kann. Dafür gibt es die so genannten *Schnittstellen-IDs* – jede Schnittstelle hat eine, und diese ist auch *einmalig*. Hier muss man glücklicherweise keine neuen Namen auswendig lernen, denn die Namen der Schnittstellen-IDs hängen unmittelbar mit den eigentlichen Schnittstellennamen zusammen. So hat beispielsweise die Schnittstellen-ID von IDirect3D9 den Namen IID_IDirect3D9 – also nur ein „IID_" – vor den Schnittstellennamen hängen, und man ist fertig.

1.3.3.3 Rückgabewerte und Prüfmakros

So gut wie alle Methoden von COM-Schnittstellen sind vom Typ HRESULT, wobei HRESULT nur eine andere Definition für einen long-Wert ist. Anhand des Rückgabewerts lässt sich das Ergebnis jeder Methode abfragen. War eine Methode erfolgreich, so liefert sie den als 0 definierten Wert S_OK oder einen anderen *Erfolgscode* zurück. So gut wie alle anderen Werte sind demnach *Fehlercodes*; eine Methode kann auf viele Arten fehlschlagen, jedoch meistens nur auf eine Art Erfolg haben. Die Namen der Fehlercodes beginnen alle mit „E_" (*Error*) und die der Erfolgscodes mit „S_" (*Success*).

Die beiden Makros FAILED und SUCCEEDED liefern TRUE zurück, wenn der ihnen angegebene HRESULT-Rückgabewert einen Fehler (bei FAILED) oder einen Erfolgscode (bei SUCCEEDED) beinhaltet. So testet man also, ob ein Code ein Fehler- oder ein Erfolgscode ist.

```
// Beispiel: Aufrufen einer Methode auf einer Schnittstelle pTest
HRESULT hResult = pTest->Method1();
if(FAILED(hResult))
{
    // Die Methode ist fehlgeschlagen.
    // Das hat uns das Makro FAILED mitgeteilt.
}

hResult = pTest->Method2();
if(SUCCEEDED(hResult))
{
    // Die zweite Methode wurde erfolgreich ausgeführt.
    // Das hat uns das Makro SUCCEEDED mitgeteilt.
}
```

Listing 1.10 Demonstration der beiden Prüfmakros FAILED und SUCCEEDED

Und es werde Text!

Ist nun eine wichtige COM-Methode fehlgeschlagen, so möchte man vielleicht – bevor das Programm eventuell abgebrochen wird – den Benutzer über diesen Fehlschlag informieren. Die einfache Variante wäre, ihm einfach den Rückgabecode zu liefern – beispielsweise –6371. Nun dürfte aber wohl so gut wie kein Mensch damit etwas anzufangen wissen; wäre ein kleiner beschreibender Text nicht viel besser, der einem zumindest den Namen des Fehlercodes zeigen würde?

Genau dafür gibt es zwei Funktionen (die spezifisch für DirectX-Fehlercodes sind) mit den hübschen Namen DXGetErrorString9 und DXGetErrorDescription9. Diese beiden sind wirklich herrlich einfach anzuwenden: Man übergibt ihnen einen HRESULT-Wert und erhält als Dank dafür einen String (char*), der bei DXGetErrorString9 den Namen des Fehlercodes (zum Beispiel „E_FAILED") und bei DXGetErrorDescription9 entsprechend eine kurze *Beschreibung* des Fehlers enthält. Hier sollte man aber nicht zu viel erwarten, denn meistens beschränkt sich diese Beschreibung auf eine Wiederholung der Fehlerursachen, die bereits aus dem Namen des Fehlercodes ablesbar sind.

> Beide Methoden erfordern, dass die Datei DXERR9.LIB gelinkt wird! Also nicht vergessen, sie in den Projekteinstellungen bei den Bibliotheksdateien einzutragen.

1.3.4 Rückblick

Nun kennen Sie bereits einige wichtige DirectX-Grundlagen wie zum Beispiel das COM. Seine Funktionen und Schnittstellen werden uns im Verlauf des Buches immer wieder begegnen.

Kurze Zusammenfassung dieses Abschnitts:
- DirectX besteht aus vielen einzelnen unabhängigen Komponenten, von denen jede für sich einen gewissen Funktionsbereich abdeckt (Grafik, Sound, Eingabe, Netzwerk ...).
- Um mit DirectX zu programmieren, müssen wir das DirectX-SDK (*Software Development Kit*) installieren. Das SDK bildet die Verbindung zwischen unserer Programmiersprache (C++) und DirectX.
- DirectX ist auf dem COM (*Component Object Model*) aufgebaut, das der Objektorientiertheit von C++ entgegenkommt. Es vereinfacht den Umgang und die Verwaltung von Objekten, die Teil einer großen Funktionssammlung wie DirectX sind.

1.4 Wir bauen uns eine eigene Engine!

1.4.1 Was versteht man unter einer Engine?

Sie haben sicherlich schon öfters den Begriff *Engine* in Verbindung mit Spielen wie *Quake III* oder *Half-Life* gehört. Da heißt es dann zum Beispiel: „*Die Quake III-Engine wurde von E.A. lizenziert!*" oder Ähnliches.

Wenn wir das Wort *Engine* ins Deutsche übersetzen, heißt es so viel wie *Antrieb* oder *Motor*. Das trifft den Nagel auf den Kopf – eine Engine ist nichts anderes als der Motor für das Spiel und damit essenziell! Für die Programme und Spiele dieses Buches werden wir ebenfalls eine Engine entwickeln. Natürlich besteht auch die Möglichkeit, auf eine vorhandene zurückzugreifen. Aber man versteht das, was man selbst geschrieben hat, immer am besten, und umso stolzer kann man nachher sein, wenn endlich das erste Projekt fertig gestellt ist. Eine Engine nimmt dem Programmierer viel seiner harten Arbeit ab, indem sie immer wieder auftretende Abläufe automatisiert.

1.4.2 Verschiedene Entwicklungsansätze

1.4.2.1 Anwendungsbereich der Engine

Man kann zwischen zwei *Grundtypen* von Engines unterscheiden:
- *Spezialisierte Engines*: Eine Engine, die zum Beispiel auf Ego-Shooter-Spiele spezialisiert und optimiert ist. Man wird mit einer Engine für Ego-Shooter gewiss Probleme haben, einen Flugsimulator zu programmieren.
- *Universelle Engines*: Als universell bezeichnen wir eine Engine, mit der man theoretisch alles machen könnte. Natürlich kann eine solche Engine nicht Funktionen für alle Arten von Spielen bereitstellen (oder nur unter extrem großen Aufwand), sondern nur einige Hilfestellungen anbieten, die man für die meisten Anwendungsgebiete mehr oder weniger gut gebrauchen kann.

Die in diesem Buch benutzte Engine fällt eindeutig in die zweite Kategorie – sie ist eine *universelle Engine*. Sie sollen sich natürlich nicht nur auf eine bestimmte Art von Spielen spezialisieren müssen!

1.4.2.2 Verpackung

Unter der „Verpackung" einer Engine versteht sich die Art und Weise, wie sie ihre Funktionen und Klassen präsentiert. Auch hier gibt es zwei grundsätzliche Möglichkeiten:

- *Statische Engine*: Alle Funktionen werden später in eine statische LIB-Datei (eine Bibliotheksdatei) geschrieben. Wenn ein Programm dann die Engine benutzt, wird sie ein Teil seiner EXE-Datei, die dadurch natürlich um einiges größer wird.
- *Dynamische Engine*: Alles, was wir programmieren, wird später in eine DLL-Datei kompiliert (*DLL* steht für *Dynamic Link Library*, das bedeutet so viel wie *dynamische Linkbibliothek*). Ein Programm, das die Engine benutzt, muss dann mit ihrer LIB-Datei gelinkt werden, und die benötigte DLL-Datei muss sich später im selben Ordner wie die EXE-Datei befinden (oder im SYSTEM32-Ordner von Windows). Die Funktionen werden dann dynamisch beim Start des Spiels geladen.

Ich habe mich auch hier für die zweite Möglichkeit entschieden, da sie einige unschlagbare Vorteile bietet: Die EXE-Datei bleibt schön klein, und die Engine liegt *getrennt* vom Spiel selbst vor. Stellen Sie sich vor, Sie haben ein Spiel veröffentlicht, dessen EXE-Datei möglicherweise einige Megabytes groß ist. Nun hat sich ein gemeiner Fehler in die Engine eingeschlichen. Wenn die Engine dynamisch ist, müssen die Spieler bei einem Update lediglich die neue DLL-Datei herunterladen. Die Spieler werden es Ihnen immer danken, wenn sie so wenig Aufwand wie möglich haben!

1.4.3 Konkrete Planung

1.4.3.1 Der Arbeitsname

Jedes Projekt benötigt einen Arbeitsnamen – ob dieser dann am Ende noch geändert wird, ist eine andere Sache. Der Arbeitsname soll nur verhindern, dass die Dateien in einem Ordner wie C:\PROGRAMMIEREN\IRGENDEIN PROJEKT landen. Ich habe die Engine *TriBase-Engine* getauft (aus Gründen, die bald offensichtlich werden).

1.4.3.2 Features – was soll die Engine können?

Ein wichtiger Aspekt ist die einfache Initialisierung von DirectX-Schnittstellen – alles sollte möglichst mit dem Aufruf einer einzigen Methode erledigt werden können und genauso einfach wieder „wegzuräumen" sein. Weiterhin nützlich wären:

- schnelle optimierte Klassen für Vektoren, Matrizen, Ebenen und Farben (inklusive Operatoren und Hilfsfunktionen)
- Funktionen zum Laden einer Textur oder eines 3D-Modells
- einfache und schnelle Darstellung von 3D-Objekten
- Effekte wie Feuer, Explosionen, Wasser, Regen, Schnee, Nebel
- Textausgabe
- einfacher Zugriff auf die Eingabegeräte wie Tastatur, Maus und Joystick
- einfaches Abspielen von Musik und 3D-Sounds

1.4 Wir bauen uns eine eigene Engine!

- Laden von Dateien aus größeren Datenpaketen (verschlüsselte Zip-Dateien), um ein großes Dateichaos und Einsicht in Ihre Daten zu verhindern
- diverse Helferfunktionen für immer wieder benutzte Abläufe in Spielen (zum Beispiel Kollisionserkennung)
- Speichermanagement (um Speicherlecks zu verhindern)

Die wichtigsten Punkte aus dieser Liste werden wir Schritt für Schritt erarbeiten. Manche davon werden wir hingegen einfach als „gegeben" betrachten, da sie so grundlegend sind, dass sie kaum beschrieben werden müssen und das Buch nur unnötig dick (und dadurch Ihr Portemonnaie unnötig leer) machen würden.

Die oben aufgeführten Features sind nahezu unerlässlich für eine gute Engine. Mit einer solchen Funktionssammlung kann ein Programmierer praktisch jede Art von Spiel schreiben.

1.4.3.3 Namensgebung

Die Namensgebung innerhalb der Engine für Variablen, Strukturen, Klassen und Funktionen sollte so *einheitlich* wie möglich sein – das erhöht die *Lesbarkeit* des Codes enorm und wirkt Verständnisproblemen entgegen. An die folgenden Punkte wird sich der gesamte Quellcode der Engine halten:

- Öffentliche Funktionsnamen beginnen mit „tb". Es folgt der groß geschriebene Rest des Funktionsnamens, der auch aus mehreren Wörtern bestehen kann, welche dann durch Großschreibung jedes Einzelworts aneinander gereiht werden. Beispiel: `tbInit` oder `tbDoMessageLoop`.
- Für öffentliche Klassen, Strukturen und Aufzählungen gilt das Gleiche wie für öffentliche Funktionen – ein „tb" gefolgt vom eigentlichen Namen.
- Alle globalen Variablen bekommen noch das Präfix „tb_g_". Beispiel für einen globalen int-Zeiger: `int* tb_g_piPointer`
- Mit `#define` definierte Makros werden komplett in Großbuchstaben geschrieben und beginnen mit „TB_". Mehrere Wörter können mit einem Unterstrich getrennt werden.
- Elemente einer mit `enum` erstellten Aufzählung halten sich an die gleichen Namenskonventionen wie Makros. Dem „TB_" folgt aber meistens noch eine Abkürzung des Aufzählungsnamens, um doppelte Namen zu vermeiden.

1.4.3.4 Rückgabewerte

Ähnlich wie `HRESULT` definieren wir für die TriBase-Engine eine Aufzählung namens `tbResult`. Sie enthält einen Erfolgscode (`TB_OK` = 0) und ein paar Fehlercodes, wovon einer `TB_ERROR` (= 1) ist. Der Wert `TB_NOT_FOUND` wird von Suchfunktionen zurückgegeben, wenn sie keinen Erfolg hatten. `TB_CANCELED` wird geliefert, wenn der Benutzer eine Operation abgebrochen hat.

Prüfmakros wie `SUCCEEDED` oder `FAILED` sind nicht nötig, denn es gibt nur einen einzigen Erfolgscode, `TB_OK`, dessen Wert 0 ist. Daher gilt: Ist der Rückgabewert gleich 0, dann war die Funktion/Methode erfolgreich, andernfalls war sie es nicht.

1.4.3.5 Abfragefunktionen

Beim Programmieren einer Engine oder einer allgemeinen Funktionssammlung trifft man immer wieder auf das folgende Problem: Wie stellt man es an, dass eine Funktion oder eine Methode irgendwelche Daten zurückliefert? Soll man ...

a) ... auf den Standardrückgabewert, welcher den Erfolg der Funktion oder Methode preisgibt, verzichten? Sollte die Funktion stattdessen direkt die angeforderten Daten zurückliefern – beispielsweise einen `int`-Wert oder eine Struktur?
b) ... dem Prinzip des Statusrückgabewerts treu bleiben? Funktionen, die Daten liefern, erhalten dann als Parameter einen Zeiger auf einen Speicherbereich, den sie dann mit den gewünschten Informationen füllen.
c) ... die Funktionen mal auf die eine und mal die andere Art anlegen?

Punkt c) widerspricht zwar dem Prinzip der *Einheitlichkeit*, aber für jedes Abfragen von Informationen extra eine eigene Variable anzulegen und deren Adresse dann zu übergeben, kann auf die Dauer wirklich lästig werden. Daher regeln wir es wie folgt: Funktionen, bei denen mehr als nur ein Fehler auftreten kann oder die ihre Daten in Form von größeren Strukturen liefern, behalten weiterhin den Rückgabewert `tbResult`. Ihnen übergibt man dann als letzten Parameter einen Zeiger, und dort hinein speichert die Funktion dann die angeforderten Daten. Einfachere Funktionen (à la `sqrt`) liefern ihr Ergebnis direkt durch den Rückgabewert.

1.4.3.6 Aufteilung in Dateien

Header- und Quellcodedateien

Jede Komponente der TriBase-Engine (zum Beispiel Grafik, Sound, Eingabe oder mathematische Funktionen) setzt sich aus zwei Dateien zusammen: aus einer Header-Datei (TBKOMPONENTE.H) und aus einer Quellcodedatei (TBKOMPONENTE.CPP). Die *Hauptkomponente*, die aus den Dateien TRIBASE.H und TRIBASE.CPP besteht, vereint alle Einzelkomponenten.

Die Datei TRIBASE.H ist die einzige Header-Datei, die von einem mit der Engine arbeitenden Programm eingebunden werden muss – der Rest geschieht von alleine. TRIBASE.H bindet nämlich intern die Header-Dateien *aller* Komponenten ein.

Die resultierenden Dateien

Die DLL-Datei – aus der die Engine am Ende besteht – wird den Namen TRIBASE.DLL tragen. Die dazugehörige Bibliotheksdatei heißt demnach TRIBASE.LIB, das gilt jedenfalls für die *Release-Version* der Engine. Die *Debug*-Version, welche die Fehlersuche erleichtert, benutzt die Dateien TRIBASED.DLL und TRIBASED.LIB (das „D" steht für *Debug*). Damit ein Programm auf die Engine zugreifen kann, muss sich die entsprechende DLL-Datei – wie bereits erwähnt – entweder im Verzeichnis der ausführbaren Datei oder im SYSTEM32-Verzeichnis des Windows-Ordners befinden. Vergessen Sie also niemals, die DLL-Datei mit Ihren Spielen mitzuliefern (es wird sich dabei wohl um TRIBASE.DLL handeln, die Debug-Version ist lediglich für den Entwicklungsvorgang gedacht). Die Release-Version der Engine ist teilweise circa *7 Mal so schnell* wie die Debug-Version.

1.4.3.7 Ordnerstruktur

Die Dateien der TriBase-Engine befinden sich nicht einfach alle im selben Ordner, sondern es existieren verschiedene Verzeichnisse, in welche die Dateien je nach Typ und Zweck eingeteilt werden. Alle Ordner befinden sich im TRIBASE-Verzeichnis der CD-ROM.

1.4 Wir bauen uns eine eigene Engine!

Tabelle 1.4 Die Ordnerstruktur der TriBase-Engine

Ordner	Inhalt
INCLUDE	Alle Header-Dateien (H)
SRC	Alle Quellcodedateien (CPP)
RES	Ressourcendateien (RC, H)
BIN	Die beim Kompilieren generierten DLL-Dateien
LIB	Die Bibliotheksdateien für die DLLs
TOOLS	Verschiedene Werkzeuge für die Engine

Alle Beispielprogramme befinden sich im Ordner BEISPIELE im Stammverzeichnis der CD-ROM. Die im Buch entwickelten Spiele finden Sie in SPIELE\BUCH.

1.4.4 Installation der Engine und Einrichten eines Projekts

1.4.4.1 Kopieren der Dateien

Am besten ist es, wenn Sie sich für die TriBase-Engine einen völlig neuen Ordner auf Ihrer Festplatte anlegen. Dieser muss nicht unbedingt im MYPROJECTS-Verzeichnis von Visual C++ liegen. Das CD-ROM-AutoRun-Programm kann Sie direkt zum Ordner der TriBase-Engine auf der CD-ROM bringen. Markieren Sie alles, kopieren Sie, und fügen Sie im neu erstellten Ordner wieder ein. Am besten entfernen Sie noch bei allen Dateien den Schreibschutz. Damit Sie das nicht bei jeder einzelnen Datei machen müssen, benutzen Sie die Dateisuchfunktion von Windows, indem Sie nach allen Dateien (*.*) suchen, alle markieren und dann bei den Eigenschaften den Schreibschutz für alle gleichzeitig entfernen.

1.4.4.2 Die Verzeichnisse bekannt geben

Binden Sie später per #include die Datei TRIBASE.H ein, dann muss deren Aufenthaltsort dem Compiler bekannt sein. Intern benutzt Visual C++ eine große Tabelle mit Verzeichnissen für Header-Dateien, Quellcodedateien und Bibliotheksdateien. Dieser Tabelle fügen wir das Tri-Base- und das Verzeichnis des DirectX-SDKs hinzu.

Für Visual C++ 6

Klicken Sie im Menü EXTRAS auf den Punkt OPTIONEN. Es öffnet sich ein Fenster, in dem Sie den Punkt VERZEICHNISSE anwählen. Nun sehen Sie eine große Liste von Verzeichnissen. Wählen Sie in der rechten oberen Liste den Punkt INCLUDE-DATEIEN aus. Klicken Sie nun auf das NEU-Symbol über der Hauptliste (das ist das Symbol mit dem glänzenden gestrichelten Rahmen), und die Liste wird um einen Eintrag erweitert. Geben Sie nun den absoluten Pfad zum INCLUDE-Ordner in Ihrem TRIBASE-Verzeichnis an, oder klicken Sie rechts in der Zeile auf die kleine Schaltfläche mit den drei Punkten, um den Pfad per Maus auszuwählen. Bestätigen Sie die Eingabe/Auswahl. Fügen Sie auch den INCLUDE-Ordner des DirectX-SDK hinzu, der durch die SDK-Installation erstellt wurde – falls das nicht schon automatisch passiert ist. Befördern Sie die neuen Einträge *ganz nach oben* in die Liste (durch die Pfeile) – das ist sehr wichtig!

Als Nächstes wollen wir die Einstellungen für die Bibliotheksdateien ändern (wählen Sie dazu diesen Punkt in der rechten oberen Liste aus). Fügen Sie auch hier einen neuen Listeneintrag ein, diesmal weisen Sie ihm jedoch den Pfad zum LIB-Ordner im TriBase- und im DirectX-

SDK-Verzeichnis zu, und bestätigen Sie. Übernehmen Sie die Änderungen durch Klicken auf OK – das Fenster schließt sich.

Für Visual C++ .NET

Klicken Sie auf EXTRAS, dann auf OPTIONEN. Nun öffnet sich ein auf den ersten Blick etwas unübersichtliches Optionsfenster mit verschiedenen Kategorien auf der linken Seite. Klicken Sie dort auf das Ordnersymbol PROJEKTE, und wählen Sie dann VC++-VERZEICHNISSE. Nun kann rechts oben die Verzeichniskategorie gewählt werden (Header-Dateien, Bibliotheksdateien und so weiter). Klicken Sie auf das Symbol mit dem glänzenden Ordner, um einen neuen Eintrag in der Liste anzulegen. Spezifizieren Sie dieselben Ordner wie oben bereits beschrieben, und schieben Sie die neuen Einträge ganz nach oben.

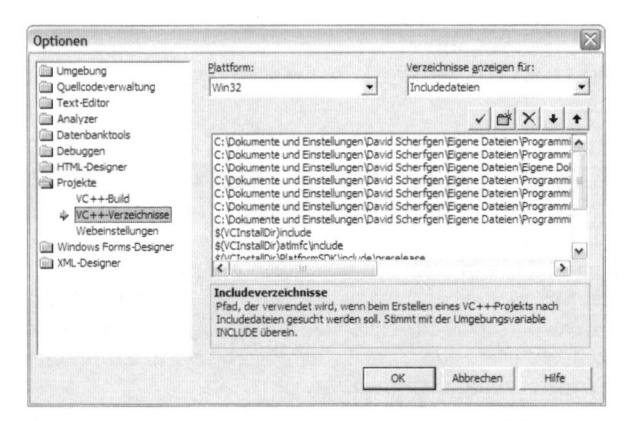

Abbildung 1.1 Fügen Sie hier die TriBase- und die DirectX-Verzeichnisse in die Liste ein.

1.4.4.3 Einrichten eines Visual C++-Projekts

Hier werden Sie mit den Schritten vertraut gemacht, die für die Erstellung eines Projekts, welches die TriBase-Engine verwendet, nötig sind. Erzeugen Sie als Erstes ein neues leeres Projekt vom Typ Ihrer Wahl (am besten eine *Win32-Anwendung*, denn damit können Sie die Quellcodes der Beispielprojekte direkt ohne Änderung übernehmen).

Für Visual C++ 6

Nachdem Sie sich durch die verschiedenen auftauchenden Dialogfenster geklickt haben, wählen Sie den Eintrag EINSTELLUNGEN aus dem Menü PROJEKT. Das Projekteinstellungsfenster öffnet sich.

Wählen Sie WIN32 DEBUG aus der linken oberen Liste aus, um die Einstellungen für die Debug-Version des Projekts einzusehen. Platzieren Sie den Cursor an den Anfang der Eingabezeile bei OBJEKT-/BIBLIOTHEK-MODULE, und geben Sie TRIBASED.LIB gefolgt von einem Leerzeichen ein. Achten Sie auf das „D" für *Debug* am Ende des Dateinamens!

Als Nächstes konfigurieren Sie die Einstellungen unter WIN32 RELEASE. Fügen Sie hier die Datei TRIBASE.LIB zum Eingabefeld hinzu. Das „D" fällt hier weg, da es sich um die Release-Version der Bibliotheksdatei handelt. Bestätigen Sie mit OK, um das Fenster zu schließen und die Änderungen zu übernehmen.

1.4 Wir bauen uns eine eigene Engine!

Für Visual C++ .NET

Klicken Sie im Menü PROJEKT auf den Menüpunkt EIGENSCHAFTEN, nachdem Sie in der Projektstrukturübersicht links Ihr Projekt markiert haben (sehr wichtig). Wählen Sie dann auf der linken Seite LINKER und EINGABE. Im Feld ZUSÄTZLICHE ABHÄNGIGKEITEN lassen sich nun die Bibliotheksdateien eintragen. Fügen Sie nun dieselben Dateien zum Projekt hinzu wie oben bereits beschrieben. Links oben im Dialogfenster können Sie zwischen der Debug- und der Release-Konfiguration wählen.

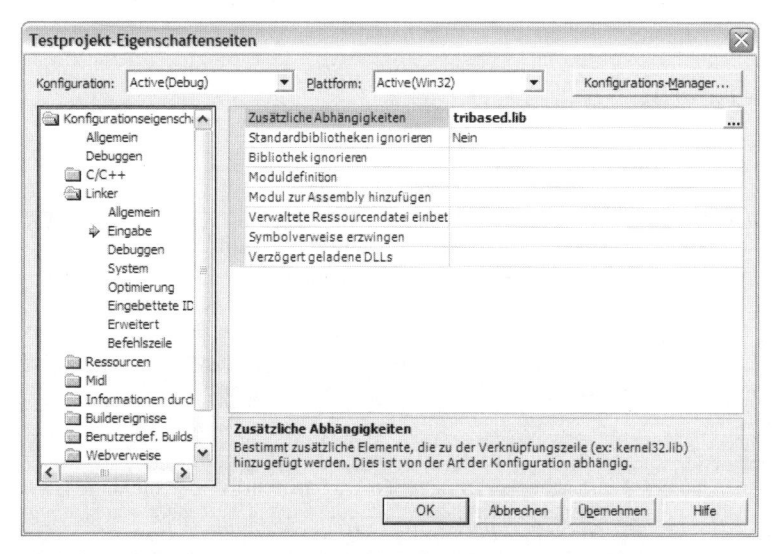

Abbildung 1.2 Hier werden zusätzliche Bibliotheksdateien eingetragen.

1.4.5 Vorgabefunktionen, Klassen und Makros vorgestellt

Leider bietet dieses Buch nicht den nötigen Platz, um restlos alle Funktionen und Klassen der Engine selbst herzuleiten. Einige grundlegende Elemente werde ich Ihnen in dem nun folgenden Abschnitt vorstellen und mit Hilfe von Beispielen demonstrieren. Es handelt sich bei den nun vorgestellten Funktionen um das Fundament der TriBase-Engine, das uns durch das gesamte Buch begleiten wird.

1.4.5.1 Initialisieren und Herunterfahren

Ganz am Anfang des Ablaufs eines Programms steht immer die *Initialisierung* der Engine. Damit wird sie praktisch auf den kommenden Einsatz vorbereitet.

Die TriBase-Engine wird mit Hilfe der Funktion tbInit initialisiert. Sie ist vom Typ tbResult und liefert im anzunehmenden Erfolgsfall den Wert TB_OK. Die Funktion erwartet keine Parameter. Das Gegenstück von tbInit heißt tbExit und ist für das Herunterfahren der Engine verantwortlich – diese Funktion sollte am Programmende aufgerufen werden.

Sie werden sich nun wohl fragen, was genau tbInit eigentlich genau tut. Es ist genau genommen gar nicht viel – nur ein paar weitere Funktionsaufrufe, die im Verlauf dieses Buches geklärt werden.

```
// Die TriBase-Engine initialisieren
if(tbInit())
{
    // Es trat ein Fehler auf!
    // ...
}
else
{
    // Die Engine wurde korrekt initialisiert!
    // ...
}

// Die Engine wieder herunterfahren
tbExit();
```

Listing 1.11 Initialisieren und Herunterfahren der TriBase-Engine

1.4.5.2 Die Logbuchfunktionen

Häufig gerät man als Spieleprogrammierer in eine Situation, in der man verzweifelt nach einer einfachen Möglichkeit sucht, irgendwelche Daten auszugeben (hauptsächlich Werte von Variablen oder Meldungen wie *„Fehler: Eine Datei wurde nicht gefunden!"*) – doch da das Spiel zum Beispiel im Vollbildmodus läuft, funktionieren möglicherweise die Message-Boxes nicht. Auf diese Weise kann man dem Benutzer (und sich selbst) also *nicht* gut mitteilen, dass irgendetwas nicht funktioniert oder dass das Programm einen bestimmten Punkt im Quellcode erreicht hat (um nach einem Fehler zu suchen).

In dem Fall gibt es nur eine wirklich verlässliche Methode: die Ausgabe in eine Datei – eine so genannte *Logbuchdatei*. Die Logbuchdatei eines Programms wird vom Programm selbst während der Ausführung mit Ausgaben wie *„Initialisierung läuft..."*, *„Initialisierung abgeschlossen!"* oder *„Fehler in Zeile 2734: Nullzeiger angegeben!"* gefüllt. So lässt sich später leichter nachvollziehen, woran und vor allem wo es denn nun gescheitert ist.

Nun kann man sich natürlich jedes Mal, wenn wieder einmal eine Ausgabe zu machen ist, einen neuen String anlegen, ihn mit verschiedenen Funktionen wie `sprintf` zusammenbasteln, die Logbuchdatei öffnen, den String hineinschreiben und die Datei wieder schließen – doch dieser Vorgang lässt sich sehr leicht automatisieren.

Das Ergebnis ist die Funktion `tbWriteToLog`. Sie ist mit `printf` oder `sprintf` vergleichbar – sie erwartet als ersten Parameter einen *Formatstring*, der das Format des zu schreibenden Texts beinhaltet. Der Formatstring beinhaltet verschiedene Platzhalter, die mit einem Prozentzeichen („%") beginnen – zum Beispiel „%f" für einen `float`-Wert, „%s" für einen String oder „%d" für einen Integer. Danach folgen genau so viele zusätzliche Parameter, wie die Anzahl der Platzhalter im Formatstring erwarten lässt. Der Formatstring erlaubt auch Sonderzeichenkombinationen wie „\n" für eine neue Zeile.

`tbWriteToLog` wandelt Ihre Angaben in einen brauchbaren String um und hängt diesen an das Ende der Logbuchdatei, deren Name auf LOG.HTML festgelegt wurde – sie wird im Hauptverzeichnis des Programms angelegt. Wie Sie schon an der Dateiendung HTML sehen, unterstützt die TriBase-Engine ein *HTML-Logbuch*. Dadurch können Logbucheinträge übersichtlicher und schöner ausgegeben werden (farbliche Hervorhebungen, Tabellen und so weiter).

1.4 Wir bauen uns eine eigene Engine!

```
// Einen float-Wert in die Logbuchdatei schreiben
float fFloat = 178.285f;
tbWriteToLog("Die Variable fFloat hat den Wert %.2f!", fFloat);

// Und nun einen int-Wert - danach eine neue Zeile beginnen
int iInt = 2002;
tbWriteToLog("Die Variable iInt hat den Wert %d\n!", iInt);

// Zum Schluss noch einen kleinen String
char* pcString = "der hat mein Buch gekauft. Danke!";
tbWriteToLog("Wer das hier liest, %s\n", pcString);
```

Listing 1.12 Die Anwendung der Logbuchfunktion `tbWriteToLog`

Beim Aufruf von `tbInit` wird die Logbuchdatei übrigens automatisch zurückgesetzt.

1.4.5.3 Kampf den Speicherlecks – der TriBase-Speichermanager

Einmal reservierte, jedoch (auf Grund von Nachlässigkeit des Programmierers) niemals wieder freigegebene Speicherbereiche verschwenden unnötig viele Systemressourcen und können so den Benutzer zu einem frühzeitigen Systemneustart zwingen.

Um das zu verhindern, besitzt die TriBase-Engine einen *Speichermanager*. Er führt eine genaue Liste über jeden reservierten Speicherbereich und räumt beim Herunterfahren der Engine mit `tbExit` automatisch alle verbleibenden Bereiche auf. Falls welche existieren, wird auch eine Warnung in die Logbuchdatei geschrieben.

Um genau zu sein, wird eine *doppelt verkettete Liste* verwendet. Das ist eine Liste, bei der jeder Eintrag einen Zeiger auf den vorherigen und auf den nächsten Eintrag speichert. Solche Listen lassen sich schnell erweitern und schnell durchlaufen. Für jede Speicherreservierung gibt es einen Listeneintrag.

Speicher reservieren

Damit diese Buchführung auch vernünftig funktioniert, müssen natürlich spezielle Funktionen her – über die Standardfunktionen wie `malloc` oder `GlobalAlloc` lässt sich das nicht so einfach bewerkstelligen. Daher wurde die Funktion `tbMemAlloc` ins Leben gerufen. Die Funktion erwartet einen Parameter – einen `int`-Wert, der die Größe des zu reservierenden Speicherbereichs angibt. Zurück liefert sie dann einen `void*`-Zeiger auf den neuen Speicherbereich oder `NULL` im Falle eines Fehlers (zu wenig freier Speicher oder eine ungültige Speichergröße). Diese Funktion ist dazu gedacht, größere Speicherbereiche zu reservieren, und *nicht*, um Klasseninstanzen zu erstellen.

Speicherbereiche verändern

Verwendet man etwas wie dynamische Listen – also Listen mit variabler Größe –, dann kommt es oft vor, dass ein Speicherbereich vergrößert werden muss, ohne dass sein Inhalt verloren geht. Dafür ist die Funktion `tbReAlloc` zuständig. Übergeben Sie ihr als ersten Parameter die Adresse des alten Speicherbereichs (der unbedingt mit `tbMemAlloc` oder ebenfalls mit `tbMemReAlloc` reserviert wurde) und dann die Größe des neuen (darf jeden beliebigen Wert außer null annehmen). Es ist zu beachten, dass der alte und der neue Speicherbereich nicht an derselben Stelle im Speicher liegen – lediglich der Inhalt bleibt erhalten. Ein negativer Wert für die neue Speichergröße bedeutet, dass der Speicherbereich vergrößert werden soll. –100 *vergrößert* den Speicher also um 100 Bytes.

Freigabe von Speicher

Mit `tbMemAlloc` oder `tbMemReAlloc` reservierter Speicher muss zwar nicht unbedingt per Hand freigegeben werden, da die Engine das beim Herunterfahren automatisch erledigt. Man sollte aber trotzdem versuchen, einen Speicherbereich nie länger als nötig reserviert zu lassen, um auch vor dem Ende des Programms wieder Platz für neue Daten zu schaffen. Einen mit `tbMemAlloc` oder `tbMemReAlloc` erstellten Speicherbereich gibt man mit der Funktion `tbMemFree` wieder frei. Man übergibt ihr einfach den Zeiger auf den Speicher.

Verwenden Sie am besten das Makro `TB_SAFE_MEMFREE`. Es prüft zuerst, ob der angegebene Speicherbereich nicht eventuell ein `NULL`-Zeiger ist, gibt ihn dann frei und setzt ihn auf `NULL`. Das ist in jedem Fall besser als nur mit `tbMemFree` zu arbeiten.

Größe und Gültigkeit eines Speicherbereichs

Die Größe eines bereits mit einer der TriBase-Funktionen reservierten Speicherbereichs kann man mit Hilfe der Funktion `tbMemGetSize` in Erfahrung bringen. Man übergibt dieser Funktion einfach den Zeiger auf den Speicherbereich, und sie liefert dann dessen Größe zurück (oder –1 bei einem Fehler).

Die Funktion `tbMemIsValid` liefert `TRUE` oder `FALSE` zurück – je nachdem, ob der als Parameter angegebene Speicherbereich gültig, das heißt, mit einer der TriBase-Funktionen reserviert worden ist.

```
// 100 Bytes Speicher reservieren
void* pData = tbMemAlloc(100);
if(!pData)
{
    // Nicht genug freier Speicher!
    // ...
}

// Größe abfragen (sollte 100 ergeben)
int iSize = tbMemGetSize(pData);

// Speicherbereich um 400 Bytes vergrößern
pData = tbMemReAlloc(pData, iSize + 400);
if(!pData)
{
    // Nicht genug freier Speicher!
    // ...
}

// Bereich nochmals um 100 Bytes vergrößern, diesmal einfacher
pData = tbMemReAlloc(pData, -100);
if(!pData)
{
    // ...
}

// Speicherbereich gültig? Wenn tbMemIsValid FALSE liefert, dann ist der
// angegebene Bereich ungültig.
if(!tbMemIsValid(pData))
{
    // ...
}

// Speicherbereich freigeben
TB_SAFE_MEMFREE(pData);
```

Listing 1.13 Anwendung der Funktionen des TriBase-Speichermanagers

1.4.5.4 Virtuelle Dateien

Die TriBase-Engine besitzt Funktionen zum Umgang mit *virtuellen Dateien*. Eine virtuelle Datei ist ein *Speicherbereich*, der jedoch wie eine Datei behandelt wird. Das heißt, dass er zum Beispiel einen *Lesezeiger* (wie eine Datei) besitzt, der immer auf das nächste noch nicht gelesene Byte zeigt.

Virtuelle Dateien werden durch die Klasse `tbVFile` repräsentiert. Es gibt drei Möglichkeiten, wie man eine virtuelle Datei erzeugen kann:

- Aus einer echten Datei oder aus einer Datei innerhalb eines Zip-Archivs (*siehe unten*)
- Aus einem Speicherbereich mit bekannter Größe
- Aus einer Windows-Ressource

In allen drei Fällen wird eine komplette Kopie der Quelle angefertigt (Datei, Speicherbereich oder Ressource) und im Speicher abgelegt – das heißt, dass die Quelle danach ohne Bedenken gelöscht oder freigegeben werden kann. Genau aus dieser Kopie werden später die Daten gelesen. Sie können einen Zeiger auf die Kopie anfordern, Veränderungen dieses Speicherbereichs wirken sich aber nicht auf die Quelle aus.

Wozu braucht man so etwas?

Wozu sollte man eine virtuelle Datei aus einer echten Datei erzeugen – oder aus einem Speicherbereich oder aus einer Ressource? Nun, einmal hat man – wie schon erwähnt – einen *Lesezeiger*, welcher das schrittweise Verarbeiten von Daten erleichtert, und vor allem dienen virtuelle Dateien der *Verallgemeinerung*.

Man stelle sich beispielsweise eine Funktion zum Laden eines Bildes vor: Arbeitet man dort mit virtuellen Dateien, so ist es ganz einfach, die Funktion auf alle möglichen Quelltypen (Datei, Speicher oder Ressource) zu erweitern. Es muss nur eine Code-Zeile geändert werden, ansonsten kann man weiterhin mit denselben Funktionen arbeiten, um die Daten aus der Quelle zu lesen.

Der Anfang

Zu Beginn erzeugen Sie einfach eine neue Instanz der `tbVFile`-Klasse. Diese ist dann noch leer und wartet darauf, dass Sie die Initialisierungsmethode namens `Init` aufrufen. `Init` gibt es in drei Ausfertigungen, welche die virtuelle Datei auf verschiedene Weisen erstellen und demnach auch verschiedene Parameter erwarten.

Virtuelle Datei aus einer echten Datei erstellen

Soll eine virtuelle Datei aus einer echten Datei erstellt werden, so ist das ein Fall für die erste Version der `Init`-Methode. Als Parameter erwartet sie nur den Namen der Datei, aus der die virtuelle Datei erzeugt werden soll. Der Dateiname kann in vier verschiedenen Formaten vorliegen:

- **Dateiname**: Bedeutet, dass eine „normale" Datei gemeint ist.
- **Dateiname@Archiv.zip**: Lädt die Datei „Dateiname" innerhalb des Zip-Archivs „Archiv.zip". Die Datei muss *unkomprimiert* sein (wählen Sie also bei WinZip die Komprimierungsmethode KEINE). Befindet sie sich innerhalb eines Unterverzeichnisses des Archivs, so müssen die normalerweise verwendeten Backslashes („\") durch Slashes („/") ersetzt werden. Also beispielsweise „Grafiken/Bild1.bmp@Bilder.zip".

- **Dateiname@Archiv.zip#Passwort**: Die unkomprimierte Datei „Dateiname" innerhalb des Zip-Archivs „Archiv.zip" ist *verschlüsselt*, wobei das *Verschlüsselungspasswort* „Passwort" zur Entschlüsselung gebraucht wird. Dieses darf nicht mit einem Fragezeichen beginnen.
- **Dateiname@Archiv.zip#?VerschlüsseltesPasswort**: Das Fragezeichen am Anfang des Passwort zeigt, dass es sich um ein *verschlüsseltes Passwort* handelt. Passwörter zu Zip-Dateien sollten immer verschlüsselt werden, damit sie in ihrer Originalform später nicht im ausführbaren Programm (EXE-Datei) landen und so herausgefiltert werden könnten. Das TriBase-Tool *PWEncrypt*, dessen ausführbare Datei im Ordner TOOLS\BIN\PWENCRYPT zu finden ist, hilft Ihnen beim Verschlüsseln eines Passworts.

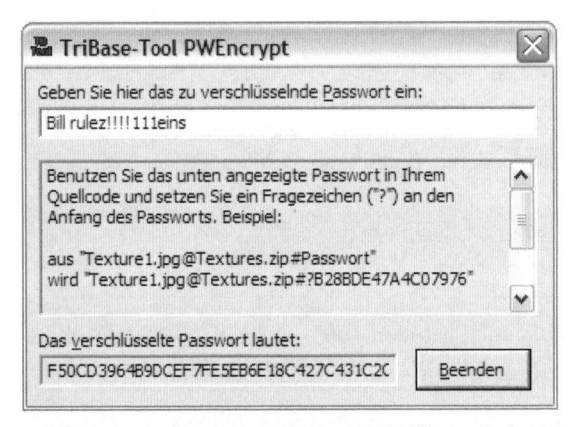

Abbildung 1.3 Das Tool *PWEncrypt* der TriBase-Engine beherrscht eine recht komplizierte und schwer zu knackende Verschlüsselungsmethode für wichtige Zip-Passwörter.

Virtuelle Datei aus einem Speicherbereich erstellen

Die zweite Version der `Init`-Methode erzeugt eine virtuelle Datei aus einem *Speicherbereich*. Die zwei Parameter beschreiben ihn – ein Zeiger auf den Beginn des Bereichs (`void*`) und seine Größe in Bytes (`int`).

Virtuelle Datei aus einer Windows-Ressource erstellen

Die Vorteile einer Windows-Ressource liegen vor allem daran, dass sie direkt in der ausführbaren Datei (oder in der dynamischen Bibliotheksdatei oder in der DLL) befindlich ist.

Eine Windows-Ressource wird durch drei Eigenschaften beschrieben: das *Handle* des beinhaltenden Programms (kann zum Beispiel mit `GetModuleHandle` abgefragt werden), der *Name* der Ressource (kann durch das Makro `MAKEINTRESOURCE` generiert werden) und dem *Ressourcentyp* – ein String wie zum Beispiel „RT_BITMAP". Genau in dieser Reihenfolge sind auch die Parameter der dritten `Init`-Methode angeordnet.

Schließen einer virtuellen Datei

Um eine virtuelle Datei zu „schließen" (damit geben Sie ihren Speicher wieder frei), rufen Sie einfach den Destruktor der Klasse auf (mit `delete` oder besser `TB_SAFE_DELETE`).

1.4 Wir bauen uns eine eigene Engine!

```
// Virtuelle Datei aus echter Datei erstellen
tbVFile* pFile1 = new tbVFile;
if(pFile->Init("Datei.dat@ZIPArchiv.zip"))
{
    // Fehler beim Erstellen!
}

// Virtuelle Datei aus Speicherbereich erstellen (1024 Bytes)
tbVFile* pFile2 = new tbVFile;
if(pFile2->Init((void*)(0x78BFA204), 1024))
{
    // Fehler beim Erstellen!
}

// Und nun aus einer Ressource
tbVFile* pFile3 = new tbVFile;
if(pFile3->Init(GetModuleHandle(NULL),
                MAKEINTRESOURCE(IDR_RESOURCE),
                "Binary"))
{
    // Fehler beim Erstellen!
}

// Alle Dateien schließen
TB_SAFE_DELETE(pFile1);
TB_SAFE_DELETE(pFile2);
TB_SAFE_DELETE(pFile3);
```

Listing 1.14 Drei Typen von virtuellen Dateien – erstellt und wieder gelöscht

Lesevorgänge und das Ende der virtuellen Datei

Ein Lesevorgang bedeutet das Kopieren einer bestimmten Anzahl von Bytes vom Lesezeiger aus in einen Puffer und das anschließende Weiterbewegen des Lesezeigers um diese Anzahl von Bytes. Die Methode tbVFile::Read tut genau das. Beachten Sie übrigens, dass das *Schreiben* in eine virtuelle Datei (noch) nicht unterstützt wird.

Tabelle 1.5 Die Parameter der Methode tbVFile::Read

Parameter	Beschreibung
int iNumBytes	Anzahl der zu lesenden Bytes vom Lesezeiger aus – muss größer als null sein
void* pOut	Zielspeicherbereich, der die gelesenen Daten empfängt

Hat der Lesevorgang das Ende der virtuellen Datei *überschritten*, so schlägt die Methode fehl. Die Daten bis zum Ende hin werden allerdings trotzdem noch gelesen und auch gespeichert. Ob das virtuelle Dateiende erreicht wurde, ist mit Hilfe der Methode tbVFile::IsEOF (*EOF: End Of File*) in Erfahrung zu bringen – diese liefert in dem Fall TRUE und ansonsten FALSE.

In der virtuellen Datei „blättern"

Oft braucht man nicht die gesamten Daten einer (virtuellen) Datei, sondern man möchte zum Beispiel erst bei Byte Nr. 1028 mit dem Lesevorgang beginnen. Um das zu bewerkstelligen, muss der Lesezeiger manuell gesetzt werden – und zwar durch die Methode tbVFile::Seek.

Tabelle 1.6 Die Parameter der Methode tbVFile::Seek

Parameter	Beschreibung
tbVileFSeekOrigin Origin	Startwert, von dem aus der Lesezeiger um die in iOffset angegebene Anzahl von Bytes fortbewegt werden soll. Kann die folgenden drei Werte annehmen: • TB_VFSO_START: vom Beginn der Datei aus • TB_VFSO_END: vom Dateiende aus (iOffset negativ) • TB_VFSO_CURSOR: vom Lesezeiger aus
int iOffset	Anzahl der Bytes, um die der Lesezeiger von der durch Origin beschriebenen Startposition fortbewegt werden soll

Trifft man beim Lesen beispielsweise auf einen Teil der Datei, der unwichtig ist und dessen Größe man genau kennt, so kann man ihn durch Aufrufen der Seek-Methode unter Angabe von TB_VFSO_CURSOR und der Größe ganz einfach *überspringen*. Die Methode liefert TB_ERROR, wenn die neu errechnete Zeigerposition außerhalb der Datei liegt.

Inhalt der virtuellen Datei speichern

Manche Situationen könnten es erfordern, den Inhalt einer virtuellen Datei in eine echte Datei zu schreiben – beispielsweise wenn man eine Datei aus einem Zip-Archiv holen und in eine echte Datei umwandeln möchte. Dafür gibt es die Methode tbVFile::SaveToFile. Der Name der Zieldatei wird im ersten und einzigen Parameter übermittelt.

Puffer, Größe und Zeigerposition abfragen

Es gibt für jede Eigenschaft der virtuellen Datei eine Abfragemethode. Sie alle erwarten keinerlei Parameter – die gewünschte Information wird direkt per Rückgabewert zurückgeliefert.

Tabelle 1.7 Abfragemethoden der Klasse tbVFile

Methode	Rückgabetyp	Beschreibung
tbVFile::GetBuffer	void*	Liefert einen Zeiger auf den Speicherbereich mit den Daten der virtuellen Datei
tbVFile::GetSize	int	Liefert die Größe der virtuellen Datei
tbVFile::GetCursor	int	Liefert die Position des Lesezeigers der virtuellen Datei (0 entspricht dabei dem ersten Byte)
tbVFile::IsEOF	BOOL	Liefert TRUE, falls die virtuelle Datei am Ende angelangt ist, ansonsten FALSE

1.4.5.5 Zufallszahlen

Beim Aufruf von tbInit initialisiert die Engine den Zufallsgenerator mit der aktuellen Systemzeit in Millisekunden, dadurch fallen die Zufallsreihen immer unterschiedlich aus. Es gibt zwei Zufallszahlfunktionen: eine für int-Werte und eine für float-Werte. Beide erwarten jeweils zwei Werte (int oder float) – die untere und die obere Grenze – und liefern dann einen zufälligen Wert dazwischen. Die beiden Funktionen heißen tbIntRandom und tbFloatRandom. tbFloatRandom(0.0f, 150.0f) liefert beispielsweise eine float-Pseudozufallszahl zwischen 0 und 150.

1.4.5.6 Die Nachrichtenschleife

Die Nachrichtenschleife, die wir bereits früher in diesem Kapitel besprochen haben, existiert in ähnlicher Form auch in der TriBase-Engine. Mit der Funktion `tbDoMessageLoop` wird sie ausgeführt. Diese Funktion arbeitet mit *Funktionszeigern*. Man kann ihr praktisch als Parameter zwei selbst definierte Funktionen übergeben, die dann von ihr aufgerufen werden (zum Bewegen und zum Rendern). Wenn Sie sich noch nicht mit Funktionszeigern auskennen, so empfehle ich, den Artikel auf http://www.function-pointer.org zu lesen.

Tabelle 1.8 Die Parameter der Funktion `tbDoMessageLoop`

Parameter	Beschreibung
`tbResult (* pMoveProc)(float)`	Ein Zeiger auf die benutzerdefinierte Move-Funktion vom Typ `tbResult`, welche einen `float`-Parameter erwartet (die vergangene Zeit seit dem letzten Bild, angegeben in Sekunden). Diese Funktion wird einmal pro Bild aufgerufen. NULL bedeutet, dass es keine Move-Funktion gibt.
`tbResult (* pRenderProc)(float)`	Zeiger auf die Render-Funktion vom Typ `tbResult` mit einem `float`-Parameter (vergangene Sekunden), die einmal pro Bild aufgerufen wird. NULL: keine Render-Funktion.

Die Funktion wird verlassen, wenn das Fenster der TriBase-Engine geschlossen wurde oder wenn eine der beiden angegebenen Funktionen den Rückgabewert `TB_STOP` liefert. Das folgende Listing demonstriert den Umgang mit der neuen Funktion.

```
tbResult Move(float fTime)
{
    // Dies ist die Move-Funktion.
    // Der Parameter fTime beinhaltet die Anzahl der vergangenen
    // Sekunden seit dem letzten Bild. Um genauso viele Einheiten
    // müsste das Spiel nun fortbewegt werden.

    return TB_OK;
}

tbResult Render(float fTime)
{
    // Dies ist die Render-Funktion.
    // Hier würde normalerweise die Spielsituation gezeichnet.

    return TB_OK;
}

// Nachrichtenschleife einleiten und die beiden Funktionen angeben
tbDoMessageLoop(Move, Render);
```

Listing 1.15 Anwendung der Funktion `tbDoMessageLoop`

1.4.5.7 Hilfsmakros

Sicherheitsmakros

Wenn man versucht, die Methode `Release` auf eine nicht existente COM-Schnittstelle, deren Zeiger NULL ist, anzuwenden (funktioniert natürlich auch bei jeder anderen Methode), dann endet das meistens in einem Programmabsturz.

Damit man nicht immer prüfen muss, ob eine Schnittstelle oder allgemein ein Zeiger gleich NULL ist, legen wir uns für die Engine einige Makros an: eines für das „sichere" Löschen eines mit dem new-Operator angelegten Speicherbereichs, ein Makro zum sicheren Löschen eines ganzen Arrays (ebenfalls mit new angelegt) und eines für das sichere Freigeben einer COM-Schnittstelle (Release). Auch Speicherbereiche, die mit der Funktion tbMemAlloc oder tbMemReAlloc reserviert wurden, können mit Hilfe eines weiteren Makros sicher gelöscht werden. Dabei wird geprüft, ob es sich um einen Nullzeiger handelt. Falls ja, geschieht nichts. Anderenfalls wird das Objekt gelöscht und der Zeiger auf NULL gesetzt. So wird verhindert, dass dasselbe Objekt „mehrfach gelöscht" werden kann.

```
#define TB_SAFE_DELETE(x)        {if((x)) {delete (x); (x) = NULL;}}
#define TB_SAFE_DELETE_ARRAY(x)  {if((x)) {delete[] (x); (x) = NULL;}}
#define TB_SAFE_RELEASE(x)       {if((x)) {(x)->Release(); (x) = NULL;}}
#define TB_SAFE_MEMFREE(x)       {if((x)) {tbMemFree((x)); (x) = NULL;}}
```

Listing 1.16 Vier Makros für mehr „Sicherheit"

Das Löschen eines Nullzeigers mit delete oder delete[] ist zwar eigentlich harmlos, aber um einheitlich zu bleiben, gibt es diese Makros trotzdem.

Minimum und Maximum

Neben diesen Makros gibt es noch ein paar weitere: TB_MIN und TB_MAX (Minimum und Maximum zweier Werte von beliebigem Typ berechnen) sowie drei Makros zum Umgang mit Winkeln (Umrechnung aus dem *Bogenmaß* (*Rad*) ins *Gradmaß* und umgekehrt sowie die Kreiszahl π (Pi)):

```
#define TB_MIN(a, b)      ((a) < (b) ? (a) : (b))
#define TB_MAX(a, b)      ((a) > (b) ? (a) : (b))
#define TB_PI             (3.141592653589793238462643383279 5f)
#define TB_DEG_TO_RAD(x)  ((x) * 0.017453292519943295769236907 6848f)
#define TB_RAD_TO_DEG(x)  ((x) * 57.295779513082320876798154814 105f)
```

Listing 1.17 Die Makros für das Minimum, das Maximum, Pi (π) und Winkelumrechnungen – die vielen Nachkommastellen sind natürlich nicht ganz ernst gemeint.

Fehlermakros

TriBase-Funktionen prüfen bei so gut wie jedem Aufruf einer anderen Funktion, ob dieser auch erfolgreich war. Wenn das nicht der Fall war, dann wird das in der Logbuchdatei vermerkt, und die Funktion schlägt üblicherweise fehl. Gleiches gilt auch bei falsch angegebenen Parametern (zum Beispiel Nullzeiger oder ungültige Werte wie eine negative Speichergröße). Durch all die dadurch erforderlichen Vergleiche und Prüfungen wird der Code nicht gerade einfacher zu lesen. Darum gibt es einige vordefinierte Fehlermakros, die den Logbuchvermerk vornehmen und die Funktion durch Rückgabe von TB_ERROR oder eines anderen Wertes scheitern lassen. In der Logbuchdatei wird dann automatisch der *Ort des Fehlers* vermerkt (*Dateiname*, *Zeile* und *Funktionsname*). Manche Makros erwarten noch einen zusätzlichen Parameter – zum Beispiel einen Dateinamen bei dem Fehler „*Datei FRITTENBUDE.DAT konnte nicht geöffnet werden!*". Die folgende Auflistung zeigt jedes Makro mit dem generierten Logbuchdateieintrag.

1.4 Wir bauen uns eine eigene Engine!

- TB_ERROR_NULL_POINTER(x, r):
  „FEHLER: (x) ist NULL!" return r;
- TB_ERROR_INVALID_VALUE(x, r):
  „FEHLER: (x) hat einen ungültigen Wert!" ... return r;
- TB_ERROR_OUT_OF_MEMORY(x, r):
  „FEHLER: Nicht genug Speicher!" ... return r;
- TB_ERROR_FILE_FILE(f, r):
  „FEHLER: Die Datei (f) konnte nicht geöffnet, gelesen, erstellt oder beschrieben werden!"
  ... return r;
- TB_ERROR_RESOURCE(n, t, r):
  „FEHLER: Fehler beim Zugreifen auf die Ressource (n) vom Typ (t)!" ... return r;
- TB_ERROR(x, r):
  „FEHLER: (x)" ... return r;
- TB_ERROR_MESSAGE(x):
  „FEHLER: (x)" (ohne return)
- TB_INFO(x):
  „INFO: (x)"
- TB_WARNING(x):
  „WARNUNG: (x)"

Diese Makros erwarten als letzten Parameter den Wert, den die Funktion, in der man sich gerade befindet, zurückgeben soll (im Falle eines Fehlers wird eine Funktion für gewöhnlich verlassen). Hinter den oben gezeigten Texten stehen *immer* noch die Datei, in der das Makro aufgerufen wurde (z.B. TRIBASE.CPP), die Zeilennummer und die Funktion, in der es geschah.

> Beim Bezeichner TB_ERROR besteht eine kleine Verwechselungsgefahr, denn TB_ERROR ist sowohl ein Element der tbResult-Aufzählung als auch ein Makro, welches einen Fehlertext ins Logbuch schreibt und danach die aktuelle Funktion mit einem angegebenen Rückgabewert abbricht.

Des Weiteren bietet das Makro TB_ERROR_DIRECTX einen einfachen Weg, einen DirectX-Fehlercode in einen beschreibenden Text umzuwandeln. Das Makro erwartet drei Parameter: zuerst den Namen der DirectX-Funktion oder -Methode, die den Fehler verursacht hat (als String), dann ihren HRESULT-Rückgabewert und zum Schluss – wie auch die anderen Makros – den Rückgabewert für die aktuelle Funktion. Bevor Sie das Makro anwenden, prüfen Sie mit FAILED, ob die DirectX-Funktion fehlgeschlagen ist. Ein Beispiel:

```
tbResult TestFunction()
{
    HRESULT hResult; // DirectX-Rückgabewert

    if(FAILED(hResult = pDirectXInterface->Method()))
    {
        // Die Methode wurde nicht fehlerfrei ausgeführt! Der Fehlercode wird nun in einen
        // Text umgewandelt und ins Logbuch geschrieben. Danach wird die Funktion mit dem
        // Code TB_ERROR verlassen.
        TB_ERROR_DIRECTX("pDirectXInterface->Method()", hResult, TB_ERROR);
    }
```

```
    // Die Methode wurde korrekt ausgeführt. Informationstext schreiben.
    TB_INFO("Die DirectX-Methode wurde erfolgreich ausgeführt! Suuuuuper!");

    // Alles OK!
    return TB_OK;
}
```
Listing 1.18 Beispiel für das TB_ERROR_DIRECTX-Makro

Im Falle eines Fehlers stünde später beispielsweise im Logbuch: „*Der Aufruf von* pDirectXInterface->Method *verursachte den DirectX-Fehler* E_FAIL! *Beschreibung: The method failed. (TEST.CPP, Zeile 11, Funktion TestFunction)*".

„*The method failed.*" ist dabei der wahnsinnig hilfreiche „beschreibende Text", den die Hilfsfunktion DXGetErrorDescription9 geliefert hat. Viel mehr darf man leider auch meistens nicht erwarten.

1.4.6 Rückblick

- Die in diesem Buch entwickelten Programme und Spiele greifen auf die *TriBase-Engine* zurück. Dabei handelt es sich um eine Engine, die vor allem den Umgang mit DirectX erleichtert.
- Programme, die mit der Engine arbeiten sollen, müssen mit der Datei TRIBASE.LIB (Release) oder TRIBASED.LIB (Debug) gelinkt werden und die Datei TRIBASE.H einbinden.
- In diesem Abschnitt wurden die wichtigsten grundlegenden Grundsätze und Funktionen der Engine erläutert. Dazu gehören die HTML-Logbuchfunktionen, die Speicherverwaltung, Funktionen für virtuelle Dateien und Zufallsfunktionen sowie einige nützliche Makros.

1.4.7 Übungsaufgaben

Von nun an wird es nach jedem größeren Abschnitt ein paar Übungsaufgaben geben. Es ist natürlich nicht verpflichtend, diese Aufgaben zu lösen. Aber wenn man es schafft, bestätigt man sich dadurch natürlich selbst, dass man alles verstanden hat. Auf eine Veröffentlichung von „Musterlösungen" verzichte ich. Wenn Sie glauben, eine Aufgabe gut gelöst zu haben, können Sie mir Ihr Programm gerne schicken (David_Scherfgen@gmx.de), und ich werde es dann auf meiner Internetseite (http://www.scherfgen-software.net) veröffentlichen.

Sie sollten sich die Aufgaben zumindest immer *durchlesen*, denn vor allem in späteren Kapiteln beinhalten sie viele hilfreiche Tipps und Tricks, auf die man normalerweise so schnell nicht kommt.

Tipps zu den Aufgaben sind in sehr heller und kleiner Schrift gedruckt, so dass Sie sie nicht lesen müssen, wenn Sie nicht möchten.

1. Schreiben Sie ein Programm, das die TriBase-Engine initialisiert, einen kleinen String oder ein paar Zahlen ins Logbuch schreibt und die Engine dann wieder herunterfährt. Achten Sie darauf, dass das Programm sowohl im Debug- als auch im Release-Modus funktioniert und auch die richtigen Bibliotheksdateien verwendet. Sie sollten sich stets solch ein Visual C++-Projekt gespeichert halten, um nicht bei jedem Mal wieder alle Einstellungen vornehmen zu müssen.

2. Ein Programm soll zwei Speicherbereiche reservieren, in die jeweils 1000 `int`-Werte passen. Diese Speicherbereiche werden nun mit Zufallszahlen gefüllt. Anschließend soll der Inhalt der beiden Speicherbereiche *vertauscht* werden.

   Tipp: Dritten Speicherbereich als Puffer verwenden und den Kopiervorgang mit `memcpy` erledigen!

3. Programmieren Sie einen kleinen „Unzipper". Dies kann ein Konsolenprogramm sein, das den Benutzer auffordert, den Namen einer (unkomprimierten) Zip-Datei und möglicherweise ein Passwort einzugeben. Weiterhin soll der Benutzer den Namen der Datei im Archiv angeben, die „entpackt" werden soll. Das Programm soll genau dies tun.

   Tipp: Verwenden Sie `tbVFile`, und speichern Sie die Datei mit `tbVFile::SaveToFile`.

1.5 Tipps zum Debuggen

Viele Programmierer kennen nicht die Vorteile, die vom integrierten Debugger von Visual C++ geboten werden. Dieser Abschnitt des Kapitels ist als eine Sammlung von Tipps zu verstehen, die auch Ihnen helfen könnte, beim nächsten Mal den Fehler schneller zu finden.

1.5.1 Verwenden Sie die Debug-Version!

Während der Entwicklung eines Projekts sollte dieses eigentlich immer nur in der Debug-Version getestet werden.

- Wählen Sie dazu in Visual C++ 6 den Eintrag AKTIVE KONFIGURATION FESTLEGEN im Menü ERSTELLEN, und selektieren Sie dort WIN32 DEBUG.
- Verwenden Sie Visual C++ .NET, so klicken Sie auf ERSTELLEN und KONFIGURATIONS-MANAGER, und wählen Sie dann DEBUG für Ihr Projekt aus, oder klicken Sie direkt auf das kleine ausfahrbare Listenfeld (Combo-Box), das mit den möglichen Konfigurationen gefüllt ist (die obere Leiste).

Die ausführbare Datei eines Projekts, das in der Debug-Version erstellt wurde, enthält zusätzlich zum Maschinencode noch viele weitere Informationen, mit deren Hilfe einem Befehl in der Datei sofort eine Zeile im Quellcode zugeordnet werden kann. Verursacht solch ein Programm dann einen Fehler, so kann es durch einen Klick auf die DEBUG-Schaltfläche des berühmten Windows-Fehlerfensters debuggt werden. Der Debugger versucht dann, die Fehlerstelle im Quellcode zu finden, und zeigt im unteren Fenster den Inhalt verschiedener Variablen zum Zeitpunkt des Fehlers an. Allein dadurch lassen sich schon viele Fehler aufspüren, wenn man zum Beispiel sieht, dass irgendwo versucht wird, auf einen Nullzeiger zuzugreifen, oder eine Variable einen ungültigen Wert hat.

Wird das Programm nur mit [F5] anstatt [Strg]+[F5] gestartet, so muss man die Windows-Fehlernachricht gar nicht erst abwarten – der Debug-Vorgang kann dann bei einem Fehler sofort beginnen. Auch das Setzen von *Haltepunkten* ist vorteilhaft: Wird ein solcher Haltepunkt erreicht, kann man ebenfalls einen Blick auf alle möglichen Variablen werfen und dann gegebenenfalls das Programm fortfahren lassen. Variablen können auch überwacht werden, und sobald eine Änderung stattfindet, unterbricht der Debugger das laufende Programm.

Die eigentlichen Debug-Ausgaben können Sie nach oder während des Programmablaufs einsehen, indem Sie unten im Visual C++-Fenster auf die Registerkarte DEBUG klicken (standardmäßig ist ERSTELLEN angewählt, was das Erstellungsprotokoll, zum Beispiel Kompilierfehler, anzeigt).

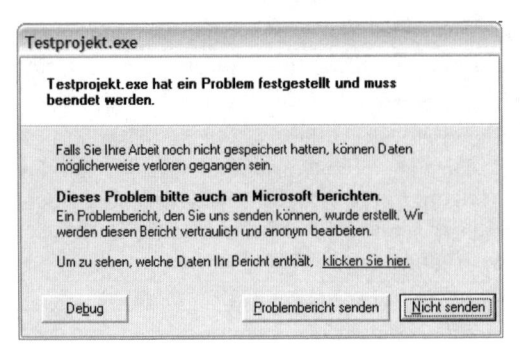

Abbildung 1.4 Klicken Sie in diesem Fall auf die Schaltfläche DEBUG, um den Debug-Vorgang zu starten.

Es folgen (je nach Version von Visual Studio) ein oder zwei Fenster, bei denen Sie am besten die Standardeinstellungen verwenden. Beim letzten erscheinenden Fenster klicken Sie auf UNTERBRECHEN, um das Programm anzuhalten und den Debug-Vorgang zu starten. Durch Klicken auf DEBUGGEN BEENDEN im Menü DEBUGGEN wird später der Debug-Vorgang und damit auch das Programm beendet.

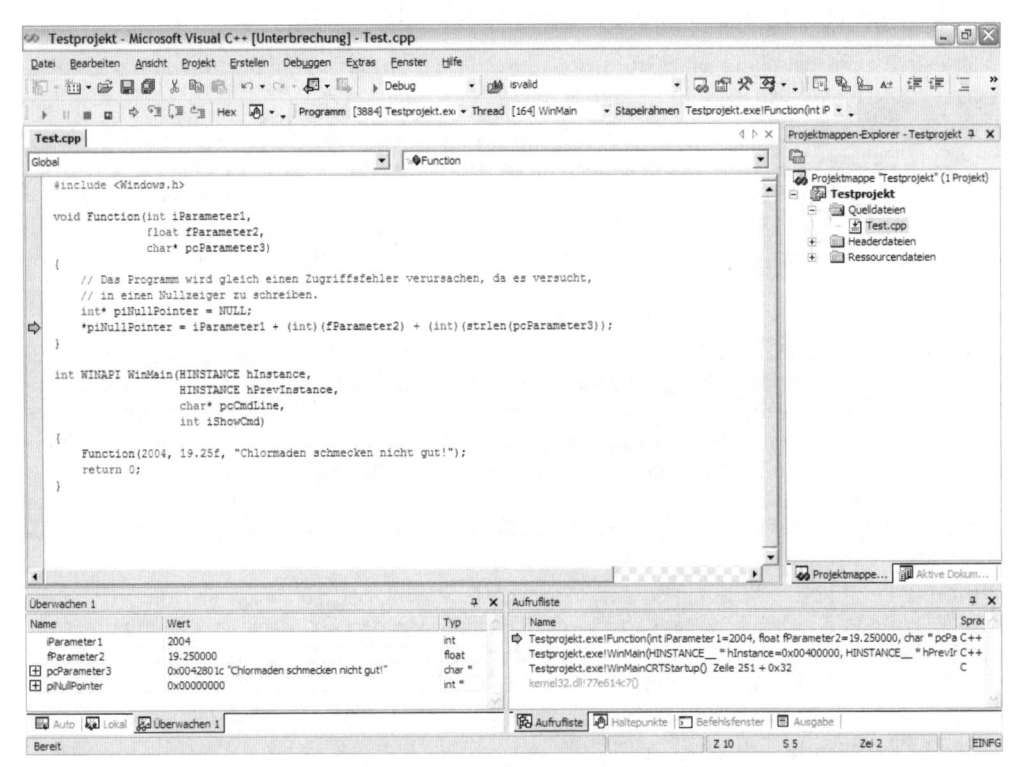

Abbildung 1.5 Zugriffsfehler! Es wurde versucht, auf geschützten Speicher (NULL) zuzugreifen. Unten links sehen Sie die Liste der zuletzt verwendeten Variablen. In der rechten Liste unten am Codefenster kann man zwischen verschiedenen Funktionen hin und her wechseln (falls die fehlerhafte Funktion von einer anderen aufgerufen wurde, in diesem Fall ist der Fehler in der Funktion Function, die von WinMain aufgerufen wurde). *Sehr nützlich*: Lassen Sie den Mauszeiger für kurze Zeit auf einer Variablen im Quelltext ruhen, so wird ihr aktueller Wert angezeigt. Im Variablenfenster links unten können Sie sogar die einzelnen Elemente von Strukturen und Klassen anzeigen lassen; auch Zeiger lassen sich genauestens analysieren.

1.5 Tipps zum Debuggen

Die TriBase-Debug-Bibliothek

Jedes TriBase-Programm sollte die Datei TRIBASED.LIB im Debug-Modus linken – wie bereits im Installationsabschnitt beschrieben. Dadurch können auch eventuelle Fehler bis in die Engine hinein verfolgt werden. Man muss jedoch mit einem Geschwindigkeitsverlust rechnen (bei manchen Funktionen ist die Release-Version bis zu 7 Mal schneller), wenn das Programm jedoch fertig gestellt ist, verwendet man natürlich die viel schnellere Release-Version (sowohl vom Programm als auch von der Engine).

Debug-Versionen der DirectX-Komponenten

Auch DirectX kann bei Bedarf in den Debug-Modus gebracht werden – und zwar lässt sich das für jede Komponente einzeln festlegen (in Form einer Debug-Ebene, die bestimmt, wie viele Debug-Ausgaben gemacht werden). Natürlich muss man mit einer Verlangsamung rechnen, aber es lohnt sich allemal, denn nur so ist selbst die Aufspürung von tief in DirectX verwurzelten Fehlern möglich.

Öffnen Sie dazu die Systemsteuerung, und wählen Sie den Punkt DIRECTX. Nachdem Sie oben die Komponente zum Einstellen gewählt haben, können Sie anhand eines Schiebereglers die Debug-Ebene festlegen (von niedrig bis hoch). Allgemein empfiehlt sich eine Mitteleinstellung – bei hoher Debug-Ebene landet eine wahre Flut von Informationen beim Debugger, und die meisten davon sind unnütz. Nur bei schwerwiegenden Fehlern sollte eine höhere Einstellung gewählt werden.

> Bei den meisten Komponenten kann rechts im Fenster noch zwischen der Retail-Version (Release) und der Debug-Version gewählt werden. Die Wahl der Debug-Ebene hat nur bei der Debug-Version eine Wirkung; die Retail-Version empfiehlt sich, wenn man gerade einmal nicht programmiert und sich bei einem Spiel entspannen möchte. Es ist auch einmal interessant, sich die Debug-Ausgaben von kommerziellen Spielen anzusehen, dann sieht man, dass auch „die Großen" der Spieleindustrie einen Haufen von DirectX-Fehlern verursachen (Schadenfreude)!

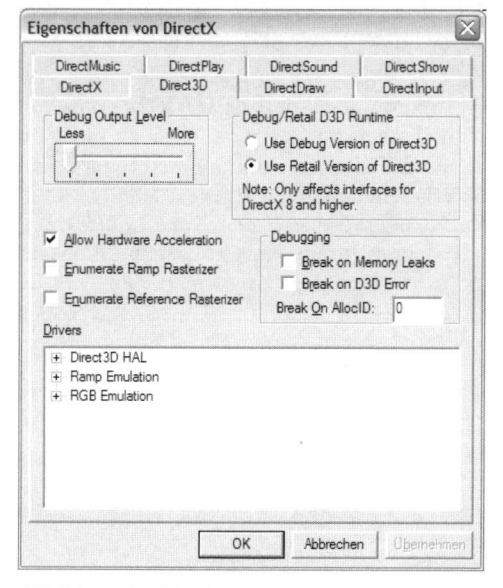

Abbildung 1.6 Hier lassen sich viele DirectX-Einstellungen festlegen.

> Wenn Sie die Debug-Version von Direct3D verwenden, dann greifen die Programme auf eine Datei namens D3DX9D.DLL zu. Seltsamerweise wird diese Datei oft bei der Installation des DirectX-SDKs nicht mit kopiert. In diesem Fall beklagt sich Windows, dass es die Datei nicht finden kann. Sie sollten dann manuell nach der Datei suchen, und zwar innerhalb der CAB-Dateien, die vom DirectX-SDK-Setup extrahiert werden.

1.5.2 D3DSpy

Speziell um Direct3D-Anwendungen genauer unter die Lupe zu nehmen, hat Microsoft dem DirectX-SDK seit der Version 9.0 ein neues Tool namens *D3DSpy* spendiert. Schauen Sie in der Dokumentation nach, um herauszufinden, wie es genau funktioniert. Es sei so viel gesagt: *D3DSpy* kann Direct3D-Anwendungen schrittweise ausführen und zeigt Ihnen praktisch alles an, was gerade in Direct3D vor sich geht. Der Benutzer kann zu jedem Zeitpunkt eingreifen, das Programm stoppen und die Situation genau analysieren. Viele Fehler lassen sich auf diese Weise sehr schnell entdecken.

1.5.3 Wenn *alles* fehlschlägt

Wenn auch die bis jetzt vorgestellten Möglichkeiten zum Debugging Sie keinen Schritt näher an die Fehlerquelle bringen und auch die Logbuchdatei keine Hinweise beinhaltet, so bieten sich noch folgende Verfahren an:

- Verwenden eines „externen" Debuggers (einer, der nicht in Visual C++ integriert ist) mit Logbuchdateifähigkeiten: Dadurch können „verschluckte" Debug-Ausgaben in eine Datei geleitet werden. Vor allem bei Vollbildanwendungen gibt es Probleme mit dem Debugger von Visual C++, da dieser im Fenster läuft.
- Finden Sie genau heraus, an welcher Codezeile das Vorhaben scheitert. Führen Sie dazu Logbuchdateieinträge nach *jeder* Zeile oder gar nach jedem Befehl in der fehlerhaften Funktion durch, die nur fortlaufend nummerierte Werte ausgeben („1", „2", „3" ...). Später kann man anhand der Logbuchdatei genau feststellen, wo sich der fehlerhafte Befehl befindet (nämlich dort, wo die Reihe abgebrochen ist).
- Haben Sie den Befehl gefunden, der den Fehler verursacht, so geben Sie den Inhalt aller relevanten Variablen kurz vorher durch die Logbuchdatei aus – möglicherweise lässt sich so der Fehler finden.
- Im Notfall sollten Sie sich an den Hersteller/Programmierer der verwendeten Funktion wenden (bei DirectX wäre das Microsoft) – möglicherweise liegt der Fehler nicht in Ihrem Programm, sondern in deren. In dem Fall helfen Sie den anderen Programmierern natürlich enorm – jeder Programmierer sollte sich darauf verlassen können, über eventuelle Fehler in einem seiner Programme informiert zu werden. Nehmen Sie aber erst dann Kontakt auf, wenn Sie so gut wie alle Möglichkeiten eines Fehlers in Ihrem eigenen Programm ausgeschlossen haben, und geben Sie Ihren „Kollegen" immer genaueste Informationen über die von Ihnen verwendete Hard- und Software (inklusive Versionsnummern). Auf diese Weise erleichtern Sie ihnen die Arbeit.

1.6 Ausblick

Nun haben Sie bereits gelernt, mit den Grundfunktionen der TriBase-Engine umzugehen, und Sie wissen, wie man sie in die eigenen Programme einbindet. Weiterhin kennen Sie die Grundlagen von DirectX – was hält uns jetzt noch davon ab, endlich mit der 3D-Grafik anzufangen?

2

3D-Grafik

2 3D-Grafik

2.1 Was Sie in diesem Kapitel erwartet

Dieses Kapitel befasst sich zuerst mit den Grundlagen der 3D-Grafik. Begriffe wie *Vektoren* oder *Matrizen* sowie ihre Anwendung werden ausführlich erklärt. Danach werden Sie lernen, wie *Direct3D* aufgebaut ist, welche Schnittstellen es besitzt und wofür es überhaupt genau zuständig ist. Nachdem demonstriert wurde, wie die Initialisierung von Direct3D aussehen kann, werden verschiedene Standardtechniken wie *Texturing*, *simulierte Beleuchtung* oder *Alpha-Blending* erklärt. Damit das alles nicht zu trocken wird, gibt es in jedem Unterkapitel ein Beispielprogramm, das die neu erlernten Techniken demonstriert. Außerdem dürfen Sie sich auf viele Abbildungen und nur einige wenige mathematische Gleichungen freuen!

Die TriBase-Engine werde ich in diesem Kapitel nur sehr wenig benutzen. Sie kommt lediglich zum Einsatz, damit wir uns auf das Wesentliche, nämlich Direct3D, konzentrieren können. Sollten Sie also später nicht mit der TriBase-Engine arbeiten wollen, so ist das überhaupt kein Problem, da die Erklärungen in diesem Kapitel unabhängig von ihr sind.

2.2 Einführung in die 3D-Grafik

Was genau ist eigentlich 3D-Grafik? Wie urteilt man darüber, ob ein Bild dreidimensional ist oder nicht? Sind die Bilder auf unserem Bildschirm wirklich dreidimensional, und wie speichert oder verändert man diese? Um diese Fragen wird es nun mitunter gehen ...

2.2.1 Ein neues Koordinatensystem

Im Bereich der Grafik- und Spieleprogrammierung bekommt man es andauernd mit *Koordinaten* zu tun. Koordinaten beschreiben die Lage eines Punkts in einem Koordinatensystem mit Hilfe von *Achsen*. Auch ein Schachbrett besitzt ein Koordinatensystem mit einer Buchstaben- und einer Zahlenachse: Mit der Angabe *Feld B5* kann man beispielsweise direkt sagen, wo der beschriebene Punkt liegt. Das Schachbrett wird als *zweidimensional* betrachtet (zumindest seine *Oberfläche*), es dehnt sich also in *zwei* Richtungen im Raum aus. Dementsprechend sind auch genau *zwei* Werte notwendig, um einen darauf liegenden Punkt exakt zu beschreiben – und genau das sind die *Koordinaten*. Das Koordinatensystem besteht hier ebenfalls aus *zwei* Achsen.

2.2.1.1 Das zweidimensionale kartesische Koordinatensystem

Das kartesische Koordinatensystem ist das, was jeder aus der Schule kennt. Es ist in zwei rechtwinklig zueinander stehende Achsen aufgeteilt: Die x-Achse zeigt von links nach rechts, und die y-Achse zeigt von unten nach oben. Dort, wo sich die beiden Achsen schneiden, liegt der *Koordinatenursprung* mit den Koordinaten (0, 0). Der erste Wert einer Koordinate beschreibt, wie viele Einheiten man auf der x-Achse nach rechts, und der zweite, wie viele Einheiten man entlang der y-Achse nach oben wandern muss, um den beschriebenen Punkt zu erreichen. Deshalb nennt man den ersten Wert auch x-Koordinate und den zweiten entsprechend y-Koordinate. Dabei bedeuten doppelte Werte auch die doppelte Strecke.

2.2 Einführung in die 3D-Grafik

Punkte, die *links* vom Koordinatenursprung liegen, haben eine negative x-Koordinate, und solche, die sich *unterhalb* befinden, eine negative y-Koordinate. Abbildung 2.1 zeigt ein zweidimensionales kartesisches Koordinatensystem mit drei Beispielpunkten A, B und C.

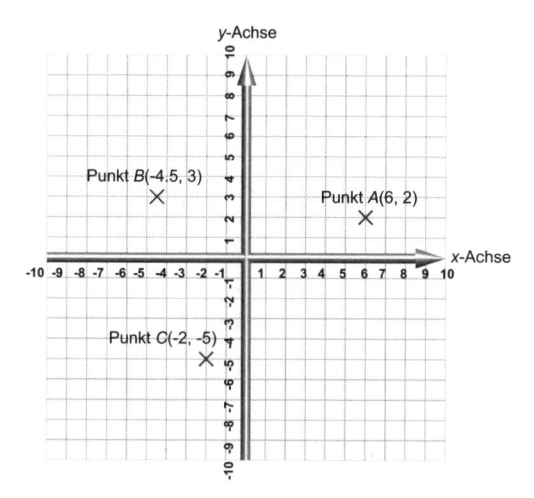

Abbildung 2.1 Ein zweidimensionales kartesisches Koordinatensystem mit drei Punkten A, B und C

So ist es also möglich, die Lage eines Punkts durch zwei Werte genau anzugeben. Was aus den Punkten gemacht wird, ist nicht festgelegt, man könnte die Position eines Objekts in einem Spiel durch seine Koordinaten speichern oder an der Stelle irgendetwas zeichnen. So viel, um Ihr wahrscheinlich bereits vorhandenes Wissen über dieses Thema ein wenig aufzufrischen – dringen wir nun in die *dritte Dimension* vor!

2.2.1.2 Das dreidimensionale kartesische Koordinatensystem

Bei (scheinbar) dreidimensionalen Grafiken kommt man mit *zwei* Koordinaten nicht mehr aus, um beispielsweise die Position eines Spielers zu speichern, denn hier kommt eine weitere Achse ins Spiel, die z-Achse. Sie verläuft rechtwinklig zur x- und y-Achse in die Tiefe (also praktisch in das Blatt Papier hinein). Der Koordinatenursprung liegt bei (0, 0, 0).

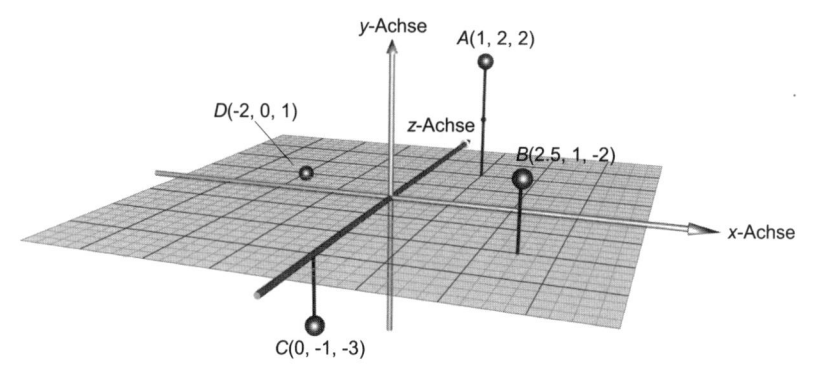

Abbildung 2.2 Das dreidimensionale kartesische Koordinatensystem führt eine dritte Achse ein; die z-Achse geht in die Tiefe und wird immer zuletzt angegeben (x, y, z).

Im Prinzip funktioniert das dreidimensionale Koordinatensystem also genauso wie das zweidimensionale – es gibt eben nur eine zusätzliche Achse.

2.2.2 Theorie der 3D-Grafik

Nun macht die alleinige Fähigkeit, Punkte dreidimensional im Raum anordnen zu können, natürlich noch kein 3D-Spiel aus. Um aus recht leblosen Koordinaten komplexe *Grafiken* auf den Bildschirm zu zaubern, bedarf es noch ein wenig mehr, und genau darum geht es in diesem Abschnitt.

2.2.2.1 Die Projektion

Da stellt sich als Erstes die Frage: *Wie ist es möglich, einen durch dreidimensionale Koordinaten beschriebenen Punkt auf die zweidimensionale Oberfläche des Bildschirms zu bringen?* Solange es noch keine holografischen Bildschirme gibt (wie die Holodecks bei Star Trek), muss dieses Problem irgendwie gelöst werden, denn auf dem Bildschirm kann man natürlich immer nur zweidimensional zeichnen.

Einfach die z-Koordinate wegzulassen und die beiden übrigen zu nutzen, wäre natürlich möglich, aber in den allermeisten Fällen unsinnig – es entstünde dann nicht der für die 3D-Grafik typische Tiefeneffekt.

Die Lösung haben wir täglich, ja sogar fast in jedem Moment des Lebens vor Augen! Was passiert mit dem Bild eines Objekts, wenn es sich vom Beobachter entfernt? Es wird *kleiner*! Das ist ein wichtiger Aspekt bei der Frage „*Ist dieses Bild dreidimensional oder nicht?*", die unser Gehirn immer wieder neu beantworten muss. Man könnte auch sagen: Die Punkte, aus denen sich ein Objekt zusammensetzt, *rücken näher zum Mittelpunkt des Gesamtbilds*, der bei (0, 0) liegt. Und wie löst man das mathematisch?

Das Problem löst sich, indem man eine Division durchführt – die x- und y-Koordinaten müssen jeweils durch die z-Koordinate dividiert werden, und das Ergebnis ist die Endposition der Punkte auf dem zweidimensionalen Bild. Durch die Division rückt ein Punkt mit steigender Tiefe ganz automatisch näher zum Bildzentrum, und wenn dieser Punkt Teil eines Objekts ist, wird dieses dadurch automatisch kleiner.

Dieses Verfahren nennt sich *Projektion*. Ein dreidimensionaler Punkt wird dadurch auf eine zweidimensionale Ebene *projiziert*. Wenn der dreidimensionale Punkt die Koordinaten (x, y, z) und der resultierende Punkt bei (x', y') liegt, so lassen sich seine Koordinaten durch folgende simple Rechnung herausfinden:

$$x' = \frac{x}{z}; \quad y' = \frac{y}{z}$$

2.2 Einführung in die 3D-Grafik

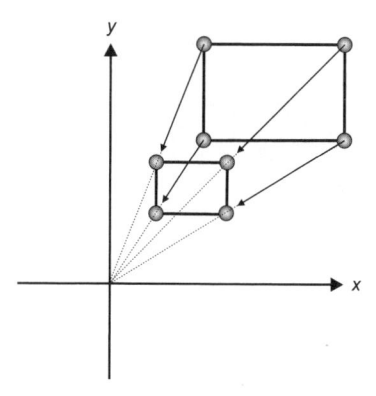

Abbildung 2.3 Durch eine Division wandern die Punkte näher zum Zentrum, wodurch das Objekt insgesamt kleiner erscheint.

2.2.2.2 Darstellung dreidimensionaler Objekte

Man stelle sich ein dreidimensionales Objekt (zum Beispiel das Modell eines Raumschiffs) als eine Anhäufung von räumlich angeordneten Punkten vor. Durch die Projektion ist die Möglichkeit der Koordinatenumrechnung jedes einzelnen Punkts gegeben – doch nun taucht die Frage auf: *Wie zeichnet man solch ein Objekt?* Es könnte für jeden Punkt ein *Pixel* auf dem Bildschirm gezeichnet werden – doch das Ergebnis würde wohl eher an einen Mückenschwarm erinnern als an ein echtes 3D-Objekt – in der Luft zerstreute Einzelpunkte ergeben eben noch nicht den Eindruck eines soliden Objekts.

Als Nächstes könnte man auf die Idee kommen, immer zwei Punkte durch Linien zu verbinden – jedoch entspräche auch das nicht den allgemeinen Vorstellungen eines 3D-Objekts.

> Die Situation erfordert hier, dass man noch einen Schritt weiter geht: Statt immer *zwei* Punkte miteinander zu verbinden, tut man es mit *dreien*! Dadurch entsteht eine (lückenlose) Oberfläche aus *Dreiecken*, und das Objekt beginnt *massiv* zu wirken.
>
> Weiter als bis zum Dreieck muss man nicht gehen, da alle komplexeren *Polygone* (Viereck, Fünfeck, Sechseck... Siebenunddreißigeck...) auch *aus Dreiecken aufgebaut* werden können. Das Ganze nennt sich dann *Polygongrafik*.

Nun kann jedem Punkt zusätzlich zu seinen dreidimensionalen Koordinaten möglicherweise noch eine *Farbe* zugeteilt werden. Das Resultat sind dann Dreiecke, deren Ecken *verschiedenfarbig* sind (es entsteht ein Farbverlauf zwischen den Eckpunkten).

Es gibt noch zahlreiche andere Arten, ein Dreieck zu zeichnen, die wir später noch kennen lernen werden – wichtig ist erst einmal nur das Prinzip.

„Perfekte" Körper wie eine Kugel, ein Kreis, ein Zylinder oder ein Kegel können mit Hilfe der Polygongrafik *nicht* dargestellt werden, denn es wären unendlich viele Polygone notwendig. Stattdessen kann eine Annäherung durchgeführt werden, wie zum Beispiel eine Kugel aus 10000 Polygonen. In dieser Größenordnung liegt normalerweise auch die Anzahl der Polygone, die für ein durchschnittliches Modell in einem modernen Spiel verwendet werden.

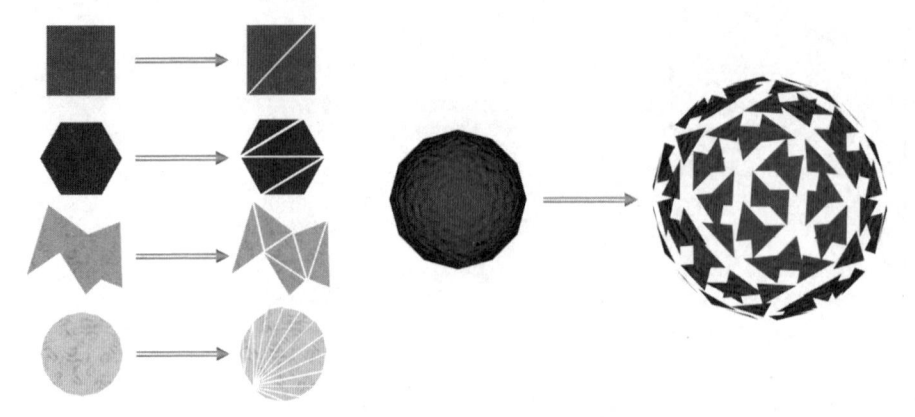

Abbildung 2.4 Auch komplexere Formen und Körper können leicht in Dreiecke zerteilt werden. Beachten Sie besonders die Aufteilung des angenäherten Kreises; auf diese Weise werden zwei Dreiecke weniger benötigt als bei der „Kuchenstückmethode".

Ein Dreieck wird gezeichnet, indem es Zeile für Zeile *abgetastet* wird. Farben und andere Angaben, die spezifisch für einen einzelnen Eckpunkt sind, werden dabei *interpoliert* (es entsteht ein weicher Übergang). All das heißt natürlich nicht, dass es nicht in manchen Situationen sinnvoll wäre, eben nur *Linien* oder nur *Punkte* darzustellen. Beim Zeichnen eines Sternenfelds, das mit großer Geschwindigkeit an der Kamera vorbeirast, wäre es sicherlich Verschwendung, für jeden der auf dem Bildschirm winzig klein erscheinenden Sterne extra ein oder zwei Dreiecke zu verwenden.

Punkte, Linien und Dreiecke nennt man *Primitiven*. Primitiv wird häufig negativ verstanden. Eigentlich heißt es jedoch nur so viel wie *einfach* oder *grundlegend*, was hier ja auch vollkommen zutreffend ist, denn noch einfachere Formen gibt es nicht.

Durch die geschickte Verwendung von Primitiven und vor allem durch eine realistische Beleuchtung und Simulation der Oberflächeneigenschaften (wozu wir später noch kommen) erreicht man, dass das resultierende Bild *dreidimensional* – also *räumlich* – wirkt. Hinter all dem stecken, wie man sich denken kann, viele aufwändige Berechnungen, die von früheren PCs noch nicht schnell genug verarbeitet werden konnten. Mit dem heutigen Stand der Technik können wir uns aber noch viel mehr als nur ein paar einfache Dreiecke leisten – diese können heutzutage ohne Probleme in millionenfacher Ausfertigung (*pro Sekunde!*) mit unglaublich vielen Effekten kombiniert werden, um nahezu jede natürliche Erscheinung wie Feuer, Wasser, Rauch, Wolken, Lebewesen und so weiter fast perfekt zu simulieren. Das menschliche Gehirn kann so immer besser getäuscht werden, und man kommt dem Ziel, den Spieler glauben zu lassen, er sei in einer anderen Welt, wieder ein Schrittchen näher.

2.2.3 Vektoren

Was sind Vektoren? Einen *Vektor* kann man ganz allgemein einfach als eine Ansammlung von Werten beschreiben, wie viele das sind, sei dahingestellt.

Ein Vektor kann zum Beispiel eine *dreidimensionale Koordinate* oder auch eine *Richtungsangabe* sein – es hängt immer von der Interpretation der Daten ab. Vektoren spielen in der Grafikprogrammierung eine sehr große Rolle, vor allem weil es sich mit ihnen so leicht rechnen lässt. Die Werte eines Vektors nennen wir *Vektorkomponenten*. Die erste Komponente kann beispielsweise die x-Koordinate eines Punkts sein, die zweite seine y-Koordinate und so weiter.

2.2 Einführung in die 3D-Grafik

Zur Schreibweise

Die Komponenten eines Vektors werden in diesem Buch in Klammern gesetzt und durch Kommata getrennt (zumindest im Fließtext) – also zum Beispiel (–17, 0.5, 38.75). Für Dezimalbrüche verwende ich dabei Punkte.

In manchen Situationen, bei denen es besonders wichtig ist, dass eine bestimmte Variable als Vektor (vor allem als *Richtungsvektor*) betrachtet wird, wird dies mit einem *Vektorpfeil* gekennzeichnet. Zum Beispiel: $\vec{v}$.

Wird explizit eine bestimmte Komponente eines Vektors gemeint, so schreibe ich den Namen der Komponente gefolgt vom tiefgestellten Vektornamen. Beispielsweise ist mit dem Ausdruck $x_{\vec{v}}$ die *x*-Komponente des Vektors $\vec{v}$ gemeint. Man kann auch v_1 schreiben und meint damit dann die erste Komponente des Vektors.

2.2.3.1 Positionsvektoren

Ein Positionsvektor im *n*-dimensionalen Raum hat genau *n* Komponenten. Bei uns handelt es sich nun um dreidimensionale Vektoren, die aus drei Komponenten bestehen: *x*, *y* und *z*. Solch ein Positionsvektor ist nichts anderes als eine Koordinate. Er beschreibt einen bestimmten Ort im Raum innerhalb eines Koordinatensystems.

Absolute und relative Positionen

Positionen müssen nicht immer unbedingt *absolut* (bezogen auf den Koordinatenursprung) sein – auch *relative* Positionen werden sehr häufig gebraucht. Eine relative Position ist die Position *„aus der Sicht"* eines anderen Betrachters oder von einem anderen Punkt aus gesehen.

> **Beispiel**
>
> Ein *Ball* hat die absoluten Koordinaten (100, 50, 0). Ein *Hund*, der den Ball schnappen möchte, befindet sich an der Position (75, 0, 0), und er ist entlang der *x*-Achse ausgerichtet (schaut also nach rechts). Nun ist die relative Position des Balls bezogen auf den Hund (0, 50, 25) – denn der Ball befindet sich 50 Einheiten *über* dem Hund und 25 Einheiten *vor* ihm.
>
> Der Hund bildet ein eigenes *lokales* (*relatives*) Koordinatensystem, dessen Achsenanordnung nicht mit der des alles umgebenden *absoluten* Systems übereinstimmen muss. So zeigt die lokale *z*-Achse des Hunds nach rechts anstatt in die Tiefe. Vom Hund aus gesehen zeigt seine *z*-Achse natürlich nach *vorne* – in die Tiefe, wie sie es auch tun sollte.

2.2.3.2 Richtungsvektoren

Richtungsvektoren unterscheiden sich formal *nicht* von Positionsvektoren; hier werden die Komponenten lediglich auf eine andere Weise interpretiert. Ein Richtungsvektor kann zum Beispiel verwendet werden, um die *Bewegungsrichtung* eines Objekts zu beschreiben. Doch nicht nur die Richtung, sondern auch noch die Geschwindigkeit findet Platz. Dann spricht man auch von einem *Bewegungsvektor*.

> **Beispiel**
>
> Die Bewegungsrichtung eines Balls wird durch den Vektor (–1, 0, 0) angegeben, was bedeutet, dass er mit einer Einheit pro Sekunde nach *links* fliegt (negativer Wert auf der *x*-Achse). Verwendet man nun (–5, 0, 0) statt (–1, 0, 0), so hat sich die eigentliche Richtung nicht geändert, wohl aber die Geschwindigkeit, denn diese ist nun nicht mehr 1, sondern 5 Einheiten pro Sekunde.

Ein Richtungsvektor ist also aus *zwei* Größen zusammengesetzt: aus der eigentlichen *Richtung* in der Form (x, y, z) und der *Geschwindigkeit*, die mit dem Vektor multipliziert wird. Dazu muss der pure Richtungsvektor die Länge 1 haben, worauf wir später genauer eingehen.

Streng gesehen ist auch ein Positionsvektor nichts anderes als ein *Richtungsvektor*, der als Bezugspunkt den Koordinatenursprung (0, 0, 0) hat.

2.2.3.3 Rechenoperationen

Mit Vektoren kann man zum größten Teil genauso rechnen, wie man es von gewöhnlichen Zahlen her kennt (Ausnahme: Multiplikation).

Vektoraddition und Vektorsubtraktion

Die Addition und Subtraktion zweier dreidimensionaler Vektoren $\vec{a}$ und $\vec{b}$ funktioniert wie folgt:

$$\vec{a} + \vec{b} = \left(x_{\vec{a}} + x_{\vec{b}} \quad y_{\vec{a}} + y_{\vec{b}} \quad z_{\vec{a}} + z_{\vec{b}} \right)$$

$$\vec{a} - \vec{b} = \left(x_{\vec{a}} - x_{\vec{b}} \quad y_{\vec{a}} - y_{\vec{b}} \quad z_{\vec{a}} - z_{\vec{b}} \right)$$

Man muss also einfach nur die einzelnen Vektorkomponenten addieren. Ein gutes Beispiel für die Vektoraddition ist die Bewegung eines Objekts. Nehmen wir für einen Tennisball den Positionsvektor $\vec{p}$ und den Bewegungsvektor $\vec{v}$ an. Nun soll der Positionsvektor durch den Bewegungsvektor verändert werden – das Ergebnis ist $\vec{p}\,'$ (die neue Position). Was wir noch benötigen, ist die abgelaufene Zeit seit der letzten Aktualisierung (denken Sie an die Nachrichtenschleife, welche die Zeit stoppt), sie sei in t gegeben. Die folgende Berechnung würde man in der Move-Funktion benutzen, um den Ball fortzubewegen:

$$\vec{p}\,' = \vec{p} + (\vec{v} \cdot t)$$

Ist die Zeit t beispielsweise genau 1 (*eine* Sekunde), dann wird der Bewegungsvektor unverändert zum Positionsvektor addiert. Ist aber nur eine zehntel Sekunde abgelaufen, so wird der Ball auch nur um ein Zehntel fortbewegt. Doch dieses Thema geht schon eher in den Bereich der Physik hinein; wir werden später detaillierter darauf zu sprechen kommen.

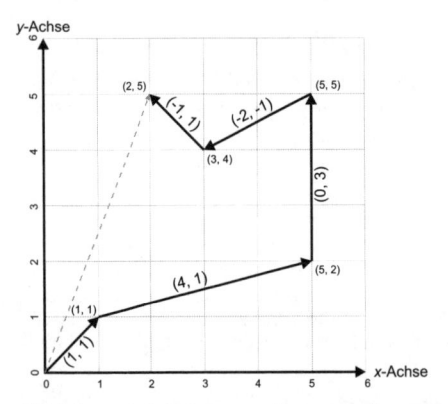

Abbildung 2.5 Wie man mit aneinander gelegten Pfeilen eine Vektoraddition der Vektoren (1, 1), (4, 1), (0, 3), (–2, –1) und (–1, 1) durchführen kann (Ergebnis: (2, 5))

2.2 Einführung in die 3D-Grafik

Multiplikation und Division mit Skalaren

Wird ein Vektor mit einem Skalar (also einer nichtvektoriellen Größe, einer gewöhnlichen reellen Zahl) multipliziert oder durch einen dividiert, dann führt man die Operation einfach mit allen Vektorkomponenten *einzeln* durch (hier demonstriert anhand eines Vektors $\vec{a}$ und eines Skalars s):

$$\vec{a} \cdot s = \left(x_{\vec{a}} \cdot s,\ y_{\vec{a}} \cdot s,\ z_{\vec{a}} \cdot s \right)$$

$$\frac{\vec{a}}{s} = \left(\frac{x_{\vec{a}}}{s},\ \frac{y_{\vec{a}}}{s},\ \frac{z_{\vec{a}}}{s} \right)$$

Anschaulich hat die Multiplikation eines Vektors mit einem Skalar die Bedeutung einer *Verlängerung* (Betrag des Faktors größer als 1) oder einer Stauchung (Betrag des Faktors kleiner als 1). Die Multiplikation mit einem negativen Faktor führt dazu, dass der resultierende Vektor in die entgegengesetzte Richtung zeigt.

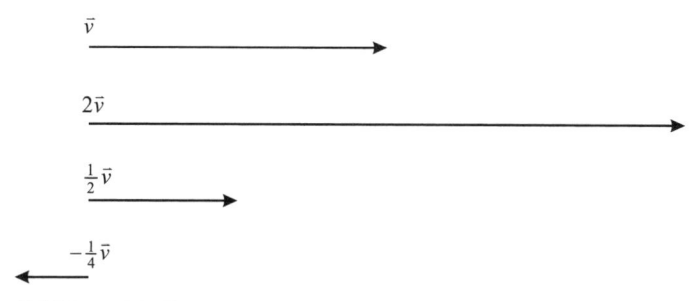

Abbildung 2.6 Ein Vektor wird mit einem Skalar multipliziert.

Komponentenweise Multiplikation und Division

Natürlich lassen sich zwei Vektoren auch komponentenweise multiplizieren oder dividieren – ähnlich wie bei der Addition und der Subtraktion. Gewöhnlich finden diese Operationen aber kaum Verwendung. Bei der Multiplikation zweier Vektoren kommen vielmehr zwei andere Verfahren zur Anwendung, die wir nun besprechen werden.

2.2.3.4 Das Punktprodukt

Kommen wir nun zur ersten Möglichkeit, wie sich zwei Richtungsvektoren multiplizieren lassen; es handelt sich um das *Punktprodukt* oder auch *Skalarprodukt*. Es kommt immer dann zum Einsatz, wenn es gilt, den zwischen zwei Richtungsvektoren (die eine Länge von 1 haben) eingeschlossenen *Winkel* zu bestimmen, und dementsprechend ist das Punktprodukt zweier Vektoren nicht etwa ein dritter Vektor, sondern ein *Skalar*. Das Punktprodukt zweier Vektoren wird durch den *Multiplikationspunkt* („·") dargestellt und berechnet sich wie folgt:

$$\vec{a} \cdot \vec{b} = \left(x_{\vec{a}} \cdot x_{\vec{b}} \right) + \left(y_{\vec{a}} \cdot y_{\vec{b}} \right) + \left(z_{\vec{a}} \cdot z_{\vec{b}} \right)$$

Man multipliziert also einfach jede Komponente des ersten Vektors mit der entsprechenden Komponente und addiert all die Produkte.

Das Ergebnis ist erstaunlich, denn es handelt sich um den *Kosinus des Winkels*, der zwischen den beiden Vektoren eingeschlossen wird. Wohlgemerkt nur dann, wenn beide Vektoren die

Länge 1 haben. Eigentlich sollte man doch glauben, dass so eine Winkelberechnung viel komplizierter wäre. Wird nun der tatsächliche Wert des Winkels gesucht und nicht sein Kosinus (oft reicht dieser jedoch schon aus), wendet man einfach die Funktion *arccos* (Arcus-Kosinus) auf den Kosinus an. Sie erinnern sich: Mit den Arcus-Funktionen findet man zu einem gegebenen Sinus, Kosinus oder Tangens den zugehörigen Winkel.

Sehr nützlich ist das Punktprodukt, wenn man herausfinden möchte, ob zwei Vektoren senkrecht aufeinander stehen, also wenn sie einen Winkel von 90° einschließen, denn dann ist das Punktprodukt immer *null*, auch dann, wenn die Vektoren nicht die Länge 1 haben. Das Kommutativgesetz gilt, man darf die Vektoren also vertauschen, und das Ergebnis ändert sich nicht.

2.2.3.5 Das Kreuzprodukt

Neben dem Punktprodukt gibt es noch *Kreuzprodukt* (auch *Vektorprodukt* genannt). Es wird durch das *Multiplikationskreuz* („×") symbolisiert. Das Besondere an ihm ist, dass das Ergebnis nicht etwa ein Skalar, also eine Zahl ist, sondern ein neuer Vektor. Das Kreuzprodukt wird wie folgt berechnet (Beispiel: zwei Richtungsvektoren $\vec{a}$ und $\vec{b}$):

$$\vec{a} \times \vec{b} = \vec{c}$$

$$\vec{c} = \left(y_{\vec{a}} \cdot z_{\vec{b}} - z_{\vec{a}} \cdot y_{\vec{b}} \quad z_{\vec{a}} \cdot x_{\vec{b}} - x_{\vec{a}} \cdot z_{\vec{b}} \quad x_{\vec{a}} \cdot y_{\vec{b}} - y_{\vec{a}} \cdot x_{\vec{b}} \right)$$

$\vec{a}$ und $\vec{b}$ stehen senkrecht auf $\vec{c} \Leftrightarrow \vec{a} \cdot \vec{c} = 0 \wedge \vec{b} \cdot \vec{c} = 0$

Das Kreuzprodukt hat eine ganz besondere Beziehung zu den Vektoren, aus denen es gebildet wurde: Es steht *senkrecht* auf ihnen beiden (so wie die y-Achse senkrecht auf der x- und auf der z-Achse steht).

Wohlgemerkt gilt das natürlich nur für Richtungsvektoren, denn zwei Positionen können nicht senkrecht aufeinander stehen. In der Praxis benötigt man das Kreuzprodukt, wenn beispielsweise die x- und die y-Achse eines Objekts bekannt ist und die z-Achse benötigt wird – dann können wir ausnutzen, dass die z-Achse das *Kreuzprodukt* aus der x- und der y-Achse ist.

Nun kann man sich vorstellen, dass es immer *zwei* Vektoren (mit gleicher Länge) geben kann, die senkrecht zu den beiden Vektoren steht, von denen das Kreuzprodukt gebildet wird. Der zweite Vektor hat das umgekehrte Vorzeichen des ersten. Um sich nun immer vorstellen zu können, wohin der resultierende Vektor zeigt, kann man sich einer einfachen Regel bedienen: Man nimmt seine rechte Hand zur Hilfe. Man streckt alle Finger aus. Die Richtung der Finger gibt den ersten Vektor an. Nun krümmt man die Finger nach innen, wo sie nun die Richtung des zweiten Vektors anzeigen. Der Daumen zeigt nach oben und steht für die Richtung des resultierenden Vektors.

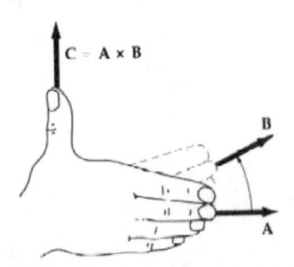

Abbildung 2.7 Ermittlung der Richtung des Kreuzprodukts

2.2 Einführung in die 3D-Grafik

Wichtig ist, dass beim Kreuzprodukt das Kommutativgesetz *nicht* gilt. Vertauscht man also die beiden Vektoren, so ist das Ergebnis verschieden (nämlich mit umgekehrtem Vorzeichen).

2.2.3.6 Länge eines Vektors

Vorhin habe ich erwähnt, dass ein purer Richtungsvektor – ein Vektor, der also nur eine Richtung, jedoch keine Geschwindigkeit enthält – die Länge 1 hat. Doch was bedeutet das? Was ist die *Länge eines Vektors*?

Erst einmal ist zu sagen, dass es in den meisten Fällen nur bei Richtungsvektoren Sinn macht, die Länge zu bestimmen.

Angenommen, ein Ball hat den Bewegungsvektor (5, 7, 0), er fliegt also 5 Einheiten pro Sekunde nach rechts und 7 nach oben. Möchten wir nun seine Geschwindigkeit kennen, also wie viele Einheiten er sich insgesamt pro Sekunde bewegt, so müssen wir die *Länge des Vektors* (5, 7, 0) berechnen. Im Fall *Bewegungsvektor* ist die Länge also nichts anderes als die Geschwindigkeit. Doch wie berechnet sich die Vektorlänge?

> Die Lösung fand vor langer Zeit ein sehr berühmt gewordener Grieche namens *Pythagoras*. Mit dem *Satz des Pythagoras* lässt sich die Hypotenuse eines rechtwinkligen Dreiecks berechnen, wenn die beiden Katheten bekannt sind – und das kann man auf unseren Fall übertragen.

Die nächste Abbildung demonstriert, wie sich der Satz des Pythagoras auf die Berechnung der Länge eines zweidimensionalen Richtungsvektors (5, 7) anwenden lässt.

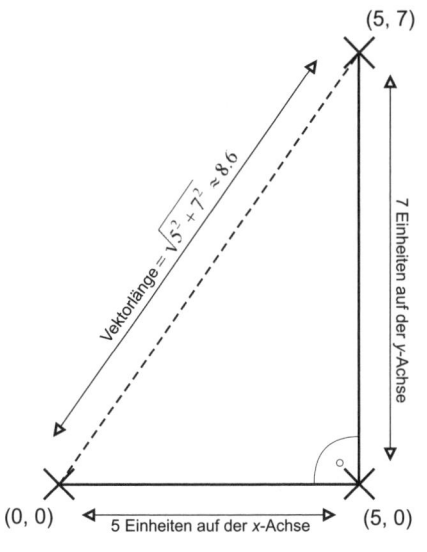

Abbildung 2.8 Die Länge des Vektors (5, 7) wird mit Hilfe des *Satz des Pythagoras* berechnet, indem man mit den Vektorkomponenten ein rechtwinkliges Dreieck konstruiert. Das Ergebnis: Der Vektor (5, 7) hat eine ungefähre Länge von 8.6 (Wurzel aus 25 + 49).

Die Länge des zweidimensionalen Richtungsvektors (hier im Beispiel $\vec{v}$ = (5, 7)) wird also wie folgt berechnet:

$$|\vec{v}| = \sqrt{x_{\vec{v}}^2 + y_{\vec{v}}^2}$$

Wie Sie sehen, rahmt man die Vektorvariable (in diesem Fall $\vec{v}$) mit *Querbalken* ein („|"), um zu symbolisieren, dass die *Vektorlänge* (= Betrag) gemeint ist und nicht der eigentliche Vektor selbst. Für dreidimensionale Vektoren ist die Sache nicht viel anders:

$$|\vec{v}| = \sqrt{x_{\vec{v}}^2 + y_{\vec{v}}^2 + z_{\vec{v}}^2}$$

Die Wurzel bleibt, das Quadrieren bleibt ebenfalls – nur das Quadrat der *z*-Komponente kommt hinzu.

Distanz zwischen zwei Punkten

Ist man imstande, die Länge eines Richtungsvektors zu berechnen, so ist es auch kein Problem mehr, die *Distanz zwischen zwei Punkten* (Positionsvektoren) zu bestimmen. Man bildet einfach durch Vektorsubtraktion den *Verbindungsvektor* (der natürlich auch ein Richtungsvektor ist) zwischen den beiden Punkten und bestimmt dann dessen Länge. Ob man dabei Vektor 1 von Vektor 2 subtrahiert oder umgekehrt, ist egal – durch das Quadrieren beim Berechnen der Vektorlänge spielen Vorzeichen keine Rolle.

Die nächste Gleichung zeigt, wie die Strecke zwischen zwei Punkten *A* und *B* dargestellt wird (sind zwei Punkte oben durch einen Pfeil verbunden, so ist ihr Verbindungsvektor gemeint). *Punkte* bezeichnet man normalerweise mit großen Buchstaben und die zu den Punkten zeigenden Ortsvektoren mit kleinen Buchstaben.

$$\overrightarrow{AB} = \vec{b} - \vec{a}$$
$$|\overrightarrow{AB}| = |\vec{b} - \vec{a}| = |\vec{a} - \vec{b}|$$

Die erste Zeile zeigt den Verbindungsvektor von *A* nach *B*, und die zweite zeigt, wie man die Distanz zwischen zwei Punkten schreibt. Dem Punkt *A* entspricht der Ortsvektor $\vec{a}$.

2.2.3.7 Normalisierte Vektoren

Ein *normalisierter* oder *normierter* Vektor hat die Länge 1. Von *normalisiert* und *nicht normalisiert* zu sprechen hat nur bei Richtungsvektoren einen Sinn. Eine pure Richtungsangabe sollte immer normalisiert sein, während es zum Beispiel ein Bewegungsvektor nicht unbedingt ist. *Ein Vektor wird normalisiert, indem man ihn durch seine eigene Länge teilt.*

> **Beispiel**
>
> Ein Bewegungsvektor $\vec{v}$ ist bekannt und hat den Wert (150, –25, 10). Nun soll die Geschwindigkeit aus dem Bewegungsvektor entfernt werden, so dass nur noch die pure Richtungsangabe – die natürlich normalisiert ist und damit die Länge 1 hat – übrig bleibt.
>
> Als Erstes berechnet man die Länge des Bewegungsvektors (die Geschwindigkeit) mit Hilfe des Satzes des Pythagoras für drei Dimensionen. Das Ergebnis ist ungefähr 152.4. Teilt man nun $\vec{v}$ durch diesen Wert, so ist die Geschwindigkeit nicht mehr länger Teil des Bewegungsvektors, und was übrig bleibt, ist die pure Richtungsangabe. Ihr ungefährer Wert lautet: (0.98, –0.16, 0.07) – die Länge dieses Vektors ist nun 1.

2.2 Einführung in die 3D-Grafik

Viele Operationen erfordern normalisierte Vektoren, da sie sonst unerwartete Werte liefern.

Möchte man zum Ausdruck bringen, dass ein Vektor normalisiert sein soll, so kann man ihn mit *zwei* Querbalken einrahmen, was die gleiche Wirkung hat wie die Division eines Vektors durch seine eigene Länge (genau das ist ja das Normalisieren):

$$\|\vec{v}\| = \frac{\vec{v}}{|\vec{v}|}$$

2.2.3.8 Mehr zum Punktprodukt

Das Punktprodukt liefert uns – wie bereits erklärt – den Kosinus des Winkels, den zwei Richtungsvektoren einschließen, wenn diese normalisiert sind. Der Kosinus kann natürlich nur Werte im Intervall [–1; 1] annehmen. Wenn unnormalisierte Vektoren mit genügend großen Komponenten verwendet, wird das Ergebnis nicht mehr innerhalb von [–1; 1] liegen. Daher kann das Ergebnis dann auch nicht mehr der Kosinus des Winkels sein. Die Normalisierung ist also tatsächlich notwendig. Man verwendet die folgende Gleichung zur Berechnung des Winkels:

$$\alpha = \arccos \|\vec{x}\| \cdot \|\vec{y}\| = \arccos \frac{\vec{x} \cdot \vec{y}}{|\vec{x}| \cdot |\vec{y}|}$$

Man kann also das Punktprodukt der beiden Vektoren berechnen (Zähler im rechten Bruch) und dann durch die Länge des ersten Vektors multipliziert mit der Länge des zweiten Vektors teilen. Davon berechnet man den Arcus-Kosinus und erhält den gesuchten Winkel.

2.2.3.9 Programmierung einer Vektorklasse

Wir wollen nun eine Klasse programmieren, die uns die Arbeit mit Vektoren erleichtert. Die Klasse, die wir implementieren werden, trägt den Namen tbVector3, und sie wird zur TriBase-Engine gehören. Die „3" am Ende bedeutet, dass wir es mit einem dreidimensionalen Vektor zu tun haben.

Die fertige Klasse legen wir in die Dateien TBVECTOR3.H und TBVECTOR3.CPP im INCLUDE- beziehungsweise SRC-Verzeichnis ab (H-Datei: Deklaration und Inline-Methoden; CPP-Datei: Definition/Implementierung).

Variablen der Klasse

Woraus besteht ein Vektor? In diesem Fall ganz einfach aus *drei Zahlen*. Wir wählen für sie den Typ float und nennen die Variablen x, y und z. Diese Variablen sollten von außen einseh- und veränderbar sein, darum legen wir sie in die public-Sektion der Klasse:

```
// Klasse für dreidimensionale Vektoren
class TRIBASE_API tbVector3
{
public:
    float x, y, z; // Vektorkomponenten
};
```

Listing 2.1 Erste Version von tbVector3

Das Makro „TRIBASE_API" sagt dem Compiler, dass diese Klasse zur TriBase-DLL-Datei gehört. Wenn die Engine selbst kompiliert wird, nimmt dieses Makro automatisch den Wert __declspec(dllexport) an. Dieser Bezeichner weist den Compiler an, die Funktion, die Klasse oder die Variable, auf die er angewandt wird, in die DLL-Datei zu *exportieren*. Verwendet man die TriBase-Engine jedoch aus einem anderen Projekt heraus an, dann hat das Makro den Wert __declspec(dllimport). Dadurch weiß der Compiler, dass er die Implementierung in der DLL-Datei findet. TRIBASE_API ist wie folgt definiert:

```
#ifdef TRIBASE_EXPORTS
#define TRIBASE_API __declspec(dllexport)
#else
#define TRIBASE_API __declspec(dllimport)
#endif
```

Listing 2.2 Das Makro TRIBASE_API

Das Makro TRIBASE_EXPORTS wird vom Compiler automatisch gesetzt, aber nur, wenn man wirklich die *Engine* kompiliert und nicht bei einer Anwendung, die Gebrauch von ihr macht. Man kann dies in Visual C++ unter den Projekteinstellungen festlegen.

Konstruktoren

Als Nächstes wollen wir ein paar hilfreiche Konstruktoren für die Klasse implementieren.

- Der Standardkonstruktor, der keine Parameter erwartet, tut einfach *gar nichts*.
- Der Kopierkonstruktor erwartet eine Referenz auf ein anderes tbVector3-Objekt und kopiert einfach dessen Komponenten.
- Anschließend fügen wir einen Konstruktor hinzu, der drei Parameter erwartet, nämlich die Vektorkomponenten. Diese werden dann einfach in die Variablen x, y und z eingesetzt.

Und so sieht die Implementierung der Konstruktoren aus (achten Sie darauf, dass alle Konstruktoren *inline*, also direkt in der Header-Datei, definiert sind):

```
// Standardkonstruktor: tut nichts
tbVector3()
{
}

// Kopierkonstruktor: kopiert den angegebenen Vektor
tbVector3(const tbVector3& v) : x(v.x), y(v.y), z(v.z)
{
}

// Konstruktor, der die angegebenen Vektorkomponenten einsetzt
tbVector3(const float vx,
          const float vy,
          const float vz) : x(vx), y(vy), z(vz)
{
}
```

Listing 2.3 Drei Konstruktoren von tbVector3

Möglicherweise ist Ihnen ein Teil aus dem vorherigen Listing nicht geläufig: die Initialisierungsliste. Die Initialisierungsliste folgt direkt nach einem Doppelpunkt hinter dem Kopf des Konstruktors. Dort kann man jedem der Member-Variablen der Klasse einen Wert zuweisen.

2.2 Einführung in die 3D-Grafik

Da die Arbeit der Konstruktoren in diesem Fall nur aus Wertzuweisungen besteht, ist der Funktionsrumpf dementsprechend leer.

Operatoren

Kommen wir nun zum wichtigsten Teil unserer kleinen Vektorklasse! Ein Glück, dass C++ das Überladen von Operatoren erlaubt, denn so lassen sich Vektoradditionen oder Multiplikationen viel leichter durchführen (ansonsten wäre man gezwungen, für jede Operation eine eigene Funktion anzufertigen, die man dann wahrscheinlich tbVector3Add, tbVector3Multiply oder ähnlich nennen würde).

Wir beginnen mit den arithmetischen Operatoren. Dazu gehören +, -, * und /. Bei der Multiplikation (*) und der Division (/) rechnen wir *komponentenweise*, also genau wie bei der Addition und der Multiplikation. Sonderregelungen wie das Punkt- oder das Kreuzprodukt werden wir später separat implementieren. Bei Multiplikation und Division gibt es zwei Möglichkeiten: Einmal können wir mit einem Vektor multiplizieren beziehungsweise durch ihn teilen, und einmal können wir das mit einem *Skalar* tun, also mit einer Zahl.

```
// Addition von zwei Vektoren
inline tbVector3 operator + (const tbVector3& a,
                             const tbVector3& b)
{
    // Komponentenweise Addition der Vektoren a und b
    return tbVector3(a.x + b.x,
                     a.y + b.y,
                     a.z + b.z);
}

// Subtraktion zweier Vektoren
inline tbVector3 operator - (const tbVector3& a,
                             const tbVector3& b)
{
    // Hier ist alles genau wie bei der Addition, nur dass subtrahiert wird.
    return tbVector3(a.x - b.x,
                     a.y - b.y,
                     a.z - b.z);
}

// Multiplikation zweier Vektoren und Division zweier Vektoren:
// Genau wie bei Addition/Subtraktion, nur * bzw. / anstelle von + bzw. -.
inline tbVector3 operator * (const tbVector3& a,
                             const tbVector3& b)
{
    // ...
}

inline tbVector3 operator / (const tbVector3& a,
                             const tbVector3& b)
{
    // ...
}

// Multiplikation mit einem Skalar (float)
inline tbVector3 operator * (const tbVector3& v,
                             const float f)
{
    // Jede Vektorkomponente mit dem Skalar multiplizieren
    return tbVector3(v.x * f,
                     v.y * f,
                     v.z * f);
}
```

```cpp
// Division durch einen Skalar: analog
inline tbVector3 operator * (const tbVector3& v,
                             const float f)
{
    // ...
}
```

Listing 2.4 Die arithmetischen Operatoren der `tbVector3`-Klasse

Eine Kleinigkeit wurde noch übersehen: Nun können wir einen Vektor mit einem Skalar multiplizieren, aber können wir auch einen Skalar mit einem Vektor multiplizieren (vertauscht)? Nein! Natürlich gilt hier das Kommutativgesetz (Vertauschungsgesetz), aber das kann der C++-Compiler nicht wissen. Darum müssen wir für die Multiplikation mit einem Skalar auch noch eine zweite Version bereitstellen, die *zuerst* den Skalar und *danach* den Vektor erwartet:

```cpp
// Multiplikation mit einem Skalar (vertauscht)
inline tbVector3 operator * (const float f,
                             const tbVector3& v)
{
    // Jede Vektorkomponente mit dem Skalar multiplizieren
    return tbVector3(v.x * f,
                     v.y * f,
                     v.z * f);
}
```

Listing 2.5 Vertauschte Multiplikation

Zuweisungsoperatoren

Zu den Zuweisungsoperatoren zählen =, +=, -=, *= und /=. Ich werde hier nur ein paar davon zeigen, denn im Grunde sind sie alle gleich. Beachten Sie, dass die Zuweisungsoperatoren *innerhalb der Klasse* definiert werden, im Gegensatz zu den oben beschriebenen arithmetischen Operatoren, die auf globaler Ebene angelegt sind.

```cpp
// Zuweisung eines anderen Vektors
tbVector3& operator = (const tbVector3& v)
{
    // Vektorkomponenten kopieren
    x = v.x;
    y = v.y;
    z = v.z;

    // Liefert eine Referenz auf sich selbst
    return *this;
}

// Zuweisung und Addition
tbVector3& operator += (const tbVector3& v)
{
    // Vektor v hinzuaddieren
    x += v.x;
    y += v.y;
    z += v.z;

    return *this;
}

// Analog für die anderen Operatoren ...
```

Listing 2.6 Die Zuweisungsoperatoren

2.2 Einführung in die 3D-Grafik

Vergleichsoperatoren

Nun fehlen nur noch zwei kleine Operatoren, und wir sind fast fertig! Es fehlen noch die Operatoren == und != zur Überprüfung von Gleichheit beziehungsweise Ungleichheit zweier Vektoren. Diese sind sehr schnell implementiert:

```cpp
// Gleichheit: Sind die Vektoren a und b gleich?
bool operator == (tbVector3& a,
                  tbVector3& b)
{
    // Zwei Vektoren sind gleich, wenn ihre Komponenten gleich sind.
    return a.x == b.x &&
           a.y == b.y &&
           a.z == b.z;
}

// Ungleichheit
bool operator != (tbVector3& a,
                  tbVector3& b)
{
    // Zwei Vektoren sind ungleich, wenn mindestens eine Komponente abweicht.
    return a.x != b.x ||
           a.y != b.y ||
           a.z != b.z;
}
```

Listing 2.7 Gleichheit und Ungleichheit

D3DVECTOR

Direct3D verwendet von Haus aus eine Struktur namens D3DVECTOR zur Darstellung von Vektoren. Innerlich ist diese identisch mit unserer tbVector3-Klasse: Sie enthält auch drei float-Elemente namens x, y und z. Wenn nun irgendwo ein D3DVECTOR-Wert erwartet wird, wäre es doch schön, wenn wir ganz einfach einen tbVector3-Wert angeben könnten, der dann automatisch umgewandelt wird. Dazu müssen wir einen Casting-Operator definieren:

```cpp
// Casting nach D3DVECTOR&
operator D3DVECTOR& ()
{
    // D3DVECTOR ist genauso aufgebaut wie tbVector3!
    // Also können wir den this-Zeiger nach D3DVECTOR* casten und dann dereferenzieren.
    return *((D3DVECTOR*)(this));
}
```

Listing 2.8 Casting nach D3DVECTOR3

Umgekehrt sollte es auch möglich sein, einen D3DVECTOR-Wert anzugeben, wo tbVector3 erwartet wird. Das können wir lösen, indem wir der tbVector3-Klasse einen weiteren Konstruktor verpassen, die einen D3DVECTOR3-Wert erwartet:

```cpp
// tbVector3 aus D3DVECTOR erzeugen
tbVector3(const D3DVECTOR& v) : x(v.x), y(v.y), z(v.z)
{
    // Hier wird nichts getan!
    // Die Werte x, y und z werden bereits in der Initialisierungsliste ausgefüllt.
}
```

Listing 2.9 tbVector3 aus D3DVECTOR erzeugen

Anwendungsbeispiel

Folgendes Listing zeigt, wie man mit der `tbVector3`-Klasse arbeiten kann. Hinter den Rechnungen, die hier gemacht werden, steckt übrigens kein besonderer Sinn, sie zeigen eben nur die Funktionsweise.

```
// Verschiedene Vektoradditionen durchführen
tbVector3 a(tbVector3(17.0f, 23.0f, -1.0f) + tbVector3(0.924f, -0.004f, 9.28f));
tbVector3 b(a + tbVector3(10.0f));
tbVector3 c(a + b);
a += c;
c += a + b;

// Vektorsubtraktionen
a = tbVector3(10.0f) - tbVector3(5.0f, 6.0f, 7.0f);
b = a - tbVector3(99.0f);
c = a - b;
c -= a - (c - b);

// Vektormultiplikationen
float f = 15.0f;
a = tbVector3(1.0f, 1.0f, 1.0f) * f;
a *= f;
b = a * f;
b = f * a;
c = a * b;
c = tbVector3(5.0f) * tbVector3(1.0f, 0.0f, 0.0f);
c *= a;

// Vektordivisionen
f = -0.25f;
a = tbVector3(10.0f) / tbVector3(20.0f);
b = a / tbVector3(17.5f);
c = a / b;
a /= (b / f);
```

Listing 2.10 Anwendung der Operatoren +, -, *, /, +=, -=, *= und /= der `tbVector3`-Klasse

2.2.3.10 Hilfsfunktionen für die Vektorrechnung

Operationen wie das Bilden des Kreuz- oder Punktprodukts, die Berechnung der Vektorlänge und Ähnliches haben wir bisher noch nicht eingebaut. Wie bereits besprochen, sollen diese Dinge durch separate Funktionen erledigt werden. Wir geben ihnen das Präfix „`tbVector3`". Diese Funktionen werden wir nun Schritt für Schritt erarbeiten.

Vektorlänge und Quadrat der Vektorlänge

Oft wird die Länge eines Vektors benötigt, und manchmal reicht auch das Quadrat der Vektorlänge aus, welches schneller berechnet werden kann. Möchte man zum Beispiel zwei Vektoren in Hinsicht auf ihre Länge vergleichen (welcher ist länger?), dann reicht es, die Quadrate der Vektorlängen zu vergleichen.

Hierfür sollen die beiden Funktionen `tbVector3Length` (Länge) und `tbVector3LengthSq` (Quadrat der Länge, wobei *Sq* für *Squared* steht, was so viel wie *zum Quadrat* bedeutet) implementiert werden. Erinnern Sie sich noch an die Methode zur Berechnung der Vektorlänge mit Hilfe des Satzes des Pythagoras?

2.2 Einführung in die 3D-Grafik

```
// Berechnung der Vektorlänge
inline float tbVector3Length(const tbVector3& v)
{
    // Länge = Wurzel(x² + y² + z²)
    return sqrtf(v.x * v.x +
                 v.y * v.y +
                 v.z * v.z);
}

// Quadrat der Vektorlänge berechnen
inline float tbVector3LengthSq(const tbVector3& v)
{
    // Wenn man nur das Quadrat der Vektorlänge benötigt, dann fällt die Wurzel weg
    // (die Berechnung erfolgt viel schneller).
    return v.x * v.x +
           v.y * v.y +
           v.z * v.z;
}
```

Listing 2.11 Berechnung der Vektorlänge und ihres Quadrats

Normalisieren eines Vektors

Auch zum Normalisieren eines Richtungsvektors wollen wir uns eine eigene Funktion schreiben, die den Namen tbVector3Normalize trägt. Man soll ihr als Parameter einen Vektor übergeben, und die Funktion liefert eine normalisierte Version dieses Vektors als Rückgabewert. Dazu muss der Vektor nur durch seine eigene Länge geteilt werden.

Nun könnte es sein, dass ein Vektor die Länge null hat. Das wäre äußerst ungünstig, da eine Division durch null bekanntlich nicht erlaubt ist und zu einem Fehler führen würde. Von daher habe ich mir folgenden Ansatz überlegt: Man addiert einfach einen sehr kleinen Wert zur Länge hinzu, zum Beispiel 0.0001. Dann lässt die Genauigkeit zwar ein wenig nach, aber eine Division durch null ist nicht mehr möglich, und es dürfte schneller als eine if-Abfrage sein, die prüft, ob die Länge möglicherweise null ist.

```
// Normalisieren eines Vektors
inline tbVector3 tbVector3Normalize(const tbVector3& v)
{
    // Vektor durch seine Länge teilen
    return v / sqrtf(v.x * v.x +
                     v.y * v.y +
                     v.z * v.z);
}

// "Sicheres" Normalisieren eines Vektors
inline tbVector3 tbVector3NormalizeEx(const tbVector3& v)
{
    // Vektor durch seine Länge + 0.0001 teilen
    return v / (sqrtf(v.x * v.x +
                      v.y * v.y +
                      v.z * v.z) + 0.0001f);
}
```

Listing 2.12 Normalisierungsfunktionen für Vektoren

Wenn man sich also nicht sicher ist, ob ein zu normalisierender Vektor möglicherweise die Länge null haben könnte und man geringe Genauigkeitsverluste in Kauf nehmen kann, sollte man tbVector3NormalizeEx verwenden.

Das Kreuzprodukt

Kommen wir nun zur Funktion tbVector3Cross, die für uns das Kreuzprodukt zweier Vektoren berechnen soll. Zur Erinnerung: Verknüpft man zwei Richtungsvektoren mit dem Kreuzprodukt, so erhält man einen weiteren Richtungsvektor, der senkrecht auf den beiden Ausgangsvektoren steht. Die Implementierung der Funktion ist recht simpel:

```
// Berechnung des Kreuzprodukts zweier Vektoren
inline tbVector3 tbVector3Cross(const tbVector3& a,
                                const tbVector3& b)
{
    return tbVector3(a.y * b.z - a.z * b.y,
                     a.z * b.x - a.x * b.z,
                     a.x * b.y - a.y * b.x);
}
```

Listing 2.13 tbVector3Cross berechnet das Kreuzprodukt.

Punktprodukt und Winkel zwischen zwei Vektoren

Mit dem Punktprodukt können wir auf einfache Weise den Winkel bestimmen, der von zwei Richtungsvektoren eingeschlossen wird. Dabei multipliziert man die Komponenten beider Vektoren einzeln und addiert die Produkte. Genau das soll die Funktion tbVector3Dot (*Dot Product*: *Punktprodukt*) tun:

```
// Berechnung des Punktprodukts
inline float tbVector3Dot(const tbVector3& a,
                          const tbVector3& b)
{
    return a.x * b.x +
           a.y * b.y +
           a.z * b.z;
}
```

Listing 2.14 Berechnung des Punktprodukts

Bei der Besprechung des Punktprodukts wurden Sie mit folgender Gleichung bezüglich des Winkels zwischen zwei Richtungsvektoren konfrontiert:

$$\alpha = \arccos \|\vec{x}\| \cdot \|\vec{y}\| = \arccos \frac{\vec{x} \cdot \vec{y}}{|\vec{x}| \cdot |\vec{y}|}$$

Und genau diese Gleichung wollen wir nun einsetzen, um in der Funktion tbVector3Angle den Winkel zwischen zwei Richtungsvektoren zu bestimmen. Der Winkel wird im Bogenmaß geliefert. Als Erstes wird das Punktprodukt der Vektoren berechnet. Dieses wird nun durch das Produkt der beiden Vektorlängen dividiert, wie rechts im Bruch zu sehen ist. Dieses Ergebnis setzen wir in die Funktion acosf ein, die uns den Arcus-Kosinus liefert, also den Winkel zu einem gegebenen Kosinus:

```
// Berechnung des Winkels zwischen zwei Vektoren (Bogenmaß)
inline float tbVector3Angle(const tbVector3& a,
                            const tbVector3& b)
{
    return acosf(tbVector3Dot(a, b) /
                 (tbVector3Length(a) * tbVector3Length(b)));
}
```

2.2 Einführung in die 3D-Grafik 63

```
// Das lässt sich noch ein wenig entschachteln ...
// Neue Version:
inline float tbVector3Angle(const tbVector3& a,
                            const tbVector3& b)
{
    return acosf((a.x * b.x + a.y * b.y + a.z * b.z) /    // Punktprodukt
                 (sqrtf(a.x * a.x + a.y * a.y + a.z * a.z) *  // Länge von Vektor a
                  sqrtf(b.x * b.x + b.y * b.y + b.z * b.z))); // Länge von Vektor b
}
```

Listing 2.15 Berechnung des Winkels zwischen zwei Vektoren

Aber halt! Da ist noch eine Optimierung möglich! In der gerade gezeigten Version benötigen wir zwei Aufrufe von `sqrtf`, also zweimal Wurzelziehen, was nicht unbedingt schnell ist. Wir berechnen da die Wurzel eines Terms A (Länge des ersten Vektors) und die Wurzel eines Terms B (Länge des zweiten Vektors). Anschließend werden beide Wurzeln multipliziert. Das geht auch einfacher, indem man beide Terme unter eine einzige Wurzel zieht, denn das *ist* erlaubt! Also:

```
// Berechnung des Winkels zwischen zwei Vektoren (Bogenmaß)
inline float tbVector3Angle(const tbVector3& a,
                            const tbVector3& b)
{
    return acosf((a.x * b.x + a.y * b.y + a.z * b.z) /    // Punktprodukt
                 sqrtf((a.x * a.x + a.y * a.y + a.z * a.z) *  // Produkt der Vektorlängen
                       (b.x * b.x + b.y * b.y + b.z * b.z))); // "
}
```

Listing 2.16 Optimierte Berechnung des Winkels

Minimum- und Maximumvektoren

Manchmal ist es hilfreich, den Minimum- oder den Maximumvektor vieler Vektoren zu kennen. Der Maximumvektor der drei Vektoren (5, 100, –250), (0, 10, 50) und (1000, 60, 40) ist der Vektor (1000, 100, 50). Man sucht sich also jeweils den größten (Maximum) beziehungsweise den kleinsten (Minimum) Wert jeder Komponente heraus. Dafür implementieren wir die Funktionen `tbVector3Min` und `tbVector3Max`:

```
// Minimumvektor berechnen
inline tbVector3 tbVector3Min(const tbVector3& a,
                              const tbVector3& b)
{
    return tbVector3(TB_MIN(a.x, b.x),
                     TB_MIN(a.y, b.y),
                     TB_MIN(a.z, b.z));
}

// Maximumvektor berechnen
inline tbVector3 tbVector3Max(const tbVector3& a,
                              const tbVector3& b)
{
    return tbVector3(TB_MAX(a.x, b.x),
                     TB_MAX(a.y, b.y),
                     TB_MAX(a.z, b.z));
}
```

Listing 2.17 Berechnung des Minimum- und des Maximumvektors

Zufallsvektoren

In Computerspielen wird sehr häufig mit Zufallsfunktionen gearbeitet, zum Beispiel wenn es darum geht, Explosionen oder Rauchpartikel anzuzeigen. Durch den Zufall bringt man mehr Abwechslung und mehr Variation ins Spiel. Die Funktion tbVector3Random soll uns einen zufälligen Vektor liefern, der *normalisiert* ist. Die Richtung, in die er zeigt, wird per Zufallsgenerator bestimmt, und zwar durch den Einsatz der Funktion tbFloatRandom. Da wir nicht wissen, ob der Vektor vielleicht durch Zufall die Länge null haben könnte, verwenden wir zum Normalisieren nicht tbVector3Normalize, sondern tbVector3NormalizeEx:

```
// Zufälligen normalisierten Vektor berechnen
inline tbVector3 tbVector3Random()
{
    return tbVector3NormalizeEx(tbVector3(tbFloatRandom(-1.0f, 1.0f),
                                          tbFloatRandom(-1.0f, 1.0f),
                                          tbFloatRandom(-1.0f, 1.0f)));
}
```

Listing 2.18 Diese Funktion versorgt uns mit einem zufälligen normalisierten Vektor.

Lineare Interpolation zwischen Positionsvektoren

Angenommen, wir möchten ein 3D-Objekt entlang eines vordefinierten Pfades durch den Raum bewegen. Wir kennen die Position, die es zur Zeit t_1 haben soll, und die, die es zur Zeit t_2 haben soll. Doch wie ist es nun möglich, die Position des Objekts zu bestimmen, die es irgendwann zwischen diesen beiden Zeitpunkten haben soll? Wir nehmen an, dass sich das Objekt zwischen den beiden Punkten *geradlinig* (linear) bewegt.

Hier hilft eine *lineare Interpolation* weiter. Man gibt zwei Vektoren an und zusätzlich noch einen *Interpolationsfaktor*. Dieser wäre in unserem Beispiel mit der Animation gleich bedeutend mit der Zeit. Der Interpolationsfaktor nimmt immer nur Werte zwischen 0 und 1 an. Setzt man null ein, dann ist das Ergebnis der Interpolation der *erste* Vektor, und wenn man 1 einsetzt, ist das Ergebnis der *zweite* Vektor. Gibt man 0.5 an, liegt das Ergebnis exakt zwischen den beiden Punkten.

Eine lineare Interpolation mit dem Ergebnisvektor $\vec{p}$ zwischen den Vektoren $\vec{x}$ und $\vec{y}$ mit dem Interpolationsfaktor s kann wie folgt berechnet werden:

$$\vec{p} = \vec{x} + s \cdot (\vec{y} - \vec{x})$$

Der Term $(\vec{y} - \vec{x})$ ist dabei sozusagen die „Richtung" von $\vec{x}$ nach $\vec{y}$. Wir sehen: Setzt man für s null ein, fällt die Klammer weg, und das Ergebnis ist der Vektor $\vec{x}$. Setzt man $s = 1$, dann fällt der Vektor $\vec{x}$ weg, und es bleibt nur noch $\vec{y}$ stehen.

Dies nun in eine Funktion umzusetzen, ist nicht sehr schwer. Die Funktion soll den Namen tbVector3InterpolateCoords tragen. „Coords", weil wir damit Koordinaten, also Positionsvektoren interpolieren können.

```
// Lineare Interpolation zwischen zwei Positionsvektoren
inline tbVector3 tbVector3InterpolateCoords(const tbVector3& a,
                                            const tbVector3& b,
                                            const float s)
{
    return a + s * (b - a);
}
```

Listing 2.19 Lineare Interpolation von Positionsvektoren

2.2 Einführung in die 3D-Grafik

Die lineare Interpolation ist das einfachste Interpolationsverfahren. Es gibt noch viele weitere, die hauptsächlich dann zum Einsatz kommen, wenn es nicht um geradlinige Strecken geht, sondern um *Kurven*.

Interpolation von Normalenvektoren

Wenn man nun nicht mehr zwischen Positionsvektoren interpoliert, sondern zwischen *Normalenvektoren* (Richtungsvektoren), dann muss das Verfahren leicht geändert werden. Wir nehmen an, dass die Normalenvektoren die Länge 1 haben.

Beispiel

Wir interpolieren zwischen den Normalenvektoren (1, 0, 0) und (0, 1, 0). Der Interpolationsfaktor sei nun 0.5. Das Ergebnis der linearen Interpolation wäre genau die Mitte, also (0.5, 0.5, 0). Interpoliert man zwischen zwei Normalenvektoren, so sollte doch eigentlich wieder ein Normalenvektor dabei herauskommen. Jedoch hat der Vektor (0.5, 0.5, 0) nicht mehr die Länge 1, sondern nur noch $\sqrt{0.5}$, was ungefähr 0.71 ist.

Was können wir tun, damit der resultierende Vektor wieder ein Normalenvektor ist? Ganz einfach: Wir normalisieren ihn! Genau das wird in der Funktion tbVector3InterpolateNormal getan. Wir verwenden hier zur Sicherheit die Funktion tbVector3NormalizeEx, um eine mögliche Division durch Null beim Normalisieren auszuschließen.

```
// Lineare Interpolation zwischen zwei Normalenvektoren
inline tbVector3 tbVector3InterpolateNormal(const tbVector3& a,
                                            const tbVector3& b,
                                            const float s)
{
    // Normalisierten Interpolationsvektor berechnen
    return tbVector3NormalizeEx(a + s * (b - a));
}
```

Listing 2.20 Interpolation von Normalenvektoren

Wohlgemerkt gibt es noch weitere Interpolationsmethoden, die für viele Zwecke viel besser geeignet sind als diese hier, die jedoch auch mathematisch komplizierter sind.

Vektor ins Logbuch schreiben

Wenn man einmal wieder auf der Suche nach einem heimtückischen Fehler ist, ist es oft hilfreich, wenn man einen Vektor ins Logbuch schreiben kann, um später nachsehen zu können, ob er „in Ordnung" ist. Dazu gibt es die Funktion tbWriteVector3ToLog. Man übergibt ihr einen Vektor, und sie schreibt dessen Komponenten und dessen Länge in die Logbuchdatei.

Übersicht der Hilfsfunktionen

Damit wäre die Programmierung der Hilfsfunktionen zum Thema Vektorrechnung erst einmal abgeschlossen. Die folgende Tabelle bietet Ihnen noch einmal einen Überblick.

Tabelle 2.1 Übersicht der Vektorhilfsfunktionen

Funktionsname	Ausgabetyp	Beschreibung
tbVector3Length	float	Berechnet die Länge des angegebenen Vektors.
tbVector3LengthSq	float	Berechnet das Quadrat der Vektorlänge – schneller als tbVector3Length, da das Wurzelziehen entfällt. Am besten zum Vergleich zweier Vektorlängen geeignet!
tbVector3Normalize	tbVector3	Normalisiert den angegebenen Vektor, so dass seine Länge gleich 1 ist.
tbVector3NormalizeEx	tbVector3	Liefert eine Annäherung an den normalisierten Vektor zurück und verhindert eine Division durch Null.
tbVector3Cross	tbVector3	Berechnet das Kreuzprodukt zweier Vektoren.
tbVector3Dot	float	Berechnet das Punktprodukt zweier Vektoren.
tbVector3Angle	float	Benutzt das Punktprodukt und den Arcus-Kosinus, um den Winkel zwischen zwei Vektoren zu bestimmen (liefert Werte im Bogenmaß – mit dem Makro TB_RAD_TO_DEG in Grad umwandelbar).
tbVector3Min	tbVector3	Berechnet das Minimum zweier Vektoren (komponentenweises Minimum).
tbVector3Max	tbVector3	Berechnung des Maximums zweier Vektoren
tbVector3Random	tbVector3	Berechnet mit Hilfe der Zufallsfunktion tbFloatRandom einen zufälligen normalisierten Vektor, der in jede Richtung zeigen kann.
tbVector3InterpolateCoords	tbVector3	Interpoliert linear zwischen zwei Positionsvektoren mit dem angegebenen Interpolationsfaktor (zwischen 0 und 1), der als dritter Parameter angegeben wird. Parameter 1 und 2 sind die beiden Vektoren. Beim Faktor 0.5 liegt der resultierende Vektor genau in der Mitte, bei 0 liegt er direkt beim ersten Vektor und bei 1 direkt beim zweiten und so weiter.
tbVector3InterpolateNormal	tbVector3	Interpoliert linear zwischen zwei normalisierten Richtungsvektoren und normalisiert das Ergebnis. Ansonsten wie tbVector3InterpolateCoords.
tbWriteVector3ToLog	–	Schreibt den angegebenen Vektor (Komponenten und Länge) in die Logbuchdatei.

Der folgende Beispielcode demonstriert die Verwendung dieser Funktionen.

```
// Länge, Quadrat der Länge und Normalisieren eines Vektors
tbVector3 a(3.0f, 4.0f, 0.0f);
float f = tbVector3Length(a);    // f wird mit der Länge von Vektor a gefüllt (5).
f = tbVector3LengthSq(a);        // f wird mit dem Längenquadrat gefüllt (25).
a = tbVector3Normalize(a);       // Vektor a wird normalisiert (Länge = 1).

// Kreuzprodukt
a = tbVector3(1.0f, 0.0f, 0.0f);    // x-Achse (1, 0, 0)
tbVector3 b(0.0f, 1.0f, 0.0f);      // y-Achse (0, 1, 0)
tbVector3 c(tbVector3Cross(a, b));  // c steht jetzt senkrecht auf a und b.

// Punktprodukt und Winkel
a = tbVector3(1.0f, 0.0f, 0.0f); // x-Achse (1, 0, 0)
b = tbVector3(0.0f, 0.0f, 1.0f); // z-Achse (0, 0, 1)
f = tbVector3Dot(a, b);          // Kosinus des Winkels in f speichern
f = tbVector3Angle(a, b);        // Den Winkel direkt berechnen (Bogenmaß)
f = TB_RAD_TO_DEG(f);            // Bogenformat in Grad umwandeln
```

2.2 Einführung in die 3D-Grafik

```
// Minimalen und maximalen Vektor bestimmen
a = tbVector3(1.0f, 5.0f, 17.0f);
b = tbVector3(6.0f, 18.0f, 2.0f);
c = tbVector3Min(a, b); // c ist jetzt (1, 5, 2)
c = tbVector3Max(a, b); // c ist jetzt (6, 18, 17)

// Einen zufälligen Bewegungsvektor erstellen
// (zufällige Richtung und zufällige Geschwindigkeit zwischen 1 und 100)
a = tbVector3Random();          // Zufälligen Richtungsvektor erzeugen
f = tbFloatRandom(1.0f, 100.0f); // Zufällige Geschwindigkeit
a *= f;                          // Geschwindigkeit einmultiplizieren

// Positionsvektoren linear interpolieren
a = tbVector3(100.0f, 0.0f, 0.0f);
b = tbVector3(200.0f, 0.0f, 10.0f);
c = tbVector3InterpolateCoords(a, b, 0.0f); // c = a
c = tbVector3InterpolateCoords(a, b, 0.5f); // c = (150.0f, 0.0f, 5.0f)
c = tbVector3InterpolateCoords(a, b, 1.0f); // c = b

// Vektor c ins Logbuch schreiben
tbWriteVector3ToLog(c);
```

Listing 2.21 Anwendung der Hilfsfunktionen für die `tbVector3`-Klasse

2.2.3.11 Eine Klasse für 2D-Vektoren

Manchmal werden wir auch noch mit 2D-Vektoren arbeiten müssen. Darum gibt es neben `tbVector3` eine weitere Klasse namens `tbVector2`. Sie hat nur zwei Elemente (x und y), ist aber ansonsten ihrem dreidimensionalen Kollegen sehr ähnlich. Außerdem gibt es auch für fast alle Hilfsfunktionen ein 2D-Äquivalent (Ausnahme: `tbVector3Cross`, denn im Zweidimensionalen macht ein Kreuzprodukt keinen Sinn). Die Funktionen heißen dann entsprechend `tbVector2Length`, `tbVector2LengthSq`, `tbVector2Normalize` und so weiter.

2.2.3.12 Vektoren als Bestandteil von 3D-Modellen

Bisher wurden Vektoren hauptsächlich unter dem Aspekt betrachtet, dass sie die *Position eines Objekts* oder auch die Bewegungsrichtung/Geschwindigkeit darstellen. Das ist aber noch nicht alles – ein weiteres sehr wichtiges Anwendungsgebiet fehlt noch.

Ein 3D-Modell besteht aus einer *Ansammlung von Punkten*, die im Grunde auch nichts anderes als Positionsvektoren mit ein paar Zusatzinformationen (zum Beispiel einer Farbe) sind. Nehmen wir nun einmal an, wir wären in der Lage, ein 3D-Modell aus einer Datei in ein Array von Vektoren zu laden, und wüssten, wie sie durch Dreiecke zu verbinden wären – wie würde man dann eine *Verschiebung* oder gar eine *Drehung* des Modells erreichen? Wäre es notwendig, vor dem Zeichnen jeden einzelnen Vektor durchzugehen und ihn „per Hand" zu ändern? Um das Modell zu verschieben, würde man zum Beispiel zu jedem Vektor einen bestimmten Verschiebungsvektor addieren. Aber ist das so die richtige Methode?

Lesen Sie den nun folgenden Abschnitt bitte mit dieser Frage im Hinterkopf!

2.2.4 Matrizen

Den Begriff des Vektors haben wir nun schon hinter uns, weiter mit dem nächsten! Eine *Matrix* – was ist das? Eine Matrix (nicht *die* Matrix aus dem Film) ist einfach nur eine rechteckige Anordnung von Zahlen – ähnlich einer Tabelle. Sie besteht aus einer bestimmten Anzahl von Zeilen (die durch die Variable *m* angegeben wird) und Spalten (deren Anzahl mit *n* beschrieben wird). Ein Element einer Matrix an einer bestimmten Stelle spricht man durch tiefgestellte

Zeilen- und Spaltenzahl hinter dem Namen der Matrix an (Beispiel: $M_{1,7}$ = erste Zeile, siebte Spalte der Matrix *M*).

$$M = \begin{pmatrix} M_{1,1} & M_{1,2} & M_{1,3} & \dots & M_{1,n} \\ M_{2,1} & M_{2,2} & M_{2,3} & \dots & M_{2,n} \\ M_{3,1} & M_{3,2} & M_{3,3} & \dots & M_{3,n} \\ \dots & \dots & \dots & \dots & \dots \\ M_{m,1} & M_{m,2} & M_{m,3} & \dots & M_{m,n} \end{pmatrix}$$

Das Komma im Index kann bei Spalten- und Zeilenanzahlen unter 10 auch weggelassen werden, bei Zahlen über 10 kann es zu Missverständnissen kommen (M_{115} könnte zum Beispiel entweder *„Zeile 1, Spalte 15"* oder aber auch *„Zeile 11, Spalte 5"* heißen).

In der Oberstufe verwendet man Matrizen, um lineare Gleichungssysteme zu lösen. Wir werden sie aber für einen anderen Zweck einsetzen.

2.2.4.1 Die Identitätsmatrix

Die Identitätsmatrix (auch *neutrale Matrix* oder *Einheitsmatrix*) ist vergleichbar mit der *Eins* im Körper der Zahlen. Sie ist das neutrale Element der Multiplikation. Multipliziert man eine Zahl mit 1, wird sie nicht verändert. Multipliziert man eine Matrix mit der Identitätsmatrix, wird diese ebenfalls nicht verändert. Die Identitätsmatrix gibt es nur bei quadratischen Matrizen (gleich viele Zeilen und Spalten). Dabei ist nur die Diagonale von links oben nach rechts unten mit Einsen gefüllt, und die restlichen Elemente sind null:

$$\begin{pmatrix} 1 & 0 & 0 & 0 \\ 0 & 1 & 0 & 0 \\ 0 & 0 & 1 & 0 \\ 0 & 0 & 0 & 1 \end{pmatrix}$$

2.2.4.2 Grundlegende Rechenoperationen

Ähnlich wie man mit Vektoren rechnen kann, kann man das auch mit Matrizen tun, es gibt aber einige wichtige Unterschiede und ein paar neue Regeln, die es zu beachten gilt.

Addition und Subtraktion zweier Matrizen

Zwei Matrizen gleicher Größe (gleicher Anzahl von Zeilen und Spalten) können addiert/subtrahiert werden, indem man jeweils die an gleicher Stelle stehenden Elemente addiert beziehungsweise subtrahiert. Das Ergebnis ist dann natürlich eine dritte Matrix mit der gleichen Größe.

Multiplikation/Division mit einem Skalar

Wie auch ein Vektor kann man eine Matrix mit einem Skalar multiplizieren oder damit eine Division durchführen. Man führt dabei die Multiplikation beziehungsweise Division für jedes einzelne Element der Matrix mit diesem Skalar durch.

Multiplikation zweier Matrizen

Bisher war alles wie bei den Vektoren: Nun ändert sich das. Zwei Matrizen A und B können nur dann multipliziert werden, wenn A so viele Spalten wie B Zeilen hat. Das Ergebnis der Multiplikation ist eine dritte Matrix, die wir C nennen wollen. Sie hat dann so viele Zeilen wie Matrix A und so viele Spalten wie Matrix B. Multipliziert man eine 2x4-Matrix (zwei Zeilen, vier Spalten) mit einer 4x2-Matrix, so ist das Produkt eine 2x2-Matrix. Bei der Matrixmultiplikation gilt das Kommutativgesetz *nicht*, das heißt, $A \times B$ ist nicht gleich $B \times A$. Das klingt zuerst recht seltsam, doch später wird klar werden, warum das so ist.

Die tatsächliche Multiplikation funktioniert recht einfach. Den Wert des Elements an Stelle j, k der resultierenden Matrix berechnet man wie folgt: Man multipliziert alle Elemente der Matrix A aus der Zeile j einzeln mit allen Elementen der Matrix B aus Spalte k und addiert die ganzen Produkte. In der folgenden Gleichung steht m für die Anzahl der Zeilen von Matrix B und damit auch für die Anzahl der Spalten von Matrix A.

$$C_{j,k} = (A_{j,1} \cdot B_{1,k}) + (A_{j,2} \cdot B_{2,k}) + \ldots + (A_{j,m} \cdot B_{m,k}) = \sum_{i=1}^{m} A_{j,i} \cdot B_{i,k}$$

Im Beispiel wird eine 2x4-Matrix mit einer 4x2-Matrix multipliziert:

$$\begin{pmatrix} A_{11} & A_{12} & A_{13} & A_{14} \\ A_{21} & A_{22} & A_{23} & A_{24} \end{pmatrix} \times \begin{pmatrix} B_{11} & B_{12} \\ B_{21} & B_{22} \\ B_{31} & B_{32} \\ B_{41} & B_{42} \end{pmatrix}$$

$$= \begin{pmatrix} A_{11} \cdot B_{11} + A_{12} \cdot B_{21} + A_{13} \cdot B_{31} + A_{14} \cdot B_{41} & A_{11} \cdot B_{12} + A_{12} \cdot B_{22} + A_{13} \cdot B_{32} + A_{14} \cdot B_{42} \\ A_{21} \cdot B_{11} + A_{22} \cdot B_{21} + A_{23} \cdot B_{31} + A_{24} \cdot B_{41} & A_{21} \cdot B_{12} + A_{22} \cdot B_{22} + A_{23} \cdot B_{32} + A_{24} \cdot B_{42} \end{pmatrix}$$

$$\begin{pmatrix} 1 & 4 & 3 & 0 \\ 2 & 3 & 5 & 3 \end{pmatrix} \times \begin{pmatrix} 4 & 0 \\ 0 & 3 \\ 2 & 1 \\ 7 & 5 \end{pmatrix} = \begin{pmatrix} (1 \cdot 4) + (4 \cdot 0) + (3 \cdot 2) + (0 \cdot 7) & (1 \cdot 0) + (4 \cdot 3) + (3 \cdot 1) + (0 \cdot 5) \\ (2 \cdot 4) + (3 \cdot 0) + (5 \cdot 2) + (3 \cdot 7) & (2 \cdot 0) + (3 \cdot 3) + (5 \cdot 1) + (3 \cdot 5) \end{pmatrix}$$

$$= \begin{pmatrix} 10 & 15 \\ 39 & 29 \end{pmatrix}$$

Folgende Abbildung sollte die Multiplikation zweier Matrizen noch einmal verdeutlichen:

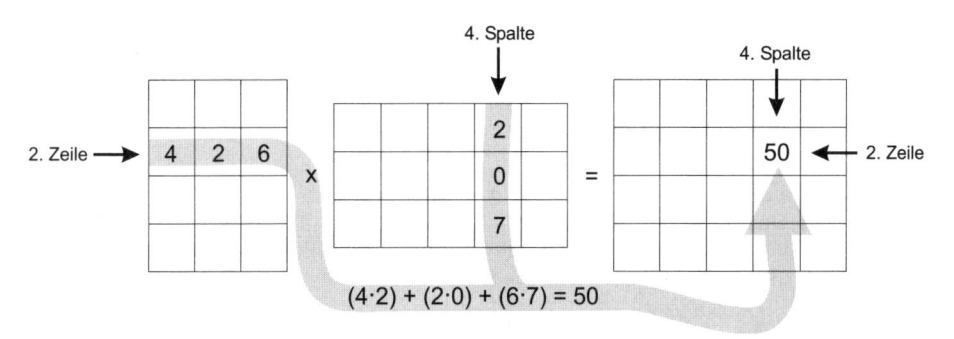

Abbildung 2.9 Das Verfahren der Multiplikation zweier Matrizen

Und wie dividiert man?

Das oben gezeigte Multiplikationsverfahren sieht nicht unbedingt so aus, als ob man es einfach umwandeln und zur Division gebrauchen könnte. Es muss ein anderer Ansatz her! Im Körper der Zahlen lässt sich eine Division wie folgt umformen:

$$\frac{a}{b} = a \cdot \frac{1}{b} = a \cdot b^{-1}$$

Man bildet also den *Kehrwert* des zweiten Operanden und multipliziert ihn mit dem ersten. Im Prinzip funktioniert das so auch mit Matrizen, doch da bleibt die Frage: Wie bildet man den Kehrwert einer Matrix?

Eine Zahl oder Matrix mit ihrem eigenen Kehrwert multipliziert ergibt immer den *neutralen Wert* (bei Zahlen 1; bei Matrizen die Identitätsmatrix). Der Kehrwert einer Zahl ist das inverse Element der Multiplikation. Damit weiß man, dass eine Matrix multipliziert mit ihrem Kehrwert immer die Identitätsmatrix ergeben muss. Nun lässt sich eine recht komplizierte Gleichung aufstellen, durch die man dann die einzelnen Werte der *invertierten Matrix* berechnen kann. Die invertierte Version einer Matrix bringt man durch den Exponenten –1 zum Ausdruck: M^{-1} ist die invertierte Version der Matrix M. Es lässt sich übrigens nicht jede Matrix invertieren!

Damit sind für eine Matrix die wichtigsten Operationen (Addieren, Subtrahieren, Multiplizieren und sogar Dividieren) definiert. Falls Sie sich jetzt fragen, was der ganze Kram mit den Matrizen eigentlich soll – nur noch ein wenig Geduld!

2.2.4.3 Transformationen

Ich sprach vorhin bereits das Problem an, auf das man beim Zeichnen eines dreidimensionalen aus Vektoren bestehenden Modells trifft: Wie lassen sich die ganzen Vektoren so verändern, dass eine *Verschiebung*, *Drehung* oder *Vergrößerung* des Modells erreicht wird? Bei solchen Veränderungen spricht man übrigens auch von *Transformationen*.

Wir nehmen immer an, dass alle Vektoren des Modells Positionsvektoren *relativ zum Objektmittelpunkt* sind. Der relative Vektor (7, 10, 0) hätte dann bei einer Objektposition von (25, 5, –10) zum Beispiel die *absoluten* Koordinaten (32, 15, –10) und (0, 0, 0) läge genau in der Mitte des Objekts.

Erste Ansätze

Am Verschieben (*Translation*) wird das Unterfangen nicht scheitern, es ist lediglich eine Vektoraddition notwendig. Soll das ganze Modell zum Beispiel um 100 Einheiten nach links verschoben werden, so würde man zu jedem Vektor den Verschiebungsvektor (–100, 0, 0) addieren.

Auch die Skalierung (Vergrößerung/Verkleinerung) würde keine großen Probleme bereiten. Um das gesamte Modell um den Faktor 3 zu vergrößern, reicht die einfache Multiplikation aller Vektoren mit 3 aus.

Bei der Rotation wird die Sache schon zu schwierig. Zwar ist auch das mit ähnlichen Mitteln möglich, aber was tut man, wenn mehrere Transformationen kombiniert werden sollen? Alle einzeln hintereinander ausführen und womöglich noch eine Liste anlegen? Das würde doch viel zu kompliziert. Ein anderer Ansatz muss her!

2.2 Einführung in die 3D-Grafik

Die Matrix kommt ins Spiel

Jetzt haben Sie so viel über Matrizen gelernt, aber das Wissen noch nicht anwenden können – das ändert sich jetzt. Könnte vielleicht eine Matrix verwendet werden, um einen Vektor zu transformieren?

> Wenn man einen Vektor als eine Matrix mit einer Zeile und mehreren Spalten betrachtet, kann man ihn mit einer Matrix multiplizieren. Diese Matrix heißt dann *Transformationsmatrix*, da sie den Vektor transformiert.

Zu den möglichen Transformationen zählen Verschiebung, Rotation, Skalierung, Spiegelung und auch die gute alte *Projektion* – dieses Verfahren scheint für die 3D-Grafik also wie gemacht!

Vektoren transformieren

Einen dreidimensionalen Vektor kann man sich also wie eine Matrix vorstellen, die nur eine einzige Zeile besitzt, dafür jedoch drei Spalten. Die Transformationsmatrix müsste dann, damit auch am Ende wieder ein 3D-Vektor herauskommt, drei Zeilen und drei Spalten besitzen. In Wirklichkeit verwendet man jedoch *vier* Spalten und dementsprechend eine 4x4-Transformationsmatrix, denn sonst wären einige bestimmte Transformationen nicht möglich. Die verbleibende Spalte in der Vektormatrix füllt man mit einer Eins:

$$(x \quad y \quad z) \rightarrow (x \quad y \quad z \quad 1)$$

Das vorausgesetzt, sieht die tatsächliche Transformation eines Vektors (x, y, z) in den resultierenden Vektor (x', y', z') mit der Transformationsmatrix M so aus:

$$(x \quad y \quad z \quad 1) \times \begin{pmatrix} M_{11} & M_{12} & M_{13} & M_{14} \\ M_{21} & M_{22} & M_{23} & M_{24} \\ M_{31} & M_{32} & M_{33} & M_{34} \\ M_{41} & M_{42} & M_{43} & M_{44} \end{pmatrix} = (x' \quad y' \quad z' \quad 1)$$

Der Vektor (x', y', z') ist nun der transformierte Vektor, er wurde durch die Matrix M in irgendeiner Weise beeinflusst (es sei denn, M ist die Identitätsmatrix, denn dann bleibt alles gleich). Ein kleines Problem gibt es noch: Es ist nicht garantiert, dass die letzte Spalte des resultierenden Vektors immer 1 ist, was aber laut der oberen Gleichung der Fall sein muss. Das lässt sich aber leicht lösen: Ist die vierte Spalte (auch *w-Koordinate* genannt) ungleich 1, dann teilt man einfach x', y' und z' jeweils noch durch sie.

Damit funktioniert die Vektortransformation wie folgt:

$$x' = \frac{x \cdot M_{11} + y \cdot M_{21} + z \cdot M_{31} + M_{41}}{w'}$$

$$y' = \frac{x \cdot M_{12} + y \cdot M_{22} + z \cdot M_{32} + M_{42}}{w'} \qquad w' = x \cdot M_{14} + y \cdot M_{24} + z \cdot M_{34} + M_{44}$$

$$z' = \frac{x \cdot M_{13} + y \cdot M_{23} + z \cdot M_{33} + M_{43}}{w'}$$

Nun können wir also einen Vektor mit einer Matrix multiplizieren. Wir wollen jetzt versuchen, auf diese Weise Verschiebungen, Rotationen und Skalierungen hinzubekommen.

2.2.4.4 Verschieben, rotieren und skalieren – und die Reihenfolge

Verschiedene Transformationen erfordern verschiedene Matrizen. Wir werden uns nun die wichtigsten davon ansehen und besprechen.

Die Translationsmatrix

Die *Translationsmatrix* verschiebt einen Vektor um einen bestimmten Verschiebungsvektor, den wir einfach einmal $\vec{t}$ nennen wollen. Eines ist von vorneherein klar: In dieser Matrix darf nicht sehr viel stehen, denn wir beschränken uns beim Verschieben auf eine simple Vektoraddition. Multiplikationen oder Divisionen sind hier gänzlich fehl am Platz. Gehen wir erst einmal von der Identitätsmatrix aus – diese muss man nur leicht verändern, um eine Verschiebung hervorzurufen.

Wie man oben in der Transformationsgleichung sehen kann, fließt das Matrixelement M_{41} bei der *x*-Koordinate des Vektors nur durch einfache Addition ein (weil die vierte Spalte des Vektors eben 1 ist); Gleiches gilt für die *y*-Koordinate und M_{42} und die *z*-Koordinate und M_{43}. Füllt man diese Matrixelemente aus, so wird eine Translation durchgeführt, und zwar um den *Verschiebungsvektor* $(M_{41}\ M_{42}\ M_{43})$. Die nächste Gleichung demonstriert die Verschiebung eines Vektors $\vec{p}$ um den Verschiebungsvektor $\vec{t}$.

$$\begin{pmatrix} x_{\vec{p}} & y_{\vec{p}} & z_{\vec{p}} & 1 \end{pmatrix} \times \begin{pmatrix} 1 & 0 & 0 & 0 \\ 0 & 1 & 0 & 0 \\ 0 & 0 & 1 & 0 \\ x_{\vec{t}} & y_{\vec{t}} & z_{\vec{t}} & 1 \end{pmatrix} = \begin{pmatrix} x_{\vec{p}} + x_{\vec{t}} & y_{\vec{p}} + y_{\vec{t}} & z_{\vec{p}} + z_{\vec{t}} & 1 \end{pmatrix}$$

Wie man sieht, funktioniert es. Diese Matrix führt außer einer Vektoraddition nichts aus. Damit haben wir unsere erste Transformationsmatrix hergeleitet.

Die Skalierungsmatrix

Einen Vektor zu skalieren bedeutet einfach nur, ihn mit einem bestimmten Faktor (> 1: *Vergrößerung*; < 1: *Verkleinerung*) zu multiplizieren. Das lässt sich mit einer *Skalierungsmatrix* recht leicht bewerkstelligen. Wir gehen wieder von der Identitätsmatrix aus. Wichtig ist, dass die drei Achsen jeweils *einzeln* mit verschiedenen Faktoren skaliert werden können!

In der Transformationsgleichung sieht man, dass die *x*-Komponente des resultierenden Vektors unter anderem aus der *x*-Komponente des Originalvektors multipliziert mit dem Matrixelement M_{11} besteht. Dieses Produkt ist Teil einer Summe mit vier Summanden, die wiederum aus Produkten von den anderen Komponenten und den anderen Matrixelementen bestehen. In der Identitätsmatrix steht in der ersten Spalte der ersten Zeile der Matrix eine 1 – die *x*-Komponente wird mit 1 multipliziert. Der Rest der Zeile ist mit Nullen gefüllt, so wird erreicht, dass die resultierende *x*-Komponente nichts mit den *y*- oder *z*-Komponenten des Originalvektors zu tun hat. Dies sollte ja auch für die Skalierung gelten, und so ist alles, was wir ändern müssen, das Matrixelement M_{11} für die *x*-Skalierung, M_{22} für die *y*- und M_{33} für die *z*-Skalierung. M_{44} muss 1 sein, damit w 1 bleibt (x, y und z des resultierenden Vektors werden durch w geteilt).

2.2 Einführung in die 3D-Grafik

Die folgende Gleichung zeigt die allgemeine Skalierungsmatrix, welche einen Vektor $\vec{p}$ k9t dem Skalierungsvektor $\vec{s}$ skaliert (dieser beinhaltet die Skalierung auf jeder Achse):

$$\begin{pmatrix} x_{\vec{p}} & y_{\vec{p}} & z_{\vec{p}} & 1 \end{pmatrix} \times \begin{pmatrix} x_{\vec{s}} & 0 & 0 & 0 \\ 0 & y_{\vec{s}} & 0 & 0 \\ 0 & 0 & z_{\vec{s}} & 0 \\ 0 & 0 & 0 & 1 \end{pmatrix} = \begin{pmatrix} x_{\vec{p}} \cdot x_{\vec{s}} & y_{\vec{p}} \cdot y_{\vec{s}} & z_{\vec{p}} \cdot z_{\vec{s}} & 1 \end{pmatrix}$$

Die Rotationsmatrizen

Bei der Rotation ist die Sache schon ein wenig schwieriger. Hier kommen Sinus- und Kosinusfunktionen zum Einsatz. Man unterscheidet zwischen vier Rotationsmatrizen: drei einzelne Matrizen für die Rotation um die *x*-, *y*- oder *z*-Achse und eine für die Rotation um eine beliebige Achse als Richtungsvektor. Alle Drehungen erfolgen um den Koordinatenursprung (0, 0, 0). Soll ein anderer Punkt als Drehpunkt verwendet werden, so muss zuvor eine Translation ausgeführt werden.

Um die ersten drei Matrizen zu generieren, muss man sich nur einmal die Gleichung zur Drehung eines Punktes um den Koordinatenursprung und um den Winkel α im zweidimensionalen Raum ansehen:

$$x' = (x \cdot \cos \alpha) + (y \cdot (-\sin \alpha))$$
$$y' = (x \cdot \sin \alpha) + (y \cdot \cos \alpha)$$

Dieses Verfahren kann im dreidimensionalen Raum genauso angewandt werden, zumindest wenn es um die Drehung um die *x*-, *y*- oder *z*-Achse geht, denn hier beeinflusst die Drehung ebenfalls immer nur *zwei* Koordinaten.

Die gezeigte Gleichung kann als Rotation um die *z*-Achse angesehen werden. Möchte man sie zur Rotation um die *x*- oder *y*-Achse umfunktionieren, so erfordert das nur das einfache Vertauschen der Variablennamen. Dementsprechend sehen die drei Rotationsmatrizen so aus:

$$\begin{pmatrix} 1 & 0 & 0 & 0 \\ 0 & \cos\alpha & \sin\alpha & 0 \\ 0 & -\sin\alpha & \cos\alpha & 0 \\ 0 & 0 & 0 & 1 \end{pmatrix} \quad \begin{pmatrix} \cos\alpha & 0 & -\sin\alpha & 0 \\ 0 & 1 & 0 & 0 \\ \sin\alpha & 0 & \cos\alpha & 0 \\ 0 & 0 & 0 & 1 \end{pmatrix} \quad \begin{pmatrix} \cos\alpha & \sin\alpha & 0 & 0 \\ -\sin\alpha & \cos\alpha & 0 & 0 \\ 0 & 0 & 1 & 0 \\ 0 & 0 & 0 & 1 \end{pmatrix}$$

So können wir also einen Vektor um die *x*-, *y*- oder *z*-Achse drehen. Die vierte Matrix, die einen Vektor um eine beliebige Achse dreht, ergibt sich aus den drei Grundrotationsmatrizen.

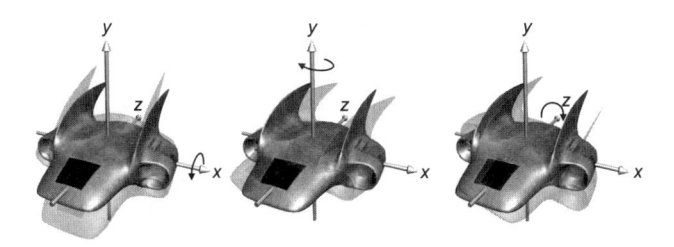

Abbildung 2.10 Rotation um die *x*-, *y*- und *z*-Achse

Vorsicht bei Richtungsvektoren!

Möchte man Transformationsmatrizen auf *Richtungsvektoren*, nicht auf Positionsvektoren, anwenden, so muss man einige Besonderheiten beachten. So kann ein Richtungsvektor zum Beispiel *nicht verschoben* werden, er hat ja gar keine echte Position, sondern eben nur eine Richtung und bei achsenabhängigem Skalieren werden die Winkel verändert. Translation existiert also nicht. Stellen Sie sich außerdem folgende Situation vor: Auf einem Dreieck steht ein Richtungsvektor im rechten Winkel. Nun wird das Dreieck nur auf *einer* Achse skaliert – vielleicht um den Faktor 2 auf der y-Achse. Jetzt die y-Komponente des Richtungsvektors ebenfalls mit 2 zu multiplizieren wäre falsch, er würde nun nicht mehr senkrecht auf dem Dreieck stehen. Tatsächlich muss sie nämlich durch 2 *geteilt* werden!

Möchte man einen Richtungsvektor transformieren, so sollte man die so genannte *transponierte invertierte* Transformationsmatrix verwenden. Man transponiert eine Matrix, indem man jedes Element m, n mit dem Element n, m vertauscht. Das genau zu begründen würde leider zu weit gehen, deshalb müssen Sie das einfach als gegeben annehmen.

Kombinieren von Transformationen

Wie würden Sie die folgende Aufgabe lösen? Ein Punkt soll zuerst *zehntausend Mal* um jeweils 45° um die x-, dann um 25° um die y- und schließlich um 5° um die z-Achse gedreht werden. Anschließend sollen zwanzigtausend Verschiebungen um (10, –0.25, 1.5) und Skalierungen um 100.1% stattfinden. Das Ganze soll so schnell geschehen, dass es während eines 3D-Spiels mehrere Male pro Bild ohne spürbare Veränderungen der Geschwindigkeit durchgeführt werden kann.

„*Unmöglich!*", sagen Sie? „*Möglich!*", sage ich! Wenn man eine sehr nützliche Eigenschaft von Matrizen benutzt, die es auch bei Zahlen gibt, ist die Sache relativ einfach:

> Man generiert eine einzige Matrix, welche all die oben beschriebenen Operationen (Verschieben, Rotieren und Skalieren) durchführt. Das geschieht durch Multiplikation der Tausenden von einzelnen Matrizen. Die daraus resultierende Transformationsmatrix vereint alle Operationen in sich! So muss man am Ende den Vektor nur noch mit einer einzigen Matrix multiplizieren.

Mit anderen Worten: Eine einzige Matrix kann die Funktion *beliebig vieler* Matrizen vereinen! Das erleichtert die 3D-Grafikprogrammierung enorm. Beim Zeichnen eines Objekts reicht es so völlig aus, nur *eine einzige* Matrix anzugeben, anstatt einzelne Angaben über Translation, Rotation und Skalierung machen zu müssen. Nur eine einzige Vektortransformation wird durchgeführt, und man muss sich dabei gar nicht darum kümmern, was die Matrix eigentlich tut.

In eine Gleichung geschrieben, in der ein Vektor $\vec{v}$ durch mehrere Matrizen A bis Z transformiert wird, ist diese Tatsache offensichtlich:

$$\left(\left(\left(\vec{v} \times A\right) \times B\right) \times C\right) \times ... \times Z = \vec{v} \times \left(A \times B \times C \times ... \times Z\right)$$

Natürlich sind all die Klammern unnötig, sie helfen jedoch, den Unterschied zu verstehen, der in der Mathematik *nicht* da ist, jedoch sehr wohl in der Programmierung. Der Term in der Klammer auf der rechten Seite kann nämlich vorberechnet und dann gespeichert werden.

2.2 Einführung in die 3D-Grafik

Die richtige Kombination

Bei der Multiplikation zweier Matrizen ist deren Reihenfolge *nicht* egal – eben weil das Kommutativgesetz nicht gilt. Doch welche Auswirkungen hätte das Vertauschen zweier Matrizen, wenn man mit dem Produkt einen Vektor transformieren möchte? Ziehen wir dazu einmal folgendes Beispiel heran:

Ein Raumschiffmodell soll auf die Position (6, 0, 3) gebracht und um 45° um die y-Achse gedreht werden.

Hier sind erst einmal zwei Matrizen erforderlich: eine Translationsmatrix, welche die Verschiebung um den Vektor (6, 0, 3) hervorruft, und eine Rotationsmatrix, die das Raumschiff dreht. Nach deren Generierung werden sie multipliziert, um die vereinende Transformationsmatrix zu erhalten. Doch welche Matrix steht bei der Multiplikation links und welche rechts?

- 1. Möglichkeit: *Translationsmatrix × Rotationsmatrix*

    Das Raumschiff wird zuerst um den Vektor (6, 0, 3) verschoben und dann um 45° um die y-Achse rotiert.

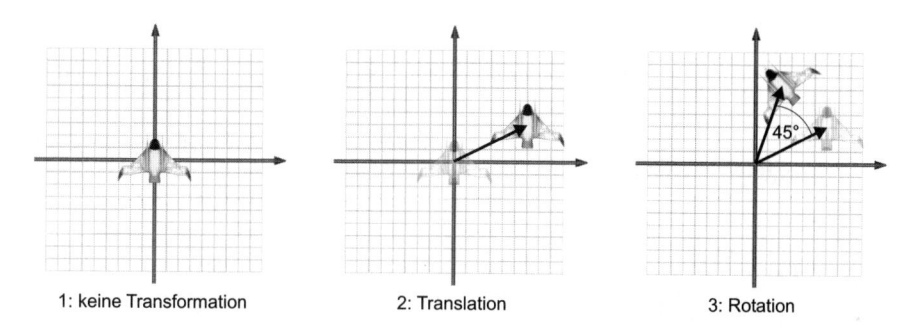

1: keine Transformation   2: Translation   3: Rotation

Abbildung 2.11 Das ist wohl nicht das Ergebnis, was man sich erhoffen würde, denn das Raumschiff hat seine Position *nach* der Verschiebung noch einmal verändert. Warum? Weil Drehungen immer um den *Koordinatenursprung* erfolgen!

- 2. Möglichkeit: *Rotationsmatrix × Translationsmatrix*

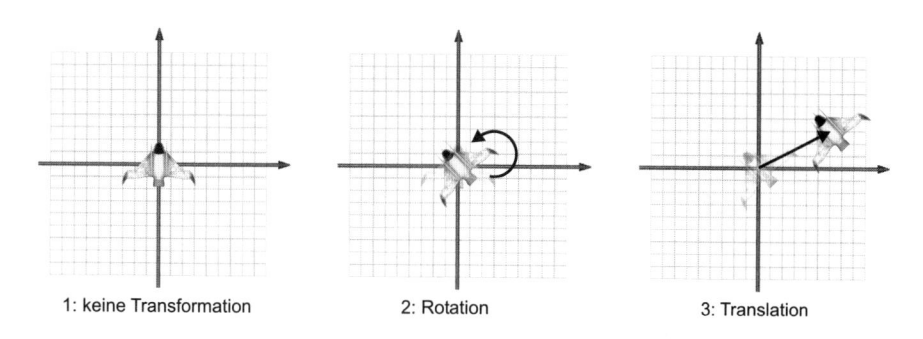

1: keine Transformation   2: Rotation   3: Translation

Abbildung 2.12 Hier wird das Schiff zuerst gedreht und dann verschoben. Wie man sieht, ist das Ergebnis korrekt. Fazit: Erst drehen, dann verschieben – es sei denn, man möchte ein Objekt *nicht* um seinen Mittelpunkt drehen. Bedenken Sie: Die Koordinaten der Punkte, aus denen ein 3D-Objekt besteht, sind alle *relativ zum Objektmittelpunkt*!

Doch nicht nur die Antwort auf die Frage „*Erst verschieben oder erst rotieren?*" muss gut überlegt sein – es kommt auch noch die Skalierung hinzu.

Die Skalierung muss an *allererster* Stelle durchgeführt werden. Stellen Sie sich vor, das Raumschiff sollte nun ausschließlich auf der *x*-Achse gestreckt (verbreitert) werden. Würde man die Skalierung *nach* der Rotation durchführen, so würde sich die Skalierungsachse ändern – plötzlich würde das Raumschiff höher oder länger werden anstatt breiter.

2.2.4.5 Die Matrix als Koordinatensystem

Eine 4x4-Matrix lässt sich auch als ein kleines *Koordinatensystem* betrachten.

Was zeichnet ein Koordinatensystem aus? Einmal ist das der *Ursprung*, der ja nicht immer unbedingt bei (0, 0, 0) liegen muss. Dann benötigen wir noch die Richtungsvektoren der drei Achsen des Koordinatensystems, normalerweise (1, 0, 0) für die *x*-Achse, (0, 1, 0) für die *y*-Achse und (0, 0, 1) für die *z*-Achse.

Translation

Wie kann man das nun in eine Matrix packen? Fangen wir mit dem Ursprung an. Wird ein Punkt mit der „Koordinatensystemmatrix" multipliziert, so sollen seine Koordinaten in das andere Koordinatensystem umgerechnet werden. Nehmen wir zum Beispiel den Punkt (1, 2, 3). Er soll in ein Koordinatensystem umgerechnet werden, dessen Ursprung bei (5, –1, 2) liegt. Die Achsen der beiden Koordinatensysteme nehmen wir als identisch an.

Wie verändern wir nun den Punkt, so dass seine Koordinaten für das andere Koordinatensystem gelten? Ganz einfach: Wir verschieben ihn *entgegengesetzt*, also um (–5, 1, –2). Anschließend ist der Punkt relativ zum neuen Ursprung bei (5, –1, 2). Seine neuen Koordinaten lauten also (1, 2, 3) – (5, –1, 2) = (–4, 3, 1).

Damit steht fest: Um eine Matrix zu erhalten, die einen Punkt in ein anderes Koordinatensystem umrechnet, muss eine Translation, also eine Verschiebung, im Spiel sein.

Rotation

Nun folgt der schwierigere Teil: Was ist, wenn die Achsen des neuen Koordinatensystems nicht mit den „gewöhnlichen" übereinstimmen? Hierzu benötigen wir eine *Achsenmatrix*. Man schreibt dazu einfach die Richtungen der drei Achsen, die normalisiert sein sollten, wie hier gezeigt in eine Matrix (die drei Achsen werden hier *Rechts*, *Oben* und *Tiefe* genannt):

$$\begin{pmatrix} x_{Rechts} & y_{Rechts} & z_{Rechts} & 0 \\ x_{Oben} & y_{Oben} & z_{Oben} & 0 \\ x_{Tiefe} & y_{Tiefe} & z_{Tiefe} & 0 \\ 0 & 0 & 0 & 1 \end{pmatrix}$$

Die *x*-Achse kommt also in die erste Zeile, die *y*-Achse in die zweite und die *z*-Achse in die dritte. Sie sehen: Wenden wir dieses Prinzip auf die „normale" Achsenbelegung *Rechts*(1, 0, 0), *Oben*(0, 1, 0) und *Tiefe*(0, 0, 1) an, kommt dabei die *Identitätsmatrix* heraus, die natürlich keinerlei Wirkung hat, wie man es annähme.

Um nun die endgültige Koordinatensystemmatrix zu erhalten, brauchen wir nur noch die Rotationsmatrix mit der Translationsmatrix zu multiplizieren (Rotationsmatrix × Translationsmatrix, nicht umgekehrt!).

2.2 Einführung in die 3D-Grafik

2.2.4.6 Weitere Matrizen

Die bisher vorgestellten Matrizen (Translationsmatrix, Skalierungsmatrix und Rotationsmatrix) werden dafür verwendet, einem Objekt eine Position, Größe und Drehung zu verleihen. Matrizen sind aber zu noch mehr fähig, auch die *Projektion* kann durch eine Matrix erfolgen und letzten Endes sogar eine *virtuelle Kamera*!

Die Projektionsmatrix

Die Projektion eines dreidimensionalen Vektors auf eine Ebene (Bildschirm) erfordert bekanntlich eine *Division*, die man mit Hilfe von Matrizen und der w-Koordinate erreicht – denn nach der Transformation eines Vektors werden ja alle seine Komponenten durch w geteilt. Üblicherweise ist w gleich 1, aber bei der Projektionsmatrix nicht.

Die Projektionsmatrix sorgt außerdem dafür, dass Dreiecke, die vor einer gewissen Ebene (die *nahe Clipping-Ebene*) oder hinter einer gewissen Ebene (die *ferne Clipping-Ebene*) liegen, nicht mehr dargestellt werden, um Rechenzeit zu sparen und um Grafikfehler zu verhindern. *Clipping* bedeutet so viel wie *Abschneiden*. Es fallen also alle Dreiecke weg, die sich hinter dem Beobachter befinden oder zu weit weg sind.

In die Matrix fließen folgende Angaben ein:

- Entfernung der nahen und der fernen Clipping-Ebene (nah: > 0; fern: beliebig)
- Blickfeld des Betrachters (*FOV*: *Field of Vision*) – ein Winkel, mit dessen Hilfe man auch *Zoom-Effekte* erzeugen kann, wenn man ihn in Echtzeit verändert
- Seitenverhältnis des Bildes (schmal oder breit?) – Breite geteilt durch Höhe

Die Projektionsmatrix bestimmt also den Sichtbereich des Beobachters. Diesen können Sie sich wie eine Pyramide vorstellen, deren Spitze von der nahen Clipping-Ebene abgeschnitten wird; deshalb ist sie oben flach und nicht spitz. Die theoretische Spitze liegt genau beim Beobachter. Liegt die nahe Clipping-Ebene zum Beispiel bei 2, dann fallen alle Pixel, die weniger als 2 Einheiten vom Beobachter auf der z-Achse entfernt sind, weg.

Der Winkel des Blickfelds (*FOV*) bestimmt, wie stark sich diese Pyramide in der Tiefe verbreitert. Dabei gibt der Winkel die Verbreiterung nur *einer* Seite an: Er ist also praktisch nur der halbe Sichtwinkel (60° bis 70° eignen sich meistens recht gut – entsprechen dann 120° bis 140°).

Ein Vektor wird übrigens immer *als Letztes* mit der Projektionsmatrix transformiert, also nachdem alle anderen Transformationen erledigt wurden!

Die Kameramatrix

Mit Hilfe der Kameramatrix lässt sich eine virtuelle Kamera – ein Beobachter – in eine 3D-Szene einfügen. Dazu muss die *Position* und *Ausrichtung* der Kamera bekannt sein. Zur Ausrichtung gehört der Blickpunkt der Kamera (der Punkt, dem sie zugewandt ist) und der so genannte *Nach-oben-Vektor*. Meistens gibt man (0, 1, 0) an, es sei denn, man möchte die Kamera um ihre eigene z-Achse drehen („rollen").

Die Kameramatrix funktioniert nach dem folgenden Prinzip: Dreht man die Kamera nach *links*, so werden die Vektoren aller angezeigten Objekte nach *rechts* gedreht – und zwar mit der Kameraposition als Drehmittelpunkt.

Man wendet die Kameramatrix *vor* der Projektions- und *nach* der *Weltmatrix* (die alle Transformationen wie Translation, Rotation und Skalierung vereint) an.

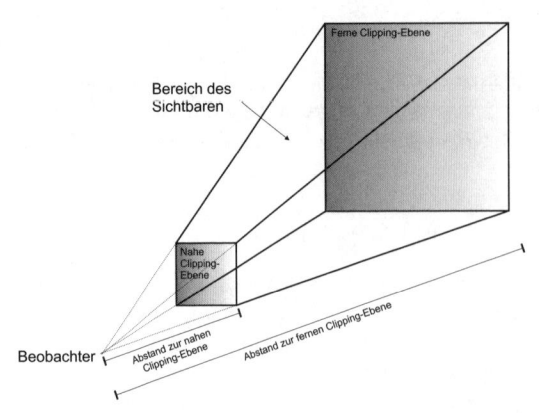

Abbildung 2.13 Verdeutlichung von naher und ferner Clipping-Ebene. Je größer das Blickfeld ist, desto stärker verbreitert sich die abgestumpfte Pyramide zur Tiefe hin.

Die Kameramatrix ist ein typischer Fall für eine Koordinatensystemmatrix, denn die Kamera stellt sozusagen ein eigenes Koordinatensystem für sich dar. Ein Vektor, der mit ihr multipliziert wird, wird dann in dieses System umgerechnet. Bei der anderen „Achsenmatrix", die ich Ihnen schon gezeigt hatte, war es umgekehrt: Diese sorgte dafür, dass ein Vektor aus einem anderen Koordinatensystem in das absolute Koordinatensystem umgerechnet wird.

2.2.4.7 Die Klasse *tbMatrix*

Wir wollen uns nun an die Implementierung einer Matrixklasse machen. Ich habe sie auf den Namen tbMatrix getauft. Der Code befindet sich in den Dateien TBMATRIX.H und TBMATRIX. Ich werde diese Klasse nicht mehr so ausführlich behandeln wie die Vektorklasse, da viele Dinge identisch sind.

Variablen der Klasse

Die tbMatrix-Klasse wird 16 float-Variablen besitzen, die wir m11 bis m44 nennen. Ansonsten benötigen wir keine weiteren Variablen.

Konstruktoren

Drei grundlegende Konstruktoren sind:

- Ohne Parameter: Tut gar nichts.
- Kopierkonstruktor mit Referenz auf eine andere Matrix als Parameter: Kopiert die Matrix.
- 16 float-Parameter: Kopiert die Matrixelemente in die Matrix hinein.

```
// Standardkonstruktor
tbMatrix::tbMatrix()
{
}

// Kopierkonstruktor (funktioniert mit Initialisierungsliste)
tbMatrix(const tbMatrix& m) : m11(m.m11), m12(m.m12), m13(m.m13), m14(m.m14),
                              m21(m.m21), m22(m.m22), m23(m.m23), m24(m.m24),
                              m31(m.m31), m32(m.m32), m33(m.m33), m34(m.m34),
                              m41(m.m41), m42(m.m42), m43(m.m43), m44(m.m44)
{
}
```

2.2 Einführung in die 3D-Grafik

```
// Konstruktor mit 16 Parametern
tbMatrix(float c11, float c12, float c13, float c14,
         float c21, float c22, float c23, float c24,
         float c31, float c32, float c33, float c34,
         float c41, float c42, float c43, float c44)
                              : m11(c11), m12(c12), m13(c13), m14(c14),
                                m21(c21), m22(c22), m23(c23), m24(c24),
                                m31(c31), m32(c32), m33(c33), m34(c34),
                                m41(c41), m42(c42), m43(c43), m44(c44)
{
}
```

Listing 2.22 Verschiedene Konstruktoren der Klasse `tbMatrix`

Operatoren

Bei den Operatoren gibt es eigentlich nicht viele Unterschiede zur Vektorklasse `tbVector3`. Ausnahme ist hier natürlich die Multiplikation mit einer anderen Matrix. Daher ist dies auch der einzige Operator, den ich hier zeigen werde.

Erwähnenswert ist auch der Divisionsoperator: Er invertiert die rechte Matrix und multipliziert die linke damit. Pures Umkehren oder Transponieren einer Matrix kann nicht mit Operatoren durchgeführt werden, nutzen Sie stattdessen die Hilfsfunktion `tbMatrixInvert` beziehungsweise `tbMatrixTranspose` (diese Funktionen werden später erklärt).

Vektortransformationen müssen ebenfalls mit Hilfe von Hilfsfunktionen ausgeführt werden, denn mit Hilfe eines Operators könnte man nicht bestimmen, ob es sich um einen Positions- oder Richtungsvektor handelt.

```
// Multiplikation zweier Matrizen
inline tbMatrix operator * (const tbMatrix& a,
                            const tbMatrix& b)
{
    return tbMatrix(b.m11 * a.m11 + b.m21 * a.m12 + b.m31 * a.m13 + b.m41 * a.m14,
                    b.m12 * a.m11 + b.m22 * a.m12 + b.m32 * a.m13 + b.m42 * a.m14,
                    b.m13 * a.m11 + b.m23 * a.m12 + b.m33 * a.m13 + b.m43 * a.m14,
                    b.m14 * a.m11 + b.m24 * a.m12 + b.m34 * a.m13 + b.m44 * a.m14,
                    b.m11 * a.m21 + b.m21 * a.m22 + b.m31 * a.m23 + b.m41 * a.m24,
                    b.m12 * a.m21 + b.m22 * a.m22 + b.m32 * a.m23 + b.m42 * a.m24,
                    b.m13 * a.m21 + b.m23 * a.m22 + b.m33 * a.m23 + b.m43 * a.m24,
                    b.m14 * a.m21 + b.m24 * a.m22 + b.m34 * a.m23 + b.m44 * a.m24,
                    b.m11 * a.m31 + b.m21 * a.m32 + b.m31 * a.m33 + b.m41 * a.m34,
                    b.m12 * a.m31 + b.m22 * a.m32 + b.m32 * a.m33 + b.m42 * a.m34,
                    b.m13 * a.m31 + b.m23 * a.m32 + b.m33 * a.m33 + b.m43 * a.m34,
                    b.m14 * a.m31 + b.m24 * a.m32 + b.m34 * a.m33 + b.m44 * a.m34,
                    b.m11 * a.m41 + b.m21 * a.m42 + b.m31 * a.m43 + b.m41 * a.m44,
                    b.m12 * a.m41 + b.m22 * a.m42 + b.m32 * a.m43 + b.m42 * a.m44,
                    b.m13 * a.m41 + b.m23 * a.m42 + b.m33 * a.m43 + b.m43 * a.m44,
                    b.m14 * a.m41 + b.m24 * a.m42 + b.m34 * a.m43 + b.m44 * a.m44);
}
```

Listing 2.23 Jedes Element der resultierenden Matrix wird nach der Multiplikationsregel berechnet.

Hier würde es sich übrigens auch durchaus lohnen, auf eventuell vorhandene CPU-Features wie *MMX* oder *3DNow!* zu setzen. Zu Letzterem befindet sich ein Tutorial auf meiner Homepage http://www.scherfgen-software.net.

Zugriffsoperatoren

Manchmal wäre es hilfreich, wenn man alle Elemente einer Matrix einheitlich ansprechen könnte – das ist aber dadurch, dass jedes Element einen anderen Namen hat, nicht so einfach.

Daher überladen wir einfach den „()"-Operator der tbMatrix-Klasse. So soll beispielsweise folgender Code kompilierbar sein:

```
tbMatrix m;

// Element in Zeile 1, Spalte 3 auf den Wert 17 setzen
m(1, 3) = 17.0f;

// Element in Zeile 4, Spalte 2 auf den Wert 1 setzen
m(4, 2) = 1.0f;
```
Listing 2.24 Setzen von Matrixelementen auf eine andere Weise

Dies hat einen Vorteil: Man könnte auch anstelle der Zahlen (1, 3) und (4, 2) *Variablen* verwenden. Das wäre ohne weiteres nicht möglich, wenn wir dabei blieben, jedes Element in eine eigene Variable mit einem eigenen Namen zu packen. Wir benötigen hier ein 2D-Array mit 4 x 4 Einträgen. Dieses soll im gleichen Speicherbereich liegen wie die 16 einzelnen float-Variablen der Matrix (m11, m12, m13, m14, m21 ...). Dazu verwenden wir eine union:

```
class TRIBASE_API tbMatrix
{
public:
    // Variablen
    union
    {
        struct
        {
            float m11, m12, m13, m14,  // Elemente der Matrix
                  m21, m22, m23, m24,
                  m31, m32, m33, m34,
                  m41, m42, m43, m44;
        };

        float m[4][4];                 // Zweidimensionales Array der Elemente
    };

    // Und so weiter ...
```
Listing 2.25 Die angepasste Deklaration der Klassenvariablen

Den „()"-Operator zu überladen, ist jetzt nicht mehr besonders schwer. Er soll zwei Parameter erwarten: die Zeile und die Spalte, wobei hier die Eins die erste Zeile beziehungsweise die erste Spalte darstellt (nicht null). Wir erstellen zwei Versionen des Operators: Einer liefert eine Referenz (den brauchen wir, um Matrixelemente zu verändern), und der andere liefert einen normalen float-Wert (der Compiler wird diese Version verwenden, wenn ein Matrixelement lediglich *abgefragt* werden soll). Die zweite Version kann dann auch als const deklariert werden:

```
class TRIBASE_API tbMatrix
{
public:
    // ...

    // Zugriffsoperatoren
    float& operator () (int iRow, int iColumn) {return m[iRow - 1][iColumn - 1];}
    float  operator () (int iRow, int iColumn) const {return m[iRow - 1][iColumn - 1];}
};
```

2.2 Einführung in die 3D-Grafik

```
// Beispiel für den ersten Operator (Matrix wird verändert):
tbMatrix m;
m(1, 3) = 100.0f;
m(1, 4) = 120.0f;

// Beispiel für den zweiten Operator (keine Veränderung der Matrix):
float f = m(1, 2);
```

Listing 2.26 Die Zugriffsoperatoren

Identitätsmatrix erzeugen

Mit der Funktion `tbMatrixIdentity` soll dem Programmierer die Identitätsmatrix geliefert werden. Sie erinnern sich: Wird ein Vektor oder eine Matrix mit der Identitätsmatrix multipliziert, so ist das vergleichbar mit einer Multiplikation mit 1 – es erfolgt keine Änderung.

```
// Identitätsmatrix liefern
inline tbMatrix tbMatrixIdentity()
{
    return tbMatrix(1.0f, 0.0f, 0.0f, 0.0f,
                    0.0f, 1.0f, 0.0f, 0.0f,
                    0.0f, 0.0f, 1.0f, 0.0f,
                    0.0f, 0.0f, 0.0f, 1.0f);
}
```

Listing 2.27 Diese simple Funktion liefert die Identitätsmatrix.

Translationsmatrix

Eine Translationsmatrix, also eine Verschiebungsmatrix, zu erzeugen, ist zum Glück auch nicht viel komplizierter. Die Funktion `tbMatrixTranslation` soll einen Vektor als Parameter erwarten, nämlich den Verschiebungsvektor, und uns dann die passende Matrix dazu liefern:

```
// Translationsmatrix berechnen
TRIBASE_API tbMatrix tbMatrixTranslation(const tbVector3& v)
{
    return tbMatrix(1.0f, 0.0f, 0.0f, 0.0f,
                    0.0f, 1.0f, 0.0f, 0.0f,
                    0.0f, 0.0f, 1.0f, 0.0f,
                    v.x,  v.y,  v.z,  1.0f);
}
```

Listing 2.28 Erzeugen einer Translationsmatrix

Rotation um *x*-, *y*- und *z*-Achse

Wie die Matrizen für eine Rotation um die *x*-, *y*- oder *z*-Achse aussehen, wurde bereits gezeigt. Nun gilt es nur noch, diese in drei Funktionen umzusetzen: `tbMatrixRotationX`, `tbMatrixRotationY` und `tbMatrixRotationZ`. Beachten Sie, dass ich die Sinus- und Kosinuswerte des angegebenen Winkels (im Bogenmaß!) nur *einmal* berechne. So spart man ein wenig Zeit.

```cpp
// Rotationsmatrix für Rotation um die x-Achse berechnen
TRIBASE_API tbMatrix tbMatrixRotationX(const float f)
{
    tbMatrix mResult;

    // Den Rahmen der Matrix setzen (Identitätsmatrix!)
    mResult.m11 = 1.0f; mResult.m12 = 0.0f; mResult.m13 = 0.0f; mResult.m14 = 0.0f;
    mResult.m21 = 0.0f;                                        mResult.m24 = 0.0f;
    mResult.m31 = 0.0f;                                        mResult.m34 = 0.0f;
    mResult.m41 = 0.0f; mResult.m42 = 0.0f; mResult.m43 = 0.0f; mResult.m44 = 1.0f;

    // Die fehlenden Elemente setzen
    mResult.m22 = mResult.m33 = cosf(f);
    mResult.m23 = sinf(f);
    mResult.m32 = -mResult.m23;

    return mResult;
}

// Rotationsmatrix für Rotation um die y-Achse berechnen
TRIBASE_API tbMatrix tbMatrixRotationY(const float f)
{
    tbMatrix mResult;

    // Rotationsmatrix berechnen
                        mResult.m12 = 0.0f;                    mResult.m14 = 0.0f;
    mResult.m21 = 0.0f; mResult.m22 = 1.0f; mResult.m23 = 0.0f; mResult.m24 = 0.0f;
                        mResult.m32 = 0.0f;                    mResult.m34 = 0.0f;
    mResult.m41 = 0.0f; mResult.m42 = 0.0f; mResult.m43 = 0.0f; mResult.m44 = 1.0f;

    mResult.m11 = mResult.m33 = cosf(f);
    mResult.m31 = sinf(f);
    mResult.m13 = -mResult.m31;

    return mResult;
}

// Rotationsmatrix für Rotation um die z-Achse berechnen
TRIBASE_API tbMatrix tbMatrixRotationZ(const float f)
{
    tbMatrix mResult;

    // Rotationsmatrix berechnen
                                            mResult.m13 = 0.0f; mResult.m14 = 0.0f;
                                            mResult.m23 = 0.0f; mResult.m24 = 0.0f;
    mResult.m31 = 0.0f; mResult.m32 = 0.0f; mResult.m33 = 1.0f; mResult.m34 = 0.0f;
    mResult.m41 = 0.0f; mResult.m42 = 0.0f; mResult.m43 = 0.0f; mResult.m44 = 1.0f;

    mResult.m11 = mResult.m22 = cosf(f);
    mResult.m12 = sinf(f);
    mResult.m21 = -mResult.m12;

    return mResult;
}
```

Listing 2.29 Erzeugen von Rotationsmatrizen

Rotation um alle drei Achsen

Soll ein Objekt um alle drei Achsen gedreht werden, so wäre es natürlich ein wenig umständlich, jeweils einmal tbMatrixRotationX, tbMatrixRotationY und tbMatrixRotationZ aufzurufen und die Matrizen zu multiplizieren. Da ist es praktischer, eine Funktion zu haben, die drei Parameter erwartet – einen für jede Achse. Wir rotieren dabei zuerst um die *z*-Achse, dann um die *x*-Achse und zum Schluss um die *y*-Achse, denn das ist für die meisten Anwendungen am

2.2 Einführung in die 3D-Grafik

besten geeignet. Diese drei `float`-Parameter kann man auch direkt als Vektor betrachten, weshalb es auch zwei Versionen der Funktion `tbMatrixRotation` gibt:

```
// Rotiert um alle drei Achsen
TRIBASE_API tbMatrix tbMatrixRotation(const float x,
                                      const float y,
                                      const float z)
{
    return tbMatrixRotationZ(z) *
           tbMatrixRotationX(x) *
           tbMatrixRotationY(y);
}

// Rotiert um alle drei Achsen (Winkel in Vektor)
TRIBASE_API tbMatrix tbMatrixRotation(const tbVector3& v)
{
    return tbMatrixRotationZ(v.z) *
           tbMatrixRotationX(v.x) *
           tbMatrixRotationY(v.y);
}
```

Listing 2.30 Rotation um alle drei Achsen

Rotation um eine beliebige Achse

Jetzt können wir Punkte um die drei Achsen des Koordinatensystems rotieren, aber wie sieht es mit *beliebigen* Achsen aus? Die Matrix für die Rotation mit dem Winkel α um eine beliebige Achse, deren Richtung durch den Vektor $\vec{v}$ angegeben wird, sieht so aus:

Substitution: $c := 1 - \cos\alpha$

$$\begin{pmatrix} x_{\vec{v}}^2 \cdot c + \cos\alpha & x_{\vec{v}} \cdot y_{\vec{v}} \cdot c - (z_{\vec{v}} \cdot \sin\alpha) & x_{\vec{v}} \cdot z_{\vec{v}} \cdot c + (y_{\vec{v}} \cdot \sin\alpha) & 0 \\ y_{\vec{v}} \cdot x_{\vec{v}} \cdot c + (z_{\vec{v}} \cdot \sin\alpha) & y_{\vec{v}}^2 \cdot c + \cos\alpha & y_{\vec{v}} \cdot z_{\vec{v}} \cdot c - (x_{\vec{v}} \cdot \sin\alpha) & 0 \\ z_{\vec{v}} \cdot x_{\vec{v}} \cdot c - (y_{\vec{v}} \cdot \sin\alpha) & z_{\vec{v}} \cdot y_{\vec{v}} \cdot c + (x_{\vec{v}} \cdot \sin\alpha) & z_{\vec{v}}^2 \cdot c + \cos\alpha & 0 \\ 0 & 0 & 0 & 1 \end{pmatrix}$$

Die Funktion `tbMatrixRotationAxis` erzeugt genau so eine Matrix (nachdem sie den Achsenvektor normalisiert):

```
// Rotationsmatrix für Rotation um eine beliebige Achse berechnen
TRIBASE_API tbMatrix tbMatrixRotationAxis(const tbVector3& v,
                                          const float f)
{
    // Sinus und Kosinus berechnen
    const float fSin = sinf(-f);
    const float fCos = cosf(-f);
    const float fOneMinusCos = 1.0f - fCos;

    // Achsenvektor normalisieren
    const tbVector3 vAxis(tbVector3Normalize(v));

    // Matrix erstellen
    return tbMatrix((vAxis.x * vAxis.x) * fOneMinusCos + fCos,
                    (vAxis.x * vAxis.y) * fOneMinusCos - (vAxis.z * fSin),
                    (vAxis.x * vAxis.z) * fOneMinusCos + (vAxis.y * fSin),
                    0.0f,
```

```
                        (vAxis.y * vAxis.x) * fOneMinusCos + (vAxis.z * fSin),
                        (vAxis.y * vAxis.y) * fOneMinusCos + fCos,
                        (vAxis.y * vAxis.z) * fOneMinusCos - (vAxis.x * fSin),
                        0.0f,
                        (vAxis.z * vAxis.x) * fOneMinusCos - (vAxis.y * fSin),
                        (vAxis.z * vAxis.y) * fOneMinusCos + (vAxis.x * fSin),
                        (vAxis.z * vAxis.z) * fOneMinusCos + fCos,
                        0.0f,
                        0.0f,
                        0.0f,
                        0.0f,
                        1.0f);
}
```

Listing 2.31 Rotation um eine beliebige Achse

Skalierungsmatrix

Die Funktion `tbMatrixScaling` soll uns eine Skalierungsmatrix liefern. Als Parameter geben wir ihr einen Skalierungsvektor, der die Skalierung auf allen drei Achsen beinhaltet. Dies ist eine wirklich simple Funktion:

```
// Skalierungsmatrix berechnen
TRIBASE_API tbMatrix tbMatrixScaling(const tbVector3& v)
{
    // Skalierungsmatrix berechnen
    return tbMatrix(v.x,  0.0f, 0.0f, 0.0f,
                    0.0f, v.y,  0.0f, 0.0f,
                    0.0f, 0.0f, v.z,  0.0f,
                    0.0f, 0.0f, 0.0f, 1.0f);
}
```

Listing 2.32 Generieren einer Skalierungsmatrix

Die Achsenmatrix

Die Achsenmatrix kann ein Objekt entlang dreier Achsen ausrichten. Dazu packt man den Richtungsvektor der *x*-Achse in die erste Zeile der Matrix, den der *y*-Achse in die zweite, und der Richtungsvektor der *z*-Achse kommt in die dritte Zeile:

```
// Liefert eine Achsenmatrix
TRIBASE_API tbMatrix tbMatrixAxes(const tbVector3& vXAxis,
                                  const tbVector3& vYAxis,
                                  const tbVector3& vZAxis)
{
    return tbMatrix(vXAxis.x, vXAxis.y, vXAxis.z, 0.0f,
                    vYAxis.x, vYAxis.y, vYAxis.z, 0.0f,
                    vZAxis.x, vZAxis.y, vZAxis.z, 0.0f,
                    0.0f,     0.0f,     0.0f,     1.0f);
}
```

Listing 2.33 Die Achsenmatrix

Die Determinante einer Matrix

Wenn wir später eine Matrix *invertieren* wollen, dann müssen wir in der Lage sein, ihre *Determinante* zu berechnen. Vielleicht kennen Sie das Verfahren noch aus dem Mathematikunterricht: Lineare Gleichungssysteme lassen sich sehr leicht mit Hilfe von Determinanten lösen. Bei 4x4-Matrizen ist die Berechnung der Determinanten leider etwas kompliziert, doch es reicht, wenn wir nur die ersten drei Zeilen und Spalten der Matrix betrachten und deren De-

2.2 Einführung in die 3D-Grafik

terminante berechnen. Dabei gilt die Regel: Summe der Hauptdiagonalen (von links oben nach rechts unten) minus Summe der Nebendiagonalen (von links unten nach rechts oben).

$$M = \begin{pmatrix} a & b & c \\ d & e & f \\ g & h & i \end{pmatrix}$$

$$\det M = (a \cdot e \cdot i) + (b \cdot f \cdot g) + (c \cdot d \cdot h) - (g \cdot e \cdot c) - (h \cdot f \cdot a) - (i \cdot d \cdot b)$$

$$\det M = a \cdot (e \cdot i - h \cdot f) + b \cdot (f \cdot g - i \cdot d) + c \cdot (d \cdot h - g \cdot e)$$

Packen wir das nun in eine Funktion (tbMatrixDet), dann kann das so aussehen:

```
// Determinante einer Matrix berechnen
TRIBASE_API float tbMatrixDet(const tbMatrix& m)
{
    // Determinante der linken oberen 3x3-Teilmatrix berechnen
    return m.m11 * (m.m22 * m.m33 - m.m23 * m.m32) -
           m.m12 * (m.m21 * m.m33 - m.m23 * m.m31) +
           m.m13 * (m.m21 * m.m32 - m.m22 * m.m31);
}
```

Listing 2.34 Wir berechnen die Determinante der linken oberen 3x3-Teilmatrix der 4x4-Matrix.

Invertieren einer Matrix

(Wenn die Implementierungsdetails für Sie nicht von Interesse sind, können Sie diesen Abschnitt auch überspringen oder nur überfliegen. Es reicht, wenn Sie wissen, wie die Funktionen heißen und was sie tun.)

Nun wird unsere Funktion tbMatrixDet zur Berechnung der Determinanten ihre Anwendung finden, nämlich beim Invertieren einer Matrix. Sie erinnern Sich: Die invertierte Matrix hat genau die entgegengesetzte Wirkung, wenn man sie mit einer anderen Matrix oder einem Vektor multipliziert.

Eine 3x3-Matrix kann wie folgt invertiert werden:

$$M = \begin{pmatrix} a & b & c \\ d & e & f \\ g & h & i \end{pmatrix}$$

$$M^{-1} = \begin{pmatrix} \frac{e \cdot i - h \cdot f}{\det M} & \frac{c \cdot h - i \cdot b}{\det M} & \frac{b \cdot f - e \cdot c}{\det M} \\ \frac{f \cdot g - i \cdot d}{\det M} & \frac{a \cdot i - g \cdot c}{\det M} & \frac{c \cdot d - f \cdot a}{\det M} \\ \frac{d \cdot h - e \cdot g}{\det M} & \frac{b \cdot g - h \cdot a}{\det M} & \frac{a \cdot e - d \cdot b}{\det M} \end{pmatrix} = \frac{\begin{pmatrix} e \cdot i - h \cdot f & c \cdot h - i \cdot b & b \cdot f - e \cdot c \\ f \cdot g - i \cdot d & a \cdot i - g \cdot c & c \cdot d - f \cdot a \\ d \cdot h - e \cdot g & b \cdot g - h \cdot a & a \cdot e - d \cdot b \end{pmatrix}}{\det M}$$

Wir dürfen dieses Prinzip auch auf eine 4x4-Matrix übertragen, wenn wir davon ausgehen, dass die rechte Spalte (0, 0, 0, 1) ist, was normalerweise auch der Fall ist – außer bei Projektionsmatrizen. Die unterste Zeile wird dann separat berechnet, wie die Funktion tbMatrixInvert zeigt:

```cpp
// Invertierte Matrix berechnen
TRIBASE_API tbMatrix tbMatrixInvert(const tbMatrix& m)
{
    // Kehrwert der Determinante vorberechnen
    float fInvDet = tbMatrixDet(m);
    if(fInvDet == 0.0f) return tbMatrixIdentity();
    fInvDet = 1.0f / fInvDet;

    // Invertierte Matrix berechnen
    tbMatrix mResult;
    mResult.m11 =  fInvDet * (m.m22 * m.m33 - m.m23 * m.m32);
    mResult.m12 = -fInvDet * (m.m12 * m.m33 - m.m13 * m.m32);
    mResult.m13 =  fInvDet * (m.m12 * m.m23 - m.m13 * m.m22);
    mResult.m14 =  0.0f;
    mResult.m21 = -fInvDet * (m.m21 * m.m33 - m.m23 * m.m31);
    mResult.m22 =  fInvDet * (m.m11 * m.m33 - m.m13 * m.m31);
    mResult.m23 = -fInvDet * (m.m11 * m.m23 - m.m13 * m.m21);
    mResult.m24 =  0.0f;
    mResult.m31 =  fInvDet * (m.m21 * m.m32 - m.m22 * m.m31);
    mResult.m32 = -fInvDet * (m.m11 * m.m32 - m.m12 * m.m31);
    mResult.m33 =  fInvDet * (m.m11 * m.m22 - m.m12 * m.m21);
    mResult.m34 =  0.0f;
    mResult.m41 = -(m.m41 * mResult.m11 + m.m42 * mResult.m21 + m.m43 * mResult.m31);
    mResult.m42 = -(m.m41 * mResult.m12 + m.m42 * mResult.m22 + m.m43 * mResult.m32);
    mResult.m43 = -(m.m41 * mResult.m13 + m.m42 * mResult.m23 + m.m43 * mResult.m33);
    mResult.m44 =  1.0f;

    return mResult;
}
```

Listing 2.35 Berechnen der invertierten Matrix – der Kehrwert der Determinante wird nur einmal berechnet, um die Divisionen schneller ausführen zu können (Multiplikation mit dem Kehrwert).

Transponierte Matrizen

Eine Matrix zu transponieren bedeutet ja, dass jedes Element an der Stelle (x, y) mit dem Element (y, x) vertauscht wird. Das in eine Funktion zu packen, ist sehr leicht:

```cpp
// Transponierte Matrix berechnen
TRIBASE_API tbMatrix tbMatrixTranspose(const tbMatrix& m)
{
    // Matrix transponieren
    return tbMatrix(m.m11, m.m21, m.m31, m.m41,
                    m.m12, m.m22, m.m32, m.m42,
                    m.m13, m.m23, m.m33, m.m43,
                    m.m14, m.m24, m.m34, m.m44);
}
```

Listing 2.36 Die Funktion tbMatrixTranspose

Die Projektionsmatrix

Die Theorie, die hinter der Erzeugung einer Projektionsmatrix steckt, ist leider sehr kompliziert. Sie finden eine kleine Abhandlung darüber in der DirectX-SDK-Dokumentation unter *„Projection Transformation"*.

Die Kameramatrix

Die Kameramatrix hingegen lässt sich relativ leicht erzeugen. Der erste Schritt ist, eine Translationsmatrix *entgegengesetzt* der Kameraposition zu erzeugen. Wenn die Kamera nach *rechts* bewegt wird, bewegen wir damit praktisch die Umgebung nach *links*, denn in Wirklichkeit

2.2 Einführung in die 3D-Grafik

gibt es gar keine Kamera. Der nächste Schritt ist dann, die Achsenvektoren der Kamera in eine Matrix einzutragen, und zwar die *x*-Achse in die erste Spalte, die *y*-Achse in die zweite und die *z*-Achse in die dritte. Nun multipliziert man die beiden Matrizen und erhält die erwünschte Kameramatrix.

Ein Problem ist, die Richtungsvektoren der Kameraachsen zu erzeugen. Unserer Funktion tbMatrixCamera soll einmal die Kameraposition angegeben werden und weiterhin der Punkt, auf den die Kamera schauen soll. Doch das reicht noch nicht, denn die Kamera könnte auch noch „rollen", sich also um ihre eigene *z*-Achse drehen. Darum benötigen wir noch einen weiteren Vektor, den *Nach-oben-Vektor*. Normalerweise ist er (0, 1, 0). Drehte man die Kamera beispielsweise um 90° nach rechts, so wäre der Vektor (1, 0, 0). Mit ein paar Kreuzprodukten lassen sich dann alle Achsen berechnen:

```
// Kameramatrix berechnen
TRIBASE_API tbMatrix tbMatrixCamera(const tbVector3& vPos,
                                    const tbVector3& vLookAt,
                                    const tbVector3& vUp) // = tbVector3(0.0f, 1.0f, 0.0f)
{
    // Die z-Achse des Kamerakoordinatensystems berechnen
    tbVector3 vZAxis(tbVector3Normalize(vLookAt - vPos));

    // Die x-Achse ist das Kreuzprodukt aus y- und z-Achse
    tbVector3 vXAxis(tbVector3Normalize(tbVector3Cross(vUp, vZAxis)));

    // y-Achse berechnen
    tbVector3 vYAxis(tbVector3Normalize(tbVector3Cross(vZAxis, vXAxis)));

    // Rotationsmatrix erzeugen und die Translationsmatrix mit ihr multiplizieren
    return tbMatrixTranslation(-vPos) *
           tbMatrix(vXAxis.x, vYAxis.x, vZAxis.x, 0.0f,
                    vXAxis.y, vYAxis.y, vZAxis.y, 0.0f,
                    vXAxis.z, vYAxis.z, vZAxis.z, 0.0f,
                    0.0f,     0.0f,     0.0f,     1.0f);
}
```

Listing 2.37 Wir erzeugen eine Kameramatrix.

Transformation eines Vektors

Kommen wir nun zu den Funktionen, die einen Vektor mit einer Matrix multiplizieren. Dabei müssen wir zwischen Positions- und Richtungsvektoren unterscheiden. Die Version für Positionsvektoren nennen wir tbVector3TransformCoords, und die für Richtungsvektoren nennen wir tbVector3TransformNormal.

Beide Funktionen sind recht simpel. Betrachten wir zuerst tbVector3TransformCoords. Die *x*-, *y*- und *z*-Koordinate des resultierenden Vektors berechnen wir ganz einfach anhand der Rechengesetze für die Multiplikation eines 3D-Vektors mit einer 4x4-Matrix. Doch nun könnte es noch sein, dass die Matrix eine Projektion durchführt. Für den Fall berechnen wir auch noch die *w*-Koordinate, und wenn diese nicht 1 ist, wird der Vektor noch durch sie dividiert.

Wir wollen dem Benutzer noch die Möglichkeit geben, die während der Transformation berechnete *w*-Koordinate abzufragen. Darum erwartet die Funktion neben dem Vektor und der Matrix noch einen float-Zeiger, den die Funktion mit der *w*-Koordinate ausfüllt, wenn der Zeiger nicht NULL ist.

```
// 3D-Positionsvektor transformieren
TRIBASE_API tbVector3 tbVector3TransformCoords(const tbVector3& v,
                                               const tbMatrix& m,
                                               float* const pfOutW) // = NULL
{
    // Vektor mit Matrix multiplizieren
    tbVector3 vResult(v.x * m.m11 + v.y * m.m21 + v.z * m.m31 + m.m41,
                      v.x * m.m12 + v.y * m.m22 + v.z * m.m32 + m.m42,
                      v.x * m.m13 + v.y * m.m23 + v.z * m.m33 + m.m43);

    // Vierte Koordinate (w) berechnen. Wenn diese ungleich eins
    // ist, müssen die anderen Vektorelemente durch sie geteilt
    // werden.
    const float w = v.x * m.m14 + v.y * m.m24 + v.z * m.m34 + m.m44;
    if(w != 1.0f) vResult /= w;

    // Wenn erwünscht, w kopieren
    if(pfOutW) *pfOutW = w;

    return vResult;
}
```

Listing 2.38 Transformation eines Positionsvektors

Bei Richtungsvektoren arbeiten wir ein wenig anders. Erstens dürfen wir nicht mit der unveränderten Matrix arbeiten, sondern wir benötigen die *transponierte invertierte* Matrix. Außerdem wollen wir dafür sorgen, dass der transformierte Vektor dieselbe Länge hat wie der Originalvektor. Das erreichen wir, indem wir die ursprüngliche Länge speichern und den resultierenden Vektor später ebenso auf diese Länge bringen (normalisieren und mit der Länge multiplizieren). Die Projektion entfällt hier, da Richtungsvektoren normalerweise nicht projiziert werden.

```
// 3D-Richtungsvektor transformieren
TRIBASE_API tbVector3 tbVector3TransformNormal(const tbVector3& v,
                                               const tbMatrix& m)
{
    // Vektorlänge berechnen
    const float fLength = tbVector3Length(v);
    if(fLength == 0.0f) return v;

    // Transponierte invertierte Matrix berechnen
    const tbMatrix mNew(tbMatrixTranspose(tbMatrixInvert(m)));

    // Vektor mit Matrix transformieren und ursprüngliche Länge wiederherstellen
    return tbVector3Normalize(tbVector3(v.x * mNew.m11 + v.y * mNew.m21 + v.z * mNew.m31,
                                        v.x * mNew.m12 + v.y * mNew.m22 + v.z * mNew.m32,
                                        v.x * mNew.m13 + v.y * mNew.m23 + v.z * mNew.m33))
           * fLength;
}
```

Listing 2.39 Transformation eines Richtungsvektors

Leider ist gerade das Invertieren einer Matrix relativ langsam. Wenn dem Programm die transponierte invertierte Matrix bereits bekannt ist, wäre es unsinnig, diese noch einmal hier in der Funktion zu berechnen. Von daher implementieren wir noch eine weitere Version der Funktion namens tbVector3TransformNormal_TranspInv. Durch den Namen wird gesagt, dass die Funktion bereits die transponierte invertierte Matrix als Parameter erwartet. Daher ist sie auch einfacher aufgebaut:

2.2 Einführung in die 3D-Grafik

```
// 3D-Richtungsvektor transformieren (transponierte invertierte Matrix)
TRIBASE_API tbVector3 tbVector3TransformNormal_TranspInv(const tbVector3& v,
                                                         const tbMatrix& m)
{
    // Vektorlänge berechnen
    const float fLength = tbVector3Length(v);
    if(fLength == 0.0f) return v;

    // Vektor mit Matrix transformieren und ursprüngliche Länge wiederherstellen
    return tbVector3Normalize(tbVector3(v.x * m.m11 + v.y * m.m21 + v.z * m.m31,
                                        v.x * m.m12 + v.y * m.m22 + v.z * m.m32,
                                        v.x * m.m13 + v.y * m.m23 + v.z * m.m33))
           * fLength;
}
```

Listing 2.40 Das geht schneller, wenn die transponierte invertierte Matrix bereits bekannt ist.

Und was ist mit 2D-Vektoren? Dafür gibt es die Funktionen tbVector2TransformCoords und tbVector2TransformNormal(_TranspInv). Da ist es nicht viel anders, nur dass eben nicht so viele Berechnungen anfallen.

Übersicht der Hilfsfunktionen

Nun haben wir eine weitere Klasse und die dazugehörigen Hilfsfunktionen implementiert. Folgende Tabelle könnte für Sie nützlich sein, um noch einmal die Bedeutung der verschiedenen Funktionen nachzuschlagen.

Tabelle 2.2 Hilfsfunktionen für die tbMatrix-Klasse

Funktionsname	Ausgabetyp	Beschreibung
tbMatrixIdentity	tbMatrix	Liefert die Identitätsmatrix zurück.
tbMatrixTranslation	tbMatrix	Erstellt eine Translationsmatrix mit dem angegebenen Vektor.
tbMatrixRotationX	tbMatrix	Rotationsmatrix um die x-Achse um den im Bogenmaß angegebenen Winkel generieren. Diese Rotation erfolgt *im* Uhrzeigersinn.
tbMatrixRotationY	tbMatrix	Rotation um die y-Achse
tbMatrixRotationZ	tbMatrix	Rotation um die z-Achse
tbMatrixRotation	tbMatrix	Erstellt eine Rotationsmatrix, die einen Punkt zuerst um alle drei Achsen um die angegebenen Winkel dreht.
tbMatrixRotationAxis	tbMatrix	Rotation um eine beliebige Achse (erster Parameter – tbVector3) um den im zweiten Parameter angegebenen Winkel im Bogenmaß
tbMatrixScaling	tbMatrix	Skalierungsmatrix mit dem angegebenen Skalierungsvektor (x-, y- und z-Skalierung) erzeugen.
tbMatrixAxes	tbMatrix	Berechnet eine Achsenmatrix. Man gibt ihr einfach die drei Achsenvektoren an (x-, y- und z-Achse). Wird diese Matrix als Weltmatrix verwendet, kann dadurch die *Ausrichtung eines Objekts* auf einfache Weise angegeben werden – zum Beispiel (0, 0, −1), (0, 1, 0) und (1, 0, 0), um ein Objekt entlang der x-Achse auszurichten (da die z-Achse des Objekts (1, 0, 0) ist).
tbMatrixDet	float	Bestimmt die Determinante einer Matrix.

Funktionsname	Ausgabetyp	Beschreibung
tbMatrixInvert	tbMatrix	Invertiert die angegebene Matrix (falls nicht möglich: Identitätsmatrix)
tbMatrixTranspose	tbMatrix	Transponiert eine Matrix
tbMatrixProjection	tbMatrix	Erzeugt eine Projektionsmatrix mit folgenden Angaben: halber *Sichtwinkel* im Bogenmaß (zum Beispiel 1/2π für 90°), *Bildseitenverhältnis* (Breite : Höhe), Entfernung der *nahen Clipping-Ebene*, Entfernung der *fernen Clipping-Ebene*.
tbMatrixCamera	tbMatrix	Erzeugt eine Kameramatrix mit den angegebenen drei Vektoren: *Position der Kamera*, *Blickpunkt der Kamera* und der *Nach-oben-Vektor* (für gewöhnlich (0, 1, 0)).
tbVector2TransformCoords tbVector3TransformCoords	tbVector2 tbVector3	Transformiert den im ersten Parameter angegebenen Vektor mit der im zweiten angegebenen Matrix (für Positionsvektoren).
tbVector2TransformNormal tbVector3TransformNormal	tbVector2 tbVector3	Transformiert einen Richtungsvektor (Transformation mit transponierter invertierter Matrix).
tbWriteMatrixToLog	–	Schreibt die angegebene Matrix in die Logbuchdatei (alle Matrixelemente).

Beispiele für die meisten dieser Hilfsfunktionen zeigt das folgende Listing. Wieder einmal gilt: Es steckt kein besonderer Sinn dahinter, es dient nur der Demonstrierung der Funktionen.

```
// Verschiedene Matrizen erzeugen

// Identitätsmatrix
tbMatrix mIdentity(tbMatrixIdentity());

// Translationsmatrix erzeugen.
// Diese Matrix verschiebt einen Vektor um (100, -15, 63.75).
tbMatrix mTranslation(tbMatrixTranslation(tbVector3(100.0f, -15.0f, 63.75f)));

// Rotationsmatrix erzeugen: erst um 45° um die x-Achse und danach
// um 90° um die z-Achse drehen.
tbMatrix mRotationX(tbMatrixRotationX(TB_DEG_TO_RAD(45.0f)));
tbMatrix mRotationZ(tbMatrixRotationZ(TB_DEG_TO_RAD(90.0f)));
tbMatrix mRotation(mRotationX * mRotationZ);

// Skalierungsmatrix generieren: 100% auf der x-Achse, 50% auf der y-Achse
// und 500% auf der z-Achse.
tbMatrix mScaling(tbMatrixScaling(tbVector3(1.0f, 0.5f, 5.0f)));

// Determinante einer Matrix berechnen
float fDet = tbMatrixDet(mRotation);

// Die Translationsmatrix umkehren. Das wird eine weitere Translationsmatrix
// hervorbringen, die einen Vektor in genau die entgegengesetzte Richtung
// verschiebt.
tbMatrix mInverted(tbMatrixInvert(mTranslation));

// Und nun noch transponieren (nur so zum Spaß)
tbMatrix mTransposed(tbMatrixTranspose(mTranslation));

// Eine Projektionsmatrix erzeugen, bei welcher der Betrachter ein Sichtfeld
// von 120° hat. Wir nehmen eine Bildbreite von 800 Pixeln und eine Höhe von
// 600 Pixeln an. Damit ist das Bildseitenverhältnis 800 : 600.
// Alle Dreiecke, die sich näher als 0.1 Einheiten auf der z-Achse
// vom Betrachter weg befinden, werden geclippt (abgeschnitten). Das gleiche
// passiert mit weiter als 100 Einheiten auf der z-Achse entfernten Dreiecken.
```

2.2 Einführung in die 3D-Grafik

```
tbMatrix mProjection(tbMatrixProjection(TB_DEG_TO_RAD(60.0f),  // Sichtfeld
                                       800.0f / 600.0f,        // Bildseitenverhältnis
                                       0.1f, 100.0f));         // Clipping-Ebenen

// Eine Kameramatrix erzeugen. Die Kamera soll sich auf der Position
// (50, 20, -10) befinden und entlang der z-Achse schauen
// (Blickpunkt: (50, 20, -9)).
// Es wird keine Kameradrehung durchgeführt, daher ist die y-Achse (0, 1, 0).
tbMatrix mCamera(tbMatrixCamera(tbVector3(50.0f, 20.0f, -10.0f),  // Position
                               tbVector3(50.0f, 20.0f, -9.0f),    // Blickpunkt der Kamera
                               tbVector3(0.0f, 1.0f, 0.0f)));     // y-Achse

// Nun transformieren wir einen Positionsvektor vUntransformed mit einigen
// der zuvor generierten Matrizen, so dass am Ende ein transformierter
// (und durch die Projektionsmatrix projizierter) Vektor in vTransformed
// herauskommt.
// Der Originalvektor liegt einige Einheiten vor der Kamera. Je weiter er weg
// liegt, desto weiter wandert die projizierte x-Koordinate im Bildzentrum
// bei (0, 0).
tbVector3 Untransformed(55.0f, 20.0f, 0.0f);
tbVector3 vTransformed(tbVector3TransformCoords(vUntransformed, mScaling));  // Skalierung
vTransformed = tbVector3TransformCoords(vTransformed, mRotation);            // Rotation
vTransformed = tbVector3TransformCoords(vTransformed, mTranslation);         // Translation
vTransformed = tbVector3TransformCoords(vTransformed, mCamera);              // Kamera
vTransformed = tbVector3TransformCoords(vTransformed, mProjection);          // Projektion
```

Listing 2.41 Wie man die Matrix- und Vektorhilfsfunktionen einsetzt, um verschiedene Transformationsmatrizen zu generieren, zu manipulieren und Vektoren zu transformieren

2.2.5 Ebenen

Eine *Ebene* im dreidimensionalen Raum kann man sich wie eine endlos in vier Richtungen ausgedehnte flache Oberfläche vorstellen. Ebenen werden an sich zwar nicht direkt zum Zeichnen verwendet, aber man benötigt sie für viele Berechnungen, deshalb ist es wichtig, dass Sie sich wenigstens ein bisschen mit ihnen auskennen.

2.2.5.1 Die Ebenengleichung

Die *Ebenengleichung* bestimmt die Menge der Punkte, aus denen eine Ebene besteht. Jeder Punkt, der die Ebenengleichung erfüllt (indem man ihn in bestimmte Variablen einsetzt), liegt *auf* der Ebene.

Eine Ebene kann man angeben durch einen *Stützvektor* und einen *Normalenvektor*. Der Stützvektor zeigt zu irgendeinem beliebigen Punkt in der Ebene, und der Normalenvektor steht senkrecht auf der Ebene. Ein Punkt, der ebenfalls auf der Ebene liegt, muss dann folgende Voraussetzung erfüllen: Verbindet man ihn mit dem Stützvektor, so muss dieser Verbindungsvektor *senkrecht* zum Normalenvektor stehen. Das bedeutet also, dass das Punktprodukt null sein muss. Die Gleichung lautet dann:

$\vec{n} \cdot (\vec{x} - \vec{p}) = 0$
$\vec{n} \cdot \vec{x} - \vec{n} \cdot \vec{p} = 0$
$\vec{n} \cdot \vec{x} + d = 0$

Wobei $\vec{n}$ der Normalenvektor der Ebene ist, $\vec{p}$ der Stützvektor und $\vec{x}$ der Ortsvektor eines beliebigen Punkts, der in der Ebene liegt. In der zweiten Zeile wurde der Normalenvektor in die Klammer einmultipliziert. In der dritten Gleichung wurde dann das Punktprodukt aus dem

Normalenvektor und dem Stützvektor konkret „ausgerechnet" und (mit anderem Vorzeichen) *d* genannt.

d legt nun die Position der Ebene fest, während der Normalenvektor ihre Orientierung bestimmt. Normalerweise würde man sich jetzt am Kopf kratzen und fragen: *„Wie kann man eine Position im dreidimensionalen Raum mit nur einem einzigen Wert angeben?"* – eine berechtigte Frage. Doch stellen Sie sich einmal eine Ebene vor, die nach links zeigt. Könnte man diese überhaupt auf einer anderen Achse als der *x*-Achse verschieben? *Nein!* Sie nach hinten, vorne, oben oder unten zu verschieben, hätte gar keine Auswirkungen, da sie sich in diese Richtungen ja unendlich weit ausdehnt. Von daher reicht also tatsächlich nur ein einziger Wert – nämlich *d* – zur Beschreibung der Lage einer Ebene aus.

Die Ebenengleichung kann auch in Koordinatenform (anstatt in Vektorform) angegeben werden:

$ax + by + cz + d = 0$

Der Normalenvektor ist dann (*a*, *b*, *c*), und der allgemeine Punkt, der in der Ebene liegt, ist (*x*, *y*, *z*). Man muss hier also nur die Koordinaten einsetzen.

2.2.5.2 Lage eines Punkts relativ zu einer Ebene

Vorder- oder Rückseite?

Oft ist es nötig, die Lage eines Punkts in Bezug auf eine Ebene zu kennen. Damit ist gemeint: Liegt der Punkt auf der *Vorderseite* der Ebene (die Seite, in die der Normalenvektor zeigt), auf deren *Rückseite* oder direkt auf der Ebene drauf?

Wir wissen, dass ein Punkt, der auf der Ebene liegt, die Ebenengleichung erfüllt – so dass also als Ergebnis null herauskommt. Punkte, die nicht auf der Ebene liegen, werden also mit Sicherheit ein anderes Ergebnis liefern, und an dessen Vorzeichen können wir die Lage des Punkts ablesen. Ist das Ergebnis der Ebenengleichung nämlich *positiv*, dann liegt der Punkt auf der *Vorderseite* der Ebene. Bei einem *negativen* Wert liegt er entsprechend auf der *Rückseite*.

Entfernung?

Das Ergebnis der Ebenengleichung, in die man einen Punkt eingesetzt hat, verrät uns nicht nur die Seite der Ebene, auf welcher der Punkt liegt, sondern gibt uns sogar noch wichtige Informationen über den *Abstand* – die Länge des direktesten Wegs vom Punkt zur Ebene. Allgemein gilt für die Entfernung *l* des Punkts (*x*, *y*, *z*) von einer Ebene (*a*, *b*, *c*, *d*):

$$l = \frac{\vec{n} \cdot \vec{x} + d}{|\vec{n}|} = \frac{ax + by + cz + d}{\sqrt{a^2 + b^2 + c^2}}$$

… was also bedeutet: Man setzt den Punkt in die Ebenengleichung ein und dividiert das Ganze durch die Länge des Normalenvektors. Nun verwendet man für gewöhnlich einen *normalisierten Normalenvektor* für die Ebene, also einen Richtungsvektor mit der Länge 1. Dadurch fällt der Bruch natürlich weg, und das Ergebnis der Ebenengleichung ist direkt die Entfernung (die hier jedoch auch negative Werte annehmen kann, wenn sich der Punkt *auf der Rückseite* der Ebene befindet). Die wirkliche Entfernung ist also der Betrag der Gleichung.

2.2 Einführung in die 3D-Grafik

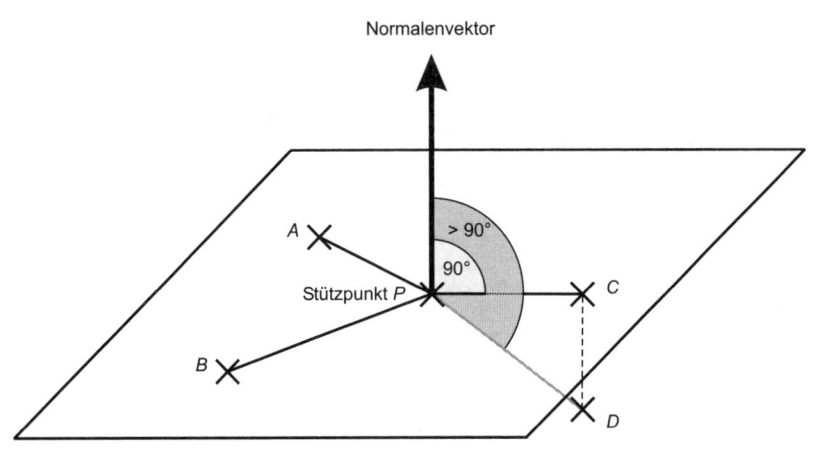

Abbildung 2.14 Wie man sich eine Ebene vorstellen kann: Die Punkte A, B und C liegen auf der Ebene. Punkt D liegt „unter" ihr, daher ist der Winkel zwischen dem Verbindungsvektor von D nach P und dem Normalenvektor nicht 90°.

2.2.5.3 Ebenen aus Vorgaben berechnen

Ich möchte nun einmal auf ein konkretes Beispiel eingehen, bei dem Ebenen gefragt sind. Man möchte testen, ob ein Strahl ein *Dreieck* schneidet. Da es einfacher ist, den Schnittpunkt zwischen einem Strahl und einer *Ebene* zu berechnen, erstellt man nun eine solche aus den Punkten des Dreiecks. Wenn der Strahl sie dann wirklich schneidet, kann man genauer testen.

Als Erstes benötigt man den *Normalenvektor*. Der Normalenvektor eines Dreiecks ist sehr leicht zu berechnen: Man bildet einen Verbindungsvektor von Punkt *A* zu Punkt *B* und von Punkt *A* zu Punkt *C*. Wie die Punkte dabei angeordnet sind, spielt keine Rolle – solange sie ein Dreieck und keine Linie bilden, denn sonst gäbe es unendlich viele Ebenen, die durch diese Punkte gingen. Nun bildet man ganz einfach das *normalisierte Kreuzprodukt* aus diesen Verbindungsvektoren, und fertig ist der Normalenvektor – dieser steht jetzt senkrecht auf dem Dreieck und damit auch senkrecht auf der Ebene, in der es sich befindet. Der Vektor hat außerdem die Länge 1. So sind *a*, *b* und *c* der gesuchten Ebenengleichung bereits bekannt.

Die Richtung des Normalenvektors hängt davon ab, ob das Dreieck im oder gegen den Uhrzeigersinn angegeben wurde. Üblicherweise werden die Punkte von Dreiecken *im* Uhrzeigersinn angegeben.

Um nun noch das fehlende *d* zu berechnen, knöpfen wir uns einen beliebigen der drei Punkte des Dreiecks vor. Für diesen setzen wir voraus, dass er auf der Ebene liegt, wie jeder andere Punkt des Dreiecks natürlich auch. Das heißt, dass er die Ebenengleichung erfüllen muss. Wir setzen seine Koordinaten ein und können die Gleichung nun sofort nach *d* auflösen.

Beispiel

Aus den Punkten $A(-5, -1, 7)$, $B(1, 2, 8)$ und $C(7, -1, 9)$ soll eine Ebene berechnet werden.
Schritt 1: Berechnen der zwei Verbindungsvektoren $\overrightarrow{AB}$ und $\overrightarrow{AC}$.

$$\overrightarrow{AB} = \vec{b} - \vec{a} = (1, \ 2, \ 8) - (-5, \ -1, \ 7) = (6, \ 3, \ 1)$$

$$\overrightarrow{AC} = \vec{c} - \vec{a} = (7, \ -4, \ 9) - (-5, \ -1, \ 7) = (12, \ -3, \ 2)$$

Schritt 2: Das Kreuzprodukt bilden und das Ergebnis normalisieren:

$$\vec{n} = \left\| \overrightarrow{AB} \times \overrightarrow{AC} \right\| \approx (0.164,\ 0,\ -0.986)$$

Schritt 3: Einsetzen von Punkt *B* (oder eines anderen Punkts) in die Ebenengleichung und Umformen der Gleichung nach *d*:

$$ax + by + cz + d = 0$$
$$(0.164 \cdot x_B) + (0 \cdot y_B) + (-0.986 \cdot z_B) + d = 0$$
$$0.164 - 7.888 + d = 0 \Leftrightarrow d = 7.724$$

Damit ist die Ebenengleichung fertig – wir kennen *a*, *b*, *c* und *d*. Es ist auch möglich, eine Ebene aus einem Normalenvektor und einem Positionsvektor (ein beliebiger Punkt auf der Ebene) zu erstellen; hier kann man den Normalenvektor direkt in *a*, *b* und *c* übernehmen und dann d so berechnen, wie oben gezeigt, denn *einen* Punkt auf der Ebene kennt man immer.

2.2.5.4 Die Klasse *tbPlane*

Plane ist das englische Wort für *Ebene*. Die TriBase-Engine besitzt eine Klasse namens tbPlane, welche uns die Arbeit mit Ebenen erleichtern wird. Sie besitzt vier Variablen (Fließkommazahlen) namens a, b, c und d und gleichzeitig noch eine tbVector3-Variable namens n (Normalenvektor), die sich aber mit a, b und c überlappt (union).

Auf ihre Konstruktoren müssen wir diesmal nicht so ausführlich eingehen – sie sind im Prinzip genauso wie die von tbVector3 oder tbMatrix. Es gibt wieder einen Kopierkonstruktor, dann einen „leeren" Konstruktor, einen, der vier float-Werte erwartet, und schließlich noch einen, der einen tbVector3-Wert (Normalenvektor) und einen float-Wert (*d*) erwartet.

Operatoren gibt es diesmal nicht, wie sollte man auch zwei Ebenen addieren? Auch eine Multiplikation mit einem Skalar hätte wenig Sinn und könnte im Notfall auch per Hand stattfinden. Springen wir deshalb gleich zu den Hilfsfunktionen.

Normalisieren einer Ebene

Wie kann eine Ebene normalisiert werden? Und wozu überhaupt? Nun, wie bereits vorher erwähnt, kann man, indem man einen Punkt in die Ebenengleichung einsetzt, herausfinden, wie weit dieser von der Ebene entfernt ist. Wenn nun die Länge des Normalenvektors gleich 1 ist, dann ist das Ergebnis der Ebenengleichung direkt die Entfernung zwischen Punkt und Ebene. Bei anderen Längen gilt dies nicht! Also kann es hilfreich sein, mit einer normalisierten Ebene zu arbeiten.

Doch wenn wir nun einfach nur den Normalenvektor durch seine Länge dividieren, dann würden wir die Ebene verändern. Die *d*-Variable muss nämlich ebenfalls durch die Vektorlänge dividiert werden. Genau dies tut die Funktion tbPlaneNormalize:

```
// Normalisieren einer Ebene
inline tbPlane tbPlaneNormalize(const tbPlane& p)
{
    // Normalenvektor und d durch die Normalenvektorlänge dividieren
    const float fLength = tbVector3Length(p.n);
    return tbPlane(p.n / fLength, p.d / fLength);
}
```

Listing 2.42 Eine Ebene wird normalisiert.

2.2 Einführung in die 3D-Grafik

Punkte in Ebenen einsetzen

Nun wollen wir die Funktionen `tbPlaneDotNormal` und `tbPlaneDotCoords` implementieren. `tbPlaneDotNormal` soll einfach nur das Punktprodukt aus einem Vektor und dem Normalenvektor einer Ebene berechnen. `tbPlaneDotCoords` soll einen Punkt in die Ebenengleichung einsetzen und das Ergebnis zurückliefern. Daran ist zum Glück gar nichts Kompliziertes:

```
// Punktprodukt aus Vektor und Normalenvektor einer Ebene
inline float tbPlaneDotNormal(const tbPlane& p,
                              const tbVector3& v)
{
    return p.a * v.x +
           p.b * v.y +
           p.c * v.z;
}

// Punkt in Ebenengleichung einsetzen
inline float tbPlaneDotCoords(const tbPlane& p,
                              const tbVector3& v)
{
    return p.a * v.x +
           p.b * v.y +
           p.c * v.z + p.d;
}
```

Listing 2.43 Zwei simple Hilfsfunktionen

Distanz zwischen Punkt und Ebene

Wie bereits besprochen, erhält man die Distanz eines Punkts zu einer Ebene, indem man ihn in die normalisierte Ebenengleichung einsetzt. Genau das tut die Funktion `tbPointPlaneDistance`. Das Vorzeichen der Distanz bleibt erhalten (positiv: *vor* der Ebene; negativ: *hinter* der Ebene):

```
// Minimale Entfernung zwischen Punkt und Ebene berechnen
inline float tbPointPlaneDistance(const tbVector3& vPoint,
                                  const tbPlane& Plane)
{
    // Die Ebene normalisieren und dann den Punkt einsetzen
    return tbPlaneDotCoords(tbPlaneNormalize(Plane), vPoint);
}
```

Listing 2.44 Die Funktion `tbPointPlaneDistance`

Ebenen erzeugen

Wenn eine Ebene aus einem Punkt und einem Normalenvektor erzeugt werden soll, können wir den Normalenvektor direkt schon kopieren. Nur noch *d* muss berechnet werden. Wie das geht, haben wir ja bereits besprochen. Die Funktion `tbPlaneFromPointNormal` erwartet einen Positionsvektor (Punkt) und einen Normalenvektor und liefert eine passende Ebene.

Eine Ebene aus drei Punkten zu erzeugen, ist einfach: Man nimmt einen der Punkte als Ausgangspunkt (den ersten) und berechnet das Kreuzprodukt aus den Verbindungsvektoren von diesem Punkt zu den beiden anderen. Dadurch erhalten wir den Normalenvektor und können auf die bereits fertige Funktion `tbPlaneFromPointNormal` zurückgreifen:

```
// Ebene aus Punkt und Normalenvektor erzeugen
inline tbPlane tbPlaneFromPointNormal(const tbVector3& p,
                                      const tbVector3& n)
{
    return tbPlane(n, -n.x * p.x - n.y * p.y - n.z * p.z);
}

// Ebene aus drei Punkten erzeugen
inline tbPlane tbPlaneFromPoints(const tbVector3& v1,
                                 const tbVector3& v2,
                                 const tbVector3& v3)
{
    return tbPlaneFromPointNormal(v1, tbVector3Cross(v3 - v2, v1 - v2));
}
```

Listing 2.45 Ebenen aus Vorgaben berechnen

Transformieren einer Ebene

Eine Ebene kann wie ein Vektor mit einer Matrix transformiert werden. Allerdings haben zum Beispiel Translationen, also Verschiebungen, manchmal bei Ebenen gar keine Wirkung. Beispielsweise kann eine Ebene, deren Normalenvektor (0, 1, 0) ist (nach oben), nicht auf der x- oder z-Achse verschoben werden, da ihre Ausdehnung dort eben unendlich groß ist.

Die Transformation einer Ebene funktioniert wie folgt:

$$\text{Transformationsmatrix } M = \begin{pmatrix} M_{11} & M_{12} & M_{13} & M_{14} \\ M_{21} & M_{22} & M_{23} & M_{24} \\ M_{31} & M_{32} & M_{33} & M_{34} \\ M_{41} & M_{42} & M_{43} & M_{44} \end{pmatrix}$$

Ebene: $ax + by + cz + d = 0$

Transformierte Ebene: $a'x + b'y + c'z + d' = 0$

$$a' = a \cdot M_{11} + b \cdot M_{21} + c \cdot M_{31}$$
$$b' = a \cdot M_{12} + b \cdot M_{22} + c \cdot M_{32}$$
$$c' = a \cdot M_{13} + b \cdot M_{23} + c \cdot M_{33}$$
$$d' = d - \left(a' \cdot M_{41} + b' \cdot M_{42} + c' \cdot M_{43}\right)$$

Genau so transformiert die Funktion tbPlaneTransform eine Ebene:

```
// Ebene mit einer Matrix transformieren
inline tbPlane tbPlaneTransform(const tbPlane& p,
                                const tbMatrix& m)
{
    const float a = p.a * m.m11 + p.b * m.m21 + p.c * m.m31;
    const float b = p.a * m.m12 + p.b * m.m22 + p.c * m.m32;
    const float c = p.a * m.m13 + p.b * m.m23 + p.c * m.m33;

    return tbPlane(a, b, c,
                   p.d - (a * m.m41 + b * m.m42 + c * m.m43));
}
```

Listing 2.46 Transformation einer Ebene durch eine 4x4-Matrix

2.2 Einführung in die 3D-Grafik

Übersicht der Hilfsfunktionen

Auch hier soll eine Übersichtstabelle nicht fehlen.

Tabelle 2.3 Die Hilfsfunktionen für die `tbPlane`-Klasse

Funktionsname	Ausgabetyp	Beschreibung
`tbPlaneNormalize`	`tbPlane`	Normalisiert die angegebene Ebene. Der Normalenvektor wird durch die Länge des Normalenvektors dividiert, ebenso die d-Variable.
`tbPlaneDotNormal`	`float`	Bildet das Punktprodukt aus dem Normalenvektor der im ersten Parameter angegebenen Ebene. Die Position der Ebene wird ignoriert.
`tbPlaneDotCoords`	`float`	Setzt den angegebenen Punkt in die Gleichung der Ebene ein und liefert das Ergebnis (zum Bestimmen der Lage oder Entfernung eines Punkts zu einer Ebene)
`tbPlaneFromPoints`	`tbPlane`	Erstellt eine Ebene aus drei Punkten (die nicht auf einer Linie liegen dürfen)
`tbPlaneFromPointNormal`	`tbPlane`	Erstellt eine Ebene aus einem Punkt, der Teil der Ebene sein soll, und einem Normalenvektor
`tbPointPlaneDistance`	`float`	Berechnet die minimale Distanz zwischen einem Punkt (1. Parameter) und einer Ebene (2. Parameter). Das Vorzeichen bleibt erhalten. Wenn Sie sicher sind, dass die Ebene normalisiert ist, verwenden Sie am besten `tbPlaneDotCoords`.
`tbPlaneTransform`	`tbPlane`	Diese Funktion erwartet eine Ebene und eine Matrix und liefert dann die transformierte Version dieser Ebene zurück.
`tbWritePlaneToLog`	–	Schreibt eine Ebene in die Logbuchdatei (a, b, c und d sowie die Länge des Normalenvektors)

Wir wollen kurz die Ebene, die wir weiter oben schon per Hand ausgerechnet haben, von der Engine erstellen und ausgeben lassen:

```
tbVector3 a(-5.0f, -1.0f, 7.0f);   // Punkt A
tbVector3 b(1.0f, 2.0f, 8.0f);     // Punkt B
tbVector3 c(7.0f, -4.0f, 9.0f);    // Punkt C

// Ebene aus den drei Punkten erstellen
tbPlane Plane(tbPlaneFromPoints(a, b, c));
tbWritePlaneToLog(Plane);
```

Listing 2.47 Berechnen einer Ebene durch drei Punkte mit der TriBase-Engine

2.2.6 Das RGB-Farbsystem

Das *RGB-Farbsystem* ist zwar nicht unbedingt spezifisch für 3D-Grafik – es wird auch in sehr vielen anderen Bereichen verwendet –, trotzdem ist es auf Grund seiner Einfachheit aus der 3D-Grafikprogrammierung so gut wie nicht wegzudenken.

2.2.6.1 8-Bit-Grafik ist Vergangenheit

Früher, als der von den Grafikkarten und vom System gebotene Speicherplatz noch recht begrenzt war, benutzte man 8-Bit-Farben, um Grafiken zu speichern. Das heißt, dass jeder Pixel genau 1 Byte an Speicher verbrauchte. Jedem der damit maximal 256 verschiedenen Werte wurde ein *Paletteneintrag* zugeordnet, welcher die Eigenschaften der Farbe bestimmte. Zum Beispiel konnte man der Farbe 0 Schwarz zuweisen oder der Farbe 237 ein helles Pink. Frühe 3D-Spiele wie *Duke Nukem 3D* oder *Tomb Raider* arbeiteten noch mit 8-Bit-Palettengrafik.

Einige Zeit später stieg man dann auf 16-Bit-Grafik um. Außer dass ein Pixel nun genau 1 Byte mehr Speicher benötigte, gab es aber noch einen weiteren, viel wichtigeren Unterschied: die interne Darstellung eines Pixels – also eine Zahl – basierte nun auf dem RGB-System!

Dabei wurden meistens 5 Bits für den *Rotanteil*, 6 Bits für den *Grünanteil* und 5 Bits für den *Blauanteil* einer Farbe auf die 16 Bits aufgeteilt. *RGB* steht für *Red, Green, Blue* – also *Rot, Grün* und *Blau*. Mit Hilfe dieser drei Grundfarben lässt sich nämlich jede vom menschlichen Auge wahrnehmbare Farbe zusammenmischen. Auch Fernseher und Computermonitore greifen darauf zurück. Schaut man sich deren Bildfläche einmal ganz genau an, so stellt man fest, dass jeder Bildpunkt aus drei sehr dicht nebeneinander liegenden „Farbklötzchen" in den Farben Rot, Grün und Blau besteht. Diese können einzeln mit Hilfe eines Elektronenstrahls angesteuert und unterschiedlich stark zum Leuchten angeregt werden, wodurch sich sehr viele Farben mischen lassen.

Das 16-Bit-Farbsystem brachte viele Vorteile mit sich: Man brauchte nun für eine Grafik keine Palette mehr zu speichern, und es gab keine Probleme mehr, wenn man zwei Grafiken mit jeweils verschiedenen Paletten gleichzeitig darstellen wollte (das endete meist in einer stark reduzierten Farbpalette, in die man versuchte, wenigstens halbwegs die Farben beider Paletten einzubringen). Einen Pixel kann man mit Hilfe von Bit-Shifting und bitweisen Und-Operatoren ganz leicht in seine Farbkomponenten zerlegen, und es sind maximal 65536 (= 2^{16}) Farben gleichzeitig darstellbar, ausreichend für die meisten Fälle.

Als der Speicher der Grafikkarten und der Hauptspeicher der Computer immer größer wurde, machte man einen weiteren Schritt: die 24-Bit-Grafik und später die 32-Bit-Grafik. Beide unterscheiden sich lediglich durch den Speicherbedarf – die Anzahl der darstellbaren Farben blieb gleich (mehr als 16.7 Millionen). Bei 32 Bits bleiben noch ganze 8 Bits für zusätzliche Farbinformationen wie zum Beispiel *Transparenz* (Durchsichtigkeit). Außerdem sind 32-Bit-Informationen besser (= *schneller*) für moderne Prozessoren ansprechbar. Für Rot, Grün und Blau sind in diesem Format ebenfalls 8 Bits reserviert.

Direct3D unterstützt für die Darstellung von 3D-Grafik schon seit einiger Zeit nur noch 16, 24 und 32 Bits pro Pixel: 8 Bits sind nur noch für Texturen erlaubt. Mittlerweile geht man sogar so weit, dass man Fließkommazahlen für die einzelnen Farbkomponenten verwendet und damit die Grenzen zwischen 0 und 1 verlassen kann.

2.2.6.2 Eine Farbe wird gemischt

Im 32-Bit-RGB-Farbsystem verwendet man DWORD-Werte (`unsigned long`), um eine Farbinformation zu speichern. Dabei sind diese 32 Bits wie folgt aufgeteilt:

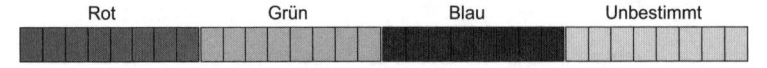

Abbildung 2.15 Aufteilung der 32 Bits im 32-Bit-RGB-Farbsystem

Die vier Komponenten betrachtet man jeweils als ein Byte – 0 ist also der Minimalwert und 255 der Maximalwert. Die Farbe (127, 0, 0) entspräche zum Beispiel einem *mitteldunklen Rot* oder (255, 0, 255) einem *Violett* (Rot und Blau gleich stark vertreten).

Weiterhin ist es auch möglich, jede Farbkomponente als eine Fließkommazahl, also einen `float`-Wert zu betrachten. Das ist vor allem dann vorteilhaft, wenn die Farben durch Rechenoperationen miteinander kombiniert werden, die Genauigkeit ist einfach höher. Ist dann der wirkliche Wert der Farbe erforderlich, so wandelt man die Fließkommazahlen wieder in Bytes um, wobei 0.0 der 0 entspricht und 1.0 der 255. Werte kleiner als 0.0 oder größer als 1.0 werden zu 0 beziehungsweise 255.

2.2.6.3 Die Klasse *tbColor*

In den Dateien TBCOLOR.CPP und TBCOLOR.H ist die TriBase-Klasse tbColor definiert. Man kann sie im Prinzip mit der Vektorklasse tbVector3 vergleichen. Die Klasse besitzt vier float-Variablen: r, g, b und a (Rot, Grün, Blau und *Alpha* – wird später für Transparenz verwendet) und definiert einige Operatoren.

Konstruktoren

Es gibt viele verschiedene Möglichkeiten, wie ein neues Farbobjekt erstellt werden kann:

```
// Konstruktor 1: keine Parameter
tbColor a();

// Konstruktor 2: eine Fließkommazahl. Rot, Grün und Blau bekommen diesen Wert,
// Alpha wird 1.
tbColor b(0.5f);    // b = tbColor(0.5f, 0.5f, 0.5f, 1.0f)

// Konstruktoren 3 und 4: drei bzw. vier float-Werte,
// welche die drei bzw. vier Farbkomponenten angeben (entweder mit oder ohne Alpha)
// Die Werte liegen normalerweise zwischen 0 und 1.
tbColor c(1.0f, 0.0f, 0.0f);         // Rot ohne Alpha (Alpha = 1)
tbColor d(0.0f, 1.0f, 0.0f, 0.5f);   // Halb transparentes Grün

// Konstruktoren 5 und 6: drei bzw. vier BYTE-Werte.
// Der erste Parameter sollte explizit als BYTE angegeben werden, damit die Konstruktoren
// von den float-Versionen unterschieden werden können. Die Werte reichen von 0 bis 255.
tbColor e((BYTE)(255), 0, 0);        // Rot ohne Alpha (Alpha = 255)
tbColor f((BYTE)(0), 255, 0, 128);   // Halb transparentes Grün

// Konstruktor 7: ein DWORD-Wert
tbColor g((DWORD)(0xFF00FF80));  // 0x80FF00FF: Halb transparentes Violett
                                 //    AARRGGBB
```

Listing 2.48 Die Konstruktoren der tbColor-Klasse

Operatoren

Auch mit Farben kann man rechnen! Addiert man zum Beispiel zwei Farben, so ist das Ergebnis die *additive Mischung* der beiden. Oder multipliziert man eine Farbe mit einem positiven Wert kleiner als 1, dunkelt man sie ab. Durch Multiplikation mit einem Wert größer als 1 wird sie aufgehellt, bis sie irgendwann Weiß erreicht. Hier ist kein erläuterndes Listing notwendig – alles ist genau wie bei den Vektoren.

Casting

Die tbColor-Klasse arbeitet intern mit vier float-Werten; das 32-Bit-RGB-Farbsystem erfordert aber 32 Bits für die gesamte Farbe und nicht 32 Bits für eine einzelne Farbkomponente (*ein* float-Wert alleine ist aber schon 32 Bits groß). Das folgende kurze Listing zeigt, wie Sie eine Farbe ganz leicht in einen DWORD-Wert verwandeln können, welcher dem 32-Bit-Farbsystem gerecht wird (und umgekehrt):

```
tbColor Red(1.0f, 0.0f, 0.0f);

DWORD dwRed = (DWORD)(Red);     // Hin (Casting verwenden)
Red         = tbColor(dwRed);   // Zurück (Konstruktor verwenden)
```

Listing 2.49 Umwandlung von `tbColor` nach DWORD und wieder zurück

Hilfsfunktionen

Abgesehen von Funktionen wie Minimum (`tbColorMin`), Maximum (`tbColorMax`) und Interpolation (`tbColorInterpolate`), die Sie schon von `tbVector3` kennen, gibt es hier noch eine Funktion zum Berechnen des Negativs einer Farbe (`tbColorNegate`) und eine zur Berechnung der Helligkeit (`tbColorBrightness`) zwischen 0 und 1. Das Negativ berechnet man, indem man jede Farbkomponente der Originalfarbe von 1 abzieht. Bei der Helligkeitsberechnung trägt der Rotanteil der Farbe zu 30% zur Helligkeit bei, Grün zu 60% und Blau zu 10%.

Außerdem sieht die Funktion `tbColorRandom`, die eine Zufallsfarbe erzeugt, ein wenig anders aus als `tbVector3Random`. Sie erwartet nämlich noch einen `float`-Parameter, welcher die Alphakomponente der Zufallsfarbe bestimmt. Geben Sie einen negativen Wert an, um auch den Alphawert per Zufall generieren zu lassen.

2.2.7 Rückblick

In diesem Abschnitt gab es wirklich sehr viel zu lernen! Damit Sie nicht den Überblick verlieren, hier eine kleine Zusammenfassung:

- In der 3D-Grafik verpasst man dem *zweidimensionalen kartesischen Koordinatensystem* eine dritte Achse: die *z*-Achse, die senkrecht auf der *x*- und *y*-Achse steht und in die Tiefe zeigt. Ein Punkt wird damit durch drei Koordinaten (*x*, *y*, *z*) beschrieben.
- *Vektoren* bestehen in der 3D-Grafik aus drei Komponenten: *x*, *y* und *z*. Ein Vektor kann entweder eine Position (*Positionsvektor*) oder eine Richtung (*Richtungsvektor*) beschreiben. Richtungsvektoren haben eine Länge, die sich mit dem Satz des Pythagoras berechnen lässt. Bei einem Bewegungsvektor ist die Länge gleich der Geschwindigkeit. Ein *normalisierter* Vektor (der zum Beispiel für *pure* Richtungsangaben einer Bewegung *ohne* jegliche Aussage über die Geschwindigkeit verwendet wird) hat immer die Länge 1. Die TriBase-Engine stellt für die Arbeit mit zwei- und dreidimensionalen Vektoren zwei Klassen namens `tbVector2` und `tbVector3` zur Verfügung.
- Dreidimensionale Objekte bestehen aus einer Ansammlung von Scheitelpunkten, die neben einem zum Objektmittelpunkt relativen Positionsvektor noch andere Angaben wie Farben besitzen. Diese werden durch Dreiecke miteinander verbunden und bilden so eine Oberfläche. Mit Hilfe der Projektion lässt sich einer dreidimensionalen Position ein Punkt auf der zweidimensionalen Bildschirmoberfläche zuordnen.
- *Matrizen* können verwendet werden, um Vektoren (und damit 3D-Objekte) zu *transformieren*. Transformieren bedeutet Skalierung, Rotation, Translation (Verschiebung), Kameratransformation (Simulation einer Kamera mit Position und Blickrichtung) und Projektion. Eine Matrix wird durch die Klasse `tbMatrix` repräsentiert.
- *Ebenen* sind Gebilde, die sich auf zwei Achsen im dreidimensionalen Raum unendlich weit erstrecken. Die Ebenengleichung beschreibt diejenigen Punkte, die auf einer Ebene liegen. Viele komplizierte Berechnungen lassen sich mit der Hilfe von Ebenen vereinfachen und beschleunigen.
- In der 3D-Grafik verwendet man 16- oder 32-Bit-Grafik und das RGB-Farbsystem, bei dem eine Farbe durch drei Farbkomponenten zusammengemischt wird: Rot, Grün und

Blau. Auch für eine vierte Komponente ist noch Platz, der üblicherweise für die Transparenz einer Farbe verwendet wird. Die Klasse für eine Farbe heißt `tbColor`.

2.2.8 Übungsaufgaben

1. 5000 Zufallsvektoren mit zufälliger Länge zwischen 0 und 10 sollen addiert werden. Die Summe wird durch 5000 dividiert. Dadurch lässt sich der Mittelwert (Vektor) berechnen, der ungefähr den Nullvektor (0, 0, 0) ergeben sollte. Schreiben Sie ein Programm, das dies erledigt und den Mittelwert in die Logbuchdatei schreibt.
   Tipp: Verwenden Sie `tbVector3Random` und `tbFloatRandom`!
2. Schreiben Sie ein Programm, das eine Matrix und beliebig viele Vektoren aus einer Textdatei EINGABE.TXT einliest. Nach dem Einlesen sollen alle Vektoren mit der Matrix transformiert werden (sie sollen als Positionsvektoren betrachtet werden). Die transformierten Vektoren sollen in eine weitere Textdatei namens AUSGABE.TXT geschrieben werden. Schaffen Sie die Transformation auch ohne `tbVector3TransformCoords`?
3. Es sind 5000 beliebige Positionsvektoren zu erzeugen. Dann wird eine Ebene generiert, die durch drei zufällig (aus den 5000) ausgewählte Punkte läuft. Es soll gezählt werden, wie viele der 5000 Punkte sich *vor* und wie viele sich *hinter* der Ebene befinden. Punkte, die genau auf der Ebene liegen (mindestens die drei ausgewählten), sind ebenfalls zu zählen.
   Tipp: Verwenden Sie `tbPlaneFromPoints` und `tbPlaneDotCoords` (Vorder- oder Rückseite?)

2.3 Direct3D-Grundlagen

Sie werden jetzt die wichtigsten Prinzipien von Direct3D kennen lernen, mit denen wir es später immer wieder zu tun bekommen werden. Lesen Sie diesen Abschnitt also sehr aufmerksam! Es wird auch vorausgesetzt, dass Sie den vorherigen Abschnitt – insbesondere den Teil über Vektoren und Matrizen – verstanden haben.

2.3.1 Was ist Direct3D?

Direct3D ist die Komponente von DirectX, die sich ausschließlich der Darstellung dreidimensionaler Grafik widmet. Direct3D ist der Vermittler zwischen unserem Programm und dem Treiber der 3D-Grafikkarte – es nimmt unsere Befehle an, verarbeitet sie und leitet sie weiter. Grob gesehen gibt man Direct3D ein paar Vektoren, Farben, Matrizen, Texturen, Lichter und so weiter, und das alles wird dann so zusammengesetzt, dass ein Bild dabei herauskommt.

Direct3D ist nicht auf irgendeine spezielle Gattung von Grafikkarten beschränkt, sondern jede Karte, die entsprechende Treiber liefert, kann angesprochen werden. Die Aufgabe der Treiberprogrammierung wurde hier vom Programmierer zu den Herstellern der Hardware verschoben – denn wer wäre besser dafür geeignet? Früher mussten verschiedene Grafikkarten jeweils unterschiedlich von den Programmierern selbst angesprochen werden. Direct3D liefert hingegen einen *einheitlichen Befehlssatz*, der bei jeder Hardware das Gleiche bewirkt (jedenfalls in der Theorie, in der Praxis wird das oft durch die verschiedenen Fähigkeiten der Grafikkarten verhindert). Dadurch wird dem Programmierer die Arbeit erleichtert, und dieser kann sich mehr auf die wesentlichen Dinge des Spiels konzentrieren, statt sich mit Fragen wie *„Die neue GeForce-Karte ist mit meinem Spiel nicht kompatibel – wie programmiere ich nun dafür einen Treiber?"* herumzuschlagen.

2.3.2 Die Transformationspipeline

Die Transformation von 3D-Objekten und Vektoren müssen wir nicht selber mit Funktionen wie tbVector3TransformCoords vornehmen – Direct3D beziehungsweise die Grafikkarte, falls die *hardwarebeschleunigte Transformation* zu ihren Fähigkeiten zählt, erledigt das für uns. Dabei gibt es drei frei definierbare Transformationsmatrizen, die zu Beginn alle auf die Identitätsmatrix gesetzt sind und beim Zeichnen hintereinander auf alle Vektoren angewandt werden (die Vektoren werden durch die *Transformationspipeline,* ein „Rohr voller Matrizen", geschleust). 3D-Vektoren betreten die Pipeline, während fertig transformierte Bildschirmkoordinaten (mit Tiefe) herauskommen, die dann nur noch einzeln als Punkte oder in Linien- oder Dreiecksverbindungen gezeichnet werden müssen.

Schritt 1: Die Welttransformation

Die Welttransformation wird durch die *Weltmatrix* durchgeführt. Sie sorgt dafür, dass 3D-Objekte verschoben, rotiert oder skaliert werden. Kameratransformation oder Projektion gibt es hier noch nicht. Natürlich ist auch die Identitätsmatrix eine gültige Weltmatrix – es passiert dann eben nichts.

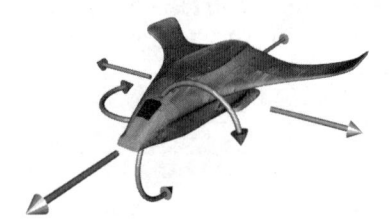

Abbildung 2.16 Die Welttransformation ist die erste Station in der Transformationspipeline. Verschiebungen, Rotationen und Skalierungen werden hier vorgenommen.

Schritt 2: Die Sichttransformation

Hier kommt die Kamera ins Spiel – falls es denn eine geben soll. Auch hier kann die Identitätsmatrix gesetzt werden, wenn keine Kamera benötigt wird. Die Vektoren, die durch diesen Schritt in der Transformationspipeline erzeugt werden, sind bereits *relativ zum Beobachter*. Die Matrix dieser Transformationsstufe nennt man *Sichtmatrix*.

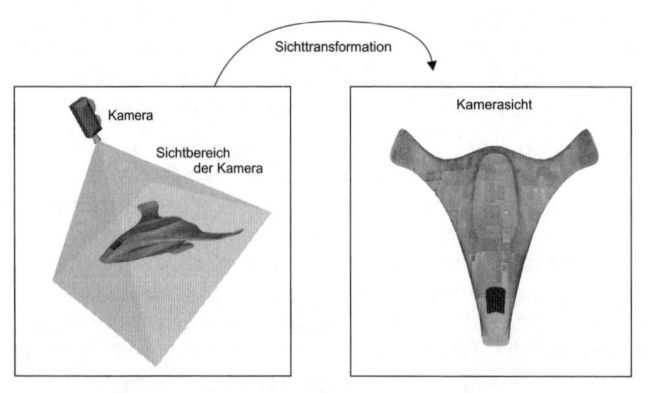

Abbildung 2.17 Die Sichttransformation verwandelt absolute Positionsangaben in Koordinaten relativ zum Beobachter (eine virtuelle Kamera).

2.3 Direct3D-Grundlagen

Schritt 3: Die Projektion

Die Projektionsmatrix sorgt für den 3D-Effekt (*je weiter weg, desto kleiner*). Setzt man hier die Identitätsmatrix, ist es auch ganz leicht möglich, 2D-Grafik zu erzeugen. Die durch die Projektion erzeugten Vektoren stellen die endgültige Position auf dem Bildschirm dar (der Punkt (0, 0) ist dabei der Bildschirmmittelpunkt).

Schritt 4: Clipping

Nach der Projektion werden alle Dreiecke *geclippt*. Das bedeutet, dass sie abgeschnitten werden, wenn sie ganz oder teilweise außerhalb des Sichtbereichs des Beobachters liegen (zum Beispiel vor der nahen oder hinter der fernen Clipping-Ebene oder aber außerhalb das Blickfelds). Nur Vektoren, deren x- und y-Komponenten im Bereich [–1; 1] liegen und deren z-Komponenten zwischen der nahen und fernen Clipping-Ebenen liegen, sind sichtbar. Streng genommen gibt es sogar *sechs* Clipping-Ebenen: die nahe, die ferne und *vier*, die exakt entlang des Sichtbereichs des Beobachters nach links, rechts, oben und unten in die Tiefe ausgerichtet sind.

Und weiter geht's zum Rasterizer

Nun liegen nur noch Dreiecke vor, die völlig im Sichtbereich sind (solche, die teilweise außerhalb lagen, wurden abgeschnitten) und die nun weiter an den *Rasterizer* geleitet werden.

2.3.3 Der Rasterizer

Der Rasterizer stellt den Kern von Direct3D dar, denn er sorgt letztendlich dafür, dass wir etwas von der 3D-Grafik auf dem Bildschirm sehen können. Während es früher noch Rasterizer gab, die in Software implementiert waren (der Hauptprozessor übernahm die Rechenarbeit), geht heute so gut wie nichts mehr ohne Hardware – also 3D-Grafikkarte. Alles wird also von der Karte selbst durchgeführt – und das mit entsprechend hoher Geschwindigkeit. Hardwarebeschleunigung ermöglicht auch, dass das Spiel beispielsweise schon einmal die Berechnungen (Objekte bewegen, Kollisionen erkennen und so weiter) für das nächste Bild durchführen kann, während die Hardware im Hintergrund am aktuellen Bild arbeitet, also eine gewisse *Parallelität*, wobei die Aufgaben auf Hardware und Software aufgeteilt werden.

2.3.3.1 Die Aufgabe des Rasterizers

Der Rasterizer teilt die Vektoren der zu zeichnenden Punkte, Linien und Dreiecke in das *Bildschirmraster* ein. Jedem Vektor wird also eine zweidimensionale Pixelkoordinate zugeordnet. Bei einer Auflösung von 800 x 600 Pixeln und einem Vektor von (0, 0) wäre das der Pixel an der Stelle (400, 300) – exakt die Mitte. Dabei ist natürlich klar, dass bei höheren Auflösungen die Vektoren exakter in das Raster eingeteilt werden können.

Nachdem die endgültigen Bildschirmkoordinaten feststehen, beschäftigt sich der Rasterizer mit dem Zeichnen der Primitiven (Punkte, Linien oder Dreiecke). Dreiecke werden beispielsweise Zeile für Zeile von oben nach unten abgetastet und zeilenweise gezeichnet. Dabei werden z-Koordinaten, Farben und sonstige Daten der Scheitelpunkte, aus denen das Dreieck gebildet wird, *interpoliert* (ein Übergang wird erzeugt).

2.3.3.2 Render-States

Wie schon im ersten Kapitel gesagt, nennt man den gesamten Vorgang der zur Darstellung von 3D-Grafik nötig ist – also vor allem das Zeichnen von Primitiven – *Rendern*. Nun gibt es sehr viele Möglichkeiten, wie das geschehen kann. So könnte man ein Dreieck zum Beispiel in dichten Nebel einhüllen, nur einen bestimmten Farbkanal darstellen, nur die Umrisse zeichnen und so weiter. Die Art und Weise, wie Direct3D die Primitiven rendern soll, wird mit den so genannten *Render-States* festgelegt, von denen es sehr viele gibt. Beispielsweise existiert ein Render-State, welches das Füllverhalten kontrolliert: Sollen Dreiecke gefüllt werden, oder sollen nur ihre Umrisse oder gar nur die Eckpunkte sichtbar sein?

Jedem Render-State kann man einen bestimmten Wert zuweisen (bei vielen ist das einfach nur TRUE oder FALSE – je nachdem, ob das gewünschte Feature aktiviert sein soll oder nicht). Ein Beispiel: Wird das Render-State D3DRS_FILLMODE auf D3DFILL_WIREFRAME gestellt, zeichnet Direct3D nur die Umrisse der Dreiecke – füllt sie also nicht aus. Alle Render-States beginnen mit „D3DRS_", und was sich dahinter verbirgt, ist nichts weiter als eine einfache Konstante.

Zu Beginn haben alle Render-States fest definierte Standardwerte.

2.3.4 Die wichtigsten Schnittstellen

Direct3D stützt sich auf eine breite Palette verschiedener Schnittstellen. Die beiden wichtigsten davon werden jetzt vorgestellt: IDirect3D9 und IDirect3DDevice9. Beide sind – wie alle COM-Schnittstellen – abgeleitet von IUnknown und verfügen damit über die Methoden AddRef, Release und QueryInterface, wobei letztere bei diesen Schnittstellen eigentlich nie gebraucht wird.

2.3.4.1 Die Schnittstelle *IDirect3D9*

IDirect3D9 ist sozusagen die *Verwaltungsschnittstelle* von Direct3D. Wurde sie einmal durch einen simplen Funktionsaufruf erzeugt, dient sie dann der Auflistung aller auf dem System verfügbarer *Adapter*. Unter einem Adapter versteht Direct3D ein Gerät, welches zur Ausgabe von 3D-Grafik fähig ist, also zum Beispiel eine 3D-Karte oder einen OnBoard-3D-Chip. Des Weiteren liefert die Schnittstelle Informationen über die Adapter wie beispielsweise die unterstützten Videomodi, die Fähigkeiten und natürlich den Namen des Geräts, die Treiberversion und so weiter.

2.3.4.2 Die Schnittstelle *IDirect3DDevice9*

Die Schnittstelle IDirect3DDevice9 repräsentiert einen einzelnen Direct3D-Adapter. Sie wird mit Hilfe einer Methode der IDirect3D9-Schnittstelle erzeugt. Sie ist die Schnittstelle, der wir letztendlich die Befehle zum Zeichnen von 3D-Objekten erteilen – also ist sie die Anlaufstelle für nahezu *alles*. Der richtige Umgang mit ihr ist sehr wichtig. Wir nennen sie auch *Geräteschnittstelle*.

2.3.5 Ressourcen

Direct3D hat ein einzigartiges Ressourcensystem. Unter einer Ressource versteht man im Prinzip nur einen Speicherbereich, der verschiedenen Zwecken dienen kann: Man kann darin Bilder, 3D-Geometrie (Objekte, Welten) oder andere Dinge speichern, auf welche die Grafikkarte beim Zeichnen sehr schnellen Zugriff benötigt. Legt man sie im Systemspeicher ab,

2.3 Direct3D-Grundlagen

müssen sie vor der Verwendung jedes Mal zur Karte geschickt werden, was natürlich Zeit braucht.

Moderne Grafikkarten besitzen 128 MB oder mehr Eigenspeicher, der ziemlich schnell und auch teuer ist. Direct3D bietet die Möglichkeit, Ressourcen direkt in diesem Speicher anzulegen, wodurch sie von der Grafikkarte viel schneller geladen werden können. Natürlich kann dann die Anwendung nicht mehr so schnell auf sie zugreifen – aber die meisten Ressourcen werden sowieso nur zu Beginn der Anwendung *einmal* verändert (Daten werden hineingeladen) und danach nie wieder. Es gibt natürlich Ausnahmen, das ist dann ein Fall für *dynamische* Ressourcen. Sie sind für beidseitigen schnellen Zugriff (Grafikkarte *und* Anwendung) ausgelegt. Leider bieten nicht alle Geräte diese Möglichkeit.

Wird eine Ressource außerhalb des gewöhnlichen Systemspeichers abgelegt, fertigt Direct3D bei Bedarf eine Kopie davon im Systemspeicher an, die von der Anwendung verändert werden kann. Die Anwendung fordert dann einen Zeiger auf diesen Speicherbereich an (die Ressource wird *gesperrt*) und teilt Direct3D mit, welche Datenbereiche verändert wurden. Sind alle Veränderungen abgeschlossen, werden die geänderten Teile auf einmal zur Grafikkarte transportiert, und die Ressource ist wieder auf dem neuesten Stand. Ein großer Datentransfer ist schneller als viele kleine. Das Verändern von Ressourcen kostet generell viel Performance, da man die parallel arbeitende Hardware zum Warten zwingt, bis die Veränderungen abgeschlossen sind.

2.3.6 Oberflächen

Wer schon mit früheren DirectX-Versionen gearbeitet hat, wird sich bestimmt noch an *DirectDraw* – die 2D-Grafikkomponente von DirectX – und den Begriff der *Oberfläche* erinnern. Entgegen der Meinung vieler Programmierer, die auf neuere Versionen umgestiegen sind, existieren solche Oberflächen in DirectX *immer noch* – sie gehören nun aber zu Direct3D.

Eine Oberfläche ist ein Speicherbereich, der ein zweidimensionales Bild beliebiger Größe darstellt. Oberflächen gehören zu den Direct3D-Ressourcen, was uns erlaubt, sie – falls nötig – im Speicher der Grafikkarte unterzubringen.

Oberflächen werden durch die Schnittstelle `IDirect3DSurface9` vertreten.

2.3.6.1 Zweck von Oberflächen

Einzelne Oberflächen werden recht selten erstellt – meistens sind sie Teil von Texturen. Eine Textur ist ein Bild mit verschiedenen Detailstufen (wovon jede in Form einer Oberfläche existiert), welches sich über 3D-Primitiven legen lässt, um den Eindruck bestimmter Oberflächenbeschaffenheiten wie Holz, Metall oder Haut zu erwecken.

2.3.6.2 Oberflächenformate

Wie viele Bits oder Bytes ein Bildpunkt einer Oberfläche an Speicher benötigt und wie diese Daten letztendlich zu einer Farbinformation zusammenzusetzen sind, bestimmt das *Oberflächenformat*. Direct3D definiert für die verschiedenen Formate eine enum-Aufzählung namens `D3DFORMAT` mit recht vielen Einträgen. Es ist wichtig zu wissen, dass nicht jede Grafikkarte alle Formate unterstützt und manche vielleicht auch nur für bestimmte Zwecke (zum Beispiel nur als Textur und nicht als Bildpuffer). Was im Bereich des Möglichen liegt, findet man ebenfalls mit der Schnittstelle `IDirect3D9` heraus, was wir später genau besprechen werden.

Tabelle 2.4 Die wichtigsten Oberflächenformate

Formatbezeichner	Beschreibung
D3DFMT_R8G8B8	24-Bit-RGB-Format: 8 Bits für jede Farbkomponente
D3DFMT_A8R8G8B8	8 Bits für Alpha und 8 Bits für jede Farbkomponente
D3DFMT_X8R8G8B8	8 Bits unbenutzt und 8 Bits für jede Farbkomponente
D3DFMT_R5G6B5	16-Bit-RGB-Format: 5 Bits für Rot und Blau, 6 Bits für Grün
D3DFMT_A1R5G5B5	1 Bit für Alpha und jeweils 5 Bits für die Farbkomponenten
D3DFMT_X1R5G5B5	1 Bit unbenutzt und 5 Bits für jede Farbkomponente
D3DFMT_A4R4G4B4	Jeweils 4 Bits für Alpha, Rot, Grün und Blau
D3DFMT_A2R10G10B10	2 Bits für Alpha und jeweils 10 Bits für jede Farbkomponente
D3DFMT_R3G3B2	8-Bit-RGB-Format für Texturen – 3 Bits für Rot/Grün, 2 Bits für Blau
D3DFMT_A16B16G16R16	Neu in DirectX 9: ein 64-Bit-Oberflächenformat
D3DFMT_A32R32G32B32F	Ebenfalls neu: 32 Bits pro Komponente als float-Werte

Die Werte für die Farbkomponenten liegen im Speicher in der Reihenfolge vor, in der sie im Formatbezeichner genannt werden. Bei D3DFMT_R8G8B8 kommen also als Erstes 8 Bits für Rot, gefolgt von 8 Bits für Grün und 8 Bits für Blau. Das ist wichtig zu wissen, wenn man direkt auf Oberflächen zeichnen möchte, indem man ihren Speicherbereich manipuliert.

2.3.6.3 Der Bildpuffer (Back-Buffer)

Wenn eine 3D-Szene gezeichnet wird, passiert das Schritt für Schritt, Dreieck für Dreieck, nicht alles wird auf einmal gezeichnet. Doch wie kommt es dann, dass man auf dem Bildschirm von diesem Aufbau nichts mitbekommt? Geht das wirklich so schnell, dass man nicht das geringste Flackern bemerkt, oder gibt es da einen Trick?

> Man zeichnet nicht direkt „auf den Bildschirm" – also nicht direkt in den sichtbaren Videospeicher der Grafikkarte, welchen sie zum Monitor schickt, sondern in einen abgeschotteten, für den Benutzer unsichtbaren Speicherbereich. Dieser Speicherbereich nennt sich Back-Buffer oder Bildpuffer und befindet sich im Speicher der Grafikkarte, damit Zugriff auf ihn schneller erfolgen kann.

Der Bildpuffer ist eine typische Direct3D-Oberfläche, das heißt, dass er auch gesperrt werden kann, um direkten Zeichenzugriff für 2D-Grafik zu erhalten (wie man das von DirectDraw-Oberflächen gewohnt war).

Zu Beginn des Zeichenvorgangs wird der Bildpuffer auf eine frei definierbare Farbe gesetzt – entweder der ganze Puffer oder nur rechteckige Teilbereiche. In einem Weltraumspiel würde man wohl am ehesten Schwarz verwenden. Alle danach folgenden Zeichenbefehle schreiben dann in den Bildpuffer und bauen allmählich das komplette Bild auf. In Direct3D gibt es sogar die Möglichkeit, die Ausgabeoberfläche frei festzulegen, um beispielsweise auf eine Textur oder eine andere Oberfläche zu rendern.

Am Ende der Szene wird der Bildpuffer sichtbar gemacht. Läuft die Anwendung in einem Fenster, wird er dort hinein kopiert und auf die Fenstergröße angepasst (das Bild wird gestaucht oder gestreckt, falls der Bildpuffer nicht die Größe des Fensters hat). Der Bildpuffer muss im Fenstermodus dem Format des aktuellen Videomodus angepasst sein (Ausnahmen gibt es nur, wenn die Hardware eine automatische Farbkonvertierung unterstützt). Läuft das System zum Beispiel gerade auf 16-Bit-R5G6B5-Grafik, sollte der Bildpuffer ebenfalls dieses Format haben. Im Vollbildmodus können wir selbst das Bildpufferformat bestimmen, der Videomodus wird dann automatisch angepasst.

2.3 Direct3D-Grundlagen

Vertikale Strahlsynchronisation

Wie Sie vielleicht wissen, baut ein Monitor sein Bild mit Hilfe von Elektronenstrahlen auf, welche die Mattscheibe in verschiedenen Farben zum Leuchten anregen, während sie sie von oben nach unten zeilenweise abtasten. Die *Bildwiederholfrequenz* bestimmt, wie oft das Bild pro Sekunde neu aufgebaut wird. Je niedriger die Frequenz, desto stärker „flimmert" das Bild. Bei 120 Hz – wo man kein Flimmern mehr wahrnimmt – sind es genau 120 Mal pro Sekunde.

Nun stellen Sie sich folgende Situation vor: Eine 3D-Szene wurde gerade fertig gerendert und wartet nun im Bildpuffer darauf, sichtbar gemacht zu werden (durch Kopieren in den sichtbaren Videospeicher). Nun beginnt der PC mit dem Kopiervorgang, wenn der Bildschirm sein Bild gerade erst bis zur Mitte aufgebaut hat. Das Bild ist nun so schnell kopiert, dass es praktisch den Bildschirm *überholt* hat, und die obere Hälfte zeigt noch das alte Bild, während die untere bereits das neue Bild, welches frisch aus dem Bildpuffer kommt, zeigt. Fand zwischen diesen beiden Bildern eine signifikante Bewegung statt, wird das Bild „abgehackt" erscheinen – ein unschöner Effekt, den man vermeiden sollte. Fällt Ihnen eine Lösung ein?

> Man wartet mit dem Kopieren bis zum *vertikalen Strahlrücklauf*. Das ist der Moment, in dem der Bildschirm das aktuelle Bild gerade fertig aufgebaut hat und der Elektronenstrahl von unten nach oben in die gegenüberliegende Ecke zurückgefahren wird (der Strahl wird mit Hilfe zweier Elektromagneten durch die *Lorentz-Kraft* vertikal und horizontal abgelenkt). Da das einige Zeit in Anspruch nimmt, kann das Bild währenddessen sicher in den sichtbaren Videospeicher transferiert werden. Vor dem Rücklauf sendet der Monitor ein Signal an die Grafikkarte. Diese Technik nennt man *vertikale Strahlsynchronisation*.

2.3.6.4 Der Z- und der Stencil-Buffer

Kommen wir nun zu zwei weiteren wichtigen Oberflächen: dem *Z-Buffer* und dem *Stencil-Buffer*. In Wirklichkeit handelt es sich zwar um eine einzige Oberfläche, aber es ist einfacher, sie sich getrennt vorzustellen.

Der Z-Buffer

Stellen Sie sich eine 3D-Szene mit sehr vielen herumschwirrenden Objekten vor. Manche sind weit vom Beobachter entfernt, manche nicht. Nun soll die Szene gezeichnet werden, doch da taucht ein Problem auf: Wie erreicht man es, dass nahe Objekte *vor* fernen Objekten erscheinen, sie also verdecken? Am einfachsten scheint es zunächst, die Objekte nach ihrer Entfernung zu sortieren und sie dann von hinten nach vorne zu zeichnen, so dass die vorderen die hinteren Objekte überdecken. An sich ein guter Ansatz – aber was, wenn sich zwei Objekte überschneiden? *„Man sortiert dann nicht mehr die Objekte, sondern die Dreiecke, aus denen sie bestehen!"* könnte man argumentieren. Was passiert jedoch, wenn sich nun auch noch zwei Dreiecke schneiden? Sollte man sie dann entlang ihrer Schnittlinie in kleinere Teildreiecke aufteilen?

Das läge natürlich im Bereich des Möglichen, und wenn man Lust hat, auf jedes Bild eine oder zwei Sekunden zu warten, kann man es auch so machen.

> Es ist hier nötig, eine Ebene tiefer zu gehen: nicht die Dreiecke sortieren, sondern die *Pixel*! Man darf nicht vergessen, dass auch nach der Projektion noch eine Tiefe vorhanden ist. Es wird ein neuer Speicherbereich angelegt, der die Tiefe jedes Pixels speichert, sein Name: *Z-Buffer*.
>
> Nun wird nicht mehr jeder Pixel „bedenkenlos" gezeichnet, sondern man vergleicht erst seine Tiefe mit dem Wert aus dem Z-Buffer an den Koordinaten des Pixels, also mit der Tiefe eines eventuell vorher schon an dieser Stelle geschriebenen Pixels. Wenn die Tiefe des neuen Pixels kleiner (oder gleich) ist als die bereits gespeicherte, dann bedeutet das, dass der Pixel

näher am Beobachter ist und damit Vorrang hat. Seine Tiefe wird nun im Z-Buffer gespeichert. Liegt er jedoch tiefer als der bereits gespeicherte Pixel, kann er gar nicht sichtbar sein und wird daher verworfen, also nicht gezeichnet.

Zu Beginn der Szene setzt man den gesamten Z-Buffer auf den Maximalwert, so dass die ersten ankommenden Pixel immer sichtbar sind (es sei denn, sie liegen hinter der hinteren Clipping-Ebene) und dann langsam die *z*-Grenze herabsetzen.

Obwohl der Z-Buffer keine Farben sondern Zahlen im Bereich von 0 bis 1 speichert (0: minimale Entfernung; 1: maximale Entfernung), ist er trotzdem eine *Oberfläche*. Es gibt verschiedene Oberflächenformate für Z-Buffer. Dabei gilt: Je mehr Bits, desto höher ist die Genauigkeit. Z-Buffer können für gewöhnlich *nicht* gesperrt werden. Es gibt zwar eine Ausnahme, jedoch ist sie unmittelbar mit einem Performanceverlust verbunden.

Tabelle 2.5 Z-Buffer-Oberflächenformate

Formatbezeichner	Beschreibung
D3DFMT_D32	32-Bit-Z-Buffer-Format
D3DFMT_D24X8	32-Bit-Z-Buffer-Format, wobei aber nur 24 Bits als Z-Buffer verwendet werden (die restlichen 8 Bits bleiben unbenutzt)
D3DFMT_D16	16-Bit-Z-Buffer-Format
D3DFMT_D16_LOCKABLE	16-Bit-Z-Buffer, der gesperrt werden kann (direkter Zugriff durch die Anwendung), langsamer und nicht von jeder Hardware unterstützt
D3DFMT_D32F_LOCKABLE	Neu in DirectX 9: 32 Bits pro Pixel, aber als Fließkommazahl. Dieses Format ist – wie D3DFMT_D16_LOCKABLE – sperrbar.

Das Verhalten des Z-Buffers wird unter anderem durch die *Vergleichsfunktion* bestimmt. Sie legt fest, wann ein Pixel sichtbar sein soll und wann nicht. Normalerweise verwendet man die Vergleichsfunktion *kleiner oder gleich*, so dass die Objekte in der korrekten Reihenfolge von vorne nach hinten erscheinen, denn nur Pixel, deren Tiefe kleiner oder gleich der des bereits im Z-Buffer vorhandenen ist, werden gezeichnet (und ihre Tiefe wird zum neuen Z-Buffer-Wert dieses Pixels).

Leider ist die Genauigkeit im Z-Buffer nicht überall gleich groß. In kurzen Entfernungen ist die Genauigkeit sehr hoch, meistens *zu* hoch, so dass weiter entfernte Objekte oft nur fehlerhaft dargestellt werden können. Es hilft, in der Projektionsmatrix möglichst *große* Werte für die *nahe* Clipping-Ebene und möglichst *kleine* für die *ferne* Clipping-Ebene zu verwenden, wobei die Veränderung der nahen Ebene die größten Auswirkungen hat. Allgemein sollte der Bereich zwischen den beiden Ebenen so klein wie möglich gehalten werden, denn wenn beispielsweise ein 16-Bit-Z-Buffer (in dem die Tiefe nur einen von $2^{16} = 65536$ Werte annehmen kann) auf 100 Einheiten Tiefe verteilt wird, ist er natürlich *genauer*, als wenn er auf 1000 Einheiten aufgeteilt werden muss. Setzt man die nahe Clipping-Ebene beispielsweise auf 5 Einheiten, dann ist ein Objekt, das nur 4 Einheiten vor der Kamera positioniert ist, nicht sichtbar. Man sollte dann also dafür sorgen, dass der Spieler nicht zu nah an Wände oder Ähnliches herankommt, da er sonst einfach hindurchsehen kann. Einen kleinen Rechner für die Genauigkeit eines Z-Buffers mit beliebiger Anzahl von Bits finden Sie unter folgender Adresse: http://www.sjbaker.org/steve/omniv/love_your_z_buffer.html.

Um das Problem mit der Genauigkeit etwas zu lindern, kann man den Z-Buffer auch ein wenig umfunktionieren: Der *W-Buffer* speichert nicht die Tiefe jedes Pixels in Form seiner *z*-Koordinate, sondern in Form seiner *w-Koordinate*, die bei der Projektion herauskommt. Die *w*-Werte verteilen sich nämlich ein wenig besser in der Tiefe als die *z*-Werte. Unglücklicherweise wird der W-Buffer nicht von jeder Hardware unterstützt. 24- oder 32-Bit-Z-Buffer reichen jedoch auch meistens aus, wenn man sie gewissenhaft einsetzt.

2.3 Direct3D-Grundlagen

Der Stencil-Buffer

Der *Stencil-Buffer* (*Schablonenpuffer*) kann als Puffer gesehen werden, der für jeden Pixel einen zusätzlichen Wert – eine recht beschränkte Zahl wie zum Beispiel einen 4-Bit-Wert – speichert. Durch das Zeichnen von Dreiecken kann der Stencil-Buffer gefüllt werden, oder man verwendet seinen Inhalt, um bestimmte Pixel zu maskieren (beispielsweise um sie nicht zu zeichnen oder sie durch eine andere Farbe zu ersetzen).

> **Beispiel**
>
> Man möchte den Umriss eines Objekts besonders hervorheben. Dazu maskiert man mit Hilfe des Stencil-Buffers diejenigen Pixel, die das Objekt umgeben. Anschließend zeichnet man ein großes rotes Viereck über das gesamte Bild und stellt den Stencil-Buffer so ein, dass die rote Farbe nur auf vorher maskierte Pixel gezeichnet wird.

Auch hier gibt es unzählige Optionen, die man festlegen kann – wir werden sie uns später genauer ansehen. Erst einmal reicht es, wenn man weiß, dass es so etwas wie den Stencil-Buffer überhaupt gibt.

Wie bereits gesagt sind Z- und Stencil-Buffer nicht unabhängig voneinander. In der Tat befinden sie sich in ein und demselben Puffer. Die zuvor aufgezählten Z-Buffer-Formate sehen keinen Speicherplatz für einen Stencil-Buffer vor. Dafür gibt es nämlich die folgenden Formate:

Tabelle 2.6 Stencil- und Z-Buffer-Formate

Formatbezeichner	Beschreibung
D3DFMT_D24S8	24 Bits für den Z-Buffer und 8 Bits für den Stencil-Buffer
D3DFMT_D24X4S4	24-Bit-Z-Buffer und 4-Bit-Stencil-Buffer (4 Bits ungenutzt)
D3DFMT_D15S1	15-Bit-Z-Buffer und nur ein Bit für den Stencil-Buffer
D3DFMT_D24FS8	Neu in DirectX 9: 24 Bits für den Z-Buffer als Fließkommazahl und 8 Bits für den Stencil-Buffer

Es sollte schon vorher bekannt sein, ob die Anwendung einen Stencil-Buffer benötigt oder nicht. Falls ja, kommt nur eines dieser vier Formate in Betracht.

2.3.7 Direct3D im C++-Programm ansprechen

Um auf die Funktionen und Schnittstellen von Direct3D Zugriff zu erhalten, ist es nötig, mindestens drei Dateien zum Programm hinzuzufügen: Die Datei D3D9.H wird per #include eingebunden, und die beiden Dateien D3D9.LIB und DXERR9.LIB werden in die Liste der Bibliotheksdateien eingetragen (wobei Letztere nicht unbedingt notwendig, aber nützlich ist). Nun sind dem Compiler alle Direct3D-Symbole bekannt, und wir können sie im Programm verwenden. In der Debug-Version sollte zuvor D3D_DEBUG_INFO mit #define definiert werden.

2.3.8 Rückblick

- Direct3D ist der Vermittler zwischen unserem Programm und dem Treiber der Grafikkarte und damit auch der Grafikkarte selbst. Es wird eine standardisierte Befehlsbibliothek angeboten, die für nahezu alles Denkbare im Thema *3D-Grafik* einsetzbar ist. Der Programmierer muss nicht mehr wissen, welche Grafikkarte auf dem System installiert ist.

- Die Schnittstelle IDirect3D9 verwendet man, um alle verfügbaren *Adapter* (= Grafikkarten oder Grafikchips) und deren Fähigkeiten aufzulisten. Ein spezieller Adapter wird dann durch die Geräteschnittstelle IDirect3DDevice9 repräsentiert, die letztendlich die Befehle zum Zeichnen der 3D-Grafiken annimmt.
- Direct3D verwendet ein einzigartiges Ressourcensystem und hat einen eingebauten Ressourcenmanager. Dieser erlaubt das gezielte Platzieren von Ressourcen (Texturen, Modelle und so weiter) in speziellen Speicherbereichen wie dem Speicher, der auf der Grafikkarte untergebracht ist und auf den ein viel schnellerer Zugriff möglich ist. Dadurch kann jede Hardware optimal ausgenutzt werden.
- Bilddaten werden im Speicher in Form von *Oberflächen* untergebracht. Der *Bildpuffer*, in den die 3D-Szene gezeichnet wird, bevor der Monitor sie anzeigt, ist eine solche Oberfläche. Eine weitere Oberfläche ist der *Z-Buffer*. In ihm speichert man die Tiefe jedes Pixels, um zu vermeiden, dass ferne Objekte vor nahen Objekten erscheinen. Oberflächen werden unter anderem durch ihr *Format* bestimmt. Das Oberflächenformat gibt an, in welcher Form die Daten im Speicher angelegt sind. So gibt es beispielsweise mehrere 16-Bit-Oberflächenformate, bei denen 16 Bits jeweils einer Farbinformation (Pixel) entsprechen. Es gibt aber auch Formate, bei denen pro Farbinformation 128 Bits verwendet werden (32 Bits als float für jede Farbkomponente).
- Alle Vektoren eines zu zeichnenden 3D-Objekts durchlaufen die so genannte *Transformationspipeline*. Dies ist ein „Rohr" voller *Transformationsmatrizen*. Jeder Vektor wird durch die Welt-, Sicht- und Projektionsmatrix transformiert. Anschließend erfolgt das *Clipping*. Am Ende hat man dann einen Haufen von Vektoren, welche die tatsächlichen *Bildschirmkoordinaten* darstellen, die man zum Zeichnen benötigt.
- Der *Rasterizer* ist für das eigentliche Zeichnen (*Rendern*) der Primitiven (Dreiecke, Linien und Punkte) zuständig. Üblicherweise übernimmt die 3D-Karte diese Aufgabe. Der Rasterizer wird durch *Render-States* gesteuert, die der Programmierer vor dem Zeichnen angibt. Sie kontrollieren verschiedenste Effekte und Einstellungen wie zum Beispiel Nebel, Beleuchtung, Transparenz oder Z-Buffering.
- Programme, die Direct3D verwenden, müssen mit der Bibliotheksdatei D3D9.LIB gelinkt werden. DXERR9.LIB sollten Sie ebenfalls in die Liste eintragen.

2.4 Initialisierung von Direct3D

2.4.1 Erstellen der *IDirect3D9*-Schnittstelle

Der erste Schritt in der Initialisierung von Direct3D ist das Anlegen der IDirect3D9-Schnittstelle, mit deren Hilfe wir an Informationen über die auf dem System zur Verfügung stehenden Adapter kommen. Hier ist die Angelegenheit noch sehr einfach: Es reicht, eine einzige Funktion namens Direct3DCreate9 aufzurufen, und schon erhalten wir eine nagelneue Schnittstelle. Die Funktion erwartet einen Parameter, welcher die Versionsnummer der zu erstellenden Schnittstelle beinhaltet. Man gibt dort immer D3D_SDK_VERSION an – dies ist ein Makro, das in der Direct3D-Headerdatei deklariert ist und immer die Version des installierten DirectX-SDKs bereithält. Indem wir den zurückgelieferten Schnittstellenzeiger mit NULL vergleichen, prüfen wir, ob ein Fehler auftrat. Falls dies der Fall ist, ist der Grund dafür meistens eine falsche (also zu niedrige) Version von DirectX, was man dem Benutzer dann auch mitteilen sollte.

2.4 Initialisierung von Direct3D

```
// Schnittstelle erzeugen
PDIRECT3D9 pD3D = Direct3DCreate9(D3D_SDK_VERSION);
if(!pD3D)
{
    // Fehler beim Erstellen der Schnittstelle!
    MessageBox(NULL, "Direct3D 9 konnte nicht initialisiert werden!\n"
                     "Installieren Sie bitte die neueste DirectX-Version.",
               "Fehler", MB_OK | MB_ICONEXCLAMATION);
}
else pD3D->Release(); // Wenn es geklappt hat, wieder freigeben
```

Listing 2.50 Anlegen und Freigeben der IDirect3D9-Schnittstelle

2.4.2 Adapterinformationen

Im nun folgenden Teil beschäftigen wir uns mit der Aufgabe, so viele Informationen wie möglich über die auf einem System verfügbaren Adapter zu sammeln.

2.4.2.1 Auflisten aller Adapter

Anzahl der Adapter

Nun ist es an der Zeit herauszufinden, wie viele und welche Adapter auf dem System installiert und verfügbar sind. Deren Anzahl erhalten wir durch die Methode GetAdapterCount der IDirect3D9-Schnittstelle. Sie erwartet keine Parameter und liefert die Adapteranzahl im Rückgabewert zurück. Ein Wert von 0 sollte einem dabei schon zu denken geben ... Ein Adapter wird von nun an nur noch durch seine ID-Nummer angesprochen, wobei 0 (oder D3DADAPTER_DEFAULT) den ersten Adapter darstellt, 1 den zweiten und so weiter.

Beschreibungen der Adapter

Nun können wir jeden einzelnen Adapter durchgehen und Informationen über ihn abfragen, die in einer Struktur namens D3DADAPTER_IDENTIFIER9 gespeichert werden. Die Methode IDirect3D9::GetAdapterIdentifier ist für das Füllen zuständig. Sie erwartet folgende Parameter:

Tabelle 2.7 Die Parameter der Methode IDirect3D9::GetAdapterIdentifier

Parameter	Beschreibung
UINT Adapter	ID des Adapters, für den eine genauere Beschreibung gewünscht wird
DWORD Flags	Geben Sie hier 0 für den normalen Modus an oder D3DENUM_WHQL_LEVEL, um das manchmal recht zeitaufwändige Zertifikationsverfahren ausführen zu lassen, welches das letzte Prüfdatum seitens des *Windows Hardware Quality Labs* (WHQL) ermittelt, um hundertprozentige Kompatibilität zwischen Adapter und Treiber sicherzustellen. Ein bis zwei Sekunden können gespart werden, wenn man dieses Flag *nicht* angibt, also null verwendet.
D3DADAPTER_IDENTIFIER9* pAdapter	Zeiger auf die Struktur, die gefüllt werden soll

Auf diese Weise bringt man wichtige Informationen über den Adapter und den verwendeten Treiber in Erfahrung, die man dann dem Benutzer bei der Adapterauswahl präsentieren kann (vor allem natürlich den Adapternamen).

Tabelle 2.8 Die wichtigsten Elemente der D3DADAPTER_IDENTIFIER9-Struktur

Element	Beschreibung
char Driver[512]	Dateiname des Treibers, der für diesen Adapter verwendet wird (zum Beispiel „NV4_disp.dll")
char Description[512]	Anzeigefreundlicher Name des Adapters (beispielsweise „NVIDIA GeForce2 MX/MX 400")
LARGE_INTEGER DriverVersion	Version des Treibers

Beispielprogramm

Das folgende Beispielprogramm demonstriert den Umgang mit der IDirect3D9-Schnittstelle und zeigt, wie man auf eine einfache Weise alle Adapter des Systems auflisten und anzeigen kann (das geschieht hier durch Message-Boxes).

```
#include <Windows.h>
#include <StdIO.h>
#include <D3D9.h>

int WINAPI WinMain(HINSTANCE hInstance,
                   HINSTANCE hPrevInstance,
                   char* pCmdLine,
                   int iShowCmd)
{
    // Schnittstelle für Direct3D erzeugen
    PDIRECT3D9 pD3D = Direct3DCreate9(D3D_SDK_VERSION);
    if(pD3D)
    {
        // Fehler!
        MessageBox(NULL, "Fehler beim Erzeugen der Direct3D-Schnittstelle!",
                   "Fehler", MB_OK | MB_ICONEXCLAMATION);
        return 1;
    }

    // Anzahl der Adapter ermitteln
    int iNumAdapters = pD3D->GetAdapterCount();

    // Speicher reservieren und Informationen über jeden Adapter sammeln
    D3DADAPTER_IDENTIFIER9* pAdapters = new D3DADAPTER_IDENTIFIER9[iNumAdapters];

    for(int iAdapter = 0; iAdapter < iNumAdapters; iAdapter++)
    {
        if(FAILED(pD3D->GetAdapterIdentifier(iAdapter, 0,
                                             &pAdapters[iAdapter])))
        {
            // Fehler!
            MessageBox(NULL, "Adapterinformationen konnten nicht abgefragt
                             werden!",
                       "Fehler", MB_OK | MB_ICONEXCLAMATION);

            // Aufräumen
            pD3D->Release();
            delete[] pAdapters;
            return 1;
        }

        // Adapterinformationen anzeigen
        char acAdapterInfo[1024];
        sprintf(acAdapterInfo, "Adapter-ID: %d\n"
                               "Name: %s\n"
                               "Treiber: %s\n"
                               "nTreiberversion: %d",
```

2.4 Initialisierung von Direct3D

```
                    iAdapter,
                    pAdapters[iAdapter].Description,
                    pAdapters[iAdapter].Driver,
                    pAdapters[iAdapter].DriverVersion);

        MessageBox(NULL, acAdapterInfo, "Adapter gefunden",
                   MB_OK | MB_ICONINFORMATION);
    }

    // Aufräumen
    pD3D->Release();
    delete[] pAdapters;

    return 0;
}
```

Listing 2.51 Auflisten und Anzeigen aller auf dem System verfügbaren Direct3D-Adapter

```
Adapter gefunden
  Adapter-ID: 0
  Name: NVIDIA GeForce2 MX/MX 400
  Treiber: nv4_disp.dll
  Treiberversion: 658192
        [ OK ]
```

Abbildung 2.18 Adapterinformationen

Wichtig: In meinem Forum wird immer wieder gefragt, warum dieses erste Beispielprogramm bei der Kompilierung einen Linker-Fehler bezüglich Direct3DCreate9 verursacht. In diesem Fall hat man ganz einfach nur vergessen, die Datei D3D9.LIB bei den Projekteinstellungen zu den Bibliotheksdateien hinzuzufügen. DXERR9.LIB sollte für die nächsten Beispielprogramme ebenfalls mitgelinkt werden!

Auch wird immer wieder der Fehler gemacht, in Visual C++ eine Win32-*Konsolen*anwendung zu erstellen anstatt einer normalen Win32-Anwendung. Achten Sie also darauf, wenn Sie sich mit Visual C++ noch nicht gut auskennen!

Eine weitere Fehlerquelle: Häufig wird von Fehlermeldungen berichtet, die auftreten, wenn das Programm im Debug-Modus ausgeführt wird. Wenn eine Meldung erscheint, die Datei D3DX9D.DLL werde nicht gefunden, dann wurde diese durch das DirectX-SDK nicht mit installiert. Das lässt sich nachträglich beheben. Die DLL-Datei sollte sich im Archiv DXNT.CAB befinden, das normalerweise bei der Installation des DirectX-SDKs mit kopiert wird (suchen Sie einfach nach dieser Datei). Die DLL-Datei D3DX9D.DLL sollten Sie dann in das System32-Verzeichnis des Windows-Ordners extrahieren, damit sie von allen Programmen gefunden wird.

2.4.2.2 Videomodi eines Adapters

Die wenigsten Spiele laufen im normalen Fenstermodus, unter anderem, weil dadurch viel Atmosphäre verloren geht. Wer will schon glauben, dass er in einem Flugzeug sitzt, wenn im Hintergrund noch der Windows-Desktop zu sehen ist? Daher schaltet man meistens in den Vollbildmodus um. Dieser muss aber ganz genau beschrieben werden, mit Breite, Höhe, Anzahl der Bits pro Pixel und Bildwiederholfrequenz. Klar ist auch, dass nicht jede Grafikkarte und nicht jeder Monitor in der Lage ist, einen Videomodus von 1600 x 1200 zu verkraften. Vorbildliche Spiele legen sich deshalb nicht auf einen bestimmten Videomodus fest, sondern verhalten sich flexibel und überlassen dem Benutzer die Auswahl.

Anzahl der Videomodi

Um herauszufinden, welche Videomodi ein Adapter unterstützt, rufen wir zuerst die Methode `IDirect3D9::GetAdapterModeCount` auf. Sie liefert uns dann zunächst die Anzahl der unterstützten Videomodi. Der Methode wird die Adapter-ID sowie ein Pixelformat angegeben, und sie liefert dann die Anzahl der Videomodi, die mit diesem Pixelformat kompatibel sind. So kann man zum Beispiel gezielt nach 16-Bit-Formaten suchen lassen. Intern wird nicht zwischen den verschiedenen Bitverteilungen bei 16-Bit-Formaten unterschieden: `D3DFMT_R5G6B5` und `D3DFMT_X1R5G5B5` sollten also die gleichen Ergebnisse bringen.

Beschreibung der Videomodi

Nun geht man – ähnlich wie beim Abfragen von Adapterinformationen – jeden Videomodus durch (wobei wieder jeder durch seine ID angesprochen wird, 0 ist der erste Videomodus) und fragt weitere Informationen über ihn ab, und zwar mit der Methode `EnumAdapterModes`, die ebenfalls zur Schnittstelle `IDirect3D` gehört. Der Name dieser Methode täuscht ein wenig: Tatsächlich wird hier nur *ein* Videomodus unter die Lupe genommen und nicht mehrere, wie der Name nahe legt.

Tabelle 2.9 Die Parameter der Methode `IDirect3D9::EnumAdapterModes`

Parameter	Beschreibung
UINT Adapter	ID des Adapters, dessen Videomodus abgefragt wird
D3DFORMAT Format	Geben Sie hier ein Format an, mit dem alle aufgelisteten Videomodi kompatibel sein sollen. Es werden dann nur passende Modi aufgelistet. Verwenden Sie das gleiche Format, was Sie zuvor auch schon bei `GetAdapterModeCount` verwendet haben.
UINT Mode	Die ID des Videomodus (0: erster Modus), über den wir die Informationen erhalten wollen. Der maximale Wert ist *Anzahl der Adapters* minus 1.
D3DDISPLAYMODE* pMode	Zeiger auf die zu füllende `D3DDISPLAYMODE`-Struktur

Tabelle 2.10 Die Elemente der Struktur `D3DDISPLAYMODE`

Element	Beschreibung
UINT Width	Horizontale Anzahl der Pixel in diesem Videomodus (Pixel pro Zeile; Breite)
UINT Height	Vertikale Anzahl der Pixel dieses Videomodus (Pixel pro Spalte; Höhe)
UINT RefreshRate	Bildwiederholfrequenz in Hz oder 0 für Standard
D3DFORMAT Format	Format dieses Videomodus (zum Beispiel `D3DFMT_R5G6B5` für 16 Bits)

Kurz zusammengefasst: Erst die Anzahl der zu einem bestimmten Format kompatiblen Videomodi mit `GetAdapterModeCount` abfragen und dann weitere Informationen über jeden dieser Videomodi mit `EnumAdapterModes` sammeln.

Aktueller Videomodus

Im Fenstermodus wird der Videomodus nicht verändert. Daher sollte dann der Bildpuffer auch das gleiche Format haben wie der aktuelle Videomodus. Beispiel: Wenn das System gerade mit 16-Bit-Grafik läuft, wird ein 32-Bit-Bildpuffer im Fenstermodus wahrscheinlich Probleme bereiten. Es gibt zwar in DirectX 9 die Möglichkeit der automatischen Formatkonvertierung, aber darauf sollte man sich nicht unbedingt verlassen, da diese Fähigkeit noch längst nicht bei allen Grafikkarten vorhanden ist. Möchte man also den Fenstermodus verwenden, muss vorher

2.4 Initialisierung von Direct3D

der aktuelle Videomodus bekannt sein. Diesen fragen wir mit Hilfe der Methode `IDirect3D9::GetAdapterDisplayMode` ab. Sie erwartet als ersten Parameter die ID des Adapters, dessen Videomodus abgefragt werden soll, und als zweiten Parameter einen Zeiger auf eine `D3DDISPLAYMODE`-Struktur, welche die Methode dann ausfüllt.

2.4.2.3 Beispielprogramm

Das nun folgende kleine Listing ist als Erweiterung für das vorherige gedacht. Es startet, nachdem die Message-Box mit den Adapterinformationen angezeigt wurde, und listet nun noch alle 16-Bit-Formate auf, die von diesem Adapter unterstützt werden.

```
// Die Variable iAdapter enthält die ID des gerade aufgelisteten Adapters.

// Ermitteln, wie viele 16-Bit-Videomodi verfügbar sind
int iNumModes = pD3D->GetAdapterModeCount(iAdapter, D3DFMT_R5G6B5);
if(iNumModes > 0)
{
    // Speicherplatz reservieren und den String zurücksetzen
    D3DDISPLAYMODE* pModes = new D3DDISPLAYMODE[iNumModes];
    char acModes[16384] = "";

    // Jeden Videomodus durchgehen
    for(int iMode = 0; iMode < iNumModes; iMode++)
    {
        // Informationen über diesen Modus abfragen
        pD3D->EnumAdapterModes(iAdapter, D3DFMT_R5G6B5, iMode,
                               &pModes[iMode]);

        // Nummer, Breite, Höhe und Bildwiederholfrequenz in den String schreiben
        sprintf(acModes, "%s\nModus %d: %dx%d bei %d Hz (0: Standard)",
                acModes,
                iMode,
                pModes[iMode].Width,
                pModes[iMode].Height,
                pModes[iMode].RefreshRate);
    }

    // Videomodi anzeigen
    MessageBox(NULL, acModes, "Verfügbare 16-Bit-Videomodi",
               MB_OK | MB_ICONINFORMATION);

    // Speicher wieder freigeben
    delete[] pModes;
}
```

Listing 2.52 Auflisten aller Videomodi, die zu einem bestimmten Format kompatibel sind

Erschrecken Sie sich nicht, wenn Sie das Programm ausführen: Die erzeugte Message-Box ist meistens so groß, dass sie gar nicht mehr auf den Bildschirm passt. Das liegt daran, dass jeder Videomodus in verschiedenen Bildwiederholfrequenzen aufgelistet wird. Wenn eine Grafikkarte dann über eine recht große Bandbreite von Frequenzen und Auflösungen verfügt, können leicht über einhundert verschiedene Videomodi zusammenkommen. Die Frage ist dann, wie man sie dem Benutzer allesamt übersichtlich präsentieren kann.

2.4.3 Caps – die Fähigkeiten eines Geräts

PC-Spieleprogrammierer haben es mit einem großen Problem zu tun, vor dem sich die Entwickler, die ihre Software für Konsolen wie zum Beispiel das *Nintendo GameCube* schreiben, elegant drücken können: Man weiß nie, welches System einen erwartet. Neben einem Prozessor unbekannter Bauart und unbekannter Geschwindigkeit, einer unbekannten Menge an Arbeits- und Festplattenspeicher müssen wir als PC-Spieleprogrammierer auch noch damit rechnen, dass sich die Leistungen der Grafikkarten auf den verschiedenen Zielsystemen enorm unterscheiden. Mit anderen Worten: Das Spiel sollte auf einer staubigen *3DFX*-Karte *und* auf einer modernen *GeForceFX*-Karte laufen und möglichst die bei jeder Karte verschiedenen Features (Größe von Texturen, Speicher der Karte, Hardwaretransformation und so weiter) bestmöglich ausnutzen – eine zugegebenermaßen nicht immer einfache Aufgabe. Doch glücklicherweise hilft uns Direct3D dabei, wie wir später sehen werden. Zunächst einmal geht es aber nur darum herauszufinden, was eine 3D-Karte *kann* und was sie *nicht kann*. Genau das wird in den so genannten *Caps* festgehalten (*Capabilities*: Fähigkeiten). Diese kann man sich wie eine groß angelegte Liste vorstellen, welche die verschiedensten Angaben zu den Fähigkeiten der Karte enthält, zum Beispiel wie viele Dreiecke in einem Rutsch gerendert werden können. Hat man die Fähigkeiten eines Adapters in Erfahrung gebracht, kann man zum Beispiel nachschauen, ob dieser Hardwaretransformation unterstützt, wie viele Lichtquellen maximal erlaubt sind und vieles mehr, und natürlich im Spiel beziehungsweise in der Engine entsprechend darauf reagieren.

Die Struktur `D3DCAPS9` enthält all diese Angaben. Wie zu erwarten ist sie sehr groß. Sie besteht überwiegend aus `DWORD`-Werten, die wiederum aus einzelnen Konstanten (*Flags*) zusammengesetzt sind (mit Hilfe der *bitweisen Oder-Verknüpfung* („|")). So gibt es zum Beispiel ein `DWORD`-Element, das die gesamten Adapterfähigkeiten in Bezug auf den Z-Buffer enthält. Durch Prüfen einzelner Konstanten mit der *bitweisen Und-Verknüpfung* („&") können wir dann herausfinden, ob ein bestimmtes Feature unterstützt wird oder nicht.

```
if(Caps.ZCmpCaps & D3DPCMPCAPS_LESSEQUAL)
{
    // Die Z-Buffer-Vergleichsfunktion "kleiner oder gleich" ist verfügbar,
    // denn die dafür vorgesehene Konstante D3DPCMPCAPS_LESSEQUAL ist in
    // den Z-Buffer-Caps enthalten.
}
```

Listing 2.53 Einfaches Testen von Adapterfähigkeiten

Es wäre an dieser Stelle sinnlos, gleich die komplette Struktur aufzulisten, deshalb werden die wichtigsten Elemente Schritt für Schritt eingeführt, wenn wir sie gerade brauchen.

Abfragen der Adapterfähigkeiten

Mit der Methode `IDirect3D9::GetDeviceCaps` fragen wir die Fähigkeiten eines Adapters ab. Die Methode erwartet drei Parameter: zuerst die Adapter-ID (0 = `D3DADAPTER_DEFAULT`: Standardadapter), dann den Device-Typ (Hardware oder Referenz-Rasterizer – mehr dazu später) und schließlich noch einen Zeiger auf die auszufüllende `D3DCAPS9`-Struktur.

Zum Nachschauen: der *DirectX Caps Viewer*

Das DirectX-SDK beinhaltet ein nützliches Tool namens *DirectX Caps Viewer*. Es gewährt uns einen Einblick in die Caps-Welt einer jeden DirectX-Komponente (nicht nur Direct3D benutzt Caps) und jedes verfügbaren Gerätes. Sie finden das Programm (zusammen mit einigen weiteren) unter dem Startmenüeintrag DIRECTX UTILITES im Unterordner des DirectX-SDKs.

2.4.4 Erstellen des Fensters

Nun sind wir bereits in der Lage, alle auf einem System installierten Direct3D-Adapter mitsamt ihrer Videomodi und ihrer Fähigkeiten aufzulisten. Der Benutzer könnte nun schon einen Adapter und einen Videomodus auswählen, und jetzt ist es an der Zeit, genau mit diesem Adapter zu arbeiten – wir müssen also die Geräteschnittstelle vom Typ IDirect3DDevice9 erzeugen, die später unsere Zeichenbefehle entgegennehmen wird. Der erste Schritt ist die *Erzeugung des Fensters*, in dem sich alles abspielen wird. Auch wenn das Programm den Vollbildmodus verwendet, muss zuvor ein Fenster generiert werden.

Wie das Fenster geschaffen sein muss, ist nicht vorgegeben. Im Fenstermodus sollte die Fenstergröße jedoch der Größe des Bildpuffers entsprechen, weil es sonst zu Verzerrungen kommt und das Bild nicht 1:1 dargestellt wird.

Die Funktion InitWindow, die wir von nun an für unsere Beispielprogramme verwenden werden, erstellt eine neue Fensterklasse, registriert sie und erzeugt dann ein Fenster dieser Klasse. Die Nachrichtenfunktion des Fensters ist ganz gewöhnlich angelegt, dort gibt es keine speziellen Dinge, die zu beachten sind. InitWindow erwartet vier Parameter: Breite, Höhe, Name und Icon des Fensters. In den später folgenden größeren Beispielprogrammen wird diese Funktion aufgerufen, nachdem sich der Benutzer für einen Videomodus entschieden hat. Sie befindet sich in der Datei INITWINDOW.CPP, die sich im Unterordner BEISPIELE\ALLGEMEINES befindet.

Alle Direct3D-Beispielprogramme, die noch ohne die 3D-Grafikfunktionen der TriBase-Engine arbeiten (die wir erst im nächsten Kapitel besprechen), binden INITWINDOW.CPP und zusätzlich noch INITWINDOW.H. Dort wird auch eine globale Variable namens g_hWindow vom Typ HWND deklariert, die das Fenster-Handle speichert. Fügen Sie die INITWINDOW.CPP einfach zu Ihrem Visual C++-Projekt hinzu, oder schauen Sie sich die vorgefertigte Projektdatei auf der CD-ROM an, wenn Sie nicht wissen, welche Dateien Sie genau brauchen. Achten Sie insbesondere auch darauf, dass Sie die richtigen Bibliotheksdateien linken!

Die Funktion ExitWindow schließt das Fenster und löscht die Fensterklasse. Später werden all diese Dinge von der TriBase-Engine übernommen werden. Die Beispielprogramme werden aber nicht völlig auf deren Funktionen verzichten, sondern schon von den Logbuch- und Speicherfunktionen sowie den Vektor-, Matrix-, Ebenen- und Farbklassen Gebrauch machen.

```
// Funktion zum Initialisieren des Fensters
tbResult InitWindow(int iWidth,
                    int iHeight,
                    char* pcName,
                    HICON hIcon)
{
    // Fensterklassenstruktur ausfüllen
    WNDCLASSEX WindowClass = {sizeof(WNDCLASSEX), CS_CLASSDC, WindowProc, 0,
                              0, GetModuleHandle(NULL), hIcon, NULL, NULL,
                              NULL, "Direct3D window", NULL};

    // Klasse registrieren
    if(!RegisterClassEx(&WindowClass))
    {
        TB_ERROR("Fensterklassenregistrierung fehlgeschlagen!", TB_ERROR);
    }

    TB_INFO("Fensterklasse wurde registriert!");
```

```
        // Fenstergröße korrigieren (so dass der Inhalt des Fensters die gewünschte Größe
        // hat und nicht das gesamte Fenster einnimmt)
        RECT Rect;
        SetRect(&Rect, 0, 0, iWidth, iHeight);
        AdjustWindowRect(&Rect, WS_VISIBLE | WS_OVERLAPPEDWINDOW, FALSE);
        iWidth  = Rect.right - Rect.left;
        iHeight = Rect.bottom - Rect.top;

        // Fenster erstellen und prüfen
        g_hWindow = CreateWindow("Direct3D window",
                                 pcName,
                                 WS_VISIBLE | WS_OVERLAPPEDWINDOW,
                                 GetSystemMetrics(SM_CXSCREEN) / 2 - iWidth / 2,
                                 GetSystemMetrics(SM_CYSCREEN) / 2 - iHeight / 2,
                                 iWidth,
                                 iHeight,
                                 NULL,
                                 NULL,
                                 GetModuleHandle(NULL),
                                 NULL);
        if(!g_hWindow)
        {
            TB_ERROR("Erstellen des Fensters fehlgeschlagen!", TB_ERROR);
        }

        // Alles OK!
        TB_INFO("Fenster wurde erstellt!");

        return TB_OK;
    }
```

Listing 2.54 Initialisierung des Fensters

Das Beispielprogramm Nr. 1 (im Ordner BEISPIELE\KAPITEL 02\01 – FENSTER) macht sich diese Hilfsfunktionen zu Nutze und kommt mit nur sehr wenigen Funktionsaufrufen aus. Das Ergebnis ist ein Fenster mit Nachrichtenschleife.

```
    // Beispielprogramm 01
    // ===================
    // Erstellen des Fensters und Aufrufen der Nachrichtenschleife. Die dafür nötigen
    // Funktionen sind in der Datei InitWindow.cpp gespeichert.

    #include <Windows.h>
    #include <TriBase.h>
    #include "..\\..\\Allgemeines\\InitWindow.h"
    #include "Resource.h"

    // Render-Funktion (leer)
    tbResult Render(float fNumSecsPassed)
    {
        return TB_OK;
    }

    // Move-Funktion (leer)
    tbResult Move(float fNumSecsPassed)
    {
        return TB_OK;
    }
```

2.4 Initialisierung von Direct3D

```
// Windows-Hauptfunktion
int WINAPI WinMain(HINSTANCE hInstance,
                   HINSTANCE hPrevInstance,
                   char* pcCmdLine,
                   int iShowCmd)
{
    // TriBase-Engine initialisieren
    tbInit();

    // Fenster initialisieren
    InitWindow(640, 480, "Beispielprogramm Nr. 1: Fenster",
               LoadIcon(hInstance, MAKEINTRESOURCE(IDI_ICON1)));

    // Nachrichtenschleife
    tbDoMessageLoop(Render, Move);

    // Fenster herunterfahren
    ExitWindow();

    // Engine herunterfahren
    tbExit();

    return 0;
}
```

Listing 2.55 Eine ganz einfache Anwendung, die lediglich ein Fenster generiert

Wichtig: Damit das Icon der Anwendung benutzt werden kann (IDI_ICON1), müssen Sie ebenfalls die Ressourcendatei FENSTER.RC mit zum Projekt hinzufügen.

2.4.5 Erstellen der *IDirect3DDevice9*-Schnittstelle

Das Fenster steht nun, und auch für die Nachrichtenschleife ist gesorgt. Der nächste Schritt ist nun die tatsächliche Erzeugung der IDirect3DDevice9-Schnittstelle. Sie stellt sozusagen das *Tor zur 3D-Grafik* dar.

Alles, was wir tun müssen, ist, die Methode IDirect3D9::CreateDevice aufzurufen.

Tabelle 2.11 Die Parameter der Methode IDirect3D9::CreateDevice

Parameter	Beschreibung
UINT Adapter	ID des Adapters, für den die Schnittstelle erzeugt wird (D3DADAPTER_DEFAULT ist der Standardadapter)
D3DDEVTYPE DeviceType	Gibt den Gerätetyp an, der bestimmt, ob der Adapter im Hardware- oder Softwaremodus laufen soll (*mehr dazu später*)
HWND hFocusWindow	Handle des Fensters, welches die 3D-Grafik darstellt
DWORD BehaviorFlags	Eine Kombination verschiedener Flags – legt spezielle Verhaltensweisen von Direct3D fest (*mehr dazu später*)
D3DPRESENT_PARAMETERS* pPresentationParameters	Zeiger auf eine D3DPRESENT_PARAMETERS-Struktur, welche alle wichtigen Daten wie Videomodus, Bildpuffer- und Z-Buffer-Format festlegt (*ebenfalls mehr dazu später*)
IDirect3DDevice9** ppReturnedDeviceInterface	Adresse eines Zeigers auf eine IDirect3DDevice9-Schnittstelle. Hat alles geklappt, so zeigt dieser Zeiger nach dem Funktionsaufruf auf eine einsatzbereite Schnittstelle.

Drei dieser Parameter benötigen detailliertere Erklärungen: DeviceType, BehaviorFlags und pPresentationParameters.

2.4.5.1 Der Gerätetyp: HAL oder REF?

Beim Parameter DeviceType vom Typ D3DDEVTYPE gibt es nur drei Möglichkeiten:

- D3DDEVTYPE_HAL: Es wird zum Zeichnen (Rendern) der Grafiken ausschließlich die beschleunigte Grafikkarte verwendet. Der *Rasterizer* wird also hier durch die *Hardware* vertreten. Damit nimmt man natürlich auch deren Begrenzungen in Kauf, wie zum Beispiel eine stärker begrenzte Anzahl von Lichtern, Texturen und Ähnlichem. *HAL* steht übrigens für *Hardware Abstraction Layer*. Ob die Grafikkarte auch das Transformieren von Vektoren mit Hilfe von Matrizen (Transformationspipeline) übernimmt, ist eine andere Sache und wird hier noch nicht entschieden.

- D3DDEVTYPE_REF: Wenn Sie diesen Wert angeben, müssen *sämtliche* Berechnungen und Zeichenvorgänge per Software – also ohne Hardwarebeschleunigung – ausgeführt werden. Es handelt sich hier um den so genannten *Referenz-Rasterizer*. Dieser wird von Microsoft gestellt und wird vor allem zur Fehlersuche verwendet. Für ein fertiges Spiel ist er undenkbar, aus zwei Gründen: Erstens ist er unglaublich langsam, und zweitens ist er in der Endbenutzerversion von DirectX gar nicht enthalten. Nun fragen Sie sich vielleicht, wozu man ihn dann überhaupt braucht. Der Referenz-Rasterizer hat einen schlagenden Vorteil: In ihm ist praktisch *alles* implementiert, was Direct3D überhaupt unterstützt. Das heißt: Sie können neueste Technologien wie zum Beispiel das *Displacement-Mapping* testen, *ohne* dass sie von Ihrer Grafikkarte unterstützt werden, zwar nur sehr langsam, aber dafür perfekt, was die Qualität betrifft. Das Ziel jedes Grafikkartenherstellers ist es, seine Karten und seine Treiber so zu entwerfen, dass die Grafikausgabe exakt der des Referenz-Rasterizers entspricht. Er ist auch nützlich, wenn es darum geht, Fehler in Grafikkartentreibern aufzuspüren: Wenn etwas nicht so aussieht, wie man es sich vorstellt, lässt man einfach den Referenz-Rasterizer übernehmen, und wenn dann alles in Ordnung ist, ist entweder der Grafikkartentreiber fehlerhaft, oder man hat versucht, eine nicht unterstützte Technik anzuwenden.

- D3DDEVTYPE_SW: Ein benutzerdefinierter Software-Rasterizer soll zum Einsatz kommen. DirectX selbst enthält zwar keinen solchen Treiber, es gibt aber mit dem DirectX-DDK (*Driver Development Kit*) die Möglichkeit, einen eigenen zu schreiben. Dabei handelt es sich aber um eine sehr komplizierte Aufgabe!

Die zweite Möglichkeit, D3DDEVTYPE_REF, ist also in der Praxis lediglich für die Programmierer eines Spiels interessant, sie erlaubt es uns zum Beispiel, Technologien zu testen, welche die Hardware nicht unterstützt. In der endgültigen für die Öffentlichkeit bestimmten Version eines Spiels/Programms, das mit Direct3D arbeitet, sollte in jedem Fall auf die Hardware zugegriffen werden. In früheren DirectX-Versionen gab es hier noch einige weitere vordefinierte Treiber (zum Beispiel einen MMX-Treiber), die ebenfalls in Software implementiert waren, jedoch für den Echtzeiteinsatz gedacht waren. Damals gab es eben noch nicht so viele PCs mit hardwarebeschleunigter Grafik. Wo nun aber die Bandbreite von Techniken und Effekten so groß geworden ist, ist es so gut wie unmöglich, einen angemessen schnellen Softwaretreiber zu programmieren, und eine 3D-Karte hat sowieso fast jeder.

2.4.5.2 Wie sich Direct3D benehmen soll – Verhaltensflags

Der Parameter BehaviorFlags vom Typ DWORD der Methode CreateDevice ist eine Ansammlung von mehreren (oder nur einem) *Verhaltensflags*, die das Verhalten der neuen Schnittstelle festlegen. Die einzelnen Flags werden mit dem bitweisen Oder-Operator („|") kombiniert. Dabei gibt es folgende Möglichkeiten (es werden nur die wichtigsten aufgelistet):

2.4 Initialisierung von Direct3D

Tabelle 2.12 Verhaltensflags

Flag	Beschreibung
D3DCREATE_MULTITHREADED	Direct3D soll Multi-Thread-sicher sein, was die Performance verringern kann.
D3DCREATE_PUREDEVICE	Normalerweise emuliert Direct3D fehlende Fähigkeiten der Grafikkarte, wenn es um Dinge wie Vektortransformation, Clipping oder Beleuchtung geht. Wird dieses Flag angegeben, emuliert Direct3D *nichts*, und alles, was die Karte nicht unterstützt, wird fehlschlagen (das *pure* Gerät wird verwendet).
D3DCREATE_DISABLE_DRIVER_MANAGEMENT	Die Aufgabe der Ressourcenverwaltung soll Direct3D überlassen werden und nicht dem Treiber der Grafikkarte.
D3DCREATE_HARDWARE_VERTEXPROCESSING	Transformation, Clipping und Beleuchtung sollen ausschließlich durch die Hardware ausgeführt werden.
D3DCREATE_SOFTWARE_VERTEXPROCESSING	Transformation, Clipping und Beleuchtung nur durch Software ausführen.
D3DCREATE_MIXED_VERTEXPROCESSING	Hier lässt sich die Software-Emulation wahlweise ein- und ausschalten. Fähigkeiten des Rasterizers können aber immer nur bei D3DDEVTYPE_REF emuliert werden.

Es gibt bei der Auswahl der nötigen Flags nicht viel zu beachten, außer dass immer nur *genau ein* Flag vom Typ D3DCREATE_XXX_VERTEXPROCESSING angegeben werden darf und muss (HARDWARE, SOFTWARE oder MIXED). Was gerade passend ist, erfährt man, indem man überprüft, ob die vom Spiel verwendeten Techniken direkt von der Hardware unterstützt werden (die *Caps* geben Aufschluss). Wenn das nicht der Fall ist, sollte man SOFTWARE oder besser MIXED verwenden. Noch einmal: Es können bei weitem nicht alle Fähigkeiten emuliert werden, lediglich solche, welche die Transformation, das Clipping oder die Beleuchtung betreffen. Rasterizer-Operationen werden *niemals* emuliert; Ausnahme: der Referenz-Rasterizer.

2.4.5.3 Die Präsentationsparameter

Kommen wir nun zum nächsten und damit zum wichtigsten Parameter der CreateDevice-Methode: Die Präsentationsparameter enthalten Daten wie den zu verwendenden Videomodus oder das Z-Buffer-Format und sind in der Struktur D3DPRESENT_PARAMETERS angelegt. Diese korrekt auszufüllen ist eine sehr wichtige Aufgabe, und hieran kann alles scheitern, wenn auch nur ein kleiner Fehler gemacht wird.

Tabelle 2.13 Die Elemente der Struktur D3DPRESENT_PARAMETERS

Element	Beschreibung
UINT BackBufferWidth, UINT BackBufferHeight	Breite (*width*) und Höhe (*height*) des Bildpuffers und damit auch des zu verwendenden Videomodus
D3DFORMAT BackBufferFormat	Format des Bildpuffers (zum Beispiel D3DFMT_X8R8G8B8 für 32 Bits pro Pixel)
UINT BackBufferCount	Anzahl der Bildpuffer (1 bis 3; *mehr dazu später*)
D3DMULTISAMPLE_TYPE MultiSampleType	Typ des Multi-Samplings (*mehr dazu später*)
DWORD MultiSampleQuality	Qualität des Multi-Samplings (*mehr dazu später*)
D3DSWAPEFFECT SwapEffect	Beschreibt, wie das Tauschen des Bildpuffers mit dem Videospeicher geschehen soll (*mehr dazu später*)

Element	Beschreibung
HWND hDeviceWindow	Handle des zu verwendenden Fensters oder NULL für das Fenster, das gerade den Fokus hat
BOOL Windowed	TRUE für Fenstermodus, FALSE für Vollbildmodus
BOOL EnableAutoDepthStencil	Gibt an, ob Direct3D automatisch einen Z-Stencil-Buffer erzeugen soll oder nicht.
D3DFORMAT AutoDepthStencilFormat	Wenn das vorherige Element TRUE ist, beschreibt AutoDepthStencilFormat das Format des automatisch zu erstellenden Z-Stencil-Buffers, wie zum Beispiel D3DFMT_D24S8 für 24 Bits Z-Buffer und 8 Bits Stencil-Buffer.
DWORD Flags	Geben Sie hier D3DPRESENTFLAG_LOCKABLE_BACKBUFFER an, um später die Bildpufferoberfläche sperren zu können (für direkten Zugriff). Die DirectX-Dokumentation weist darauf hin, dass man mit Einbußungen bezüglich der Performance rechnen muss.
	Ein anderes Flag ist D3DPRESENTFLAG_DISCARD_DEPTHSTENCIL. Wenn Sie dieses angeben, wird der Z-Stencil-Buffer nach jeder 3D-Szene (also nach jedem Bild) ungültig gemacht (mit „Schrott" gefüllt). Die Grafikkarte kann den Z-Stencil-Buffer dann für kurze Zeit für andere Zwecke verwenden oder muss zumindest nicht darauf achten, dass sein Inhalt unverändert bleibt. Dies kann die Performance erhöhen. Nicht kombinierbar mit dem Z-Stencil-Buffer-Format D3DFMT_D16_LOCKABLE.
	Beide Flags sind durch den „|"-Operator miteinander kombinierbar.
UINT FullScreen_RefreshRateInHz	Die Bildwiederholfrequenz des gewünschten Vollbildvideomodus in Hz oder D3DPRESENT_RATE_DEFAULT für die Standardfrequenz. Wenn Sie eine explizite Frequenz angeben, sollte das eine solche sein, die vorher beim Auflisten der Videomodi gefunden wurde.
UINT PresentationInterval	D3DPRESENT_INTERVAL_DEFAULT, andernfalls sind noch D3DPRESENT_INTERVAL_ONE bis D3DPRESENT_INTERVAL_FOUR oder D3DPRESENT_INTERVAL_IMMEDIATE möglich. ONE bis FOUR geben an, dass der Bildpuffer nicht öfters als alle ein bis vier Bildwiederholungen angezeigt wird. IMMEDIATE zeigt den Bildpuffer immer sofort an, ohne auf den vertikalen Strahlrücklauf zu warten, was zu einem Verzerrungseffekt führen kann. So kann man jedoch die maximale Framerate erzielen.

Multi-Sampling (Anti-Aliasing)

Die Aufgabe des Rasterizers ist bekanntlich unter anderem, die recht genauen Vektorkoordinaten in das relativ ungenaue *Pixelraster* einzuteilen. Dabei entscheiden oft kleinste Unterschiede in den Vektorkoordinaten, ob zum Beispiel Pixel (100, 50) oder Pixel (101, 50) gezeichnet wird. Oft wirkt dadurch das Bild vor allem bei niedrigen Auflösungen sehr „pixelig". Eine Technik namens *Multi-Sampling* schafft da einen Ausweg: Punkte, die nicht genau in die Mitte eines Pixels treffen, werden dadurch auf die umgebenden Pixel verteilt. Das kann zum Beispiel dadurch erreicht werden, das gesamte Bild in einer viel höheren Auflösung zu rendern und es dann nachher wieder zu verkleinern (*Super-Sampling*). Selbst kleinste Details werden dabei sichtbar, und alles erscheint sehr glatt. Diese Technik ist auch als *Anti-Aliasing* oder *Kantenglättung* bekannt.

2.4 Initialisierung von Direct3D 123

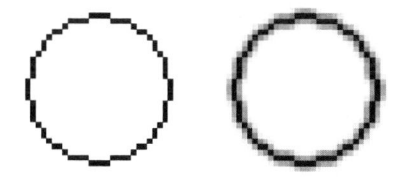

Abbildung 2.19 Der rechte Kreis ist geglättet, der linke nicht.

Wie stark die Glättung ist, wird im Element `MultiSampleType` der Präsentationsstruktur angegeben. Der Wert `D3DMULTISAMPLE_NONE` bedeutet, dass überhaupt keine Glättung durchgeführt wird. `D3DMULTISAMPLE_2_SAMPLES` bis `D3DMULTISAMPLE_16_SAMPLES` geben dann die Anzahl der Samples (Durchgänge) an. Dabei gilt: Je höher, desto glätter, und je niedriger, desto schneller. Es hängt von der Hardware ab, welche Typen verfügbar sind.

Weiterhin gibt es noch `D3DMULTISAMPLE_NONMASKABLE`. Dieses wird für spezielle hardwarespezifische Multi-Sampling-Verfahren verwendet, die sich nicht in die Kategorien *2 Samples*, *3 Samples* und so weiter einordnen lassen.

Das zweite Element der Präsentationsstruktur, welches mit Multi-Sampling zu tun hat, ist `MultiSampleQuality` vom Typ `DWORD`. Dadurch wird die Qualität des Multi-Samplings beschrieben. Klar ist: Je höher die Qualität, desto langsamer. Nicht alle Grafikkarten unterstützen mehrere Qualitätsstufen. Wir werden später sehen, wie man alle Möglichkeiten herausfindet.

Mit Multi-Sampling kann man sein Programm übrigens in weitaus niedrigeren Auflösungen laufen lassen als ohne und trotzdem noch eine gute Bildqualität erwarten. Alles erscheint so glatt, dass einzelne Pixel kaum noch sichtbar sind. Ein gutes Beispiel ist das *Nintendo 64* – viele Spiele laufen darauf mit einer Auflösung von nur *320 x 240*, und trotzdem sehen die Grafiken dank Anti-Aliasing sehr gut aus.

Mehrere Bildpuffer?

Wie Sie vielleicht bemerkt haben, lässt sich die *Anzahl der Bildpuffer* in der Präsentationsstruktur angeben. Doch wozu sollen mehrere Bildpuffer gut sein?

> Wenn es mehrere Bildpuffer gibt, hat die Anwendung beziehungsweise das Spiel die Möglichkeit, einige Bilder im Voraus zu rendern – sozusagen als *Reserve für schlechte Zeiten*. Schlechte Zeiten sind in dem Fall Szenen, bei denen es schnell schon mal zu einem kleinen Ruckeln kommen kann. Man kann dann schon mit dem nächsten Bild beginnen, während das andere noch gar nicht angezeigt wurde (weil zum Beispiel der vertikale Strahlrücklauf noch nicht eingetreten ist).

Tauschen und Kopieren der Bildpuffer

Es gibt verschiedene Möglichkeiten, wie man den Bildpuffer sichtbar machen kann. Welche angewandt wird, bestimmt das Element `SwapEffect` der Präsentationsstruktur. Es gibt folgende Möglichkeiten:

- `D3DSWAPEFFECT_DISCARD`: Normalerweise wird garantiert, dass der Inhalt des Bildpuffers unangerührt bleibt, während er sichtbar gemacht wird. Dies zu bewerkstelligen kann jedoch ein wenig Performance kosten. Wenn `D3DSWAPEFFECT_DISCARD` angegeben wird, sagen wir Direct3D damit, dass es uns völlig egal ist, was mit dem Bildpuffer nach dem Kopieren in den Videospeicher geschieht, und erleichtern damit der Grafikkarte die Arbeit ein wenig. `D3DSWAPEFFECT_DISCARD` ist außerdem die einzige Möglichkeit, wenn Multi-Sampling zum Einsatz kommen soll.

- `D3DSWAPEFFECT_FLIP`: Wenn mehrere Bildpuffer verwendet werden, ist dieses Flag eine gute Wahl. Die Bildpuffer werden in einer Art von Kreislauf organisiert: Wenn der vorderste, der gerade das aktuelle Bild enthält, sichtbar gemacht wurde, rückt er wieder an die hinterste Stelle, und alle anderen rücken eine Stelle vorwärts.
- `D3DSWAPEFFECT_COPY`: Nur für einen *einzelnen* Bildpuffer geeignet. Direct3D kopiert hier einfach den Inhalt des Bildpuffers in den Videospeicher oder in den Zeichenbereich des Zielfensters, ohne dass der Bildpuffer verändert wird. Ob dabei vertikale Strahlsynchronisation zum Einsatz kommt, hängt vom Präsentationsintervall (`PresentationInterval`) ab.

2.4.5.4 Unterstützung abfragen

Bevor man nun in die Präsentationsstruktur irgendwelche Werte wie zum Beispiel die Multi-Sampling-Qualität einträgt, sollte man – wenn man Wert darauf legt, dass das Programm später auf möglichst vielen Rechnern läuft – erst einmal herausfinden, was genau unterstützt wird und was nicht. Das gilt auch für Z-Buffer-Formate.

Beim Videomodus müssen wir uns keine Sorgen machen, und damit auch nicht beim Bildpufferformat, denn beides haben wir vorher durch Abzählen erhalten, und es wird natürlich nur das abgezählt, was die Grafikkarte auch unterstützt.

Eine gute Überprüfung vor der Initialisierung von Direct3D ist das *A und O* jeder Direct3D-Initialisierungsfunktion. Wird hier schlampig gearbeitet, hat das zur Folge, dass das Programm möglicherweise auf vielen PCs nicht funktioniert, und das nur, weil das Programm nicht flexibel genug war. Es gilt der Grundsatz: *Das Programm* muss mit der Grafikkarte zurechtkommen und *nicht umgekehrt* – kaum ein Benutzer wird sich wegen eines einzelnen Spiels gleich eine neue Grafikkarte zulegen.

Gerätetyp

Auch das Vorhandensein eines hardwarebeschleunigten Gerätetyps (`D3DDEVTYPE_HAL`) ist nicht unbedingt als hundertprozentig sicher anzusehen. Hier kommt erneut die Methode `IDirect3D9::GetDeviceCaps` zum Einsatz. Man wendet sie einfach auf den gewünschten Gerätetyp an und fragt das Ergebnis ab. Falls es `D3DERR_INVALIDDEVICE` ist, dann ist der Gerätetyp auf dem angegebenen Adapter nicht verfügbar. Ist die Methode erfolgreich ausgeführt, so ist dieser Gerätetyp verwendbar.

Bildpuffer- und Z-Stencil-Buffer-Format

Obwohl man bei dieser Art von Oberflächen kaum sagen kann, dass es dort eine riesige Formatauswahl gebe, darf man sich nicht darauf verlassen, dass jedes Format auf jeder Grafikkarte verfügbar ist. Auch hängt es nicht nur vom Typ der Grafikkarte ab, ob ein Format unterstützt wird, sondern auch vom verwendeten Videomodus und – im Fall des Z-Stencil-Buffer-Formats – auch vom Bildpufferformat.

Erst einmal sollte man die Methode `IDirect3D9::CheckDeviceFormat` verwenden, um herauszufinden, ob das Format überhaupt irgendwie unterstützt wird. Dann folgt noch ein weiterer Schritt, um sich endgültig zu vergewissern. Die `CheckDeviceFormat`-Methode verwendet man nicht nur für Z-Stencil-Buffer, sondern für alle möglichen Typen von Ressourcen, auch für den Bildpuffer.

2.4 Initialisierung von Direct3D

Tabelle 2.14 Die Parameter der Methode IDirect3D9::CheckDeviceFormat

Parameter	Beschreibung
UINT Adapter	ID des Adapters, auf dem getestet wird
D3DDEVTYPE DeviceType	Gerätetyp (zum Beispiel D3DDEVTYPE_HAL)
D3DFORMAT AdapterFormat	Format des Videomodus, in den der Adapter während der Anwendung gesetzt sein wird, oder der aktuelle Videomodus, falls man im Fenstermodus arbeitet.
DWORD Usage	Verwendungszweck für das Format: • D3DUSAGE_RENDERTARGET: Oberfläche, auf die gerendert werden kann (zum Beispiel der Bildpuffer) • D3DUSAGE_DEPTHSTENCIL: Z-Stencil-Buffer
D3DRESOURCETYPE RType	Typ der Ressource. Hier geben wir D3DRTYPE_SURFACE an, um das Format im Zusammenhang mit einer normalen Oberfläche zu testen. Nicht nur Oberflächen haben ein Format, sondern auch noch andere Ressourcen.
D3DFORMAT CheckFormat	Dies ist das eigentliche Format, das geprüft wird. Direct3D testet, ob es auf dem angegebenen Adapter und mit dem gewählten Gerätetyp als Bildpuffer/Z-Stencil-Buffer/... in Form einer bestimmten Ressource (zum Beispiel einer *Oberfläche*) einsetzbar ist.

Wenn die Methode IDirect3D9::CheckDeviceFormat vom Typ HRESULT den Wert D3D_OK liefert (und nicht D3DERR_NOTAVAILABLE oder sonstiges Fehlerzeug), also das Makro SUCCEEDED anschlägt, wissen wir, dass das getestete Format in Ordnung ist und wir mit seiner Unterstützung durch die Hardware rechnen können.

Bildpufferformat

Nachdem mit CheckDeviceFormat geprüft wurde, ob das gewünschte Bildpufferformat *verfügbar* ist, muss noch mit einer weiteren Methode getestet werden, ob auf diese Weise auch der gewünschte Gerätetyp (zum Beispiel Hardwarebeschleunigung) zur Verfügung steht. Das geht mit der Methode IDirect3D9::CheckDeviceType. Wir übergeben ihr die Adapter-ID, den Gerätetyp, das Format des Videomodus, das Format des Bildpuffers und schließlich noch einen BOOL-Wert, der beim Fenstermodus TRUE ist und beim Vollbildmodus FALSE. Wenn die Methode erfolgreich ausgeführt werden konnte, steht uns nichts mehr im Wege, und dieses Bildpufferformat ist verwendbar. Der nächste Schritt wäre, es zur Liste der Bildpufferformate hinzuzufügen, damit der Benutzer später die Auswahl hat.

Tabelle 2.15 Die Parameter der Methode IDirect3D9::CheckDeviceType

Parameter	Beschreibung
UINT Adapter	ID des Adapters
D3DDEVTYPE CheckType	Gerätetyp, von dem wir wissen möchten, ob er mit der angegebenen Konfiguration verfügbar ist (normalerweise D3DDEVTYPE_HAL)
D3DFORMAT DisplayFormat	Format des verwendeten Videomodus (im Fenstermodus: das Format des aktuellen Videomodus)
D3DFORMAT BackBufferFormat	Bildpufferformat, das wir verwenden möchten
BOOL Windowed	TRUE, falls das Programm im Fenstermodus läuft, und FALSE im Falle des Vollbildmodus

Z-Stencil-Buffer-Format

Wie auch immer, auch beim Z-Stencil-Buffer-Format reicht `CheckDeviceFormat` noch nicht ganz. Es muss noch eine weitere Testmethode namens `CheckDepthStencilMatch` aufgerufen werden.

Tabelle 2.16 Die Parameter der Methode `IDirect3D9::CheckDepthStencilMatch`

Parameter	Beschreibung
`UINT Adapter`	ID des Adapters
`D3DDEVTYPE DeviceType`	Gerätetyp
`D3DFORMAT AdapterFormat`	Format des Videomodus, in den der Adapter versetzt werden wird
`D3DFORMAT RenderTargetFormat`	Format der Ziel-Renderoberfläche, die das Programm verwenden wird (nomalerweise der *Bildpuffer*)
`D3DFORMAT DepthStencilFormat`	Zu überprüfendes Z-Stencil-Buffer-Format

Erst wenn auch diese Methode `D3D_OK` zurückliefert, können wir sichergehen, dass das gewählte Format zum Videomodus und dem Bildpufferformat kompatibel ist. Anderenfalls sollte es natürlich nicht verwendet werden.

Formatkonvertierung im Fenstermodus

Wie bereits angesprochen, besteht in DirectX 9 die Möglichkeit, auch im Fenstermodus ein Bildpufferformat zu verwenden, das von dem Format des aktuellen Videomodus abweicht. Es muss aber dann eine Formatkonvertierung zwischen dem aktuellen und dem gewünschten Format möglich sein. Ob das der Fall ist, erfährt man mit Hilfe der Methode `IDirect3D9::CheckDeviceFormatConversion`. Sie erwartet zuerst die ID des Adapters, dann den Gerätetyp und zum Schluss zuerst das Format, welches konvertiert werden soll (also das gewünschte Bildpufferformat), und schließlich noch das Zielformat (das Format des aktuellen Videomodus). Liefert die Methode `D3D_OK` zurück, ist die Hardware fähig, die Konvertierung zu übernehmen.

Multi-Sampling

Selbst der Referenz-Rasterizer unterstützt nicht alle Typen von Multi-Sampling: Tatsächlich sind dort nur die Typen 4x und 9x implementiert (nur Microsoft weiß, warum). Viele Grafikkarten unterstützen überhaupt kein Multi-Sampling, und manche bieten eine ganze Bandbreite an Typen und Qualitätsstufen. Ob ein bestimmter Multi-Sampling-Typ verwendbar ist und wie viele Qualitätsstufen für diesen Typ existieren, findet man durch Aufrufen der Methode `IDirect3D9::CheckDeviceMultiSampleType`:

Tabelle 2.17 Die Parameter der Methode `IDirect3D9::CheckDeviceMultiSampleType`

Parameter	Beschreibung
`UINT Adapter`	Adapter-ID
`D3DDEVTYPE DeviceType`	Gerätetyp
`D3DFORMAT SurfaceFormat`	Format der Ziel-Renderoberfläche
`BOOL Windowed`	Fenstermodus oder Vollbildmodus?
`D3DMULTISAMPLE_TYPE MultiSampleType`	Multi-Sampling-Typ, der getestet werden soll. `D3DMULTISAMPLE_12_SAMPLES` prüft zum Beispiel, ob Multi-Sampling mit 12 Samples (das ist schon sehr viel) verfügbar ist.

2.4 Initialisierung von Direct3D

Parameter	Beschreibung
DWORD* pQualityLevels	Zeiger auf eine DWORD-Variable, die von der Methode mit der Anzahl der für diesen Multi-Sampling-Typ verfügbaren Qualitätsstufen gefüllt wird. Mit mindestens einer Stufe ist zu rechnen.

Wenn es beispielsweise vier Qualitätsstufen gibt, dann sind die erlauben Werte 0, 1, 2 und 3. Auch hier gilt: Anhand des Rückgabewerts wird entschieden, ob der Multi-Sampling-Typ verfügbar ist oder nicht (D3D_OK: Erfolg). *Sehr wichtig*: Ein Multi-Sampling-Typ muss sowohl mit dem Bildpufferformat als auch mit dem Z-Stencil-Buffer-Format getestet werden. Es ist nämlich möglich, dass ein bestimmter Typ zum Beispiel nur bei 16-Bit-Oberflächen funktioniert.

Alles zusammen

Damit kennen wir alle Parameter der Methode IDirect3D9::CreateDevice, die uns das IDirect3DDevice9-Schnittstellenobjekt, dem wir später unsere Zeichenbefehle zuschicken können, bereitwillig liefert. Auf ein Beispiel wird nun absichtlich verzichtet, erst wird es noch ein Dialogfeld geben, in dem man zwischen all diesen Optionen wie *Adapter*, *Multi-Sampling* und *Videomodus* wählen kann.

2.4.5.5 Übersichtliche Auswahl aller Parameter

Es dauert nun nicht mehr lange, bis wir zu der eigentlichen Erstellung der Geräteschnittstelle IDirect3DDevice9 kommen. Diese sollte aber nicht ohne eine vorherige Auswahl aller wichtigen Parameter von Seiten des Benutzers erfolgen. Man kann nicht einfach so voraussetzen, dass ein bestimmter Videomodus mit einem gewissen Z-Buffer-Format und einem beliebigen Multi-Sampling-Typ kompatibel ist. Darum wird in diesem Abschnitt nun ein interaktives Dialogfeld gezeigt, welches alle Adapter, ihre Videomodi, Formate und Multi-Sampling-Typen und -Qualitätsstufen auflistet. Dabei soll es unmöglich sein, eine nicht unterstützte Kombination auszuwählen, das Dialogprogramm filtert automatisch alle nicht passenden Kombinationen heraus.

Dabei sollte man nicht vergessen, dass die Verfügbarkeit einiger Optionen wiederum von anderen Optionen abhängt. So könnte beispielsweise ein vierfacher Multi-Sampling-Typ nur zusammen mit dem 800x600-Vollbildmodus bei einem Bildpufferformat von D3DFMT_R5G6B5 und einem Z-Stencil-Buffer-Format von D3DFMT_D24S8 verfügbar sein. Dieser konkrete Fall ist natürlich sehr konstruiert, aber man sollte immer mit solchen Ungleichmäßigkeiten rechnen.

Das Dialogfenster wird hauptsächlich eine Reihe von Listen enthalten, die alle Adapter, Videomodi, Bild- und Z-Stencil-Buffer-Formate und natürlich alle Multi-Sampling-Typen und Qualitätsstufen auflisten. Dabei muss mehr oder weniger der gesamte Dialog aktualisiert werden, wenn der Benutzer eine Wahl trifft. Dabei gilt folgende Abhängigkeit:

- Adapter
  - Gerätetyp
    - Fenster- oder Vollbildmodus?
      - Videomodus
        - Bildpufferformat
          - Z-Stencil-Buffer-Format
            - Multi-Sampling-Typ
              - Multi-Sampling-Qualität

Das heißt: Wenn der Benutzer im Dialogfenster einen neuen Adapter wählt, müssen alle anderen Dinge neu abgezählt werden, denn der Adapter sitzt sozusagen „ganz oben" und kontrolliert alles, was unter ihm liegt. Ändert man hingegen nur den Multi-Sampling-Typ, ist es nur nötig, die Multi-Sampling-Qualitätsstufen neu aufzulisten.

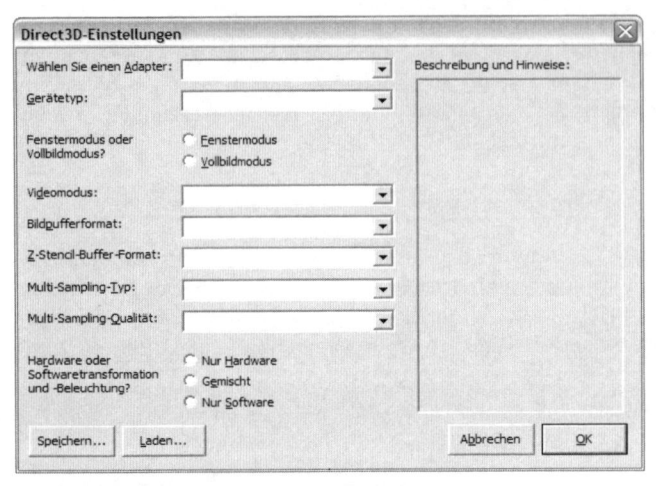

Abbildung 2.20 Der Direct3D-Einstellungsdialog

Dieses Dialogfeld ist in der Datei DIRECT3DENUM.CPP im Ordner BEISPIELE\ALLGEMEINES implementiert. Die Ressourcendatei ALLGEMEINES.RC muss ebenfalls zum Projekt hinzugefügt werden, da sich in ihr das Layout des Dialogfelds befindet. Microsoft Visual Studio 6.0 unterstützt nur eine einzige Ressourcendatei pro Projekt – in dem Fall fügen Sie die Zeile #include "..\..\Allgemeines\Allgemeines.rc" ganz an den Anfang Ihrer eigenen Ressourcendatei ein, falls Sie eine benutzen.

DIRECT3DENUM.CPP definiert eine Funktion namens GetDirect3DParameters, die einen Parameter vom Typ SDirect3DParameters (genauer gesagt: einen Zeiger auf solch eine Struktur) erwartet. Diese Struktur beinhaltet *alle* Daten, die zur Initialisierung von Direct3D unbedingt nötig sind – also Adapter-ID, Gerätetyp, Videomodus, Erstellungsflags (HARDWARE, MIXED oder SOFTWARE) und so weiter. GetDirect3DParameters ruft den Einstellungsdialog auf, wertet die vom Benutzer vorgenommene Auswahl aus und speichert alles in der angegebenen Struktur. Wir werden diese Hilfsfunktion von nun an in allen Beispielprogrammen verwenden.

Tabelle 2.18 Die Elemente der Struktur SDirect3DParameters

Element	Beschreibung
int iAdapter	ID des vom Benutzer gewählten Adapters
D3DDEVTYPE DeviceType	Ausgewählter Gerätetyp
BOOL bWindowed	TRUE beim Fenstermodus, FALSE im Vollbildmodus
D3DDISLAYMODE VideoMode	Videomodus beziehungsweise Größe des Bildpuffers und des Fensters im Fenstermodus
D3DFORMAT BackBufferFormat	Gewähltes Format des Bildpuffers
D3DFORMAT ZStencilBufferFormat	Z-Stencil-Buffer-Format

2.4 Initialisierung von Direct3D

Element	Beschreibung
D3DMULTISAMPLE_TYPE MultiSamplingType	Multi-Sampling-Typ (D3DMULTISAMPLE_NONE, D3DMULTISAMPLE_NONMASKABLE oder D3DMULTISAMPLE_2_SAMPLES bis D3DMULTISAMPLE_16_SAMPLES)
DWORD dwMultiSamplingQuality	Multi-Sampling-Qualität
DWORD dwFlags	Flags: entweder D3DCREATE_HARDWARE_VERTEXPROCESSING, D3DCREATE_MIXED_VERTEXPROCESSING oder D3DCREATE_SOFTWARE_VERTEXPROCESSING
D3DCAPS9 DeviceCaps	Die Fähigkeiten des gewählten Geräts

Aus Platzgründen kann leider nicht detailliert auf die Implementierung der Funktion GetDirect3DParameters eingegangen werden. Solch eine Funktion zu schreiben, die auch perfekt funktioniert und alles genauestens überprüft, ist einfach nur sehr viel monotone Arbeit, und das Aufregendste ist das Entwerfen des Dialogdesigns. Alles beruht auf den oben genannten Methoden zur Überprüfung verschiedener Optionen wie Bildpufferformat oder Multi-Sampling-Typ. Wenn die Funktion übrigens den Code TB_CANCELED liefert, heißt das, dass der Benutzer auf den Knopf ABBRECHEN geklickt hat.

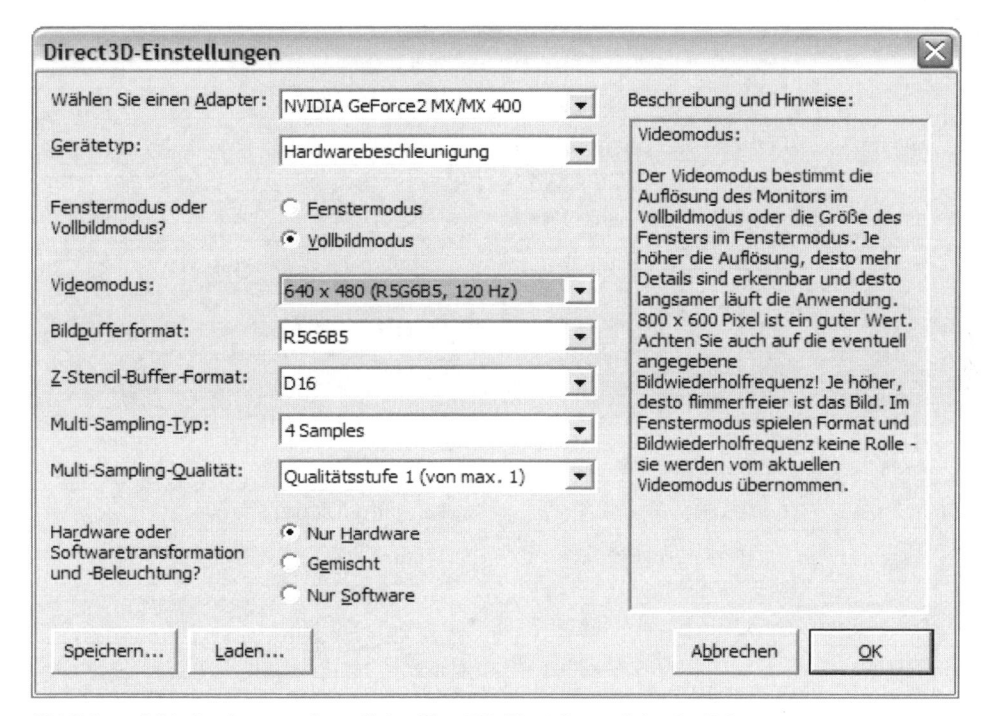

Abbildung 2.21 Der benutzerfreundliche Direct3D-Einstellungsdialog in Aktion

2.4.5.6 Der letzte Schritt: *InitDirect3D*

Wir können nun also mit einem einfachen Aufruf alle möglichen Direct3D-Parameter erhalten, und nun ist es an der Zeit, CreateDevice aufzurufen und die Geräteschnittstelle zu erzeugen! Das tun wir in einer neuen Funktion namens InitDirect3D, die wir in der Datei INITDI-

RECT3D.CPP speichern (ebenfalls im Ordner BEISPIELE\ALLGEMEINES). InitDirect3D bekommt als Parameter einen Zeiger auf eine SDirect3DParameters-Struktur und das Handle des zu verwendenden Fensters (vorher durch InitWindow erstellt). Die Funktion generiert dann zuerst die gewöhnliche IDirect3D9-Schnittstelle, baut sich dann eine passende Präsentationsstruktur zusammen (D3DPRESENT_PARAMETERS) und ruft letztendlich CreateDevice auf, um eine IDirect3DDevice9-Schnittstelle zu erzeugen, was ja unser momentanes Ziel ist. Die Schnittstellen werden in den globalen Variablen g_pD3D und g_pD3DDevice gespeichert.

```
// Funktion zum Initialisieren von Direct3D
tbResult InitDirect3D(SDirect3DParameters* pParameters,
                      HWND hWindow)
{
    HRESULT                 hResult;
    D3DPRESENT_PARAMETERS   PresentParams;

    // Parameter prüfen
    if(!pParameters) TB_ERROR_NULL_POINTER("pParameters", TB_ERROR);

    // Globale IDirect3D9-Schnittstelle erzeugen
    g_pD3D = Direct3DCreate9(D3D_SDK_VERSION);
    if(!g_pD3D)
    {
        TB_ERROR("IDirect3D9-Schnittstelle konnte nicht erstellt werden!",
                 TB_ERROR);
    }

    TB_INFO("IDirect3D9-Schnittstelle wurde erzeugt!");

    // Präsentationsstruktur ausfüllen
    ZeroMemory(&PresentParams, sizeof(D3DPRESENT_PARAMETERS));
    PresentParams.BackBufferWidth        = pParameters->VideoMode.Width;
    PresentParams.BackBufferHeight       = pParameters->VideoMode.Height;
    PresentParams.BackBufferFormat       = pParameters->BackBufferFormat;
    PresentParams.BackBufferCount        = 1;
    PresentParams.MultiSampleType        = pParameters->MultiSamplingType;
    PresentParams.MultiSampleQuality     = pParameters->dwMultiSamplingQuality;
    PresentParams.SwapEffect             = D3DSWAPEFFECT_DISCARD;
    PresentParams.hDeviceWindow          = hWindow;
    PresentParams.Windowed               = pParameters->bWindowed;
    PresentParams.EnableAutoDepthStencil = TRUE;
    PresentParams.AutoDepthStencilFormat = pParameters->ZStencilBufferFormat;
    PresentParams.Flags                  =    pParameters->ZStencilBufferFormat
                                           != D3DFMT_D16_LOCKABLE ?
                                           D3DPRESENTFLAG_DISCARD_DEPTHSTENCIL : 0;
    PresentParams.FullScreen_RefreshRateInHz = pParameters->bWindowed ?
                                               D3DPRESENT_RATE_DEFAULT :
                                               pParameters->VideoMode.RefreshRate;
    PresentParams.PresentationInterval   = pParameters->bWindowed ?
                                           D3DPRESENT_INTERVAL_IMMEDIATE :
                                           D3DPRESENT_INTERVAL_ONE;
    // Die Geräteschnittstelle generieren
    if(FAILED(hResult = g_pD3D->CreateDevice(pParameters->iAdapter,
                                             pParameters->DeviceType,
                                             hWindow,
                                             pParameters->dwFlags,
                                             &PresentParams,
                                             &g_pD3DDevice)))
    {
        // Fehler beim Generieren der Schnittstelle!
        ExitDirect3D();
        TB_ERROR_DIRECTX("g_pD3D->CreateDevice", hResult, TB_ERROR);
    }
```

2.4 Initialisierung von Direct3D

```
    // Es hat geklappt!
    TB_INFO("Geräteschnittstelle wurde generiert!");

    // Cursor im Vollbildmodus ausblenden
    if(!pParameters->bWindowed) ShowCursor(FALSE);

    return TB_OK;
}
```
Listing 2.56 Erstellen der Geräteschnittstelle `IDirect3DDevice9`

Mit dem Aufruf von `CreateDevice` schaltet Direct3D automatisch in den entsprechenden Vollbildmodus um, falls das `Windowed`-Element der Präsentationsstruktur auf `FALSE` gesetzt ist, und beim Programmende wird der ursprüngliche Videomodus wiederhergestellt – darum müssen wir uns also nicht selbst kümmern.

2.4.6 Direct3D herunterfahren

Am Anfang des Spiels wird Direct3D initialisiert, am Ende wieder heruntergefahren, und wie Letzteres funktioniert, werden wir uns jetzt anschauen. Sicherlich erinnern Sie sich noch an die `Release`-Methode, die Eigentum aller COM-Schnittstellen ist. Genau diese verwenden wir auch, um Direct3D herunterzufahren. Was wir tun müssen ist, Release auf der `IDirect3D9`- und der `IDirect3DDevice9`-Schnittstelle aufzurufen, wobei die Reihenfolge keine Rolle spielt. Denken Sie immer daran: Eine nicht freigegebene Schnittstelle wird mit großer Wahrscheinlichkeit in einem Speicherleck enden. Dagegen kann auch die TriBase-Engine ohne zusätzliche Überwachungsfunktionen nichts tun. Um das Aufräumen von Direct3D kümmert sich die sehr einfach gestrickte Funktion `ExitDirect3D`:

```
// Funktion zum Herunterfahren der Direct3D-Komponente
tbResult ExitDirect3D()
{
    // Schnittstellen abbauen
    TB_SAFE_RELEASE(g_pD3D);
    TB_SAFE_RELEASE(g_pD3DDevice);

    return TB_OK;
}
```
Listing 2.57 Höfliches Herunterfahren von Direct3D

2.4.7 Beispielprogramm: eine komplette Direct3D-Anwendung

Das zweite komplette Beispielprogramm dieses Kapitels verwendet zuerst die Funktion `GetDirect3DParameters`, um den Einstellungsdialog anzuzeigen und um die Wahl des Benutzers festzuhalten. Anschließend wird mit `InitWindow` ein Fenster in der entsprechenden Größe generiert, und danach initialisiert das Programm Direct3D mit einem Aufruf der Funktion `InitDirect3D`. Nun wird – wie üblich – die Nachrichtenschleife ausgeführt. Die Render- und Move-Funktionen sind dabei noch leer. Am Ende wird alles wieder schön ordentlich aufgeräumt – also eine komplette kleine Direct3D-Anwendung, die allen nachfolgenden Beispielprogrammen als Grundgerüst dient.

```cpp
// Beispielprogramm 02
// ===================
// Auflisten aller Direct3D-Optionen und anschließende Erstellung
// einer Geräteschnittstelle (IDirect3DDevice9).
// Zu den Optionen gehören unter anderem:
// - Adapter und Gerätetyp
// - Videomodi
// - Multi-Sampling-Typen und -Qualitätsstufen
// - Hardware- oder Softwareverarbeitung?

#include <Windows.h>
#include <TriBase.h>
#include "..\\..\\Allgemeines\\InitWindow.h"
#include "..\\..\\Allgemeines\\Direct3DEnum.h"
#include "..\\..\\Allgemeines\\InitDirect3D.h"
#include "Resource.h"

// Render-Funktion
tbResult Render(float fNumSecsPassed)
{
    return TB_OK;
}

// Move-Funktion
tbResult Move(float fNumSecsPassed)
{
    return TB_OK;
}

// Windows-Hauptfunktion
int WINAPI WinMain(HINSTANCE hInstance,
                   HINSTANCE hPrevInstance,
                   char* pCmdLine,
                   int iShowCmd)
{
    // TriBase-Engine initialisieren
    tbInit();

    // Direct3D-Optionen abfragen (vom Benutzer gewählt)
    SDirect3DParameters Direct3DParameters;
    tbResult Result = GetDirect3DParameters(&Direct3DParameters);
    if(Result == TB_ERROR)
    {
        // Es trat ein Fehler auf!
        MessageBox(NULL, "Fehler beim Abzählen!", "Fehler",
                   MB_OK | MB_ICONEXCLAMATION);
        tbExit();
        return 1;
    }
    else if(Result == TB_CANCELED)
    {
        // Der Dialog wurde abgebrochen!
        tbExit();
        return 0;
    }

    // Fenster initialisieren. Die Größe hängt vom gewählten
    // Videomodus ab, der in der Parameterstruktur gespeichert ist.
    if(InitWindow(Direct3DParameters.VideoMode.Width,
                  Direct3DParameters.VideoMode.Height,
                  "Beispielprogramm Nr. 2: Direct3D-Abzählung",
                  LoadIcon(hInstance, MAKEINTRESOURCE(IDI_ICON1))))
    {
        // Fehler beim Erstellen des Fensters!
        MessageBox(NULL, "Fehler beim Erstellen des Fensters!",
                   "Fehler", MB_OK | MB_ICONEXCLAMATION);
```

2.4 Initialisierung von Direct3D

```
            tbExit();
            return 1;
        }

        // Direct3D mit den abgefragten Einstellungen initialisieren
        if(InitDirect3D(&Direct3DParameters,
                        g_hWindow))
        {
            // Fehler!
            MessageBox(g_hWindow, "Fehler beim Initialisieren von Direct3D!",
                       "Fehler", MB_OK | MB_ICONEXCLAMATION);
            ExitWindow();
            tbExit();
            return 1;
        }

        // Nachrichtenschleife
        tbDoMessageLoop(Render, Move);

        // Direct3D und Fenster herunterfahren
        ExitDirect3D();
        ExitWindow();

        // Engine herunterfahren
        tbExit();

        return 0;
    }
```

Listing 2.58 Eine komplette kleine Direct3D-Anwendung mit Einstellungsdialogfenster

> Wenn Sie im Einstellungsdialog die Option Vollbildmodus wählen, ist es sehr schwer, das Fenster und damit auch das Programm nur mit Hilfe der Maus zu schließen. Verwenden Sie in dem Fall die Tastenkombination [Alt]+[F4], die für alle Windows-Programme und auch für Windows selbst gilt.

2.4.8 Rückblick

Dieser Teil des Kapitels ist wohl der trockenste von allen gewesen, denn die Initialisierung von Direct3D will gelernt sein, und es dauert auch seine Zeit, all die wichtigen Direct3D-Grundprinzipien durchzugehen – Direct3D ist eben die komplexeste Komponente von allen. Es verbergen sich vor allem in der Initialisierung viele Hürden, über die schon so mancher Programmierer gestolpert ist.

Ich verspreche Ihnen, dass es schon sehr bald viel aufregender werden wird. Hier trotzdem noch einmal ein kleiner Rückblick: Wie geht man bei der Direct3D-Initialisierung vor?

- Zu Beginn wird mit der Funktion `Direct3DCreate9` eine Schnittstelle vom Typ `IDirect3D9` erzeugt. Wir brauchen sie vor allem am Anfang der Anwendung, wenn es um das Abfragen der Adapter und ihrer Fähigkeiten geht.
- Nun kommt die Phase der *Abzählung*. Die verschiedensten Dinge werden mit Hilfe dieser eben generierten Schnittstelle abgezählt: Adapter, ihre Videomodi, Bildpuffer- und Z-Stencil-Buffer-Formate, Multi-Sampling-Typen und Multi-Sampling-Qualitätsstufen. Dem Benutzer sollte man all diese Dinge übersichtlich in einem Dialogfeld präsentieren und bei jeder Kombination prüfen, ob sie überhaupt gültig ist. Es existiert eine Prüfmethode für jeden Fall: Beispielsweise wendet man `IDirect3D9::CheckDeviceMultiSampleType` an, um einen Adapter und ein Gerät auf einen bestimmten Multi-Sampling-Typ hin zu testen.

- Sind alle Parameter festgelegt und überprüft worden, geht es an die Erstellung der Geräteschnittstelle `IDirect3DDevice9`, die den gewählten Adapter und den Gerätetyp repräsentiert.
- Die Hilfsfunktionen `GetDirect3DParameters`, `InitDirect3D` und `InitWindow`, die nicht Teil der TriBase-Engine sind, sondern speziell für die Beispielprogramme, die ohne den Direct3D-Teil der Engine geschrieben sind (erst im nächsten Kapitel werden wir Direct3D-Unterstützung zur Engine hinzufügen), bieten eine hervorragende Möglichkeit zur schnellen, sicheren und effizienten Initialisierung von Direct3D und des dazugehörigen Fensters.

2.4.9 Übungsaufgaben

1. Schreiben Sie ein Konsolenprogramm, das alle Direct3D-Adapter auflistet. Es sollen Name, Treiber und Treiberversion angezeigt werden.
2. Erweitern Sie das Programm aus der ersten Aufgabe so, dass der Benutzer einen Adapter durch Eingabe der entsprechenden Zahl (1: erster Adapter, 2: zweiter Adapter ...) wählen kann. Das Programm soll nun alle Videomodi des Adapters auflisten, die zu dem Format `D3DFMT_X8R8G8B8` (32 Bits) kompatibel sind. Schaffen Sie es, eine Funktion zu schreiben, die einen `D3DFORMAT`-Parameter erwartet und einen String zurückliefert, der eine kleine Beschreibung des Formats beinhaltet?

Tipp: Verwenden Sie `IDirect3D9::GetAdapterModeCount` und `EnumAdapterModes`.

2.5 Das erste Dreieck

Nun ist es endlich so weit! Es dauert nicht mehr lange, und wir werden Direct3D die ersten Befehle geben, damit es für uns ein Dreieck auf den Bildschirm zaubert. Wie Direct3D zu initialisieren ist, wurde im vorherigen Abschnitt ausführlich besprochen. In diesem Teil des Kapitels wird ein weiteres Beispielprogramm entwickelt, welches das vorherige weiterführt.

2.5.1 Vertizes

2.5.1.1 Was ist ein Vertex?

Mit Sicherheit haben Sie sich schon gefragt, ob ein dreidimensionales Dreieck wirklich nur aus dreidimensionalen *Positionsvektoren* (Punkten) besteht, denn wie sollte man sonst so viele Effekte (Farbübergänge, Texturen, Transparenz und so weiter) erreichen können? Wir führen nun einen neuen Begriff für den *Eckpunkt einer Primitive* (Dreieck, Linie, Punkt) ein: *der Vertex*. Der Plural ist *Vertizes*, angelehnt an die Schreibweise für den Plural von *Index → Indizes*, wobei die Betonung bei beiden Wörtern auf der letzten Silbe liegt.

2.5.1.2 Funktionsweise

Ein Vertex stellt also einen Eck- oder Scheitelpunkt dar. Vertizes können viele Informationen beinhalten – zuallererst natürlich eine Positionsangabe, also einen 3D-Vektor. Eine weitere Möglichkeit ist es zum Beispiel, eine *Farbangabe* in einen Vertex zu packen. So kann man ein Dreieck sehr farbenfroh gestalten, wenn die Scheitelpunkte jeweils verschiedene Farben besitzen. Es gibt noch viele weitere Möglichkeiten, was man alles in einen Vertex packen kann.

2.5 Das erste Dreieck

Ein wichtiger Grundsatz, der für die meisten Informationen gilt, die in einem Vertex vorkommen können: Die Daten werden zwischen den Vertizes interpoliert!

> **Beispiel**
> Die Grafikkarte möchte gerade einen Pixel eines Dreiecks zeichnen, dessen Vertizes jeweils verschiedene Farben haben. Nun benötigt sie für diesen Pixel eine einzige Farbe, sie hat jedoch drei zur Verfügung, die Vertexfarben. Die Lösung: Alle drei Farben werden an der Endfarbe beteiligt. Wie stark eine Vertexfarbe am Ergebnis beteiligt ist, hängt von der Entfernung des Vertex zum gerade zu zeichnenden Pixel ab. Der mittlere Pixel eines Dreiecks ist demzufolge der genaue Mittelwert aller Vertexfarben. Interpolation wird mit fast allen Vertexinformationen vorgenommen!

2.5.1.3 Wie Direct3D die Vertizes sieht

Direct3D lässt uns den Inhalt unseres Vertexformats beliebig wählen. Unter dem Vertexformat versteht man zum einen den Inhalt eines Vertex und zum anderen die Anordnung der Daten darin (*zuerst* die Position, *danach* die Farben). Die Anordnung der Daten ist für uns jedoch erst einmal festgelegt. Nachdem wir Direct3D mitgeteilt haben, welches Vertexformat wir verwenden möchten, stellt es sich darauf ein und erwartet, dass von nun an alle zu zeichnenden Primitiven aus Vertizes diesen Formats bestehen, bis wir ein neues Format festlegen, was in vielen Fällen mehrmals notwendig ist.

2.5.1.4 Bau einer Vertexstruktur

Ein Programm speichert seine Vertizes meistens in Strukturen, die mit dem `struct`-Schlüsselwort erstellt werden. Farben werden dabei nicht im Fließkommaformat gespeichert, sondern im 32-Bit-Format, also in Form eines `DWORD`-Wertes; die Klasse `tbColor` kann jedoch trotzdem durch ihre Konvertierungsoperatoren zum Einsatz kommen. Manchmal verwendet man auch den Typ `D3DCOLOR`, der aber nichts anderes als `DWORD` ist. Schauen Sie sich einmal die folgende Struktur an:

```
struct SVertex
{
    tbVector3 vPosition; // Position des Vertex
    DWORD     dwColor;   // Farbe des Vertex
};
```

Listing 2.59 Struktur für einen Vertex mit Positions- und Farbinformation

2.5.1.5 Aktivieren eines Vertexformats

Als Nächstes informieren wir Direct3D über den genauen Aufbau der Vertexstruktur. Noch einmal: Die Reihenfolge der Daten ist erst einmal weitestgehend festgelegt, nicht jedoch, *welche* Daten im Vertex vorkommen. Die Methode `IDirect3DDevice9::SetFVF` ist das, was wir suchen. *FVF* steht dabei übrigens für *Flexible Vertex Format*. Das *Flexible* legt nahe, dass ein flexibles Vertexformat nicht selbstverständlich ist – in früheren Direct3D-Versionen gab es lediglich einige vordefinierte Vertexformate, und dem Entwickler war nicht so viel Freiraum gewährt; es gab damals einfach noch nicht so viele Möglichkeiten, einen Vertex mit Informationen anzureichern.

Die `SetFVF`-Methode erwartet lediglich einen einzigen Parameter vom Typ `DWORD`. Dabei handelt es sich um den *Formatbezeichner*, der eine Kombination von Flags ist, welche den Inhalt eines Vertex beschreiben. Alle diese Flags beginnen mit „`D3DFVF_`".

In unserem Beispiel benötigen wir die beiden Flags `D3DFVF_XYZ` für die Positionsangabe und `D3DFVF_DIFFUSE` für die Farbangabe. *Diffuse* steht für die *Streufarbe* des Vertex. Wie wir später noch sehen werden, gibt es noch weitere Farben, die im Zusammenhang mit simulierter Beleuchtung eine große Rolle spielen, um verschiedene Grafikeffekte zu produzieren.

Wir schieben den Aufruf der `SetFVF`-Methode in unserem Beispielprogramm in eine Initialisierungsfunktion namens `InitScene`, die zu Beginn (nachdem Direct3D und das Fenster durch die Funktion `InitApplication` auf die schon bekannte Art und Weise aus Beispielprogramm Nr. 2 initialisiert wurden) aufgerufen wird. Hier erledigen wir von nun an alle Dinge, die für das jeweilige Beispielprogramm spezifisch sind, wie auch das Setzen des Vertexformats. `ExitScene` räumt die 3D-Szene am Ende des Programms wieder auf.

Damit sieht der erste Teil von `InitScene` wie folgt aus:

```
tbResult InitScene()
{
    HRESULT hResult;

    // Vertexformat setzen - Positions- und Farbangabe
    if(FAILED(hResult = g_pD3DDevice->SetFVF(D3DFVF_XYZ | D3DFVF_DIFFUSE)))
    {
        // Fehler beim Setzen des Vertexformats!
        TB_ERROR_DIRECTX("g_pD3DDevice->SetFVF", hResult, TB_ERROR);
    }
```

Listing 2.60 Setzen des Vertexformats

2.5.2 Erste Render-States

Das Vertexformat ist gesetzt, und nun dauert es nicht mehr lange, bis wir das erste Dreieck zeichnen können. Doch es sollten noch einige Einstellungen vorgenommen werden, damit man später auf dem Bildschirm auch etwas sehen kann. Es müssen einige Render-States gesetzt werden. Erinnern Sie sich: Die Render-States kontrollieren vor allem das Verhalten des Rasterizers und legen fest, wie er seine Dreiecke zu zeichnen hat. Ist ein Render-State einmal gesetzt, gelten sein Einstellungen so lange, bis es wieder einen anderen Wert erhält.

2.5.2.1 *SetRenderState* und *GetRenderState*

Kommen wir nun zu den beiden Methoden der `IDirect3DDevice9`-Schnittstelle, die bei der Arbeit mit Render-States im Vordergrund stehen: `SetRenderState` und `GetRenderState`. Während `SetRenderState` ein Render-State auf einen angegebenen Wert setzt, fragt `GetRenderState` den Wert eines Render-States ab und liefert ihn zurück beziehungsweise speichert ihn in eine Variable, deren Adresse wir angeben. Beide Methoden erwarten als ersten Parameter einen Wert vom Typ `D3DRENDERSTATETYPE`. Das ist eine enum-Aufzählung, die für jedes Render-State einen Wert definiert. Alle Render-States beginnen mit „D3DRS_". Der zweite Parameter ist bei der `SetRenderState`-Methode ein `DWORD`-Wert, der den neuen Wert des Render-States beinhaltet. `GetRenderState` erwartet entsprechend einen `DWORD`-Zeiger.

2.5.2.2 Beleuchtung ein/aus

Zu Beginn dieses Kapitels werden wir uns noch nicht mit simulierten Lichtquellen im Zusammenhang mit 3D-Grafik beschäftigen. Es gibt ein Render-State, das Direct3D mitteilt, ob Beleuchtungsberechnungen durchgeführt werden sollen oder nicht. Falls ja, muss das Vertexformat noch einige weitere Informationen beinhalten, und wenn das nicht der Fall ist, sind die meisten gezeichneten Dreiecke einfach nur schwarz. Um das zu verhindern und um zu erreichen, dass die Farben der Vertizes ohne Veränderung übernommen werden, schalten wir die Beleuchtung aus. Das verantwortliche Render-State heißt D3DRS_LIGHTING. Setzen wir es auf TRUE, wird Beleuchtung durchgeführt, bei FALSE nicht. Der Standardwert ist TRUE.

2.5.2.3 Füllmodus

Primitiven, vor allem Dreiecke, können auf unterschiedliche Weisen gezeichnet werden. Dreiecke können entweder solide (gefüllt) sein, oder man zeichnet nur ihre Eckpunkte oder die Kanten in Form von Linien. Welche dieser drei Möglichkeiten in Frage kommt, wird mit Hilfe des Render-States D3DRS_FILLMODE festgelegt. Standardwert ist D3DFILL_SOLID, was die Dreiecke solide macht. D3DFILL_WIREFRAME zeichnet lediglich die Kanten (Drahtgitter) und D3DFILL_POINT nur die Eckpunkte oder Eckpixel.

2.5.2.4 Schattierung

Unter der Schattierung (*Shading*) versteht man das Verfahren, das zum Einsatz kommt, wenn die Farbe eines Pixels ermittelt wird, wenn die umgebenden Vertizes verschiedene Farben besitzen. Dann wird üblicherweise eine Interpolation durchgeführt – das muss aber nicht sein. Das Render-State D3DRS_SHADEMODE kontrolliert, wie vorzugehen ist. D3DSHADE_GOURAUD, was auch der Standardwert ist, führt eine einfache Interpolation durch, die nach ihrem Erfinder *Gouraud* benannt wurde. D3DSHADE_FLAT führt keine Interpolation durch, sondern greift ganz einfach auf den allerersten Vertex der gerade zu zeichnenden Primitive zurück. Diese Farbe wird auf alle Pixel der Primitive übertragen.

2.5.2.5 Culling

Durch eine Technik namens *Culling* kann ein Großteil von nicht sichtbaren Dreiecken in einer Szene eliminiert werden. Dabei lässt man ganz einfach die Dreiecke weg, die vom Beobachter, also von der Kamera, weg zeigen, oder die, die zum Beobachter hingewandt sind, was jedoch eher unüblich ist.

Die Vertizes von Dreiecken sind üblicherweise *im Uhrzeigersinn* angeordnet. Befindet sich die Kamera nun hinter einem solchen Dreieck, stehen die Vertizes (auf dem Bildschirm) *gegen den Uhrzeigersinn*. Direct3D berechnet dazu den Normalenvektor jedes Dreiecks, nachdem es transformiert wurde, und wenn dessen *z*-Komponente kleiner oder gleich null ist (also wenn der Normalenvektor, der senkrecht zur Ebene des Dreiecks steht, zum Beobachter hin zeigt), wird das Dreieck gezeichnet, es sei denn, der Benutzer möchte es anders.

Das Render-State D3DRS_CULLMODE legt fest, *welche* Dreiecke den Weg auf den Bildschirm schaffen und welche nicht. D3DCULL_CCW, der Standardwert, schluckt alle Dreiecke, deren Vertizes auf dem Bildschirm *gegen* den Uhrzeigersinn angeordnet sind. D3DCULL_CW schluckt diejenigen, die *im* Uhrzeigersinn verlaufen. Möchte man, dass *alle* Dreiecke angezeigt werden, setzt man D3DRS_CULLMODE auf D3DCULL_NONE.

Culling funktioniert nur bei Dreiecken, die Teil eines „geschlossenen Objekts" sind. Stellen Sie sich hierzu beispielsweise eine Kugel vor, die aus Dreiecken besteht. Nun ist natürlich nur die Vorderseite der Kugel sichtbar, ohne Culling würde man aber trotzdem *alle* Dreiecke zeichnen. Die Dreiecke, die auf der Hinterseite sind, zeigen nun aber vom Beobachter weg und können daher gefahrlos ausgelassen werden.

2.5.2.6 Z-Buffer

Auch im Zusammenhang mit dem Z-Buffer, der dafür sorgt, dass Dreiecke, die weiter vorne sind, nicht von weit hinten liegenden Dreiecken verdeckt werden, existieren viele Render-States, die wir nun besprechen werden.

Z-Buffer-Test an/aus

Ob Direct3D überhaupt einen Z-Buffer-Test für jeden zu zeichnenden Pixel durchführen soll, wird mit dem Render-State `D3DRS_ZENABLE` festgelegt. Wir schalten es auf `TRUE` (was auch der Standardwert ist, wenn ein Z-Buffer erzeugt wurde), um den Z-Buffer-Test zu aktivieren, ansonsten auf `FALSE`.

Ohne den Z-Buffer-Test erscheinen die Dreiecke stur in der umgekehrten Reihenfolge auf dem Bildschirm, wie sie gezeichnet werden – die letzten ganz oben, wobei sie die vorher gezeichneten überdecken. Auf die Tiefe wird dann keine Rücksicht genommen, und um ein totales Chaos zu verhindern, sollte man zumindest eine grobe Sortierung der Dreiecke vornehmen.

W-Buffer

Erinnern Sie sich noch an den W-Buffer? Er ist eine gute Alternative zum Z-Buffer, weil sich die Werte in der Tiefe besser verteilen und so für eine höhere allgemeine Genauigkeit an jedem Ort in der Szene sorgen. Um den W-Buffer zu aktivieren, setzt man das Render-State `D3DRS_ZENABLE` nicht auf `TRUE` oder `FALSE`, sondern auf `D3DZB_USEW`. Mit 24- oder 32-Bit-Z-Buffern ist es aber oft unnötig, auf den W-Buffer zurückzugreifen.

Vergleichsfunktion

Normalerweise akzeptiert man nur solche Pixel, die eine kleinere (oder gleiche) Tiefe haben als der bereits gespeicherte Pixel, dessen Tiefe im Z-Buffer abgelegt ist. Doch warum sollte man es nicht auch anders machen, zum Beispiel so, dass weiter hinten liegende Pixel die weiter vorne liegenden überdecken? In manchen Situationen könnte das vielleicht von Nutzen sein. Das Render-State `D3DRS_ZFUNC` legt die Vergleichsfunktion fest. In der folgenden Tabelle steht a für die Tiefe des zu zeichnenden Pixels und b für den gespeicherten z-Wert im Z-Buffer:

Tabelle 2.19 Verschiedene Vergleichsfunktionen

Bezeichner	Bedingung
D3DCMP_LESS	$a < b$
D3DCMP_LESSEQUAL	$a \leq b$
D3DCMP_EQUAL	$a = b$
D3DCMP_NOTEQUAL	$a \neq b$
D3DCMP_GREATER	$a > b$
D3DCMP_GREATEREQUAL	$a \geq b$
D3DCMP_ALWAYS	Pixel immer zeichnen
D3DCMP_NEVER	Pixel niemals zeichnen

Diese Werte werden nicht nur bei der Z-Buffer-Vergleichsfunktion, sondern auch noch bei einigen anderen Bereichen verwendet, merken Sie sich also gut. `D3DCMP_LESSEQUAL` ist der Standardwert, also von Anfang an aktiviert.

2.5 Das erste Dreieck

Schreiberlaubnis

Wenn ein Pixel eine Tiefe, welche die vorher festgelegte Vergleichsfunktion erfüllt (im Fall von `D3DCMP_LESSEQUAL` zum Beispiel ein Pixel, der weiter vorne ist als der bereits gespeicherte Pixel), ist das gewöhnliche Verfahren, den *z*-Wert im Z-Buffer durch die Tiefe des neuen Pixels zu ersetzen. Das ist aber nicht immer sinnvoll, vor allem im Zusammenhang mit Transparenzeffekten, wie wir noch sehen werden. Glücklicherweise ist es uns erlaubt, selbst festzulegen, ob in den Z-Buffer geschrieben werden darf oder nicht – und zwar mit dem Render-State `D3DRS_ZWRITEENABLE`. `TRUE`, der Standardwert, erlaubt Schreibvorgänge, während `FALSE` dafür sorgt, dass nichts mehr am Z-Buffer geändert wird.

2.5.2.7 Dithering

Wenn eine 3D-Anwendung im 16-Bit-Farbmodus arbeitet, ist die Palette der verfügbaren Farben auf „nur" 65536 oder gar „nur" 32768 begrenzt. Auch wenn das immer noch sehr hohe Zahlen sind, spürt – sieht – man den Unterschied jedoch sehr deutlich. Vor allem bei bunten Farbübergängen macht sich die fehlende Farbgenauigkeit bemerkbar, unschöne Streifeneffekte treten auf. Abhilfe schafft da eine Technik namens *Dithering*.

Man nutzt dabei aus, dass ein Pixel recht klein ist und in den meisten Auflösungen vom menschlichen Auge nicht genau als Einzelobjekt erkennbar ist. Eine Farbe wird dann sozusagen aus verschiedenfarbigen Pixeln, die direkt nebeneinander liegen, „gemischt". Schreibt man einen blauen Pixel neben einen roten, erkennt man diese beiden Pixel bei einer entsprechend hohen Auflösung nicht mehr als einzelne Pixel, sondern hält sie für einen *einzigen* violetten Pixel. Nach diesem Prinzip funktioniert das Dithering. Auch beim Drucken von Grafiken wendet ein Drucker diese Technik an, um die Stärke einer Farbe zu steuern – je stärker eine Farbe, desto mehr Punkte von ihr kommen auf das Papier.

Der Leistungsabfall beim Dithering ist minimal. Direct3D unterstützt Dithering durch das Render-State `D3DRS_DITHERENABLE`, welches für aktiviertes Dithering auf `TRUE` gesetzt wird. `FALSE` ist der Standardwert.

2.5.2.8 *float*-Werte für Render-States

Einige Render-States kommen mit den ganzzahligen `DWORD`-Werten nicht zurecht, weil ihre Genauigkeit nicht ausreicht. Ein typisches Beispiel für diesen Fall ist das Render-State `D3DRS_FOGDENSITY` (stellt die Dichte von Nebel ein, mehr dazu später). Nun muss man tief in die Trickkiste greifen und eine kleine Konvertierung vornehmen, wobei der Speicher einer `float`-Variablen einfach in den einer `DWORD`-Variablen kopiert wird. Dabei nutzt man aus, dass beide Typen gleich groß, nämlich genau 32 Bits, sind.

```
float fFogDensity = 0.001f;
g_pD3DDevice->SetRenderState(D3DRS_FOGDENSITY, *((DWORD*)(&fFogDensity)));
```

Listing 2.61 Eine Fließkommazahl als Wert für ein Render-State

2.5.2.9 Render-States für das Beispielprogramm

Im Beispielprogramm müssen wir hier nicht viel umstellen – die Beleuchtung und das Culling sollten wir ausschalten, da sie hier nur zu ungewollten Ergebnissen führen würden. Außerdem aktivieren wir Dithering, falls das Programm im 16-Bit-Farbmodus laufen sollte. „Einmalige" Render-States (also solche, deren Wert sich während des Renderns nicht mehr ändert) setzen wir in der `InitScene`-Funktion, in der wir zuvor auch schon das Vertexformat mit `SetFVF` festgelegt haben.

```
// Initialisieren der Szene
tbResult InitScene()
{
    HRESULT hResult;

    // Vertexformat setzen - Positions- und Farbangabe
    if(FAILED(hResult = g_pD3DDevice->SetFVF(D3DFVF_XYZ | D3DFVF_DIFFUSE)))
    {
        // Fehler beim Setzen des Vertexformats!
        TB_ERROR_DIRECTX("g_pD3DDevice->SetFVF", hResult, TB_ERROR);
    }

    // Beleuchtung und Culling ausschalten, Dithering aktivieren
    g_pD3DDevice->SetRenderState(D3DRS_LIGHTING, FALSE);
    g_pD3DDevice->SetRenderState(D3DRS_CULLMODE, D3DCULL_NONE);
    g_pD3DDevice->SetRenderState(D3DRS_DITHERENABLE, TRUE);

    return TB_OK;
}
```

Listing 2.62 Die neue Funktion zum Initialisieren der Szene

2.5.3 Setup der Transformationspipeline

Viele Einstellungen für die Szene sind nun bereits gemacht. Wie Sie wissen, durchlaufen alle Vertizes, die Direct3D in Dreiecken, Linien oder Punkten zeichnet, die *Transformationspipeline*, die aus verschiedenen Transformationsmatrizen besteht. Diese gilt es nun zu füllen, denn sonst würde das fertige Bild nicht dreidimensional wirken.

2.5.3.1 *SetTransform* und *GetTransform*

Ähnlich wie SetRenderState und GetRenderState den Haushalt der Render-States regeln, sind die beiden Methoden SetTransform und GetTransform, natürlich ebenfalls zur Geräteschnittstelle IDirect3DDevice9 gehörend, unsere Ansprechpartner, wenn es um das Setzen oder Abfragen einer Transformationsmatrix geht. Die beiden Methoden erwarten als ersten Parameter einen Wert vom Typ D3DTRANSFORMSTATETYPE, der die Art der Transformationsmatrix angibt:

Tabelle 2.20 Die verschiedenen Transformationstypen

Bezeichner	Beschreibung
D3DTS_WORLD	Setzt oder fragt die Weltmatrix ab.
D3DTS_VIEW	Setzt oder fragt die Sichtmatrix ab (Kameramatrix).
D3DTS_PROJECTION	Setzt oder fragt die Projektionsmatrix ab (3D → 2D).

Der zweite Parameter ist bei beiden Methoden ein Zeiger auf eine Matrix vom Typ D3DMATRIX. GetTransform füllt diese Matrix, während SetTransform sie in die Transformationspipeline einsetzt. Der Typ D3DMATRIX ist vom Aufbau her identisch mit der tbMatrix-Klasse; es reicht also, eine einfache Zeigerkonvertierung durchzuführen.

2.5.3.2 Die Projektionsmatrix erstellen

Der nächste Schritt nach dem Festlegen der Render-States ist, die Projektionsmatrix anzulegen. Sie ist sehr wichtig, da durch sie erst der eigentliche 3D-Effekt entsteht, der weiter entfernte Objekte/Vertizes kleiner (also näher am Bildmittelpunkt) erscheinen lässt. Diese Matrix

2.5 Das erste Dreieck

erzeugen wir mit der Hilfsfunktion `tbMatrixProjection` und setzen sie anschließend mit `SetTransform` als neue Projektionsmatrix ein.

```
// Das Bildseitenverhältnis berechnen
float fAspect =    (float)(g_Direct3DParameters.VideoMode.Width)
                 / (float)(g_Direct3DParameters.VideoMode.Height);

// Die Projektionsmatrix erzeugen
tbMatrix mProjection = tbMatrixProjection(TB_DEG_TO_RAD(90.0f), // Sichtfeld: 90° (180°)
                                          fAspect,              // Bildseitenverhältnis
                                          0.1f,                 // Nahe Clipping-Ebene
                                          100.0f);              // Ferne Clipping-Ebene

// Projektionsmatrix einsetzen
g_pD3DDevice->SetTransform(D3DTS_PROJECTION, (D3DMATRIX*)(&mProjection));
```

Listing 2.63 Erzeugen und Einsetzen der Projektionsmatrix

Das Seitenverhältnis wird berechnet, indem man die Breite des Bildes durch seine Höhe teilt. Dazu verwenden wir die Angaben über horizontale und vertikale Auflösung des gewählten Videomodus in der Variablen vom Typ `SDirect3DParameters`, die wir global anlegen.

2.5.3.3 Zwei Matrizen für das Dreieck

Nun ist die Initialisierung der Szene komplett abgeschlossen. Wir begeben uns nun an die Render-Funktion, die einmal pro Bild aufgerufen wird. Bevor wir mit dem Zeichnen des Dreiecks beginnen, legen wir seine Position und Ausrichtung mit Hilfe der Weltmatrix fest. Sie verschiebt und dreht das Dreieck dann nach unseren Wünschen.

Die Translationsmatrix

Mit der Translationsmatrix verschieben wir das Dreieck im dreidimensionalen Raum. Damit es später auch auf dem Bildschirm sichtbar ist, muss es eine gewisse Entfernung vom Beobachter, der sich ohne eine spezielle Sichtmatrix beim Punkt (0, 0, 0) befindet, haben. Wir könnten diese Verschiebung auch dadurch erreichen, dass wir sie direkt in die Koordinaten der Vertizes mit einrechnen; dann könnte aber eine Drehung nicht mehr so leicht funktionieren. Im Beispielprogramm wird das Dreieck zwei Einheiten in die Tiefe geschoben, also auf die Position (0, 0, 2).

Die Rotationsmatrix

Zusätzlich zur Verschiebung werden wir dem Dreieck auch noch eine Rotation um die *y*-Achse verleihen. Die Rotationsmatrix wird mit der Hilfsfunktion `tbMatrixRotationY` erzeugt. Alles, was benötigt wird, ist ein Winkel.

Dieser Winkel sollte sich zusammen mit der abgelaufenen Zeit seit Programmstart erhöhen, so dass sich das Dreieck gleichmäßig dreht. Zu diesem Zweck legen wir eine globale Variable namens `g_fTime` vom Typ `float` an, die in der Move-Funktion jeweils um den Wert erhöht wird, welcher der Funktion als Parameter übergeben wurde (also die abgelaufene Zeit seit dem letzten Bild). Dadurch haben wir eine globale Zählervariable, die wir für Animationen benutzen können.

Um den Drehwinkel zu erhalten, multiplizieren wir die abgelaufene Zeit mit 90° – das Dreieck hat dann also eine Winkelgeschwindigkeit von 90° pro Sekunde.

Berechnen, kombinieren und einsetzen

Nun zur Praxis: Wie bereits erwähnt, finden all diese Matrixberechnungen innerhalb der Render-Funktion statt, noch *bevor* das Dreieck gezeichnet wird. Die Rotationsmatrix wird mit der Translationsmatrix multipliziert, und das Ergebnis setzen wir als neue Weltmatrix ein. Erinnern Sie sich noch daran, dass es wichtig ist, die *Rotationsmatrix mit der Translationsmatrix* zu multiplizieren und nicht umgekehrt?

```
// Render-Funktion
tbResult Render(float fNumSecsPassed)
{
    // Rotations- und Translationsmatrix des Dreiecks erzeugen
    tbMatrix mRotation(tbMatrixRotationY(TB_DEG_TO_RAD(g_fTime * 90.0f)));
    tbMatrix mTranslation(tbMatrixTranslation(tbVector3(0.0f, 0.0f, 2.0f)));

    // Beide Matrizen kombinieren und als Weltmatrix einsetzen
    tbMatrix mWorld(mRotation * mTranslation);
    g_pD3DDevice->SetTransform(D3DTS_WORLD, (D3DMATRIX*)(&mWorld));

    // ----------------------------------------------------------

    // Hier zeichnen wir später das Dreieck.
    // ...

    return TB_OK;
}

// Move-Funktion
tbResult Move(float fNumSecsPassed)
{
    // Zeitzähler erhöhen
    g_fTime += fNumSecsPassed;

    return TB_OK;
}
```

Listing 2.64 Die Move-Funktion und der Anfang der Render-Funktion

2.5.4 Der Zeichenvorgang

2.5.4.1 Bevor es losgeht: Speichern des Dreiecks

Halt! Wir haben das Dreieck noch gar nicht definiert! Dazu legen wir nun einfach ein globales Array vom Typ SVertex (unsere Vertexstruktur) mit drei Elementen an, das wir dann wie folgt ausfüllen: Der erste Vertex ist rot und der obere Punkt des Dreiecks mit den Koordinaten (0, 1, 0), der zweite ist grün und rechts unten (1, −1, 0), und der dritte ist blau und links unten (−1, −1, 0). Diese Initialisierung packen wir in die InitScene-Funktion:

```
SVertex g_aTriangleVertex[3];  // (Globale Variable)

// Initialisieren des Dreiecks
g_aTriangleVertex[0].vPosition = tbVector3( 0.0f,  1.0f, 0.0f);
g_aTriangleVertex[1].vPosition = tbVector3( 1.0f, -1.0f, 0.0f);
g_aTriangleVertex[2].vPosition = tbVector3(-1.0f, -1.0f, 0.0f);
g_aTriangleVertex[0].dwColor   = tbColor(1.0f, 0.0f, 0.0f);
g_aTriangleVertex[1].dwColor   = tbColor(0.0f, 1.0f, 0.0f);
g_aTriangleVertex[2].dwColor   = tbColor(0.0f, 0.0f, 1.0f);
```

Listing 2.65 Das Dreieck wird in Form eines Arrays von Vertexstrukturen definiert.

2.5.4.2 Löschen des Bildpuffer und Z-Buffers

Bevor man irgendetwas zeichnet, sollte man den Bildpuffer und den Z-Buffer leeren, ansonsten kann das zu hässlichen Pixelfehlern führen. Das Leeren des Bildpuffers, des Z- und auch eines eventuell vorhandenen Stencil-Buffers funktioniert mit der Methode `Clear` der `IDirect3DDevice9`-Schnittstelle:

Tabelle 2.21 Die Parameter der Methode `IDirect3DDevice9::Clear`

Parameter	Beschreibung
DWORD Count	Anzahl der zu leerenden Rechtecke, auf die der nächste Parameter zeigt, oder 0, um die *gesamten* Puffer zu leeren
const D3DRECT* pRects	Zeiger auf ein oder mehrere Rechtecke (D3DRECT ist aufgebaut wie die RECT-Struktur der WinAPI), die von der Methode geleert werden sollen, oder NULL, um alles zu leeren
DWORD Flags	Kombination von Flags, die bestimmen, welche Oberflächen die Methode leeren soll: • D3DCLEAR_TARGET: Bildpuffer leeren • D3DCLEAR_ZBUFER: Z-Buffer leeren • D3DCLEAR_STENCIL: Stencil-Buffer leeren
D3DCOLOR Color	Farbe, auf die der Bildpuffer zurückgesetzt wird. Dies ist eine 32-Bit-RGBA-Farbe. Sie können auch einfach einen tbColor-Wert angeben, der dann automatisch umgewandelt wird. Auch das Makro D3DCOLOR_XRGB(Rot, Gruen, Blau) kann verwendet werden.
float Z	Z-Wert, auf den der Z-Buffer zurückgesetzt wird. Der Wert muss zwischen 0 und 1 liegen, wobei 1 die maximale Entfernung ist. Üblicherweise wird auch 1 verwendet.
DWORD Stencil	Wert, auf den der Stencil-Buffer gesetzt wird

Auch wenn wir in unserem ersten Beispielprogramm, in dem wir tatsächlich mit Direct3D arbeiten, noch keinen Z-Buffer benötigen, leeren wir ihn trotzdem, und zwar zusammen mit dem Bildpuffer. Dies geschieht unmittelbar nach der Initialisierung der Transformationspipeline für das Dreieck in der Render-Funktion:

```
// Den Bildpuffer und den Z-Buffer leeren
if(FAILED(hResult = g_pD3DDevice->Clear(0, NULL,
                                        D3DCLEAR_TARGET | D3DCLEAR_ZBUFFER,
                                        D3DCOLOR_XRGB(0, 0, 63),
                                        1.0f, 0)))
{
    // Fehler beim Leeren!
    TB_ERROR_DIRECTX("g_pD3DDevice->Clear", hResult, TB_STOP);
}
```

Listing 2.66 Leeren des gesamten Bildpuffers und des Z-Buffers

2.5.4.3 Beginnen der Szene

Am Anfang sollte man Direct3D mitteilen, dass jetzt die Zeit kommt, in der es um das tatsächliche Zeichnen von 3D-Primitiven geht – die 3D-Szene wird begonnen. Wir brauchen dazu einfach nur die Methode `IDirect3DDevice9::BeginScene` aufzurufen, und zwar einmal pro Bild. Diese Methode erwartet keine Parameter. Danach zeichnet man seine Objekte.

2.5.4.4 Zeichnen des Dreiecks mit *DrawPrimitiveUP*

Bildpuffer und Z-Buffer sind geleert, die Transformationspipeline ist bereit, unser Dreieck zu transformieren – nun müssen wir es (*endlich!*) nur noch zur Grafikkarte schicken. Erinnern Sie sich noch daran, dass Ressourcen bei Direct3D auch innerhalb des Grafikkartenspeichers liegen können? Vertizes fallen ebenfalls unter die Kategorie *Ressource*. Um sie als solche nutzen zu können, legt man einen so genannten *Vertex-Buffer* an, der vom Speicher her so ähnlich wie eine Oberfläche funktioniert. Das ist jedoch ein fortgeschrittenes Thema, und am Anfang reicht es, wenn man die Vertizes direkt aus dem Systemspeicher zeichnet.

Das funktioniert mit der Methode `IDirect3DDevice9::DrawPrimitiveUP`. „UP" steht hierbei für *User Pointer*, also für einen benutzerdefinierten Zeiger. Für das Zeichnen von Dreiecken aus einem Vertex-Buffer gibt es übrigens eine ähnliche Funktion, die wir später verwenden werden.

Tabelle 2.22 Die Parameter der Methode `IDirect3DDevice9::DrawPrimitiveUP`

Parameter	Beschreibung
`D3DPRIMITIVETYPE PrimitiveType`	Typ der Primitiven, die gezeichnet werden sollen (*siehe unten*)
`UINT PrimitiveCount`	Anzahl der zu zeichnenden Primitiven
`const void* pVertexStreamZeroData`	Zeiger auf den ersten Vertex, den Direct3D zum Zeichnen der Primitiven benutzt
`UINT VertexStreamZeroStride`	Größe eines einzelnen Vertex in Bytes

Der erste Parameter – `PrimitiveType` – erfordert noch weitere Erklärungen. Sie wissen bereits, dass man unter Primitiven nicht nur Dreiecke, sondern auch Linien oder Punkte versteht. Wie genau deren Vertizes angeordnet sind, wird durch diesen ersten Parameter festgelegt, und es gibt die folgenden Möglichkeiten:

Dreieckslisten

Der Wert `D3DPT_TRIANGLELIST` bezeichnet eine Liste von Dreiecken. Bei Dreieckslisten wird kein Vertex zweimal verwendet, und immer drei hintereinander liegende bilden ein Dreieck. Demnach sollte die Anzahl der Vertizes auch immer durch drei teilbar sein.

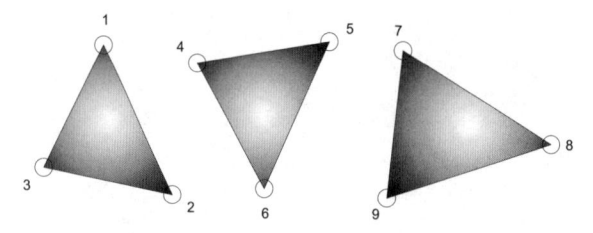

Abbildung 2.22 Drei Dreiecke in einer Dreiecksliste – insgesamt neun verschiedene Vertizes

Verbundene Dreiecke

Bei sehr großen Flächen, bei denen viele Vertizes in mehreren Dreiecken vorkommen, wäre das Verwenden einer Dreiecksliste pure Speicherverschwendung. Nur das allererste Dreieck benötigt dabei drei Vertizes; alle nachfolgenden haben eine Kante, also zwei Vertizes mit dem vorhergehenden Dreieck gemeinsam und werden daher durch nur einen einzigen neuen Vertex definiert. Der Bezeichner für verbundene Dreiecke, die auch *Triangle-Strips* oder *Dreiecksfol-*

2.5 Das erste Dreieck

gen genannt werden, heißt auch `D3DPT_TRIANGLESTRIP`. Verbundene Dreiecke sind meistens die performanteste Form der Vertexanordnung.

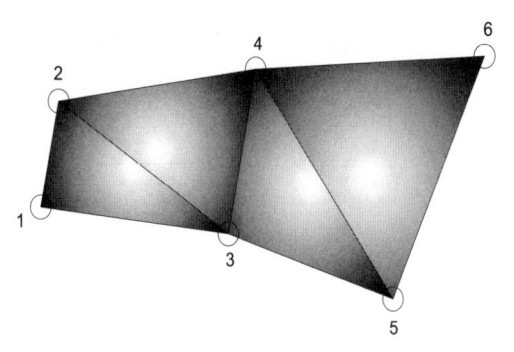

Abbildung 2.23 Dieses Gebilde kommt mit nur sechs Vertizes aus, wenn man verbundene Dreiecke verwendet. Bei einer Dreiecksliste wären für jedes Dreieck *drei* Vertizes, also zwölf – doppelt so viele – nötig.

Dreiecksfächer

Wie auch die verbundenen Dreiecke sind *Dreiecksfächer* sehr Platz sparend und auch recht schnell. Der Unterschied ist hier, dass *alle* Dreiecke einen Vertex gemeinsam haben, wie die folgende Abbildung demonstriert. Der Bezeichner für einen solchen Dreiecksfächer heißt `D3DPT_TRIANGLEFAN`.

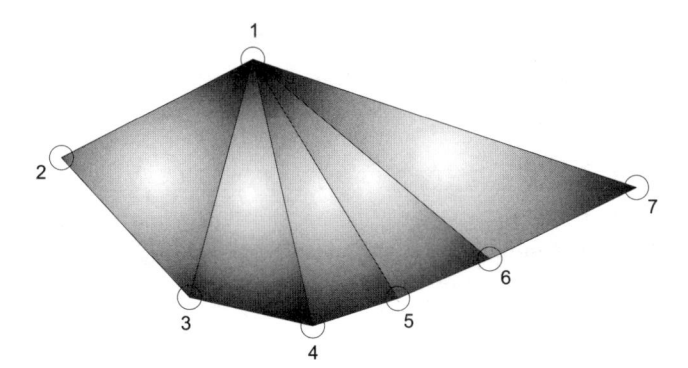

Abbildung 2.24 Bei einem Dreiecksfächer besitzen alle Dreiecke einen gemeinsamen Vertex.

Linienlisten

Kommen wir nun zu den verschiedenen Möglichkeiten, wie man eine oder mehrere Linien definieren kann. Als Erstes wären da die *Linienlisten*. Analog zu den Dreieckslisten wird hier jede Linie durch zwei individuelle hintereinander folgende Vertizes beschrieben, es ist also möglich, voneinander unabhängige getrennte Linien mit *einem* Mal zu zeichnen. Der Bezeichner für Linienlisten heißt `D3DPT_LINELIST` – welch eine Überraschung –, und die Anzahl der Vertizes sollte durch zwei teilbar sein.

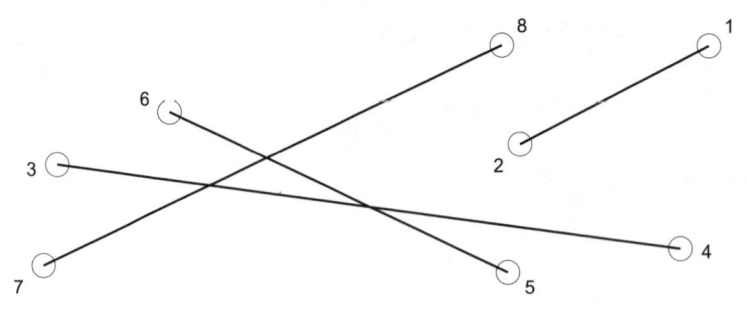

Abbildung 2.25 Vier Linien angeordnet in einer Linienliste

Verbundene Linien

Wer hätte es gedacht – neben den Linienlisten gibt es auch *verbundene Linien*, die durch den Bezeichner D3DPT_LINESTRIP repräsentiert werden.

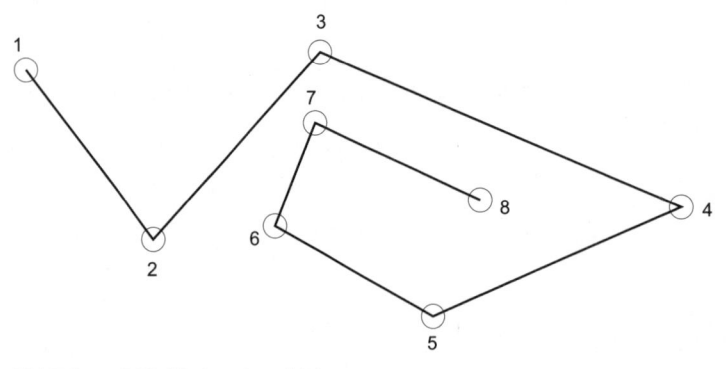

Abbildung 2.26 Verbundene Linien

Punktlisten

Möchte man nur einzelne Punkte auf den Bildschirm bringen, gibt es nur eine Möglichkeit: *Punktlisten*, die durch den Bezeichner D3DPT_POINTLIST vertreten werden. Dabei wird jeder Vertex als ein einzelner Punkt gezeichnet.

Endlich: Das Dreieck wird gezeichnet

Für unser Beispielprogramm verwenden wir eine Dreiecksliste, denn wir haben nur ein einziges Dreieck, und daher wären verbundene Dreiecke oder Dreiecksfächer unangebracht (auch wenn sie ihre Arbeit bei nur einem Dreieck genau auf die gleiche Weise erledigen würden). Daher schreiben wir nun folgende Codezeilen in die Render-Funktion, nachdem wir schon den Bildpuffer und den Z-Buffer geleert haben:

2.5 Das erste Dreieck

```
// Szene beginnen
g_pD3DDevice->BeginScene();

// Nun das Dreieck zeichnen
if(FAILED(hResult = g_pD3DDevice->DrawPrimitiveUP(D3DPT_TRIANGLELIST, // Dreiecksliste
                                                  1,                 // 1 Dreieck
                                                  g_aTriangleVertex, // Vertizes
                                                  sizeof(SVertex)))) // Vertexgröße
{
    // Fehler beim Zeichnen!
    TB_ERROR_DIRECTX("g_pD3DDevice->DrawPrimitveUP", hResult, TB_STOP);
}
```

Listing 2.67 Wir zeichnen unser Dreieck mit `DrawPrimitiveUP`.

2.5.4.5 Beenden der Szene

Nun hat die Grafikkarte die ganze Szene gezeichnet oder zumindest in einem internen Puffer gespeichert, den sie dann später abarbeiten wird. Man ruft nun als Nächstes die Methode `IDirect3DDevice9::EndScene` auf, um Direct3D mitzuteilen, dass ab sofort nicht mehr mit neuen Zeichenbefehlen zu rechnen ist. Kein `EndScene` ohne ein vorheriges `BeginScene` und umgekehrt!

2.5.4.6 Den Bildpuffer anzeigen

Jetzt ist es endlich so weit – die Stunde der Wahrheit hat geschlagen! Wurde das Dreieck korrekt gezeichnet, und ist es nun im Bildpuffer? Das stellt sich nun heraus, wenn wir Direct3D anweisen, den Inhalt des Bildpuffers sichtbar zu machen, wozu wir die Methode `IDirect3DDevice9::Present` verwenden:

Tabelle 2.23 Die Parameter der Methode `IDirect3DDevice9::Present`

Parameter	Beschreibung
`CONST RECT* pSourceRect`	Rechteck in Pixelkoordinaten, das sichtbar gemacht werden soll, oder NULL für den gesamten Bildpuffer. Nur mit D3DPRESENT_COPY verwendbar, sonst immer NULL.
`CONST RECT* pDestRect`	Rechteck in Pixelkoordinaten auf dem Zielbild. An diese Stelle und in dieser Größe wird das im ersten Parameter angegebene Rechteck kopiert. NULL für das gesamte Bild; ebenfalls nur mit D3DPRESENT_COPY anwendbar, ansonsten immer NULL.
`HWND hDestWindowOverride`	Falls das Bild nun doch nicht in dem Fenster erscheinen soll, das wir bei der Erstellung der Geräteschnittstelle mit den Präsentationsparametern festgelegt haben, gibt man hier das Handle des neuen Fensters an. NULL beschreibt das ursprünglich vorgesehene Fenster.
`CONST RGNDATA* pDirtyRegion`	Geben Sie hier NULL an, dieser Parameter wird nur sehr selten verwendet.

In den meisten Fällen ist es so, dass man für alle vier Parameter einfach NULL übergibt, was wir auch in unserem Beispielprogramm tun, und mit folgenden Codezeilen die Render-Funktion komplettieren:

```
            // Szene beenden
            g_pD3DDevice->EndScene();

            // Der große Moment: den Bildpuffer sichtbar machen
            g_pD3DDevice->Present(NULL, NULL, NULL, NULL);

            return TB_OK;
}
```
Listing 2.68 Beenden der Szene und Kopieren des Bildpuffers in den sichtbaren Videospeicher

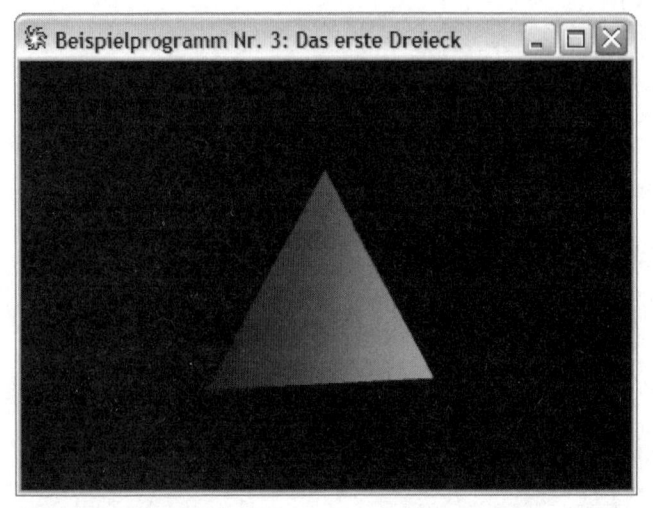

Abbildung 2.27 Unser erstes komplettes Direct3D-Programm mit dem rotierenden Dreieck

2.5.5 Rückblick

Glückwunsch – Sie haben jetzt den wohl schlimmsten Teil des gesamten Buches überstanden! Hier noch einmal eine kleine Übersicht über die wichtigsten Dinge, die in diesem Abschnitt neu eingeführt wurden:

- Ein *Vertex* ist ein Scheitelpunkt einer Primitive und enthält neben einer Positionsangabe in Form eines Vektors meistens noch einige andere Angaben wie zum Beispiel eine Farbe. Die meisten Daten der Vertizes werden über die Primitiven *interpoliert*, so dass ein Übergang zwischen ihnen entsteht.
- Mit der Methode IDirect3DDevice9::SetFVF teilt man Direct3D mit, mit welchem Vertexformat (also welche Angaben in einem Vertex gespeichert sind) es zu rechnen hat. Dafür gibt es eine Reihe von FVF-Flags, die man mit dem „|"-Operator kombinieren kann. *FVF* steht für *Flexible Vertex Format*.
- Render-States setzt man mit der Methode IDirect3DDevice9::SetRenderState, und mit GetRenderState fragt man deren Wert wieder ab.
- Die Transformationspipeline füllt man mit IDirect3DDevice9::SetTransform. So lassen sich Welt-, Sicht- oder Projektionsmatrizen festlegen. GetTransform fragt eine Matrix ab.
- Zu Beginn einer Szene leert man üblicherweise den Bildpuffer und den Z-Stencil-Buffer (falls denn einer vorhanden ist), was uns durch die Methode IDirect3DDevice9::Clear ermöglicht wird. Die Methode erwartet einige Werte, auf die sie die Puffer dann zurücksetzt.

Die Szene wird dann anschließend mit der Methode `BeginScene` begonnen. Von nun an folgen Zeichenbefehle.

- Normalerweise lagern die Vertizes der zu zeichnenden Primitiven in so genannten *Vertex-Buffern*, die als typische Direct3D-Ressource ihre Daten auch im Speicher der Grafikkarte ablegen können. Doch es ist auch möglich, Primitiven direkt aus dem normalen Systemspeicher zu zeichnen – das ist allerdings langsamer (aber auch einfacher). Dies funktioniert mit der Methode `IDirect3DDevice9::DrawPrimitiveUP`.

- Die Szene wird mit `IDirect3DDevice9::EndScene` beendet, anschließend stellt man den Inhalt des Bildpuffers mit der `Present`-Methode dar.

- Um Animationen möglich zu machen, kann man sich einen globalen Zeitzähler anlegen, den man in der Move-Funktion erhöht, und zwar um den ihr übergebenen Zeitwert (die Zeit, die seit dem letzten Bild vergangen ist). Den Zeitzähler verwendet man dann zum Beispiel als Parameter für die Erzeugung einer Rotations- oder Translationsmatrix.

2.5.6 Übungsaufgaben

1. Können Sie das Beispielprogramm so erweitern, dass sich die Vertexfarben mit der Zeit verändern?

    Tipp: Verwenden Sie eine Sinusfunktion, um einen schönen Farbübergang zu erzeugen. Als Parameter der Sinusfunktion nehmen Sie die vergangene Zeit seit Programmstart.

2. Erweitern Sie das Beispielprogramm so, dass es kein Dreieck, sondern ein Viereck rendert! Am besten sollten dabei verbundene Dreiecke (`D3DPT_TRIANGLESTRIP`) verwendet werden, um die Vertexanzahl auf vier zu begrenzen.

3. Welche Möglichkeiten gibt es, nur die Umrisslinien des Dreiecks rendern zu lassen? Welche Möglichkeit ist praktischer beziehungsweise flexibler?

    Tipp: Es gibt Linienlisten und verbundene Linien, aber es gibt auch ein gewisses Render-State!

4. Schaffen Sie es, dass Dreieck „pulsieren" zu lassen? Es soll periodisch größer und wieder kleiner werden.

    Tipp: Auch hier hilft eine Sinusfunktion!

2.6 Texturen

In diesem Abschnitt wird das Thema *Texturen* besprochen. Das Beispielprogramm wird etwas interessanter werden als das vorherige: Wir werden ein großes Feld von texturierten Dreiecken erzeugen, die sich alle individuell drehen.

2.6.1 Was Texturen sind

2.6.1.1 Der Zweck einer Textur

Texturen – diesen Begriff hat wahrscheinlich jeder schon einmal gehört, auch dann, wenn er noch nie etwas mit Grafikprogrammierung zu tun gehabt hat. Vor allem bei 3D-Computer- oder Konsolenspielen hört und liest man oft Dinge wie: *„Das Spiel glänzt durch seine hervorragenden realistischen und hochauflösenden Texturen!"* Texturen sind in der Tat in der Lage, die Qualität eines gerenderten Bildes drastisch zu erhöhen, vor allem in Bezug auf die Realitätsnähe.

In der Realität ist fast keine Oberfläche so glatt und so „perfekt" wie die des Dreiecks, das wir im vorherigen Beispielprogramm gezeichnet haben. Mit Texturen lassen sich Oberflächen recht gut simulieren, so kann zum Beispiel scheinbar aus einem vorher noch langweilig aussehenden Dreieck ein dreieckiges Stück Holz werden. Texturen sind im Prinzip nichts weiter als Bilder, die charakteristische *Muster und Farben* der zu simulierenden Oberfläche zeigen. Diese Bilder legt man dann beim Zeichnen über die Dreiecke.

Der schlagende Vorteil der Texturen ist, dass die 3D-Modelle, auf die sie gelegt werden, zur Simulation der Oberflächen *nicht* verfeinert werden müssen. Ein Dreieck bleibt ein Dreieck, und trotzdem sieht es später so aus, als ob es aus Hunderten von Teildreiecken bestünde, die ihm seine plastische Form verleihen. Das hat natürlich auch einen kleinen Nachteil: Betrachtet man eine Oberfläche in der Realität ganz genau, sieht man die kleinen darauf befindlichen Unebenheiten sehr deutlich. In der 3D-Grafik können gewöhnliche Texturen diesen Effekt nicht herbeirufen – das Dreieck bleibt von der Seite gesehen *flach*, egal, welche Textur darauf liegt. Trotzdem sind Texturen ein absolutes Muss für jede 3D-Engine, und sie haben noch einen weiteren ungeheuren Vorteil: ihre *Verarbeitungsgeschwindigkeit*! Bei modernen 3D-Grafikkarten merkt man jedoch von der Performance her fast keinen Unterschied mehr zwischen einem texturierten und einem nicht texturierten Dreieck.

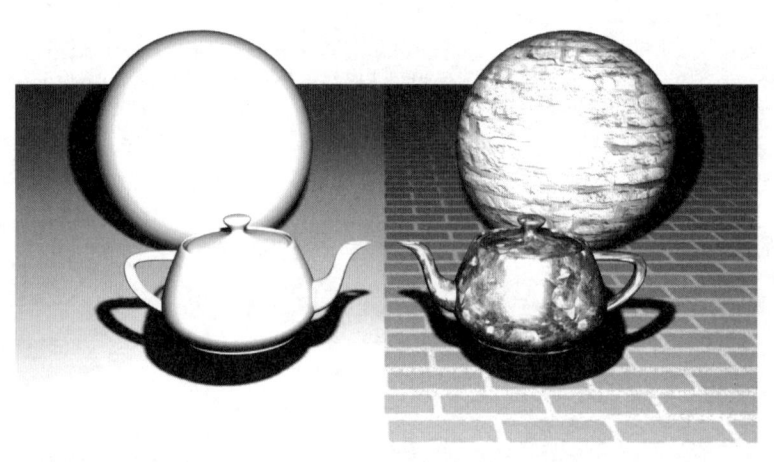

Abbildung 2.28 *Links*: ohne Texturen; *rechts*: mit Texturen

2.6.1.2 Texturkoordinaten

Wie kann man es sich vorstellen, dass eine *Textur über ein Dreieck gelegt wird*? Es gibt ja unendlich viele Möglichkeiten, wie das bewerkstelligt werden könnte. Stellen Sie sich die Textur wie Geschenkpapier vor und die Dreiecke wie das Geschenk, das Sie einpacken müssen. Weil die Frau gerade nicht zu Hause ist, muss Mann die Sache wohl selbst erledigen. Sollte man das Papier *gerade* um das Geschenk wickeln oder seitenverkehrt oder gedreht? Bei Texturen und Dreiecken kommt noch ein weiteres Problem hinzu: Wer entscheidet, wo bei einem Dreieck *oben* und *unten* ist? Der Computer? Die Grafikkarte?

2.6 Texturen 151

Der Programmierer beziehungsweise der Grafiker entscheidet über die Art und Weise, wie die Textur angewandt wird. Dazu erweitern wir das Vertexformat: Hinzu kommen nun noch weitere Koordinaten, die so genannten *Texturkoordinaten*. Die Texturkoordinaten, die gewöhnlich nur *zweidimensional* sind (die Texturen sind auch nur zweidimensionale Bilder) bestimmen, welcher Punkt, welcher *Texel* (Pixel einer Textur) auf der Textur dem Vertex zugeordnet wird. Die Texturkoordinaten werden beim Zeichnen ebenfalls über das ganze Dreieck interpoliert – ähnlich wie die Vertexfarben (nur dass bei den Texturkoordinaten noch eine so genannte *perspektivische Korrektur* durchgeführt wird) –, und der Rasterizer verwendet dann die Farbe der Textur an den Texturkoordinaten des gerade darzustellenden Pixels, um die endgültige Pixelfarbe festzulegen.

Mit den Texturkoordinaten erhält also jeder Vertex sozusagen sein *Gegenüber* auf der Textur. Wie die Texturkoordinaten angeordnet sind, liegt ganz bei uns, hier gibt es (fast) keine Beschränkungen.

Das zweidimensionale Texturkoordinatensystem besteht aus zwei Achsen: Die u-Achse zeigt nach rechts, und die v-Achse zeigt nach unten. Der Ursprung (0, 0) liegt hier nicht in der Mitte, sondern in der linken oberen Bildecke. Die Einheiten der Texturkoordinaten sind nicht etwa Pixel, sondern Bruchteile der Texturbreite und der Texturhöhe. So liegt der Punkt (1, 1) ganz rechts unten auf der Textur. Auf diese Art und Weise sind die Texturkoordinaten unabhängig von der Größe der Textur. Der Punkt (0.5, 0.5) liegt bei jeder Textur – egal wie groß sie ist – *genau in der Mitte*.

Es sind auch Werte über 1 oder unter 0 möglich. Verlässt ein Wert den Bereich [0; 1], dann wiederholt sich die Textur wieder – sie wird *gekachelt*. So kann man eine Textur mehrfach nebeneinander über ein Objekt legen, was in der Praxis sehr oft nötig ist. Stellen Sie sich dazu eine sehr große dreidimensionale Landschaft vor, die mit einer Grastextur überzogen ist. Würde sich das *eine* Grasbild über die *gesamte* riesige Landschaft erstrecken, wäre nachher nichts mehr davon zu erkennen, da die Textur einfach zu stark auseinander gezogen wäre. Da bietet sich die Kachelung sehr gut an.

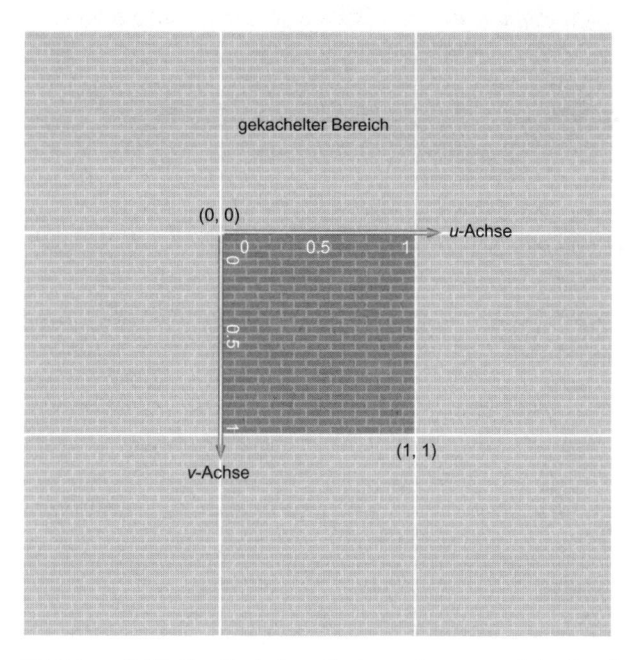

Abbildung 2.29 Das Texturkoordinatensystem – gezeigt anhand einer Mauertextur

Beispiel

Wollte man das Dreieck aus dem letzten Beispielprogramm nun texturieren, könnte man das wie folgt tun: Dem obersten Vertex gäbe man die Texturkoordinaten (0.5, 0) – also die obere Mitte der Textur. Der rechte Vertex läge bei den Texturkoordinaten (1, 1) rechts unten und der linke Vertex bei (0, 1) links unten. Auf diese Weise würde die Textur nicht verzerrt. Würde man die Koordinaten des rechten und des linken Vertex vertauschen, würde die Textur entlang der u-Achse gespiegelt.

Die Vektorklassen `tbVector2` und `tbVector3` besitzen übrigens nicht nur Variablen namens x, y und z, sondern auch welche namens u, v und w, die wir für Texturkoordinaten verwenden. u und x, v und y sowie w und z teilen sich jeweils den gleichen Speicherbereich (`union`). Wenn also x verändert wird, dann wird gleichzeitig auch u verändert. Hier handelt es sich also nur um eine alternative Schreibweise, um im Programm von Positions- und Texturkoordinaten unterscheiden zu können.

2.6.1.3 Speicher und Größe

Texturen zählen zu den typischen Ressourcen von Direct3D. Bei ihnen ist der Speicher der Grafikkarte besonders beliebt, denn die Karte muss sehr oft und sehr schnell auf ihre Daten zugreifen können, um optimale Performance zu gewährleisten. Eine Textur ist im Prinzip nur eine Direct3D-Oberfläche. Einige Oberflächenformate sind speziell für Texturen vorgesehen und würden für einen Bildpuffer keinen Sinn machen.

Die Größe einer Textur ist übrigens nicht frei wählbar. Einerseits könnte eine sehr große Textur Probleme machen, weil nicht genügend Speicher für sie vorhanden ist. Doch das ist nicht die einzige Beschränkung: Viele 3D-Grafikkarten akzeptieren nur solche Texturen, deren Breite und Höhe Zweierpotenzen sind, also 1, 2, 4, 8, 16, 32, 64, 128, 256, 512, 1024, 2048 und so weiter. Mit solchen Zahlen können die auf binärer Basis arbeitenden Mikroprozessoren viele Rechenoperationen viel schneller erledigen als mit Zahlen wie 67 oder 154. Manchmal kann es auch sein, dass eine Grafikkarte nur *quadratische* Texturen annimmt – also solche, bei denen Breite und Höhe gleich sind.

Welche Voraussetzungen eine Textur auf einem Adapter erfüllen muss, findet man durch Nachschauen in der `D3DCAPS9`-Struktur heraus:

- Wenn Breite und Höhe Zweierpotenzen sein müssen, ist das Flag `D3DPTEXTURECAPS_POW2` im `TextureCaps`-Element der Struktur gesetzt.
- Ist in der Struktur das Flag `D3DPTEXTURECAPS_SQUAREONLY` gesetzt (ebenfalls im Element `TextureCaps`), müssen alle Texturen quadratisch sein.

Man sollte sich lieber gleich angewöhnen, nur mit quadratischen Texturen zu arbeiten, deren Breite beziehungsweise Höhe Zweierpotenzen sind, auch wenn so gut wie jede Grafikkarte Texturen mit beliebiger Breite und Höhe unterstützt. In der DirectX-SDK-Dokumentation steht beispielsweise, dass Texturen der Größe 256 x 256 Pixel am schnellsten gezeichnet werden.

2.6.2 Grundlegende Dinge

2.6.2.1 Anpassen des Vertexformats

Zuallererst sollten wir unser Vertexformat aktualisieren, so dass ein Vertex nun auch Texturkoordinaten beinhalten kann. Dazu fügen wir der Vertexstruktur `SVertex` ein neues Element

2.6 Texturen

hinzu: Wir nennen es `vTexture` und geben ihm den Typ `tbVector2` – also ein 2D-Vektor. Texturkoordinaten stehen in der Vertexstruktur *hinter* der Positions- und der Farbangabe.

```
// Struktur für einen Vertex: Position, Farbe und Texturkoordinaten
struct SVertex
{
    tbVector3 vPosition;  // Position des Vertex
    DWORD     dwColor;    // Farbe des Vertex
    tbVector2 vTexture;   // Texturkoordinaten
};
```

Listing 2.69 Die neue Vertexstruktur

Wenn wir später das neue Vertexformat mit der `SetFVF`-Methode aktivieren, brauchen wir natürlich auch einen neuen FVF-Bezeichner. Bisher war er `D3DFVF_XYZ | D3DFVF_DIFFUSE`. Nun kommt noch ein weiteres Flag hinzu, das Direct3D mitteilt, dass Texturkoordinaten mit im Spiel sind: `D3DFVF_TEX1`. Die 1 bedeutet, dass Koordinaten für *eine* Textur gespeichert sind. Es ist nämlich auch möglich, ein Dreieck mit mehreren Texturen gleichzeitig zu belegen (in DirectX 9 bis zu *16*!), wobei jede Textur wie eine *Schicht* zu betrachten ist – doch mehr dazu später.

2.6.2.2 Verschiedene Schnittstellen

In Direct3D wird eine Textur durch die Schnittstelle `IDirect3DTexture9` repräsentiert. Eine solche Schnittstelle wird für jede Textur angelegt, die das Programm verwenden möchte. Als COM-Schnittstelle bietet sie natürlich die Methode `Release` und die anderen von `IUnknown` vererbten Methoden. Tatsächlich ist `IDirect3DTexture9` nur eine Schnittstelle, die von einer anderen Schnittstelle namens `IDirect3DBaseTexture9` abgeleitet ist. `IDirect3DBaseTexture9` ist sozusagen der Überbegriff für *alle* Textursorten. Die Texturen, die wir nun betrachten, sind nämlich nicht die einzigen, die es in Direct3D gibt; lassen Sie sich davon aber erst einmal nicht verwirren.

2.6.2.3 Setzen und Abfragen einer Textur

Setzen wir nun einmal voraus, dass wir bereits eine fertige Textur haben (die vielleicht aus einer Grafikdatei geladen wurde), in Form einer `IDirect3DTexture9`-Schnittstelle. Nun steht das Programm kurz vor der Stelle, die das Dreieck zeichnet, doch die Textur ist noch nicht gesetzt! Dazu ruft man die Methode `IDirect3DDevice9::SetTexture` auf. Sie erwartet zwei Parameter: zuerst die so genannte *Texturschicht* – eine Zahl zwischen 0 und 15, welche die Ebene oder die Schicht angibt, deren Textur gesetzt werden soll. Oben wurde bereits erwähnt, dass mehrere Texturen gleichzeitig zum Einsatz kommen können. 0 ist immer die erste Schicht und vorerst auch die einzige, die wir in Anspruch nehmen. Der zweite Parameter der `SetTexture`-Methode ist ein Zeiger auf eine `IDirect3DBaseTexture9`-Schnittstelle, also `PDIRECT3DBASETEXTURE9`. Diese Textur wird dann die neue aktive Textur der angegebenen Schicht. Wenn man `NULL` angibt, dann entfernt man die Textur dieser Texturschicht wieder. Und – wer hätte es gedacht – mit `GetTexture` ist es uns ermöglicht, die Textur einer bestimmten Schicht *abzufragen*.

> Beim Setzen einer Textur wird der Referenzzähler der Schnittstelle um eins erhöht. Er wird erst wieder um eins verringert, wenn die Textur durch eine andere (oder *keine* im Fall von `NULL`) ersetzt wurde. Vergisst man, gesetzte Texturen später zu entfernen, könnte das die Konsequenz haben, dass der `Release`-Aufruf am Ende des Programms nicht zum vollständigen Abbau der Textur führt, was wiederum zu einem Speicherleck führen könnte.

2.6.2.4 Texturschicht-States

Texturschicht-States sind vergleichbar mit Render-States. Sie können für jede Texturschicht einzeln gesetzt werden und sind vor allem dann gefragt, wenn mehrere Texturen gleichzeitig zum Einsatz kommen.

2.6.2.5 Sampler-States

In früheren DirectX-Versionen gab es noch keine Trennung von *Sampler-States* und Texturschicht-States, doch unter DirectX 9 wurden sie in diese beiden Kategorien aufgeteilt. Sampler-States werden ebenfalls für jede Texturschicht einzeln gesetzt, aber sie kontrollieren ganz andere Dinge. Die Sampler-States legen fest, wie die Grafikkarte beim Zeichnen eines Pixels vorgeht, um aus den über die Vertizes hinweg interpolierten Texturkoordinaten und der Textur selbst eine Farbe zu erhalten. Normalerweise schaut die Grafikkarte dann in der entsprechenden Textur einfach nach, welche Farbe der Texel an der durch die Texturkoordinaten bezeichneten Position hat (dieser Vorgang nennt sich *Sampling*), doch das ist manchmal nicht der Weisheit letzter Schluss. Sampler-States legen also fest, wie die Grafikkarte an die Farbe eines texturierten Pixels kommt.

Alle Sampler-States sind in der Aufzählung `D3DSAMPLERSTATETYPE` enthalten und beginnen mit „`D3DSAMP_`". Ein Sampler-State wird mit der Methode `IDirect3DDevice9::SetSamplerState` gesetzt und mit `GetSamplerState` wieder abgefragt. Beide Methoden erwarten drei Parameter: die Texturschicht zwischen 0 und 15, dann das Sampler-State und zuletzt den Wert, auf den Direct3D es setzen soll. Der Wert ist, wie auch bei den Render- und Texturschicht-States, immer ein `DWORD`-Wert. Mit einigen grundlegenden Sampler-States werden wir uns in diesem Abschnitt noch beschäftigen.

2.6.3 Der bilineare Filter

2.6.3.1 Invasion der Riesentexel

Viele 3D-Spiele der älteren Generation weisen einen sehr unschönen Effekt auf, der im Zusammenhang mit Texturen sichtbar wird – ich spreche da ironisch vom *PlayStation-Effekt*, da er bei fast allen *PlayStation*-Spielen auftritt. Objekte, die nah an der Kamera sind, sind auf dem Bildschirm so groß, dass die Textur stark gestreckt werden muss. Dadurch tritt dieser Effekt auf, der die Texel als große unschöne Vierecke auf dem Objekt erscheinen lässt. Der Spieler erkennt schnell, dass die Textur wohl eine recht niedrige Auflösung hat, und die Szene sieht sehr unrealistisch aus. Schauen Sie sich einmal eine Holzoberfläche stark vergrößert an. Sehen Sie dann hässliche große Vierecke? Falls ja, empfiehlt sich vielleicht ein Besuch beim Augenarzt.

Abbildung 2.30 Der *PlayStation-Effekt* – die Grenze der Texturen?

2.6.3.2 Der bilineare Filter hilft aus

Der Grund, warum dieser hässliche Effekt auftritt, ist, dass die Texturkoordinaten jedes Pixels immer abgerundet werden. Sie wissen, dass die Grafikkarte die Daten eines Vertex über alle Pixel einer Primitive *interpoliert*, was natürlich auch für die Texturkoordinaten gilt. Beim *PlayStation-Effekt* verwendet die Hardware dann einfach den Texel für die Farbe des Pixels, welcher den interpolierten Texturkoordinaten am nächsten liegt. So werden zum Beispiel aus den Texturkoordinaten (0.075, 0.909) die neuen Koordinaten (0.07, 0.9), weil die Texturauflösung einfach nicht hoch genug ist, um für so viele verschiedene Werte einen einzigartigen Texel zu liefern. Erscheint dann eine Primitive auf dem Bildschirm besonders groß, wird sehr vielen nebeneinander liegenden Pixeln der gleiche Texel auf der Textur zugeordnet, und – wer hätte es gedacht – schon ist der *PlayStation*-Effekt entstanden, ohne dass ihn jemand oder etwas daran hindern konnte.

Scheinbar gibt es zunächst einmal nur eine Lösung für das Problem: Die Texturen müssen eine höhere Auflösung haben! Das ist zwar machbar, aber nicht sehr ressourcenfreundlich, sprich: Es wird zu viel Speicher verbraucht. Zudem sind größere Texturen langsamer als kleine, denn bei den kleinen ist die Wahrscheinlichkeit größer, dass sie komplett oder zu großen Teilen in den Cache passen (dort ist die Zugriffszeit sehr viel geringer). Es ist daher verständlich, dass viele alte Spiele sich mit dem unschönen Effekt abgegeben haben – zu Gunsten der Performance.

Praktisch mit dem Erscheinen der ersten 3D-Hardwarebeschleuniger setzte sich eine neue Methode der Texturierung durch: der *bilineare Filter*. Er machte dem *PlayStation-Effekt* ein für alle Mal den Garaus.

Und so funktioniert er: Beim bilinearen Filtern werden die interpolierten Texturkoordinaten eines Pixels so genommen, wie sie sind – kein Ab- oder Aufrunden auf ganze Texel. Dafür wird eine Interpolation zwischen den vier den Texturkoordinaten am nächsten gelegenen Texeln vorgenommen. Liegt eine Texturkoordinate nah an einem Texel, dann fließt dessen Farbe auch stärker in die endgültige Farbe ein. Dadurch werden vergrößerte Texturen nicht eckiger und kantiger, sondern runder und weicher, wie auch die nächste Abbildung demonstriert.

Abbildung 2.31 Schluss mit dem *PlayStation-Effekt*!

Nun könnte man auf die Idee kommen, dass der bilineare Filter der geborene Performance-Killer ist. Wenn man es einmal genau bedenkt, müsste das auch stimmen, denn mit dieser Methode sind *pro Pixel* noch viele zusätzliche Berechnungen notwendig: Zwischen den vier umgebenden Texeln muss schließlich genauestens interpoliert werden. Davor, so etwas in Software für den Einsatz *in Echtzeit* zu implementieren, sind auch bisher die meisten Programmierer zurückgeschreckt. Ich erinnere mich jedoch an ein *PlayStation*-Spiel, das bilineare Filter benutzte – hier kam wahrscheinlich höchst optimierter Assembler-Code zum Einsatz. Anders konnten wohl auch die vielen Grafikdemo-Programmierer dieses Problem nicht lösen, bilineare Filter fehlen in fast keiner 3D-Demo. Aber für die meisten Entwickler (Ausnahme: *id-Software* mit *Quake*, das einen bilinearen Filter für die Licht- und Schattentexturen verwendete) stellte bilineares Filtern in Software doch wohl ein zu großes Hindernis dar, so dass man sich mehr und mehr auf die 3D-Hardware verließ. Heutzutage kann man eine 3D-Grafikkarte ohne Bedenken voraussetzen. Auch ist die heutige Hardware so für bilineares Filtern optimiert, dass man praktisch keinen Unterschied in der Performance merkt.

2.6.3.3 Sampler-States für die Texturfilter

Der Texturfilter ist ein klassischer Fall für ein Sampler-State. Direct3D erlaubt es uns damit, für jede Texturschicht einzeln Filter festzulegen. Außerdem wird zwischen mehreren Situationen unterschieden, für die wieder jeweils verschiedene Filter zum Einsatz kommen können:

- **Texturvergrößerung** (*texture magnification*): bestimmt, welcher Filter verwendet wird, wenn eine Textur auf dem Bildschirm *größer* erscheint, als sie tatsächlich ist – also mit anderen Worten im Falle, dass die Textur gestreckt werden muss.
- **Texturverkleinerung** (*texture minification*): legt den Filter für solche Teile des Bilds fest, in denen eine Textur auf dem Bildschirm *kleiner* erscheint, als sie ist.

Oft empfiehlt es sich, jeweils zwei verschiedene Filter zu verwenden. Bei sehr kleinen Dreiecken kann man auch schon einmal auf den bilinearen Filter verzichten; dafür gibt es eine bessere Methode, die weiter unten beschrieben wird. Das Sampler-State für den Vergrößerungsfilter heißt `D3DSAMP_MAGFILTER`, und den Verkleinerungsfilter setzt man mit `D3DSAMP_MINFILTER`.

Zur Verfügung stehen hier erst einmal nur zwei verschiedene Filter: D3DTEXF_POINT, der immer die Farbe des am nächsten liegenden Texels verwendet, und D3DTEXF_LINEAR, der bilineare Filter.

2.6.4 MIP-Mapping – schnell und schön

2.6.4.1 Die Theorie

Wenn Dreiecke auf dem Bildschirm sehr groß sind, müssen wir uns also auf unseren guten Freund, den bilinearen Filter, verlassen. Doch hilft er auch, wenn ein Dreieck winzig klein ist und dadurch die Textur auf dem Bildschirm kleiner erscheint, als sie in Wirklichkeit ist? Ohne weiteres eignet sich der bilineare Filter hier nicht, denn er führt zu Flimmer- und Flackereffekten (oder kann diese zumindest nicht verhindern), was einen Spieler auf die Dauer recht nerven kann. Natürlich passiert das vor allem bei weit entfernten Objekten. Das Flackern kommt dadurch zu Stande, dass das Dreieck auf zu wenige Bildschirmpixel aufgeteilt ist, was zur Folge hat, dass nicht jeder Texel, also jeder Bildpunkt der Textur, gleichzeitig sichtbar sein kann. Es ist dann mehr oder weniger dem Zufall überlassen, welche Texel denn dann genau gezeichnet werden und welche einfach übersprungen wurden, weil die Texturkoordinaten des nächsten Pixels bereits zu groß sind. Winzig kleine Positions- oder Entfernungsveränderungen rufen dann wieder ein komplett anderes Bild hervor. Manche Texel werden also schlicht und einfach verschluckt (ähnlich wie beim Verkleinern eines Bilds mit *Paint*), und welche das sind, ändert sich andauernd. Der Grund: Das Dreieck ist *zu klein*, oder die Textur ist *zu groß*!

> Da wir nicht einfach die Position oder die Größe eines Dreiecks verändern können, nur damit die Textur ganz hineinpasst, ändern wir ganz einfach die Größe der Textur! Dazu fertigt man von jeder Textur viele verschieden große Versionen an. Beim Zeichnen entscheidet Direct3D dann automatisch, welche Version am besten passt, so dass sich der Flimmereffekt nicht durchsetzen kann.

Diese verschieden großen Versionen einer Textur nennt man *MIP-Maps*. MIP steht für *Multum in parvo*, was *Vieles im Kleinen* bedeutet. Eine MIP-Map hat immer genau ein Viertel der Größe der Originaltextur.

> **Beispiel**
>
> Eine Textur ist 256 x 256 Texel groß. Wir möchten für diese Textur nun so viele MIP-Maps wie möglich erzeugen. Die Größe der ersten MIP-Map beträgt ein Viertel der Originaltextur, dazu halbieren wir Breite und Höhe – also ist sie 128 x 128 Texel groß. Die nächste MIP-Map nimmt entsprechend 64 x 64 Texel ein. Es folgen MIP-Map Nr. 3 mit 32 x 32, Nr. 4 mit 16 x 16, Nr. 5 mit 8 x 8, Nr. 6 mit 4 x 4, Nr. 7 mit 2 x 2 und schließlich Nr. 8 mit 1 x 1 Texel. Es sind also 8 (2^8 = 256, die Breite und Höhe der Originaltextur) MIP-Maps nötig, um die Textur wirklich optimal darstellen zu können.

Natürlich ist es nicht unbedingt notwendig, wirklich so viele MIP-Maps wie möglich zu erstellen. Der Fall, dass eine Textur auf nur einen Bildschirmpunkt minimiert wird, ist wohl sehr selten, und eine 2x2-Textur täte es dann auch, denn in solch kleinen Dimensionen fällt der Flimmereffekt kaum noch auf.

Eine Anwendung erstellt die MIP-Maps ihrer Texturen meistens zu Beginn, gleich nachdem die Texturen geladen wurden. In Direct3D kann das sogar in einem einzigen Schritt getan werden. Um eine MIP-Map zu generieren, bedarf es komplizierterer Berechnungsmethoden, die man in Echtzeit lieber nicht durchführt, zumindest nicht per Software (moderne Grafikkarten können automatisch MIP-Maps kreieren, nachdem eine Textur verändert wurde). Schließlich steht man vor dem sehr schwer zu lösenden Problem, alle wichtigen Details eines Bildes in ein anderes Bild zu packen, das vier Mal so klein ist wie das Originalbild. Da ist es klar, dass gewisse Informationen verloren gehen, doch das macht nichts, denn kleine Details erkennt man auf große Entfernung sowieso nicht mehr.

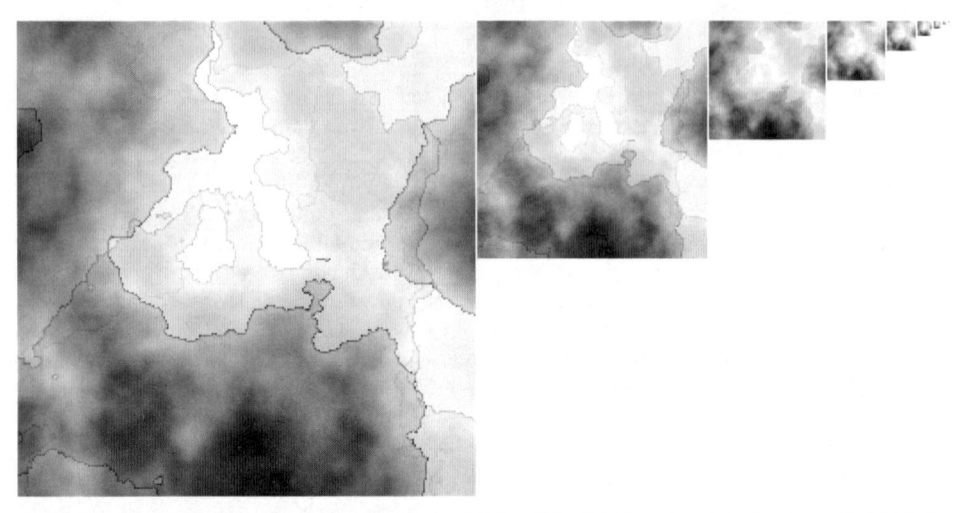

Abbildung 2.32 Die MIP-Maps einer Textur der Größe 256 x 256 Texel und die Textur selbst (*links*)

2.6.4.2 MIP-Mapping mit Direct3D

Direct3D legt für jede MIP-Map einer Textur eine weitere Oberfläche an, die natürlich das gleiche Format hat wie die Originaltextur. Es ist uns auch möglich, die Oberflächenschnittstelle (IDirect3DSurface9) jeder beliebigen MIP-Map-Ebene abzufragen.

Wenn beim Laden der Textur, oder nachträglich, die MIP-Maps durch Direct3D oder auch per Hand generiert wurden, ist es sehr einfach, diese zu aktivieren, alles geht mehr oder weniger automatisch. Man legt nur noch fest, wie Direct3D entscheiden soll, welche MIP-Map zu verwenden ist. Zu diesem Zweck gibt es ein Sampler-State namens D3DSAMP_MIPFILTER – der dritte Texturfilter neben D3DSAMP_MINFILTER und D3DSAMP_MAGFILTER.

Tabelle 2.24 Mögliche Werte für das Sampler-State D3DSAMP_MIPFILTER

Bezeichner	Bedeutung
D3DTEXF_NONE	Es wird kein MIP-Mapping angewandt. Stattdessen wird der Filter verwendet, der als Texturvergrößerungsfilter (D3DSAMP_MAGFILTER) gesetzt wurde.
D3DTEXF_POINT	Direct3D sucht sich die am besten passende MIP-Map heraus und holt die Pixelfarbe dann von dort. Oft kann man jedoch die Stellen, an denen zwischen zwei MIP-Maps gewechselt wird, anhand einer „Trennlinie" erkennen, was nicht gut ist.
D3DTEXF_LINEAR	Es wird linear zwischen den beiden am besten passenden MIP-Maps interpoliert. Man spricht dann nicht mehr vom *bilinearen*, sondern vom *trilinearen Filtern*. Dieser Filter ist natürlich auch am langsamsten. Trennlinien entstehen hier nicht.

2.6.5 Weitere Spielereien

2.6.5.1 Adressierungsmodus

Der Adressierungsmodus beschreibt die Art und Weise, wie Direct3D aus einer Texturkoordinate die letztendliche Position auf der Textur berechnet. Vor allem gibt es hier verschiedene Möglichkeiten, wenn eine Texturkoordinate außerhalb des [0; 1]-Bereichs liegt, also außerhalb der Textur. Die *u*- und *v*-Texturkoordinaten lassen sich jeweils einzeln auf verschiedene Art und Weise adressieren. Wie das geschehen soll, legen wir mit den beiden Sampler-States `D3DSAMP_ADDRESSU` und `D3DSAMP_ADDRESSV` fest.

Tabelle 2.25 Die verschiedenen Texturadressierungsmodi

Adressierungsmodus	Beschreibung
D3DTADDRESS_WRAP	Aktiviert die Texturkachelung, so dass Texturkoordinaten, die aus der Textur herauswandern, auf der anderen Seite wieder hereinkommen.
D3DTADDRESS_MIRROR	Ähnlich der Texturkachelung; hier wird die Textur jedoch abwechselnd einmal originalgetreu und einmal gespiegelt dargestellt.
D3DTADDRESS_CLAMP	Texturkoordinaten, die größer als 1 sind, werden auf 1 gesetzt, und solche, die kleiner als 0 sind, werden auf 0 gesetzt. Die Farbe entspricht dann also der „Randfarbe", wenn Koordinaten außerhalb der Textur liegen.
D3DTADDRESS_BORDER	Alle außerhalb der Textur liegenden Texturkoordinaten bekommen diejenige Randfarbe zugewiesen, die mit dem Sampler-State D3DSAMP_BORDERCOLOR festgelegt wurde.
D3DTADDRESS_MIRRORONCE	Direct3D nimmt den Betrag der Texturkoordinaten (aus –0.7 wird also 0.7) und verhält sich danach wie D3DTADDRESS_CLAMP.

2.6.5.2 Der anisotropische Filter

Manchmal lässt die Bildqualität selbst mit bilinearem Filter und MIP-Mapping zu wünschen übrig. Vor allem dann, wenn Dreiecke in einem „ungünstigen Winkel" zur Kamera stehen (bei sehr kleinen Blickwinkeln), erscheinen ihre Texturen gerne ein wenig zu verwaschen, und die Schärfe geht verloren – vor allem dann, wenn Texturen verkleinert werden. Ein gutes Beispiel ist ein Schild, dessen Aufschrift in einer Textur gespeichert ist.

Wenn die Textur nun mit Hilfe von MIP-Mapping und linearem Filter verkleinert wird, dann kann man die Schrift nur noch schlecht lesen, wenn das Schild weit entfernt ist. Der so genannte *anisotropische Filter* korrigiert diese Unschönheit, indem noch mehr als nur vier Texel gefiltert werden. Wir aktivieren den Filter, indem wir für einen Texturfilter nicht etwa `D3DTEXF_LINEAR`, sondern `D3DTEXF_ANISOTROPIC` einsetzen.

Hinzu kommt noch, dass wir auch noch die gewünschte Filterqualität angeben können. Dazu gibt es (schon wieder) ein neues Sampler-State namens `D3DSAMP_MAXANISOTROPY`. Wir setzen es auf einen Wert über 0, um den anisotropischen Filter zum Arbeiten zu bringen. Je höher der Wert, desto mehr Mühe wird sich die Grafikkarte geben, wenn sie das nächste Mal eine Textur verkleinern muss.

Unterstützung abfragen

Die Verfügbarkeit eines anisotropischen Filters ist nicht selbstverständlich, daher sollte man vor seiner Verwendung erst einmal prüfen, ob er unterstützt wird. Dafür gibt es einen Eintrag in der `D3DCAPS9`-Struktur. Ob der anisotropische Filter als Verkleinerungsfilter einsetzbar ist, sehen wir daran, ob `D3DPTFILTERCAPS_MINFANISOTROPIC` im Element `TextureFilterCaps` der

Struktur gesetzt ist (das prüfen wir mit einer einfachen *bitweisen Und-Verknüpfung*). Für den Vergrößerungsfilter heißt das Flag entsprechend `D3DPTFILTERCAPS_MAGFANISOTROPIC`.

Auch den maximalen Wert, den wir für die Qualitätsstufe des Filters benutzen können (`D3DSAMP_MAXANISOTROPY`), erhält man aus der `D3DCAPS9`-Struktur. Er ist in einem `DWORD`-Wert namens `MaxAnisotropy` gespeichert, der Element dieser Struktur ist.

2.6.6 Texturen mit D3DX laden

Genug der Theorie! Nun werden Sie endlich erfahren, wie eine Textur mit Hilfe der D3DX-Bibliothek geladen werden kann. Dies ist eine der wenigen Ausnahmen, bei der wir diese an sich sehr nützliche und hilfreiche Bibliothek verwenden, denn wer hat schon Lust, Ladefunktionen für alle möglichen Bilddateiformate (BMP, JPG, TGA und so weiter) zu schreiben?

Um auf die Funktionen und Klassen von D3DX zugreifen zu können, müssen wir die Header-Datei D3DX9.H sowie die Bibliotheksdatei D3DX9.LIB beziehungsweise D3DX9D.LIB (das ist die Debug-Version) in das Projekt einbinden. Dann steht uns unter anderem eine Funktion namens `D3DXCreateTextureFromFileEx` zur Verfügung. Das „Ex" steht für *Extended*, denn es gibt auch eine einfache Version der Funktion, die jedoch weniger Kontrolle über den Ladevorgang erlaubt.

Der Zweck der Funktion `D3DXCreateTextureFromFileEx` ist, dem Programmierer eine `IDirect3DTexture9`-Schnittstelle zu liefern, die dann mit der `SetTexture`-Methode von `IDirect3DDevice9` als Textur gesetzt werden kann.

Tabelle 2.26 Die Parameter der Funktion `D3DXCreateTextureFromFileEx`

Parameter	Beschreibung
`PDIRECT3DDEVICE9 pDevice`	Die Direct3D-Geräteschnittstelle
`LPCSTR pSrcFile`	String, der den Dateinamen der Bilddatei enthält, aus der die Textur erzeugt werden soll. Dateinamen mit Pfadangaben wie DATA\IMAGES\ FRITTENBUDE.BMP sind zulässig. Die folgenden Dateiformate werden unterstützt: BMP, DDS, DIB, HDR, JPG, PFM, PNG, PPM, TGA.
`UINT Width`	Gewünschte Texturbreite. Bei 0 oder `D3DX_DEFAULT` übernimmt die Funktion die Originalbreite des Bildes.
`UINT Height`	Gewünschte Texturhöhe. Siehe `UINT Width`.
`UINT MipLevels`	Anzahl der zu generierenden MIP-Map-Ebenen. Geben Sie 0 oder `D3DX_DEFAULT` an, um so viele MIP-Maps wie möglich erzeugen zu lassen (bis zu 1 x 1 Texel). Geben Sie 1 an, um keine MIP-Maps erzeugen zu lassen.
`DWORD Usage`	Der Verwendungszweck der Textur (*mehr dazu später*)
`D3DFORMAT Format`	Format für die Textur oder `D3DFMT_UNKNOWN`, um das Originalformat zu übernehmen. Ansonsten versucht die Funktion, die Bilddaten in das angegebene Format umzuwandeln, was aber nicht immer funktioniert.
`D3DPOOL Pool`	Speicherklasse der Textur (*mehr dazu später*)
`DWORD Filter`	Filter, der beim Laden auf die Textur angewandt wird (*mehr dazu später*)
`DWORD MipFilter`	Filter, der zum Generieren der MIP-Maps zum Einsatz kommt (*mehr dazu später*)

2.6 Texturen

Parameter	Beschreibung
`D3DCOLOR ColorKey`	Geben Sie hier eine Farbe an, welche die Funktion in der Textur durch transparentes Schwarz ersetzen soll (transparent nur dann, wenn das Format der Textur Platz für einen Alphakanal bietet). So können *Sprites* generiert werden (Bilder, die an manchen Stellen komplett transparent sind, wie zum Beispiel das Bild einer 2D-Spielfigur). Dieses Verfahren nennt sich *Color-Keying*. Geben Sie 0 an, wenn Sie kein Color-Keying wünschen.
`D3DXIMAGE_INFO* pSrcInfo`	Wird zum Abfragen von Bildinformationen verwendet (Breite, Höhe, Format und so weiter). Wenn dies für Sie uninteressant ist, geben Sie `NULL` an.
`PALETTEENTRY* pPalette`	Nur im Zusammenhang mit Palettentexturen (8-Bit-Farbe) relevant; ansonsten sollten Sie `NULL` angeben.
`PDIRECT3DTEXTURE9* ppTexture`	Adresse eines Zeigers auf eine `IDirect3DTexture9`-Schnittstelle. Die Funktion füllt (bei erfolgreichem Ladevorgang) den Zeiger so aus, dass er auf eine einsatzbereite Texturschnittstelle zeigt.

2.6.6.1 Der Verwendungszweck (*D3DUSAGE*)

Mit dem Verwendungszweck wurden Sie in diesem Kapitel schon einmal konfrontiert: bei der Überprüfung, ob ein bestimmtes Format für eine Oberfläche wie den Bildpuffer oder den Z-Stencil-Buffer zu verwenden ist. Der Verwendungszweck wird auch bei anderen Ressourcen, also nicht nur bei Texturen, verwendet. Durch ihn teilen wir Direct3D mit, was wir mit der Ressource vorhaben. Bei Texturen kommen für uns erst einmal nur drei Möglichkeiten in Betracht: entweder 0, was eine ganz normale Textur darstellt, oder `D3DUSAGE_RENDERTARGET`. Dadurch kann in eine Textur gerendert werden wie in den Bildpuffer, was man beispielsweise für animierte 3D-Reklametafeln in einem Spiel verwenden könnte. Die dritte Möglichkeit ist `D3DUSAGE_DYNAMIC`, wodurch eine *dynamische Textur* erstellt wird. Dynamische Texturen bieten viele Geschwindigkeitsvorteile, wenn sich der Inhalt einer Textur sehr oft verändert. Längst nicht alle Grafikkarten unterstützen dynamische Texturen. Wenn das Flag `D3DCAPS2_DYNAMICTEXTURES` im Element `Caps2` der Struktur `D3DCAPS9` gesetzt ist, sind dynamische Texturen verfügbar. Bei allen neueren Geräten sollte das der Fall sein.

2.6.6.2 Die Speicherklasse (*D3DPOOL*)

Auch die Speicherklasse ist typisch für Ressourcen. Wie Ihnen bekannt ist, ist es möglich, Ressourcen im sehr schnellen Speicher der Grafikkarte abzulegen. Ob und wie genau das geschehen soll, legen wir mit der Speicherklasse fest. Die verschiedenen Klassen unterscheiden sich vor allem dadurch, ob eine Ressource sperrbar ist (*sperren*: auf den Ressourceninhalt direkt zugreifen) und ob Direct3D beim Verwalten der Ressourcen hilft oder nicht.

Tabelle 2.27 Ein kleiner Speicherklassenüberblick

Speicherklasse	Beschreibung
`D3DPOOL_DEFAULT`	Die Ressource wird im am besten geeigneten Speicherbereich abgelegt (Grafikkartenspeicher, AGP-Speicher oder Systemspeicher). Texturen können im Gegensatz zu allen anderen Ressourcen in dieser Klasse *nicht* gesperrt werden; Ausnahme: dynamische Texturen. Verloren gegangene Ressourcen werden nicht automatisch wiederhergestellt (keine Ressourcenverwaltung).
`D3DPOOL_MANAGED`	Verwaltete Ressourcenspeicherklasse. Direct3D legt eine Kopie der Ressource im Systemspeicher an und kopiert diesen dann automatisch in den schnelleren Speicher, wenn es nötig ist. Sperren ist hier immer möglich, und der Programmierer muss sich auch nicht um verlorene Ressourcen kümmern (die des Öfteren, ohne dass man daran etwas ändern kann, vorkommen können).

Speicherklasse	Beschreibung
D3DPOOL_SYSTEMMEM	Direct3D legt die Ressource im Systemspeicher ab. Auf solche Ressourcen hat die Hardware normalerweise keinen direkten Zugriff. Sie dienen in den meisten Fällen als „Zwischenlager" – man kopiert ihren Inhalt später zum Beispiel in eine Ressource der Speicherklasse D3DPOOL_DEFAULT. Sperren ist immer möglich.
D3DPOOL_SCRATCH	Ähnlich wie D3DPOOL_SYSTEMMEM, jedoch können solche Ressourcen auch in einem Format angelegt werden, das die Hardware überhaupt nicht unterstützt. Diese Speicherklasse schirmt sich also sozusagen vollkommen von der Hardware ab. Ressourcen können gesperrt werden, und man kann ihren Inhalt in Ressourcen einer anderen Speicherklasse kopieren.

2.6.6.3 Ein Filterparadies

D3DX bietet eine sehr große Auswahl an verschiedenen Filtern, die beim Laden auf Texturen angewandt werden können – auf die ganze Textur und beim Erstellen der einzelnen MIP-Maps. Das Generieren von MIP-Maps ist meistens recht aufwändig, da so wenige Details wie möglich verloren gehen sollen. Einfach jede zweite Texelzeile und Texelspalte verschwinden zu lassen, um eine MIP-Map zu erzeugen, ist sicherlich keine gute Idee.

Tabelle 2.28 Verschiedenste Filter

Filter	Beschreibung
D3DX_FILTER_NONE	Keinen Filter anwenden
D3DX_FILTER_POINT	Jeweils den am besten passenden Texel suchen und dessen Farbe übernehmen (wie der Texturfilter D3DTEXF_POINT – sehr schlechte Qualität)
D3DX_FILTER_LINEAR	Wie beim Texturfilter D3DTEXF_LINEAR findet eine Gewichtung zwischen den Texeln statt, die der Position des neuen Texels am nächsten liegen.
D3DX_FILTER_TRIANGLE	Dies ist der langsamste Filter, aber auch der beste. *Jeder* Texel hat den gleichen Einfluss auf das Endergebnis.
D3DX_FILTER_BOX	Dieser Filter funktioniert nur, wenn das gefilterte Bild auf allen Achsen genau halb so groß ist wie das Originalbild; das ist beim Generieren von MIP-Maps der Fall. Dazu wird der Farbdurchschnitt aus einem 2x2-Bereich gebildet, in dem die Position des neuen Texels liegt.
D3DX_DEFAULT	= D3DX_FILTER_TRIANGLE | D3DX_FILTER_DITHER
D3DX_FILTER_MIRROR_U	Die Textur wird an der *u*-Achse gespiegelt.
D3DX_FILTER_MIRROR_V	Die Textur wird an der *v*-Achse gespiegelt.
D3DX_FILTER_MIRROR_W	Die Textur wird an der *w*-Achse gespiegelt. Diese zusätzliche Achse existiert nur bei dreidimensionalen Texturen (*Volumentexturen*), auf die am Ende dieses Kapitels noch gründlicher eingegangen wird.
D3DX_FILTER_MIRROR	Spiegelt die Textur an allen Achsen.
D3DX_FILTER_DITHER	Führt nach dem Filtern zusätzlich noch Dithering durch.

Die letzten fünf Bezeichner können mit *einem* der ersten fünf durch ein bitweises Oder („|") kombiniert werden, um die Wirkungen der Filter zu kombinieren. Die Kombination D3DX_FILTER_TRIANGLE | D3DX_FILTER_MIRROR | D3DX_FILTER_DITHER benutzt zum Beispiel den „Dreiecksfilter", spiegelt das Bild an allen Achsen und führt Dithering durch.

2.6.7 Texturinformationen abfragen

Oft muss man im Nachhinein Informationen über eine Textur in Erfahrung bringen, die einem möglicherweise nur durch ihre IDirect3DTexture9-Schnittstelle gegeben ist.

2.6.7.1 Oberflächenbeschreibung

Die Oberflächenbeschreibung enthält Angaben über eine Oberfläche wie ihre Breite, ihre Höhe, ihr Format oder die Speicherklasse, in der sie angelegt wurde. Die IDirect3DTexture9-Schnittstelle verfügt über eine Methode namens GetLevelDesc. Mit ihrer Hilfe kann man solch eine Oberflächenbeschreibung für eine beliebige MIP-Map-Ebene der Textur abfragen. MIP-Maps sind ja nichts weiter als Oberflächen vom Typ IDirect3DSurface9. Die Anzahl der MIP-Map-Ebenen finden wir übrigens durch die Methode GetLevelCount heraus. 1 bedeutet dabei, dass nur eine einzige Ebene existiert, also nur die Textur selbst und keine MIP-Maps. GetLevelDesc erwartet zuerst die Nummer der Ebene (0: die erste Ebene, also die Textur in Originalgröße) und dann einen Zeiger auf eine Struktur vom Typ D3DSURFACE_DESC. Diese Struktur füllt die Methode dann entsprechend mit den Oberflächeninformationen aus. Die wichtigsten Elemente sind: Width (Breite), Height (Höhe), Format (Oberflächenformat), Usage (Verwendungszweck) und Pool (Speicherklasse).

```
// Textur laden
PDIRECT3DTEXTURE9 pTexture;
// ...

// Informationen der ersten MIP-Map-Ebene abfragen
HRESULT hResult;
D3DSURFACE_DESC Desc;
if(FAILED(hResult = pTexture->GetLevelDesc(0, &Desc)))
{
    // Fehler!
    // ...
}
```

Listing 2.70 Wie man Informationen über eine Oberfläche einer Textur erhält

2.6.7.2 Oberflächen einer Textur

Wenn wir später einmal eine Textur direkt verändern möchten (zum Beispiel eine Textur als Anzeige in einem Cockpit), ist es wichtig, dass wir die IDirect3DSurface9-Schnittstelle jeder MIP-Map-Ebene abfragen können, denn nur so ist es möglich, vollen Zugriff auf die Oberfläche zu erlangen. Zu diesem Zweck gibt es die Methode IDirect3DTexture9::GetSurfaceLevel (kleine Kritik an DirectX: Die Methode sollte besser GetLevelSurface heißen). Ihr erster Parameter ist wieder die MIP-Map-Ebene, und der zweite ist die Adresse eines Zeigers auf eine IDirect3DSurface9-Schnittstelle. Sie kennen das schon – die Methode füllt den Zeiger dann aus, so dass er auf die entsprechende Oberflächenschnittstelle zeigt, mit der wir dann weiter arbeiten können.

> Die Methode erhöht den Referenzzähler des IDirect3DSurface9-Objekts, das zurückgeliefert wird. Ist also die Arbeit mit der Schnittstelle beendet, sollte man nicht vergessen, ihre Release-Methode aufzurufen. Ansonsten droht wieder einmal ein Furcht erregendes Speicherleck, weil der Referenzzähler die Null nicht mehr erreicht!

2.6.8 Das Beispielprogramm

Nun habe ich Ihnen bereits so viel über Texturen erzählt, dass es nun Zeit für ein neues Beispielprogramm wird. Diesmal wollen wir mehr als nur ein einziges simples sich drehendes Dreieck. Das Beispielprogramm Nr. 4 stellt ein Feld von herumfliegenden und sich drehenden Dreiecken dar, deren Größe, Form, Vertexfarben und *Texturkoordinaten* zufällig generiert werden. Dabei verwendet das Programm als Textur eine Art von Schachbrettmuster, wobei jedes Feld aus nur einem einzigen Texel besteht. Solch eine Textur eignet sich hervorragend dafür, die Unterschiede der Texturfilter zu demonstrieren. Es gibt drei Texturfilterkombinationen (*PlayStation-Effekt*, bilinearer Filter und anisotropischer Filter), zwischen denen das Programm im Dreisekundentakt hin- und herschaltet. Die aktuelle Filterkombination steht dabei im Titel des Fensters. Aus diesem Grund empfiehlt es sich, das Programm nur im Fenstermodus laufen zu lassen.

2.6.8.1 Die Struktur der Dreiecke

Im Programm wird jedes Dreieck als ein einzelnes Objekt betrachtet, was bereits ein erster Schritt in Richtung Spieleprogrammierung ist. Dazu wurde die Struktur STriangle erschaffen, die wie folgt definiert ist:

```
// Struktur für ein Dreieck
struct STriangle
{
    tbVector3 vPosition;     // Position
    tbVector3 vVelocity;     // Bewegung (Richtung und Geschwindigkeit)
    tbVector3 vRotation;     // Rotationszustand
    tbVector3 vRotVelocity;  // Rotationsbewegung
    float     fSize;         // Größe
    SVertex   aVertex[3];    // Die drei Vertizes
};
```

Listing 2.71 Die Dreiecksstruktur STriangle

Ein Dreieck ist also durch seine Position, seine Bewegung und Geschwindigkeit (die in Einheiten pro Sekunde angegeben wird), seinen aktuellen Rotationszustand, die Rotationsgeschwindigkeit (*Winkelgeschwindigkeit* auf allen drei Achsen), seine Größe und durch seine drei Vertizes definiert. Die Vertexstruktur SVertex bietet Platz für Position, Farbe und Texturkoordinaten (D3DFVF_XYZ | D3DFVF_DIFFUSE | D3DFVF_TEX1). Das globale Array g_aTriangle speichert alle Dreiecke des Programms.

2.6.8.2 Zu Beginn: Erstellung der Dreiecke

Wie viele Dreiecke angezeigt werden sollen, steht in der Konstanten g_iNumTriangles, die standardmäßig auf 1024 gesetzt ist. Zu Beginn, genauer gesagt in der Funktion InitScene, findet sich folgender Code, der alle Dreiecke initialisiert, nachdem die Projektionsmatrix erzeugt und das Setzen einiger Standard-Render-States erledigt wurde:

```
// Initialisieren der Dreiecke
for(int iTri = 0; iTri < g_iNumTriangles; iTri++)
{
    // Alle Dreiecke starten am Punkt (0, 0, 50).
    g_aTriangle[iTri].vPosition = tbVector3(0.0f, 0.0f, 50.0f);

    // Die Bewegung ist zufällig.
    float fSpeed = tbFloatRandom(0.1f, 5.0f);
    g_aTriangle[iTri].vVelocity = tbVector3Random() * fSpeed;

    // Rotation zurücksetzen
    g_aTriangle[iTri].vRotation = tbVector3(0.0f, 0.0f, 0.0f);

    // Rotationsgeschwindigkeit ist zufällig auf allen drei Achsen
    g_aTriangle[iTri].vRotVelocity.x = tbFloatRandom(-1.0f, 1.0f);
    g_aTriangle[iTri].vRotVelocity.y = tbFloatRandom(-1.0f, 1.0f);
    g_aTriangle[iTri].vRotVelocity.z = tbFloatRandom(-1.0f, 1.0f);
```

2.6 Texturen

```
            // Größe zufällig zwischen 1 und 5 festlegen
            g_aTriangle[iTri].fSize = tbFloatRandom(1.0f, 5.0f);

            // Nun die einzelnen Vertizes generieren
            for(int iVertex = 0; iVertex < 3; iVertex++)
            {
                // Position
                g_aTriangle[iTri].aVertex[iVertex].vPosition = tbVector3Random();

                // Farbe
                tbColor VertexColor(tbFloatRandom(0.0f, 1.0f),
                                    tbFloatRandom(0.0f, 1.0f),
                                    tbFloatRandom(0.0f, 1.0f));
                g_aTriangle[iTri].aVertex[iVertex].dwColor = (DWORD)(VertexColor);

                // Texturkoordinaten zufällig zwischen -1 und 2 erzeugen
                g_aTriangle[iTri].aVertex[iVertex].vTexture.u = tbFloatRandom(-1.0f, 2.0f);
                g_aTriangle[iTri].aVertex[iVertex].vTexture.v = tbFloatRandom(-1.0f, 2.0f);
            }
    }
```

Listing 2.72 Generieren aller Dreiecke

2.6.8.3 Die Textur laden und einsetzen

Als Nächstes lädt das Beispielprogramm die Textur TEXTURE.BMP, die sich im selben Ordner wie das Projekt selbst befindet. Dazu wird, wie bereits besprochen, die Hilfsfunktion D3DXCreateTextureFromFileEx verwendet. Anschließend aktiviert das Programm die Textur mit SetTexture. g_pTexture ist der globale Texturzeiger (PDIRECT3DTEXTURE9).

```
    // Die Textur laden
    if(FAILED(hResult = D3DXCreateTextureFromFileEx(g_pD3DDevice,      // Device
                                                    "Texture.bmp",     // Dateiname
                                                    D3DX_DEFAULT,      // Breite
                                                    D3DX_DEFAULT,      // Höhe
                                                    D3DX_DEFAULT,      // MIP-Maps
                                                    0,                 // Zweck
                                                    D3DFMT_UNKNOWN,    // Format
                                                    D3DPOOL_MANAGED,   // Speicherklasse
                                                    D3DX_FILTER_NONE,  // Filter
                                                    D3DX_DEFAULT,      // MIP-Map-Filter
                                                    0,                 // Color-Key
                                                    NULL,              // Unwichtig
                                                    NULL,              // Unwichtig
                                                    &g_pTexture)))     // Die Textur
    {
        // Fehler!
        TB_ERROR_DIRECTX("D3DXCreateTextureFromFileEx", hResult, TB_ERROR);
    }

    // Und nun die Textur einsetzen
    g_pD3DDevice->SetTexture(0, g_pTexture);
```

Listing 2.73 Laden und aktivieren der Schachbretttextur

2.6.8.4 Die Move-Funktion bewegt die Dreiecke

Da wir gerne viel Bewegung in unserem Programm hätten, fällt die Move-Funktion diesmal auch etwas größer aus. Sie erledigt die folgenden Dinge: Dreiecke fortbewegen, rotieren und ihre Distanz zum Punkt (0, 0, 0), wo der „Betrachter" steht, berechnen. Wenn diese Distanz nämlich zu groß wird, dann dreht das Programm die Flugrichtung des Dreiecks um, so dass es wieder zurückkommt. Wir dürfen nicht vergessen, dass die Move-Funktion auf verschieden schnellen Computern auch verschieden oft pro Sekunde aufgerufen wird. Die vergangene Zeit seit dem letzten Bild bekommen wir per `float`-Parameter übergeben. Um ein Dreieck beispielsweise fortzubewegen, addieren wir *nicht* nur seinen Bewegungsvektor zu seinem Positionsvektor, sondern der Bewegungsvektor muss vorher noch mit der vergangenen Zeit (in Sekunden) multipliziert werden, so dass die Dreiecke auf langsameren Systemen (= längere Zeit seit dem letzten Bild, also größerer Faktor) größere und dafür aber auch weniger „Sprünge" machen als bei einem schnelleren System. Beim Rotieren ist es genau die gleiche Situation. Die neue Move-Funktion hält außerdem die Animation an, wenn der Benutzer die Leertaste gedrückt hält. Dadurch können Sie die Wirkungen der verschiedenen Texturfilter besser erkennen.

```
// Move-Funktion
tbResult Move(float fNumSecsPassed)
{
    // Zeitzähler erhöhen
    g_fTime += fNumSecsPassed;

    // Wenn der Benutzer die Leertaste drückt, wird das Programm angehalten.
    // So sind die Wirkungen der verschiedenen Filter besser zu erkennen.
    if(GetAsyncKeyState(VK_SPACE)) fNumSecsPassed = 0.0f;

    // Jedes Dreieck bewegen
    float fDistance;
    for(int iTriangle = 0; iTriangle < g_iNumTriangles; iTriangle++)
    {
        // Position und Rotation aktualisieren
        g_aTriangle[iTriangle].vPosition += g_aTriangle[iTriangle].vVelocity
                                          * fNumSecsPassed;
        g_aTriangle[iTriangle].vRotation += g_aTriangle[iTriangle].vRotVelocity
                                          * fNumSecsPassed;

        // Distanz des Dreiecks zum Beobachter (zum Nullpunkt) berechnen
        fDistance = tbVector3Length(g_aTriangle[iTriangle].vPosition);

        // Wenn die Distanz größer als 100 ist, soll das Dreieck umkehren.
        if(fDistance > 100.0f) g_aTriangle[iTriangle].vVelocity *= -1.0f;
    }

    return TB_OK;
}
```

Listing 2.74 Dieser Code bewegt die Dreiecke, dreht sie und hindert sie an der Flucht.

2.6.8.5 Die Render-Funktion

Die Render-Funktion ist im Prinzip ein alter Hut: Sie kennen sie zum größten Teil bereits aus dem vorherigen Beispielprogramm. Der einzige Unterschied ist nun, dass man mit einer for-Schleife *alle* Dreiecke durchläuft und jedes davon einzeln zeichnet. Zuvor muss natürlich die Weltmatrix gesetzt werden, die für jedes Dreieck neu generiert wird. Sie ist das Produkt aus der Skalierungsmatrix (hier kommt die Größe des Dreiecks ins Spiel), der Rotationsmatrix und der Translationsmatrix, die das Dreieck an seine Position verschiebt. Es wäre auch denkbar, diese Transformationen selbst durchzuführen (anstatt es von Direct3D regeln zu lassen) und dann ein großes Array von Vertizes zu generieren, das dann mit *einem Mal* gezeichnet werden könnte, ohne jedes Mal die Weltmatrix zu aktualisieren.

Es gibt aber noch einen wichtigen neuen Teil in der Render-Funktion: Dieser sorgt dafür, dass die verwendete Texturfilterkombination (Vergrößerungsfilter, Verkleinerungsfilter und MIP-Map-Filter) alle drei Sekunden wechselt. Das wird wie folgt gelöst:

2.6 Texturen

```
// Abhängig von der Zeit die Texturfilter setzen.
// Alle drei Sekunden werden diese geändert.
if((int)(g_fTime / 3.0f) % 3 == 0)
{
    // Bilineare Filter mit linearem MIP-Mapping
    g_pD3DDevice->SetSamplerState(0, D3DSAMP_MINFILTER, D3DTEXF_LINEAR);
    g_pD3DDevice->SetSamplerState(0, D3DSAMP_MAGFILTER, D3DTEXF_LINEAR);
    g_pD3DDevice->SetSamplerState(0, D3DSAMP_MIPFILTER, D3DTEXF_LINEAR);
    SetWindowText(g_hWindow, "Beispielprogramm Nr. 4: Texturen (MIN: Linear,
                              MAG: Linear, MIP: Linear)");
}
else if((int)(g_fTime / 3.0f) % 3 == 2)
{
    // Keine Filter ("PlayStation-Effekt"), auch kein MIP-Mapping
    g_pD3DDevice->SetSamplerState(0, D3DSAMP_MINFILTER, D3DTEXF_POINT);
    g_pD3DDevice->SetSamplerState(0, D3DSAMP_MAGFILTER, D3DTEXF_POINT);
    g_pD3DDevice->SetSamplerState(0, D3DSAMP_MIPFILTER, D3DTEXF_NONE);
    SetWindowText(g_hWindow, "Beispielprogramm Nr. 4: Texturen (MIN: Point,
                              MAG: Point, MIP: None)");
}
else
{
    // Maximaler anisotropischer Filter ohne MIP-Mapping
    g_pD3DDevice->SetSamplerState(0, D3DSAMP_MAXANISOTROPY,
                                  g_Direct3DParameters.DeviceCaps.MaxAnisotropy);
    g_pD3DDevice->SetSamplerState(0, D3DSAMP_MINFILTER, D3DTEXF_ANISOTROPIC);
    g_pD3DDevice->SetSamplerState(0, D3DSAMP_MAGFILTER, D3DTEXF_LINEAR);
    g_pD3DDevice->SetSamplerState(0, D3DSAMP_MIPFILTER, D3DTEXF_NONE);
    SetWindowText(g_hWindow, "Beispielprogramm Nr. 4: Texturen (MIN: Anisotropic,
                              MAG: Linear, MIP: None)");
}
```

Listing 2.75 Drei verschiedene Filterkombinationen

Diese Filterkombinationen sind bewusst ausgewählt, denn sie demonstrieren die Unterschiede zwischen den verschiedenen Möglichkeiten sehr gut. Wie Sie sehen, wird beim dritten Filter der maximale anisotropische Filter verwendet. Die globale Variable `g_Direct3DParameters` beinhaltet ja die für die Abfrage erforderliche `D3DCAPS9`-Struktur.

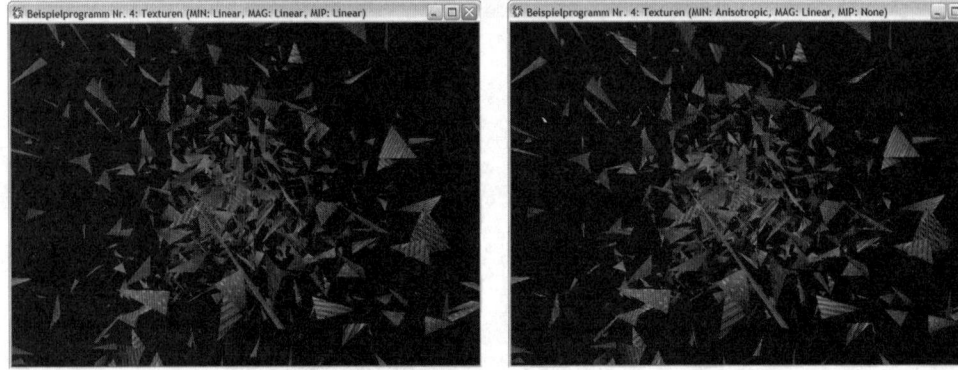

Abbildung 2.33 Die drei Filterkombinationen im Direktvergleich: *oben*: hoffnungsloses Flimmern – keine Filter (*PlayStation-Effekt*); *links*: bilineare Filter mit MIP-Mapping; *rechts*: anisotropischer Filter ohne MIP-Mapping

Man kann einen deutlichen Unterschied zwischen dem oberen und den unteren beiden Bildern erkennen. Und obwohl das dritte Bild rechts unten *ohne* MIP-Mapping gemacht wurde, ist es von der Qualität her kaum vom zweiten mit dem bilinearen Filter zu unterscheiden. Das zeigt, welche hervorragende Arbeit der anisotropische Filter leistet. Trotzdem sollte man ihn eigentlich *nicht* ohne MIP-Mapping anwenden, denn MIP-Mapping spart in den meisten Fällen viel Zeit (auf Grund der kleineren Texturen).

2.6.9 Kachelfähige Texturen erzeugen

Sie kennen bestimmt die vielen Hintergrundbilder, die dem Benutzer unter Windows zur Verfügung stehen. Dort gibt es dann auch eine Option, die sich NEBENEINANDER nennt. Das Hintergrundbild wird dann über den ganzen Bildschirm *gekachelt*; genau wie eine Textur, wenn der linke Vertex eines Dreiecks zum Beispiel die Texturkoordinaten (0, 0) und der rechte (10, 0) hat – die Textur wird dann genau zehn Mal gekachelt. Die Windows-Hintergrundbilder und Muster sind extra für die Kachelung erstellt worden. Man merkt gar nicht, dass das Gesamtbild eigentlich nur aus vielen kleinen, immer gleichen Bildern besteht. Dies bei Texturen zu erreichen ist leider nicht immer einfach. Stellen Sie sich folgende Situation vor: Ein neues Spiel wird programmiert, und es fehlt noch eine Mauertextur. Kurzerhand schnappt sich der Grafiker seine Digitalkamera und sucht nach einer hübschen Mauer, die er abfotografieren kann. Man sucht natürlich nach einem *kleinen* Stück Mauer, das sich in einem Spiel problem-

2.6 Texturen 169

los verwenden ließe. Über eine Mauer im Spiel würde die Textur dann mehrfach *gekachelt*. Nun wäre es ein Wunder, wenn das linke Bildende exakt mit dem rechten Bildende übereinstimmen würde und das obere genau mit dem unteren – denn das ist letztendlich die Voraussetzung dafür, dass sich eine Textur gut kacheln lässt, weil sonst klar erkennbare Ränder entstehen. Zum Glück gibt es da die Möglichkeit, ein wenig nachzuhelfen.

Im Internet findet man einen ganzen Haufen von kleinen Programmen, die mit der Fähigkeit ausgestattet sind, eine Textur kachelfähig zu machen. Dabei gehen die meisten Programme so vor: Am Rand des Bildes wird der gegenüberliegende Rand langsam eingeblendet.

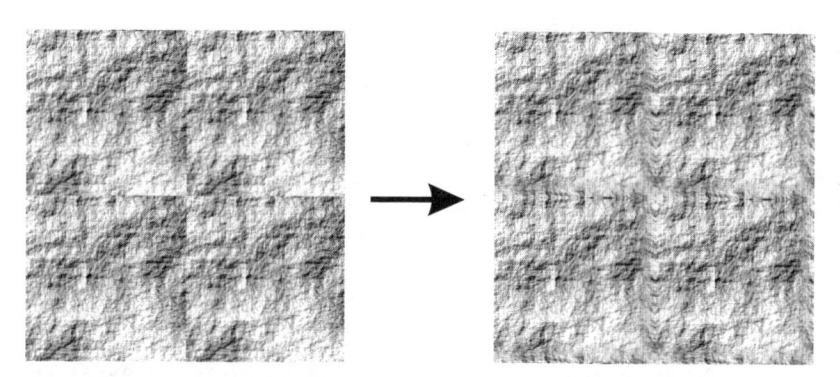

Abbildung 2.34 *Links*: die Ausgangstextur; *rechts*: die kachelfähige Textur

Das Programm *sTile* von Steve Harman, das er mir freundlicherweise für die Begleit-CD-ROM zur Verfügung gestellt hat, verfährt ebenso und bietet noch viele weitere Effekte zur Bildbearbeitung. Sie können das Programm vom AutoRun-Programm der CD-ROM aus installieren. Klicken Sie im Menü von *sTile* auf IMAGE und SEAMLESS. Nun stehen Ihnen vier verschiedene Möglichkeiten zur Auswahl, wie die Textur kachelfähig gemacht werden kann. Ein wenig zu experimentieren kann hier nicht schaden.

Abbildung 2.35 *sTile* ist ein übersichtliches Bildbearbeitungsprogramm mit umfangreichen Funktionen.

2.6.10 Rückblick

- Texturen sind Bilder, die man über 3D-Objekte legen kann. Dadurch erscheinen sie realistischer, denn es können Oberflächen wie zum Beispiel Holz oder Metall simuliert werden. In Direct3D werden sie durch die Schnittstelle `IDirect3DBaseTexture9` repräsentiert. Dies ist eine allgemeine Schnittstelle, von der alle Texturtypen abgeleitet sind. Zweidimensionale Texturen, mit denen wir bisher nur gearbeitet haben, verwenden die Schnittstelle `IDirect3DTexture9`.

- Damit man mit Texturen arbeiten kann, braucht jeder Vertex *Texturkoordinaten*. Diese sind für gewöhnlich zweidimensional (`tbVector2`) und beschreiben, welchem Bildpunkt der Textur (*Texel*) der Vertex zugeordnet ist. Texturkoordinaten werden beim Zeichnen interpoliert. (0, 0) ist die linke obere Ecke der Textur und (1, 1) die rechte untere. Was außerhalb dieses Bereichs geschieht, lässt sich speziell festlegen. In der Vertexstruktur kommen die Texturkoordinaten nach der Farbe. `D3DFVF_TEX1` gehört dann mit in den FVF-Bezeichner. Die 1 bedeutet, dass Platz für ein Paar Texturkoordinaten ist; es ist nämlich auch möglich, mehrere Texturen gleichzeitig auf ein Dreieck zu legen.

- Direct3D arbeitet mit *Texturschichten*, wovon jede eine Nummer hat (0 ist die erste). Dadurch wird es ermöglicht, mehrere Texturen gleichzeitig auf ein Objekt zu legen. Möchte man nur eine Textur verwenden – kein Problem: einfach immer nur Texturschicht Nr. 1 (0) benutzen.

- Die so genannten *Sampler-States* sind mit den Render-States vergleichbar. Sie kontrollieren für jede Texturschicht, wie die Grafikkarte vorgehen soll, um die Farbe an einer bestimmten Stelle in der Textur herauszufinden. Dazu gehören unter anderem *Texturfilter* (`D3DSAMP_MINFILTER`, `D3DSAMP_MAGFILTER` und `D3DSAMP_MIPFILTER`) und das Verhalten bei außerhalb von [0; 1] liegenden Texturkoordinaten. Texturfilter erhöhen die Qualität der Texturen auf dem fertigen Bild. Die Methoden `IDirect3DDevice9::SetSamplerState` und `GetSamplerState` setzen Sampler-States beziehungsweise fragen deren Wert ab.

- Beim *MIP-Mapping* erzeugt man von ein und derselben Textur mehrere Versionen, wovon jede jeweils halb so breit und halb so hoch wie die vorhergehende ist. Diese kleineren Versionen der Originaltextur nennt man *MIP-Maps*. Wenn eine Textur auf dem Bildschirm sehr klein erscheint (zum Beispiel wenn das Objekt, zu dem sie gehört, sehr weit entfernt ist), lohnt es sich nicht, mit der großen Textur zu rechnen; man greift dann lieber auf eine kleinere zurück. Das erhöht sowohl die Bildqualität als auch die Geschwindigkeit. Intern besteht eine Textur aus verschiedenen Oberflächen (`IDirect3DSurface9`) – für jede MIP-Map-Ebene genau eine (wobei die Originaltextur auch eine MIP-Map-Ebene ist, und zwar die allererste).

- Eine Textur wird mit Hilfe der Methode `IDirect3DDevice9::SetTexture` aktiviert beziehungsweise einer bestimmten Texturschicht zugewiesen. Dadurch wird der Referenzzähler der Texturschnittstelle um eins erhöht. Wenn die Textur durch eine andere ersetzt wurde oder man der Methode `NULL` als Texturschnittstelle übergibt, verringert das den Referenzzähler wieder.

- Die Funktion `D3DXCreateTextureFromFileEx` hilft uns beim Laden einer Textur und erzeugt auch gleich noch die passenden MIP-Maps dazu, falls gewünscht.

- Das Programm *sTile*, das sich auf der Begleit-CD-ROM befindet, ist Ihnen beim Erzeugen von *kachelfähigen Texturen* behilflich. Eine kachelfähige Textur zeichnet sich dadurch aus, dass man sie mehrfach neben- und übereinander legen kann, ohne dass dabei hässliche Ränder entstehen. Man erreicht das Kacheln, indem man die Texturkoordinaten den Bereich [0; 1] verlassen lässt.

2.6.11 Übungsaufgaben

1. Versuchen Sie, ein Programm zu schreiben, das ein einzelnes statisches Dreieck rendert, das mit einer Textur überzogen ist. Die Textur soll dabei ohne „Verzerrungen" auf dem Dreieck abgebildet werden.

    Tipp: Der obere Vertex sollte die Texturkoordinaten (0.5, 0) haben ...

2. Erweitern Sie das Programm aus der ersten Aufgabe so, dass die Texturkoordinaten mit der Zeit nach rechts (oder in eine beliebige andere Richtung) verschoben werden! Sie werden sehen: Es ist ein interessanter Effekt!

3. Das Programm aus der zweiten Aufgabe soll nun die Texturkoordinaten nicht mehr verschieben, sondern sie rotieren!

    Tipp: Erzeugen Sie hierzu eine Rotationsmatrix für die Rotation um die z-Achse, und transformieren Sie damit den 2D-Texturkoordinatenvektor in jedem Frame!

2.7 Vertex- und Index-Buffer

2.7.1 Zweck von Vertex- und Index-Buffern

Sie werden nun mit einer neuen Art von Ressource vertraut gemacht. Oberflächen und Texturen kennen Sie bereits, und sie sind dafür zuständig, Bilddaten zu speichern. Doch was ist mit den Geometriedaten, also 3D-Modellen? Dafür gibt es die so genannten *Vertex-Buffer* und *Index-Buffer*. Im Vertex-Buffer lagern *Vertizes* (ja, wirklich!), und im Index-Buffer lagern *Indizes*. Indizes werden Sie im Verlauf dieses Unterkapitels noch kennen lernen – so viel sei gesagt: Mit Indizes lässt sich viel Speicher sparen.

In den bisherigen Beispielprogrammen wurden die Vertizes ganz einfach im Systemspeicher angelegt, in Form eines Arrays. Der Systemspeicher ist dafür aber nicht unbedingt der am besten geeignete Ort, weil die Grafikkarte ihn nicht so schnell zu Gesicht bekommt wie ihren eigenen Speicher. Vor allem bei statischen Modellen (also solchen, die sich nicht verändern) lohnt es sich daher für die Vertizes, in den Speicher der Grafikkarte umzuziehen und einen Vertex-Buffer zu ihrem neuen Wohnsitz zu machen. Genau das ist es, was eine Direct3D-Ressource ausmacht: Ihr stehen die besten und schnellsten Speicherbereiche zur Verfügung. Residiert eine Ressource im Speicher der Hardware, schont das die Übertragungsschnittstelle vom PC zur Hardware enorm!

Vertex- und Index-Buffer lohnen sich kaum für kleine Datenmengen. Es heißt, dass Vertex-Buffer einer Größe von ungefähr 64 KB am performantesten sind, da die Grafikkarte am besten auf sie zugreifen kann.

2.7.2 Der Vertex-Buffer im Detail

2.7.2.1 Erzeugen eines Vertex-Buffers

Die Schnittstelle für einen Vertex-Buffer heißt `IDirect3DVertexBuffer9`. Um eine solche zu erzeugen, verwendet man die Methode `CreateVertexBuffer` von `IDirect3DDevice9`. Es ist ein Kinderspiel, damit einen Vertex-Buffer zu erstellen.

Tabelle 2.29 Die Parameter der Methode `IDirect3DDevice9::CreateVertexBuffer`

Parameter	Beschreibung
`UINT Length`	Größe des Vertex-Buffers in Bytes
`DWORD Usage`	Verwendungszweck des Vertex-Buffers (*siehe unten*)
`DWORD FVF`	Flexibles Vertexformat für die Vertizes, die in diesem Vertex-Buffer gespeichert werden sollen (zum Beispiel `D3DFVF_XYZ | D3DFVF_DIFFUSE`)
`D3DPOOL Pool`	Speicherklasse für den Vertex-Buffer. Üblicherweise verwendet man hier `D3DPOOL_MANAGED` oder `D3DPOOL_DEFAULT`.
`IDirect3DVertexBuffer** ppVertexBuffer`	Adresse eines PDIRECT3DVERTEXBUFFER9-Zeigers, den die Methode ausfüllt
`HANDLE* pSharedHandle`	Dieser Parameter ist unwichtig, und wir werden immer NULL angeben.

D3DUSAGE-Möglichkeiten für Vertex-Buffer

Im Zusammenhang mit Texturen haben Sie bereits einige Bezeichner kennen gelernt, die mit „D3DUSAGE_" beginnen und den Verwendungszweck einer Textur beschreiben, wie zum Beispiel `D3DUSAGE_DYNAMIC`. Bei Vertex-Buffern gibt es noch mehr Möglichkeiten als bei Texturen. Beachten Sie, dass Sie die unten aufgeführten Möglichkeiten auch kombinieren können!

Tabelle 2.30 D3DUSAGE-Werte für Vertex-Buffer

Verwendungszweck	Beschreibung
0	Erstellt einen ganz gewöhnlichen statischen Vertex-Buffer.
`D3DUSAGE_DYNAMIC`	Geben Sie dieses Flag an, um einen dynamischen Vertex-Buffer erstellen zu lassen. Die Speicherklasse sollte dann `D3DPOOL_DEFAULT` sein.
`D3DUSAGE_POINTS`	Spezifizieren Sie dieses Flag, um Direct3D zu sagen, dass Sie den Vertex-Buffer später nur verwenden werden, um Punktprimitiven zu zeichnen (`D3DPT_POINTLIST`).
`D3DUSAGE_WRITEONLY`	Die Anwendung wird nur in den Vertex-Buffer hinein *schreiben* und nicht aus ihm lesen. Dieses Flag kann die Performance erhöhen, da der Vertex-Buffer dadurch eventuell in einem besseren Speicherbereich angelegt werden kann.

Dynamische Vertex-Buffer

Dynamische Vertex-Buffer lohnen vor allem dann, wenn ihr Inhalt wirklich sehr oft verändert wird (zum Beispiel einmal pro Bild). Ein statischer Vertex-Buffer ist für so hohe Schreibzugriffsraten nicht unbedingt geeignet. Bei der Arbeit mit einem dynamischen Vertex-Buffer müssen Sie einige Dinge beachten, auf die später noch hingewiesen wird, Sie können dann zum Beispiel *nicht* die Speicherklasse `D3DPOOL_MANAGED` verwenden.

Datenabfrage beim Vertex-Buffer

Wenn es später noch einmal nötig ist, nur anhand der `IDirect3DVertexBuffer9`-Schnittstelle genauere Informationen über den Vertex-Buffer zu erhalten – kein Problem: Die Methode `GetDesc` der Vertex-Buffer-Schnittstelle füllt eine Struktur namens `D3DVERTEXBUFFER_DESC` aus. Sie besitzt Elemente namens `Format`, `Type`, `Usage`, `Pool`, `Size` und `FVF`, in denen alle Informationen gespeichert sind.

2.7 Vertex- und Index-Buffer

```
unsigned int GetVertexBufferSize(PDIRECT3DVERTEXBUFFER9 pVertexBuffer)
{
    D3DVERTEXBUFFER_DESC Desc; // Beschreibung des Vertex-Buffers

    // Beschreibung abfragen
    pVertexBuffer->GetDesc(&Desc);

    // Größe des Vertex-Buffers liefern.
    // Dazu verwenden wir die gerade abgefrage Struktur.
    return Desc.Size;
}
```

Listing 2.76 Eine Funktion zum Abfragen der Größe eines Vertex-Buffers

2.7.2.2 Füllen des Vertex-Buffers

Kümmern wir uns nun um das Füllen eines Vertex-Buffers, damit könnte man zum Beispiel ein 3D-Modell hineinladen. Da sich Direct3D-Ressourcen, zu denen Vertex-Buffer auch gehören, oft in einem für die Anwendung unsichtbaren Teil des Speichers (zum Beispiel im Grafikkartenspeicher) befinden, ist es unmöglich, die Daten „einfach so" und ohne Vorwarnung zu verändern oder zu lesen. Das *Sperren* der Ressource ist zuerst nötig. Direct3D liefert der Anwendung dann einen Zeiger auf eine Kopie der Ressource, die im Systemspeicher liegt. Diese Kopie verändern wir dann, und beim *Entsperren* sorgt ein Datentransfer dafür, dass die von uns gemachten Änderungen auf die „echte" Ressource übertragen werden.

Der Sperrvorgang

Der Sperrvorgang wird mit der Methode IDirect3DVertexBuffer9::Lock eingeleitet. Ihr übergibt man genauere Informationen darüber, welchen Teil man lesen/schreiben möchte und wie das genau passieren wird.

Tabelle 2.31 Die Parameter der Methode IDirect3DVertexBuffer9::Lock

Parameter	Beschreibung
UINT OffsetToLock	Beschreibt die Stelle in Bytes, ab welcher der Vertex-Buffer gesperrt werden soll. 0 sperrt den Vertex-Buffer von Anfang an.
UINT SizeToLock	Anzahl der zu sperrenden Bytes. Geben Sie 0 an (in dem Fall ebenfalls für den vorherigen Parameter), um den gesamten Vertex-Buffer zu sperren.
void** ppData	Adresse eines Zeigers, den die Methode nach dem Sperren so ausfüllt, dass er auf den gesperrten Speicherbereich zeigt. Dort führen wir die Veränderungen oder Lesevorgänge durch.
DWORD Flags	Flags, welche die Art des Sperrens festlegen (*siehe unten*)

Die Art des Sperrens

Ein Sperrvorgang kann unter Umständen sehr zu Lasten der Performance gehen, wenn er schlecht gewählt ist. Zuerst ist es wichtig, nur den Teil zu sperren, der auch wirklich verändert wird (falls das bekannt ist). Weiterhin können wir Direct3D schon vor dem Sperren sagen, was mit dem Speicher geschehen wird, so dass auch hier noch die eine oder andere Optimierung stattfinden kann. Die „D3DLOCK_"-Flags (vierter Parameter der Lock-Methode) geben genauere Auskunft.

Tabelle 2.32 Die verschiedenen Sperr-Flags

Sperr-Flag	Beschreibung
0	Normaler Sperrmodus
D3DLOCK_NOSYSLOCK	Dieses Flag erlaubt dem System, andere Aufgaben zu erledigen, während die Ressource gesperrt ist. Im Falle eines Absturzes könnte man es so vielleicht noch schaffen, das Programm zu beenden. Dies beeinträchtigt jedoch die Performance leicht.
D3DLOCK_READONLY	Damit versprechen wir Direct3D, nur aus dem Speicher zu lesen und ihn nicht zu verändern. Die Hardware kann dann sofort mit dem Rendern weitermachen (während wir mit dem Speicher arbeiten), weil der Rücktransfer der neuen Daten ja entfällt – alles bleibt so, wie es war. Dies wirkt sich positiv auf die Performance aus. Nicht möglich, wenn der Vertex-Buffer mit D3DUSAGE_WRITEONLY erstellt wurde!
D3DLOCK_NOOVERWRITE	Dieses Flag gibt an, dass keine Daten aus dem Vertex-Buffer überschrieben werden, was die Performance ebenfalls stark erhöht.
D3DLOCK_DISCARD	Dadurch versichern wir, dass wir den gesamten gesperrten Speicherbereich komplett neu füllen werden, was Direct3D einige Optimierungen ermöglicht.

Die beiden letzten Flags sind nur für dynamische Vertex-Buffer gültig (solche, die mit D3DUSAGE_DYNAMIC generiert wurden), und man sollte nach Möglichkeit auch von ihnen Gebrauch machen, da sie die angenehme Eigenschaft haben, den ganzen Vorgang stark zu beschleunigen. Bei statischen (nicht dynamischen) Vertex-Buffern empfiehlt sich meistens das Flag D3DLOCK_NOSYSLOCK und unter Umständen D3DLOCK_READONLY. Vergessen Sie nicht, dass es auch gültig ist, einfach nur 0 anzugeben!

Datenmanipulation

Nach erfolgreichem Sperren haben wir, was wir wollten: einen Zeiger auf den Speicherbereich mit den Daten der Ressource (in unserem Fall: mit den Daten des Vertex-Buffers). Diesen Zeiger könnten wir nun aus praktischen Gründen in einen Zeiger auf eine SVertex-Struktur umwandeln. Dann sind einfache Befehle wie pVertices[129].vPosition = tbVector3(1.0f, 0.0f, 0.0f) alles, was wir brauchen, um den Vertex-Buffer schließlich zu füllen.

Das Entsperren nicht vergessen!

Wer vergisst zu entsperren, begeht einen großen Fehler! Direct3D muss nämlich, während eine Ressource gesperrt ist, auf Sparflamme laufen – wenn die gesperrte Ressource dann zum Zeichnen benötigt wird, heißt es: warten, warten und nochmals warten, bis die Ressource endlich entsperrt wird. Zu jedem Aufruf der Lock-Methode gehört ein entsprechender Aufruf der (parameterlosen) Unlock-Methode!

2.7.2.3 Den Inhalt zeichnen

Bisher haben wir unsere Geometrie mit der Methode DrawPrimitiveUP direkt aus dem Systemspeicher gezeichnet. Nun ist es so weit, dass die Vertizes aus dem wesentlich schnelleren Vertex-Buffer kommen. Dazu verwenden wir nun die Methode DrawPrimitive (ohne das „UP"). Im Prinzip ist sie identisch mit der UP-Variante, allerdings entfallen hier ein paar Angaben. Wir brauchen lediglich den Primitiventyp (Dreieckslisten, verbundene Dreiecke und so weiter), den Startvertex und die Anzahl der Primitiven anzugeben. Direct3D weiß sofort, woher es die Vertexdaten nehmen soll: Es benutzt dazu den *Datenstrom 0* (*mehr dazu gleich*).

2.7 Vertex- und Index-Buffer

Tabelle 2.33 Die Parameter der Methode `IDirect3DDevice9::DrawPrimitve`

Parameter	Beschreibung
`D3DPRIMITIVETYPE PrimitiveType`	Typ der zu zeichnenden Primitiven (D3DPT_...)
`UINT StartVertex`	Bezeichnet den Vertex, bei dem mit dem Zeichnen angefangen werden soll (0: erster Vertex)
`UINT PrimitiveCount`	Anzahl der zu zeichnenden Primitiven

Datenströme

Einen Datenstrom kann man sich wie einen Fluss vorstellen, der Daten mit sich trägt, genauer gesagt: *Vertexdaten*. Ein Datenstrom könnte zum Beispiel die Positionsangaben der Vertizes beinhalten, ein anderer die Texturkoordinaten und noch ein anderer die Farbangaben. Wenn es dann zum Zeichnen kommt, fließen all diese Flüsse zusammen, und Direct3D verbindet sie zu vollständigen Vertizes. Für uns ist erst einmal nur *ein* Datenstrom wichtig: der Datenstrom 0 (das ist der erste). Wenn nicht anders angegeben, benutzt Direct3D diesen Datenstrom, um die Vertizes für die Methode `DrawPrimitive` abzufragen. Die Vertizes werden in diesem Datenstrom auch *vollständig* gespeichert, nicht etwa teilweise. Deren Zerlegung ist ein fortgeschrittenes Thema.

Ein Datenstrom kann seine Quelle entweder im Systemspeicher (bei `DrawPrimitiveUP` ist das der Fall, erinnern Sie sich an den Parameter namens `pVertexStreamZeroData`?) oder in einem *Vertex-Buffer* haben. Bevor wir nun also `DrawPrimitive` aufrufen, setzen wir unseren Vertex-Buffer als Quelle für den Datenstrom 0. Dafür ist `IDirect3DDevice9::SetStreamSource` zuständig.

Tabelle 2.34 Die Parameter der Methode `IDirect3DDevice9::SetStreamSource`

Parameter	Beschreibung
`UINT StreamNumber`	Die Nummer des Datenstroms, dessen Quelle wir festlegen
`IDirect3DVertexBuffer9* pStreamData`	Dies ist der Vertex-Buffer, der als neue Quelle für den Datenstrom aktiviert werden soll. Eine Systemspeicheradresse als Quelle manuell zu setzen ist nicht möglich, das kann nur `DrawPrimitiveUP`.
`UINT OffsetInBytes`	Startwert in Bytes, erst ab dieser Stelle im Vertex-Buffer werden Daten transportiert. Normalerweise gibt man hier 0 an.
`UINT Stride`	Die Anzahl der Bytes von einem Datenpaket zum nächsten. Ein Datenpaket kann entweder ein vollständiger Vertex (dann geben wir einfach die Vertexgröße an) oder aber auch nur ein Teil davon sein.

> Vorsicht! Die `SetStreamSource`-Methode erhöht den Referenzzähler der angegebenen `IDirect3DVertexBuffer9`-Schnittstelle! Er wird erst wieder verringert, wenn der Vertex-Buffer durch einen anderen abgelöst oder `NULL` übergeben wurde.

2.7.3 Der Index-Buffer im Detail

2.7.3.1 Wofür sind Indizes gut?

Als Programmierer sollte man immer mehrere Ziele vor Augen haben: darunter auch das, möglichst wenig Speicher und Rechenzeit zu beanspruchen. Nun stellen Sie sich einmal ein einfaches 3D-Objekt wie zum Beispiel einen Würfel vor. Ein Würfel besteht aus sechs quadratischen Flächen, die wir jeweils mit zwei Dreiecken darstellen, das macht dann insgesamt zwölf Dreiecke. Jedes Dreieck benötigt drei Vertizes, was uns dann schon ganze 36 Vertizes kostet! 36 für einen Würfel!

Dabei müssten doch eigentlich acht Vertizes ausreichen, denn der Würfel hat genau so viele Eckpunkte. Von den 36 Vertizes wären also sehr viele doppelt im Speicher. Darum macht man es auf eine andere Art: Man speichert nur die acht Vertizes und eine Liste von *Indizes* (Singular: *Index*). Ein Index ist einfach nur eine Zahl. Die Zahl 0 steht beispielsweise für den ersten Vertex, 1 für den zweiten und so weiter. Ein Dreieck wird dann nicht mehr durch drei Vertizes beschrieben, sondern nur noch durch drei *Indizes*, die natürlich viel weniger Speicherplatz erfordern (jeweils 16 oder 32 Bits).

So weit zur Theorie der Indizes. Während die Vertizes in einem *Vertex-Buffer* lagern, lagern die Indizes in einem *Index-Buffer*. Index-Buffer sind Vertex-Buffern sehr ähnlich; sie beinhalten lediglich verschiedene Formen von Daten.

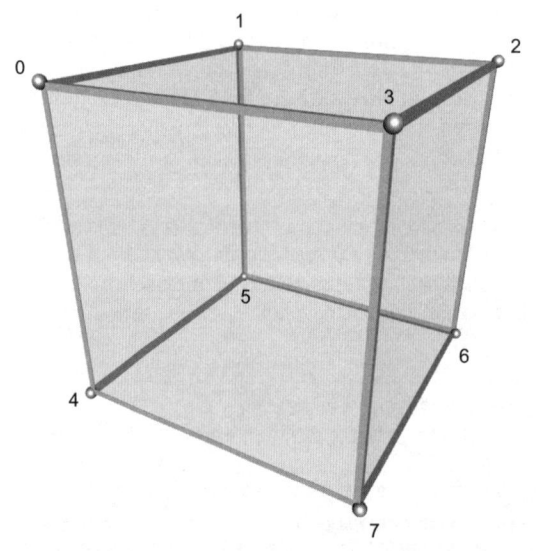

Abbildung 2.36 Die Vorderseite dieses Würfels kann allein durch die Zahlen 0, 3, 7 und 0, 7, 4 beschrieben werden – vorausgesetzt, dass die acht Vertizes bekannt sind.

Durch Verwendung von *verbundenen Dreiecken* anstelle von *Dreieckslisten* lässt sich die Datenmenge sogar noch weiter reduzieren.

2.7.3.2 Erzeugen eines Index-Buffers

Wer einen Vertex-Buffer erzeugen kann, für den dürfte das mit einem Index-Buffer auch kein Problem sein. Die Methode IDirect3DDevice9::CreateIndexBuffer sieht fast genauso aus wie CreateVertexBuffer, und sie versorgt uns mit einer entsprechenden IDirect3DIndexBuffer9-Schnittstelle – wer hätte es gedacht?

Tabelle 2.35 Die Parameter der Methode IDirect3DDevice9::CreateIndexBuffer

Parameter	Beschreibung
UINT Length	Die Größe (in Bytes) des neuen Index-Buffers
DWORD Usage	Verwendungszweck (*siehe* CreateVertexBuffer)

2.7 Vertex- und Index-Buffer   177

Parameter	Beschreibung
D3DFORMAT Format	Format der Indizes: D3DFMT_INDEX16 für 16-Bit-Indizes (entspricht dem Typ WORD oder unsigned short) oder D3DFMT_INDEX32 für 32-Bit-Indizes (entspricht dem Typ DWORD oder unsigned int). Mit 16 Bits lassen sich maximal 65536 (= 2^{16}) Vertizes adressieren, mit 32 Bits mehr als vier Milliarden.
	16 Bits reichen so gut wie immer aus und sind bei vielen Grafikkarten auch das einzige unterstützte Format.
D3DPOOL Pool	Speicherklasse für den Index-Buffer (*siehe* CreateVertexBuffer)
IDirect3DIndexBuffer9** ppIndexBuffer	Adresse eines Zeigers auf eine Index-Buffer-Schnittstelle, den die Methode ausfüllt
HANDLE* pSharedHandle	Nicht gebrauchter Parameter – immer NULL angeben!

Wenn man wirklich 32 Bits für die Indizes verwenden möchte, sollte man vorher mit Hilfe von IDirect3DDevice9::CheckDeviceFormat testen, ob das Format D3DFMT_INDEX32 unterstützt wird. Als Ressourcentyp gibt man D3DRTYPE_INDEXBUFFER an.

```
if(SUCCEEDED(g_pD3DDevice->CheckDeviceFormat(iAdapter,
                                             DeviceType,
                                             AdapterFormat,
                                             0,
                                             D3DRTYPE_INDEXBUFFER,
                                             D3DFMT_INDEX32)))
{
    // 32-Bit-Index-Buffer ist verfügbar!
    // ...
}
```

Listing 2.77 Wie man prüft, ob 32-Bit-Index-Buffer unterstützt werden

2.7.3.3 Füllen des Index-Buffers

Das Sperren und Entsperren bei Index-Buffern funktioniert genauso wie bei Vertex-Buffern: Man bedient sich der beiden Methoden Lock und Unlock. Der einzige Unterschied liegt beim Zugreifen auf die Index-Buffer-Daten. Beim Vertex-Buffer kann man den durch die Lock-Methode erhaltenen Datenzeiger in einen Zeiger auf die Vertexstruktur (bei uns ist das SVertex) umwandeln; beim Index-Buffer wandelt man ihn entweder in einen unsigned short-Zeiger (bei 16 Bits) oder in einen DWORD- beziehungsweise unsigned int-Zeiger um (bei 32 Bits). Das folgende Listing zeigt eine Funktion, die einen Index-Buffer sperrt und einem angegebenen Index einen bestimmten Wert zuweist. Beachten Sie, dass man in der Praxis eine solche Funktion aber nicht benutzen würde, denn dort versucht man, immer so viele Daten wie möglich auf einmal zu ändern. Die Funktion soll nur zeigen, wie es geht.

```
// Diese Funktion verändert einen Index-Buffer an der angegebenen Stelle.
tbResult SetIndex(PDIRECT3DINDEXBUFFER9 pIndexBuffer,
                  int iIndex,
                  DWORD dwValue)
{
    // Beschreibung des Index-Buffers abfragen.
    // Wir brauchen sie, um an das Format der Indizes zu kommen.
    D3DINDEXBUFFER_DESC Desc;
    pIndexBuffer->GetDesc(&Desc);
```

```
        switch(Desc.Format)
        {
        case D3DFMT_INDEX16: // 16-Bit-Index-Buffer
          {
            // Index-Buffer genau an der Stelle sperren, wo der neue Index
            // gesetzt werden soll. Nicht mehr sperren, als unbedingt nötig,
            // also nur 16 Bits (2 Bytes)!
            WORD* pw16BitsData;
            pIndexBuffer->Lock(iIndex * 2, 2, (void**)(&pw16BitsData),
                               D3DLOCK_NOSYSLOCK);
            *pus16BitsData = (WORD)(dwValue);
            pIndexBuffer->Unlock();
            break;
          }

        case D3DFMT_INDEX32: // 32-Bit-Index-Buffer
          {
            // Wie bei 16 Bits verfahren, jedoch 4 Bytes sperren.
            DWORD* pdw32BitsData;
            pIndexBuffer->Lock(iIndex * 4, 4, (void**)(&pdw32BitsData),
                               D3DLOCK_NOSYSLOCK);
            *pdw32BitsData = dwValue;
            pIndexBuffer->Unlock();
            break;
          }
        }

        return TB_OK;
    }
```

Listing 2.78 Sperren, Füllen und Entsperren beliebiger Index-Buffer

2.7.3.4 „Indizierte Primitiven" zeichnen

Oft wird von „indizierten Primitiven" gesprochen, wenn man ausdrücken will, dass diese nicht mit Hilfe von hintereinander folgender Vertizes, sondern durch hintereinander folgende *Indizes* und einen Vertex-Buffer gezeichnet werden.

Das Wort *indiziert* bedeutet hier also *nicht*, dass wir Direct3D verwenden, um blutrünstige Szenen zu zeichnen (das überlasse ich Ihnen), die dann später von der Regierung verboten werden.

Den Index-Buffer aktivieren

Ähnlich wie wir SetStreamSource verwendeten, um einen Vertex-Buffer anzuzapfen, verwenden wir die Methode IDirect3DDevice9::SetIndices, um einen Index-Buffer zu aktivieren. Alle folgenden Zeichenbefehle, die mit Indizes arbeiten, greifen dann darauf zu. Die Methode erwartet nur einen einzigen Parameter vom Typ PDIRECT3DINDEXBUFFER9, der den zu aktivierenden Index-Buffer darstellt. Auch hier gilt: Der Referenzzähler dieser Schnittstelle wird beim Aufruf von SetIndices um eins erhöht und erst wieder verringert, wenn NULL oder ein anderer Index-Buffer übergeben wurde.

Die Methode *DrawIndexedPrimitive*

Die Methode IDirect3DDevice9::DrawIndexedPrimitive ist sozusagen die „indizierte" Version von DrawPrimitive. Wie man sich denken kann, müssen wir sie mit einigen zusätzlichen Parametern füttern.

2.7 Vertex- und Index-Buffer

Tabelle 2.36 Die Parameter der Methode `IDirect3DDevice9::DrawIndexedPrimitive`

Parameter	Beschreibung
`D3DPRIMITIVETYPE PrimitiveType`	Typ der zu zeichnenden Primitiven. `D3DPT_POINTLIST` ist hier nicht gültig (und auch nicht sonderlich sinnvoll).
`INT BaseVertexIndex`	Ein Wert, der zu allen Indizes im durch `SetIndices` aktivierten Index-Buffer hinzuaddiert wird. Kann negativ, null oder positiv sein.
`UINT MinIndex`	Der kleinste Index, der während dieses Zeichenvorgangs verwendet wird. Dieser Wert ist *relativ* zu `BaseVertexIndex`.
`UINT NumVertices`	Die Differenz plus eins zwischen dem größten und dem kleinsten Index, der während des Zeichenvorgangs verwendet wird. Der Name ist ein wenig unglücklich gewählt, da leicht ein Missverständnis entstehen kann!
`UINT StartIndex`	Der Index, bei dem Direct3D anfängt zu zeichnen (0: erster Index, 1: zweiter Index und so weiter)
`UINT PrimitiveCount`	Anzahl der zu zeichnenden Primitiven

Die beiden Parameter `MinIndex` und `NumVertices` sind nötig, weil Direct3D mit ihrer Hilfe vorhersehen kann, welche Vertizes während des Zeichenvorgangs abrufbereit sein müssen und welche nicht. Im äußersten Notfall (wenn man keine Möglichkeit hat, diese beiden Werte selbst zu berechnen), kann man auch für `MinIndex` 0 angeben und `NumVertices` auf die Anzahl der Vertizes setzen, die im zuvor mit `SetStreamSource` aktivierten Vertex-Buffer gespeichert sind. Ich könnte mir aber vorstellen, dass dann der Performance-Gewinn, der im Allgemeinen mit indizierten Primitiven erwartet wird, zurückgeht.

2.7.4 Das Beispielprogramm

Das neue Beispielprogramm ist das erste, das mit ein wenig Interaktivität aufwarten kann. Es generiert einen sehr großen Vertex-Buffer, dazu einen passenden Index-Buffer und füllt die beiden mit geometrischen Daten, die viele, viele Würfel beschreiben, die zufällig im Raum verteilt sind. Hinzu kommt, dass der Benutzer mit Hilfe der Pfeiltasten die Kamera drehen und bewegen kann. Mit [Bild hoch] und [Bild runter] lässt sich das Sichtfeld vergrößern oder verkleinern (Zoom). Wie diese kleinen Spielereien implementiert sind, besprechen wir am Ende.

2.7.4.1 Füllen von Vertex- und Index-Buffer

Vertex- und Index-Buffer dieses Programms sind in zwei globalen Variablen namens `g_pVertexBuffer` und `g_pIndexBuffer` gespeichert. Die Konstante `g_iNumCubes` definiert die Anzahl der zu zeichnenden Würfel. Standardmäßig ist sie auf 2048 gesetzt. Vertex- und Index-Buffer werden zuerst erstellt und dann gesperrt:

```
HRESULT hResult;

// ----------------------------------------------------------------
// Den Vertex-Buffer erstellen. Jeder Würfel benötigt 8 Vertizes.
// Daher ist die Vertex-Buffer-Größe gleich Anzahl der Würfel mal 8 mal Vertexgröße.
if(FAILED(hResult = g_pD3DDevice->CreateVertexBuffer(g_iNumCubes * 8 * sizeof(SVertex),
                            0,
                            D3DFVF_XYZ | D3DFVF_DIFFUSE
                            | D3DFVF_TEX1,
                            D3DPOOL_MANAGED,
                            &g_pVertexBuffer,
                            NULL)))
```

```
    {
        // Fehler beim Erstellen des Vertex-Buffers!
        TB_ERROR_DIRECTX("g_pD3DDevice->CreateVertexBuffer", hResult, TB_ERROR);
    }

    // Nun generieren wir den Index-Buffer. Jeder Würfel braucht 36 Indizes.
    // Es wird ein 16-Bit-Index-Buffer verwendet.
    if(FAILED(hResult = g_pD3DDevice->CreateIndexBuffer(g_iNumCubes * 36 * 2,
                                                       0,
                                                       D3DFMT_INDEX16,
                                                       D3DPOOL_MANAGED,
                                                       &g_pIndexBuffer,
                                                       NULL)))
    {
        // Fehler beim Erstellen des Index-Buffers!
        TB_ERROR_DIRECTX("g_pD3DDevice->CreateIndexBuffer", hResult, TB_ERROR);
    }

    SVertex* pVertices; // Daten des gesperrten Vertex-Buffers
    WORD*    pwIndices; // Daten des gesperrten Index-Buffers

    // Vertex- und Index-Buffer komplett sperren
    g_pVertexBuffer->Lock(0, 0, (void**)(&pVertices), D3DLOCK_NOSYSLOCK);
    g_pIndexBuffer->Lock(0, 0, (void**)(&pwIndices), D3DLOCK_NOSYSLOCK);
```
Listing 2.79 Erstellen und Sperren der Puffer

Als Nächstes generiert das Programm die Würfeldaten. Dabei geht es mit einer Schleife jeden der zu erstellenden Würfel durch und teilt ihm eine zufällige Position im Raum zu (die jedoch einen Mindestabstand vom Punkt (0, 0, 0) hat, damit die Kamera nicht direkt zu Programmbeginn in einem Würfel hängt).

Dann werden für jeden Würfel 8 Vertizes und 36 Indizes in den Vertex- beziehungsweise Index-Buffer eingetragen. Der Würfel ist so angelegt wie in der vorherigen Abbildung. Texturkoordinaten und Farben werden mehr oder weniger zufällig generiert, das spielt aber für dieses Programm nur eine Nebenrolle. Die Würfel haben eine Seitenlänge von zwei Einheiten – der linke obere vordere Würfelvertex hat beispielsweise die (relativen) Koordinaten (–1, 1, –1). Zu diesen Koordinaten wird natürlich noch die zufällige Würfelposition addiert.

```
    // Nun gehen wir jeden einzelnen Würfel durch.
    for(int iCube = 0; iCube < g_iNumCubes; iCube++)
    {
        // Zufällige Position für diesen Würfel erzeugen
        tbVector3 vCube = tbVector3Random() * tbFloatRandom(20.0f, 250.0f);

        // Startvertex und Startindex für diesen Würfel berechnen.
        // Diese Werte beschreiben, an welcher Stelle im Vertex- und Index-Buffer
        // die Daten des aktuellen Würfels beginnen.
        int iStartVertex = iCube * 8;
        int iStartIndex  = iCube * 36;

        // Vertizes für diesen Würfel generieren. Erst die Positionsangaben.
        pVertices[iStartVertex + 0].vPosition = vCube + tbVector3(-1.0f,  1.0f, -1.0f);
        pVertices[iStartVertex + 1].vPosition = vCube + tbVector3(-1.0f,  1.0f,  1.0f);
        pVertices[iStartVertex + 2].vPosition = vCube + tbVector3( 1.0f,  1.0f,  1.0f);
        pVertices[iStartVertex + 3].vPosition = vCube + tbVector3( 1.0f,  1.0f, -1.0f);
        pVertices[iStartVertex + 4].vPosition = vCube + tbVector3(-1.0f, -1.0f, -1.0f);
        pVertices[iStartVertex + 5].vPosition = vCube + tbVector3(-1.0f, -1.0f,  1.0f);
        pVertices[iStartVertex + 6].vPosition = vCube + tbVector3( 1.0f, -1.0f,  1.0f);
        pVertices[iStartVertex + 7].vPosition = vCube + tbVector3( 1.0f, -1.0f, -1.0f);
```

2.7 Vertex- und Index-Buffer

```
        for(int iVertex = iStartVertex; iVertex < iStartVertex + 8; iVertex++)
        {
            // Zufallsfarbe erzeugen (Alpha = 1)
            pVertices[iVertex].dwColor = tbColorRandom(1.0f) * 2.0f;

            // Texturkoordinaten generieren
            pVertices[iVertex].vTexture = tbVector2Random();
        }

        // Nun die Indizes eintragen. Jeweils drei von ihnen ergeben ein Dreieck.
        int aiIndex[36] = {0, 3, 7,   0, 7, 4,  // Vorderseite
                           2, 1, 5,   2, 5, 6,  // Hinterseite
                           1, 0, 4,   1, 4, 5,  // Linke Seite
                           3, 2, 6,   3, 6, 7,  // Rechte Seite
                           0, 1, 2,   0, 2, 3,  // Oberseite
                           6, 5, 4,   6, 4, 7}; // Unterseite

        // Die 36 Indizes in den Index-Buffer übertragen.
        // Zu jedem Indexwert muss noch der Startvertexwert addiert werden.
        for(int iIndex = 0; iIndex < 36; iIndex++)
        {
            // Index eintragen
            pwIndices[iStartIndex + iIndex] = (WORD)(aiIndex[iIndex] + iStartVertex);
        }
    }

    // Vertex- und Index-Buffer wieder entsperren
    g_pVertexBuffer->Unlock();
    g_pIndexBuffer->Unlock();
```

Listing 2.80 Generieren der Würfel

2.7.4.2 Der Zeichenvorgang

Nachdem zu Beginn die üblichen Dinge erledigt wurden (Render- und Sampler-States einstellen, Textur laden, Vertexformat setzen und so weiter) und die Würfeldaten generiert wurden, geht's ans Zeichnen. Weil alle Würfel die gleiche Textur verwenden, können wir sie alle mit einem einzigen Aufruf von DrawIndexedPrimitive zeichnen:

```
// Alle Würfel auf einmal zeichnen.
// Zuerst den Vertex- und den Index-Buffer als Datenquelle aktivieren.
g_pD3DDevice->SetStreamSource(0, g_pVertexBuffer, 0, sizeof(SVertex));
g_pD3DDevice->SetIndices(g_pIndexBuffer);

// Zeichnen!
hResult = g_pD3DDevice->DrawIndexedPrimitive(D3DPT_TRIANGLELIST, // Dreiecksliste
                                             0,                  // Basisvertexindex
                                             0,                  // Der kleinste Index
                                             g_iNumCubes * 8,    // Diff. zw. größtem u.
                                                                 //   kleinstem Index
                                             0,                  // Von Anfang an zeichnen
                                             g_iNumCubes * 12);  // 12 Dreiecke pro Würfel

if(FAILED(hResult))
{
    // Fehler beim Zeichnen!
    TB_ERROR_DIRECTX("g_pD3DDevice->DrawIndexedPrimitive", hResult, TB_STOP);
}
```

Listing 2.81 Zeichnen der Würfel

2.7.4.3 Bewegung ins Spiel bringen

Die Interaktivität dieses Programms kommt dadurch zum Ausdruck, dass die Kameramatrix (Sichtmatrix) und die Projektionsmatrix dynamisch (einmal pro Bild) je nach den Tastatureingaben des Benutzers verändert werden.

Drehung, Bewegung und Zoom berechnen

Der Status der Kamera besteht aus zwei Angaben: ihre Position (ein Vektor) und ihr Drehwinkel. Der Drehwinkel gibt an, in welche Richtung die Kamera schaut. In diesem Programm ist die Bewegung und Drehung nur auf der *xz*-Ebene möglich, also nicht auf der *y*-Achse. In der Move-Funktion fragt das Programm mit Hilfe der Funktion GetAsyncKeySate, die in MMSYSTEM.H und WINMM.LIB definiert ist, ab, ob der Benutzer für das Programm relevante Tasten drückt. Drückt er [Pfeil links], wird der Drehwinkel der Kamera verkleinert (sie dreht sich dann gegen den Uhrzeigersinn), bei [Pfeil rechts] wird er vergrößert. Bei [Pfeil hoch] verändert sich die Kameraposition: Es wird die Blickrichtung der Kamera addiert, so dass sie sich vorwärts bewegt. Die Blickrichtung ergibt sich aus dem Sinus und dem Kosinus des Blickwinkels. Bei [Pfeil runter] zieht man die Blickrichtung von der Kameraposition ab, um eine Rückwärtsbewegung zu bewirken.

Das Sichtfeld (FOV) wird ebenfalls in einer Variablen gespeichert und in der Move-Funktion verändert, wenn der Benutzer [Bild hoch] oder [Bild runter] drückt. Es kann π nicht überschreiten und null nicht unterschreiten (und auch gar nicht erst erreichen).

```
tbResult Move(float fTime)
{
    // Zeitzähler erhöhen
    g_fTime += fTime;

    // Wenn der Benutzer die Pfeiltaste nach links oder rechts drückt, erhöhen bzw.
    // verringern wir den Drehwinkel der Kamera. Drehgeschwindigkeit: 45° pro Sekunde.
    if(GetAsyncKeyState(VK_LEFT))  g_fCameraAngle -= TB_DEG_TO_RAD(45.0f) * fTime;
    if(GetAsyncKeyState(VK_RIGHT)) g_fCameraAngle += TB_DEG_TO_RAD(45.0f) * fTime;

    // Wenn der Benutzer die Pfeiltaste nach oben oder unten drückt, wird die Kamera vor-
    // bzw. zurückbewegt. Dazu addieren wir die Kamerablickrichtung zur Kameraposition bzw.
    // subtrahieren sie. Die Blickrichtung wird mit dem Sinus und dem Kosinus des
    // Drehwinkels der Kamera berechnet. Bewegung ist nur auf der xz-Ebene möglich.
    tbVector3 vCameraDirection = tbVector3(sinf(g_fCameraAngle), 0.0f,
                                           cosf(g_fCameraAngle));

    // Die Kamera soll sich mit 10 Einheiten pro Sekunde bewegen.
    // Die Blickrichtung ist normalisiert und hat daher die Länge 1.
    if(GetAsyncKeyState(VK_UP))   g_vCameraPosition += vCameraDirection * 10.0f * fTime;
    if(GetAsyncKeyState(VK_DOWN)) g_vCameraPosition -= vCameraDirection * 10.0f * fTime;

    // Die Tasten [Bild auf] und [Bild ab] verändern das Sichtfeld.
    // So kann man in das Bild "hineinzoomen", mit 15 Grad pro Sekunde.
    if(GetAsyncKeyState(VK_PRIOR)) g_fFOV -= TB_DEG_TO_RAD(15.0f) * fTime;
    if(GetAsyncKeyState(VK_NEXT))  g_fFOV += TB_DEG_TO_RAD(15.0f) * fTime;

    // Das Sichtfeld darf 180° (Pi) und 0° nicht erreichen.
    if(g_fFOV >= TB_DEG_TO_RAD(180.0f)) g_fFOV = TB_DEG_TO_RAD(179.9f);
    else if(g_fFOV <= TB_DEG_TO_RAD(0.0f)) g_fFOV = TB_DEG_TO_RAD(0.1f);

    return TB_OK;
}
```

Listing 2.82 Die Move-Funktion

2.7 Vertex- und Index-Buffer

Generieren der Matrizen

Vor dem Rendern, also in der Render-Funktion, erzeugt das Programm eine Projektions- und eine Kameramatrix, welche die aktuellen Werte (Kameraposition, Drehwinkel und Sichtfeld) beinhalten. Um die Kameramatrix zu erstellen, verwenden wir die Funktion tbMatrixCamera. Sie erwartet nacheinander die Kameraposition, den Blickpunkt der Kamera und die *y*-Achse der Kamera, die normalerweise (0, 1, 0) ist, wenn die Kamera nicht „rollt", und liefert schließlich die dazu passende Kameramatrix, die wir als neue Sichtmatrix mit SetTransform und D3DTS_VIEW einsetzen.

```
// Die Kameramatrix erzeugen und einsetzen.
// Dafür benötigen wir die Kameraposition, den Blickpunkt der Kamera und
// die lokale y-Achse der Kamera, die normalerweise (0, 1, 0) ist
// (es sei denn, die Kamera "rollt").
tbMatrix mCamera = tbMatrixCamera(g_vCameraPosition,
                                  g_vCameraPosition + tbVector3(sinf(g_fCameraAngle),
                                                                0.0f,
                                                                cosf(g_fCameraAngle)),
                                  tbVector3(0.0f, 1.0f, 0.0f));
g_pD3DDevice->SetTransform(D3DTS_VIEW, (D3DMATRIX*)(&mCamera));

// Das Bildseitenverhältnis berechnen
float fAspect =   (float)(g_Direct3DParameters.VideoMode.Width)
                / (float)(g_Direct3DParameters.VideoMode.Height);

// Die Projektionsmatrix erzeugen und einsetzen.
// Das geschieht hier einmal pro Bild, weil das Sichtfeld variabel ist.
tbMatrix mProjection = tbMatrixProjection(g_fFOV,  // Sichtfeld
                                          fAspect, // Bildseitenverhältnis
                                          0.1f,    // Nahe Clipping-Ebene
                                          250.0f); // Ferne Clipping-Ebene
g_pD3DDevice->SetTransform(D3DTS_PROJECTION, (D3DMATRIX*)(&mProjection));
```

Listing 2.83 Berechnung der Kamera- und der Projektionsmatrix mit variablen Parametern

Mit diesem Programm können Sie sehr gut beobachten, welchen Einfluss die Veränderung des Sichtfelds beim Erstellen der Projektionsmatrix auf das fertige Bild hat. Wenn Sie die Kamera nach vorne bewegen und gleichzeitig das Sichtfeld vergrößern, gibt das den Effekt eines *Warp-Sprungs* (Beschleunigen auf Überlichtgeschwindigkeit, wie man es aus vielen Science-Fiction-Filmen kennt)!

Es ist auch eine gute Idee, zum Beispiel bei einem Rennspiel das Sichtfeld abhängig von der momentanen Geschwindigkeit zu vergrößern. Der Spieler hat dann den Eindruck, dass alles an ihm „vorüberrauscht". Ein Beispiel für diesen Effekt können Sie in *Zelda: Majora's Mask* beobachten, wenn Link sich in einen Goronen verwandelt und durch die Gegend rollt.

Abbildung 2.37 „Set course to sector 001 – Maximum warp – *Engage!*"

Sie können einen besonders schönen Effekt erzielen, indem Sie nach vorne fliegen und gleichzeitig das Sichtfeld durch Drücken von [Bild ab] vergrößern. Das Vergrößern des Sichtfeldes wird oft in Spielen angewandt, um den Spieler fühlen zu lassen, dass er sich mit einer sehr hohen Geschwindigkeit bewegt. Wird er dann wieder langsamer, verringert man das Sichtfeld einfach wieder auf den normalen Wert.

2.7.5 Rückblick

- Indizes helfen uns dabei, Speicher für 3D-Modelle zu sparen. Vor allem sind sie nützlich, wenn in einem Modell viele doppelte Vertizes vorkommen. Jeder Vertex bekommt dann einen Index, also eine Zahl, und jeden Vertex gibt es dann nur noch *einmal*. Um ein Dreieck zu beschreiben, sind nun nicht mehr drei Vertizes nötig, sondern nur noch drei Indizes, die jeweils nur 16 oder 32 Bits Speicher benötigen.
- Es ist nicht sehr effizient, Vertizes und Indizes im normalen Systemspeicher aufzubewahren, da die Grafikkarte dort nicht so schnell auf sie zugreifen kann. Deshalb gibt es die so genannten *Vertex-Buffer* und *Index-Buffer*. Sie sind typische Direct3D-Ressourcen und dafür da, Vertizes und Indizes ein neues Zuhause zu geben. Natürlich kann (und sollte) man sie im Speicher der Grafikkarte anlegen und sie immer so voll wie möglich machen. Die Schnittstellen für diese Ressourcen: IDirect3DVertexBuffer9 und IDirect3DIndexBuffer9.
- Um Vertex- und Index-Buffer mit Daten zu füllen, muss man sie erst *sperren*. Direct3D liefert dann einen Zeiger auf den Speicherbereich mit den Daten, den die Anwendung dann verändern kann (Daten hineinschreiben oder Daten lesen). Anschließend darf das *Entsperren* nicht vergessen werden, weil kein Rendering durchgeführt werden kann, während ein Buffer gesperrt ist (es sei denn, man möchte nur Daten lesen und nicht schreiben). *Dynamische* Vertex- und Index-Buffer sind für starken Datentransfer ausgelegt. Bei ihnen dauert das Sperren und Entsperren nicht so lange, und daher kommen sie vor allem dann zum Einsatz, wenn Daten sehr oft geändert werden müssen.
- Wenn Direct3D zum Rendern aufgefordert wird, nimmt es die Vertexdaten aus so genannten *Datenströmen*. Man kann einen Vertex-Buffer als Quelle für einen solchen Datenstrom aktivieren, was auch nötig ist, wenn man die darin enthaltenen Vertizes zum Zeichnen

verwenden möchte. Das geht mit der Methode `IDirect3DDevice9::SetStreamSource`. Im Fall von `DrawPrimitiveUP` wird der gewöhnliche Systemspeicher als Quelle für den primären Datenstrom (Datenstrom Nr. 0) angezapft. Auch beim Index-Buffer müssen wir Direct3D vorher sagen, dass es die Indexdaten jetzt aus diesem speziellen Index-Buffer nehmen soll (mit der Methode `SetIndices`).

- Die Methode `IDirect3DDevice9::DrawPrimitive` (ohne das „UP") verhält sich wie die „UP"-Version, allerdings kommen die Vertizes dabei aus einem Vertex-Buffer, der vorher als Quelle für den primären Datenstrom gesetzt wurde, und nicht aus dem Systemspeicher. `DrawIndexedPrimitive` ist schließlich der richtige Ansprechpartner, wenn aus einem Vertex- *und* einem Index-Buffer gezeichnet wird. Beide müssen zuvor Direct3D bekannt gemacht werden (durch `SetStreamSource` und `SetIndices`).

2.7.6 Übungsaufgaben

1. Versuchen Sie, das Beispielprogramm so zu verändern, dass jeweils nur *ein* Würfel im Vertex-/Index-Buffer gespeichert wird. Erzeugen Sie dann eine Objektliste wie im Beispiel mit den rotierenden Dreiecken. Jeder Würfel soll eine Position und einen Bewegungsvektor besitzen (beides ist zu Beginn auf Zufallswerte zu setzen).
2. Erweitern Sie das Programm aus Aufgabe 1 so, dass die Würfel der Kamera folgen.

   Tipp: Berechnen Sie den Verbindungsvektor von jedem Würfel zur Kamera, und addieren Sie ihn (multipliziert mit der vergangenen Zeit und einem Faktor von zum Beispiel 0.01) zum Bewegungsvektor hinzu. Die Würfel werden dann der Kamera folgen.

3. Wenn Sie das schaffen, sind Sie wirklich sehr, sehr gut: Schreiben Sie eine Funktion namens `TransformVertexPositions`, die einen Vertex-Buffer und eine Matrix als Parameter erwartet und dann alle Vertizes im Vertex-Buffer mit dieser Matrix transformiert! Es müssen nur die Positionsvektoren der Vertizes verändert werden. Beachten Sie, dass das Vertexformat beliebig sein kann!

   Tipp: Fragen Sie die Eigenschaften des Vertex-Buffers ab, und prüfen Sie, ob das Vertexformat D3DFVF_XYZ enthält (mit dem „&"-Operator), denn nur dann ist eine Transformation sinnvoll. Der Positionsvektor steht *immer* an erster Stelle in der Vertexstruktur. Um herauszufinden, wie groß ein einzelner Vertex eines bestimmten Formats ist, verwenden Sie die Funktion `D3DXGetFVFVertexSize`. Dann können Sie auch die Anzahl der Vertizes im Vertex-Buffer berechnen!

2.8 Nebel

Nebeleffekte spielen in Computerspielen meistens eine – praktisch gesehen – sehr wichtige Rolle. Worum es sich dabei genau handelt, wollen wir uns nun einmal anschauen.

2.8.1 Die Theorie

2.8.1.1 Wofür ist Nebel gut?

3D-Spiele treffen immer wieder auf ein Problem: die Sichtweite des Spielers. Vor allem bei Szenen, die nicht in engen Räumen (*In-Door*), sondern in einer größeren Landschaft (*Out-Door*) spielen, nimmt die Anzahl der zu zeichnenden Objekte und damit auch die der Dreiecke stark mit steigender Sichtweite zu. Wenn man dann einfach ab einer gewissen Distanz (zum

Beispiel 1000 Einheiten im Koordinatensystem) mit dem Zeichnen aufhört, sieht das Ergebnis nachher nicht optimal aus. Vor allem, wenn sich der Spieler bewegt und Objekte plötzlich „ins Bild springen", weil sie noch vor einer Sekunde zu weit weg gewesen waren, ist klar, dass diese Methode nicht das Wahre sein kann.

Nun – schauen Sie einmal aus dem Fenster. Vielleicht haben Sie einen freien Blick auf eine größere Landschaft. Das Wetter kann noch so gut sein, ab einer gewissen Entfernung sehen Sie nichts mehr. Die Landschaft scheint nahtlos in den Horizont überzugehen und versinkt mit steigender Distanz langsam im *Nebel* (mag er noch so schwach sein). Sie können nicht sehen, was dahinter ist. Dahinter könnte die Welt theoretisch *aufhören zu existieren*, Sie könnten es nicht sehen. Nun übertragen wir dieses Prinzip auf die 3D-Grafik. Ein bisschen Nebel, der seinen Höhepunkt dort erreicht, wo nichts mehr gezeichnet wird, weil es zu weit weg ist (die *ferne Clipping-Ebene* in der Projektionsmatrix), würde dem Betrachter a) ein realistischeres Bild bieten (denn es ist in der Realität fast unmöglich, dass *gar kein* Nebel da ist) und b) uns aus der Patsche helfen. Bleiben wir bei dem Beispiel mit der fernen Clipping-Ebene bei 1000 Einheiten auf der *z*-Achse. Alles, was dahinter liegt, wird abgeschnitten. Nun könnten wir den Nebel so einstellen, dass er zum Beispiel bei 500 Einheiten beginnt (noch ganz schwach) und bei 1000 Einheiten seinen Höhepunkt erreicht, so dass alle dort liegenden Objekte komplett die Nebelfarbe (die der des Horizonts entspricht) annehmen, und der Spieler würde es kaum merken.

Der Nebel hat also gleich mehrere Vorteile: Er lässt das Bild realistischer erscheinen, verhindert Grafikfehler und kann enorm zur Atmosphäre, die eine Szene hat, beitragen. Stellen Sie sich zum Beispiel eine dunkle Katakombe vor. Der Nebel könnte dort dunkelgelb sein, um einerseits den Eindruck von Staub zu erwecken und andererseits die Szene in die Ferne hin zu verdunkeln, so dass der Spieler nie weiß, was ihn auf den nächsten zehn Metern erwarten könnte. Kennen Sie den Film *The Fog – Der Nebel des Grauens*?

2.8.1.2 Der mathematische Hintergrund

In der Grafikprogrammierung kann so gut wie nichts ohne gut überlegte mathematische Hintergründe funktionieren. Der Nebel ist da keine Ausnahme. Wie könnte man also Berechnungen für den Nebel anstellen? Erst einmal sollten wir zwischen verschiedenen Nebeltypen unterscheiden (alle werden von Direct3D unterstützt):

- **Linearer Nebel:** Dieser Nebel hat eine feste Start- und Enddistanz, und sein Einfluss wird zwischen diesen beiden Distanzen zunehmend (*linear* – proportional) größer. Beispiel: Der Nebel beginnt bei 500 Einheiten und endet bei 1000. Objekte, die bei 750 liegen, werden dann genau zur Hälfte vom Nebel beeinflusst, und bei 1000 bekommen wir sie nicht mehr zu sehen.
- **Exponentieller Nebel:** Dieser Nebel breitet sich nicht linear aus, sondern *exponentiell*. Er hat keine Anfangs- und keine Enddistanz, sondern beginnt direkt bei der Kamera und reicht theoretisch unendlich weit. Ein Wert – die *Nebeldichte* – bestimmt, wie stark der Nebeleinfluss bei steigender Entfernung zunimmt.

Nun ist es nicht so schwer, Funktionen für beide Nebeltypen aufzustellen. Diese Funktionen brauchen immer einen Parameter: nämlich die Entfernung (Tiefe) des Vertex oder Pixels, für den wir gerne die Nebelbeeinflussung kennen würden. Der Rückgabewert der Nebelfunktion besagt, welcher Anteil der Originalfarbe noch erhalten bleibt (1: kein Nebel und 0: vollständig im Nebel). Bei 0.5 behält ein Pixel zum Beispiel die Hälfte seiner eigenen Farbe, und die andere Hälfte ist die Farbe des Nebels. Direct3D verwendet die folgenden Gleichungen zum Berechnen des Nebels:

2.8 Nebel

$$f(d) = \frac{Ende - d}{Ende - Start}$$ für linearen Nebel, wobei d die Tiefe des Pixels/Vertex ist

$$f(d) = \frac{1}{e^{d \cdot Dichte}}$$ für einfachen exponentiellen Nebel

$$f(d) = \frac{1}{e^{(d \cdot Dichte)^2}}$$ für quadratischen exponentiellen Nebel

Wie Sie sehen, gibt es zwei Typen von exponentiellen Nebeln: den *einfachen* und den *quadratischen*. Das *e*, das in beiden Gleichungen auftaucht, ist die Euler'sche Zahl, die Basis des natürlichen Logarithmus, und hat einen Wert von ungefähr 2.71828. Ein Funktionsgraph eignet sich gut dafür, den Unterschied zwischen den drei Nebeltypen zu zeigen. Beim linearen Nebel ist es klar, dass der Graph eine Gerade ist. Bleiben also noch die exponentiellen Nebel. Die folgende Abbildung zeigt den Verlauf beider exponentiellen Nebel mit verschiedenen Dichten.

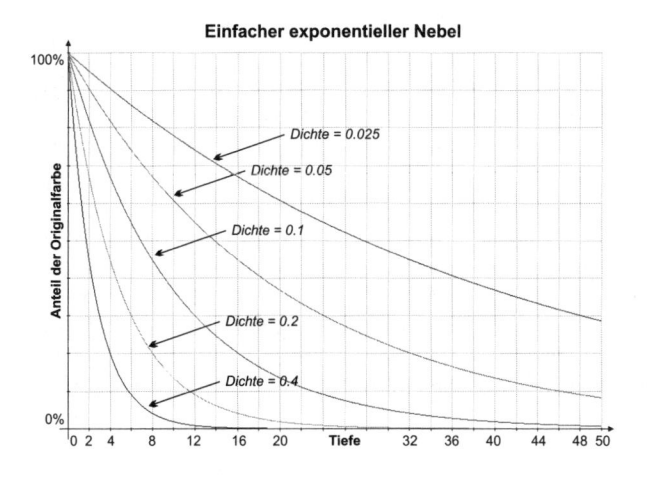

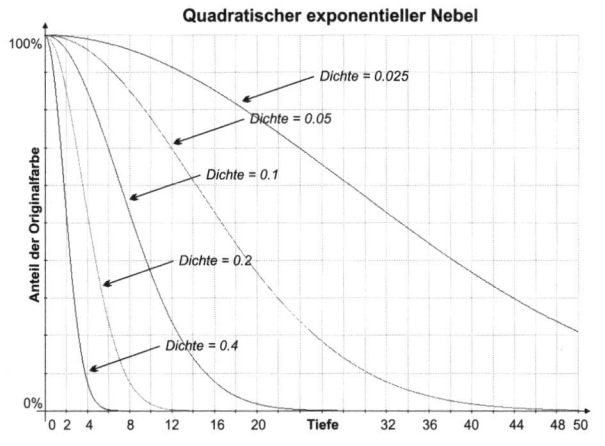

Abbildung 2.38 Einfacher und quadratischer exponentieller Nebel mit verschiedenen Dichten

Wie man leicht erkennen kann, muss man mit der Wahl der Nebeldichte sehr vorsichtig sein, denn selbst kleine Unterschiede wirken sich sehr stark auf die Sichtweite aus. Gesagt sei noch, dass es bei den exponentiellen Nebeln keine „Enddistanz" gibt, bei der keine Objekte mehr sichtbar sind. Die Nebelfunktionen erreichen nämlich niemals den Wert 0, was jedoch in der Praxis nicht erkennbar ist. Welcher Nebeltyp und welche Dichte am besten geeignet sind, hängt immer von der jeweiligen Situation ab. Am besten findet man es durch Herumexperimentieren heraus.

2.8.2 Nebel mit Direct3D

Nun zur Praxis! In Direct3D kontrollieren wir die Nebeleinstellungen durch speziell dafür vorgesehene *Render-States*. Doch bevor wir diese kennen lernen werden, gibt es noch ein paar andere wichtige Dinge zu erfahren.

2.8.2.1 Vertexnebel und Pixelnebel

Direct3D kann den Nebel sowohl für jeden einzelnen zu zeichnenden Vertex als auch für jeden einzelnen Pixel berechnen. Dann spricht man von *Vertexnebel* beziehungsweise *Pixelnebel*. Beide Methoden haben ihre Vor- und Nachteile.

Wie man sich denken kann, ist der Pixelnebel genauer als der Vertexnebel. Dafür erfordert er aber auch mehr Berechnungen (aus diesem Grund legen sich die Grafikkarten intern eine Nebeltabelle an, die für jede Tiefe einen vorberechneten Nebelwert enthält).

Der Vertexnebel bietet eine nicht so hohe Genauigkeit wie der Pixelnebel. Das wird an folgendem Beispiel klar: Wir verwenden einen linearen Nebel, der bei 100 Einheiten beginnt und bei 120 Einheiten endet. Nun gibt es ein Dreieck, dessen einer Vertex *vor* dem Nebelbeginn liegt und dessen andere Vertizes *in* oder *hinter* dem Nebel liegen. Der Teil des Dreiecks *vor* dem Nebel sollte nun eigentlich in der Originalfarbe erscheinen, ohne eine Spur der Nebelfarbe. Doch da der Nebel die hinteren beiden Vertizes beeinflusst und die Vertexfarbe *linear* über das ganze Dreieck interpoliert wird, bekommt auch der vordere Teil etwas vom Nebel ab. Außerdem eignet sich die lineare Interpolation nicht gut, wenn der Nebel nichtlinear, also *exponentiell* ist und wenn die Dreiecke relativ groß sind. Andererseits fallen beim Vertexnebel weniger Berechnungen an.

2.8.2.2 Tiefennebel und Entfernungsnebel

Es gibt zwei Möglichkeiten, welchen Wert Direct3D in die Nebelfunktion einsetzt: entweder die *Tiefe* (die z-Koordinate nach der Welt- und Sichttransformation) des Pixels beziehungsweise des Vertex oder die tatsächliche *Entfernung* zur Kamera. Auf den ersten Blick gibt es da keinen Unterschied, aber stellen Sie sich einmal die folgende Situation vor: Die Kamera steht direkt vor einer sehr langen Mauer und schaut gerade auf sie zu. Nun hat jeder Punkt der Mauer *die gleiche* z-Koordinate – also Tiefe – relativ zur Kamera. Die tatsächliche Entfernung zur Kamera ist aber ganz und gar nicht an jedem Punkt gleich, und daher würden auch beide Nebelmethoden – *Tiefennebel* und *Entfernungsnebel* – völlig verschiedene Ergebnisse liefern (zumindest am Rand der Mauer). Es ist klar, dass der Tiefennebel schneller zu berechnen ist, denn beim Entfernungsnebel muss schließlich für jeden Vertex (Pixelnebel funktioniert *nicht* zusammen mit Entfernungsnebel) noch die Entfernung berechnet werden, was das Ziehen einer Quadratwurzel bedeutet. In diesem Fall sollte der quadratische exponentielle Nebel schneller sein, da dieser nur mit dem Quadrat der Entfernung arbeitet und er auf die Berechnung der Wurzel verzichtet.

2.8.2.3 Nebel-Render-States

Kommen wir nun zu den Render-States, mit denen die Nebeleinstellungen vorgenommen werden können:

Tabelle 2.37 Render-States, die den Nebel betreffen

Render-State	Beschreibung
D3DRS_FOGENABLE	Auf TRUE setzen, um den Nebel zu aktivieren. Standard: FALSE.
D3DRS_FOGVERTEXMODE	Bestimmt den Typ des *Vertexnebels*: - D3DFOG_NONE: Kein Nebel - D3DFOG_LINEAR: Linearer Nebel - D3DFOG_EXP: Einfacher exponentieller Nebel - D3DFOX_EXP2: Quadratischer exponentieller Nebel
D3DRS_FOGTABLEMODE	Bestimmt den Typ des *Pixelnebels* (*siehe oben*). Wenn D3DRS_FOGVERTEXMODE und D3DRS_FOGTABLEMODE auf einen gültigen Nebeltyp gesetzt sind (außer D3DFOG_NONE), wendet Direct3D Pixelnebel an. Am besten ist immer eines der beiden Render-States auf D3DFOG_NONE gesetzt.
D3DRS_FOGCOLOR	Die Farbe des Nebels. Dies ist eine RGB-Farbe als DWORD-Wert.

D3DRS_FOGSTART	Starttiefe beziehungsweise Startentfernung des Nebels (nur bei linearem Nebel). Dies ist ein `float`-Wert. Speichern Sie den zu setzenden Wert in einer Variablen, und geben Sie dann deren Adresse in Form eines DWORD-Werts an (wie bereits beschrieben).
	`float fFogStart = 100.0f;`
	`g_pD3DDevice->SetRenderState(D3DRS_FOGSTART,`
	`                           *((DWORD*)(&fFogStart)));`

D3DRS_FOGEND	Endtiefe des linearen Nebels (*siehe oben*). Alles, was dahinter liegt, wird vollständig vom Nebel verdeckt, nimmt also die Nebelfarbe an.
D3DRS_FOGDENSITY	Die Dichte des Nebels (nur bei exponentiellem Nebel). Auch dieses Render-State erwartet einen `float`-Wert. Die Dichte liegt zwischen 0 und 1, wobei man jedoch bereits ab einem Wert von 0.1 fast nichts mehr sehen kann.
D3DRS_RANGEFOGENABLE	Setzen Sie dieses Render-State auf TRUE, um Direct3D zu veranlassen, bei den Nebelberechnungen die tatsächliche Entfernung jedes Vertex anstelle seiner z-Koordinate als Tiefe zu verwenden. Standard: FALSE. Funktioniert nur bei Vertexnebel.

2.8.2.4 Die Qual der Wahl

Was ist nun besser? Vertex- oder Pixelnebel? Das hängt natürlich im Einzelfall von der Anwendung ab, doch im Allgemeinen bietet sich der Vertexnebel an, da er recht schnell zu berechnen ist und es auch zulässt, die tatsächliche Entfernung anstelle der *z*-Koordinate als Tiefe zu verwenden.

2.8.3 Das Beispielprogramm

Auch dieses Mal wird die Interaktivität nicht zu kurz kommen. Das neue Beispielprogramm eignet sich hervorragend, um mit verschiedenen Nebeleinstellungen herumzuexperimentieren. Dazu erstellt das Programm ein Dialogfenster, in das ein Testbild gerendert wird (Schilder, die in verschiedenen Entfernungen aufgestellt sind, ähnlich wie auf einem Golfplatz), und der Benutzer kann mit Schiebereglern und Radio-Buttons alle möglichen Nebeleinstellungen durchprobieren. Der Quellcode ist ähnlich dem der vorhergehenden Beispielprogramme, nur wird hier jedes Mal vor dem Rendern der Nebel eingestellt – entsprechend den Daten, die der Benutzer über das Dialogfenster eingegeben hat.

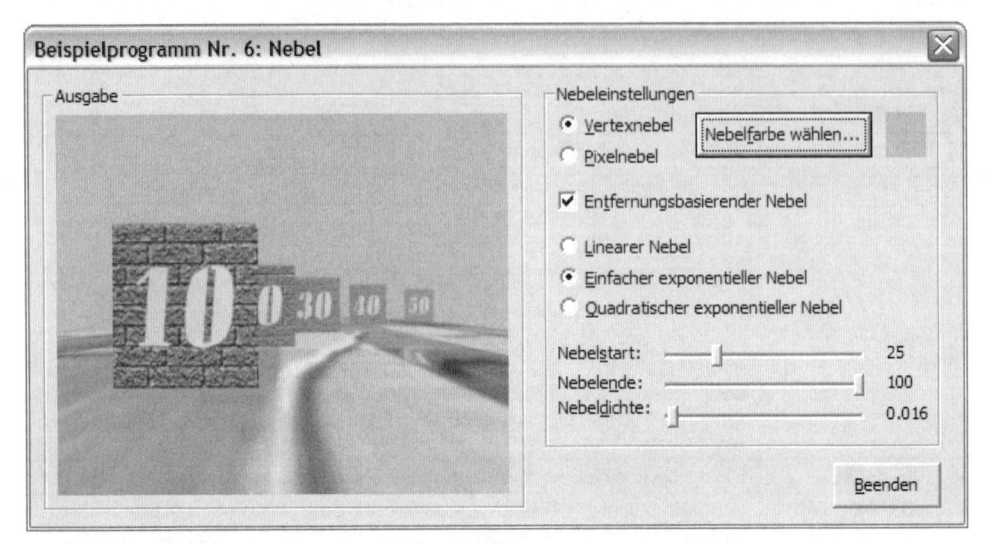

Abbildung 2.39 Ein gutes Testszenario für die verschiedenen Nebeleinstellungen. Beachten Sie, wie das hintere Schild (50 Einheiten auf der z-Achse entfernt) viel blasser erscheint als die vorderen. Am Bodenobjekt, das nur ein einfaches Viereck ist, erkennen Sie gut den Unterschied zwischen Pixel- und Vertexnebel.

Besonders beim „Boden" fällt der Unterschied zwischen entfernungsbasiertem und tiefenbasiertem Nebel auf, denn jeder Vertex des Bodens hat eine recht große Entfernung zum Beobachter (der Boden ist auch auf der *x*-Achse sehr groß).

2.8.4 Rückblick

- Man verwendet Nebel, um zu verhindern, dass Objekte, die den Sichtbereich verlassen (hinter die ferne Clipping-Ebene wandern), plötzlich verschwinden. So tauchen sie langsam in Nebel ein. Das sorgt auch für höheren Realismus.
- Es gibt verschiedene Nebeltypen: linearen Nebel, einfachen exponentiellen Nebel und quadratischen exponentiellen Nebel. Ein Nebeltyp zeichnet sich dadurch aus, wie er für eine gegebene Tiefe oder Entfernung eines Punkts im dreidimensionalen Raum einen Wert berechnet, der angibt, welcher Anteil der Originalfarbe dieses Punkts noch erhalten bleibt. Der fehlende Anteil wird durch den Nebel (die Nebelfarbe) gegeben.
- Man unterscheidet zwischen Vertex- und Pixelnebel. Beim Vertexnebel berechnet Direct3D die Nebelbeeinflussung auf Vertexbasis und beim Pixelnebel auf Pixel-Basis. Beide Methoden liefern unterschiedliche Ergebnisse, was die Genauigkeit betrifft.
- Es gibt zwei Möglichkeiten, welche Angabe man als Tiefenangabe für die Nebelfunktion verwenden kann: entweder die *z*-Koordinate des Punkts, dessen Nebelbeeinflussung wir kennen möchten (nach der Transformation), oder seine tatsächliche Entfernung zum Beobachter. In extremen Situationen können Welten zwischen den Ergebnissen beider Methoden liegen. Pixelnebel funktioniert nur mit der einfachen Variante, der *z*-Koordinate des Punkts nach der Transformation, die leider manchmal eher ungenaue Ergebnisse liefert.

- Direct3D bietet einige Render-States an, mit deren Hilfe man alle Einstellungen des Nebels leicht einstellen kann (Nebeltyp, Farbe, Starttiefe, Endtiefe, Dichte und so weiter).
- Im Allgemeinen empfiehlt es sich, vertexbasierten Nebel zu verwenden. Seine Qualität liegt in den allermeisten Fällen sehr nahe bei denen, die durch pixelbasierten Nebel erzielt werden, und es wird ermöglicht, die tatsächliche Entfernung eines Vertex für die Berechnungen zu verwenden.

2.8.5 Übungsaufgaben

1. Schreiben Sie das Beispielprogramm mit den Würfeln so um, dass Nebel verwendet wird. Die Nebelfarbe und die Nebeldichte sollen abhängig von der Geschwindigkeit der Kamera sein.
2. Wie könnte man in einem Spiel Folgendes realisieren? Sobald sich dem Spieler ein Gegner nähert, wird es immer nebliger, und der Spieler kann immer weniger sehen (und merkt darum auch nicht, wie ihn der Gegner angreift …).
3. Ist es mit dem Standard-Direct3D-Nebelsystem auch möglich, örtlich beschränkten Nebel zu rendern? Beispiel: Bodennebel.

2.9 Beleuchtung

2.9.1 Ein einfaches Beleuchtungssystem

Die bisherigen Beispielprogramme haben zwar recht schöne Bilder erzeugt, doch irgendwie fehlte etwas. Jeder Teil der Szene war ungefähr gleich hell, wenn man einmal von Texturen oder Vertexfarben absieht. Richtig – es gab *keine Beleuchtung*! Beleuchtung spielt aber eine sehr wichtige Rolle in der 3D-Grafik, denn nur durch sie können die Szenen erst so richtig plastisch erscheinen. Durch die Beleuchtung ist unser Gehirn in der Lage, die Objekte auf dem Bildschirm wirklich räumlich zu erfassen. Doch wie könnte man ein Beleuchtungssystem in der virtuellen Realität entwickeln?

Abbildung 2.40 *Links*: ohne Beleuchtung; *rechts*: die gleiche Szene mit Beleuchtung

2.9.1.1 Die Realität

Das Beleuchtungssystem, das sich der liebe Gott hat einfallen lassen, ist leider viel zu kompliziert, um es in Echtzeit zu simulieren: Licht besteht aus den mysteriösen *Photonen*, die sich mit rasender Geschwindigkeit ausbreiten und durch verschiedene Frequenzen verschiedene Farbeindrücke in unserem Auge hervorrufen, wenn sie dort auf die Netzhaut treffen, die man mit dem lichtempfindlichen Teil einer Digitalkamera vergleichen kann. Licht kann gebrochen oder (teilweise) reflektiert werden, seine Flugbahn wird durch die Gravitation beeinflusst, und vor allem: So gut wie *jedes Objekt* strahlt Licht in alle möglichen Richtungen aus! Das alles (in Echtzeit) nachzuahmen kann man mit der heutigen Technik vergessen. Zwar gibt es die so genannten *Ray-Tracer*, die nach einem ähnlichen Prinzip arbeiten, um die qualitativ hochwertigsten Bilder zu erzeugen, doch deren Verfahren eignet sich nur sehr begrenzt für den Einsatz in einem Spiel, das mit mindestens 30 Bildern pro Sekunde laufen muss, damit sich der liebe Computerspieler nicht beklagen kann, dass es zu viel „ruckelt".

2.9.1.2 Das Grundprinzip der Echtzeitlichtberechnung

Wenn man sich die Beleuchtung in der Realität anschaut, kann man versuchen, dieses System ein wenig zu vereinfachen, so dass man es für Echtzeitberechnungen verwenden kann. Dabei kommt man auf folgende Feststellungen:

- Es gibt verschiedene Lichttypen, die sich dadurch unterscheiden, wie sie ihr Licht abgeben. *Punktlichter* geben ihr Licht in alle Richtungen ab, wie eine Glühbirne. *Spotlichter* oder Scheinwerfer bündeln das Licht in einen mehr oder weniger engen *Lichtkegel*, und Lichter, die extrem weit von uns entfernt sind, kann man als *Richtungslichter* bezeichnen, da sie ihr Licht scheinbar nur in eine einzige Richtung abgeben (so sind zum Beispiel alle auf der Erde eintreffenden Sonnenstrahlen nahezu parallel, auf Grund der riesigen Entfernung zwischen Erde und Sonne).
- Oberflächen, die senkrecht zu einer Lichtquelle stehen (ihr Normalenvektor zeigt genau auf die Lichtquelle), werden am stärksten von ihr beleuchtet. Der *Einfallswinkel*, also der Winkel zwischen dem Normalenvektor der Oberfläche und der Verbindungslinie zwischen Oberfläche und Lichtquelle, ist dann genau 0°. Je kleiner der Einfallswinkel also ist, desto stärker beeinflusst das Licht die Oberfläche. Wenn die Oberfläche vom Licht *weg* zeigt, ist der Winkel größer als 90°.
- Ein Licht hat eine gewisse *effektive Reichweite*. Alles, was dahinter liegt, wird nur noch so gering beleuchtet, dass man sich die Berechnungen auch genauso gut ganz sparen kann.
- Jedem Objekt oder Dreieck kann man ein *Material* zuordnen. Das Material bestimmt die Eigenschaften der Oberfläche und legt fest, wie sie auf das ankommende Licht reagiert.

Man platziert also in der Szene verschiedene Lichter, und beim Rendern muss dann bestimmt werden, wie stark jedes Objekt oder jeder Vertex von dem Licht beeinflusst wird, was wiederum von deren Material und – wie bereits gesagt – vom Einfallswinkel abhängt. Die Farbe eines Vertex wird dann zum Beispiel nicht genau so, wie sie ist, auf dem Bildschirm erscheinen, sondern vorher noch durch die Beleuchtungsberechnung wandern.

2.9 Beleuchtung

Die Seitenflächen bleiben dunkel, weil ihre Normalvektoren vom Licht weg zeigen. Der Einfallswinkel ist größer als 90°.

Normalenvektor 50°

Diese Lichtquelle hat den größten möglichen Beeinflussungsfaktor, da sie genau senkrecht zur Oberfläche steht.

Diese Lichtquelle beeinflusst das Farbergebnis der Wand weniger als die linke, da der Einfallswinkel größer ist.

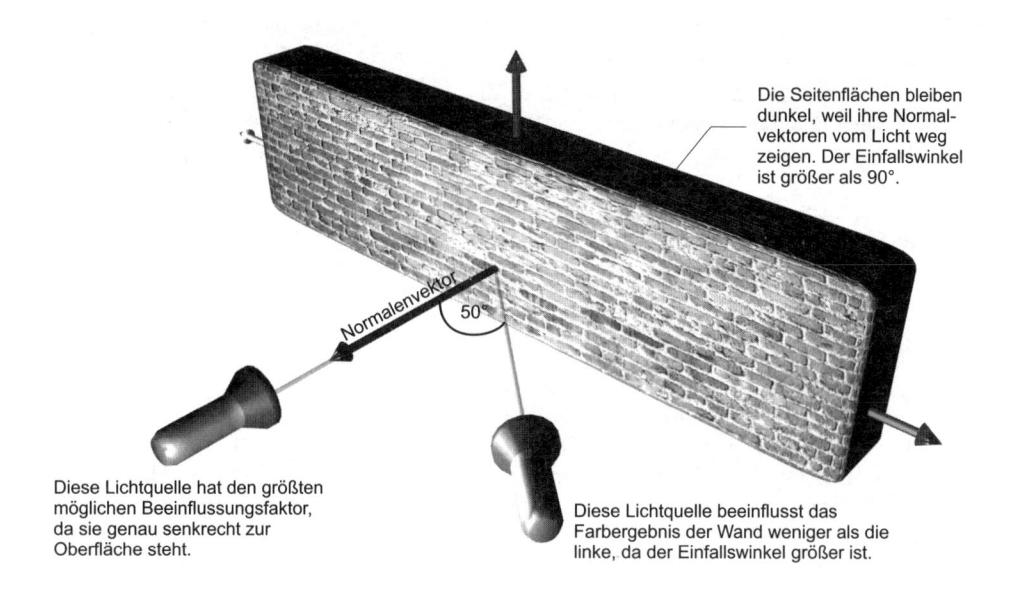

Abbildung 2.41 Zwei Lichtquellen und eine Wand – was passiert?

2.9.1.3 Wie funktionieren Farben?

Weißes Licht ist nicht einfach nur weiß, sondern es ist eine Mischung aller Grundfarben. Genau nach diesem Prinzip arbeitet auch ein Bildschirm oder ein Drucker. Schauen Sie sich einmal Ihren Bildschirm aus der Nähe an, jeder Pixel besteht aus drei „Lämpchen" in den Farben *Rot*, *Grün* und *Blau* (RGB). Da diese so eng beieinander liegen, treffen ihre Lichtstrahlen beinahe immer auf dem gleichen Bildpunkt in der Netzhaut unseres Auges auf, und Rot, Grün und Blau ergeben dann zusammen Weiß.

Wenn wir nun zum Beispiel sagen „*Der Apfel ist rot!*", dann meinen wir eigentlich, dass die Oberfläche des Apfels so geschaffen ist, dass sie nur den *roten* Teil des ankommenden Lichts *reflektiert* oder *streut* und die restlichen Farben *absorbiert* (deshalb sind dunkle Oberflächen auch meistens wärmer als helle, sie absorbieren den größten Teil des Lichts und wandeln dieses in Wärmeenergie um). Der reflektierte Teil des Lichts gelangt schließlich in unser Auge und sorgt für eine Farbwahrnehmung. Welche Farben von einer Oberfläche gestreut oder verschluckt werden, hängt von ihrem molekularen Aufbau ab.

Dieses Prinzip kann man exakt in die simulierte Lichtberechnung übernehmen. Lichter und Materialien erhalten von nun an eine Farbe. Beim Material nennen wir sie *Materialstreufarbe* und beim Licht entsprechend *Lichtstreufarbe* (Streufarbe: *Diffuse Color*). Aus diesen beiden Angaben und einem Faktor, der bestimmt, wie stark die Oberfläche von dem Licht beeinflusst wird (abhängig vom Einfallswinkel), kann man nun die resultierende Farbe berechnen. Die Gleichung dafür lautet:

$$Farbe = f \cdot Lichtstreufarbe \cdot Materialstreufarbe$$

f ist dabei der Lichtbeeinflussungsfaktor zwischen 0 und 1, wobei 1 volle Lichtbeeinflussung darstellt und 0 gar keine (das Licht ist entweder zu weit weg oder der Einfallswinkel ist zu groß – die Oberfläche könnte genau vom Licht *weg* zeigen). Im Falle eines Spotlichts ist der Faktor ebenfalls 0, wenn der zu beleuchtende Punkt nicht innerhalb des Lichtkegels liegt.

Aha – man muss also im Prinzip nur beide Farben multiplizieren. Das deckt sich auch mit der Realität, was an folgendem Beispiel klar wird: Unser (100%) roter Apfel wird mit (100%) blauem Licht bestrahlt. Der Apfel kann aber nur rotes Licht reflektieren, und davon gibt es keins. Also – was macht er? Er absorbiert das blaue Licht, und nichts davon kann in unser Auge gelangen, was dazu führt, dass wir den Apfel nicht sehen (*kein Licht – keine Sicht*). In dem Fall wäre die Materialstreufarbe im RGB-Format gleich (1, 0, 0) und die Lichtstreufarbe (0, 0, 1). Beide Farben ergeben komponentenweise multipliziert die Farbe *Schwarz* (0, 0, 0).

2.9.1.4 Das Licht ist überall!

Stellen Sie sich einmal mit einer Taschenlampe in einen so weit wie möglich abgedunkelten Raum, und leuchten Sie nur in eine bestimmte Ecke des Raums. Nach unserer bisherigen Definition sollte nun auch nur genau dieser Teil des Raums hell werden, denn die Taschenlampe ist ein *Spotlicht*, und alles, was sich außerhalb des Lichtkegels befindet, bekommt kein Licht ab. Doch – o Wunder – der *ganze* Raum wird ein wenig heller (die Ecke natürlich am hellsten)! Das liegt daran, dass das von der Wand reflektierte Licht nicht nur *direkt* in unser Auge gelangt, sondern vorher auch noch irgendeine andere Wand oder einen anderen Gegenstand treffen und dann von dort erst in unser Auge gelangen kann. Ein besonders reiselustiges Photon könnte auch hundert Mal hin und her reflektiert werden und erst *dann* in unser Auge gelangen.

Da ist klar, dass wir das auf diese Weise nicht simulieren können. Stattdessen nimmt man einen einfacheren Weg: Man führt eine so genannte *Hintergrundfarbe* (*ambient color*) ein. Jedes Licht bekommt eine und auch jedes Material. Nun addiert man zum Farbergebnis, das mit der vorher beschriebenen Methode (Streulicht) berechnet wurde, ganz einfach noch das Produkt aus der Hintergrundfarbe des Materials und der *jedes* Lichts in der gesamten Szene – egal ob das Objekt, zu dem das Material gehört, überhaupt vom Licht beeinflusst werden kann, oder nicht. Knipst man also eine Lampe an, wird der *ganze* Raum heller.

Damit lautet die neue Gleichung für die Beleuchtung:

$$Ergebnis = f \cdot Lichtstreufarbe \cdot Materialstreufarbe$$
$$+ \left(\sum_{i=0}^{Anzahl\ Lichter} Lichthintergrundfarbe_i \cdot Materialhintergrundfarbe \right)$$

2.9.1.5 Glänzende Objekte

Um *glänzende* Objekte darzustellen, geht die bisherige Methode nicht weit genug. Die folgende Abbildung zeigt, dass sich Oberflächen nicht nur von ihrer Farbe her unterscheiden können, sondern auch von ihrer *Glanzkraft*:

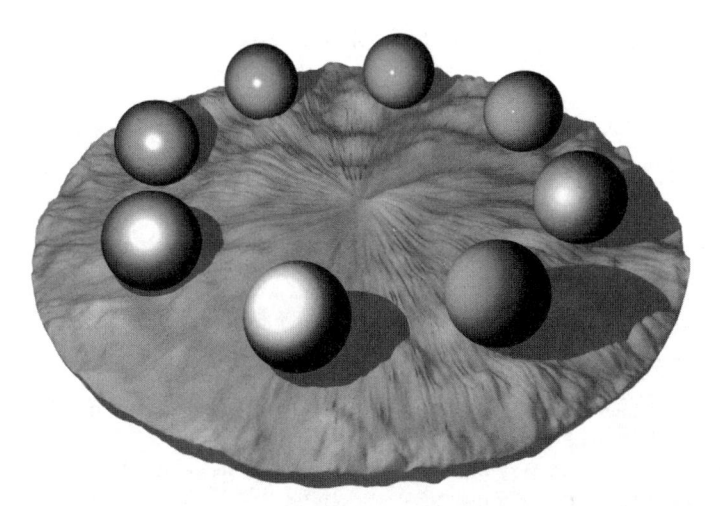

Abbildung 2.42 Alle Kugeln haben die gleiche Farbe, sehen aber trotzdem verschieden aus.

Wie Sie sehen, können Materialien auf verschiedene Weisen glänzen. Der Unterschied liegt dann in der Schärfe des *Glanzpunkts* oder in der *Glanzkraft* (*specular power*). Bei der rechten oberen Kugel ist die Glanzkraft am höchsten, und bei der rechten unteren ist sie gleich null, sie ist *matt*.

Die Berechnung des Glanzes funktioniert nach folgendem Prinzip: Für jeden Punkt, dessen Beleuchtung man berechnen möchte, berechnet man, wie der Lichtstrahl, der von einer Lichtquelle aus auf den Punkt abgegeben wird, reflektiert wird. Und wenn dieser reflektierte Strahl nun direkt in die Kamera fällt oder nahe an ihr vorbeifliegt, gibt es einen Glanzeffekt. Bei einer hohen Glanzkraft muss der reflektierte Strahl die Kamera schon ziemlich genau treffen, während bei einem niedrigen Faktor der Toleranzbereich wesentlich größer ist.

Die *Glanzfarbe* (*specular color*) bestimmt, in welcher Farbe das Material glänzt. Üblicherweise verwendet man Weiß beziehungsweise Grau. Sowohl das Material als auch das Licht besitzen eine, und, wie üblich, multipliziert man diese Farben miteinander, um an das Ergebnis zu kommen. Die Glanzfarbenberechnung an sich ist recht kompliziert, und man muss sie auch nicht unbedingt kennen (wer es trotzdem genau wissen will, findet alle Antworten in der DirectX-Dokumentation). Die neue Beleuchtungsgleichung:

$$Ergebnis = f \cdot Lichtstreufarbe \cdot Materialstreufarbe$$
$$+ \left(\sum_{i=0}^{Anzahl\ Lichter} Lichthintergrundfarbe_i \cdot Materialhintergrundfarbe \right)$$
$$+ Ergebnis\ der\ Glanzfarbenberechnung \cdot Materialglanzfarbe$$

Oder für mehrere Lichtquellen auf einmal:

$$Ergebnis = \left(\sum_{i=0}^{Anzahl\ Lichter} f_i \cdot Lichtstreufarbe_i \cdot Materialstreufarbe \right)$$

$$+ \left(\sum_{i=0}^{Anzahl\ Lichter} Lichthintergrundfarbe_i \cdot Materialhintergrundfarbe \right)$$

$$+ \left(\sum_{i=0}^{Anzahl\ Lichter} Ergebnis\ der\ Glanzfarbenberechnung_i \cdot Materialglanzfarbe \right)$$

2.9.1.6 Eigenhelligkeit

Stellen Sie sich die folgende Spielszene vor: Der Spieler betritt einen Laborraum. Es ist recht dunkel, aber trotzdem ist das Bild auf den Computerbildschirmen sehr gut sichtbar, ohne dass es von irgendeiner Lichtquelle angestrahlt wird. Die Bildschirme haben eine gewisse *Eigenhelligkeit* oder eine *Selbsterhellung*. Das bedeutet, dass sie eine gewisse Farbe ganz von sich aus besitzen – wie die Vertizes, die wir in den bisherigen Beispielprogrammen verwendet haben. Theoretisch könnte man für jedes solche Objekt eine eigene Lichtquelle erstellen, so dass sie auch die Umgebung anstrahlen können, doch das wäre in den meisten Fällen sehr zeitraubend, da Lichtberechnungen eine recht aufwändige Sache sind (auch wenn sie vom schnellen Prozessor der Grafikkarte übernommen werden). Daher verpasst man jedem Material noch eine vierte Farbe: die *Eigenfarbe* oder auch *Strahlungsfarbe* (*emissive color*). In den Lichtberechnungen wird sie einfach so hinzuaddiert, ohne eine etwaige Multiplikation mit einer anderen Farbe.

$$Ergebnis = \left(\sum_{i=0}^{Anzahl\ Lichter} f_i \cdot Lichtstreufarbe_i \cdot Materialstreufarbe \right)$$

$$+ \left(\sum_{i=0}^{Anzahl\ Lichter} Lichthintergrundfarbe_i \cdot Materialhintergrundfarbe \right)$$

$$+ \left(\sum_{i=0}^{Anzahl\ Lichter} Ergebnis\ der\ Glanzfarbenberechnung_i \cdot Materialglanzfarbe \right)$$

$$+ Eigenfarbe$$

2.9.1.7 Beleuchtung auf Vertexbasis – der Vertexnormalenvektor

Bisher sind wir davon ausgegangen, dass die Beleuchtung auf Dreiecksbasis durchgeführt wird. Das hieße aber, dass die Beleuchtung an *jeder Stelle* des Dreiecks gleich wäre! Das würde zu scharfen „Kanten" führen, so dass glatte Objekte wie zum Beispiel eine Kugel kaum darstellbar wären. Da geht man dann lieber eine Ebene tiefer und führt die Berechnungen für die einzelnen Vertizes durch. Deren Farben werden sowieso schon über das Dreieck *interpoliert* – so sind dann auch glatte Übergänge möglich.

2.9 Beleuchtung

Doch *halt*! Bei einem Beleuchtungssystem braucht man doch immer *Normalenvektoren*, um den Einfallswinkel des Lichts zu berechnen! Ein *Dreieck* hat einen Normalenvektor, und wie sieht es mit einem Vertex aus?

> Ja, auch ein Vertex kann einen Normalenvektor haben, was sogar notwendig ist, wenn man mit Lichtern arbeitet. Man spricht dabei vom *Vertexnormalenvektor*. Erst einmal muss man sich vor Augen führen, dass ein einzelner Vertex gleich zu mehreren verschiedenen Dreiecken gehören kann. Um den Vertexnormalenvektor zu erhalten, muss man erst einmal all diese Dreiecke finden (im Normalfall sind das nicht mehr als zwei oder drei). Dann bildet man den normalisierten Mittelwert ihrer Normalenvektoren, und schon hat man den gesuchten Vektor!

Abbildung 2.43 *Links*: Beleuchtung auf Vertexbasis; *rechts*: auf Dreiecksbasis

Nachteile

In vielen Situationen reicht es nicht aus, die Beleuchtung nur auf Vertexbasis durchzuführen. Das wird an dem folgenden Beispiel klar: Wir haben das Modell einer sehr großen Wand, die aus zwei Dreiecken besteht. Eine Lichtquelle (zum Beispiel ein Spotlicht) scheint direkt senkrecht auf die Wand, und zwar genau in die Mitte. Was passiert? Alles bleibt dunkel. Die Lichtquelle trifft zwar die Wand, aber leider befindet sich kein *Vertex* dieser Wand innerhalb ihres Lichtkegels oder ihrer maximalen Reichweite. In dem Fall muss man sich anderer Techniken bedienen: zum Beispiel Beleuchtung auf *Pixelbasis*, die aber nicht so einfach und nicht auf jeder Hardware durchführbar ist. Eine andere Technik namens *Light-Mapping* ist da meistens angebrachter: Der „Lichtfleck", den die Lichtquelle auf die Wand wirft, wird dabei einfach in Form einer Textur aufgelegt.

2.9.1.8 Glättungsgruppen

Noch gibt es Probleme mit der Beleuchtung auf Vertexbasis, denn wir wissen noch nicht genau, wie man denn nun eine *harte* oder eine *glatte* Kante zwischen zwei Dreiecke bringt. Bei einem Würfel würde man eine harte Kante verwenden, bei einer Kugel hingegen eine glatte.

> Dazu ordnet man jedes *Dreieck* einer so genannten *Glättungsgruppe* zu. Eine Glättungsgruppe ist in der Praxis einfach nur eine Zahl. Alle Dreiecke mit derselben Glättungsgruppe bilden eine *glatte* Kante. Dreiecke mit unterschiedlichen Glättungsgruppen bilden hingegen eine *harte* Kante. Ein Vertex kann nur dann Teil von mehreren Dreiecken sein, wenn diese derselben Glättungsgruppe angehören. Das heißt: Wenn es viele harte Kanten gibt, steigt automatisch die Anzahl der benötigten Vertizes.
>
> Wenn der Vertex, dessen Normalenvektor wir suchen, der Glättungsgruppe *n* angehört, dann suchen wir alle angrenzenden Dreiecke, die ebenfalls die Glättungsgruppe *n* haben. Der Ver-

texnormalenvektor berechnet sich nun durch den normalisierten Mittelwert der Normalenvektoren aller dieser Dreiecke inklusive des Dreiecks, zu dem der Vertex gehört.

Wenn ein Dreieck also völlig „isoliert" ist, also mit keinem anderen Dreieck verbunden ist, das derselben Glättungsgruppe angehört, zeigen die Normalenvektoren seiner drei Vertizes alle in die gleiche Richtung: nämlich in dieselbe, in die auch der Normalenvektor des Dreiecks zeigt (es gibt hier natürlich nur *ein* Dreieck, aus dem der Mittelwert gebildet werden kann).

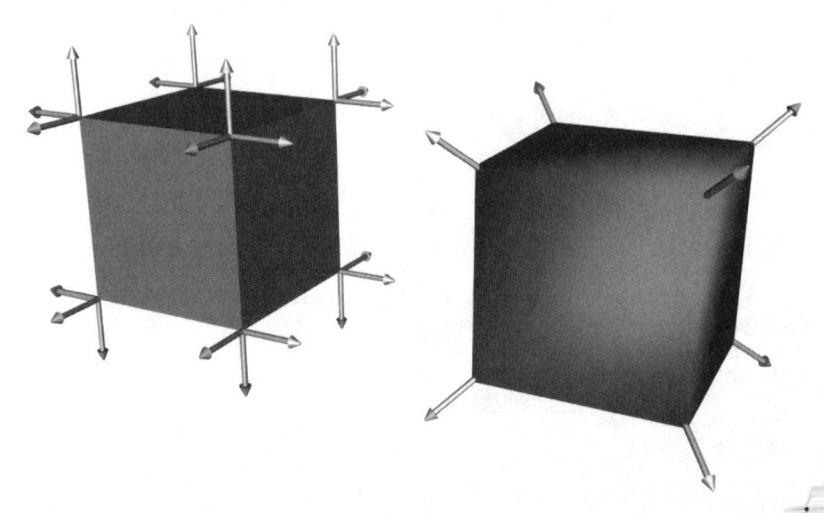

Abbildung 2.44 Der linke Würfel (*hart*) besteht aus ganzen 24 Vertizes (vier pro Seite), während der rechte (*glatt*) mit nur acht Vertizes auskommt. Das liegt daran, dass beim linken Würfel viele verschiedene Vertexnormalenvektoren (die Pfeile im Bild) benötigt werden, um die harten Kanten zu erhalten. Verschiedene Vertexnormalenvektoren bedeuten verschiedene Vertizes.

Glättungsgruppen werden beim Rendern übrigens nicht mehr beachtet, sie existieren nur, wenn ein 3D-Objekt modelliert wird. Man benötigt sie lediglich, um an das Endprodukt zu kommen: die Vertizes und ihre Normalenvektoren, denn nur die sind letzten Endes interessant für uns.

2.9.1.9 Was ist mit Schatten?

Schatten können mit der Methode, die wir jetzt kennen gelernt haben, leider nicht richtig simuliert werden. Dazu müsste man bei der Beleuchtung jedes Vertex erst einmal prüfen, ob sich auf dem Weg bis zur Lichtquelle irgendein Hindernis befindet, was nur mit recht komplizierten und aufwändigen Rechenvorgängen möglich ist. Wir werden aber später noch eine Methode kennen lernen, mit der man Schatten trotzdem sehr gut simulieren kann, auch ohne einen Supercomputer von der NASA, und wenn eine Lichtquelle statisch (also nicht beweglich) ist, gibt es einen einfachen Trick, bei dem man die Lichter und Schatten einfach schon vorberechnet und in Form von Texturen über die Dreiecke legt.

2.9.2 Die Praxis – Beleuchtung mit Direct3D

Nun haben Sie schon einen großen Teil der Theorie hinter sich, und natürlich funktioniert die Beleuchtung von Direct3D (und auch die von OpenGL) nach genau diesem hier erklärten Prinzip. Wie das in der Praxis aussieht, wollen wir uns nun anschauen.

2.9.2.1 Umgang mit Materialien

Bisher haben wir Farben vor allem durch Vertexfarben definiert, die ein fester Bestandteil der Vertexdatenstruktur waren. Doch wenn es um Beleuchtung geht, reichen eine oder zwei Farben nicht mehr aus – dann kann man kaum noch auf den Einsatz von *Materialien* verzichten. Materialien werden von nun an die Vertexfarben fast vollständig verdrängen.

Ein Material wird in Direct3D durch die Struktur `D3DMATERIAL9` beschrieben. In den Anfängen von DirectX war der Programmierer noch gezwungen, extra für jedes seiner Materialien eine eigene Schnittstelle anzufertigen. Doch Microsoft hat glücklicherweise erkannt, dass man es den Leuten dadurch unnötig schwer gemacht hat, und heute brauchen wir nur noch eine einfache Datenstruktur auszufüllen.

Tabelle 2.38 Die Elemente der Struktur `D3DMATERIAL9`

Element	Beschreibung
`D3DCOLORVALUE Diffuse`	Die Streufarbe des Materials
`D3DCOLORVALUE Ambient`	Die Hintergrundfarbe des Materials
`D3DCOLORVALUE Specular`	Die Glanzfarbe des Materials
`D3DCOLORVALUE Emissive`	Die Eigenfarbe oder Strahlungsfarbe des Materials
`float Power`	Die Glanzkraft des Materials von 0 bis unendlich

Ein paar Worte zum `D3DCOLORVALUE`-Datentyp: Dieser unterscheidet sich von `D3DCOLOR` dadurch, dass er für jede Farbkomponente einen eigenen `float`-Wert bereitstellt. Inhaltlich ist diese Struktur genauso aufgebaut wie ein `tbColor`-Wert, und daher können die beiden auch bedenkenlos getauscht werden.

Für die Hintergrundfarbe verwendet man meist eine recht schwache Farbe. Wählt man sie zu stark, wird das Ergebnis später zu hell. Das Gleiche gilt bei der Glanzfarbe, obwohl man diese schon ein bisschen stärker wählen sollte als die Hintergrundfarbe. Bedenken Sie, dass es auch möglich ist, ein rotes Material blau glänzen zu lassen oder umgekehrt. Die Farben dürfen sogar negative Werte annehmen. Ein Beispiel: Die Streufarbe ist Weiß (1, 1, 1), und die Glanzfarbe ist (–1, –1, –1). Da die Glanzfarbe immer zu den restlichen Farben hinzuaddiert wird, entsteht am Ende an den glänzenden Stellen eine Farbe von (0, 0, 0) – also Schwarz. Das mag zwar ungewöhnlich aussehen, aber man kann diese Technik sicherlich für einige Spezialeffekte gut gebrauchen.

Mit der Methode `IDirect3DDevice9::SetMaterial` wird das Material dann schließlich aktiviert und für alle von nun an gezeichneten Primitiven verwendet. Man übergibt dieser Methode ganz einfach einen Zeiger auf eine `D3DMATERIAL9`-Struktur. Gleiches gilt für `GetMaterial` – damit fragen wir das aktuelle Material wieder ab. Das Standardmaterial, das von Anfang an aktiviert ist, hat eine weiße Streufarbe.

```
// Material erstellen
D3DMATERIAL9 Material;
Material.Diffuse  = tbColor(1.0f, 0.0f, 0.0f);  // Rote Streufarbe
Material.Ambient  = tbColor(0.1f, 0.0f, 0.0f);  // Schwach rote Hintergrundfarbe
Material.Specular = tbColor(0.5f, 0.5f, 0.5f);  // Schwach weiße Glanzfarbe
Material.Emissive = tbColor(0.0f, 0.0f, 0.0f);  // Keine Eigenfarbe
Material.Power    = 10.0f;                      // Sorgt für scharfe Glanzpunkte

// Material einsetzen und nur so zum Spaß wieder abfragen
g_pD3DDevice->SetMaterial(&Material); g_pD3DDevice->GetMaterial(&Material);
```

Listing 2.84 Arbeiten mit Materialien

Wenn sich in der Vertexstruktur keine Farbangabe befindet, wird Direct3D von nun an die Farben nur noch aus dem aktiven Material holen. Ist das jedoch nicht der Fall, so können wir mit dem Render-State D3DRS_COLORVERTEX bestimmen, ob die Vertexfarbe verwendet wird oder nicht. Der Standardwert ist TRUE.

2.9.2.2 Die Farbquellen manuell festlegen

Wie auch immer – es *gibt* tatsächlich eine Möglichkeit, mit Materialien *und* Vertexfarben gleichzeitig zu arbeiten. Direct3D erlaubt es uns nämlich, für jede der vier Materialfarben (Streufarbe, Hintergrundfarbe, Glanzfarbe und Eigenfarbe) eine *Farbquelle* anzugeben. Diese Quelle kann entweder die erste Vertexfarbe (D3DFVF_DIFFUSE), die zweite Vertexfarbe (D3DFVF_AMBIENT) oder einfach das aktivierte Material sein. Dafür gibt es vier Render-States: D3DRS_DIFFUSEMATERIALSOURCE, D3DRS_AMBIENTMATERIALSOURCE, D3DRS_SPECULARMATERIALSOURCE und D3DRS_EMISSIVEMATERIALSOURCE. Jedes dieser Render-States kann die Werte D3DMCS_COLOR1 (erste Vertexfarbe), D3DMCS_COLOR2 (zweite Vertexfarbe – D3DFVF_AMBIENT) oder D3DMCS_MATERIAL annehmen.

Die Unterstützung der manuellen Farbquellenwahl ist nicht garantiert und sollte zuerst geprüft werden. Wenn das Flag D3DVTXPCAPS_MATERIALSOURCE7 im Element VertexProcessingCaps der D3DCAPS9-Struktur gesetzt ist, dann können Sie beruhigt sein.

2.9.2.3 Den Vertexnormalenvektor einfügen

Zu unserer Vertexdefinition kommt nun noch der Vertexnormalenvektor hinzu. Wie bereits gesagt – Direct3D benötigt ihn, um die Beleuchtung korrekt durchzuführen. Der FVF-Bezeichner muss um den Wert D3DFVF_NORMAL erweitert werden. Ein Beispiel: D3DFVF_XYZ | D3DFVF_NORMAL | D3DFVF_TEX1 für einen Vertex mit einem Paar Texturkoordinaten und einem Normalenvektor. Der Normalenvektor steht in der Vertexstruktur hinter der Positionsangabe:

```
struct SVertex
{
    tbVector3 vPosition;      // Positionsangabe
    tbVector3 vNormal;        // Vertexnormalenvektor
    tbVector2 vTexture;       // Texturkoordinaten
    static const DWORD dwFVF; // Vertexformat (statisch)
};

const DWORD SVertex::dwFVF = D3DFVF_XYZ | D3DFVF_NORMAL | D3DFVF_TEX1;
```

Listing 2.85 Eine Vertexstruktur mit Normalenvektor und statischem FVF-Bezeichner

Beachten Sie, wie ich hier das Vertexformat unterbringe. Nicht etwa mit einem #define, sondern mit einer statischen Variablen, die Teil der Vertexstruktur ist. Da sie statisch ist, wird sie

2.9.2.4 Umgang mit Lichtern

Die Beleuchtung einstellen

In unseren bisherigen Beispielprogrammen hat der folgende Methodenaufruf nie gefehlt: `g_pD3DDevice->SetRenderState(D3DRS_LIGHTING, FALSE)`. Das hat dafür gesorgt, dass Direct3D gar nicht erst auf die Idee kommt, Berechnungen für die Beleuchtung durchzuführen (es hätte ja auch keine Vertexnormalenvektoren und keine Lichtquellen gegeben).

Wollen wir nun mit Beleuchtung arbeiten, so setzen wir das Render-State `D3DRS_LIGHTING` einfach auf `TRUE`, oder wir verändern es überhaupt nicht (`TRUE` ist nämlich der Standardwert). `D3DRS_COLORVERTEX` auf `FALSE` zu setzen kann auch nicht schaden, damit sichergestellt wird, dass Direct3D auch wirklich das Material verwendet anstelle der eventuell vorhandenen Farbangaben in der Vertexstruktur.

Möchte man dann nach getaner Beleuchtungsarbeit wieder mit Vertexfarben arbeiten, so stellt man `D3DRS_LIGHTING` wieder auf `FALSE` und `D3DRS_COLORVERTEX` wieder auf `TRUE` – so einfach geht das!

Glanzberechnung einstellen

Da die Berechnung von Glanzpunkten auf der Oberfläche eines Objekts recht rechenintensiv ist (dafür aber auch sehr schöne Ergebnisse liefert), hat man in Direct3D die Kontrolle darüber, ob diese Berechnungen stattfinden oder nicht. Das Render-State `D3DRS_SPECULARENABLE` (Standardwert: `FALSE`) sorgt genau dann für Glanz, wenn es auf `TRUE` gesetzt wird.

Die Struktur *D3DLIGHT9*

Wie es auch für ein Material eine Struktur gibt, so gibt es auch eine für eine Lichtquelle – sie heißt `D3DLIGHT9`. Nicht alle Elemente spielen für jeden Typ von Lichtquelle eine Rolle.

Tabelle 2.39 Die Elemente der Struktur `D3DLIGHT9`

Element	Beschreibung
`D3DLIGHTTYPE Type`	Der Typ des Lichts: • `D3DLIGHT_POINT`: Punktlicht • `D3DLIGHT_SPOT`: Spotlicht • `D3DLIGHT_DIRECTIONAL`: Richtungslicht
`D3DCOLORVALUE Diffuse`	Die Streufarbe des Lichts. Sie wird mit der Streufarbe des Materials multipliziert.
`D3DCOLORVALUE Ambient`	Die Hintergrundfarbe des Lichts. Sie beeinflusst *alle* Objekte – egal ob das Licht sie überhaupt „sehen" kann. Sie wird mit der Hintergrundfarbe des Materials multipliziert.
`D3DCOLORVALUE Specular`	Die Glanzfarbe des Lichts. Auch hier findet eine Multiplikation mit der Glanzfarbe des Materials statt, um beim Rendern an die endgültige Farbe zu kommen.
`D3DVECTOR Position`	Die Position des Lichts. *Achtung*: Diese Positionsangabe ist *absolut* und wird nicht durch die Transformationsmatrix beeinflusst!
`D3DVECTOR Direction`	Die Richtung des Lichts. Auch diese Angabe ist *absolut*. Der Vektor muss nicht unbedingt normalisiert sein.

Element	Beschreibung
float Range	Die maximale Reichweite des Lichts in Einheiten des Koordinatensystems. Alles, was sich weiter weg befindet, bekommt kein Licht mehr ab.
float Attenuation0, float Attenuation1, float Attenuation2,	Diese drei Werte bestimmen, wie stark das Licht abgeschwächt wird, wenn seine Entfernung zum beleuchteten Vertex steigt. Die Formel dafür lautet: $$Lichtstärke = \frac{1}{Att0 + (Att1 \cdot d) + (Att2 \cdot d^2)}$$ d ist dabei die Entfernung des zu beleuchtenden Vertex zur Lichtquelle. *Att0* ist der so genannte lineare Abschwächungsfaktor, *Att1* der quadratische und *Att2* der exponentielle Abschwächungsfaktor. Normalerweise setzt man *Att0* und *Att2* auf 0 und *Att1* auf einen konstanten kleinen Wert wie zum Beispiel 0.05. Möchte man keine Lichtabnahme, setzt man den ersten Wert auf eins und die anderen auf null. Alle drei Werte auf null zu setzen, ist keine gute Idee, weil dann der Nenner des Bruchs ebenfalls null wäre! Negative Werte sind ebenfalls nicht erlaubt, aber nach oben hin gibt es keine Grenze.
float Theta, float Phi	Spezialwerte für Spotlichter, die deren Lichtkegel genauer bestimmen (*mehr dazu später*)
float Falloff	Spezialwert für Spotlichter (*mehr dazu später*)

Diese Struktur sieht auf den ersten Blick viel zu kompliziert aus, doch wenn man sich einmal in ihr zurecht gefunden hat, bleibt alles im erträglichen Rahmen.

> Beachten Sie, dass auch bei Lichtern *negative* Farbwerte oder Farbwerte über 1 möglich sind (zum Beispiel (100, 0, 0) für ein besonders intensives Rot oder (–1, –1, –1) für ein Licht, das für Dunkelheit sorgt). Ein negatives Licht würde sich sicherlich gut eignen, um die Bösartigkeit eines hinterlistigen Gegners darzustellen, alles in seiner Umgebung wird dunkler.
>
> Ein weiterer Hinweis: der Typ D3DVECTOR ist vom Aufbau her völlig identisch mit tbVector3, und tbVector3 besitzt auch einen Casting-Operator für D3DVECTOR (und umgekehrt auch einen Konstruktor, der einen D3DVECTOR-Parameter erwartet). Gleiches gilt für D3DCOLORVALUE und tbColor.

Lichter setzen und aktivieren

Direct3D unterstützt theoretisch unendlich viele gleichzeitig aktive Lichter, doch hier sind es die Grafikkarten, welche die Grenzen festlegen. Alle Lichter sind – ähnlich wie die Texturen – in *Stufen* angeordnet. Es gibt eine gewisse Anzahl von Plätzen, in die wir ein Licht stecken können. Jeder Platz wird durch einen *Index* beschrieben. Der kleinste Index ist 0.

Wie viele Lichter ein Gerät genau zur Verfügung stellt, finden Sie durch das Element MaxActiveLights der D3DCAPS9-Struktur heraus. Werte von 8 bis 16 sind normal. Es sei jedoch gesagt, dass man es besser nicht wagen sollte, so viele Lichter gleichzeitig zu verwenden, weil das die Bildrate regelrecht in den Keller treibt ... Die meisten Spiele kommen mit einigen wenigen Lichtern aus, der Rest ist Trickserei! Wer trotzdem mehr „echte" Lichter benutzen will, als die Grafikkarte es anbietet, der kann entweder mehrere Durchgänge rendern (zum Beispiel einen mit den Lichtern 1 bis 8, den nächsten mit 9 bis 16 und so weiter) und diese dann mit Alpha-Blending (*siehe nächstes Unterkapitel*) zusammenfügen. Es ist auch möglich, für jedes Objekt immer nur die Lichtquellen zu setzen, die einen merklichen Einfluss auf es haben.

Man setzt ein Licht mit der Methode IDirect3DDevice9::SetLight. Sie erwartet zuerst den Lichtindex in Form eines DWORD-Werts und danach einen Zeiger auf die D3DLIGHT9-Struktur des zu setzenden Lichts. GetLight liefert das entsprechende Licht wieder zurück, indem es dieses in die angegebene Struktur schreibt.

Doch das Setzen allein reicht noch nicht, es fehlt noch ein Aufruf von LightEnable. Auch hier kommt zuerst der Index – danach aber ein BOOL-Wert. Ist er TRUE, wird das Licht aktiviert, ansonsten wird es deaktiviert. GetLightEnable fragt dementsprechend den Status eines Lichts ab.

```
D3DLIGHT9 Light;

// Das Licht ausfüllen
// ...

// Das Licht auf Index 0 setzen und aktivieren
g_pD3DDevice->SetLight(0, &Light);
g_pD3DDevice->LightEnable(0, TRUE);
```

Listing 2.86 Setzen und Aktivieren einer Lichtquelle

2.9.2.5 Das Punktlicht

Wie Sie bereits wissen, strahlt ein Punktlicht sein Licht in alle Richtungen ab, ganz im Gegensatz zu einem Spot- oder Richtungslicht. Das bedeutet, dass Direct3D hier die meisten Berechnungen zu erledigen hat: Das Punktlicht ist das „teuerste" Licht von allen dreien. Bei einem Punktlicht setzt man das Element Type der D3DLIGHT9-Struktur auf D3DLIGHT_POINT. Neben den drei Farben Diffuse, Ambient und eventuell Specular werden noch folgende Elemente von Direct3D während des Renderns verarbeitet:

- D3DVECTOR Position
- float Range
- float Attenuation0, Attenuation1, Attenuation2

Eine Richtungsangabe muss hier natürlich nicht gemacht werden, deshalb beachtet Direct3D das Direction-Element vom Typ D3DVECTOR gar nicht erst. Vergessen Sie aber nie, dass die Positionsangabe des Lichts *absolut* ist und daher nicht zuerst durch die Transformationspipeline wandert.

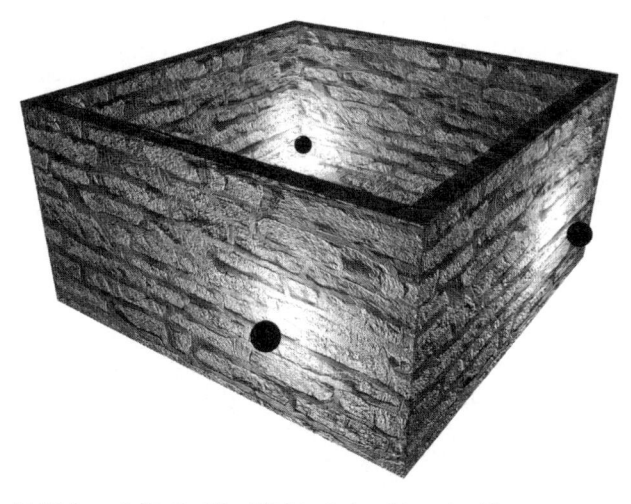

Abbildung 2.45 Drei Punktlichter beleuchten eine Kiste.

2.9.2.6 Das Spotlicht

Das Spotlicht unterscheidet sich vom Punktlicht nur dadurch, dass es sein Licht nicht in alle Richtungen abgibt. Seine Lichtstrahlen breiten sich nur innerhalb eines *Lichtkegels* aus. Tatsächlich verwendet Direct3D jedoch gleich *zwei* Lichtkegel: den *inneren* und den *äußeren*. Im inneren Lichtkegel ist die Lichtbeeinflussung am höchsten und überall gleich groß. Der äußere Lichtkegel definiert die Grenze zwischen *beleuchtet* und *nicht beleuchtet*. Im Bereich zwischen dem äußeren und dem inneren Lichtkegel fällt die Lichtstärke kontinuierlich mit steigendem Winkel ab.

Die Lichtkegel werden mit Hilfe ihrer Winkel angegeben. Bei 360° wären es also keine Lichtkegel mehr, sondern bereits Kugeln (der maximale Wert ist 180° oder π im Bogenmaß). Der Winkel des äußeren Lichtkegels muss größer oder gleich dem des inneren Lichtkegels sein. Die beiden Winkel heißen *Theta* (θ) für den inneren Lichtkegel und *Phi* (φ) für den äußeren.

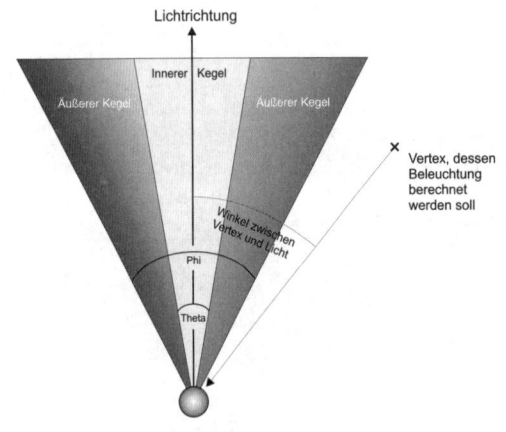

Abbildung 2.46 Der Aufbau eines Spotlichts

Bei der Beleuchtungsberechnung berechnet Direct3D den Winkel α zwischen der imaginären Linie vom Vertex zur Lichtquelle und der Lichtrichtung. Wenn dieser Winkel kleiner oder gleich ist wie die Hälfte von θ (denn θ reicht über den ganzen Kegel, während α von der Lichtrichtung aus gemessen wird), dann erhält der Vertex die volle Beleuchtung, denn er liegt im inneren Lichtkegel. Ist der Winkel dagegen größer als φ, erhält der Vertex von der Lichtquelle kein Licht, weil er außerhalb des äußeren Lichtkegels liegt. Für alle Winkel, die dazwischen liegen, wird die folgende Gleichung angewandt, um die Beleuchtung (zwischen 0 und 1) zu berechnen:

$$f = \left(\frac{\cos \alpha - \cos \frac{\varphi}{2}}{\cos \frac{\theta}{2} - \cos \frac{\varphi}{2}} \right)^{Falloff}$$

Falloff ist das `Falloff`-Element der `D3DLIGHT9`-Struktur. Dieser Wert bestimmt, in welcher Form die Lichtstärke zwischen dem inneren und dem äußeren Lichtkegel abfällt. Bei einem Wert von 1 fällt die Lichtstärke beispielsweise linear ab. Bei höheren Werten fällt sie zu Beginn stärker ab und zum Ende hin langsamer. Bei Werten kleiner als 1 gilt das Umgekehrte.

2.9 Beleuchtung

Nach all diesen Berechnungen kommen natürlich auch noch die Vertexnormalenvektoren ins Spiel, wie bereits vorher besprochen.

Spotlichter sind im Allgemeinen ein wenig schneller als Punktlichter, da viele Vertizes von vorneherein als Beleuchtungskandidaten ausscheiden, weil sie außerhalb des äußeren Lichtkegels liegen. Dafür sind jedoch die darauf folgenden Berechnungen ein wenig komplexer als beim Punktlicht.

Bei einem Spotlicht müssen Sie neben den zwei oder drei Farben und dem Lichttyp (D3DLIGHT_SPOT) folgende Elemente der D3DLIGHT9-Struktur ausfüllen:

- D3DVECTOR Position
- D3DVECTOR Direction
- float Range
- float Falloff
- float Attenuation0, Attenuation1, Attenuation2
- float Theta, Phi

Abbildung 2.47 Hier wurden die Lichtkegel durch einen Spezialeffekt sichtbar gemacht.

2.9.2.7 Das Richtungslicht

Kommen wir nun zum letzten Lichttyp – dem *Richtungslicht*. Bei einem Richtungslicht verwendet Direct3D bei jedem Vertex die gleiche Lichtrichtung, es entfallen also etliche Berechnungen. Auf den ersten Blick mag solch ein Licht sinnlos sein, aber das sieht schon ganz anders aus, wenn die Lichtquelle sehr weit entfernt ist. Dann sind nämlich die Strahlen, die von ihr ausgehen und auf ein Objekt treffen, nahezu parallel, und das ist genau das, was man bei einem Richtungslicht ausnutzt. Das Sonnenlicht könnte man beispielsweise sehr gut mit einem Richtungslicht simulieren. Richtungslichter haben keine Position, die wird als unendlich weit weg angesehen, und eine Reichweite gibt es dann natürlich auch nicht. Daher müssen lediglich die drei oder vier Farben und der Vektor Direction der D3DLIGHT9-Struktur ausgefüllt werden. Die Type-Variable setzt man auf D3DLIGHT_DIRECTIONAL.

> Eine D3DLIGHT9-Struktur sollte vor ihrer Verwendung immer komplett zurückgesetzt werden! Dafür verwenden Sie am besten ein Makro wie ZeroMemory. Nehmen Sie diesen Hinweis bitte ernst – oftmals kann es zu ungewollten Effekten kommen, wenn bestimmte Elemente der Struktur von Speicherresten „verfälscht" werden.

2.9.2.8 Das allgegenwärtige Hintergrundlicht

Es gibt noch ein viertes Licht, das ein wenig aus der Reihe tanzt. Es ist das *allgegenwärtige Hintergrundlicht* (*ambient light*), das nur mit Hilfe des Render-States D3DRS_AMBIENT aktiviert wird. Es beeinflusst *alle* Vertizes genauso wie die Hintergrundfarbe eines „echten" Lichts. Das allgegenwärtige Hintergrundlicht ist gut, um einer Szene eine gewisse Grundhelligkeit zu verleihen, die ohne irgendwelche Lichtquellen zu Stande kommt. Man setzt D3DRS_AMBIENT einfach auf die gewünschte Farbe des Lichts – diese Farbe muss allerdings in den Grenzen bleiben, kann also nicht extrem intensiv oder negativ sein (das Licht wird hier in Form eines DWORD-Werts angegeben, und der ist ja nur für Farbkomponenten von 0 bis 255 gedacht).

2.9.2.9 Skalierungsprobleme

Beim Rendern erleiden die Vertexnormalenvektoren das gleiche Schicksal wie die Positionsangaben der Vertizes: Sie werden von Direct3D durch die Transformationspipeline gejagt und gnadenlos transformiert. Beim Transformieren von Normalenvektoren ist allerdings eine gewisse Vorsicht geboten: So können sie beispielsweise nicht verschoben werden, und beim Skalieren muss man ebenfalls gehörig aufpassen. So kann es geschehen, dass sich die *Länge* eines Normalenvektors während der Transformation ändert. Normalenvektoren sollten aber immer die Länge 1 haben, und alle möglichen Lichtberechnungen vertrauen darauf. Das Ergebnis sind fehlerhafte Beleuchtungsergebnisse. Das alles passiert jedoch nur genau dann, wenn eine *nicht-uniforme Skalierung* angewandt wird, was bedeutet, dass auf den x-, y- und z-Achsen mit verschiedenen Skalierungsfaktoren gearbeitet wird (in die Länge, Höhe oder Tiefe ziehen). Jetzt wäre es sehr unangebracht, *alle* Normalenvektoren nach der Transformation noch einmal zu normalisieren, um sicherzugehen, dass sie auch die Länge 1 haben – denn lange nicht jedes Programm verwendet nicht-uniforme Skalierungen. Daher wurde das Render-State D3DRS_NORMALIZENORMALS ins Leben gerufen. Standardmäßig ist es deaktiviert (FALSE), doch wenn es eingeschaltet ist, wird zu Lasten der Performance jeder Normalenvektor nach der Transformation normalisiert. Beleuchtungsfehler sind somit ausgeschlossen.

2.9.2.10 Wer übernimmt die Beleuchtung?

Das hängt ganz davon ab, wie die IDirect3DDevice9-Schnittstelle generiert wurde. Erinnern Sie sich an die Methode IDirect3D9::CreateDevice? Dort musste man Flags wie D3DCREATE_HARDWARE_VERTEXPROCESSING angeben, um zu bestimmen, ob die Vertexverarbeitung durch die langsame Software oder die schnelle Hardware (oder gemischt) durchgeführt werden soll. Zu der Verarbeitung der Vertizes gehört nämlich nicht nur deren Transformation, sondern auch deren Beleuchtung.

2.9.3 Das Beispielprogramm

Dieses Mal werden wir nicht mehr langweilige einzelne Dreiecke oder Würfel zeichnen, sondern gleich zu Kugeln übergehen. Bei einer Kugel ist es ziemlich einfach, den Normalenvektor eines Vertex zu berechnen: Dazu brauchen wir nur seine Position in Bezug auf den Kugelmittelpunkt. Dieser (normalisierte) Verbindungsvektor ist dann auch schon gleich der Normalenvektor, der immer senkrecht von der Kugel weg zeigt.

Da es aber nicht ganz so einfach ist, die restlichen Vertexdaten für eine Kugel zu erzeugen und diese in Dreiecke zu packen, verwenden wir hier eine D3DX-Hilfsfunktion, die das Modell der Kugel aus einer speziellen X-Datei lädt. X-Dateien sind speziell für 3D-Modelle gedacht. Da wir später unser eigenes Dateiformat für Modelle verwenden werden, ist es jetzt nicht

2.9 Beleuchtung

wichtig, wie die D3DX-Funktion zum Laden der Modelle arbeitet. Übrigens stammt auch der Boden, auf dem die Szene stattfindet, aus einer X-Datei. Das DirectX-SDK beinhaltet unter anderem einen Exporter für 3ds max, um solche X-Dateien zu erzeugen.

Das Programm lässt die Kugeln in einem sich drehenden Kreis angeordnet von einer herumfliegenden Punktlichtquelle beleuchten, die ebenfalls durch eine Kugel dargestellt wird. Jede der sich drehenden Kugeln besitzt eine andere Glanzkraft. Ein globales Hintergrundlicht ergänzt das Punktlicht.

```
// Das Punktlicht wird nun erstellt.
D3DLIGHT9 Light;
Light.Type         = D3DLIGHT_POINT;                  // Punktlicht
Light.Diffuse      = tbColor(1.0f, 1.0f, 1.0f);       // Weiße Streufarbe
Light.Ambient      = tbColor(1.0f, 1.0f, 1.0f);       // Weiße Hintergrundfarbe
Light.Specular     = tbColor(1.0f, 1.0f, 1.0f);       // Weiße Glanzfarbe
Light.Position     = tbVector3(0.0f,                  // Variierende Position
                               sinf(g_fTime) * 10.0f,
                               0.0f);
Light.Range        = 1000.0f;                         // 1000 Einheiten Reichweite
Light.Attenuation0 = 0.0f;                            // Schwache Lichtabnahme
Light.Attenuation1 = 0.025f;                          // ...
Light.Attenuation2 = 0.0f;                            // ...

// Licht einsetzen und aktivieren
g_pD3DDevice->SetLight(0, &Light);
g_pD3DDevice->LightEnable(0, TRUE);

// Globales schwaches rotes Hintergrundlicht einstellen
g_pD3DDevice->SetRenderState(D3DRS_AMBIENT, tbColor(0.25f, 0.0f, 0.0f));

// Die Kugeln zeichnen
for(int iSphere = 0; iSphere < 10; iSphere++)
{
    // Die Kugeln drehen und bewegen sich auf und ab.
    mWorld = tbMatrixTranslation(tbVector3(10.0f, 0.0f, 0.0f)) *
             tbMatrixRotationY(TB_DEG_TO_RAD((float)(iSphere)*36 + g_fTime*10)) *
             tbMatrixTranslation(tbVector3(0.0f,
                                           sinf((float)(iSphere) + g_fTime * 2.0f),
                                           0.0f));
    g_pD3DDevice->SetTransform(D3DTS_WORLD, (D3DMATRIX*)(&mWorld));

    // Das Material für diese Kugel erstellen
    D3DMATERIAL9 Material;
    Material.Diffuse  = tbColor(0.75f, 0.75f, 0.75f);  // Hellgraue Streufarbe
    Material.Ambient  = tbColor(0.25f, 0.25f, 0.25f);  // Dunkelgr. Hintergrundfarbe
    Material.Emissive = tbColor(0.0f, 0.0f, 0.0f);     // Keine Eigenfarbe
    Material.Specular = tbColor(0.25f, 0.25f, 0.25f);  // Glanzfarbe dunkler
    Material.Power    = (float)(iSphere) * 5.0f;       // Glanzfaktor variiert

    // Das Material einsetzen
    g_pD3DDevice->SetMaterial(&Material);

    // Die Kugel zeichnen
    g_pD3DDevice->SetTexture(0, g_pSphereTexture);
    g_pSphereModel->DrawSubset(0);
}

// Hier werden noch die Lichtquelle in Form einer Kugel und der Boden gezeichnet.
// ...
```

Listing 2.87 Der Hauptteil des Beleuchtungsbeispielprogramms

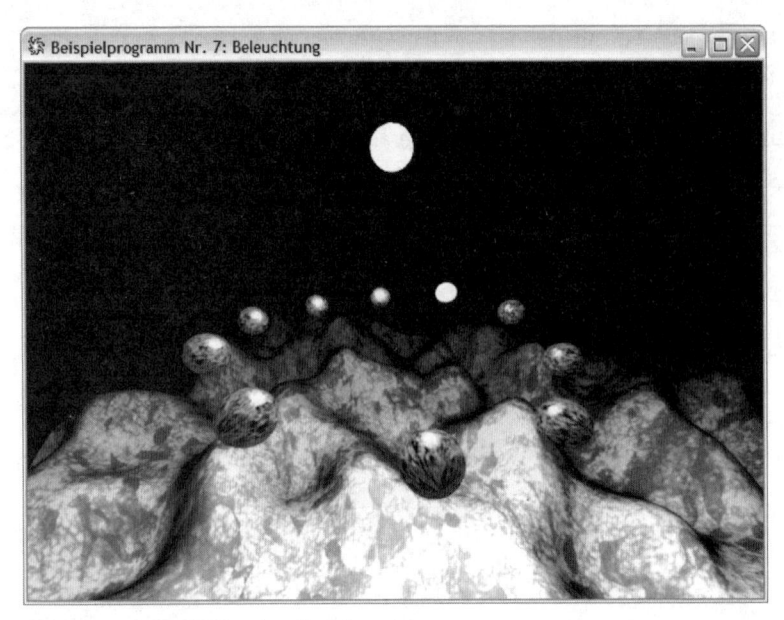

Abbildung 2.48 Elf Kugeln müsst Ihr sein!

2.9.4 Rückblick

- Direct3D unterstützt ein einfaches Beleuchtungsmodell, bei dem der Benutzer *Lichtquellen* von verschiedenen Arten frei im Raum verteilen darf. Alle Dreiecke werden mit *Materialien* versehen. Ein Material bestimmt, wie eine Oberfläche auf einfallendes Licht reagiert (reflektieren, absorbieren, glänzen und so weiter). Schatten können nicht direkt simuliert werden.

- Materialien und Lichtquellen besitzen verschiedene Farbangaben: *Streufarbe*, *Hintergrundfarbe*, *Glanzfarbe* und bei Materialien noch die *Eigenfarbe*. Diese Farben werden jeweils für verschiedene Teile der Beleuchtungsberechnungen verwendet.

- Es gibt drei verschiedene Lichtquellentypen: *Punktlichter*, die ihr Licht gleichmäßig in alle Richtungen ausstrahlen, *Spotlichter*, die man mit einer Taschenlampe vergleichen kann (Lichtkegel), und *Richtungslichter*, bei denen alle Lichtstrahlen parallel sind. Das Richtungslicht wird als unendlich weit entferntes Punktlicht betrachtet.

- Direct3D führt die Beleuchtungsberechnungen auf *Vertexbasis* durch. Dabei spielt der Normalenvektor eine große Rolle, der bei der Beleuchtung Teil eines jeden Vertex sein muss. Der Normalenvektor eines Vertex berechnet sich durch den normalisierten Mittelwert der Normalenvektoren aller Dreiecke, die untereinander eine *glatte* Oberfläche (keine harten Kanten) bilden und von denen der Vertex ein Teil ist. In der Vertexstruktur befindet sich der Vertexnormalenvektor direkt hinter der Positionsangabe, und das FVF-Flag heißt `D3DFVF_NORMAL`.

- Ein Vertex bekommt dann die größte Menge an Licht ab, wenn sein Normalenvektor genau zur Lichtquelle hin zeigt. Auch die Distanz zu ihr kann – je nach Lichtquelle – eine Rolle spielen. Bei Spotlichtern wird außerdem noch berechnet, ob sich der Vertex im Lichtkegel befindet.

- Das Render-State `D3DRS_LIGHTING` muss auf `TRUE` geschaltet werden, damit die Beleuchtung funktioniert.

- Materialien ersetzen für gewöhnlich die Farbkomponente, die eventuell Teil eines Vertex ist. Wenn es sowohl ein Material als auch eine Vertexfarbe gibt, entscheidet der Wert des Render-States `D3DRS_COLORVERTEX` darüber, woher Direct3D die Farbe nimmt.
- Die Datenstruktur für Materialien heißt `D3DMATERIAL9` und die für Lichtquellen heißt `D3DLIGHT9`.
- Während es immer nur *ein* aktives Material geben kann, was durch die Methode `IDirect3DDevice9::SetMaterial` aktiviert wird, unterstützt Direct3D (zumindest theoretisch) unendlich viele gleichzeitig eingeschaltete Lichtquellen, die mit `SetLight` gesetzt werden. Der Lichtindex bestimmt die Nummer des einzusetzenden Lichts. Jedes Licht muss vor der Verwendung noch mit `LightEnable` aktiviert werden.
- Bei Skalierungen, die nicht uniform sind – also nicht auf allen Achsen gleich skalieren –, ist es nötig, das Render-State `D3DRS_NORMALIZENORMALS` zu aktivieren. Dadurch wird verhindert, dass Direct3D mit den durch die nichtuniforme Skalierung ungültig gewordenen Normalenvektoren rechnet. Stattdessen werden diese nach der Transformation noch einmal normalisiert. Nichtuniforme Skalierungen können die Länge eines Normalenvektors verändern, es ist aber wichtig, dass die immer den Wert 1 hat.

2.9.5 Übungsaufgaben

1. Schreiben Sie das Beispielprogramm mit den Würfeln so um, dass es eine rotierende Spotlichtquelle gibt, die sozusagen die Funktion eines Leuchtturms hat!

   Tipp: Fügen Sie Normalenvektoren hinzu, und erzeugen Sie die Rotation der Lichtquelle mit Sinus- und Kosinusfunktionen!

2. Experimentieren Sie ein wenig mit den Farben von Material und Licht herum. Probieren Sie vor allem negative Farbwerte aus!

2.10 Alpha-Blending

2.10.1 Die Theorie

2.10.1.1 Was kann Alpha-Blending?

In diesem Unterkapitel werden Sie eine neue Art, Dreiecke zu zeichnen, kennen lernen. *Alpha-Blending* wird dazu benutzt, *teilweise transparente* oder *durchsichtige* Objekte zu zeichnen, so dass man noch sehen kann, was dahinter ist. Als Beispiel: Die Flamme einer Fackel würde man in einem Spiel sicherlich mit Alpha-Blending zeichnen, weil Flammen nie völlig *opak* (*undurchsichtig*) sind.

Ohne Alpha-Blending werden die Pixel der gezeichneten Dreiecke einfach so in den Bildpuffer geschrieben, und der alte Bildpunkt an dieser Stelle wird nicht beachtet und gelöscht. *Mit Alpha-Blending spielt der alte Pixel im Bildpuffer sehr wohl noch eine Rolle – er wird mit dem neuen Pixel auf eine bestimmte Weise verknüpft, um einen Durchsichtigkeitseffekt zu erzeugen.* Denken Sie immer daran, dass im Normalfall jeder Pixel im Bildpuffer mehrfach beschrieben wird, da es immer wieder überlappende Dreiecke gibt. Natürlich setzt ein korrekter Transparenzeffekt voraus, dass die Objekte von hinten nach vorne gezeichnet werden, und auch der Z-Buffer kann nur recht begrenzt eingesetzt werden, denn sein Prinzip basiert darauf, dass immer *nur* der *vorderste* Pixel am Ende sichtbar ist. Transparente Objekte werden auch immer erst *nach* den opaken gezeichnet.

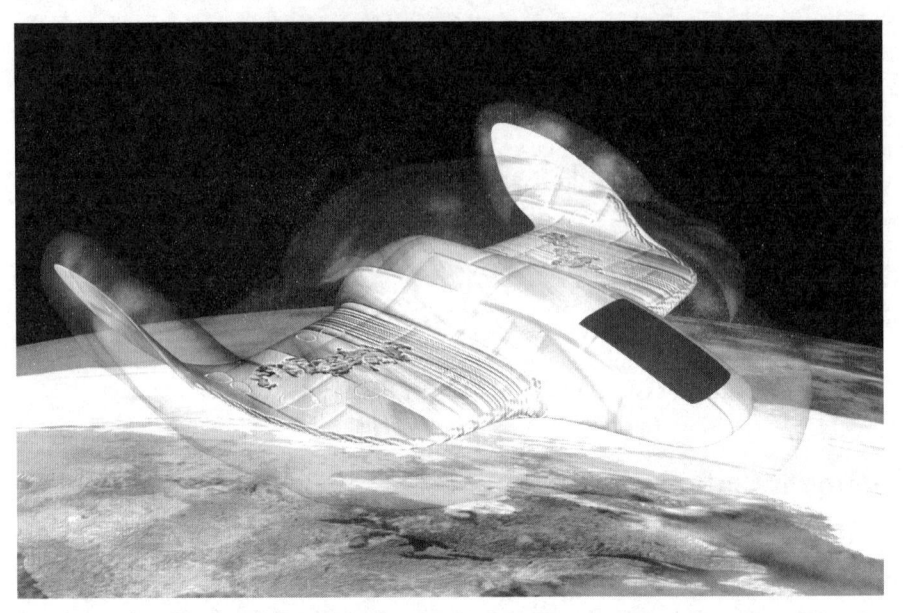

Abbildung 2.49 Das Schutzschild dieses Raumschiffs ist ein gutes Beispiel für Alpha-Blending.

2.10.1.2 Alpha und Blending

Doch woher kommt eigentlich dieser seltsame Name *Alpha-Blending*? Man könnte denken, er wurde nur gewählt, damit es sich *cool* und kompliziert anhört, aber das ist nicht der Fall. Die Bedeutung von *Blending* kann man sich denken, im Deutschen gibt es das *Überblenden*, was zum Beispiel beim Film zum Einsatz kommt: Eine Szene wird transparenter, während die andere undurchsichtiger wird und die erste langsam ersetzt. Mit *Alpha* wird beim Alpha-Blending der Wert bezeichnet, der bestimmt, wie opak eine Farbe ist, je höher, desto undurchsichtiger.

Von nun an wird *jede* Farbe einen Alphawert haben. Bisher haben wir auch schon damit gearbeitet, ihn aber nie richtig beachtet. So hat zum Beispiel die Klasse tbColor eine vierte Farbkomponente namens a – das ist der Alphawert. Auch in DWORD-Variablen ist Platz dafür, denn diese bieten 32 Bits, und von der Farbe an sich werden nur 24 beansprucht. Hier gilt ebenfalls: Bei Fließkommazahlen ist 0 das Minimum und 1 das Maximum, und bei DWORD-Werten liegt der Alphawert zwischen 0 und 255.

2.10.1.3 Pixel mit dem Bildpuffer verknüpfen

Wie bereits erwähnt verknüpft man beim Alpha-Blending jeden neuen Pixel mit dem alten bereits im Bildpuffer befindlichen, um dann das Ergebnis wieder hineinzuschreiben. Dabei gibt es verschiedene Möglichkeiten. Physikalisch gesehen ist ein transparentes Material so geschaffen, dass es bestimmte Lichtstrahlen durchlässt, während es andere reflektiert. Stellen wir uns die folgende Szene vor: Die Kamera schaut auf eine weiße Kugel, und dazwischen ist ein blaues halb transparentes Quadrat. Nun gehen von der Kugel weiße Lichtstrahlen aus (die aus

2.10 Alpha-Blending

dem gesamten Farbspektrum bestehen). Bevor sie die Kamera erreichen, passieren sie das blaue Quadrat, doch dieses lässt nur einen kleinen Teil des Lichts durch, nämlich nur den blauen. Das Bild, was die Kamera sieht, zeigt also eine *blaue* Kugel.

Zuerst scheint die Farbverknüpfung durch *Multiplikation* angebracht zu sein, doch es erweist sich nicht als ganz einfach, den Alphawert korrekt mit einzubringen. In der Tat unterstützt Direct3D das Multiplikationsverfahren *nicht*, dafür werden jedoch einige andere Methoden angeboten.

Der Alphawert kommt ins Spiel

Beim Alpha-Blending muss genau festgelegt werden, wie sich der *Blendfaktor* von altem und neuem Pixel berechnet. Der Blendfaktor bestimmt den Anteil einer Farbe am Gesamtergebnis. Vor der Verknüpfung durch Addition oder eine andere Operation werden beide Farben mit ihrem Blendfaktor multipliziert.

$$Ergebnis = (Alt \cdot Blendfaktor_{Alt}) + (Neu \cdot Blendfaktor_{Neu})$$

Eine einfache und auch wegen ihrer Einfachheit häufig in der Praxis angewandte Möglichkeit für die Berechnung der beiden Blendfaktoren ist die folgende:

$$Blendaktor_{Alt} = 1$$
$$Blendfaktor_{Neu} = 1$$

Das bedeutet, dass sowohl der alte bereits im Bildpuffer vorhandene Pixel als auch der neue Pixel 1 zu 1 übernommen werden und direkt ohne jegliche Veränderung miteinander verknüpft werden. Sie tragen also beide gleich stark zum Gesamtergebnis bei. Wäre der Blendfaktor für den alten Wert zum Beispiel nur 0.5, so würde der neue Pixel das Gesamtergebnis doppelt so stark beeinflussen wie der alte.

$$Blendfaktor_{Alt} = 1 - Alpha_{Neu}$$
$$Blendfaktor_{Neu} = Alpha_{Neu}$$

Das ist die nächste Möglichkeit, die auch den Alphawert nicht vernachlässigt. In Worten heißen diese Gleichungen: Je höher der Alphawert des neuen Pixels ist, desto stärker beeinflusst er die endgültige Farbe, die in den Bildpuffer geschrieben wird, und desto geringer ist der Einfluss des alten Pixels. Das ist eine sehr gute Lösung, denn hier ist die Summe der Blendfaktoren immer 1, was bei der ersten Methode nicht der Fall war. Dort ist das Endergebnis fast immer heller als die beiden einzelnen Farben.

2.10.1.4 Alphawerte überall!

Wie bereits gesagt hat jede Farbe einen Alphawert. Als Sie das lasen, haben Sie wahrscheinlich an Vertexfarben oder Materialien gedacht. Doch das ist noch nicht alles: Da auch Texturen aus einzelnen Farben bestehen, gibt es auch die Möglichkeit, Alphawerte in *ihnen* unterzubringen – und zwar für jeden einzelnen Texel. Manche Texel könnten dann transparenter sein als andere. Das sorgt zum Beispiel bei Feuer oder Explosionen für sehr schöne Effekte. Natürlich muss das Oberflächenformat der Textur entsprechend gewählt sein, so dass es Platz für einen Alphawert bietet (zum Beispiel `D3DFMT_A8R8G8B8` oder aber auch `D3DFMT_A4R4G4B4`).

Aber auch der Bildpuffer kann Alphawerte speichern, jedoch wird das nur sehr selten genutzt. In den Gleichungen für die Blendfaktoren kann dann auch $Alpha_{Alt}$ stehen, der Alphawert des im Bildpuffer vorhandenen Pixels.

2.10.2 Alpha-Blending mit Direct3D

2.10.2.1 Render-States

Diesmal gibt es keine neuen Schnittstellen oder Strukturen: Alles, was wir für das Alpha-Blending brauchen, sind ein paar Render-States.

Aktivierung

Als Erstes wäre da D3DRS_ALPHABLENDENABLE. Wenn es auf TRUE geschaltet ist (was es zu Beginn nicht ist), wendet Direct3D bei allen zu zeichnenden Dreiecken Alpha-Blending an.

Berechnung der Blendfaktoren

Doch allein das Einschalten reicht noch nicht, denn als Nächstes müssen wir definieren, wie die Blendfaktoren für den alten und den neuen Pixel zu berechnen sind. Das funktioniert mit den beiden Render-States D3DRS_SRCBLEND (das ist der Blendfaktor des neuen Pixels) und D3DRS_DESTBLEND (Blendfaktor des alten Pixels).

Tabelle 2.40 Render-States für die Blendfaktoren

Render-State	Beschreibung
D3DBLEND_ZERO	Blendfaktor ist immer 0.
D3DBLEND_ONE	Blendfaktor ist immer 1.
D3DBLEND_SRCCOLOR	Blendfaktoren entsprechen der Farbe des neuen Pixels. Hier wird jeder Farbkanal einzeln geblendet.
D3DBLEND_INVSRCCOLOR	Blendfaktoren entsprechen 1 minus der Farbe des neuen Pixels.
D3DBLEND_DESTCOLOR	Blendfaktoren entsprechen der alten Pixelfarbe.
D3DBLEND_INVDESTCOLOR	Blendfaktoren entsprechen 1 minus der alten Pixelfarbe.
D3DBLEND_SRCALPHA	Blendfaktor entspricht dem Alphawert des neuen Pixels.
D3DBLEND_INVSRCALPHA	Blendfaktor entspricht 1 minus dem Alphawert des neuen Pixels.
D3DBLEND_DESTALPHA	Blendfaktor entspricht dem Alphawert des alten Pixels.
D3DBLEND_INVDESTALPHA	Blendfaktor entspricht 1 minus dem Alphawert des alten Pixels.
D3DBLEND_BLENDFACTOR	Blendfaktoren entsprechen dem Wert des Render-States D3DRS_BLENDFACTOR. Beachten Sie, dass der Wert als eine Farbe interpretiert wird, ähnlich wie bei D3DBLEND_SRCCOLOR. Jede Farbe hat hier ihren eigenen Blendfaktor. In Byte-Schreibweise reichen diese Faktoren von 0 bis 255.
D3DBLEND_INVBLENDFACTOR	Blendfaktor entspricht 1 minus dem Wert des Render-States D3DRS_BLENDFACTOR.

Damit haben wir eine recht große Auswahl! Normalerweise setzt man D3DRS_SRCBLEND auf D3DBLEND_SRCALPHA und D3DRS_DESTBLEND auf D3DBLEND_INVSRCALPHA, wie bereits weiter oben beschrieben. Es empfiehlt sich, für den einen Blendfaktor die „normale" Version eines Flags aus der obigen Liste zu verwenden und für den anderen die „INV"-Version, zum Beispiel

2.10 Alpha-Blending

D3DBLEND_SRCCOLOR für den Blendfaktor des neuen Pixels und D3DBLEND_INVSRCCOLOR für den des alten Pixels.

D3DBLEND_BLENDFACTOR und D3DBLEND_INVBLENDFACTOR werden gebraucht, um einem Dreieck überall den gleichen Alphawert zu verleihen – unabhängig von der Vertexfarbe und der Textur. Es ist nur dann verwendbar, wenn das Flag D3DPBLENDCAPS_BLENDFACTOR im Element SrcBlendCaps beziehungsweise DestBlendCaps der D3DCAPS9-Struktur gesetzt ist. Da dieses Feature neu ist, sollten Sie sich nicht darauf verlassen, dass es überall unterstützt wird.

Verknüpfen von altem und neuem Pixel

Das Render-State D3DRS_BLENDOP bestimmt den *Blendoperator*, der besagt, wie der alte und der neue Pixel verknüpft werden.

Tabelle 2.41 Mögliche Werte des Render-States D3DRS_BLENDOP

Wert	Berechnung der Farbe
D3DBLENDOP_ADD	*Ergebnis = Alt + Neu*
D3DBLENDOP_SUBTRACT	*Ergebnis = Neu – Alt*
D3DBLENDOP_REVSUBTRACT	*Ergebnis = Alt – Neu*
D3DBLENDOP_MIN	*Ergebnis = Minimum(Alt, Neu)*
D3DBLENDOP_MAX	*Ergebnis = Maximum(Alt, Neu)*

2.10.2.2 Woher kommt der Alphawert?

Wenn Sie Vertexfarben in Ihrem Programm verwenden, nimmt Direct3D den Alphawert aus der Vertexstreufarbe (D3DFVF_DIFFUSE). Auch im Fall von Materialien wird die Streufarbe angezapft. Wenn jedoch zum Beispiel D3DBLEND_SRCCOLOR verwendet wird, ist es gar nicht nötig, einen Alphawert anzugeben, da dieser dann aus der *Farbe* berechnet wird.

Die Alphawerte in den anderen Farben wie Hintergrund-, Glanz- oder Eigenfarbe werden übrigens gar nicht beachtet – weder bei Materialien noch bei Lichtern. Das ist eine Tatsache, die einem immer bewusst sein sollte, um unnötigen Verwirrungen zu entgehen.

Wenn zusätzlich noch Texturen benutzt werden, verknüpft Direct3D die Texturfarbe mit der Vertex- oder Materialfarbe. Das funktioniert auch bei den Alphawerten, allerdings sind zuvor noch ein paar Einstellungen nötig, die wir im nächsten Unterkapitel kennen lernen werden. Erst nach der Farbverknüpfung von Textur und Vertex/Material geht es weiter zum Alpha-Blending.

2.10.2.3 Ablauf des Zeichnens

Beim Alpha-Blending können wir nicht länger einfach so ein Objekt nach dem anderen zeichnen und dann erwarten, dass am Ende ein vernünftiges Bild dabei herauskommt. Wie bereits angesprochen, können wir den Z-Buffer beim Alpha-Blending nur sehr begrenzt verwenden, denn ein Objekt, das sich hinter einem anderen transparenten Objekt befindet, ist nicht völlig unsichtbar. Daher wird eine Szene mit Alpha-Blending auf die folgende Weise gezeichnet:

1. Den Bildpuffer und den Z-Buffer wie gewöhnlich leeren.
2. Alle völlig opaken (undurchsichtigen) Objekte ohne Alpha-Blending zeichnen. Z-Buffering wird aktiviert – sowohl der Z-Test (D3DRS_ZENABLE) als auch das Schreiben in den Z-Buffer (D3DRS_ZWRITEENABLE). Das Culling ist aktiviert (D3DCULL_CCW), so dass Dreiecke, die gegen den Uhrzeigersinn verlaufen, wegfallen.

3. Nun kommen die transparenten Objekte an die Reihe. Man zeichnet sie mit aktiviertem Alpha-Blending von hinten nach vorne. Der Z-Test bleibt aktiviert, aber Schreiben in den Z-Buffer wird ausgeschaltet, da transparente Objekte keine Spur im Z-Buffer hinterlassen dürfen. Außerdem sollte man hier kein Culling anwenden, da nun *alle* Dreiecke eines Objekts sichtbar sein können. Denn ohne Transparenz ist es so, dass bei geschlossenen Objekten automatisch diejenigen Dreiecke, die vom Betrachter weg zeigen, unsichtbar sind, da sie sich auf der Rückseite des Objekts befinden (die von der Vorderseite verdeckt wird). Doch nun ist die Vorderseite ja transparent und kann deshalb nichts mehr verdecken.

Alles kein Problem, oder? Vielleicht doch, denn es kann sich manchmal als recht schwierig erweisen, die Objekte korrekt von hinten nach vorne zu zeichnen. Es reicht nämlich nicht, nur die ganzen Objekte zu sortieren, sondern für ein optimales Ergebnis ist es erforderlich, selbst die einzelnen Dreiecke von hinten nach vorne zu sortieren. In den meisten Fällen kann man diese Idee jedoch abhaken, da es zu langsam wäre, für jedes Frame eine neue Liste mit möglicherweise Tausenden von Dreiecken anzufertigen und diese zu sortieren. Da gibt es eine bessere Methode ...

> Bei vielen Objekten bietet es sich an, zuerst die Rückseite komplett zu zeichnen und dann die Vorderseite. Man rendert das Objekt also zweimal: einmal mit `D3DRS_CULLMODE` auf `D3DCULL_CW`, um die Vorderseite wegfallen zu lassen, und danach mit `D3DCULL_CCW`, um das Umgekehrte zu erreichen. Bei einer Kugel funktioniert diese Methode perfekt, und auch bei den meisten anderen Objekten bietet sie eine ausreichende Genauigkeit.

Wer noch weitergehen möchte, dem sei es erlaubt, jedes Dreieck in seine einzelnen Pixel zu zerlegen und diese in einer internen Liste von hinten nach vorne zu sortieren und sie dann einzeln zu zeichnen. Die Frage ist dann nur, ob man für die Ausführungsgeschwindigkeit besser die Einheit *Bilder pro Minute* oder *Bilder pro Stunde* verwendet ... „*Hey, meine Engine läuft mit 50 FPH!*"

2.10.2.4 Alpha-Testing

Es gibt noch eine weitere Technik im Zusammenhang mit Alpha-Blending, die sich *Alpha-Testing* nennt. Dabei kann man eine gewisse Bedingung aufstellen, die Anforderungen an den Alphawert eines Pixels stellt, der gezeichnet wird. Nur wenn diese Bedingung erfüllt ist, wird der Pixel tatsächlich gezeichnet. Ein Beispiel: Der Pixel soll nur dann gezeichnet werden, wenn sein Alphawert größer als 127 ist. Weiteres Beispiel: Nur dann zeichnen, wenn der Alphawert exakt 192 ist. Wenn man diese Bedingung dann in jedem Bild ein wenig verändert, kann man schöne animierte Effekte erzeugen. Außerdem wird die Performance erhöht, wenn man fast transparente Pixel weglässt, die sonst sowieso nicht oder kaum erkennbar wären.

Um Alpha-Testing zu aktivieren, setzen wir erst das Render-State `D3DRS_ALPHATESTENABLE` auf `TRUE`. Als Nächstes gilt es, die Bedingung für den Test aufzustellen, was mit `D3DRS_ALPHAFUNC` funktioniert. Dieses Render-State kann die Werte annehmen, die wir schon bei der Z-Buffer-Vergleichsfunktion (`D3DRS_ZFUNC`) kennen gelernt haben (`D3DCMP_LESS`, `D3DCMP_LESSEQUAL`, `D3DCMP_EQUAL`, `D3DCMP_NOTEQUAL` und so weiter). Während sich diese Vergleiche beim Z-Buffer jedoch auf den Z-Wert des bereits im Bildpuffer befindlichen Pixels beziehen, beziehen sie sich beim Alpha-Testing auf einen speziellen *Referenzwert*, der mit dem Render-State `D3DRS_ALPHAREF` gesetzt wird. Das folgende Beispiel bringt Direct3D dazu, nur diejenigen Pixel zu zeichnen, deren Alphawert größer oder gleich 200 ist:

2.10 Alpha-Blending

```
g_pD3DDevice->SetRenderState(D3DRS_ALPHATESTENABLE, TRUE);
g_pD3DDevice->SetRenderState(D3DRS_ALPHAFUNC,      D3DCMP_GREATEREQUAL);
g_pD3DDevice->SetRenderState(D3DRS_ALPHAREF,       200);
```

Listing 2.88 Anwendung des Alpha-Testings

2.10.3 Das Beispielprogramm

Dieses Mal wollen wir uns raus in den Weltraum begeben und ein kleines Planetensystem simulieren – ein Planetensystem, dessen Planeten durchsichtig sind (sagen wir einfach, sie bestünden aus extrem dünnem Gas). In der Mitte haben wir die Sonne, die wir wie die anderen Planeten mit einer Kugel zeichnen (X-Datei). Außerdem befindet sich bei der Sonne noch eine punktförmige Lichtquelle.

Das System besteht aus fünf Planeten, welche die Sonne jeweils auf unterschiedliche Weise umkreisen. Den Alphawert nimmt das Programm aus den Texturen, was bedeutet, dass wir D3DBLEND_SRCALPHA und D3DBLEND_INVSRCALPHA verwenden und ein paar Einstellungen vornehmen, damit Direct3D auf den Alphakanal der Texturen zugreift. Die Alphawerte wurden berechnet, indem das Bild in Graustufen umgewandelt wurde (Weiß: opak; Schwarz: transparent). Das Dateiformat DDS, das mit dem *DirectX Texture Tool* (das zum DirectX-SDK gehört) generiert werden kann, bietet Platz für einen Alphakanal.

Die Move-Funktion erhöht den globalen Zeitzähler, der danach verwendet wird, um die Position und Rotation jedes Planeten zu berechnen (mit ein paar schönen Sinus- und Kosinusfunktionen).

Die Render-Funktion zeichnet die Sonne, unter Anwendung eines kleinen Tricks: Um die Korona der Sonne zu simulieren, wird sie gleich mehrfach in verschiedenen Größen gezeichnet, wobei gilt: Je größer, desto transparenter. Dabei wird stets die Alphakomponente der Streufarbe des Materials der Sonne verändert. Jede dieser „Schichten" der Sonne dreht sich zusätzlich noch mit einer anderen Geschwindigkeit; das ruft einen Flimmereffekt hervor.

Die Entfernung jedes Planeten (auch der Sonne) zur Kamera wurde in der Move-Funktion berechnet, und nun verwendet das Programm die Funktion qsort aus der Standardbibliothek, um sie nach ihrer Entfernung zu sortieren. Dann zeichnet es sie der Reihe nach von hinten nach vorne mit aktiviertem Alpha-Blending (zuerst die Rückseiten, dann die Vorderseiten).

Zum „krönenden Abschluss" zeichnet das Programm noch ein *Sternenfeld*, das aus vielen zufällig berechneten Vertizes besteht, die von Direct3D als Punktliste (D3DPT_POINTLIST) interpretiert werden.

Abbildung 2.50 Die Sonne ist ein hervorragendes Beispiel dafür, welche Effekte mit Alpha-Blending erreicht werden können – sie sieht fast wie echt aus!

2.10.4 Rückblick

- Mit *Alpha-Blending* wird die Technik bezeichnet, die es ermöglicht, transparente Objekte darzustellen. Der so genannte *Alphawert* bestimmt dabei die *Opazität* (Undurchsichtigkeit) jeder Farbe. Bei der tbColor-Klasse heißt das Element für den Alphawert ganz einfach nur a oder fAlpha. Auch Texturen und andere Oberflächen können einen Alphakanal beinhalten (zum Beispiel Oberflächen des Formats D3DFMT_A8R8G8B8).
- Mit Alpha-Blending ist es notwendig, zuerst alle nicht transparenten Objekte zu zeichnen (auf normale Weise), dann das Schreiben in den Z-Buffer zu deaktivieren (D3DRS_ZWRITEENABLE auf FALSE setzen) und dann die transparenten Objekte *von hinten nach vorne* zu zeichnen. Culling sollte dabei deaktiviert werden, denn bei transparenten Objekten kann man sowohl die Vorder- als auch die Rückseite sehen. Die Rückseiten sollten vor den Vorderseiten gerendert werden.
- Bei aktiviertem Alpha-Blending (D3DRS_ALPHABLENDENABLE auf TRUE gesetzt) wird jeder neue zu zeichnende Pixel mit dem alten Pixel im Bildpuffer an dieser Stelle *kombiniert*, um den Transparenzeffekt zu erzielen. Beide Pixel erhalten dann einen *Blendfaktor*, der bestimmt, wie stark sie an der endgültigen Farbe beteiligt sind, die im Bildpuffer landet.
- Man kann selbst festlegen, auf welche Weise die Blendfaktoren berechnet werden, und zwar mit dem Render-State D3DRS_SRCBLEND für den Blendfaktor des neuen Pixels und D3DRS_DESTBLEND für den des alten Pixels im Bildpuffer.

- Das Render-State `D3DRS_BLENDOP` bestimmt, ob alter und neuer Pixel addiert, subtrahiert oder auf eine andere Weise verknüpft werden.
- Beim *Alpha-Testing* zeichnet die Grafikkarte nur die Pixel, deren Alphawert eine bestimmte Voraussetzung erfüllt (zum Beispiel größer als 100 zu sein). Sie schalten es mit `D3DRS_ALPHATESTENABLE` ein, setzen die Vergleichsfunktion mit `D3DRS_ALPHAFUNC` und den Referenzwert, mit dem der Alphawert jedes Pixels durch die Vergleichsfunktion verglichen wird, mit `D3DRS_ALPHAREF`.

2.10.5 Übungsaufgaben

1. Wie sähe ein Bild aus, auf dem ein rotes, ein grünes und ein blaues Dreieck mit Alpha-Blending (`D3DRS_SRCBLEND` und `D3DRS_DESTBLEND` auf `D3DBLEND_ONE` gesetzt, `D3DRS_BLENDOP` hat den Wert `D3DBLENDOP_ADD`) übereinander gerendert werden?
2. Wie müssten die Render-States `D3DRS_SRCBLEND`, `D3DRS_DESTBLEND` und `D3DRS_BLENDOP` gesetzt werden, um die Pixel *Alt* und *Neu* nach folgender Vorschrift kombinieren zu lassen?

    Ergebnis = $(1 - Alpha_{Alt}) \cdot Alt - Alpha_{Neu} \cdot Neu$
3. Gibt es eine Möglichkeit, verschiedene Blendfaktoren für die drei Farbkanäle der Pixel zu verwenden? Rot soll mit dem Faktor 0.5 (Byte-Schreibweise: 127), Grün mit 0.25 (63) und Blau mit 0.75 (191) geblendet werden.

    Tipp: Verwenden Sie `D3DBLEND_BLENDFACTOR`!
4. Verändern Sie (wieder einmal) das Würfel-Beispielprogramm, so dass die Würfel mit Alpha-Blending gerendert werden. Weisen Sie dabei jedem Vertex einen zufälligen Alphawert in seiner Farbe zu. Verwenden Sie Alpha-Testing, um alle Pixel mit einem Alphawert kleiner als 127 wegfallen zu lassen. Wie sieht das Ergebnis dann aus?

2.11 Multi-Texturing

2.11.1 Der theoretische Teil

Wie bei den anderen Techniken auch, wollen wir uns erst ansehen, wofür *Multi-Texturing* gut ist, und dann später besprechen, wie wir es unter Direct3D anwenden können.

2.11.1.1 Einsatzgebiet des Multi-Texturings

Programmierer: Hey, Grafiker! Ich brauche ein paar Texturen für Level 23, und zwar eine Mauer, die mit Pflanzen bewachsen ist. Die Mauer soll eine sehr hohe Auflösung haben – 1024 x 1024. Bei den Pflanzen, die Du drüber legst, ist es egal, Hauptsache ist, dass man sie ansatzweise erkennen kann. Dann brauche ich noch ein paar Mal die gleiche Mauer, aber mit anderen Pflanzen, insgesamt 50 Stück!

Grafiker: OK, das kann ich machen, aber Du weißt ja, dass die Dateien am Ende ziemlich groß sind?! In jede Datei muss die hochauflösende Mauer rein und dann noch die Kletterpflanzen drauf ... insgesamt wären das ungefähr – Moment – 200 MB an Daten!

Programmierer: Ach, ist egal ... wir schreiben einfach in die Systemvoraussetzungen, dass man eine Grafikkarte mit mindestens 256 MB RAM braucht!

Grafiker: Ha! Da habe ich eine bessere Idee ... scheinbar lebst Du noch in der Steinzeit – wir arbeiten doch mit DirectX 9, und soweit ich weiß, gibt es schon seit DirectX 6 eine Technik namens Multi-Texturing! Wenn wir das benutzen, kämen wir mit ungefähr 5 MB aus, wenn jede Pflanzentextur 64 x 64 Texel groß ist und 32 Bits pro Pixel hat, wie die Mauertextur auch!

Programmierer: Wow, nicht schlecht ... da hab ich wohl was verpennt!

Da hat er Recht, der Programmierer! *Multi-Texturing* ist eine Technik, die man in keinem Fall übersehen sollte. Mit ein bisschen Aufwand kann sie zu drastischen Qualitätssteigerungen und Einsparungen an Speicher und Arbeit des Grafikers führen, wie Sie bald sehen werden.

Multi-Texturing erlaubt es nämlich, gleich *mehrere* Texturen übereinander auf ein und dasselbe Dreieck zu legen. So bräuchte der Grafiker im oben gezeigten Fall nur einmal die hochauflösende Mauertextur zu erstellen und dann noch 50 kleine Pflanzentexturen. Beim Multi-Texturing müssen die einzelnen Texturen nämlich nicht dieselbe Auflösung haben, und so liegt der Rest der Arbeit beim Programmierer. Er aktiviert einfach beide Texturen, legt fest, wie diese miteinander verknüpft werden, und ist fertig. Alles Übrige erledigt der Prozessor der Grafikkarte, der beim Multi-Texturing natürlich ein bisschen mehr zu tun bekommt, als wenn er es nur mit einer einzigen Textur zu tun hat. Doch moderne Grafikkarten fordern einen Programmierer gerade dazu heraus, ausgiebig vom Multi-Texturing Gebrauch zu machen, da sie teilweise bis zu 16 Texturen gleichzeitig unterstützen. (Wer braucht schon so viele?!)

Aber auch ohne die Hardwareunterstützung von Multi-Texturing lässt sich der gewünschte Effekt erreichen: Bei der so genannten *Multi-Pass*-Technik (im Gegensatz zur *Single-Pass*-Technik) ist es nötig, alle mehrfach texturierten Dreiecke auch gleich mehrfach zu zeichnen: Immer mit einer anderen Textur und immer mit eingeschaltetem Alpha-Blending. Wir beschäftigen uns mit der Single-Pass-Technik, bei der jedes Dreieck nur *einmal* gezeichnet werden muss.

2.11.1.2 Das Grundprinzip

Erinnern Sie sich noch daran, dass wir bisher bei den Aufrufen der `SetTexture`- und `SetSamplerState`-Methoden als ersten Parameter immer 0 angegeben haben? Diese Null steht für die *Texturschicht* oder *Texturebene*, in Direct3D auch *Texture Stage* genannt. Indem man nun einfach weitere Texturschichten verwendet, kann man schon mit mehreren Texturen gleichzeitig arbeiten.

Dann gibt es noch die *Texturschicht-States*, die festlegen, wie genau die einzelnen Texturschichten miteinander verknüpft werden. Dabei hat man aber noch viel mehr Möglichkeiten als beim Alpha-Blending, wo wir uns auf einfache Verfahren wie Addition, Subtraktion, Minimum und Maximum beschränken mussten.

Beim Rendern der nächsten Dreiecke wird die Grafikkarte nun alle von uns gesetzten Texturen in der festgelegten Art und Weise miteinander verknüpfen – wenn die Anforderungen die Grenzen der Grafikkarte nicht übersteigen. Viele alte Karten unterstützen beispielsweise nur zwei Texturen gleichzeitig. Doch auch dafür gibt es einen Ausweg ...

Ein wichtiger Aspekt des Multi-Texturings fehlt noch: Sie werden vielleicht denken, dass alle Texturen dieselben Texturkoordinaten verwenden. Das ist aber nicht der Fall; in der Tat kann ein Vertex für *jede* Texturschicht ein Paar Texturkoordinaten enthalten. Damit könnte man zum Beispiel die erste Textur ganz normal abbilden, während die zweite rotiert wird und so weiter. Durch Verändern der Texturkoordinaten in Echtzeit sind so auch fantastische Animati-

2.11 Multi-Texturing

onen möglich; denken Sie zum Beispiel an ein blau leuchtendes Schutzschild, in dem man förmlich die energiegeladenen Partikel herumfliegen sieht! All das ist mit Multi-Texturing ohne Probleme möglich. Wir können Direct3D aber auch anweisen, zum Beispiel für die dritte Texturschicht die Texturkoordinaten der ersten Schicht zu verwenden, um so Speicher zu sparen, ein Paar Texturkoordinaten braucht schließlich 8 Bytes Speicher.

Ein weiteres berühmtes Beispiel für die Anwendung des Multi-Texturings sind die so genannten *Light-Maps*. Dies sind Texturen mit niedriger Auflösung, die man verwendet, um statische Lichter und Schatten auf Objekte – vor allem auf 3D-Welten (*Maps* bei *Ego-Shootern*) – zu legen. Das Spiel legt dann meistens für jedes Dreieck eine solche Light-Map an. Läge ein Dreieck direkt vor einer Lichtquelle, könnte man auf der Light-Map einen richtigen Lichtfleck sehen oder den Schatten eines anderen Teils des Raums, der dazwischen liegt. Ohne Multi-Texturing müsste man entweder mit Alpha-Blending arbeiten oder für jedes Dreieck seine „echte" Textur, die viel hochauflösender ist als eine Light-Map, verändern und separat abspeichern, und das würde so viel Speicher benötigen, dass man es wohl besser ganz sein ließe.

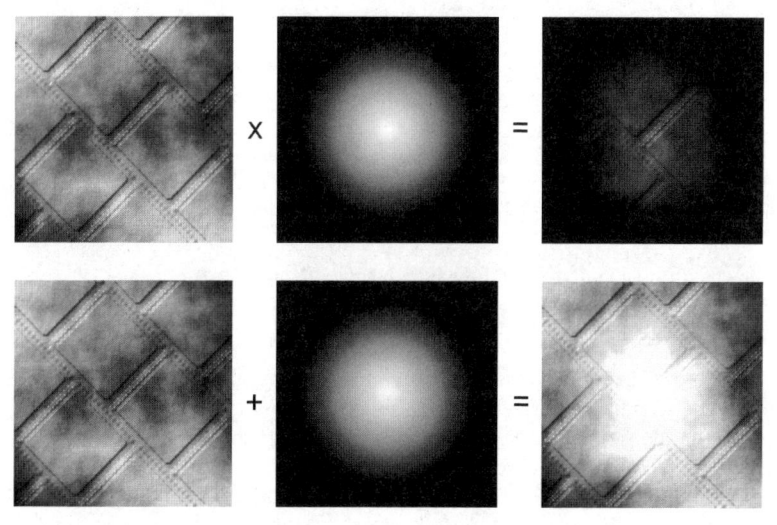

Abbildung 2.51 *Oben*: Multiplikation zweier Texturen; *unten*: Addition

2.11.1.3 Von Operatoren, Argumenten und Registern

Jede Texturschicht hat einen *Operator* und zwei oder drei *Argumente*. Die Argumente werden mit Hilfe des Operators (zum Beispiel Addition, Subtraktion, Multiplikation und so weiter) verknüpft, und das Ergebnis wird dann in ein spezielles *Zielregister* geschrieben, das von der nächsten Texturschicht wieder als Argument verwendet werden kann. Die durch den Operator verknüpften Argumente liegen bei Texturen immer zwischen 0 und 1 (Ausnahme: die neuen Fließkommatexturen in Direct3D 9). Es gibt auch Operatoren, die gar keine Rechnung durchführen, sondern als Ergebnis direkt das erste oder zweite Argument liefern.

Als Argument kann entweder ein Register, die Texturfarbe oder auch die Streufarbe (Vertex oder Material) dienen. Auch eine Konstante, die mit Hilfe eines Render-States gesetzt wird, kann als Argument für eine Operation dienen, um zum Beispiel eine Textur konstant aufzuhellen oder abzudunkeln.

Es gibt insgesamt *zwei* mögliche Zielregister: ein *temporäres Register*, das für diverse Zwischenspeicherungen genutzt werden kann, und das *Standardregister*. Den Wert, der am Ende im Standardregister liegt, verwendet Direct3D dann letztendlich, um die Farbe des zu zeichnenden Pixels zu ermitteln. Ein Register ist im Prinzip einfach nur eine Art von Variable, auf die der Grafikprozessor enorm schnell zugreifen kann. Das Standardregister wird ganz zu Beginn auf die Streufarbe gesetzt; wenn man gar keine Texturen verwendet, ist das Ergebnis auch immer nur die interpolierte Streufarbe der Vertizes oder die des verwendeten Materials.

In Wirklichkeit hat jede Texturschicht sogar *zwei* Operatoren und *sechs* Argumente, denn diese ganzen Dinge gibt es einmal für die *Farbkanäle* (Rot, Grün und Blau) und einmal für den *Alphakanal*, also den Alphakanal der Farbe. So kann es geschehen, dass die Farben und die Alphawerte völlig verschiedene Wege gehen. Man spricht von *Farbargumenten* (*Color Arguments*), *Farboperatoren* und *Alphaargumenten* und *Alphaoperatoren*. Das Zielregister kann *nicht* einzeln gesetzt werden.

Zugegeben: Auf den ersten Blick sieht das Ganze ziemlich kompliziert aus – das folgende Beispiel sollte aber ein wenig Klarheit schaffen:

Beispiel

1. Texturschicht:	*1. Farbargument*:	Streufarbe
	2. Farbargument:	Textur
	Farboperator:	Multiplizieren
	Zielregister:	Standardregister
2. Texturschicht:	*1. Farbargument*:	Standardregister
	2. Farbargument:	Textur
	Farboperator:	Addieren
	Zielregister:	Standardregister
3. Texturschicht:	*Farboperator*:	Texturschicht deaktivieren

Damit wird die endgültige Pixelfarbe mit folgender Gleichung berechnet:

Pixelfarbe = (*Streufarbe* · *Textur*$_1$) + *Textur*$_2$

Zuerst wird also die Farbe des Texels der ersten Textur mit der Streufarbe multipliziert (die interpolierte Vertex- oder die Materialfarbe), wie es so üblich und bei uns bisher auch immer so gewesen ist – es ist die Standardeinstellung, und dann wird das Ergebnis ins Standardregister geschrieben. Dessen Wert wird von der zweiten Texturschicht wieder aufgegriffen, und sie addiert noch die Farbe des Texels der zweiten Textur hinzu. Der Operator der dritten Texturschicht hat einen speziellen Wert, der Direct3D mitteilt, dass es hier zu Ende ist. Wie Sie sich vorstellen können, gibt es eine riesige Bandbreite von Effekten, die durch Multi-Texturing erreichbar sind.

2.11 Multi-Texturing

Farbe — Texturschicht 0: Argument 1, Argument 2, (Argument 3) → Operator
Texturschicht 1: Argument 1, Argument 2, (Argument 3) → Operator
...
Letzte Texturschicht: Argument 1, Argument 2, (Argument 3) → Operator

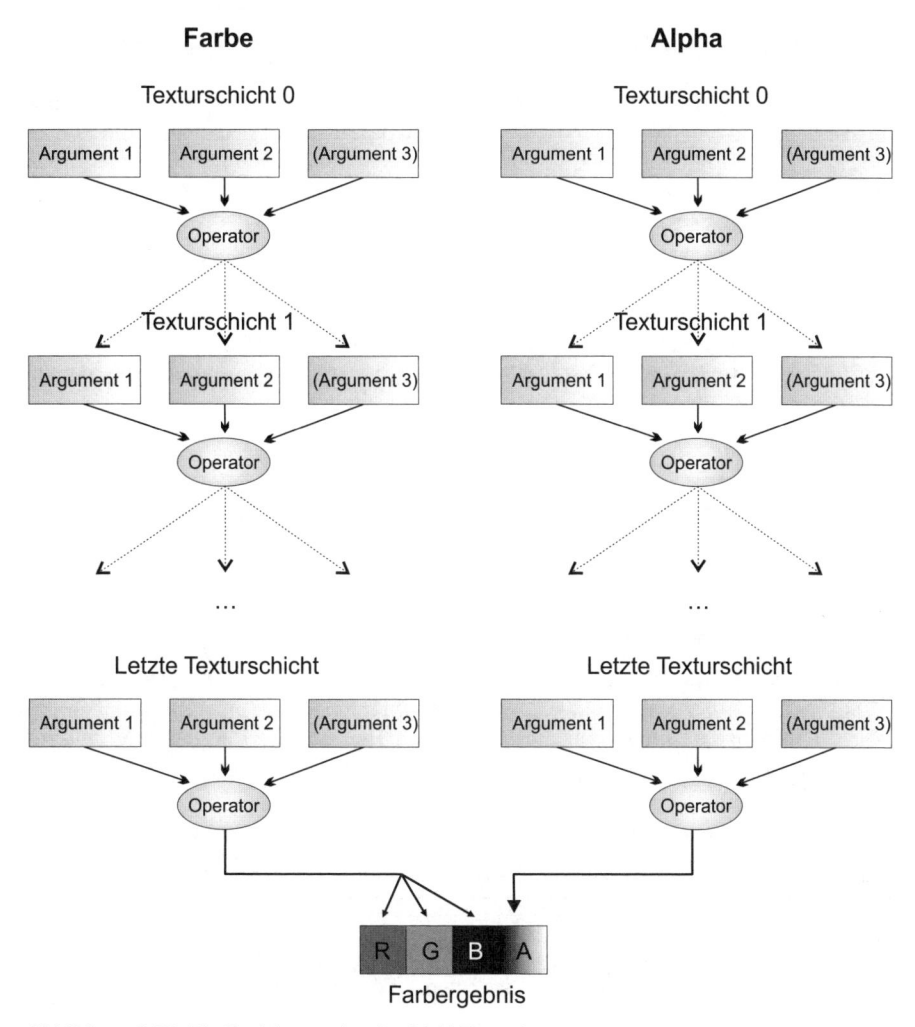

Alpha — Texturschicht 0: Argument 1, Argument 2, (Argument 3) → Operator
Texturschicht 1: Argument 1, Argument 2, (Argument 3) → Operator
...
Letzte Texturschicht: Argument 1, Argument 2, (Argument 3) → Operator

Farbergebnis: R G B A

Abbildung 2.52 Die Funktionsweise des Multi-Texturings

Den Alphakanal in Texturen verwenden

Einige Bilddateiformate wie zum Beispiel das TGA-Format bieten Platz für einen Alphakanal, der jedem Pixel einen Transparenzwert zuordnet. Damit dieser im Direct3D-Programm verwendbar wird, sind ein paar kleine Einstellungen in der entsprechenden Texturschicht notwendig: Normalerweise ist der Alphaoperator der ersten Texturschicht nämlich so gewählt, dass er einfach das erste Argument als Ergebnis liefert, und das erste Argument ist nicht etwa die Textur, sondern die Streufarbe. Das heißt, dass nur *deren* Alphawert zum Einsatz kommt und nicht der des aktuellen Texels. Um das zu ändern, setzt man den Alphaoperator der Texturschicht auf *Multiplizieren*, das erste Alphaargument auf *Streufarbe* und das zweite auf *Textur* (oder auch umgekehrt – bei einer Multiplikation ist das egal). So erreicht man, dass sowohl Textur- als auch Streufarbenalphawert zum Ergebnis beitragen (wie es auch bei den Farbkanälen der Fall ist).

2.11.2 Multi-Texturing anwenden

Genug Theorie! Alles, was wir tun müssen, um mit Multi-Texturing zu arbeiten, ist ganz einfach mehrere Texturen in verschiedene Texturschichten mit der `SetTexture`-Methode von `IDirect3DDevice9` einzusetzen. Danach kommen die Texturschicht-States und eventuell noch Sampler-States, um beispielsweise die Texturfilter einzustellen. Sampler-States wie `D3DSAMP_MINFILTER` oder `D3DSAMP_MAGFILTER` kennen wir bereits, aber wir kennen noch keine *Texturschicht*-States!

Sie beginnen alle mit „`D3DTSS_`", was für *Direct3D Texture Stage State* steht, und werden mit der Methode `IDirect3DDevice9::SetTextureStageState` gesetzt, wobei der erste Parameter die Texturschicht angibt (0: erste Schicht), der zweite das Texturschicht-State und der dritte den `DWORD`-Wert, auf den es gesetzt werden soll. `GetTextureStageState` funktioniert auf die gleiche Weise wie `GetSamplerState`.

In DirectX 8 und 8.1 gab es noch keine Trennung zwischen Sampler-States und Texturschicht-States, doch als es immer mehr wurden, entschied man sich dafür, diese durchaus sinnvolle Unterscheidung einzuführen. Während das Anwendungsgebiet der Texturschicht-States eindeutig hauptsächlich beim Multi-Texturing liegt, entscheiden die Sampler-States darüber, ob Texturfilter oder Ähnliches zum Einsatz kommen oder nicht.

2.11.2.1 Die Operatoren festlegen

Um den Operator einer Texturschicht zu bestimmen, setzen wir deren Texturschicht-State `D3DTSS_COLOROP` für den Farboperator und `D3DTSS_ALPHAOP` für den Alphaoperator auf den gewünschten Wert. Die meisten Operatoren greifen übrigens nur auf *zwei* Argumente zu. Nur einige wenige benötigen drei.

Tabelle 2.42 Mögliche Werte der Texturschicht-States `D3DTSS_COLOROP` und `D3DTSS_ALPHAOP`

Wert	Berechnung der Farbe beziehungsweise des Alphawerts
D3DTOP_DISABLE	Deaktiviert die Texturschicht und bringt Direct3D zum Abbruch der Berechnungen. Der derzeitige Wert des Standardregisters wird als endgültige Pixelfarbe verwendet. D3DTOP_DISABLE ist der Standardwert für alle Texturschichten außer der ersten.
D3DTOP_SELECTARG1	$Ergebnis = Argument_1$
D3DTOP_SELECTARG2	$Ergebnis = Argument_2$
D3DTOP_MODULATE	$Ergebnis = Argument_1 \cdot Argument_2$
D3DTOP_MODULATE2X	$Ergebnis = 2 \cdot Argument_1 \cdot Argument_2$
D3DTOP_MODULATE4X	$Ergebnis = 4 \cdot Argument_1 \cdot Argument_2$
D3DTOP_ADD	$Ergebnis = Argument_1 + Argument_2$
D3DTOP_ADDSIGNED	$Ergebnis = Argument_1 + Argument_2 - 0.5$
D3DTOP_ADDSIGNED2X	$Ergebnis = 2 \cdot (Argument_1 + Argument_2 - 0.5)$
D3DTOP_SUBTRACT	$Ergebnis = Argument_1 - Argument_2$
D3DTOP_ADDSMOOTH	$Ergebnis = (Argument_1 + Argument_2) - (Argument_1 \cdot Argument_2)$

2.11 Multi-Texturing

Wert	Berechnung der Farbe beziehungsweise des Alphawerts
D3DTOP_BLENDDIFFUSEALPHA, D3DTOP_BLENDTEXTUREALPHA, D3DTOP_BLENDFACTORALPHA	Interpoliert linear zwischen Argument 1 und 2. Der Interpolationswert, der zwischen 0 und 1 liegt (0: Argument 2; 1: Argument 1), wird entweder aus dem Alphawert der Streufarbe (DIFFUSEALPHA), dem Alphawert der Textur (TEXTUREALPHA) oder dem des Texturfaktors (FACTORALPHA), der durch das Render-State D3DRS_TEXTUREFACTOR gesetzt wird, genommen. $Ergebnis = (Argument_1 \cdot Faktor) + (Argument_2 \cdot (1 - Faktor))$ Der Wert von D3DRS_TEXTUREFACTOR ist ein DWORD-Wert, der von Direct3D als Farbe interpretiert wird. Bei BLENDFACTORALPHA wird jedoch nur der Alphawert dieser Farbe beachtet.
D3DTOP_DOTPRODUCT3	Das Ergebnis ist das *Punktprodukt* zwischen Argument 1 und Argument 2. Da es sich dabei natürlich um *Farben* und nicht um *Koordinaten* handelt, werden diese erst einmal verändert. Die rote Farbkomponente wird zur *x*-Vektorkomponente, Grün wird zu *y* und Blau wird zu *z*. Damit auch negative Vorzeichen möglich sind, wird der Wert 0.5 von Rot, Grün und Blau subtrahiert. Aus der Farbe Rot (1, 0, 0) wird dann schließlich der Vektor (0.5, –0.5, –0.5). Diesen Texturoperator kann man für einfaches *Bump-Mapping* verwenden, das die Oberfläche eines Objekts noch realistischer simulieren kann.
D3DTOP_MULTIPLYADD, D3DTOP_LERP	Diese beiden Operatoren sind für *drei* Argumente konzipiert und kommen eher selten zum Einsatz. D3DTOP_MULTIPLYADD: $Ergebnis = Argument_1 + (Argument_2 \cdot Argument_3)$ D3DTOP_LERP: Blendet linear zwischen Argument 1 und Argument 2, wobei Argument 3 als Interpolationswert dient. Bei 0 ist das Ergebnis gleich Argument 2, und bei einem Wert von 1 ist es gleich Argument 1. $Ergebnis = (Argument_1 \cdot Argument_3) + (Argument_2 \cdot (1 - Argument_3))$ Dieser Operator funktioniert genau wie die D3DTOP_BLEND...-Operatoren. Letzteren sollte jedoch immer der Vorzug gewährt werden, wenn es möglich ist.

2.11.2.2 Bestimmen der Argumente

Mit den drei Texturschicht-States D3DTSS_COLORARG1, D3DTSS_COLORARG2 und D3DTSS_COLORARG0 bestimmt man die drei Farbargumente. Die States D3DTSS_ALPHAARG1, D3DTSS_ALPHAARG2 und D3DTSS_ALPHAARG0 sind die Versionen für den Alphakanal. Hierbei sind D3DTSS_COLORARG0 und D3DTSS_ALPHAARG0 die dritten Argumente, die nur selten benötigt werden.

Tabelle 2.43 Mögliche Werte für Farb- und Alphaargumente

Wert	Beschreibung
D3DTA_CURRENT	Dies ist das Standardregister. In der ersten Texturschicht hat es den Wert der Streufarbe.
D3DTA_TEXTURE	(*nur lesen*) Liefert die Farbe der Textur an den aktuellen Texturkoordinaten unter Berücksichtigung der für diese Texturschicht gewählten Sampler-States.

Wert	Beschreibung
D3DTA_DIFFUSE	(*nur lesen*) Die Streufarbe, basierend auf Vertexfarben, Materialfarben, Beleuchtung, Nebel und so weiter – also die „echte" Farbe ohne jegliche Texturen. Auf diese Farbe haben jedoch noch die Beleuchtung, der Nebel, Alpha-Blending und weitere Effekte Einfluss.
D3DTA_SPECULAR	(*nur lesen*) Liefert die Glanzfarbe
D3DTA_TFACTOR	(*nur lesen*) Der Wert des Render-States D3DRS_TEXTUREFACTOR
D3DTA_TEMP	Das ist das temporäre Register. Dieses wird von der Hardware unterstützt, wenn das Flag D3DPMISCCAPS_TSSARGTEMP im Element PrimitiveMiscCaps der D3DCAPS9-Struktur gesetzt ist.
D3DTA_CONSTANT	(*nur lesen*) Der Wert des Texturschicht-States D3DTSS_CONSTANT der entsprechenden Texturschicht. Dies ist ein konstanter Wert, der für vielerlei Zwecke angewandt werden kann, zum Beispiel zum Abdunkeln oder Aufhellen einer Textur, indem man sie mit der Konstanten multipliziert. D3DTA_CONSTANT und D3DTSS_CONSTANT sind nur verfügbar, wenn das Flag D3DPMISCCAPS_PERSTAGECONSTANT im Element PrimitiveMiscCaps der D3DCAPS9-Struktur gesetzt ist. Sie sollten nur darauf zurückgreifen, wenn eine einzige Konstante (D3DRS_TEXTUREFACTOR und D3DTA_TFACTOR) nicht ausreichend ist.
D3DTA_COMPLEMENT	(*nur lesen*) Dieses Flag kann nicht einzeln angegeben werden, sondern Sie können es mit einem der anderen Flags mit dem „|"-Operator kombinieren. Wenn Sie das tun, wird nicht der tatsächliche Farbwert verwendet, sondern 1 minus den Farbwert (das ist das *Negativ* der Farbe).
D3DTA_ALPHAREPLICATE	(*nur lesen*) Kopiert die Alphawerte in alle Farbkanäle. Beispiel: Aus der Farbe (56, 78, 0, 127) wird (127, 127, 127, 127). Auch dieses Flag ist einzeln nicht einsetzbar.

Mit „(*nur lesen*)" bezeichnete Argumente können *nicht* als Zielregister dienen, sondern nur als Argument, wo nur ein Lesezugriff auf sie erfolgt.

Greifen wir noch einmal das Beispiel von vorhin auf. Folgender Quellcode bereitet alles vor:

```
// Erste und zweite Textur einsetzen
g_pD3DDevice->SetTexture(0, g_pTexture1);
g_pD3DDevice->SetTexture(1, g_pTexture2);

// Operatoren und Argumente für die erste Texturschicht einstellen.
// Die Streufarbe wird mit der Textur multipliziert. D3DTA_CURRENT ist zu Beginn
// auf die Streufarbe gesetzt.
g_pD3DDevice->SetTextureStageState(0, D3DTSS_COLORARG1, D3DTA_CURRENT);
g_pD3DDevice->SetTextureStageState(0, D3DTSS_COLORARG2, D3DTA_TEXTURE);
g_pD3DDevice->SetTextureStageState(0, D3DTSS_COLOROP,   D3DTOP_MODULATE);

// Nun die zweite Texturschicht. Die Textur wird zum Ergebnis der vorherigen
// Texturschicht addiert, welches in D3DTA_CURRENT gespeichert ist.
g_pD3DDevice->SetTextureStageState(1, D3DTSS_COLORARG1, D3DTA_CURRENT);
g_pD3DDevice->SetTextureStageState(1, D3DTSS_COLORARG2, D3DTA_TEXTURE);
g_pD3DDevice->SetTextureStageState(1, D3DTSS_COLOROP,   D3DTOP_ADD);
```

Listing 2.89 Ein Beispiel für Multi-Texturing

2.11.2.3 Das Zielregister

Nun noch zu guter Letzt die Festlegung des Zielregisters einer Texturschicht – diese erfolgt mit Hilfe des Texturschicht-States D3DTSS_RESULTARG. Sie können es entweder auf D3DTA_CURRENT setzen, um das Standardregister zu beschreiben, oder auf D3DTA_TEMP, um auf das temporäre Register zuzugreifen. Der Standardwert ist hierbei für alle Texturschichten

D3DTA_CURRENT. Sinnvollerweise setzt man das Zielregister der letzten aktivierten Texturschicht immer auf D3DTA_CURRENT, weil es sonst keine Wirkung hätte, da der Wert von D3DTA_CURRENT für die endgültige Pixelfarbe angezapft wird.

2.11.2.4 Maximale Texturanzahl prüfen

Man sollte immer vorsichtig sein, dass man nicht zu viele Texturen auf einmal verwendet, denn nicht jede Karte unterstützt mehr als zwei! Um die genaue Grenze herauszufinden, fragen Sie einfach die Variable MaxSimultaneousTextures der D3DCAPS9-Struktur ab.

2.11.3 Mehr über Texturkoordinaten

Es gibt noch ein paar höchst interessante und nützliche Dinge im Zusammenhang mit Texturkoordinaten zu lernen, die uns bei unserer späteren Arbeit mit Sicherheit helfen werden.

2.11.3.1 Mehr als zwei Texturkoordinatenpaare

Bei der Arbeit mit Multi-Texturing benötigt man oftmals individuelle Texturkoordinaten für jede Texturschicht. Bisher verwendeten wir für den FVF-Bezeichner der Vertizes immer ein Flag namens D3DFVF_TEX1, was Direct3D mitteilte, dass wir mit genau *einem* Paar Texturkoordinaten arbeiten. Ändern wir nun die Eins und schreiben beispielsweise eine Vier hin:

```
struct SVertex
{
    tbVector3 vPosition;        // Positionsangabe
    tbVector3 vNormal;          // Vertexnormalenvektor
    tbVector2 avTexture[4];     // Vier Paar Texturkoordinaten

    static const DWORD dwFVF;   // Vertexformat (statisch)
};
const DWORD SVertex::dwFVF = D3DFVF_XYZ | D3DFVF_NORMAL | D3DFVF_TEX4;
```

Listing 2.90 Ein Vertex mit vier Paar Texturkoordinaten

2.11.3.2 Die Texturkoordinatenquelle wählen

Weiterhin ist es uns möglich, für jede Texturschicht zu bestimmen, woher Direct3D die für sie erforderlichen Texturkoordinaten nimmt. Beispiel: Texturschicht 6 soll das dritte Koordinatenpaar in der Vertexstruktur verwenden, während Texturschicht 7 auf das erste zugreift. Dafür gibt es ein Texturschicht-State namens D3DTSS_TEXCOORDINDEX. An folgendem Beispiel wird klar, wie es zu gebrauchen ist:

```
// Die Texturschicht 6 (die Siebte) soll das dritte Texturkoordinatenpaar verwenden. Als
// Wert geben wir nicht 3 an, sondern 2. 0 ist also das erste Texturkoordinatenpaar.
g_pD3DDevice->SetTextureStageState(6, D3DTSS_TEXCOORDINDEX, 2);

// Die achte Texturschicht verwendet das erste Paar Texturkoordinaten.
g_pD3DDevice->SetTextureStageState(7, D3DTSS_TEXCOORDINDEX, 0);
```

Listing 2.91 Wahl der Texturkoordinatenquelle

2.11.3.3 Texturkoordinatentransformation

Kommen wir nun zu einem wirklich sehr interessanten Thema: Sie kennen bereits die Transformationspipeline, die jeder Vertex durchläuft. Sein Positions- und sein Normalenvektor werden dabei mit allen möglichen Matrizen (Weltmatrix, Sichtmatrix und Projektionsmatrix) transformiert, um schließlich auf den Bildschirm zu gelangen.

Aber nicht nur Positions- und Normalenvektor sind transformierbar, sondern auch die *Texturkoordinaten* – und zwar *einzeln* für jede Texturschicht! Das geschieht ebenfalls mit Matrizen. Anstelle von `D3DTS_WORLD`, `D3DTS_VIEW` und `D3DTS_PROJECTION` verwendet man hier `D3DTS_TEXTURE0` (erste Texturschicht), `D3DTS_TEXTURE1` (zweite Schicht) und so weiter.

Stellen Sie sich hierzu vor, wir wollten eine möglichst realistische Darstellung von Wolken am Himmel erreichen, und zwar mit Multi-Texturing. Wolken bestehen immer aus verschiedenen Schichten, die sich mit verschiedenen Geschwindigkeiten bewegen. Für jede Wolkenschicht benutzen wir genau eine Texturschicht. Die Texturen werden über eine Halbkugel (*Hemisphäre*) gespannt, und alle Texturschichten verwenden dieselben Texturkoordinaten. Für jede Texturschicht verwenden wir eine einfache *Translationsmatrix*, welche die Texturkoordinaten verschiebt. In jedem Bild werden diese Matrizen geändert – und zwar *unterschiedlich schnell*, um eine unabhängige Bewegung jeder einzelnen Texturschicht zu erreichen.

Und das Ganze hat noch einen riesigen Vorteil: Man kann die Texturkoordinaten *in Echtzeit* animieren, *ohne* beispielsweise einen Vertex-Buffer sperren und dann jeden Vertex mühsam einzeln ändern zu müssen – eine enorme Zeiteinsparung!

Koordinatengröße angeben

Bevor die Texturkoordinatentransformation funktionieren kann, muss Direct3D mitgeteilt werden, wie viele Koordinatenwerte es transformieren soll. Bei Texturkoordinaten sind dies für gewöhnlich zwei. Dann setzt man das Texturschicht-State `D3DTSS_TEXTURETRANSFORMFLAGS` auf den Wert `D3DTTFF_COUNT2`. Der Standardwert ist bei jeder Schicht `D3DTTFF_DISABLE`. Direct3D beachtet dann die eventuell von uns angegebenen Texturmatrizen gar nicht, und die unveränderten Texturkoordinaten gelangen direkt zum Rasterizer, wo sie zum Zeichnen verwendet werden.

Umwandeln einer Matrix

Da Texturkoordinaten für gewöhnlich *zweidimensional* sind, eignen sich 4x4-Matrizen nicht sehr gut, um sie zu transformieren – sie sind für *dreidimensionale* Vektoren ausgerichtet. Um eine 3D-Transformationsmatrix in eine 2D-Transformationsmatrix umzuwandeln, verwenden wir die TriBase-Funktion `tbMatrixToTex2DMatrix`. Sie liefert die 2D-Version der ihr als Parameter angegebenen Matrix, die zwar immer noch vier Reihen und vier Spalten hat, sich aber für die Texturkoordinatentransformation eignet. Im Prinzip ist es eine 3x3-Matrix, die nur in eine 4x4-Matrix verpackt wurde.

$$\begin{bmatrix} a & b & c & d \\ e & f & g & h \\ i & j & k & l \\ m & n & o & p \end{bmatrix} \rightarrow \begin{bmatrix} a & b & d & 0 \\ e & f & h & 0 \\ m & n & p & 0 \\ 0 & 0 & 0 & 1 \end{bmatrix}$$

Das folgende Listing generiert basierend auf einem globalen Zeitzähler (`g_fTime`) verschiedene Transformationsmatrizen für drei Texturschichten.

2.11 Multi-Texturing

```
// 2D-Texturkoordinatentransformation auf allen drei Texturschichten aktivieren
g_pD3DDevice->SetTextureStageState(0, D3DTSS_TEXTURETRAMSFORMFLAGS, D3DTTFF_COUNT2);
g_pD3DDevice->SetTextureStageState(1, D3DTSS_TEXTURETRAMSFORMFLAGS, D3DTTFF_COUNT2);
g_pD3DDevice->SetTextureStageState(2, D3DTSS_TEXTURETRAMSFORMFLAGS, D3DTTFF_COUNT2);

// Die erste Schicht soll sich mit einer Einheit pro Sekunde nach rechts bewegen.
tbMatrix mTransformation(tbMatrixTranslation(tbVector3(g_fTime, 0.0f, 0.0f)));
mTransformation = tbMatrixToTex2DMatrix(mTransformation);
g_pD3DDevice->SetTransform(D3DTS_TEXTURE0, (D3DMATRIX*)(&mTransformation));

// Die zweite Schicht bewegt sich nach oben und dreht sich zusätzlich noch langsam
// um die z-Achse. Dadurch werden nur die x- und y-Komponenten der
// Texturkoordinaten beeinflusst, eine dritte Komponente gibt es ja auch nicht.
mTransformation = tbMatrixRotationZ(g_fTime * 0.5f);
mTransformation *= tbMatrixTranslation(tbVector3(0.0f, g_fTime * 0.75f, 0.0f));
mTransformation = tbMatrixToTex2DMatrix(mTransformation);
g_pD3DDevice->SetTransform(D3DTS_TEXTURE1, (D3DMATRIX*)(&mTransformation));

// Die dritte Schicht soll sich nach links unten bewegen und dabei langsam
// pulsieren (größer und wieder kleiner werden), was durch eine Skalierung
// erreicht wird. Als Parameter dient eine Sinusfunktion.
mTransformation = tbMatrixScaling(tbVector3(1.0f + sinf(g_fTime) * 0.25f));
mTransformation *= tbMatrixTranslation(tbVector3(-g_fTime, -g_fTime, 0.0f));
mTransformation = tbMatrixToTex2DMatrix(mTransformation);
g_pD3DDevice->SetTransform(D3DTS_TEXTURE2, (D3DMATRIX*)(&mTransformation));
```

Listing 2.92 Drei sich verschieden bewegende Texturschichten

Beachten Sie, dass Begriffe wie *oben*, *unten*, *rechts* oder *links* bei Texturkoordinaten immer relativ zum Texturursprung sind und später auf dem Bildschirm ganz andere Bedeutungen haben können. Wenn Sie eine Textur wie im Beispiel nach „rechts" bewegen, sich diese Textur aber auf einem um 90° gedrehten Dreieck befindet, dann ändert sich natürlich letztendlich die Bewegungsrichtung.

2.11.4 Das Beispielprogramm

Wie immer erwartet uns auch am Ende dieses Unterkapitels ein kleines Beispielprogramm. Diesmal werden zwölf sich drehende Würfel (aus einer X-Datei) auf dem Bildschirm dargestellt, und jeder dieser Würfel kombiniert zwei Texturen auf eine andere Weise. Das folgende Listing zeigt die Funktion SetupCube, welche die Texturschicht-States für einen bestimmten Würfel setzt (Parameter iCube). Der Würfel links oben hat die Nummer 1, rechts oben ist die 3, links in der zweiten Zeile ist Nummer 4, und rechts unten ist der letzte Würfel mit der Nummer 12 (siehe Abbildung).

```
// Diese Funktion aktiviert die Multi-Texturing-Einstellungen für einen Würfel.
tbResult SetupCube(int iCube)
{
    // Zuerst die beiden Texturen einsetzen
    g_pD3DDevice->SetTexture(0, g_apTexture[0]);
    g_pD3DDevice->SetTexture(1, g_apTexture[1]);

    // Standardeinstellungen: Streufarbe aus Material mit Textur multiplizieren
    g_pD3DDevice->SetTextureStageState(0, D3DTSS_COLOROP,   D3DTOP_MODULATE);
    g_pD3DDevice->SetTextureStageState(0, D3DTSS_COLORARG1, D3DTA_CURRENT);
    g_pD3DDevice->SetTextureStageState(0, D3DTSS_COLORARG2, D3DTA_TEXTURE);
```

```cpp
    // Die zweite Texturschicht verknüpft das Ergebnis der ersten Schicht mit der
    // zweiten Textur. Lediglich der Operator steht noch nicht fest.
    g_pD3DDevice->SetTextureStageState(1, D3DTSS_COLORARG1, D3DTA_CURRENT);
    g_pD3DDevice->SetTextureStageState(1, D3DTSS_COLORARG2, D3DTA_TEXTURE);

    // Die zweite Texturschicht benutzt die Texturkoordinaten der ersten.
    g_pD3DDevice->SetTextureStageState(1, D3DTSS_TEXCOORDINDEX, 0);

    // Je nach Würfel verschiedene Multi-Texturing-Effekte einstellen
    switch(iCube + 1) {
    case 1: // Arg1 * Arg2
        g_pD3DDevice->SetTextureStageState(1, D3DTSS_COLOROP, D3DTOP_MODULATE); break;

    case 2: // 2 * Arg1 * Arg2
        g_pD3DDevice->SetTextureStageState(1, D3DTSS_COLOROP, D3DTOP_MODULATE2X); break;

    case 3: // 4 * Arg1 * Arg2
        g_pD3DDevice->SetTextureStageState(1, D3DTSS_COLOROP, D3DTOP_MODULATE4X); break;

    case 4: // Arg1 + Arg2
        g_pD3DDevice->SetTextureStageState(1, D3DTSS_COLOROP, D3DTOP_ADD); break;

    case 5: // Arg1 - Arg2
        g_pD3DDevice->SetTextureStageState(1, D3DTSS_COLOROP, D3DTOP_SUBTRACT); break;

    case 6: // Die beiden Texturen subtrahieren, aber umgekehrt
        g_pD3DDevice->SetTextureStageState(1, D3DTSS_COLORARG1, D3DTA_TEXTURE);
        g_pD3DDevice->SetTextureStageState(1, D3DTSS_COLORARG2, D3DTA_CURRENT);
        g_pD3DDevice->SetTextureStageState(1, D3DTSS_COLOROP,   D3DTOP_SUBTRACT);
        break;

    case 7: // Arg1 + Arg2 - 0.5
        g_pD3DDevice->SetTextureStageState(1, D3DTSS_COLOROP, D3DTOP_ADDSIGNED); break;

    case 8: // 2 * (Arg1 + Arg2 - 0.5)
        g_pD3DDevice->SetTextureStageState(1, D3DTSS_COLOROP, D3DTOP_ADDSIGNED2X); break;

    case 9: // (Arg1 + Arg2) - (Arg1 * Arg2)
        g_pD3DDevice->SetTextureStageState(1, D3DTSS_COLOROP, D3DTOP_ADDSMOOTH); break;

    case 10: // (Arg1 * Faktor) + (Arg2 * (1 - Faktor)); Der Faktor verändert sich mit der
             // Zeit. Es wird immer zwischen Textur 1 und Textur 2 hin- und hergeblendet.
        g_pD3DDevice->SetRenderState(D3DRS_TEXTUREFACTOR,
                                    (DWORD)(127.0f + sinf(g_fTime)*127.0f) << 24);
        g_pD3DDevice->SetTextureStageState(1, D3DTSS_COLOROP, D3DTOP_BLENDFACTORALPHA);
        break;

    case 11: // Punktprodukt
        g_pD3DDevice->SetTextureStageState(1, D3DTSS_COLOROP, D3DTOP_DOTPRODUCT3); break;

    case 12: // Die zweite Texturschicht deaktivieren
        g_pD3DDevice->SetTextureStageState(1, D3DTSS_COLOROP, D3DTOP_DISABLE); break;
    }

    return TB_OK;
}
```

Listing 2.93 Diese Funktion wird vor dem Zeichnen jedes Würfels einmal aufgerufen.

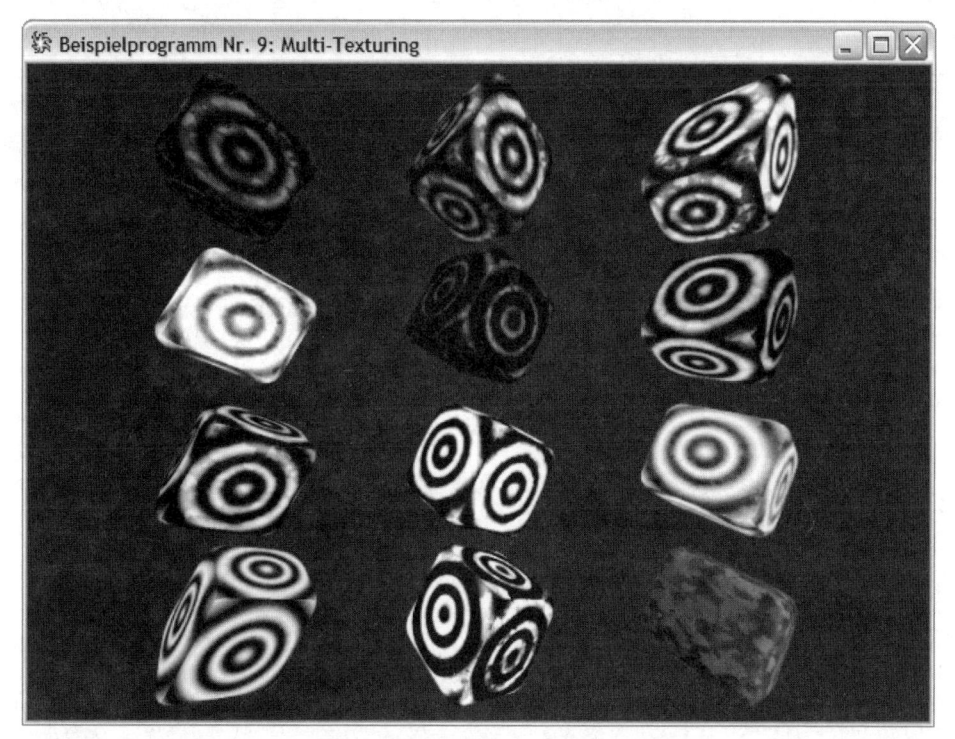

Abbildung 2.53 Zwölf Würfel mit Multi-Texturing und Texturkoordinatentransformation

2.11.5 Rückblick

In diesem Kapitel wurden Sie mit vielen neuen Dingen konfrontiert, hier noch einmal die wichtigsten Sachen kurz zusammengefasst:

- *Multi-Texturing* erlaubt es uns, gleich mehrere Texturen auf ein einziges Dreieck zu packen. Das hat viele Vorteile: Neben eventuellen Speichereinsparungen lassen sich damit hervorragende grafische Effekte (Wasser, Wolken, Feuer, Energiefelder) simulieren.
- *Texturschicht-States* funktionieren ähnlich wie Sampler-States und werden für jede Texturschicht individuell gesetzt. Ihr Hauptzweck liegt darin, zu bestimmen, wie genau die ganzen gleichzeitig aktivierten Texturen übereinander gelegt werden.
- In jeder Texturschicht werden zwei oder drei Farben (*Argumente*) frei wählbarer Quelle durch einen von vielen verschiedenen *Operatoren* verknüpft. Dadurch wird eine große Anzahl von Möglichkeiten angeboten, die uns große Kontrolle über den Multi-Texturing-Prozess gibt. So können wir beispielsweise bestimmen, dass die zweite Textur zur ersten *addiert* wird und das Ergebnis als Argument (Operand) für die nächste Texturschicht dient. Die Farbkanäle und der Alphakanal werden getrennt behandelt, und wir können ihnen auch individuelle Operatoren und Argumente zuordnen.
- Es ist möglich, in einer Vertexstruktur Texturkoordinaten für mehrere Texturschichten anzugeben. Dazu ersetzen wir das Flag D3DFVF_TEX1 durch D3DFVF_TEX2 (für zwei Texturkoordinatenpaare) oder einen beliebigen anderen Wert für noch mehr Koordinatenpaare (D3DFVF_TEX5 macht beispielsweise Platz für fünf Stück). In der Vertexstruktur liegen alle Texturkoordinaten direkt hintereinander.

- Direct3D erlaubt die manuelle Auswahl der Texturkoordinatenquelle für jede Texturschicht. Man kann zum Beispiel erreichen, dass Direct3D für die *dritte* Texturschicht das *erste* Paar Texturkoordinaten in der Vertexstruktur verwendet.
- Die *Texturkoordinatentransformation* eignet sich hervorragend für viele verschiedene Effekte, wenn es darum geht, Texturkoordinaten *in Echtzeit* zu verändern, *ohne* die aufwändige Sperrung eines Vertex-Buffers! Dazu können wir neben den gewöhnlichen Transformationsmatrizen (`D3DTS_WORLD`, `D3DTS_VIEW` und `D3DTS_PROJECTION`) noch weitere Matrizen einsetzen: und zwar eine für jede Texturschicht (`D3DTS_TEXTURE0`, `D3DTS_TEXTURE1` und so weiter). Die Texturkoordinatentransformation muss zuvor mit dem Texturschicht-State `D3DTSS_TEXTURETRANSFORMFLAGS` aktiviert worden sein. 2D-Texturmatrizen unterscheiden sich von gewöhnlichen Transformationsmatrizen, wie wir sie für 3D-Geometrie verwenden. Benutzen Sie die TriBase-Funktion `tbMatrixToTex2DMatrix`, um eine 3D-Transformationsmatrix in eine Texturtransformationsmatrix umzuwandeln.

2.11.6 Übungsaufgaben

1. Wie müssen die Texturschicht-States gesetzt werden, um die endgültige Pixelfarbe wie folgt mit möglichst wenigen Texturschichten zu berechnen?
   a) *Pixelfarbe* = $Textur_1 + Textur_2$
   b) *Pixelfarbe* = $(Streufarbe + Textur_1) \cdot Textur_2$
   c) *Pixelfarbe* = $(Textur_1 \cdot Textur_1) \cdot (4 \cdot Streufarbe \cdot Textur_2)$
   d) *Pixelfarbe* = $(4 \cdot Textur_1) \cdot Alpha_{Streufarbe} + (Textur_2 \cdot Streufarbe) \cdot (1 - Alpha_{Streufarbe})$
   e) *Pixelfarbe* = $(Textur_1 \cdot Streufarbe) \cdot Glanzfarbe + (Textur_2 \cdot Textur_2) \cdot (1 - Glanzfarbe)$
   f) *Pixelfarbe* = $(4 \cdot Streufarbe \cdot Streufarbe) + (2 \cdot Textur_1 \cdot Textur_1)$

   Tipp: Bei Multiplikationen mit dem Faktor 2 oder 4 verwenden Sie die Operatoren `D3DTOP_MODULATE2X` beziehungsweise `D3DTOP_MODULATE4X`! Beachten Sie auch, dass es manchmal nötig ist, das temporäre Register für Zwischenrechnungen zu benutzen!

2. Worin besteht der genaue Unterschied zwischen den Texturschicht-States `D3DTSS_COLOROP` und `D3DTSS_ALPHAOP` beziehungsweise `D3DTSS_COLORARG1(2/3)` und `D3DTSS_ALPHAARG1(2/3)`?

3. Verändern Sie eines der vorherigen Beispielprogramme so, dass zwei Texturen addiert werden, wobei sich die erste Textur ständig auf der *x*-Achse verschiebt und die zweite sich dreht.

   Tipp: Verwenden Sie zwei Matrizen (eine Translationsmatrix, eine Rotationsmatrix für Rotation um die *z*-Achse), die Sie als Texturkoordinatentransformationsmatrix einsetzen. Das Umwandeln der Matrizen nicht vergessen!

2.12 Exotische Texturformen

Vielleicht haben Sie gedacht, Sie wüssten jetzt alles Wissenswerte über Texturen – doch weit gefehlt! Was wir bisher verwendet haben, bezeichnen wir von nun an als *Standardtexturen*. Wie dieser Begriff und auch die Kapitelüberschrift vermuten lassen, gibt es demnach auch noch andere Texturen, die eben *nicht* der Standard sind.

2.12.1 Volumentexturen

Schon oft habe ich in diesem Buch davon gesprochen, dass Texturen *normalerweise* zweidimensional sind. Nun – *Volumentexturen* sind dies nicht, wie ihr Name bereits verrät, sie sind nämlich *dreidimensional*. Das ist eigentlich auch der einzige Unterschied zu normalen Texturen.

2.12.1.1 Größe und Koordinaten

Die Größe einer Volumentextur gibt man ebenfalls mit Pixeln beziehungsweise Texeln an. Das Koordinatensystem ist hier jedoch ein wenig anders, als man es vielleicht erwarten würde. Wir gehen von einer zweidimensionalen Textur aus, die vor uns auf dem Boden liegt. Nun hat die linke hintere Ecke (an der Seite, die weiter von uns entfernt ist), die Koordinaten (0, 0). Die rechte hintere Ecke liegt bei (1, 0) und so weiter.

Bei einer Volumentextur erweitern wir die flache Textur nun zu einem Quader, sie bekommt also zusätzlich zu einer *Breite* und einer *Höhe* noch eine *Tiefe*. Diese neue dritte Achse bezeichnen wir als *w*-Achse, die *u*- und *v*-Achse kennen Sie noch von zweidimensionalen Texturen.

Man kann sich eine Volumentextur auch wie einen Stapel normaler Texturen vorstellen. Eine Textur der Größe 256 x 256 x 32 könnten wir zum Beispiel in 32 Texturen der Größe 256 x 256 zerlegen.

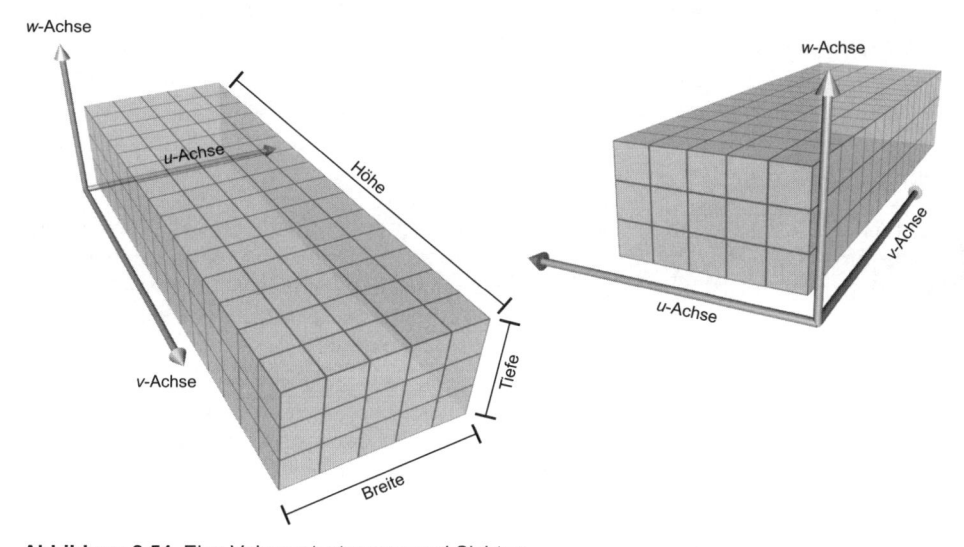

Abbildung 2.54 Eine Volumentextur aus zwei Sichten

Die Vertexstruktur braucht nun natürlich einen dreidimensionalen Vektor für die Texturkoordinaten. Die Klasse tbVector3 eignet sich da gut – sie hat neben den Elementen x, y und z ja auch u, v und w (sie teilen sich den selben Speicherbereich). Doch wie machen wir Direct3D klar, dass es von nun an dreidimensionale Texturkoordinaten erwarten soll? Dafür gibt es einige kleine Makros, die wir in den FVF-Bezeichner einfügen. Sie beginnen alle mit D3DFVF_TEXCOORDSIZE. Danach folgt eine Zahl, die angibt, wie viele float-Werte für die Texturkoordinaten gebraucht werden (bei Volumentexturen sind es 3). Dann folgt in Klammern die Nummer der Texturschicht (0 ist die erste), auf die sich diese Angabe bezieht. Das folgende Beispiel deklariert eine Vertexstruktur mit Texturkoordinaten für zwei Texturschichten, wobei die ersten Koordinaten *zwei-* und die zweiten *dreidimensional* sind:

```
struct SVertex
{
    tbVector3 vPosition;     // Positionsangabe
    tbVector3 vNormal;       // Normalenvektor

    tbVector2 vTexture0;     // 2D-Texturkoordinaten für die erste Schicht
    tbVector3 vTexture1;     // 3D-Texturkoordinaten für die zweite Schicht

    static const DWORD dwFVF; // Vertexformat (statisch)
};

const DWORD SVertex::dwFVF = D3DFVF_XYZ | D3DFVF_NORMAL | D3DFVF_TEX2 |
                             D3DFVF_TEXCOORDSIZE2(0) | // Erste Schicht: 2D
                             D3DFVF_TEXCOORDSIZE3(1); // Zweite Schicht: 3D
```

Listing 2.94 Ein Vertexformat mit mehreren Texturkoordinaten von unterschiedlichen Dimensionen

2.12.1.2 Sonstige Eigenschaften

Volumentexturen können gefiltert werden – genau wie Standardtexturen auch. Die Filterung findet hier natürlich *dreidimensional* statt. Auch können wir MIP-Maps einer Volumentextur erzeugen, wobei jede MIP-Map auf allen Achsen halb so groß ist wie ihr „Vorgänger". Man sollte es damit aber nicht übertreiben, da Volumentexturen schon eine beträchtliche Menge an Speicher brauchen. Ein Beispiel: Bei einer Textur der Größe 256 x 256 x 256 vom Format D3DFMT_A8R8G8B8 (4 Bytes pro Texel) sind schon satte 64 MB (!!!) nötig!

Volumentexturen werden von so gut wie allen modernen Grafikkarten unterstützt, doch bei den meisten älteren Modellen muss man wohl oder übel auf sie verzichten.

2.12.1.3 Die Schnittstelle

Die Texturen, die wir bisher verwendeten, waren immer vom Typ IDirect3DTexture9. Die Schnittstelle für Volumentexturen heißt IDirect3DVolumeTexture9. Beide Schnittstellen sind von der Basisschnittstelle IDirect3DBaseTexture9 abgeleitet, und genau diesen Typ von Schnittstelle erwartet auch die Methode IDirect3DDevice9::SetTexture. Das heißt, dass wir Volumentexturen genauso aktivieren können wie Standardtexturen.

Um Angaben wie Format der Textur oder ihre Größe herauszufinden, rufen wir die Methode GetVolumeLevel der IDirect3DVolumeTexture9-Schnittstelle auf. Der erste Parameter ist die MIP-Map-Ebene, die wir gerne abfragen möchten (0 ist die Textur in Originalgröße), und im zweiten Parameter geben wir einen Zeiger auf eine IDirect3DVolume9-Schnittstelle an, die Direct3D füllen soll. Nun noch ein Aufruf der Methode GetDesc auf dieser neuen Schnittstelle, und wir haben eine ausgefüllte Struktur vom Typ D3DVOLUME_DESC, die alle Informationen über die Volumentextur bereithält. D3DVOLUME_DESC ist vergleichbar mit D3DSURFACE_DESC.

2.12.1.4 Wozu braucht man Volumentexturen?

Im Gegensatz zu zweidimensionalen Texturen gibt es kein Objekt, das eine Volumentextur komplett darstellen könnte (außer vielleicht ein Würfel, der aus vielen kleinen mit Alpha-Blending gezeichneten Punkten besteht). Daher erscheinen Volumentexturen auf den ersten Blick nicht besonders sinnvoll. Doch beschäftigt man sich genauer mit ihnen, stellt man fest, dass man sie hervorragend für den einen oder anderen Grafikeffekt gebrauchen kann:

- **Landschaften:** Man verwendet eine Volumentextur, um die verschiedenen Texturen einer Landschaft für bestimmte Höhenbereiche zu speichern (unten Gras, weiter oben etwas Gestein und ganz oben Schnee). Diese Landschaften könnten dann in Echtzeit verändert werden, was bei der Verwendung einer zweidimensionalen Karte nicht so ohne weiteres möglich wäre.

- **Animationen:** Eine Volumentextur beinhaltet in jeder ihrer aufeinander gestapelten „Schichten" ein einziges Bild der Animation (zum Beispiel eine Explosion). Nehmen wir einmal an, dass die Animation auf einem Viereck (also auf zwei Dreiecken) abgespielt wird. Dann verändert man einfach in jedem Bild die *w*-Texturkoordinate der Vertizes dieses Vierecks. Die *w*-Texturkoordinate spielt dann sozusagen die Rolle der „Zeitachse" – je größer sie ist, desto weiter ist die Animation dort schon abgelaufen. Das Tolle dabei ist, dass ganz automatisch mit den Texturfiltern zwischen zwei Bildern der Animation *interpoliert* wird. Wenn die Textur zum Beispiel nur zwei Texel hoch ist (die Animation also nur zwei Bilder hat) und wir verwenden als *w*-Texturkoordinate den Wert 0.5, dann wird das Ergebnis genau zwischen dem ersten und dem zweiten Bild der Animation liegen. Auf diese Weise kann man einige Bilder sparen, denn es besteht nicht die Gefahr, dass die Animation zu „ruckelig" abläuft.

- **Licht und Schatten:** Dieser Effekt funktioniert sehr gut bei Ego-Shootern oder ähnlichen Spielen mit begrenzter Bewegungsfreiheit (also recht kleinen Welten). Eine große Volumentextur wird über *alles* gelegt, was gezeichnet wird. Die Texturkoordinaten berechnen wir dabei automatisch anhand der Position der Vertizes. Was die Volumentextur beinhaltet, ist eine große dreidimensionale Karte, die Informationen über Licht und Schatten für *jeden* Ort im Level beinhaltet. Diese Informationen können im Voraus recht leicht berechnet werden (Ray-Tracing). Das funktioniert natürlich nur bei Lichtquellen und Objekten, die *statisch*, also nicht veränderlich sind. Diese Technik könnte vielleicht eines Tages die gewöhnlichen Light-Maps ablösen, wenn die Grafikkarten mit genügend Speicher ausgestattet sind, um sich so große Texturen zu „merken". Um den Speicherbedarf zu reduzieren, könnte man auf andere Oberflächenformate zurückgreifen wie zum Beispiel D3DFMT_R5G6B5 (16 Bits pro Bildpunkt) oder *komprimierte Texturen* verwenden.

Wie Sie sehen, sind Volumentexturen eine großartige Bereicherung in vielen Bereichen der Spieleprogrammierung.

2.12.1.5 Herstellung und der Ladevorgang

Das *DirectX Texture Tool* verwenden

Mir ist kein Standardbilddateiformat bekannt, das dreidimensionale Daten speichert, Ihnen wahrscheinlich auch nicht. Es gäbe die Möglichkeit, eine Volumentextur aus mehreren zweidimensionalen Bilddateien zu erstellen, aber das wäre ein wenig umständlich. Daher werden wir einfach auf das DDS-Format zurückgreifen. Dieses Format ist ein spezielles DirectX-Dateiformat, das von den D3DX-Funktionen zum Laden von Texturen und Bildern gelesen werden kann. Es unterstützt die verschiedensten Texturtypen: ob 32 Bits, 16 Bits, 8 Bits, komprimierte Daten – ob mit MIP-Maps oder ohne! Fast alles ist möglich, auch Volumentexturen.

Das Programm namens *DirectX Texture Tool* gehört zum DirectX-SDK und erlaubt die Erstellung beziehungsweise die Bearbeitung solcher DDS-Dateien. Sie finden es im Startmenü unter MICROSOFT DIRECTX 9.0 SDK ⇨ DIRECTX UTILITIES ⇨ DIRECTX TEXTURE TOOL.

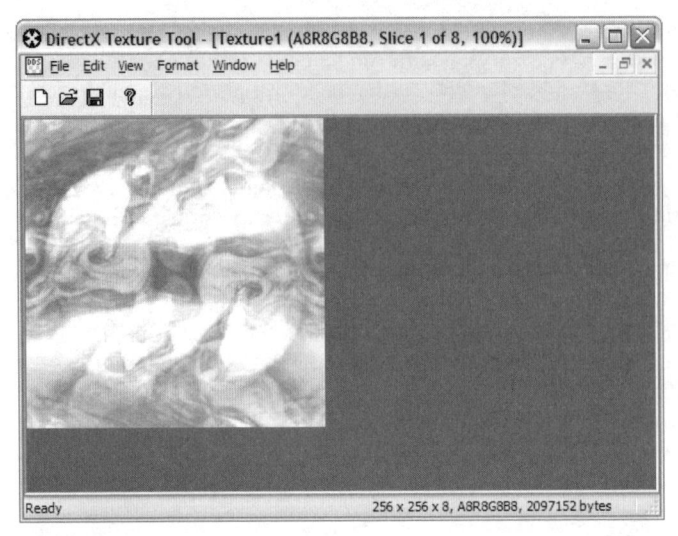

Abbildung 2.55 Das *DirectX Texture Tool*

Klicken Sie auf FILE ⇨ NEW TEXTURE. Im erscheinenden Dialogfenster wählen Sie bei TEXTURE TYPE den Typ VOLUME TEXTURE aus. Darunter geben Sie die Größe der Textur ein. VOLUME DEPTH ist die Tiefe der Volumentextur. Bei MIPMAP LEVELS sollten Sie 1 eingeben. MIP-Maps sollte man sowieso besser zur Laufzeit berechnen (das spart Festplattenspeicher) und nicht schon vorher, es sei denn, Sie möchten die Ladezeiten um jeden Preis minimieren. Unten wählen Sie noch das passende Farbformat aus und klicken auf OK.

Nun sehen Sie die erste Schicht der Textur. Mit FILE ⇨ OPEN ONTO THIS SURFACE können Sie eine Bilddatei in diese Schicht laden, und mit OPEN ONTO ALPHA CHANNEL OF THIS SURFACE ist es möglich, eine Bilddatei in den Alphakanal zu laden. Das alles geht auch bei normalen Texturen. Mit den Tasten [<] und [>] können Sie in die nächst tiefere beziehungsweise höhere Schicht schalten und diese dann bearbeiten. Sind Sie fertig, speichern Sie die Textur mit FILE ⇨ SAVE AS als DDS-Datei ab.

Volumentexturen laden

Für Standardtexturen gibt es die Funktion D3DXCreateTextureFromFile(Ex), und für Volumentexturen gibt es D3DXCreateVolumeTextureFromFile(Ex). Der Unterschied ist nicht groß: Die Volumentexturversion erwartet einen weiteren Parameter, nämlich neben gewünschter Breite und Höhe auch noch die gewünschte Tiefe der Textur. Auch hier kann man D3DX_DEFAULT angeben, damit die Originalgröße übernommen wird. Der letzte Parameter ist die Adresse eines Zeigers auf eine IDirect3DVolumeTexture9-Schnittstelle, den die Funktion ausfüllen soll – genau wie bei der Funktion für Standardtexturen.

2.12.1.6 Das Beispielprogramm

Wie bereits angesprochen können Volumentexturen zur flüssigen und ruckelfreien Darstellung von Animationen verwendet werden. Genau davon macht das Beispielprogramm dieses Abschnitts Gebrauch. Vom Aufbau her ist es ein extrem einfaches Programm: Es zeichnet einfach nur ein großes Rechteck direkt vor den Betrachter. Das Rechteck wird mit einer Volumentextur überzogen, welche die Animation einer Explosion (*Bumm!*) beinhaltet. In jeder ihrer Schichten befindet sich genau ein Bild davon. Alles, was das Programm nun tut, ist die *w*-Texturkoordinate der Vertizes in jedem Frame zu erhöhen, so dass die Animation „abgespielt"

2.12 Exotische Texturformen

wird. Sobald die *w*-Koordinate den Wert 1 erreicht, fängt die Animation wieder von vorne an (Texturen werden standardmäßig *gekachelt*, was auch für die *w*-Achse von Volumentexturen gilt).

Wenn Ihre Grafikkarte keine Volumentexturen unterstützt, wird das Programm eine entsprechende Meldung ausgeben und Ihnen empfehlen, es noch einmal mit dem Referenz-Rasterizer zu versuchen. Da dieser bekanntlich nicht so schnell ist, sollten Sie eine sehr geringe Auflösung wählen (zum Beispiel 320 x 240).

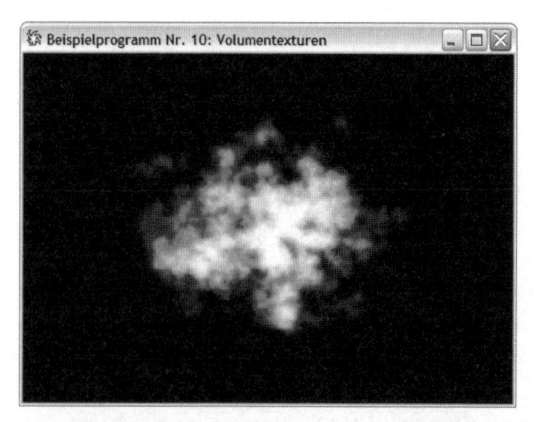

Abbildung 2.56 Ein Schnappschuss der Explosionsanimation

2.12.2 Umgebungstexturen

Es gibt einen großartigen Grafikeffekt, den Sie mit großer Sicherheit schon in vielen PC-Spielen gesehen haben, dessen Entstehung mit den Techniken, die wir bisher kennen gelernt haben, noch nicht nachvollziehbar ist: Damit meine ich *spiegelnde Objekte*. Man bemerkt diesen Effekt sofort: Die Kamera bewegt sich an einem Objekt vorbei, doch dessen Textur scheint sich irgendwie mitzubewegen – das Objekt spiegelt die Umgebung.

Wieder einmal haben die Programmierer, die *Ray-Tracing* für ihre Grafiken verwenden, ein viel einfacheres Spiel. Noch einmal zur Erinnerung: Beim Ray-Tracing schießt man für jeden Pixel des Bildes einen Strahl in die 3D-Szene, und wenn er dort auf ein Objekt trifft, wird der Pixel in der Farbe des Objekts gezeichnet (vereinfachte Darstellung). Bei reflektierenden Objekten würde man nun einfach von der Stelle aus, wo der „Sehstrahl" das Objekt getroffen hat, noch einen weiteren Strahl abschießen (Einfallswinkel = Ausfallswinkel) und nachschauen, wo dieser dann das nächste Objekt trifft. Dessen Farbe würde dann mit der des ersten Objekts irgendwie kombiniert, und schon ist man fertig.

Einen Strahl für jeden Pixel abzuschießen können wir uns in der Echtzeitpolygongrafik nicht leisten – es sind Tausende von aufwändigen Berechnungen durchzuführen. Deshalb hat man sich nach einer anderen Lösung umgeschaut und auch eine gefunden ...

2.12.2.1 Kubische Umgebungstexturen

Man kann den Effekt spiegelnder Oberflächen nach einem Prinzip simulieren, das *Environment-Mapping* genannt wird: Es werden sechs Texturen generiert, die genau das zeigen, was sich auf der *linken, rechten, oberen, unteren, vorderen* und *hinteren* Seite des Objekts befindet – also praktisch ein 360°-Panorama in alle Richtungen. Möchte man es dabei wirklich sehr genau haben, dann müssen diese sechs Texturen für jedes Objekt neu generiert werden (man rendert dann auf die Texturen anstatt in den Bildpuffer, was auch möglich ist). Doch in den allermeisten Fällen kommt man mit einmaligen sechs Texturen aus, die für jedes Objekt verwendet werden. In einer Landschaft würden diese Texturen zum Beispiel unten die Erde, oben den Himmel und auf den anderen Seiten weiter entfernte Berge darstellen. Stellen Sie sich diese sechs Texturen in einem Würfel angeordnet um das Objekt herum vor, man spricht nämlich auch von *kubischen* (*würfelförmigen*) *Umgebungstexturen* (*Cubic Environment Maps*). Eine solche Textur besteht aus sechs 2D-„Untertexturen" mit MIP-Maps, Filtern und allem drum und dran.

Abbildung 2.57 *Oben*: eine Szene mit Environment-Mapping (der Ring hat zusätzlich noch eine Eigentextur); *unten*: der „aufgeklappte" Würfel mit seinen sechs Flächen. Sie gehen nahtlos ineinander über.

2.12 Exotische Texturformen

Fein – nun haben wir also sechs Texturen, welche die „Aussicht" in alle sechs Richtungen beinhalten, und das von jeder Position aus. Doch wie kommen wir nun weiter, so dass es später so aussieht wie auf der Abbildung?

Die Umgebungstextur wird nun auf das Objekt gelegt, in den meisten Fällen mit Multi-Texturing, so dass man sowohl die tatsächliche Textur des Objekts sieht als auch das reflektierte Bild der Umgebung. Die Umgebungstextur könnte man zum Beispiel noch mit einem Faktor kleiner als 1 multiplizieren, bevor man sie zur Objekttextur addiert, um zu erreichen, dass das Objekt nur wenig spiegelt (je kleiner der Faktor, desto weniger).

Legt man eine Textur auf ein Objekt, so brauchen die Vertizes dieses Objekts immer *Texturkoordinaten*, die ihre Lage auf der Textur beschreiben. Und genau das ist die eigentliche Schwierigkeit beim Environment-Mapping: Wie findet man die Koordinaten eines Vertex auf der Umgebungstextur heraus? Nun, jetzt kommt doch noch etwas zum Einsatz, das ein wenig mit Ray-Tracing vergleichbar ist: Man schießt einen Strahl von der Kamera zum Vertex. Um nun zu berechnen, wie der Strahl reflektiert wird, benötigt man den Normalenvektor des Vertex – kein Problem, den haben wir. Weiter geht es, indem man prüft, an welcher der sechs Flächen und wo genau der reflektierte Strahl auf den imaginären Würfel trifft, der das Objekt umgibt. Das war es bereits, die Texturkoordinaten für die Umgebungstextur sind berechnet. Beachten Sie, dass für eine kubische Umgebungstextur *dreidimensionale* Texturkoordinaten benötigt werden (zweidimensionale Koordinaten würden lediglich für eine einzige Würfel*fläche* ausreichen).

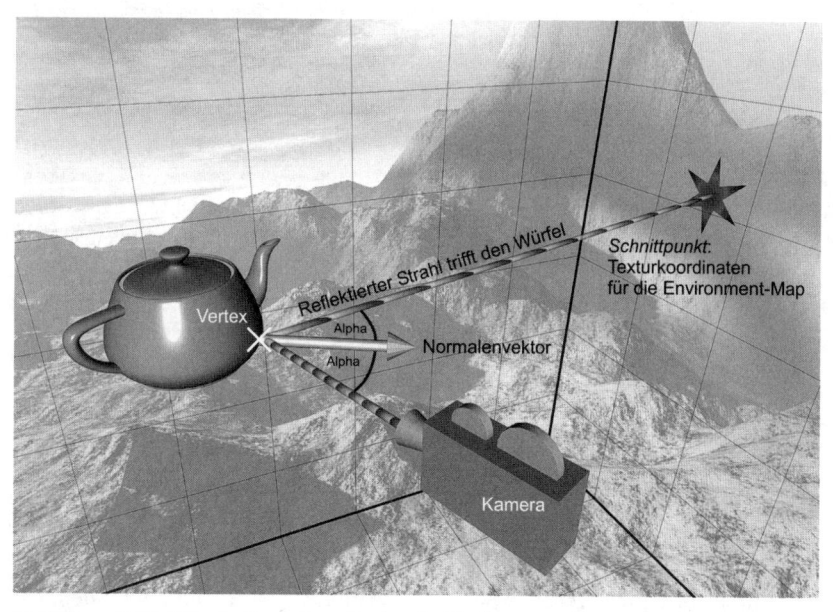

Abbildung 2.58 Wie die Texturkoordinaten für Environment-Maps berechnet werden

Zum Glück müssen wir das nicht selbst erledigen (es würde viel Zeit kosten, bei jeder Bewegung der Kamera oder des Objekts die Vertex-Buffer jedes Objekts zu sperren, um die Texturkoordinaten der Vertizes zu verändern) – Direct3D nimmt uns (fast) die ganze Arbeit ab. Welche Einstellungen dafür vorgenommen werden müssen, erfahren Sie gleich.

2.12.2.2 Automatische Texturkoordinatengenerierung

Erinnern Sie sich noch an das Texturschicht-State D3DTSS_TEXCOORDINDEX? Mit diesem konnten wir festlegen, welche Texturkoordinaten jede Texturschicht zum Zeichnen verwendet. Man gab einfach eine Zahl an, und diese Zahl wurde dann von Direct3D als Nummer der Texturschicht interpretiert, auf deren Texturkoordinaten zugegriffen werden soll. Doch es gibt noch weitere Möglichkeiten, was man für dieses Texturschicht-State einsetzen kann: nämlich Flags, welche die *automatische Texturkoordinatengenerierung* betreffen. Findet Direct3D eines dieser Flags vor, berechnet es die Texturkoordinaten für die angegebene Schicht ganz von alleine. Genau das können wir für das Environment-Mapping gebrauchen.

Tabelle 2.44 Flags für die automatische Texturkoordinatengenerierung (D3DTSS_TEXCOORDINDEX)

Flag	Beschreibung
D3DTSS_TCI_CAMERASPACENORMAL	Verwendet den Normalenvektor des Vertex relativ zur Kamera als Texturkoordinaten für die Umgebungstextur. „Relativ zur Kamera" bedeutet, dass der Normalenvektor durch die Welt- und die Kameramatrix (D3DTS_WORLD und D3DTS_VIEW) transformiert wird.
D3DTSS_TCI_CAMERASPACEPOSITION	Verwendet die Position des Vertex relativ zur Kamera als Texturkoordinaten. Dies ist auch für Light-Mapping erforderlich.
D3DTSS_TCI_CAMERASPACEREFLECTIONVECTOR	Hier wird es wirklich interessant: Wenn Sie dieses Flag angeben, berechnet Direct3D die Richtung eines imaginären Strahls, der von der Kamera auf den Vertex geschossen und von dort aus reflektiert wird. Das Ergebnis dient dann als Texturkoordinate – genau so, wie es oben bereits besprochen wurde.

Für Environment-Mapping ist also hauptsächlich das letzte Flag interessant. Alle Flags können übrigens auch zusammen mit Standard- und Volumentexturen angewandt werden (D3DTSS_TCI_CAMERASPACEPOSITION könnte zusammen mit Volumentexturen für einige schöne Effekte sorgen ...).

Um die automatische Texturkoordinatengenerierung wieder zu deaktivieren, geben Sie einfach 0 an, oder verwenden Sie das Texturschicht-State D3DTSS_TEXCOORDINDEX in seinem *eigentlichen* Sinne (Setzen der Texturkoordinatenquelle).

2.12.2.3 Wichtig: Texturkoordinatengröße angeben

Wie bereits erwähnt sind die von Direct3D berechneten Texturkoordinaten *dreidimensional*, und das ist auch nötig, wenn man mit kubischen Umgebungstexturen arbeitet. Daher müssen wir Direct3D auch noch mitteilen, dass der Rasterizer beim Zeichnen auf dreidimensionale Texturkoordinaten treffen wird. Wir haben etwas Ähnliches schon einmal im Zusammenhang mit Texturkoordinatentransformation getan: Man setzt dazu für 3D-Texturkoordinaten das Texturschicht-State D3DTSS_TEXTURETRANSFORMFLAGS der Texturschicht, in der sich die Umgebungstextur befindet, auf den Wert D3DTTFF_COUNT3. D3DTTFF_COUNT2 würde dazu führen, dass die dritte Texturkoordinate nicht beachtet wird, und das wäre nicht gerade gut für das Environment-Mapping.

In der Vertexstruktur ist es übrigens *nicht* nötig, Platz für die Texturkoordinaten für die Umgebungstextur zu machen (alles bleibt so, wie es war), denn diese Koordinaten werden ganz von alleine berechnet und müssen von nirgendwo abgerufen werden.

2.12 Exotische Texturformen

2.12.2.4 Die Schnittstelle *IDirect3DCubeTexture9*

`IDirect3DCubeTexture9` ist eine weitere Schnittstelle, die von `IDirect3DBaseTexture9` abgeleitet ist, und sie ist erschaffen worden, um kubische Texturen zu speichern.

Laden einer kubischen Umgebungstextur

Wer hätte es gedacht – auch für das Laden einer Umgebungstextur gibt es eine D3DX-Funktion: Sie heißt `D3DXCreateCubeTextureFromFile(Ex)`. Wie immer erlaubt die „Ex"-Version noch genauere Kontrolle über den Ladevorgang. Einen kleinen Unterschied gibt es: Wir können die gewünschte Breite und Höhe der Textur nicht getrennt angeben, sondern nur ihre Größe (diese wird dann für die Breite *und* die Höhe eingesetzt). Geladen wird eine solche Textur aus einer DDS-Datei, wie Sie das schon von Volumentexturen her kennen. Die Parameter dieser Funktion sind identisch mit der, die wir zum Laden von Standardtexturen verwenden.

Umgebungstexturen generieren

Nehmen wir einmal an, wir haben bereits die Aussichten in alle sechs Richtungen in Form von Bilddateien vorliegen. Dann können wir wieder einmal das *DirectX Texture Tool* verwenden, um aus diesen sechs Dateien eine einzige DDS-Datei zu machen. Erstellen Sie eine neue Textur, und wählen Sie CUBEMAP TEXTURE als Texturtyp an. Um dann zwischen den verschiedenen Würfelflächen hin und her zuschalten, klicken Sie auf VIEW ⇨ CUBE MAP FACE. Sie haben nun verschiedene Möglichkeiten: NEGATIVE X (links), POSITIVE X (rechts), NEGATIVE Y (unten), POSITIVE Y (oben), NEGATIVE Z (hinten) und POSITIVE Z (vorne). Nun können Sie die ganzen Bilddateien auf die entsprechenden Flächen der Würfeltextur laden, wie Sie das schon von den Standard- und Volumentexturen kennen.

Wie fertigt man solche Texturen an?

Wenn Sie über ein gutes 3D-Programm (*3D Studio MAX*, *Lightwave*, *Maya* und so weiter) verfügen, ist es recht einfach: Bauen Sie erst einmal die Umgebung der Szene nach. Dann erstellen Sie sechs Kameras. Jede dieser Kameras schaut in eine andere Richtung (links, rechts, oben, unten, vorne, hinten), und – sehr wichtig – jede Kamera muss ein Sichtfeld von exakt 90° haben. Nur so passen die dadurch generierten Bilder später nahtlos aneinander. Dann rendern Sie einfach das Bild jeder Kamera und sind fertig. Was die Auflösung der Bilder betrifft: Sie muss nicht unbedingt extrem hoch sein (256 x 256 reicht oft schon aus) – auch eine Textur von niedriger Auflösung erzeugt schon den gewünschten Effekt.

Es gibt auch Programme, die hauptsächlich für das Erstellen solcher Umgebungstexturen geschaffen wurden: Eines davon heißt *Terragen* (Sie finden es auf der Begleit-CD). Dieses Programm kann jedoch nur für Landschaften verwendet werden. Es hat einen integrierten Landschaftseditor, und es kann automatisch Wolken, Wasser und atmosphärische Effekte generieren, und es ist trotzdem noch recht leicht zu bedienen.

Wem das zu viel Arbeit ist, der kann auch das Internet als Quelle verwenden: Dort gibt es haufenweise Umgebungstexturen (meistens für Ego-Shooter, die diese nämlich auch benutzen). Eine Suche nach „*Environment Maps Download*" sollte schon einige gute Treffer erzielen.

2.12.2.5 Die Sky-Box

Bisher haben wir nur besprochen, wie man die *Reflexion* der Umgebung zeichnet – aber noch nicht, wie man die Umgebung selbst zeichnet.

> Auch hierbei wendet man einen raffinierten Trick an: Man zeichnet nicht etwa die tatsächliche Umgebung als 3D-Modell, sondern man greift auch hier auf die Umgebungstextur zurück, welche die Umgebung in jeder Richtung darstellt.
>
> Es wird ein großer Würfel erzeugt, in dessen Mittelpunkt immer die Kamera steht. Die Flächen des Würfels zeigen nach innen, damit sie auch sichtbar sind. Nun legt man auf die vordere Fläche des Würfels einfach die vordere Fläche der Umgebungstextur, auf die linke Fläche legt man die linke Fläche und so weiter.
>
> Solange die Kamera immer genau im Mittelpunkt dieses Würfels steht (man bewegt den Würfel immer mit der Kamera mit), hat dieser simple Effekt eine unglaublich realistische Wirkung. Man käme als Betrachter niemals auf die Idee, sich nur in einem Würfel zu befinden, sondern man denkt, wirklich ein Teil der Szene zu sein, die auf den Würfelwänden abgebildet ist. Natürlich kann man sich den Würfelflächen niemals nähern, weil sich der Würfel immer mit der Kamera zusammen bewegt. Wenn die Umgebung richtig angepasst ist (wenn die Umgebungstextur hauptsächlich weit entfernte Gebilde zeigt), wird das jedoch nicht auffallen.
>
> Kombiniert man nun die tatsächlichen aus Dreiecken bestehenden Teile der Szene geschickt mit der Umgebungstextur, kann man die beiden ineinander übergehen lassen – die Illusion ist perfekt und hat kaum Rechenzeit in Anspruch genommen.

Dieser Würfel, in dem man sich befindet, wird auch *Sky-Box* genannt. Hier ist es dann natürlich schon vorteilhaft, wenn die verwendete Textur eine hohe Auflösung hat, weil sie direkt auf dem Bildschirm abgebildet wird und nicht nur durch Reflexion erkennbar wird. Normalerweise verwendet man für die Sky-Box und für die Reflexion einfach die gleiche Textur. Die Sky-Box-Vertizes brauchen dann natürlich entsprechend *dreidimensionale* Texturkoordinaten. Diese Texturkoordinaten sind vielmehr als *Richtungsvektor* zu verstehen (was auch verständlich ist, denn es wird auch die *Richtung* des reflektierten Strahls berechnet, und die Grafikkarte berechnet dann aus dieser Richtung, welcher Texel der sechs Einzeltexturen anzusprechen ist).

Ein paar Beispiele für diese etwas seltsamen Texturkoordinaten: (1, 0, 0) läge exakt in der Mitte der rechten Würfelfläche – stellen Sie sich vor, ein Strahl wird aus der Mitte des Würfels in die Richtung (1, 0, 0) geschossen (also entlang der *x*-Achse). Dieser trifft den Würfel exakt in der Mitte der rechten Fläche. (0, 1, 0) spricht die Mitte der oberen Würfelfläche an. Die Texturkoordinate (1, 1, 1) würde exakt in die rechte obere hintere Ecke treffen; den Vektor zu normalisieren ist gar nicht nötig.

Sky-Boxes sind einfach unschlagbar, was die Performance angeht, und sie hauchen der Szene eine Menge an Tiefe und Atmosphäre ein – man sollte nicht davor zurückschrecken, ein wenig Arbeit in sie zu investieren! Und noch ein Vorteil, den sie bieten: wir können es uns sparen, zu Beginn der Szene den Bildpuffer zu leeren (mit der `Clear`-Methode) – es reicht, einfach direkt die Sky-Box zu zeichnen, wobei Z-Buffering ausgeschaltet wird, um zu versichern, dass auch garantiert jeder Pixel gezeichnet wird. So wird auch automatisch der Inhalt des letzten Frames überschrieben.

2.12.2.6 Das Beispielprogramm

In diesem Kapitel haben Sie viel über Umgebungstexturen gelernt, und das wird nun im neuen Beispielprogramm angewandt. Das Programm lädt zuerst die Umgebungstextur, die auch schon in den Abbildungen weiter oben verwendet wurde (die Schneelandschaft). Beim Rendern zeichnet es dann die Sky-Box, und zwar so, dass die Kamera sich immer genau in deren Mittelpunkt befindet.

2.12 Exotische Texturformen   241

Als Nächstes werden einige Kugeln gerendert – und zwar mit Environment-Mapping. Der Unterschied zwischen den Kugeln ist die Art und Weise, wie sie die gespiegelte Umgebungstextur mit ihrer Eigentextur kombinieren. Eine der Kugeln besitzt gar keine Eigentextur, sie spiegelt also 100%ig. Die andere addiert die Umgebungstextur zu ihrer eigenen, und die letzte multipliziert sie.

Der Benutzer kann die Kamera drehen, nach vorne und hinten bewegen und mit [Bild auf] und [Bild ab] kontrollieren, ob sie nach oben oder unten schaut.

Nachdem die Beschreibungen der letzten Beispielprogramme immer ein wenig knapp ausgefallen sind, soll das hier wieder gut gemacht werden, denn es kommen viele neue Dinge zum Einsatz.

Laden der Umgebungstextur

Das Programm verwendet eine globale Variable vom Typ `PDIRECT3DCUBETEXTURE9` namens `g_pEnvMap`. In der `InitScene`-Funktion wird die Textur geladen:

```
// Die Umgebungstextur ohne MIP-Maps laden
hResult = D3DXCreateCubeTextureFromFileEx(g_pD3DDevice,    // Device
                                          "EnvMap.dds",    // Dateiname
                                          D3DX_DEFAULT,    // Größe
                                          1,               // MIP-Maps
                                          0,               // Verwendungszweck
                                          D3DFMT_UNKNOWN,  // Format
                                          D3DPOOL_MANAGED, // Speicherklasse
                                          D3DX_FILTER_NONE,// Filter
                                          D3DX_DEFAULT,    // MIP-Map-Filter
                                          0,               // Color-Key
                                          NULL,            // Unwichtig
                                          NULL,            // Unwichtig
                                          &g_pEnvMap);     // Die Textur

if(FAILED(hResult))
{
    // Fehler!
    TB_ERROR_DIRECTX("D3DXCreateCubeTextureFromFileEx", hResult, TB_ERROR);
}
```
Listing 2.95 Die Umgebungstextur wird ohne MIP-Maps geladen.

Die Sky-Box wird initialisiert

Die Sky-Box besteht aus einem Array von acht Vertizes, die aus jeweils einer Positionsangabe und einer dreidimensionalen Texturkoordinate bestehen. Dies sind die acht Eckpunkte der Sky-Box. Dann gibt es noch ein Array von Indizes.

```
// Nachtrag: Hier noch die Deklaration der Vertexstruktur und des FVF-Bezeichners:
struct SVertex
{
    tbVector3 vPosition;    // Position des Vertex
    tbVector3 vTexture;     // 3D-Texturkoordinaten

    static const DWORD dwFVF; // Vertexformat (statisch)
};

const DWORD SVertex::dwFVF = D3DFVF_XYZ | D3DFVF_TEX1 | D3DFVF_TEXCOORDSIZE3(0);

// *****************************************************************

// Die Vertizes der Sky-Box erstellen
```

```
g_aSkyBoxVertex[0].vPosition = tbVector3(-1.0f,  1.0f,  1.0f);
g_aSkyBoxVertex[1].vPosition = tbVector3( 1.0f,  1.0f,  1.0f);
g_aSkyBoxVertex[2].vPosition = tbVector3( 1.0f,  1.0f, -1.0f);
g_aSkyBoxVertex[3].vPosition = tbVector3(-1.0f,  1.0f, -1.0f);
g_aSkyBoxVertex[4].vPosition = tbVector3(-1.0f, -1.0f,  1.0f);
g_aSkyBoxVertex[5].vPosition = tbVector3( 1.0f, -1.0f,  1.0f);
g_aSkyBoxVertex[6].vPosition = tbVector3( 1.0f, -1.0f, -1.0f);
g_aSkyBoxVertex[7].vPosition = tbVector3(-1.0f, -1.0f, -1.0f);

// Sky-Box skalieren, damit sie nicht dem Clipping zum Opfer fällt
for(int iVertex = 0; iVertex < 8; iVertex++) g_aSkyBoxVertex[iVertex].vPosition *= 10.0f;

// Die Texturkoordinaten brauchen wir nicht per Hand einzutragen: Sie entsprechen
// ganz einfach den Positionsangaben.
for(iVertex = 0; iVertex < 8; iVertex++)
{
    g_aSkyBoxVertex[iVertex].vTexture = g_aSkyBoxVertex[iVertex].vPosition;
}

// Nun tragen wir die Indizes ein.
unsigned short ausIndex[36] = {7, 3, 0,   4, 7, 0,   // Vorderseite
                               5, 1, 2,   6, 5, 2,   // Hinterseite
                               4, 0, 1,   5, 4, 1,   // Linke Seite
                               6, 2, 3,   7, 6, 3,   // Rechte Seite
                               2, 1, 0,   3, 2, 0,   // Oberseite
                               4, 5, 6,   7, 4, 6};  // Unterseite

// In das globale Array kopieren
memcpy(g_ausSkyBoxIndex, ausIndex, 36 * sizeof(unsigned short));
```

Listing 2.96 Ausfüllen der Arrays mit den Vertizes und Indizes für die Sky-Box

Zeichnen der Sky-Box

Die Position der Kamera, deren Steuerung nach demselben Prinzip funktioniert wie im Vertex- und Index-Buffer-Beispielprogramm, ist in der Variablen g_vCameraPosition gespeichert. Damit sich die Sky-Box immer mit der Kamera bewegt, ist es nötig, für sie eine Translationsmatrix zu erstellen, die sie immer genau zur Kamera hin schiebt. Wir schalten die Beleuchtung aus, denn die Sky-Box zu beleuchten wäre Unsinn. Ein Aufruf der Methode IDirect3DDevice9::DrawIndexedPrimitiveUP sorgt dafür, dass Direct3D die Sky-Box zeichnet, wobei sich sowohl die Vertizes als auch die Indizes im gewöhnlichen Systemspeicher befinden (daher das „UP" am Ende des Namens der Methode).

Das Programm schaltet vor dem Zeichnen noch die Schreiberlaubnis für den Z-Buffer und den Z-Buffer-Test selbst ab. So wird garantiert, dass nichts aus der Sky-Box herauskommen kann – es wird immer so aussehen, als sei es noch in ihr. Nach dem Zeichnen wird der Z-Buffer wieder aktiviert.

```
// Zuerst zeichnen wir die Sky-Box. Zu Beginn muss das Vertexformat gesetzt werden.
g_pD3DDevice->SetFVF(SVertex::dwFVF);

// Die Beleuchtung und Z-Buffering schalten wir ab.
g_pD3DDevice->SetRenderState(D3DRS_LIGHTING, FALSE);
g_pD3DDevice->SetRenderState(D3DRS_ZENABLE, FALSE);
g_pD3DDevice->SetRenderState(D3DRS_ZWRITEENABLE, FALSE);

// In die erste Texturschicht setzen wir die Umgebungstextur. Die zweite Schicht ist leer.
g_pD3DDevice->SetTexture(0, g_pEnvMap);
g_pD3DDevice->SetTexture(1, NULL);
```

2.12 Exotische Texturformen 243

```
// Nun erstellen wir eine Translationsmatrix, die dafür sorgt, dass sich die Kamera
// immer genau in der Mitte der Sky-Box befindet.
tbMatrix mWorld(tbMatrixTranslation(g_vCameraPosition));
g_pD3DDevice->SetTransform(D3DTS_WORLD, (D3DMATRIX*)(&mWorld));

// Jetzt zeichnen wir die Sky-Box mit DrawIndexedPrimitiveUP.
hResult = g_pD3DDevice->DrawIndexedPrimitiveUP(D3DPT_TRIANGLELIST, // Dreiecksliste
                                               0,                  // Beginn bei 0
                                               8,                  // Größter Index
                                               12,                 // Anz. Dreiecke
                                               g_ausSkyBoxIndex,   // Indizes
                                               D3DFMT_INDEX16,     // 16 Bits
                                               g_aSkyBoxVertex,    // Vertizes
                                               sizeof(SVertex));   // Vertexgröße

if(FAILED(hResult))
{
    // Fehler beim Zeichnen!
    TB_ERROR_DIRECTX("g_pD3DDevice->DrawIndexedPrimitiveUP", hResult, TB_ERROR);
}

// Die Einstellungen wieder zurücksetzen
g_pD3DDevice->SetRenderState(D3DRS_LIGHTING, TRUE);
g_pD3DDevice->SetRenderState(D3DRS_ZENABLE, TRUE);
g_pD3DDevice->SetRenderState(D3DRS_ZWRITEENABLE, TRUE);
```

Listing 2.97 Zeichnen der Sky-Box aus dem Systemspeicher

Die reflektierenden Kugeln zeichnen

Die Kugeln wurden wieder einmal zu Beginn des Programms aus X-Modelldateien geladen. Beim Rendern generieren wir nun ein Material für diese Kugeln und aktivieren ein Richtungslicht. Als Nächstes aktiviert das Programm das Environment-Mapping durch die nötigen Texturschicht-States. Danach wird die Transformationsmatrix, die jeder Kugel eine andere Größe und Position gibt, erstellt und als Weltmatrix eingesetzt. Zum Schluss erfolgt das Rendern jeder Kugel, wobei jede ihre Eigentextur anders mit der reflektierten Umgebungstextur kombiniert.

Am Ende werden alle Einstellungen im Hinblick auf das Environment-Mapping wieder rückgängig gemacht, weil sonst die Sky-Box im nächsten Bild nicht mehr korrekt gezeichnet werden könnte.

```
// Nun werden die drei Kugeln gezeichnet. Zuerst wird ein Material erstellt, danach
// noch ein Richtungslicht, das die Richtung der Kamera hat.
D3DMATERIAL9 Material;
Material.Diffuse  = tbColor(0.75f, 0.75f, 0.75f);
Material.Ambient  = tbColor(0.25f, 0.25f, 0.25f);
Material.Emissive = tbColor(0.0f, 0.0f, 0.0f);
Material.Specular = tbColor(0.25f, 0.25f, 0.5f);
Material.Power    = 10.0f;
g_pD3DDevice->SetMaterial(&Material);

D3DLIGHT9 Light;
ZeroMemory(&Light, sizeof(D3DLIGHT9));
Light.Type      = D3DLIGHT_DIRECTIONAL;
Light.Diffuse   = tbColor(1.0f, 1.0f, 1.0f);
Light.Ambient   = tbColor(1.0f, 1.0f, 1.0f);
Light.Specular  = tbColor(1.0f, 1.0f, 1.0f);
Light.Direction = tbVector3(sinf(g_fCameraAngle), g_fCameraUpDown,
                            cosf(g_fCameraAngle));
g_pD3DDevice->SetLight(0, &Light);
g_pD3DDevice->LightEnable(0, TRUE);
```

```cpp
// Die Umgebungstextur ist in der ersten Texturschicht. Es werden die nötigen
// Einstellungen für die automatische Texturkoordinatengenerierung vorgenommen.
g_pD3DDevice->SetTexture(0, g_pEnvMap);
g_pD3DDevice->SetTextureStageState(0, D3DTSS_TEXCOORDINDEX,
                                   D3DTSS_TCI_CAMERASPACEREFLECTIONVECTOR);
g_pD3DDevice->SetTextureStageState(0, D3DTSS_TEXTURETRANSFORMFLAGS, D3DTTFF_COUNT3);

// Die Position der ersten Kugel festlegen und sie zeichnen
mWorld = tbMatrixTranslation(tbVector3(1.0f, 0.0f, 5.0f));
g_pD3DDevice->SetTransform(D3DTS_WORLD, (D3DMATRIX*)(&mWorld));
g_pSphere->DrawSubset(0);

// Die Position der zweiten Kugel festlegen und sie zeichnen.
// Die zweite Kugel hat in der zweiten Texturschicht ihre Eigentextur, die durch
// Addition zur reflektierten Umgebungstextur hinzugefügt wird.
// Die zweite Texturschicht verwendet das erste Paar Texturkoordinaten.
mWorld = tbMatrixTranslation(tbVector3(-1.0f, 0.0f, 8.0f));
g_pD3DDevice->SetTransform(D3DTS_WORLD, (D3DMATRIX*)(&mWorld));
g_pD3DDevice->SetTexture(1, g_pTexture);
g_pD3DDevice->SetTextureStageState(1, D3DTSS_COLOROP, D3DTOP_ADD);
g_pD3DDevice->SetTextureStageState(1, D3DTSS_COLORARG1, D3DTA_CURRENT);
g_pD3DDevice->SetTextureStageState(1, D3DTSS_COLORARG2, D3DTA_TEXTURE);
g_pD3DDevice->SetTextureStageState(1, D3DTSS_TEXCOORDINDEX, 0);
g_pSphere->DrawSubset(0);

// Nun die dritte Kugel - Verknüpfung durch Multiplikation
mWorld = tbMatrixTranslation(tbVector3(-3.0f, 0.0f, 5.0f));
g_pD3DDevice->SetTransform(D3DTS_WORLD, (D3DMATRIX*)(&mWorld));
g_pD3DDevice->SetTextureStageState(1, D3DTSS_COLOROP, D3DTOP_MODULATE);
g_pSphere->DrawSubset(0);

// Die Einstellungen für das Environment-Mapping wieder deaktivieren
g_pD3DDevice->SetTextureStageState(0, D3DTSS_TEXCOORDINDEX, 0);
g_pD3DDevice->SetTextureStageState(0, D3DTSS_TEXTURETRANSFORMFLAGS,
                                   D3DTTFF_DISABLE);
g_pD3DDevice->SetTextureStageState(1, D3DTSS_COLOROP, D3DTOP_DISABLE);
```

Listing 2.98 Zeichnen der drei reflektierenden Kugeln

Abbildung 2.59 Wer käme schon auf die Idee, dass diese Landschaft nur ein Würfel ist?

2.12.3 Bump-Mapping

2.12.3.1 Die Theorie

Bump-Mapping – diesen Begriff hat wohl schon jeder einmal gehört, der gerne Computerspiele spielt. Bump-Mapping ist eine Technik, mit der man die Oberfläche eines Objekts auf Pixelebene simulieren kann. Nehmen wir als Beispiel einmal eine Wand mit Kacheln. Wollte man diese Wand realitätsnah rendern, dann müsste man auch die Rillen zwischen den einzelnen Kacheln mit in das 3D-Modell der Wand einmodellieren. Leider wird das Modell dadurch viel komplexer, denn normalerweise würde ein einfaches Rechteck ausreichen. Hier bietet Bump-Mapping eine elegante Lösung. Man legt zusätzlich zu der Farbtextur eine Bump-Map auf das Rechteck. Die Bump-Map enthält die „Höhe" der Wand an jedem Punkt. Beim Rendern wird dann der Normalenvektor der Wand an jedem Pixel neu berechnet, und zwar mit Hilfe der Bump-Map. Natürlich ist die Wand in Wirklichkeit flach: Schaut man sie sich von der Seite einmal genauer an, dann erkennt man, dass sie nur ein Rechteck ist, aber in den allermeisten Fällen reicht das völlig aus und spart nebenbei noch Rechenzeit.

Es gibt viele verschiedene Arten von Bump-Mapping. In diesem Buch wollen wir das so genannte *Environmental Bump-Mapping* besprechen. Wie man es schon erahnen kann, hat dies etwas mit Environment-Mapping zu tun. Die nächste Abbildung zeigt Ihnen, wie es funktioniert.

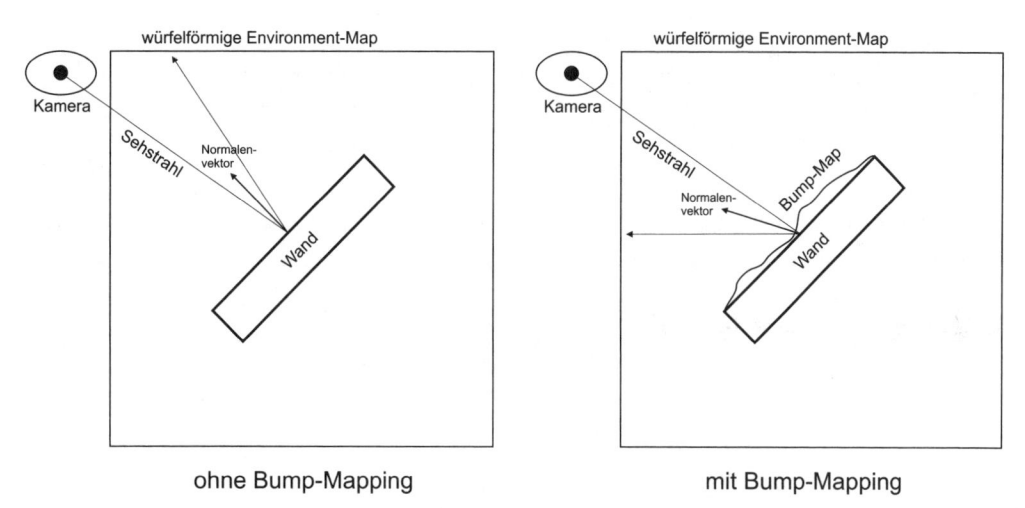

Abbildung 2.60 Beim Environmental Bump-Mapping wird der Normalenvektor bei jedem Pixel mit Hilfe des Normalenvektors der Oberfläche (hier die Vorderseite der Wand) und dem Wert aus der Bump-Map neu berechnet, was zu detaillierteren Reflexionen führt.

Was genau beinhaltet nun eine solche Bump-Map? Eben sagte ich, dass in der Bump-Map die „Höhe" jedes Punkts gespeichert ist. Nun, das ist so nicht ganz richtig. In der Tat wird nicht die Höhe, sondern die *Steigung* gespeichert, denn damit lässt sich der Normalenvektor einfacher berechnen. Pro Pixel werden zwei Werte gespeichert: die Steigung auf der u-Achse und die Steigung auf der v-Achse der Textur. Diese Werte heißen D_u und D_v. Es ist sehr leicht, aus einer Höhentextur eine Steigungstextur zu machen.

Dann gibt es da noch den Begriff der *Luminanz*. Es gibt Bump-Mapping-Oberflächenformate mit Luminanz und welche ohne. Die Luminanz ist ein Wert zwischen 0 und 1, der angibt, wie stark die Reflexion an einem Texel in der Bump-Map sein soll. Man kann also gewisse Teile eines Objekts stärker reflektieren lassen als andere Teile und braucht dazu nicht einmal die Textur oder sonstige Einstellungen zu ändern.

2.12.3.2 Bump-Mapping mit Direct3D

Bump-Mapping ist in Direct3D keine besonders komplizierte Sache, wie Sie sehen werden.

Unterstützung abfragen

Wenn die Grafikkarte Bump-Mapping mit beziehungsweise ohne Luminanz unterstützt, dann sind im Eintrag TextureOpCaps der D3DCAPS9-Struktur die Flags D3DTEXOPCAPS_BUMPENVMAP beziehungsweise D3DTEXOPCAPS_BUMPENVMAPLUMINANCE gesetzt. Bump-Mapping wird von den meisten Grafikkarten ab der GeForce3-Generation unterstützt.

Bump-Map-Oberflächenformate

Die folgende Tabelle zeigt die wichtigsten Formate für Bump-Maps:

Tabelle 2.45 Bump-Map-Oberflächenformate

Format	Beschreibung
D3DFMT_V8U8	Jeweils 8 Bits für die Steigung
D3DFMT_V16U16	Jeweils 16 Bits für die Steigung
D3DFMT_L6V5U5	6 Bits Luminanz, jeweils 5 Bits für die Steigung
D3DFMT_X8L8V8U8	8 Bits unbenutzt, 8 Bits Luminanz, jeweils 8 Bits Steigung

Bump-Maps können wie gewöhnliche Texturen mit Hilfe von D3DXCreateTextureFromFile(Ex) geladen werden. Als Dateiformat wählt man normalerweise das DDS-Format, aber mehr dazu später.

Die Bump-Map-Transformation

Direct3D ermöglicht es uns, die u- und v-Steigungswerte noch einmal zu transformieren, bevor sie für die Adressierung der Environment-Map verwendet werden. Dazu werden D_u und D_v mit einer 2x2-Matrix multipliziert:

$$D_u' = D_u \cdot M_{11} + D_v \cdot M_{21}$$
$$D_v' = D_u \cdot M_{12} + D_v \cdot M_{22}$$

Möchte man die Steigungswerte aus der Bump-Map ohne Änderung übernehmen, dann setzt man für M einfach die Identitätsmatrix ein. Man gibt die Matrix mit Hilfe der Texturschicht-States D3DTSS_BUMPENVMAT00 (M_{11}), D3DTSS_BUMPENVMAT10 (M_{21}), D3DTSS_BUMPENVMAT01 (M_{12}) und D3DTSS_BUMPENVMAT11 (M_{22}) an. Diese States werden im Fließkommaformat angegeben. Beachten Sie, dass sie alle einen Standardwert von null haben. Es ist also unbedingt notwendig, ihnen irgendeinen anderen Wert zu geben, denn sonst funktioniert das Bump-Mapping nicht.

Nicht nur die Steigung, sondern auch die Luminanz kann nachträglich noch verändert werden:

$$L' = L \cdot S + O$$

2.12 Exotische Texturformen 247

S ist ein Skalierungsfaktor, den man in `D3DTSS_BUMPENVLSCALE` angibt, und O ist ein Offset-Wert, den Sie mit `D3DTSS_BUMPENVLOFFSET` angeben (beide arbeiten ebenfalls mit dem Fließkommaformat).

Einsetzen der Bump-Map

Normalerweise verwendet man beim Bump-Mapping drei Texturen: In der ersten Texturschicht ist die „normale" Oberflächentextur, in der zweiten ist die Bump-Map, und in der dritten ist die Environment-Map. Es ist notwendig, dass die Environment-Map von der Bump-Map aus gesehen immer direkt in der nächsten Texturschicht liegt. Direct3D behandelt die beiden Schichten praktisch wie eine einzige Schicht.

Um Bump-Mapping zu aktivieren, setzt man den Farboperator (nicht den Alphaoperator) der Bump-Map-Texturschicht auf `D3DTOP_BUMPENVMAP` (hier ist die Luminanz immer 1) oder `D3DTOP_BUMPENVMAPLUMINANCE` (die Luminanz wird aus der Bump-Map gelesen). Wenn für die Bump-Map dieselben Texturkoordinaten wie für die Standardtextur verwendet werden sollen, dann dürfen Sie nicht vergessen, `D3DTSS_TEXCOORDINDEX` auf 0 zu setzen.

Die Environment-Map setzt man so, wie Sie das schon aus dem Abschnitt über Environment-Mapping kennen: Stichwort `D3DTSS_TCI_CAMERASPACEREFLECTIONVECTOR` und `D3DTTFF_COUNT3`.

Folgender Code stammt aus dem Bump-Mapping-Beispielprogramm:

```
// float -> DWORD
inline DWORD F2DW(float f) {return *((DWORD*)(&f));}

// ...

// Die Textur ist in der ersten Texturschicht.
// Die Bump-Map ist in der zweiten Texturschicht, die Environment-Map in der dritten.

// Die Oberflächentextur
g_pD3DDevice->SetTexture(0, g_pTexture);
g_pD3DDevice->SetTextureStageState(0, D3DTSS_COLOROP, D3DTOP_MODULATE);
g_pD3DDevice->SetTextureStageState(0, D3DTSS_COLORARG1, D3DTA_CURRENT);
g_pD3DDevice->SetTextureStageState(0, D3DTSS_COLORARG2, D3DTA_TEXTURE);

// Die Bump-Map: Hier setzen wir als Bump-Map-Matrix die Identitätsmatrix ein.
// Die Du- und Dv-Werte werden also ohne Veränderung aus der Bump-Map übernommen.
g_pD3DDevice->SetTexture(1, g_pBumpMap);
g_pD3DDevice->SetTextureStageState(1, D3DTSS_TEXCOORDINDEX, 0);
g_pD3DDevice->SetTextureStageState(1, D3DTSS_COLOROP, D3DTOP_BUMPENVMAP);
g_pD3DDevice->SetTextureStageState(1, D3DTSS_BUMPENVMAT00, F2DW(1.0f));
g_pD3DDevice->SetTextureStageState(1, D3DTSS_BUMPENVMAT01, F2DW(0.0f));
g_pD3DDevice->SetTextureStageState(1, D3DTSS_BUMPENVMAT10, F2DW(0.0f));
g_pD3DDevice->SetTextureStageState(1, D3DTSS_BUMPENVMAT11, F2DW(1.0f));

// Die Environment-Map wird so wie immer eingestellt.
// Die Reflexion wird zur Textur hinzugefügt (D3DTOP_ADD).
// Möglich wäre auch z.B. D3DTOP_MODULATE.
g_pD3DDevice->SetTexture(2, g_pEnvMap);
g_pD3DDevice->SetTextureStageState(2, D3DTSS_TEXCOORDINDEX,
                                   D3DTSS_TCI_CAMERASPACEREFLECTIONVECTOR);
g_pD3DDevice->SetTextureStageState(2, D3DTSS_TEXTURETRANSFORMFLAGS, D3DTTFF_COUNT3);
g_pD3DDevice->SetTextureStageState(2, D3DTSS_COLOROP, D3DTOP_ADD);
g_pD3DDevice->SetTextureStageState(2, D3DTSS_COLORARG1, D3DTA_CURRENT);
g_pD3DDevice->SetTextureStageState(2, D3DTSS_COLORARG2, D3DTA_TEXTURE);
```

Listing 2.99 Einstellungen für Bump-Mapping

Abbildung 2.61 Eiswürfel mit und ohne Bump-Mapping

2.12.3.3 Bump-Maps erzeugen

Für den Grafiker ist es am praktischsten, wenn er mit Höhentexturen arbeiten kann. Das heißt, dass die Helligkeit jedes Texels seine „Höhe" in der Bump-Map darstellt. Wie bereits erwähnt, unterstützt Direct3D dies jedoch nicht, sondern erwartet, dass wir die Steigung in jedem Texel angeben. Entweder kann man diese Umrechnung selbst durchführen oder man arbeitet mit dem *DirectX Texture Tool*. Öffnen Sie einfach eine Graustufendatei und ändern Sie dann das Format über das Menü in ein beliebiges Bump-Mapping-Format um, zum Beispiel in D3DFMT_V8U8. Das Programm berechnet die Steigung dann automatisch. Speichern Sie die Textur anschließend im DDS-Format ab.

2.12.4 Rückblick

- *Volumentexturen* sind *dreidimensionale* Texturen, die man sich wie einen Stapel von übereinander gelegten zweidimensionalen Texturen vorstellen kann. Dabei wird eine neue Koordinate – die *w*-Texturkoordinate (Texturtiefe) – eingeführt. Die Schnittstelle für Volumentexturen heißt IDirect3DVolumeTexture9, und ist von IDirect3DBaseTexture9 abgeleitet, was heißt, dass sie ganz normal mit SetTexture aktiviert werden kann. Es gelten für sie dieselben Regeln wie für Standardtexturen: Filtern ist möglich, und sie können MIP-Maps besitzen. Volumentexturen sind sehr nützlich zum Abspielen von Animationen oder Ähnli-

2.12 Exotische Texturformen

chem. Man sollte aber darauf achten, dass sie sehr viel Speicher einnehmen und deshalb auch auf das Generieren von MIP-Maps weitestgehend verzichten.

- Um Volumentexturen richtig anzusprechen, sind dreidimensionale Texturkoordinaten in der Vertexstruktur notwendig. Im FVF-Bezeichner fügen wir ein Makro namens D3DFVF_TEXCOORDSIZE3(x) ein, wobei x für die Nummer der Texturkoordinaten steht, die dreidimensional sein sollen. D3DFVF_TEXCOORDSIZE2, also zweidimensionale Texturen, ist Standard. Die dritte Komponente nennen wir *w-Texturkoordinate*, und sie bestimmt die Tiefe der Texturkoordinaten auf dem Quader der übereinander gestapelten 2D-Schichten.

- *Environment-Mapping* nennt sich eine Technik, die es uns erlaubt, spiegelnde Oberflächen auf erstaunlich gute Weise in der Echtzeitgrafik zu simulieren. Dazu fertigt man sechs Bilder (Texturen) an, welche die Aussicht von dem reflektierenden Objekt aus nach links, rechts, oben, unten, vorne und hinten darstellen, also eine Art von Panorama. Diese sechs Bilder werden nun zu einer *würfelförmigen Umgebungstextur* (*Cubic Environment Map*) zusammengefasst.

- Direct3D kann nun mit Hilfe der Kameraposition und den Vertexnormalenvektoren für jeden Vertex die entsprechende gespiegelte Stelle auf der Umgebungstextur errechnen (*automatische Texturkoordinatengenerierung*). Die gespiegelte Textur kann ganz normal durch Multi-Texturing mit anderen Texturen verknüpft werden.

- Normalerweise berechnet man die Umgebungstextur *nicht* für jedes Objekt neu, sondern man verwendet eine einzige, welche die Aussicht in alle Richtungen beinhaltet, wie sie sich ungefähr *von jeder Position aus* bietet. So wird viel Rechenzeit gespart. In einer Weltraumszene sähe man beispielsweise auf jeder Seite Sterne, Nebel oder Planeten, und ob ein Objekt jetzt zehn Einheiten weiter vorne oder hinten liegt, hat auf die Aussicht kaum eine Auswirkung, weil die auf der Textur gezeigten Objekte sehr weit weg sind.

- Die Umgebungstextur verwendet man nicht nur zum Spiegeln, sondern man legt sie zusätzlich noch auf einen Würfel, der sich *Sky-Box* nennt. Die Sky-Box wird so angelegt, dass sich die Kamera stets in ihrem Mittelpunkt befindet. Der Benutzer sieht auf diese Weise genau das, was auch in den Objekten gespiegelt wird. Erstaunlicherweise ist es für den Betrachter nicht erkennbar, dass er sich nur in einem Würfel befindet und es nicht mit einer „realen" Umgebung aus vielen Dreiecken zu tun hat! Ein toller Effekt, der gut aussieht und gleichzeitig die Performance schont.

- Beim Environmental Bump-Mapping wird der Reflexionsvektor für jeden Pixel neu berechnet, wodurch Environment-Mapping noch überzeugender wirkt. Die Bump-Map enthält Steigungswerte für jeden Texel und wird verwendet, um feine Strukturen auf Oberflächen, die aus nur sehr wenigen Dreiecken bestehen, realistischer darzustellen.

2.12.5 Übungsaufgaben

1. In einem Spiel soll ein Tag-Nacht-Wechsel simuliert werden, und zwar durch Veränderung der Sky-Box (würfelförmige Umgebungstextur). Der Grafiker stellt dem Programmierer vier (oder auch mehr) Texturen zur Verfügung: eine für den Himmel, wie er am Mittag aussehen soll, eine für den Abend, eine für die Nacht und eine für den Morgen. Wie könnte man damit einen realistischen Tag-Nacht-Wechsel erreichen?

   Tipp: Man könnte immer zwischen zwei Texturen *blenden*. Wenn der Himmel beispielsweise um 15 Uhr dargestellt werden soll, dann würde man die Texturen für den Mittag und für den Abend im Verhältnis 1:1 blenden. Je mehr Texturen für einzelne Tageszeiten zur Verfügung stehen, desto genauer wird das Ergebnis sein. Sonne und Mond sollten in den Texturen natürlich nicht enthalten sein – sie müssen als separate Objekte erstellt werden.

2. Ein Weltraum-Shooter schafft es auf geniale Weise, ein Raumschiff wirklich beschädigt aussehen zu lassen, wenn es getroffen wurde, und zwar genau an der entsprechenden Stelle. Die Textur des Raumschiffs ist eine Volumentextur mit vier Höhenschichten für vier verschiedene Beschädigungsstufen (für überhaupt keine, leichte, mittlere und schwere Beschädigung). Wie könnte dieser Weltraum-Shooter das hinbekommen?

   Tipp: Durch gezielte Änderung der dritten Texturkoordinaten! Bei einem Treffer sucht man sich die Vertizes aus, die am nächsten bei der Einschlagstelle liegen, und erhöht ihre *w*-Texturkoordinaten. Zu Beginn sind diese alle null, was bedeutet, dass keine Beschädigung vorliegt. Durch den bilinearen Filter sind nahtlose Übergänge zwischen den einzelnen Beschädigungsstufen möglich. Man würde erst nur die unbeschädigte Hülle sehen, später dann die Panzerung, dann alle möglichen Leitungen und zum Abschluss, wenn der Schaden wirklich schwer ist, das Innenleben des Schiffs.

3. Würde die Texturkoordinatentransformation mit einer Volumentextur genauso funktionieren wie mit gewöhnlichen zweidimensionalen Texturen?
4. Versuchen Sie, mit Hilfe einer dynamischen Bump-Map, die in jedem Frame neu berechnet wird, eine Wasseroberfläche darzustellen, in der sich die Umgebung spiegelt.

2.13 Der Stencil-Buffer

2.13.1 Was war das noch gleich?

Zu Beginn dieses Kapitels wurde schon einmal kurz über den *Stencil-Buffer* gesprochen. Er ist streng gesehen kein eigener Puffer, sondern er ist ein Teil des Z-Buffers – oder besser gesagt des *Z-Stencil-Buffers*. Wenn Sie sich noch an die verschiedenen Z-Stencil-Buffer-Formate erinnern wie zum Beispiel D3DFMT_D32, D3DFMT_D16, D3DFMT_D24S8, dann wissen Sie wahrscheinlich auch noch, dass die Zahl hinter dem „D" die für den Z-Buffer zur Verfügung stehenden Bits pro Pixel angibt. Steht nun noch ein „S" in dem Formatbezeichner, wie zum Beispiel bei D3DFMT_D24S8, dann gibt die dahinter stehende Zahl an, wie viele Bits pro Pixel vom Stencil-Buffer eingenommen werden.

Der Clear-Methode der Schnittstelle IDirect3DDevice9 können wir neben den Flags D3DCLEAR_TARGET (Bildpuffer leeren) und D3DCLEAR_ZBUFFER (Z-Buffer leeren) auch noch das Flag D3DCLEAR_STENCIL übergeben, was sie veranlasst, auch den Stencil-Buffer zu leeren – und zwar auf den Wert, der im letzten Parameter angegeben wurde. Dabei handelt es sich um eine Ganzzahl ohne Vorzeichen (DWORD).

Der größte Wert, den der Stencil-Buffer in einem einzigen Pixel erreichen kann, ist immer 2 hoch die Anzahl der für den Stencil-Buffer reservierten Bits minus 1. Bei D3DFMT_D24S8 kann ein Pixel also maximal den Stencil-Wert 255 erreichen.

Nun fragen Sie sich vielleicht, welchen Zweck es überhaupt hat, mit dem Stencil-Buffer zu arbeiten. Nun, er ermöglicht eine ganze Reihe von Effekten wie zum Beispiel realistische Echtzeitschattenberechnung! Durch *Maskieren* von Pixeln, indem man ihren Stencil-Wert ändert, kann man bestimmte Pixel einer Szene einfach weglassen, und genau das nutzt man für Spezialeffekte.

2.13.2 Die Details

Um überhaupt mit dem Stencil-Buffer etwas anfangen zu können, muss natürlich erst einmal ein Z-Stencil-Buffer-Format gewählt worden sein, das auch Platz für Stencil-Werte bietet.

Später ist es dann nötig, das Render-State `D3DRS_STENCILENABLE` auf `TRUE` zu setzen. Alle von nun an gezeichneten Primitiven verwenden dann Stencil-Buffering.

2.13.2.1 Der Stencil-Test

Sicherlich kennen Sie noch den Z-Test, der Z-Buffering überhaupt erst möglich macht. Wir können eine Vergleichsfunktion angeben, die Direct3D dann verwendet, um die Tiefe eines eventuell zu zeichnenden Pixels mit der Tiefe eines bereits vorhandenen Pixels zu vergleichen und um dann zu entscheiden, ob der alte Pixel ersetzt wird oder nicht. Üblicherweise verwendete man dafür die Vergleichsfunktion `D3DCMP_LESSEQUAL`, so dass der alte Pixel nur überschrieben wurde, wenn der neue einen kleineren oder gleichen Z-Wert (Tiefe) hatte.

Etwas Vergleichbares gibt es auch beim Stencil-Buffer. Sobald das Render-State `D3DRS_STENCILENABLE` auf `TRUE` gesetzt ist, führt Direct3D für *jeden* Pixel, der gezeichnet werden soll, den so genannten *Stencil-Test* durch. Wenn der Pixel ihn nicht besteht, wird er nicht gezeichnet – genau wie beim Z-Test oder auch beim Alpha-Testing.

Auch hier können wir gezielt eine *Vergleichsfunktion* und auch einen *Referenzwert*, genau wie beim Alpha-Testing, aufstellen. Der Referenzwert wird mit Hilfe der Vergleichsfunktion mit dem Stencil-Wert an der Stelle des zu testenden Pixels verglichen.

Nehmen wir einmal an, ein Pixel mit den Koordinaten (100, 50) soll gezeichnet werden. An dieser Stelle hat der Stencil-Buffer den Wert 17. Die Vergleichsfunktion setzen wir auf `D3DCMP_EQUAL`, und als Referenzwert nehmen wir 20. Direct3D führt den Stencil-Test durch. Die Bedingung lautet *Referenzwert = Stencil-Wert*, also 20 = 17. Und da das nicht wahr ist, fällt der Pixel weg – der Stencil-Wert an seinen Koordinaten hätte eben 20 sein müssen, damit der Pixel hätte durchkommen können.

2.13.2.2 Schreiben in den Stencil-Buffer

Bisher erscheint die ganze Sache noch recht sinnlos, da wir eben erst eine einzige Möglichkeit kennen, den Stencil-Buffer mit Werten zu füllen: ihn mit `Clear` zu leeren. Doch nun kommt der springende Punkt: Wir können festlegen, was mit dem Stencil-Wert geschehen soll, *wenn der Pixel den Test besteht, wenn er ihn nicht besteht* oder *wenn er ihn besteht, dafür jedoch durch den Z-Test fällt*. Für all das gibt es Render-States und einen neuen Typ namens `D3DSTENCILOP` (eine Aufzählung), welche die Stencil-Buffer-Operation festlegt, die durchgeführt werden soll.

Tabelle 2.46 Stencil-Buffer-Operationen

Stencil-Buffer-Operation	Beschreibung
D3DSTENCILOP_KEEP	Es soll gar nichts geschehen, der Stencil-Wert bleibt, wie er ist.
D3DSTENCILOP_ZERO	Setzt den Stencil-Wert auf null zurück.
D3DSTENCILOP_REPLACE	Ersetzt den Stencil-Wert durch den Referenzwert.
D3DSTENCILOP_INVERT	Invertiert alle Bits des Stencil-Werts des betroffenen Pixels.
D3DSTENCILOP_INCR	Erhöht den Stencil-Wert um eins. Wenn er das Maximum überschreitet, fängt er wieder bei null an.
D3DSTENCILOP_INCRSAT	Erhöht ebenfalls den Stencil-Wert um eins, aber wenn der Wert schon beim Maximum angelangt ist, bleibt er so, wie er ist.
D3DSTENCILOP_DECR	Verringert den Stencil-Wert um eins und setzt ihn aufs Maximum, wenn er null unterschreitet.
D3DSTENCILOP_DECRSAT	Verringert den Stencil-Wert um eins und lässt ihn bei null, wenn er bereits null ist.

Diese Werte können für die folgenden Render-States eingesetzt werden:
- D3DRS_STENCILPASS: legt fest, was passieren soll, wenn der Pixel den Stencil-Test besteht, also die Vergleichsfunktion *wahr* zurückliefert.
- D3DRS_STENCILFAIL: bestimmt das Verhalten bei einem Pixel, der den Stencil-Test nicht bestanden hat.
- D3DRS_STENCILZFAIL: legt die Stencil-Buffer-Operation für Pixel fest, die zwar den Stencil-Test bestehen, jedoch beim Z-Test durchfallen (also verdeckt sind).

Der Standardwert ist für alle drei Render-States D3DSTENCILOP_KEEP – es geschieht also gar nichts. Den Referenzwert, mit dem alle Stencil-Werte verglichen werden, legt man übrigens mit dem Render-State D3DRS_STENCILREF fest.

2.13.2.3 Lese- und Schreibbitmasken

Manchmal möchte man nur einzelne Bits eines Stencil-Werts testen. Dafür wurden so genannte *Bitmasken* eingeführt, die wir in Form von Render-States setzen können. Eine Bitmaske wird mit Hilfe des bitweisen Und-Operators („&") auf alle Werte angewandt, die in den Stencil-Buffer geschrieben werden, die *Schreibbitmaske*. Eine andere wendet Direct3D sowohl auf den Referenzwert als auch auf aus dem Stencil-Buffer gelesene Werte an – es ist die *Lesebitmaske*. Folgender Code möge das verdeutlichen:

```
// Das Stencil-Buffer-Prinzip ohne Bitmasken:
if(Vergleichsfunktion(Referenzwert, LeseStencilWert(x, y)))
{
    if(PixelHatZTestBestanden(x, y, z))
    {
        // Der Pixel hat den Test bestanden und wird nun gezeichnet!
        // ...

        // Die gewünschte Stencil-Buffer-Operation durchführen, die im Render-State
        // D3DRS_STENCILPASS gesetzt wurde. Die Funktion "VeraendereStencilBuffer"
        // liefert den entsprechenden neuen Wert für den Stencil-Buffer zurück,
        // nachdem die Operation durchgeführt wurde.
        StencilBuffer[x][y] = VeraendereStencilBuffer(StencilBuffer[x][y],
                                                      Referenzwert);
    }
    else
    {
        // Das Gleiche für D3DRS_STENCILZFAIL
    }
}
else
{
    // Das Gleiche für D3DRS_STENCILFAIL
}
```

Listing 2.100 Prinzip des Stencil-Buffers ohne Bitmasken

2.13 Der Stencil-Buffer

Nun das Ganze *mit* Schreib- und Lesebitmaske (neue Stellen sind hervorgehoben):

```
// Das Stencil-Buffer-Prinzip ohne Bitmasken:
if(Vergleichsfunktion(Referenzwert & Lesebitmaske,
                      LeseStencilWert(x, y) & Lesebitmaske))
{
    if(PixelHatZTestBestanden(x, y, z))
    {
        // Der Pixel hat den Test bestanden und wird nun gezeichnet!
        // ...

        // Die gewünschte Stencil-Buffer-Operation durchführen, die im Render-State
        // D3DRS_STENCILPASS gesetzt wurde. Die Funktion "VeraendereStencilBuffer"
        // liefert den entsprechenden neuen Wert für den Stencil-Buffer zurück,
        // nachdem die Operation durchgeführt wurde.
        StencilBuffer[x][y] = VeraendereStencilBuffer(StencilBuffer[x][y],
                                             Referenzwert) & Schreibbitmaske;
    }
    else
    {
        // Das Gleiche für D3DRS_STENCILZFAIL
    }
}
else
{
    // Das Gleiche für D3DRS_STENCILFAIL
}
```

Listing 2.101 Wie die Bitmasken funktionieren

Der Standardwert für beide Bitmasken ist 0xFFFFFFFF – binär wären das 32 Einsen. Standardmäßig werden also *alle* Bits getestet und geschrieben.

2.13.2.4 Neu in DirectX 9 – zweiseitiger Stencil-Buffer-Modus

Bei einigen Effekten wie zum Beispiel der Echtzeitschattenberechnung ist es notwendig, die *Vorderseiten* eines Objekts mit anderen Stencil-Buffer-Einstellungen zu rendern als die *Rückseiten* (also die Dreiecke, die beim Culling normalerweise wegfallen würden).

In älteren DirectX-Versionen war es notwendig, diese Objekte zweimal zu zeichnen: einmal mit D3DRS_CULLMODE auf D3DCULL_CW und einmal auf D3DCULL_CCW gesetzt, um jeweils nur eine „Seite" des Objekts zu rendern. Doch neuerdings ist es möglich, alles mit einem Mal zu rendern (natürlich mit ausgeschaltetem Culling), denn wir können für beide Sorten von Dreiecken verschiedene Stencil-Buffer-Einstellungen festlegen. Allerdings geht das nur, wenn die Hardware es unterstützt, was genau dann der Fall ist, wenn das Flag D3DSTENCILCAPS_TWOSIDED im Element StencilCaps der D3DCAPS9-Struktur gesetzt ist.

Erst einmal setzen wir das Render-State D3DRS_TWOSIDEDSTENCILMODE auf TRUE, wonach uns einige weitere Render-States zur Verfügung stehen, die da wären: D3DRS_CCW_STENCILFUNC D3DRS_CCW_STENCILPASS, D3DRS_CCW_STENCILFAIL, D3DRS_CCW_STENCILZFAIL – also praktisch alle „normalen" Stencil-Buffer-Render-States mit dem Unterschied, dass noch ein „CCW_" davor steht. Diese Buchstabenkombination kennen Sie bereits vom Culling (D3DCULL_CCW), und sie steht für *counter clockwise*, also *gegen den Uhrzeigersinn*. Diese Render-States legen die Stencil-Buffer-Einstellungen fest, die Direct3D für Dreiecke anwenden soll, die auf dem *Bildschirm gegen den Uhrzeigersinn* angeordnet sind, also normalerweise mit Standard-Culling verschwinden würden, während die üblichen Render-States ohne das „CCW_" das Verfahren für die *im Uhrzeigersinn* angeordneten Dreiecke kontrollieren.

Referenzwert und die Bitmasken können nicht getrennt gesetzt werden – die CCW-Stencil-Tests verwenden die gleichen wie die CW-Tests.

2.13.2.5 Den Stencil-Buffer füllen, ohne den Bildpuffer zu füllen

Wie Sie gemerkt haben, wird der Stencil-Buffer auf zwei Weisen beschrieben: durch die Clear-Methode und durch Zeichnen von Primitiven mit aktiviertem Stencil-Buffering. Um einen „Abdruck" im Stencil-Buffer zu hinterlassen, könnte man zum Beispiel die Vergleichsfunktion (D3DRS_STENCILFUNC) auf D3DCMP_ALWAYS setzen, so dass alle gezeichneten Pixel den Test bestehen. Dann setzen wir für D3DRS_STENCILPASS einfach D3DSTENCILOP_REPLACE ein, und D3DRS_STENCILREF setzen wir auf den Wert, der von den Primitiven hinterlassen werden soll (D3DSTENCILOP_REPLACE ersetzt bekanntlich den Stencil-Wert durch den Referenzwert).

Doch die Dreiecke wären ohne zusätzliche Einstellungen später auf dem Bildschirm *sichtbar*. Wenn man also wirklich *nur* in den Stencil-Buffer zeichnen will, muss man sich eines kleinen Tricks bedienen. Es gibt verschiedene Möglichkeiten, die Primitiven verschwinden zu lassen:

- Alpha-Blending aktivieren. D3DRS_SRCBLEND auf D3DBLEND_ZERO setzen. D3DRS_DESTBLEND weisen wir D3DBLEND_ONE zu. So sind die Primitiven 100%ig transparent und werden garantiert nicht gezeichnet. Das Schreiben in den Z-Buffer sollte abgeschaltet werden, damit auch dort keine Spuren hinterlassen werden können.
- Die Z-Buffer-Vergleichsfunktion (D3DRS_ZFUNC) auf D3DCMP_NEVER setzen, so dass *jeder* Pixel durch den Z-Test fällt und daher gar nicht gezeichnet werden kann. Die Stencil-Buffer-Operation bestimmen wir dann durch das Render-State D3DRS_STENCILZFAIL, das zum Einsatz kommt, wenn der Z-Test fehlschlägt, der Stencil-Test jedoch nicht.
- Mit dem Render-State D3DRS_COLORWRITEENABLE kann man festlegen, welche Kanäle (Rot, Grün, Blau, Alpha) im Bildpuffer beschrieben werden. Setzt man es auf null, werden gar keine Pixel mehr gezeichnet. Setzt man das Render-State beispielsweise auf D3DCOLORWRITEENABLE_RED, dann wird nur noch der rote Farbkanal aller Pixel geschrieben. Verschiedene Flags werden mit „|" kombiniert. Dies ist ebenfalls eine sehr interessante Sache, weil man damit 3D-Brillen-Effekte recht leicht erzielen kann! Auch hier sollten wir den Z-Buffer abschalten (zumindest die Schreiberlaubnis).

2.13.3 Das Beispielprogramm

In diesem Beispielprogramm werden wir den Stencil-Buffer nutzen, um einen besonderen Effekt darzustellen: In einer Szene soll der *Overdraw* sichtbar gemacht werden. Dieser Begriff steht dafür, wie oft ein Pixel während einer Szene überzeichnet wurde. Das Ziel jeder Anwendung, die ihre 3D-Grafik möglichst schnell darstellen möchte (also praktisch alle), ist es, den Overdraw auf ein Minimum zu reduzieren. Denn ein Pixel, der überzeichnet wird, bedeutet immer, dass das, was dahinter war, *unnötig* gezeichnet wurde (Ausnahme: transparente Objekte, denn da ist es notwendig!), da es sowieso nicht sichtbar wurde. Eingeschaltetes Culling reduziert den Overdraw beispielsweise durchschnittlich um circa 50%, da ungefähr die Hälfte aller Dreiecke wegfällt!

Und wie kann man nun den Overdraw mit dem Stencil-Buffer sichtbar machen? Das geht recht einfach. Die Theorie: Die Pixel jedes Dreiecks erhöhen den Stencil-Buffer um eins, und da, wo ein Overdraw vorhanden war, ist der Wert des Stencil-Buffers später größer als eins (wir setzen ihn zu Beginn mit Clear auf 0). Das eigentliche Objekt bleibt dabei unsichtbar und hinterlässt sein Spuren nur im Stencil-Buffer.

Später zeichnen wir dann einige große Rechtecke, die das gesamte Bild einnehmen – aber mit aktiviertem Stencil-Test. Die Vergleichsfunktion setzen wir auf D3DCMP_EQUAL, und den Refe-

2.13 Der Stencil-Buffer   255

renzwert erhöhen wir bei jedem Rechteck um eins. Dadurch, dass wir auch die Farbe jedes Rechtecks ändern, haben später die verschiedenen Overdraw-Regionen auch verschiedene Farben (Beispiel: „Perfekte" Pixel, die nur einmal gezeichnet wurden, sind grün, und dann geht es langsam ins Rote über, um hohen Overdraw anzudeuten).

Erst einmal sollten wir dazu sicherstellen, dass auch wirklich *jedes* Dreieck gezeichnet wird, also das Culling deaktivieren (D3DCULL_NONE). Beim Zeichnen der eigentlichen Szenerie soll natürlich außerdem gar nichts sichtbar werden, also wenden wir eine der drei oben beschriebenen Verfahren an. Es bietet sich an, auf die Variante mit dem Deaktivieren des Z-Buffers zurückzugreifen, was wir dann auch tun. Also: Z-Buffer-Vergleichsfunktion auf D3DCMP_NEVER setzen und die Stencil-Buffer-Operation D3DSTENCILOP_INCRSAT (Erhöhen des Stencil-Werts um eins) für D3DRS_STENCILZFAIL einsetzen.

Das gezeichnete Objekt – ein Gebilde, das man als in sich verdrehten Ring bezeichnen könnte – stammt wieder aus einer X-Datei, und wir rendern es gleich dreimal, damit auch genügend Overdraw entsteht.

Füllen des Stencil-Buffers

```
// Nur den Stencil-Buffer leeren.
// Der Z-Buffer wird nicht gebraucht, und der Bildpuffer wird
// sowieso von den Rechtecken gefüllt.
if(FAILED(hResult = g_pD3DDevice->Clear(0,
                                         NULL,
                                         D3DCLEAR_STENCIL,
                                         D3DCOLOR_XRGB(0, 0, 0),
                                         1.0f,
                                         0)))
{
    // Fehler beim Leeren!
    TB_ERROR_DIRECTX("g_pD3DDevice->Clear", hResult, TB_STOP);
}

// Szene beginnen
g_pD3DDevice->BeginScene();

// ----------------------------------------------------------------

// Als Erstes zeichnen wir die drei sich drehenden Objekte. Dabei soll jeder Pixel den
// Stencil-Wert an dieser Stelle um eins erhöhen, außerdem soll nichts davon auf den
// Bildschirm gelangen.
// Damit auch wirklich alle Dreiecke gezeichnet werden, schalten wir Culling ab.
// Der Z-Buffer wird so eingestellt, dass kein Pixel den Test besteht.
// D3DRS_STENCILZFAIL ist dafür der richtige Fall. Dieses Render-State setzen wir auf den
// Wert D3DSTENCILOP_INCRSAT, damit die Pixel, die den Z-Test nicht bestanden haben
// (also alle) den Stencil-Wert um eins erhöhen.
// Den Stencil-Test stellen wir so ein, dass ihn alle Pixel bestehen.
g_pD3DDevice->SetRenderState(D3DRS_STENCILENABLE, TRUE);
g_pD3DDevice->SetRenderState(D3DRS_STENCILFUNC,   D3DCMP_ALWAYS);
g_pD3DDevice->SetRenderState(D3DRS_STENCILZFAIL,  D3DSTENCILOP_INCRSAT);
g_pD3DDevice->SetRenderState(D3DRS_CULLMODE,      D3DCULL_NONE);
g_pD3DDevice->SetRenderState(D3DRS_ZFUNC,         D3DCMP_NEVER);

// Nun die drei Objekte zeichnen. Nichts davon wird sichtbar - sie hinterlassen
// ihre Spuren nur im Stencil-Buffer, und die machen wir später dann erkennbar.
tbMatrix World(tbMatrixRotation(g_fTime, g_fTime * 0.5f, g_fTime * 0.25f) *
               tbMatrixTranslation(tbVector3(0.0f, 0.0f, 3.0f)));
g_pD3DDevice->SetTransform(D3DTS_WORLD, (D3DMATRIX*)(&mWorld));
g_pThing->DrawSubset(0);

mWorld = tbMatrixRotation(g_fTime * 0.9f, g_fTime * 0.6f, g_fTime * 0.3f) *
         tbMatrixTranslation(tbVector3(-3.0f, 0.0f, 5.0f));
g_pD3DDevice->SetTransform(D3DTS_WORLD, (D3DMATRIX*)(&mWorld));
```

```
    g_pThing->DrawSubset(0);

    mWorld = tbMatrixRotation(g_fTime * 1.1f, g_fTime * 0.4f, g_fTime * 0.35f) *
             tbMatrixTranslation(tbVector3(3.0f, 0.0f, 5.0f));
    g_pD3DDevice->SetTransform(D3DTS_WORLD, (D3DMATRIX*)(&mWorld));
    g_pThing->DrawSubset(0);
```

Listing 2.102 Hier werden die drei sich drehenden Objekte gezeichnet.

Zeichnen der Rechtecke

```
    // Nun zeichnen wir eine Reihe von Rechtecken, die sich über das gesamte Bild erstrecken.
    // Das erste Rechteck wird nur dort gezeichnet, wo der Stencil-Wert eins ist, das zweite
    // nur da, wo er zwei ist, und so weiter. Jedes Rechteck bekommt eine andere Farbe.
    // Dort, wo mehr Overdraw ist, wird die Farbe stärker rötlich.

    // Vertexformat setzen und den Z-Buffer so einstellen, dass das Rechteck auch sichtbar wird
    g_pD3DDevice->SetFVF(SVertex::dwFVF);
    g_pD3DDevice->SetRenderState(D3DRS_ZFUNC, D3DCMP_ALWAYS);

    // Die Weltmatrix zurücksetzen
    g_pD3DDevice->SetTransform(D3DTS_WORLD, (D3DMATRIX*)(&tbMatrixIdentity()));

    // Rechteckkoordinaten generieren
    aVertex[0].vPosition = tbVector3(-100.0f, -100.0f, 1.0f);
    aVertex[1].vPosition = tbVector3(-100.0f,  100.0f, 1.0f);
    aVertex[2].vPosition = tbVector3( 100.0f, -100.0f, 1.0f);
    aVertex[3].vPosition = tbVector3( 100.0f,  100.0f, 1.0f);

    // Für jedes Rechteck ...
    for(int iRect = 0; iRect < 16; iRect++)
    {
        // Stencil-Buffer-Einstellungen vornehmen.
        // Das letzte Rechteck soll auch bei denjenigen Pixeln gezeichnet werden,
        // bei denen der Overdraw größer als die 15 ist.
        if(iRect != 15) g_pD3DDevice->SetRenderState(D3DRS_STENCILFUNC, D3DCMP_EQUAL);
        else g_pD3DDevice->SetRenderState(D3DRS_STENCILFUNC, D3DCMP_LESSEQUAL);

        // Der Referenzwert entspricht der Nummer des Rechtecks.
        g_pD3DDevice->SetRenderState(D3DRS_STENCILREF, iRect);

        // Die Vertexfarben einstellen. Je höher iRect, desto roter.
        aVertex[0].dwColor = aVertex[1].dwColor =
        aVertex[2].dwColor = aVertex[3].dwColor
            = tbColor((float)(iRect+1) / 16.0f, 1.0f - (float)(iRect+1) / 16.0f, 0.0f);

        // Das Rechteck zeichnen
        g_pD3DDevice->DrawPrimitiveUP(D3DPT_TRIANGLESTRIP, 2, aVertex,
                                     sizeof(SVertex));
    }
```

Listing 2.103 So machen wir den Overdraw sichtbar.

2.13 Der Stencil-Buffer

Abbildung 2.62 Dunkle Pixel wurden häufiger überschrieben als helle.

2.13.4 Rückblick

- Der Stencil-Buffer ist ein Teil des Z-Buffers. Formate wie D3DFMT_D24S8 oder D3DFMT_D24X4S4 bieten Platz für ihn. Für jeden Pixel steht damit ein Stencil-Wert zur Verfügung, der eine einfache Ganzzahl zwischen 0 und 2 hoch der Anzahl der Stencil-Buffer-Bits minus 1 ist.
- Der Stencil-Test, der für jeden Pixel durchgeführt wird, vergleicht einen Referenzwert mit dem Stencil-Wert an den Koordinaten des Pixels und führt dann – je nach Ergebnis – verschiedene Operationen wie zum Beispiel das Erhöhen des Stencil-Werts an dieser Stelle durch.
- Nur solche Pixel, die den Stencil-Test bestehen, können später sichtbar werden. Aber auch unsichtbare Pixel hinterlassen – wenn wir das wollen – eine Spur im Stencil-Buffer und dienen dazu, bestimmte Teile einer Szene für Spezialeffekte zu maskieren.

2.13.5 Übungsaufgaben

1. Wie könnte man den Stencil-Buffer dazu verwenden, auf verschiedene Arten zwischen zwei Szenen zu wechseln? Zum Beispiel:

   a) Die neue Szene baut sich von links nach rechts auf und ersetzt die alte.

   b) Die neue Szene erscheint kreisförmig aus der Mitte des Bildschirms heraus.

   c) Der Wechsel findet in einem „Schachbrettmuster" statt, dessen Felder immer größer werden, bis die neue Szene das gesamte Bild eingenommen hat.

   Tipp: Beide Szenen müssen mit aktiviertem Stencil-Test gerendert werden. Die Pixel der einen Szene werden nur dann sichtbar, wenn zum Beispiel an dieser Stelle im Stencil-Buffer eine Null steht, und die Pixel der anderen Szene genau im umgekehrten Fall. Nun gilt es, den Stencil-Buffer dynamisch mit einem Muster zu füllen. Für Aufgabe a) würde man ein Rechteck in den Stencil-Buffer rendern (im Bildpuffer und im Z-Buffer würde man es nicht erscheinen lassen), das mit jedem Frame ein Stückchen breiter wird. Dadurch würde dann ein entsprechender Übergang zwischen den beiden Szenen entstehen.

2. In *Zelda: Ocarina Of Time* (N64) gibt es einen Gegenstand, der *das Auge der Wahrheit* genannt wird. Schaut man durch das Auge der Wahrheit, so werden plötzlich verborgene Gegenstände oder versteckte Gegner sichtbar. Dabei wird nur ein Teil des Bildschirms vom Auge der Wahrheit (das wie eine Lupe aussieht) eingenommen. Außen herum sieht alles wie immer aus, nur dort, wo man hindurchsieht, erscheinen die ansonsten unsichtbaren Objekte. Wie könnte man so etwas mit dem Stencil-Buffer realisieren?

2.14 D3DX-Effekte

2.14.1 Probleme beim Verwalten von Modellen

Will man eine Klasse für ein 3D-Modell schreiben (was wir später auch noch tun werden), muss man sich genaue Gedanken darüber machen, wie man ein automatisiertes Rendern der Modelle bewerkstelligen kann. Auf den ersten Blick scheint das leicht zu sein: Jedes Modell bekommt einen großen Vertex-Buffer und einen Index-Buffer – beide gefüllt mit den Modelldaten – und wenn es dann zum Rendern kommt, zeichnet man einfach alle Dreiecke aus den Puffern. Doch ganz so leicht ist es nicht, denn etwas wurde dabei vergessen: nämlich dass ein 3D-Modell in den allermeisten Fällen aus verschiedenen Materialien besteht, die jeweils verschiedene Texturen und Render-Einstellungen verwenden. Bei einzelnen Objekten kann man es zwar erreichen, dass nur *eine* einzige Textur gebraucht wird, aber sobald mehr als ein Material vorhanden ist, kann das ganze Modell nicht mehr mit einem Mal gerendert werden, der Render-Vorgang wird *aufgeteilt*.

Zuerst zeichnet man alle Dreiecke, die das Material A und die Textur A verwenden, dann alle, die B verwenden, und so weiter. Vor jedem Rendern muss dafür gesorgt werden, dass das Material eingesetzt wird, die Textur ebenfalls, und möglicherweise müssen die Werte einiger Render-, Sampler- oder Texturschicht-States verändert werden. Ein Teil des Objekts erfordert zum Beispiel, dass Alpha-Blending eingeschaltet ist, während ein anderer nur aus Gitterlinien besteht.

Die Frage ist nun: Wie merkt man sich, welche Render-States oder welche Texturen ein bestimmter Teil des Objekts benötigt? Man könnte dazu eine Liste anfertigen, die den gewünschten Wert jedes Render-States enthält, dazu noch die benötigten Texturen und auch alle sonstigen Einstellungen. Das alles so zu implementieren, dass der ganze Vorgang wenig Zeit kostet, ist nicht so einfach.

2.14.2 „Effekte"

D3DX – die Hilfsbibliothek für Direct3D-Anwendungen – definiert eine *Effektschnittstelle* namens `ID3DXEffect`. Grob gesagt ist ein solcher Effekt eine Ansammlung nahezu *aller* Einstellungen wie Render-States, Sampler-States, Texturschicht-States, Materialien, Lichtern, Texturen und so weiter, die zum Zeichnen eines gewissen Teils einer Szene notwendig sind.

2.14.2.1 Techniken

Ein Effekt kann verschiedene *Techniken* beinhalten. Jede dieser Techniken versucht, denselben Effekt zu erzielen, jedoch mit verschiedenen Mitteln. Nehmen wir noch einmal das Beispiel vom vorherigen Unterkapitel: der Stencil-Buffer. Dort wurde einmal die Z-Buffer-Vergleichsfunktion auf `D3DCMP_NEVER` gestellt, um zu erreichen, dass nun ja kein Pixel sichtbar wird (die Pixel sollten ihre Spur nur im Stencil-Buffer hinterlassen). Es wurde auch gesagt, dass es verschiedene Methoden gibt, dies zu erreichen – nämlich mit Alpha-Blending (indem man D3DRS_SRCBLEND auf D3DBLEND_ZERO schaltet) oder aber auch durch Setzen des Render-States D3DRS_COLORWRITEENABLE auf 0.

Für nahezu alles, was in Direct3D einstellbar ist – vor allem *States* aller Art, gibt es einen Eintrag in der D3DCAPS9-Struktur, welche die Fähigkeiten eines Geräts beinhaltet. Das bedeutet, dass man sich niemals darauf verlassen sollte, dass eine bestimmte Einstellung die Unterstützung der Hardware findet.

Genau das ist der Grund dafür, warum ein Effekt *mehrere* Techniken beinhalten kann: Wenn das Verfahren der ersten Technik auf dem Gerät nicht funktioniert, kann man noch auf die zweite Technik zurückgreifen, die vielleicht ein wenig langsamer ist oder nicht die gleiche gute Bildqualität liefert. Je mehr Wege es gibt, einen Effekt zu erzielen, desto wahrscheinlicher ist es, dass das Endergebnis auf allen Grafikkarten gleich gut aussieht.

Die Effektschnittstelle ID3DXEffect ist in der Lage, uns zu sagen, ob eine bestimmte Technik auf der im System installierten Grafikkarte lauffähig ist oder nicht.

2.14.2.2 Durchgänge

Jede Technik besteht aus mindestens einem *Durchgang* (*pass*). Ein Durchgang besteht wiederum aus einer Ansammlung von Render-States, Texturschicht-States, Materialeinstellungen und so weiter. Wenn ein Objekt mit einer Technik gerendert wird, die aus mehreren Durchgängen besteht, dann wird es mit *jedem* Durchgang *genau einmal* gezeichnet. Und wozu sollte das gut sein? Ganz einfach: Manche Effekte erfordern es, ein Objekt zweimal mit verschiedenen Render-Einstellungen zu zeichnen, wie zum Beispiel eine transparente Kugel: Erst kommen die hinteren Dreiecke dran (Culling: D3DCULL_CW) und dann die vorderen (D3DCULL_CCW). In dem Fall gäbe es *zwei* Durchgänge, wobei jeder der beiden das Render-State D3DRS_CULLMODE auf einen anderen Wert setzt.

Einstellungen bleiben zwischen zwei Durchgängen erhalten: Setzt der erste Durchgang das Render-State X auf den Wert Y, dann hat es diesen Wert auch noch im zweiten und allen nachfolgenden Durchgängen, bis es wieder geändert wird.

Ein anderes Beispiel, bei dem gleich mehrere Durchgänge nötig sind: Ein Objekt soll mit Multi-Texturing gezeichnet werden, obwohl die Grafikkarte das nicht direkt unterstützt. In dem Fall greift man auf das *Multi*-Pass-Verfahren zurück und zeichnet zuerst die erste Textur (ganz normal), und danach legt man die zweite mit Alpha-Blending darüber. Es gibt auf diese Weise zwar nicht so viele Möglichkeiten wie beim echten *Single*-Pass-Multi-Texturing, aber es ist doch immerhin besser als gar nichts – besser als eine Fehlermeldung à la „*Ihre Grafikkarte ist zu alt, das Spiel läuft hier nicht. Kaufen Sie sich gefälligst eine neue für 500 €, die restlos alle Features unterstützt!*".

2.14.2.3 Effektdateien

Effekte werden normalerweise in .FX-Dateien gespeichert, die einfach nur normalen ASCII-Text beinhalten, wie man ihn mit Notepad erzeugen kann. Die interne Struktur einer solchen Effektdatei erinnert stark an ein C-Programm. Das folgende Beispiel zeigt eine Effektdatei, die zwei Techniken enthält, die jeweils zwei Texturen auf ein Objekt zeichnen können. Eine Technik arbeitet mit Single-Pass-Multi-Texturing und die andere mit dem Multi-Pass-Verfahren.

```
// Zwei Texturen deklarieren
TEXTURE Tex1;
TEXTURE Tex2;

// Die erste Technik rendert die Szene in einem einzigen Durchgang.
// Das ist natürlich schneller, aber von sehr alten Grafikkarten nicht unterstützt.
TECHNIQUE T1
{
    // Der erste und einzige Durchgang
    PASS P1
    {
        // Die beiden Texturen Tex1 und Tex2 in verschiedene Texturschichten setzen
        Texture[0] = <Tex1>;
        Texture[1] = <Tex2>;

        // Die Einstellungen für die erste Texturschicht vornehmen.
        // Die Streufarbe ignorieren wir dabei - nur die Textur zählt.
        ColorOp[0]   = SelectArg1;
        ColorArg1[0] = Texture;

        // Multi-Texturing so einstellen, dass die zweite Textur zur ersten
        // hinzuaddiert wird (Tex1 + Tex2).
        ColorOp[1]   = Add;
        ColorArg1[1] = Current;
        ColorArg2[1] = Texture;
    }
}

// Nun die zweite Technik, die zwei Durchgänge braucht
TECHNIQUE T2
{
    // Erster Durchgang
    PASS P1
    {
        // Die erste Textur einsetzen. Auch hier wird die Streufarbe missachtet.
        Texture[0]   = <Tex1>;
        ColorOp[0]   = SelectArg1;
        ColorArg1[0] = Texture;
    }

    // Zweiter Durchgang
    PASS P2
    {
        // Die zweite Textur einsetzen
        Texture[0]   = <Tex2>;
        ColorOp[0]   = SelectArg1;
        ColorArg1[0] = Texture;

        // Alpha-Blending durch Addition (Standard) aktivieren.
        AlphaBlendEnable = True;
        BlendOp          = Add;

        // Beide Texturen sollen gleich stark zur Geltung kommen.
        SrcBlend  = One;
        DestBlend = One;
    }
}
```

Listing 2.104 Die beiden Techniken T1 und T2 erzielen das gleiche Ergebnis auf verschiedene Arten.

Render-States & Co.

Wie Sie gesehen haben, können wir Render- und Texturschicht-States ganz einfach Werte zuweisen, als wären sie gewöhnliche Variablen in einem C-Programm. Texturschicht- und Sampler-States werden dabei als Array dargestellt, wobei jeder Index für eine Texturschicht

2.14 D3DX-Effekte 261

steht (Index 0: erste Texturschicht). Die Werte von Render-States und Sonstigem können auch mit dem „|"-Operator kombiniert werden, wenn das nötig ist. Wie Sie außerdem wahrscheinlich schon bemerkt haben, wurden alle Namen übernommen, jedoch ohne die Präfixe wie „D3DRS_", „D3DSAMP_", „D3DTSS_", „D3DCMP_" und so weiter. Die Groß-/Kleinschreibung spielt übrigens keine Rolle.

Materialien und Lichter

Auch darauf hat man in der Effektsprache einen Einfluss: Ein Effekt kann Materialien und Lichter verändern, als befänden wir uns in einem echten C++-Programm. Betrachten Sie folgendes Beispiel:

```
TECHNIQUE T1
{
    PASS P1
    {
        // Das Material einstellen
        //                  Rot    Grün   Blau   Alpha
        MaterialDiffuse  = {0.0f,  1.0f,  0.0f,  1.0f}; // Grüne Streufarbe
        MaterialAmbient  = {0.0f,  0.1f,  0.0f,  0.0f}; // Schwache Hintergrundfarbe
        MaterialEmissive = {0.0f,  0.0f,  0.0f,  0.0f}; // Keine Eigenfarbe
        MaterialSpecular = {1.0f,  1.0f,  1.0f,  0.0f}; // Weiße Glanzfarbe
        MaterialPower    = 10.0f;                        // Glanzkraft

        // Nun ein Richtungslicht erstellen
        LightType[0]      = Directional;
        LightDiffuse[0]   = {1.0f, 1.0f, 1.0f, 1.0f}; // Weiße Streufarbe
        LightAmbient[0]   = {1.0f, 1.0f, 1.0f, 0.0f}; // Weiße Hintergrundfarbe
        LightSpecular[0]  = {1.0f, 1.0f, 1.0f, 0.0f}; // Weiße Glanzfarbe
        LightDirection[0] = {0.0f, 0.0f, 1.0f};       // Licht zeigt in die Tiefe

        // Das Licht aktivieren
        LightEnable[0] = True;

        // Glanzfarben aktivieren
        SpecularEnable = True;
    }
}
```

Listing 2.105 Materialien und Lichter einstellen – kein Problem!

Transformationsmatrizen

Die Namen der „Variablen" für die Transformationsmatrizen lauten WorldTransform, ViewTransform, ProjectionTransform und TextureTransform. Beachten Sie jedoch, dass WorldTransform und TextureTransform *Arrays* sind! Es ist klar, dass es mehrere Texturmatrizen gibt (für jede Schicht eine). Auch gibt es mehrere Weltmatrizen, von denen wir aber bisher immer erst eine verwendet haben (WorldTransform[0]). Mehrere Weltmatrizen kann man für verschiedene Animationseffekte gebrauchen.

Variablen

Einen Variablentyp kennen Sie bereits: TEXTURE. Weiterhin gibt es DWORD, FLOAT, STRING, VECTOR (3D-Vektor) und MATRIX (4x4-Matrix). Alle diese Variablentypen können Sie in einer Effektdatei verwenden und auch bei Bedarf sofort initialisieren (DWORD a = 12; oder VECTOR b = {1.0f, 2.0f, -3.0f} oder aber auch DWORD c = 0xFF80BC23). Es ist *ungültig*, einer Variablen den Wert einer anderen Variablen oder eines Render-States oder Sonstigem zuzuweisen.

Im Quellcode tauchen Variablennamen immer innerhalb von „<>"-Klammern auf, nicht jedoch bei deren Deklaration (FLOAT fPower; und MaterialPower = <fPower>;).

Es gibt auch die Möglichkeit, die Variablen von „außen" aus dem C++-Programm zu setzen und abzufragen – sozusagen als Parameter für den Effekt. Doch mehr dazu später.

2.14.3 Laden eines Effekts

Ein Effekt kann – genau wie eine Textur – entweder aus einer Datei, aus dem Speicher oder aus einer Windows-Ressource geladen werden. Zuständig für das Laden aus einer Datei ist die Funktion D3DXCreateEffectFromFile.

Tabelle 2.47 Die Parameter der Funktion D3DXCreateEffectFromFile

Parameter	Beschreibung
PDIRECT3DDEVICE9 pDevice	das Direct3D-Device
LPCSTR pSrcFile	Name der Effektdatei, zum Beispiel FORCEFIELD.FX
const D3DXMACRO* pDefines	ein Array von vordefinierten Makros (ähnlich wie #define) oder einfach nur NULL
LPD3DXINCLUDE pInclude	Hier hat man die Möglichkeit, weitere Effektdateien einzubinden, muss man aber nicht (einfach NULL angeben)
DWORD Flags	Hier sollte man 0 angeben.
LPD3DXEFFECTPOOL pPool	eine *Effektpoolschnittstelle*, die es erlaubt, Variablen für viele Effekte gleichzeitig zur Verfügung zu stellen (*wird später beschrieben*) oder NULL
LPD3DXEFFECT* ppEffect	Adresse eines Zeigers auf den Effekt, den die Ladefunktion ausfüllen soll
LPD3DXBUFFER* ppCompilationErrors	Adresse eines Zeigers, in den die Funktion eventuelle Kompilierfehlermeldungen hineinschreibt. Die Schnittstelle ID3DXBuffer bietet eine Methode namens GetBufferPointer, die den Zeiger auf den Datenbereich des Puffers liefert. Wenn die Fehlermeldungen nicht interessieren, der kann auch NULL angeben, der Rückgabewert der Funktion sagt ebenfalls aus, ob etwas schief gegangen ist oder nicht.

Theoretisch braucht man also nur drei Parameter auszufüllen (Direct3D-Device, Dateiname und der Doppelzeiger auf die ID3DXEffect-Schnittstelle), die restlichen sind nicht unbedingt relevant.

2.14.4 Mit Effekten rendern

2.14.4.1 Gültige Techniken finden und aktivieren

Bevor wir ein Objekt mit einem Effekt versehen können, müssen wir eine gültige Technik des Effekts finden. Techniken werden durch einen Typ namens D3DXHANDLE angesprochen.

Das Prinzip funktioniert wie folgt: Wir gehen jede Technik im Effekt durch und prüfen, ob diese gültig ist. Sobald das der Fall ist, brechen wir ab und verwenden diese Technik.

Zuerst brauchen wir also die Anzahl der verfügbaren Techniken. Dazu rufen wir die Methode ID3DXEffect::GetDesc auf. Sie füllt uns eine Struktur namens D3DXEFFECT_DESC aus, die eine

2.14 D3DX-Effekte 263

Beschreibung des Effekts beinhaltet. Das Element Techniques steht für die Anzahl der Techniken.

Mit einer for-Schleife gehen wir nun jede einzelne Technik durch. Die Methode ID3DXEffect::ValidateTechnique prüft, ob eine angegebene Technik gültig ist oder nicht. Dafür brauchen wir ihr Handle, also die D3DXHANDLE-Variable. In der for-Schleife steht uns aber nur der Index, also die Nummer der Technik zur Verfügung. Die Methode GetTechnique erwartet einen Technikindex und liefert den entsprechenden D3DXHANDLE-Wert zurück, den wir für ValidateTechnique brauchen.

Wenn ValidateTechnique erfolgreich ist, was wir mit dem SUCCEEDED-Makro prüfen, ist die Technik gültig, und wir aktivieren sie mit Hilfe der Methode ID3DXEffect::SetTechnique, die das Handle der zu aktivierenden Technik erwartet.

Wen nun auch noch der Name einer Technik interessiert oder die Anzahl der Durchgänge, der findet diese Angaben in einer weiteren Struktur namens D3DXTECHNIQUE_DESC, die mit der Methode ID3DXEffect::GetTechniqueDesc abgefragt werden kann. Es gibt noch so viele weitere Hilfsfunktionen, dass ein Blick in die Dokumentation empfehlenswert ist, schauen Sie sich einfach die Methoden der ID3DXEffect-Schnittstelle an!

> Die Methode ID3DXEffect::ValidateTechnique ist leider nicht immer hundertprozentig verlässlich – manchmal schlägt sie fehl, obwohl die Technik einwandfrei funktioniert. Wenn also keine „gültige" Technik gefunden wurde, sollte man trotzdem weiter arbeiten und am besten einfach die erste Technik verwenden (diese ist standardmäßig aktiviert, SetTechnique aufzurufen ist also nicht notwendig).

```
// Den Effekt laden
LPD3DXEFFECT pEffect;
if(FAILED(D3DXCreateEffectFromFile(g_pD3DDevice,
                                   "Effect.fx",
                                   NULL,
                                   NULL,
                                   0,
                                   &pEffect,
                                   NULL)))
{
    // Fehler beim Laden des Effekts!
    // ...
}

// Die Effekteigenschaften abfragen
D3DXEFFECT_DESC EffectDesc;
pEffect->GetDesc(&EffectDesc);

// Jede Technik durchgehen und überprüfen
for(unsigned int uiTec = 0; uiTec < EffectDesc.Techniques; uiTec++)
{
    // Handle der Technik abfragen
    D3DXHANDLE hTechnique = pEffect->GetTechnique(uiTec);

    // Ist die Technik gültig?
    if(SUCCEEDED(pEffect->ValidateTechnique(hTechnique)))
    {
        // Die Technik ist gültig – einsetzen und abbrechen!
        pEffect->SetTechnique(hTechnique);
        break;
    }
    else if(uiTec == EffectDesc.Techniques - 1)
    {
        // Dies war die letzte Technik! Da man sich auf die Ergebnisse von
        // ValidateTechnique leider nicht immer verlassen kann, wenden wir einfach die
```

```
            // erste Technik an - in der Hoffnung, dass sie funktioniert.
            // SetTechnique muss nicht aufgerufen werden, da die erste Technik immer von Anfang
            // an aktiviert ist.
    }
}
```

Listing 2.106 Laden eines Effekts und Suchen nach der ersten gültigen Technik

2.14.4.2 Die Durchgänge rendern

Den Effekt aktivieren

Nun müssen wir den Effekt bereit zum Rendern machen, das funktioniert mit der Methode `ID3DXEffect::Begin`. Sie erwartet zwei Parameter: einen Zeiger auf einen `UINT`-Wert (`unsigned int`), den die Methode mit der Anzahl der für die aktive Technik benötigten Durchgänge ausfüllt. Der zweite Parameter kann entweder 0 oder `D3DXFX_DONOTSAVESTATE` sein. Im zweiten Fall speichert die Methode die aktuellen Render-States und sonstige Einstellungen *nicht*, was normalerweise der Fall ist, um sie später nach dem Rendern wiederherzustellen („*Verlassen Sie Ihren Platz so, wie Sie ihn vorgefunden haben!*").

Rendern

Jetzt ist es endlich so weit: Wir gehen mit einer for-Schleife jeden einzelnen Durchgang durch und jedes Mal wird der Teil der Szene, der zu dem der Effekt gehört, neu gezeichnet. Vor jedem Zeichenvorgang rufen wir die Methode `ID3DXEffect::BeginPass` mit der Nummer des aktuellen Durchgangs (0: erster Durchgang) auf. Dadurch wird letztendlich dafür gesorgt, dass die ganzen Render-States & Co. gesetzt werden, die für den jeweiligen Durchgang definiert wurden. Nach dem Rendern rufen wir schließlich `EndPass` auf.

Ich bin feeertig!

Nachdem alle Durchgänge gezeichnet wurden, ist es nötig, die Methode `ID3DXEffect::End` (keine Parameter) aufzurufen. Es wird dann dafür gesorgt, dass die beim Aufruf von `Begin` angefertigte „Momentaufnahme" aller Einstellungen wieder übernommen wird, es sei denn, es wurde `D3DXFX_DONOTSAVESTATE` angegeben. Das Wiederherstellen kann natürlich einige Zeit in Anspruch nehmen, aber es erspart uns eine Menge (nervtötende) Arbeit.

2.14.5 Variablen von außen setzen und abfragen

2.14.5.1 Die Set- und Get-Funktionen

```
TEXTURE Tex1;

TECHNIQUE T1
{
    PASS P1
    {
        Texture[0] = <Tex1>;
        // ...
    }
}
```

Fragen Sie sich, was dieser Effekt genau macht? Das sollten Sie auch. Er setzt ganz offensichtlich eine Textur in die erste Texturschicht ein, wobei die Textur zuvor als Variable deklariert wurde. Doch welchen Wert hat diese Variable? Gar keinen? Wie ist es möglich, ihr eine

2.14 D3DX-Effekte

Textur zuzuweisen, die zuvor vom C++-Programm geladen wurde? Sehen Sie sich dazu den folgenden Code an!

```
PDIRECT3DTEXTURE pTexture;
// Die Textur laden
// ...

LPD3DXEFFECT pEffect;
// Den Effekt laden
// ...

// Nun soll der Effekt die zuvor geladene Textur verwenden.
// Dazu müssen wir den Wert der Effektvariablen Tex1 ändern!
pEffect->SetTexture("Tex1", pTexture);
```

Listing 2.107 Wir greifen von außen in den Effekt ein und ändern eine seiner Variablen

Sie sehen, wie einfach das ist: SetTexture hat den Wert der Variablen Tex1 aus dem Effekt verändert, so dass diese Variable jetzt auf eine tatsächlich geladene Textur zeigt. Das Gleiche funktioniert mit praktisch jeder Art von Variablen, sogar mit Arrays. Dafür gibt es dann Methoden wie SetString, SetInt (für DWORD-Werte), SetVector, SetVectorArray und so weiter.

> SetTexture und andere Methoden, die Zeiger auf COM-Schnittstellen als Parameter erwarten, erhöhen deren Referenzzähler um eins.

Darin bietet sich eine ausgezeichnete Möglichkeit, Effekte *parametrisiert* zu gestalten, so dass sie nicht stur immer und immer wieder das Gleiche tun, sondern von außen beeinflussbar sind. So sind zum Beispiel Animationen viel einfacher zu realisieren (man könnte dem Effekt dazu den globalen Zeitzähler als Parameter übergeben).

Übrigens ist es genauso einfach, den Wert bestimmter Variablen wieder abzufragen, dafür gibt es dann Methoden wie GetInt, GetFloat, GetVector und so weiter.

> Alle Vektoren sind in Effekten *vierdimensional*. Das vierte Element wird *w* genannt, und wie Sie vielleicht noch vom Anfang dieses Kapitels wissen, entsteht es, wenn man einen dreidimensionalen Vektor mit einer 4x4-Matrix multipliziert. *x*, *y* und *z* teilt man durch *w*, um die *Projektion* zu bewerkstelligen.
>
> Da die TriBase-Engine keinen Typ für 4D-Vektoren besitzt, verwenden Sie beim Abfragen eines Vektors aus einem Effekt (GetVector) einfach den Typ D3DXVECTOR4, und kopieren Sie dann die Elemente x, y und z in einen tbVector3-Wert. Beim Setzen eines Vektors (SetVector) verfahren Sie umgekehrt. D3DXVECTOR4 ist ein Teil der D3DX-Bibliothek. Am praktischsten wäre es natürlich, sich einfach eine kleine Konvertierungsfunktion zu schreiben.

2.14.5.2 Der Effektpool

Bei den meisten 3D-Spielen ist es der Fall, dass sehr viele Texturen gleichzeitig geladen sind (Wandtexturen, Spielertexturen, Animationen, verschiedene Muster und so weiter). Nun wäre es natürlich nicht schlecht, wenn wirklich *jeder* Effekt, also jedes „Material" eines Objekts oder Levels, Zugriff auf *alle* Texturen hätte. Eine Möglichkeit ist es, *jedem* geladenen Effekt *alle* Texturen per ID3DXEffect::SetTexture als Parameter zuzuweisen. Doch bei einer sehr großen Anzahl von Effekten und Texturen wäre das reine Zeit- und Speicherverschwendung, denn es gibt eine viel einfachere Möglichkeit: den *Effektpool*.

Einen Effektpool kann man sich wie ein großes „Becken" voller Effektparameter (Variablen) vorstellen. Wenn ein Effekt zu einem Effektpool gehört, werden dort all seine Parameter gespeichert, und andere Effekte, die zum selben Pool gehören, haben ebenfalls Zugriff darauf. Das heißt: Sobald wir Effekt A einen Parameter (zum Beispiel eine Textur) mitteilen, kennen Effekte B, C, D und so weiter – die ebenfalls im Pool sind – den Parameter ebenfalls.

Parameter beziehungsweise Variablen, die geteilt werden sollen, werden mit dem `shared`-Schlüsselwort deklariert (also zum Beispiel `shared float g_Time;`).

Schauen Sie sich die Definition der Funktion `D3DXCreateEffectFromFile` noch einmal an: Dort gibt es einen Parameter namens `pPool` vom Typ `LPD3DXEFFECTPOOL`. Indem man hier eine `ID3DXEffectPool`-Schnittstelle angibt, fügt man den neu geladenen Effekt zum entsprechenden Pool hinzu.

Wir erzeugen eine solche Schnittstelle mit der Funktion `D3DXCreateEffectPool`. Sie erwartet nur einen Parameter: die Adresse eines Zeigers auf eine `ID3DXEffectPool`-Schnittstelle. Der Zeiger wird von der Funktion ausgefüllt.

Das folgende Listing zeigt, wie es in einem (simplen) 3D-Spiel aussehen könnte:

```
// Drei verschiedene Texturen sollen unter allen Effekten geteilt werden.
PDIRECT3DTEXTURE9 pExplosionTexture, pWallTexture, pWaterTexture;

// Die Texturen laden
// ...

// Einen Effektpool erstellen
LPD3DXEFFECTPOOL pEffectPool;
if(FAILED(D3DXCreateEffectPool(&pEffectPool)))
{
    // Fehler!
    // ...
}

LPD3DXEFFECT pEffect1, pEffect2, pEffect3;
// Nun laden wir diese drei Effekte aus ihren .FX-Dateien.
// Den Effektpoolparameter setzen wir dabei immer auf pEffectPool, so dass alle Effekte
// denselben Pool benutzen.
// ...

// Die Effekte sind geladen – jetzt übergeben wir ihnen alle Parameter. Dabei reicht es,
// SetTexture nur für einen einzigen Effekt aufzurufen, denn die Textur wird automatisch
// mit allen anderen Effekten geteilt.
pEffect1->SetTexture("g_ExplosionTexture", pExplosionTexture);
pEffect1->SetTexture("g_WallTexture", pWallTexture);
pEffect1->SetTexture("g_WaterTexture", pWaterTexture);

// Die Texturen ExplosionTexture, WallTexture und WaterTexture sind jetzt allen drei
// Effekten bekannt.
```

Listing 2.108 Der Effektpool ermöglicht „globale" Parameter, die von verschiedenen Effekten geteilt werden. So hat jeder Effekt Zugriff darauf, und es reicht ein einziger Funktionsaufruf, um einen Parameter gleich für *alle* Effekte zu ändern (bei Animationen könnte man zum Beispiel einen *Zeitparameter* einmal pro Frame neu setzen).

2.14.6 Das Beispielprogramm

Das neue Beispielprogramm bietet eine Art Testumgebung für Effekte. Zu Beginn erscheint ein Dateiauswahldialog, in dem der Benutzer gebeten wird, eine Effektdatei zu wählen. Diese wird dann vom Programm geladen, und mit dem Effekt wird gerendert. Welche Texturen dabei verwendet werden und welches X-Modell, das hängt ganz vom Effekt selbst ab. Jeder Effekt muss einige Variablen definieren, die dann vom Programm abgefragt und verwertet werden:

2.14 D3DX-Effekte

- STRING ModelFilename
- STRING TextureFilename1
- STRING TextureFilename2
- STRING TextureFilename3
- STRING TextureFilename4
- TEXTURE Texture1
- TEXTURE Texture2
- TEXTURE Texture3
- TEXTURE Texture4
- STRING BackgroundImage
- STRING Description

Der Effekt setzt den Wert von ModelFilename und der anderen Strings. ModelFilename beinhaltet den Dateinamen der zu ladenden X-Datei, das Laden erledigt das Programm. TextureFilename1 bis TextureFilename4 sind die Dateinamen der maximal vier Texturen, mit denen der Effekt arbeiten möchte. Das Programm fragt deren Werte ab und lädt die entsprechenden Texturen und setzt sie in die Parameter Texture1 bis Texture4 ein, so dass der Effekt Zugriff darauf hat. BackgroundImage enthält den Dateinamen eines eventuellen Hintergrundbilds (das kann bei Transparenzeffekten hilfreich sein). Der letzte String – Description – enthält eine Beschreibung des Effekts, die im Fenstertitel dargestellt wird.

Anhand des folgenden Codeausschnitts, der den Wert der Variablen BackgroundImage abfragt, um dann das entsprechende Hintergrundbild als Textur zu laden, soll demonstriert werden, wie die Get-Methoden von ID3DXEffect funktionieren. Außerdem zeigt er, wie Sie die Funktion D3DXCreateTextureFromFile (ohne das „Ex") verwenden, die einfacher zu handhaben ist, dafür jedoch weniger Kontrolle über den Ladevorgang erlaubt.

```
// Der Effekt ist in g_pEffect gespeichert. g_pBackgroundImage ist ein PDIRECT3DTEXTURE9.
const char* pcString;

// Den Dateinamen des Hintergrundbilds abfragen
if(SUCCEEDED(g_pEffect->GetString("BackgroundImage", &pcString)))
{
    // Die Datei laden
    D3DXCreateTextureFromFile(g_pD3DDevice, pcString, &g_pBackgroundImage);
}
else
{
    // Der Effekt fordert kein Bild an, denn die Variable BackgroundImage
    // konnte nicht abgefragt werden.
}
```

Listing 2.109 Abfragen eines Dateinamens aus der Effektdatei

Ähnlich geht das Programm auch für die maximal vier Texturen vor. Es lädt sie (der Dateiname wird aus dem Effekt abgefragt) und weist sie danach den vier Variablen Texture1 bis Texture4 zu, die in den Effektdateien definiert sind, wo sie dann auch eingesetzt werden. Der Effekt kann sich also „aussuchen", welche Texturen er braucht. Das Gleiche gilt für das 3D-Modell. Folgendes Listing zeigt, wie dieses gezeichnet wird (nach dem eventuellen Hintergrundbild, das in Form eines großen Rechtecks gerendert wurde):

```cpp
// Eine Weltmatrix für das Modell erstellen. Es soll sich drehen.
tbMatrix mWorld(tbMatrixRotation(g_fTime, g_fTime * 0.75f, g_fTime * 0.5f) *
                tbMatrixTranslation(tbVector3(0.0f, 0.0f, 2.0f)));
g_pD3DDevice->SetTransform(D3DTS_WORLD, (D3DMATRIX*)(&mWorld));

// Beginnen und die Anzahl der Durchgänge abfragen. Wir geben 0 für den
// zweiten Parameter an, was dazu führt, dass alle Einstellungen gespeichert
// werden (Render-States, Sampler-States, Texturen und so weiter).
g_pEffect->Begin(&uiNumPasses, 0);

// Für jeden Durchgang ...
for(unsigned int uiPass = 0; uiPass < uiNumPasses; uiPass++)
{
    // Einstellungen aktivieren
    g_pEffect->BeginPass(uiPass);

    // Modell rendern
    g_pModel->DrawSubset(0);

    // Durchgang beenden
    g_pEffect->EndPass();
}

// Ende - Einstellungen werden wiederhergestellt
g_pEffect->End();
```

Listing 2.110 Rendern des Modells mit einem Effekt

Im Unterordner BEISPIELE (im Ordner dieses Programms) sind bereits einige vordefinierte Effekte, Modelle und Texturen gespeichert, die Sie ausprobieren können.

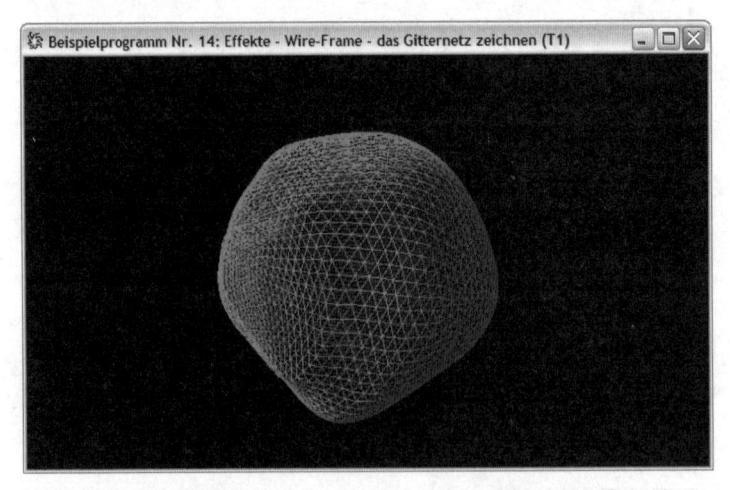

Abbildung 2.63 Ein „Klumpen" – nur in Linien gerendert (*Wire-Frame*)

2.14.7 *Effect Edit*

Noch viel besser zum Herumexperimentieren mit Effekten eignet sich das DirectX-Tool *Effect Edit*. Es erlaubt Ihnen zum Beispiel, die zu verwendende Technik und die Durchgänge selbst auszuwählen, und hat einen integrierten Texteditor. Das Ergebnis wird dann stets aktualisiert. Besonders interessant ist es, wenn eine Technik mehrere Durchgänge hat, denn dann können Sie sich diese „Schritt für Schritt" anschauen (erst nur ein Durchgang, dann zwei, dann drei

2.14 D3DX-Effekte

und so weiter). Sie finden dieses Programm im Startmenü unter MICROSOFT DIRECTX 9.0 SDK ➪ DIRECTX UTILITIES ➪ EFFECT EDIT.

2.14.8 Rückblick

- *Effekte* sind eine enorme Hilfe, wenn es um Materialverwaltung und die damit verbundenen Einstellungen (Render-States, Texturschicht-States, Texturen und so weiter) geht.
- Ein Effekt – repräsentiert durch die Schnittstelle ID3DXEffect – besteht aus einer Reihe von *Techniken*, die alle versuchen, das Gleiche zu erreichen, jedoch auf verschiedene Arten. Man kann die Addition zweier Texturen zum Beispiel einmal mit Multi-Texturing (schneller) oder mit Alpha-Blending (langsamer) erreichen. Da man nicht erwarten kann, dass eine Grafikkarte wirklich *alles* unterstützt, ist es immer hilfreich, einen Grafikeffekt auf verschiedene Arten erzielen zu können, denn so ist es möglich, sich für jede Hardware die am besten passende Technik (die dann auch funktioniert) herauszusuchen.
- Eine Technik besteht aus verschiedenen *Durchgängen* oder *Passes*. Wenn eine Technik aus zwei Durchgängen besteht, dann muss ein Objekt, das diese Technik benutzt, auch genau *zweimal* gerendert werden. Bei Transparenzeffekten rendert man beispielsweise zuerst nur die hinteren Dreiecke und dann nur die vorderen; hier wären also *zwei* Durchgänge nötig.
- Ein Durchgang wiederum beinhaltet die eigentlichen Einstellungen, die den Effekt erst möglich machen: Mit einer ausgeklügelten *Effektsprache*, die C sehr ähnlich ist, können wir Render-States, Texturschicht-States, Sampler-States, Texturen, Matrizen, Lichter und Materialien einstellen. Es werden sogar Variablen unterstützt, die man „von außen", also aus dem C++-Programm, abfragen oder verändern kann.
- Das Tool *Effect Edit* ist gut geeignet, um eigene .FX-Dateien (Effektdateien) zu schreiben und diese direkt anhand einer 3D-Szene zu testen.

2.14.9 Übungsaufgaben

1. Schreiben Sie einen Effekt, der zwei Texturen *subtrahiert* – und zwar sowohl mit als auch ohne Unterstützung für Multi-Texturing!

   Tipp: Erstellen Sie zwei Techniken, wobei die eine Multi-Texturing verwendet und die andere Alpha-Blending. Vergessen Sie nicht, vorher den Blendoperator einzustellen!

2. Stellen Sie einen Effekt her, der ein Objekt mit einer Richtungslichtquelle beleuchtet. Alle Parameter der Lichtquelle sollen dabei von außen veränderbar sein.

   Tipp: Verwenden Sie Variablen im Effekt, zum Beispiel eine Vektorvariable für die Richtung der Lichtquelle.

3. Ein Effekt soll dasselbe Objekt fünfmal rendern. Dabei soll dem Effekt von außen für jeden der fünf Durchläufe eine Transformationsmatrix für das Objekt übergeben werden. Im ersten Durchlauf soll das Objekt normal gerendert werden, und danach soll es mit jedem Mal ein wenig transparenter werden. Ab dem zweiten Durchlauf muss der Z-Buffer ausgeschaltet werden.

   Mit dem hier beschriebenen Verfahren könnte leicht ein Motion-Blurring-Effekt erzielt werden (wenn sich ein Objekt schnell bewegt, zeichnet man es an seinen vorherigen Positionen transparent, um eine „Spur" anzudeuten).

2.15 Transformierte Vertizes für 2D-Grafik

2.15.1 Wozu denn noch 2D?

Bei all dem Gerede um 3D-Grafik kann man leicht vergessen, dass manchmal auch nur *zwei* Dimensionen ausreichen oder sogar erwünscht sind, um bestimmte Ergebnisse zu erzielen. Ein Beispiel: Man möchte seine eigenen Funktionen schreiben, um in Direct3D Text darzustellen, oder einfach nur in der Lage sein, zweidimensionale Grafiken (wie *Sprites*) pixelgenau auf dem Bildschirm beziehungsweise im Bildpuffer zu platzieren.

Mit echten 3D-Koordinaten und den ganzen damit verbundenen Transformationen durch verschiedene Matrizen kann man da leicht den Überblick verlieren, und am Ende wird alles nur unnötig kompliziert.

Auch wenn man eine Benutzeroberfläche in sein Spiel einbauen möchte – eine, die mit Fenstern, Knöpfen und Listen arbeitet (wie die von Windows) –, ist es sehr vorteilhaft, genau zu wissen, wie man 2D-Grafik mit Direct3D zeichnen kann.

2.15.2 Die Transformation umgehen

Wie Sie bereits erfahren haben, wandern die Vertizes, die wir Direct3D zum Rendern übergeben, durch die Transformationspipeline. Herein kommen sie mit einfachen objektrelativen oder absoluten Positionsangaben und heraus mit fertig bearbeiteten 2D-Koordinaten. Diese sind die Grundlage für den *Rasterizer*, der sie letztendlich zu zweidimensionalen Dreiecken, Linien und Punkten im Bildpuffer zusammenfügt.

Nun gibt es die einfache Möglichkeit, die Transformationspipeline zu *umgehen* und die Primitiven *direkt* an den Rasterizer zu schicken. Man spricht dann von *transformierten Vertizes*, denn sie sind praktisch so, als wären sie gerade erst frisch aus der Transformationspipeline herausgekommen. Transformierte Vertizes unterscheiden sich in einigen Punkten von den nicht transformierten:

- Die *x*- und *y*-Koordinaten der transformierten Vertizes sind echte Bildschirmkoordinaten mit einem Pixel als Einheit. (0, 0) liegt dabei in der linken oberen Ecke, während die Koordinaten der anderen Ecken natürlich von der gewählten Größe des Bildpuffers (also von der Auflösung) abhängen. Bei 800 x 600 Bildpunkten ist die rechte untere Ecke bei (799, 599).
- Die *z*-Koordinate eines transformierten Vertex ist für den Z-Buffer-Test wichtig und muss immer *zwischen 0 und 1* liegen, wobei 0 direkt bei der nahen Clipping-Ebene liegt und 1 bei der fernen.
- Zusätzlich wird bei transformierten Vertizes noch die *w*-Koordinate mit angegeben oder besser gesagt der *Kehrwert* von *w*. Rufen Sie sich dazu ins Gedächtnis zurück, wie ein Vektor durch eine Matrix transformiert wird: Dabei fällt ebenfalls eine *w*-Variable an, da der 3D-Vektor zu einem 4D-Vektor gemacht werden muss, damit man ihn mit der 4x4-Matrix multiplizieren kann. Nach der Transformation teilt man *x*, *y* und *z* durch *w* – so funktioniert die Projektion. Manchmal wird die *w*-Koordinate gebraucht, wenn es um Nebel oder alternative Z-Buffer-Techniken geht; für gewöhnlich setzt man *w* jedoch bei transformierten Vertizes immer auf 1.
- Transformierte Vertizes erfahren keinerlei Beleuchtung durch Direct3D – ihre letztendliche Farbe wird lediglich durch ihre Streufarbe und die Textur bestimmt („*Wenn Du mich nicht transformieren lässt, dann beleuchte ich Dir auch nichts!*"). Ein transformierter Ver-

2.15 Transformierte Vertizes für 2D-Grafik

tex kann jedoch ebenso viele Texturkoordinaten besitzen wie einer der gewöhnlichen Sorte.

- Es ist nicht garantiert, dass Clipping durchgeführt wird. Zur Erinnerung: Durch das Clipping werden Primitiven, die teilweise außerhalb des sichtbaren Bereichs liegen, abgeschnitten. Wenn Clipping von transformierten Vertizes *nicht* unterstützt wird und Sie Positionsangaben wie (5, –231) oder (300, 300) bei einer Auflösung von 320 x 240 Pixel verwenden, dann *kann* es zu „Grafikfehlern" führen (die Primitive verlässt das Bild am einen Ende und kommt am anderen Ende wieder herein).

Transformierte Vertizes sind auch hervorragend für „Direct3D-Kritiker" geeignet: Programmierer, denen zum Beispiel die Transformationspipeline oder das Beleuchtungssystem von Direct3D nicht zusagt, können dadurch kurzerhand ihre eigenen Verfahren entwickeln (wobei sie natürlich auf die Hardwarebeschleunigung bei der Transformation und der Beleuchtung wohl oder übel verzichten müssen). Direct3D übernähme dann nur noch die Aufgabe des Zeichnens der Primitiven, deren Vertizes die Anwendung schon selber transformiert (und beleuchtet) hat.

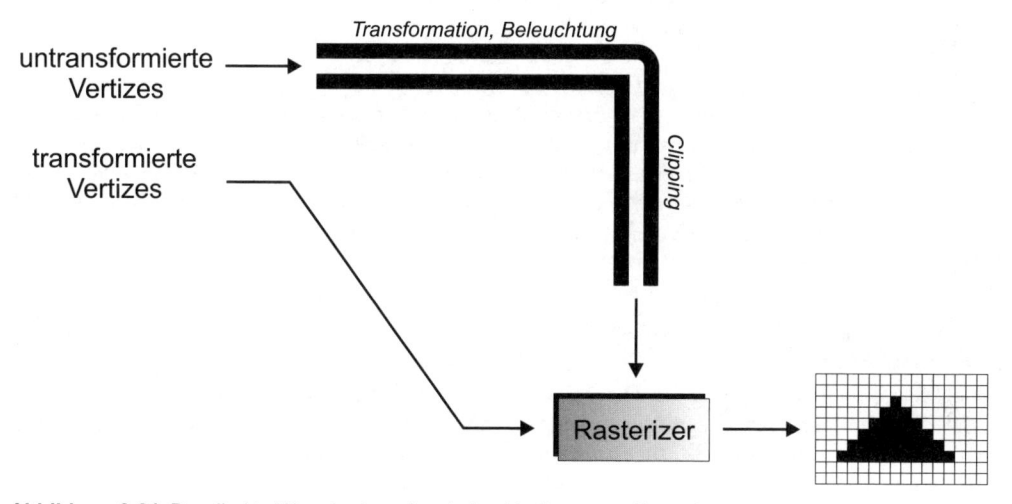

Abbildung 2.64 Der direkte Weg der transformierten Vertizes zum Rasterizer

2.15.3 Ein anderes Vertexformat

Transformierte Vertizes zeichnen sich dadurch aus, dass ihr FVF-Bezeichner den Wert `D3DFVF_XYZRHW` enthält. `D3DFVF_XYZ` kennen wir bereits – es teilt Direct3D mit, dass drei `float`-Werte die Position des Vertex bestimmen. Das „RHW" steht für *reciprocal homogenous w*, was für den Kehrwert der *w*-Koordinate steht. Wie bereits gesagt, empfiehlt es sich meistens, dafür den Wert eins einzusetzen. Die *w*-Koordinate folgt in der Vertexstruktur direkt nach *x*, *y* und *z*.

`D3DFVF_NORMAL` ist im Zusammenhang mit `D3DFVF_XYZRHW` übrigens *nicht* erlaubt, da Normalenvektoren für die Beleuchtung gedacht sind und diese bei bereits transformierten Vertizes gar nicht stattfindet.

```
struct STransformedVertex
{
    tbVector3   vPosition;      // Positionsangabe in Pixelkoordinaten
    float       fRHW;           // Kehrwert der w-Koordinate
    D3DCOLOR    Diffuse;        // Streufarbe (D3DCOLOR ist DWORD)
    tbVector2   vTex1;          // 1. Texturkoordinaten (2D)
    tbVector3   vTex2;          // 2. Texturkoordinaten (3D)

    static const DWORD dwFVF;   // Vertexformat (statisch)
};

const DWORD STransformedVertex::dwFVF = D3DFVF_XYZRHW | D3DFVF_DIFFUSE | D3DFVF_TEX2 |
                                        D3DFVF_TEXCOORDSIZE3(1);
```

Listing 2.111 Ein transformierter Vertex mit Streufarbe und zwei Texturkoordinaten (2D und 3D)

2.15.4 DirectDraw imitieren

2.15.4.1 Blitting

Falls Sie es nicht wissen: DirectDraw war die 2D-Grafikkomponente von DirectX-Versionen 1 bis 7 und fiel ab Version 8 sozusagen der 3D-Revolution zum Opfer. Ich behaupte, dass dies aus gutem Grund geschah, denn mit Direct3D lassen sich die gleichen Operationen durchführen, die auch zum Repertoire von DirectDraw gehörten, wozu vor allem das *Blitting* zählt. Der Begriff *Blitting* stammt vom Kürzel *Blt*, was für *Bit Block Transfer* steht. Das hört sich nach etwas sehr Kompliziertem an – in Wahrheit wird damit jedoch lediglich das Kopieren eines bestimmten Bereichs eines *Quellbilds* (Oberfläche) auf ein *Zielbild* (ebenfalls eine Oberfläche) bezeichnet (zum Beispiel: Kopieren des Rechtecks (50, 50) bis (69, 69) eines Bilds an den Punkt (10, 10) in den Bildpuffer). Man verwendet Blitting hauptsächlich, um Grafikobjekte zu zeichnen, die in separaten Oberflächen gespeichert sind.

Die Effekte, die im Zusammenhang mit solchen Kopieraktionen verwendet werden konnten, waren äußerst beschränkt. Zu den wenigen zählten *Color-Keying* und das einfache Spiegeln auf der *x*- oder *y*-Achse.

Wie könnte man nun Blitting mit Direct3D realisieren? Ziemlich einfach, das haben wir schon sehr oft getan. Genauer gesagt immer dann, wenn Texturen mit im Spiel waren. Nehmen wir einmal an, wir haben eine Textur der Größe 256 x 256, und von dieser Textur soll nun das Rechteck (0, 0) bis (0.5, 0.5) – also genau 128 x 128 Pixel – an die Stelle (100, 50) in den Bildpuffer kopiert werden. Dabei soll zusätzlich noch eine Größenveränderung stattfinden: Die 128 x 128 Pixel des Quellbilds sollen auf dem Zielbild – also im Bildpuffer – auf 100 x 100 Pixel verkleinert werden.

2.15 Transformierte Vertizes für 2D-Grafik

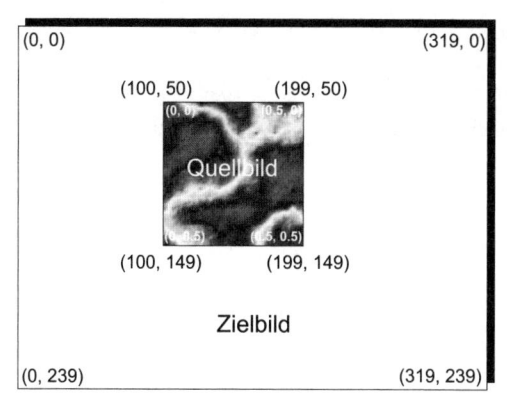

Abbildung 2.65 So soll es aussehen! Die in weißer Farbe angegebenen Koordinaten sind die Koordinaten im Quellbild, wovon im Beispiel nur ein Viertel – nämlich das Rechteck (0, 0) bis (0.5, 0.5) – in den Bildpuffer kopiert werden soll.

Mit transformierten Vertizes ist das eine sehr einfache Angelegenheit: Wir zeichnen im Grunde einfach nur ein 100 x 100 Pixel großes Rechteck, das aus zwei Dreiecken besteht, in den Bildpuffer, und zwar an die Stelle (100, 50). Nun hat das Rechteck bereits die Größe und die Position des Quellbildausschnitts, der kopiert werden soll.

Nun kommt der Trick: Das Quellbild liegt in Form einer Textur vor, die nun über das Rechteck gelegt wird. Die linke obere Ecke bekommt die Texturkoordinaten (0, 0), die rechte obere bekommt (0.5, 0), links unten ist (0, 0.5) und rechts unten (0.5, 0.5) – wie man es auch auf der Abbildung erkennen kann. Da die Textur 256 x 256 Texel groß ist, verwendet das gezeichnete Rechteck dann genau ein Viertel davon – die linken oberen 128 x 128 Texel.

Damit ist das Ganze bereits erledigt: Der gewünschte Teil des Quellbilds, das als Textur vorliegt, wurde durch zwei 3D-Primitiven (Dreiecke) in den Bildpuffer gezeichnet.

2.15.4.2 Color-Keying

Beim *Color-Keying* werden bestimmte Farben des Quellbilds beim Kopieren auf das Zielbild ausgelassen, um zu verhindern, dass alle Objekte später rechteckig aussehen. Die in den Quellbildern gespeicherten Objekte verwenden dann eine Hintergrundfarbe wie zum Beispiel Schwarz (oft arbeitet man auch mit Pink, RGB(255, 255, 0)), und beim Blitting werden dann die Pixel in dieser Farbe einfach verworfen, also nicht mit kopiert. Die transparente Farbe wird dabei auch als *Color-Key* bezeichnet.

In Direct3D ist auch diese Technik leicht nachzumachen, indem man den *Alphakanal* einer Textur verwendet, um Informationen über die Transparenz jedes Pixels zu speichern. Die Pixel, die später nicht mit kopiert werden sollen, bekommen ganz einfach einen Alphawert von 0. So sind auch teilweise transparente Bereiche im Quellbild möglich, auf der Liste der von DirectDraw unterstützten Effekte steht das *nicht*.

Damit man sich nicht abmühen muss, den Alphakanal für jedes Bild selbst zu generieren, hat die Texturladefunktion `D3DXCreateTextureFromFileEx` bereits einen eingebauten Alphakanalgenerator. Dort gibt es nämlich einen Parameter namens `ColorKey` vom Typ `D3DCOLOR` – also DWORD. Wenn wir für diesen Parameter beispielsweise die Farbe Rot (`tbColor(1.0f, 0, 0)`) angeben, dann ersetzt die Funktion alle roten Pixel im Bild durch die Farbe (0, 0, 0, 0) – also völlig transparentes Schwarz. Wichtig ist, dass auch die zu ersetzende Farbe *mit Alphawert* angegeben werden muss! In Bilddateiformaten wie BMP ist kein Platz für einen Alphakanal, und daher wird der Alphawert jedes Pixels von der Funktion als 255 betrachtet. Geben wir für

ColorKey also eine Farbe an, deren Alphawert *nicht* gleich 255 ist, und laden damit eine BMP-Datei, dann wird das Bild einfach so bleiben, wie es ist.

Für den Color-Key benutzt man üblicherweise ein Makro wie D3DCOLOR_XRGB, um den Farbcode zu erzeugen. Man gibt diesem Makro drei Byte-Werte, also zwischen 0 und 255, und es bastelt dann daraus einen Farbwert. Das ist „sicherer", als mit dem tbColor-Konstruktor zu arbeiten.

Der Rest ist wie gehabt – einfach ein Rechteck in den Bildpuffer zeichnen und das Quellbild als Textur darüber legen. Natürlich sollte man vorher noch Alpha-Blending und womöglich Alpha-Testing aktivieren und Direct3D dazu bringen, den Alphawert jedes Pixels aus der Textur und der Streufarbe zu nehmen, denn dann hat man durch Verändern des Alphawerts der Streufarbe noch die Möglichkeit, die Transparenz des *gesamten* Quellbilds zu steuern.

```
// Alpha-Blending aktivieren: Alphawert entscheidet über die Opazität
g_pD3DDevice->SetRenderState(D3DRS_ALPHABLENDENABLE, TRUE);
g_pD3DDevice->SetRenderState(D3DRS_SRCBLEND, D3DBLEND_SRCALPHA);
g_pD3DDevice->SetRenderState(D3DRS_DESTBLEND, D3DBLEND_INVSRCALPHA);

// Der Alphawert jedes Pixels soll berechnet werden, indem der Alphawert der Textur
// mit dem Alphawert der Streufarbe multipliziert wird.
g_pD3DDevice->SetTextureStageState(0, D3DTSS_ALPHAOP, D3DTOP_MODULATE);
g_pD3DDevice->SetTextureStageState(0, D3DTSS_ALPHAARG1, D3DTA_TEXTURE);
g_pD3DDevice->SetTextureStageState(0, D3DTSS_ALPHAARG2, D3DTA_CURRENT);
```

Listing 2.112 Direct3D für das Zeichnen mit Color-Keying vorbereiten

2.15.4.3 Rotation

Die Fähigkeit, einen kopierten Bildausschnitt zu rotieren, war bei DirectDraw äußerst beschränkt: Es wurden von den meisten Grafikkarten lediglich Rotationen um 90°, 180° und 270° unterstützt. Gerade für die Spieleprogrammierung ist das natürlich zu wenig, und die Programmierer mussten sich ihre eigenen (langsameren) Routinen für das Rotieren schreiben.

Was hat man es hier als Direct3D-Programmierer doch schön einfach, wir müssen einfach nur die Position der Vertizes verändern, die das Rechteck formen. Aber Vorsicht: Die Transformationspipeline können wir hier nicht mehr verwenden, da wir mit transformierten Vertizes arbeiten. Doch die TriBase-Engine bietet eine Funktion namens tbVector2TransformCoords, die einen 2D-Vektor mit einer Matrix transformiert. Damit transformieren wir die Vertizes dann per Hand mit einer vorher erstellten Rotationsmatrix, und das war's.

Wie Sie sehen, gibt es wirklich keinen Grund mehr, DirectDraw nachzutrauern! Mit Direct3D können wir das Gleiche erreichen, was DirectDraw kann, und sogar noch viel mehr – und das Wichtigste: Alles ist hundertprozentig hardwarebeschleunigt und läuft nicht durch (relativ) langsame selbst geschriebene Softwareroutinen ab.

2.15.5 Eine andere Methode für 2D-Grafik

Wem das Prinzip der transformierten Vertizes nicht zusagt, der kann 2D-Grafik auch noch anders darstellen. Man verzichtet ganz einfach auf eine Sichtmatrix und eine Projektionsmatrix – setzt sie also beide auf die Identitätsmatrix. Es ist klar, dass dann die Beleuchtung nicht mehr funktioniert, daher sollte sie ausgeschaltet werden. Außerdem müssen Sie mit der z-Koordinate der Vertizes aufpassen, denn die muss nun unbedingt zwischen 0 und 1 liegen!

Dieses Verfahren hat drei Vorteile: Erstens braucht man kein anderes Vertexformat, zweitens kann man hier auch noch die Weltmatrix verwenden und muss die Vektoren nicht mühsam selbst transformieren, und drittens funktioniert das Clipping hundertprozentig, was bei transformierten Vertizes nicht garantiert ist.

2.15.6 Rückblick

Auf ein Beispielprogramm wird in diesem Abschnitt verzichtet, da es wirklich sehr einfach ist, mit transformierten Vertizes zu arbeiten – so einfach, dass man nicht wirklich ein Beispielprogramm dafür braucht. Eine kleine Rückblende:

- Transformierte Vertizes verwenden das FVF-Flag `D3DFVF_XYZRHW` und benötigen in der Vertexstruktur *vier* Werte: x, y, z und w, wobei w meistens 1 ist. x und y sind Pixelkoordinaten, und z liegt zwischen 0 und 1 (0: nahe Clipping-Ebene; 1: ferne Clipping-Ebene). Es ist nicht möglich, einen Normalenvektor in das Vertexformat zu integrieren.
- Transformierte Vertizes durchwandern die Transformationspipeline *nicht*. Sie werden von Direct3D auch nicht beleuchtet, und Clipping wird nicht garantiert. Man braucht sie vor allem zum Zeichnen von 2D-Grafik wie zum Beispiel das 2D-Cockpit eines Flugsimulators.
- Die Funktionalität von *DirectDraw*, der ehemaligen DirectX-Komponente für 2D-Grafik, kann mit transformierten Vertizes zu großen Teilen ersetzt werden.

2.15.7 Übungsaufgaben

1. Schreiben Sie sich einige Funktionen oder Klassen zur Darstellung von 2D-Grafik mit Hilfe von transformierten Vertizes. Man sollte die Transparenz und die Rotation eines zu zeichnenden 2D-Bildes (Sprites) frei einstellen können.
2. Versuchen Sie, die Funktionsweise der Direct3D-Transformationspipeline und eventuell sogar des Beleuchtungssystems zu simulieren. Das bedeutet, dass Sie alle Matrixtransformationen, das Clipping und die Beleuchtungsberechnungen selbst durchführen müssen (mehr Arbeit, aber auch mehr Freiheit). Verwenden Sie dann zum Rendern ausschließlich transformierte Vertizes. Falls Sie sich gut mit Assembler und MMX- oder 3DNow!-Programmierung auskennen, können Sie die zeitkritischen Funktionen dadurch beschleunigen.

2.16 In Texturen rendern

Zum Abschluss dieses langen Kapitels möchte ich Ihnen noch etwas vorstellen, was man vor allem für fortgeschrittene visuelle Effekte gut gebrauchen kann. Wenn wir bisher zum Beispiel ein Dreieck gerendert haben, wohin wurde es dann gezeichnet? Richtig, in den Back-Buffer. Es könnte aber auch hilfreich sein, wenn man in eine Textur rendern könnte. D3DX hilft uns bei dieser Aufgabe.

2.16.1 Schritt 1: Erstellen einer Textur und eines Z-Buffers

Damit die Grafikkarte in eine Textur rendern kann, muss diese mit einem speziellen Parameter erstellt worden sein, die sie als *Render-Target* identifiziert, also als Ziel für Rendering. Dafür gibt es ein Flag mit dem Namen `D3DUSAGE_RENDERTARGET`, das man zum Beispiel der Methode `IDirect3DDevice9::CreateTexture` oder der Hilfsfunktion `D3DXCreateTextureFromFileEx` übergeben kann. Dieses Flag wird dann für den Usage-Parameter angegeben. Die Speicherklasse (Pool) muss dann zwingend D3DPOOL_DEFAULT sein.

Zum Rendern gehört aber auch (fast) immer ein Z-Stencil-Buffer. Auch diesen muss man separat erzeugen, und zwar mit dem Flag D3DUSAGE_DEPTHSTENCIL. Der Pool-Parameter muss auch hier D3DPOOL_DEFAULT sein.

```
// 256x256-Render-Target erzeugen
LPDIRECT3DTEXTURE9 pRenderTarget = 0;
pD3DDevice->CreateTexture(256, 256, 1, D3DUSAGE_RENDERTARGET, D3DFMT_X8R8G8B8,
                          D3DPOOL_DEFAULT, &pRenderTarget, 0);

// Und jetzt den entsprechenden Z-Stencil-Buffer
LPDIRECT3DTEXTURE9 pZStencilBuffer = 0;
pD3DDevice->CreateTexture(256, 256, 1, D3DUSAGE_DEPTHSTENCIL, D3DFMT_D16,
                          D3DPOOL_DEFAULT, &pZStencilBuffer, 0);
```

Listing 2.113 Erzeugen von Render-Target und Z-Stencil-Buffer

2.16.2 Schritt 2: Das neue Render-Target setzen

Nun teilen wir Direct3D mit, dass nun auf die von uns erzeugte Textur und den neuen Z-Stencil-Buffer gerendert werden soll. Das geht mit Hilfe der beiden Methoden IDirect3DDevice9::SetRenderTarget und SetDepthStencilSurface. Beide Methoden erwarten jedoch keine Textur, sondern einen Zeiger auf eine Direct3D-Oberfläche. Man holt sich also zuerst die Oberflächen der beiden Texturen (Vorsicht mit MIP-Mapping – am besten nur eine MIP-Map-Ebene für die Textur und den Z-Buffer!). SetRenderTarget erwartet als ersten Wert einen Render-Target-Index. Hier geben wir null an.

```
// Oberflächen holen
LPDIRECT3DSURFACE9 pRenderTargetSurface = 0, pZStencilBufferSurface = 0;
pRenderTarget->GetSurfaceLevel(0, &pRenderTargetSurface);
pZStencilBuffer->GetSurfaceLevel(0, &pZStencilBufferSurface);

// Vorherigen Back- und Z-Buffer sichern
LPDIRECT3DSURFACE9 pOldRenderTarget = 0, pOldZStencilBuffer = 0;
pD3DDevice->GetRenderTarget(0, &pOldRenderTarget);
pD3DDevice->GetDepthStencilSurface(&pOldZStencilBuffer);

// Die Neuen Einsetzen
pD3DDevice->SetRenderTarget(0, pRenderTargetSurface);
pD3DDevice->SetDepthStencilSurface(0, pZStencilBufferSurface);
```

Listing 2.114 Setzen des neuen Render-Targets und des neuen Z-Stencil-Buffers

Man sollte die Zeiger auf den „normalen" Back- und Z-Buffer sichern, damit man nach dem Render-Vorgang wieder wie gewohnt fortfahren kann.

2.16.3 Schritt 3: Rendern!

Jetzt rendert man alles, was in der Textur erscheinen soll. Ein Aufruf von Clear am Anfang ist sicherlich auch nicht unangebracht. Man sollte darauf achten, dass die Textur vielleicht eine andere Auflösung als der alte Back-Buffer hat. Eventuell ist es dann nötig, zum Beispiel die Projektionsmatrix oder den Viewport anzupassen.

2.16.4 Einfacher mit D3DX

D3DX erleichtert uns den gesamten Vorgang enorm. Es bietet uns folgende Schnittstellen:
- `ID3DXRenderToSurface` zum Rendern auf eine gewöhnliche 2D-Textur, wie es eben demonstriert wurde.
- `ID3DXRenderToEnvMap` zum Rendern in eine Umgebungstextur. Es werden sowohl würfelförmige als auch kugelförmige Umgebungstexturen verschiedener Art unterstützt.

Diese Schnittstellen kümmern sich automatisch um all die lästigen Dinge wie zum Beispiel einen Z-Stencil-Buffer zu erzeugen oder den Viewport anzupassen. Sie ermöglichen sogar das Rendern auf Texturen, die mit MIP-Mapping arbeiten, indem sie die unteren MIP-Map-Ebenen nach dem Render-Vorgang neu filtern (was aber meistens sehr aufwändig ist, wenn die Grafikkarte dies nicht selbst tun kann). Hier ist es nicht einmal nötig, dass die Zieltextur mit `D3DUSAGE_RENDERTARGET` erstellt wurde (es ist aber aus Performancegründen trotzdem zu empfehlen), denn D3DX erzeugt in diesem Fall einfach intern eine eigene passende Render-Target-Textur und kopiert deren Inhalt nachher auf die Zieltextur.

Um eine `ID3DXRenderToSurface`-Schnittstelle zu erzeugen, ruft man zuerst die Funktion `D3DXCreateRenderToSurface` auf. Dieser Funktion übergibt man dann allerhand Parameter, unter anderem auch, ob man selbst schon für einen Z-Stencil-Buffer gesorgt hat. Falls nicht, kann man ein gewünschtes Format angeben (zum Beispiel `D3DFMT_D24S8`), und D3DX erzeugt dann selbst einen Puffer.

Möchte man mit dem Rendern beginnen, ruft man `ID3DXRenderToSurface::BeginScene` auf. Hier übergibt man unter Anderem einen Zeiger auf die Zieloberfläche. Nun rendert man seine Szene und ruft anschließend `ID3DXRenderToSurface::EndScene` auf. Diese Methode erwartet einen Parameter, und zwar einen Texturfilter. Gibt man 0 an, passiert nichts. Anderenfalls, wählt man beispielsweise `D3DX_FILTER_TRIANGLE`, berechnet D3DX automatisch die MIP-Map-Ebenen der Zieltextur neu. Ansonsten wären die Änderungen der Textur ab einer gewissen Entfernung nicht sichtbar, wenn man mit MIP-Mapping arbeitet.

Nach `EndScene` ist wieder alles beim Alten, und alles, was man nun rendert, landet im gewöhnlichen Back-Buffer. Die Render-Target-Textur kann nun als gewöhnliche Textur zum texturieren von Objekten benutzt werden.

2.16.5 Wozu braucht man das?

Sehr wichtig ist dieses Feature im Zusammenhang mit Light-Mapping. Hierzu rendert man die Szene aus der Sicht einer Lichtquelle. Besonders der Z-Buffer der Lichtquelle ist von Interesse, denn mit Hilfe von Vergleichstests kann man feststellen, ob ein Pixel im Schatten liegt oder nicht. Details zu dieser Technik findet man wie Sand am Meer im Internet oder in Büchern wie *Game Programming Gems 4*.

Das Beispielprogramm *CubeMap* aus dem DirectX-SDK zeigt ein weiteres Anwendungsgebiet. Hier fliegt ein Flugzeug durch einen Raum, in dem sich eine spiegelnde Teekanne befindet. Beim Rendern der Teekanne wird Environment-Mapping verwendet, und zwar mit einer würfelförmigen Umgebungstextur. Da diese Textur natürlich normalerweise nur statische Geometrie (wie zum Beispiel Landschaften, Himmel, Wasser) enthält, wirkt die Szene ohne einen besonderen Trick sehr unrealistisch. Wenn man aber nun dynamisch auf die Umgebungstextur rendert (sechs Sichten: vorne, hinten, links, rechts, oben, unten), dann spiegelt sich das Flugzeug in der Teekanne.

Auch Reflexionen einer Wasseroberfläche lassen sich so erreichen. Zusammen mit Pixel-Shadern ist das ein beeindruckender Effekt, den viele kommerzielle Spiele ausnutzen.

Schließlich gibt es noch das Motion-Blurring. Wenn Sie ein Foto von einem besonders schnell an Ihnen vorbei fahrenden Auto schießen und die Belichtungszeit lang genug ist, dann sehen Sie das Auto verschwommen, es zieht eine unscharfe Spur hinter sich her. Damit erkennt man, dass eine Bewegung im Gange ist. Motion-Blurring versucht, diesen Effekt nachzuahmen. Man kann ihn mit Hilfe von zwei Render-Target-Texturen, die die gleiche Größe wie der Back-Buffer haben, wie folgt erreichen (die folgende Liste muss einmal pro Frame abgearbeitet werden):

1. Man rendert die Szene ganz normal in die erste Textur.
2. In die zweite Textur wird ein flächenfüllendes Rechteck gezeichnet und mit der ersten Textur texturiert. Dabei schaltet man Alpha-Blending ein und wählt für den Alphawert eine Konstante wie 0.1.
3. Nun rendert man wieder ein bildschirmfüllendes Rechteck, aber diesmal in den normalen Back-Buffer, mit der zweiten Textur texturiert und ohne Alpha-Blending. Man kopiert also den Inhalt der zweiten Textur 1 zu 1 in den Back-Buffer.

Wie funktioniert das? Nun, wenn die Szene gerendert wird, landet sie in der ersten Textur. Diese wird dann zur Zweiten hinzugefügt, ersetzt aber auf Grund des Alpha-Blendings deren alten Inhalt nicht komplett. Ein mehr oder weniger großer Teil der vorherigen Szene bleibt sichtbar. Erst mit der Zeit kann sich die neue Szene „durchsetzen". Je größer der Alphawert, desto weniger ausgeprägt ist der Motion-Blurring-Effekt, desto schneller stabilisiert sich das Bild also. Je kleiner, desto verschwommener ist das Ergebnis. Vorsicht vor allzu kleinen Werten, denn auf Grund der begrenzten Farbgenauigkeit der meisten Grafikkarten bilden sich unschöne „Farbkleckse", die nicht mehr verschwinden.

2.17 Ausblick

Nachdem Sie nun die wichtigsten Dinge über Direct3D erfahren haben, werden wir dieses Wissen im nächsten Kapitel anwenden, um die TriBase-Engine um einige wichtige 3D-Grafikfunktionen zu erweitern.

3

3D-Grafik mit der TriBase-Engine

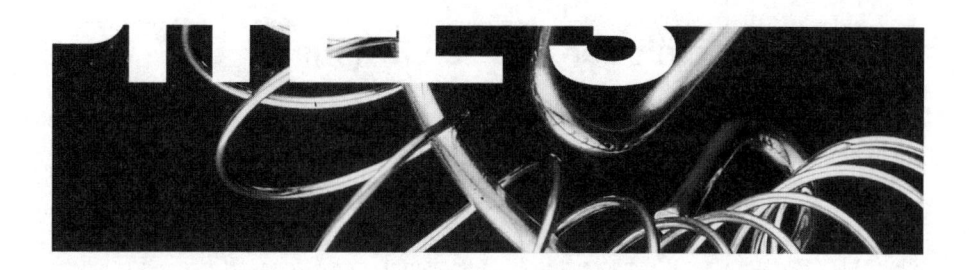

3 3D-Grafik mit der TriBase-Engine

3.1 Was Sie in diesem Kapitel erwartet

Nun sind alle grundlegenden Direct3D-Themen abgehandelt. Wir beschäftigen uns jetzt damit, wie man sich die Arbeit mit Direct3D ein wenig erleichtern kann – nämlich durch die Einführung einer Klasse für 3D-Grafik in der TriBase-Engine. Sie werden zum Beispiel lernen, wie man Modelldateien lädt oder Texte darstellt. Diese Techniken werden später zur Erstellung der Spiele verwendet.

3.2 Direct3D mit der TriBase-Engine

Sie haben nun die wichtigsten Dinge über Direct3D gelernt. Natürlich war das noch längst nicht alles, doch sehen Sie bitte ein, dass es unmöglich ist, *alle* Themen in einem Buch zu behandeln, das einen möglichst breitflächigen Überblick über das große Gebiet der Spieleprogrammierung vermitteln soll. Wer genauer wissen möchte, wie Direct3D im Inneren funktioniert und welche weiteren Techniken es bietet, sollte sich unbedingt Literatur speziell über das Thema Direct3D anschaffen (zum Beispiel vom *Microsoft Press*-Verlag).

Nun, da Sie einen Überblick über Direct3D erhalten haben, können wir damit beginnen, die TriBase-Engine so zu erweitern, dass viele Arbeitsschritte vereinfacht werden können.

3.2.1 Was uns das Leben leichter machen kann

3.2.1.1 Automatische Initialisierung von Direct3D

Die bisherigen Beispielprogramme verwendeten alle die Dateien INITWINDOW.CPP, INITDIRECT3D.CPP und DIRECT3DENUM.CPP. Mit den in diesen Dateien enthaltenen Funktionen wurde dann ein Fenster erstellt, der Direct3D-Konfigurationsdialog angezeigt, und schließlich wurden alle für die Arbeit mit Direct3D notwendigen Schnittstellen erzeugt, so dass sich die Beispielprogramme auf das Wesentliche beschränken konnten.

Den Konfigurationsdialog werden wir auch für die TriBase-Engine übernehmen, und auch die Initialisierung wird ähnlich vonstatten gehen. Wichtig ist, dass der Benutzer stets freie Kontrolle über die verwendete Auflösung, den Direct3D-Adapter, die Oberflächenformate und sonstige Einstellungen hat, um für sich die optimale Kombination finden zu können.

Die neue Funktion zum Aufrufen des Konfigurationsdialogs – der nicht nur für Direct3D zuständig sein wird – heißt `tbDoConfigDialog`. Die Konfigurationsstruktur heißt nun `tbConfig` und besteht aus Unterstrukturen, wovon eine den Namen `Direct3D` trägt; darin befinden sich alle wichtigen Direct3D-Einstellungen wie Adapter, Videomodus oder Oberflächenformate.

3.2.1.2 Statusänderungen minimieren

Immer wenn wir ein Render- oder ein Texturschicht-State, eine Matrix, eine Lichtquelle, ein Material, eine Textur oder Sonstiges mit irgendeiner Set-Methode der `IDirect3DDevice9`-Schnittstelle aktivieren, muss Direct3D das dem Grafikkartentreiber mitteilen, der es wieder-

3.2 Direct3D mit der TriBase-Engine

um – je nach Art der Änderung – an die Grafikkarte weiterleitet. Vor allem beim Setzen einer neuen Textur, die vielleicht noch im Systemspeicher wartet und dann zur Grafikkarte transferiert werden muss, kann dabei eine Menge Zeit verloren gehen. Daher sollte man als „umweltbewusster" Programmierer immer darauf achten, nicht unnötig viele Änderungen vorzunehmen (zum Beispiel Alpha-Blending ein- und direkt danach wieder auszuschalten).

Die Direct3D-Komponente der TriBase-Engine werden wir daher so entwerfen, dass sie unnötige – *doppelte* – Statusänderungen wie Render-States, Texturen oder was auch immer automatisch erkennt und gar nicht erst an die Geräteschnittstelle weiterleitet. Es wird dazu eine interne Tabelle mit den Werten aller Render- und Texturschicht-States, Texturen und dem aktuellen Vertexformat angelegt, welche die Engine stets aktualisiert und zum Vergleich heranzieht, wenn ein neuer Status gesetzt werden soll. Wenn dieser dann bereits in der Tabelle steht, wäre es unsinnig, ihn erneut zu aktivieren.

Nach Angaben von Microsoft sollte man sich niemals darauf verlassen, dass der Grafikkartentreiber sich um solche Probleme kümmert – also lieber selbst die Initiative ergreifen!

3.2.1.3 Texturverwaltung

Oft kann es vorkommen, dass ein Spiel Ressourcen verschwendet, indem es bestimmte Texturen zweimal lädt (wenn zum Beispiel zwei verschiedene 3D-Modelle die gleiche Textur verwenden). Um das zu verhindern, werden wir eine automatische Texturverwaltung implementieren, bei welcher das Programm Texturen anfordern und später wieder löschen kann. Existiert eine angeforderte Textur noch nicht, wird sie geladen – andernfalls wird die bereits geladene Textur zurückgeliefert. Die Texturverwaltung wird vollen Gebrauch von der TriBase-Klasse tbVFile machen. Erinnern Sie sich noch an diese Klasse? Mit ihr können wir virtuelle Dateien aus echten Dateien, aus dem Speicher, aus Ressourcen und aus eventuell verschlüsselten Zip-Archiven laden und alle auf die gleiche Weise behandeln.

3.2.1.4 Vertex- und Index-Buffer einfacher erstellen

Oftmals schreckt man vor der Arbeit mit Vertex- und Index-Buffern zurück, da sie immer einen gewissen Arbeitsaufwand mit sich bringen: Erst muss man sie mühsam erstellen, dann sperren, mit Daten füllen, wieder entsperren, vor dem Zeichnen als Datenstromquelle festlegen und am Ende wieder freigeben. Wie Sie vielleicht bemerkt haben, habe auch ich mich um die Vertex- und Index-Buffer gedrückt, wenn es ging: Die meisten Beispielprogramme, die nur wenige Primitiven zu zeichnen hatten (zum Beispiel ein Rechteck), legten die Vertizes lieber im Systemspeicher an, als dafür Puffer zu erstellen.

Dem soll nun ein Ende gemacht werden, indem wir zwei Klassen für Vertex- und Index-Buffer implementieren werden. Ein einfacher Aufruf des Konstruktors soll dabei reichen, um einen Puffer generieren zu lassen, und auch das Füllen mit Daten soll wesentlich einfacher werden.

3.2.1.5 D3DX-Effekte leichter verwalten

Für viele Zwecke ist die interne D3DX-Effektverwaltung viel zu kompliziert. Selbst wenn man nur einen einfachen Effekt aus einer Datei laden will – ohne irgendwelche Extras, fallen schon recht viele Codezeilen an. Daher werden wir eine Effektklasse namens tbEffect schreiben, die es auch erlauben wird, Effekte aus virtuellen Dateien, aus dem Speicher oder aus einer Ressource zu erstellen. Die erste gültige Technik wird außerdem voll automatisch gewählt.

3.2.2 Die Klasse *tbDirect3D*

All die Dinge, die oben aufgelistet wurden, sollen vor allem durch *eine* Klasse verkörpert werden: tbDirect3D – eine der größten Klassen der TriBase-Engine. Im Folgenden wird deren Aufbau und Funktionsweise genau hergeleitet. Die beiden Dateien TBDIRECT3D.H und TBDIRECT3D.CPP werden der Engine hinzugefügt und automatisch mit TRIBASE.H eingebunden.

Bei tbDirect3D handelt es sich um eine *Singleton-Klasse*. Das bedeutet, dass man von dieser Klasse nur eine einzige Instanz erzeugen kann, was in diesem Fall sinnvoll ist.

3.2.2.1 Beispiel für eine Singleton-Klasse

Wenn Sie noch nie etwas von einer Singleton-Klasse gehört haben, dann sollten Sie sich einmal das folgende Listing anschauen:

```cpp
// Beispiel für eine Singleton-Klasse
class Singleton
{
private:
    // Der Konstruktor dieser Klasse ist privat!
    // Man kann also von außen keine Instanz der Klasse erzeugen.
    Singleton();

public:
    ~Singleton();

    // Normale Methoden der Klasse
    void Work();
    void LoadFile(char* pcFilename);
    void Uninitialize();

    // Diese statische Methode liefert eine Referenz auf die Instanz der Klasse.
    static Singleton& Instance()
    {
        // Die Klasse speichert eine einzige Instanz von sich selbst.
        // Diese Variable ist statisch, damit es sie nur einmal gibt.
        // Beachten Sie, dass die Inst-Variable erst in dieser Funktion deklariert wird.
        // Das bedeutet, dass das Objekt erst dann erzeugt wird, wenn das erste Mal die
        // Instance-Methode aufgerufen wird, was ein Vorteil ist.
        static Singleton TheOneAndOnly;
        return TheOneAndOnly;
    }
};
```

Listing 3.1 Beispiel für eine Singleton-Klasse

Es gibt also nur eine einzige Instanz dieser Klasse, und die ist in einer statischen Variablen gespeichert. Und wie verwendet man nun diese Klasse? Von außen kommt man nicht an sie heran. Dafür gibt es dann die statische Instance-Methode:

```cpp
#include <Windows.h>
#include "Singleton.h"

int WINAPI WinMain(HINSTANCE hInstance,
                   HINSTANCE hPrevInstance,
                   char* pcCommandLine,
                   int iShowCommand)
```

3.2 Direct3D mit der TriBase-Engine

```
{
    // Beispiel für die Verwendung der Singleton-Klasse.
    // Am Anfang immer erst die Referenz auf die Instanz der Klasse holen!
    // Erst bei diesem Aufruf wird die Instanz tatsächlich erzeugt.
    Singleton& s = Singleton::Instance();

    // Jetzt können wir damit arbeiten.
    s.Work();
    s.LoadFile("Hyplodikus Maximus Hungari.dat");
    s.Uninitialize();

    // Der Destruktor wird am Ende des Programms automatisch aufgerufen.
    return 0;
}
```

Listing 3.2 Wie man mit einer Singleton-Klasse arbeitet

3.2.2.2 Ablaufplan: Arbeiten mit *tbDirect3D*

Bevor wir uns an die Implementierung der tbDirect3D-Klasse machen, legen wir fest, wie man später mit ihr arbeiten soll.

1. Zuerst sammeln wir Informationen über die Direct3D-Einstellungen: zu verwendender Adapter, Videomodus, Oberflächenformate, Multi-Sampling und so weiter. Wie bereits gesagt, geschieht das durch die Funktion tbDoConfigDialog.
2. Die Methode tbDirect3D::Init führt die eigentliche Direct3D-Initialisierung durch. Der Methode übergibt man dazu die tbConfig-Struktur. Die Methode kümmert sich übrigens auch um die Erstellung des Fensters, daher übergeben wir ihr auch den Fenstertitel wie zum Beispiel „*Supergemetzel 3D XP 2000 Bloody Edition v2.12 Beta 3*" und noch das Fenster-Icon (oder NULL für ein Standard-Icon). Es gibt auch die Möglichkeit, ein eigenes Fenster anzugeben (es wird dann kein neues erstellt).
3. Nun ist die tbDirect3D-Klasse bereit und kann zur Darstellung von 3D-Grafik eingesetzt werden.
4. Am Ende ruft man die Exit-Methode auf, die sich um das Herunterfahren kümmert: Zurücksetzen aller Texturen und Löschen aller Direct3D-Schnittstellen.

3.2.2.3 Die Klassendeklaration

Nun geht es los – wir definieren die Klasse! Dazu gehört die Liste der Member-Variablen und der von der Klasse angebotenen Methoden.

Variablen

- Eine BOOL-Variable namens m_bInitialized. Zu Beginn hat sie den Wert FALSE. Sie wird erst auf TRUE gesetzt, wenn Direct3D initialisiert wurde. Nach dem Herunterfahren setzen wir sie wieder auf FALSE. Durch diese Variable können andere Komponenten herausfinden, ob Direct3D initialisiert wurde oder nicht. Außerdem wird so verhindert, dass tbDirect3D::Init mehrfach aufgerufen wird.
- Sehr wichtig sind natürlich die beiden Direct3D-Schnittstellen IDirect3D9 und IDirect3DDevice9. Sie werden beide in der Init-Methode erstellt. Wir speichern jeweils einen Zeiger darauf, also einen vom Typ PDIRECT3D9 und einen vom Typ PDIRECT3DDEVICE9.
- Da manche Programme vielleicht Techniken verwenden, bei denen es nicht sicher ist, ob sie von der Grafikkarte unterstützt werden, sollten wir die D3DCAPS9-Struktur des verwendeten Geräts speichern.

- Die `tbDirect3D`-Klasse kümmert sich auch um das Fenster der Anwendung, und deshalb wird auch eine `HWND`-Variable Teil der Klasse sein.
- Eine `BOOL`-Variable namens `m_bOwnWindow` speichert, ob der Benutzer sein eigenes Fenster zum Rendern verwendet oder nicht. Wenn das zutrifft, dann muss von `tbDirect3D` kein Fenster erstellt werden.
- Weiterhin benötigen wir für die Kapselung der Methoden `SetRenderState`, `GetRenderState`, `SetTextureStageState` und so weiter interne Tabellen – also Arrays bestehend aus `DWORD`-Werten, die den Wert jedes Render-States, jedes Texturschicht-States und Co. speichern. Ein besonderer Trick vereinfacht die Arbeit mit `float`-Werten für Render-States: Es werden gleich *zwei* Tabellen für Render-, Texturschicht- und Sampler-States eingesetzt: Eine `DWORD`-Version und eine `float`-Version, die jedoch beide denselben Speicherbereich einnehmen (`union`).
- Ein Array vom Typ `PDIRECT3DBASETEXTURE9` mit acht Elementen speichert jede eingesetzte Textur, und ein weiterer `DWORD`-Wert beinhaltet jederzeit das aktuelle Vertexformat.
- Eine `tbVector2`-Variable namens `m_vScreenSize` speichert die Größe des Bildpuffers in Pixeln. Sie ist nützlich, wenn man später zum Beispiel das Bildseitenverhältnis für die Projektionsmatrix berechnen möchte.

Methoden

- `tbDirect3D::Init` erwartet einen Zeiger auf die Konfigurationsstruktur `tbConfig` und erstellt dieser gemäß zuerst ein Fenster (mit der Größe des Bildpuffers) und initialisiert dann die `IDirect3DDevice9`-Schnittstelle. Zweiter Parameter ist der Fenstername, worauf ein `HWND`-Parameter folgt. Hier kann der Benutzer sein eigenes Fenster angeben (zum Beispiel ein Dialogfeld). Wenn dieser Parameter `NULL` ist, erstellt `tbDirect3D` das passende Fenster. Am Ende erwartet `Init` noch einen `HICON`-Parameter, der das Icon des eventuell zu erstellenden Fensters beschreibt.

  Außerdem gibt es eine globale Variable vom Typ `tbDirect3D*`, welche die `Init`-Methode auf ihre eigene Klasseninstanz setzt. Das ist nötig, weil andere Komponenten wie zum Beispiel die Texturverwaltung ebenfalls Zugriff auf die `tbDirect3D`-Klasse brauchen, und die Engine nimmt an, dass es immer nur eine Instanz dieser Klasse gibt.

- Kapselungsmethoden für `SetRenderState`, `GetRenderState`, `SetTextureStageState`, `GetTextureStageState`, `SetTransform`, `GetTransform`, `SetSamplerState`, `GetSamplerState`, `SetTexture`, `GetTexture`, `SetFVF`, `GetFVF`, die mit den internen Tabellen arbeiten. Bei den States gibt es die Methoden in zwei Ausfertigungen: Die eine arbeitet mit `DWORD`- und die andere mit `float`-Parametern (man erkennt das an dem „F" am Ende ihres Namens). So entfallen lästige Konvertierungen bei solchen States, die Fließkommazahlen erwarten.

- Hilfsmethoden wie `IsInitialized`, `GetWindow`, `GetDirect3D` und `GetDirect3DDevice`

- Eine Methode namens `Capture`, die den aktuellen Status der Geräteschnittstelle, wozu Render-States, Texturschicht-States und so weiter gehören, abfragt und damit die internen Tabellen aktualisiert (diese Methode rufen wir ganz zu Beginn auf oder nachdem Statusänderungen ohne die TriBase-Methoden vorgenommen wurden, die dann auch nicht in den Tabellen festgehalten werden).

3.2 Direct3D mit der TriBase-Engine

Der Code

```cpp
// Unions für Render-States, Texturschicht-States und Sampler-States
union TRIBASE_API tbD3DRS
{
    DWORD adwRS[210]; // Render-State-Tabelle mit DWORD-Werten
    float afRS[210];  // Render-State-Tabelle mit float-Werten
};

union TRIBASE_API tbD3DTSS
{
    DWORD adwTSS[8][33]; // Texturschicht-State-Tabelle mit DWORD-Werten
    float afTSS[8][33];  // Texturschicht-State-Tabelle mit float-Werten
};

union TRIBASE_API tbD3DSS
{
    DWORD adwSS[8][14]; // Sampler-State-Tabelle mit DWORD-Werten
    float afSS[8][14];  // Sampler-State-Tabelle mit float-Werten
};

// Die tbDirect3D-Klasse
class TRIBASE_API tbDirect3D
{
private:
    // Variablen
    BOOL                 m_bInitialized; // Wurde die Klasse initialisiert?
    HWND                 m_hWindow;      // Fensterhandle
    BOOL                 m_bOwnWindow;   // Hat der Benutzer sein eigenes Fenster?
    PDIRECT3D9           m_pD3D;         // IDirect3D9-Schnittstelle
    PDIRECT3DDEVICE9     m_pD3DDevice;   // Geräteschnittstelle IDirect3DDevice9
    D3DCAPS9             m_Caps;         // Fähigkeiten der Hardware
    tbVector2            m_vScreenSize;  // Größe des Bildpuffers
    tbD3DRS   m_RS;                      // Render-States
    tbD3DTSS  m_TSS;                     // Texturschicht-States
    tbD3DSS   m_SS;                      // Sampler-States

    DWORD                    m_dwFVF;        // Aktuelles Vertexformat
    PDIRECT3DBASETEXTURE9 m_apTexture[8]; // Texturtabelle

    // Konstruktor und Destruktor (privat)
    tbDirect3D() {};
    ~tbDirect3D() {if(IsInitialized()) Exit();}

public:
    // Methoden
    // Fenster und Direct3D initialisieren
    tbResult Init(tbConfig* pConfig, char* pcWindowTitle,
                  HWND hOwnWindow = NULL, HICON hIcon = NULL);

    // Herunterfahren
    tbResult Exit();

    // Aktualisiert die internen Tabellen und Pufferwerte
    tbResult Capture();

    // Setzen und Abfragen von Render-States
    tbResult SetRS(D3DRENDERSTATETYPE RS, DWORD dwValue);
    tbResult SetRSF(D3DRENDERSTATETYPE RS, float fValue);
    DWORD    GetRS(D3DRENDERSTATETYPE RS);
    float    GetRSF(D3DRENDERSTATETYPE RS);

    // Methoden für Texturschicht-States
    tbResult SetTSS(DWORD dwStage, D3DTEXTURESTAGESTATETYPE TSS, DWORD dwValue);
    tbResult SetTSSF(DWORD dwStage, D3DTEXTURESTAGESTATETYPE TSS, float fValue);
    DWORD    GetTSS(DWORD dwStage, D3DTEXTURESTAGESTATETYPE TSS);
    float    GetTSSF(DWORD dwStage, D3DTEXTURESTAGESTATETYPE TSS);
```

```
        // Sampler-States-Methoden
        tbResult SetSS(DWORD dwStage, D3DSAMPLERSTATETYPE SS, DWORD dwValue);
        tbResult SetSSF(DWORD dwStage, D3DSAMPLERSTATETYPE SS, float fValue);
        DWORD    GetSS(DWORD dwStage, D3DSAMPLERSTATETYPE SS);
        float    GetSSF(DWORD dwStage, D3DSAMPLERSTATETYPE SS);

        // Setzen und Abfragen von Texturen
        tbResult              SetTexture(DWORD dwStage, PDIRECT3DBASETEXTURE9 pTex);
        PDIRECT3DBASETEXTURE9 GetTexture(DWORD dwStage);

        // Setzen und Abfragen von Matrizen
        tbResult SetTransform(D3DTRANSFORMSTATETYPE Transform, tbMatrix& mMatrix);
        tbMatrix GetTransform(D3DTRANSFORMSTATETYPE Transform);

        // Setzt das aktuelle Vertexformat
        tbResult SetFVF(DWORD dwFVF);

        // Inline-Methoden
        HWND              GetWindow()      {return m_hWindow;}
        BOOL              GetOwnWindow()   {return m_bOwnWindow;}
        PDIRECT3D9        GetD3D()         {return m_pD3D;}
        PDIRECT3DDEVICE9  GetDevice()      {return m_pD3DDevice;}
        DWORD             GetFVF()         {return m_dwFVF;}
        const D3DCAPS9&   GetCaps()        {return m_Caps;}

        // Singleton-Methoden
        static tbDirect3D& Instance()      {static tbDirect3D Inst; return Inst;}
        static BOOL        IsInitialized() {Instance().m_bInitialized;}
};
```

Listing 3.3 Die Deklaration der tbDirect3D-Klasse

Beachten Sie, dass die Kapselungsmethoden für SetRenderState, SetSamplerState und so weiter abgekürzt wurden, sie haben nun Namen wie SetRS oder SetSS! Und falls Sie sich nun fragen, warum das Array m_RS.adwRS, das die Werte aller Render-States speichert, genau 210 Elemente hat: 209 ist die höchste Render-State-Nummer!

3.2.2.4 Die Funktion *tbDoConfigDialog*

Diese Funktion ist für den Aufruf des Konfigurationsdialogs zuständig. Da Sie ihn bereits aus den Beispielprogrammen kennen, muss er hier nicht näher erläutert werden. Die Funktion basiert auf allerhand Direct3D-Methoden, die zum Beispiel für den Kompatibilitätscheck eines Oberflächenformats oder eines Multi-Sampling-Typs zuständig sind. Wichtig ist, dass die Funktion die tbConfig-Struktur ausfüllt, welche die gesamte Konfiguration der TriBase-Engine beinhaltet.

```
tbConfig Config;

// Konfigurationsdialog aufrufen
tbResult Result = tbDoConfigDialog(&Config);

// Result kann jetzt folgende Werte haben:
// TB_OK:       Alles OK
// TB_ERROR:    Fehler beim Konfigurationsdialog
// TB_CANCELED: Der Benutzer hat den Dialog abgebrochen
```

Listing 3.4 Aufrufen des Konfigurationsdialogs der TriBase-Engine

3.2 Direct3D mit der TriBase-Engine   287

3.2.2.5 Die Initialisierungsmethode *Init*

Die Methode tbDirect3D::Init erledigt folgende Aufgaben:
- Erstellen des Anwendungsfensters
- Erzeugen einer IDirect3D9-Schnittstelle
- Aufruf von CreateDevice, um eine IDirect3DDevice9-Schnittstelle zu erhalten
- Die Gerätefähigkeiten (D3DCAPS9) abfragen
- Den aktuellen Status in die Tabellen speichern (Render-States, Texturen ...) durch Aufrufen der tbDirect3D::Capture-Methode
- Standard-Render- und Sampler-States setzen
- m_bInitialized auf TRUE setzen

```
// Die Initialisierungsmethode
tbResult tbDirect3D::Init(tbConfig* pConfig,
                          char* pcWindowTitle,
                          HWND hOwnWindow,   // = NULL
                          HICON hIcon)       // = NULL
{
    // Standard-Icon laden, wenn kein anderes angegeben wurde
    if(!hIcon) hIcon = LoadIcon(tb_g_DLLHandle, MAKEINTRESOURCE(TB_IDI_ICON1));

    HRESULT            hResult;
    D3DPRESENT_PARAMETERS PP;
    WNDCLASSEX         WindowClass = {sizeof(WNDCLASSEX), CS_CLASSDC,
                                      WindowProc, 0, 0, tb_g_DLLHandle, hIcon,
                                      NULL, NULL, NULL,
                                      "TriBase Direct3D Window Class", NULL};

    // Parameter prüfen
    if(!pConfig) TB_ERROR_NULL_POINTER("pConfig", TB_ERROR);

    // Eintragen, ob der Benutzer sein eigenes Fenster hat oder nicht.
    // Wenn ja, das eigene Fenster eintragen.
    m_bOwnWindow = hOwnWindow != NULL;
    if(m_bOwnWindow) m_hWindow = hOwnWindow;

    TB_INFO("Die Direct3D-Komponente wird initialisiert ...");

    // Muss ein Fenster erstellt werden?
    if(!m_bOwnWindow)
    {
        TB_INFO("Erstellen des Fensters ...");

        // Die Fensterklasse registrieren
        if(!RegisterClassEx(&WindowClass))
        {
            // Fehler!
            TB_ERROR("Fehler beim Registrieren der Fensterklasse!", TB_ERROR);
        }

        // Fenster erstellen und prüfen
        m_hWindow = CreateWindow("TriBase Direct3D Window Class",
                                 pcWindowTitle,
                                 WS_VISIBLE | WS_OVERLAPPEDWINDOW,
                                 GetSystemMetrics(SM_CXSCREEN) / 2 -
                                 pConfig->Direct3D.VideoMode.Width / 2,
                                 GetSystemMetrics(SM_CYSCREEN) / 2 -
                                 pConfig->Direct3D.VideoMode.Height / 2,
```

```cpp
                                    pConfig->Direct3D.VideoMode.Width,
                                    pConfig->Direct3D.VideoMode.Height,
                                    NULL,
                                    NULL,
                                    tb_g_DLLHandle,
                                    NULL);
        if(!m_hWindow)
        {
            // Fehler!
            TB_ERROR("Erstellung des Fensters ist fehlgeschlagen!", TB_ERROR);
        }
    }

    TB_INFO("Initialisierung von Direct3D ...");

    // IDirect3D9-Schnittstelle erzeugen
    m_pD3D = Direct3DCreate9(D3D_SDK_VERSION);
    if(!m_pD3D)
    {
        // Fehler!
        TB_ERROR("Fehler beim Erstellen der IDirect3D9-Schnittstelle!
                  DirectX 9 oder höher wird benötigt!", TB_ERROR);
    }

    // Präsentationsstruktur ausfüllen
    ZeroMemory(&PP, sizeof(D3DPRESENT_PARAMETERS));
    PP.BackBufferWidth          = pConfig->Direct3D.VideoMode.Width;
    PP.BackBufferHeight         = pConfig->Direct3D.VideoMode.Height;
    PP.BackBufferFormat         = pConfig->Direct3D.BackBufferFormat;
    PP.BackBufferCount          = 1;
    PP.MultiSampleType          = pConfig->Direct3D.MultiSamplingType;
    PP.MultiSampleQuality       = pConfig->Direct3D.dwMultiSamplingQuality;
    PP.SwapEffect               = D3DSWAPEFFECT_DISCARD;
    PP.hDeviceWindow            = m_hWindow;
    PP.Windowed                 = pConfig->Direct3D.bWindowed;
    PP.EnableAutoDepthStencil   = TRUE;
    PP.AutoDepthStencilFormat   = pConfig->Direct3D.ZStencilBufferFormat;
    PP.Flags                    = pConfig->Direct3D.ZStencilBufferFormat !=
                                  D3DFMT_D16_LOCKABLE ?
                                  D3DPRESENTFLAG_DISCARD_DEPTHSTENCIL : 0;
    PP.FullScreen_RefreshRateInHz = pConfig->Direct3D.bWindowed ?
                                  D3DPRESENT_RATE_DEFAULT :
                                  pConfig->Direct3D.VideoMode.RefreshRate;
    PP.PresentationInterval     = pConfig->Direct3D.bWindowed ?
                                  D3DPRESENT_INTERVAL_DEFAULT :
                                  D3DPRESENT_INTERVAL_ONE;

    // Und nun die Geräteschnittstelle generieren
    if(FAILED(hResult = m_pD3D->CreateDevice(pConfig->Direct3D.iAdapter,
                                            pConfig->Direct3D.DeviceType,
                                            m_hWindow,
                                            pConfig->Direct3D.dwFlags,
                                            &PP,
                                            &m_pD3DDevice)))
    {
        // Fehler beim Generieren der Schnittstelle!
        TB_ERROR_DIRECTX("m_pD3D->CreateDevice", hResult, TB_ERROR);
    }

    // Die Gerätefähigkeiten abfragen und den aktuellen Status speichern
    m_pD3DDevice->GetDeviceCaps(&m_Caps);
    Capture();

    // Cursor im Vollbildmodus ausblenden
    if(!pConfig->Direct3D.bWindowed) ShowCursor(FALSE);
```

3.2 Direct3D mit der TriBase-Engine

```cpp
    // Standardeinstellungen
    SetFVF(D3DFVF_XYZ | D3DFVF_NORMAL | D3DFVF_TEX1);
    SetRS(D3DRS_DITHERENABLE, TRUE);
    for(DWORD dwStage = 0; dwStage < m_Caps.MaxTextureBlendStages; dwStage++)
    {
        // Die besten Texturfilter setzen, die uns zur Verfügung stehen
        if(m_Caps.PrimitiveMiscCaps & D3DPTFILTERCAPS_MINFANISOTROPIC)
            SetSS(dwStage, D3DSAMP_MINFILTER, D3DTEXF_ANISOTROPIC);
        else SetSS(dwStage, D3DSAMP_MINFILTER, D3DTEXF_LINEAR);

        if(m_Caps.PrimitiveMiscCaps & D3DPTFILTERCAPS_MAGFANISOTROPIC)
            SetSS(dwStage, D3DSAMP_MAGFILTER, D3DTEXF_ANISOTROPIC);
        else SetSS(dwStage, D3DSAMP_MAGFILTER, D3DTEXF_LINEAR);

        SetSS(dwStage, D3DSAMP_MIPFILTER, D3DTEXF_LINEAR);
        SetSS(dwStage, D3DSAMP_MAXANISOTROPY, m_Caps.MaxAnisotropy);
    }

    // Bildpuffergröße eintragen
    m_vScreenSize.x = (float)(PP.BackBufferWidth);
    m_vScreenSize.y = (float)(PP.BackBufferHeight);

    TB_INFO("Die Initialisierung der Direct3D-Komponente ist abgeschlossen!");

    m_bInitialized = TRUE;

    return TB_OK;
}
```

Listing 3.5 Erstellung des Fensters und Initialisierung von Direct3D

Wie Sie sehen, gibt es nicht viel Neues in dieser Methode, sie ähnelt stark der Funktion InitDirect3D, auf deren Dienste sich die Beispielprogramme verlassen haben. Beachten Sie den Aufruf der Capture-Methode am Ende! Die Nachrichtenfunktion WindowProc kümmert sich um alle Nachrichten, die an das Fenster gesandt werden. Dazu gehört auch das Setzen der Variablen tb_g_bAppActive, die immer den aktuellen Zustand der Anwendung enthält (TRUE: aktiv; FALSE: inaktiv).

3.2.2.6 Speichern des aktuellen Status

Wie Sie wissen, arbeitet die tbDirect3D-Klasse mit internen Tabellen, in denen sie die Werte aller Render-States, Sampler-States und Ähnlichem speichert, um die Kapselungsmethoden SetRS, SetSS und so weiter zu beschleunigen. Da jedes dieser States einen gewissen Standardwert hat (zum Beispiel ist D3DRS_LIGHTING von Anfang an immer auf TRUE gesetzt), ist es also nötig, zu Beginn den gesamten Status der Geräteschnittstelle IDirect3DDevice9 abzufragen und zu speichern: Dafür ist tbDirect3D::Capture zuständig.

```cpp
// Abfragen des aktuellen Status
tbResult tbDirect3D::Capture()
{
    // Render-States abfragen und speichern
    for(DWORD dwRS = 7; dwRS <= 209; dwRS++)
    {
        m_pD3DDevice->GetRenderState((D3DRENDERSTATETYPE)(dwRS),
                                    &m_RS.adwRS[dwRS]);
    }
```

```
        // Für jede Texturschicht ...
        for(DWORD dwStage = 0; dwStage < m_Caps.MaxTextureBlendStages; dwStage++)
        {
            // Texturschicht-States abfragen
            for(DWORD dwTSS = 1; dwTSS <= 32; dwTSS++)
            {
                m_pD3DDevice->GetTextureStageState(dwStage,
                                                   (D3DTEXTURESTAGESTATETYPE)(dwTSS),
                                                   &m_TSS.adwTSS[dwStage][dwTSS]);
            }

            // Sampler-States abfragen
            for(DWORD dwSS = 1; dwSS <= 13; dwSS++)
            {
                m_pD3DDevice->GetSamplerState(dwStage, (D3DSAMPLERSTATETYPE)(dwSS),
                                              &m_SS.adwSS[dwStage][dwSS]);
            }

            // Textur abfragen
            m_pD3DDevice->GetTexture(dwStage, &m_apTexture[dwStage]);
        }

        // Vertexformat abfragen
        m_pD3DDevice->GetFVF(&m_dwFVF);

        return TB_OK;
    }
```

Listing 3.6 Eine große Abfragerei: Diese Methode speichert den gesamten Status.

3.2.2.7 Kapselung der *Set*- und *Get*-Methoden

Anhand des Beispiels der Methode SetRS, die ein Render-State setzt, soll nun gezeigt werden, wie die tbDirect3D-Klasse verhindert, dass doppelte Statusänderungen (wozu auch Texturen oder das Vertexformat gehören) abgefangen und verworfen werden.

```
    // Setzen eines Render-States (Wert: DWORD)
    tbResult tbDirect3D::SetRS(D3DRENDERSTATETYPE RS, DWORD dwValue)
    {
        // In der Debug-Version wird geprüft, ob RS in Ordnung ist.
    #ifdef _DEBUG
        if(RS < 7 || RS > 209) {
            // Render-State ist nicht gültig!
            TB_ERROR("Ungültiges Render-State!", TB_ERROR);
        }
    #endif

        // Wenn das Render-State schon gesetzt ist, direkt abbrechen
        if(m_RS.adwRS[RS] == dwValue) return TB_OK;
        else {
            // Render-State setzen und in die Tabelle schreiben
            if(SUCCEEDED(m_pD3DDevice->SetRenderState(RS, dwValue)))
            {
                m_RS.adwRS[RS] = dwValue;
                return TB_OK;
            }
            else TB_ERROR("Render-State konnte nicht gesetzt werden!", TB_ERROR);
        }

        return TB_OK;
    }
```

Listing 3.7 SetRS setzt ein Render-State, wenn sein aktueller Wert vom neuen Wert abweicht.

3.2 Direct3D mit der TriBase-Engine

Beachten Sie, dass mit Hilfe des Compiler-Befehls #ifdef geprüft wird, ob es sich um die Debug-Version der TriBase-Engine handelt. Wenn das der Fall ist, wird noch geprüft, ob das angegebene Render-State überhaupt gültig ist. Unter „ungültig" versteht sich in diesem Fall, dass die Nummer des zu setzenden Render-States kleiner als 7 oder größer als 209 ist, denn diese Render-States existieren nicht (das erste Render-State hat die Nummer 7, und das letzte hat die Nummer 209). Die Debug-Version gibt dann eine Fehlermeldung aus, während die Release-Version einfach weitermacht und eine eventuelle Speicherschutzverletzung zu Gunsten höherer Performance in Kauf nimmt.

3.2.2.8 Die *Exit*-Methode

Kommen wir nun zur Exit-Methode der tbDirect3D-Klasse, womit wir auch schon am Ende angelangt sind (das ging schnell!) ...

```
// Herunterfahren
tbResult tbDirect3D::Exit()
{
    m_bInitialized = FALSE;

    TB_INFO("Die Direct3D-Komponente wird heruntergefahren ...");

    if(m_pD3DDevice)
    {
        // Alle Texturen zurücksetzen
        for(DWORD dwStage = 0; dwStage < m_Caps.MaxTextureBlendStages; dwStage++)
        {
            // Die Textur deaktivieren, damit ihr Referenzzähler verringert wird.
            // Andernfalls könnten Speicherlecks entstehen.
            m_pD3DDevice->SetTexture(dwStage, NULL);
        }

        // Vertex- und Index-Buffer zurücksetzen
        m_pD3DDevice->SetStreamSource(0, NULL, 0, 0);
        m_pD3DDevice->SetIndices(NULL);
    }

    // Schnittstellen freigeben
    TB_SAFE_RELEASE(m_pD3D);
    TB_SAFE_RELEASE(m_pD3DDevice);

    if(!m_bOwnWindow)
    {
        // Die Fensterklasse löschen
        UnregisterClass("TriBase Direct3D Window Class", tb_g_DLLHandle);
    }

    return TB_OK;
}
```

Listing 3.8 Die tbDirect3D-Klasse wird heruntergefahren.

An dieser Stelle sei noch einmal darauf hingewiesen, dass die Arbeit, die der Destruktor verrichtet, wirklich sehr wichtig ist, denn falls am Ende nicht alle Texturen und der Vertex- und Index-Buffer auf NULL gesetzt werden, wird es zu Speicherlecks kommen, da Methoden wie SetTexture, SetStreamSource oder SetIndices den Referenzzähler der ihr übergebenen Schnittstelle erhöhen und ihn erst wieder verringern, wenn eine neue oder keine (NULL) den Platz übernimmt.

3.2.2.9 Ein besonderer Trick: Überladen des –>-Operators

Möchten wir nun mit unserer neuen tbDirect3D-Klasse beispielsweise etwas *zeichnen*, dann müssen wir irgendwie auf die IDirect3DDevice9-Schnittstelle zugreifen können, um dann die Methode DrawPrimitive aufzurufen. Das könnte so gehen:

```
tbDirect3D& D3D = tbDirect3D::Instance();
D3D.GetDevice()->DrawPrimitive(...);
```

Allerdings wäre es ein bisschen umständlich, jedes Mal das „GetDevice()" zu tippen. Und es wäre auch nicht sehr sinnvoll, jede einzelne Methode von IDirect3DDevice9 in der tbDirect3D-Klasse zu kapseln. Das lohnt sich nur bei Methoden wie SetRenderState. Darum wenden wir einen besonderen Trick an und überladen den „–>"-Operator der tbDirect3D-Klasse, so dass er den Zeiger auf die IDirect3DDevice9-Schnittstelle liefert:

```
PDIRECT3DDEVICE9 operator -> () {return m_pD3DDevice;}
```

Jetzt ist es möglich, viel einfacher auf alle IDirect3DDevice9-Methoden zuzugreifen:

```
tbDirect3D& D3D = tbDirect3D::Instance();

// Mit dem "->"-Operator können wir direkt Methoden von IDirect3DDevice9 aufrufen.
D3D->DrawPrimitive(...);

// Mit dem normalen "."-Operator greifen wir auf tbDirect3D-Methoden zu:
D3D.SetRS(D3DRS_ALPHABLENDENABLE, TRUE);
D3D.SetTransform(D3DTS_WORLD, tbMatrixIdentity());
```

3.2.2.10 Erhöhung der Performance

Unsere bisherigen Beispielprogramme taten in der Hauptschleife stets Folgendes:
1. die Move-Funktion aufrufen
2. die Render-Funktion aufrufen, wobei auch der Back-Buffer dargestellt wird

Was wäre, wenn wir es wie folgt machen würden?
1. die Render-Funktion aufrufen, aber noch ohne den Aufruf von Present
2. die Move-Funktion aufrufen
3. IDirect3DDevice9::Present aufrufen

Beachten Sie, dass wir hier zuerst das Spiel rendern und es danach erst bewegen. Auf diese Weise kann man einiges an Performance gewinnen. In der Render-Funktion dürfen wir dann allerdings den Back-Buffer noch nicht sichtbar machen. Dies tun wir erst nach dem Bewegen des Spiels. So nutzen wir die Tatsache aus, dass die Grafikkarte parallel zum Hauptprozessor arbeitet. Die Render-Funktion kann der Grafikkarte sagen, was sie zu tun hat, und dann sofort zurückkehren. Während die Grafikkarte rendert, bewegen wir bereits das Spiel. Der Aufruf der Present-Methode bewirkt nämlich, dass das Programm so lange wartet, bis die Grafikkarte alle ihre anstehenden Aufgaben beendet hat.

Um dies in diese Funktionalität in tbDirect3D und die TriBase-Engine zu integrieren, tun wir Folgendes: Wir kehren die Reihenfolge von Move- und Render-Funktion in tbDoMessageLoop um und bauen dort auch direkt den Aufruf von `IDirect3DDevice9::Present` ein. Diese Methode darf dann von den Programmen selbst nicht mehr aufgerufen werden.

3.2.3 Der Texturmanager – *tbTextureManager*

Es wird in dem folgenden Abschnitt um die Erstellung einer Klasse für die Verwaltung von Texturen gehen, die wir `tbTextureManager` taufen.

3.2.3.1 Anforderungen und Funktionsweise

Verwaltung

Die hauptsächliche Aufgabe des Texturmanagers ist es, dem doppelten Laden von Texturen und somit Grafikspeicherverschwendung vorzubeugen. Das bedeutet, dass die Methode, die das Programm letztendlich aufruft, um eine bestimmte Textur zu erhalten (zum Beispiel CURRYWURST.JPG), erst einmal prüft, ob die Datei CURRYWURST.JPG früher schon einmal geladen wurde. Wenn das der Fall ist, dann liefert die Lademethode dann die entsprechende Textur zurück (in einer Liste werden alle geladenen Texturen mit ihrem Dateinamen festgehalten). Wird die Datei nicht in der Liste gefunden, dann muss die Textur tatsächlich geladen werden, wofür wir die entsprechende D3DX-Hilfsfunktion verwenden. Die neu geladene Textur wird anschließend von der Methode geliefert.

Wenn die Methode einen Zeiger auf eine bereits geladene Textur liefert, dann wird der Referenzzähler der Texturschnittstelle erhöht. Warum das nötig ist, sollte an folgendem Beispiel klar werden: Zwei getrennte Programmteile greifen beide auf dieselbe Textur zu. Der erste Programmteil ist nun fertig mit der Textur und ruft `Release` auf. Dadurch erreicht der Referenzzähler der Schnittstelle die Null, und die Textur wird komplett abgebaut, was zur Folge hat, dass der zweite Programmteil nicht mehr auf sie zugreifen kann und sie erneut geladen werden müsste.

In der Tat wird es so sein, dass sich eine Methode des Texturmanagers um das Freigeben einer Textur kümmert (`ReleaseTexture`). Intern wird dann die Methode `Release` auf der Texturschnittstelle aufgerufen. Indem man den Rückgabewert dieser Methode abfragt, kann man den aktuellen Stand des Referenzzählers herausfinden, und wenn dieser dann bei null angekommen ist, löscht der Texturmanager die Textur aus der internen Liste.

In die Funktion `tbExit`, welche die TriBase-Engine herunterfährt, bauen wir dann noch einen Methodenaufruf ein, der dafür sorgt, dass *alle* vom Texturmanager geladenen Texturen freigegeben werden.

Texturquellen

Das einfache Verwalten der geladenen Texturen soll nicht der einzige Zweck des Texturmanagers sein. Eine weitere wichtige Fähigkeit ist es, Texturen auch aus dem Speicher, aus einer Ressource oder aus einem (eventuell verschlüsselten) Zip-Archiv zu laden (was sehr wichtig ist, wenn man nicht will, dass die Spieler sich alle Texturen ansehen können). Das riecht doch förmlich nach unserer beliebten `tbVFile`-Klasse! Sie wird uns dabei eine große Hilfe sein ...

Es sei noch gesagt, dass der Trick mit dem Verhindern von doppelt geladenen Texturen eigentlich nur bei solchen Texturen Sinn macht, die aus *echten Dateien* stammen und nicht irgendwo aus dem Speicher.

3.2.3.2 Ablaufplan

Der folgende Ablaufplan soll vor allem bei der Implementierung der neuen `tbTextureManager`-Klasse helfen und letzte Unklarheiten beseitigen. Diese Klasse ist wieder eine Singleton-Klasse, weil man normalerweise nur einen Texturmanager benötigt.

1. Um den Texturmanager zu initialisieren, ruft man die Methode `Init` der Texturmanagerklasse auf (vorher holen wir uns deren Instanz). Als Parameter übergibt man die Startgröße der internen Texturliste.
2. Die Anwendung ruft im Laufe der Zeit (mehrfach) die Methode `GetTexture` auf, um nach einer in Form eines Dateinamens angegebenen Textur suchen zu lassen. Existiert sie, wird sie zurückgeliefert. Andernfalls wird sie neu geladen und *dann* zurückgeliefert. `GetTexture` funktioniert nur bei Texturen, die aus echten Dateien stammen. Eine andere Methode namens `LoadTexture` lädt die angegebene Textur direkt, ohne sie in der Liste zu suchen, trägt die neu geladene Textur später aber noch in die Liste ein. `LoadTexture` funktioniert sowohl mit Texturen aus *echten* Dateien als auch mit Texturen aus *virtuellen* Dateien (also auch Texturen aus dem Speicher oder aus einer Windows-Ressource). Wenn `GetTexture` vergebens nach einer Textur sucht, ruft sie `LoadTexture` auf. Diese Methoden gibt es auch für Würfel- und Volumentexturen: `GetCubeTexture`, `GetVolumeTexture`.
3. Nachdem die Arbeit mit der geladenen Textur erledigt ist, wird die Methode `ReleaseTexture` aufgerufen. Man übergibt ihr einfach die zu löschende Textur in Form eines Schnittstellenzeigers (`PDIRECT3DBASETEXTURE9`). Die Methode sucht nun nach dieser Textur in der internen Liste und ruft `Release` auf, wobei der neue Stand des Referenzzählers geprüft wird. Sobald er null erreicht, wird die Textur aus der Liste gelöscht.
4. Sobald die `Exit`-Methode der `tbTextureManager`-Klasse aufgerufen wird, werden alle geladenen Texturen und die interne Texturliste gelöscht.
5. Die Funktion `tbExit` überprüft noch einmal, ob die `tbTextureManager`-Klasse auch wirklich heruntergefahren wurde. Wenn das nicht der Fall ist, wird manuell noch mal die `Exit`-Methode aufgerufen.

3.2.3.3 Die Klassendefinition von *tbTextureManager*

Die Listeneintragsstruktur

Die `tbTextureManager`-Klasse besitzt eine Liste, die einen Eintrag für jede geladene Textur besitzt. Dabei werden die Listeneinträge in der Struktur `tbTextureListEntry` gespeichert:

```
struct tbTextureListEntry     // Struktur für einen Texturlisteneintrag
{
    BOOL                  bExists;                 // Existiert diese Textur?
    PDIRECT3DBASETEXTURE9 pTexture;                // Die Texturschnittstelle
    char                  acSourceFilename[256];   // Quelldateiname
    int                   iWidth;                  // Breite der Textur
    int                   iDepth;                  // Tiefe der Textur
    int                   iHeight;                 // Höhe der Textur
    int                   iNumMIPLevels;           // Anzahl der MIP-Mapping-Ebenen
    D3DFORMAT             Format;                  // Oberflächenformat der Textur
    DWORD                 dwUsage;                 // Verwendungszweck
    D3DPOOL               Pool;                    // Speicherklasse
    DWORD                 dwFilter;                // Bildfilter (beim Laden)
    DWORD                 dwMIPFilter;             // MIP-Map-Filter (beim Laden)
    D3DCOLOR              ColorKey;                // Color-Key (beim Laden)
};
```

Listing 3.9 Die Listeneintragsstruktur für die Texturen

3.2 Direct3D mit der TriBase-Engine

Diese Struktur speichert also zuerst einmal, ob die Textur überhaupt existiert. In einer Liste von dem Typ, wie wir sie verwenden, ist das nötig. Danach kommt die allgemeine Schnittstelle der Textur. Hinzu kommen dann noch alle möglichen Elemente, die besagen, mit welchen Optionen die Textur geladen wurde (Größe, Format, MIP-Maps, Filter, Color-Key ...). Den Dateinamen `acSourceFilename` brauchen wir, um die Liste später nach bestimmten Texturen durchsuchen zu können.

Wie bereits erwähnt: Texturen, die aus dem Speicher oder aus einer Ressource geladen wurden, werden ohne ihre Quellenangabe eingetragen (wir setzen `acSourceFilename` dann auf einen Nullstring).

Variablen

- Für die Texturen wird eine nicht verkettete Liste benutzt. Die Struktur, die für die Listeneinträge verwendet wird, wurde oben schon beschrieben: `tbTextureListEntry`. Wir speichern die Liste in Form eines Zeigers namens `m_pTextureList` auf eine solche Struktur. Den Speicher reservieren wir dynamisch.
- Eine Variable namens `m_iListSize` speichert die aktuelle Größe der Texturliste (also die Anzahl ihrer Einträge).
- Die `int`-Variable `m_iNumTextures` beinhaltet die Anzahl der geladenen Texturen.

Methoden

- Die `Init`-Methode erwartet als Parameter die Ausgangsgröße der Texturliste und lässt dann entsprechend viel Speicher reservieren.
- Zum Verändern der Listengröße implementieren wir eine Methode namens `SetListSize`. Ihr übergibt man die gewünschte Größe der Texturliste, und sie wird dann entsprechend angepasst (zum Beispiel wenn nicht mehr genug Platz für eine neue Textur ist).
- Eine Methode namens `GetTextureIndex` erwartet als Parameter eine Texturschnittstelle (`PDIRECT3DBASETEXTURE9`), sucht die entsprechende Textur dann in der Liste und liefert ihren Index in der Liste zurück (0: der erste Listeneintrag). Dies ist eine große Hilfe für andere Methoden.
  Es gibt die Methode in zwei Versionen: Die zweite erwartet keine Schnittstelle, sondern eine komplette Beschreibung der Textur (Originaldateiname, Größe, Format und so weiter).
- `GetNewIndex` liefert den nächsten freien Index in der Liste zurück oder –1, wenn es keinen freien Platz mehr gibt. Es wird einfach nach dem ersten Listeneintrag gesucht, bei dem das `bExists`-Element `FALSE` ist.
- Die Methode `tbTextureManager::ReleaseTexture` erwartet ebenfalls eine Texturschnittstelle. Sie sucht nach der Textur und ruft `Release` für sie auf. Wenn der Referenzzähler null erreicht, wird die Textur komplett gelöscht (ihr Listeneintrag wird zurückgesetzt, und `m_iNumTextures` wird verringert).
- `DeleteAllTextures` ist die radikalste Methode: Sie geht die gesamte Liste der Texturen durch und ruft auf jeder von ihr so lange `Release` auf, bis der Referenzzähler null erreicht hat. So wird wirklich *jede* Textur gelöscht – wie auch der Name schon sagt.
- Die Methode `AddTextureToList` fügt eine Textur zur Texturliste hinzu und erweitert sie, wenn kein Platz mehr ist. Die Textur wird durch ihre Schnittstelle, ihren Originaldateinamen und alle Ladeoptionen (Größe, Format, Verwendungszweck, Speicherklasse – also praktisch alle Elemente der `tbTextureListEntry`-Struktur) angegeben.

- Nun sind die Load-Methoden an der Reihe. Sie kümmern sich um das Laden einer Textur und aktualisieren danach die Liste. Es gibt sie in jeglichen Variationen: für Standardtexturen (2D), Würfeltexturen und Volumentexturen.

  Dann gibt es für jede dieser Typen *vier* verschiedene Versionen der Load-Methode: eine, die einen Dateinamen erwartet, eine, die eine Speicheradresse und eine Speichergröße erwartet, eine, die mit Ressourcenangaben arbeitet und zu guter Letzt noch eine, die eine virtuelle Datei erwartet. Sie kennen das bereits von den verschiedenen Init-Methoden der tbVFile-Klasse (Erstellung aus Datei, Speicher oder Ressource).

  Die ersten drei Versionen der Methode erzeugen jeweils eine virtuelle Datei aus der angegebenen Quelle und rufen dann die vierte Version der Methode auf, der sie diese virtuelle Datei übergeben. Dort findet dann der eigentliche Ladevorgang statt.

  Alle vier Versionen haben jeweils den gleichen Namen, jedoch unterschiedliche Parameter: immer zuerst die Quellenangabe (Dateiname, Speicheradresse, virtuelle Datei…) und danach die Texturladeoptionen in der Reihenfolge, wie sie auch in der Listeneintragsstruktur angeordnet sind.

  Es gibt übrigens Standardwerte für alle Parameter außer der Quellenangabe. Wenn Sie also keine Lust haben, die ganzen Ladeoptionen anzugeben, lassen Sie sie einfach weg – die Textur wird dann mit den „üblichen Optionen" geladen (Originalgröße, Originalformat, maximale MIP-Maps, kein Color-Key, kein Verwendungszweck, Speicherklasse D3DPOOL_MANAGED und die besten Bildfilter).

  Beachten Sie auch, dass, wenn Sie als Quelle eine virtuelle Datei angeben, die Textur von der Stelle aus geladen wird, an der gerade der Cursor der Datei steht.

- Kommen wir nun zu den Get-Methoden. Man übergibt ihnen Informationen über die gesuchte Textur, und sie durchsuchen die Liste nach einer Übereinstimmung. Wenn die passende Textur gefunden wurde, wird sie zurückgeliefert (Referenzzähler zuvor erhöhen). Andernfalls wird die entsprechende Load-Methode aufgerufen. Es gilt das Gleiche wie für die Load-Methoden: Es gibt sie in vielen verschiedenen Versionen: für normale Texturen, für Würfel- und Volumentexturen, zum Laden aus einer Datei, aus dem Speicher, aus einer Ressource und aus einer virtuellen Datei. Auch hier gilt: Erst die Quellenangabe als Parameter und dann die Ladeoptionen.

  Bei den Methoden, die eine Textur aus einer echten Datei laden, gibt es noch eine kleine Ausnahme: Der zweite Parameter, also der hinter dem Dateinamen, heißt dort bDontCareForOptions und ist vom Typ BOOL. Der Wert dieses Parameters entscheidet darüber, wie „streng" die Methode beim Suchen nach der angegebenen Textur in der Liste ist. Bei TRUE spielen die angegebenen Ladeoptionen keine Rolle: Sobald eine Textur mit demselben Dateinamen gefunden wurde, wird diese geliefert. Ist der Parameter hingegen auf FALSE gesetzt, müssen alle Ladeoptionen exakt übereinstimmen, ansonsten wird eine neue Textur erzeugt.

Code

```cpp
// Klasse des Texturmanagers
class TRIBASE_API tbTextureManager
{
private:
    // Variablen
    BOOL                 m_bInitialized;   // Wurde die Klasse initialisiert?
    int                  m_iNumTextures;   // Anzahl der Texturen
    int                  m_iListSize;      // Größe der Texturliste
    tbTextureListEntry*  m_pTextureList;   // Die Texturliste
```

3.2 Direct3D mit der TriBase-Engine

```cpp
public:
    // Methoden
    tbResult Init(int iInitialListSize = 256);  // Initialisierung
    tbResult Exit();                            // Herunterfahren
    tbResult SetListSize(int iNewSize);         // Verändert die Listengröße
    int GetNewIndex();                          // Nächsten freien Index suchen
    tbResult DeleteAllTextures();               // Löscht alle Texturen

    // Liefert den Index einer Textur in der Liste
    int GetTextureIndex(PDIRECT3DBASETEXTURE9 pTexture);

    // Gibt eine Textur frei
    tbResult ReleaseTexture(PDIRECT3DBASETEXTURE9 pTexture);

    // Sucht nach einer Textur (erweitert)
    int GetTextureIndex(char* pcSourceFilename,
                        BOOL bDontCareForOptions,
                        int iWidth,
                        int iHeight,
                        int iDepth,
                        int iNumMIPLevels,
                        D3DFORMAT Format,
                        DWORD dwUsage,
                        D3DPOOL Pool,
                        DWORD dwFilter,
                        DWORD dwMIPFilter,
                        D3DCOLOR ColorKey);

    // Fügt eine Textur der Liste hinzu
    tbResult AddTextureToList(PDIRECT3DBASETEXTURE9 pTexture,
                              char* pcSourceFilename,
                              int iWidth,
                              int iHeight,
                              int iDepth,
                              int iNumMIPLevels,
                              D3DFORMAT Format,
                              DWORD dwUsage,
                              D3DPOOL Pool,
                              DWORD dwFilter,
                              DWORD dwMIPFilter,
                              D3DCOLOR ColorKey);

    // Laden einer gewöhnlichen Textur (virtuelle Datei)
    PDIRECT3DTEXTURE9 LoadTexture(tbVFile* pVFile,
                                  int iWidth = D3DX_DEFAULT,
                                  int iHeight = D3DX_DEFAULT,
                                  int iNumMIPLevels = D3DX_DEFAULT,
                                  D3DFORMAT Format = D3DFMT_UNKNOWN,
                                  DWORD dwUsage = 0,
                                  D3DPOOL Pool = D3DPOOL_MANAGED,
                                  DWORD dwFilter = D3DX_DEFAULT,
                                  DWORD dwMIPFilter = D3DX_DEFAULT,
                                  D3DCOLOR ColorKey = 0x00000000,
                                  char* pcSourceFilename = NULL);

    // Dasselbe noch einmal für Würfel- und Volumentexturen,
    // für das Laden aus einer Datei, dem Speicher und aus einer Ressource
    // ...

    // Finden oder Laden einer gewöhnlichen Textur (Datei)
    PDIRECT3DTEXTURE9 GetTexture(char* pcFilename,
                                 BOOL bDontCareForOptions = TRUE,
                                 int iWidth = D3DX_DEFAULT,
                                 int iHeight = D3DX_DEFAULT,
                                 int iNumMIPLevels = D3DX_DEFAULT,
                                 D3DFORMAT Format = D3DFMT_UNKNOWN,
                                 DWORD dwUsage = 0,
```

```
                              D3DPOOL Pool = D3DPOOL_MANAGED,
                              DWORD dwFilter = D3DX_DEFAULT,
                              DWORD dwMIPFilter = D3DX_DEFAULT,
                              D3DCOLOR ColorKey = 0x00000000);

    // Dasselbe noch einmal für Würfel- und Volumentexturen
    // ...

    // Inline-Methoden
    int GetNumTextures()     {return m_iNumTextures;}
    int GetTextureListSize() {return m_iListSize;}

    // Singleton-Methoden
    static tbTextureManager& Instance()       {static tbTextureManager Inst; return Inst;}
    static BOOL              IsInitialized()  {return Instance().m_bInitialized;}
};
```

Listing 3.10 Die (gekürzte) Deklaration der `tbTextureManager`-Klasse

3.2.3.4 *Init* und *Exit*

Die `Init`-Methode erhält als Parameter die Größe der zu erstellenden Texturliste (die nachträglich aber immer noch angepasst werden kann). Der Standardwert ist 256. Alles, was die `Init`-Methode tut, ist, die Methode `SetListSize` aufzurufen, mit der Listengröße als Parameter. Die `Exit`-Methode löscht alle Texturen mit `DeleteAllTextures`.

3.2.3.5 *SetListSize*

`SetListSize` sorgt dafür, dass die Texturliste erstellt oder – falls sie schon existiert – dass sie erweitert wird. Dabei wird auf die TriBase-Speicherverwaltungsfunktionen zurückgegriffen.

```
// Diese Methode passt die Größe der Texturliste an.
tbResult tbTextureManager::SetListSize(int iNewSize)
{
    // Wenn die Größe schon stimmt, müssen wir nichts tun.
    if(m_iListSize == iNewSize) return TB_OK;

    // Die neue Größe sollte nicht kleiner sein als die alte!
    if(iNewSize < m_iListSize)
    {
        // Warnmeldung ausgeben
        TB_WARNING("Die Texturliste wird verkleinert!");
    }

    // Wenn die Liste noch gar nicht existiert, muss erst einmal Speicher
    // reserviert werden.
    if(!m_pTextureList)
    {
        m_pTextureList = (tbTextureListEntry*)
                         (tbMemAlloc(iNewSize * sizeof(tbTextureListEntry)));
        if(!m_pTextureList)
        {
            // Fehler!
            TB_ERROR_OUT_OF_MEMORY(TB_ERROR);
        }
    }
```

3.2 Direct3D mit der TriBase-Engine

```
        else
        {
            // Die Liste existiert schon, also müssen wir den Speicher nur
            // neu anpassen.
            m_pTextureList = (tbTextureListEntry*)
                                (tbMemReAlloc(m_pTextureList,
                                    iNewSize * sizeof(tbTextureListEntry)));
            if(!m_pTextureList)
            {
                // Fehler!
                TB_ERROR_OUT_OF_MEMORY(TB_ERROR);
            }
        }

        // Die neue Größe eintragen
        m_iListSize = iNewSize;

        return TB_OK;
    }
```

Listing 3.11 Die Größe der Texturliste wird angepasst.

3.2.3.6 *GetTextureIndex*

Diese Methode durchsucht die Texturliste nach einer bestimmten Textur und liefert dann ihren Index zurück. Wenn sie nicht gefunden wurde, ist –1 der Rückgabewert. Wie oben gezeigt, existieren zwei Versionen dieser Methode, wobei wir mit der einfacheren beginnen, die lediglich eine PDIRECT3DBASETEXTURE9-Schnittstelle erwartet:

```
// Diese Methode findet den Index einer Textur heraus.
int tbTextureManager::GetTextureIndex(PDIRECT3DBASETEXTURE9 pTexture)
{
    // Parameter prüfen
    if(!pTexture) TB_ERROR_NULL_POINTER("pTexture", -1);

    // Jetzt gehen wir die Liste durch, bis die entsprechende
    // Textur gefunden wurde.
    for(int iEntry = 0; iEntry < m_iListSize; iEntry++)
    {
        if(m_pTextureList[iEntry].bExists)
        {
            // Vergleichen
            if(m_pTextureList[iEntry].pTexture == pTexture)
            {
                // Gefunden! Index zurückliefern.
                return iEntry;
            }
        }
    }

    // Die Textur ist nicht in der Liste!
    return -1;
}
```

Listing 3.12 Diese Methode durchsucht die gesamte Liste nach einer speziellen Textur.

Wie Sie sehen, ist es ganz einfach: Es muss nur die Liste durchlaufen und die Schnittstelle jeder geladenen Textur mit der angegebenen Schnittstelle verglichen werden. Kommen wir nun zu der zweiten Version, die wesentlich mehr Parameter erwartet. Der erste Parameter ist der Originaldateiname der gesuchten Textur. Danach folgt ein BOOL-Parameter namens bDontCareForOptions. Wenn dieser auf TRUE gesetzt wird, werden die danach folgenden Parameter (Ladeoptionen der Textur) beim Vergleich mit den geladenen Texturen nicht beachtet –

das heißt, dass dann nur der Dateiname eine Rolle spielt. Beachten Sie, dass diese Methode für *alle* Arten von Texturen ausgerichtet ist. Deshalb finden sich auch *drei* Größenparameter darin (iWidth, iHeight und iDepth).

```cpp
// Erweiterte Suche nach einer Textur
int tbTextureManager::GetTextureIndex(char* pcSourceFilename,
                                      BOOL bDontCareForOptions,
                                      int iWidth,
                                      int iHeight,
                                      int iDepth,
                                      int iNumMIPLevels,
                                      D3DFORMAT Format,
                                      DWORD dwUsage,
                                      D3DPOOL Pool,
                                      DWORD dwFilter,
                                      DWORD dwMIPFilter,
                                      D3DCOLOR ColorKey)
{
    // Parameter prüfen
    if(!pcSourceFilename) TB_ERROR_NULL_POINTER(pcSourceFilename, -1);

    if(ColorKey != 0 && Format == D3DFMT_UNKNOWN) Format = D3DFMT_A8R8G8B8;

    // Die Liste durchgehen und jede Textur mit der gesuchten vergleichen
    for(int iEntry = 0; iEntry < m_iListSize; iEntry++)
    {
        if(m_pTextureList[iEntry].bExists)
        {
            // Vergleichen. Zuerst nur den Dateinamen.
            if(!stricmp(pcSourceFilename, m_pTextureList[iEntry].acSourceFilename))
            {
                // Die Dateinamen stimmen überein!
                // Sind weitere Übereinstimmungskriterien erwünscht?
                if(bDontCareForOptions)
                {
                    // Nein - den Index zurückliefern!
                    return iEntry;
                }
                else
                {
                    // Weitere Vergleiche durchführen
                    if(iWidth != m_pTextureList[iEntry].iWidth) continue;
                    if(iHeight != m_pTextureList[iEntry].iHeight) continue;
                    if(iDepth != m_pTextureList[iEntry].iDepth) continue;
                    if(iNumMIPLevels != m_pTextureList[iEntry].iNumMIPLevels) continue;
                    if(Format != m_pTextureList[iEntry].Format) continue;
                    if(dwUsage != m_pTextureList[iEntry].dwUsage) continue;
                    if(Pool != m_pTextureList[iEntry].Pool) continue;
                    if(dwFilter != m_pTextureList[iEntry].dwFilter) continue;
                    if(dwMIPFilter != m_pTextureList[iEntry].dwMIPFilter) continue;
                    if(ColorKey != m_pTextureList[iEntry].ColorKey) continue;

                    // OK - es handelt sich um die gesuchte Textur!
                    return iEntry;
                }
            }
        }
    }

    // Die Textur ist nicht in der Liste!
    return -1;
}
```

Listing 3.13 Suchen nach einer Textur mit Hilfe eines „Steckbriefs"

3.2 Direct3D mit der TriBase-Engine

3.2.3.7 *ReleaseTexture*

Kommen wir nun zur Methode `tbTextureManager::ReleaseTexture`. Wir übergeben ihr einen `PDIRECT3DBASETEXTURE9`-Zeiger auf die Textur, die freigegeben werden soll. Bitte verwenden Sie bei Texturen, die vom Manager geladen wurden, *nicht* die `Release`-Methode von `IUnknown`, wie wir das bisher immer getan haben, da ansonsten das Entfernen der Textur aus der Texturliste nicht vollzogen werden kann.

`ReleaseTexture` funktioniert ziemlich einfach: Die Methode durchläuft die gesamte Texturliste und vergleicht die Schnittstelle (das Element `pTexture` der `tbTextureListEntry`-Struktur) jedes Eintrags mit der gesuchten Texturschnittstelle. Dazu verwendet sie die Methode `GetTextureIndex`. Wenn die entsprechende Textur gefunden wurde, wird `Release` auf ihrer Schnittstelle aufgerufen, und der neue Stand des Referenzzählers wird untersucht. Erreicht er null, wird die Textur aus der Liste entfernt, indem die Methode einfach den Speicherbereich des Listeneintrags mit Nullen überschreibt.

```
// Diese Methode gibt eine Textur frei.
tbResult tbTextureManager::ReleaseTexture(PDIRECT3DBASETEXTURE9 pTexture)
{
    int iIndex;

    // Parameter prüfen
    if(!pTexture) TB_ERROR_NULL_POINTER("pTexture", TB_ERROR);

    // Den Index der Textur in der Liste herausfinden
    iIndex = GetTextureIndex(pTexture);
    if(iIndex == -1)
    {
        // Die Textur gibt es nicht!
        TB_ERROR("Die angegebene Textur wurde nicht gefunden!", TB_NOT_FOUND);
    }

    // Release aufrufen und prüfen, ob der Referenzzähler null erreicht hat
    if(m_pTextureList[iIndex].pTexture->Release() == 0)
    {
        // Referenzzähler ist bei null! Die Textur wird gelöscht, indem wir
        // den Speicherbereich des Listeneintrags mit Nullen überschreiben,
        // also auch das bExists-Element.
        ZeroMemory(&m_pTextureList[iIndex], sizeof(tbTextureListEntry));
        m_iNumTextures--;
    }

    return TB_OK;
}
```

Listing 3.14 Freigabe einer Textur

3.2.3.8 *DeleteAllTextures*

Am Ende eines Programms ist es immer ganz nützlich, wenn man sicherstellen kann, dass auch wirklich *jede* Textur das Zeitliche gesegnet hat, um eventuelle Speicherlecks zu vermeiden. Dafür implementieren wir nun die Methode `DeleteAllTextures`, die automatisch von der `Exit`-Methode aufgerufen wird.

`DeleteAllTextures` durchläuft die gesamte Liste der Texturen und gibt dann jede einzelne so lange frei, bis ihr Referenzzähler null erreicht hat. Danach wird noch der Speicher der Texturliste freigegeben.

3.2.3.9 GetNewIndex

Nun kann unser Texturmanager bereits nach bestimmten Texturen suchen und ihren Index zurückliefern. Dafür müssen natürlich erst einmal Texturen *vorhanden* sein, und wenn man eine neue Textur lädt, muss man auch wissen, *wohin* man sie lädt – also welchen Index die neue Textur erhalten soll. Einen freien Index suchen wir mit der Methode GetNewIndex. Eine simple Methode, die einfach die gesamte Liste durchgeht und nach dem ersten Eintrag sucht, bei dem die Variable bExists auf FALSE gesetzt ist (was bedeutet, dass dem Eintrag noch keine Textur zugeordnet wurde). Wenn kein Platz mehr frei ist, wird –1 zurückgeliefert, ansonsten der erste freie Index.

3.2.3.10 AddTextureToList

Die Methode AddTextureToList fügt eine Textur zur Texturliste hinzu. Dabei wird die Textur selbst mit allen möglichen Angaben per Parameter übergeben: Schnittstelle, Originaldateiname (oder NULL, wenn die Textur nicht aus einer Datei stammt), Breite, Höhe, Tiefe, Anzahl der MIP-Map-Ebenen, Oberflächenformat, Verwendungszweck, Speicherklasse (D3DPOOL), Bildfilter, MIP-Map-Filter und Color-Key (transparente Farbe)).

Es wird zuerst GetNewIndex verwendet, um einen Platz für die neue Textur zu finden. Wenn alles voll ist, wird die Liste um 32 Elemente erweitert. Wenn Sie sich jetzt fragen „*Warum gleich 32, wenn doch nur ein einziger neuer Eintrag gebraucht wird?*", dann lautet die Antwort, dass Texturen die Eigenschaft haben, immer gleich in ganzen Horden auf einmal geladen werden zu wollen. Ein Spiel lädt nur selten eine einzige Textur und hört danach direkt auf, und daher ist es besser, gleich mehrere neue Elemente zu reservieren, weil die Liste dann nicht mehr so häufig erweitert werden muss.

Nachdem nun ein neuer Platz gefunden wurde, wird der Listeneintrag ausgefüllt. Alle notwendigen Werte wurden schon als Parameter übergeben. Die Methode liefert übrigens den Index der neuen Textur zurück oder –1 im Falle eines Fehlers.

```
// Diese Methode fügt eine Textur zur Liste hinzu.
int tbTextureManager::AddTextureToList(PDIRECT3DBASETEXTURE9 pTexture,
                                       char* pcSourceFilename,
                                       int iWidth,
                                       int iHeight,
                                       int iDepth,
                                       int iNumMIPLevels,
                                       D3DFORMAT Format,
                                       DWORD dwUsage,
                                       D3DPOOL Pool,
                                       DWORD dwFilter,
                                       DWORD dwMIPFilter,
                                       D3DCOLOR ColorKey)
{
    int iIndex;

    // Parameter prüfen
    if(!pTexture) TB_ERROR_NULL_POINTER("pTexture", -1);

    // Als Erstes suchen wir einen freien Platz in der Texturliste.
    iIndex = GetNewIndex();
```

3.2 Direct3D mit der TriBase-Engine

```
        if(iIndex == -1)
        {
            // Kein Platz mehr! Wir erweitern die Texturliste um 32 Elemente.
            if(SetListSize(m_iListSize + 32))
            {
                // Fehler - nicht genug Speicher zum Erweitern der Liste!
                TB_ERROR_OUT_OF_MEMORY(-1);
            }

            // Noch einmal einen freien Platz suchen
            iIndex = GetNewIndex();
            if(iIndex == -1)
            {
                // Das sollte nicht passieren!
                TB_ERROR("Unerwarteter Fehler!", -1);
            }
        }

        // Die Daten eintragen
        m_pTextureList[iIndex].bExists       = TRUE;
        m_pTextureList[iIndex].pTexture      = pTexture;
        m_pTextureList[iIndex].iWidth        = iWidth;
        m_pTextureList[iIndex].iHeight       = iHeight;
        m_pTextureList[iIndex].iDepth        = iDepth;
        m_pTextureList[iIndex].iNumMIPLevels = iNumMIPLevels;
        m_pTextureList[iIndex].Format        = Format;
        m_pTextureList[iIndex].dwUsage       = dwUsage;
        m_pTextureList[iIndex].Pool          = Pool;
        m_pTextureList[iIndex].dwFilter      = dwFilter;
        m_pTextureList[iIndex].dwMIPFilter   = dwMIPFilter;
        m_pTextureList[iIndex].ColorKey      = ColorKey;
        if(pcSourceFilename==NULL) strcpy(m_pTextureList[iIndex].acSourceFilename, "");
        else strcpy(m_pTextureList[iIndex].acSourceFilename, pcSourceFilename);

        // Anzahl der Texturen erhöhen
        m_iNumTextures++;

        // Den Index zurückliefern
        return iIndex;
}
```

Listing 3.15 Eine Textur wird zur Liste hinzugefügt.

3.2.3.11 *LoadTexture*

Nun wird es richtig interessant: Wir verwenden jetzt die bisher implementierten Hilfsmethoden, um das Laden einer Standardtextur zu ermöglichen (aus einer virtuellen Datei). Die Methode LoadTexture erwartet dazu erst einmal einen Zeiger auf die virtuelle Datei, aus der die Textur geladen werden soll, dann die üblichen Ladeoptionen und am Ende noch einen String, der den Originaldateinamen enthält (für den Fall, dass die virtuelle Datei aus einer echten Datei erstellt wurde).

Die Methode überprüft zuerst die angegebenen Parameter und bewerkstelligt dann mit Hilfe der D3DX-Funktion D3DXCreateTextureFromFileInMemoryEx (ja, ein fürchterlich langer Name), dass die Textur *aus dem Speicher* geladen wird. Ein Lob an Microsoft, dass sie an eine solche Funktion gedacht haben! Sie unterscheidet sich nicht wesentlich von der Funktion D3DXCreateTextureFromFileEx, die wir bisher immer in den Beispielprogrammen verwendet haben – der einzige Unterschied ist, dass sie keinen Dateinamen, sondern eine Speicheradresse erwartet und zusätzlich noch die Größe der im Speicher befindlichen Bilddatei.

Wir haben keine einfache Möglichkeit, die Größe wirklich exakt herauszufinden. Deshalb verwendet LoadTexture einfach die Differenz zwischen der Größe der virtuellen Datei und ihrer Lesezeigerposition; also praktisch die Anzahl der verbleibenden Bytes. Die restlichen Parameter übernehmen wir aus den Ladeoptionen.

Nachdem die `IDirect3DTexture9`-Schnittstelle erzeugt wurde, sorgt `AddTextureToList` dafür, dass die Textur zusammen mit ihrer Beschreibung in der Liste landet. Auch diese Methode ist im Prinzip nicht sonderlich kompliziert. Eines wird hier klar: Wenn man ein Problem in viele kleine Teillösungen packt (das sind in diesem Fall all die kleinen Hilfsmethoden), dann lässt es sich viel einfacher bewältigen.

```
// Laden einer gewöhnlichen Textur (virtuelle Datei)
PDIRECT3DTEXTURE9 tbTextureManager::LoadTexture(tbVFile* pVFile,
                                   int iWidth,            // = D3DX_DEFAULT
                                   int iHeight,           // = D3DX_DEFAULT
                                   int iNumMIPLevels,     // = D3DX_DEFAULT
                                   D3DFORMAT Format,      // = D3DFMT_UNKNOWN
                                   DWORD dwUsage,         // = 0
                                   D3DPOOL Pool,          // = D3DPOOL_MANAGED
                                   DWORD dwFilter,        // = D3DX_DEFAULT
                                   DWORD dwMIPFilter,     // = D3DX_DEFAULT
                                   D3DCOLOR ColorKey,     // = 0x00000000
                                   char* pcSourceFilename)// = NULL
{
    HRESULT         r;

    // Parameter prüfen und sicherstellen, dass eine tbDirect3D-Klasse existiert
    if(!pVFile)                     TB_ERROR_NULL_POINTER("pVFile", NULL);
    if(!tbDirect3D::IsInitialized()) TB_ERROR("Direct3D wurde noch nicht
                                       initialisiert!", NULL);
    if(!pcSourceFilename) pcSourceFilename = "";

    // Die D3DX-Funktion aufrufen, die eine Textur aus dem Speicher lädt.
    // Als Speicherangabe verwenden wir die aktuelle Lesezeigerposition der
    // virtuellen Datei. Für die Größe geben wir die Anzahl der restlichen
    // Bytes an (Größe - Lesezeiger).
    PDIRECT3DTEXTURE9 pTexture;
    r = D3DXCreateTextureFromFileInMemoryEx(
                         tbDirect3D::Instance().GetDevice(),
                         &(((BYTE*)(pVFile->GetBuffer()))[pVFile->GetCursor()]),
                         pVFile->GetSize() - pVFile->GetCursor(),
                         iWidth, iHeight, iNumMIPLevels,
                         dwUsage, Pool, Format,
                         dwFilter, dwMIPFilter, ColorKey,
                         NULL, NULL,
                         &pTexture);

    if(FAILED(r)) {
        // Fehler beim Laden!
        TB_ERROR_DIRECTX("D3DXCreateTextureFromFileInMemoryEx", hResult, NULL);
    }

    // Die Textur in die Liste eintragen
    if(AddTextureToList(pTexture, pcSourceFilename, iWidth, iHeight, 0,
                     iNumMIPLevels, Format, dwUsage, Pool,
                     dwFilter, dwMIPFilter, ColorKey) == -1)
    {
        // Fehler!
        TB_ERROR("Fehler beim Hinzufügen der Textur zur Liste!", NULL);
    }

    return pTexture; // Textur liefern
}
```

Listing 3.16 Diese Methode lädt eine Textur aus einer virtuellen Datei.

3.2 Direct3D mit der TriBase-Engine

Es existieren noch viele weitere Methoden, die ebenfalls für das Laden von Texturen zuständig sind. Allein von LoadTexture gibt es vier Versionen: noch eine für das Laden aus einer echten Datei, eine für das Laden aus dem Speicher und eine für das Laden aus einer Windows-Ressource. Diese drei Versionen basieren jedoch auf der hier gezeigten: Sie erstellen dazu einfach eine virtuelle Datei aus der echten Datei, dem Speicher oder der Ressource und rufen dann die oben gezeigte LoadTexture-Version auf.

Weiterhin existieren noch LoadCubeTexture und LoadVolumeTexture – ebenfalls mit jeweils vier Versionen.

3.2.3.12 *GetTexture*

Dies ist die letzte Methode des Texturmanagers, die zu besprechen ist. GetTexture könnte man als komfortablere Version von LoadTexture bezeichnen. Die Methode erwartet dieselben Parameter (plus einem zusätzlichen bDontCareForOptions-Parameter), aber lädt die angegebene Textur (die aus einer echten Datei stammen muss) nicht „blind": Zuerst wird die Liste nach ihr durchsucht, und nur wenn sie nicht auffindbar ist, wird von LoadTexture Gebrauch gemacht, um sie zu laden. Der bDontCareForOptions-Parameter, der direkt nach dem Dateinamen (erster Parameter) folgt, bestimmt – wie bei GetTextureIndex, wie streng die Suche durchgeführt wird. Bei TRUE muss nur der Dateiname übereinstimmen und bei FALSE zusätzlich auch alle Ladeoptionen.

In dem Fall, dass eine Textur bereits vorhanden ist, wird ihr Referenzzähler erhöht.

```
// Finden oder Laden einer gewöhnlichen Textur (Datei)
PDIRECT3DTEXTURE9 tbTextureManager::GetTexture(char* pcFilename,
                                               BOOL bDontCareForOptions,   // = TRUE
                                               int iWidth,                 // = D3DX_DEFAULT
                                               int iHeight,                // = D3DX_DEFAULT
                                               int iNumMIPLevels,          // = D3DX_DEFAULT
                                               D3DFORMAT Format,           // = D3DFMT_UNKNOWN
                                               DWORD dwUsage,              // = 0
                                               D3DPOOL Pool,               // = D3DPOOL_MANAGED
                                               DWORD dwFilter,             // = D3DX_DEFAULT
                                               DWORD dwMIPFilter,          // = D3DX_DEFAULT
                                               D3DCOLOR ColorKey)          // = 0x00000000
{
    int                 iIndex;
    PDIRECT3DTEXTURE9   pTexture;

    // Parameter prüfen
    if(!pcFilename) TB_ERROR_NULL_POINTER("pcFilename", NULL);

    // Gibt es die Textur vielleicht schon?
    iIndex = GetTextureIndex(pcFilename, bDontCareForOptions, iWidth, iHeight, 0,
                             iNumMIPLevels, Format, dwUsage, Pool,
                             dwFilter, dwMIPFilter, ColorKey);
    if(iIndex != -1)
    {
        // Die Textur gibt es schon!
        // Wir erhöhen ihren Referenzzähler und liefern sie zurück.
        m_pTextureList[iIndex].pTexture->AddRef();
        return (PDIRECT3DTEXTURE9)(m_pTextureList[iIndex].pTexture);
    }
```

```
        else
        {
            // Die Textur gibt es noch nicht!
            // Die Methode zum Laden aus einer Datei aufrufen
            pTexture = LoadTexture(pcFilename, iWidth, iHeight, iNumMIPLevels, Format,
                                   dwUsage, Pool, dwFilter, dwMIPFilter, ColorKey);
            if(!pTexture)
            {
                // Fehler beim Laden!
                TB_ERROR("Fehler beim Laden der Textur!", NULL);
            }

            // Die neue Textur liefern
            return pTexture;
        }
    }
```

Listing 3.17 Diese Methode entscheidet, ob eine Textur geladen werden muss oder nicht.

3.2.4 *tbVertexBuffer* und *tbIndexBuffer*

Die beiden Klassen tbVertexBuffer und tbIndexBuffer erweitern die Direct3D-Komponente der TriBase-Engine. Sie befinden sich in den Dateien TBVERTEXBUFFER.CPP, TBVERTEXBUFFER.H, TBINDEXBUFFER.CPP und TBINDEXBUFFER.H.

3.2.4.1 Zweck

Ein 3D-Spiel, das bewusst mit den ihm zur Verfügung stehenden Ressourcen und Möglichkeiten umgeht, kommt an der Verwendung von Vertex- und Index-Buffern nicht vorbei. Auf Dauer alle Modelle aus dem Systemspeicher zu zeichnen – mit DrawPrimitiveUP – ist keine gute Lösung. Vertex- und Index-Buffer sind da ein wesentlich besserer Aufenthaltsort für unsere geometrischen Daten (Vertizes und Indizes). Sie kennen bereits den großen Vorteil, den Direct3D-Ressourcen mit sich bringen: schnellerer Zugriff durch die Grafikkarte.

Leider ist der Umgang mit den Puffern nicht immer ganz einfach, wenn man die simple Verwendung von DrawPrimitiveUP dagegen hält: Diese Puffer müssen erst einmal erstellt werden, wobei man entscheiden muss, wo sie untergebracht werden sollen und ob sie dynamisch sein sollen oder nicht, dann muss man sie auch noch sperren, bevor sie mit Daten gefüllt werden, sie wieder entsperren, als Quelle angeben, wieder freigeben und so weiter.

Um kleine Objekte zu zeichnen, wie zum Beispiel ein aus zwei Dreiecken bestehendes Viereck oder auch ein wenig mehr, lohnt sich dieser Aufwand kaum oder gar nicht: In dem Fall sollte man doch lieber direkt aus dem Systemspeicher zeichnen. Nein, der Zweck von Vertex- und Index-Buffern liegt darin, große Mengen an Daten schnell für die Grafikkarte verfügbar zu machen.

Bei der Verwaltung der Puffer – sprich bei ihrer Erstellung, beim Sperren und beim Füllen – werden uns die beiden Klassen tbVertexBuffer und tbIndexBuffer behilflich sein.

3.2.4.2 So viele Möglichkeiten!

Beim Erstellen und beim Sperren eines Vertex-Buffers muss der Programmierer einige Informationen bereitstellen, welche die Art des zu erstellenden Puffers betreffen. Dazu gehören:

- **Verwendungszweck:** 0 ist Standard, D3DUSAGE_DYNAMIC erstellt einen dynamischen Puffer, und D3DUSAGE_WRITEONLY erstellt einen Puffer, auf dessen Daten die Anwendung keinen Lesezugriff hat.

3.2 Direct3D mit der TriBase-Engine

- **Speicherklasse:** Die vier Flags D3DPOOL_DEFAULT, D3DPOOL_MANAGED, D3DPOOL_SYSTEMMEM und D3DPOOL_SCRATCH stehen zur Auswahl.
- **Sperrmethode:** Entweder 0, D3DLOCK_NOSYSLOCK, D3DLOCK_DISCARD, D3DLOCK_NOOVERWRITE oder D3DLOCK_READONLY ist hier anzugeben. Es sind auch diverse Kombinationen möglich.

Die Performance, also die Arbeitsgeschwindigkeit mit dem Puffer, hängt direkt von diesen Parametern ab. Um Ihnen einen kleinen Überblick zu verschaffen, habe ich einige Tests durchgeführt. Ein Programm erstellt nacheinander Vertex-Buffer für 1000, 2000, 4000, 8000, 16000, 32000, 64000 und 128000 Vertizes und rendert dann 1000 Frames, wobei der Vertex-Buffer jedes Mal komplett gesperrt und mit Zufallsdaten gefüllt wird. Das Programm misst dann die mittlere Zeit, die für ein Frame benötigt wird. Das Ganze wird mit den verschiedensten Vertex-Buffern durchgeführt, und auch die Sperrmethode wird geändert.

Tabelle 3.1 Verschiedene Vertex-Buffer und Sperrmethoden im Test: Die Werte geben die durchschnittliche Zeit in Millisekunden an, die gebraucht wurde, um den Vertex-Buffer zu sperren, komplett zu füllen und schließlich zu rendern.

Vertizes	DEFAULT	DEFAULT, DYNAMIC	DEFAULT, DYNAMIC, DISCARD	MANAGED	SYSTEMMEM
1000	10.0	10.0	10.0	10.0	10.0
2000	10.0	10.0	10.0	10.0	10.0
4000	10.0	10.0	10.0	10.0	10.0
8000	10.0	10.0	10.0	10.0	10.0
16000	10.0	10.0	10.0	10.0	10.0
32000	12.8	12.1	10.0	12.8	10.4
64000	25.2	23.9	13.6	24.8	20.2
128000	50.0	47.5	25.6	48.4	40.5

Diese Daten wurden auf einem AMD Athlon 1400 MHz mit 384 MB RAM, einer mittlerweile etwas staubigen GeForce2 MX und Windows XP Professional ermittelt.

„DEFAULT, DYNAMIC" bedeutet, dass der Vertex-Buffer mit den beiden Flags D3DPOOL_DEFAULT und D3DUSAGE_DYNAMIC erstellt wurde (also ist er dynamisch). „DISCARD" gibt an, dass beim Sperren das Sperrflag D3DLOCK_DISCARD zum Einsatz kam. Zur Erinnerung: D3DLOCK_DISCARD funktioniert nur bei dynamischen Puffern und bedeutet, dass die Anwendung während des Sperrvorgangs den gesamten gesperrten Speicher überschreiben wird.

Nun zur Auswertung der Messergebnisse: Sie sind doch recht überraschend! Die ersten Messergebnisse (1000 bis 16000 Vertizes) sind ungefähr gleich. Das können wir darauf zurückführen, dass die Arbeit am Vertex-Buffer praktisch überhaupt nicht ins Gewicht fällt, sondern wir vielmehr nur die Auswirkungen bestimmter Operationen sehen, die sowieso in jedem Frame durchgeführt werden müssen.

- DEFAULT: Hier hätte man sich ein wenig mehr erhoffen können – erlaubt D3DPOOL_DEFAULT doch dem Grafikkartentreiber, den besten Platz für die Ressource selbst auszusuchen! Bis 16000 Vertizes bleibt die benötigte Zeit praktisch konstant; erst danach wächst sie proportional zur Anzahl der Vertizes an. Letztendlich erweist sich dieses Verfahren sogar als das langsamste.
- DEFAULT, DYNAMIC: Dieser dynamische Vertex-Buffer ist auch nicht viel schneller als sein statischer Kollege …

- DEFAULT, DYNAMIC, DISCARD: Der absolute Überflieger – dieses Verfahren ist zum Ende hin fast doppelt so schnell wie die meisten anderen. Hier sieht man, welche Vorteile das Sperrflag D3DLOCK_DISCARD hat. Dynamische Vertex-Buffer lohnen sich also doch! Vergessen Sie aber nicht, dass bei D3DLOCK_DISCARD auch wirklich jeder Vertex überschrieben werden muss.
- MANAGED: Mittelmäßige Performance – dafür werden die Ressourcen mit D3DPOOL_MANAGED, aber auch von Direct3D für uns verwaltet (wozu auch die automatische Wiederherstellung im Falle eines Verlustes zählt). Zur Erinnerung: Von Ressourcen, die mit dieser Speicherklasse generiert wurden, hält Direct3D immer eine Kopie im Systemspeicher, auf die der Benutzer beim Sperren dann Zugriff bekommt. Nach dem Sperren kopiert Direct3D die veränderten Daten automatisch in die „echte" Ressource.
- SYSTEMMEM: Diese Speicherklasse, bei dem die Ressourcen im Systemspeicher lagern, schneidet überraschend gut ab – zweiter Platz! Das liegt mit Sicherheit daran, dass der Sperrvorgang hier sehr schnell abläuft, denn in den Systemspeicher kann man recht bedenkenlos schreiben. Der Transfer der Daten zur Grafikkarte erfolgt erst später beim Rendern.

Doch seien Sie gewarnt, diesen Test als hundertprozentig aussagekräftig für alle Situationen und Konfigurationen (Grafikkarte, Treiber ...) anzusehen! Die beste Kombination finden Sie am einfachsten durch Herumprobieren heraus.

3.2.4.3 Die Funktionsweise von *tbVertexBuffer* und *tbIndexBuffer*

Welche Aufgaben die beiden Klassen übernehmen sollen, wissen wir jetzt schon: Puffer erstellen und das Befüllen mit Daten vereinfachen. Dabei soll natürlich die Performance nicht zu kurz kommen. Ein wichtiger Faktor ist dabei das Verfahren, das beim Sperren der Puffer zum Einsatz kommt: Wie man oben gesehen hat, liefert D3DLOCK_DISCARD hervorragende Ergebnisse. Auch mit D3DUSAGE_WRITEONLY erstellte Puffer können Performance-Gewinne mit sich bringen – daher sollten wir versuchen, beide Klassen immer die am besten passende Methode von selbst aussuchen zu lassen.

Beim Initialisieren einer Klasse gibt der Benutzer unter anderem den Verwendungszweck (D3DUSAGE) und die Speicherklasse (D3DPOOL) an. Dynamische Puffer werden dabei automatisch mit D3DPOOL_DEFAULT, D3DUSAGE_DYNAMIC und D3DUSAGE_WRITEONLY erstellt, denn dort kommt es wirklich auf die letzte Nanosekunde Zeitgewinn an. Bei statischen Puffern hingegen wird die vom Benutzer angegebene Speicherklasse übernommen. D3DUSAGE_WRITEONLY bleibt aber trotzdem noch erhalten.

Die beiden Klassen werden es übrigens auch erlauben, die Größe des Vertex- beziehungsweise des Index-Buffers nachträglich zu ändern – für den Fall, dass dies einmal nötig sein sollte.

Der Trick mit der Speicherkopie

Beide Klassen – tbVertexBuffer und tbIndexBuffer – wenden einen besonderen Trick an: Sie fertigen sich intern eine Kopie des gesamten Puffers an. Diese kann der Benutzer dann mit dafür vorgesehenen Methoden wie SetVertex oder SetIndex bequem verändern, und wenn es so weit ist, dass die Veränderungen durchgeführt werden sollen, wird eine Methode namens Update aufgerufen. Die Klassen sperren dann genau den Speicherbereich, der verändert wurde, und kopieren den entsprechenden Teil der Daten aus der internen Kopie in den gesperrten Puffer. Und weil dabei wirklich *jedes* Byte überschrieben wird, ist das eine hervorragende Gelegenheit für D3DLOCK_DISCARD (sofern der Puffer dynamisch ist). Welche Vorteile dieses Sperrflag hat, haben Sie beim Geschwindigkeitsvergleich gesehen.

Außerdem wird auf diese Weise die Zeit, die der Puffer gesperrt bleibt, minimiert, denn alle Änderungen werden auf einen Schlag ausgeführt. Wie Sie wissen, kann ein gesperrter Vertex- oder Index-Buffer die Grafikkarte daran hindern, weiter zu arbeiten, wenn dieser Puffer gerade von ihr gebraucht wird.

Nun kennen Sie übrigens auch den Grund für den Einsatz von D3DUSAGE_WRITEONLY: Leseaktionen müssen gar nicht aus dem Puffer selbst durchgeführt werden, denn es gibt immer noch die interne Kopie im Systemspeicher, aus dem sich viel schneller lesen lässt. In den gesperrten Puffer wird also nur *geschrieben*. Für das Abfragen von Vertizes und Indizes aus der internen Kopie wird es ebenfalls passende Methoden geben: GetVertex und GetIndex.

Es sei noch angemerkt, dass durch die Anfertigung der Kopie des gesamten Puffers die Speicherklasse D3DPOOL_MANAGED vielleicht nicht mehr unbedingt angebracht ist, da diese für sich schon eine Speicherkopie anfertigt.

3.2.4.4 Ablaufplan

Beispiel anhand eines Vertex-Buffers:

1. Die Anwendung ruft den Konstruktor der Klasse tbVertexBuffer durch new auf.
2. Initialisierung des Vertex-Buffers durch Aufruf der Init-Methode. Angaben: Größe, Vertexgröße, FVF-Bezeichner, Verwendungszweck und Speicherklasse. Intern wird daraufhin ein echter Vertex-Buffer zusammen mit einer im Systemspeicher liegenden Kopie gleicher Größe generiert.
3. Die Anwendung ruft mehrfach SetVertex auf, um einen bestimmten Vertex zu verändern. Dabei merkt sich die Klasse den ersten und den letzten veränderten Vertex.
4. Wenn die Zeit gekommen ist, dass die Änderungen eingetragen werden sollen, ruft die Anwendung die Methode Update auf. Es wird dann der gesamte Speicherbereich vom ersten bis zum letzten veränderten Vertex gesperrt (im Falle eines dynamischen Vertex-Buffers kommt D3DLOCK_DISCARD zum Einsatz), woraufhin die entsprechenden Daten hineinkopiert werden.
5. Nun kann der Vertex-Buffer zum Rendern benutzt werden.
6. Die Exit-Methode von tbVertexBuffer sorgt für die Freigabe des Vertex-Buffers und der internen Kopie. Exit wird automatisch vom Destruktor der Klasse aufgerufen. Außerdem gibt es einen weiteren Exit-Aufruf in der Init-Methode, nämlich ganz am Anfang der Methode. Dadurch wird ermöglicht, dass dieselbe Klasseninstanz mehrmals „wieder verwendet" werden kann. Diesen Trick werden wir bei allen Klassen anwenden.

3.2.4.5 Die Klassendefinitionen

tbVertexBuffer und tbIndexBuffer unterscheiden sich nur in wenigen Punkten. Daher wäre es unsinnig, sie beide genau zu besprechen – ich beschränke mich auf die Vertex-Buffer-Klasse tbVertexBuffer.

Variablen

- Eine PDIRECT3DVERTEXBUFFER9-Variable, die den Vertex-Buffer-Zeiger enthält; ihr Name: m_pVertexBuffer.
- Ein Zeiger namens m_pBuffer, der auf die interne Kopie des Puffers zeigt, die zum Ansammeln der nötigen Änderungen im Vertex-Buffer verwendet wird. Der Typ dieser Variable ist ein allgemeiner void*-Zeiger.
- DWORD m_dwSize: speichert die Größe des Vertex-Buffers in Bytes

- `DWORD m_dwVertexSize`: speichert die Größe eines einzelnen Vertex
- `DWORD m_dwMaxVertices`: Anzahl der maximalen Vertizes im Vertex-Buffer (Größe des Puffers geteilt durch die Größe eines Vertex)
- `DWORD m_dwFVF`: der FVF-Bezeichner der Vertizes (beim Index-Buffer heißt diese Variable `m_IndexFormat` und wäre vom Typ `D3DFORMAT`; mögliche Werte sind `D3DFMT_INDEX16` und `D3DFMT_INDEX32`)
- `DWORD m_dwUsage`: der Verwendungszweck des Puffers. `D3DUSAGE_WRITEONLY` ist immer gesetzt, bei dynamischen Puffern kommt noch `D3DUSAGE_DYNAMIC` hinzu.
- `D3DPOOL m_Pool`: die Speicherklasse, in der sich der Vertex-Buffer befindet
- `DWORD m_dwFirstVertex, m_dwLastVertex`: diese beiden Variablen speichern die Nummer des ersten und des letzten veränderten Vertex. Sie werden durch die Methode `SetVertex`, die einen Vertex in den Puffer schreibt, gesetzt, um später den zu sperrenden Bereich genau ermitteln zu können. Nach dem Sperrvorgang hat `m_dwFirstVertex` den höchst möglichen Wert, und `m_dwLastVertex` wird auf 0 gesetzt (wie auch ganz zu Beginn). Dadurch wird sichergestellt, dass beim nächsten Aufruf von `SetVertex` beide Variablen wieder korrekte Werte haben und sie nicht immer weiter auseinander rücken.
- `DWORD m_dwCursor`: speichert den „Vertexcursor". Dies ist die Nummer des nächsten Vertex, der mit der Methode `AddVertex` (siehe unten) gesetzt wird. `AddVertex` ist ähnlich wie `SetVertex`, jedoch kann der Benutzer keine Vertexnummer angeben – es wird `m_dwCursor` verwendet, um die Nummer herauszufinden. Danach wird sie um eins erhöht.

Methoden

- `tbVertexBuffer::Init` initialisiert die Klasseninstanz. Dazu gehört die Generierung der `IDirect3DVertexBuffer9`-Schnittstelle und der internen Kopie. Die erste Version dieser Methode erwartet zuerst die Größe des Vertex-Buffers, dann die Vertexgröße, den FVF-Bezeichner, den Verwendungszweck und schließlich die Speicherklasse.

  Die zweite Version von `Init` erwartet einen bereits existierenden Vertex-Buffer (`PDIRECT3DVERTEXBUFFER9`) und ebenfalls die Größe eines einzelnen Vertex. Aus diesem wird dann die `tbVertexBuffer`-Instanz initialisiert. Dazu wird die Methode `GetDesc` verwendet, um die Beschreibung des Vertex-Buffers abzufragen.

  Die erste Version baut auf der zweiten auf.
- `tbVertexBuffer::Exit` gibt die Schnittstelle des Vertex-Buffers frei, ebenso die interne Speicherkopie. Wie bereits gesagt: `Exit` wird einmal vom Destruktor aufgerufen und einmal am Anfang der `Init`-Methode.
- `tbVertexBuffer::SetVertex` erwartet zwei Parameter: die Nummer des zu setzenden Vertex (0 ist der erste) und danach den Vertex selbst (wird per Zeiger übergeben). Die Methode schreibt den angegebenen Vertex in die Speicherkopie und aktualisiert die beiden Variablen `m_dwFirstVertex` und `m_dwLastVertex`.
- `tbVertexBuffer::SetVertices` setzt mehrere Vertizes. Erster Parameter: Index des ersten zu setzenden Vertex; zweiter Parameter: Anzahl der Vertizes; dritter Parameter: Zeiger auf die Vertizes.
- `tbVertexBuffer::AddVertex` fügt dem Vertex-Buffer einen neuen Vertex hinzu und liefert seinen Index zurück (0: erster Vertex). Die Nummer des nächsten Vertex ist in `m_dwCursor` gespeichert. `AddVertex` ist vor allem dann nützlich, wenn man viele Vertizes hintereinander in den Puffer schreibt.
- `tbVertexBuffer::AddVertices` fügt gleich mehrere Vertizes hinzu, die im zweiten Parameter angegeben werden. Der erste Parameter gibt deren Anzahl an.

3.2 Direct3D mit der TriBase-Engine

- `tbVertexBuffer::SetCursor` setzt den Vertexcursor auf den durch den Parameter angegebenen Wert. Die Anwendung muss den Cursor per Hand zurücksetzen, wenn der Vertex-Buffer voll ist – das geschieht nämlich nicht automatisch. Auch die `Update`-Methode verändert den Cursor nicht.
- `tbVertexBuffer::GetVertex` liefert den durch den Index angegebenen Vertex (speichert ihn in den per Parameter angegebenen Zeiger).
- `tbVertexBuffer::GetVertices` fragt gleich mehrere Vertizes ab. Der erste Parameter gibt den Index des ersten abzufragenden Vertex an. Der zweite Parameter gibt die Anzahl der abzufragenden Vertizes an, und der Dritte ist ein Zeiger auf einen Speicherbereich, wo die Vertizes hin kopiert werden sollen.
- `tbVertexBuffer::Update` schreibt die veränderten Vertizes in den Vertex-Buffer. Wie bereits erwähnt, wird bei dynamischen Puffern das Sperrflag `D3DLOCK_DISCARD` angewandt. `m_dwFirstVertex` und `m_dwLastVertex` werden zurückgesetzt.
- `tbVertexBuffer::SetSize` ändert die Größe des Vertex-Buffers und damit auch die seiner internen Kopie.
- Verschiedene Inline-Methoden wie `GetSize`, `GetVertexSize`, `GetFVF`, `GetUsage` und `GetPool`

Code

```
// Klasse für einen Vertex-Buffer
class TRIBASE_API tbVertexBuffer
{
private:
    // Variablen
    PDIRECT3DVERTEXBUFFER9 m_pVertexBuffer; // Der Vertex-Buffer
    void*                  m_pBuffer;       // Speicherkopie
    DWORD                  m_dwSize;        // Größe des Vertex-Buffers (in Bytes)
    DWORD                  m_dwVertexSize;  // Vertexgröße
    DWORD                  m_dwMaxVertices; // Maximale Anzahl der Vertizes
    DWORD                  m_dwFVF;         // FVF-Bezeichner
    DWORD                  m_dwUsage;       // Verwendungszweck
    D3DPOOL                m_Pool;          // Speicherklasse
    DWORD                  m_dwFirstVertex; // Erster veränderter Vertex
    DWORD                  m_dwLastVertex;  // Letzter veränderter Vertex
    DWORD                  m_dwCursor;      // Vertexcursorposition

public:
    // Konstruktor und Destruktor
    tbVertexBuffer();
    ~tbVertexBuffer() {Exit();}

    // Methoden
    tbResult Update();                     // Speichert die Änderungen im Vertex-Buffer
    tbResult SetSize(DWORD dwNewSize);     // Setzt die Größe des Vertex-Buffers

    // Initialisierung aus einem Vertex-Buffer
    tbResult Init(PDIRECT3DVERTEXBUFFER9 pVertexBuffer, DWORD dwVertexSize);

    // Ausführliche Initialisierung
    tbResult Init(DWORD dwSize,
                  DWORD dwVertexSize,
                  DWORD dwFVF,
                  DWORD dwUsage = D3DUSAGE_WRITEONLY,
                  D3DPOOL Pool = D3DPOOL_DEFAULT);

    // Herunterfahren
    tbResult Exit();
```

```cpp
        // Inline-Methoden
        PDIRECT3DVERTEXBUFFER9  GetVB()             {return m_pVertexBuffer;}
        void*                   GetBuffer()         {return m_pBuffer;}
        DWORD                   GetSize()           {return m_dwSize;}
        DWORD                   GetMaxVertices()    {return m_dwMaxVertices;}
        DWORD                   GetFVF()            {return m_dwFVF;}
        DWORD                   GetUsage()          {return m_dwUsage;}
        D3DPOOL                 GetPool()           {return m_Pool;}
        DWORD                   GetCursor()         {return m_dwCursor;}

        // Abfragen eines Vertex
        tbResult GetVertex(const DWORD dwVertex,
                           void* pOut)
        {
#ifdef _DEBUG
            // Parameter prüfen
            if(dwVertex >= m_dwMaxVertices) TB_ERROR_INVALID_VALUE("dwVertex", TB_ERROR);
            if(!pOut)                       TB_ERROR_NULL_POINTER("pOut", TB_ERROR);
#endif

            // Vertex zurückliefern
            memcpy(pOut, (BYTE*)(m_pBuffer) + dwVertex*m_dwVertexSize, m_dwVertexSize);

            return TB_OK;
        }

        // Abfragen mehrerer Vertizes
        tbResult GetVertices(const DWORD dwStart,
                             const DWORD dwNumVertices,
                             void* pOut)
        {
#ifdef _DEBUG
            // Parameter prüfen
            if(dwStart + dwNumVertices > m_dwMaxVertices ||
               dwNumVertices == 0 || !pOut)
            {
                // Fehler!
                TB_ERROR("Ungültige Angabe!", TB_ERROR);
            }
#endif

            // Vertizes zurückliefern
            memcpy(pOut, (BYTE*)(m_pBuffer) + dwStart * m_dwVertexSize,
                   dwNumVertices * m_dwVertexSize);

            return TB_OK;
        }

        // Setzen eines Vertex
        tbResult SetVertex(const DWORD dwVertex,
                           const void* pVertex)
        {
#ifdef _DEBUG
            // Parameter prüfen
            if(dwVertex >= m_dwMaxVertices) TB_ERROR_INVALID_VALUE("dwVertex", TB_ERROR);
            if(!pVertex)                    TB_ERROR_NULL_POINTER("pVertex", TB_ERROR);

#endif
            // Den Vertex eintragen
            memcpy((BYTE*)(m_pBuffer) + dwVertex * m_dwVertexSize, pVertex, m_dwVertexSize);

            // m_dwFirstVertex und m_dwLastVertex aktualisieren
            if(dwVertex < m_dwFirstVertex) m_dwFirstVertex = dwVertex;
            if(dwVertex > m_dwLastVertex) m_dwLastVertex = dwVertex;

            return TB_OK;
        }
```

3.2 Direct3D mit der TriBase-Engine

```cpp
        // Setzen mehrerer Vertizes
        tbResult SetVertices(const DWORD dwStart,
                             const DWORD dwNumVertices,
                             const void* pVertices)
    {
#ifdef _DEBUG
            // Parameter prüfen
            if(dwStart + dwNumVertices > m_dwMaxVertices || !pVertices)
            {
                // Fehler
                TB_ERROR("Ungültige Angabe!", TB_ERROR);
            }
#endif

            // Die Vertizes kopieren
            memcpy((BYTE*)(m_pBuffer) + dwStart * m_dwVertexSize, pVertices,
                dwNumVertices * m_dwVertexSize);

            // m_dwFirstVertex und m_dwLastVertex aktualisieren
            if(dwStart < m_dwFirstVertex) m_dwFirstVertex = dwStart;
            if(dwStart + dwNumVertices - 1 > m_dwLastVertex)
                m_dwLastVertex = dwStart + dwNumVertices - 1;

            return TB_OK;
        }

        // Hier kommen noch AddVertex und AddVertices!
        // ...
};
```

Listing 3.18 Die Deklaration der `tbVertexBuffer`-Klasse

Beachten Sie, dass die Methoden `SetVertex`, `AddVertex`, `SetCursor` und `GetVertex` ebenfalls *inline* deklariert sind, was sie vergleichbar mit einem Makro machen. Dadurch wird die Geschwindigkeit erhöht, da keine wirklichen Funktionsaufrufe notwendig sind.

3.2.4.6 Konstruktor und Destruktor

Im Konstruktor der `tbVertexBuffer`-Klasse passiert so gut wie nichts (wie immer): Es werden nur alle Variablen zurückgesetzt, und das war's. Der Destruktor ruft seinerseits nur die `Exit`-Methode auf. Diese löscht wiederum zuerst die Vertex-Buffer-Schnittstelle und anschließend die interne Speicherkopie.

```cpp
// Konstruktor der tbVertexBuffer-Klasse
tbVertexBuffer::tbVertexBuffer()
{
    // Alles zurücksetzen
    m_pVertexBuffer = NULL;
    m_pBuffer = NULL;
    m_dwSize = 0;
    m_dwVertexSize = 0;
    m_dwMaxVertices = 0;
    m_dwFVF = 0;
    m_dwUsage = 0;
    m_Pool = (D3DPOOL)(0);
    m_dwFirstVertex = 0;
    m_dwLastVertex = 0;
    m_dwCursor = 0;
}
```

```
// Herunterfahren
tbResult tbVertexBuffer::Exit()
{
    // Die Schnittstelle freigeben und die Speicherkopie löschen
    TB_SAFE_RELEASE(m_pVertexBuffer);
    TB_SAFE_MEMFREE(m_pBuffer);

    // Alles zurücksetzen
    ZeroMemory(this, sizeof(tbVertexBuffer));

    return TB_OK;
}
```
Listing 3.19 Die übliche Arbeit ...

3.2.4.7 Die *Init*-Methoden

Die eine Version der Init-Methode initialisiert die Klasse anhand eines bereits bestehenden Vertex-Buffers und einer angegebenen Vertexgröße. Dazu wird seine Beschreibung mit GetDesc abgefragt und in die Member-Variablen kopiert (Größe, Verwendungszweck, Pool und so weiter). Hier wird dann auch die Speicherkopie erstellt, mit exakt der Größe des echten Vertex-Buffers. Die maximale Anzahl der Vertizes, für die im Puffer Platz ist, wird hier ebenfalls eingetragen. Wir dürfen hier nicht vergessen, den Referenzzähler der übergebenen Schnittstelle um eins zu erhöhen. Anschließend sperren wir den Vertex-Buffer und kopieren seine Daten in den zuvor reservierten Speicherbereich.

```
// Initialisierung aus einem bereits vorhandenen Vertex-Buffer
tbResult tbVertexBuffer::Init(PDIRECT3DVERTEXBUFFER9 pVertexBuffer,
                              DWORD dwVertexSize)
{
    // Die Klasseninstanz zurücksetzen.
    // Damit wird ermöglicht, dass der Init-Aufruf mehrere Male mit
    // derselben Instanz funktioniert.
    Exit();

    // Parameter prüfen
    if(!pVertexBuffer)      TB_ERROR_NULL_POINTER("pVertexBuffer", TB_ERROR);
    if(dwVertexSize == 0) TB_ERROR_INVALID_VALUE("dwVertexSize", TB_ERROR);

    // Referenzzähler erhöhen
    pVertexBuffer->AddRef();

    // Die Beschreibung des Vertex-Buffers abfragen
    D3DVERTEXBUFFER_DESC Desc;
    pVertexBuffer->GetDesc(&Desc);

    // Alle Angaben übernehmen, auch die Schnittstelle selbst
    m_pVertexBuffer = pVertexBuffer;
    m_dwSize        = Desc.Size;
    m_dwVertexSize  = dwVertexSize;
    m_dwFVF         = Desc.FVF;
    m_dwUsage       = Desc.Usage;
    m_Pool          = Desc.Pool;

    // Maximale Anzahl der Vertizes berechnen
    m_dwMaxVertices = m_dwSize / m_dwVertexSize;

    // Interne Speicherkopie anfertigen
    m_pBuffer = tbMemAlloc(m_dwSize);
```

3.2 Direct3D mit der TriBase-Engine

```cpp
    if(!m_pBuffer)
    {
        // Fehler!
        TB_ERROR_OUT_OF_MEMORY(TB_ERROR);
    }

    // Vertex-Buffer sperren und die Daten kopieren
    BYTE* pVBData;
    if(SUCCEEDED(pVertexBuffer->Lock(0, 0,
                                     (void**)(&pVBData),
                                     D3DLOCK_NOSYSLOCK | D3DLOCK_READONLY)))
    {
        // Kopieren und entsperren
        memcpy(m_pBuffer, pVBData, m_dwSize);
        pVertexBuffer->Unlock();
    }
    else TB_WARNING("Vertex-Buffer konnte nicht gesperrt werden!");

    // Ersten und letzten Vertex zurücksetzen
    m_dwFirstVertex = m_dwMaxVertices - 1;
    m_dwLastVertex = 0;

    return TB_OK;
}
```

Listing 3.20 Initialisierung anhand eines bereits existierenden Vertex-Buffers

Die zweite Version der Init-Methode baut auf der oben gezeigten Methode auf. Man übergibt ihr die typischen Parameter, die zur Erstellung eines Vertex-Buffers notwendig sind, und sie erledigt diese Arbeit dann auch. Nachdem der Vertex-Buffer generiert wurde, wird die oben gezeigte Version von Init aufgerufen, um die restliche Arbeit zu erledigen.

Die Init-Methode ist übrigens sehr benutzerfreundlich: Wurde nämlich ein *dynamischer* Vertex-Buffer beantragt, und ist dieser nicht verfügbar, dann wird das Flag D3DUSAGE_DYNAMIC einfach entfernt, und dann *auf ein Neues*!

```cpp
// Initialisierung
tbResult tbVertexBuffer::Init(DWORD dwSize,
                              DWORD dwVertexSize,
                              DWORD dwFVF,
                              DWORD dwUsage,      // = D3DUSAGE_WRITEONLY
                              D3DPOOL Pool)       // = D3DPOOL_DEFAULT
{
    // Parameter prüfen und sicherstellen, dass eine tbDirect3D-Klasse existiert
    if(iSize == 0)                     TB_ERROR_INVALID_VALUE("dwSize", TB_ERROR);
    if(!tbDirect3D::IsInitialized()) TB_ERROR("Direct3D wurde noch nicht
                                                initialisiert!", TB_ERROR);
    // Einen Vertex-Buffer mit den angegebenen Daten erstellen.
    // Zu dwUsage kommt in jedem Fall noch D3DUSAGE_WRITEONLY hinzu.
    dwUsage |= D3DUSAGE_WRITEONLY;
    HRESULT hResult;
    PDIRECT3DVERTEXBUFFER9 pVertexBuffer;
    if(FAILED(hResult = tbDirect3D::Instance()->CreateVertexBuffer(dwSize, dwUsage, dwFVF,
                                                  Pool, &pVertexBuffer, NULL)))
    {
        // Wenn der Puffer dynamisch werden sollte, versuchen wir es mit einem
        // statischen. Wenn es dann immer noch nicht funktioniert, gibt es einen Fehler.
        if(dwUsage & D3DUSAGE_DYNAMIC) {
            // Warnung ausgeben
            TB_WARNING("Erstellung eines dynamischen Vertex-Buffers fehlgeschlagen!");
            return Init(dwSize, dwVertexSize, dwFVF, dwUsage ^ D3DUSAGE_DYNAMIC, Pool);
        }
```

```
            else
            {
                // Fehler beim Erstellen des statischen Puffers!
                TB_ERROR_DIRECTX("tbDirect3D::Instance()->CreateVertexBuffer",
                                 hResult, TB_ERROR);
            }
    }

    // Die andere Initialisierungsmethode aufrufen
    if(Init(pVertexBuffer))
    {
        // Fehler!
        TB_ERROR("Fehler beim Initialisieren des Vertex-Buffers!", TB_ERROR);
    }

    // Die Schnittstelle freigeben (Referenzzähler wurde von der anderen Init-Methode
    // bereits erhöht)
    pVertexBuffer->Release();

    return TB_OK;
}
```

Listing 3.21 Die zweite `Init`-Version erzeugt einen Vertex-Buffer per Hand.

3.2.4.8 Aktualisierung des Vertex-Buffers mit *Update*

Nachdem die Anwendung ein- oder mehrfach die `SetVertex`-Methode aufgerufen hat, um bestimmte Vertizes zu verändern, markieren die beiden Variablen `m_dwFirstVertex` und `m_dwLastVertex` den Bereich, der gesperrt und neu beschrieben werden soll. Dadurch könnte natürlich auch eine Situation entstehen, in der nur der erste und der letzte Vertex verändert wurden und nun trotzdem der *gesamte* Puffer gesperrt und neu beschrieben wird. Im Allgemeinen ist das jedoch nicht der Fall, und ein System, das sich jeden einzelnen veränderten Vertex merkt und diese dann zu Blöcken zusammenfasst, wäre wohl zu aufwändig zu programmieren.

Die Update-Methode sperrt den entsprechenden Bereich mit dem Sperrflag 0 bei statischen Puffern und `D3DLOCK_DISCARD` bei dynamischen. Dabei wird die Größe des zu sperrenden Speicherblocks durch `(m_dwLastVertex - m_dwFirstVertex + 1) * m_dwVertexSize` berechnet.

Nach erfolgreichem Sperren wird die Funktion `memcpy` verwendet, um den entsprechenden Teil aus der Speicherkopie, welche die neuen Daten bereithält, in den gesperrten Vertex-Buffer zu kopieren. Es folgt das Entsperren mit `Unlock`.

Am Ende werden `m_dwFirstVertex` und `m_dwLastVertex` wieder zurückgesetzt – sie werden sich dann mit dem nächsten Aufruf von `SetVertex` wieder verändern.

```
    // Diese Methode führt die Änderungen am Vertex-Buffer durch.
    tbResult tbVertexBuffer::Update()
    {
        // Prüfen, ob m_dwFirstVertex und m_dwLastVertex in Ordnung sind
        if(m_dwFirstVertex > m_dwLastVertex) return TB_OK; // Es wurde nichts verändert!
        if(m_dwFirstVertex >= m_dwMaxVertices)
            TB_ERROR_INVALID_VALUE("m_dwFirstVertex", TB_ERROR);
        if(m_dwLastVertex >= m_dwMaxVertices)
            TB_ERROR_INVALID_VALUE("m_dwLastVertex", TB_ERROR);
```

3.2 Direct3D mit der TriBase-Engine

```
    // Den Vertex-Buffer sperren.
    // Die Sperrflags sind 0 bei statischen Vertex-Buffern und
    // D3DLOCK_DISCARD bei dynamischen.
    HRESULT hResult;
    void* pVertices;
    if(FAILED(hResult =
        m_pVertexBuffer->Lock(m_dwFirstVertex * m_dwVertexSize,
                              (m_dwLastVertex - m_dwFirstVertex + 1) * m_dwVertexSize,
                              &pVertices,
                              (m_dwUsage&D3DUSAGE_DYNAMIC) ? D3DLOCK_DISCARD : 0)))
    {
        // Fehler beim Sperren!
        TB_ERROR_DIRECTX("m_pVertexBuffer->Lock", hResult, TB_ERROR);
    }

    // Die Daten kopieren
    memcpy(pVertices, &m_pBuffer[m_dwFirstVertex],
           (m_dwLastVertex - m_dwFirstVertex + 1) * m_dwVertexSize);

    // Vertex-Buffer entsperren
    m_pVertexBuffer->Unlock();

    // Ersten und letzten Vertex zurücksetzen
    m_dwFirstVertex = m_dwMaxVertices - 1;
    m_dwLastVertex = 0;

    return TB_OK;
}
```

Listing 3.22 Diese Methode aktualisiert den Vertex-Buffer.

3.2.4.9 Variable Größe mit *SetSize*

Manchmal wird es in einem Spiel notwendig sein, einen bestimmten Vertex-Buffer zu vergrößern, ohne seinen bisherigen Inhalt zu verändern. Auch Verkleinerungen sind denkbar. Als Beispiel denken Sie sich ein Weltraumspiel. Herumfliegende Trümmer werden alle in einem Vertex-Buffer gespeichert. In dem Moment, wo nun ein Schiff explodiert und weitere Trümmerteile ins All katapultiert, könnte der Vertex-Buffer zu klein sein und müsste erweitert werden. Wenn später ein Großteil der Trümmer verschwunden ist, kann man ihn wieder verkleinern.

Genau dafür ist die `SetSize`-Methode zuständig: Wir übergeben ihr als Parameter einfach die neue gewünschte Größe des Vertex-Buffers in Bytes.

Die Methode arbeitet nach folgendem Prinzip: Es wird ein neuer Vertex-Buffer mit der angegebenen Größe und denselben Parametern des bereits bestehenden Puffers erstellt (FVF, Verwendungszweck, Speicherklasse). Dieser wird dann als neuer Vertex-Buffer der Klasseninstanz (`m_pVertexBuffer`) eingetragen, nachdem `Release` auf dem alten aufgerufen wurde. Die neue Größe des Puffers wird übernommen, und `m_dwMaxVertices` wird neu berechnet. Mit `tbMemReAlloc` passt die Methode dann noch die Speicherkopie auf die neue Größe an – ob verkleinert oder vergrößert wird, ist dabei egal. Um den neuen Vertex-Buffer zu füllen, wird ganz einfach die `Update`-Methode aufgerufen. Da `m_dwFirstVertex` und `m_dwLastVertex` nach der Größenveränderung ungültig (außerhalb der Grenzen liegend) geworden sein könnten, werden sie noch einmal überprüft und – wenn nötig – angepasst.

```
// Diese Methode verändert die Größe des Vertex-Buffers.
tbResult tbVertexBuffer::SetSize(DWORD dwNewSize)
{
    // Parameter prüfen und sicherstellen, dass eine tbDirect3D-Klasse existiert
    if(dwNewSize == m_dwSize) return TB_OK;
    if(dwNewSize == 0)        TB_ERROR_INVALID_VALUE("dwNewSize", TB_ERROR);
```

```
        // Die neue Größe eintragen und die maximale Anzahl der Vertizes neu berechnen
        m_dwSize = dwNewSize;
        m_dwMaxVertices = m_dwSize / m_dwVertexSize;

        // Einen neuen Vertex-Buffer erstellen
        HRESULT hResult;
        PDIRECT3DVERTEXBUFFER9 pVertexBuffer;
        if(FAILED(hResult = tbDirect3D::Instance()->CreateVertexBuffer(m_dwSize,
                                                                       m_dwUsage,
                                                                       m_dwFVF,
                                                                       m_Pool,
                                                                       &pVertexBuffer,
                                                                       NULL)))
        {
            // Fehler!
            TB_ERROR_DIRECTX("tbDirect3D::Instance()->CreateVertexBuffer",
                             hResult, TB_ERROR);
        }

        // Die neue Schnittstelle eintragen, vorher den alten Vertex-Buffer freigeben
        TB_SAFE_RELEASE(m_pVertexBuffer);
        m_pVertexBuffer = pVertexBuffer;

        // Die Größe der Speicherkopie anpassen
        m_pBuffer = tbMemReAlloc(m_pBuffer, dwNewSize);
        if(!m_pBuffer)
        {
            // Fehler!
            TB_ERROR_OUT_OF_MEMORY(TB_ERROR);
        }

        // Alle Vertizes aktualisieren, m_dwFirstVertex und m_dwLastVertex sichern
        DWORD dwOldFirstVertex = m_dwFirstVertex;
        DWORD dwOldLastVertex = m_dwLastVertex;
        m_dwFirstVertex = 0;
        m_dwLastVertex = m_dwMaxVertices - 1;

        // Die Aktualisierungsmethode aufrufen
        if(Update())
        {
            // Fehler beim Aktualisieren!
            TB_ERROR("Vertex-Buffer konnte nicht aktualisiert werden!", TB_ERROR);
        }

        // m_dwFirstVertex und m_dwLastVertex auf die neue Größe anpassen
        m_dwFirstVertex = dwOldFirstVertex;
        m_dwLastVertex = dwOldLastVertex;
        if(m_dwFirstVertex >= m_dwMaxVertices) m_dwFirstVertex = m_dwMaxVertices - 1;
        if(m_dwLastVertex >= m_dwMaxVertices) m_dwLastVertex = m_dwMaxVertices - 1;

        return TB_OK;
}
```

Listing 3.23 Eine einfache Art, die Größe eines Vertex-Buffers zu verändern

Mit Hilfe der Klassen tbDirect3D, tbTextureManager und tbVertexBuffer beziehungsweise tbIndexBuffer wird es um einiges einfacher werden, in einem neuen Programm schnell zu einem sichtbaren Resultat zu kommen!

3.2 Direct3D mit der TriBase-Engine

3.2.4.10 Ein paar Worte zu *tbIndexBuffer*

Wir haben jetzt nur die Vertex-Buffer-Klasse `tbVertexBuffer` ausführlich besprochen, doch wie sieht es mit `tbIndexBuffer` aus? Dort gibt es eigentlich kaum einen Unterschied, außer dass die `Init`-Methode folgende Parameter erwartet:

- `DWORD dwSize`: Größe des Index-Buffers in Bytes
- `DWORD dwIndexSize`: Größe eines einzelnen Index in Bytes (2 oder 4)
- `D3DFORMAT IndexFormat`: Dieser Parameter beschreibt das verwendete Format der Indizes (entweder `D3DFMT_INDEX16` oder `D3DFMT_INDEX32`)
- `DWORD dwUsage`: der Verwendungszweck (Standardwert: `D3DUSAGE_WRITEONLY`)
- `D3DPOOL Pool`: Speicherklasse (Standardwert: `D3DPOOL_DEFAULT`)

3.2.5 Die Effektklasse *tbEffect*

3.2.5.1 Anwendungsgebiet der Klasse

Die Arbeit mit D3DX-Effekten vereinfacht vieles: Methoden wie `SetRenderState` müssen kaum noch per Hand aufgerufen werden, denn alle Optionen, die zum Zeichnen eines Objekts oder eines Materials notwendig sind, können in einer Effektdatei gespeichert werden. Leider ist die Sache mit den D3DX-Funktionen nicht immer ganz einfach; daher ist es nützlich, wenn die TriBase-Engine eine Kapselungsklasse für D3DX-Effekte erhält: `tbEffect`.

Diese Klasse wird es uns erlauben, Effekte nicht nur aus echten Dateien zu laden, sondern – wie das bei der TriBase-Engine so üblich ist – auch aus virtuellen Dateien, aus dem Speicher oder aus einer Ressource.

Weiterhin soll der Benutzer entweder festlegen, welche Technik im Effekt zum Einsatz kommt (wenn es denn mehrere gibt), oder die Auswahl der `tbEffect`-Klasse überlassen, die dann automatisch die erste gültige Technik findet und aktiviert.

Das Prinzip mit `Begin`, `Pass` und `End` bleibt erhalten.

3.2.5.2 Der globale Effektpool

Ein globaler Effektpool, der es ermöglicht, dass verschiedene Effekte ihre Parameter teilen, wird ganz zu Beginn erstellt, nämlich in `tbInit` (in `tbExit` wird er wieder gelöscht). Alle in der Zwischenzeit erstellten Effekte gehören diesem Pool an.

3.2.5.3 Die Klassendeklaration

`tbEffect` ist eine recht kleine und einfach strukturierte Klasse:

Variablen

- `LPD3DXEFFECT m_pEffect`: die Effektschnittstelle
- `D3DXEFFECT_DESC m_Desc`: die Effektbeschreibung
- `BOOL m_bStateSaved`: `TRUE`, wenn beim Aufruf der `Begin`-Methode angegeben wurde, dass der aktuelle Status (Render-States, Texturen ...) gespeichert werden soll. Diese Variable wird von der `End`-Methode benötigt.
- `BOOL m_bCaptureOnFinish`: Hat den Wert `TRUE`, wenn beim Beenden des Effekts automatisch `tbDirect3D::Capture` aufgerufen werden soll.

Methoden

- Fünf `Init`-Methoden: Initialisierung aus einem String, der den gesamten Code enthält, aus einer virtuellen Datei, einer echten Datei, einem Speicherbereich oder einer Ressource. Es wird automatisch die erste gültige Technik aktiviert.
- Die `Exit`-Methode löscht die Schnittstellen und verringert die Referenzzähler der Texturen, die im Effekt zum Einsatz kamen.
- `SetTechnique`: setzt eine Technik, die durch ihre Nummer angegeben wird (0 ist die erste Technik). Gibt man –1 an, sucht die Methode automatisch die erste gültige Technik.
- `Begin`: startet den Effekt. Man übergibt dieser Methode zwei BOOL-Parameter, die angeben, wie weit der aktuelle Status gespeichert und später wiederhergestellt werden soll (Standardwert für beide ist TRUE).

  Der erste BOOL-Parameter bestimmt, ob der Effekt die Änderungen, die er gemacht hat, später wieder rückgängig machen soll oder nicht. Der zweite BOOL-Parameter gibt hingegen an, ob die internen Tabellen der Render-States, Texturschicht-States und so weiter in der `tbDirect3D`-Klasse aktualisiert werden sollen oder nicht.

  Die Methode ruft intern `ID3DXEffect::Begin` auf und speichert beide BOOL-Parameter in `m_bStateSaved` beziehungsweise `m_bCaptureOnFinish`. Der Rückgabewert von `Begin` ist die Anzahl der benötigten Durchgänge für den Effekt.
- `End`: beendet den Effekt
- `Pass`: aktiviert den durch seine Nummer angegebenen Durchgang
- Verschiedene Inline-Methoden: `GetEffect` und `GetNumTechniques`

Code

```
// Globale Variablen
extern LPD3DXEFFECTPOOL tb_g_pEffectPool;  // Der globale Effektpool

// Klasse für Effekte
class TRIBASE_API tbEffect
{
private:
    // Variablen
    LPD3DXEFFECT      m_pEffect;            // Die Effektschnittstelle
    D3DXEFFECT_DESC   m_Desc;               // Effektbeschreibung
    BOOL              m_bStateSaved;        // Wurde der Status gespeichert?
    BOOL              m_bCaptureOnFinish;   // Capture nach dem Effekt aufrufen?

public:
    // Konstruktor und Destruktor
    tbEffect();
    ~tbEffect() {Exit();}

    // Methoden
    tbResult Init(char* pcCode, int iSize);              // Aus String erstellen
    tbResult Init(tbVFile* pVFile, int iSize);           // Aus virt. Datei erstellen
    tbResult Init(char* pcFilename);                     // Aus Datei initialisieren
    tbResult Init(void* pMemory, int iMemorySize);       // Aus Speicher initialisieren
    tbResult Init(HMODULE, char*, char*);                // Aus Ressource initialisieren
    tbResult Exit();                                     // Herunterfahren
    tbResult SetTechnique(int iTechnique = -1);          // Wählt eine Technik

    // Effekt starten
    int Begin(BOOL bSaveState = TRUE,
              BOOL bCaptureOnFinish = TRUE);

    tbResult End();                                      // Effekt beenden
```

3.2 Direct3D mit der TriBase-Engine

```
    tbResult Pass(int iPass);              // Durchgang aktivieren

    // Inline-Methoden
    LPD3DXEFFECT GetEffect()         {return m_pEffect;}
    int          GetNumTechniques()  {return m_Desc.Techniques;}
};
```

Listing 3.24 Die `tbEffect`-Klasse

3.2.5.4 Initialisierung aus einem String

Wie immer wollen wir nur diejenige Version der Init-Methode genauer betrachten, auf welcher die anderen aufbauen. Hier ist es die Version, die einen String als Quelle verwendet.

Um einen Effekt aus dem Speicher zu erstellen, verwenden wir D3DXCreateEffect (ohne „FromFile"). Der Quellcode eines Effekts wird als (sehr langer) String betrachtet; dementsprechend erwartet die Funktion auch einen String als Parameter.

Nachdem der Effekt geladen wurde, wird seine Beschreibung mit GetDesc abgefragt. Diese benötigen wir, um zum Beispiel die Anzahl der im Effekt befindlichen Techniken abzufragen. Zum Schluss ruft die Init-Methode noch SetTechnique auf, mit −1 als Parameter: Es soll also die erste gültige Technik aktiviert werden.

```
// Erstellen aus einem String
tbResult tbEffect::Init(char* pCode, int iSize)
{
    // Die Klasseninstanz zurücksetzen.
    // Damit wird ermöglicht, dass der Init-Aufruf mehrere Male mit
    // derselben Instanz funktioniert.
    Exit();

    // Parameter prüfen und sicherstellen, dass Direct3D initialisiert wurde ...
    // Jetzt den Effekt erstellen
    HRESULT hResult;
    if(FAILED(hResult = D3DXCreateEffect(tbDirect3D::Instance().GetDevice(),
                              pCode, iSize, NULL, NULL, 0,
                              tb_g_pEffectPool, &m_pEffect, NULL)))
    {
        // Fehler!
        TB_ERROR_DIRECTX("D3DXCreateEffect", hResult, TB_ERROR);
    }

    // Effektbeschreibung abfragen
    m_pEffect->GetDesc(&m_Desc);

    // Die erste gültige Technik setzen
    SetTechnique(-1);

    return TB_OK;
}
```

Listing 3.25 Ein Effekt wird aus einem String erstellt.

3.2.5.5 *SetTechnique*

Kommen wir nun zur nächsten Methode: SetTechnique mit der Nummer der zu setzenden Technik als Parameter oder −1, um automatisch die erste gültige Technik zu setzen. Wenn der Benutzer eine Zahl größer als −1 angibt, haben wir leichtes Spiel: Mit der Methode ID3DXEffect::GetTechnique finden wir das Handle (D3DXHANDLE) der dazugehörigen Technik und setzen sie dann mit ID3DXEffect::SetTechnique ein.

Bei der Angabe von −1 geht die Methode jede Technik durch, fragt ihr Handle ab und übergibt es der Methode `ID3DXEffect::ValidateTechnique`. Wenn das `SUCCEEDED`-Makro anschlägt, ist die Technik gültig – sie wird aktiviert, und die Methode ist fertig. Wenn am Ende noch keine gültige Technik gefunden wurde, wird eine *Warnmeldung* ausgegeben (eine Fehlermeldung wäre ein wenig zu hart, denn oft funktioniert eine Technik, obwohl `ValidateTechnique` das Gegenteil behauptet).

```
// Setzt eine Technik oder sucht die erste gültige Technik heraus (bei -1)
tbResult tbEffect::SetTechnique(int iTechnique) // = -1
{
    // Parameter prüfen
    if(iTechnique < -1 || iTechnique >= (int)(m_Desc.Techniques))
        TB_ERROR_INVALID_VALUE("iTechnique", TB_ERROR);

    // Wenn -1 angegeben wurde, dann müssen wir die erste gültige
    // Technik suchen.
    if(iTechnique == -1)
    {
        // Alle Techniken durchgehen und überprüfen
        for(int iTest = 0; iTest < (int)(m_Desc.Techniques); iTest++)
        {
            // Die Technik abfragen und ValidateTechnique aufrufen, um sie zu prüfen
            D3DXHANDLE hTechnique = m_pEffect->GetTechnique(iTest);
            if(SUCCEEDED(m_pEffect->ValidateTechnique(hTechnique)))
            {
                // Die Technik ist OK! Aktivieren, und wir sind fertig.
                m_pEffect->SetTechnique(hTechnique);

                return TB_OK;
            }
        }

        // Keine gültige Technik gefunden! Macht aber nichts, die Techniken
        // funktionieren meistens trotzdem.
        TB_WARNING("Es wurde keine gültige Technik gefunden!");
    }
    else
    {
        // Die angegebene Technik abfragen und aktivieren
        m_pEffect->SetTechnique(m_pEffect->GetTechnique(iTechnique));
    }

    return TB_OK;
}
```

Listing 3.26 Setzen einer Technik

3.2.5.6 *Begin, End* und *Pass*

`Begin`, `End` und `Pass` tun praktisch nicht viel mehr, als die entsprechende Methode der `ID3DXEffect`-Schnittstelle aufzurufen und eventuell zu prüfen, ob sie erfolgreich war.

Nur bei `End` gibt es eine Kleinigkeit – es könnte hier nämlich leicht zu einem Konflikt zwischen einem Effekt und den `SetRS`-, `SetTSS`-, `SetSS`- und `SetTexture`-Methoden der `tbDirect3D`-Klasse kommen.

Wie Sie wissen, speichert diese Klasse den Wert jedes Render-States & Co. in einer internen Tabelle, um doppeltes Setzen eines Status zu verhindern. Wenn nun aber ein Effekt den Wert einiger Render-States oder Sonstiges verändert, kann `tbDirect3D` das nicht mitbekommen, und die Angaben in den Tabellen wären fehlerhaft. Wichtige Aufrufe von Set-Methoden können so „verschluckt" werden, weil `tbDirect3D` „denkt", dass der angegebene Status schon längst den gewünschten Wert *hat*.

3.2 Direct3D mit der TriBase-Engine

Das kann natürlich nur dann passieren, wenn der Effekt gestartet und der zweite Parameter der Begin-Methode auf FALSE gesetzt wurde. Um dem entgegenzuwirken, merkt sich die tbEffect-Klasse auch, ob der Status bei Begin gespeichert wurde oder nicht, und auch, ob der Benutzer wünscht, dass tbDirect3D::Capture beim Beenden des Effekts aufgerufen wird.

Wenn der Status vom D3DX-Effekt *nicht* wiederhergestellt wird und der zweite Parameter TRUE ist, muss in der End-Methode dafür gesorgt werden, dass die internen Tabellen der tbDirect3D-Klasse wieder aktualisiert werden – mit der Capture-Methode.

Nun könnten Sie sich fragen, warum man denn nicht einfach *immer* für den zweiten Parameter TRUE angibt, so dass nach jedem Effekt die Capture-Methode aufgerufen wird. Das hat einen einfachen Grund: Capture hat ziemlich viel zu tun und ist daher nicht unbedingt schnell. Wenn man also zum Beispiel 100 Effekte hintereinander zeichnet, braucht man erst am Ende Capture aufzurufen.

```
// Beenden eines Effekts
tbResult tbEffect::End()
{
    // Die End-Methode aufrufen
    m_pEffect->End();

    // Wenn zuvor der Status nicht gespeichert wurde, müssen die
    // Statustabellen der tbDirect3D-Klasse neu abgefragt werden,
    // falls der Benutzer das will.
    if(!m_bStateSaved && m_bCaptureOnFinish)
        tbDirect3D::Capture();

    return TB_OK;
}
```

Listing 3.27 End sorgt dafür, dass alles wieder ins rechte Lot gerät.

3.2.6 Ein allumfassendes Beispielprogramm

Jetzt haben Sie so viele Codezeilen und Klassenbesprechungen mitmachen müssen, dass es nun geradezu nach einem neuen Beispielprogramm schreit, in dem alle besprochenen Klassen zum Einsatz kommen. Bitte schön!

Im neuen Beispielprogramm werden wir eine sich bewegende Wasseroberfläche darstellen, die eine Sky-Box spiegelt (durch Environment-Mapping). Hier kommen auch D3DX-Effekte durch tbEffect zum Einsatz.

Die Wasseroberfläche wird in eine Art Gitter eingeteilt, das aus Vierecken besteht, die wiederum jeweils aus zwei Dreiecken zusammengesetzt sind. Die Höhe jedes Vertex wird einmal pro Frame aktualisiert und hängt von der abgelaufenen Zeit (Animation) und seiner x- und z-Position ab. Mit Hilfe einiger Sinus- und Kosinusfunktionen lassen sich Wellen simulieren. Indem wir die Ableitung bilden, können wir so auch den Normalenvektor jedes Vertex berechnen, der eben für das Environment-Mapping unerlässlich ist.

Ein statischer Index-Buffer speichert die Reihenfolge, in der die Vertizes zu Dreiecken beziehungsweise zu Vierecken angeordnet werden. Der Vertex-Buffer, der die Vertizes des gesamten Gitters enthält, ist hingegen *dynamisch* und wird einmal pro Frame neu gefüllt.

Globale Variablen und Strukturen

Die beiden Strukturen SWaterVertex und SSkyBoxVertex speichern die Vertizes der Wasseroberfläche beziehungsweise der Sky-Box:

```
// Struktur für einen Vertex der Wasseroberfläche
struct SWaterVertex
{
    tbVector3 vPosition;    // Position
    tbVector3 vNormal;      // Normalenvektor
    tbVector2 vTexture;     // 2D-Texturkoordinaten

    static const DWORD dwFVF;  // Vertexformat (statisch)
};

const DWORD SWaterVertex::dwFVF = D3DFVF_XYZ | D3DFVF_NORMAL | D3DFVF_TEX1;

// Struktur für einen Vertex der Sky-Box
struct SSkyBoxVertex
{
    tbVector3 vPosition;    // Position
    tbVector3 vTexture;     // 3D-Texturkoordinaten

    static const DWORD dwFVF;  // Vertexformat (statisch)
};

const DWORD SSkyBoxVertex::dwFVF = D3DFVF_XYZ | D3DFVF_TEX1 | D3DFVF_TEXCOORDSIZE3(0);
```
Listing 3.28 Die Vertexstrukturen

Als globale Variablen speichert das Programm die Konfigurationsstruktur tbConfig, zwei Texturen, zwei Effekte, verschiedene Vertex- und Index-Buffer (für die Wasseroberfläche und die Sky-Box), eine Konstante, welche die Auflösung der Oberfläche bestimmt, und den globalen Zeitzähler:

```
// Globale Variablen
tbConfig                g_Config;                    // Konfigurationsstruktur
PDIRECT3DTEXTURE9       g_pWaterTexture = NULL;      // Wassertextur
PDIRECT3DCUBETEXTURE9   g_pEnvMap = NULL;            // Umgebungstextur
tbEffect*               g_pWaterEffect = NULL;       // Wassereffekt
tbEffect*               g_pSkyBoxEffect = NULL;      // Sky-Box-Effekt
tbVertexBuffer*         g_pWaterVB = NULL;           // Wasser-Vertex-Buffer
tbIndexBuffer*          g_pWaterIB = NULL;           // Wasser-Index-Buffer
tbVertexBuffer*         g_pSkyBoxVB = NULL;          // Sky-Box-Vertex-Buffer
tbIndexBuffer*          g_pSkyBoxIB = NULL;          // Sky-Box-Index-Buffer
const int               g_iResolution = 64;          // Auflösung des Wassers
float                   g_fTime = 0.0f;              // Globaler Zeitzähler
```
Listing 3.29 Globale Variablen

Die Programminitialisierung

Kommen wir nun zur Initialisierung des Beispielprogramms. Zuerst wird der Konfigurationsdialog aufgerufen und das Ergebnis in der globalen g_Config-Variable gespeichert. Direkt danach geht es dann weiter zur Initialisierung von Direct3D beziehungsweise der tbDirect3D-Klasse. Als Nächstes wird ein Texturmanagerobjekt erstellt – wir brauchen den Manager später, um die beiden Texturen zu laden (Wassertextur und Environment-Map). Nachdem das erledigt worden ist, werden die beiden Funktionen InitWater und InitSkyBox aufgerufen. Was diese beiden tun, werden Sie später sehen. Dann geht es in die Nachrichtenschleife, und das war's – am Ende wird noch aufgeräumt (Freigabe aller Schnittstellen und Klasseninstanzen):

3.2 Direct3D mit der TriBase-Engine 325

```cpp
// Windows-Hauptfunktion
int WINAPI WinMain(HINSTANCE hInstance,
                   HINSTANCE hPrevInstance,
                   char* pcCommandLine,
                   int iShowCommand)
{
    // TriBase-Engine initialisieren
    tbInit();

    // Konfiguration abfragen
    tbResult r;
    if(r = tbDoConfigDialog(&g_Config))
    {
        if(r == TB_CANCELED) return 0;
        else
        {
            // Fehler!
            MessageBox(NULL, "Fehler im Konfigurationsdialog!", "Fehler",
                       MB_OK | MB_ICONEXCLAMATION);
            return 1;
        }
    }

    // Direct3D initialisieren
    if(tbDirect3D::Instance().Init(&g_Config,
                                   "Beispielprogramm Nr. 14: tbDirect3D",
                                   NULL,
                                   LoadIcon(hInstance, MAKEINTRESOURCE(IDI_ICON1))))
    {
        // Fehler!
        MessageBox(NULL, "Fehler bei der Direct3D-Initialisierung!", "Fehler",
                   MB_OK | MB_ICONEXCLAMATION);
        CleanUp();
        return 1;
    }

    // Den Texturmanager initialisieren
    if(tbTextureManager::Instance().Init())
    {
        MessageBox(tbDirect3D::Instance().GetWindow(),
                   "Fehler beim Initialisieren des Texturmanagers!",
                   "Fehler", MB_OK | MB_ICONEXCLAMATION);
        CleanUp();
        return 1;
    }

    // Das Wasser initialisieren
    if(InitWater())
    {
        // Fehler!
        // ...
    }

    // Die Sky-Box initialisieren
    if(InitSkyBox())
    {
        // Fehler!
        // ...
    }

    if(tbDoMessageLoop(MoveProc, RenderProc))
    {
        MessageBox(tbDirect3D::Instance().GetWindow(), "Fehler beim Zeichnen!",
                   "Fehler", MB_OK | MB_ICONEXCLAMATION);
        CleanUp();
        return 1;
    }
```

```
        // Aufräumen
        CleanUp();

        return 0;
    }
```

Listing 3.30 Die WinMain-Funktion des Beispielprogramms

Wie Sie sehen, ist die Initialisierung von Direct3D und allem, was dazu gehört, um einiges einfacher geworden, als sie es noch in den vorherigen Beispielprogrammen war.

Das Gitterprinzip

Kommen wir nun zu der Wasseroberfläche ...

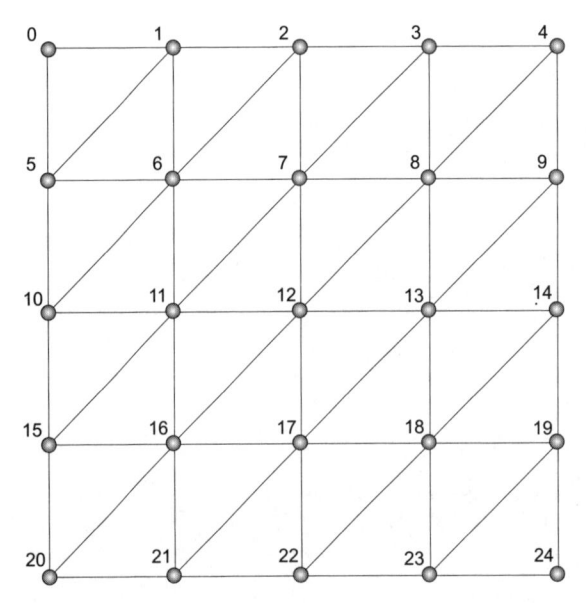

Abbildung 3.1 Ein einfaches Gitter aus 25 Vertizes, die 16 Vierecke bilden

Eine gekurvte Oberfläche lässt sich recht gut in Form eines Gitters darstellen. Unser Gitter wird natürlich ein wenig größer werden als das in der Abbildung, aber das Prinzip bleibt das gleiche. Nun wollen wir einen statischen Index-Buffer verwenden, um die Dreiecke der Wasseroberfläche zu definieren. Für die erste Reihe müsste der Index-Buffer folgende Werte beinhalten (wenn wir von Dreieckslisten ausgehen, also D3DPT_TRIANGLELIST):

(0, 1, 5), (5, 1, 6), (1, 2, 6), (6, 2, 7), (2, 3, 7), (7, 3, 8), (3, 4, 8), (8, 4, 9)

Indizes, die jeweils ein Dreieck formen, sind in Klammern gruppiert.

Um nun den gesamten Index-Buffer zu füllen, könnte man alle Vertizes durchgehen und die Indizes des *Vierecks* hinzufügen, bei dem der Vertex in der linken oberen Ecke steht. Die Vertizes am Rand lässt man dann natürlich aus, da es keine Vierecke gibt, bei denen sie links oben stehen.

Dazu wäre es viel praktischer, einen Vertex nicht nur durch seinen Index im Gitter (wie in der Abbildung), sondern auch durch seine *Position* im Gitter ansprechen zu können. (0, 0) ist zum Beispiel der linke obere Vertex, und (4, 4) ist der rechte untere.

3.2 Direct3D mit der TriBase-Engine

Wir brauchen dann eine Funktion, die anhand der Koordinaten eines Vertex dessen Index berechnet, wie man es auf der Abbildung sehen kann. Dafür multipliziert man einfach die Reihe des Vertex (die zweite Zahl) mit der Anzahl der Vertizes pro Reihe und addiert dann die Spalte (erste Zahl).

Beispiel: Der Vertex an der Stelle (2, 2), also dritte Reihe, dritte Spalte, hat die Nummer 12 (es sind 5 Vertizes pro Reihe), und wie man in der Abbildung sehen kann, stimmt das auch.

```
// Diese Funktion liefert den Index eines Vertex zurück, der durch
// seine Position im Gitter angegeben wird.
WORD GetVertexIndex(WORD x,
                    WORD y)
{
    return y * g_iResolution + x;
}
```

Listing 3.31 Die Nummer eines Vertex berechnen

Die Konstante g_iResolution gibt die Anzahl der Vertizes pro Reihe und pro Spalte an. Je höher man sie wählt, desto hochauflösender wird die Wasseroberfläche.

Initialisierung des Gitters

Die Funktion InitWater initialisiert den Vertex- und den Index-Buffer der Wasseroberfläche, wobei der Index-Buffer statisch ist und auch direkt mit Daten gefüllt wird, nach dem oben gezeigten Prinzip (alle Vertizes durchgehen – nur nicht die am Rand liegenden – und von dort aus ein Viereck, also zwei Dreiecke, erstellen):

```
// Initialisierung der Wasseroberfläche
tbResult InitWater()
{
    // Vertex- und Index-Buffer erstellen. 8 Vertizes, 36 Indizes.
    // Der Vertex-Buffer soll dynamisch sein.
    // Die Anzahl der benötigten Vertizes ist die Auflösung zum Quadrat.
    int iNumVertices = g_iResolution * g_iResolution;

    // Dynamischen Vertex-Buffer erstellen
    g_pWaterVB = new tbVertexBuffer;
    if(g_pWaterVB->Init(iNumVertices * sizeof(SWaterVertex), sizeof(SWaterVertex),
                        SWaterVertex::dwFVF, D3DUSAGE_DYNAMIC | D3DUSAGE_WRITEONLY,
                        D3DPOOL_DEFAULT))
    {
        // Fehler!
        return TB_ERROR;
    }

    // Index-Buffer erstellen.
    // Die Anzahl der Vierecke ist g_iNumVertices minus 1 zum Quadrat.
    // Wir brauchen 6 Indizes pro Viereck.
    int iNumIndices = (g_iResolution - 1) * (g_iResolution - 1) * 6;

    // Puffer erstellen mit 16 Bits pro Index (WORD)
    g_pWaterIB = new tbIndexBuffer;
    if(g_pWaterIB->Init(iNumIndices * sizeof(WORD), sizeof(WORD), D3DFMT_INDEX16))
    {
        // Fehler!
        return TB_ERROR;
    }

    // -----------------------------------------------------------------
```

```
            // Den Index-Buffer können wir jetzt schon initialisieren, denn er ist
            // ja statisch. Dazu gehen wir alle Vertizes (außer denen, die am Rand liegen)
            // durch und erstellen ein Viereck, bei denen der Vertex links oben liegt.
            for(int x = 0; x < g_iResolution - 1; x++)
            {
                for(int y = 0; y < g_iResolution - 1; y++)
                {
                    // Erstes Dreieck erzeugen, bei dem der Vertex (x, y) links oben ist
                    //  (x,y)           (x+1,y)
                    //    1  _____     2
                    //       |      /
                    //       |    /
                    //       |  /
                    //       |/
                    //  (x,y+1)
                    //    3
                    WORD wIndex;
                    wIndex = GetVertexIndex(x, y);          g_pWaterIB->AddIndex(&wIndex);
                    wIndex = GetVertexIndex(x + 1, y);      g_pWaterIB->AddIndex(&wIndex);
                    wIndex = GetVertexIndex(x, y + 1);      g_pWaterIB->AddIndex(&wIndex);

                    // Zweites Dreieck
                    wIndex = GetVertexIndex(x, y + 1);      g_pWaterIB->AddIndex(&wIndex);
                    wIndex = GetVertexIndex(x + 1, y);      g_pWaterIB->AddIndex(&wIndex);
                    wIndex = GetVertexIndex(x + 1, y + 1);  g_pWaterIB->AddIndex(&wIndex);
                }
            }

            // Den Index-Buffer aktualisieren
            if(g_pWaterIB->Update()) return TB_ERROR;

            // -----------------------------------------------------------------

            // Die Textur der Wasseroberfläche laden
            g_pWaterTexture = tbTextureManager::Instance().GetTexture("Water.jpg");
            if(!g_pWaterTexture) return TB_ERROR;

            // Effekt laden
            g_pWaterEffect = new tbEffect;
            if(!g_pWaterEffect) return TB_ERROR;
            if(g_pWaterEffect->Init("Water.fx")) return TB_ERROR;

            return TB_OK;
        }
```

Listing 3.32 Initialisierung der Wasseroberfläche: dynamischer Vertex-Buffer, statischer Index-Buffer

Die Animation

Einmal pro Bild geht das Programm alle Vertizes durch und generiert sie neu, abhängig von ihrer Position und der Zeit. So ist die Animation der Wasseroberfläche möglich. Es gibt dazu drei Funktionen, die eine Positionsangabe als Parameter erwarten und dann mit deren Hilfe und dem globalen Zeitzähler die Vertexposition (insbesondere die *Höhe*), den Normalenvektor und die Texturkoordinaten liefern:

```
// Rückruffunktion für die Vertexposition
tbVector3 PositionProc(tbVector3 v)
{
    // Die Höhe berechnet sich mit verschiedenen Sinusfunktionen,
    // die abhängig von der Position des Vertex und abhängig von der Zeit sind.
    float fHeight = (sinf(v.x * 0.2f + g_fTime * 3.0f) * cosf(v.z * 0.2f + g_fTime * 3.0f))
                    * sinf(g_fTime + v.x * 0.1f + v.z * 0.1f) * 2.0f + sinf(g_fTime) * 0.5f;
```

3.2 Direct3D mit der TriBase-Engine

```
        // Positionsvektor liefern
        return tbVector3(v.x, fHeight, v.z);
}

// Rückruffunktion für den Vertexnormalenvektor
tbVector3 NormalProc(tbVector3 v)
{
    // Steigung berechnen
    tbVector3 m;
    m.x = (PositionProc(v + tbVector3(0.01f, 0.0f, 0.0f)).y - PositionProc(v).y) / 0.01f;
    m.z = (PositionProc(v + tbVector3(0.0f, 0.0f, 0.01f)).y - PositionProc(v).y) / 0.01f;

    // In Normalenvektor umwandeln
    return tbVector3Cross(tbVector3Normalize(tbVector3(1.0f, m.x, 0.0f)),
                          tbVector3Normalize(tbVector3(0.0f, m.z, 1.0f)));
}

// Rückruffunktion für die Texturkoordinaten
tbVector2 TextureProc(tbVector3 v)
{
    return tbVector2(v.x * 0.01f + sinf(g_fTime * 0.1f),
                     v.z * 0.01f + cosf(g_fTime * 0.1f));
}
```

Listing 3.33 Diese drei Funktionen weisen jedem Vertex eine Höhe (Wellen!), einen Normalenvektor und ein Paar Texturkoordinaten zu. Als Parameter erwarten sie die Position des zu berechnenden Vertex.

Wundern Sie sich nicht über die vielen komplizierten Berechnungen: Sie sind nur eine kleine Spielerei und sorgen für einen schönen Welleneffekt, verstehen muss man sie nicht (ich kam schließlich auch nur durch Herumprobieren darauf).

Logisch zu erklären ist jedoch die Vertexnormalenvektorfunktion. Um den Normalenvektor eines bestimmten Punkts einer Oberfläche herauszufinden, muss man erst einmal die Steigung an diesem Punkt kennen. In der Mathematik berechnet man die Steigung von Funktionen; das ist nicht viel anders. Allerdings beschränkt sich dort die Steigung meistens auf die *x*-Achse (eine Funktion steigt zum Beispiel um 5 Einheiten, wenn man eine Einheit nach rechts wandert).

In der 3D-Grafik muss man die Steigung für zwei Achsen berechnen: für die *x*- und die *z*-Achse, was auch genau das ist, was die Funktion NormalProc tut. Die beiden Steigungsvektoren werden anschließend mit Hilfe des Kreuzprodukts miteinander verknüpft, um den Normalenvektor zu finden.

Zum Einsatz kommen diese drei Funktionen in der UpdateWater-Funktion, die einmal pro Frame aufgerufen wird:

```
// Diese Funktion aktualisiert die Wasseroberfläche.
tbResult UpdateWater()
{
    // Jeden Vertex durchgehen
    for(int x = 0; x < g_iResolution; x++)
    {
        for(int y = 0; y < g_iResolution; y++)
        {
            // Den Vertex generieren. Dazu wird die Position des Vertex berechnet
            // und dann als Parameter für die verschiedenen Rückruffunktionen
            // verwendet.
            tbVector3 vPosition;
            vPosition.x = ((float)(x) / (float)(g_iResolution - 1) - 0.5f) * 200.0f;
            vPosition.y = 0.0f;
            vPosition.z = ((float)(-y) / (float)(g_iResolution - 1) + 0.5f) * 200.0f;
```

```
            // Rückruffunktionen aufrufen
            SWaterVertex Vertex;
            Vertex.vPosition = PositionProc(vPosition);
            Vertex.vNormal = NormalProc(vPosition);
            Vertex.vTexture = TextureProc(vPosition);

            // Den Vertex setzen
            g_pWaterVB->SetVertex(GetVertexIndex(x, y), &Vertex);
        }
    }

    // Den Vertex-Buffer aktualisieren
    if(g_pWaterVB->Update()) return TB_ERROR;

    return TB_OK;
}
```

Listing 3.34 Einmal pro Frame wird der gesamte Wasser-Vertex-Buffer überschrieben.

Wie Sie oben bei der Multiplikation mit 200 erkennen können, soll die Wasseroberfläche 200 Einheiten breit und tief sein. Ist es mit `tbVertexBuffer` nicht wunderbar einfach, einen Vertex-Buffer mit Daten zu füllen?

Die Sky-Box

In der Funktion `InitSkyBox` wird die Sky-Box initialisiert. Dazu zählen das Laden der Textur und des Effekts sowie die Erstellung des Vertex- und Index-Buffers (g_pSkyBoxVB und g_pSkyBoxIB). Da Sie so etwas bereits kennen (vom Beispielprogramm für Environment-Mapping), gibt es hier nicht viel Neues.

Die Render-Funktion

Nun sind wir so weit, dass wir die Wasseroberfläche und die Sky-Box zeichnen können. Normalerweise fängt man dabei immer mit einem Aufruf von `IDirect3DDevice9::Clear` an, um alle Oberflächen zu leeren. Doch das ist hier nicht nötig, da die Sky-Box später sowieso den gesamten Bildschirm füllen wird, und auf den Z-Buffer können wir ebenfalls verzichten – bei der Wasseroberfläche hat er nicht viel Sinn, da das Wasser transparent ist. Also schalten wir den Z-Buffer ganz einfach aus.

Folgender Codeausschnitt ist nur für das Zeichnen der Wasseroberfläche zuständig (der Rest ist reine Routine ...):

```
tbDirect3D& D3D = tbDirect3D::Instance();

// Den Wasser-Vertex-Buffer aktualisieren
if(UpdateWater()) {D3D->EndScene(); return TB_STOP;}

// Datenquellen und Vertexformat setzen
D3D->SetStreamSource(0, g_pWaterVB->GetVB(), 0, sizeof(SWaterVertex));
D3D->SetIndices(g_pWaterIB->GetIB());
D3D.SetFVF(SWaterVertex::dwFVF);
```

3.2 Direct3D mit der TriBase-Engine

```
// Zeichnen!
iNumPasses = g_pWaterEffect->Begin();
for(iPass = 0; iPass < iNumPasses; iPass++)
{
    g_pWaterEffect->Pass(iPass);
    D3D->DrawIndexedPrimitive(D3DPT_TRIANGLELIST, 0, 0,
                              g_iResolution * g_iResolution, 0,
                              (g_iResolution - 1) * (g_iResolution - 1) * 2);
}

g_pWaterEffect->End();
```

Listing 3.35 Hier wird die Wasseroberfläche gezeichnet.

Das Ergebnis kommt der Realität schon recht nahe. Die korrekte Simulation von Wasseroberflächen ist jedoch ein Thema für sich; es gibt ganze Abhandlungen darüber, wie man das H_2O am besten darstellen kann. Eine Environment-Map ist dabei so gut wie immer im Spiel, weil Wasser nun einmal die Eigenschaft hat, Licht zu reflektieren. Wohl gemerkt werden nicht *alle* Strahlen reflektiert: Es hängt immer vom Einfallswinkel ab. Die Brechung muss also auch noch berücksichtigt werden und da stößt man dann auch schon bald an die Grenzen des heute Machbaren ...

Einer der Gründe, warum dieses Beispielprogramm bei einer höheren Auflösung als 64 (g_iResolution) schnell ins Ruckeln kommt, ist, dass hier doch recht viele Sinusfunktionen berechnet werden, und dass die nicht gerade die schnellsten sind, ist allgemein bekannt.

Abbildung 3.2 „Das eisige Meer"

3.2.7 Rückblick

- Die Singleton-Klasse tbDirect3D ist eine Kapselungsklasse für 3D-Grafik. Methoden zum Setzen von Render-States, Texturschicht-States, Sampler-States, Texturen und Vertexformaten gibt es dort in leicht abgewandelten Versionen: Die Werte all dieser Dinge werden nämlich intern in einer Tabelle gespeichert, um doppeltes Setzen eines Status zu verhindern.
- Die Initialisierung von Direct3D erfolgt durch Aufrufen der Init-Methode. Als Parameter braucht man eine Konfigurationsstruktur, die man mit tbDoConfigDialog erhält (es wird der übliche Konfigurationsdialog angezeigt). Init sorgt auch für die Erstellung des Fensters.
- tbTextureManager ist die Texturmanagerklasse der TriBase-Engine. Auch hier handelt es sich um eine Singleton-Klasse. Alle Arten von Texturen können aus allen Arten von Datenquellen (Datei, virtuelle Datei, Speicher oder Ressource) geladen werden. Die Klasse sorgt auch dafür, dass Texturen nicht unnötig doppelt geladen werden.
- tbVertexBuffer und tbIndexBuffer sind zwei Klassen, die den Umgang mit Vertex- und Index-Buffern in Direct3D enorm erleichtern. Zu ihren wichtigsten Features gehört ein System, das Änderungen in den Puffern sammelt und sie dann später alle zusammen mit einem Mal durchführt.
- Die Klasse tbEffect repräsentiert einen D3DX-Effekt und erlaubt das Laden aus (virtuellen) Dateien, dem Speicher und Ressourcen. Besonders leicht fällt der Umgang mit dieser Klasse, da sie die Möglichkeit bietet, automatisch nach der ersten anwendbaren (gültigen) Technik innerhalb des geladenen Effekts zu suchen und sie zu aktivieren.

3.2.8 Ausblick

Nun haben wir uns mit den größten Themenbereichen von Direct3D beschäftigt und viele der Schnittstellen in eigenen Klassen gekapselt. Von nun an werden mit Hilfe der tbDirect3D-Klasse und den restlichen Hilfsklassen einige weitere *grundlegende* Techniken demonstriert, welche in der Spieleprogrammierung Anwendung finden. Auf spezifischere Techniken werden die Spielekapitel eingehen, wenn sie benötigt werden.

3.3 Modelldateien

Mit Sicherheit haben Sie sich schon gefragt (wenn Sie es nicht schon wissen), was es mit diesen X-Dateien auf sich hat, die unsere bisherigen Beispielprogramme immer verwendet haben, wenn es darum ging, komplexere Modelle darzustellen, die man ohne Weiteres nicht „per Hand" erstellen kann (im Gegensatz zur Wasseroberfläche, einfachen Würfeln oder Dreiecken).

Wie die X-Dateien genau funktionieren, habe ich Ihnen auf unverschämte Weise verschwiegen, wozu es jedoch einen Grund gab: Wieso sollte man sich unnötig lang mit einem bestimmten Dateiformat beschäftigen, wenn man später ein eigenes Format entwickelt? Richtig: In diesem Kapitel werden wir ein Modelldateiformat für die TriBase-Engine entwerfen und uns natürlich auch eine Modellklasse dafür schreiben!

3.3.1 Die Vorarbeit

3.3.1.1 Was gehört in eine Modelldatei?

- Informationen über die *Vertizes*, aus denen das Modell besteht – mit frei definierbarem, also nicht festgelegtem Vertexformat
- *Indizes*, um doppelte Vertizes und damit verschwendeten Speicher zu vermeiden; Vertizes und Indizes können in Vertex- und Index-Buffern gelagert werden.
- *Materialinformationen* in Form von D3DX-Effekten: Materialeinstellungen, Texturen (Dateiname als Effektvariable, wie im Beispielprogramm über Effekte), Render-States und so weiter
- Eventuell weitere Informationen wie Animationsdaten oder Beleuchtung (für Levels oder Modelle mit eigenen Lichtquellen)

3.3.1.2 Was nicht hinein gehört

Nichts zu suchen im Modelldateiformat einer Engine, die versucht, recht allgemein zu bleiben, haben *spielspezifische* Informationen wie zum Beispiel die Eigenschaften eines Raumschiffs, wenn denn das Modell ein Raumschiff darstellen soll. Solche Informationen legt man üblicherweise wiederum in anderen Dateien ab, die dann auf die Modelldatei verweisen:

```
NAME            = "U.S.S. Enterprise"
CLASS           = "Galaxy"
REGISTRY        = "1701-D"
ORGANISATION    = "United Federation Of Planets"
CAPTAIN         = "Jean-Luc Picard"
MAX_WARP_SPEED  = 9.2
...
MODEL           = "ENTERPRISE-D.TBM"
```

Verzeihen Sie mir diesen kleinen Ausflug ins *Star Trek*-Universum! Sie sehen schon, worauf ich hinaus will: Für spielinterne Daten erfindet man am besten sein eigenes Format wie das oben gezeigte, das zuerst alle möglichen Informationen über einen Objekttyp speichert – angefangen vom Namen bis zu den technischen Details – und am Ende auf die Modelldatei verweist. Ebenso ist es nicht unbedingt empfehlenswert, die Texturen eines Modells mit in die Datei zu packen (sonst wäre unser Texturmanager auch so gut wie überflüssig).

3.3.1.3 Für die Zukunft offen sein

Programmierer: Hey, Grafiker!

Grafiker: Hi! Es gibt da ein Problem ... das Animationsverfahren, das wir für unsere Modelle benutzen, ist, ... nun ja, ... leicht veraltet. Es gibt mittlerweile viel bessere Verfahren.

Programmierer: Hmm, ... lass' mich raten: unser Modelldateiformat müsste dazu erweitert werden – stimmt's?

Grafiker: Ja, das stimmt wohl, ist das ein großes Problem?

Programmierer: In der Tat! Als ich das Modelldateiformat entworfen habe, da dachte ich, dass wir für immer mit unserer jetzigen Animationstechnik arbeiten ... ich fürchte, das Dateiformat ist nicht flexibel genug. Wir müssten einen Großteil der Komponente neu schreiben, und angesichts der Tatsache, dass wir das Spiel bald fertig haben müssen, ist das *sehr* ungünstig ...

Solche Szenen haben sich mit Sicherheit schon in der Realität abgespielt und dazu beigetragen, dass das fertige Spiel nicht so gut geworden ist, wie es hätte werden können, eben weil man nicht flexibel genug war.

Eine „unflexible" Datei

In einer „unflexiblen" Datei ist die Anordnung der Daten exakt vorgegeben. Jede Abweichung führt zu einem Fehler beim Laden der Daten, auch, wenn nur die *Reihenfolge* der Daten abweicht.

Flexible Dateien durch Chunks

Unter einem flexiblen Dateiformat versteht man ein solches Format, das zwar eine grobe einheitliche Struktur hat (die braucht jedes Dateiformat), aber die Unterpunkte, kleinere „Informationshäppchen", können in beliebiger Reihenfolge auftreten oder auch ganz ausgelassen werden.

Ein Informationshäppchen bezeichnet man auch als *Chunk* (*Brocken*). Sehr viele Dateiformate verwenden Chunks und erleichtern somit den Programmierern das Schreiben von Ladefunktionen.

Die Datei an sich besteht einfach nur aus einer bestimmten Anzahl von hintereinander gereihten Chunks. Jeder Chunk wiederum besteht aus einem *Header* (Beschreibung), gefolgt von den *Daten*, die natürlich je nach Chunk-Typ verschieden interpretiert werden. Im Header ist unter anderem auch die Größe der Daten festgehalten, was einer Ladefunktion erlaubt, irrelevante Chunks einfach zu überspringen (man setzt dann den Lesezeiger der Datei einfach um so viele Bytes weiter, wie die Daten des Chunks einnehmen).

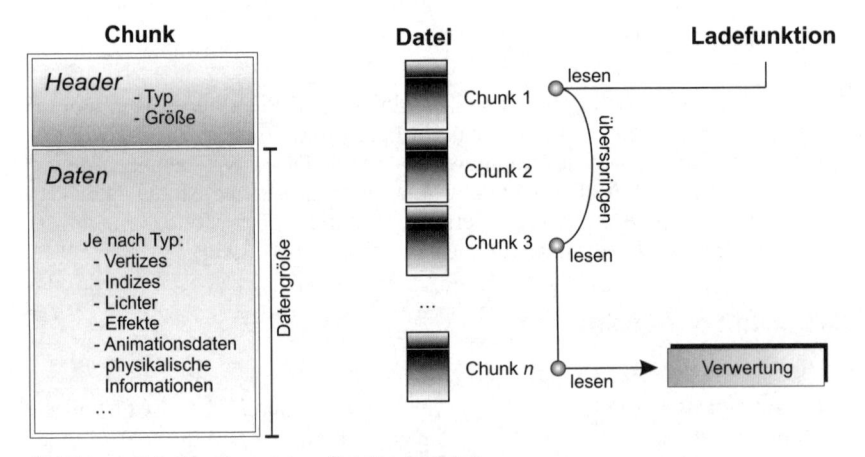

Abbildung 3.3 Chunks machen Dateien flexibler.

3.3.1.4 Erstellung einer Datei im neuen Format

Nun stellt sich die Frage nach der Herstellung von Modellen in unserem Dateiformat – einen 3D-Modelleditor zu schreiben muss man sich nicht unbedingt antun ...

Zu diesem Zweck gibt es das TriBase-Tool *ModelConverter*: Es kann 3DS-Dateien (so gut wie jeder 3D-Modelleditor kann nach 3DS exportieren) in TBM-Dateien umwandeln. Die Dateierweiterung TBM steht für *TriBase Model*.

3.3 Modelldateien

Wie der Konverter funktioniert, besprechen wir später (erst einmal reicht es nur, von seiner Existenz zu wissen)!

3.3.1.5 Der Chunk-Header

Eine Struktur namens `tbChunkHeader` bestimmt den Inhalt eines Chunk-Headers, der *vor* den eigentlichen Daten in der Datei steht:

```
// Struktur für einen Chunk-Header
struct tbChunkHeader
{
    tbChunkType ChunkType;    // Typ des Chunks
    DWORD       dwDataSize;   // Größe der Daten des Chunks
};
```

Listing 3.36 Die Datenstruktur für einen Chunk-Header

`tbChunkType` ist dabei eine Aufzählung (enum), die für verschiedene Chunk-Typen einen Namen und eine Identifikationsnummer beinhaltet. Alle Chunk-Typen beginnen mit „TB_CT_".

3.3.1.6 Der Vertexdaten-Chunk

Fangen wir nun mit dem ersten Chunk-Typ an: dem Vertexdaten-Chunk. Er beinhaltet die Vertizes des gesamten Modells. Der Bezeichner in der `tbChunkType`-Aufzählung für diesen Typ heißt `TB_CT_MODEL_VERTICES`. Die Daten sind in diesem Chunk wie folgt angeordnet:

- Das Format der Vertizes (der FVF-Bezeichner), ein `DWORD`-Wert
- Die Größe eines Vertex (kann auch mit der Hilfsfunktion `D3DXGetFVFVertexSize` ermittelt werden), ebenfalls ein `DWORD`-Wert
- Als Nächstes kommt die Anzahl der Vertizes, die das Modell besitzt (schon wieder ein `DWORD`-Wert).
- Im Hinblick auf die spätere Anwendung der Modelle – vor allem die Kollisionserkennung – ist es wichtig, ein Modell räumlich abzugrenzen, um sich später zeitraubende Berechnungen zu sparen. Das Abgrenzen geht sowohl mit einer Kugel, die das gesamte Modell umgibt, als auch mit einem großen Quader. Es werden beide Varianten unterstützt: Zuerst wird ein `float`-Wert gespeichert, der den Radius der umgebenden Kugel angibt.
- Es folgen zwei `tbVector3`-Vektoren: die minimalen und die maximalen Koordinaten der Vertizes, die im gesamten Modell auftreten (linke untere hintere Ecke und rechte obere vordere Ecke des Quaders, der das Modell umgibt).
- Nun folgen die Vertizes selbst. Typ, Anzahl und Größe sind bereits bekannt.

Der Chunk besteht also wieder aus einer Art von Header und den anschließenden Daten (die Vertizes); daher ist es nützlich, sich auch *dafür* eine Struktur zu schreiben:

```
// Struktur für den Header des TB_CT_MODEL_VERTICES-Chunks
struct tbModelVerticesChunkHeader
{
    DWORD       dwFVF;                      // Vertexformat
    DWORD       dwVertexSize;               // Größe eines einzelnen Vertex
    DWORD       dwNumVertices;              // Anzahl der Vertizes
    float       fBoundingSphereRadius;      // Radius der umgebenden Kugel
    tbVector3   vBoundingBoxMin;            // Minimumpunkt des umgebenden Quaders
    tbVector3   vBoundingBoxMax;            // Maximumpunkt des umgebenden Quaders
};
```

Listing 3.37 Der Header für den Vertexdaten-Chunk

3.3.1.7 Der Indexdaten-Chunk

Eine Modelldatei enthält neben einem Vertexdaten-Chunk auch zwangsweise einen Indexdaten-Chunk (`TB_CT_MODEL_INDICES`). Im Indexdaten-Chunk finden sich folgende Angaben:

- Das Format der Indizes (ein Wert vom Typ D3DFORMAT: das kann entweder `D3DFMT_INDEX16` oder `D3DFMT_INDEX32` sein)
- Die Größe eines einzelnen Index in Bytes als `DWORD`
- Die Anzahl der Indizes (`DWORD`)
- Am Ende kommen die Indexdaten an sich; es sind die des *gesamten* Modells.

```
// Struktur für den Header des TB_CT_MODEL_INDICES-Chunk
struct tbModelIndicesChunkHeader
{
    D3DFORMAT   IndexFormat;    // D3DFMT_INDEX16 oder D3DFMT_INDEX32
    DWORD       dwIndexSize;    // Größe eines Index
    DWORD       dwNumIndices;   // Anzahl der Indizes
};
```

Listing 3.38 Der Chunk-Header von `TB_CT_MODEL_INDICES`

3.3.1.8 Der Effekt-Chunk

Der Effekt-Chunk (`TB_CT_MODEL_EFFECTS`) ist eine Art von erweitertem Materialien-Chunk. Er beinhaltet alle D3DX-Effekte des gesamten Modells und damit nicht nur Materialeigenschaften, sondern auch notwendige Render-States und Texturangaben (per Variable im Effektquellcode). Dieser Chunk beinhaltet die folgenden Daten:

- Anzahl der beschriebenen Effekte als `DWORD`-Wert
- Für jeden Effekt:
  - Der Name des Effekts (`char[256]`)
  - Muss dieser Effekt mit Alpha-Blending gerendert werden? Solche Effekte werden immer erst am Ende gerendert, weil sie nicht in den Z-Buffer schreiben können.
  - Der Typ der Primitiven, die mit diesem Effekt gezeichnet werden, beispielsweise *Dreieckslisten* (`D3DPT_TRIANGLELIST`). Typ des Werts: `D3DPRIMITIVETYPE`.
  - Der Startindex für diesen Effekt als `DWORD`-Wert. Dadurch wird bestimmt, an welcher Stelle im Index-Buffer beziehungsweise im Vertex-Buffer (falls es keine Indizes gibt) man anfangen muss, mit diesem Effekt zu rendern. Wenn der Startindex zum Beispiel 299 ist, dann wird der Effekt ab dem 300. Index aktiviert und zum Rendern benutzt.

    Die Dreiecke sind alle nach Effekten sortiert, was die Performance natürlich ungemein steigert (man könnte sich ja vorstellen, wie langsam es wäre, nach allen paar Dreiecken komplette Statusänderungen durchzuführen).

3.3 Modelldateien

- Die Anzahl der zu rendernden Primitiven (DWORD)
- Der kleinste Index, der beim Zeichnen der Primitiven dieses Effekts verwendet wird (entspricht dem Parameter MinIndex der DrawIndexedPrimitive-Methode) – als DWORD-Wert
- Die Differenz zwischen dem größten und dem kleinsten verwendeten Index plus eins (das ist der NumVertices-Parameter von DrawIndexedPrimitive) – ebenfalls ein DWORD-Wert
- Nun kommt der Effektquellcode: zuerst seine Größe in Bytes (DWORD-Wert).
- Es folgt der eigentliche Effektquellcode als Text (char)

Für die Eigenschaften eines einzelnen Effekts (vom Namen bis zur Länge des Effektquellcodes) erstellen wir eine eigene Struktur:

```
// Struktur für den Header eines einzelnen Effekts
struct tbModelEffectHeader
{
    char              acName[256];        // Name des Effekts
    BOOL              bAlphaBlended;      // Mit Alpha-Blending?
    D3DPRIMITIVETYPE  PrimitiveType;      // Typ der Primitiven
    DWORD             dwStartIndex;       // Wo mit dem Rendern anfangen?
    DWORD             dwNumPrimitives;    // Wie viele Primitiven rendern?
    DWORD             dwMinIndex;         // Kleinster verwendeter Index
    DWORD             dwNumVertices;      // Größter Index - Kleinster Index + 1
    DWORD             dwEffectCodeSize;   // Größe des Effektquellcodes
};
```

Listing 3.39 Struktur für den Header eines einzelnen Effekts

3.3.1.9 Der Beleuchtungs-Chunk

Manchmal kann es recht praktisch sein, ein Modell direkt mit lokalen Lichtquellen zu versehen (die sich dann auch mit dem Objekt mitbewegen, also ihre relative Position und eventuell ihre Richtung zu ihm beibehalten, wie die Scheinwerfer eines Autos). Dazu gibt es den Beleuchtungs-Chunk TB_CT_MODEL_LIGHTING. Seine Struktur ist ganz einfach: zuerst ein DWORD-Wert, der die Anzahl der Lichter beschreibt, und danach entsprechend viele D3DLIGHT9-Strukturen.

Momentan findet der Beleuchtungs-Chunk jedoch in der Engine noch keine Verwendung, es ist aber nicht sonderlich schwer, das zu verändern.

Die hier beschriebenen Chunk-Typen sind natürlich nicht die einzigen, die man verwenden kann. Es steht Ihnen frei, weitere Chunks hinzuzufügen – sie müssen sich dann selber darum kümmern, dass sie auch von der Modellklasse, die wir später entwickeln werden, korrekt geladen werden.

3.3.1.10 Effekte fordern Texturen

Texturen werden im Effektquellcode durch Setzen der STRING-Variablen Texture1Filename, Texture2Filename und so weiter angefordert und dann später – nachdem sie geladen wurden – in den TEXTURE-Variablen Texture1, Texture2 ... gespeichert (wie Sie es vom Beispielprogramm über D3DX-Effekte kennen). Die Effekte setzen diese Texturen dann für gewöhnlich auch ein, ansonsten wäre die ganze Aktion sinnlos.

DWORD-Variablen namens Texture1Type, Texture2Type ... bestimmen den Typ jeder Textur, wobei 1 einer Standard-2D-Textur entspricht, 2 einer Würfeltextur und 3 einer Volumentextur.

Die Anzahl der verwendeten Texturen wird in der Variablen NumTextures gespeichert (der Typ ist ebenfalls DWORD). Ist der Wert 5, dann werden nacheinander die Texturen geladen, deren Quelldateien durch die Variablen Texture1Filename bis Texture5Filename bestimmt wurden.

Zusätzlich gibt es noch die Möglichkeit, für jede Textur einen Color-Key anzugeben, also eine Farbe, die beim Laden durch transparentes Schwarz ersetzt wird. Setzen Sie dazu einfach die Variablen Texture1ColorKey, Texture2ColorKey ... auf die entsprechenden Farben (im Hexadezimalformat: 0xFF00803F wäre Alpha: 255 Rot: 0, Grün: 127, Blau: 63). 0 erzeugt keinen Color-Key.

```
DWORD    NumTextures       = 2;                    // 2 Texturen
STRING   Texture1Filename  = "Cheeseburger.bmp";   // Dateiname der ersten Textur
DWORD    Texture1Type      = 1;                    // Standard-2D-Textur
DWORD    Texture1ColorKey  = 0xFFFF0000;           // Rot soll transparent werden
TEXTURE  Texture1;                                 // Da kommt die geladene Textur rein.
STRING   Texture2Filename  = "Lassagne.dds";       // Dateiname der zweiten Textur
DWORD    Texture2Type      = 3;                    // Volumentextur
DWORD    Texture2ColorKey  = 0xFF000000;           // Opakes Schwarz wird transparent
TEXTURE  Texture2;                                 // Da kommt die geladene Textur rein.
```

Listing 3.40 Dieser Effekt fordert eine 2D- und eine Volumentextur an.

3.3.2 Der Konverter

Nun, da Sie genauer wissen, wie unser Modelldateiformat aufgebaut ist, können wir uns dem Konverter zuwenden. Das TriBase-Tool *ModelConverter* befindet sich im Ordner TOOLS\SRC\MODELCONVERTER und die ausführbare Datei finden Sie im Unterverzeichnis TOOLS\BIN\MODELCONVERTER.

Eine der schwierigsten Aufgaben des Konverters ist es, die Materialeinstellungen aus einem „fremden" Dateiformat (in diesem Fall ist es das 3DS-Format) zu lesen und *in einen D3DX-Effekt* umzuwandeln. Das Programm beherrscht das schon recht gut und versieht den Ausgabequellcode sogar mit erklärenden Kommentaren. Sogar die Texturen werden automatisch angefordert!

3.3.2.1 Die Programmoberfläche

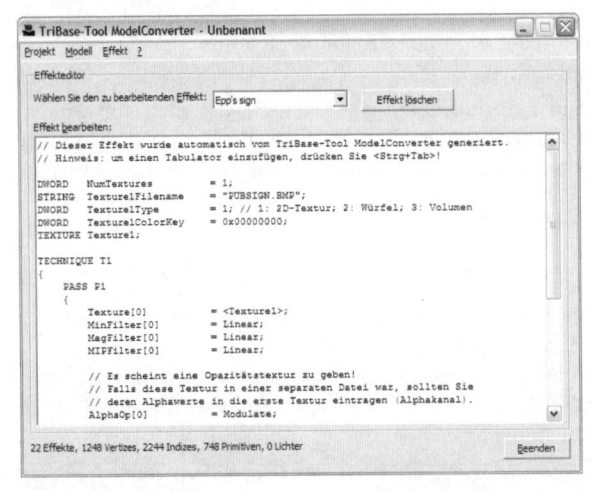

Abbildung 3.4 Hier schreiben sich die Effekte von alleine!

3.3 Modelldateien

Wie Sie sehen können, besteht das eigentliche Programmfenster fast nur aus dem Effekteditor. Sie können in der Liste einen Effekt anwählen und ihn bearbeiten oder löschen.

3.3.2.2 Projekte

Ein Konverter im klassischen Sinne würde ganz einfach eine Datei im Quellformat (3DS) öffnen, ohne Rückfrage alle Daten umwandeln und in die Zieldatei schreiben (TBM-Format). Das hat aber einen großen Nachteil: Der Benutzer hat keinen oder nur sehr beschränkten Einfluss auf die Daten, die in die Zieldatei geschrieben werden.

Man könnte nun – um beim Beispiel eines Modellkonverters zu bleiben – dem Benutzer die Möglichkeit geben, den Quellcode jedes einzelnen Effekts zu ändern. Aber wenn die veränderten Daten dann direkt in die Zieldatei gelangen, hat das auch wieder einen großen Nachteil. Nehmen wir einmal an, dass der Benutzer etliche Zeilen Effektquellcode manuell hinzugefügt hat, und nun möchte er an seinem Modell noch etwas ändern. Dadurch muss die Modelldatei erneut konvertiert werden, und die ganzen per Hand bearbeiteten Effekte gehen verloren.

Der Modellkonverter der TriBase-Engine hingegen arbeitet mit *Projekten*. Ein Projekt besteht aus einer Ansammlung von Effekten, Vertizes, Indizes und Lichtern – im Prinzip aus den Daten, aus denen auch die endgültigen Modelldateien bestehen. Jedoch sind die Projektdaten so organisiert, dass sie sich leichter *bearbeiten* lassen. Man könnte sie sozusagen als eine Zwischenstation zwischen der Quell- und der Zieldatei bezeichnen.

Ein Projekt wird angelegt, indem zuerst eine Quelldatei importiert wird. Dabei werden verschiedene Effekte generiert, doch die Effekte, die bereits in der Projektdatei vorhanden sind (vom Benutzer veränderte), werden dabei nicht zwangsweise durch die neuen ersetzt. Vielmehr wird der Benutzer vom Programm gefragt, ob ein bestimmter Effekt beibehalten werden soll oder nicht. Für den Fall, dass man die gleiche Datei zum wiederholten Mal importiert, gibt man einfach an, dass die per Hand bearbeiteten Effekte *nicht* ersetzt werden sollen.

Beispiel

Die Datei MODELL.3DS, die in die Datei MODELL.TBM konvertiert werden soll, beinhaltet ein Material namens „Metall". Unter einem solchen Material versteht man bei 3DS-Dateien *Farben*, *Oberflächeneigenschaften* und *Texturen*.

Der Benutzer legt nun mit Hilfe des TriBase-Modellkonverters ein neues Projekt an und importiert MODELL.3DS. Dabei wird ein Effekt namens „Metall" erstellt, der die Einstellungen des „Metall"-Materials so weit wie möglich übernimmt.

Nun ist der Modellkonverter keineswegs perfekt; der Benutzer stellt fest, dass der automatisch generierte Effekt nicht das erhoffte Ergebnis bringt. Kurzerhand ändert er den Quellcode per Hand, speichert die Projektdatei und veranlasst das Programm dazu, eine TBM-Datei aus den gesammelten Daten zu generieren.

Zu einem späteren Zeitpunkt ändert der Benutzer das Originalmodell MODELL.3DS, wodurch MODELL.TBM natürlich nicht mehr aktuell ist und neu erstellt werden muss. Das Projekt wird wieder geöffnet, und MODELL.3DS wird erneut importiert. Nun findet das Programm wieder das Material „Metall" in der Quelldatei – es ist jedoch auch schon im Projekt als Effekt vorhanden. Es erscheint eine Message-Box, die den Benutzer über das Schicksal des alten Effekts, der die von ihm korrigierten Einstellungen beinhaltet, entscheiden lässt.

Da er sich die ganze Arbeit nicht noch einmal machen möchte, entscheidet er, dass der alte Effekt bestehen bleiben soll. Nun werden lediglich die Vertizes, Indizes und Lichter neu importiert – und auf diese hat der Modellkonverter ohnehin keinen Einfluss.

3.3.2.3 Die Programmsteuerung

Der Modellkonverter bietet die üblichen Menüeinträge wie NEU, ÖFFNEN, SPEICHERN, SPEICHERN UNTER... und so weiter. Im Menü PROJEKT finden Sie auch den Befehl, der das Programm dazu veranlasst, eine TBM-Datei zu erstellen.

Das EFFEKT-Menü erlaubt Ihnen das Löschen oder Importieren eines Effekts aus einer Datei (üblicherweise mit der Erweiterung „FX").

Unter MODELL können Sie eine 3DS-Modelldatei importieren – 3DS ist bisher das einzige unterstützte Dateiformat zum Importieren. Wenn Sie Lust dazu haben, Importierfunktionen für ein anderes Dateiformat zu schreiben, oder es bereits getan haben, würde ich mich über eine Mitteilung freuen – das Programm könnte dann auch offiziell erweitert werden.

> Eine wichtige Regel, die Sie unbedingt einhalten sollten, wenn Sie 3D-Modelle modellieren: Verwenden Sie bei Texturen nur Dateinamen mit einer maximalen Länge von acht Zeichen (plus Punkt plus drei Zeichen Erweiterung)! 3DS-Dateien kommen nämlich mit den langen Windows-Dateinamen nicht zurecht.

3.3.3 Eine Modellklasse

Wir werden nun eine Klasse namens tbModel entwickeln, die ein einzelnes 3D-Modell repräsentiert, das aus einer Datei im TBM-Format geladen wird. Es handelt sich dabei um die bisher komplexeste Klasse.

3.3.3.1 Ablaufplan

1. Die Anwendung erstellt eine neue tbModel-Klasseninstanz und ruft die übliche Init-Methode auf, der sie den Namen der zu ladenden Datei und einige weitere Parameter übergibt.
2. Die Init-Methode öffnet die Modelldatei und liest sie Chunk für Chunk, wobei sie jeden Chunk-Typ anders behandelt. Unbekannte Chunks werden ganz einfach übersprungen. Für die Vertexdaten wird ein großer Vertex-Buffer angelegt, und Indizes finden Platz in einem Index-Buffer. Für die Effekte und Lichter reicht ein einfaches dynamisches Array.
3. Um den Vorgang zu komplettieren, werden die in den Effekten angeforderten Texturen geladen und in die Effektvariablen Texture1, Texture2 ... kopiert.
4. Der Benutzer muss nun nichts weiter tun, als eine Methode namens Render aufzurufen, um das Modell zeichnen zu lassen. Er gibt einen Start- und einen Endeffekt an, zum Beispiel 0 und 9 – in dem Fall würde die Methode alle zu den Effekten 1 bis 10 gehörenden Primitiven nacheinander (nach Effekten geordnet) zeichnen.
5. Mit dem Aufruf des tbModel-Destruktors hat die letzte Stunde des Modells geschlagen. Alle Puffer, Texturen, Effekte und sonstige Daten werden aus dem Speicher verbannt.

3.3.3.2 Interne Struktur für einen Effekt

Innerhalb eines Modells gehören zu einem Effekt noch einige zusätzliche Daten, die in der normalen tbEffect-Klasse nicht untergebracht werden können (zum Beispiel: erster Index, der mit dem Effekt gerendert wird, Anzahl und Typ der Primitiven und so weiter). Also wäre es klug, sich für einen Effekt innerhalb eines Modells eine neue Datenstruktur anzulegen: tbModelEffect.

3.3 Modelldateien

```
// Struktur für einen Effekt in einem Modell
struct tbModelEffect
{
    tbModelEffectHeader   Header;              // Effektheader
    char*                 pcCode;              // Quellcode
    tbEffect*             pEffect;             // Effektklasse
    DWORD                 dwNumTextures;       // Anzahl der Texturen
    PDIRECT3DBASETEXTURE9 apTexture[8];        // Max. 8 Texturen
};
```

Listing 3.41 Die interne Darstellung eines Effekts beinhaltet den Effekt-Header, den Effektquellcode, die Klasseninstanz des geladenen Effekts und natürlich Zeiger auf die geladenen Texturen.

3.3.3.3 Die Klassendefinition

Sie kennen das schon: Jedes Mal, wenn es an die Erstellung einer neuen Klasse geht, kommen wir an der Klassendefinition nicht vorbei.

Variablen

- DWORD m_dwFVF: Enthält das Format der im Vertex-Buffer gespeicherten Vertizes
- D3DFORMAT m_IndexFormat: Speichert das Format der Indizes (D3DFMT_INDEX...)
- DWORD m_dwNumVertices: Beinhaltet die Anzahl der Vertizes, die im gesamten Modell vorkommen
- DWORD m_dwNumIndices: Gesamtanzahl der Indizes
- DWORD m_dwNumEffects: Diese Variable enthält die Anzahl der im Modell vorkommenden Effekte und bestimmt damit auch, in wie vielen Durchgängen das Modell gerendert werden muss.
- DWORD m_dwNumLights: Die Anzahl der geladenen Lichter
- tbVertexBuffer* m_pVertexBuffer: Die Heimatstätte aller Vertizes des Modells – der Typ des Vertex-Buffers kann beim Laden manuell angegeben werden.
- tbIndexBuffer* m_pIndexBuffer: Hier wohnen die Indizes.
- tbModelEffect* m_pEffects: Ein dynamisches Array, das für jeden im Modell enthaltenen Effekt genau einen Eintrag hat (m_dwNumEffects)
- D3DLIGHT9* m_pLights: Dynamisches Array aller Lichter
- float m_fBoundingSphereRadius: Der Radius der Kugel, die das gesamte Modell umgibt (Mittelpunkt liegt bei (0, 0, 0) relativ zur Objektposition). Wir müssen diesen Wert nicht selbst berechnen, sondern können ihn einfach aus der TBM-Datei übernehmen. Wie bereits erwähnt: Dieser und die beiden folgenden Werte sind für die spätere Kollisionserkennung von äußerstem Nutzen.
- tbVector3 m_vBoundingBoxMin, m_vBoundingBoxMax: Minimale und maximale Koordinaten des das gesamte Modell umgebenden Quaders. Ein Quader, dessen Seiten parallel zu den Achsen des Koordinatensystems sind, benötigt nur *zwei* Punkte, um ausreichend beschrieben zu werden, wie auch ein achsenausgerichtetes Rechteck im zweidimensionalen Raum.

Methoden

TBMODEL.CPP ist zwar eine recht große und vielleicht unübersichtlich aussehende Datei, aber viele Methoden hat die Klasse tbModel nicht:

- Wie immer haben wir einige Init-Methoden, die jeweils verschiedene Parameter erwarten, um daraus eine Modelldatei zu laden (virtuelle Datei, echte Datei, Speicher oder Ressource als Quelle). Hier wird die Hauptarbeit geleistet: Laden und Auswerten aller bekannten Chunks. Zur Auswertung des Vertexdaten-Chunks gehört zum Beispiel auch das Erstellen und Füllen des Vertex-Buffers.

Durch jeweils zwei Parameter vom Typ DWORD (D3DUSAGE) und D3DPOOL kann der Benutzer den Verwendungszweck und die Speicherklasse des Vertex- und des Index-Buffers festlegen.

Direkt nach der Quellenangabe (virtuelle Datei, Datei, Speicher oder Ressource) folgen zwei char*-Parameter: ein *Präfix* und ein *Postfix* für die Texturdateinamen.

Das Präfix wird an den Anfang des Dateinamens gehängt und das Postfix ans Ende. Das Präfix verwendet man zumeist, um Texturen in anderen Verzeichnissen anzusprechen: wenn sich die Texturen beispielsweise in einem Unterordner namens DATA\TEXTURES befinden, gibt man hier „Data\\Textures\\" an (wichtig: „\\" anstatt „\" und auch am Ende der Pfadangabe noch zwei davon).

Das Postfix ist besonders dann wichtig, wenn Texturen aus Zip-Archiven geladen werden sollen, denn dann muss der Dateiname die Form „Objekt@ZipArchiv.zip" haben, eventuell noch mit einem verschlüsselten Passwort.

- Da die eine Init-Methode äußerst viel zu tun hat, bietet es sich an, zumindest einen Bereich ihrer Aufgaben in eine separate Methode zu packen: Die Methode LoadEffectTextures lädt alle Texturen eines durch seinen Index angegebenen Effekts, indem sie die verschiedenen Effektvariablen wie NumTextures, Texture1Filename und so weiter abfragt und dann den globalen Zeiger auf den Texturmanager verwendet, um die Texturen zu laden. Mit ID3DXEffect::SetTexture werden dann die TEXTURE-Variablen des Effekts ausgefüllt.
- Exit sorgt für die Löschung aller reservierten Speicherbereiche und Schnittstellen.
- Richtig interessant wird es bei der Render-Methode. Sie erwartet – wie bereits erwähnt – zwei int-Werte, welche den Start- und den Endeffekt angeben. Die Methode geht nun alle entsprechenden Effekte durch, aktiviert sie und rendert die mit ihnen verbundenen Primitiven. Nach den zwei int-Parametern folgen noch zwei BOOLs: Der erste gibt an, ob *opake* Effekte, und der zweite, ob *transparente* Effekte gerendert werden sollen.
- Die üblichen Inline-Methoden, die bestimmte Modelleigenschaften abfragen (GetFVF, GetIndexFormat, GetNumVertices ...)

Der Code ...

```
// Klasse für 3D-Modelle
class TRIBASE_API tbModel
{
private:
    // Variablen
    DWORD            m_dwFVF;                    // Vertexformat
    D3DFORMAT        m_IndexFormat;              // Indexformat
    DWORD            m_dwNumVertices;            // Anzahl der Vertizes
    DWORD            m_dwNumIndices;             // Anzahl der Indizes
    DWORD            m_dwNumEffects;             // Anzahl der Effekte
    DWORD            m_dwNumLights;              // Anzahl der Lichter
    tbVertexBuffer*  m_pVertexBuffer;            // Vertex-Buffer
    tbIndexBuffer*   m_pIndexBuffer;             // Index-Buffer
    tbModelEffect*   m_pEffects;                 // Die Effekte
    D3DLIGHT9*       m_pLights;                  // Die Lichter
    float            m_fBoundingSphereRadius;    // Radius der umgebenden Kugel
    tbVector3        m_vBoundingBoxMin;          // Minimumpunkt des umgebenden Quaders
    tbVector3        m_vBoundingBoxMax;          // Maximumpunkt des umgebenden Quaders
```

3.3 Modelldateien

```cpp
public:
    // Konstruktor und Destruktor
    tbModel();
    ~tbModel() {Exit();}

    // Methoden
    // Aus virtueller Datei initialisieren
    tbResult Init(tbVFile* pVFile,
                  char* pcTexturePrefix = "",
                  char* pcTexturePostfix = "",
                  D3DPOOL VBPool = D3DPOOL_DEFAULT,
                  DWORD dwVBUsage = D3DUSAGE_WRITEONLY,
                  D3DPOOL IBPool = D3DPOOL_DEFAULT,
                  DWORD dwIBUsage = D3DUSAGE_WRITEONLY);

    // Aus Datei initialisieren
    tbResult Init(char* pcFilename,
                  char* pcTexturePrefix = "",
                  char* pcTexturePostfix = "",
                  D3DPOOL VBPool = D3DPOOL_DEFAULT,
                  DWORD dwVBUsage = D3DUSAGE_WRITEONLY,
                  D3DPOOL IBPool = D3DPOOL_DEFAULT,
                  DWORD dwIBUsage = D3DUSAGE_WRITEONLY);

    // Aus Speicher initialisieren
    tbResult Init(void* pMemory,
                  int iSize,
                  char* pcTexturePrefix = "",
                  char* pcTexturePostfix = "",
                  D3DPOOL VBPool = D3DPOOL_DEFAULT,
                  DWORD dwVBUsage = D3DUSAGE_WRITEONLY,
                  D3DPOOL IBPool = D3DPOOL_DEFAULT,
                  DWORD dwIBUsage = D3DUSAGE_WRITEONLY);

    // Aus Ressource initialisieren
    tbResult Init(HMODULE hModule,
                  char* pcResourceName,
                  char* pcResourceType,
                  char* pcTexturePrefix = "",
                  char* pcTexturePostfix = "",
                  D3DPOOL VBPool = D3DPOOL_DEFAULT,
                  DWORD dwVBUsage = D3DUSAGE_WRITEONLY,
                  D3DPOOL IBPool = D3DPOOL_DEFAULT,
                  DWORD dwIBUsage = D3DUSAGE_WRITEONLY);

    // Herunterfahren
    tbResult Exit();

    // Lädt Texturen eines Effekts
    tbResult LoadEffectTextures(DWORD dwEffect,
                                char* pcTexturePrefix = "",
                                char* pcTexturePostfix = "");

    // Rendert das Modell
    tbResult Render(int iFrom = -1, int iTo = -1,
                    BOOL bRenderOpaque = TRUE, BOOL bRenderAlphaBlended = TRUE);
```

```
                // Inline-Methoden
                DWORD               GetFVF()                        {return m_dwFVF;}
                D3DFORMAT           GetIndexFormat()                {return m_IndexFormat;}
                DWORD               GetNumVertices()                {return m_dwNumVertices;}
                DWORD               GetNumIndices()                 {return m_dwNumIndices;}
                DWORD               GetNumEffects()                 {return m_dwNumEffects;}
                DWORD               GetNumLights()                  {return m_dwNumLights;}
                tbVertexBuffer*     GetVertexBuffer()               {return m_pVertexBuffer;}
                tbIndexBuffer*      GetIndexBuffer()                {return m_pIndexBuffer;}
                float               GetBoundingSphereRadius()       {return m_fBoundingSphereRadius;}
                const tbVector3&    GetBoundingBoxMin()             {return m_vBoundingBoxMin;}
                const tbVector3&    GetBoundingBoxMax()             {return m_vBoundingBoxMax;}
            };
```

Listing 3.42 Eine feine Klasse für unsere 3D-Modelle

3.3.3.4 Laden des Modells mit *Init*

Wir werden nun die Init-Methode der tbModel-Klasse betrachten, und zwar die Version, die eine virtuelle Datei als Quelle anzapft. Das Prinzip funktioniert wie folgt:

1. Eine tbChunkHeader-Struktur aus der Datei einlesen
2. Das ChunkType-Element der Struktur untersuchen und entsprechende Aktion einleiten (Vertexdaten-Chunk: Vertizes lesen; Indexdaten-Chunk: Indizes lesen ...)
3. Nach vollendetem Lesen des Chunks: zurück zu Schritt 1, bis die Datei am Ende ist. Wenn der Chunk einen unbekannten Typ hat, wird er übersprungen (tbVFile::Seek).

Grundstruktur

Hier nun die Grundstruktur der Methode (auf die einzelnen Chunk-Typen wird danach eingegangen):

```
// Laden aus einer virtuellen Datei
tbResult tbModel::Init(tbVFile* pVFile,
                       char* pcTexturePrefix,    // = ""
                       char* pcTexturePostfix,   // = ""
                       D3DPOOL VBPool,           // = D3DPOOL_DEFAULT
                       DWORD dwVBUsage,          // = D3DUSAGE_WRITEONLY
                       D3DPOOL IBPool,           // = D3DPOOL_DEFAULT
                       DWORD dwIBUsage)          // = D3DUSAGE_WRITEONLY
{
    // Die Klasseninstanz zurücksetzen.
    // Damit wird ermöglicht, dass der Init-Aufruf mehrere Male mit
    // derselben Instanz funktioniert.
    Exit();

    // Parameter prüfen
    if(!pVFile) TB_ERROR_NULL_POINTER("pVFile", TB_ERROR);

    // Die Datei Chunk für Chunk lesen
    while(!pVFile->IsEOF())
    {
        // Chunk-Header lesen
        tbChunkHeader ChunkHeader;
        if(pVFile->Read(sizeof(tbChunkHeader), &ChunkHeader))
        {
            // Fehler!
            TB_ERROR("Fehler beim Lesen des Chunk-Headers!", TB_ERROR);
        }
```

3.3 Modelldateien

```
            // Je nach Chunk-Typ ...
            switch(ChunkHeader.ChunkType)
            {
            case TB_CT_MODEL_VERTICES: // Vertexdaten
                // ...
                break;

            case TB_CT_MODEL_INDICES: // Indexdaten
                // ...
                break;

            case TB_CT_MODEL_EFFECTS: // Effekte
                // ...
                break;

            case TB_CT_MODEL_LIGHTING: // Beleuchtung
                // ...
                break;

            default:
                // Dieser Chunk wird nicht gelesen - wir überspringen ihn!
                if(pVFile->Seek(TB_VFSO_CURSOR, ChunkHeader.dwDataSize))
                {
                    // Fehler!
                    TB_ERROR("Fehler beim Überspringen eines Chunks!", TB_ERROR);
                }
                break;
            }
        }

        return TB_OK;
    }
```

Listing 3.43 Das Grundgerüst: Laden einer TBM-Modelldatei

Laden der Vertizes

Wurde nun festgestellt, dass `ChunkHeader.ChunkType` gleich `TB_CT_MODEL_VERTICES` ist, bedeutet das, dass es in der Datei nun mit den Vertexdaten weitergeht – also lesen wir sie ein. Ganz am Anfang (vor den Vertexdaten) steht erst einmal eine `tbModelVerticesChunkHeader`-Struktur (ja, ein langer Name), welche weitere Einzelheiten enthält, wie zum Beispiel die Anzahl der Vertizes, deren Format oder aber auch den Umgebungskugelradius. All diese Daten werden in die Member-Variablen von `tbModel` kopiert.

Nach dem Lesen der Header-Struktur initialisieren wir den Vertex-Buffer der Modellklasse (`m_pVertexBuffer`), die nötigen Angaben dazu sind nun bekannt. Nachdem das erledigt ist, müssen wir einfach nur noch die Vertizes aus der Datei direkt in den internen Speicherbereich des Vertex-Buffers einlesen und sie mit `tbVertexBuffer::Update` in den Puffer schreiben.

```
    case TB_CT_MODEL_VERTICES: // Vertexdaten
    {
        // Vertexdaten-Chunk-Header einlesen
        tbModelVerticesChunkHeader VerticesCH;
        if(pVFile->Read(sizeof(tbModelVerticesChunkHeader), &VerticesCH))
        {
            // Fehler!
            TB_ERROR("Fehler beim Lesen des Vertexdaten-Chunk-Headers!", TB_ERROR);
        }
```

```cpp
// Angaben kopieren
m_dwFVF                     = VerticesCH.dwFVF;
m_dwNumVertices             = VerticesCH.dwNumVertices;
m_fBoundingSphereRadius     = VerticesCH.fBoundingSphereRadius;
m_vBoundingBoxMin           = VerticesCH.vBoundingBoxMin;
m_vBoundingBoxMax           = VerticesCH.vBoundingBoxMax;

// Vertex-Buffer erstellen
m_pVertexBuffer = new tbVertexBuffer;
if(!m_pVertexBuffer) TB_ERROR_OUT_OF_MEMORY(TB_ERROR);

// Initialisierung mit den in der Datei gespeicherten Parametern
if(m_pVertexBuffer->Init(VerticesCH.dwNumVertices * VerticesCH.dwVertexSize,
                         VerticesCH.dwVertexSize, VerticesCH.dwFVF,
                         dwVBUsage | D3DUSAGE_WRITEONLY, VBPool))
{
    // Fehler beim Erstellen des Vertex-Buffers!
    TB_ERROR("Fehler beim Erstellen des Vertex-Buffers!", TB_ERROR);
}

// Die Vertexdaten lesen
if(pVFile->Read(VerticesCH.dwNumVertices * VerticesCH.dwVertexSize,
                m_pVertexBuffer->GetBuffer()))
{
    // Lesefehler!
    TB_ERROR("Fehler beim Lesen der Vertexdaten!", TB_ERROR);
}

// Vertex-Buffer aktualisieren
m_pVertexBuffer->SetFirstVertex(0);
m_pVertexBuffer->SetLastVertex(VerticesCH.dwNumVertices - 1);
if(m_pVertexBuffer->Update()) TB_ERROR("Fehler beim Aktualisieren des
                                        Vertex-Buffers!", TB_ERROR);
break;
}
```

Listing 3.44 Wir laden die Vertizes des Modells in den internen Vertex-Buffer.

Laden der Indizes

Hier sieht es nicht viel anders aus als bei den Vertizes; von daher können wir getrost auf den Quellcode verzichten.

Laden der Effekte

Nun wird es schon ein wenig haariger: Bei den Effekten gibt es viel mehr zu beachten als bei Vertizes oder Indizes. Zum einen, weil wir ihre exakte Größe im Voraus nicht kennen, und zum anderen, weil wir uns hier auch noch um das Laden der Texturen kümmern müssen.

Als Erstes wird in den Daten des Effekte-Chunks ein DWORD-Wert gespeichert, der die Anzahl der Effekte beinhaltet – diesen lesen wir natürlich zuerst und initialisieren danach auch gleich die interne Effekteliste (m_pEffects), die aus tbModeEffect-Strukturen besteht.

Mit einer for-Schleife gehen wir nun jeden Effekt durch und erledigen Folgendes:

1. Den Effekt-Header lesen (tbModelEffectHeader-Struktur)
2. Genug Speicher für den Quellcode des Effekts reservieren, dessen Größe in der Effekt-Header-Struktur gespeichert ist
3. Lesen des Effektquellcodes
4. Aus dem Effektquellcode erstellen und initialisieren wir die tbEffect-Klasseninstanz.
5. LoadEffectTextures aufrufen, um die vom Effekt angeforderten Texturen zu laden

3.3 Modelldateien

Umgesetzt sieht das dann wie folgt aus:

```
case TB_CT_MODEL_EFFECTS: // Effekte
{
    // Anzahl der Effekte lesen
    if(pVFile->Read(sizeof(DWORD), &m_dwNumEffects))
        TB_ERROR("Fehler beim Lesen der Effektanzahl!", TB_ERROR);

    // Genug Speicher für die Effekte reservieren
    m_pEffects = (tbModelEffect*)(tbMemAlloc(m_dwNumEffects * sizeof(tbModelEffect)));
    if(!m_pEffects) TB_ERROR_OUT_OF_MEMORY(TB_ERROR);

    // Jeden Effekt durchgehen
    for(DWORD dwEffect = 0; dwEffect < m_dwNumEffects; dwEffect++)
    {
        // Den Effekt-Header lesen
        if(pVFile->Read(sizeof(tbModelEffectHeader), &m_pEffects[dwEffect].Header))
        {
            // Fehler!
            TB_ERROR("Fehler beim Lesen des Effekt-Headers!", TB_ERROR);
        }

        // Speicher für den Effektcode reservieren
        m_pEffects[dwEffect].pCode =
            (char*)(tbMemAlloc(m_pEffects[dwEffect].Header.dwEffectCodeSize));
        if(!m_pEffects[dwEffect].pCode) TB_ERROR_OUT_OF_MEMORY(TB_ERROR);

        // Effektcode lesen
        if(pVFile->Read(m_pEffects[dwEffect].Header.dwEffectCodeSize,
                        m_pEffects[dwEffect].pCode))
        {
            // Fehler!
            TB_ERROR("Fehler beim Lesen des Effektcodes!", TB_ERROR);
        }

        // tbEffect-Klasseninstanz erstellen
        m_pEffects[dwEffect].pEffect = new tbEffect;
        if(!m_pEffects[dwEffect].pEffect)
        {
            // Fehler!
            TB_ERROR_OUT_OF_MEMORY(TB_ERROR);
        }

        // Den Effekt initialisieren
        if(m_pEffects[dwEffect].pEffect->Init(
                                    m_pEffects[dwEffect].pCode,
                                    m_pEffects[dwEffect].Header.dwEffectCodeSize))
        {
            // Fehler beim Erstellen des Effekts!
            TB_ERROR("Fehler beim Erstellen des Effekts!", TB_ERROR);
        }

        // Die Texturen für den Effekt laden
        if(LoadEffectTextures(dwEffect, pcTexturePrefix, pcTexturePostfix))
        {
            // Fehler!
            TB_ERROR("Fehler beim Laden der Effekttexturen!", TB_ERROR);
        }
    }
    break;
}
```

Listing 3.45 Laden der Effekte

Die Implementierung von *LoadEffectTextures*

LoadEffectTextures erwartet einen DWORD-Parameter, und das ist der Index des Effekts im Effekt-Array, dessen Texturen geladen werden sollen. Zweiter und dritter Parameter sind Prä- und Postfix für die Texturdateinamen. Das Ganze funktioniert dann wie folgt:

1. Durch den Effektindex kommen wir an die tbEffect-Klasse, und durch diese kommen wir an die ID3DXEffect-Schnittstelle.
2. Einlesen der Effektvariablen NumTextures, um herauszufinden, wie viele Texturen initialisiert werden müssen
3. Jede Textur durchgehen und:
   - Die Variablen Texture(X)Filename, Texture(X)Type, Texture(X)ColorKey lesen, wobei X für jede Zahl von 1 bis zur Anzahl der Texturen steht
   - Den Texturmanager (tbTextureManager) verwenden, um die entsprechende Textur zu laden oder – falls sie bereits existiert – die schon geladene Textur zu übernehmen
   - Am Ende setzen wir die Texture(X)-Variablen des Effekts, damit er auch auf die Texturen zugreifen kann.

```
// Laden der Texturen eines Effekts
tbResult tbModel::LoadEffectTextures(DWORD dwEffect,
                                     char* pcTexturePrefix,   // = ""
                                     char* pcTexturePostfix)  // = ""
{
    if(!pcTexturePrefix) pcTexturePrefix = "";
    if(!pcTexturePostfix) pcTexturePostfix = "";

    // Anzahl der Texturen lesen und in die Effektstruktur eintragen
    DWORD dwNumTextures = 0;
    m_pEffects[dwEffect].pEffect->GetEffect()->GetInt("NumTextures",
                                                     (int*)(&dwNumTextures));
    m_pEffects[dwEffect].dwNumTextures = dwNumTextures;

    // Alle Texturen durchgehen
    for(DWORD dwTex = 0; dwTex < dwNumTextures; dwTex++)
    {
        // Dateinamen abfragen
        char acVariable[256];
        char* pcTextureFilename;
        sprintf(acVariable, "Texture%dFilename", dwTex + 1);
        if(SUCCEEDED(m_pEffects[dwEffect].pEffect->GetEffect()->
                     GetString(acVariable, (LPCSTR*)(&pcTextureFilename))))
        {
            // Präfix und Postfix hinzufügen
            char acNewTextureFilename[256];
            sprintf(acNewTextureFilename,"%s%s%s",
                    pcTexturePrefix, pcTextureFilename, pcTexturePostfix);

            // Standardtexturtyp: 2D
            DWORD dwTextureType = 1;

            // Es gibt eine Textur! Ihren Typ abfragen.
            sprintf(acVariable, "Texture%dType", dwTex + 1);
            m_pEffects[dwEffect].pEffect->GetEffect()->GetInt(acVariable,
                                                     (int*)(&dwTextureType));

            // Color-Key abfragen
            DWORD dwColorKey = 0;
            sprintf(acVariable, "Texture%dColorKey", dwTex + 1);
            m_pEffects[dwEffect].pEffect->GetEffect()->GetInt(acVariable,
                                                     (int*)(&dwColorKey));
```

3.3 Modelldateien

```cpp
            // Nun die Textur laden
            tbTextureManager& TexMgr = tbTextureManager::Instance();
            if(dwTextureType == 1)
            {
                // Eine Standardtextur
                m_pEffects[dwEffect].apTexture[dwTex] =
                    TexMgr.GetTexture(acNewTextureFilename, TRUE, D3DX_DEFAULT,
                                      D3DX_DEFAULT, D3DX_DEFAULT, D3DFMT_UNKNOWN, 0,
                                      D3DPOOL_MANAGED, D3DX_DEFAULT, D3DX_DEFAULT,
                                      dwColorKey);
            }
            else if(dwTextureType == 2)
            {
                // Aha - eine Würfeltextur
                m_pEffects[dwEffect].apTexture[dwTex] =
                    TexMgr.GetCubeTexture(acNewTextureFilename, TRUE, D3DX_DEFAULT,
                                          D3DX_DEFAULT, D3DFMT_UNKNOWN, 0,
                                          D3DPOOL_MANAGED, D3DX_DEFAULT, D3DX_DEFAULT,
                                          dwColorKey);
            }
            else if(dwTextureType == 3)
            {
                // Eine Volumentextur
                m_pEffects[dwEffect].apTexture[dwTex] =
                    TexMgr.GetVolumeTexture(acNewTextureFilename, TRUE, D3DX_DEFAULT,
                                            D3DX_DEFAULT, D3DX_DEFAULT, D3DX_DEFAULT,
                                            D3DFMT_UNKNOWN, 0, D3DPOOL_MANAGED,
                                            D3DX_DEFAULT, D3DX_DEFAULT, dwColorKey);
            }
            else
            {
                // Unbekannter Texturtyp!
                TB_ERROR("Unbekannter Texturtyp!", TB_ERROR);
            }

            // Prüfen
            if(!m_pEffects[dwEffect].apTexture[dwTex])
            {
                // Fehler!
                TB_ERROR("Fehler beim Laden einer Textur!", TB_ERROR);
            }

            // Dem Effekt die Textur zuweisen
            sprintf(acVariable, "Texture%d", dwTex + 1);
            m_pEffects[dwEffect].pEffect->GetEffect()->
                SetTexture(acVariable, m_pEffects[dwEffect].apTexture[dwTex]);
        }
    }

    return TB_OK;
}
```

Listing 3.46 Die vom Effekt angeforderten Texturen werden geladen.

Damit sind wir mit der Initialisierung der tbModel-Klasse am Ende! Die anderen Versionen von tbModel::Init, die einen Dateinamen, einen Speicherbereich oder eine Ressourcenangabe erwarten, verwenden natürlich – wie immer – die Methode zum Laden aus einer virtuellen Datei.

3.3.3.5 Rendern des Modells

Nun soll sich die harte Arbeit, die Modelldatei zu erstellen und sie hier in der Engine zu laden, bezahlt machen: Wir rendern das Modell, was in der Render-Methode geschieht. Wie bereits gesagt gibt der Benutzer einfach nur den Start- und den Endeffekt an, dann noch, ob opake und transparente Effekte gerendert werden sollen, und das war's. –1 ist der Standardwert für die beiden ersten Parameter: Es bedeutet beim Starteffekt, dass der erste Effekt gemeint ist und beim Endeffekt der letzte.

Die ganze Sache läuft wie folgt ab:

1. Setzen des Vertexformats, das die Vertizes des Modells verwenden (SetFVF)
2. Den Vertex- und den Index-Buffer des Modells als Quelle angeben (SetStreamSource und SetIndices)
3. Jeden Effekt von iFrom bis iTo durchgehen und ...
   - Wenn der Effekt transparent ist und der Parameter bRenderAlphaBlended FALSE ist, abbrechen. Ebenfalls, wenn der Effekt opak ist und bRenderOpaque FALSE ist.
   - tbEffect::Begin aufrufen und die Anzahl der benötigten Durchgänge speichern. Für den ersten Parameter geben wir TRUE and und für den zweiten FALSE: Der D3DX-Effekt soll also den alten Status wiederherstellen, nachdem er beendet ist, aber die tbDirect3D-Klasse bekommt davon allerdings erst einmal nichts mit.
   - Für jeden Durchgang tbEffect::Pass aufrufen und mit DrawIndexedPrimitive die Primitiven des jeweiligen Effekts zeichnen
   - tbEffect::End beendet die Arbeit mit dem Effekt.
4. tbDirect3D::Capture() aufrufen, um die Tabellen der tbDirect3D-Klasse zu aktualisieren. Zwischen den einzelnen Effekten ist das nicht nötig.

Das ist doch recht einfach – wir müssen nicht einmal SetTexture, SetRS oder ähnliche Methoden aufrufen, da alles vom Effekt erledigt wird.

```
// Diese Methode rendert das Modell.
tbResult tbModel::Render(int iFrom,                 // = -1
                         int iTo,                   // = -1
                         BOOL bRenderOpaque,        // = TRUE
                         BOOL bRenderAlphaBlended)  // = TRUE
{
    // Parameter prüfen
    if(iFrom<-1 || iFrom>=m_dwNumEffects) TB_ERROR_INVALID_VALUE("iFrom",TB_ERROR);
    if(iTo < -1 || iTo >= m_dwNumEffects) TB_ERROR_INVALID_VALUE("iTo", TB_ERROR);

    // Werte anpassen
    if(iFrom == -1) iFrom = 0;
    if(iTo == -1) iTo = m_dwNumEffects - 1;

    // Vertexformat sowie Vertex- und Index-Buffer setzen
    tbDirect3D& D3D = tbDirect3D::Instance();
    D3D.SetFVF(m_dwFVF);
    D3D->SetStreamSource(0, m_pVertexBuffer->GetVB(), 0, m_pVertexBuffer->GetVertexSize());
    D3D->SetIndices(m_pIndexBuffer->GetIB());

    // Jeden Effekt durchgehen
    for(int iEffect = iFrom; iEffect <= iTo; iEffect++)
    {
        if(!m_pEffects[iEffect].Header.bAlphaBlended && bRenderOpaque ||
            m_pEffects[iEffect].Header.bAlphaBlended && bRenderAlphaBlended)
        {
```

3.3 Modelldateien

```
                // Effekt aktivieren und alle Durchgänge rendern.
                // tbDirect3D::Capture wird später manuell aufgerufen.
                int iNumPasses = m_pEffects[iEffect].pEffect->Begin(TRUE, FALSE);
                for(int iPass = 0; iPass < iNumPasses; iPass++)
                {
                    // Durchgang aktivieren
                    m_pEffects[iEffect].pEffect->Pass(iPass);

                    // Rendern
                    HRESULT r;
                    r = D3D->DrawIndexedPrimitive(m_pEffects[iEffect].Header.PrimitiveType,
                                                  0,
                                                  m_pEffects[iEffect].Header.dwMinIndex,
                                                  m_pEffects[iEffect].Header.dwNumVertices,
                                                  m_pEffects[iEffect].Header.dwStartIndex,
                                                  m_pEffects[iEffect].Header.dwNumPrimitives);
                    if(FAILED(hResult))
                    {
                        // Fehler beim Rendern!
                        m_pEffects[iEffect].pEffect->End();
                        TB_ERROR_DIRECTX("D3D->DrawIndexedPrimitive", r, TB_ERROR);
                    }
                }

                // Effekt deaktivieren
                m_pEffects[iEffect].pEffect->End();
            }
        }

        // Capture aufrufen, um die Tabellen in tbDirect3D zu aktualisieren
        D3D.Capture();

        return TB_OK;
    }
```
Listing 3.47 Rendern des Modells

3.3.3.6 Die *Exit*-Methode

Diesmal gibt es in der Exit-Methode ein wenig mehr zu tun als bei den anderen Klassen:

- Vertex- und Index-Buffer löschen
- Alle Effekte löschen: sowohl die tbEffect-Klasseninstanz als auch den Quellcode
- Löschen der Lichter und des eigentlichen Effekt-Arrays
- Freigeben der geladenen Texturen mit tbTextureManager::ReleaseTexture
- ReleaseTexture allein reicht nicht, denn der Referenzzähler der Texturen wurde zusätzlich noch einmal erhöht, als wir sie dem Effekt beziehungsweise den Effektvariablen mit ID3DXEffect::SetTexture zugewiesen haben. Um das rückgängig zu machen, setzen wir (natürlich *vor* dem Löschen des Effekts) alle Texturvariablen im Effekt wieder auf NULL.

```
// Herunterfahren
tbResult tbModel::Exit()
{
    // Puffer löschen
    TB_SAFE_DELETE(m_pVertexBuffer);
    TB_SAFE_DELETE(m_pIndexBuffer);
```

```
        // Effekte löschen
        for(DWORD dwEffect = 0; dwEffect < m_dwNumEffects; dwEffect++)
        {
            // Texturen freigeben
            for(DWORD dwTex = 0; dwTex < m_pEffects[dwEffect].dwNumTextures; dwTex++)
            {
                if(m_pEffects[dwEffect].apTexture[dwTex])
                {
                    // Texturvariable im Effekt zurücksetzen, damit die
                    // Texturschnittstelle freigegeben wird (mit SetTexture wurde der
                    // Referenzzähler erhöht)
                    char acVar[256];
                    sprintf(acVar, "Texture%d", dwTex + 1);
                    m_pEffects[dwEffect].pEffect->GetEffect()->SetTexture(acVar, NULL);

                    // Den Texturmanager auffordern, die Textur freizugeben
                    tbTextureManager::Instance().ReleaseTexture(
                                        m_pEffects[dwEffect].apTexture[dwTex]);
                }
            }

            // Den Code und die Effektklasse löschen
            TB_SAFE_MEMFREE(m_pEffects[dwEffect].pcCode);
            TB_SAFE_DELETE(m_pEffects[dwEffect].pEffect);
        }

        // Effekt-Array löschen
        TB_SAFE_MEMFREE(m_pEffects);

        // Lichter löschen
        TB_SAFE_MEMFREE(m_pLights);

        // Alles zurücksetzen
        ZeroMemory(this, sizeof(tbModel));

        return TB_OK;
}
```

Listing 3.48 Das Ende eines jeden Modells

Somit ist auch die tbModel-Klasse fertig implementiert! Weiter geht es mit einem kleinen (wirklich kleinen) Beispielprogramm, um die Verwendung zu verdeutlichen.

3.3.4 Das Beispielprogramm

Das neue Beispielprogramm stellt eine Szene in einer recht vielseitigen „Stadt" dar: zwei Hochhäuser, ein Heckenlabyrinth, eine Drahtkugel, eine Landeplattform und eine „Lichtpyramide". Die Stadt wird dabei als ein einziges Modell geladen und gerendert (eigentlich eine nicht empfehlenswerte Vorgehensweise, da viel zu viele gar nicht sichtbare Objekte gerendert werden – aber es ist eben nur ein Beispielprogramm). Ein kleines Raumschiff (separates Modell) kreist über der Stadt.

3.3.4.1 Dateien

Die Datei CITY.TBM, die das Modell der Stadt enthält, befindet sich in der Datei CITY.ZIP (neben allen verwendeten Texturen), die sich wiederum im Unterordner DATA befindet. SHIP.ZIP beinhaltet alle Dateien, die für das Raumschiffmodell wichtig sind, und SKYBOX.ZIP beinhaltet eine würfelförmige Textur namens SKYBOX.DDS.

3.3 Modelldateien

3.3.4.2 Laden der Modelle

Nachdem die `tbDirect3D`-Klasse und der Texturmanager initialisiert worden sind, ist es ein Kinderspiel, die beiden Modelle zu laden:

```
// Das Stadtmodell laden
g_pCityModel = new tbModel;
if(g_pCityModel->Init("City.tbm@Data\\City.zip", "", "@Data\\City.zip"))
{
    MessageBox(tbDirect3D::Instance().GetWindow(),
               "Fehler beim Laden der Stadtmodelldatei!",
               "Fehler", MB_OK | MB_ICONEXCLAMATION);
    CleanUp();
    return 1;
}

// Das Raumschiffmodell laden
g_pShipModel = new tbModel;
if(g_pShipModel->Init("Ship.tbm@Data\\Ship.zip", "", "@Data\\Ship.zip"))
{
    MessageBox(tbDirect3D::Instance().GetWindow(),
               "Fehler beim Laden der Schiffmodelldatei!",
               "Fehler", MB_OK | MB_ICONEXCLAMATION);
    CleanUp();
    return 1;
}
```

Listing 3.49 Laden von CITY.TBM und SHIP.TBM aus Zip-Archiven im Unterordner DATA

3.3.4.3 Rendern von Stadt und Raumschiff

Wie man eine Sky-Box rendert, wissen Sie mittlerweile schon – deshalb müssen wir das nicht erneut durchgehen. Das folgende Listing demonstriert, wie einfach es ist, ein Modell zu rendern. Ein Richtungslicht und linearer schwarzer Nebel sorgen für die nötigen atmosphärischen Effekte:

```
tbDirect3D& D3D = tbDirect3D::Instance();

// Ein Richtungslicht erstellen mit der Richtung der Kamera
D3DLIGHT9 Light;
ZeroMemory(&Light, sizeof(D3DLIGHT9));
Light.Type = D3DLIGHT_DIRECTIONAL;
Light.Diffuse = tbColor(0.5f, 0.5f, 0.5f);
Light.Ambient = tbColor(0.5f, 0.5f, 0.5f);
Light.Specular = tbColor(0.5f, 0.5f, 0.5f);
Light.Direction = vCameraDir;
D3D->SetLight(0, &Light);
D3D->LightEnable(0, TRUE);

// Linearer schwarzer Nebel!
D3D.SetRS(D3DRS_FOGENABLE,      TRUE);
D3D.SetRS(D3DRS_FOGVERTEXMODE,  D3DFOG_LINEAR);
D3D.SetRS(D3DRS_RANGEFOGENABLE, TRUE);
D3D.SetRS(D3DRS_FOGCOLOR,       0);
D3D.SetRSF(D3DRS_FOGSTART,      100.0f);
D3D.SetRSF(D3DRS_FOGEND,        350.0f);

// Weltmatrix zurücksetzen
D3D.SetTransform(D3DTS_WORLD, tbMatrixIdentity());
```

```
// Das Modell rendern (zuerst alle opaken Effekte, dann alle transparenten)
g_pCityModel->Render(-1, -1, TRUE, FALSE);
g_pCityModel->Render(-1, -1, FALSE, TRUE);

// ----------------------------------------------------------------

// Raumschiff rendern! Es kreist über der Stadt.
tbMatrix mWorld(tbMatrixRotationZ(g_fTime * 0.5f) *
                tbMatrixTranslation(tbVector3(100.0f, 100.0f, 0.0f)) *
                tbMatrixRotationY(g_fTime * 0.5f));
D3D.SetTransform(D3DTS_WORLD, mWorld);

// Rendern
g_pShipModel->Render();

// ----------------------------------------------------------------

// Kein Nebel mehr!
D3D.SetRS(D3DRS_FOGENABLE, FALSE);
```

Listing 3.50 So einfach zeichnet man eine Stadt und ein Raumschiff ...

3.3.4.4 Steuerung der Kamera

Die Kamera ist in diesem Beispielprogramm schon ein wenig anspruchsvoller: Der Benutzer kann sie nämlich jetzt völlig frei steuern: Er kann sie nach rechts, links, oben und unten drehen. Bewegen der Kamera funktioniert natürlich auch – mit [+] und [–] auf dem numerischen Block.

Zwei Variablen namens g_fCameraRot und g_fCameraUpDown speichern die Lage der Kamera. g_fCameraRot beinhaltet die Rotation der Kamera um die *y*-Achse (links/rechts) und g_fCameraUpDown die Rotation um die *x*-Achse (nach oben/unten).

Der Unterschied zu den vorherigen Beispielprogrammen, in denen der Benutzer die Kamera steuern konnte, besteht darin, wie der Kamerarichtungsvektor berechnet wird. Ihn brauchen wir einerseits zum Erstellen der Kameramatrix und andererseits, um die Kamera fortzubewegen (g_vCameraPos += vCameraDir).

Bisher wurde die Kamerarichtung so berechnet (der Winkel α steht für die Rotation der Kamera um die *y*-Achse):

$$\vec{d} = (\sin \alpha, \ 0, \ \cos \alpha)$$

Wenn nun auch noch die Rotation um die *x*-Achse (Winkel β) hinzukommt, wird es ein wenig schwieriger: Wir brauchen nun auch eine *y*- Komponente für die Kamerarichtung – die berechnen wir mit dem Sinus des Winkels β. Bei einer Rotation von 0° um die *x*-Achse ist also auch die *y*-Komponente des Richtungsvektors gleich null – was auch richtig so ist. Den größten Wert erhalten wir bei 90° beziehungsweise 270°, weil die Kamera dann genau nach oben oder genau nach unten schaut.

Doch haben wir da nicht etwas vergessen? Die Rotation um die *x*-Achse darf nicht nur die *y*-Komponente des Richtungsvektors beeinflussen, sondern sie muss auch Einfluss auf die anderen beiden haben! Das wird an folgendem Beispiel klar: Die Kamera schaut exakt nach oben – die *y*-Komponente des Richtungsvektors ist 1. Doch die beiden anderen Komponenten sind *nicht* gleich null – was sie aber sein müssten!

Es ist also nötig, die *x*- und die *z*-Komponenten mit einem gewissen Faktor zu multiplizieren, der von der *x*-Rotation abhängt. Einmal überlegen: Der Faktor muss *null* sein, wenn die Kamera ganz nach oben schaut, und er muss *eins* sein, wenn die Rotation um die *x*-Achse null beträgt. Da bietet sich doch der *Kosinus* von β an! Also:

3.3 Modelldateien

$$\vec{d} = (\sin\alpha \cdot \cos\beta,\ \sin\beta,\ \cos\alpha \cdot \cos\beta)$$

Eine Voraussetzung für die Korrektheit dieser Berechnung ist, dass die Vektorlänge genau eins beträgt – denn es ist ja ein einheitlicher Richtungsvektor. Dass dies der Fall ist, lässt sich mathematisch zeigen:

Es gilt : $\cos^2\alpha = 1 - \sin^2\alpha$

$$\begin{aligned}
|\vec{d}| &= \sqrt{x_{\vec{d}}^2 + y_{\vec{d}}^2 + z_{\vec{d}}^2} = \sqrt{(\sin\alpha \cdot \cos\beta)^2 + (\sin\beta)^2 + (\cos\alpha \cdot \cos\beta)^2} \\
&= \sqrt{\sin^2\alpha \cdot (1-\sin^2\beta) + \sin^2\beta + (1-\sin^2\alpha) \cdot (1-\sin^2\beta)} \\
&= \sqrt{(\sin^2\alpha) - (\sin^2\alpha \cdot \sin^2\beta) + (\sin^2\beta) + 1 - (\sin^2\beta) - (\sin^2\alpha) + (\sin^2\alpha \cdot \sin^2\beta)} \\
&= \sqrt{1} = 1
\end{aligned}$$

In der vorletzten Zeile heben sich alle Terme auf (außer der Eins) – die Länge des Vektors ist also *immer* gleich eins. Wir werden später übrigens noch ein anderes System zur Steuerung der Kamera entwickeln, das wir dann auch zur Steuerung von Raumschiffen und anderen Objekten einsetzen können.

Abbildung 3.5 Diese Szene wäre auch ein schöner Ausgangspunkt für ein Spiel! Beachten Sie, dass es kaum erkennbar ist, wo die echte Szene aufhört und die Sky-Box beginnt.

3.3.5 Rückblick

- Das *TBM-Dateiformat* speichert Modelldaten, die von der TriBase-Engine gelesen werden können. Primitiven werden in diesem Format nach ihrem Effekt (ihrem Material) gruppiert. Das ermöglicht es, viele Statusänderungen zu sparen: Es werden erst alle Primitiven mit Effekt A gerendert, dann alle mit Effekt B und so weiter.
- Eine TBM-Datei besteht aus vielen verschiedenen „Datenhäppchen" – den so genannten *Chunks*. Es gibt zum Beispiel einen Chunk für Vertexdaten, einen für Indexdaten, einen für Effekte und so weiter.
- Es werden D3DX-Effekte benutzt, um die Charakteristiken der Primitiven wie Textur, Materialeigenschaften, Render-States und so weiter zu speichern. Innerhalb eines Effekts können durch Setzen der richtigen Effektvariablen Texturen angefordert werden.
- Das TriBase-Tool *ModelConverter* wandelt 3DS-Dateien in TBM-Dateien um und generiert dabei automatisch den Quellcode jedes Effekts.
- Mit der Klasse tbModel können wir TBM-Dateien laden und rendern – jeweils mit nur einem einzigen Methodenaufruf.

3.4 Texte zeichnen

In unseren bisherigen Beispielprogrammen hat immer noch eine Kleinigkeit gefehlt: nämlich eine *FPS-Anzeige* (Frames pro Sekunde). Um eine solche verwenden zu können, müssen wir in der Lage sein, einen beliebigen Text an einer beliebigen Stelle im Bildpuffer zeichnen zu können. Genau darum wollen wir uns in diesem Abschnitt kümmern.

3.4.1 Speicherung der Zeichen

Möchte man einen Text anzeigen, dann muss man natürlich irgendwo die Daten jedes einzelnen Zeichens (Buchstaben, Zahlen, Sonderzeichen) gespeichert haben, um sie dann nacheinander auf den Bildschirm zu zeichnen.

3.4.1.1 TrueType-Schriftarten

Die meisten Schriftarten von Windows liegen im *TrueType-Format* vor. Dieses Format hat den Vorteil, dass man Zeichen beliebig skalieren kann, ohne dass sie pixelig wirken. Das liegt an der Art und Weise, wie die Daten dort gespeichert werden: Sie liegen nämlich nicht in Form von Pixeln vor, so dass jeder Buchstabe praktisch ein kleines Bild hat, sondern man verwendet Linien und Kurven, um die Form der Buchstaben zu beschreiben – und Linien und Kurven sind beliebig skalierbar, ohne Qualitätsverlust.

Wie auch immer, für die Spieleprogrammierung eignet sich dieses Verfahren nur begrenzt, weil es natürlich nicht sonderlich schnell ist. Kurven können außerdem von den meisten 3D-Karten nicht automatisch gezeichnet werden, und so wären für einen einzigen Buchstaben schon zig Dreiecke nötig. Hinzu kommt noch die Frage, *wie* man solche Schriftarten lädt – das TrueType-Format ist nämlich eines der komplexeren Dateiformate.

3.4.1.2 Bitmap-Fonts

In der Grafikprogrammierung sind *Bitmap-Fonts* ziemlich beliebt. Eine Bitmap-Font ist praktisch ein großes Bild, in dem alle Zeichen der Schriftart neben- und untereinander angeordnet

3.4 Texte zeichnen

sind. In einer Tabelle speichert man dann die Start- und die Endkoordinaten jedes Zeichens (Rechteck), um später zu wissen, wo man nach einem bestimmten Zeichen suchen muss.

Bitmap-Fonts haben den großen Vorteil, dass sie sehr schnell und einfach zu implementieren sind. Man kann ein einzelnes Zeichen mit Hilfe nur eines einzigen Vierecks zeichnen, über das man dann als Textur genau den Teil des Bitmaps legt, in dem das gewünschte Zeichen gespeichert ist. In diesem Fall spricht man dann auch von *Texture-Mapped Fonts*.

Der Nachteil liegt auf der Hand: Die Zeichen lassen sich nicht gut skalieren, weil dann ihre einzelnen Texel als größere Blöcke sichtbar werden. Es muss also für jede verwendete Schriftart und Schriftgröße ein separates Bitmap angelegt werden – aber das sollte kein Problem sein.

!"#$%&'()*+,-./012345678
9:;<=>?@ABCDEFGHIJKLM
NOPQRSTUVWXYZ[\]^_`abc
defghijklmnopqrstuvwxyz{|
}~€§°²³´µÄÖÜßäöü

Abbildung 3.6 Beispiel für eine Bitmap-Font (Arial)

In diesem Buch arbeiten wir ausschließlich mit Bitmap-Fonts: alle Zeichen einer Schriftart in eine Textur packen und diese dann auf Vierecke legen, um Texte zu rendern. Zusätzlich speichert eine Tabelle die Start- und Endkoordinaten jedes Zeichens, und zwar direkt in Texturkoordinaten (also nur zwischen 0 und 1). Wenn also beispielsweise das Zeichen „A" in der Textur bei den Pixelkoordinaten (50, 64) beginnt und die Textur 256 x 256 Pixel groß ist, dann sind die Starttexturkoordinaten gleich (50/255, 64/255). Wir teilen also durch die Breite beziehungsweise die Höhe der Textur minus eins.

3.4.2 Das Format der Textur

Wir sollten uns nun Gedanken darüber machen, welches Format wir für die Textur verwenden, die die Schriftart enthält.

- Sicherlich wäre es nicht schlecht, einzelne Buchstaben ein wenig zu färben – das Texturformat muss also Platz für Farbangaben haben.
- Schwarze Pixel müssen beim Rendern ausgelassen werden, sonst würden die Zeichen einfach blockweise in den Bildpuffer kopiert und dabei den Hintergrund überzeichnen. Also benötigen wir für jeden Pixel noch eine Transparenzangabe (Alphakanal).

Durch die Verwendung eines Alphakanals können wir auch noch einen anderen tollen Effekt erreichen: nämlich „geglättete" Schriftarten. Dadurch dass man die Randpixel eines Zeichens ein wenig transparent macht, gibt es einen schönen weichen Übergang zwischen Hintergrund und Text. Man kennt das auch von der Windows-Funktion *Bildschirmschriftarten glätten*.

3.4.3 Transformierte Vertizes für Texte

Texte werden für gewöhnlich nicht wirklich im dreidimensionalen Raum angeordnet, sondern meistens werden sie einfach „oben drauf" gezeichnet – eben zweidimensional. Diese Tatsache und die, dass man die Koordinaten eines anzuzeigenden Texts meistens in *Pixelkoordinaten* angibt, geben Anlass dazu, auf *transformierte Vertizes* zurückzugreifen. Transformation und Beleuchtung ist bei einem Text sowieso nicht unbedingt nötig.

Inhalt der Vertizes:

- Transformierte Position (D3DFVF_XYZRHW)
- Streufarbe (D3DFVF_DIFFUSE) – auf Materialien sollte man sich nicht unbedingt verlassen, wenn es keine Beleuchtung gibt …
- Genau *ein* Paar 2D-Texturkoordinaten (D3DFVF_TEX1), um die Buchstaben als Textur darstellen zu können.

```
// Vertexformat
struct TRIBASE_API tbFontVertex
{
    tbVector3 vPosition;      // Positionsangabe
    float     fRHW;           // 1/w
    D3DCOLOR  Diffuse;        // Streufarbe
    tbVector2 vTexture;       // Texturkoordinaten

    static const DWORD dwFVF; // Vertexformat (statisch)
};

const DWORD tbFontVertex::dwFVF = D3DFVF_XYZRHW | D3DFVF_DIFFUSE | D3DFVF_TEX1;
```

Listing 3.51 Das Vertexformat zum Zeichnen von Text

3.4.4 Der Weg von TrueType zur Bitmap-Font

Natürlich werden wir unsere Schriftarten nicht per Hand zeichnen und mühsam alle Koordinaten und Größen eintragen – dafür werden wir nämlich das TriBase-Tool *CreateBitmapFont* verwenden. Es erzeugt aus einer beliebigen in Windows installierten Schriftart eine TGA-Datei mit den vom Benutzer ausgewählten Zeichen (wenn man Platz sparen möchte, kann man einfach ein paar Zeichen weglassen, die man nicht braucht).

Warum gerade eine TGA-Datei und keine BMP-Datei? Nun, das TGA-Format hat einen großen Vorteil, da es nicht nur RGB-Daten, sondern auch einen Alphakanal beinhalten kann, und den brauchen wir unbedingt. Die Größe der erzeugten TGA-Datei wird vom Benutzer bestimmt (wichtig ist aber, dass Breite und Höhe Zweierpotenzen sind!).

Neben der TGA-Datei erzeugt das Programm auch noch eine andere Datei vom Typ *TBF* (*TriBase Font*). Hier werden genauere Angaben zu jedem einzelnen Zeichen gespeichert. Beim späteren Laden der Schriftart gibt man dann dementsprechend auch *zwei* Dateien an. Die Aufteilung in zwei Dateien ist sehr nützlich, weil man das vom Programm erzeugte Bild auch noch nach Belieben nachbearbeiten kann.

3.4 Texte zeichnen

Abbildung 3.7 Das TriBase-Tool *CreateBitmapFont* erstellt eine Bitmap-Font aus einer beliebigen installierten Schriftart, indem es eine TGA- und eine TBF-Datei erstellt. Bei eventuellen Problemen mit den exportierten Schriftarten sollten Sie das Häkchen bei TATSÄCHLICHE ZEICHENBREITE ERMITTELN setzen.

3.4.5 Inhalt der TBF-Dateien

Sie wissen bereits, dass die TBF-Datei einer Schriftart genaue Angaben über jedes einzelne Zeichen enthält – aber das ist noch nicht alles. Weiterhin wird darin gespeichert, wie groß die Schriftart im Original war: Hat man zum Beispiel eine TBF-Datei aus der Schriftart *Arial* der Breite 10 und der Höhe 24 erstellt, dann wird es so ermöglicht, dass diese Größe von 10 x 24 Pixeln auch später beim Rendern eingehalten wird. Alle Daten befinden sich in der Struktur tbFontInfo:

```
// Struktur für die Informationen über eine Schriftart
struct tbFontInfo
{
    float       fWidth;                 // Breite der Schriftart
    float       fHeight;                // Höhe der Schriftart
    float       fTextureWidth;          // Breite der Textur
    float       fTextureHeight;         // Höhe der Textur
    tbVector2   avTopLeft[256];         // Linke obere Koordinate jedes Zeichens
    tbVector2   avBottomRight[256];     // Rechte untere Koordinate jedes Zeichens
    float       afCharWidth[256];       // Breite jedes Zeichens in Pixeln
};
```

Listing 3.52 Informationen über eine Schriftart

Der gesamte Inhalt einer TBF-Datei lässt sich mit dieser Struktur beschreiben, es kommen keine weiteren Daten hinzu.

3.4.6 Programmierung einer Schriftartklasse

Sie haben es geahnt, jetzt wird wieder eine Klasse entwickelt! Diesmal heißt sie `tbFont` und wird für uns alle Arbeiten erledigen, die mit Schriftarten zu tun haben: hauptsächlich das Laden einer TGA- und einer TBF-Datei und das Anzeigen eines Texts.

3.4.6.1 Ablaufplan

1. Es wird eine neue Instanz der `tbFont`-Klasse erstellt.
2. Man ruft die `Init`-Methode auf, der man zwei Dateien übergibt: die TGA- und die TBF-Datei der zu ladenden Schriftart.

   Bevor Text gezeichnet wird, wird die `Begin`-Methode aufgerufen. Sie sorgt dafür, dass das neue Vertexformat (transformierte Vertizes) gesetzt wird. Ein intern erstellter Effekt wird gestartet: Er nimmt alle Einstellungen vor, die zum Rendern von Text wichtig sind (Textur setzen, Render-States, Texturschicht-States).
3. Beliebig viel Text mit der `DrawText`-Methode rendern
4. `End` aufrufen. Dadurch wird der interne Effekt deaktiviert und der vorherige Zustand wiederhergestellt.
5. Der Destruktor ruft `Exit` auf, und `Exit` sorgt dafür, dass alles freigegeben wird.

3.4.6.2 Die Klassenbeschreibung

Variablen

- `PDIRECT3DTEXTURE9 m_pTexture`: Hier speichern wir die Textur, welche die gesamten Zeichen der Schriftart enthält.
- `tbFontInfo m_FontInfo`: beinhaltet alle wichtigen Informationen über die Schriftart
- `tbEffect* m_pEffect`: der Effekt zum Rendern von Text (wird in der `Init`-Methode aus einem String erstellt)
- `int m_iNumPasses`: Anzahl der für den Effekt benötigten Durchgänge
- `DWORD m_dwOldFVF`: speichert das Vertexformat, das vor dem Aktivieren der Schriftart aktiv war, um es beim Aufruf von `End` wiederherzustellen (Vertexformate können nicht per Effekt gesetzt werden, darum muss das alles per Hand geschehen).

Methoden

- Die `Init`-Methoden: Wie immer gibt es eine Version für jeden Zweck. Der Unterschied zu den anderen Klassen ist jedoch, dass jeweils *zwei* Quellenangaben notwendig sind: eine für die TGA-Datei und eine für die TBF-Datei. Beim Laden aus einer Ressource werden `HMODULE hModule` und `char* pcResourceType` jedoch nur *einmal* angegeben: Beide Ressourcen müssen sich daher im gleichen Modul befinden und vom gleichen Typ sein.
- `Exit` löscht die Texturen und den Effekt.
- Die Hilfsmethode `ComputeTextWidth` berechnet die Breite eines angegebenen Texts in Pixeln. Wir brauchen sie, um später Texte zentriert oder rechtsbündig darstellen zu können.
- `tbFont::Begin` merkt sich das aktuelle Vertexformat, speichert es in `m_dwOldFVF`, setzt das neue Format und aktiviert den internen Effekt. Nun ist alles bereit, um Text zu rendern.
- `tbFont::DrawText` zeichnet einen Text an einer beliebigen Stelle mit den angegebenen Optionen (Farbe, Größe, Ausrichtungsoptionen, Schrägheit...).

3.4 Texte zeichnen 361

- Mit `tbFont::End` wird der Zustand wiederhergestellt, der vor dem Aufruf von `Begin` herrschte.
- Wie immer: die verschiedensten Inline-Methoden wie `GetTexture`, `GetInfo` ...

3.4.6.3 Initialisierung aus virtuellen Dateien

Beim Initialisieren einer Schriftart werden folgende Dinge erledigt:
- Laden der Textur (TGA-Datei). Dafür verwenden wir jedoch nicht den Texturmanager, sondern direkt die Funktion `D3DXCreateTextureFromFileInMemoryEx`. Warum? Der Texturmanager bringt nur dann wirklich einen Vorteil, wenn man Texturen aus echten Dateien lädt, weil dann doppelte Texturen wegfallen. Bei aus virtuellen Dateien stammenden Texturen ist das nicht möglich.
- Als Nächstes füllen wir die Variable `m_FontInfo` vom Typ `tbFontInfo` durch Lesen aus der TBF-Datei. Dadurch werden genaue Angaben über die Schriftart in Erfahrung gebracht.
- Zum Schluss wird der interne Effekt erstellt, und zwar direkt aus einem String. Er verwendet eine Variable namens `Texture`, die wir auf die Schnittstelle der vorher geladenen Schriftarttextur setzen. Der Effekt erledigt Folgendes:
  - Setzen der Textur
  - Deaktivierung des Z-Buffers (`D3DRS_ZENABLE` und `D3DRS_ZWRITEENABLE` auf `FALSE` setzen): beim Zeichnen von Texten muss man nicht auf die Tiefe achten, da Texte ohnehin immer das gerenderte Bild „überlagern".
  - Texturschicht-States so einstellen, dass die Texturfarbe mit der Streufarbe multipliziert wird (`D3DTSS_COLOROP` auf `D3DTOP_MODULATE`, `D3DTSS_COLORARG1` auf `D3DTA_TEXTURE` und `D3DTSS_COLORARG2` auf `D3DTA_CURRENT`).
  - Beim Alpha-Blending das Gleiche; so können wir auch transparente Schriften erzeugen und trotzdem noch den Alphakanal in der TGA-Datei anzapfen.
  - Alpha-Blending: `D3DRS_SRCBLEND` auf `D3DBLEND_SRCALPHA` setzen und `D3DRS_DESTBLEND` auf `D3DBLEND_INVSRCALPHA` (die gewöhnlichen Einstellungen)

```cpp
// Initialisierung aus virtuellen Dateien
tbResult tbFont::Init(tbVFile* pTGAFile,
                      tbVFile* pTBFFile)
{
    HRESULT hResult;

    // Die Klasseninstanz zurücksetzen.
    // Damit wird ermöglicht, dass der Init-Aufruf mehrere Male mit
    // derselben Instanz funktioniert.
    Exit();

    // Parameter prüfen und sicherstellen, dass tbDirect3D initialisiert wurde
    if(!pTGAFile)                       TB_ERROR_NULL_POINTER("pTGAFile", TB_ERROR);
    if(!pTBFFile)                       TB_ERROR_NULL_POINTER("pTBFFile", TB_ERROR);
    if(!tbDirect3D::IsInitialized())    TB_ERROR("Direct3D wurde noch nicht
                                                  initialisiert!", NULL);
    // Textur laden
    if(FAILED(hResult =
        D3DXCreateTextureFromFileInMemoryEx(
                        tbDirect3D::Instance().GetDevice(),
                        (BYTE*)(pTGAFile->GetBuffer()) + pTGAFile->GetCursor(),
                        pTGAFile->GetSize() - pTGAFile->GetCursor(),
                        D3DX_DEFAULT, D3DX_DEFAULT, 1, 0, D3DFMT_UNKNOWN,
                        D3DPOOL_MANAGED, D3DX_DEFAULT, D3DX_DEFAULT,
                        NULL, NULL, &m_pTexture)))
```

```
    {
        // Fehler!
        TB_ERROR_DIRECTX("D3DXCreateTextureFromFileInMemoryEx", hResult, TB_ERROR);
    }

    // Informationen laden
    if(pTBFFile->Read(sizeof(tbFontInfo), &m_FontInfo))
    {
        // Fehler!
        TB_ERROR("Fehler beim Lesen der Schriftinformationen!", TB_ERROR);
    }

    // Effekt aus String erstellen
    m_pEffect = new tbEffect; if(m_pEffect==NULL) TB_ERROR_OUT_OF_MEMORY(TB_ERROR);
    if(m_pEffect->Init("TEXTURE Texture;\n"
                       "\n"
                       "TECHNIQUE T1\n"
                       "{\n"
                       "    PASS P1\n"
                       "    {\n"
                       "        Texture[0]       = <Texture>;\n"
                       "        ZEnable          = False;\n"
                       "        ZWriteEnable     = False;\n"
                       "        ColorOp[0]       = Modulate;\n"
                       "        ColorArg1[0]     = Texture;\n"
                       "        ColorArg2[0]     = Current;\n"
                       "        ColorOp[1]       = Disable;\n"
                       "        AlphaOp[0]       = Modulate;\n"
                       "        AlphaArg1[0]     = Texture;\n"
                       "        AlphaArg2[0]     = Current;\n"
                       "        AlphaOp[1]       = Disable;\n"
                       "        AlphaBlendEnable = True;\n"
                       "        SrcBlend         = SrcAlpha;\n"
                       "        DestBlend        = InvSrcAlpha;\n"
                       "    }\n"
                       "}\n", -1))
    {
        // Fehler!
        TB_ERROR("Fehler beim Erstellen des Effekts!", TB_ERROR);
    }

    // Textur setzen
    m_pEffect->GetEffect()->SetTexture("Texture", m_pTexture);

    return TB_OK;
}
```

Listing 3.53 So wird eine komplette Bitmap-Schriftart geladen.

3.4.6.4 Berechnen der Breite eines Texts mit *ComputeTextWidth*

Folgende Situation angenommen: Ein Text soll *rechtsbündig* gezeichnet werden. Üblicherweise geht man beim Rendern von Text aber von links nach rechts vor; deshalb müssen wir im Voraus schon wissen, an welcher Stelle wir links anfangen müssen, um bis zum Ende des Texts an der angegebenen Stelle angelangt zu sein (zum Beispiel am rechten Bildschirmrand).

Um das zu berechnen, ist es nötig, die Größe – vor allem die *Breite* – eines Texts schon im Voraus berechnen zu können. Glücklicherweise ist das nicht besonders schwierig: Wir gehen einfach jedes Zeichen im Text durch, schauen in der Tabelle nach, wie breit es ist, (m_FontInfo.afCharWidth[]) und erhöhen die Breite um diesen Wert.

Unsere spätere Textzeichenmethode DrawText soll aber auch so flexibel sein, dass der Benutzer den *Zeichenabstand* selbst definieren kann – und zwar in Pixeln. Diesen müssen wir also auch noch einrechnen, um an die Gesamtbreite eines Texts zu kommen. Auch das ist simpel:

3.4 Texte zeichnen

Nach jedem Zeichen kommt ein Freiraum, außer beim letzten Zeichen. Daher addieren wir zur Gesamtbreite das Produkt aus der Länge des Texts minus eins und dem Zeichenabstand, und wir sind fertig.

In der Methode `ComputeTextWidth` heißt der Parameter für den Zeichenabstand `fSpace` (Standardwert: 0). Bei Bedarf kann man auch die Länge des Texts als Parameter angeben: Bei –1 wird die Länge von allein mit `strlen` berechnet. Manchmal kann es nützlich sein, eine andere als die tatsächliche Länge anzugeben, um beispielsweise einen Text schrittweise (Zeichen für Zeichen) einzublenden.

```
// Diese Methode berechnet die Breite eines Texts.
float tbFont::ComputeTextWidth(const char* pcText,
                               int iLength,          // = -1
                               const float fSpace)   // = 0.0f
{
    float fWidth = 0.0f;

    // Parameter prüfen
    if(!pcText) TB_ERROR_NULL_POINTER("pcText", 0.0f);
    if(strlen(pcText) == 0) return 0.0f;

    // Länge anpassen
    if(iLength == -1) iLength = (int)(strlen(pcText));
    if(iLength == 0) return 0.0f;

    // Jedes Zeichen durchgehen
    for(DWORD dwChar = 0; dwChar < (DWORD)(iLength); dwChar++)
    {
        // Breite des Zeichens addieren
        fWidth += m_FontInfo.afCharWidth[pcText[dwChar]];
    }

    // n Zeichen: n - 1 Leerräume
    fWidth += (float)(iLength - 1) * fSpace;

    return fWidth;
}
```

Listing 3.54 Berechnen der Breite eines Texts

3.4.6.5 Text rendern

Nun behandeln wir die wichtigste Methode der `tbFont`-Klasse: `DrawText`. Diese Methode soll es uns erlauben, Text mit möglichst vielen Optionen schnell und einfach darzustellen – ohne großen Aufwand (nur einmal `Begin` aufrufen und am Ende `End`).

Das Vertex-Array

Wie gesagt erstellen wir für jedes Zeichen, das wir rendern möchten, ein Viereck mit den entsprechenden Bildschirm- und Texturkoordinaten. Da stellt sich die Frage, wie man die Vertizes dieser Vierecke speichert und rendert: Einen Vertex-Buffer zu erstellen und ihn jedes Mal neu zu sperren und zu füllen lohnt sich kaum, wenn es sich um nur so wenige Primitiven handelt – daher zeichnen wir sie direkt aus dem Systemspeicher (mit `DrawPrimitiveUP`).

Nun könnte man einfach jedes Zeichen durchgehen, sechs Vertizes erstellen (denn wir arbeiten mit Dreieckslisten, `D3DPT_TRIANGLELIST`) und diese dann direkt zeichnen lassen. Doch das hieße, dass `DrawPrimitiveUP` *für jedes Zeichen* einmal aufgerufen würde! Solche kleinen Datenmengen wie es einzelne Vierecke sind, sollten besser zusammengefasst werden.

Als Erstes wird ein großes statisches Array vom Typ `tbFontVertex` erstellt: Es hat Platz für 600 Einträge. Hier werden sich beim Zeichnen maximal 100 Vierecke ansammeln. Wenn das Array dann voll ist oder wir am Ende des Texts angelangt sind, wird der gesamte Inhalt mit einem Mal gerendert.

Eine Variable namens `DWORD dwVertexCursor` hilft uns beim schrittweisen Füllen des Vertex-Arrays, denn sie speichert den Index des nächsten zu schreibenden Vertex im Array (am Anfang hat sie also den Wert 0).

Wird ein Viereck zum Array hinzugefügt, erhöhen wir `dwVertexCursor` um 6, da ein Viereck genau aus dieser Anzahl von Vertizes besteht.

Der Cursor

Von „normalem" Text erwarten wir, dass er von links nach rechts vor uns steht. Jedes Zeichen muss also ein wenig nach rechts versetzt werden, um das vorherige nicht zu überdecken. Um das zu erreichen, legen wir uns eine vCursor-Variable vom Typ `tbVector2` an, die zu jeder Zeit die Position des nächsten zu rendernden Zeichens beinhaltet. Zu Beginn setzen wir diese Variable auf die vom Benutzer angegebene Textposition (Parameter `tbVector2 vPosition`), damit auch genau dort das erste Zeichen des Texts erscheint.

Nach jedem Zeichen erhöht man nun vCursor.x um einen gewissen Wert, der sich aus der Breite des gerenderten Zeichens und dem zusätzlichen Zwischenraum zusammensetzt. Der zusätzliche Zwischenraum ist der Parameter `float fSpace` der Methode, den es auch schon bei `ComputeTextWidth` gab (dadurch kann der Benutzer den Zwischenraum zwischen zwei Zeichen verkleinern oder vergrößern).

Beim Erzeugen eines neuen Vertex kopieren wir dann die Cursorkoordinaten in die Vertexkoordinaten und addieren – je nachdem, ob der Vertex rechts, oben oder unten liegt – noch einen bestimmten Wert wie die Zeichenbreite oder Zeichenhöhe.

„Kursivität"

Der Begriff *Kursivität* steht ab jetzt dafür, wie kursiv ein Zeichen ist. Genauer gesagt bestimmt die Kursivität, wie viele Einheiten die oberen Vertizes eines Vierecks weiter rechts liegen als die unteren (dadurch wird das Zeichen *schräg*). Wenn man eine kursive Schrift haben möchte, kann man das natürlich auch erreichen, indem man das Abbild einer kursiven Schrift mit dem TriBase-Tool *CreateBitmapFont* erstellt. Aber möchte man die Kursivität der Zeichen zum Beispiel durch eine Sinusfunktion schwanken lassen, geht das nicht mehr. Die gewünschte Kursivität wird durch den float-Parameter `fItalic` (*Italic* steht für *kursiv*) gesetzt.

x-Abstand

Oft kommt es vor, dass man zwei gleiche Texte hintereinander zeichnet, wobei man den zweiten ein wenig *versetzt*. Ein Beispiel dafür ist das Erzeugen eines „Schattens": Zuerst zeichnet man den Text schwarz und ein wenig transparent und dann darüber – leicht versetzt – den gleichen Text noch einmal, aber diesmal in seiner richtigen Farbe.

Nun könnte man einfach die Positionsangabe des zweiten Texts ändern, um ihn zu verschieben. Das funktioniert bei den meisten Texten auch perfekt, aber nicht dann, wenn *Tabulatoren* im Spiel sind. Tabulatoren sind bestimmte vertikale „Stopplinien". Sobald im Text das Tab-Stopp-Zeichen „\t" gefunden wird, springt der Cursor automatisch zum nächsten Tabulator. Und genau hier wird es problematisch für den Schatten: denn er wird mit großer Wahrscheinlichkeit denselben Tabulator wie der zweite Text erwischen, und ab diesem Punkt liegen sie dann exakt aufeinander und nicht mehr versetzt.

3.4 Texte zeichnen

Daher bekommt die DrawText-Methode einen weiteren Parameter namens float fXOffset. Dieser Wert wird zu den *x*-Koordinaten eines *jeden* Vertex addiert, bevor er ins Vertex-Array gelangt, während der Cursor selbst unverändert bleibt.

Jetzt können wir genau angeben, wie sich die Positionskoordinaten jedes Vertex berechnen (die *Textur*koordinaten sind schon für links oben und rechts unten vorberechnet und in der TBF-Datei gespeichert):

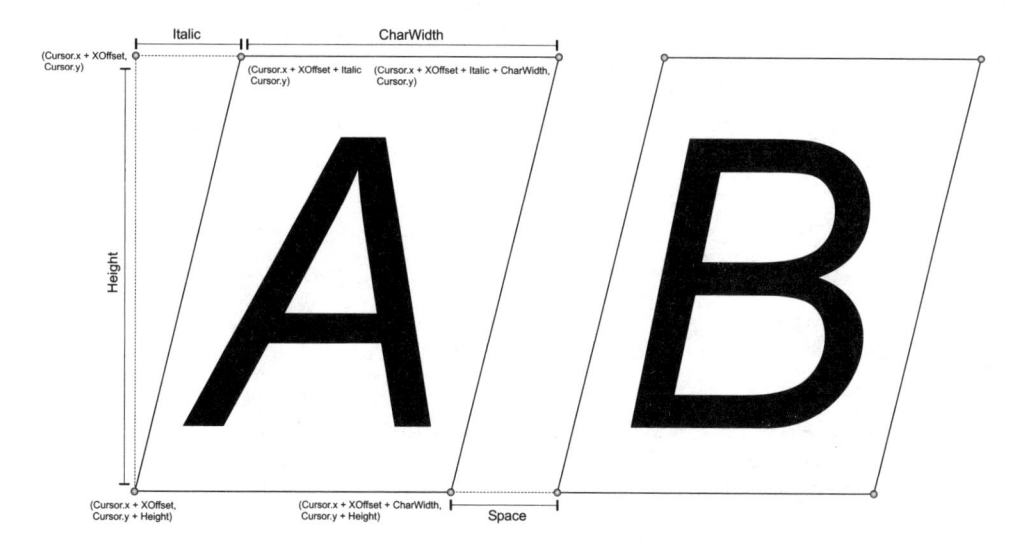

Abbildung 3.8 Berechnung der Koordinaten für jedes Zeichen

Mehrere Zeilen

Möchte man einen Text mit mehreren Zeilen darstellen, ist es recht umständlich, für jede Zeile erneut die DrawText-Methode aufzurufen. Praktischer ist es, ein Zeichen innerhalb des Texts als Zeilenumbruch zu interpretieren: nämlich das Zeichen „\n" (Escape-Code für neue Zeile).

Ein mehrzeiliger Text ist sehr einfach zu implementieren: Sobald das „\n"-Zeichen gefunden wurde, wird vCursor.x auf die Startcursorposition gesetzt (diese wird zuvor gespeichert), und vCursor.y wird um die Zeichenhöhe erhöht. Zur Zeichenhöhe wird noch ein vom Benutzer angegebener Zusatzzeilenzwischenraum addiert (Parameter float fLineSpace).

Tabulatoren

Durch das „\t"-Zeichen wird der Cursor automatisch zum nächsten Tabulator vorgerückt. Der Standardtabulatorabstand beträgt 50 Pixel, kann aber vom Benutzer per Parameter float fTabStops verändert werden.

Das Hauptproblem ist, herauszufinden wie viele Einheiten der Cursor auf der *x*-Achse vom nächsten Tabulator entfernt ist. Das bekommen wir mit Hilfe des *Modulo*-Operators heraus („%" bei Ganzzahlen, fmodf bei float-Werten).

Angenommen, der Cursor steht bei 105 Einheiten und der Tabulatorabstand beträgt 40 Einheiten. Der vorherige Tabulator liegt dann also bei 80. Bilden wir nun 105 mod 40, kommt 25 heraus und 25 ist der Abstand zwischen 80 und 105. Da die Tabulatoren gleichmäßig verteilt sind, können wir die Distanz bis zum nächsten Tabulator, der bei 120 liegt, berechnen durch

40 − 25: also 15. Und tatsächlich: In 15 Einheiten folgt der nächste Tabulator, und dorthin müssen wir den Cursor bewegen.

Nächster Tabulator = Tabulatorabstand − (Cursor mod Tabulatorabstand)

Ausrichtung von Text

Normalerweise richtet man einen Text immer links oben aus, das heißt, dass die Koordinaten, die man angibt, die linke obere Ecke des Texts definieren. Oft ist es aber auch sehr hilfreich, wenn man Text *zentrieren* kann – sowohl horizontal als auch vertikal. Außerdem könnte man den Text noch rechts oder unten ausrichten.

Um das zu ermöglichen, fügen wir der DrawText-Methode einen Flags-Parameter (DWORD dwFlags) hinzu. Wir definieren verschiedene Ausrichtungsoptionen (für beide Achsen), die der Benutzer dann mit dem „|"-Operator kombinieren kann:

```
// Flags zum Zeichnen von Text
enum tbFontFlags
{
    TB_FF_ALIGN_HLEFT = 0,        // Text linksbündig
    TB_FF_ALIGN_HCENTER = 1,      // Text zentrieren
    TB_FF_ALIGN_HRIGHT = 2,       // Text rechtsbündig
    TB_FF_ALIGN_VBOTTOM = 4,      // Text unten ausrichten
    TB_FF_ALIGN_VCENTER = 8,      // Text vertikal zentrieren
    TB_FF_ALIGN_VTOP = 16,        // Text oben ausrichten
    TB_FF_RELATIVE = 32,          // Koordinaten sind relativ
    TB_FF_RELATIVESCALING = 64    // Skalierung ist relativ
};
```

Listing 3.55 Flags zum Ausrichten von Text („FF" steht für *Font Flags*)

Wenn der Text linksbündig ist, setzen wir die Cursorposition direkt auf die vom Benutzer angegebene Startposition. Ist der Text zentriert oder rechtsbündig, geht das ein wenig anders. In beiden Fällen benötigen wir die Breite des Texts, die wir mit ComputeTextWidth in Erfahrung bringen können.

Bei rechtsbündigem Text ziehen wir von der Start-*x*-Koordinate einfach die Breite des Texts ab. Zentrierter Text erfordert, dass wir nur die Hälfte der Breite abziehen, so dass der Text gleichmäßig links und rechts vom angegebenen Punkt verteilt liegt.

Ausrichtungen auf der vertikalen Achse sind ähnlich: Hier brauchen wir aber nicht die Breite des Texts, sondern seine Höhe – und die steht sowieso schon fest (jedes Zeichen hat die gleiche Höhe).

Wichtig: Zentrierter und rechtsbündiger Text funktionieren nur dann, wenn der Text einzeilig ist! Bei mehreren Zeilen ist es erforderlich, DrawText mehrfach aufzurufen.

Das vorletzte Flag – TB_FF_RELATIVE – bedeutet, dass die angegebenen Koordinaten zum Rendern des Texts relativ sind. (0, 0) ist dabei die linke obere Bildschirmecke und (1, 1) die rechte untere. Das hat den Vorteil, dass man Texte unabhängig von der gewählten Auflösung beispielsweise immer in der *Mitte* darstellen kann, ohne die notwendigen Berechnungen selbst durchzuführen. Wird dieses Flag entdeckt, multipliziert DrawText ganz einfach die Koordinaten mit der Breite beziehungsweise der Höhe des Bildpuffers.

Skalierung

Zum Skalieren von Text brauchen wir einen Skalierungsvektor (tbVector2 vScaling). Alle Angaben wie Textbreite, Texthöhe, „Kursivität", Zeichenzwischenraum und Zeilenzwischen-

3.4 Texte zeichnen
                                                                        367

raum werden damit multipliziert. Mit dem Skalieren sollte man es aber nicht übertreiben, weil es sich eben um Bitmap-Fonts handelt, die stark vergrößert nicht mehr schön aussehen (dann lieber eine TGA- und eine TBF-Datei von einer *größeren Schriftart* erstellen).

Texte, die mit dem Flag TB_FF_RELATIVESCALING gerendert werden, behalten ihre Größe *in Pixeln* bei verschiedenen Auflösungen (640 x 480, 800 x 600 und so weiter) *nicht* bei, sondern werden automatisch mit angepasst – so ist das Verhältnis zwischen ihrer Größe und der Auflösung immer gleich. Alles wird so eingerichtet, dass die Schrift bei einer Auflösung von 640 x 480 Pixeln in ihrer Originalgröße erscheint.

Farbe

Damit der Benutzer seinen Text auch schön kolorieren kann, verpassen wir der DrawText-Methode noch zwei tbColor-Parameter. Die erste Farbe ist die Farbe des Texts zu Beginn und die zweite die Endfarbe – es wird dann zwischen diesen beiden Farben *interpoliert* (dafür gibt es die Funktion tbColorInterpolate).

Die Implementierung

Damit haben wir genau festgelegt, wie die Textausgabe funktionieren soll, und sie ist doch schon recht komfortabel. Denkbar wären noch Rückruffunktionen, mit denen man die Farbe oder die Position jedes Zeichens selbst festlegen kann ...

```
// Diese Methode zeichnet einen Text.
tbResult tbFont::DrawText(tbVector2 vPosition,
                          const char* pcText,
                          const DWORD dwFlags,     // = 0
                          int iLength,             // = -1
                          const tbColor& Color1,   // = tbColor(1.0f)
                          const tbColor& Color2,   // = tbColor(1.0f)
                          tbVector2 vScaling,      // = tbVector2(1.0f)
                          float fSpace,            // = 0.0f
                          float fItalic,           // = 0.0f
                          float fLineSpace,        // = 0.0f
                          const float fTabStops,   // = 50.0f
                          float fXOffset)          // = 0.0f
{
    float       fTextWidth;
    float       fCharWidth;
    float       fCharHeight;
    tbVector2   vCursor;
    tbVector2   vStartCursor;
    tbFontVertex aVertex[600];
    DWORD       dwVtxCursor = 0;

    // Parameter prüfen
    if(!pcText) TB_ERROR_NULL_POINTER("pcText", TB_ERROR);
    if(strlen(pcText) == 0) return TB_OK;

    tbDirect3D& D3D = tbDirect3D::Instance();

    // Relative Koordinaten in absolute umrechnen
    if(dwFlags & TB_FF_RELATIVE)
    {
        vPosition.x *= D3D.GetScreenSize().x;
        vPosition.y *= D3D.GetScreenSize().y;
    }
```

```cpp
// Relative Skalierung in absolute umrechnen
if(dwFlags & TB_FF_RELATIVESCALING)
{
    vScaling.x *= D3D.GetScreenSize().x / 640.0f;
    vScaling.y *= D3D.GetScreenSize().y / 480.0f;
}

// Länge, "Kursivität" und Abstände anpassen (mit Skalierung multiplizieren)
if(iLength == -1) iLength = (int)(strlen(pcText));
fItalic *= vScaling.x;
fSpace *= vScaling.x;
fLineSpace *= vScaling.y;
fXOffset *= vScaling.x;

// Zeichenhöhe berechnen
fCharHeight = m_FontInfo.fHeight * vScaling.y;

// Cursor auf die horizontale Startposition setzen
if(dwFlags & TB_FF_ALIGN_HCENTER)
{
    // Zentrieren
    fTextWidth = ComputeTextWidth(pcText, iLength, fSpace) * vScaling.x;
    vCursor.x = vPosition.x - 0.5f * fTextWidth;
}
else if(dwFlags & TB_FF_ALIGN_HRIGHT)
{
    // Rechtsbündig
    fTextWidth = ComputeTextWidth(pcText, iLength, fSpace) * vScaling.x;
    vCursor.x = vPosition.x - fTextWidth;
}
else /* Linksbündig */ vCursor.x = vPosition.x;


// Cursor auf die vertikale Startposition setzen
if(dwFlags & TB_FF_ALIGN_VCENTER)
{
    // Text vertikal zentrieren
    vCursor.y = vPosition.y - 0.5f * m_FontInfo.fHeight * vScaling.y;
}
else if(dwFlags & TB_FF_ALIGN_VTOP)
{
    // Text oben ausrichten
    vCursor.y = vPosition.y - m_FontInfo.fHeight * vScaling.y;
}
else /* Text unten ausrichten */ vCursor.y = vPosition.y;

// Startcursorposition speichern
vStartCursor = vCursor;

// Jedes einzelne Zeichen durchgehen
for(DWORD dwChar = 0; dwChar < (DWORD)(iLength); dwChar++)
{
    // Wenn das Zeichen ein Neue-Zeile-Zeichen ("\n") ist, dann wird vCursor.y
    // erhöht und vCursor.x auf vStartCursor.x zurückgesetzt.
    if(pcText[dwChar] == '\n')
    {
        vCursor.x = vStartCursor.x;
        vCursor.y += (m_FontInfo.fHeight + fLineSpace) * vScaling.y;
    }
    else if(pcText[dwChar] == '\t')
    {
        // Das Zeichen ist ein Tabulator!
        // vCursor.x wird bis zum nächsten Tab-Stopp bewegt.
        vCursor.x += fTabStops - fmodf(vCursor.x, fTabStops);
    }
```

3.4 Texte zeichnen 369

```
            else
            {
                // Es ist ein anzeigbares Zeichen!
                // Breite des Zeichens abfragen
                fCharWidth = m_FontInfo.afCharWidth[pcText[dwChar]] * vScaling.x;

                // Sechs Vertizes für das aktuelle Zeichen hinzufügen.
                // Dazu verwenden wir Dreieckslisten - jeweils sechs Vertizes
                // beschreiben ein Viereck.

                // Erster Vertex: links oben
                aVertex[dwVtxCursor].vPosition=tbVector3(vCursor.x + fItalic + fXOffset,
                                                        vCursor.y, 0.0f);
                aVertex[dwVtxCursor].fRHW = 1.0f;
                aVertex[dwVtxCursor].Diffuse = tbColorInterpolate(Color1, Color2,
                                              (float)(dwChar) / (float)(iLength));
                aVertex[dwVtxCursor].vTexture = m_FontInfo.avTopLeft[pcText[dwChar]];

                // Zweiter Vertex: rechts oben
                aVertex[dwVtxCursor + 1].vPosition =
                    tbVector3(vCursor.x + fCharWidth+fItalic+fXOffset, vCursor.y, 0.0f);
                aVertex[dwVtxCursor + 1].fRHW = 1.0f;
                aVertex[dwVtxCursor + 1].Diffuse = tbColorInterpolate(Color1,Color2,
                                              (float)(dwChar + 1) / (float)(iLength));
                aVertex[dwVtxCursor + 1].vTexture.x=m_FontInfo.avBottomRight[pcText[dwChar]].x;
                aVertex[dwVtxCursor + 1].vTexture.y=m_FontInfo.avTopLeft[pcText[dwChar]].y;

                // Dritter Vertex: rechts unten
                aVertex[dwVtxCursor + 2].vPosition = tbVector3(vCursor.x + fCharWidth +
                                            fXOffset, vCursor.y + fCharHeight, 0.0f);
                aVertex[dwVtxCursor + 2].fRHW = 1.0f;
                aVertex[dwVtxCursor + 2].Diffuse = aVertex[dwVtxCursor+1].Diffuse;
                aVertex[dwVtxCursor + 2].vTexture=m_FontInfo.avBottomRight[pcText[dwChar]];

                // Vierter Vertex = erster Vertex
                aVertex[dwVtxCursor + 3] = aVertex[dwVtxCursor];

                // Fünfter Vertex = dritter Vertex
                aVertex[dwVtxCursor + 4] = aVertex[dwVtxCursor + 2];

                // Sechster Vertex: links unten
                aVertex[dwVtxCursor+5].vPosition = tbVector3(vCursor.x+fXOffset,
                                                            vCursor.y+fCharHeight,
                                                            0.0f);
                aVertex[dwVtxCursor + 5].fRHW = 1.0f;
                aVertex[dwVtxCursor + 5].Diffuse = aVertex[dwVtxCursor].Diffuse;
                aVertex[dwVtxCursor + 5].vTexture.x=m_FontInfo.avTopLeft[pcText[dwChar]].x;
                aVertex[dwVtxCursor + 5].vTexture.y=m_FontInfo.avBottomRight[pcText[dwChar]].y;

                // Vertexcursor aktualisieren
                dwVtxCursor += 6;

                // Cursor aktualisieren
                vCursor.x += fCharWidth + fSpace;
            }
```

```
            // Wenn das Array voll oder der Text zu Ende ist, dann wird gerendert.
            if(dwVtxCursor >= 600 || dwChar == iLength - 1)
            {
                // Jeden Durchgang des Effekts zeichnen
                for(int iPass = 0; iPass < m_iNumPasses; iPass++)
                {
                    m_pEffect->Pass(iPass);
                    D3D->DrawPrimitiveUP(D3DPT_TRIANGLELIST,
                                         dwVtxCursor / 3, aVertex,
                                         sizeof(tbFontVertex));
                }

                dwVtxCursor = 0;  // Vertexcursor zurücksetzen
            }
        }
    }

    return TB_OK;
}
```

Listing 3.56 Die Methode `DrawText`

3.4.6.6 Frei transformierbarer Text

Wie stellt man es an, wenn man einen Text rotieren lassen möchte? Anstatt der `DrawText`-Methode nun noch einen weiteren Parameter hinzuzufügen (sie hat sowieso schon sehr viele), erstellen wir eine neue Funktion, die den Text mit Hilfe einer *Transformationsmatrix* beliebig transformiert. Angaben wie Position oder Skalierung fallen damit schon mal weg. Erzeugt man nun eine Rotationsmatrix und multipliziert diese noch mit einer Translationsmatrix, kann man rotierten Text an einer beliebigen Stelle darstellen. Skalierung funktioniert selbstverständlich auch!

Die Methode für das Zeichnen von frei transformierbarem Text heißt `DrawTransformedText`. Der erste Parameter ist eine `tbMatrix`-Variable, alle nachfolgenden Parameter sind identisch mit denen von `DrawText`, mit der Ausnahme, dass `vPosition` und `vScaling` fehlen.

Denken Sie stets daran, dass das Setzen der Weltmatrix keinen Einfluss auf 2D-Text hat, da dieser mit transformierten Vertizes arbeitet, welche die Transformationspipeline nicht durchlaufen. Zum Transformieren verwendet `DrawTransformedText` daher intern die TriBase-Funktion `tbVector3TransformCoords`.

3.4.7 Das Beispielprogramm

Das Beispielprogramm dieses Unterkapitels zeigt den Umgang mit Schriftarten: Es wird der Umgang mit den Methoden `DrawText` und `DrawTransformedText` demonstriert.

3.4.7.1 Laden der Schriftarten

Das Programm lädt zwei Schriftarten, die sich im Unterordner DATA befinden. Zwei globale Zeiger `g_pFont1` und `g_pFont2` vom Typ `tbFont*` speichern sie.

```
// Initialisierung der Schriftarten
tbResult InitFonts()
{
    // Erste Schriftart ...
    g_pFont1 = new tbFont;
    if(g_pFont1->Init("Data\\Futura_8_22.tga", "Data\\Futura_8_22.tbf"))
```

3.4 Texte zeichnen

```
    {
        // Fehler ...
        return TB_ERROR;
    }

    // Zweite Schriftart ...
    g_pFont2 = new tbFont;
    if(g_pFont2->Init("Data\\Courier New_9_18.tga", "Data\\Courier New_9_18.tbf"))
    {
        // Fehler ...
        return TB_ERROR;
    }

    return TB_OK;
}
```

Listing 3.57 Ist es nicht einfach?

3.4.7.2 Den Text rendern

Zuerst dürfen sich beide Schriftarten (*Futura* und *Courier New*) vorstellen, indem sie ihren Namen rendern:

```
// Text mit der ersten Schriftart zeichnen, bei (10, 10)
g_pFont1->Begin();
g_pFont1->DrawText(tbVector2(10.0f, 10.0f), "Das ist die Schriftart <Futura>!");
g_pFont1->End();

// Text mit der zweiten Schriftart zeichnen, bei (10, 30)
g_pFont2->Begin();
g_pFont2->DrawText(tbVector2(10.0f,30.0f),"Das ist die Schriftart <Courier New>!");
g_pFont2->End();
```

Listing 3.58 Man kann einen Großteil der Parameter von `DrawText` weglassen, wenn man mit den Standardwerten zufrieden ist.

Es werden noch einige weitere Texte gezeichnet: mit Farbübergang, Animationen und sonstigen kleinen Spielereien. Zum Schluss wird ein rotierender Text dargestellt, und zwar mit `DrawTransformedText`:

```
// Frei transformierten Text schreiben. Wir verwenden eine Rotationsmatrix, um den
// Text zu drehen, und eine Translationsmatrix, um ihn zum Bildmittelpunkt zu
// schieben.
tbMatrix mMatrix(tbMatrixScaling(2.0f) * tbMatrixRotationZ(g_fTime));
mMatrix *= tbMatrixTranslation(tbVector3(g_Config.Direct3D.VideoMode.Width / 2.0f,
                                         g_Config.Direct3D.VideoMode.Height / 2.0f,
                                         0.0f));
g_pFont1->DrawTransformedText(mMatrix, "Rotierender Text",
                              TB_FF_ALIGN_HCENTER | TB_FF_ALIGN_VCENTER, -1,
                              tbColor(0.25f, 1.0f, 0.25f, 0.5f), tbColor(1.0f));
```

Listing 3.59 Rendern eines rotierenden Texts per Transformationsmatrix

Abbildung 3.9 Eine sehr komfortable Textausgabe als Basis für unsere späteren Spiele

3.4.8 Rückblick

- In der Grafikprogrammierung greift man meistens auf *Bitmap-Fonts* zurück, um Texte darzustellen. Bitmap-Fonts haben den Vorteil, dass sie sehr schnell und einfach zu implementieren sind. Dabei erstellt man eine große Textur, die alle Zeichen einer Schriftart enthält. In einer Tabelle werden die Koordinaten und die Größe jedes Zeichens innerhalb der Textur gespeichert.
- Die Klasse `tbFont` lädt Schriftarten aus einer TGA-Datei, welche die Bilddaten der Schriftart enthält, und aus einer TBF-Datei, in der genauere Informationen über jedes Zeichen gespeichert sind.
- TGA- und TBF-Dateien lassen sich aus einer gewöhnlichen Schriftart mit Hilfe des TriBase-Tools *CreateBitmapFont* erstellen.
- Die `tbFont`-Klasse verwendet transformierte Vertizes zum Darstellen eines Texts. Die `DrawText`-Methode erlaubt es dem Benutzer, auf viele Aspekte der Textausgabe einzugreifen, wie zum Beispiel Farbübergänge, Schrägheit („Kursivität"), Zeichen- und Zeilenabstand und so weiter.
- `DrawTransformedText` zeichnet einen Text mit Hilfe einer Transformationsmatrix anstelle eines Positions- und eines Skalierungsvektors. Dadurch ist eine Vielzahl weiterer Transformationen möglich!

3.5 Ausblick

Geschafft! Sie haben nun gesehen, wie man wichtige Direct3D-Fähigkeiten in eine Engine integrieren kann, um sich die Arbeit zu erleichtern. Ich hoffe, dass ich Ihnen dadurch zu neuen Ideen verholfen habe, wie Sie vielleicht die Programmierung einer eigenen Engine angehen können.

4

Eingabe

4 Eingabe

4.1 Was uns in diesem Kapitel erwartet

Das lange 3D-Grafikkapitel liegt nun hinter Ihnen! Was Sie jetzt erwartet, geht in ein völlig anderes Gebiet der Spieleprogrammierung: nämlich die *Eingabe*, also das *Abfragen von Eingabegeräten* wie der Tastatur, der Maus oder eines Joysticks.

Der Ablauf ist ähnlich dem des vorherigen Kapitels: immer erst die Theorie, dann die Praxis. Während jedoch bei der 3D-Grafikprogrammierung eine beachtliche Menge an Vorwissen erforderlich ist, bis man endlich zum ersten Mal `DrawPrimitive` aufrufen kann, geht es hier – bei *DirectInput* – glücklicherweise viel schneller.

Erst einmal wird es darum gehen, welche Arten von Eingabegeräten es gibt und wie DirectInput sie verwaltet. Anschließend geht es auch gleich los mit der eigentlichen Programmierung, und am Ende des Kapitels werden wir die TriBase-Engine um eine wichtige Komponente erweitern, mit der die Aufgabe des Programmierens einer flexiblen Spielsteuerung viel einfacher zu bewältigen ist.

Lehnen Sie sich zurück, und genießen Sie die Fahrt!

4.2 DirectInput kurz vorgestellt

Während ein Spiel ohne Grafik recht gut auskommen kann (denken Sie beispielsweise an ein Textadventure), kann es das praktisch gar nicht ohne Steuerung durch den Spieler. Ohne Eingaben bleibt die *Interaktivität*, die das Spielen so reizvoll macht und es von einem Film unterscheidet, auf der Strecke.

Genau hierfür ist DirectInput da, es liefert uns jederzeit Informationen über alle möglichen angeschlossenen Eingabegeräte, worunter natürlich die Tastatur, die Maus und der Joystick, aber auch „exotischere" Geräte wie Lenkräder mit Gaspedalen, ein eventueller Datenhandschuh und auch ein Game-Pad fallen.

4.2.1 Was kann DirectInput besser als Windows?

Wie Sie vielleicht wissen, bietet auch die WinAPI eine Reihe von Funktionen, die der Abfrage von Eingabegeräten dienen, wie zum Beispiel:

- `GetKeyState` und `GetAsyncKeyState`, sowie `WM_KEYDOWN`/`WM_KEYUP` für die Tastatur
- `GetCursorPos` und `WM_MOUSEMOVE`, `WM_CLICK` und so weiter für die Maus
- `joyGetPos(Ex)` für den Joystick

Natürlich sind diese Funktionen theoretisch für ein kleines Spiel ausreichend – für viel mehr aber auch nicht. Von modernen Spielen wird nämlich erwartet, dass sie mit jeder Art und mit jeder Anzahl von Eingabegeräten klarkommen. Und genau dort bietet DirectInput ein wenig mehr als die Windows-Funktionen. Es muss zwar auf die Annehmlichkeiten wie das automatische Auswerten von Doppelklicks durch Windows verzichtet werden, doch es lohnt sich allemal. Natürlich sind die oben genannten Funktionen wegen ihrer Einfachheit recht verführerisch – aber wenn man sich einmal durch die Initialisierung von DirectInput gekämpft hat, dann stehen einem alle Wege offen.

DirectInput unterstützt außerdem eine Technik namens *Force-Feedback*, die vor allem in Joysticks und Lenkrädern Anwendung findet. Hat der Spieler einen Force-Feedback-kompatiblen Joystick, dann kann das Spiel ihm nicht nur optische Reize durch den Bildschirm geben, sondern auch physische: Der Steuerknüppel fängt plötzlich an, sich mit einer beachtlichen Kraft in eine bestimmte Richtung zu drehen, wenn der Spieler beispielsweise einen direkten Treffer auf sein Raumschiff erlitten hat. Auch ist dieser Effekt als *Gegenlenkung* bei Rennspielen bekannt. Damit kommt man der Realität wieder ein Stückchen näher.

4.2.2 Geräte und Geräteklassen

DirectInput teilt alle an den PC angeschlossenen Geräte in bestimmte Klassen ein. Dazu gehören:

- **Tastaturen:** Bewusst ist hier der Plural gewählt, denn DirectInput erlaubt es doch tatsächlich, gleich mehrere solcher Geräte gleichzeitig anzusprechen. Auch wenn es an sich wenig Sinn macht, zwei Tastaturen an seinen PC anzuschließen (eine für die Hände, eine für die Füße?), so ist es doch zumindest möglich, sie dann beide getrennt abzufragen.
- **Zeigegeräte:** Hierunter fallen vor allem Mäuse und auch CAD-Design-Bretter. Auch hier gilt, dass die Anzahl der Geräte eines solchen Typs nicht unbedingt auf eins beschränkt sein muss.
- **Joysticks:** In diese Kategorie fallen nicht nur die klassischen Joysticks, die aus einem Steuerknüppel und ein paar Knöpfen bestehen, sondern praktisch auch jede andere Form von Eingabegerät, die nicht unter *Tastaturen* oder *Zeigegeräte* fällt, jedoch für das Steuern von Spielen gedacht ist. Der Begriff *Game-Controller*, der ebenfalls von DirectInput benutzt wird, ist daher passender.

4.2.3 GUIDs

Um ein spezielles Gerät anzusprechen, braucht man so etwas wie eine ID-Nummer. Im COM-System heißen diese Nummern *GUIDs*, was die Abkürzung von *Globally Unique ID* ist – also eine weltweit einzigartige Identifikationsnummer. Diese Nummern werden für alle möglichen Zwecke benutzt – unter anderem auch, um ein Gerät ganz genau zu spezifizieren. Sie sind dementsprechend auch ziemlich lang; hier ein Beispiel für eine GUID:

`0x25E609E0,0xB259,0x11CF,0xBF,0xC7,0x44,0x45,0x53,0x54,0x00,0x00`

Zum Glück ist es nicht notwendig, diese Nummern selbst zu definieren – sie sind es nämlich schon, und wir müssen nur an der passenden Stelle die richtige angeben. Doch mehr dazu später.

4.2.4 Achsen und Knöpfe

Jedes Eingabegerät lässt sich zumindest theoretisch in Komponenten zwei verschiedener Arten zerlegen (nur theoretisch – bitte nicht selbst versuchen!):

- **Achsen:** Zum Beispiel die x-Achse eines Joysticks, deren Wert verändert wird, wenn Sie den Knüppel nach links oder nach rechts drücken. Tatsächlich sind aber nicht nur solche Achsen gemeint – alle Komponenten, die *analoge* Daten liefern (sprich nicht nur *an* oder *aus*), fallen unter den Begriff der Achse.
- **Knöpfe:** Knöpfe sind *digitale Schalter*. Sie liefern nur digitale Daten, die sich auf eine Zustandsbeschreibung von an oder aus beschränken. Hat ein Joystick beispielsweise einen Knopf, der mit einem Drucksensor ausgestattet ist, dann würde dieser wahrscheinlich eher als Achse beschrieben, da er eben nicht nur ein oder aus sein kann, sondern auch irgendwo dazwischen (analog).

Bei manchen Teilen eines Geräts ist die Zuordnung nicht ganz klar: zum Beispiel bei einem Schieberegler auf einem Joystick. Allgemein kann dieser jedoch auch als Achse betrachtet werden und das kleine „Hütchen" auf dem Joystick (*POV-Controller*) als einzelne Knöpfe. Die Controller der *Sony PlayStation 2* besitzen beispielsweise solche „analogen" Knöpfe.

4.2.5 Die Funktionsweise von DirectInput

DirectInput baut ebenfalls – wie Direct3D und auch alle anderen DirectX-Komponenten – auf dem COM-System auf. Das heißt, dass wir auch hier wieder mit einem Haufen von Schnittstellen rechnen müssen – glücklicherweise sind es aber nicht ganz so viele wie bei Direct3D. Die folgende Abbildung zeigt bereits die Funktion zwei der allerwichtigsten: IDirectInput8 und IDirectInputDevice8:

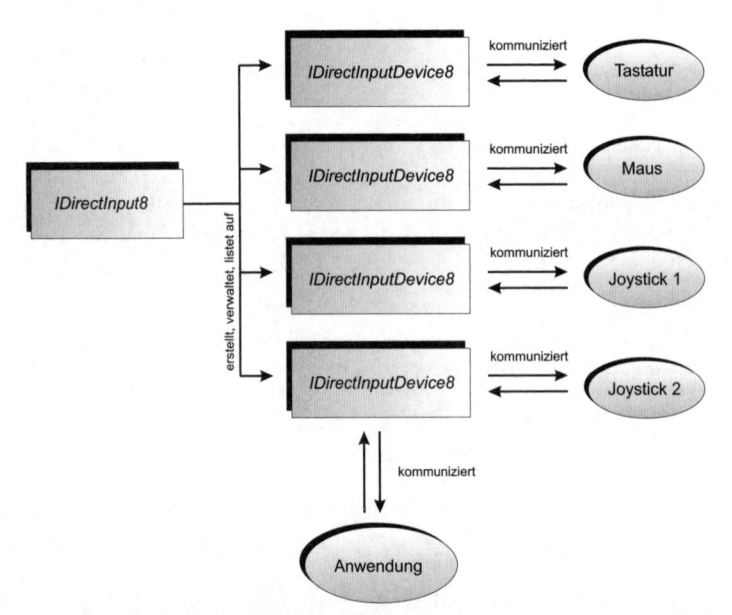

Abbildung 4.1 IDirectInput8 erstellt und verwaltet die IDirectInputDevice8-Schnittstellen, die eine Kommunikation zwischen der Anwendung und den Eingabegeräten ermöglichen.

4.3 Der Startschuss fällt 377

Wie wir das vom Prinzip her schon von Direct3D kennen, muss also zuerst einmal ein `IDirectInput8`-Objekt erstellt werden, mit dessen Hilfe dann `IDirectInputDevice8`-Objekte generiert werden können, die jeweils ein einzelnes Gerät repräsentieren. Während bei Direct3D aber im Normalfall nur ein einziges Gerät benutzt wird, ist es bei DirectInput so gut wie immer der Fall, dass zur selben Zeit drei oder vier solcher Objekte existieren (Maus, Tastatur und vielleicht noch ein Joystick und ein Game-Pad).

Beachten Sie übrigens, dass sich seit DirectX 8 nicht viel (wenn überhaupt irgendetwas) bei DirectInput verändert hat, deshalb hat man die alten Schnittstellennamen beibehalten (vielleicht bekommen wir mit DirectX Version 10 solche Schnittstellennamen wie `IDirectInput10` oder `IDirectInputX` ...).

4.2.6 Ein paar Worte zum Debuggen

Hier fällt die Fehlersuche nicht ganz so schwer wie bei Direct3D-Anwendungen – denn dort kann oft der kleinste Fehler zum totalen Systemausfall führen, und dann noch die Ursache dafür herauszufinden kann zu einer furchtbaren Aufgabe werden. Das Schlimmste, was bei DirectInput passieren kann, ist, dass nachdem die Anwendung abgestürzt ist, Windows keinen Zugriff mehr auf die Tastatur oder die Maus hat. Auch in diesem Fall hilft nur ein Neustart, aber die Debug-Ausgaben können später besser ausgewertet werden.

Sie können auch bei DirectInput zwischen einer Debug- und einer Retail-Version wählen – welche benutzt werden soll, können Sie im DirectX-Konfigurationsdialog festlegen, den Sie über die Systemsteuerung (Eintrag DIRECTX) erreichen. Wurde die Debug-Version gewählt, so kann zusätzlich die Debug-Ebene eingestellt werden. Je höher diese ist, desto mehr Debug-Informationen wird DirectInput während der Ausführung eines Programms generieren. Nicht alle davon sind wirklich relevant, und so reicht meistens die niedrigste Einstellung völlig aus. Nur bei wirklich hartnäckigen Fehlern sollte man eine Stufe höher gehen.

4.3 Der Startschuss fällt

Vielleicht wundern Sie sich, dass im dritten Kapitel das erste Beispielprogramm so viel früher kommt als im zweiten! Daran sieht man wieder einmal den Unterschied zwischen Direct3D und DirectInput – es ist die Komplexität!

Ich gehe hier auch etwas anders vor als im zweiten und im dritten Kapitel. Hier werden wir erst einmal ganz ohne die TriBase-Engine arbeiten und erst später ein ausgetüfteltes Steuerungssystem in sie integrieren, nachdem wir uns ein wenig in DirectInput eingearbeitet haben.

Abzählen von Eingabegeräten

Der erste Schritt einer jeden DirectInput-Anwendung ist das *Abzählen* der auf dem System angeschlossenen Geräte. Tatsächlich ist damit das Abzählen von Gerätetreibern gemeint, denn selbst wenn ein Gerät nicht angeschlossen oder einfach nur defekt ist, kann es von DirectInput aufgespürt werden, wenn sein Treiber noch vorhanden ist.

Wenn unter DirectX etwas abgezählt wird, dann funktioniert das meistens wie folgt: Man ruft eine bestimmte Methode auf, deren Name zumeist mit „Enum" für *Enumerate* (*zähle ab*) beginnt, und übergibt ihr zusammen mit ein paar anderen Parametern einen Zeiger auf eine selbst definierte *Rückruffunktion*. Die Methode wird sie dann für jedes gefundene Objekt einmal aufrufen, und was daraus geschieht, ist einzig und allein die Sache des Programmierers – wir kennen das bereits von Direct3D.

In dem Fall heißt die Methode EnumDevices und gehört zur IDirectInput8-Schnittstelle. Aber Moment – die haben wir noch gar nicht! Das ist aber recht schnell erledigt. Nachdem in den Projekteinstellungen die Dateien DINPUT8.LIB und DXGUID.LIB zu den Linkdateien hinzugefügt wurden, muss der Quellcode um folgende Zeile erweitert werden: #include <DInput.h>

4.3.1 Erstellen des *IDirectInput8*-Objekts

Durch das Einbinden der Header-Datei ist die Funktion DirectInput8Create definiert, die uns – wie der Name schon vermuten lässt – mit einer IDirectInput8-Schnittstelle versorgt. Schauen wir die Funktionsdefinition einmal an:

```
HRESULT WINAPI DirectInput8Create(HINSTANCE hinst,
                                  DWORD dwVersion,
                                  REFIID riidltf,
                                  LPVOID* ppvOut,
                                  LPUNKNOWN punkOuter)
```

Listing 4.1 Die Deklaration von DirectInput8Create

An dieser Stelle möchte ich mich einmal über die Namensgebung der Parameter bei DirectX-Funktionen, insbesondere bei dieser hier, beschweren („riidltf") ...

Der erste Parameter hinst ist die Instanz des Programms, für welches das Objekt erstellt wird. Wird die Funktion von einer DLL-Datei aufgerufen, so muss nicht die Instanz der Anwendung, welche die Datei benutzt, angegeben werden, sondern die der DLL-Datei selbst. Das ist wichtig zu wissen, weil wir später DirectInput-Funktionen auch in die TriBase-Engine integrieren möchten.

dwVersion bestimmt die Versionsnummer des zu erstellenden IDirectInput8-Objekts. Das ist erforderlich, weil DirectX vollständig abwärtskompatibel ist; so können wir heute immer noch Schnittstellen einer viel früheren DirectX-Version verwenden (tatsächlich müsste dazu aber DirectInputCreateEx verwendet werden). Die aktuelle Versionsnummer ist immer als DIRECTINPUT_VERSION in der Datei DINPUT.H definiert. Damit die Engine auch mit zukünftigen DirectX-Versionen richtig kompiliert wird, setzen wir diese Konstante explizit auf 0x0800 (Version 9 gibt's nicht).

Der nächste Parameter mit dem unaussprechbaren Namen riidltf sagt der Funktion, ob eine ANSI- oder die Unicode-Version der Schnittstelle erstellt werden soll. IID_IDirectInput8A ist die ANSI- und IID_IDirectInput8W die Unicode-Version. Geben wir IID_IDirectInput8 an, wird die Entscheidung von selbst getroffen (je nachdem, ob das Makro UNICODE definiert ist). Mit Unicode benötigen Strings oder einfache Zeichen die doppelte Menge an Speicher (2 Bytes), so können darin praktisch *alle* oder zumindest die wichtigsten Zeichen der Sprachen dieser Welt Platz finden und nicht nur 256 ausgewählte.

Im nächsten Parameter geben wir der Funktion die Adresse eines Zeigers auf das IDirectInput8-Objekt, der dann ausgefüllt wird. Auch hier gilt wieder: LPDIRECTINPUT8 ist äquivalent zu IDirectInput8* (wie es bei allen DirectX-Schnittstellen der Fall ist). Während man bei Direct3D die Wahl zwischen „P" und „LP" hatte, muss man hier „LP" benutzen ...

Der letzte Parameter ist unwichtig – wir geben einfach NULL an. Der nächste Codeabschnitt – der erste Teil des ersten Beispielprogramms in diesem Kapitel – demonstriert die Anwendung der DirectInput8Create-Funktion. Es wird versucht, ein IDirectInput8-Objekt zu erstellen.

4.3 Der Startschuss fällt

```
LPDIRECTINPUT8 g_pDirectInput = NULL; // IDirectInput8-Objekt

// Erster Schritt: Das IDirectInput8-Objekt wird mit der Funktion
// DirectInput8Create erstellt.
if(FAILED(DirectInput8Create(hInstance,              // Instanz
                             0x0800,                 // Version
                             IID_IDirectInput8,      // Schnittstellenversion
                             (void**)(&g_pDirectInput), // Doppelzeiger auf Objekt
                             NULL)))                 // Nicht wichtig
{
    // Es hat nicht funktioniert!
    MessageBox(NULL, "IDirectInput8-Objekt konnte nicht erstellt werden!",
               "Fehler", MB_OK | MB_ICONEXCLAMATION);
    return 1;
}
else
{
    // Alles OK!
    MessageBox(NULL, "IDirectInput8-Objekt wurde erstellt!",
               "Information", MB_OK | MB_ICONINFORMATION);
}

// ...

// Am Ende: Das Aufräumen nicht vergessen!
TB_SAFE_RELEASE(g_pDirectInput);
MessageBox(NULL, "IDirectInput8-Objekt wurde wieder gelöscht!",
           "Information", MB_OK | MB_ICONINFORMATION);
```

Listing 4.2 Erstellen der IDirectInput8-Schnittstelle

4.3.2 Eingabegeräte abzählen

Mit dem Erstellen des IDirectInput8-Objekts ist der erste Schritt der Initialisierung getan. Als Nächstes wollen wir, dass alle verfügbaren Eingabegeräte – egal ob Tastatur, Maus, Joystick, Datenhandschuh oder umfunktionierte Kaffeemaschine – mit ihrem Namen und anderen Informationen aufgelistet werden.

Der Einfachheit halber bedienen wir uns hier wieder den Message-Boxes, um die Präsenz eines Eingabegeräts zu signalisieren – für jedes eine. Zum Abzählen der Geräte benutzt man – wie bereits gesagt – die Methode IDirectInput8::EnumDevices, deren Definition wie folgt aussieht:

```
HRESULT IDirectInput8::EnumDevices(DWORD dwDevType,
                                   LPDIENUMDEVICESCALLBACK lpCallback,
                                   LPVOID pvRef,
                                   DWORD dwFlags)
```

Listing 4.3 Die Definition der Abzählmethode EnumDevices

Mit dem Parameter dwDevType kann man die Suche auf eine bestimmte Geräteklasse einschränken (Kombinationen sind mit „|" möglich):

- DI8DEVCLASS_ALL: listet alle Gerätetypen auf
- DI8DEVCLASS_KEYBOARD: Tastaturen auflisten
- DI8DEVCLASS_POINTER: Zeigegeräte auflisten
- DI8DEVCLASS_GAMECTRL: Game-Controller (Joysticks) auflisten
- DI8DEVCLASS_DEVICE: Geräte auflisten, die in keine der oben genannten Kategorien passen

Der zweite Parameter `lpCallback` ist der Zeiger auf die Rückruffunktion, die von der Methode einmal pro gefundenem Objekt aufruft. Deren Parameter werden später noch besprochen.

`pvRef` bezieht sich ebenfalls auf die Rückruffunktion: Dieser Wert wird ihr bei jedem Aufruf mit übergeben. Falls das nicht benötigt wird, kann man auch `NULL` angeben.

Der letzte Parameter, `dwFlags`, kann unter anderem die folgenden Werte annehmen, die auch kombiniert werden können:

- `DIEDFL_ALLDEVICES`: Alle Geräte sollen aufgelistet werden (dabei ist es egal, ob sie funktionieren oder nicht).
- `DIEDFL_ATTACHEDONLY`: Nur angeschlossene und installierte Geräte auflisten
- `DIEDFL_FORCEFEEDBACK`: Nur Force-Feedback-Geräte auflisten

Nehmen wir nun die Rückruffunktion unter die Lupe. Ihr erster Parameter muss vom Typ `LPCDIDEVICEINSTANCE` sein. Das ist ein Zeiger auf eine Struktur, die alle möglichen Informationen über das gerade gefundene Gerät enthält – unter anderem auch Name, Typ und die zum Erstellen des `IDirectInputDevice8`-Objekts benötigte GUID-Nummer. Ihr zweiter Parameter ist vom Typ `void*`. Darin wird der Funktion der Wert des Parameters `pvRef` von `EnumDevices` übergeben, ein benutzerdefinierter Wert (den man meistens aber gar nicht braucht).

Anhand des *Rückgabewerts* der Rückruffunktion wird entschieden, ob die Abzählung weitergeführt werden soll oder nicht. Wenn wir `DIENUM_CONTINUE` zurückliefern, dann soll es weitergehen und bei `DIENUM_STOP` soll erst einmal Schluss sein.

Folgendes Listing zeigt die Implementierung der Rückruffunktion `EnumDevicesCallback` und wie `EnumDevices` aufgerufen wird:

```
// Diese Funktion wird einmal pro gefundenem Gerät aufgerufen.
BOOL CALLBACK EnumDevicesCallback(LPCDIDEVICEINSTANCE pDeviceInstance,
                                  void* pRef)
{
    char acText[1024];

    // Das Feld tszInstanceName beinhaltet einen "freundlichen"
    // Namen für das Gerät, wie er in einem Spiel dargestellt werden
    // könnte (zum Beispiel "Joystick 1").
    // tszProductName beinhaltet den Namen des Produkts.

    // Basteln wir uns einen String zusammen, der die beiden oben
    // genannten Informationen vereint.
    sprintf(acText,
            "Ein Eingabegerät wurde gefunden!\n\n
             Name: %s\n
             Produktbezeichnung: %s",
             pDeviceInstance->tszInstanceName,
             pDeviceInstance->tszProductName);

    // String darstellen
    MessageBox(NULL, acText, "Information",
               MB_OK | MB_ICONINFORMATION);

    // Die Abzählung soll weitergeführt werden!
    return DIENUM_CONTINUE;
}

// ...
```

```
// Und nun alle Geräte abzählen
g_pDirectInput->EnumDevices(DI8DEVCLASS_ALL,
                            EnumDevicesCallback,
                            NULL,
                            DIEDFL_ALLDEVICES);
```

Listing 4.4 Auflisten aller Eingabegeräte

Mit diesem kleinen Programm können wir uns auf einfache Weise davon überzeugen, welche Geräte auf dem System vorhanden sind und dass DirectInput beziehungsweise die Gerätetreiber ordnungsgemäß funktionieren.

4.3.3 Rückblick

- DirectInput erweitert die Windows-Funktionen für *Eingabegeräte*. Es kommt mit allen möglichen Gerätetypen zurecht – dazu gehören Tastaturen, Mäuse, Joysticks (Game-Controller), Game-Pads, Lenkräder und so weiter.
- Ein Gerät besteht für DirectInput immer nur aus einer Ansammlung von Achsen und Knöpfen. Während eine Achse analoge Daten liefert, liefert ein Knopf nur digitale (ein/aus).
- Die DirectInput-Schnittstelle `IDirectInput8` hat eine Methode namens `EnumDevices`, um Geräte auf einem PC abzuzählen. Dadurch erhält man für jedes Gerät die später benötigte GUID-Nummer, durch die es in DirectInput eindeutig identifiziert wird.

4.4 Initialisierung eines Geräts und Datenabfrage

4.4.1 Keine Angst vor *CreateDevice*!

Haben wir uns dafür entschieden, mit einem bestimmten Gerät zu arbeiten, dann muss es initialisiert werden. Am Anfang ist es nötig, eine `IDirectInputDevice8`-Schnittstelle für das entsprechende Gerät anzulegen, was mit `IDirectInput8::CreateDevice` geschieht.

Der Aufruf dieser Methode ist nichts, wovor wir Angst haben müssten (im Gegensatz zu `IDirect3D9::CreateDevice`, wo so einiges schief gehen kann) – er gestaltet sich sehr einfach: Die Methode erwartet als ersten Parameter die GUID-Nummer des Geräts, für das wir eine Schnittstelle anlegen möchten. Die erhalten wir durch die Rückruffunktion, sie erhält diese Nummer als Parameter, wenn die Geräte abgezählt werden.

Der zweite Parameter ist dann auch gleich die Adresse eines Zeigers auf ein `IDirectInputDevice8`-Objekt. Die Methode füllt den Zeiger dann aus, so dass er auf eine einsatzbereite Schnittstelle zeigt. Den dritten Parameter können wir wieder einmal ignorieren – er ist für uns völlig unwichtig (und für die meisten, wenn nicht sogar alle anderen Programmierer auch).

Es gibt zwei vordefinierte GUIDs; sie heißen `GUID_SysKeyboard` und `GUID_SysMouse`. Diese bezeichnen jeweils die Systemtastatur und die Systemmaus, wobei *System* dafür steht, dass Windows dieses Gerät als das primäre seiner Art auserkoren hat – es kann eben nur *einen* geben. Einen Systemjoystick gibt es übrigens *nicht*.

Normalerweise platziert man den Aufruf von `CreateDevice` direkt in die Rückruffunktion, die von `EnumDevices` aufgerufen wird. Hat man bei der Aufzählung der Geräte angegeben, dass *alle* Geräte abgezählt werden sollen, so darf man sich bei einem Scheitern der Methode nicht wundern. Es kann durchaus vorkommen, dass wir auf die eine oder andere „Geräteleiche" stoßen – vielleicht auf einen vor langer, langer Zeit installierten Joystick, dessen Treiber noch immer in den Wirren der Windows-Registrierung herumirrt ... Um das zu verhindern, gibt man bei der Abzählung das Flag DIEDFL_ATTACHEDONLY an.

4.4.2 Vorbereitungen treffen

Nehmen wir einmal an, das Erstellen der Geräteschnittstellen mit CreateDevice hat ordnungsgemäß funktioniert. Nun stehen wir vor einem Haufen von IDirectInputDevice8-Schnittstellen, die alle verfügbaren Geräte darstellen. Noch können wir nicht an die Eingabedaten wie zum Beispiel „*Feuerknopf des Joysticks wurde betätigt!*" oder „*Die x-Achse des Joysticks ist jetzt bei 412!*" kommen, denn DirectInput erwartet von uns noch einige andere Dinge.

4.4.2.1 Das Datenformat setzen

Verschiedene Geräte liefern auch verschiedene Daten – das ist klar. Während eine Tastatur für jede Taste einen digitalen Wert liefert, hält der Joystick mehrere digitale und auch analoge Werte bereit, die den Zustand seiner Knöpfe und Achsen zeigen.

Damit DirectInput weiß, wie es die Daten zu interpretieren hat, die von einem Gerät gesendet werden, müssen wir, bevor es weitergeht, erst das *Datenformat* setzen, was mit der Methode IDirectInputDevice8::SetDataFormat geschieht. Sie bekommt als Parameter einen Zeiger auf eine DIDATAFORMAT-Struktur. Die von dieser Struktur beinhalteten Elemente sind unwichtig, denn es gestaltet sich äußerst kompliziert, sie selbst auszufüllen. Daher hat es uns Microsoft einfach gemacht und fünf *Vorgabestrukturen* bereitgestellt:

- c_dfDIKeyboard: das Datenformat für eine Tastatur
- c_dfDIMouse: einfaches Datenformat für eine Maus
- c_dfDIMouse2: erweitertes Mausdatenformat
- c_dfDIJoystick: einfaches Joystick-Datenformat
- c_dfDIJoystick2: erweitertes Datenformat für einen Joystick

Für eine Maus reicht meistens c_dfDIMouse, und für einen Joystick tut es auch c_dfDIJoystick – die 2er-Varianten beinhalten noch einige zusätzliche Daten, die man aber meistens gar nicht braucht.

4.4.2.2 Die Kooperationsebene wählen

Stellen Sie sich einmal folgende Situation vor: Ein Mann spielt eines Ihrer Spiele während der Arbeit in seinem Büro. Plötzlich kommt der Chef herein, und dem Angestellten bleibt nichts anderes übrig, als das Fenster schnell zu minimieren. Schnell startet er Microsoft Excel und öffnet irgendeine Kalkulation, an der er dann eifrig herumtippt.

Nachdem sich der Chef vom ordnungsgemäßen Arbeiten des Angestellten überzeugt hat, verlässt er das Büro wieder. Das Fenster wird schnell wieder maximiert. Mit Verwundern stellt der Mann fest, dass die Tastatureingaben, die er bei Microsoft Excel gemacht hat, scheinbar auch von Ihrem Spiel aufgefangen und verarbeitet wurden. Der Held liegt nun tot auf dem Boden, und die Schrift „*Game over!*" blinkt gehässig vor sich hin.

Damit das *nicht* passiert, muss man DirectInput vor der Verwendung eines Geräts mitteilen, wie sehr man es denn nun für sich selbst beansprucht – auch als *Ebene der Kooperation* bekannt, da es um die Kooperation mit anderen Anwendungen geht. Diese Kooperation ist immer fest an ein bestimmtes Fenster gebunden. Sie entscheidet, was beim Minimieren des Fensters geschieht – bekommt die Anwendung dann immer noch Daten von dem Gerät, oder ist es für andere Anwendungen gar ganz unmöglich, auf ein solches Gerät zuzugreifen, weil es vom Spiel komplett für sich beansprucht wird?

Die Ebene der Kooperation eines Geräts und eines Fensters wird mit der Methode `IDirectInputDevice8::SetCooperativeLevel` gesetzt. Der erste Parameter ist der Handle des Fensters, mit dem das Gerät verknüpft wird. Der zweite Parameter ist eines der folgenden Flags oder eine Kombination daraus:

- `DISCL_EXCLUSIVE`: Fordert exklusiven Zugriff auf das Gerät an. Niemand anderes kann nun ebenfalls exklusiven Zugriff auf dasselbe Gerät mehr anfordern.
- `DISCL_NONEXCLUSIVE`: Wird diese Option gewählt, wird es keine Interferenzen mit anderen Anwendungen geben, die versuchen, auf dasselbe Gerät zuzugreifen.
- `DISCL_BACKGROUND`: Die Schnittstelle soll auch dann Daten empfangen können, wenn sich das angegebene Fenster im Hintergrund befindet, also ein anderes aktiv ist.
- `DISCL_FOREGROUND`: Die Anwendung benötigt nur Vordergrundzugriff auf das Gerät. Wenn das angegebene Fenster nicht mehr aktiv ist, dann wird der direkte Zugriff auf das Gerät automatisch deaktiviert und muss von der Anwendung wieder eingeschaltet werden, wenn die Fensternachricht `WM_ACTIVATE` signalisiert, dass das Fenster wieder aktiv ist.
- `DISCL_NOWINKEY`: Ist dieses Flag angegeben, dann wird die Windows-Taste auf der Tastatur deaktiviert. So kann man sichergehen, dass der Benutzer sie nicht aus Versehen drückt und so das Spiel unterbricht. Funktioniert nur mit `DISCL_EXCLUSIVE | DISCL_FOREGROUND`.

Eines der beiden Flags `DISCL_EXCLUSIVE` und `DISCL_NONEXCLUSIVE` *muss* angegeben werden – beide oder keines der beiden führen zu einem Fehler. Das Gleiche gilt für `DISCL_BACKGROUND` und `DISCL_FOREGROUND`.

4.4.2.3 Zugriff aktivieren und deaktivieren

Nachdem das Datenformat und die Ebene der Kooperation gesetzt wurden, kann nun – endlich – der *direkte Zugriff auf das Gerät* aktiviert werden. Die Methode, die für das Abfragen der Eingabedaten zuständig ist, funktioniert nur dann, wenn der Zugriff aktiviert ist. Von Anfang an ist der Zugriff *deaktiviert*.

Aktivieren können wir ihn mit der Methode `IDirectInputDevice8::Acquire`. Einmal müssen wir diese Methode ganz am Anfang aufrufen, und einmal dann, wenn `DISCL_FOREGROUND` angegeben und das Fenster wieder in den Vordergrund gerückt wurde – denn DirectInput hat den Zugriff dann automatisch beim Verschwinden des Fensters deaktiviert, was entsprechend mit der Methode `IDirectInputDevice8::Unacquire` passiert.

4.4.3 Auf verlorene Eingabe achten!

Immer wieder kann es passieren, dass Ihnen eine DirectInput-Funktion den Wert `DIERR_INPUTLOST` zurückliefert. Das ist dann das erste Anzeichen dafür, dass die Anwendung den direkten Zugriff auf ein Gerät verloren hat. Man sollte dann erst einmal versuchen, es mit Acquire wieder zu belegen. Nach `DIERR_INPUTLOST` folgen nur noch `DIERR_NOTACQUIRED`-Meldungen. Einmal kann man es ruhig versuchen, den Zugriff wieder zu erlangen, aber bei

DIERR_NOTACQUIRED sollte man dann aufgeben, denn es ist in diesem Fall nämlich so gut wie sicher, dass nun eine andere Anwendung im Vordergrund steht.

Man wartet dann stattdessen auf die nächste WM_ACTIVATE-Nachricht, die signalisiert, dass die Anwendung wieder aktiv ist.

Bis das passiert, ist es für ein Spiel durchaus nützlich, eine *Ruhepause* einzulegen – denken Sie noch einmal an den armen Angestellten, der schnell sein laufendes Spiel minimieren musste. Er wäre bestimmt glücklich festzustellen, dass sein Spiel während seiner „Abwesenheit" *angehalten* hat.

4.4.4 Hinterlassen Sie Ihren Platz ...

... wie Sie ihn vorgefunden haben! Das gilt auch bei DirectInput. Bevor Ihre Anwendung beendet wird, sollten Sie dafür sorgen, dass alle Schnittstellen mit Release abgebaut werden. Bei den Geräteschnittstellen kann es zusätzlich nicht schaden, vorher noch Unacquire aufzurufen.

4.4.5 Einmal Daten, bitte!

Endlich ist es so weit – wir können nun eine IDirectInputDevice8-Schnittstelle so weit vorbereiten, dass wir ihre direkten Eingabedaten abfragen können.

Erst einmal muss DirectInput dem Gerät mitteilen, dass es jetzt bitteschön seine Daten liefern soll. Das geschieht durch die Methode Poll, die ebenfalls zu dieser Schnittstelle gehört. Dadurch kommen wir zwar noch nicht direkt an die Daten, aber manche Geräte erfordern, dass wir sie so drängen.

DirectInput speichert dann die vom Gerät empfangenen Daten und wartet nun darauf, dass wir sie abholen, was mit folgender Methode funktioniert:

```
HRESULT IDirectInputDevice8::GetDeviceState(DWORD cbData,
                                            LPVOID lpvData)
```

Listing 4.5 Die Deklaration der GetDeviceState-Methode

Diese Methode füllt einen angegebenen Speicherbereich mit den Eingabedaten des Geräts. Die Größe des Speicherbereichs wird in cbData angegeben und der Bereich selbst in lpvData (Typ: void*). Der direkte Zugriff muss vorher mit Acquire aktiviert worden sein, sonst wird der Fehlercode DIERR_NOTACQUIRED geliefert.

Wie dieser Datenbereich nun für die einzelnen Geräte aussehen muss, werden wir uns im nächsten Abschnitt dieses Kapitels anschauen. Man braucht hier natürlich Datenstrukturen, um später einzelne Informationen genau abfragen zu können.

4.4.6 Rückblick

- Die IDirectInputDevice8-Schnittstelle, die ein einzelnes Gerät darstellt, wird durch die Methode CreateDevice erzeugt. Angeben müssen wir die GUID-Nummer des Geräts – diese haben wir beim Abzählen erhalten.

- Für jedes Gerät muss mit `SetDataFormat` ein Datenformat angegeben werden. Es gibt fünf vordefinierte Formate, die Maus, Tastatur und Joystick abdecken.
- Nach dem Setzen des Datenformats muss die Ebene der Kooperation festgelegt werden. Diese bestimmt unter anderem, ob und wie andere Anwendungen das Gerät ebenfalls ansprechen können.
- Damit wir die Daten eines Geräts mit `Poll` und `GetDeviceState` abfragen können, muss erst der direkte Zugriff mit Hilfe der Methode `Acquire` aktiviert werden. Das ist einmal am Anfang nötig und unter Umständen dann, wenn unser Anwendungsfenster wieder in den Vordergrund rückt, nachdem es einmal deaktiviert wurde.

4.5 Die Tastatur

Hier werden wir lernen, Daten von der guten alten Tastatur abzufragen, die man nicht unterschätzen sollte (für viele Computerspieler ist sie immer noch das einzig wahre Eingabegerät).

4.5.1 Das Datenformat der Tastatur

Während es für die Daten einer Maus oder eines Joysticks extra für diesen Zweck definierte Strukturen gibt, ist das bei den Tastaturdaten nicht nötig.

Rufen wir `GetDeviceState` auf einer Tastatur auf, nach dem `c_dfDIKeyboard` als Datenformat gesetzt wurde, dann sollte der angegebene Puffer genau 256 Bytes groß sein, wovon jedes Byte für eine einzelne Taste steht. Es bietet sich daher an, ein Array zu benutzen und dessen Adresse als Puffer anzugeben. Das achte Bit eines Tastenbytes signalisiert, ob die Taste gedrückt ist oder nicht (1: gedrückt, 0: nicht gedrückt). Ob das achte Bit gesetzt ist, prüfen wir durch eine bitweise Verknüpfung mit „& 0x80".

Modifikatortasten wie [Umschalt], [Alt] oder [Strg] sind einzeln definiert. Wenn der Benutzer [Umschalt] + [A] drückt, ist das „A" das Gleiche wie ohne [Umschalt] – DirectInput macht hier keine Unterschiede; das wird den Anwendungen selbst überlassen.

4.5.2 Tastencodes

Jeder Taste wird im Datenarray ein Index zugeordnet. DirectInput definiert eine Menge an Tastenindizes, die für die gezielte Abfrage einer bestimmten Taste benutzt werden können. Diese Konstanten beginnen alle mit „DIK_", was für *DirectInput Key* steht. Die folgende Tabelle listet die Tasten einer deutschen Tastatur auf, geordnet in der Reihenfolge, wie sie tatsächlich angeordnet sind (von links oben nach rechts unten). Viele Tasten haben auf amerikanischen Tastaturen eine andere Bedeutung. Ich habe dann in dem Fall direkt die entsprechende deutsche Tastenbeschriftung genannt – das macht die Sache für Sie einfacher.

Tabelle 4.1 Für jede Taste gibt es eine „DIK_"-Konstante!

Konstante(n)	Entsprechende Taste(n)
DIK_ESCAPE	[Esc]
DIK_F1 bis DIK_F15	[F1] bis [F15]
DIK_SYSRQ	[PrintScreen], [SysRq], [Druck]

Konstante(n)	Entsprechende Taste(n)
DIK_SCROLL	[ScrollLock], [Rollen]
DIK_PAUSE	[Pause], [Break]
DIK_0 bis DIK_9	[0] bis [9] auf der Schreibmaschinentastatur
DIK_MINUS	[ß]
DIK_EQUALS	['] (Akzent)
DIK_BACK, DIK_BACKSPACE	[Rücktaste]
DIK_INSERT	[Einfg] auf dem Sechserblock
DIK_HOME	[Pos1] auf dem Sechserblock
DIK_PRIOR	[Bild auf] auf dem Sechserblock
DIK_NUMLOCK	[Num]
DIK_DIVIDE, DIK_NUMPADSLASH	[+] auf dem numerischen Block
DIK_MULTIPLY, DIK_NUMPADSTAR	[*] auf dem numerischen Block
DIK_SUBTRACT, DIK_NUMPADMINUS	[–] auf dem numerischen Block
DIK_TAB	[Tab]
DIK_A bis DIK_Z	[A] bis [Z]; [Y] und [Z] sind vertauscht!
DIK_LBRACKET	[Ü]
DIK_RBRACKET	[+] auf der Haupttastatur
DIK_RETURN	[Return] auf der Haupttastatur
DIK_DELETE	[Entf] auf dem Sechserblock
DIK_END	[Ende] auf dem Sechserblock
DIK_NEXT	[Bild ab] auf dem Sechserblock
DIK_NUMPAD0 bis DIK_NUMPAD9	[0] bis [9] auf dem numerischen Block
DIK_ADD, DIK_NUMPADPLUS	[+] auf dem numerischen Block
DIK_CAPITAL, DIK_CAPSLOCK	[Feststelltaste] (Caps-Lock)
DIK_SEMICOLON	[Ö]
DIK_APOSTROPHE	[Ä]
DIK_BACKSLASH	[#]
DIK_LSHIFT	linke Umschalttaste
DIK_OEM_102	[<]
DIK_COMMA	[,] (Komma)
DIK_PERIOD	[.] (Punkt)
DIK_SLASH	[–] auf der Haupttastatur
DIK_RSHIFT	rechte [Umschalt]-Taste
DIK_UP, DIK_UPARROW	[Pfeil hoch]
DIK_NUMPADENTER	[Enter] auf dem numerischen Block
DIK_LCONTROL	linke [Strg]-Taste
DIK_LWIN	linke Windows-Taste (⊞)
DIK_LMENU, DIK_LALT	[Alt]
DIK_SPACE	[Leertaste]
DIK_RMENU, DIK_RALT	[Alt Gr]
DIK_RWIN	rechte Windows-Taste (⊞)
DIK_APPS	Kontextmenütaste
DIK_RCONTROL	rechte [Strg]-Taste

4.5 Die Tastatur

Konstante(n)	Entsprechende Taste(n)
DIK_LEFT, DIK_LEFTARROW	[Pfeil links]
DIK_DOWN, DIK_DOWNARROW	[Pfeil runter]
DIK_RIGHT, DIK_RIGHTARROW	[Pfeil rechts]
DIK_DECIMAL	[,] auf dem numerischen Block

Angenommen, die Variable g_pKeyboard beinhaltet eine zuvor korrekt erstellte und aktivierte IDirectInputDevice8-Schnittstelle für die Tastatur, dann würde folgender Code prüfen, ob die linke [Strg]-Taste gedrückt wurde:

```
// Tastaturdaten abfragen
BYTE aKey[256]; // Tastenstatus
pKeyboard->GetDeviceState(256, aKey);

// [Strg]-Zustand prüfen
if(aKey[DIK_LCONTROL] & 0x80)
{
    // Linkes [Strg] ist gedrückt!
    // ...
}
```

Listing 4.6 Abfragen der Tastaturdaten und deren Auswertung

4.5.3 Das Beispielprogramm

Bewusst soll dieses Programm einfach gestaltet werden. Zuerst wird wie gewöhnlich die IDirectInput8-Schnittstelle erstellt. Danach wird ein Dialogfenster angezeigt, und wenn es die Nachricht WM_INITDIALOG empfängt, wird die Tastatur initialisiert (CreateDevice). Als GUID verwenden wir einfach GUID_SysKeyboard – so brauchen wir keine Abzählung der Geräte. Den Dialog verwenden wir, um alle aktiven Tasten darzustellen. Es wird ein Windows-Timer benutzt, damit die Tastatur alle 0,05 Sekunden abgefragt wird. Beim Verlassen des Dialogfelds wird alles wieder aufgeräumt.

Das Beispiel fordert die Tastatur nicht exklusiv und nur für Vordergrundbetrieb an. Das heißt: Wenn das Dialogfeld deaktiviert wird, weil ein anderes Fenster aktiv ist, muss später beim Reaktivieren (und auch einmal ganz am Anfang) die Methode Acquire aufgerufen werden. Die Methode Poll muss bei einer Tastatur übrigens nicht aufgerufen werden (Tastaturen melden Ereignisse immer von selbst).

Folgendes Listing zeigt die Initialisierung der Tastatur im Beispielprogramm:

```
// Initialisierungsfunktion für die Tastatur
tbResult InitKeyboard(HWND hDlg)
{
    // Hier wird die IDirectInputDevice8-Schnittstelle für die
    // Tastatur erstellt.
    if(FAILED(g_pDInput->CreateDevice(GUID_SysKeyboard, &g_pKeyboard, NULL)))
        return TB_ERROR;

    // Als Nächstes wird das Datenformat gesetzt.
    if(FAILED(g_pKeyboard->SetDataFormat(&c_dfDIKeyboard))) return TB_ERROR;
```

```
            // Ebene der Kooperation festlegen. Es wird ein nicht exklusiver
            // Zugriff im Vordergrundbetrieb eingestellt.
            if(FAILED(g_pKeyboard->SetCooperativeLevel(
                            hDlg,
                            DISCL_NONEXCLUSIVE | DISCL_FOREGROUND))) return TB_ERROR;

            return TB_OK;
    }
```

Listing 4.7 Die Tastatur wird initialisiert.

Der folgende Codeausschnitt stellt die Funktion UpdateKeyboardState dar, die einmal pro WM_TIMER-Nachricht aufgerufen wird, um die gedrückten Tasten im Dialogfenster aufzulisten. Das Textfeld, das die Liste der gerade gedrückten Tasten darstellen soll, heißt IDC_KEYS:

```
    // Abfragen des Tastaturstatus
    int UpdateKeyboardState(HWND hDlg)
    {
            // Daten abfragen
            BYTE aKey[256];
            HRESULT r = g_pKeyboard->GetDeviceState(256, aKey);
            if(r == DIERR_INPUTLOST)
            {
                // Zugriff verloren - erneut versuchen
                g_pKeyboard->Acquire();
            }

            if(FAILED(r))
            {
                // Abfrage hat nicht funktioniert!
                // Wahrscheinlich ist das Fenster gerade nicht aktiv.
                SetDlgItemText(hDlg, IDC_KEYS, "Fehler beim Abfragen der Eingabedaten!");
                return TB_ERROR;
            }

            // Text generieren, der alle gedrückten Tasten auflistet
            char acDialogText[256] = "";
            for(int a = 0; a < 256; a++)
            {
                // Ist diese Taste gedrückt? Falls ja, ist das Bit Nr. 8
                // des Bytes gesetzt.
                if(aKey[a] & 0x80)
                {
                    // Taste gedrückt! Fügen wir ihre Nummer zum Text hinzu!
                    sprintf(acDialogText, "%s%d ", acDialogText, a);
                }
            }

            // Dem Dialogfeld IDC_KEYS den Text zuweisen
            SetDlgItemText(hDlg, IDC_KEYS, acDialogText);

            return TB_OK;
    }
```

Listing 4.8 Abfragen der Tastaturdaten

Zuerst fragt die Funktion die Daten von der Tastatur ab. Wurde die Eingabe verloren, so wird versucht, sie wieder herzustellen – das aber auch nur *einmal*.

Dann geht die Funktion jede einzelne Taste durch und kümmert sich nicht darum, ob es diese Taste überhaupt gibt oder nicht (denn welche Tastatur hat schon 256 Tasten?). Das Einzige, was für sie von Interesse ist, ist das Bit Nr. 8, das mit & 0x80 abgefragt werden kann (80 hexadezimal entspricht 10000000 binär – nur das achte Bit ist gesetzt).

Starten Sie das Programm einmal, und klicken Sie dann ein anderes Fenster oder den Desktop an, so dass Sie die Anwendung aber trotzdem noch sehen können. Sie wird nun „Fehler beim Abfragen der Eingabedaten!" anzeigen. Kein Wunder, denn DirectInput hat ihr bei der Deaktivierung automatisch den Zugriff auf die Tastatur entzogen – die Ebene der Kooperation ist DISCL_FOREGROUND. Wenn Sie ein wenig herumexperimentieren und die Konstante durch DISCL_BACKGROUND ersetzen, registriert das Programm jederzeit gedrückte Tasten, auch dann, wenn es nicht aktiv ist.

4.5.4 Begrenzungen der Tastatur

Kennen Sie das? Sie sind gerade mitten in einem Spiel, mussten wieder einmal unzählige Tasten auf einmal drücken, um sich hinter Ihren Gegner zu befördern, und drücken beherzt auf die Feuertaste – doch anstelle der totalen Vernichtung ist alles, was sich bemerkbar macht, ein Piepsen des PC-Lautsprechers und ein Stillstand des Systems für kurze Zeit.

Herzlichen Glückwunsch – Sie haben die Grenzen der Tastatur gefunden! Unter manchen Umständen können nämlich nur zwei oder drei Tasten gleichzeitig registriert werden. Manchmal klappt es aber auch mit sieben oder acht zur gleichen Zeit, es kommt immer darauf an, wie die gedrückten Tasten zueinander liegen. Probieren Sie es anhand des Beispielprogramms aus: Drücken und halten Sie zuerst [A], dann [S], dann [D] und [F] und nun noch [G]. Bei der letzten Taste lässt sich nach kurzer Zeit dieser seltsame Piepston hören.

Dagegen kann man leider nichts tun, es liegt an der Konstruktionsweise der Tastatur. Wir können dem nervigen Piepsen aber trotzdem entgegenwirken, indem wir frei belegbare Tastenzuordnungen in unsere Spiele einprogrammieren; so kann der Spieler die für ihn beste Kombination selbst wählen. Wie das geht, werden wir später erarbeiten.

4.5.5 Rückblick

- Um die Eingabedaten einer Tastatur zu lesen, übergeben wir der Methode GetDeviceState den Wert 256 und einen Zeiger auf ein Array von 256 Bytewerten. Die Methode füllt das Array dann mit Tastaturdaten aus, wobei jeder Eintrag für eine Taste steht.
- Ist das Bit Nr. 8 eines Tastenbytes gesetzt, heißt das, dass die Taste zur Zeit des Aufrufs von GetDeviceState gedrückt war.
- Um einer Taste einen Index im Array zuzuordnen, definiert DirectInput für jede Taste eine Konstante, deren Name mit „DIK_" beginnt. DIK_RETURN steht beispielsweise für die [Return]-Taste.

4.6 Die Maus

Nachdem dieses Eingabegerät aus der Familie der Nagetiere in Spielen für eine lange Zeit hauptsächlich für die Menüsteuerung eingesetzt wurde, hat es mit dem Auftauchen der Ego-Shooter-Spiele wieder enorme Beliebtheit gewonnen – daher darf eine ausführliche Behandlung hier natürlich nicht fehlen.

4.6.1 Das Datenformat der Maus

Beim Datenformat der Maus müssen wir uns erst einmal zwischen c_dfDIMouse und c_dfDIMouse2 entscheiden. Der Unterschied ist, dass bei c_dfDIMouse2 maximal *acht* Mausknöpfe abgefragt werden können und bei c_dfDIMouse „nur" vier.

Nachdem das Format gesetzt wurde, können wir der Methode GetDeviceState entweder einen Zeiger auf eine DIMOUSESTATE- oder eine DIMOUSESTATE2-Struktur übergeben – abhängig vom Datenformat. Beide Strukturen sind von DirectInput vordefiniert.

Tabelle 4.2 Die Elemente von DIMOUSESTATE und DIMOUSESTATE2

Element	Bedeutung
LONG lX	Die x-Achse der Maus (von links nach rechts)
LONG lY	Die y-Achse der Maus (von oben nach unten)
LONG lZ	Die z-Achse der Maus (Rädchen; in die Tiefe, liefert den Winkel, um den es gedreht wurde, in Grad)
BYTE rgbButtons[4] oder BYTE rgbButtons[8]	Status der vier beziehungsweise acht Mausknöpfe

4.6.2 Relative Achsen

Bei den *x*-, *y*- und *z*-Achsen der Maus handelt es sich um *relative* Achsen. Das heißt, dass sie immer die *relative Position* zur vorherigen wiedergeben – mit anderen Worten die *Veränderung*.

Angenommen, wir bewegen den Mauszeiger innerhalb von kürzester Zeit von der Stelle (100, 100) auf (50, 100) – der Wert der *x*-Achse wird dann –50 sein, denn der Mauszeiger ist 50 Einheiten nach links gewandert (deshalb das negative Vorzeichen).

Benötigt man die *absolute* Position, um beispielsweise einen Cursor darzustellen, so setzt man die Cursorposition zuerst einmal auf die Mitte des Bildschirms oder auf eine beliebige andere Stelle. Dann addiert man nach jedem Abfragen der Eingabedaten die Werte der *x*- und der *y*-Achse zur Cursorposition hinzu und prüft, ob sich der Cursor dann nicht außerhalb des Bildschirms befindet, also in etwa so (bei einer Auflösung von 800 x 600):

```
POINT Cursor; // Cursorposition

// Cursor in die Mitte setzen
Cursor.x = 400; Cursor.y = 300;
while(...)
{
    // Eingabedaten abfragen
    DIMOUSESTATE MouseState;
    pMouse->GetDeviceState(sizeof(DIMOUSESTATE), &MouseState);

    // Werte zur Cursorposition addieren
    Cursor.x += MouseState.lX; Cursor.y += MouseState.lY;

    // Der Zeiger soll den Bildschirmbereich nicht verlassen!
    if(Cursor.x < 0) Cursor.x = 0;     if(Cursor.y < 0) Cursor.y = 0;
    if(Cursor.x > 799) Cursor.x = 799; if(Cursor.y > 599) Cursor.y = 599;
}
```

Listing 4.9 Errechnen der absoluten Cursorposition

4.6 Die Maus

Natürlich müsste hier noch der Rückgabewert der GetDeviceState-Methode geprüft werden, doch so tief wollen wir hier nicht ins Detail gehen.

Wie stark die Achsenwerte bei einer Mausbewegung ausschlagen, hängt übrigens nicht von den Windows-Mauseinstellungen ab. Wenn dort der Mauszeiger von sehr schnell auf sehr langsam gestellt wird, ändern sich die Werte, die DirectInput liefert, nicht – sie hängen vom Maustreiber ab. In einem Spiel, das die Einstellung der Maussensibilität erlaubt, würde man die Werte einfach mit einem bestimmten Faktor multiplizieren. Ein hoher Faktor, wenn die Maus sehr sensibel sein soll, und ein niedriger, wenn sie es nicht sein soll.

4.6.3 Die Mausknöpfe

Hier ist wieder alles analog zur Tastatur, nur dass wir uns hier mit vier beziehungsweise acht Knöpfen begnügen müssen. Auch hier bestimmt das Bit Nr. 8, ob der Knopf gedrückt ist oder nicht – wieder ein Fall für & 0x80.

Der erste Eintrag (Index: 0) im Array steht für den linken Mausknopf, der zweite für den rechten und der dritte für den mittleren. Wenn eine Maus ein Rädchen hat, dann ist es meistens erforderlich, dieses hinunterzudrücken, um den dritten Mausknopf zu aktivieren.

4.6.4 Der exklusive Modus

Der gewohnte Windows-Mauszeiger ist für die meisten Spiele zu langweilig – man zeichnet lieber selbst einen schöneren. Dazu sollte der Windows-Mauszeiger ausgeblendet werden. Wenn die Maus in der Kooperationsebene DISCL_EXCLUSIVE betrieben wird, dann wird er automatisch unsichtbar. Andernfalls bleibt nur die Funktion ShowCursor, der wir eine Null als Parameter geben. Die TriBase-Engine schaltet den Mauszeiger automatisch aus, wenn Direct3D im Vollbildmodus initialisiert wird – andernfalls bleibt er sichtbar.

Das ist jedoch nicht die einzige Auswirkung von DISCL_EXCLUSIVE! Ferner generiert Windows keine Mausnachrichten mehr (zum Beispiel WM_MOUSEMOVE), und die Bedienung der Oberfläche (Dialogfenster, Menüs, Fenster) funktioniert nicht mehr.

4.6.5 Das Beispielprogramm

Das Programm verfährt wie bei der Tastatur, es wird eben nur die Systemmaus (GUID_SysMouse) anstelle der Systemtastatur benutzt. Als Datenformat wird c_dfDIMouse2 verwendet – über die vier Bytes mehr an Speicherverbrauch sollte sich niemand beklagen. Der folgende Codeausschnitt zeigt die Funktion UpdateMouseState, die zuerst die Daten abfragt und dann einen String generiert, der Auskunft über Achsen und Knöpfe der Maus gibt:

```
// Abfragen des Mausstatus
tbResult UpdateMouseState(HWND hDlg)
{
    // Daten abfragen
    HRESULT r = g_pMouse->Poll();
    if(r == DIERR_INPUTLOST)
    {
        // Zugriff verloren - erneut versuchen
        g_pMouse->Acquire();
    }
```

```
        if(FAILED(r))
        {
            // Abfrage hat nicht funktioniert!
            // Wahrscheinlich ist das Fenster gerade nicht aktiv.
            SetDlgItemText(hDlg, IDC_KEYS, "Fehler beim Abfragen der Eingabedaten!");
            return TB_ERROR;
        }

        // Zustand abfragen
        DIMOUSESTATE2 MouseState;
        g_pMouse->GetDeviceState(sizeof(DIMOUSESTATE2), &MouseState);

        // Text generieren, der die Werte aller Achsen und Knöpfe zeigt
        char acDialogText[256];
        sprintf(acDialogText, "x: %d,\ty: %d,\tz: %d,\n
                              1: %s,\t2: %s,\t3: %s,\t4: %s,\t
                              5: %s,\t6: %s,\t7: %s,\t8: %s",
            MouseState.lX, MouseState.lY, MouseState.lZ,
            (MouseState.rgbButtons[0] & 0x80) ? "an" : "aus",
            (MouseState.rgbButtons[1] & 0x80) ? "an" : "aus",
            (MouseState.rgbButtons[2] & 0x80) ? "an" : "aus",
            (MouseState.rgbButtons[3] & 0x80) ? "an" : "aus",
            (MouseState.rgbButtons[4] & 0x80) ? "an" : "aus",
            (MouseState.rgbButtons[5] & 0x80) ? "an" : "aus",
            (MouseState.rgbButtons[6] & 0x80) ? "an" : "aus",
            (MouseState.rgbButtons[7] & 0x80) ? "an" : "aus");

        // Dem Dialogfeld IDC_MOUSESTATE den Text zuweisen
        SetDlgItemText(hDlg, IDC_MOUSESTATE, acDialogText);

        return TB_OK;
}
```

Listing 4.10 Abfragen und Anzeigen des Mausstatus

4.6.6 Rückblick

- Für die Maus gibt es die beiden Datenformate c_dfDIMouse und c_dfDIMouse2. Die Datenstrukturen DIMOUSESTATE und DIMOUSESTATE2 beinhalten die dazugehörigen Mausdaten.
- Die Achsen der Maus (die z-Achse ist meistens das Rädchen) sind *relativ* – sie zeigen immer nur die *Veränderung* seit dem letzten Aufruf von GetDeviceState an. Ihre Einheit ist vom Maustreiber definiert und wird nicht durch die Windows-Systemsteuerungseinstellungen verändert.
- Die Datenstrukturen enthalten ein Array rgbButtons mit vier Elementen (DIMOUSESTATE) oder acht Elementen (DIMOUSESTATE2). Jeder Index steht für einen Mausknopf. Ist das Bit Nr. 8 gesetzt, so ist ein Knopf gedrückt – andernfalls nicht (genau wie bei der Tastatur).
- Wird die Maus im exklusiven Modus betrieben, so wird der Mauszeiger automatisch ausgeblendet, und die Windows-Benutzeroberfläche funktioniert nicht mehr.

4.7 Der Joystick

Für viele Actionspiele und vor allem für Flugsimulatoren ist der Joystick wohl das am besten angepasste Eingabegerät. Seine analogen Achsen lassen eine exakte Steuerung zu, während die digitalen Knöpfe verschiedene Aktionen wie zum Beispiel das Abfeuern einer Waffe auslösen.

4.7 Der Joystick _____ 393

Während früher der Datentransfer eher einseitig war (Joystick ➔ Computer), hat sich das heute mit der Einführung von *Force-Feedback* geändert. Nun kann auch der Computer Ausgaben auf dem Joystick machen, indem er ihn zum Wackeln oder zum Drücken in eine bestimmte Richtung bringt. Da die Force-Feedback-Technologie jedoch äußerst komplex ist und den Rahmen dieses Buches sprengen würde, kann sie hier leider nicht beschrieben werden.

4.7.1 Achsen, Knöpfe, POVs und Schieberegler

4.7.1.1 POV-Controller

Der Joystick ist mit Abstand das vielseitigste Eingabegerät, das wir bis jetzt kennen gelernt haben. Neben Achsen und Knöpfen stehen hier noch zwei weitere Bauteile auf der Liste: *POV-Controller* und *Schieberegler*. *POV* steht für *Point Of View*, was man mit *Perspektive* übersetzen könnte. Damit sind diese kleinen „Hütchen" gemeint, die bei vielen Joysticks in Mode sind. Man kann sie meistens in acht verschiedene Richtungen drücken – ähnlich wie das Steuerkreuz bei Spielkonsolen, und damit die Kameraperspektive ändern. Diese Bauteile teilen uns ihren Status durch ihren Winkel im Uhrzeigersinn mit, wobei „nach oben" einem Winkel von 0° entspricht. Sie kehren automatisch – wie der Steuerknüppel – wieder in ihre ursprüngliche Lage (Mitte) zurück.

4.7.1.2 Schieberegler

Schieberegler (im Englischen: *slider*) sind meistens kleine Hebel, die nicht wieder in ihre ursprüngliche Position zurückkehren, da sie keine Feder eingebaut haben. In Spielen verwendet man sie hauptsächlich für die Schubkontrolle – nach vorne: mehr Schub, nach hinten: weniger Schub. Tatsächlich sind die gelieferten Werte bei vielen Geräten jedoch genau umgekehrt: nach vorne negative Werte und nach hinten (zum Benutzer hin) positive.

Zudem hat ein Joystick mehr als zwei Achsen! Die dritte Achse – auch *Rz*-Achse genannt (Rotation um die *z*-Achse) – kann durch das Drehen des Knüppels um seine eigene Achse bedient werden, jedenfalls bei neueren Geräten. Die Abbildung illustriert alle Achsen, Knöpfe und sonstige Bauteile eines frei erfundenen Beispieljoysticks:

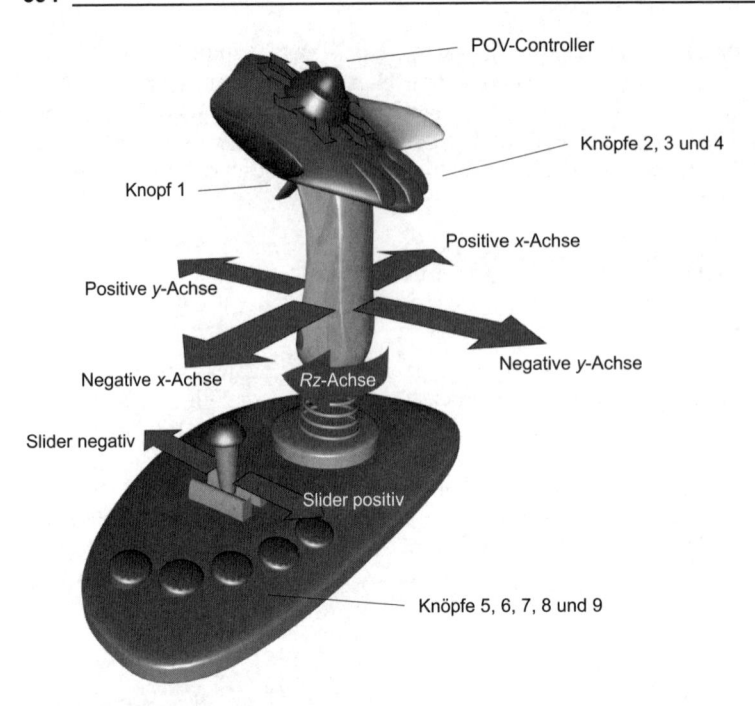

Abbildung 4.2 Ein Joystick mit *Rz*-Achse und Schieberegler (Slider)

4.7.1.3 Noch mehr Achsen

Kaum zu glauben: Definiert sind sogar noch drei weitere Achsen namens z, Rx und Ry – die letzteren entziehen sich jedoch der Vorstellungskraft der meisten Menschen (inklusive der des Autors).

Es gibt auch noch so gut wie keine oder überhaupt keine Geräte, die fünf oder sechs Joystickachsen besitzen. Hier kann man wieder einmal gut sehen, dass DirectX allgemein recht zukunftsorientiert ist: Was es noch nicht gibt, wird trotzdem schon unterstützt!

Die Achsen des Joysticks sind im Normalfall *absolut* – im Gegensatz zu denen der Maus. Ihre Werte beschreiben immer ihre wirkliche Position, während die der Mausachsen normalerweise nur die Veränderung zum vorherigen Zustand anzeigen. Der Achsenmodus (absolut oder relativ) lässt sich aber auch ändern, wie wir später sehen werden.

4.7.2 Das Joystick-Datenformat

Auch beim Joystick haben wir die Wahl zwischen zwei Datenformaten, die sich lediglich durch die Anzahl der gebotenen Informationen unterscheiden. Einmal gibt es da `c_dfDIJoystick` und einmal `c_dfDIJoystick2`. Schauen wir uns erst einmal die Datenstruktur `DIJOYSTATE` an, die zum Datenformat `c_dfDIJoystick` gehört.

Tabelle 4.3 Die Elemente der Struktur DIJOYSTATE

Element	Bedeutung
LONG lX	Position des Knüppels auf der x-Achse (von links nach rechts)
LONG lY	Position des Knüppels auf der y-Achse (von vorne nach hinten)
LONG lZ	Position des Knüppels auf der z-Achse (von oben nach unten)
LONG lRx	Rotation um die x-Achse (im Uhrzeigersinn)
LONG lRy	Rotation um die y-Achse (im Uhrzeigersinn)
LONG lRz	Rotation um die z-Achse (im Uhrzeigersinn)
LONG rglSlider[2]	Position von maximal zwei Schiebereglern
DWORD rgdwPOV[4]	Winkel von maximal vier POV-Controllern. Angabe in hundertstel Grad – nach vorne zeigend 0°. Im Ausgangszustand –1 oder 65535.
BYTE rgbButtons[32]	Zustand von maximal 32 Knöpfen – das achte Bit jedes Bytes signalisiert *gedrückt* oder *nicht gedrückt*.

Eine recht umfangreiche Liste – doch das war noch nicht alles. Was uns DIJOYSTATE2 (mit dem Datenformat c_dfDIJoystick2) bietet, sprengt diesen Umfang bei weitem. Anders als bei der Maus kommen hier mehr als nur ein paar zusätzliche Knöpfe hinzu:

Tabelle 4.4 Die Elemente der Struktur DIJOYSTATE2

Element(e)	Bedeutung
LONG lX, lY, lZ, lRx, lRy, lRz	Wie bei DIJOYSTATE
LONG rglSlider[2]	Wie bei DIJOYSTATE
DWORD rgdwPOV[4]	Wie bei DIJOYSTATE
BYTE rgbButtons[128]	Status von maximal 128 Knöpfen
LONG lVX, lVY, lVZ	Geschwindigkeit der Bewegung auf der x-, y- und z-Achse
LONG lVRx, lVRy, lVRz	Geschwindigkeit der Drehung um die x-, y- und z-Achse
LONG rglVSlider[2]	Geschwindigkeit von maximal zwei Schiebereglern
LONG lAX, lAY, lAZ	Beschleunigung auf der x-, y- und z-Achse
LONG lARx, lARy, lARz	Beschleunigung der Drehung um die x-, y- und z-Achse
LONG rglASlider[2]	Beschleunigung von maximal zwei Schiebereglern

Diese zusätzlichen Daten können für Spiele recht sinnvoll sein, wie wir später sehen werden. Nicht vergessen, erst das Datenformat auf c_dfDIJoystick2 zu setzen! Es ist aber nicht garantiert, dass der Treiber die zusätzlichen Daten auch korrekt (oder überhaupt) ausfüllt. Daher empfiehlt es sich, die Angaben wie Geschwindigkeit selbst zu berechnen.

Joysticks sind übrigens in der Anzahl der gleichzeitig gedrückten Knöpfe in der Regel nicht begrenzt, so wie das ärgerlicherweise bei der Tastatur der Fall ist.

4.7.3 Das Beispielprogramm

Dieses Beispielprogramm sieht nicht viel anders aus als die anderen beiden. Es gibt jedoch einen Unterschied: Hier können wir nicht einfach auf eine vordefinierte GUID-Nummer wie GUID_SysKeyoard oder GUID_SysMouse zurückgreifen, da Windows keinen „Systemjoystick" hat. Deshalb führen wir eine Abzählung aller Joysticks durch und nehmen einfach den ersten, den wir in die Finger kriegen; die Abzählung wird mit DIENUM_STOP abgebrochen. Die gesuchte GUID-Nummer ist im Element guidInstance der DIDEVICEINSTANCE-Struktur gespeichert, die der Rückruffunktion bei jedem gefundenen Gerät übergeben wird. Das Programm muss aber trotzdem mit der Datei DXGUID.LIB gelinkt werden.

Das Programm benutzt das erweiterte Datenformat `c_dfDIJoystick2` und zeigt fast alle seiner Elemente an. Leider muss man meistens enttäuscht feststellen, dass die Geschwindigkeits- und Beschleunigungsangaben immer null sind – in dem Fall werden sie vom Treiber nicht unterstützt.

Achten Sie auch auf die Anzeige der gedrückten Knöpfe: Wenn Sie die Position des POV-Controllers verändern, dann wird diese Bewegung zusätzlich noch als Knopfdruck aufgefasst – zumindest bei *einigen* Joysticks.

Beispielprogramm Nr 4: Der Joystick

Momentaner Joystickstatus:

x: 6049	Rx: 0	Slider 1: 64672	
y: 16105	Ry: 0	V Slider 1: 0	
z: 0	Rz: 33242	A Slider 1: 0	
Vx: 0	VRx: 0	Slider 2: 0	
Vy: 0	VRy: 0	V Slider 2: 0	
Vz: 0	VRz: 0	A Slider 2: 0	
Ax: 0	ARx: 0	POV 1: 9000	
Ay: 0	ARy: 0	POV 2: -1	
Az: 0	ARz: 0	POV 3: -1	
		POV 4: -1	

Gedrückte Knöpfe: 0 2 3 12

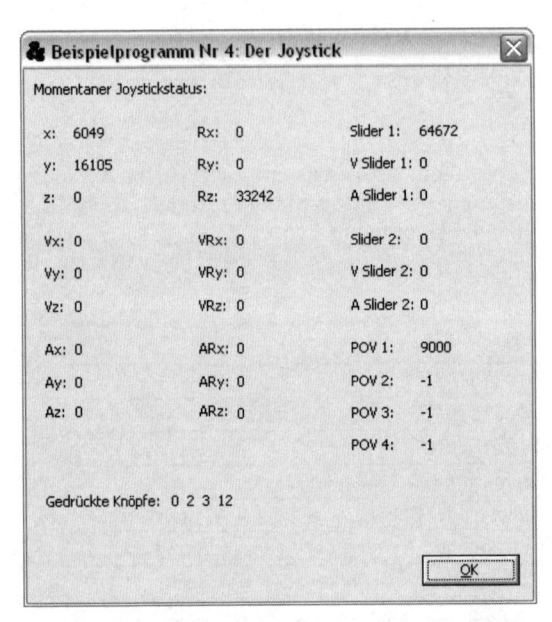

Abbildung 4.3 Ein Großteil der Daten wird von diesem Joysticktreiber gar nicht ausgefüllt.

4.7.4 Rückblick

- Joysticks bestehen nicht nur aus Achsen und Knöpfen, sondern auch noch aus Schiebereglern und POV-Controllern. Schieberegler kehren nicht wieder in ihren Ausgangszustand zurück und werden daher gerne als Schubkontrolle benutzt. POV-Controller sind die kleinen Hütchen auf dem Kopf des Joysticks, die sich in verschiedene (meistens vorgegebene) Richtungen drücken lassen. Sie liefern ihre Daten in hundertstel Grad (in der Mittelstellung −1 oder 65535).

- Weiterhin hat ein Joystick maximal sechs Achsen: die x-, y- und z-Achse und die Drehung um die x-, y- und z-Achse (Rx, Ry, Rz).

- Es gibt zwei fertige Joystick-Datenformate: `c_dfDIJoystick` und `c_dfDIJoystick2`. Sie unterscheiden sich vor allem dadurch, dass das zweite Format zusätzlich Informationen über Achsengeschwindigkeiten und -beschleunigungen liefern kann (das ist aber lange nicht bei jedem Joystick der Fall).

4.8 Objekte abzählen und kalibrieren

Wenn Sie das vorherige Beispielprogramm schon ausprobiert haben, dann haben Sie wahrscheinlich auch festgestellt, dass die Joystickachsen in der Ruhelage nicht etwa 0 liefern, sondern irgendeine andere Zahl im Tausenderbereich.

Diese Werte sind Spieleprogrammierern meistens nicht sehr angenehm – wären Werte zwischen –1000 und +1000 nicht viel besser? Und man kann auch nie sicher sein, ob wirklich *alle* Joysticks die gleichen Werte in der Mittelstellung liefern.

Glücklicherweise können wir DirectInput anweisen, die Daten für *bestimmte Achsen* (dazu zählen jetzt auch die Schieberegler) oder auch für das *gesamte Eingabegerät* so zu *skalieren*, dass sie in von uns definierte Grenzen passen. Es ist also möglich, als Minimumwert beispielsweise –1000 anzugeben und als Maximumwert +1000, und DirectInput skaliert die Werte dann entsprechend.

4.8.1 Objekte abzählen

Unter *Objekten* verstehen sich in diesem Fall *Achsen*, *Knöpfe*, *Schieberegler* und *POV-Controller* – sie machen einen Joystick aus. DirectInput erlaubt neben dem Abzählen der Geräte auch das Abzählen von *Objekten*, aus denen ein Gerät besteht. Jedes Objekt bekommt dann eine Nummer – ähnlich wie die GUIDs –, die wir dann später benutzen können, um bestimmte Eigenschaften des Objekts wie zum Beispiel die Achsenskalierung zu setzen.

Das Abzählen von Objekten einer `IDirectInputDevice8`-Schnittstelle geschieht mit deren `EnumObjects`-Methode.

Tabelle 4.5 Die Parameter der Methode `IDirectInputDevice8::EnumObjects`

Parameter	Bedeutung
LPDIENUMDEVICEOBJECTSCALLBACK lpCallback	Zeiger auf eine benutzerdefinierte Rückruffunktion, die pro gefundenem Objekt einmal aufgerufen wird.
LPVOID pvRef	Benutzerdefinierter Wert, welcher der Rückruffunktion übergeben wird
DWORD dwFlags	Optionen zur Auflistung der Objekte

Als Werte für `dwFlags` sind folgende Konstanten geeignet, die teilweise auch kombiniert werden können:

- `DIDFT_ALL`: alle Objekte auflisten
- `DIDFT_AXIS`: Achsen auflisten (relative und absolute)
- `DIDFT_ABSAXIS`: absolute Achsen auflisten
- `DIDFT_RELAXIS`: relative Achsen auflisten
- `DIDFT_BUTTON`: Knöpfe auflisten
- `DIDFT_PSHBUTTON`: Druckknöpfe auflisten (gelten nur so lange als gedrückt, wie sie tatsächlich gedrückt sind)
- `DIDFT_TGLBUTTON`: Wechselknöpfe auflisten (gelten so lange als gedrückt, bis sie erneut gedrückt werden)
- `DIDFT_POV`: POV-Controller auflisten

Die Rückruffunktion, deren Zeiger im Parameter lpCallback angegeben wurde, muss vom Typ BOOL CALLBACK sein und zwei Parameter erwarten: LPCDIDEVICEOBJECTINSTANCE lpddoi – das ist ein Zeiger auf eine DIDEVICEOBJECTINSTANCE-Struktur, die weitere Informationen über das Objekt enthält (unter anderem auch die ID-Nummer), und LPVOID pvRef – der Wert, welcher der Methode EnumObjects als benutzerdefinierter pvRef-Parameter übergeben wurde.

Die DIDEVICEOBJECTINSTANCE-Struktur enthält unter anderem ein Element namens tszName – ein String, der den Namen des Objekts beinhaltet (beispielsweise „x-Achse" oder „Pfeil hoch").

Ein anderes wichtiges Element ist dwType. Mit diesem Wert lässt sich dieses Objekt später genau identifizieren.

Das Element guidType beschreibt den Typ des Objekts (mögliche Werte hierfür sind: GUID_XAxis, GUID_YAxis, GUID_ZAxis, GUID_RxAxis, GUID_RyAxis, GUID_RzAxis, GUID_Slider, GUID_POV, GUID_Button (Mausknopf) oder auch GUID_Key (Tastaturtaste)).

4.8.2 Eigenschaften festlegen

Hat man den dwType-Wert eines Objekts, so kann man das Verhalten dieses Objekts festlegen. Manche Eigenschaften können immer nur für das gesamte Gerät gewählt werden, manche auch für einzelne Achsen.

Die Methode IDirectInputDevice8::SetProperty setzt eine Eigenschaft eines Geräts. Als ersten Parameter erwartet sie einen der Werte, die in der folgenden Tabelle aufgelistet sind. Der zweite Parameter ist ein Zeiger auf eine Struktur, die ein Teil jeder eigenschaftsspezifischen Struktur ist. Mögliche Werte für den ersten Parameter:

- DIPROP_AXISMODE: setzt den Achsenmodus
- DIPROP_RANGE: setzt die Achsenskalierung (Minimal- und Maximalwert)
- DIPROP_DEADZONE: setzt die „tote Zone" einer Achse
- DIPROP_SATURATION: setzt die Sättigung einer Achse

Jede dieser Eigenschaften benutzt eine bestimmte Struktur, in denen die zu setzenden Daten gespeichert werden. Jede dieser Strukturen enthält wiederum eine Struktur namens DIPROPHEADER. Dort wird festgelegt, für welches Objekt die Einstellungen gelten sollen.

Tabelle 4.6 Die Elemente der Struktur DIPROPHEADER

Element	Bedeutung
DWORD dwSize	Die Größe der eigenschaftsspezifischen Struktur in Bytes
DWORD dwHeaderSize	Größe dieser Struktur (= sizeof(DIPROPHEADER))
DWORD dwObj	Das Objekt, für das die Einstellungen gesetzt werden sollen
DWORD dwHow	Bestimmt, wie das Element dwObj interpretiert werden soll: • DIPH_DEVICE: Einstellungen gelten für das ganze Gerät (dwObj muss dann null sein). • DIPH_BYID: dwObj ist die ID-Nummer des Objekts (die im Element dwType der Struktur DIDEVICEOBJECTINSTANCE gespeichert ist).

Im Folgenden werden die vier Eigenschaften genauer beschrieben, inklusive der mit ihnen assoziierten Strukturen.

4.8.3 Achsenmodus

Möchte man den Achsenmodus setzen, so ist die Struktur DIPROPDWORD zu benutzen. Neben einer DIPROPHEADER-Struktur (Elementname: diph) beinhaltet sie, wie der Name schon sagt, noch einen DWORD-Wert mit dem Namen dwData.

dwData wird auf DIPROPAXISMODE_ABS gesetzt, um die Achsen in den absoluten Modus zu bringen. DIPROPAXISMODE_REL setzt entsprechend den relativen Achsenmodus.

Das Element dwSize der DIPROPHEADER-Struktur muss auf sizeof(DIPROPDWORD) gesetzt werden. dwObj wird auf null und dwHow auf DIPH_DEVICE gesetzt, da die Einstellungen nur für das *gesamte* Gerät und *nicht* für einzelne Achsen festlegbar sind.

Das folgende Beispiel setzt den Achsenmodus eines Geräts, dessen Schnittstelle die Variable pJoystick enthält, auf *relativ*:

```
DIPROPDWORD AxisMode;   // Struktur für den Achsenmodus

// Headerstruktur ausfüllen
AxisMode.diph.dwHeaderSize = sizeof(DIPROPHEADER);
AxisMode.diph.dwSize       = sizeof(DIPROPDWORD);
AxisMode.diph.dwObj        = 0;
AxisMode.diph.dwHow        = DIPH_DEVICE;

// Achsenmodus setzen
AxisMode.dwData            = DIPROPAXISMODE_REL;

// Einstellungen aktivieren
pJoystick->SetProperty(DIPROP_AXISMODE, &AxisMode.diph);
```

Listing 4.11 Setzen des Achsenmodus

Sie sehen – es ist viel einfacher, als es sich anhört. Möchte man nur für *bestimmte* Achsen den relativen Modus setzen, so kann man wie folgt vorgehen:

- Achsenmodus auf *absolut* setzen
- Bei jeder Eingabedatenabfrage den vorherigen Zustand speichern
- Die relativen Werte ergeben sich, indem man die vorherigen Daten von den aktuellen abzieht. Beispiel: vorheriger Wert: 100, neuer Wert: 150, relativer Wert: 150 – 100 = 50.

4.8.4 Achsenskalierung

Mit der Achsenskalierung weisen wir DirectInput an, die vom Eingabegerät gelieferten Rohdaten in ordentliche Werte umzuwandeln, so dass sie genau in von uns vorgegebene Grenzen passen.

Als Struktur wird DIPROPRANGE verwendet. Neben dem üblichen Element DIPROPHEADER diph enthält sie noch zwei LONG-Werte: lMin und lMax. lMin bezeichnet den kleinsten möglichen Wert, den die Achse liefern soll, und lMax den größten möglichen. Es sind sowohl negative als auch positive Werte erlaubt.

Das folgende Beispiel setzt die Skalierung *aller* Achsen eines Geräts pJoystick auf –1000 bis +1000 (möglich ist es aber auch, die Skalierung für jede Achse *einzeln* anzugeben):

```
DIPROPRANGE AxisRange;  // Struktur für die Achsenskalierung

// Headerstruktur ausfüllen
AxisRange.diph.dwHeaderSize  = sizeof(DIPROPHEADER);
AxisRange.diph.dwSize        = sizeof(DIPROPDWORD);
AxisRange.diph.dwObj         = 0;
AxisRange.diph.dwHow         = DIPH_DEVICE;

// Achsenskalierung setzen
AxisRange.lMin               = -1000;
AxisRange.lMax               = +1000;

// Einstellungen aktivieren
g_pJoystick->SetProperty(DIPROP_RANGE, &AxisRange.diph);
```

Listing 4.12 Setzen der Achsenskalierung

Für einzelne Achsen setzen Sie einfach diph.dwObj auf die ID-Nummer des Objekts und diph.dwHow auf DIPH_BYID. Die Werte müssen übrigens nicht so gewählt werden, dass null die Mittelstellung ist: Möglich wären zum Beispiel auch –5200 und +950, die Mittelstellung wäre dann eben bei –2125.

4.8.5 Die tote Zone

Wenn Sie das Joystick-Beispielprogramm einmal laufen gelassen haben, dann bemerkten Sie wahrscheinlich, dass sich manche Werte minimal änderten, ohne dass die Achsen von uns bewegt wurden. Dem kann man mit der Einführung einer *toten* Zone vorbeugen – Werte innerhalb dieser Zone werden dann einfach ignoriert, und es wird so getan, als ob sich die Achse in der Mittelstellung befände.

Die tote Zone kann entweder für das ganze Gerät oder nur für spezifische Achsen gesetzt werden. Man verwendet dort ebenfalls eine DIPROPDWORD-Struktur, deren dwData-Element man auf den Wert für die tote Zone setzt. Ein Wert von null bedeutet, dass es keine tote Zone gibt. Bei 5000 muss die Achse bis zur Hälfte der physischen Reichweite bewegt werden, bevor Daten geliefert werden, und bei 10000 ist der gesamte Bereich als tot markiert (es erfolgen dann auch keine Eingaben, was ziemlich schwachsinnig wäre).

Im Beispiel wird die tote Zone für das gesamte Gerät pJoystick auf 750 gesetzt, was recht zufrieden stellende Ergebnisse liefert:

```
DIPROPDWORD AxisDeadZone;  // Struktur für die tote Zone

// Headerstruktur ausfüllen
AxisDeadZone.diph.dwHeaderSize  = sizeof(DIPROPHEADER);
AxisDeadZone.diph.dwSize        = sizeof(DIPROPDWORD);
AxisDeadZone.diph.dwObj         = 0;
AxisDeadZone.diph.dwHow         = DIPH_DEVICE;

// Tote Zone auf 750 setzen
AxisDeadZone.dwData             = 750;

// Einstellungen aktivieren
g_pJoystick->SetProperty(DIPROP_DEADZONE, &AxisDeadZone.diph);
```

Listing 4.13 Die tote Zone

Mit der toten Zone sollte man vorsichtig umgehen: Setzt man sie zu niedrig, leidet der Spieler später unter Eingaben, die er gar nicht gemacht hat. Ist sie andererseits zu hoch, dann lässt sich das Spiel möglicherweise nicht mehr fein genug steuern, weil der „gültige" Bewegungsbereich des Joysticks einfach zu klein ist!

4.8.6 Sättigung

Auch die *Sättigung* dient der Linderung von Ungenauigkeiten bei den Eingabewerten von Achsen. Oft kann man die Joystickachse so weit nach rechts oder links drücken, wie man will – den Maximalwert erreicht man kaum, ohne stärkere Gewaltanwendung.

Abhilfe schafft die Sättigung: Sie definiert, dass die Achse bereits *vor* dem physischen Limit den Maximalwert liefert. Wie auch bei der toten Zone wird der Wert in hundertstel Prozent der physischen Reichweite angegeben. Gibt man zum Beispiel 9000 an, dann gilt ab 90% der maximalen physischen Reichweite der Maximalwert.

Hier wird ebenfalls die Struktur DIPROPDWORD benutzt – setzen Sie das dwData-Element einfach auf den gewünschten Wert. Die Sättigung lässt sich sowohl für einzelne Achsen als auch für das gesamte Gerät festlegen. 90% (9000) bis 95% (9500) scheinen Werte zu sein, mit denen sich sehr gut arbeiten lässt. Ansonsten muss der Spieler zu viel Kraft aufwenden, um die Achsen an ihr äußerstes Limit zu bringen, was sicherlich auch nicht gerade gesund für den Joystick ist.

4.8.7 Das Beispielprogramm

Wir beschränken uns hier auf eine Modifikation des letzten Beispielprogramms (Joystick). Den Achsen wird hier eine Reichweite von –1000 bis +1000, eine tote Zone bis 10% (100) und eine Sättigung ab 90% (9000) hinzugefügt. Die Einstellungen gelten immer für das gesamte Gerät, benutzen Sie EnumObjects, um auf einzelne Objekte zuzugreifen. Vergleichen Sie dann das Element guidType der DIDEVICEOBJECTINSTANCE-Struktur mit den verschiedenen Vorgaben (GUID_XAxis, GUID_RxAxis, GUID_Slider ...), um herauszufinden, worum es sich bei dem Objekt handelt, und verfahren Sie dann entsprechend.

4.8.8 Gepufferte Daten und direkte Daten

Wir haben mit DirectInput bisher nur im „Direktmodus" gearbeitet. Das bedeutet: Wenn wir die Methode GetDeviceState aufgerufen haben, dann erhielten wir die Daten des Eingabegeräts, wie sie *genau zu diesem Zeitpunkt* waren.

Es gibt aber noch eine andere Möglichkeit: nämlich *gepufferte Daten*. Bei diesen wird wirklich *jede* Aktion, die auf einem Eingabegerät durchgeführt wurde, protokolliert. Dazu zählen: Drücken von Knöpfen, Loslassen von Knöpfen, Bewegen einer Achse und so weiter. Das hat natürlich einen Vorteil: Es gehen keine Daten verloren, was beim direkten Modus sehr wohl der Fall sein kann. Von dem, was *zwischen* zwei GetDeviceState-Aufrufen passiert, bekommt die Anwendung nichts mit. Bei den gepufferten Daten kann sie sich jede einzelne Aktion ansehen und auswerten.

Wir werden aber trotzdem beim Direktmodus bleiben – aus dem Grund, dass man mit ihm einfacher umgehen kann. Und solange die Spiele mit einer anständigen Geschwindigkeit laufen, fragen sie den Gerätezustand auch so oft ab, dass kaum mal ein Mausklick verloren geht. Würde man sich sehr viel mit Dingen wie zum Beispiel der *Texteingabe* in Spielen (per Tastatur) beschäftigen, wären die gepufferten Daten sicherlich eine sehr große Hilfe – aber viel mehr als „*Bitte geben Sie Ihren Namen ein:*" werden wir nicht brauchen.

4.8.9 Rückblick

- Objekte eines Eingabegeräts (zum Beispiel Achsen, Knöpfe oder Schieberegler) lassen sich mit der Methode `EnumObjects` von `IDirectInputDevice8` aufzählen.
- Mit der Methode `SetProperty` lassen sich für einzelne Objekte oder für ganze Eingabegeräte bestimmte Eigenschaften festlegen.
- Zu den Eigenschaften gehören vor allem Einstellungen für Achsen, welche die gelieferten Daten in bestimmten Arten manipulieren, hauptsächlich um kleinere Fehler zu vermeiden, die bei Joystickachsen auftreten (Daten verändern sich, obwohl keine Bewegung vorhanden ist).

4.9 Übungsaufgaben

1. Schreiben Sie ein Programm, das DirectInput initialisiert und alle Eingabegeräte in einer Liste (in einem Dialogfenster) anzeigt. Der Benutzer soll dann auf Knopfdruck eine Geräteschnittstelle generieren lassen können.
2. Erweitern Sie das Programm so, dass es alle Objekte der Eingabegeräte auflistet!
3. Mit DirectInput sollen die Bewegungen der Maus überwacht werden. Bewegt der Benutzer die Maus nach *rechts*, so soll der Windows-Mauszeiger nach *links* wandern (ebenso mit oben und unten). Wie könnte man das realisieren?
   Tipp: Mit der Funktion `SetCursorPos` können Sie den Mauszeiger bewegen, mit `GetCursorPos` fragen Sie dessen Position ab (das Ergebnis wird in einer `POINT`-Variablen gespeichert).
4. Schaffen Sie es auch, dass der Benutzer den Mauszeiger mit seinem Joystick kontrollieren kann? Mit den Knöpfen soll auch das Klicken möglich sein.
   Tipp: Klicks können Sie mit der Funktion `mouse_event` simulieren! Außerdem ist diese Funktion eine bessere Alternative zu `SetCursorPos`, um die Maus zu bewegen.

4.10 Eine Eingabeklasse für die Engine

Wie ich schon versprochen habe, werden wir jetzt eine eigene Eingabeklasse für die TriBase-Engine programmieren.

4.10.1 Probleme mit DirectInput

Wenn Sie sich die vorherigen Seiten gut durchgelesen haben, dann haben Sie festgestellt, dass man verschiedene Eingabegeräte auch auf total verschiedene Weise behandeln muss – die einen haben *relative* Achsen, die anderen *absolute* und noch ein paar andere Bauteile, für die wiederum spezielle Dinge zu beachten sind. Man bekommt es hier ganz einfach mit programmiertechnischen Problemen zu tun ...

4.10 Eine Eingabeklasse für die Engine

Programmiert man ein Spiel, bei dem der Spieler keine Wahl zwischen den Eingabegeräten hat, dann treten keine Probleme auf. Aber möchte man jede Spielaktion (zum Beispiel Beschleunigen, Bremsen, Schießen und so weiter) *frei belegbar* gestalten, dann wird es höllisch schwer, wenn man sich nicht irgendetwas einfallen lässt.

Das Hauptproblem stellt dabei wohl die Tatsache dar, dass eben nicht jedes Gerät nur aus Knöpfen besteht – sondern sich auch noch Achsen, Schieberegler und POV-Controller hinzugesellen.

4.10.2 Das Prinzip der analogen Knöpfe

Diese Probleme soll unsere Eingabeklasse auf elegante Weise lösen. Ich möchte hier einen Ansatz präsentieren, den ich bisher noch nirgendwo gesehen habe.

Der Hauptgedanke dabei ist, dass man Achsen, Knöpfe und Co. alle *gleich* behandelt! Man erfindet praktisch eine *neue Art von Objekt*: einen *analogen Knopf* – also ein Knopf, dessen Zustand zwischen 0 und 1 schwanken kann (zum Beispiel 0.75). Das kommt dem Prinzip der Aktionen in einem Spiel sehr entgegen, denn man kann so jeder Aktion einen analogen Knopf zuordnen und muss sich gar nicht darum kümmern, was genau dieser Knopf eigentlich ist – Hauptsache, die Werte stimmen!

Man muss sich natürlich Gedanken darüber machen, wie man die Eingabedaten der echten Knöpfe und Achsen in *analoge Knopfdaten* umwandelt.

4.10.2.1 Das Schicksal der Achsen

Für die Achsen habe ich mir etwas ganz Besonderes einfallen lassen: Man teilt eine Achse einfach in *zwei* analoge Knöpfe auf! Die x-Achse eines Joysticks wird dann zum Beispiel zu zwei analogen Knöpfen namens „*x-Achse negativ*" und „*x-Achse positiv*" (links und rechts).

Die Engine fragt dann den Joystick beziehungsweise *alle* Joysticks wie gewöhnlich ab und macht dann aus jeder Achse zwei Werte für die jeweiligen Knöpfe, und zwar nach dem folgenden Prinzip:

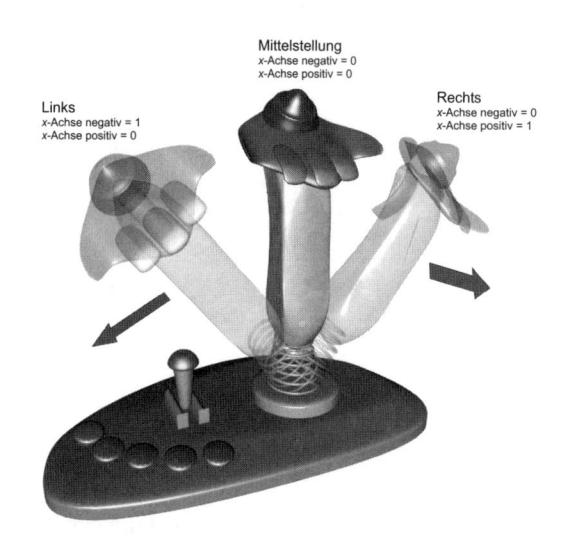

Abbildung 4.4 Die x-Achse des Joysticks wird in zwei analoge Knöpfe aufgeteilt.

Der Sinn der Sache ist, dass man später in einem Spiel die *x*-Achse des Joysticks oder die der Maus (beziehungsweise eine Hälfte davon) genauso behandeln kann wie zum Beispiel die Taste [Pfeil links] auf der Tastatur. So könnte der Spieler beispielsweise die Spielaktion „*nach links lenken*" entweder auf den Knopf „*Tastatur: Pfeil links*" oder auf „*Joystick: x-Achse negativ*" legen – dem Spiel wäre es egal, da die Eingabedaten in beiden Fällen zwischen 0 und 1 liegen.

4.10.2.2 Umwandlung der Tastaturdaten

Bei der Tastatur ist die Sache recht einfach: Hier müssen wir keine Achsen aufteilen. Wir legen für jede Taste genau einen analogen Knopf an, der 1 ist, wenn die Taste gedrückt ist, und 0, wenn sie es nicht ist. Es wäre vielleicht noch eine Überlegung wert, den Wert der analogen Tastaturknöpfe beim Tastendruck langsam zu erhöhen und ihn langsam abklingen zu lassen, wenn die Taste wieder losgelassen wird – doch das sollte man wohl lieber dem Spiel selbst überlassen.

4.10.2.3 Schieberegler

Hier gibt es ein kleines Problem, weil die Schieberegler meistens nicht in ihre ursprüngliche Position zurückkehren (es sei denn, es ist eine Feder daran befestigt). Angenommen, man würde einen Schieberegler ebenfalls in die analogen Knöpfe „*Schieberegler positiv*" und „*Schieberegler negativ*" aufteilen und der Spieler würde sie den Aktionen „*weniger Schub*" und „*mehr Schub*" zuordnen. Würde er nun den Schieberegler leicht in eine Richtung drücken, dann würde *immer weiter* die Aktion „*mehr Schub*" oder „*weniger Schub*" ausgelöst, und um die Schubzunahme zu stoppen, müsste man den Regler wieder exakt in der Mitte positionieren – zu kompliziert.

Hier speichern wir einfach die vorherige Position des Schiebereglers und arbeiten nur mit dem Unterschied zwischen dieser und der aktuellen Position. Bewegt der Spieler dann den Schieberegler auf eine neue Position, so wird die Aktion nur kurzzeitig ausgelöst; danach ist der Wert des analogen Knopfs wieder null, bis er erneut bewegt wird.

Zusätzlich zu den beiden Knöpfen für die positive oder negative Veränderung führen wir noch einen *absoluten* Knopf ein. Er ist 0, wenn der Schieberegler an seiner unteren Grenze angelangt ist, und 1 bei seiner oberen.

4.10.2.4 POV-Controller

Einen POV-Controller wandeln wir in *vier* einzelne analoge Knöpfe um: links, hoch, rechts und runter. Wird der POV-Controller dann zum Beispiel nach rechts oben bewegt, dann sind die beiden Knöpfe „rechts" und „hoch" aktiv. Man muss hier einfach den Winkel des POV-Controllers abfragen, und die Werte für die einzelnen Knöpfe erhält man mit Sinus- und Kosinusfunktionen.

4.10.2.5 Digitale und analoge Aktionen

Sie stimmen mir sicherlich zu, dass es schwachsinnig wäre, eine Aktion wie „*Hauptmenü aufrufen*" dem negativen Bereich der *x*-Achse des Joysticks zuzuordnen. Würde man dann den Joystick nach links bewegen, käme fröhlich das Hauptmenü auf den Bildschirm. Oder wie wäre es mit „*Spiel sofort beenden*" auf dem Schieberegler?

Aber trotzdem sollten wir solche seltsamen Kombinationen ermöglichen. Die eben genannten Aktionen sind ganz eindeutig digital – das Hauptmenü wird entweder aufgerufen oder eben

4.10 Eine Eingabeklasse für die Engine

nicht, dazwischen gibt es nichts. Bei „nach links lenken" handelt es sich um eine analoge Aktion, da man eben *mehr* oder *weniger stark* nach links lenken kann.

Deshalb sollten wir für digitale Aktionen auch noch den *digitalen Wert* jedes analogen Knopfes speichern. Das mag sich seltsam anhören, macht aber Sinn. Man könnte den digitalen Wert so definieren: Er ist 1, wenn der analoge Wert größer gleich 0.2 ist, und unter 0.2 ist er 0.

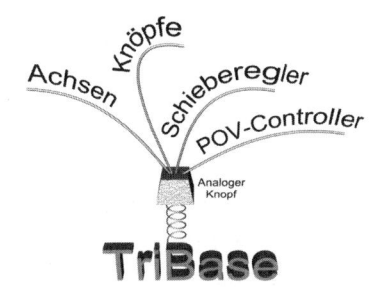

Abbildung 4.5 Gleichheit für alle Bauteile!

4.10.3 Die *tbDirectInput*-Klasse

4.10.3.1 Alle Knöpfe sind gleich!

Mit der tbDirectInput-Klasse wollen wir dafür sorgen, dass der Programmierer möglichst wenig von den einzelnen Eingabegeräten zu sehen bekommt und sich gar nicht darum kümmern muss, *was* denn nun angeschlossen ist und was nicht. Auch diese Klasse wird wieder eine Singleton-Klasse werden.

Die Klasse wird eine große interne Liste speichern, die Informationen zu jedem analogen Knopf bereithält: der Name (zum Beispiel „*Rücktaste*") und zu welchem Eingabegerät er gehört (durch eine Nummer angegeben, wobei 0 die Tastatur ist, 1 die Maus, 2 der erste Joystick, 3 der zweite ...). Beide Angaben kann man später dem Benutzer bei der Tasten- und Achsenbelegung präsentieren. Jeder analoge Knopf wird dadurch allein durch seinen *Index* in der Liste identifiziert.

Für jeden Joystick benötigen wir noch zwei zusätzliche Variablen, in denen die vorherigen Werte der Schieberegler gespeichert werden, wie bereits besprochen. In der Struktur tbButtonInfo speichern wir Informationen über jeden analogen Knopf:

```
// Struktur für Informationen über einen analogen Knopf
struct TRIBASE_API tbButtonInfo
{
    char   acName[64];  // Name des Knopfs (z.B. "Return")
    DWORD  dwDevice;    // Zu welchem Gerät gehört der Knopf?
    float  fScaling;    // Werteskalierung für diesen Knopf
};
```

Listing 4.14 Informationen über einen analogen Knopf

4.10.3.2 Die Eingabegeräteliste

Noch eine zweite Liste muss die tbDirectInput-Klasse speichern: die Liste aller Eingabegeräte. Jeder Listeneintrag speichert einen Zeiger auf die IDirectInputDevice8-Schnittstelle des Geräts, den Gerätenamen (beispielsweise „*Cyborg USB 3D Joystick*"), die GUID-Nummer des Geräts (daran kann man später erkennen, ob es sich um die Tastatur, die Maus oder einen

Joystick handelt) und den *Startindex* in der Liste der analogen Knöpfe. Der Startindex ist der Index des ersten analogen Knopfs, der zu dem Gerät gehört. Zusätzlich wird noch die Anzahl der Knöpfe gespeichert. Für den Fall, dass es sich um einen Joystick handelt, ist auch noch Platz für die „ehemaligen" Positionen der Schieberegler, die wir zum Generieren der analogen Knopfdaten brauchen.

In der `Init`-Methode erzeugt jedes gefundene und erfolgreich initialisierte Gerät seinen eigenen Eintrag in der Eingabegeräteliste und erstellt seine analogen Knöpfe. Bei Joysticks werden einige Standardeinstellungen vorgenommen: Achsenskalierung, tote Zone und Sättigung. Die Informationen über jedes Gerät speichern wir in der Struktur `tbDeviceInfo`:

```
// Struktur für Informationen über ein Eingabegerät
struct TRIBASE_API tbInputDeviceInfo
{
    char                    acName[64];         // Name des Geräts (z.B. "Tastatur")
    LPDIRECTINPUTDEVICE8    pDevice;            // Geräteschnittstelle
    GUID                    DeviceGUID;         // GUID des Geräts
    DWORD                   dwFirstButton;      // Index des ersten Knopfs
    DWORD                   dwNumButtons;       // Anzahl der analogen Knöpfe
    LONG                    alOldSliderPos[2];  // Alte Schiebereglerpositionen
};
```

Listing 4.15 Aus solchen Strukturen besteht die Liste der Eingabegeräte.

4.10.3.3 Das Prinzip der Datenabfrage

Wenn das Programm zu einem gewissen Zeitpunkt die Daten der Eingabegeräte abfragen möchte, wird die Methode `tbDirectInput::GetState` aufgerufen. Man übergibt ihr zwei Zeiger: einen `float`-Zeiger und einen `BOOL`-Zeiger. Beide zeigen auf ein Array, das genau so viele Elemente hat, dass die Werte *aller* analogen Knöpfe hineinpassen. `float` wird für die analogen Daten verwendet und `BOOL` für die digitalen.

Die `GetState`-Methode geht nun intern die ganze Geräteliste durch, fragt mit `IDirectInputDevice8::GetDeviceState` die Eingabedaten ab und wandelt sie – je nach Gerätetyp auf verschiedene Art und Weise – in analoge und digitale Knopfdaten. Diese werden dann in die angegebenen Arrays geschrieben.

4.10.3.4 Vordefinierte Knöpfe

Oft möchte man in einer Anwendung ganz einfach nur abfragen, ob zum Beispiel die [Escape]-Taste gedrückt ist, ohne irgendwelche benutzerdefinierten Tastenbelegungen zu beachten. Für diesen Fall werden wir alle möglichen Knöpfe (also ihre Indizes) – von der Tastatur, der Maus und Joysticks – bereits mit `#define` vordefinieren.

Tastatur

Die allerersten analogen Knöpfe gehören immer zur *Tastatur* – das sind genau 107. Die Bezeichner beginnen alle mit „`TB_KEY_`". `TB_KEY_F12` ist beispielsweise der Bezeichner für die [F12]-Taste. Die Namen sind mit denen der „`DIK_`"-Konstanten identisch.

Maus

Es folgen genau 14 analoge Knöpfe für die Maus (es wird angenommen, dass es „nur" *eine* Maus gibt).

4.10 Eine Eingabeklasse für die Engine

```
// Mausknopfdefinitionen
#define TB_MOUSE_X_NEG      (107 + 0)        // x-Achse negativ
#define TB_MOUSE_X_POS      (107 + 1)        // x-Achse positiv
#define TB_MOUSE_Y_NEG      (107 + 2)        // ...
#define TB_MOUSE_Y_POS      (107 + 3)        // ...
#define TB_MOUSE_Z_NEG      (107 + 4)        // ...
#define TB_MOUSE_Z_POS      (107 + 5)        // ...
#define TB_MOUSE_BUTTON(i)  (107 + 6 + (i))  // Mausknopf Nr. i (0 bis 7)
```

Listing 4.16 14 analoge Knöpfe gehören zur Maus. Sie beginnen beim Index 107, denn 106 ist der letzte Knopf, der zur Tastatur gehört.

Joysticks

Nach der Maus kommen die Joysticks an die Reihe. Jeder besteht aus 66 analogen Knöpfen (wir verwenden c_dfDIJoystick als Datenformat). Da es eventuell mehrere Joysticks geben könnte, brauchen alle Knopfmakros noch einen Parameter: nämlich die *Nummer des Joysticks* (0: erster Joystick).

```
// Joystickknopf-Definitionen
#define TB_JOY_X_NEG(j)          (121+(j)*66 + 0)          // x-Achse negativ
#define TB_JOY_X_POS(j)          (121+(j)*66 + 1)          // x-Achse positiv
#define TB_JOY_Y_NEG(j)          (121+(j)*66 + 2)          // ...
#define TB_JOY_Y_POS(j)          (121+(j)*66 + 3)          // ...
#define TB_JOY_Z_NEG(j)          (121+(j)*66 + 4)          // ...
#define TB_JOY_Z_POS(j)          (121+(j)*66 + 5)          // ...
#define TB_JOY_RX_NEG(j)         (121+(j)*66 + 6)          // Rx-Achse negativ
#define TB_JOY_RX_POS(j)         (121+(j)*66 + 7)          // Rx-Achse positiv
#define TB_JOY_RY_NEG(j)         (121+(j)*66 + 8)          // ...
#define TB_JOY_RY_POS(j)         (121+(j)*66 + 9)          // ...
#define TB_JOY_RZ_NEG(j)         (121+(j)*66 + 10)         // ...
#define TB_JOY_RZ_POS(j)         (121+(j)*66 + 11)         // ...
#define TB_JOY_SLIDER_NEG(j,i)   (121+(j)*66 + 12 + (i*3)) // Slider i negativ (0-1)
#define TB_JOY_SLIDER_POS(j,i)   (121+(j)*66 + 13 + (i*3)) // Slider i positiv (0-1)
#define TB_JOY_SLIDER_ABS(j,i)   (121+(j)*66 + 14 + (i*3)) // Slider i absolut (0-1)
#define TB_JOY_POV_UP(j, i)      (121+(j)*66 + 18 + (i*4)) // POV i hoch (0-3)
#define TB_JOY_POV_RIGHT(j, i)   (121+(j)*66 + 19 + (i*4)) // ...
#define TB_JOY_POV_DOWN(j, i)    (121+(j)*66 + 20 + (i*4)) // ...
#define TB_JOY_POV_LEFT(j, i)    (121+(j)*66 + 21 + (i*4)) // ...
#define TB_JOY_BUTTON(j, i)      (121+(j)*66 + 34 + (i))   // Knopf i (0 bis 31)
```

Listing 4.17 Die Makros für die 66 analogen Joystickknöpfe – der Parameter j steht jeweils für die Nummer des Joysticks, auf den sich das Makro bezieht.

4.10.3.5 Analoge Knopfskalierung

Wir werden der tbDirectInput-Klasse ein Feature einbauen, das es erlaubt, die Werte bestimmter analoger Knöpfe mit einem Faktor zu multiplizieren – sie also zu *skalieren*. So könnte der Benutzer später jeden einzelnen Knopf unterschiedlich kalibrieren. Alles, was wir zu tun haben, ist zusätzlich zu Name und Gerät eines Knopfs noch den Skalierungsfaktor zu speichern. Nach der Multiplikation mit diesem Faktor sorgen wir aber wieder dafür, dass der Wert des analogen Knopfs 1 nicht *über*schreitet und −1 nicht *unter*schreitet.

Das Umwandeln in die digitalen Knopfdaten (< 0.2: aus; ≥ 0.2: ein) erfolgt *nach* der Skalierung.

4.10.3.6 Ablaufplan

5. Die Anwendung ruft die Init-Methode von tbDirectInput auf. Es wird ein Fenster-Handle übergeben, das für die Einstellung der Kooperationsebene (die im zweiten Parameter übergeben werden kann) benötigt wird.
6. Die interne Liste der analogen Knöpfe kann nun von der Anwendung ausgelesen werden, um sie beispielsweise dem Benutzer zur Auswahl zu präsentieren. Das ist aber nicht zwingend erforderlich, da auch die Makros wie TB_JOY_X_NEG oder TB_KEY_SPACE verwendet werden können, um bestimmte Knöpfe direkt anzusprechen.
7. Jedes Mal, wenn die Eingabedaten neu abgefragt werden sollen, ruft die Anwendung die GetState-Methode von tbDirectInput auf. Dadurch erhält sie die digitalen und analogen Werte *aller* Knöpfe.
8. Die Eingabedaten werden ausgewertet – ohne dass man sich um deren Herkunft (sprich Eingabegerät) kümmern muss.
9. Mit dem Aufruf von Exit gibt die tbDirectInput-Klasse alle Eingabegeräte wieder frei.

4.10.3.7 Definition der *tbDirectInput*-Klasse

Variablen

- Zuallererst speichern wir den Zeiger auf die DirectInput-Schnittstelle IDirectInput8. (LPDIRECTINPUT8 m_pDirectInput). Sie wird zwar eigentlich nur ein einziges Mal benötigt, aber für spätere Erweiterungen kann es nicht schaden, sie immer griffbereit zu haben.
- Die Anzahl der initialisierten Geräte (DWORD m_dwNumDevices)
- Die Summe der Knöpfe jedes einzelnen Geräts (DWORD m_dwNumButtons)
- Die Geräteliste – hier speichern wir einfach einen Zeiger auf ein dynamisch generiertes Array von tbInputDeviceInfo-Strukturen ab.
- Dann fehlt noch die Knopfliste – ebenfalls ein dynamisches Array (tbButtonInfo* m_pButtons).
- HWND hWindow beinhaltet das Handle des Fensters, mit dem wir arbeiten.
- DWORD dwCoopLevel speichert die eingesetzte Kooperationsebene.

Methoden

- Die Init-Methode initialisiert alle Eingabegeräte. Sie erwartet zwei Parameter: das zu verwendende Fenster und die Kooperationsebene. Wenn kein Fenster angegeben wird, dann benutzt die Methode das eventuell vorhandene Fenster der tbDirect3D-Klasse. In Init werden beide Listen ausgefüllt: die Geräte- und die Knopfliste.
- Eine interne Methode namens InitKeyboard initialisiert die Tastatur. Sie wird von Init aufgerufen.
- InitMouse übernimmt die Initialisierung der Maus und das Eintragen der zugehörigen analogen Knöpfe.
- Mit InitJoystick initialisieren wir einen bestimmten Joystick, dessen GUID und Geräteindex (in der Liste) per Parameter übergeben werden.
- GetState fragt den Status aller Eingabegeräte ab und schreibt die Daten in die vom Benutzer angegebenen Arrays (float und BOOL (optional)).
- GetKeyboardState ist eine interne Methode, die von GetState aufgerufen wird. Sie kümmert sich ausschließlich um das Abfragen der Tastatur. Ebenso existieren GetMouseState und GetJoystickState.

4.10 Eine Eingabeklasse für die Engine

- Die Methode `GetPressedButton` fragt alle Eingabegeräte ab, durchläuft alle Knöpfe und liefert den ersten gedrückten, den sie findet, zurück. Das können wir gebrauchen, wenn der Benutzer aufgefordert wird, einen Knopf für eine gewisse Aktion (zum Beispiel „*Waffe 1 abfeuern*") festzulegen.
- `WaitForButton` wartet so lange, bis der Benutzer einen Knopf drückt. Dieser Knopf wird dann zurückgeliefert.
- `SetButtonScaling` legt die Skalierung für einen Knopf fest. `GetButtonScaling` fragt sie entsprechend wieder ab. Diese beiden Methoden beschränken sich darauf, das Element `fScaling` der jeweiligen `tbButtonInfo`-Struktur neu zu setzen beziehungsweise es abzufragen.
- Wie immer: verschiedene Inline-Methoden wie `GetDInput`, `GetNumDevices`, `GetNumButtons`, `GetDevices`, `GetButtons` ...

Code

```cpp
// Klasse für DirectInput
class TRIBASE_API tbDirectInput
{
private:
    // Variablen
    BOOL                m_bInitialized;    // Klasse initialisiert?
    LPDIRECTINPUT8      m_pDirectInput;    // IDirectInput8-Schnittstelle
    DWORD               m_dwNumDevices;    // Anzahl der Eingabegeräte
    DWORD               m_dwNumButtons;    // Anzahl der gesamten Knöpfe
    tbInputDeviceInfo*  m_pDevices;        // Die Liste der Eingabegeräte
    tbButtonInfo*       m_pButtons;        // Liste der analogen Knöpfe
    HWND                m_hWindow;         // Verwendetes Fenster
    DWORD               m_dwCoopLevel;     // Kooperationsebene

public:
    // Methoden
    // Initialisierung
    tbResult Init(HWND hWindow = NULL,
                  DWORD dwCoopLevel = DISCL_FOREGROUND | DISCL_NONEXCLUSIVE);
    tbResult Exit();                                        // Herunterfahren
    tbResult GetState(float* pfOut, BOOL* pbOut = NULL);    // Alle Geräte abfragen
    int      GetPressedButton();                            // Findet gedrückten Knopf
    int      WaitForButton(DWORD dwStartDelay = 150,        // Wartet auf einen Knopf
                           DWORD dwMaxTime = 3000);
    tbResult SetButtonScaling(DWORD dwButton, float f);     // Setzt Knopfskalierung
    float    GetButtonScaling(DWORD dwButton);              // Fragt Skalierung ab

    // Inline-Methoden
    LPDIRECTINPUT8      GetDInput()     {return m_pDirectInput;}
    DWORD               GetNumDevices() {return m_dwNumDevices;}
    DWORD               GetNumButtons() {return m_dwNumButtons;}
    tbInputDeviceInfo*  GetDevices()    {return m_pDevices;}
    tbButtonInfo*       GetButtons()    {return m_pButtons;}
    HWND                GetWindow()     {return m_hWindow;}
    DWORD               GetCoopLevel()  {return m_dwCoopLevel;}

    // Singleton-Methoden
    static tbDirectInput& Instance()      {static tbDirectInput Inst; return Inst;}
    static BOOL           IsInitialized() {Instance().m_bInitialized;}
};
```

Listing 4.18 Die Deklaration der `tbDirectInput`-Klasse

4.10.3.8 Die *Init*-Methode

In der Init-Methode erstellen wir zuerst die IDirectInput8-Schnittstelle – das kennen wir schon. Als Nächstes wird die Geräteliste groß genug gemacht, um Tastatur und Maus aufzunehmen, denn auf diese beiden Geräte stoßen wir mit an Sicherheit grenzender Wahrscheinlichkeit. Die Knopfliste wird ebenfalls erstellt, so dass Platz für die 107 Knöpfe der Tastatur und die 14 Knöpfe der Maus ist. Eingetragen wird erst später bei der Initialisierung der einzelnen Geräte.

Anschließend ruft die Methode IDirectInput8::EnumDevices auf, um alle Eingabegeräte abzuzählen. Die Rückruffunktion besprechen wir gleich noch (sie initialisiert jedes Gerät). Um mitzählen zu können, wie viele Joysticks es gibt, führen wir eine DWORD-Variable dwNumJoysticks ein. Deren Adresse geben wir als benutzerdefinierten Parameter für die Rückruffunktion an, so dass sie die Variable bei jedem gefundenen Joystick um eins erhöhen kann. Das ist nötig, um später den Index für das neue Gerät in der Geräteliste zu finden.

Die Werte der beiden Parameter hWindow und dwCoopLevel werden außerdem in die Klasse kopiert, da sie später noch gebraucht werden.

```
// Initialisierung von DirectInput
tbResult tbDirectInput::Init(HWND  hWindow,       // = NULL
                             DWORD dwCoopLevel)   // = DISCL_FOREGROUND |
                                                  //   DISCL_NONEXCLUSIVE
{
    HRESULT hResult;
    DWORD   dwNumJoysticks;

    TB_INFO("Die DirectInput-Komponente wird initialisiert ...");

    // Direct3D-Fenster eintragen, falls NULL angegeben wurde
    if(!hWindow)
    {
        if(!tbDirect3D::IsInitialized())
        {
            // Kein Fenster!
            TB_ERROR("Es gibt kein Fenster!", TB_ERROR);
        }
        else hWindow = tbDirect3D::Instance().GetWindow();
    }

    // Angegebenes Fenster und die Kooperationsebene eintragen
    m_hWindow = hWindow;
    m_dwCoopLevel = dwCoopLevel;

    // IDirectInput8-Schnittstelle erstellen
    TB_INFO("DirectInput-Schnittstelle wird generiert ...");
    if(FAILED(hResult = DirectInput8Create(TB_DLL_HANDLE,
                                           0x0800,
                                           IID_IDirectInput8,
                                           (void**)(&m_pDirectInput),
                                           NULL)))
    {
        // Fehler!
        TB_ERROR_DIRECTX("DirectInput8Create", hResult, TB_ERROR);
    }

    // Die Geräteliste initialisieren: zwei Einträge im Voraus erstellen
    m_dwNumDevices = 2;
    m_pDevices = (tbInputDeviceInfo*)(tbMemAlloc(2 * sizeof(tbInputDeviceInfo)));
    if(!m_pDevices) TB_ERROR_OUT_OF_MEMORY(TB_ERROR);
```

4.10 Eine Eingabeklasse für die Engine

```
        // 107 Knöpfe für die Tastatur und 14 für die Maus erstellen
        m_dwNumButtons = 121;
        m_pButtons = (tbButtonInfo*)(tbMemAlloc(121 * sizeof(tbButtonInfo)));
        if(!m_pButtons) TB_ERROR_OUT_OF_MEMORY(TB_ERROR);

        // Alle Geräte aufzählen. Der Rückruffunktion wird ein Zeiger auf die DWORD-Variable
        // dwNumJoysticks übergeben. Diese wird dann bei jedem gefundenen Joystick um eins
        // erhöht - so weiß die Rückruffunktion immer, der wievielte Joystick es gerade ist.
        dwNumJoysticks = 0;
        if(FAILED(hResult = m_pDirectInput->EnumDevices(DI8DEVCLASS_ALL,
                                                        EnumDevicesCallback,
                                                        &dwNumJoysticks,
                                                        DIEDFL_ATTACHEDONLY)))
        {
            // Fehler!
            TB_ERROR_DIRECTX("m_pDirectInput->EnumDevices", hResult, TB_ERROR);
        }

        // Damit sind wir fertig!
        TB_INFO("Die DirectInput-Komponente wurde erfolgreich initialisiert!");

        m_bInitialized = TRUE;

        return TB_OK;
    }
```

Listing 4.19 Die Methode tbDirectInput::Init

4.10.3.9 Die Rückruffunktion

In der Rückruffunktion EnumDevicesCallback, die der Abzählmethode EnumDevices übergeben wird, müssen wir erst einmal bestimmen, um was für ein Gerät es sich gerade handelt. Entsprechend werden dann die Methoden InitKeyboard, InitMouse oder InitJoystick aufgerufen. InitKeyboard und InitMouse erwarten *keine* Parameter, während InitJoystick zwei benötigt: den Zeiger auf die DIDEVICEINSTANCE-Struktur, die der Rückruffunktion übergeben wird, und die Nummer des gerade abgezählten Joysticks (die DWORD-Variable, die diesen Wert beinhaltet, ist im benutzerdefinierten Parameter der Rückruffunktion enthalten).

In dem Fall, dass eine der Methoden einen Fehler zurückliefert, geben wir nur eine *Warnung* aus, denn DirectInput könnte uns auch ein Gerät auflisten, das gar nicht angeschlossen oder defekt ist.

```
    // Rückruffunktion für die Eingabegeräte
    BOOL CALLBACK EnumDevicesCallback(LPCDIDEVICEINSTANCE pDeviceInstance,
                                      LPVOID pRef)
    {
        // Prüfen, ob es sich um die Tastatur, die Maus oder einen Joystick handelt
        if(pDeviceInstance->guidInstance == GUID_SysKeyboard)
        {
            // Es ist die Tastatur!
            if(InitKeyboard()) {TB_WARNING("Fehler beim Initialisieren d. Tastatur!");}
            else TB_INFO("Initialisierung der Tastatur komplett!");
        }
        else if(pDeviceInstance->guidInstance == GUID_SysMouse)
        {
            // Es ist die Maus!
            if(InitMouse()) {TB_WARNING("Fehler beim Initialisieren der Maus!");}
            else TB_INFO("Initialisierung der Maus komplett!");
        }
```

```
        else
        {
            // Es ist ein Joystick!
            if(InitJoystick(pDeviceInstance, *((DWORD*)(pRef))))
            {
                // Warnung ausgeben
                TB_WARNING("Fehler beim Initialisieren des Joysticks!");
            }
            else
            {
                TB_INFO("Initialisierung des Joysticks komplett!");

                // Anzahl der Joysticks im Referenzparameter erhöhen
                (*((DWORD*)(pRef)))++;
            }
        }

        // Der Nächste bitte!
        return DIENUM_CONTINUE;
    }
```

Listing 4.20 Verteilung der Initialisierungsaufgaben

4.10.3.10 *InitKeyboard* – **Initialisierung der Tastatur**

Wie man unter DirectInput eine Schnittstelle für die Tastatur erstellt, wurde bereits in einem Beispielprogramm gezeigt. Hier sieht es nicht viel anders aus, es wird `CreateDevice` aufgerufen, um die `IDirectInputDevice8`-Schnittstelle zu erhalten, die anschließend in die Geräteliste eingetragen wird. Der Index ist hier immer 0, da das der feste Platz für die Tastatur ist. Es folgt ein Aufruf von `SetDataFormat`, `SetCooperativeLevel` und `Acquire`, um den direkten Zugriff auf die Tastatur herzustellen.

Der Eintrag für die Tastatur in der Geräteliste wird nun fertig ausgefüllt (Name, Anzahl der Knöpfe, GUID und so weiter). Danach geht es an den Part, der einzig und allein Tipparbeit darstellt: Es müssen alle 107 Knöpfe mitsamt ihren Namen in die Knopfliste eingetragen werden.

Die Skalierung wird für jeden Knopf auf 1 gesetzt.

```
// Funktion zum Initialisieren der Tastatur
tbResult InitKeyboard()
{
    HRESULT               hResult;
    LPDIRECTINPUTDEVICE8  pDevice;

    // Geräteschnittstelle erstellen
    tbDirectInput& DI = tbDirectInput::Instance();
    if(FAILED(hResult = DI.GetDInput()->CreateDevice(GUID_SysKeyboard,
                                                    &pDevice,
                                                    NULL)))
    {
        // Fehler!
        TB_ERROR_DIRECTX("DI.GetDInput()->CreateDevice",
                         hResult, TB_ERROR);
    }

    // Datenformat setzen
    pDevice->SetDataFormat(&c_dfDIKeyboard);

    // Kooperationsebene setzen
    if(FAILED(hResult = pDevice->SetCooperativeLevel(DI.GetWindow(),
                                                    DI.GetCoopLevel())))
```

4.10 Eine Eingabeklasse für die Engine   413

```
    {
        // Fehler!
        TB_ERROR_DIRECTX("pDevice->SetCooperativeLevel", hResult, TB_ERROR);
    }

    // Zugriff aktivieren
    pDevice->Acquire();

    // Name, Schnittstelle, GUID und sonstige Informationen eintragen
    strcpy(DI.m_pDevices[0].acName, "Tastatur");
    DI.m_pDevices[0].pDevice = pDevice;
    DI.m_pDevices[0].DeviceGUID = GUID_SysKeyboard;
    DI.m_pDevices[0].dwFirstButton = 0;
    DI.m_pDevices[0].dwNumButtons = 107;

    // Die 107 Knöpfe in die Liste eintragen (Namen)
    strcpy(DI.m_pButtons[TB_KEY_ESCAPE].acName, "Escape");
    strcpy(DI.m_pButtons[TB_KEY_F1].acName, "F1");
    strcpy(DI.m_pButtons[TB_KEY_F2].acName, "F2");
    strcpy(DI.m_pButtons[TB_KEY_F3].acName, "F3");
    strcpy(DI.m_pButtons[TB_KEY_F4].acName, "F4");
    strcpy(DI.m_pButtons[TB_KEY_F5].acName, "F5");
    strcpy(DI.m_pButtons[TB_KEY_F6].acName, "F6");
    strcpy(DI.m_pButtons[TB_KEY_F7].acName, "F7");
    strcpy(DI.m_pButtons[TB_KEY_F8].acName, "F8");
    strcpy(DI.m_pButtons[TB_KEY_F9].acName, "F9");
    strcpy(DI.m_pButtons[TB_KEY_F10].acName, "F10");
    // Und so weiter ...

    // Geräte-IDs und Skalierung für die Knöpfe eintragen
    for(DWORD dwButton = 0; dwButton < 107; dwButton++)
    {
        DI.m_pButtons[dwButton].dwDevice = 0;
        DI.m_pButtons[dwButton].fScaling = 1.0f;
    }

    return TB_OK;
}
```

Listing 4.21 Die langwierige Initialisierung der Tastatur und ihrer 107 Knöpfe

4.10.3.11 Die Maus – *InitMouse*

Mit der Maus sieht es ganz ähnlich aus – erst wird die Schnittstelle für `GUID_SysMouse` generiert und eingerichtet, und dann werden die 14 Knöpfe zur Liste hinzugefügt.

4.10.3.12 *InitJoystick*

Beim Initialisieren eines Joysticks mit der `InitJoystick`-Methode haben wir ein wenig mehr zu tun als bei den anderen beiden Methoden. Auf jeden Fall ist es nötig, beide Listen zu erweitern, da diese von Anfang an nur Platz für die Tastatur und die Maus bieten – `tbMemReAlloc` ist da richtig am Platz (Vergrößerung/Verkleinerung eines Speicherbereichs). Außerdem ist es empfehlenswert, den Joystick angemessen zu kalibrieren, wie das schon im letzten Beispielprogramm getan wurde.

Sie erinnern sich sicher noch an das Element `LONG alOldSliderPos[2]` in der `tbInputDeviceInfo`-Struktur, dieses Array speichert die ehemalige Position der maximal zwei Schieberegler eines Joysticks. Wir brauchen sie, um später die *Bewegung* eines Schiebereglers feststellen zu können. Damit beim allerersten Abfragen der Joystickdaten kein Unfug dabei herauskommt (weil dann noch keine „alte" Position vorliegt), setzen wir die beiden Werte auf –10000, was außerhalb der Grenzen liegt. Später fragen wir das dann wieder ab, um herauszufinden, ob der Joystick zum *ersten* Mal abgefragt wurde (der Wert der Schiebereglerknöpfe wird in diesem Fall dann einfach auf 0 gesetzt).

```cpp
// Funktion zum Initialisieren eines Joysticks
tbResult InitJoystick(LPCDIDEVICEINSTANCE pDeviceInstance,
                      DWORD dwJoystick)
{
    HRESULT                 hResult;
    LPDIRECTINPUTDEVICE8    pDevice;
    DIPROPRANGE             Range;          // Struktur für Achsenskalierung
    DIPROPDWORD             DeadZone;       // Struktur für die tote Zone
    DIPROPDWORD             Saturation;     // Struktur für die Sättigung

    // Geräteschnittstelle erstellen
    tbDirectInput& DI = tbDirectInput::Instance();
    if(FAILED(hResult = DI.GetDInput()->CreateDevice(pDeviceInstance->guidInstance,
                                                    &pDevice,
                                                    NULL)))
    {
        // Fehler!
        TB_ERROR_DIRECTX("DI.GetDInput()->CreateDevice",
                         hResult, TB_ERROR);
    }

    // Datenformat setzen
    pDevice->SetDataFormat(&c_dfDIJoystick);

    // Kooperationsebene setzen
    if(FAILED(hResult = pDevice->SetCooperativeLevel(DI.GetWindow(),
                                                    DI.GetCoopLevel())))
    {
        // Fehler!
        TB_ERROR_DIRECTX("pDevice->SetCooperativeLevel", hResult, TB_ERROR);
    }

    // Zugriff aktivieren
    pDevice->Acquire();

    // Hier wird der Joystick kalibriert.
    // Als Erstes wird die Achsenskalierung eingerichtet.
    Range.diph.dwHeaderSize = sizeof(DIPROPHEADER);
    Range.diph.dwSize       = sizeof(DIPROPRANGE);
    Range.diph.dwObj        = 0;
    Range.diph.dwHow        = DIPH_DEVICE;
    Range.lMin              = -1000;
    Range.lMax              = +1000;
    if(FAILED(hResult = pDevice->SetProperty(DIPROP_RANGE,
                                             &Range.diph)))
    {
        // Fehler!
        TB_ERROR_DIRECTX("pDevice->SetProperty", hResult, TB_ERROR);
    }

    // Nun die tote Zone
    DeadZone.diph.dwHeaderSize = sizeof(DIPROPHEADER);
    DeadZone.diph.dwSize       = sizeof(DIPROPDWORD);
    DeadZone.diph.dwObj        = 0;
    DeadZone.diph.dwHow        = DIPH_DEVICE;
    DeadZone.dwData            = 1000;
    if(FAILED(hResult = pDevice->SetProperty(DIPROP_DEADZONE,
                                             &DeadZone.diph)))
```

4.10 Eine Eingabeklasse für die Engine   415

```
    {
        // Fehler!
        TB_ERROR_DIRECTX("pDevice->SetProperty", hResult, TB_ERROR);
    }

    // Sättigung
    Saturation.diph.dwHeaderSize = sizeof(DIPROPHEADER);
    Saturation.diph.dwSize       = sizeof(DIPROPDWORD);
    Saturation.diph.dwObj        = 0;
    Saturation.diph.dwHow        = DIPH_DEVICE;
    Saturation.dwData            = 9000;
    if(FAILED(hResult = pDevice->SetProperty(DIPROP_SATURATION,
                                             &Saturation.diph)))
    {
        // Fehler!
        TB_ERROR_DIRECTX("pDevice->SetProperty", hResult, TB_ERROR);
    }

    // Die Geräteliste und die Knopfliste erweitern
    DI.m_dwNumDevices++;
    DI.m_dwNumButtons += 66;
    DI.m_pDevices = (tbInputDeviceInfo*)
                    (tbMemReAlloc(DI.m_pDevices, -((int)(sizeof(tbInputDeviceInfo)))));
    DI.m_pButtons = (tbButtonInfo*)
                    (tbMemReAlloc(DI.m_pButtons, -66 * ((int)(sizeof(tbButtonInfo)))));

    // Name, Schnittstelle, GUID und sonstige Informationen eintragen
    strcpy(DI.m_pDevices[2 + dwJoystick].acName, pDeviceInstance->tszInstanceName);
    DI.m_pDevices[2 + dwJoystick].pDevice = pDevice;
    DI.m_pDevices[2 + dwJoystick].DeviceGUID = pDeviceInstance->guidInstance;
    DI.m_pDevices[2 + dwJoystick].dwFirstButton = 121 + (dwJoystick * 66);
    DI.m_pDevices[2 + dwJoystick].dwNumButtons = 66;

    // Die 66 Knöpfe erstellen (Namen)
    strcpy(DI.m_pButtons[TB_JOY_X_NEG(dwJoystick)].acName, "x-Achse negativ");
    strcpy(DI.m_pButtons[TB_JOY_X_POS(dwJoystick)].acName, "x-Achse positiv");
    strcpy(DI.m_pButtons[TB_JOY_Y_NEG(dwJoystick)].acName, "y-Achse negativ");
    strcpy(DI.m_pButtons[TB_JOY_Y_POS(dwJoystick)].acName, "y-Achse positiv");
    strcpy(DI.m_pButtons[TB_JOY_Z_NEG(dwJoystick)].acName, "z-Achse negativ");
    strcpy(DI.m_pButtons[TB_JOY_Z_POS(dwJoystick)].acName, "z-Achse positiv");
    strcpy(DI.m_pButtons[TB_JOY_RX_NEG(dwJoystick)].acName,"Rx-Achse negativ");
    strcpy(DI.m_pButtons[TB_JOY_RX_POS(dwJoystick)].acName, "Rx-Achse positiv");
    strcpy(DI.m_pButtons[TB_JOY_RY_NEG(dwJoystick)].acName, "Ry-Achse negativ");
    strcpy(DI.m_pButtons[TB_JOY_RY_POS(dwJoystick)].acName, "Ry-Achse positiv");
    strcpy(DI.m_pButtons[TB_JOY_RZ_NEG(dwJoystick)].acName, "Rz-Achse negativ");
    strcpy(DI.m_pButtons[TB_JOY_RZ_POS(dwJoystick)].acName, "Rz-Achse positiv");
    strcpy(DI.m_pButtons[TB_JOY_BUTTON(dwJoystick, 0)].acName, "Knopf 1");
    strcpy(DI.m_pButtons[TB_JOY_BUTTON(dwJoystick, 1)].acName, "Knopf 2");
    strcpy(DI.m_pButtons[TB_JOY_BUTTON(dwJoystick, 2)].acName, "Knopf 3");
    // Und so weiter ...

    strcpy(DI.m_pButtons[TB_JOY_SLIDER_NEG(dwJoystick, 0)].acName, "Slider1 positiv");
    strcpy(DI.m_pButtons[TB_JOY_SLIDER_POS(dwJoystick, 0)].acName, "Slider1 negativ");
    strcpy(DI.m_pButtons[TB_JOY_SLIDER_NEG(dwJoystick, 1)].acName, "Slider2 positiv");
    strcpy(DI.m_pButtons[TB_JOY_SLIDER_POS(dwJoystick, 1)].acName, "Slider2 negativ");
    strcpy(DI.m_pButtons[TB_JOY_SLIDER_ABS(dwJoystick, 0)].acName, "Slider1 absolut");
    strcpy(DI.m_pButtons[TB_JOY_SLIDER_ABS(dwJoystick, 1)].acName, "Slider2 absolut");
    strcpy(DI.m_pButtons[TB_JOY_POV_UP(dwJoystick, 0)].acName, "POV1 hoch");
    strcpy(DI.m_pButtons[TB_JOY_POV_RIGHT(dwJoystick, 0)].acName, "POV1 rechts");
    strcpy(DI.m_pButtons[TB_JOY_POV_DOWN(dwJoystick, 0)].acName, "POV1 runter");
    strcpy(DI.m_pButtons[TB_JOY_POV_LEFT(dwJoystick, 0)].acName, "POV1 links");
    // Und so weiter ...
```

```
        // Geräte-IDs und Skalierung für die Knöpfe eintragen
        for(int iButton = 0; iButton < 66; iButton++)
        {
            DI.m_pButtons[121 + (dwJoystick*66)+iButton].dwDevice = 2 + dwJoystick;
            DI.m_pButtons[121 + (dwJoystick*66)+iButton].fScaling = 1.0f;
        }

        // Alte Position der Schieberegler auf -10000 setzen.
        // Dadurch erkennt die Abfragefunktion, dass sie den Joystick zum ersten Mal
        // abfragt und sich daher nicht auf die alten Schiebereglerpositionen verlassen
        // darf.
        DI.m_pDevices[2 + dwJoystick].alOldSliderPos[0] = -10000;
        DI.m_pDevices[2 + dwJoystick].alOldSliderPos[1] = -10000;

        return TB_OK;
    }
```

Listing 4.22 Initialisierung eines Joysticks

Entschuldigen Sie bitte die „ungewöhnliche" Formatierung und die Abkürzungen im obigen Listing – die Zeilen waren einfach zu lang.

4.10.3.13 Abfragen der Eingabegeräte

Die Methode `tbDirectInput::GetState` ist das Kernstück der Klasse. Sie geht jedes Gerät in der Liste durch und ruft die entsprechende Methode auf, um dessen Zustand abzufragen. Die dadurch ermittelten analogen Knopfdaten werden in das vom Benutzer per Parameter übergebene float-Array und optional noch in das angegebene BOOL-Array (für digitale Daten) geschrieben. Hier kommt auch die Knopfskalierung ins Spiel. Wie gesagt: `GetState` ruft im Prinzip lediglich andere Methoden wie `GetKeyboardState`, `GetMouseState` und `GetJoystickState` auf, die dann die gerätspezifische Arbeit erledigen.

```
    // Fragt alle Eingabegeräte ab und generiert analoge und digitale Knopfdaten
    tbResult tbDirectInput::GetState(float* pfOut,
                                     BOOL* pbOut) // = NULL
    {
        // Parameter prüfen
        if(!pfOut) TB_ERROR_NULL_POINTER("pfOut", TB_ERROR);

        // Jedes Gerät durchgehen und es abfragen
        for(DWORD dwDevice = 0; dwDevice < m_dwNumDevices; dwDevice++)
        {
            if(m_pDevices[dwDevice].pDevice)
            {
                if(m_pDevices[dwDevice].DeviceGUID == GUID_SysKeyboard)
                {
                    // Es ist die Tastatur!
                    if(GetKeyboardState(m_pDevices[dwDevice].pDevice, pfOut))
                    {
                        // Fehler!
                        TB_ERROR("Fehler beim Abfragen der Tastatur!", TB_ERROR);
                    }
                }
                else if(m_pDevices[dwDevice].DeviceGUID == GUID_SysMouse)
                {
                    // Es ist die Maus!
                    if(GetMouseState(m_pDevices[dwDevice].pDevice, pfOut))
                    {
                        // Fehler!
                        TB_ERROR("Fehler beim Abfragen der Maus!", TB_ERROR);
                    }
```

4.10 Eine Eingabeklasse für die Engine

```
            }
            else
            {
                // Es ist ein Joystick!
                if(GetJoystickState(m_pDevices[dwDevice].pDevice,
                                    dwDevice - 2, pfOut))
                {
                    // Fehler!
                    TB_ERROR("Fehler beim Abfragen des Joysticks!", TB_ERROR);
                }
            }
        }
    }

    // Die Knopfdaten skalieren und an die Grenzen anpassen
    for(DWORD dwButton = 0; dwButton < m_dwNumButtons; dwButton++)
    {
        pfOut[dwButton] *= m_pButtons[dwButton].fScaling;
        if(pfOut[dwButton] > 1.0f) pfOut[dwButton] = 1.0f;
        if(pfOut[dwButton] < 0.0f) pfOut[dwButton] = 0.0f;
    }

    // Die Knopfdaten digitalisieren (falls erwünscht)
    if(pbOut)
    {
        for(dwButton = 0; dwButton < m_dwNumButtons; dwButton++)
        {
            // >= 0.2: an;  < 0.2: aus
            pbOut[dwButton] = pfOut[dwButton] >= 0.2f;
        }
    }

    return TB_OK;
}
```

Listing 4.23 Die Abfrage jedes einzelnen Eingabegeräts

Wie Sie sehen, erwarten `GetKeyboardState`, `GetMouseState` und `GetJoystickState` jeweils die Schnittstelle des Geräts, das sie abfragen sollen, und das Array, das sie mit den analogen Knopfdaten auszufüllen haben. `GetJoystickState` erwartet zusätzlich noch die *Nummer* des abzufragenden Joysticks, da es mehrere geben kann. Um die Nummer zu erhalten, zieht man von der *Gerätenummer*, also dem Index des Joysticks in der Liste, einfach zwei ab – denn *vor* dem Joystick gibt es natürlich noch die Tastatur und die Maus in der Liste.

Nach dem Abfragen wird der Wert jedes analogen Knopfs mit dem entsprechenden Skalierungsfaktor multipliziert, und dann wird der Wert wieder in die Grenzen von 0 bis 1 verwiesen.

Die Digitalisierung der Daten erfolgt nur dann, wenn der Parameter `BOOL* pbOut` nicht `NULL` ist, also wenn der Benutzer die digitalen Daten tatsächlich angefordert hat (`NULL` ist der Standardwert).

4.10.3.14 Abfragen der Tastatur

Kommen wir nun zur Methode `GetKeyboardState`. Wie auch `GetMouseState` und `GetJoystickState` bekommt sie die *Schnittstelle* der abzufragenden Tastatur und den Zeiger auf das Array, wo die analogen Daten untergebracht werden sollen, mitgeteilt.

Zuerst muss natürlich `IDirectInputDevice8::GetDeviceState` aufgerufen werden, um den aktuellen Status der Tastatur in Erfahrung zu bringen. Dann haben wir ein 256 Bytes großes Array mit dem Status jeder einzelnen Taste vorliegen.

Im Prinzip geht man nun einfach jede Taste durch, prüft, ob das Bit Nr. 8 gesetzt ist (was ja bedeutet, dass die Taste gedrückt ist), und setzt dann den analogen Wert für diesen Knopf auf 1 oder auf 0. Doch – einen Moment mal! Das Array, das wir von DirectInput bekommen, ist doch *256 Bytes* groß, während wir nur *107 Knöpfe* verwenden! Das liegt daran, dass DirectInput viel mehr Tasten kennt, als auf den meisten Tastaturen vorhanden sind – zum Beispiel irgendwelche japanischen Sondertasten oder Web-Browser-Tasten. Diese Tasten haben wir in unseren 107 Knöpfen nicht berücksichtigt, was auch meistens nicht nötig ist.

> Um das Problem zu lösen, fertigen wir uns eine große Tabelle an, die jeder TriBase-Taste eine DirectInput-Taste zuweist. DIK_ESCAPE wird zum Beispiel TB_KEY_ESCAPE zugewiesen – also haben wir dann eine Umwandlungstabelle mit 107 Einträgen.
>
> Beim Generieren der analogen Daten gehen wir nun alle 107 Tasten durch, schauen in der Tabelle nach, welche DirectInput-Taste dazugehört, und fragen deren Wert im 256 Bytes großen Array ab.

Wie man mit verlorener Eingabe umgeht

Wenn der Benutzer nun auf ein anderes Fenster umgeschaltet hat und wir die Tastatur nicht im Hintergrundmodus erstellt haben, dann werden wir beim Aufruf von GetDeviceState eine Fehlermeldung erhalten. In dem Fall probieren wir dann mit Acquire, den Zugriff wiederherzustellen. Wenn dieser Versuch Erfolg hatte, fragen wir den Status erneut mit GetDeviceState ab – andernfalls generieren wir eine Fehlermeldung. In der Praxis sollte das eigentlich nie vorkommen, denn die Funktion tbMessageLoop und die Nachrichtenfunktion des Direct3D-Fensters achten darauf, dass das Spiel angehalten wird, wenn das Fenster in den Hintergrund rückt.

```
// Fragt die Tastatur ab
tbResult GetKeyboardState(LPDIRECTINPUTDEVICE8 pDevice,
                          float* pfOut)
{
    HRESULT hResult;

    // Die Tastatur abfragen
    pDevice->Poll();
    BYTE aKey[256];
    if(FAILED(pDevice->GetDeviceState(256, aKey)))
    {
        // Versuchen, den Zugriff auf das Gerät wieder zu aktivieren
        if(FAILED(pDevice->Acquire()))
        {
            // Es geht nicht! Die Anwendung ist wahrscheinlich inaktiv.
            TB_ERROR("Fehler beim Zugriff auf die Tastatur!", TB_ERROR);
        }
        else
        {
            // Noch einmal versuchen, die Daten abzufragen
            if(FAILED(hResult = pDevice->GetDeviceState(256, aKey)))
            {
                // Fehler!
                TB_ERROR_DIRECTX("pDevice->GetDeviceState", hResult, TB_ERROR);
            }
        }
    }
```

4.10 Eine Eingabeklasse für die Engine

```
    // Die Daten der 107 analogen Knöpfe generieren
    for(DWORD dwButton = 0; dwButton < 107; dwButton++)
    {
        // Gedrückt: Wert = 1.0; Nicht gedrückt: Wert = 0.0
        pfOut[dwButton] = (aKey[tb_g_adwKeyConv[dwButton]] & 0x80) ? 1.0f : 0.0f;
    }

    return TB_OK;
}
```

Listing 4.24 Die 107 Tasten der Tastatur werden mit `GetKeyboardState` abgefragt und in Werte für die analogen Knöpfe umgewandelt.

Eigentlich kann man hier nicht wirklich von *analogen* Werten reden, da die Tastatur nur 0 oder 1 liefert – aber wir speichern es immerhin in einem `float`-Wert und nicht in `BOOL` oder `int`.

4.10.3.15 Abfragen der Maus

Beim Abfragen der Maus haben wir es das erste Mal mit Achsen zu tun, die in analoge Knöpfe umgewandelt werden müssen – aber eigentlich sollte das kein Problem sein. Alles, was wir tun müssen, ist:

- Status der Maus abfragen (`DIMOUSESTATE2`-Struktur wird ausgefüllt)
- Die Mausknöpfe können wir genau so behandeln wie die Tasten der Tastatur
- Die Achsen zerlegen wir in einen *positiven* und einen *negativen* Knopf. Bewegt man die Maus nach links, bekommt der Knopf `TB_MOUSE_X_NEG` einen positiven Wert (abhängig von der Geschwindigkeit der Bewegung), und `TB_MOUSE_X_POS` wird null. Ebenso wird mit den beiden anderen Achsen verfahren.

Nun benötigen wir natürlich noch eine Skala für die *x*-, *y*- und *z*-Achse der Maus. Wir definieren dazu einfach, dass der Knopf „*x-Achse positiv*" (`TB_MOUSE_X_POS`) sein Maximum (also 1.0f) erreicht, wenn die Maus um 15 Einheiten nach rechts bewegt wurde (also wenn das Element `lX` der `DIMOUSESTATE2`-Struktur gleich 15 ist). Also teilen wir `lX` durch 15, um den Wert des Knopfs zu finden.

Den Wert des Knopfs für die entgegengesetzte Richtung – also `TB_MOUSE_X_NEG` – brauchen wir nun gar nicht mehr auf diese Weise zu berechnen: Wir nehmen dafür den Wert von `TB_MOUSE_X_POS` und ändern sein Vorzeichen. Wenn `TB_MOUSE_X_POS` also sein Maximum erreicht hat (1.0f), dann hat `TB_MOUSE_X_NEG` den Wert -1.0f. Nun hatten wir aber doch definiert, dass ein analoger Knopf nur Werte zwischen 0 und 1 erreichen kann! Dafür haben wir auch schon gesorgt: Die `GetState`-Methode passt alle Werte so an, dass sie wieder innerhalb dieser Grenzen liegen. Sprich: Der Wert −1 wird zu 0. −2 wird ebenfalls zu 0. 100 wird zu 1, 50 ebenfalls und so weiter.

```
    // Abfragen der Maus
    tbResult GetMouseState(LPDIRECTINPUTDEVICE8 pDevice,
                           float* pfOut)
    {
        HRESULT        hResult;
        DIMOUSESTATE2  MouseState;

        // Die Maus abfragen
        pDevice->Poll();
        if(FAILED(pDevice->GetDeviceState(sizeof(DIMOUSESTATE2), &MouseState)))
```

```cpp
{
    // Versuchen, den Zugriff auf das Gerät wieder zu aktivieren
    if(FAILED(pDevice->Acquire()))
    {
        // Es geht nicht! Die Anwendung ist wahrscheinlich inaktiv.
        TB_ERROR("Fehler beim Zugriff auf die Maus!", TB_ERROR);
    }
    else
    {
        // Noch einmal versuchen, die Daten abzufragen
        if(FAILED(hResult = pDevice->GetDeviceState(sizeof(DIMOUSESTATE2),
                                                   &MouseState)))
        {
            // Fehler!
            TB_ERROR_DIRECTX("pDevice->GetDeviceState", hResult, TB_ERROR);
        }
    }
}

// Die drei Achsen (x, y, z) verarbeiten
pfOut[TB_MOUSE_X_NEG] = (float)(MouseState.lX) / -15.0f;
pfOut[TB_MOUSE_X_POS] = -pfOut[TB_MOUSE_X_NEG];
pfOut[TB_MOUSE_Y_NEG] = (float)(MouseState.lY) / -15.0f;
pfOut[TB_MOUSE_Y_POS] = -pfOut[TB_MOUSE_Y_NEG];
pfOut[TB_MOUSE_Z_NEG] = (float)(MouseState.lZ) / -180.0f;
pfOut[TB_MOUSE_Z_POS] = -pfOut[TB_MOUSE_Z_NEG];

// Die 8 Knöpfe verarbeiten
for(DWORD dwButton = 0; dwButton < 8; dwButton++)
{
    // Gedrückt: 1.0; Nicht gedrückt: 0.0
    pfOut[TB_MOUSE_BUTTON(dwButton)] = (MouseState.rgbButtons[dwButton] & 0x80)
                                      ? 1.0f : 0.0f;
}

return TB_OK;
}
```

Listing 4.25 Abfragen der Maus

4.10.3.16 Abfragen des Joysticks

Der Joystick ist hier eigentlich nur als „erweiterte Maus" anzusehen: Seine Achsen können wir genau so behandeln, wie oben gezeigt. Nur mit den Schiebereglern und den POV-Controllern müssen wir ein wenig aufpassen.

Die Schieberegler

Aus bereits genannten Gründen verwenden wir bei Schiebereglern nicht die tatsächliche Position zur Generierung der analogen Knopfdaten, sondern immer nur die *Differenz* zwischen dem aktuellen Status und dem Status, der beim letzten Abfragen ermittelt wurde. Und um genau diesen letzten Status zu speichern, gibt es das Array alOldSliderPos, das die ehemalige Position jedes der maximal zwei Schieberegler speichert. Zu Beginn haben beide Elemente dieses Arrays den Wert –10000, was andeutet, dass noch keine ehemalige Position existiert.

Nachdem anhand der Differenz zwischen aktueller und alter Position der analoge Knopfwert berechnet wurde (mit einem angemessenen Skalierungsfaktor), wird noch schnell der Knopf für die absolute Schiebereglerposition berechnet und die aktuelle Position als alte Position eingetragen.

4.10 Eine Eingabeklasse für die Engine

```
tbDirectInput& DI = tbDirectInput::Instance();

// Die beiden Schieberegler verarbeiten
for(DWORD dwSlider = 0; dwSlider < 2; dwSlider++)
{
    // Wenn die ehemalige Position des Schiebereglers auf -10000 steht,
    // dann ist das hier das erste Mal, dass wir den Joystick abfragen.
    if(DI.m_pDevices[2 + dwJoystick].alOldSliderPos[dwSlider]== -10000)
    {
        pfOut[TB_JOY_SLIDER_NEG(dwJoystick, dwSlider)] = 0.0f; // Der Startwert ist null.
        pfOut[TB_JOY_SLIDER_POS(dwJoystick, dwSlider)] = 0.0f;
    }
    else
    {
        // Die Differenz zwischen alter und neuer Position bestimmt
        // den Wert der analogen Knöpfe.
        pfOut[TB_JOY_SLIDER_NEG(dwJoystick, dwSlider)]
            = (DI.m_pDevices[2+dwJoystick].alOldSliderPos[dwSlider] -
                JoyState.rglSlider[dwSlider]) / -1.0f;
        pfOut[TB_JOY_SLIDER_POS(dwJoystick, dwSlider)]
            = -pfOut[TB_JOY_SLIDER_NEG(dwJoystick, dwSlider)];
    }

    // Knopf für absolute Schiebereglerposition verarbeiten
    pfOut[TB_JOY_SLIDER_ABS(dwJoystick, dwSlider)]
        = (float)(JoyState.rglSlider[dwSlider] - 1000) / -2000.0f;

    // Die aktuelle Schiebereglerposition als alte Position eintragen
    DI.m_pDevices[2 + dwJoystick].alOldSliderPos[dwSlider] = JoyState.rglSlider[dwSlider];
}
```

Listing 4.26 Generieren der analogen Knopfdaten für die Schieberegler

dwJoystick ist ein Parameter der GetJoystickState-Methode und beinhaltet die Nummer des abzufragenden Joysticks (0 ist der erste Joystick).

Die POV-Controller

POV-Controller liefern ihren Zustand in Form des Winkels, der zwischen dem „Hütchen" und einer imaginären Linie nach „oben" eingeschlossen wird. Um daraus nun Werte für die analogen Knöpfe „*POV rechts*", „*POV links*", „*POV oben*" und „*POV unten*" zu erhalten, wenden wir die Sinus- und die Kosinusfunktion an.

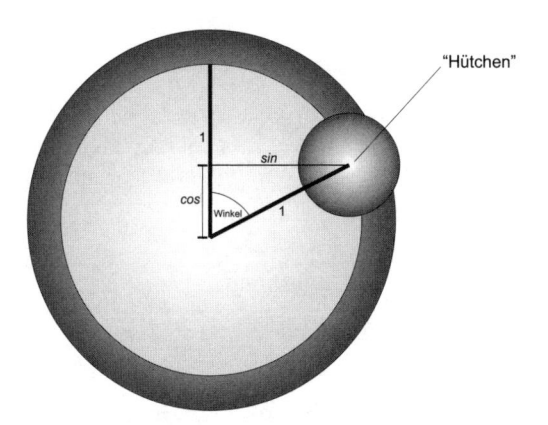

Abbildung 4.6 Den POV-Controller kann man sich wie einen *Einheitskreis* vorstellen (also wie einen Kreis mit dem Radius 1).

Möchte man nun im Beispiel oben den Wert für den analogen Knopf „*POV rechts*" ermitteln, so braucht man dazu praktisch nur die *Position* des „Hütchens" *auf der x-Achse*. Das Koordinatenkreuz, also den Ursprung, stellt man sich dabei in der *Mitte* des POV-Controllers vor. Betrachtet man dann das Ganze als einen Einheitskreis, wie in der Abbildung gezeigt, sieht man sofort: Die Position des „Hütchens" auf der *x*-Achse (oder anders gesagt: der *Abstand zur y-Achse*) ist gleich dem Sinus des angegebenen Winkels. Weiterhin sieht man, dass der Kosinus der *y*-Position entspricht.

Also können wir mit dieser Methode die Werte für TB_JOY_POV_RIGHT und TB_JOY_POV_UP berechnen. TB_JOY_POV_LEFT und TB_JOY_POV_DOWN erhalten wir, indem wir einfach das Vorzeichen der anderen beiden Knöpfe verändern (genau wie wir das auch schon bei den Achsen getan haben).

Vorsicht gilt noch beim Umrechnen des Winkels, denn dieser ist in *hundertstel Grad* angegeben – wir brauchen den Winkel aber in Rad (weil die Funktionen sinf und cosf das so wollen). Zur Umrechnung verwendet man das Makro TB_DEG_TO_RAD.

Außerdem müssen wir noch definieren, was passiert, wenn der POV-Controller in der Ruhelage ist (dann wird der Winkel –1 oder 65535 geliefert). In dem Fall bekommen dann alle vier analogen Knöpfe den Wert 0.

```
// Die vier POV-Controller verarbeiten
for(DWORD dwPOV = 0; dwPOV < 4; dwPOV++)
{
    if(JoyState.rgdwPOV[dwPOV] == -1 ||
       JoyState.rgdwPOV[dwPOV] == 65535)
    {
        // Alles null!
        pfOut[TB_JOY_POV_UP(dwJoystick, dwPOV)] = 0.0f;
        pfOut[TB_JOY_POV_RIGHT(dwJoystick, dwPOV)] = 0.0f;
        pfOut[TB_JOY_POV_DOWN(dwJoystick, dwPOV)] = 0.0f;
        pfOut[TB_JOY_POV_LEFT(dwJoystick, dwPOV)] = 0.0f;
    }
    else
    {
        // Winkel in Rad berechnen, dazu den Sinus und den Kosinus
        float fAngle = TB_DEG_TO_RAD((float)(JoyState.rgdwPOV[dwPOV]) / 100.0f);
        float fSin = sinf(fAngle);
        float fCos = cosf(fAngle);

        // Der Wert des "Nach-oben"-Knopfs ist der Kosinus des Winkels.
        // Um negative Werte kümmern wir uns nicht - die werden von der
        // GetState-Methode später sowieso korrigiert und auf null gesetzt.
        pfOut[TB_JOY_POV_UP(dwJoystick, dwPOV)] = fCos;

        // Der Wert des "Nach-unten"-Knopfs ist der negative Kosinus.
        pfOut[TB_JOY_POV_DOWN(dwJoystick, dwPOV)] = -fCos;

        // Der Wert des "Nach-rechts"-Knopfs ist der Sinus.
        pfOut[TB_JOY_POV_RIGHT(dwJoystick, dwPOV)] = fSin;

        // Der Wert des "Nach-links"-Knopfs ist der negative Sinus.
        pfOut[TB_JOY_POV_LEFT(dwJoystick, dwPOV)] = -fSin;
    }
}
```

Listing 4.27 So verwandeln wir die POV-Controller in jeweils vier analoge Knöpfe.

4.10.3.17 Finden des ersten gedrückten Knopfs

Mit der Methode tbDirectInput::GetPressedButton findet man heraus, welcher Knopf gerade gedrückt ist. Die Methode fragt alle Eingabegeräte ab und durchläuft dann jeden einzelnen

Knopf. Sobald einer gefunden wurde, dessen Wert mindestens 0.2 ist, wird sein Index zurückgeliefert. Wurde kein Knopf gefunden, wird –1 geliefert.

4.10.3.18 Wir warten auf einen Knopf

In den meisten Spielen läuft die Einstellung der Steuerung wie folgt ab: Der Benutzer klickt auf eine Aktion wie „*Nach vorne laufen*" und kann dann den Knopf drücken, den er gerne mit dieser Aktion verbinden möchte. Die Anwendung wartet dann so lange, bis der Benutzer seine Wahl bekannt gibt (durch Betätigung des gewünschten Knopfs) oder eine bestimmte Zeit abgelaufen ist.

Genau das wird mit der Methode `WaitForButton` ermöglicht. Diese Methode erwartet zwei Parameter: die *Startverzögerung* und die *maximale Zeit* (beides `DWORD`-Werte). Gibt man als Startverzögerung beispielsweise 500 an, dann wartet die Methode eine halbe Sekunde (500 Millisekunden), bevor sie auf den ersten gedrückten Knopf wartet (wozu sie `GetPressedButton` wiederholt aufruft). Die maximale Zeit bestimmt, nach wie vielen Millisekunden die Methode abbricht und –1 anstelle der Nummer des gedrückten Knopfs zurückliefert.

Vor allem der erste Parameter ist wichtig: denn der Benutzer *klickt* irgendwohin oder drückt irgendeine Taste, um dem Programm mitzuteilen, dass er einer Aktion einen neuen Knopf zuweisen möchte. Würde die Methode nun *direkt* mit dem Warten auf den ersten gedrückten Knopf anfangen, so würde genau dieser Knopf wahrscheinlich schon gemeldet.

```
// Wartet, bis der Benutzer einen Knopf drückt oder die Zeit abgelaufen ist
int tbDirectInput::WaitForButton(DWORD dwStartDelay, // = 150
                                 DWORD dwMaxTime)    // = 3000
{
    // Startverzögerung abwarten
    tbDelay(dwStartDelay);

    DWORD dwEndTime = timeGetTime() + dwMaxTime;
    while(timeGetTime() < dwEndTime)
    {
        // Gedrückten Knopf suchen
        int iButton = GetPressedButton();
        if(iButton != -1) return iButton;
    }

    // Die Zeit ist abgelaufen!
    return -1;
}
```

Listing 4.28 Diese Methode verwendet die Funktion `tbDelay`, die bisher noch nicht besprochen wurde. `tbDelay` hält die Anwendung für die per Parameter angegebene Anzahl von Millisekunden an.

4.10.4 Das Beispielprogramm

Im Beispielprogramm für dieses Kapitel soll gezeigt werden, wie einfach es nun mit der `tbDirectInput`-Klasse ist, eine völlig frei konfigurierbare Steuerung in sein Spiel einzubauen. Dazu entwickeln wir eine kleine Benutzeroberfläche in einem Dialogfenster, wo wir auch ein „Spielfeld" darstellen können. Zwei „Spielfiguren" (die nur Rechtecke sind) können mit gesteuert werden.

Dazu existieren acht Aktionen: „*Spieler 1 links*", „*Spieler 1 rechts*", „*Spieler 1 hoch*", „*Spieler 1 runter*" und das Gleiche noch mal für Spieler 2. Diese Aktionen werden im ersten Listenfeld des Dialogfensters dargestellt.

Das zweite Listenfeld beinhaltet die Knöpfe aller Eingabegeräte (dazu gehen wir einfach jeden einzelnen Knopf der tbDirectInput-Klasse durch und fügen ihn zur Liste hinzu – mit Angabe des Geräts).

Zusätzlich gibt es einen SUCHEN-Knopf. Klickt man ihn an, wartet das Programm darauf, dass man ihm den neuen Knopf für die aktuell ausgewählte Aktion mitteilt; das wird mit WaitForButton ermöglicht.

Ein globales Array namens g_adwButton[8] ordnet jeder der acht Aktionen einen Knopf zu. Es wird verändert, wenn der Benutzer in der Knopfliste einen anderen Eintrag wählt oder wenn er auf SUCHEN geklickt hat. Die Makros ACTION_PLAYER1_LEFT, ACTION_PLAYER1_RIGHT und so weiter definieren für jede der Aktionen eine Nummer (den Index im Array g_adwButton).

Folgender Code zeigt, wie die Bewegungen der beiden Spielfiguren erzeugt werden (die Positionen werden in g_vPlayer1 und g_vPlayer2 gespeichert – beides tbVector2-Variablen).

```
// Bewegt das Spiel fort
tbResult MoveGame()
{
    // Speicher für die Knöpfe reservieren
    tbDirectInput& DI = tbDirectInput::Instance();
    float* pfButtons = (float*)(tbMemAlloc(DI.GetNumButtons() * sizeof(float)));
    if(!pfButtons) TB_ERROR_OUT_OF_MEMORY(TB_ERROR);

    // Status aller Geräte abfragen
    if(DI.GetState(pfButtons))
    {
        // Fehler!
        TB_ERROR("Fehler beim Abfragen der Eingabegeräte!", TB_ERROR);
    }

    // Spieler 1 bewegen
    g_vPlayer1.x -= pfButtons[g_adwButton[ACTION_PLAYER1_LEFT]] * 10.0f;
    g_vPlayer1.x += pfButtons[g_adwButton[ACTION_PLAYER1_RIGHT]] * 10.0f;
    g_vPlayer1.y -= pfButtons[g_adwButton[ACTION_PLAYER1_UP]] * 10.0f;
    g_vPlayer1.y += pfButtons[g_adwButton[ACTION_PLAYER1_DOWN]] * 10.0f;

    // Spieler 2 bewegen
    g_vPlayer2.x -= pfButtons[g_adwButton[ACTION_PLAYER2_LEFT]] * 10.0f;
    g_vPlayer2.x += pfButtons[g_adwButton[ACTION_PLAYER2_RIGHT]] * 10.0f;
    g_vPlayer2.y -= pfButtons[g_adwButton[ACTION_PLAYER2_UP]] * 10.0f;
    g_vPlayer2.y += pfButtons[g_adwButton[ACTION_PLAYER2_DOWN]] * 10.0f;

    // Die Spieler dürfen die Grenzen nicht verlassen.
    if(g_vPlayer1.x < 10.0f) g_vPlayer1.x = 10.0f;
    if(g_vPlayer1.y < 10.0f) g_vPlayer1.y = 10.0f;
    if(g_vPlayer1.x > 523.0f) g_vPlayer1.x = 523.0f;
    if(g_vPlayer1.y > 258.0f) g_vPlayer1.y = 258.0f;
    if(g_vPlayer2.x < 10.0f) g_vPlayer2.x = 10.0f;
    if(g_vPlayer2.y < 10.0f) g_vPlayer2.y = 10.0f;
    if(g_vPlayer2.x > 523.0f) g_vPlayer2.x = 523.0f;
    if(g_vPlayer2.y > 258.0f) g_vPlayer2.y = 258.0f;

    TB_SAFE_MEMFREE(pfButtons);
    return TB_OK;
}
```

Listing 4.29 Mit den analogen Knöpfen ist es sehr einfach zu bestimmen, wie die Spielfiguren bewegt werden müssen – einfach den Wert des entsprechenden analogen Knopfs mit einem konstanten Faktor (hier 10) multiplizieren und zur Position addieren beziehungsweise davon subtrahieren.

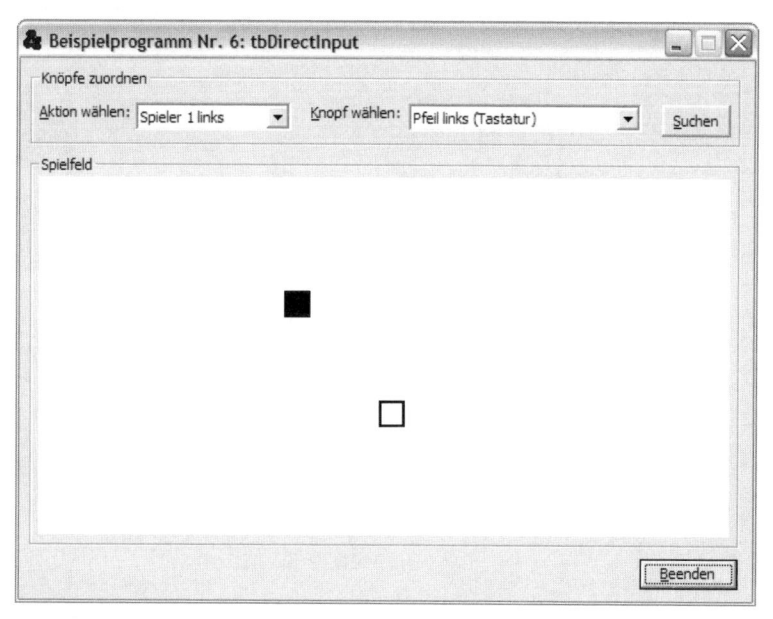

Abbildung 4.7 Wenn man möchte, kann man hier Verfolgungsjagd spielen!

4.10.5 Rückblick

- Die Klasse `tbDirectInput` erleichtert uns den Umgang mit allen Eingabegeräten und vor allem die Programmierung einer komplett konfigurierbaren Steuerung.
- Jedes Eingabegerät wird gleich behandelt, obwohl zum Beispiel Tastatur und Joystick grundlegend verschieden sind. Dazu betrachten wir jedes Gerät als eine Ansammlung von *analogen Knöpfen*, die Werte zwischen 0 und 1 annehmen können.
- *Achsen* werden in zwei analoge Knöpfe aufgeteilt: einen für den negativen und einen für den positiven Bereich. Mit POV-Controllern und Schiebereglern verfährt man ähnlich. Die Knöpfe der Tastatur sind zwar auch analog, aber ihnen wird immer nur entweder 1 oder 0 zugewiesen.

4.11 Ausblick

Jetzt haben wir bereits zwei sehr wichtige Komponenten von DirectX behandelt, mit denen man sogar schon ein voll funktionsfähiges Spiel schreiben könnte: Direct3D für die Grafik und DirectInput für die Steuerung.

Da fehlt uns nun eigentlich nur noch ein einziger „technischer" Aspekt: der *Sound*, und der Teil von DirectX, der dafür verantwortlich ist, *DirectSound*, wird im nächsten Kapitel ausführlich besprochen.

Da DirectSound an sich eigentlich nur für *Soundeffekte* und nicht für *Musik* eingesetzt wird, behandeln wir auch noch kurz *DirectShow*, das es uns dann ermöglicht, eine große Bandbreite an Musikdateiformaten in unseren Spielen wiederzugeben.

Am Ende wird dann wieder die TriBase-Engine so erweitert, dass man die neu erlernten Dinge später sehr einfach anwenden kann.

5

Sound und Musik

5 Sound und Musik

5.1 DirectSound kurz vorgestellt

DirectSound vervollständigt DirectX zu einer typischen Bibliothek für Spieleprogrammierung. Wie der Name bereits sagt, lässt man den Benutzer nun nicht nur *sehen* (Direct3D) und *fühlen* (DirectInput mit *Force Feedback*), sondern auch noch *hören*. Bis es erste markttaugliche *Geruchs-* oder *Geschmacksgeneratoren* für PCs gibt, sind damit alle leicht zu stimulierenden Sinne des Menschen abgedeckt.

Wir werden in diesem Kapitel ähnlich vorgehen wie im DirectInput-Kapitel – erst werden wir ohne die Engine mit DirectSound arbeiten und später einige Hilfsfunktionen und Klassen dafür schreiben. Sie dürfen sich außerdem auf eine kleine Einführung in die Akustik freuen!

5.1.1 Was kann DirectSound besser als Windows?

Die WinAPI bietet dem Programmierer eine interessante Funktionssammlung zum Thema Sound. Ich spreche von Funktionen wie sndPlaySound oder auch den waveOut-Funktionen. Diese sind sicherlich nicht schlecht und bestechen auf Grund ihrer Einfachheit – bei sndPlaySound müssen wir zum Beispiel lediglich den Namen einer beliebigen WAV-Datei angeben und spezifizieren, wie diese abgespielt werden soll, und schon tönt sie durch die Lautsprecher. sndPlaySound hat jedoch einige Beschränkungen: So kann man zum Beispiel nicht bestimmen, wie der Sound *balanciert* werden soll (ob er mehr von links oder von rechts ertönen soll), und es kann immer nur *ein* Sound gespielt werden.

Da sind die waveOut-Funktionen von Windows schon wesentlich besser: Sie erlauben dem Programmierer einen Zugriff auf viel niedrigerer Ebene. Doch DirectSound übertrifft sie alle! Schauen Sie sich einfach einmal die folgende Featureliste an:

- Mischen einer unbegrenzten Anzahl von Sounds, und das recht schnell
- Wenn beschleunigende Hardware vorhanden ist, wird diese automatisch genutzt (Sounds können möglicherweise sogar direkt in der Soundkarte abgelegt werden, ähnlich wie die Texturen bei Direct3D; oder die Hardware übernimmt die Aufgabe, die Sounds zu mischen).
- Unterstützung von *3D-Sound*! Sounds können frei im Raum positioniert werden, und DirectSound berechnet automatisch, wie sie den Hörer erreichen. Dabei wird sogar der *Dopplereffekt* simuliert (Änderung der Höhe eines Sounds bei sich bewegender Schallquelle). Wer dann noch im Besitz einer Surround-Anlage und entsprechender Soundkarte ist, kann den vollen 3D-Soundgenuss auskosten – und das alles ganz automatisch.
- Sounds sind durch eine Vielzahl von *Effekten*, deren Parameter in Echtzeit verändert werden können, beeinflussbar.
- Sounds können gleichzeitig *aufgenommen* und *abgespielt* werden!

Der Hauptvorteil liegt ganz eindeutig im dritten Punkt – dem 3D-Sound. Der Rest kann mehr oder weniger auch mit den gewöhnlichen Funktionen zufrieden stellend erreicht werden.

5.1.2 Soundpuffer und Mixer

DirectSound organisiert alle Sounds in *Soundpuffern*. Einen Soundpuffer kann man sich wie einen fast beliebig großen Speicherbereich vorstellen, der den Sound beinhaltet (in Wellenform) – neben Formatbeschreibungen. Diese Puffer sind vergleichbar mit Vertex- oder Index-Buffern in Direct3D.

Der einzige Soundpuffer, der wirklich *abgespielt* werden kann, ist der so genannte *primäre Soundpuffer*. Dieser wird dann durch die Soundkarte und die Lautsprecher wiedergegeben. Die eigentlichen Sounds, die zum Beispiel ein Spiel benutzt, werden in *sekundären Soundpuffern* gespeichert. Wann immer ein sekundärer Soundpuffer abgespielt wird, schickt er seine Daten zum *Mixer*. Dieser mischt alle zurzeit spielenden Soundpuffer (macht also aus vielen Sounds einen einzigen) und schreibt das Ergebnis in den *primären* Puffer, wo wir es dann hören können. Würde jeder sekundäre Sound sich selbst direkt in den primären Puffer schreiben (ohne vorher den Mixer zu passieren), dann könnte man ebenfalls immer nur *einen* Sound hören.

Ein sekundärer Soundpuffer kann entweder im Systemspeicher oder im *Hardwarespeicher* abgelegt werden. Wird die zweite Möglichkeit gewählt und die Hardware unterstützt dies, kann er viel schneller abgespielt werden, weil sich dann der Hauptprozessor nicht mehr darum kümmern muss.

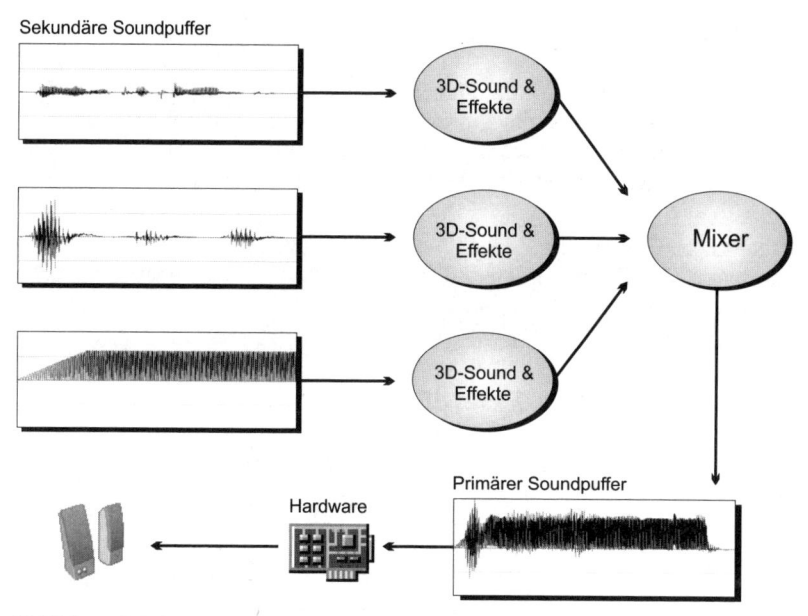

Abbildung 5.1 Der Weg, den jeder Sound durchläuft

Der Weg einer einzelnen Schallwelle ist also recht lang, bevor sie endlich ihr Ziel – unsere Ohren – erreicht. Der Schallwellenwirrwarr beim primären Soundpuffer vereinigt die Schallwellen aller gerade spielenden sekundären Puffer. Endstation ist dann bei den Lautsprechern, die vom Abspielgerät (Soundkarte) angesteuert werden. Wie *das* dann geschieht, ist nicht unsere Sache.

Beachten Sie, dass alle Stationen, die ein Sound durchläuft (Mixer, 3D-Sound, Effekte), entweder per *Software* oder per *Hardware* durchgeführt werden können – ähnlich wie bei Direct3D.

5.1.3 Die Schnittstellen

Um die Schnittstellenarchitektur kommen wir auch diesmal nicht herum. Ich kann Sie aber beruhigen, denn wir werden es im Wesentlichen nur mit zwei Schnittstellen zu tun bekommen: `IDirectSound8` und `IDirectSoundBuffer8`. Wer mit `IDirectSoundDevice8` gerechnet hat, den muss ich leider enttäuschen, es gibt keine wirkliche *Geräteschnittstelle* in DirectSound. Das Ausgabegerät wird nämlich direkt durch `IDirectSound8` repräsentiert.

`IDirectSoundBuffer8` ist die Schnittstelle für jegliche Soundpuffer und bietet Methoden zum *Abspielen*, *Stoppen* und für die verschiedensten *Effekte*. Soundpuffer werden durch eine Methode von `IDirectSound8` erstellt.

5.2 Initialisierung von DirectSound

5.2.1 Formale Dinge

Bevor DirectSound-spezifische Funktionen, Schnittstellen und Definitionen in unseren Programmen angesprochen werden können, ist die Einbindung der Header-Datei DSOUND.H notwendig (das wird aber schon automatisch erledigt, wenn man TRIBASE.H einbindet). Man beachte, dass hier keine „8" hinter dem Namen steht, wie das bei Direct3D der Fall war – warum, das weiß Microsoft allein ...

Damit ist die Sache aber noch nicht erledigt, denn auch hier müssen wir zusätzlich noch eine Bibliotheksdatei zu unserem Projekt hinzufügen. Ihr Name lautet – wen überrascht es – DSOUND.LIB. Außerdem brauchen wir auch hier noch die Datei DXGUID.LIB.

5.2.2 Abzählen der DirectSound-Geräte

Auch wenn der Normalbenutzer lediglich eine einzige Soundkarte in seinem PC hat, kann es immer sein, dass es mehrere Soundtreiber gibt. Für den Fall kann es nicht schaden, nicht einfach das Standardgerät zur Soundausgabe zu verwenden, sondern den Benutzer frei entscheiden zu lassen. Wie auch in DirectInput wird jedes Gerät durch eine GUID-Nummer identifiziert.

Um Informationen über alle Geräte zu erhalten, rufen wir die Funktion `DirectSoundEnumerate` auf. Man übergibt ihr im ersten Parameter einen Zeiger auf eine Rückruffunktion, die für jedes gefundene Gerät aufgerufen wird. Der zweite Parameter ist (wie immer) ein benutzerdefinierter Wert (`void*`), welchen die Rückruffunktion bei jedem Mal als letzten Parameter übergeben bekommt.

Die drei ersten Parameter der Rückruffunktion beinhalten genauere Geräteinformationen: Der erste ist vom Typ `LPGUID` und zeigt auf die GUID-Nummer des Geräts. Der zweite Parameter ist ein String, der den Namen des Geräts enthält, und der dritte Parameter beinhaltet den Namen der Treiberdatei (meistens uninteressant). Der vierte Parameter ist der benutzerdefinierte Wert.

5.2 Initialisierung von DirectSound

Die Rückruffunktion liefert einen BOOL-Wert: TRUE, wenn die Abzählung fortgesetzt werden soll, ansonsten FALSE. Der Typ ist BOOL CALLBACK. Schauen Sie sich folgendes Beispielprogramm an, das alle verfügbaren Ausgabegeräte mit Hilfe von Message-Boxes auflistet:

```
// Kapitel 5
// Beispielprogramm 01
// ====================
// Abzählen aller DirectSound-Geräte

#include <TriBase.h>

// Rückruffunktion für die Geräte
BOOL CALLBACK DirectSoundEnumerateCallback(LPGUID pGUID,
                                           LPCSTR pcName,
                                           LPCSTR pcDriver,
                                           LPVOID pContext)
{
    // Message-Box anzeigen
    MessageBox(NULL, pcName, "Gerät gefunden!", MB_OK | MB_ICONINFORMATION);

    // Weitermachen!
    return TRUE;
}

// Windows-Hauptfunktion
int WINAPI WinMain(HINSTANCE hInstance,
                   HINSTANCE hPrevInstance,
                   char* pcCmdLine,
                   int iShowCmd)
{
    // Alle Geräte abzählen
    DirectSoundEnumerate(DirectSoundEnumerateCallback, NULL);

    return 0;
}
```

Listing 5.1 Einfaches Abzählen aller DirectSound-Geräte

5.2.3 Erstellung der *IDirectSound8*-Schnittstelle

Der nächste Schritt ist das Erzeugen einer IDirectSound8-Schnittstelle. Diese ermöglicht es uns letztendlich, Soundpuffer herzustellen. Dazu rufen wir die Funktion DirectSoundCreate8 auf.

Tabelle 5.1 Die Parameter der Funktion DirectSoundCreate8

Parameter	Beschreibung
LPCGUID lpcGuidDevice	Zeiger auf die GUID des Geräts, für das die Schnittstelle generiert werden soll. Es können auch *Zeiger* auf folgende Werte angegeben werden: • DSDEVID_DefaultPlayback: steht für das Standardwiedergabegerät von Windows. Man kann auch NULL angeben und meint damit dasselbe. • DSDEVID_DefaultVoicePlayback: steht für das Standardgerät, wenn es um Stimmenwiedergabe geht.
LPDIRECTSOUND8* ppDS8	Adresse eines Zeigers auf eine IDirectSound8-Schnittstelle. Die Funktion füllt diesen Zeiger aus.
LPUNKNOWN pUnkOuter	Nicht verwendet – NULL angeben!

In den folgenden Beispielprogrammen wollen wir immer mit dem Standardgerät arbeiten und geben daher stets NULL für den ersten Parameter an.

5.2.4 Die Kooperationsebene wählen

Von DirectInput kennen Sie den Begriff *Kooperationsebene* schon: Er steht für die Art und Weise, wie die Anwendung mit anderen Anwendungen zusammenarbeitet – ob sie beispielsweise den Zugriff auf ein Gerät allein für sich beansprucht oder nicht.

Bei DirectSound ist es nicht viel anders. Hier besagt die Kooperationsebene vor allem, ob die Anwendung die Erlaubnis hat, das *Format des primären Soundpuffers* zu setzen, wozu wir später noch kommen. Dieses Format bestimmt letztendlich die Soundqualität.

Wir setzen die Kooperationsebene mit IDirectSound8::SetCooperativeLevel. Der erste Parameter ist wieder ein Fenster-Handle, das Fenster der Anwendung. Der zweite ist ein DWORD-Wert, der die Kooperationsebene angibt. Im Wesentlichen haben wir hier nur zwei Möglichkeiten:

- DSSCL_PRIORITY: Die Anwendung darf das Format des primären Soundpuffers bestimmen und hat höchste Kontrolle über die Hardware und ihre Ressourcen. Für Spiele bietet es sich an, diese Option zu wählen.
- DSSCL_NORMAL: „Normaler" Modus: Das Format des primären Soundpuffers ist festgelegt (8 Bits – schlechte Qualität). Hier wird keine Anwendung „bevorzugt".

5.2.5 Rückblick

- Die DirectSound-Schnittstelle IDirectSound8 wird durch die Funktion DirectSoundCreate8 erzeugt.
- DirectSoundCreate8 erwartet die GUID-Nummer des Ausgabegeräts, das durch die neue Schnittstelle angesprochen werden soll. Die GUIDs und Namen aller Geräte bringt man durch die Funktion DirectSoundEnumerate in Erfahrung.
- Mit IDirectSound8::SetCooperativeLevel setzt man die Kooperationsebene von DirectSound. Sie bestimmt unter anderem, ob die Anwendung, die DirectSound verwendet, das Format des primären Soundpuffers setzen kann oder nicht.

5.3 Erstellen von Soundpuffern

Nachdem die IDirectSound8-Schnittstelle eingerichtet wurde, wird es Zeit, *Soundpuffer* zu erstellen: den *primären* und einige *sekundäre* für die Sounds. Wir erstellen einen Soundpuffer mit Hilfe der Methode IDirectSound8::CreateSoundBuffer. Sie erwartet drei Parameter: einen Zeiger auf eine Struktur vom Typ DSBUFFERDESC, die genaue Informationen über den Soundpuffer enthält (*siehe unten*), dann die Adresse eines Zeigers auf eine IDirectSoundBuffer-Schnittstelle und zum Schluss wieder einen nicht verwendeten Parameter, den wir auf NULL setzen. Kommen wir nun zu der DSBUFFERDESC-Struktur ...

5.3 Erstellen von Soundpuffern

Tabelle 5.2 Die Elemente der Struktur DSBUFFERDESC

Element	Beschreibung
DWORD dwSize	Beinhaltet die Größe der DSBUFFERDESC-Struktur, also sizeof(DSBUFFERDESC). Dieses Element muss in jedem Fall ausgefüllt werden!
DWORD dwFlags	Flags, die den Typ des Soundpuffers betreffen (*siehe unten*)
DWORD dwBufferBytes	Größe des zu erstellenden Soundpuffers in Bytes. Je größer, desto länger ist der Sound.
DWORD dwReserved	Nicht verwendet – auf null setzen
LPWAVEFORMATEX lpwfxFormat	Zeiger auf eine WAVEFORMATEX-Struktur, die das Format des Soundpuffers beinhaltet (*siehe unten*)
GUID guid3DAlgorithm	Dieser Parameter ist nur interessant, wenn es um 3D-Sound geht, den wir aber erst später behandeln. Bis dahin geben wir hier einfach GUID_NULL an.

5.3.1 Eigenschaften der Soundpuffer

Der zweite Parameter der CreateSoundBuffer-Methode (DWORD dwFlags) bestimmt den Typ und die Eigenschaften des zu erstellenden Soundpuffers. Ich habe die Eigenschaften in verschiedene Kategorien eingeteilt, weil es sonst zu unübersichtlich würde. Aus jeder Kategorie kann ein Flag angegeben werden (mit „|" werden mehrere kombiniert).

5.3.1.1 Typ des Soundpuffers

Unter dem Typ versteht man, ob es sich um einen primären oder einen sekundären Soundpuffer handelt. Wenn das Flag DSBCAPS_PRIMARYBUFFER angegeben wird, dann wird ein primärer Puffer erstellt – andernfalls automatisch ein sekundärer (dafür gibt es kein eigenes Flag).

5.3.1.2 Statisch oder nicht?

Statische Soundpuffer sind solche, deren Inhalt sich nicht oder nur sehr selten ändert. Wenn ein Soundpuffer als statisch erstellt wird, dann versucht DirectSound, ihn im Speicher der Soundkarte unterzubringen, wenn dort Platz ist. Von dort aus können Sounds schneller abgespielt werden als per Software, da der Prozessor der Soundkarte alle anfallenden Rechnungen übernimmt. Dynamische Soundeffekte wie Echos können auf statische Sounds *nicht* angewandt werden. Für einen statischen Soundpuffer gibt man das Flag DSBCAPS_STATIC an – wird es weggelassen, dann ist der Puffer automatisch dynamisch.

5.3.1.3 Stimmenverteilung

Soundkarten können nicht unbegrenzt viele Sounds gleichzeitig abspielen. Die genaue Anzahl hängt von der Anzahl der freien *Stimmen* (*voices*) ab. Jeder Sound, der gespielt wird, beansprucht eine Stimme. Normal sind 32 oder mehr Stimmen.

Der Software-Mixer hingegen hat keine solche Begrenzung: Er kann theoretisch unendlich viele gleichzeitig wiedergegebene Sounds mischen (man sollte es aber nicht übertreiben).

DirectSound bietet uns eine Stimmenverwaltung (*Voice Management*), wodurch die vorhandenen Ressourcen intelligent genutzt werden können. Zuerst können beispielsweise die von der Hardware angebotenen Stimmen ausgeschöpft werden, und erst wenn die voll sind, wechselt man zum Software-Mixer.

Die folgenden Flags bestimmen, wie sich die Stimmenverwaltung verhalten soll (immer nur *eines* angeben):

Tabelle 5.3 Flags für die Stimmenverwaltung

Flag	Beschreibung
DSBCAPS_LOCSOFTWARE	Der Soundpuffer soll *immer* per Software abgespielt werden (auch wenn der Sound statisch ist, also mit DSBCAPS_STATIC deklariert wurde).
DSBCAPS_LOCHARDWARE	Die Aufgabe des Mischens dieses Soundpuffers *muss* die Hardware übernehmen. Wenn sie dazu nicht fähig ist, schlägt CreateSoundBuffer fehl.
DSBCAPS_LOCDEFER	Diese Option ist die beste – es wird erst dann entschieden, ob der Puffer in Software oder Hardware gemischt wird, wenn der Soundpuffer abgespielt werden soll. Die Situation (freie Hardwarestimmen) zu diesem Zeitpunkt bestimmt, wie DirectSound verfährt.

5.3.1.4 Sonderwünsche?

Wir kommen nun zu verschiedenen „Sonderausstattungen", mit denen man einen Soundpuffer versehen kann („*Und wenn Sie sich JETZT entscheiden, bekommen Sie die Klimaanlage OHNE Aufpreis!*"). Die folgenden Flags können in den meisten Fällen frei miteinander kombiniert werden.

Tabelle 5.4 Flags für besondere Eigenschaften eines Soundpuffers

Flag	Beschreibung
DSBCAPS_CTRLVOLUME	Fordert eine Lautstärkekontrolle an. Damit können wir später, wenn der Sound abgespielt wird, die Lautstärke frei verändern.
DSBCAPS_CTRLPAN	Fordert eine Balancekontrolle an (die Balance bestimmt, von welcher Seite ein Sound kommt). Kann nicht mit 3D-Sounds verwendet werden.
DSBCAPS_CTRLFREQUENCY	Fordert Frequenzkontrolle an. Durch Verändern der Abspielfrequenz kann ein Sound schneller oder langsamer abgespielt werden und damit auch höher beziehungsweise tiefer („Heulen" eines Automotors).
DSBCAPS_CTRLPOSITIONNOTIFY	Mit diesem Flag können wir DirectSound anweisen, die Anwendung in einer bestimmten Weise zu benachrichtigen, wenn der Sound einen gewissen Zeitpunkt überschritten hat.
DSBCAPS_CTRLFX	Damit fordern wir Effekte für den Soundpuffer an. Damit sind dynamische Echtzeiteffekte gemeint, die auf den Soundpuffer angewandt werden. Dazu gehören *Echos*, *Flanger*, *Chorus* und so weiter. Soundpuffer, die dieses Flag verwenden, müssen im 8- oder 16-Bit-Format vorliegen (was auch so üblich ist). Dieses Flag können Sie nicht zusammen mit DSBCAPS_PRIMARYBUFFER verwenden.
DSBCAPS_CTRL3D	Fordert einen 3D-Soundpuffer an. 3D-Soundpuffer haben eine *Position* und eine *Geschwindigkeit* im dreidimensionalen Raum und lassen die Sounds viel realistischer klingen.

Achten Sie darauf, dass Sie auch wirklich nur diejenigen Kontrollen (Lautstärke, Balance, Frequenz, Effekte …) anfordern, die Sie auch wirklich brauchen! DirectSound entscheidet auch anhand dieser Flags, ob der Puffer per Hardware oder Software gespielt werden soll. Geben Sie beispielsweise DSBCAPS_CTRLFREQUENCY an und die Hardware unterstützt das Setzen der Abspielfrequenz nicht, dann kann der Soundpuffer auch nicht per Hardware gespielt werden.

5.3 Erstellen von Soundpuffern

5.3.1.5 Hartnäckigkeit

Tabelle 5.5 Flags, die die „Hartnäckigkeit" eines Soundpuffers betreffen

Flag	Beschreibung
DSBCAPS_STICKYFOCUS	Mit diesem Flag erstellte Soundpuffer hören nicht auf zu spielen, wenn die Anwendung in den Hintergrund gerät, also den Fokus verliert.
DSBCAPS_GLOBALFOCUS	Erstellt einen Soundpuffer mit einem *globalen Fokus*. Solche Soundpuffer sind auch dann noch hörbar, wenn eine andere Anwendung in den Vordergrund rückt, selbst wenn diese Anwendung ebenfalls DirectSound verwendet.
DSBCAPS_MUTE3DATMAXDISTANCE	Für 3D-Soundpuffer: der Sound soll aufhören zu spielen, wenn er eine bestimmte maximale Distanz zum Hörer überschritten hat – dadurch wird Rechenzeit gespart. Dieses Flag hat nur dann Auswirkungen, wenn der Puffer in Software gespielt wird.

5.3.2 Das Format eines Soundpuffers

Nachdem wir nun die Werte für den zweiten Parameter der CreateSoundBuffer-Funktion abgehandelt haben, geht es weiter mit dem *Format* des Soundpuffers, das in einer WAVEFORMATEX-Struktur angegeben wird. Schauen wir uns dazu den Inhalt dieser Struktur an.

Tabelle 5.6 Die Elemente der Struktur WAVEFORMATEX

Element	Beschreibung
WORD wFormatTag	Beschreibt das Format, in dem die Audiodaten vorliegen. Wir verwenden hier WAVE_FORMAT_PCM, da dies auch meistens das einzige unterstützte Format ist.
WORD nChannels	Beinhaltet die Anzahl der *Soundkanäle*. 1 bedeutet *Mono*, 2 bedeutet *Stereo*. Audiodaten werden einzeln für jeden Kanal gespeichert.
DWORD nSamplesPerSec	Anzahl der *Samples* pro Sekunde. Ein Sample ist sozusagen die Grundeinheit eines Sounds, wie der Pixel eines Bilds. Je mehr Samples pro Sekunde aufgenommen und abgespielt werden, desto näher kommt der Klang an den Originalsound, und desto größer wird die anfallende Datenmenge. Übliche Sampling-Frequenzen sind 8000 Hz, 11025 Hz, 22050 Hz und 44100 Hz. Audio-CDs verwenden 44100 Samples pro Sekunde.
WORD wBitsPerSample	Gibt an, aus wie vielen Bits ein einzelnes Sample besteht. Dieser Wert ist vergleichbar mit der *Farbtiefe* eines Bildes. Mehr Bits pro Sample bedeuten eine bessere Soundqualität. Üblich sind 8 oder 16 Bits (CD-Qualität ist 16 Bits).
WORD nBlockAlign	Dieses Element speichert die Größe eines „unteilbaren" Soundblocks in Bytes. Beim Abspielen wird immer genau ein Soundblock nach dem anderen zum Mixer geschickt. Nach folgender Formel können wir diesen Wert berechnen: $Block\ Align = Anzahl\ Soundkanäle \cdot \frac{Bits\ pro\ Sample}{8}$

Element	Beschreibung
DWORD nAvgBytesPerSec	Gibt die durchschnittliche Anzahl der Bytes an, die für eine Sekunde Sound verarbeitet werden müssen. Wir berechnen diesen Wert nach folgender Formel: $$\textit{Bytes pro Sekunde} = \textit{Samples pro Sekunde} \cdot \textit{Block Align}$$
WORD cbSize	Größe eventueller zusätzlicher Daten, die sich direkt hinter der WAVEFORMATEX-Struktur befinden. Beim PCM-Format wird dieser Wert ignoriert (wir setzen ihn trotzdem zur Sicherheit auf null).

5.3.3 Anfordern der *IDirectSoundBuffer8*-Schnittstelle

Vielleicht haben Sie schon gemerkt, dass die CreateSoundBuffer-Methode uns gar keine IDirectSoundBuffer8-Schnittstelle liefert, sondern nur eine IDirectSoundBuffer-Schnittstelle (die „8" fehlt)! Es handelt sich dabei um eine frühere Schnittstellenversion, die nicht so viele Fähigkeiten hat wie die der 8er-Version.

Um die 8er-Version anzufordern, rufen wir die COM-Methode QueryInterface auf und geben als Schnittstellenbezeichner IID_IDirectSoundBuffer8 an. Die alte Schnittstelle kann danach gefahrlos mit Release ins Jenseits geschickt werden. Erinnern Sie sich noch an QueryInterface? Diese COM-Methode wird dazu verwendet, eine Schnittstelle zu benutzen, um eine andere zu erhalten.

Folgendes Beispiel zeigt, wie ein gewöhnlicher Soundpuffer erstellt wird, der 16 Bits pro Sample, zwei Kanäle und eine Sampling-Frequenz von 44100 Hz verwendet. Anschließend wird gezeigt, wie die Sache mit QueryInterface funktioniert.

```
// Der Zeiger g_pDSound zeigt auf eine komplett initialisierte
// IDirectSound8-Schnittstelle.

// Pufferbeschreibung ausfüllen
DSBUFFERDESC BufferDesc;
BufferDesc.dwSize         = sizeof(DSBUFFERDESC);
BufferDesc.dwFlags        = DSBCAPS_CTRLVOLUME    |
                            DSBCAPS_CTRLPAN       |
                            DSBCAPS_CTRLFREQUENCY |
                            DSBCAPS_LOCDEFER;
BufferDesc.dwBufferBytes  = 1764000; // = 10 Sekunden Sound
BufferDesc.dwReserved     = 0;
BufferDesc.lpwfxFormat    = &Format;
BufferDesc.guid3DAlgorithm = GUID_NULL;

// Soundformat eintragen
WAVEFORMATEX Format;
Format.wFormatTag       = WAVE_FORMAT_PCM; // PCM-Format
Format.nChannels        = 2;        // Stereo-Sound (2 Kanäle)
Format.wBitsPerSample   = 16;       // 16 Bits pro Sample
Format.nSamplesPerSec   = 44100;    // 44.1 KHz
Format.nBlockAlign      = 4;        // 4 = 2 * (16 / 8)
Format.nAvgBytesPerSec  = 176400;   // 176400 = 44100 * 4
Format.cbSize           = 0;        // Keine Zusatzdaten

// Sekundären Puffer erstellen. Dazu wird eine temporäre Schnittstelle angelegt.
LPDIRECTSOUNDBUFFER pTemp;
if(FAILED(g_pDSound->CreateSoundBuffer(&BufferDesc, &pTemp, NULL)))
{
    // Fehler! ...
}
```

5.3 Erstellen von Soundpuffern

```
// 8er-Schnittstelle abfragen
LPDIRECTSOUNDBUFFER8 pSoundBuffer;
if(FAILED(pTemp->QueryInterface(IID_IDirectSoundBuffer8, (void**)(&pSoundBuffer))))
{
    // Abfragen der Schnittstelle fehlgeschlagen!
    pTemp->Release();
    // ...
}

// Die alte Schnittstelle brauchen wir nicht mehr - weg damit!
pTemp->Release();

// Es hat geklappt!
// ...
```

Listing 5.2 Erstellen eines sekundären Soundpuffers

5.3.4 Der primäre Soundpuffer

Nun wissen Sie schon, wie man einen *sekundären* Soundpuffer erzeugt. Beim *primären* ist es nicht viel anders – es ist sogar einfacher! Folgende Dinge sind anders zu handhaben als bei sekundären Puffern:

- Der primäre Soundpuffer hat keine feste Größe, daher muss das Element dwBufferBytes der DSBUFFERDESC-Struktur auf null gesetzt sein.
- Das Format des primären Soundpuffers wird nicht bei seiner Erstellung festgelegt, sondern erst später. Daher setzt man das Element lpwfxFormat der DSBUFFERDESC-Struktur auf NULL.
- Nicht vergessen: Der Parameter dwFlags der Methode CreateSoundBuffer muss hier in jedem Fall DSBCAPS_PRIMARYBUFFER beinhalten!
- Der primäre Soundpuffer unterstützt die 8er-Version der IDirectSoundBuffer-Schnittstelle nicht – wir müssen es bei der normalen Version belassen, die sich hinsichtlich der Funktionalität von der 8er-Version unterscheidet. Am primären Puffer sollte man aber sowieso nicht viel „herumbasteln", also ist das egal.

> DirectSound liefert uns genau dann die beste Performance, wenn das Format der sekundären Puffer mit dem des primären Puffers übereinstimmt. Wenn das nicht der Fall ist, muss der Mixer nämlich Formatkonvertierungen in Echtzeit vornehmen, was natürlich nicht ganz so schnell ist.

Setzen des Formats

Wie bereits erwähnt, dürfen wir bei der Erstellung des primären Soundpuffers noch *kein* Format angeben. Das Format wird erst nach der Erstellung mit Hilfe der Methode IDirectSoundBuffer::SetFormat gesetzt. Einziger Parameter ist wieder ein Zeiger auf eine WAVEFORMATEX-Struktur.

Wir dürfen das Format natürlich nur dann setzen, wenn DirectSound mit der Kooperationsebene DSSCL_PRIORITY arbeitet, denn bei DSSCL_NORMAL haben wir keine Kontrolle darüber.

5.3.5 Rückblick

- Ein Soundpuffer wird mit der Methode `IDirectSound8::CreateSoundBuffer` erzeugt.
- Die Struktur `DSBUFFERDESC`, die als Parameter für `CreateSoundBuffer` dient, füllt man zuvor mit allen Informationen über den gewünschten Soundpuffer aus. Dazu gehören verschiedene Flags (Typ, Speicher, Kontrolle über Lautstärke, Balance, Frequenz, 3D-Sound, Effekte ...), die Größe (Länge) des Soundpuffers und sein *Format*.
- Das Format (*Audioformat*) bestimmt die Soundqualität. Zum Format gehören unter anderem: *Sampling-Frequenz*, Anzahl der *Bits pro Sample* und die Anzahl der *Kanäle* (Mono oder Stereo?).
- `CreateSoundBuffer` liefert uns eine `IDirectSoundBuffer`-Schnittstelle. Um daraus eine 8er-Schnittstelle (`IDirectSoundBuffer8`) zu machen, rufen wir die COM-Methode `QueryInterface` auf.
- Der primäre Soundpuffer unterstützt die 8er-Version der `IDirectSoundBuffer`-Schnittstelle *nicht*. Außerdem darf sein Format *nicht* direkt beim Erstellen angegeben werden – wir setzen es später (falls die Kooperationsebene `DSSCL_PRIORITY` gewählt wurde) manuell durch die `SetFormat`-Methode.

5.4 Füllen eines sekundären Soundpuffers

Bevor wir nun zum ersten Mal irgendeinen Ton aus den Lautsprechern hervorzaubern können, ist es nötig, sich wenigstens ein kleines bisschen mit Akustik auszukennen. Wenn Sie das dann hinter sich haben, werden wir einen künstlichen Sound generieren, der dann im nächsten Abschnitt auch abgespielt wird.

5.4.1 Eine kleine Einführung in die Akustik

5.4.1.1 Was ist Schall?

Schall ist nichts anderes als schnelle und kleine Veränderungen des Luftdrucks, die von unseren empfindlichen Ohren wahrgenommen werden. Schall breitet sich in alle Richtungen aus.

Ein Beispiel: Warum knallt es, wenn man einen Neujahrskracher zündet? Ganz einfach: Im Kracher ist eine kleine Menge Sprengstoff vorhanden, der bei der Zündung enorm stark an Volumen zunimmt (er wird gasförmig). Das hat natürlich zur Folge, dass der Kracher von innen „platzt" und der Druck rund um ihn herum stark ansteigt. Diese Druckwelle breitet sich nun kugelförmig im Raum aus, bis sie unser Ohr erreicht. Dort wird diese Druckschwankung dann registriert, und wir hören den Knall.

Noch ein Beispiel: Wie funktioniert ein Lautsprecher? Im Prinzip funktioniert er wie die menschlichen Stimmbänder. Im Lautsprecher befindet sich eine *Membran*, die durch einen Elektromagneten zum *Schwingen* gebracht wird. Wenn die Membran nach vorne schwingt, „schiebt" sie die Luft sozusagen vor sich her und erzeugt so einen Überdruck, der sich dann im Raum ausbreitet. Beim Zurückschwingen entsteht an der gleichen Stelle ein *Unter*druck – und damit haben wir wieder unsere *Druckschwankungen*.

Wenn Sie zu Hause im Keller noch irgendwo ein altes Keyboard oder einen alten Lautsprecher herumliegen haben, dann können Sie ein einfaches Experiment damit durchführen. Voraussetzung ist, dass die Geräte so richtig schön staubig sind (das sollte kein Problem sein). Lassen

5.4 Füllen eines sekundären Soundpuffers

Sie dann einen lauten und tiefen Ton erzeugen, und Sie werden sehen, wie die kleinen Staubpartikel in der Luft *mitschwingen*.

5.4.1.2 Ein einfacher Ton

Schauen wir uns nun mal einen Ton an. Vielleicht werden Sie jetzt fragen, wie man sich denn einen Ton *anschauen* kann! Man erstellt hierzu ein Koordinatensystem, auf dessen x-Achse man die Zeit aufträgt. Die y-Achse wird mit dem Druck *relativ* zum Normaldruck belegt.

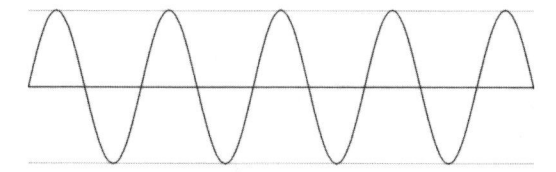

Abbildung 5.2 Unser erster Ton

Wie man sehen kann, handelt es sich dabei um eine *Sinusschwingung*. Das bedeutet, dass man die y-Werte mit Hilfe einer Sinusfunktion ausdrücken kann, in der x als Parameter vorkommt. Beispielsweise $y = \sin x$.

Wenn die Schwingung sich immer wiederholt, wie es bei der Sinusschwingung der Fall ist, dann hört sich der Ton am „reinsten" an.

5.4.1.3 Amplitude

Kommen wir nun zum ersten Merkmal eines Tons: die *Amplitude*. Die Amplitude bestimmt die *Lautstärke* eines Tons. Sie ist ganz einfach nur das Maximum aller y-Werte (die wir auch *Elongationen* (Symbol: s) oder *Auslenkungen* nennen) – also sozusagen der maximale relative Druck.

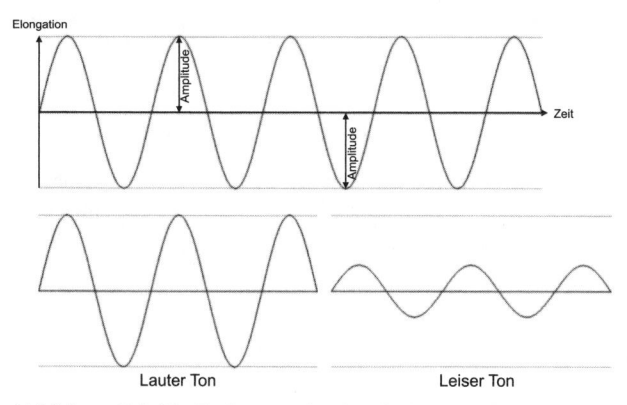

Abbildung 5.3 Die Bedeutung der Amplitude eines Tons

Um die Amplitude mit in unsere Sinusgleichung zu bekommen, setzen wir sie einfach als Faktor vor die Sinusfunktion. Das Symbol für die Amplitude ist s_{max}.

$$s(t) = s_{max} \cdot \sin t$$

Die Einheit der Amplitude und der Elongation ist dB (*Dezibel*). Es handelt sich dabei nicht um eine lineare, sondern um eine *logarithmische* Einheit.

5.4.1.4 Frequenz

Die zweite Eigenschaft eines Tons ist die *Frequenz*. Die Frequenz macht eine Aussage darüber, wie viele *Schwingungen pro Sekunde* stattfinden. Nehmen wir als Beispiel die obige Abbildung (die mit dem Koordinatensystem): Stellen wir uns vor, der gezeigte Ton dauere genau *eine* Sekunde lang. In dieser Sekunde würden die Luftmoleküle dann genau 4.5 Schwingungen durchführen, was eine Frequenz von 4.5 Hz (*Hertz*) bedeutet.

Je höher die Frequenz, desto höher ist auch der gehörte Ton. Bei sehr niedrigen Frequenzen spricht man vom *Infraschall* und bei sehr hohen vom *Ultraschall*.

Das menschliche Gehör kann nur einen kleinen Teil des Frequenzspektrums wahrnehmen: zwischen 15 Hz und 20000 Hz sind normal (das hörbare Frequenzspektrum nimmt aber mit steigendem Alter rapide ab).

Der Kammerton *a* liegt bei genau 440 Hz. Geht man eine Oktave höher, so verdoppelt sich die Frequenz. Analoges gilt für die nächst niedrigere Oktave: das nächst tiefere *a* liegt also bei 220 Hz.

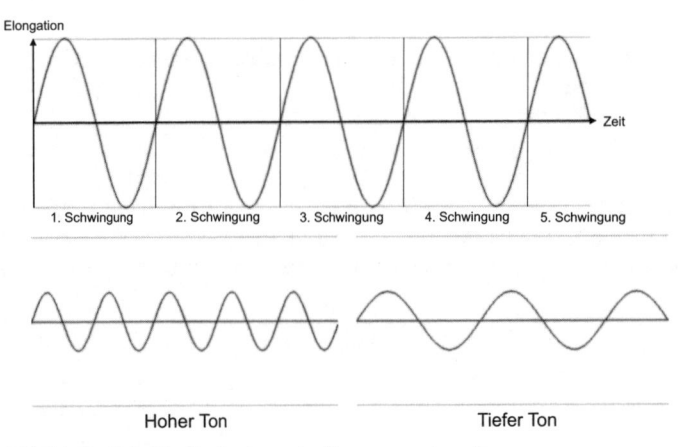

Abbildung 5.4 Die Bedeutung der Frequenz eines Tons

Möchten wir nun auch noch die Frequenz (*f*) mit in die Gleichung bekommen, so muss sie als Faktor vor dem Parameter der Sinusfunktion (die Zeit *t*) stehen. Eine Multiplikation mit 2π ist außerdem notwendig, da das die Periode der Sinusfunktion ist.

$$s(t) = s_{max} \cdot \sin(2\pi \cdot f \cdot t)$$

5.4.1.5 Die Wellenform

Die dritte Eigenschaft eines Tons ist die *Wellenform*. Bisher haben wir uns nur Töne angeschaut, die man mit Hilfe einer *Sinusfunktion* ausdrücken kann. Die entstehenden Schwingungen sind *weich*. Es gibt aber noch andere Wellenformen:

5.4 Füllen eines sekundären Soundpuffers

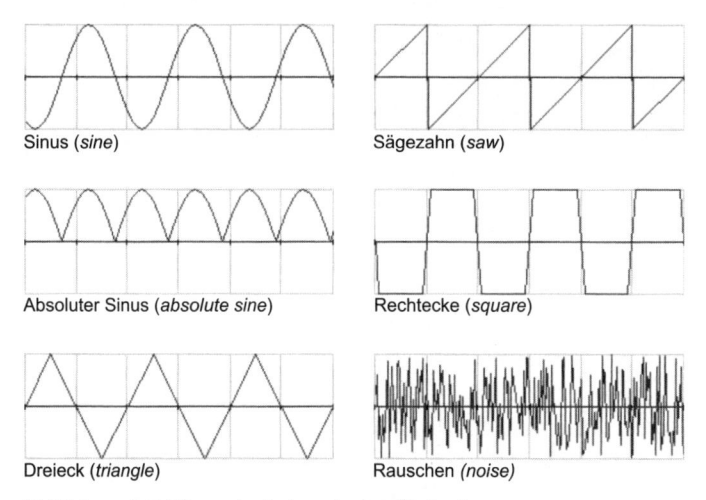

Sinus (*sine*)	Sägezahn (*saw*)
Absoluter Sinus (*absolute sine*)	Rechtecke (*square*)
Dreieck (*triangle*)	Rauschen (*noise*)

Abbildung 5.5 Die sechs bekanntesten Wellenformen

Jeder dieser Töne hört sich unterschiedlich an – auch dann, wenn Amplitude und Frequenz übereinstimmen. Natürlich gibt es theoretisch unendlich viele Wellenformen.

5.4.1.6 Mischen zweier Töne

Wenn zwei Töne gleichzeitig abgespielt (also gemischt) werden sollen, dann ist das gar nicht so schwer zu erreichen, wie man vielleicht meinen sollte. In der Tat reicht eine einfache *Addition* aus: Man addiert die Elongationen beider Wellen, um eine neue Welle zu erhalten.

$$s_1(t) = \sin(2t)$$
$$s_2(t) = \sin(4t + 3)$$
$$s_3(t) = s_1(t) + s_2(t) = \sin(2t) + \sin(4t + 3)$$

Aus den beiden Wellen s_1 und s_2 wird durch eine Addition die Welle s_3. Stellen Sie sich einfach vor, dass die eine Welle über die andere hinweg „reitet".

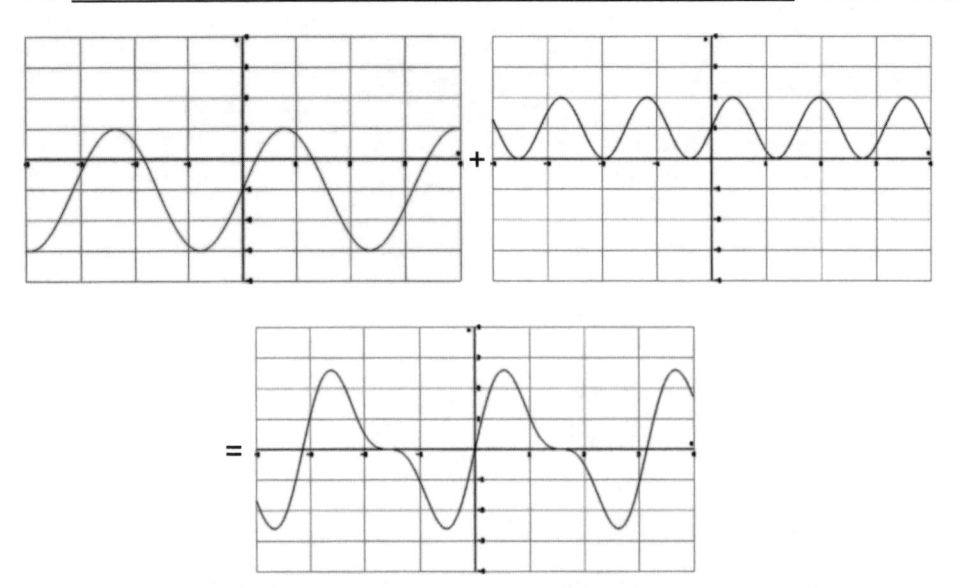

Abbildung 5.6 Addition zweier Schwingungen

Beachten Sie, dass sich zwei Wellen auch *auslöschen* können. In der Abbildung ist das zum Beispiel bei $t = 0$ der Fall: Beide Wellen haben dort eine Elongation ungleich null, aber die resultierende Welle hat dort eine Nullstelle.

5.4.1.7 Komplexe Schwingungen

Bisher haben wir nur ganz einfache „saubere" Töne behandelt, die wir mit recht einfachen Funktionen mathematisch beschreiben konnten. Doch wie sieht es mit *Sprache* oder anderen komplexen Geräuschen aus? Lassen die sich genauso einfach beschreiben?

Der französische Physiker *Joseph Fourier* (1768–1830) entwickelte eine Methode, mit der man *jede* beliebige komplexe Schwingung in viele einzelne Sinusschwingungen mit verschiedenen Amplituden und Frequenzen zerlegen kann: die *Fourier-Analyse*. Sie spielt heutzutage eine sehr wichtige Rolle in vielen Bereichen der Physik und sogar in der Biologie.

Mit der *Fast Fourier Transformation* (*FFT*) kann man Signale, die aus vielen Wellen mit unterschiedlichen Frequenzen zusammengesetzt sind, wieder „auseinander pflücken", um so einzelne Frequenzen zu isolieren. Das Programm *SETI@Home* (*SETI: Search For Extraterrestrial Intelligence*), das von Radioteleskopen in Arecibo aufgefangene Signale aus dem Weltall nach Botschaften von Außerirdischen durchsucht, greift beispielsweise auf die FFT zurück.

Nicht zuletzt spielt die FFT eine große Rolle bei Spracherkennungsprogrammen und beim Komprimieren von Audiodaten (zum Beispiel MP3).

5.4.1.8 Sounds digital speichern

Ich hoffe, dass Ihnen die kleine Einführung in die Akustik gefallen hat! Dieses Hintergrundwissen ist nützlich, wenn man verstehen möchte, wie der Inhalt von Soundpuffern (und auch WAV-Dateien) im PCM-Format aufgebaut ist. PCM steht übrigens für *Pulse Code Modulation*.

Im PCM-Format speichert man die Audiodaten genau auf die Weise, wie ich sie oben immer dargestellt habe: als Graphen. Daten im PCM-Format enthalten also *Elongationswerte*, also Werte für *s* in *regelmäßigen* Zeitabständen (*t*). Die Anzahl der *Bits pro Sample* bestimmt, wie viele Bits für einen einzigen Elongationswert aufgewandt werden. Bei 8 Bits gibt es also 2^8 = 256 verschiedene Elongationen, die man darstellen kann, während es bei 16 Bits schon 2^{16} = 65536 sind.

Die *Sampling-Frequenz* gibt an, wie groß beziehungsweise wie klein der zeitliche Abstand zwischen jeder gespeicherten Elongation ist. Bei 44100 Hz ist das eine 44100stel Sekunde, also sehr, sehr wenig. Wenn man dann noch von *zwei Kanälen* ausgeht, fällt gleich die doppelte Datenmenge an, und so ist es verständlich, dass Dateien, die ihre Daten im PCM-Format speichern, meistens nur für kürzere Soundeffekte verwendet werden.

Für eine Sekunde Sound sind das bei 44100 Hz, 16 Bits pro Sample und Stereo-Sound gleich schon 176400 Bytes.

Wie bereits gesagt: Es existieren viele Audioformate, die mit komprimierten Daten arbeiten und dabei ausnutzen, dass sich jeder Sound auch mathematisch ausdrücken lässt (FFT). Beim MP3-Format kommt auch noch die *Psychoakustik* hinzu. Man hat beispielsweise herausgefunden, dass die meisten Frequenzen gar nicht gehört werden, wenn auf einer anderen Frequenz gerade „viel los" ist (also es sehr laut ist) – daher kann man viele Daten einfach weglassen, ohne dass man es später wirklich merkt.

Solche Audioformate haben aber einen Nachteil: Es ist sehr aufwändig, die Daten wieder zu dekomprimieren, sowohl rechnerisch als auch programmiertechnisch. Wir werden daher – wie es so üblich ist – für kürzere Soundeffekte WAV-Dateien im PCM-Format verwenden. Bei der Musik werden MP3-Dateien zum Einsatz kommen, und wie man diese lädt und abspielt, besprechen wir am Ende dieses Kapitels.

5.4.2 Wir sperren den Soundpuffer

Ein Soundpuffer muss – genau wie ein Vertex- oder ein Index-Buffer oder eine Textur – *gesperrt* werden, bevor man direkt in seinen Speicherbereich schreiben kann. Das Sperren wird durch die Methode IDirectSoundBuffer8::Lock durchgeführt.

Tabelle 5.7 Die Parameter der Methode IDirectSoundBuffer8::Lock

Parameter	Beschreibung
DWORD dwOffset	Beschreibt die Position, ab welcher der Puffer gesperrt werden soll – in Bytes
DWORD dwBytes	Anzahl der zu sperrenden Bytes von der Startposition aus gesehen
LPVOID* ppvAudioPtr1	Adresse eines Zeigers, den die Methode ausfüllt, so dass er auf den ersten Teil des gesperrten Speicherbereichs zeigt (*siehe unten*)
LPDWORD pdwAudioBytes1	Adresse eines DWORD-Werts, der von der Methode auf die Anzahl der Bytes des ersten gesperrten Bereichs gesetzt wird
LPVOID* ppvAudioPtr2	Wie ppvAudioPtr1 – aber für den zweiten Teil
LPDWORD pdwAudioBytes2	Wie pdwAudioBytes1 – aber für den zweiten Teil
DWORD dwFlags	<ul><li>DSBLOCK_ENTIREBUFFER: Der *gesamte* Puffer soll gesperrt werden – dwOffset und dwBytes werden ignoriert.</li><li>DSBLOCK_FROMWRITECURSOR: Sperrt den Puffer vom Schreibcursor aus – dwOffset wird ignoriert.</li></ul>

Hier besteht jetzt sicherlich einiges an Erklärungsbedarf! Warum braucht man zum Beispiel gleich *zwei* Zeiger auf den gesperrten Speicherbereich, und was ist der *Schreibcursor*?

5.4.2.1 Ringförmige Soundpuffer

Einen Soundpuffer kann man sich wie einen *Ring* vorstellen, denn man kann ihn so abspielen, dass er immer wieder von vorne anfängt, wenn er das Ende erreicht hat.

Bisher sind wir immer davon ausgegangen, dass ein Soundpuffer *einmal* mit Daten gefüllt wird – mit irgendeinem Geräusch, und dann für immer so bleibt. Das muss aber nicht der Fall sein, wenn es um *Streaming* geht. Was ist denn das nun schon wieder?

Beim Streaming erstellt man einen recht kleinen Soundpuffer – einen vielleicht 4 oder 5 Sekunden langen, in den man dann *schrittweise* immer wieder ein Stück eines viel größeren Sounds (meistens eines Musikstücks – vielleicht auch komprimiert) lädt. Dieser Soundpuffer wird dann mit *Looping* abgespielt, also so, dass er sich immer wiederholt. Das merkt man natürlich nicht, weil sein Inhalt sich andauernd ändert.

Nehmen wir einmal an, dass unser Soundpuffer 5 Sekunden lang ist. Das Spiel lädt nun am Anfang die ersten drei Sekunden des Musikstücks in den Puffer und hat damit erst einmal für diese drei Sekunden seine Ruhe. Nach etwas mehr als *zwei* Sekunden wird es Zeit, den Puffer wieder mit neuen Daten zu füttern, ansonsten würde er einfach über sein Ende hinaus abgespielt, wo entweder noch gar keine Daten sind oder noch die vom letzten Mal.

Der Sound ist also gerade bei etwas mehr als zwei Sekunden, und *drei* Sekunden sind mit Musik gefüllt. Die Anwendung wird nun die nächsten drei Sekunden hineinschreiben und beginnt natürlich dort, wo die alten Daten aufhören – also bei *drei* Sekunden. 3 + 3 = 6 und 6 ist größer als 5, also würde man praktisch über das *Ende* des Puffers hinaus schreiben.

Das funktioniert natürlich nicht, und deshalb macht DirectSound es wie folgt: Es werden *zwei* Speicherbereiche geliefert: Einer, der von Sekunde 4 bis 5 reicht (also bis zum physischen Ende), und einer, der auf die erste Sekunde zeigt.

Die beiden Parameter `pdwAudioBytes1` und `pdwAudioBytes2` zeigen dann nach dem Sperren auf die Größe der zwei gesperrten Teile: Der erste Teil (*zwei* Sekunden) wäre in dem Fall größer als der zweite (*eine* Sekunde).

5.4.2.2 Der Abspiel- und der Schreibcursor

Ein Soundpuffer hat *zwei* Cursors:

- **Der Abspielcursor:** Der *Abspielcursor* zeigt jederzeit auf die Stelle im Soundpuffer, die als nächste abgespielt wird. Beim Erstellen eines Sounds wird der Abspielcursor auf null gesetzt. Sobald der Puffer wiedergegeben wird, wandert der Cursor Schritt für Schritt durch den Sound hindurch. Wird der Sound angehalten, hält auch der Cursor an.
- **Der Schreibcursor:** Der *Schreibcursor* zeigt immer auf die erste Stelle *hinter* dem Abspielcursor, wo es sicher ist, Daten zu schreiben. Zwischen Schreib- und Abspielcursor ist immer ein fester Abstand, und beide bewegen sich absolut gleich. Der Schreibcursor ist dem Abspielcursor also immer ein Stückchen voraus, denn es muss auch noch genügend Zeit sein, neue Daten in den Puffer zu schreiben. Der Bereich zwischen den beiden Cursors darf *nicht* beschrieben werden – weil dieser Teil des Sounds von DirectSound bereits „vorbehandelt" wird, um schließlich abgespielt zu werden.

5.4 Füllen eines sekundären Soundpuffers

Setzen und Abfragen des Cursors

Wir können den Abspielcursor (und damit auch den Schreibcursor) auch manuell setzen – und zwar mit Hilfe der Methode `IDirectSoundBuffer8::SetCurrentPosition`. Der einzige Parameter vom Typ `DWORD` stellt dann die neue Position für den Abspielcursor dar (angegeben in Bytes). Beachten Sie, dass die angegebene Position ein Vielfaches vom nBlockAlign-Element der `WAVEFORMATEX`-Struktur sein sollte, denn ansonsten würde der Puffer *zwischen zwei Samples* anfangen zu spielen und würde den Sound völlig verfälscht abspielen.

Mit `GetCurrentPosition` kann man die aktuelle Position des Abspielcursors und des Schreibcursors auch wieder abfragen, um beispielsweise zu prüfen, ob der Sound einen gewissen Zeitpunkt überschritten hat. Für diesen Fall gibt es aber noch eine wahrscheinlich bessere Lösung: Man kann DirectSound nämlich auch anweisen, die Anwendung zu benachrichtigen, wenn der Abspielcursor einen bestimmten, vorher festgelegten Punkt überschritten hat (`DSBCAPS_CTRLPOSITIONNOTIFY`). Lesen Sie dazu in der DirectX-Dokumentation das Thema *Play Buffer Notification*.

5.4.3 Entsperren

Nachdem die Daten in den gesperrten Speicherbereich geschrieben wurden, müssen wir den Soundpuffer wieder *entsperren*, was mit `IDirectSoundBuffer8::Unlock` funktioniert. Wir müssen hier wieder genau die vier Werte angeben (Zeiger und Größe der zwei gesperrten Teilspeicherbereiche), die wir von der `Lock`-Methode erhalten haben.

5.4.4 Hinein mit den Daten!

Sie wissen nun, wie man einen Soundpuffer sperren kann, um so einen Zeiger auf seinen Speicherbereich zu erhalten. Das wollen wir nun anwenden und einen synthetischen Sound erstellen. Erst einmal brauchen wir dazu eine Struktur, die ein einziges Sample darstellt. Da wir 16 Bits pro Sample und *zwei* Kanäle verwenden, sieht die Struktur wie folgt aus:

```
// Struktur für ein Sound-Sample
struct SSample
{
    short sLeft;     // Elongation für den linken Kanal
    short sRight;    // Elongation für den rechten Kanal
};
```

Listing 5.3 Die Struktur für ein einzelnes Stereo-Samples

Diese Struktur verwenden wir dann beim Sperren als Zeiger, so dass wir ganz komfortabel auf jedes einzelne Sample zugreifen können. Schauen Sie sich das folgende Listing an: Dort wird ein künstlicher Sound generiert (nach der Erstellung des Soundpuffers) – und zwar mit Hilfe von Sinuskurven, die für den linken und den rechten Kanal unterschiedlich verlaufen.

```
// Initialisierung des Sounds
tbResult InitSound()
{
    // Audioformat ausfüllen
    WAVEFORMATEX WaveFormat;
    WaveFormat.wFormatTag       = WAVE_FORMAT_PCM;
    WaveFormat.nChannels        = 2;
    WaveFormat.nSamplesPerSec   = 44100;
```

```cpp
            WaveFormat.wBitsPerSample  = 16;
            WaveFormat.nBlockAlign     = WaveFormat.nChannels *
                                         (WaveFormat.wBitsPerSample * 8);
            WaveFormat.nAvgBytesPerSec = WaveFormat.nSamplesPerSec *
                                         WaveFormat.nBlockAlign;
            WaveFormat.cbSize          = 0;

            // DSBUFFERDESC-Struktur ausfüllen
            DSBUFFERDESC BufferDesc;
            BufferDesc.dwSize          = sizeof(DSBUFFERDESC);
            BufferDesc.dwFlags         = DSBCAPS_LOCDEFER |
                                         DSBCAPS_CTRLVOLUME |
                                         DSBCAPS_CTRLPAN |
                                         DSBCAPS_CTRLFREQUENCY |
                                         DSBCAPS_GLOBALFOCUS;
            BufferDesc.dwBufferBytes   = WaveFormat.nAvgBytesPerSec * 5; // 5 Sekunden
            BufferDesc.dwReserved      = 0;
            BufferDesc.lpwfxFormat     = &WaveFormat;
            BufferDesc.guid3DAlgorithm = GUID_NULL;

            // Soundpuffer erstellen
            LPDIRECTSOUNDBUFFER pTemp;
            if(FAILED(g_pDSound->CreateSoundBuffer(&BufferDesc, &pTemp, NULL)))
            {
                // Fehler!
                return TB_ERROR;
            }

            // 8er-Schnittstelle abfragen und die alte löschen
            pTemp->QueryInterface(IID_IDirectSoundBuffer8, (void**)(&g_pSound));
            TB_SAFE_RELEASE(pTemp);

            // ----------------------------------------------------------------

            // Sperren des gesamten Soundpuffers
            SSample* pSamples;
            if(FAILED(g_pSound->Lock(0, 0, (void**)(&pSamples), &dwNumBytes,
                                     NULL, NULL, DSBLOCK_ENTIREBUFFER)))
            {
                // Fehler!
                return TB_ERROR;
            }

            // Jedes einzelne Sample durchgehen
            for(DWORD dwSample = 0;
                dwSample < dwNumBytes / WaveFormat.nBlockAlign;
                dwSample++)
            {
                // Die Zeit dieses Samples berechnen
                float fTime = (float)(dwSample) / (float)(WaveFormat.nSamplesPerSec);

                // Elongationen für linken und rechten Kanal berechnen
                float fLeft  = sinf(fTime*2.0f*TB_PI * 750.0f * sinf(fTime)) +
                               sinf(fTime*2.0f*TB_PI * 50.0f * sinf(fTime));
                float fRight = sinf(fTime*2.0f*TB_PI * 750.0f * cosf(fTime)) +
                               sinf(fTime * 10.0f) * 0.25f;

                // Elongationen auf [-1; 1] begrenzen
                if(fLeft < -1.0f) fLeft = -1.0f;
                if(fLeft > 1.0f) fLeft = 1.0f;
                if(fRight < -1.0f) fRight = -1.0f;
                if(fRight > 1.0f) fRight = 1.0f;

                // Das Sample schreiben
                pSamples[dwSample].sLeft  = (short)(fLeft * 32766.0f);
                pSamples[dwSample].sRight = (short)(fRight * 32766.0f);
            }
```

5.4 Füllen eines sekundären Soundpuffers

```
    // Entsperren
    g_pSound->Unlock(pSamples, dwNumBytes, NULL, NULL);

    return TB_OK;
}
```

Listing 5.4 Erzeugung eines (beeindruckenden) synthetischen Sounds

Wie Sie sehen, geht die Funktion jedes einzelne Sample durch und erzeugt dann die entsprechenden Elongationswerte für den linken und den rechten Kanal. Es werden dafür float-Werte verwendet, weil wir dann einfacher mit der Sinusfunktion arbeiten können. Die Variable fTime wird für jedes Sample neu berechnet und beinhaltet den Zeitpunkt, zu dem es gehört: Nummer des Samples geteilt durch die Anzahl der Samples pro Sekunde.

Nun kennen wir den Zeitpunkt jedes Samples und können ihn als Parameter für die Sinusfunktion verwenden – multipliziert mit 2π und multipliziert mit noch einer weiteren Sinusfunktion, um eine sich verändernde Tonfrequenz zu erreichen. Die ganze Sache ist eigentlich nur eine kleine Spielerei.

5.4.5 Rückblick

- Geräusche sind Druckschwankungen, die von unserem Ohr wahrgenommen werden können.
- Den relativen Druck zu einem bestimmten Zeitpunkt einer Schallwelle nennen wir *Elongation* (s). Die Elongation ist eine Funktion der Zeit t, wenn man einen Ton mathematisch beschreiben möchte.
- Die maximale Elongation (s_{max}) nennen wir *Amplitude*. Die Amplitude eines Tons bestimmt seine Lautstärke. Sie steht als Faktor vor der Funktion des Tons (meistens eine *Sinusfunktion*) und streckt beziehungsweise staucht sie dadurch.
- Die Frequenz f bestimmt die Höhe eines Tons. Je höher die Frequenz, desto schneller finden die Druckschwankungen statt. f steht zusammen mit 2π als Faktor vor dem Parameter der Sinusfunktion und bestimmt dadurch, wie viel Zeit für eine komplette Schwingung benötigt wird. Bei einer Frequenz von 440 Hz (Kammerton a) gibt es genau 440 komplette Schwingungen pro Sekunde.
- Neben sinusförmigen Wellen gibt es auch noch andere *Wellenformen*: Sägezahn, Rechteck, Dreieck, absoluter Sinus oder auch Rauschen. Die Wellenform ist neben der Amplitude und der Frequenz eines der drei Merkmale eines Tons.
- Zwei Töne werden gemischt (also gleichzeitig abgespielt), indem man einfach ihre beiden Elongationen zu dem abzuspielenden Zeitpunkt addiert. Die eine Welle läuft dann sozusagen über die andere.
- Alle Geräusche lassen sich als eine Summe von mathematischen Funktionen (Sinus) mit verschiedenen Amplituden und Frequenzen darstellen.
- Die Anzahl der Bits pro Sample in einem Audioformat bestimmt, wie viele Bits für die Darstellung einer einzelnen Elongation verwendet werden. Je mehr das sind, desto genauer wird das Ergebnis.
- Die Sampling-Frequenz gibt an, wie oft die momentane Elongation eines Tons pro Sekunde in den Audiodaten gespeichert ist. Auch hier gilt: je mehr, desto genauer kann jede einzelne Schwingung dargestellt werden. Nimmt man einen Ton zum Beispiel mit einer Sampling-Frequenz von 44100 Hz mit einem Mikrofon auf, dann werden pro Sekunde 44100 Elongationen, also 44100 „Momentaufnahmen" (daher auch *Samples*) gespeichert.

- Wir sperren einen Soundpuffer mit der Methode IDirectSoundBuffer8::Lock. Soundpuffer können auch über ihr physisches Ende hinaus gesperrt werden – sie fangen dann einfach wieder von vorne an. Das ist besonders nützlich, wenn man mit *Streaming* arbeitet, also beispielsweise große Musikstücke Schritt für Schritt in einen Soundpuffer lädt – immer dann, wenn neue Daten fällig sind.
- Der *Abspielcursor* eines Soundpuffers zeigt immer auf die Stelle (in Bytes), die als nächste abgespielt wird. Der *Schreibcursor* ist dem Abspielcursor um eine gewisse Zeit voraus und markiert den Beginn des Bereichs, in den die Anwendung neue Audiodaten schreiben kann.

5.5 Kontrolle eines Sounds

Wir werden uns nun ansehen, inwiefern man Kontrolle über einen Sound ausüben kann. Dazu zählen Abspielen, Stoppen, Verändern der Lautstärke, der Balance und der Abspielfrequenz.

5.5.1 Die *Play*-Methode

Das Erste, was wir nun behandeln, ist das *Abspielen* eines Sounds. Alles, was nötig ist, ist, die Methode Play der IDirectSoundBuffer8-Schnittstelle aufzurufen. Wenn der Sound bereits abgespielt wird, passiert gar nichts – andernfalls wird er gestartet.

Der erste Parameter der Play-Methode wird nicht verwendet und muss immer auf null gesetzt werden (DWORD dwReserved1).

Im zweiten Parameter können wir dem Sound eine *Priorität* zuweisen. Diese hat aber nur dann eine Bedeutung, wenn der Soundpuffer mit dem Flag DSBCAPS_LOCDEFER erstellt wurde – andernfalls muss die Priorität immer null sein. Der maximale Wert ist 0xFFFFFFFF, also 2^{32}. Welchen Einfluss die Priorität hat, werden wir gleich noch besprechen.

Der dritte und letzte Parameter ist eine Kombination aus verschiedenen Flags, die nun im Folgenden aufgelistet werden.

5.5.1.1 Looping

Wenn der Soundpuffer immer wieder von vorne anfangen soll, wenn er am Ende angelangt ist (*Looping*), dann setzen Sie für den letzten Parameter das Flag DSBPLAY_LOOPING. Andernfalls stoppt der Soundpuffer, wenn er sein Ende erreicht hat.

5.5.1.2 Stimmenverteilung

Für Soundpuffer, die mit dem Flag DSBCAPS_LOCSOFTWARE oder DSBCAPS_LOCHARDWARE erstellt wurden, steht von vornherein fest, ob sie per Software oder per Hardware wiedergegeben werden sollen. Hat man aber DSBCAPS_LOCDEFER angegeben, wird erst genau jetzt – also beim Aufruf von Play – entschieden, wo der Sound am besten aufgehoben ist.

Sie können entweder das Flag DSBPLAY_LOCSOFTWARE oder DSBPLAY_LOCHARDWARE angeben, um den Weg des Sounds eindeutig festzulegen. In dem Fall, dass keines der beiden Flags angegeben wurde (was auch empfehlenswert ist), entscheidet DirectSound darüber, ob Hardware oder Software zum Einsatz kommt (anhand der freien Hardwarestimmen).

5.5 Kontrolle eines Sounds

Beide Flags sind übrigens wirklich nur dann gültig, wenn der Soundpuffer mit `DSBCAPS_LOCDEFER` erstellt wurde!

5.5.1.3 Frühzeitiger Abbruch eines anderen Sounds

Wurde ein Soundpuffer mit `DSBCAPS_LOCDEFER` erstellt, dann kann DirectSound nicht garantieren, dass zum Zeitpunkt des Play-Aufrufs genügend Hardwareressourcen zur Verfügung stehen, um den Sound auch dort abzuspielen. Deshalb gibt es die folgenden drei Flags, die dafür sorgen, dass im Falle von Ressourcenknappheit ganz einfach ein anderer Sound abgebrochen wird, um Platz für den neuen zu schaffen:

Tabelle 5.8 Flags für den frühzeitigen Abbruch eines anderen Soundpuffers

Flag	Beschreibung
DSBPLAY_TERMINATEBY_TIME	DirectSound sucht sich denjenigen Soundpuffer heraus, der die kürzeste Restzeit besitzt (der also seinem Ende am nächsten ist), hält ihn an und verwendet die dadurch frei gewordene Stimme für den neuen Sound.
DSBPLAY_TERMINATEBY_DISTANCE	DirectSound sucht sich einen 3D-Sound heraus, der seine maximale Distanz zum Hörer überschritten hat und mit dem Flag `DSBCAPS_MUTE3DATMAXDISTANCE` erstellt wurde, und hält ihn an. An seine Stelle tritt dann der neue Sound.
	Wenn DirectSound keinen Sound findet, der angehalten werden könnte, kommt es darauf an, ob die Flags `DSBPLAY_LOCHARDWARE`, `DSBPLAY_LOCSOFTWARE` oder keines davon angegeben wurden.
	Im Falle von `DSBPLAY_LOCHARDWARE`, wo der Benutzer die Wiedergabe per Hardware *erzwingt*, schlägt die Play-Methode ganz einfach fehl.
	Bei `DSBPLAY_LOCSOFTWARE` kann gar nichts schief gehen, da in Software unendlich viele Sounds gleichzeitig verarbeitet werden können – es wird dann einfach eine neue Stimme in Software reserviert.
	Wurde keines der beiden Flags angegeben und Direct3D hat keinen Sound gefunden, den es anhalten kann, dann wird der Sound ebenfalls in Software gespielt. Daher ist es empfehlenswert, weder `DSBPLAY_LOCHARDWARE` noch `DSBPLAY_LOCSOFTWARE` anzugeben – die Ressourcen werden dann optimal genutzt.
DSBPLAY_TERMINATEBY_PRIORITY	Es wird ein Soundpuffer mit einer niedrigeren (oder gleichen) Priorität als der des abzuspielenden Soundpuffers gesucht. Er wird angehalten, und an seine Stelle tritt der neue.
	Findet DirectSound keinen passenden Puffer, kommt es wieder darauf an, ob `DSBPLAY_LOCSOFTWARE`, `DSBPLAY_LOCHARDWARE` oder gar nichts davon angegeben wurde.
	Bei `DSBPLAY_LOCHARDWARE` schlägt Play auch hier fehl. Mit `DSBPLAY_LOCSOFTWARE` klappt's immer und bei keinem von beiden ebenfalls (Vorgehensweise genau wie bei `DSBPLAY_TERMINATEBY_DISTANCE`).

Beachten Sie, dass auch diese Flags nur zusammen mit `DSBCAPS_LOCDEFER` gültig sind und ansonsten zu einem Fehler führen.

Lassen Sie sich von all den Flags nicht allzu sehr verwirren, denn in den meisten Fällen reicht es, ganz einfach pSound->Play(0, 0, 0); aufzurufen (höchstens noch `DSBPLAY_LOOPING` für sich wiederholende Sounds). Schief gehen kann hier nämlich nichts!

Neben Play existiert natürlich auch eine Stop-Methode, mit der sich ein Soundpuffer zu jeder Zeit wieder anhalten lässt.

5.5.2 Festlegen der Lautstärke

Wenn man beispielsweise seinen „*Bumm!*"-Sound der Größe seiner zugehörigen Explosion anpassen möchte, ist es sehr schön, wenn man die Lautstärke frei wählen kann. Große Explosionen machen dann lauter „*Bumm!*" als kleine.

Die Soundlautstärke legen wir mit der Methode `IDirectSoundBuffer8::SetVolume` fest. Sie erwartet einen einzigen Parameter vom Typ `LONG`, der Werte von –10000 bis 0 annehmen darf. Der Wert gibt an, um wie viele Hundertstel Dezibel (dB) der Sound *„lauter"* gemacht werden soll. DirectSound kann die Lautstärke eines Sounds aber *nicht* erhöhen, sondern sie nur *verringern*, darum sind auch nur negative Werte erlaubt.

Bei –10000, also –100 dB hört ein normaler Mensch nichts mehr, und ein Wert von 0 lässt den Sound in seiner Originallautstärke abspielen.

Sie können `SetVolume` zu jeder Zeit aufrufen: Wenn der Soundpuffer gerade inaktiv ist oder auch wenn er gerade spielt (indem man die Lautstärke kontinuierlich herunterdreht, könnte man somit ein *Ausblenden* (*Fading*) erreichen). Gleiches gilt auch für die Balance und die Frequenz.

Mit `GetVolume` wird die Lautstärke *abgefragt*.

5.5.3 Festlegen der Balance

Die Balance (*Panning*) gibt an, ob der Sound stärker von links oder von rechts kommen soll. Nehmen wir als Beispiel einmal ein 2D-Spiel, in dem der Spieler eine Rakete steuert, die er sicher in ihr Ziel lenken muss. Wenn er das Ziel trifft, macht es – wen wundert's – „*Bumm!*". Nun kommt es darauf an, an welcher Stelle auf dem Bildschirm die Explosion stattfindet. War es am linken Bildrand, dann sollte der Sound aus dem linken Lautsprecher stärker kommen und umgekehrt. Genau dazu ist das Panning nützlich. In einem 3D-Spiel würde man das Ganze übrigens wohl eher mit 3D-Sounds machen, bei denen die Balance automatisch von DirectSound berechnet wird.

Wir übergeben der Methode `IDirectSoundBuffer8::SetPan` einen `LONG`-Wert zwischen –10000 (100% links, 0% rechts) und +10000 (0% links, 100% rechts), um die Balance einzustellen. 0 stellt die genaue Mitte dar, wo der Sound aus beiden Lautsprechern gleich stark kommt.

Bei Stereo-Sounds, also Sounds mit zwei Kanälen, ist es so, dass beim Verändern der Balance die Lautstärke der beiden Kanäle jeweils unterschiedlich verändert wird. Angenommen wir haben einen Sound, in dessen linken Kanal man „*Hallo!*" hört und im rechten „*Tschüss!*". Spielen wir den Sound mit Balance = 0 ab, hören wir von links „*Hallo!*" und von rechts „*Tschüss!*" – beides in seiner Originallautstärke. Bei Balance = –10000 hören wir nur noch „*Hallo!*" (von links) und bei +10000 nur noch „*Tschüss!*" (von rechts).

Auch hier gibt es eine entsprechende Get-Methode (`GetPan`), mit der wir die Balance *abfragen* können.

5.5.4 Festlegen der Abspielfrequenz

In einem Rennspiel ist es sehr hilfreich, wenn man die Abspielfrequenz des Motorensounds frei verändern kann, um das „Aufheulen" zu simulieren.

Genau dafür ist `IDirectSoundBuffer8::SetFrequency` zuständig. Man übergibt dieser Methode einfach die neue gewünschte Abspielfrequenz, und die Sache ist erledigt. Ein Sound, der eine

5.5 Kontrolle eines Sounds

Sampling-Frequenz von 44100 Hz verwendet, wird sich bei einer Abspielfrequenz von 22050 Hz doppelt so langsam (und doppelt so tief) anhören.

Geben Sie den Wert `DSBFREQUENCY_ORIGINAL` (oder null) an, um die Abspielfrequenz auf die Sampling-Frequenz des Soundpuffers zu setzen (also um ihn in Originalgeschwindigkeit abspielen zu lassen).

Alle drei `Set`-Methoden funktionieren natürlich nur dann, wenn Sie beim Erstellen des Soundpuffers auch das entsprechende Flag angegeben haben (`DSBCAPS_CTRLVOLUME`, `DSBCAPS_CTRLPAN` und `DSBCAPS_CTRLFREQUENCY`).

5.5.5 Das Beispielprogramm

Wir wollen in diesem Beispielprogramm nun den Sound, den wir im letzten Abschnitt künstlich durch Sinusfunktionen generiert haben, abspielen und dem Benutzer die Kontrolle über Lautstärke, Balance und Frequenz mit Hilfe von Schiebereglern in einem Dialogfenster überlassen.

Zur Technik: Wenn der Dialog initialisiert wird, die Dialogrückruffunktion also die Nachricht `WM_INITDIALOG` erhält, macht sie sich an das Erstellen der `IDirectSound8`-Schnittstelle und des primären Soundpuffers (das erledigt die Funktion `InitDirectSound`). Anschließend wird `InitSound` aufgerufen – diese Funktion wurde im letzten Abschnitt komplett abgedruckt.

Drückt der Benutzer nun auf den ABSPIELEN-Knopf, wird zuerst der Abspielcursor auf null gesetzt (`SetCurrentPosition(0)`), dann folgt ein Aufruf der `Play`-Methode. Je nachdem, ob das Kästchen LOOPING angekreuzt wurde oder nicht, wird als Flag `DSBPLAY_LOOPING` oder null angegeben.

Das Programm erstellt auch einen Timer, der in regelmäßigen kurzen Abständen eine `WM_TIMER`-Nachricht schickt. In deren Abfangroutine fragt das Programm die aktuelle Position der Schieberegler für Lautstärke, Balance und Frequenz ab und setzt sie mit `SetVolume`, `SetPan` und `SetFrequency`. Außerdem wird `GetCurrentPosition` aufgerufen, um die aktuelle Position des Abspielcursors zu ermitteln. Diese Position wird dann in Samples und Sekunden umgerechnet (`GetCurrentPosition` liefert den Cursor in *Bytes*).

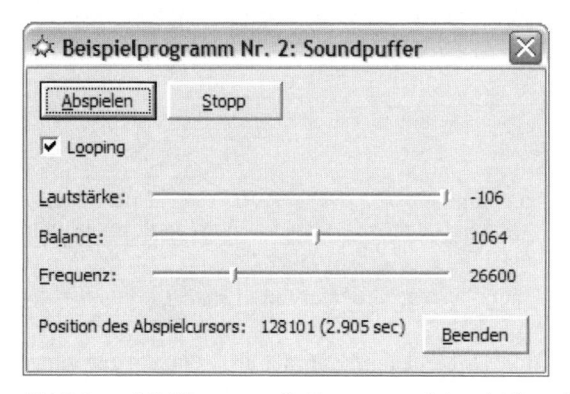

Abbildung 5.7 Wenn man die Frequenz auf den richtigen Wert stellt (um die 9000 Hz), hört es sich fast an wie ein Formel-1-Auto!

5.5.6 Rückblick

- Die Methode `IDirectSoundBuffer8::Play` spielt einen Soundpuffer ab. Wenn er gerade schon abgespielt wird, passiert gar nichts (er fängt dann auch nicht wieder von vorne an). Mit `Stop` halten wir einen spielenden Soundpuffer an.
- `SetVolume` setzt die Abspiellautstärke eines Soundpuffers. Die gültigen Werte reichen von −10000 (totale Stille) bis 0 (Originallautstärke). Achten Sie darauf, den Soundpuffer entsprechend auch mit dem Flag `DSBCAPS_CTRLVOLUME` zu erstellen.
- Bei mit `DSBCAPS_CTRLPAN` erstellten Soundpuffern haben wir die Möglichkeit, die Balance mit der `SetPan`-Methode festzulegen. −10000 bedeutet 100% links und 0% rechts, +10000 bedeutet 0% links und 100% rechts. Bei 0 wird der Sound in seiner Originalbalance abgespielt.
- Mit `SetFrequency` setzen wir die Abspielfrequenz eines Soundpuffers. Wenn die Frequenz niedriger als die Sampling-Frequenz ist, hört sich der Sound langsamer und tiefer an – ist sie größer, hört er sich schneller und höher an. Der Puffer muss mit `DSBCAPS_CTRLFREQUENCY` erstellt worden sein.
- `GetVolume`, `GetPan` und `GetFrequency` sind die drei Methoden, mit denen wir Lautstärke, Balance und Frequenz wieder *abfragen* können.

5.6 WAV-Dateien laden

Das Erstellen von Sounds durch per Hand geschriebene mathematische Funktionen macht auf die Dauer weder Spaß noch Sinn – realistisch klingende Geräusche erhält man so nicht. Da ist es viel einfacher, sich ein Mikrofon zu schnappen und den Sound selbst aufzunehmen oder eine bereits existierende Datei aus dem Internet oder sonst woher zu laden (Obwohl es doch einmal eine Herausforderung wäre, für ein Spiel *keinerlei* Sounddateien zu verwenden, sondern alle nur mit Hilfe von Formeln zu berechnen!). Deshalb wollen wir uns nun mit dem Laden von WAV-Dateien beschäftigen.

Das Schöne an diesen Dateien ist, dass sie ihre Audiodaten meistens genau in dem Format speichern, das wir gerne hätten (PCM und *unkomprimiert*). Wir werden uns nun den Aufbau des Dateiformats genau ansehen und dann später eine eigene Ladefunktion dafür schreiben.

5.6.1 Der RIFF-Header

Ganz zu Beginn einer WAV-Datei steht der so genannte *RIFF-Header*. RIFF steht für *Resource Interchange File Format*. Nicht nur WAV-Dateien gehören dazu, sondern auch noch viele andere (zum Beispiel AVI-Dateien).

Der RIFF-Header ist ein *Chunk*, der aus 12 Bytes besteht. Anhand dieser Daten lässt sich der genaue Dateityp und die Dateigröße feststellen:

- Die ersten vier Bytes sind als Text fester Größe zu interpretieren – ein so genannter *FOURCC-Code* (weil genau *vier* Zeichen). Es gibt für jedes Dateiformat einen einmaligen FOURCC-Code. Der erste Code im RIFF-Header muss immer „RIFF" sein.
- Es folgt ein `DWORD`-Wert, der angibt, wie viele Bytes an Daten in der gesamten Datei noch folgen.
- Zum Schluss kommt noch ein FOURCC-Code, der das eigentliche Format der Datei angibt. Bei WAV-Dateien ist dieser Code „WAVE".

```
// Struktur für den Header einer RIFF-Datei
struct SRIFFHeader
{
    char  acRIFF[4];    // = "RIFF"
    DWORD dwSize;       // Größe der Daten
    char  acFormat[4];  // Zum Beispiel "WAVE"
};
```

Listing 5.5 Struktur für einen RIFF-Header

Beim Laden der WAV-Datei lesen wir also einfach 12 Bytes in eine solche Struktur und prüfen dann, ob die beiden FOURCC-Codes auch korrekt sind (ansonsten ist die Datei wahrscheinlich beschädigt).

5.6.2 Die WAV-Chunks

Nach dem RIFF-Header finden wir in WAV-Dateien verschiedene Chunks vor, welche die Datei genauer beschreiben. Die Reihenfolge der Chunks ist nicht festgelegt. Jeder Chunk besitzt einen Header, der aus 8 Bytes besteht:

- Zuerst kommt wieder ein FOURCC-Code, der den Typ des Chunks angibt. Wir werden die wichtigsten Chunk-Typen gleich noch besprechen.
- Abschließend folgt die Größe der Daten des Chunks, die direkt nach dem Header folgen (ein DWORD-Wert).

```
// Allgemeiner WAV-Chunk-Header
struct SWAVChunkHeader
{
    char  acType[4];     // Typ des Chunks (FOURCC)
    DWORD dwDataSize;    // Größe der folgenden Chunkdaten
};
```

Listing 5.6 Struktur für einen Header eines WAV-Chunks

5.6.2.1 Der Format-Chunk

Der Format-Chunk einer WAV-Datei wird durch den FOURCC-Code „fmt " (mit einem Leerzeichen am Ende) eingeleitet. Die dem Header folgenden Chunk-Daten beziehen sich auf das Format der Audiodaten – wir können sie direkt in eine WAVEFORMATEX-Struktur einlesen. Beim Lesen sollte man aber nicht sizeof(WAVEFORMATEX) für die Anzahl der zu lesenden Bytes angeben, sondern lieber die Größe der Chunk-Daten, die im Header steht.

5.6.2.2 Der Daten-Chunk

Der Daten-Chunk hat den FOURCC-Code „data". Nach dem Header folgen direkt die Audiodaten, und zwar in dem Format, das im „fmt "-Chunk steht (üblicherweise PCM). Wir können diese Daten direkt, ohne sie irgendwie zu verändern, in einen gesperrten Soundpuffer (der natürlich das gleiche Format haben muss) schreiben – so einfach ist das!

5.6.2.3 Andere Chunks

In einer WAV-Datei kann es auch immer sein, dass man auf einen Chunk stößt, mit dem man nichts anzufangen weiß. In dem Fall ignoriert man ihn ganz einfach, indem man den Lesezeiger der Datei so viele Bytes weiter nach vorne schiebt, wie der Chunk groß ist (also der Wert des dwDataSize-Elements in der SWAVChunkHeader-Struktur).

5.6.3 Die Funktion *LoadWAVFile*

Die Funktion LoadWAVFile wird vom neuen Beispielprogramm aufgerufen, um eine WAV-Datei zu laden, die der Benutzer zuvor per Dateiauswahldialog selektiert hat. Sie öffnet die Datei, liest den RIFF-Header und nimmt sich danach jeden einzelnen Chunk vor. Sobald der Dateilesezeiger am Ende angelangt ist, wird dann der Soundpuffer mit den gesammelten Angaben generiert, gesperrt und gefüllt. Die Erstellungsflags für den Soundpuffer (DSBCAPS_...) werden per Parameter übergeben.

```
// Laden einer WAV-Datei
tbResult LoadWAVFile(char* pcWAVFilename,
                     DWORD dwFlags,
                     LPDIRECTSOUNDBUFFER8* ppOut)
{
    WAVEFORMATEX WaveFormat;
    void*        pData = NULL;
    DWORD        dwDataSize = 0;

    // Datei öffnen
    FILE* pFile = fopen(pcWAVFilename, "rb");
    if(!pFile)
    {
        // Fehler!
        return TB_ERROR;
    }

    // ----------------------------------------------------------------

    // RIFF-Header einlesen und prüfen, ob die Signatur stimmt
    SRIFFHeader RIFFHeader;
    fread(&RIFFHeader, sizeof(SRIFFHeader), 1, pFile);
    if(strnicmp(RIFFHeader.acRIFF, "RIFF", 4))
    {
        // Fehler!
        return TB_ERROR;
    }
    else if(strnicmp(RIFFHeader.acFormat, "WAVE", 4))
    {
        // Fehler!
        return TB_ERROR;
    }

    // ----------------------------------------------------------------

    // Alle Chunks einlesen
    while(TRUE)
    {
        // Chunk-Header lesen.
        // Bei einem Lesefehler haben wir das Ende der Datei erreicht.
        SWAVChunkHeader ChunkHeader;
        if(fread(&ChunkHeader, sizeof(SWAVChunkHeader), 1, pFile) != 1) break;
        else
        {
            // Je nach Typ des Chunks ...
            if(!strnicmp(ChunkHeader.acType, "FMT ", 4))
            {
```

5.6 WAV-Dateien laden

```
                    // Es ist der Format-Chunk!
                    // Wir lesen jetzt die Daten in die WAVEFORMATEX-Struktur.
                    // Erst noch prüfen, ob die Chunk-Größe stimmt.
                    if(ChunkHeader.dwDataSize > sizeof(WAVEFORMATEX))
                    {
                        // Fehler!
                        fclose(pFile);
                        return TB_ERROR;
                    }

                    // Lesen
                    ZeroMemory(&WaveFormat, sizeof(WAVEFORMATEX));
                    fread(&WaveFormat, 1, ChunkHeader.dwDataSize, pFile);
                }
                else if(!strnicmp(ChunkHeader.acType, "DATA", 4))
                {
                    // Es ist der Datenchunk!
                    // Genug Speicher reservieren und dann die Daten einlesen.
                    pData = calloc(ChunkHeader.dwDataSize, 1);

                    // Lesen
                    fread(pData, 1, ChunkHeader.dwDataSize, pFile);

                    // Größe speichern
                    dwDataSize = ChunkHeader.dwDataSize;
                }
                else
                {
                    // Unbekannter Chunk!
                    // Wir überspringen ihn.
                    fseek(pFile, ChunkHeader.dwDataSize, SEEK_CUR);
                }
            }
        }

        // Datei schließen
        fclose(pFile);

        // -------------------------------------------------------------------

        // DSBUFFERDESC-Struktur ausfüllen
        DSBUFFERDESC BufferDesc;
        BufferDesc.dwSize           = sizeof(DSBUFFERDESC);
        BufferDesc.dwFlags          = dwFlags;
        BufferDesc.dwBufferBytes    = dwDataSize;
        BufferDesc.dwReserved       = 0;
        BufferDesc.lpwfxFormat      = &WaveFormat;
        BufferDesc.guid3DAlgorithm  = GUID_NULL;

        // Soundpuffer erstellen
        LPDIRECTSOUNDBUFFER pTemp;
        if(FAILED(g_pDSound->CreateSoundBuffer(&BufferDesc, &pTemp, NULL)))
        {
            // Fehler!
            return TB_ERROR;
        }

        // 8er-Schnittstelle abfragen und die alte löschen
        pTemp->QueryInterface(IID_IDirectSoundBuffer8, (void**)(ppOut));
        TB_SAFE_RELEASE(pTemp);

        // -------------------------------------------------------------------
```

```
    // Sperren des gesamten Soundpuffers
    void* pSoundBuffer;
    DWORD dwNumBytes;
    if(FAILED((*ppOut)->Lock(0, 0,
                             &pSoundBuffer, &dwNumBytes,
                             NULL, NULL, DSBLOCK_ENTIREBUFFER)))
    {
        // Fehler!
        free(pData);
        return TB_ERROR;
    }

    // Die zuvor geladenen Daten in den gesperrten Soundpuffer kopieren
    memcpy(pSoundBuffer, pData, dwDataSize);
    free(pData);

    // Entsperren
    (*ppOut)->Unlock(pSoundBuffer, dwNumBytes, NULL, NULL);

    return TB_OK;
}
```

Listing 5.7 Laden einer WAV-Datei im PCM-Format

Im Prinzip ist die Angelegenheit also ganz simpel. Den unteren Teil kennen Sie mehr oder weniger noch von dem Programm, in dem wir einen künstlichen Sound erzeugt haben. Der Rest des Beispielprogramms ist genau wie beim vorherigen: Mit Schiebereglern kann der Benutzer die Lautstärke, die Balance und die Abspielfrequenz verändern.

5.7 3D-Sound

Dieses Buch befasst sich mit der 3D-Spieleprogrammierung – bisher traf das „3D" jedoch nur für Grafiken zu. Mit DirectSound haben wir aber auch noch die Möglichkeit (die man unbedingt nutzen sollte), Sounds *in drei Dimensionen* abzuspielen. Was dahinter steckt, wird in diesem Abschnitt erklärt.

5.7.1 Theorie des 3D-Sounds

3D-Sound bedeutet erst einmal, dass man einem Geräusch oder besser gesagt einer Geräuschquelle eine dreidimensionale Position (und eine Geschwindigkeit) zuordnen kann. Außerdem braucht man das Gleiche (Position und Geschwindigkeit) noch für den *Hörer*. Mit Hilfe dieser Angaben wird dann ein Geräusch so verändert, dass man wirklich das Gefühl hat, die Geräuschquelle befände sich zum Beispiel direkt hinter oder rechts über einem. Wie man das erreichen kann? Mit einigen raffinierten Tricks!

- Der wohl einfachste Effekt ist die *Schallabschwächung*. Je weiter eine Geräuschquelle vom Hörer entfernt ist, desto leiser wird das Geräusch wahrgenommen.
- Etwas komplizierter: Kommt ein Geräusch zum Beispiel von links, dann hört man es im linken Ohr auch lauter als im rechten und – sehr wichtig – ein kleines bisschen *früher*!
- Geräusche, die ihren Ursprung *hinter* dem Hörer haben, werden von ihm leicht gedämpft wahrgenommen, weil sie noch den Kopf passieren müssen. Auch das lässt sich simulieren.
- Vielleicht haben Sie schon einmal etwas vom so genannten *Dopplereffekt* gehört. Dieser bewirkt, dass Schallwellen gestaucht oder gestreckt werden, wenn die Schallquelle eine

5.7 3D-Sound

Eigenbewegung hat (auch die Bewegung des Hörers kommt hinzu). Fährt ein Krankenwagen mit eingeschalteter Sirene beispielsweise auf Sie zu, dann werden die Schallwellen vor ihm gestaucht und die Sirene hört sich höher an. Ist der Wagen dann an Ihnen vorbeigefahren, ziehen sich die Schallwellen auseinander, was zu einem tieferen Geräusch führt. DirectSound ist imstande, auch *diesen* Effekt zu simulieren!

- Wenn eine Surround-Anlage an den Computer angeschlossen ist, kann man all die vielen im Raum verteilten Boxen ebenfalls dazu verwenden, den Raumklangeffekt weiter zu verstärken.

Jetzt könnte man meinen, dass die ganze Sache unsere Arbeit als Spieleentwickler wohl eher noch schwieriger macht, als sie zu vereinfachen. Nun ja – zu Beginn ist einmal ein größeres Stück Arbeit notwendig, aber danach zahlt es sich aus! Denken Sie mal an einen 3D-Weltraum-Shooter. Ohne 3D-Sound müsste man für jedes Raumschiff so genannte *Fly-By-Sounds* erstellen, die immer dann abgespielt werden, wenn ein Raumschiff nah an der Kamera vorbeifliegt. So ist das nicht mehr nötig, weil alles praktisch von alleine funktioniert.

5.7.2 Die *IDirectSound3DBuffer8*-Schnittstelle

DirectSound behandelt *3D-Soundpuffer*, also solche, denen wir eine Position und eine Bewegung im dreidimensionalen Raum zuordnen können, anders als gewöhnliche Soundpuffer. Um auf die speziellen 3D-Fähigkeiten zugreifen zu können, benötigt man eine Schnittstelle vom Typ IDirectSound3DBuffer8. Gewöhnliche Methoden wie Play, Stop, SetVolume und so weiter werden weiterhin von IDirectSoundBuffer8 gehandhabt. Eine 3D-Geräuschequelle besteht demnach immer aus *zwei* Schnittstellen.

5.7.2.1 Erzeugung

Alles, was man tun muss, um an die 3D-Soundpufferschnittstelle zu kommen, ist, die Methode QueryInterface der gewöhnlichen Soundpufferschnittstelle aufzurufen. Als Schnittstellen-ID gibt man dazu IID_IDirectSound3DBuffer8 an. Voraussetzung ist, dass der Soundpuffer mit dem Flag DSBCAPS_CTRL3D ausgerüstet ist. Beachten Sie, dass DSBCAPS_CTRLPAN (Balancekontrolle) *nicht* mit 3D-Sounds funktioniert. Eine weitere Voraussetzung ist, dass der Sound nur *einen* Kanal hat – Stereo-Sounds haben auch nur dann einen Sinn, wenn man *keinen* 3D-Sound verwendet.

Bisher haben wir das Element guid3DAlgorithm der DSBUFFERDESC-Struktur immer auf GUID_NULL gesetzt. Bei 3D-Sounds sollte man dieses Element auf einen anderen Wert setzen, um den Algorithmus zur Berechnung des 3D-Sounds auszuwählen.

Tabelle 5.9 3D-Algorithmen

Algorithmus	Beschreibung
DS3DALG_NO_VIRTUALIZATION	Ein einfacher und schneller Algorithmus zur Berechnung von 3D-Sounds. Balance, Dopplereffekt und Schallabschwächung werden berechnet, aber keine sonstigen Effekte.
DS3DALG_HRTF_FULL	Der Algorithmus mit dem realistischsten Ergebnis, benötigt aber die meiste Rechenzeit. *HRTF* steht für *Head Related Transfer Function*, was sich auf die Art und Weise bezieht, wie die relative Position des 3D-Sounds zum Hörer verarbeitet wird.
DS3DALG_HRTF_LIGHT	Liefert fast so gute Ergebnisse wie DS3DALG_HRTF_FULL, benötigt aber weniger Rechenzeit.

Die Wahl des Algorithmus hat übrigens nur bei solchen Soundpuffern eine Bedeutung, die per Software verarbeitet (gemischt und abgespielt) werden. Per Hardware verarbeitete Sounds verwenden automatisch den 3D-Algorithmus der Hardware. Für den Fall, dass die Hardware nicht mit 3D-Sound kompatibel ist, ist es also hilfreich, wenn man bei der Puffererstellung `DSBCAPS_LOCDEFER` angibt, damit DirectSound später selbst entscheiden kann, wie zu verfahren ist.

5.7.2.2 Position und Geschwindigkeit setzen

Anhand der Position und Geschwindigkeit (wobei die Geschwindigkeit ebenfalls ein *Vektor* ist), errechnet DirectSound die entsprechenden 3D-Klangeffekte.

Mit der Methode `IDirectSound3DBuffer8::SetPosition` wird die Position gesetzt. Die ersten drei Parameter sind die Koordinaten (float-Werte x, y, z), und der letzte Parameter ist der so genannte *Änderungsparameter*. Er sagt, ob DirectSound die neue Position *sofort* (`DS3D_IMMEDIATE`) oder *verzögert* (`DS3D_DEFERRED`) setzen soll. Alle Methoden, die etwas mit 3D-Sound zu tun haben, erwarten einen solchen Parameter.

Verzögert bedeutet, dass die Änderung erst dann in Kraft tritt, wenn die Methode `CommitDeferredSettings` auf der *Hörerschnittstelle* (*siehe unten*) aufgerufen wird. Meistens ist es vorteilhaft, lieber alle Eigenschaften eines 3D-Soundpuffers gleichzeitig zu setzen als nacheinander.

Die Einheit der Position auf jeder Achse ist *Meter*. Normalerweise würde das wohl kaum eine Rolle spielen, hier aber schon, denn wenn es darum geht, beispielsweise die Schallabschwächung oder den Dopplereffekt zu berechnen, ist die Maßeinheit schon wichtig.

Die *Geschwindigkeit*, also den *Bewegungsvektor* eines 3D-Soundpuffers, setzt man mit der Methode `SetVelocity` – ebenfalls vier Parameter. Die Geschwindigkeit wird auf jeder Achse in *Metern pro Sekunde* angegeben.

`GetPosition` und `GetVelocity` fragen übrigens die Position beziehungsweise die Geschwindigkeit wieder *ab*.

5.7.2.3 Minimale und maximale Distanz

Die Methoden `SetMinDistance` und `SetMaxDistance` bestimmen die minimale beziehungsweise die maximale Distanz eines Soundpuffers.

Mit fallender Entfernung zur Geräuschequelle wird ein Geräusch lauter wahrgenommen. Ab einer gewissen Distanz ist die Lautstärke aber schon so groß, dass sie nicht mehr größer werden muss – genau das ist die *minimale Distanz*. Wenn die minimale Distanz 10 Meter ist, dann klingt der Sound aus 2 und aus 8 Metern Entfernung gleich laut.

Die *maximale Distanz* bestimmt, wie schnell das Geräusch bei steigender Entfernung leiser wird, denn bei der maximalen Distanz ist die Lautstärke automatisch null. Wenn wir zwei Geräusche hören, wovon eines eine maximale Distanz von 100 Metern hat und das andere eine von 200 Metern, dann wird das mit den 100 Metern schneller leiser, wenn es sich von uns weg bewegt.

> **Beispiel**
>
> Die DirectX-Dokumentation bringt an dieser Stelle ein schönes Beispiel, was ich gerne übernehmen würde.
>
> Als Vergleich dient das Summen einer Biene und das laute Geräusch eines Jumbo-Jets – also zwei völlig verschiedene Geräuschquellen. Die Biene hört man erst ab circa einem Meter Entfernung summen, und richtig laut wird es erst, wenn sie schon sehr nah am Ohr ist. Daher hat sie eine minimale Entfernung von 5 Zentimetern und eine maximale von einem Meter.

5.7 3D-Sound

Den Jumbo-Jet hingegen hört man auch über Hunderte von Metern noch sehr laut, und ob man sich nun 10 Meter oder 20 Meter von ihm weg befindet, macht kaum noch einen Unterschied. Darum hat der Jet eine relativ große minimale Entfernung (zum Beispiel 50 Meter) und auch eine sehr große maximale Entfernung (selbst bei mehreren Kilometern Abstand hört man die Triebwerke noch).

`SetMinDistance` und `SetMaxDistance` erwarten übrigens als letzten Parameter auch wieder `DS3D_IMMEDIATE` oder `DS3D_DEFERRED`.

5.7.3 Die *IDirectSound3DListener8*-Schnittstelle

Arbeitet man mit 3D-Sound, dann benötigt man neben frei positionierbaren Soundpuffern auch noch einen *Hörer*. Den Hörer kann man mit der Kamera in der 3D-Grafik vergleichen. Normalerweise setzt man den Hörer daher auch immer auf dieselbe Position wie die Kamera und verleiht ihm auch dieselbe Orientierung. Die Schnittstelle für den Hörer trägt den Namen `IDirectSound3DListener8`.

5.7.3.1 Erzeugung

Es gibt immer nur *einen* Hörer. Wir erhalten ihn, also seine Schnittstelle, indem wir `QueryInterface` auf der Schnittstelle des primären Soundpuffers aufrufen und als Schnittstellen-ID `IID_IDirectSound3DListener8` angeben. Voraussetzung ist, dass der primäre Soundpuffer mit dem Flag `DSBCAPS_CTRL3D` erstellt wurde. Einen Algorithmus für 3D-Sound brauchen wir nicht zu wählen – das wird für jeden 3D-Soundpuffer einzeln getan.

5.7.3.2 Alte Hüte

Die Position und die Geschwindigkeit des Hörers setzt man mit den Methoden `SetPosition` beziehungsweise `SetVelocity`. Hier gilt das Gleiche wie bei der entsprechenden Methode der 3D-Soundpufferschnittstelle.

5.7.3.3 Die Orientierung

Zum Hörer zählt neben der Position und der Geschwindigkeit auch noch die *Orientierung*. Sie bestimmt, in welche Richtung er schaut beziehungsweise hört. Die Orientierung wird mit Hilfe zweier Vektoren angegeben: dem *Nach-vorne-Vektor* und dem *Nach-oben-Vektor*.

Beides sind Richtungsvektoren. Der Nach-Vorne-Vektor gibt die *z*-Achse des Hörers an – also die Richtung, in die er zeigt. Der Nach-Oben-Vektor steht senkrecht auf dem Nach-vorne-Vektor und steht entsprechend für die *y*-Achse des Hörers. DirectSound kann mit Hilfe dieser beiden Vektoren den Nach-rechts-Vektor, also die *x*-Achse, durch das Kreuzprodukt bestimmen.

Man legt die Orientierung des Hörers durch die Methode `SetOrientation` fest, wobei die ersten drei `float`-Parameter den Nach-vorne-Vektor angeben und die nachfolgenden den Nach-oben-Vektor. Letzter Parameter ist auch hier entweder `DS3D_IMMEDIATE` oder `DS3D_DEFERRED`. Bei letzterem zeigt die Änderung erst dann ihre Wirkung, wenn die `CommitDeferredSettings`-Methode aufgerufen wird.

5.7.3.4 Distanzfaktor

Möchte man eine andere Maßeinheit als Meter beziehungsweise Meter pro Sekunde verwenden, so ändert man den *Distanzfaktor* mit der Methode `SetDistanceFactor`. Alle Angaben werden mit diesem Faktor multipliziert. 1 bedeutet keine Änderung – also weiterhin Meter zu verwenden. Gibt man zum Beispiel 1000 an, dann entspricht eine Einheit einem *Kilo*meter.

5.7.3.5 Dopplerfaktor

Es ist immer gut, Effekte ein wenig intensiver darzustellen, als sie es in Wirklichkeit sind. Wenn Ihnen der normale (von DirectSound berechnete) Dopplereffekt nicht stark genug ist, können Sie ihn mit der Methode `IDirectSound3DListener8::SetDopplerFactor` verstärken oder auch abschwächen.

Der Standardwert für den Dopplerfaktor ist 1. Maximum ist 10 und Minimum ist 0 (dann gibt es gar keinen Dopplereffekt).

5.7.3.6 Abschwächungsfaktor

Mit dem Abschwächungsfaktor legt man fest, ob Direct3D die Schallabschwächung übertrieben, untertrieben oder so wie in der realen Welt berechnen soll. Dazu rufen Sie einfach die `SetRolloffFactor`-Methode auf und übergeben ihr einen Wert zwischen 0 und 10, wobei 1 der Normalwert ist. 10 bedeutet, dass die Geräusche bei steigender Entfernung zehnmal so schnell leiser werden wie in Wirklichkeit.

5.7.4 Das Beispielprogramm

Das Beispielprogramm dieses Abschnitts stellt eine kleine Szene mit Direct3D dar, in der sich vier Lautsprecher hin und her bewegen. Von jedem geht ein anderer 3D-Sound aus. Die Kamera ist dreh- und bewegbar (durch die Pfeiltasten).

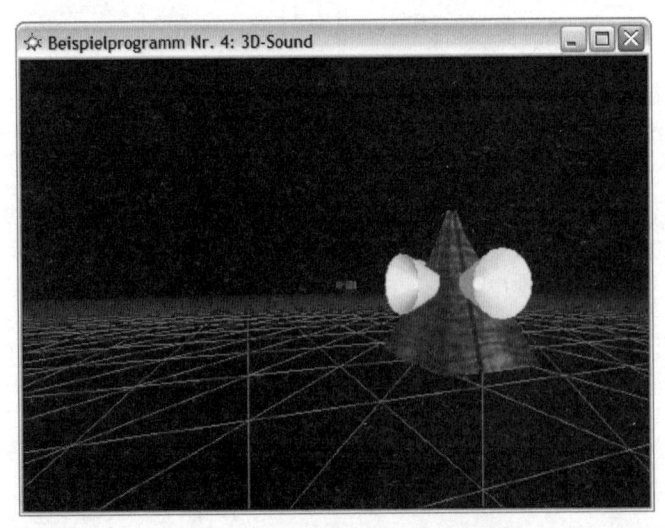

Abbildung 5.8 Einer der vier geheimnisvollen Lautsprecher, die sich über das Gitternetz bewegen.

5.7 3D-Sound

Nachdem alle vier Sounds aus den WAV-Dateien SOUND1.WAV bis SOUND4.WAV geladen wurden, werden sie im Looping-Modus abgespielt. Die minimale und maximale Distanz wird auf 50 beziehungsweise 1000 gesetzt. Einmal pro Frame werden dann alle 3D-Sounds und der Hörer angepasst.

```
// Den Hörer anpassen
g_pListener->SetPosition(g_vCameraPos.x, g_vCameraPos.y, g_vCameraPos.z, DS3D_IMMEDIATE);
g_pListener->SetVelocity(g_vCameraMov.x, g_vCameraMov.y, g_vCameraMov.z, DS3D_IMMEDIATE);
g_pListener->SetOrientation(vCameraDir.x, vCameraDir.y, vCameraDir.z,
                            0.0f, 1.0f, 0.0f,
                            DS3D_IMMEDIATE);

// Die vier Sounds anpassen
for(DWORD s = 0; s < 4; s++)
{
    g_ap3DSound[s]->SetPosition(g_avSoundPos[s].x, g_avSoundPos[s].y, g_avSoundPos[s].z,
                                DS3D_IMMEDIATE);
    g_ap3DSound[s]->SetVelocity(g_avSoundDir[s].x, g_avSoundDir[s].y, g_avSoundDir[s].z,
                                DS3D_IMMEDIATE);
}
```

Listing 5.8 Aktualisierung der 3D-Sounds und des Hörers

Das Array g_ap3DSound enthält die IDirectSound3DBuffer8-Schnittstelle jedes Sounds, die beim Laden der WAV-Datei erstellt wurde. g_avSoundPos enthält die Position jedes Sounds und g_avSoundDir die Geschwindigkeit.

5.7.5 Rückblick

- *3D-Sound* zeichnet sich durch hervorragenden räumlichen Klang aus. Viele Effekte können simuliert werden, wozu auch *Schallabschwächung* mit steigender Entfernung und der *Dopplereffekt* zählen.
- Die Schnittstelle IDirectSound3DBuffer8 steht für einen 3D-Soundpuffer. Wir erhalten sie durch QueryInterface, was wir auf einem Soundpuffer aufrufen, der mit dem Flag DSBCAPS_CTRL3D erstellt wurde und nur *einen* Kanal hat. Diese Schnittstelle stellt die 3D-Fähigkeiten des Soundpuffers dar. Play, Stop und Co. müssen weiterhin auf der „normalen" Schnittstelle aufgerufen werden. Vergessen Sie beim Aufruf von CreateSoundBuffer nicht, einen 3D-Algorithmus anzugeben!
- Die *Hörerschnittstelle* IDirectSound3DListener8 repräsentiert den virtuellen Hörer, den man sich wie die Kamera in der 3D-Grafik vorstellen kann. Man erhält sie ebenfalls durch QueryInterface – hier muss die Methode aber auf der Schnittstelle des primären Soundpuffers aufgerufen werden, und dieser muss ebenfalls mit DSBCAPS_CTRL3D erstellt worden sein.
- IDirectSound3DBuffer8 und IDirectSound3DListener8 besitzen Methoden wie SetPosition und SetVelocity, welche dem 3D-Soundpuffer beziehungsweise dem Hörer eine Position und einen Geschwindigkeitsvektor im Raum zuordnen. Dem Hörer muss außerdem mit SetOrientation eine *Orientierung* zugewiesen werden, die bestimmt, in welche Richtung er schaut.
- Mit den Methoden IDirectSound3DListener8::SetDopplerFactor und SetRolloffFactor ist es möglich, die Intensität des Dopplereffekts beziehungsweise der Schallabschwächung zu über- oder zu untertreiben.

5.8 Echtzeiteffekte

5.8.1 Effekte – vorberechnet und in Echtzeit

Mit dem recht einfachen Abspielen von zwei- und dreidimensional angeordneten Sounds ist die Palette von Fähigkeiten, die uns durch DirectSound geboten wird, noch nicht ausgeschöpft – es gibt nämlich noch die *Echtzeiteffekte*!

Erst einmal: Was bedeutet es, wenn einem Sound ein Effekt zugewiesen wird? Nun, ganz allgemein gesagt: Ein Effekt verändert einen Sound auf eine ganz spezielle Weise. Zum Beispiel könnte ein Effekt ihn zerhacken (immer wieder kleine Pausen einfügen), oder ein anderer könnte ihm ein lang anhaltendes Echo verpassen, so dass man meint, man sei in einer Kirche.

Benutzen Sie beispielsweise den Windows-Audiorecorder, um Ihre Sounds aufzunehmen (für kleinere Unterfangen ist dieses kleine Programm durchaus angemessen), und Sie wollten einem Sound ein Echo zuweisen, dann würden Sie das vermutlich über EFFEKTE, ECHO HINZUFÜGEN tun.

Nun soll der Sound in einem Spiel zum Einsatz kommen. Es könnte sich zum Beispiel um ein Schrittgeräusch handeln. Befindet sich der Held im Freien, so würde man natürlich kein Echo erwarten. Hielte er sich aber zum Beispiel in einer großen Halle auf, würde sich die Situation ändern – ohne ein angemessenes Echo erschiene die Halle unrealistisch.

Man könnte wie folgt vorgehen: Befindet sich der Held im Freien, spielt man einfach die Sounddatei ab, die das Geräusch ohne Echo beinhaltet. Andernfalls eben den Sound mit Echo. Okay – das Problem ist gelöst. Aber was, wenn man verschiedene Abstufungen haben möchte? Soll man dann etwa für jede Stufe eine eigene Datei erzeugen und sie alle gleichzeitig im Speicher behalten, um dann bei Bedarf den passenden Soundpuffer abzuspielen? Das wäre wohl etwas übertrieben, vor allem wenn man bedenkt, dass ein Spiel nicht nur aus einem *einzigen* Sound besteht.

Genau hier kommen die Echtzeiteffekte ins Spiel. Einige davon kennen wir bereits: So können wir zum Beispiel die Lautstärke, die Balance und die Frequenz eines Sounds ganz genau unseren Wünschen anpassen, ohne vorher für jede Kombination eine eigene Sounddatei zu generieren. Der Begriff des Effekts umfasst aber noch viel mehr als diese drei Grundeffekte. Andere Effekte (die auch von DirectSound standardmäßig unterstützt werden):

- **Chorus:** Es scheint, dass der Sound zweimal abgespielt wird (jeweils verzögert und ein wenig moduliert).
- **Kompression:** Man unterdrückt bestimmte Amplitudenbereiche eines Sounds.
- **Verzerrung:** Wie der Name bereits sagt
- **Echo:** Der Sound wird in der gleichen Weise zweimal abgespielt (keine Veränderung außer bei der Lautstärke).
- **Flanger:** Wie das Echo, allerdings ist die Verzögerungszeit zwischen den beiden Sounds sehr klein und variierend.
- **Gurgeln:** Verändert die Amplitude eines Sounds periodisch (immer wieder lauter und leiser werdend)
- **Equalizer:** Kann die Lautstärke eines Frequenzbereichs erhöhen oder verringern
- **Widerhall:** Ähnlich wie das Echo, jedoch eher für Musik gedacht
- **Raumklang:** Kann die Reflexion von Schallwellen simulieren

5.8 Echtzeiteffekte

All diese Effekte können einem Sound in Echtzeit hinzugefügt werden, und die Parameter, durch welche sie kontrolliert werden (zum Beispiel die Verzögerung beim Echo), können sogar *während des Abspielens* verändert werden.

Es ist sogar möglich, *eigene* Effekte zu schreiben!

5.8.2 Verschiedene Effektschnittstellen

Für jeden der oben genannten Effekte – sie alle werden von DirectSound ohne zusätzliche Software unterstützt – gibt es eine eigene *Schnittstelle*. Weiterhin besitzt jeder Effekt noch eine eigene GUID-Nummer, die wir später noch benötigen werden. Zu guter Letzt gibt es noch Datenstrukturen, welche die nötigen Parameter für die Effekte bereithalten. Die folgende Tabelle listet alle Effekte mit Schnittstelle, GUID und Name der Datenstruktur auf.

Tabelle 5.10 Effekte und ihre Schnittstellen, GUIDs und Datenstrukturen

Effekt	Schnittstelle IDirectSoundFX +	GUID GUID_DSFX_ +	Datenstruktur
Chorus	Chorus8	STANDARD_CHORUS	DSFXChorus
Kompression	Compressor8	STANDARD_COMPRESSOR	DSFXCompressor
Verzerrung	Distortion8	STANDARD_DISTORTION	DSFXDistortion
Echo	Echo8	STANDARD_ECHO	DSFXEcho
Flanger	Flanger8	STANDARD_FLANGER	DSFXFlanger
Gurgeln	Gargle8	STANDARD_GARGLE	DSFXGargle
Equalizer	ParamEq8	STANDARD_PARAMEQ	DSFXParamEq
Widerhall	WavesReverb8	WAVES_REVERB	DSFXWavesReverb
Reflektion	I3DL2Reverb8	STANDARD_I3DL2REVERB	DSFXI3DL2Reverb

Die Schnittstelle für den Chorus-Effekt heißt also `IDirectSoundFXChorus8`, und die entsprechende GUID-Nummer ist `GUID_DSFX_STANDARD_CHORUS`.

5.8.3 Vorwarnung erforderlich!

Bevor ein spezieller Effekt – sagen wir einmal beispielsweise das Echo – auf einen Soundpuffer angewandt werden kann, müssen spezielle Vorkehrungen getroffen werden:

- Der Soundpuffer muss mit dem Flag DSBCAPS_CTRLFX erstellt worden sein und im PCM-Format vorliegen (was meistens auch sowieso der Fall ist).
- Nach dem Erstellen und *vor dem Abspielen* (und während der Puffer nicht gesperrt ist) werden die gewünschten Effekte mit der Methode `IDirectSoundBuffer8::SetFX` gesetzt. Später können dann die Schnittstellen zu den einzelnen Effekten abgefragt werden, um die Parameter zu verändern. Welche Effekte Anwendung finden, muss aber schon vorher bekannt sein.
- Ein Soundpuffer, dem ein Effekt zugewiesen wird, sollte eine Mindestlänge von 150 Millisekunden haben, denn einige Effekte kommen mit so kurzen Sounds nicht klar.

5.8.4 Effekte mit *SetFX* anfordern

Diese SetFX-Methode wollen wir uns jetzt genau ansehen:

```
HRESULT IDirectSoundBuffer8::SetFX(DWORD dwEffectsCount,
                                   LPDSEFFECTDESC pDSFXDesc,
                                   LPDWORD pdwResultCodes)
```

Listing 5.9 Die Deklaration von IDirectSoundBuffer8::SetFX

Tabelle 5.11 Die Parameter der Methode IDirectSoundBuffer8::SetFX

Parameter	Bedeutung
DWORD dwEffectsCount	Anzahl der Effekte, die im nachfolgenden Parameter beschrieben sind. Wird null angegeben, so muss pDSFXDesc auf NULL gesetzt sein.
LPDSEFFECTDESC pDSFXDesc	Ein Array von DSEFFECTDESC-Strukturen – für jeden Effekt genau eine Struktur. Hier werden Informationen über jeden Effekt gespeichert.
LPDWORD pdwResultCodes	Ein Array von DWORD-Werten, das von der Methode mit einem *Statuscode* für jeden Effekt gefüllt wird. Index 10 ist zum Beispiel der Statuscode für den Effekt mit dem Index 10 im pDSFXDesc-Array. Kann auch NULL sein. Mögliche Statuscodes sind: • DSFXR_LOCSOFTWARE: Der Effekt wird durch die Software angewandt. • DSFXR_LOCHARDWARE: Die Hardware übernimmt den Effekt (das geht in DirectX 9 jedoch noch gar nicht). • DSFXR_UNALLOCATED: Der Puffer wurde mit DSBCAPS_LOCDEFER erstellt, und es ist noch nicht klar, ob er von der Hard- oder Software übernommen wird. • DSFXR_FAILED: Effekt konnte nicht erstellt werden (nicht genug Ressourcen). • DSFXR_PRESENT: Der Effekt ist verfügbar, aber irgendein anderer Effekt im Array verursachte einen Fehler. In dem Fall wird kein Effekt erstellt (entweder alle oder keiner). • DSFXR_UNKNOWN: Der Effekt ist auf dem System nicht verfügbar. Die Standardeffekte, die oben beschrieben sind, sind *immer* verfügbar!

Kann irgendeiner der Effekte nicht erstellt werden, schlägt die Methode fehl. Sie liefert also nur dann keinen Fehler zurück, wenn *alle* Effekte funktionieren. Die Methode erfordert, dass vorher das COM durch die Funktion CoInitialize initialisiert wurde:

CoInitialize(NULL);

Die Effektbeschreibungsstruktur *DSEFFECTDESC*

Sehen wir uns als Nächstes die Struktur DSEFFECTDESC an. Sie ist recht einfach aufgebaut, und nur drei ihrer fünf Elemente werden tatsächlich genutzt:

Tabelle 5.12 Die Elemente der Struktur DSEFFECTDESC

Element	Bedeutung
DWORD dwSize	Größe der Struktur DSEFFECTDESC in Bytes
DWORD dwFlags	Erstellungsflags für den Effekt. Entweder DSFX_LOCSOFTWARE (der Effekt muss per Software gespielt werden), DSFX_LOCHARDWARE (der Effekt muss per Hardware gespielt werden, was in DirectX 9 jedoch noch nicht möglich ist), oder null. Wird null angegeben, dann entscheidet DirectSound automatisch, was angebracht ist – möglicherweise werden Effekte später einmal per Hardware unterstützt.

Element	Bedeutung
GUID guidDSFXClass	GUID des Effekts, der durch diese Struktur repräsentiert wird. Schauen Sie in der obigen Tabelle nach.
DWORD_PTR dwReserved1	Nicht verwendet – auf null setzen
DWORD_PTR dwReserved2	Nicht verwendet – auf null setzen

5.8.5 Die Effektschnittstelle abfragen

Hat man nun alle gewünschten Effekte mit SetFX erstellen lassen, so ist es Zeit, die dafür generierten Schnittstellen (wie zum Beispiel IDirectSoundFXEcho8) abzuholen. Dazu gibt es die Methode GetObjectInPath der IDirectSoundBuffer8-Schnittstelle.

Die Methode erwartet als Erstes eine GUID-Nummer. Hier können wir zum Beispiel GUID_DSFX_STANDARD_ECHO angeben – natürlich nur dann, wenn vorher auch mit SetFX ein Echoeffekt erstellt wurde.

Der zweite Parameter ist der Index. Gibt man zum Beispiel null an, so heißt das, dass das *erste* Objekt der durch die GUID angeforderten Schnittstelle geliefert wird. Es ist nämlich auch möglich, mehrere Effekte vom gleichen Typ in einem Soundpuffer anzusiedeln.

Dann folgt eine Schnittstellen-ID, die der Methode sagt, welche Art von Schnittstelle wir gerne hätten. Im Beispiel mit dem Echo würde man IID_IDirectSoundFXEcho8 angeben – für die anderen Effekte gilt Ähnliches.

Am Ende gibt es noch einen hübschen Doppelzeiger. Der Zeiger, auf den er zeigt, wird von der Methode ausgefüllt, so dass er danach auf die von uns angeforderte Schnittstelle zeigt (oder auch nicht – wenn die Methode fehlschlägt).

Der folgende Beispielcode erstellt einen Echoeffekt auf einem bereits existierenden mit DSBCAPS_CTRLFX erstellten Soundpuffer, der gerade nicht abgespielt wird, und fragt die Effektschnittstelle ab:

```
// COM initialisieren, damit die Effekte funktionieren
CoInitialize(NULL);

// Die Effektbeschreibung ausfüllen
DSEFFECTDESC EffectDesc;
EffectDesc.dwSize         = sizeof(DSEFFECTDESC);
EffectDesc.dwFlags        = 0;
EffectDesc.guidDSFXClass  = GUID_DSFX_STANDARD_ECHO;
EffectDesc.dwReserved1    = 0;
EffectDesc.dwReserved2    = 0;

// Den Effekt dem Sound zuweisen
if(FAILED(pSoundBuffer->SetFX(1, &EffectDesc, NULL)))
{
    // Es hat nicht funktioniert ...
    // ...
}

// Die Effektschnittstelle des ersten Echos abfragen (Index 0)
LPDIRECTSOUNDFXECHO8 pEchoEffect;
pSoundBuffer->GetObjectInPath(GUID_DSFX_STANDARD_ECHO, 0,
                              IID_IDirectSoundFXEcho8,
                              (void**)(&pEchoEffect));
```

Listing 5.10 Erstellung eines Echoeffekts

Das ist doch eigentlich recht einfach und muss meistens nur *einmal* erledigt werden. Als Nächstes werden wir uns der Veränderung der Effektparameter widmen. Jeder Effekt hat zwar Standardparameter – wie auch das Echo, allerdings müssen diese natürlich nicht immer das sein, was man sich vorgestellt hat.

5.8.6 Effektparameter am Beispiel des Echos

Bei so vielen Effekten ist es leider nicht möglich, jeden Effekt genau zu beschreiben, ohne den Umfang dieses Buches zu sprengen. Daher kann ich Sie wieder einmal nur auf die DirectX-SDK-Dokumentation verweisen: Schlagen Sie unter dem Eintrag *Standard Effects* nach. Einen sehr einfachen Effekt wollen wir aber trotzdem hier gemeinsam besprechen – nämlich das *Echo*.

Mit der `IDirectSoundFXEcho8`-Schnittstelle, die durch `GetObjectInPath` abgefragt wurde, können wir dann durch die Methode `SetAllParameters` die Echoparameter festlegen. Diese Methode erwartet lediglich einen Zeiger auf eine Variable vom Typ `DSFXEcho` – dies ist die Datenstruktur des Echos.

Tabelle 5.13 Die Elemente der Struktur DSFXEcho

Element	Bedeutung
FLOAT fFeedback	Anteil des Sounds, der durch das Echo zurückkommt. Muss zwischen 0 und 100 liegen. Bei 100 geht kein Schall verloren – alles wird reflektiert. Standardwert ist 50.
FLOAT fWetDryMix	Mischverhältnis zwischen Originalsound und Echo. Bei 0 hört man kein Echo, und bei 100 hört man *nur* das Echo. 50 ist Standard.
FLOAT fLeftDelay	Echoverzögerung für den *linken* Soundkanal in Millisekunden. Standardwert ist 500, also dauert es eine halbe Sekunde, bis das Echo des ersten Teils des Sounds hörbar ist.
FLOAT fRightDelay	Echoverzögerung für den *rechten* Soundkanal – ebenfalls in Millisekunden, und ebenfalls ist der Standardwert 500.
LONG lPanDelay	Gibt an, ob die Verzögerung für beide Kanäle nach jedem Echo vertauscht werden soll. In dem Fall setzt man diesen Wert auf TRUE, andernfalls auf FALSE.

Im neuen Beispielprogramm, das eigentlich nur eine Abwandlung des 3D-Sound-Beispielprogramms aus dem vorherigen Abschnitt ist, werden die Werte wie folgt gesetzt und übermittelt:

```
// Echoeinstellungen vornehmen
Echo.fFeedback    = 90.0f;
Echo.fWetDryMix   = 50.0f;
Echo.fLeftDelay   = 100.0f;
Echo.fRightDelay  = 100.0f;
Echo.lPanDelay    = FALSE;

// Einstellungen übermitteln
pEchoEffect->SetAllParameters(&Echo);

// Die Schnittstelle brauchen wir jetzt nicht mehr!
pEchoEffect->Release();
```

Listing 5.11 Setzen der Parameter für das Echo

Beachten Sie besonders die letzte Zeile, wo die Schnittstelle wieder freigegeben wird. Das darf man keinesfalls vergessen! Wenn Sie die Echoparameter später noch einmal verändern möchten, können Sie entweder den Zeiger auf die Effektschnittstelle irgendwo sichern oder ihn dann – wenn es so weit ist – erneut mit `GetObjectInPath` abfragen.

5.8.7 Experimentieren ist angesagt!

Auch hier gilt wieder: Probieren geht über Studieren! Kaum einer kann vorher genau sagen, welcher Wert für welchen Effektparameter passend ist. Sehr gut zum Experimentieren mit Effekten eignet sich das DirectX-SDK-Beispielprogramm *SoundFX*. Dort kann einem Sound ein Effekt oder gleich mehrere zugewiesen werden, die man dann in Echtzeit verändern kann. So kann man wunderbar testen, welche Auswirkungen bestimmte Effekte oder Effektkombinationen auf den Klang des Sounds haben.

5.8.8 Rückblick

- DirectSound unterstützt Echtzeit-Soundeffekte. Damit ist es möglich, Sounds in Echtzeit zu verändern – ihnen beispielsweise ein Echo hinzuzufügen.
- Damit ein sekundärer Soundpuffer Effekte unterstützen kann, muss er mit dem Flag `DSBCAPS_CTRLFX` erstellt worden sein.
- Man weist einem Soundpuffer verschiedene Effekte zu, *bevor* er abgespielt wird und während er *nicht gesperrt* ist. Das funktioniert mit der Methode `SetFX`. Es können mehrere Effekte gleichzeitig benutzt werden – auch vom gleichen Typ.
- Jeder Effekttyp besitzt eine eigene Schnittstelle, über die man die Effektparameter einstellen kann (zum Beispiel die Verzögerungszeit bei einem Echoeffekt). Diese Schnittstelle erhält man mit Hilfe der Methode `GetObjectInPath` des Soundpuffers.

5.9 Ergänzende Informationen

5.9.1 Die verschiedenen Schnittstellen

Wir haben jetzt bereits drei Schnittstellen kennen gelernt, die jeweils für einen Soundpuffer stehen:
- `IDirectSoundBuffer`
- `IDirectSoundBuffer8`
- `IDirectSound3DBuffer` und `IDirectSound3DBuffer8` (beides das Gleiche)

Da wir uns bald an die Programmierung einer eigenen DirectSound-Klasse machen, sollte die Bedeutung jeder einzelnen Schnittstelle klar sein.

5.9.1.1 *IDirectSoundBuffer*

Dies ist die Basisschnittstelle für einen Soundpuffer. Bisher haben wir sie immer direkt wieder verworfen, da wir mit der 8er-Version gearbeitet haben. Doch solange man Sounds ohne *Echt-*

zeiteffekte abspielen möchte, reicht diese Schnittstelle völlig aus: Man kann die Lautstärke, die Balance und die Frequenz kontrollieren und auch mit `QueryInterface` an eine 3D-Soundpufferschnittstelle kommen.

5.9.1.2 *IDirectSoundBuffer8*

Hierbei handelt es sich um die 8er-Version der Soundpufferschnittstelle, die wir mit `QueryInterface` von einer normalen Soundpufferschnittstelle erhalten. So gut wie alle Fähigkeiten und Methoden stimmen mit denen der einfacheren Variante dieser Schnittstelle überein – es gibt nur einen wichtigen Unterschied: die *Echtzeiteffekte*. Gibt man beim Erstellen eines Soundpuffers das Flag `DSBCAPS_CTRLFX` an, kann man nur dann auch wirklich mit den Effekten arbeiten, wenn man dazu die 8er-Version der Schnittstelle, also `IDirectSoundBuffer8` verwendet.

Ob man jetzt `Play`, `Stop` oder andere Methoden auf *dieser* Schnittstelle oder auf der normalen aufruft, ist egal – nur `SetFX` funktioniert nicht mit der normalen.

5.9.1.3 *IDirectSound3DBuffer(8)*

Ob mit oder ohne die „8" – das ist egal. Die 3D-Soundpufferschnittstelle kann entweder von der normalen oder der 8er-Version der Soundpufferschnittstelle durch `QueryInterface` erworben werden, wenn der Puffer mit `DSBCAPS_CTRL3D` erstellt wurde. Diese Schnittstelle kümmert sich ausschließlich um die Eigenheiten von 3D-Sounds und hat auch *keine* `Play`- oder `Stop`-Methode. Diese müssen wie immer auf der normalen oder der 8er-Schnittstelle aufgerufen werden.

5.9.1.4 Der gemeinsame Nenner

Möchte man nun eine allgemein für alle möglichen Sounds (normale, 3D-Sounds, mit Effekten oder ohne ...) gültige Schnittstellenkombination erreichen, so empfiehlt sich folgendes Modell:

- *Jeder* Sound besitzt eine `IDirectSoundBuffer`-Schnittstelle. Man verwendet sie, um den Sound abzuspielen, zu stoppen, die Lautstärke, die Balance oder die Frequenz zu verändern und Ähnliches.
- Für Sounds mit Effekten verwendet man zusätzlich noch `IDirectSoundBuffer8`. Der einzige Zweck ist, später `SetFX` aufrufen zu können, um Echtzeiteffekte einzurichten und mit `GetObjectInPath` die Schnittstellen der einzelnen Effekte abzufragen.
- Bei 3D-Sounds legt man sich noch eine `IDirectSound3DBuffer`-Schnittstelle an. Hier ruft man `SetPosition`, `SetVelocity` und so weiter auf, um die 3D-Eigenschaften des Sounds zu kontrollieren.

5.9.2 Klonen von Sounds

Angenommen wir wollen einen 3D-Weltraum-Shooter programmieren (was wir auch später machen werden), dort haben wir dann beispielsweise einen Sound für eine Explosion. Wenn nun ein Schiff explodiert, wird dieser Sound abgespielt. Aber was passiert, wenn kurz danach *noch ein* Schiff explodiert? Wie Ihnen bekannt ist, hat der Aufruf der `Play`-Methode eines Soundpuffers keine Auswirkungen, wenn der Puffer gerade schon läuft. Man könnte den Sound einfach wieder von vorne abspielen lassen (mit `SetCurrentPosition`) – aber was wäre dann mit der ersten Explosion? Sie würde einfach gestoppt und müsste der zweiten weichen. Wünschenswert wäre es aber doch, wenn beide Sounds *gleichzeitig* abgespielt würden!

> Wir kommen hier mit einem *einzigen* Soundpuffer nicht mehr aus, denn ein einziger Soundpuffer kann auch immer nur *einmal* zur gleichen Zeit abgespielt werden. Glücklicherweise bietet uns DirectSound die Möglichkeit, einen Soundpuffer zu *klonen*. Der neu erstellte Puffer verwendet dann einfach den gleichen Speicherbereich wie der Originalpuffer – dieses Verfahren ist also äußerst ressourcenschonend.

OK – man erstellt also einfach gleich mehrere Kopien von jedem Sound (es kostet kaum etwas). So hätte man beispielsweise gleich vier Kopien des Explosionssounds. Wenn die zweite Explosion stattfindet, spielt man dann ganz einfach auch den *zweiten* Soundpuffer ab – der nur eine Kopie ist. Wir können jeder Kopie einzeln ihre Abspielparameter zuweisen: Lautstärke, Balance, Frequenz und auch die 3D-Eigenschaften.

Und wie funktioniert das? – Mit der Methode `IDirectSound8::DuplicateSoundBuffer`. Sie erwartet zwei Parameter: Der erste ist vom Typ `LPDIRECTSOUNDBUFFER` und gibt den Originalpuffer an, der durch DirectSound geklont werden soll. Der zweite Parameter ist die Adresse eines `LPDIRECTSOUNDBUFFER`-Zeigers, den die Methode dann so ausfüllt, dass er anschließend auf den neuen Soundpuffer zeigt.

Wie Sie sehen, wird hier nicht mit der 8er-Version der Soundpufferschnittstelle gearbeitet, sondern mit der normalen. Sounds, die mit `DSBCAPS_CTRLFX` erstellt wurden, also Echtzeiteffekte verwenden, können *nicht* geklont werden, und von geklonten Soundpufferschnittstellen ist es auch nicht möglich, die 8er-Version durch `QueryInterface` zu erwerben!

Möchte man also mehrere Kopien eines Sounds mit Effekten verwenden, dann muss der Sound wirklich für jede Kopie komplett neu erstellt und geladen werden. Sie sollten also damit recht sparsam sein, eben weil jede neue Kopie auch wieder neuen Speicher beansprucht!

5.9.3 Status eines Soundpuffers

Hat man nun mehrere Kopien eines Sounds erstellt und der Sound soll *abgespielt* werden, dann gilt es, eine Kopie zu finden, die noch „frei" ist – also gerade *nicht* abgespielt wird. Den Status eines Soundpuffers erhalten wir durch Aufrufen seiner Methode `IDirectSoundBuffer::GetStatus`. Man übergibt dieser Methode lediglich einen Zeiger auf eine `DWORD`-Variable, die dann ausgefüllt wird. Der neue Wert ist dann eine Kombination aus verschiedenen Flags, die den Status beschreiben.

Tabelle 5.14 Flags, die von `IDirectSoundBuffer::GetStatus` geliefert werden

Flag	Beschreibung
DSBSTATUS_PLAYING	Der Soundpuffer wird gerade abgespielt.
DSBSTATUS_LOOPING	(*nur zusammen mit* DSBSTATUS_PLAYING) Der Soundpuffer befindet sich im Looping-Modus, wird also in einer Endlosschleife abgespielt.
DSBSTATUS_LOCSOFTWARE	Der Soundpuffer wird per Software abgespielt.
DSBSTATUS_LOCHARDWARE	Der Soundpuffer wird per Hardware abgespielt.
DSBSTATUS_TERMINATED	Der Soundpuffer wurde vorzeitig gestoppt, um einem anderen Puffer Platz zu machen.

Die letzten drei Flags kommen nur bei mit `DSBCAPS_LOCDEFER` erstellten Soundpuffern vor, denn sie beziehen sich auf das automatische Stimmen-Managing.

```
// Diese Funktion findet heraus, ob ein Soundpuffer gerade abgespielt wird.
BOOL IsSoundBufferPlaying(LPDIRECTSOUNDBUFFER pBuffer)
{
    DWORD dwStatus;

    // Status abfragen
    pBuffer->GetStatus(&dwStatus);

    // Wenn DSBSTATUS_PLAYING gesetzt ist, dann wird der Puffer gerade abgespielt.
    if(dwStatus & DSBSTATUS_PLAYING) return TRUE;
    else return FALSE;
}
```

Listing 5.12 So findet man heraus, ob ein Soundpuffer gerade abgespielt wird.

5.10 Die Klasse *tbDirectSound*

Die Klasse tbDirectSound wird uns die Initialisierung von DirectSound und die Arbeit damit erleichtern – ähnlich wie tbDirect3D oder tbDirectInput. So wird auch diese Klasse wieder eine Singleton-Klasse werden.

5.10.1 Erweiterung des Konfigurationsdialogs

Im Konfigurationsdialog soll der Benutzer nun neben den Direct3D-Einstellungen auch über das zu verwendende Soundausgabegerät, die Anzahl der Bits pro Sample und die Sampling-Frequenz entscheiden können. Das sieht dann so aus:

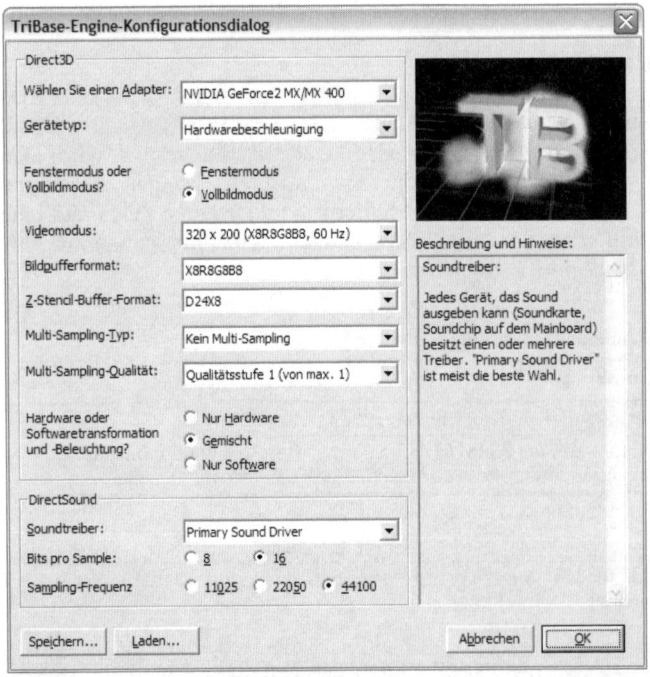

Abbildung 5.9 Der neue Konfigurationsdialog erlaubt auch das Einstellen von DirectSound.

5.10 Die Klasse tbDirectSound

Dementsprechend müssen wir natürlich auch die tbConfig-Struktur ein wenig erweitern. Die bekommt eine neue Unterstruktur namens DirectSound:

```
// Struktur für die Einstellungen
struct TRIBASE_API tbConfig
{
    struct
    {
        int                     iAdapter;               // Adapter-ID
        D3DDEVTYPE              DeviceType;             // Gerätetyp
        BOOL                    bWindowed;              // Fenstermodus?
        D3DDISPLAYMODE          VideoMode;              // Videomodus
        D3DFORMAT               BackBufferFormat;       // Bildpufferformat
        D3DFORMAT               ZStencilBufferFormat;   // Z-Stencil-Buffer-Format
        D3DMULTISAMPLE_TYPE     MultiSamplingType;      // Multi-Sampling-Typ
        DWORD                   dwMultiSamplingQuality; // Multi-Sampling-Qualität
        DWORD                   dwFlags;                // Flags (Hardware, Software?)
    } Direct3D;

    struct
    {
        GUID                    SoundDriverGUID;        // GUID des Soundtreibers
        DWORD                   dwSampleRate;           // Sampling-Frequenz
        DWORD                   dwNumBitsPerSample;     // Anzahl der Bits pro Sample
    } DirectSound;
};
```

Listing 5.13 Die neue Konfigurationsstruktur

5.10.2 Was *tbDirectSound* können soll

- Initialisieren der IDirectSound8-Schnittstelle
- Erstellung des primären Puffers
- Im Falle der Kooperationsebene DSSCL_PRIORITY: Setzen des Soundpufferformats
- Erstellung einer Hörerschnittstelle IDirectSound3DListener8 (falls erwünscht)
- Automatische Berechnung der Geschwindigkeit des Hörers – wir geben in jedem Frame die Position des Hörers an, und die Klasse errechnet dann die Geschwindigkeit.
- Das Laden von Sounds überlassen wir einer anderen Klasse.

5.10.3 Die Klassendefinition

Variablen

- Zeiger auf eine IDirectSound8-Schnittstelle (LPDIRECTSOUND8 m_pDSound)
- Für den primären Soundpuffer: LPDIRECTSOUNDBUFFER m_pPrimaryBuffer
- Für den Hörer: LPDIRECTSOUND3DLISTENER8 m_pListener
- Damit wir automatisch die Geschwindigkeit des Hörers berechnen können, benötigen wir seine *ehemalige Position* in Form eines Vektors (tbVector3 m_vOldListenerPos). Zusätzlich braucht man noch den Zeitpunkt, zu dem sich der Hörer auf dieser ehemaligen Position befand – die Zeit messen wir in Millisekunden (mit timeGetTime) – DWORD m_dwListenerTimeStamp.

Methoden

- Die Init-Methode initialisiert die Klasse. Man übergibt ihr einen Zeiger auf die Konfigurationsstruktur, den Handle des Fensters, die Kooperationsebene und in Form eines BOOL-Werts, ob man gerne 3D-Sound hätte oder nicht. Falls ja, dann wird der primäre Soundpuffer mit DSBCAPS_CTRL3D erstellt und die Hörerschnittstelle abgefragt.
- Mit der Methode SetListener setzt man die Eigenschaften des Hörers. Dazu gehören *Position*, *Nach-vorne-Vektor* (*z*-Achse des Hörers) und *Nach-oben-Vektor* (*y*-Achse des Hörers). Anhand der vergangenen Zeit seit dem letzten Aufruf dieser Methode wird der Geschwindigkeitsvektor des Hörers berechnet und mit SetVelocity eingesetzt.

  Ein zusätzlicher Parameter vom Typ float bestimmt den *Geschwindigkeitsfaktor*. Die errechnete Geschwindigkeit wird mit ihm multipliziert (um zum Beispiel den Dopplereffekt noch weiter zu übertreiben).
- Inline-Methoden zum Abfragen der Schnittstellen

Code

```cpp
// Die tbDirectSound-Klasse
class TRIBASE_API tbDirectSound
{
private:
    // Variablen
    BOOL                    m_bInitialized;
    LPDIRECTSOUND8          m_pDSound;              // IDirectSound8-Schnittstelle
    LPDIRECTSOUNDBUFFER     m_pPrimaryBuffer;       // Primärer Soundpuffer
    LPDIRECTSOUND3DLISTENER8 m_pListener;           // Hörerschnittstelle
    tbVector3               m_vOldListenerPos;      // Ehemalige Hörerposition
    DWORD                   m_dwListenerTimeStamp;  // SetListener-Zeitstempel

public:
    // Methoden
    // Initialisierung
    tbResult Init(tbConfig* pConfig, HWND hWindow = NULL,
                  DWORD dwCoopLevel = DSSCL_PRIORITY, BOOL b3D = TRUE);

    // Herunterfahren
    tbResult Exit();

    // Aktualisieren des Hörers
    tbResult SetListener(const tbVector3& vListenerPos,
                         const tbVector3& vListenerYAxis,
                         const tbVector3& vListenerZAxis,
                         const float fSpeedFactor = 1.0f);

    // Inline-Methoden
    LPDIRECTSOUND8           GetDSound()              {return m_pDSound;}
    LPDIRECTSOUNDBUFFER      GetPrimaryBuffer()       {return m_pPrimaryBuffer;}
    LPDIRECTSOUND3DLISTENER8 GetListener()            {return m_pListener;}
    const tbVector3&         GetOldListenerPosition() {return m_vOldListenerPos;}

    // Singleton-Methoden
    static tbDirectSound& Instance()      {static tbDirectSound Inst; return Inst;}
    static BOOL           IsInitialized() {Instance().m_bInitialized;}
};
```

Listing 5.14 Die Klasse tbDirectSound

5.10.4 Die Initialisierungsmethode *Init*

Hier gibt es eigentlich nicht viel, was Sie nicht bereits in den vorherigen Beispielprogrammen gesehen haben. Die Init-Methode erstellt zuerst die IDirectSound8-Schnittstelle für das in der Konfigurationsstruktur angegebene Gerät (durch dessen GUID). Weiter geht es damit, den primären Soundpuffer zu erzeugen. Anschließend wird noch die Kooperationsebene eingestellt – die per Parameter übergeben wird. Falls möglich, setzt die Methode dann noch das Format des primären Puffers (nur bei DSSCL_PRIORITY), und im Falle, dass der Benutzer gerne 3D-Sound hätte, wird noch die Hörerschnittstelle abgefragt.

```
// Initialisierung von DirectSound
tbResult tbDirectSound::Init(tbConfig* pConfig,
                             HWND hWindow,       // = NULL
                             DWORD dwCoopLevel,  // = DSSCL_PRIORITY
                             BOOL b3D)           // = TRUE
{
    HRESULT        hResult;
    DSBUFFERDESC   BufferDesc;
    WAVEFORMATEX   WaveFmt;


    // IDirectSound8-Schnittstelle erstellen
    if(FAILED(hResult = DirectSoundCreate8(&pConfig->DirectSound.SoundDriverGUID,
                                           &m_pDSound, NULL)))
    {
        // Fehler!
        TB_ERROR_DIRECTX("DirectSoundCreate8", hResult, TB_ERROR);
    }

    // Primären Soundpuffer erstellen
    ZeroMemory(&BufferDesc, sizeof(DSBUFFERDESC));
    BufferDesc.dwSize = sizeof(DSBUFFERDESC);
    BufferDesc.dwFlags = DSBCAPS_PRIMARYBUFFER | (b3D ? DSBCAPS_CTRL3D : 0);
    if(FAILED(hResult = m_pDSound->CreateSoundBuffer(&BufferDesc,
                                                    &m_pPrimaryBuffer, NULL)))
    {
        // Fehler!
        TB_ERROR_DIRECTX("m_pDSound->CreateSoundBuffer", hResult, TB_ERROR);
    }

    // Kooperationsebene setzen
    m_pDSound->SetCooperativeLevel(hWindow, dwCoopLevel);

    // Format des primären Puffers setzen, falls DSSCL_PRIORITY die
    // Kooperationsebene ist
    if(dwCoopLevel & DSSCL_PRIORITY)
    {
        // Das Format wird aus der Konfigurationsstruktur zusammengebaut.
        WaveFmt.wFormatTag      = WAVE_FORMAT_PCM;
        WaveFmt.nChannels       = 2;
        WaveFmt.nSamplesPerSec  = pConfig->DirectSound.dwSampleRate;
        WaveFmt.wBitsPerSample  = (WORD)(pConfig->DirectSound.dwNumBitsPerSample);
        WaveFmt.nBlockAlign     = WaveFmt.nChannels * (WaveFmt.wBitsPerSample / 8);
        WaveFmt.nAvgBytesPerSec = WaveFmt.nSamplesPerSec * WaveFmt.nBlockAlign;
        WaveFmt.cbSize          = 0;

        // Format setzen
        if(FAILED(hResult = m_pPrimaryBuffer->SetFormat(&WaveFmt)))
        {
            // Warnung ausgeben
            TB_WARNING("Format des primären Puffers konnte nicht gesetzt werden!");
        }
    }
```

```
    // 3D-Hörerschnittstelle abfragen
    if(b3D)
    {
        m_pPrimaryBuffer->QueryInterface(IID_IDirectSound3DListener8,
                                        (void**)(&m_pListener));
    }

    m_bInitialized = TRUE;

    return TB_OK;
}
```
Listing 5.15 Die komplette Initialisierung von DirectSound

5.10.5 Der Umgang mit dem Hörer

Kommen wir nun zu einer etwas interessanteren Methode: `SetListener`. Wir übergeben ihr die neue Position des Hörers, seine *z*- und *y*-Achse und den Geschwindigkeitsfaktor. Die Achsen werden unverändert durch `IDirectSound3DListener8::SetOrientation` gesetzt, ebenso die Position – aber die Geschwindigkeit muss der Benutzer nicht angeben, weil wir sie durch folgende allgemein gültige Gleichung einfach berechnen können:

$$Geschwindigkeit = \frac{Positionsänderung}{Zeitänderung} \cdot Geschwindigkeitsfaktor$$

$$= \frac{Neue\,Position - Alte\,Position}{Aktuelle\,Zeit - Alte\,Zeit} \cdot Geschwindigkeitsfaktor$$

Und genau um die Positions- und die Zeitänderung (also die zurückgelegte Strecke und die verstrichene Zeit) zu berechnen, haben wir in der `tbDirectSound`-Klasse die ehemalige Position des Hörers in `m_vOldListenerPos` und die Zeit, zu der diese Position aktuell war, in `m_dwListenerTimeStamp` gespeichert.

Am Ende der Methode werden diese beiden Variablen dann auf die neuen Werte gesetzt, also wird die neue Position zur alten Position und die aktuelle Zeit wird zur alten Zeit.

Eine Sache wäre noch zu klären: Was passiert, wenn die `SetListener`-Methode zum *ersten Mal* aufgerufen wird? Es existieren dann noch keine „alten" Werte (Position und Zeit). In dem Fall setzen wir den Geschwindigkeitsvektor einfach auf (0, 0, 0).

Die Methode führt alle Änderungen mit dem Flag `DS3D_DEFERRED` aus. Am Ende steht dann natürlich ein Aufruf der `CommitDeferredSettings`-Methode, die dann alle aufgeschobenen Änderungen wirksam macht.

Beachten Sie auch, dass alle Zeitpunkte immer in Millisekunden angegeben sind – eine Division durch 1000 ist also nötig, um sie in Sekunden umzurechnen.

```
    // Setzt die Position und die Orientierung des Hörers und errechnet die Geschwindigkeit
    tbResult tbDirectSound::SetListener(const tbVector3& vListenerPos,
                                        const tbVector3& vListenerYAxis,
                                        const tbVector3& vListenerZAxis,
                                        const float fSpeedFactor)  // = 1.0f
    {
        DWORD       dwCurrentTime;
        float       fNumSecsPassed;
        tbVector3   vVelocity;
```

5.11 Die tbSound-Klasse

```
    // Prüfen, ob der Hörer überhaupt existiert (wenn nicht, dann wurde die
    // Klasseninstanz nicht für 3D-Sounds erstellt)
    if(!m_pListener)
    {
        // Fehler!
        TB_ERROR("Der Hörer ist nicht verfügbar, da die tbDirectSound-Klasse
                  nicht im 3D-Modus erstellt wurde!", TB_ERROR);
    }

    // Position und Orientierung setzen
    m_pListener->SetPosition(vListenerPos.x, vListenerPos.y, vListenerPos.z,
                             DS3D_DEFERRED);
    m_pListener->SetOrientation(vListenerZAxis.x, vListenerZAxis.y, vListenerZAxis.z,
                                vListenerYAxis.x, vListenerYAxis.y, vListenerYAxis.z,
                                DS3D_DEFERRED);

    // Den Geschwindigkeitsvektor berechnen.
    // m_dwListenerTimeStamp enthält den Zeitpunkt, zu dem SetListener das letzte
    // Mal aufgerufen wurde. Ist die Variable 0, dann ist das hier das erste Mal,
    // und die Geschwindigkeit wird auf null gesetzt.
    if(m_dwListenerTimeStamp == 0)
    {
        m_pListener->SetVelocity(0.0f, 0.0f, 0.0f, DS3D_DEFERRED);

        // Aktuelle Zeit und aktuelle Position als ehemalige eintragen
        m_dwListenerTimeStamp = timeGetTime();
        m_vOldListenerPos = vListenerPos;
    }
    else
    {
        // Differenz zwischen aktueller und alter Zeit berechnen
        dwCurrentTime = timeGetTime();
        fNumSecsPassed = (float)(dwCurrentTime - m_dwListenerTimeStamp) / 1000.0f;

        // Zurückgelegte Strecke durch die Zeit teilen. Dadurch erhalten
        // wir die Geschwindigkeit.
        vVelocity = ((vListenerPos-m_vOldListenerPos)/fNumSecsPassed)*fSpeedFactor;
        m_pListener->SetVelocity(vVelocity.x, vVelocity.y, vVelocity.z,
                                 DS3D_DEFERRED);

        // Aktuelle Zeit und aktuelle Position als ehemalige eintragen
        m_dwListenerTimeStamp = dwCurrentTime;
        m_vOldListenerPos = vListenerPos;
    }

    // Aufgeschobene Änderungen wirksam machen
    m_pListener->CommitDeferredSettings();

    return TB_OK;
}
```

Listing 5.16 So berechnen wir den Geschwindigkeitsvektor des Hörers.

5.11 Die *tbSound*-Klasse

Gut – nun haben wir also schon eine Klasse, die uns den Umgang mit DirectSound erleichtert. Aber vom Laden von WAV-Dateien war bisher noch keine Spur! Genau dafür wollen wir jetzt eine neue Klasse namens tbSound erstellen. Eine solche Klasse repräsentiert einen einzelnen Sound, von dem es aber mehrere *Kopien* geben kann, so dass der Sound mehrfach gleichzeitig abspielbar ist.

5.11.1 Fähigkeiten der Klasse

- Initialisierung aus einer virtuellen oder echten Datei, einem Speicherbereich oder einer Ressource (Daten im WAV-Format).
- Der Benutzer kann die Anzahl der gewünschten Soundpufferkopien angeben – diese werden dann automatisch von der Klasse generiert.
- Wie beim Hörer: automatische Geschwindigkeitsberechnung.
- Es werden je nach Bedarf verschiedene Schnittstellen generiert, die in Listen gespeichert werden (für jede Kopie ein Listenelement):
    - Jeder Sound hat eine `IDirectSoundBuffer`-Schnittstelle zum Abspielen, Stoppen und Setzen der Lautstärke, Balance und Frequenz.
    - `IDirectSound3DBuffer`-Schnittstellen werden für 3D-Sounds erstellt.
    - Sounds, die mit Echtzeiteffekten arbeiten, spendieren wir zusätzlich noch eine `IDirectSoundBuffer8`-Schnittstelle.

5.11.2 Das Prinzip der Soundpufferliste

Um zu ermöglichen, dass ein und derselbe Sound mehrfach gleichzeitig abgespielt werden kann, benötigen wir verschiedene *Kopien*, die man durch `DuplicateSoundBuffer` erzeugen kann – wie bereits besprochen.

Das hat zur Folge, dass mit der tbSound-Klasse ein Aufruf nach dem Muster `pSound->Play();` nicht mehr so sinnvoll wäre, denn man möchte sich häufig auf einen *bestimmten* Soundpuffer beziehen.

Von daher wird jede Methode wie `Play`, `Stop`, `SetVolume`, `SetPan`, `SetFrequency`, `SetPosition` und so weiter als Erstes einen `DWORD`-Parameter erwarten, der die Nummer der gemeinten Soundpufferkopie – also den *Index* (0: erster Puffer) – beschreibt.

Es wird dann noch eine spezielle Methode namens `PlayNextBuffer` geben. Beim ersten Aufruf wird der erste Soundpuffer in der Liste abgespielt, beim zweiten Aufruf der zweite und so weiter. Wenn dann irgendwann das Ende der Liste erreicht ist, fängt man wieder von vorne an. Das ist zwar nicht die optimale Lösung, aber sie ist leicht zu implementieren und macht wenig Ärger. `PlayNextBuffer` kann man dann ohne Bedenken sehr oft hintereinander aufrufen, und die Sounds werden trotzdem alle gleichzeitig abgespielt. Voraussetzung ist natürlich eine genügend große Liste von Soundpuffern.

5.11.3 Die Klassendefinition

Variablen

- Eine Liste von `LPDIRECTSOUNDBUFFER`-, `LPDIRECTSOUNDBUFFER8` und `LPDIRECTSOUND3DBUFFER`-Zeigern. Die Variablen `m_ppSoundBuffers`, `m_ppSoundBuffers8`, `m_pp3DSoundBuffers` speichern diese Zeiger. Die Listen erstellen wir beim Laden des Sounds mit genau so vielen Elementen, wie es Soundpufferkopien gibt.
- Eine Liste, welche die ehemalige Position jedes Sounds beinhaltet (nur bei 3D-Sound): `tbVector3* m_pvOldPositions`. Eine weitere Liste (`DWORD* m_pdwTimeStamps`) speichert den Zeitpunkt des letzten Aufrufs der `SetPosition`-Methode, die – ähnlich wie bei `tbDirectSound` – den Geschwindigkeitsvektor des Sounds berechnet.

5.11 Die tbSound-Klasse

- `DWORD m_dwNumBuffers` beinhaltet die Anzahl der Soundpuffer (wovon alle außer einem meistens nur Kopien des ersten sind).
- `DWORD m_dwFlags` speichert die Erstellungsflags der Soundpuffer (`DSBCAPS_...`).
- `DWORD m_dwNextBuffer` speichert die Nummer des Puffers, der als Nächstes von der `PlayNextBuffer`-Methode abgespielt werden wird. Bei jedem Aufruf wird die Variable erhöht und wieder auf null gesetzt, wenn das Ende der Liste erreicht ist.

Methoden

- Vier `Init`-Methoden, die einen Sound im WAV-Format aus verschiedenen Quellen laden. Sie alle erwarten zuletzt folgende Parameter: Erstellungsflags, 3D-Algorithmus (zum Beispiel `DS3DALG_HRTF_FULL`) und Anzahl der zu erstellenden Soundpufferkopien.
- `Exit` sorgt wie immer für das Herunterfahren der Klasseninstanz.
- Die Methode `GetAvailableBuffer` geht die Pufferliste durch und liefert den Index des ersten Puffers zurück, der gerade verfügbar ist (also nicht abgespielt wird), oder –1, wenn es keinen gibt.
- `Play` spielt einen Soundpuffer ab. Erster Parameter: Index des Soundpuffers (0 bis Anzahl der Kopien minus 1). Es folgen Abspielpriorität und Flags (`DSBPLAY_LOOPING` oder Ähnliches).
- `PlayNextBuffer` spielt den Puffer ab, dessen Nummer in `m_dwNextBuffer` abgespeichert ist, und lässt die Variable danach auf den nächsten Puffer zeigen (am Ende der Liste: den ersten).
- `Stop` stoppt die Wiedergabe eines Puffers, der durch seinen Index angegeben wird.
- `StopAll` stoppt alle Kopien des Sounds.
- Mit der Methode `tbSound::SetPosition` setzen wir die Position eines 3D-Soundpuffers (ebenfalls durch Index angegeben). Der Geschwindigkeitsvektor wird automatisch anhand der verstrichenen Zeit seit dem letzten Aufruf berechnet. Es kann auch wieder ein Geschwindigkeitsfaktor angegeben werden, mit dem dieser Vektor multipliziert wird.
- `SetDistances` setzt die minimale (erster Parameter) und die maximale (zweiter Parameter) Distanz eines 3D-Sounds.
- Kapselungsmethoden wie `SetVolume`, `SetFrequency`, `SetPan`. Alle erwarten dieselben Parameter wie die `IDirectSoundBuffer`-Methoden, die Sie schon kennen, aber zuerst noch den Index des Puffers.

Code

```
// Die tbSound-Klasse
class TRIBASE_API tbSound
{
private:
    // Variablen
    LPDIRECTSOUNDBUFFER*    m_ppSoundBuffers;     // Die Soundpuffer
    LPDIRECTSOUNDBUFFER8*   m_ppSoundBuffers8;    // Die 8er-Soundpuffer
    LPDIRECTSOUND3DBUFFER*  m_pp3DSoundBuffers;   // Die 3D-Soundpuffer
    tbVector3*              m_pvOldPositions;     // Ehemalige Positionen
    DWORD*                  m_pdwTimeStamps;      // Zeitstempel von SetPosition
    DWORD                   m_dwNumBuffers;       // Anzahl der Soundpuffer
    DWORD                   m_dwFlags;            // Erstellungsflags
    DWORD                   m_dwNextBuffer;       // Nächster Puffer für PlayNextBuffer
```

```
public:
    // Konstruktor und Destruktor
    tbSound();
    ~tbSound() {Exit();}

    // Methoden
    // Lädt den Sound aus einer virtuellen Datei
    tbResult Init(tbVFile* pVFile,
                  DWORD dwFlags = DSBCAPS_STATIC | DSBCAPS_LOCDEFER,
                  GUID GUID3DAlgorithm = GUID_NULL,
                  DWORD dwNumBuffers = 4);

    // Das Gleiche noch für echte Dateien, Speicherbereiche und Ressourcen ...

    tbResult Exit();                                              // Herunterfahren
    tbResult Play(DWORD dwBuf, DWORD dwPrio, DWORD dwFlags);      // Spielt Sound ab
    int      PlayNextBuffer(DWORD dwPrio, DWORD dwFlags);         // Nächsten Puffer abspielen
    tbResult Stop(DWORD dwBuffer);                                // Hält Sound an
    tbResult StopAll();                                           // Alle Sounds anhalten
    tbResult SetDistances(float fMin, float fMax);                // Min./Max. Distanz setzen

    // Setzt die Position eines Sounds und berechnet den Geschwindigkeitsvektor
    tbResult SetPosition(const DWORD dwBuffer,
                         const tbVector3& vPosition,
                         const float fSpeedFactor = 1.0f);


    // Inline-Methoden
    // ...
};
```

Listing 5.17 Die Deklaration der Klasse tbSound

5.11.4 Laden des Sounds

In der Init-Methode wird eine WAV-Datei geladen. Wir gehen dabei nach dem gleichen Prinzip vor wie in den Beispielprogrammen: die Datei Chunk für Chunk einlesen und später den passenden Soundpuffer erstellen und füllen. All das geschieht in der Hilfsfunktion tbLoadWAVFile, die wir nun nicht näher betrachten wollen, da sie praktisch genauso aussieht wie die früher in diesem Kapitel gezeigte Funktion. Wichtiger ist, was genau in der Init-Methode passiert.

Erst einmal werden die Listen für die Soundpuffer erstellt (mit tbMemAlloc). Welche Listen die Methode erstellt, hängt ganz von den Erstellungsflags des Soundpuffers ab. Ohne 3D-Sound und ohne Effekte brauchen wir nur m_ppSoundBuffers – anderenfalls eben auch noch m_pp3DSoundBuffers beziehungsweise m_ppSoundBuffers8.

```
    // Initialisierung aus einer virtuellen Datei
    tbResult tbSound::Init(tbVFile* pVFile,
                           DWORD dwFlags,          // = DSBCAPS_STATIC | DSBCAPS_LOCDEFER
                           GUID GUID3DAlgorithm,   // = GUID_NULL
                           DWORD dwNumBuffers)     // = 4
    {
        HRESULT hResult;
        DWORD   dwVFileCursor;

        // Parameter prüfen
        if(!pVFile)             TB_ERROR_NULL_POINTER("pVFile", TB_ERROR);
        if(dwNumBuffers == 0)   TB_ERROR_INVALID_VALUE("dwNumBuffers", TB_ERROR);
```

5.11 Die tbSound-Klasse

```cpp
    // Sicherstellen, dass DirectSound initialisiert wurde
    if(!tbDirectSound::IsInitialized())
        TB_ERROR("Es muss zuerst DirectSound initialisiert werden!", TB_ERROR);

    // Platz für die Soundpufferschnittstellen machen
    m_ppSoundBuffers = (LPDIRECTSOUNDBUFFER*)(tbMemAlloc(dwNumBuffers *
                                              sizeof(LPDIRECTSOUNDBUFFER)));
    if(!m_ppSoundBuffers) TB_ERROR_OUT_OF_MEMORY(TB_ERROR);

    // Wenn Effekte im Spiel sind, brauchen wir auch eine Liste der 8er-Versionen.
    if(dwFlags & DSBCAPS_CTRLFX)
    {
        m_ppSoundBuffers8 = (LPDIRECTSOUNDBUFFER8*)(tbMemAlloc(dwNumBuffers *
                                             sizeof(LPDIRECTSOUNDBUFFER8)));
    }

    // Wenn es 3D-Schnittstellen sind, brauchen wir noch drei weitere Listen:
    // - eine für die 3D-Soundpufferschnittstellen
    // - eine für die Zeitstempel der SetPosition-Methode
    // - eine für die ehemaligen Positionen
    if(dwFlags & DSBCAPS_CTRL3D)
    {
        m_pp3DSoundBuffers = (LPDIRECTSOUND3DBUFFER*)(tbMemAlloc(dwNumBuffers *
                                              sizeof(LPDIRECTSOUND3DBUFFER)));
        m_pdwTimeStamps = (DWORD*)(tbMemAlloc(dwNumBuffers * sizeof(DWORD)));
        m_pvOldPositions= (tbVector3*)(tbMemAlloc(dwNumBuffers * sizeof(tbVector3)));
    }

    // Die Flags und die Anzahl der Puffer kopieren
    m_dwFlags = dwFlags;
    m_dwNumBuffers = dwNumBuffers;
```

Listing 5.18 Der erste Teil der Init-Methode

Nun haben wir also die benötigten Listen erstellt und müssen sie nur noch ausfüllen. tbLoadWAVFile liefert uns die IDirectSoundBuffer-Schnittstelle eines Sounds zurück, der geladen wurde. Also laden wir einfach die Sounddatei und gehen dann wie folgt vor:

- Wenn keine Echtzeiteffekte erwünscht sind, können wir mit DuplicateSoundBuffer arbeiten und müssen den Sound nur ein einziges Mal laden. Der erste Puffer in der Liste ist dann der Originalpuffer, und alle anderen sind die Kopien.
- Anderenfalls ist es nötig, den Sound für jede Kopie komplett neu zu laden. Außerdem erstellen wir dann auch gleich noch eine 8er-Schnittstelle für jeden Puffer (die brauchen wir für die Echtzeiteffekte).

```cpp
tbDirectSound& DS = tbDirectSound::Instance();

if(!(dwFlags & DSBCAPS_CTRLFX))
{
    // Bei einem Sound ohne Effekte reicht es, den Soundpuffer einmal zu erstellen
    // und ihn dann immer wieder zu "klonen".
    m_ppSoundBuffers[0] = tbLoadWAVFile(DS.GetDSound(), pVFile,
                                        dwFlags, GUID3DAlgorithm);

    if(m_dwNumBuffers > 1)
    {
        // Die restlichen Puffer klonen
        for(DWORD dwBuffer = 1; dwBuffer < m_dwNumBuffers; dwBuffer++)
        {
            hResult = DS.GetDSound()->DuplicateSoundBuffer(m_ppSoundBuffers[0],
                                                &m_ppSoundBuffers[dwBuffer]);
        }
```

```
            }
        }
        else
        {
            // Es sind Effekte erwünscht!
            // Dazu brauchen wir nun auch noch die 8er-Schnittstellen, und Klonen der
            // Soundpuffer durch DuplicateSoundBuffer ist nicht mehr möglich.

            // Den Cursor der virtuellen Datei speichern, denn wenn wir den Sound mehrfach
            // laden, würde der Cursor über das Ende der Datei hinaus geraten.
            dwVFileCursor = pVFile->GetCursor();

            // Für jeden Puffer die WAV-Datei neu laden
            for(DWORD dwBuffer = 0; dwBuffer < m_dwNumBuffers; dwBuffer++)
            {
                // Cursorposition wiederherstellen
                pVFile->Seek(TB_VFSO_START, dwVFileCursor);

                // WAV-Datei laden
                m_ppSoundBuffers[dwBuffer] = tbLoadWAVFile(DS.GetDSound(),
                                                  pVFile,dwFlags,GUID3DAlgorithm);
                // 8er-Schnittstelle erstellen
                m_ppSoundBuffers[dwBuffer]->QueryInterface(IID_IDirectSoundBuffer8,
                                                  (void**)(&m_ppSoundBuffers8[dwBuffer]));
            }

            // m_dwNextBuffer zeigt zu Beginn auf den ersten Puffer.
            m_dwNextBuffer = 0;

            return TB_OK;
        }
```

Listing 5.19 Laden der WAV-Datei

Nun fehlt nur noch eine einzige Sache: Für den Fall, dass wir es mit einem 3D-Soundpuffer zu tun haben, brauchen wir noch die IDirectSound3DBuffer-Schnittstellen – die man ganz einfach mit QueryInterface abfragen kann.

> Eine tbSound-Klasseninstanz sollte immer *vor* der DirectSound-Schnittstelle, also *vor* dem Herunterfahren von tbDirectSound gelöscht werden!

5.11.5 Die *Exit*-Methode

Exit hat bei tbSound wieder ein wenig mehr zu tun als bei anderen Klassen. Es gilt, alle möglichen Listen und die Schnittstellen zu löschen.

```
// Herunterfahren
tbResult tbSound::Exit()
{
    // Alle Puffer stoppen
    StopAll();
    if(m_ppSoundBuffers)
    {
        // Alle Puffer freigeben
        for(DWORD dwBuffer = 0; dwBuffer < m_dwNumBuffers; dwBuffer++)
        {
            if(m_dwFlags & DSBCAPS_CTRLFX) TB_SAFE_RELEASE(m_ppSoundBuffers8[dwBuffer]);
            if(m_dwFlags & DSBCAPS_CTRL3D) TB_SAFE_RELEASE(m_pp3DSoundBuffers[dwBuffer]);
            TB_SAFE_RELEASE(m_ppSoundBuffers[dwBuffer]);
        }
    }
```

5.11 Die tbSound-Klasse

```
        // Die Listen löschen
        TB_SAFE_MEMFREE(m_ppSoundBuffers);
        if(m_dwFlags & DSBCAPS_CTRLFX) TB_SAFE_MEMFREE(m_ppSoundBuffers8);
        if(m_dwFlags & DSBCAPS_CTRL3D)
        {
            TB_SAFE_MEMFREE(m_pp3DSoundBuffers);
            TB_SAFE_MEMFREE(m_pdwTimeStamps);
            TB_SAFE_MEMFREE(m_pvOldPositions);
        }

        return TB_OK;
    }
```

Listing 5.20 Die Exit-Methode von tbSound

5.11.6 Die *SetPosition*-Methode

tbSound::SetPosition ähnelt sehr stark der Methode tbDirectSound::SetListener – nur dass hier eben kein Hörer, sondern ein 3D-Sound bewegt wird. Wir übergeben der Methode als ersten Parameter den Index des Puffers, dessen Position gesetzt wird, danach seine neue Position als tbVector3 und schließlich (optional) den Geschwindigkeitsfaktor. Die ehemalige Position jedes Sounds und der Zeitpunkt, zu dem sie galt, haben wir in den beiden Listen m_pvOldPositions und m_pdwTimeStamps gespeichert.

```
    // Setzt die Position eines Sounds und berechnet die Geschwindigkeit
    tbResult tbSound::SetPosition(const DWORD dwBuffer,
                                  const tbVector3& vPosition,
                                  const float fSpeed) // = 1.0f
    {
        LPDIRECTSOUND3DBUFFER   pSoundBuffer;
        DWORD                   dwCurrentTime;
        float                   fNumSecsPassed;
        tbVector3               vVelocity;

        // Parameter prüfen
        if(dwBuffer >= m_dwNumBuffers) TB_ERROR_INVALID_VALUE("dwBuffer", TB_ERROR);

        // Prüfen, ob es überhaupt ein 3D-Sound ist
        if(!(m_dwFlags&DSBCAPS_CTRL3D)) TB_ERROR("Dies ist kein 3D-Sound!", TB_ERROR);
        pSoundBuffer = m_pp3DSoundBuffers[dwBuffer];

        // Position setzen
        pSoundBuffer->SetPosition(vPosition.x, vPosition.y, vPosition.z,DS3D_DEFERRED);

        // Den Geschwindigkeitsvektor berechnen.
        // m_pdwTimeStamps[dwBuffer] enthält den Zeitpunkt, zu dem SetListener das
        // letzte Mal aufgerufen wurde. Ist die Variable 0, dann ist das hier das erste
        // Mal, und die Geschwindigkeit wird auf null gesetzt.
        if(m_pdwTimeStamps[dwBuffer] == 0)
        {
            pSoundBuffer->SetVelocity(0.0f, 0.0f, 0.0f, DS3D_DEFERRED);

            // Aktuelle Zeit und aktuelle Position als ehemalige eintragen
            m_pdwTimeStamps[dwBuffer] = timeGetTime();
            m_pvOldPositions[dwBuffer] = vPosition;
        }
        else
        {
            // Differenz zwischen aktueller und alter Zeit berechnen
            dwCurrentTime = timeGetTime();
            fNumSecsPassed= (float)(dwCurrentTime - m_pdwTimeStamps[dwBuffer]) / 1000.0f;
```

```
            // Zurückgelegte Strecke durch die Zeit teilen. Dadurch erhalten
            // wir die Geschwindigkeit.
            vVelocity = ((vPosition-m_pvOldPositions[dwBuffer])/fNumSecsPassed)*fSpeed;
            pSoundBuffer->SetVelocity(vVelocity.x, vVelocity.y, vVelocity.z,
                                      DS3D_DEFERRED);

            // Aktuelle Zeit und aktuelle Position als ehemalige eintragen
            m_pdwTimeStamps[dwBuffer] = dwCurrentTime;
            m_pvOldPositions[dwBuffer] = vPosition;
        }

        // Aufgeschobene Änderungen wirksam machen
        tbDirectSound::Instance().GetListener()->CommitDeferredSettings();

        return TB_OK;
    }
```

Listing 5.21 Setzen der neuen Position und Berechnung des Geschwindigkeitsvektors

5.11.7 Einen Sound abspielen

Kommen wir nun zur Play-Methode. Wir übergeben ihr erst einmal den Index des abzuspielenden Soundpuffers, den man durch GetAvailableBuffer erhalten kann. Es folgen zwei DWORD-Parameter: dwPriority und dwFlags. dwPriority ist die Priorität des Soundpuffers (muss null sein, wenn der Sound nicht mit DSBCAPS_LOCDEFER erstellt wurde), und dwFlags kann zum Beispiel DSBCAPS_LOOPING sein.

Die Play-Methode setzt zuerst den Zeitstempel dieses Sounds auf null zurück, damit beim ersten Aufruf von SetPosition keine falsche Geschwindigkeit berechnet wird. Als Nächstes setzt die Methode die Position des Abspielcursors des Puffers zurück, so dass er in jedem Fall von vorne anfängt. Weiterhin werden die Standardlautstärke, die Standardbalance und die Standardwiedergabefrequenz wiederhergestellt.

Zum Schluss wird dann IDirectSoundBuffer::Play aufgerufen.

```
    // Spielt einen Soundpuffer ab
    tbResult tbSound::Play(DWORD dwBuffer,
                           DWORD dwPriority,    // = 0
                           DWORD dwFlags)       // = 0
    {
        HRESULT hResult;

        // Parameter prüfen
        if(dwBuffer >= m_dwNumBuffers) TB_ERROR_INVALID_VALUE("dwBuffer", TB_ERROR);

        // Zeitstempel dieses Puffers auf null setzen
        if(m_dwFlags & DSBCAPS_CTRL3D) m_pdwTimeStamps[dwBuffer] = 0;

        // Puffer an den Anfang setzen
        m_ppSoundBuffers[dwBuffer]->SetCurrentPosition(0);

        // Laustärke, Balance und Frequenz zurücksetzen
        if(m_dwFlags & DSBCAPS_CTRLVOLUME) m_ppSoundBuffers[dwBuffer]->SetVolume(0);
        if(m_dwFlags & DSBCAPS_CTRLPAN) m_ppSoundBuffers[dwBuffer]->SetPan(0);
        if(m_dwFlags & DSBCAPS_CTRLFREQUENCY)
            m_ppSoundBuffers[dwBuffer]->SetFrequency(DSBFREQUENCY_ORIGINAL);
```

```
// Abspielen
m_ppSoundBuffers[dwBuffer]->Play(0, dwPriority, dwFlags);

    return TB_OK;
}
```

Listing 5.22 `tbSound::Play` spielt einen der Soundpuffer ab.

5.11.8 Abspielen des nächsten Soundpuffers

Die Methode `PlayNextBuffer` spielt den Soundpuffer ab, dessen Nummer in `m_dwNextBuffer` gespeichert ist. Danach erhöht sie `m_dwNextBuffer`, damit beim nächsten Mal der nächste Puffer abgespielt wird. `m_dwNextBuffer` darf natürlich höchstens den Wert `m_dwNumBuffers` − 1 erreichen. Damit dieser Wert nicht überschritten wird, bauen wir eine kleine Modulo-Rechnung mit ein:

```
// Spielt den nächsten Puffer ab
int tbSound::PlayNextBuffer(DWORD dwPriority,   // = 0
                            DWORD dwFlags)      // = 0
{
    DWORD dwThisBuffer = m_dwNextBuffer;

    // Die normale Abspielmethode aufrufen
    if(Play(m_dwNextBuffer, dwPriority, dwFlags)) return -1;

    // Beim nächsten Mal ist der nächste Puffer dran.
    m_dwNextBuffer = (m_dwNextBuffer + 1) % m_dwNumBuffers;
    return (int)(dwThisBuffer);
}
```

Listing 5.23 Abspielen des nächsten Soundpuffers

5.11.9 Die restlichen Methoden ...

... sind eigentlich nicht mehr als Kapselungen! Ein Beispiel: `tbSound::SetFrequency` ruft ganz einfach nur `SetFrequency` auf dem Soundpuffer auf, dessen Index wir ihr übergeben. Das Gleiche gilt auch für `Play`, nur dass am Anfang der Abspielcursor noch zurückgesetzt wird.

5.12 Musik ins Spiel bringen

Der hörbare Teil eines Spiels besteht natürlich nicht alleine aus Soundeffekten wie zum Beispiel Schüssen oder dem Brummen eines Schutzschildes. Bei den allermeisten Spielen kommt noch *Musik* hinzu. Ob sie nun laut und fetzig im Vordergrund spielt oder sich vornehm zurückhält, um den Spieler nicht allzu sehr zu nerven, ist egal.

Wir wollen in diesem Abschnitt eine einfache Klasse für die Wiedergabe von Musikdateien erstellen.

5.12.1 Was unterscheidet Musik von Soundeffekten?

Musik unterscheidet sich vor allem in einem Punkt durch Soundeffekte: die *Länge*. Während Soundeffekte meistens kürzer als eine Sekunde sind, sind die meisten Musikstücke mehrere Minuten lang.

Das hat zur Folge, dass sich Musikstücke nur sehr schlecht in der gleichen Art und Weise speichern und abspielen lassen wie Soundeffekte. Wer schon einmal eine MP3-Datei ins WAV-Format umgewandelt hat, weiß, was ich meine: Während die MP3-Datei nur 3 oder 4 Megabytes groß ist, ist die WAV-Datei nur selten unter 40 Megabytes groß. Solch einen riesigen Haufen an Daten kann man natürlich unmöglich in einem Soundpuffer unterbringen, ohne ein schlechtes Gewissen zu bekommen. Gewiss: Man könnte die Soundqualität herunterschrauben – beispielsweise auf 22050 Hz und 8 Bits pro Sample bei nur einem einzigen Kanal, aber das Wahre ist diese Lösung auch nicht.

Zur Speicherung von längeren Audiosequenzen eignen sich Dateiformate wie MP3 oder OGG, die ihre Daten enorm komprimieren. Die hier genannten Dateiformate basieren dabei auf den Grundsätzen der *Psychoakustik*. Vereinfacht gesagt lässt man dabei all die Teile der Sequenz weg, die der Mensch nicht hört. Dazu gehören sehr hohe oder sehr tiefe Frequenzen oder aber auch leise Geräusche, die gleichzeitig mit einem lauteren abgespielt werden (man hört dann nur das lautere). Kombiniert man dies mit einigen älteren Kompressionsverfahren, wie sie beispielsweise auch in Zip-Dateien zur Anwendung kommen, lässt sich eine beachtliche Datenreduktion erzielen. Wohlgemerkt natürlich auf Kosten der Qualität – aber im akzeptablen Rahmen (vergleichbar mit JPG-Dateien). Es handelt sich also um *verlustbasierte Kompressionsverfahren*. Für Zip-Archive käme so etwas natürlich nie in Betracht, denn wer möchte schon in Kauf nehmen, dass beim Komprimieren seiner EXE-Datei hier und dort ein paar Bytes verändert werden?

Für kurze Soundeffekte verwendet man MP3-Dateien meist *nicht* – obwohl man natürlich eine große Datenmenge sparen könnte. Der Grund dafür ist ganz einfach die *Rechenzeit* – denn das Dekomprimieren einer MP3-Datei, was in Echtzeit passieren muss, ist sehr aufwändig. Wenn dann 10 oder 20 MP3-Dateien gleichzeitig dekomprimiert werden müssen, würde die Performance möglicherweise schon zu stark in Mitleidenschaft gezogen.

5.12.2 DirectShow-Grundlagen

Ganz zu Beginn dieses Buches – bei der Auflistung der wichtigsten DirectX-Komponenten – ist schon einmal der Begriff *DirectShow* gefallen. DirectShow ist praktisch für alles, was etwas mit *Multimedia* zu tun hat, zuständig – unter anderem auch für die Wiedergabe von Multimediadateien. Darunter fallen sowohl Audio- als auch Videodateien – von MP3, MIDI, WAV bis MPG lässt sich so gut wie alles abspielen. DirectShow kann noch mehr: Videos aufnehmen, DVDs abspielen und TV-Karten ansteuern.

5.12.2.1 Das Filtersystem

Der gesamte Weg, den Audio- oder Videodaten bei DirectShow durchlaufen, bevor sie letztendlich hör- beziehungsweise sichtbar werden, wird durch *Filter* gekennzeichnet. Ein Filter hat meistens einen *Eingabe-Pin* und möglicherweise mehrere *Ausgabe-Pins*. Einen Pin kann man sich dabei wie einen Stecker vorstellen, durch den man mehrere Filter miteinander verbinden kann. Mehrere zusammengeschaltete Filter nennt man einen *Filtergraphen*.

Filter können Daten lesen, sie verändern oder ausgeben. Schauen Sie sich den folgenden Filtergraphen an, der imstande ist, eine Videodatei abzuspielen:

5.12 Musik ins Spiel bringen

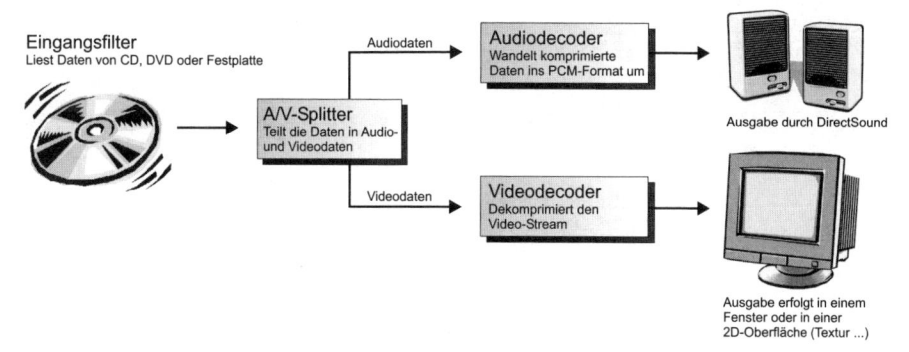

Abbildung 5.10 Filtergraph für die Wiedergabe einer Videodatei

Der Eingangsfilter ist der einzige Filter, der keinen Eingabe-Pin hat. Er liest Daten aus einer Datei (zum Beispiel VIDEO1.AVI oder INTRO.MPG) und gibt sie über seinen Ausgabe-Pin unverändert an den nächsten Filter – den A/V-Splitter. Dieser trennt die Daten des Videos in Audio- und Videodaten, also Ton und Bild. Er hat demnach auch *zwei* Ausgabe-Pins. Da die Daten in einer Videodatei meist komprimiert sind, müssen sie noch einen *Decoder* durchlaufen. Dieser wandelt beispielsweise Audiodaten, die im MP3-Format vorliegen (wie das in Videodateien oft der Fall ist), ins PCM-Format um. Die letzte Station ist in beiden Fällen der *Ausgabefilter*. Er besitzt nur einen Eingabe-Pin. Ton wird meistens über DirectSound wiedergegeben und Bild in einem Fenster – oder auch in einer Direct3D-Oberfläche. So kann man Videos auf einer Textur abspielen!

Das Tolle an der Geschichte mit dem Filtergraphen ist, dass wir ihn nicht einmal selbst zusammenbauen müssen! DirectShow übernimmt für uns die gesamte Arbeit. Es reicht, einfach nur die abzuspielende Datei anzugeben, und der Graph wird automatisch „intelligent" zusammengeschaltet – je nach Dateityp. So braucht beispielsweise eine MP3-Datei keinen Videodecoder.

5.12.2.2 DirectShow ansprechen

Um mit DirectShow zu arbeiten, ist es nötig, die Datei DSHOW.H mit #include einzubinden und das Projekt mit der Datei STRMIIDS.LIB zu linken. Die letztere Datei mit dem seltsamen Namen trägt alle Schnittstellen-IDs in sich, die zu DirectShow gehören – und das sind ganz schön viele! DirectShow macht vom COM starken Gebrauch. Manche Schnittstellen sind siebenfach oder noch öfters vererbt!

5.12.2.3 Die Schnittstellen *IFilterGraph* und *IGraphBuilder*

IFilterGraph ist die Schnittstelle für einen Filtergraphen. Wir können sie einzig und allein direkt durch die COM-Funktion CoCreateInstance erzeugen. IGraphBuilder erbt die Methoden und Eigenschaften von IFilterGraph und ist imstande, einen Filtergraphen zu „bauen". Ihre wichtigste Methode ist RenderFile: Den ersten Parameter setzt man auf den Namen der abzuspielenden Datei und den zweiten auf NULL, da er reserviert ist.

```cpp
IGraphBuilder*  pGraph;
char*           acFilename[256] = "Video1.avi";
WCHAR           awcFilename[256];

// Graph erstellen
hResult = CoCreateInstance(CLSID_FilterGraph,
                           NULL,
                           CLSCTX_INPROC_SERVER,
                           IID_IGraphBuilder,
                           (void**)&pGraph);
if(FAILED(hResult))
{
    // Fehler!
    TB_ERROR_DIRECTX("CoCreateInstance", hResult, TB_ERROR);
}

// Graph für die Datei erstellen
MultiByteToWideChar(CP_ACP, 0, pcFilename, -1, awcFilename, 256);
if(FAILED(hResult = pGraph->RenderFile(awcFilename, NULL)))
{
    // Fehler!
    TB_ERROR_DIRECTX("pGraph->RenderFile", hResult, TB_ERROR);
}

// Mit dem Filtergraphen arbeiten
// ...

// Schnittstelle wieder freigeben
TB_SAFE_RELEASE(pGraph);
```

Listing 5.24 Erstellung eines Filtergraphen für eine Datei

Lassen Sie sich vom Aufruf von CoCreateInstance nicht verwirren. Er sorgt nur dafür, dass wir unsere IGraphBuilder-Schnittstelle erhalten.

Ebenfalls neu ist der Umgang mit UNICODE-Strings. Bei gewöhnlichen Strings wird jedes Zeichen durch genau ein Byte identifiziert, dadurch gibt es 256 verschiedene Zeichen. Die reichen aber nicht mehr aus, wenn man beispielsweise auch noch gerne arabische Zeichen hätte – daher wurden die UNICODE-Strings eingeführt. Bei ihnen nimmt jedes Zeichen 2 Bytes ein (WCHAR oder WORD), und es gibt demnach 65536 verschiedene. DirectShow arbeitet nur mit solchen Strings – so auch die RenderFile-Methode. Daher ist es notwendig, die gewöhnlichen Strings mit der Funktion MultiByteToWideChar – wie oben im Listing gezeigt – in UNICODE-Strings umzuwandeln.

5.12.3 Kontrolle über den Filtergraphen

5.12.3.1 Abspielen, Pause und Stopp

Um nun an unsere geliebten Methoden Run, Pause und Stop zu kommen, bedarf es noch einer weiteren Schnittstelle: IMediaControl. Diese Schnittstelle bringt den Graph zur Wiedergabe, pausiert ihn oder hält ihn an. Man erhält sie durch QueryInterface:

5.12 Musik ins Spiel bringen

```
IGraphBuilder* pGraph;
IMediaControl* pMediaControl;

// Graph mit CoCreateInstance und RenderFile erstellen
// ...

// IMediaControl-Schnittstelle abfragen
pGraph->QueryInterface(IID_IMediaControl, (void**)(&pMediaControl));
```

Listing 5.25 Wie man an IMediaControl kommt

Nun können wir auf IMediaControl ganz einfach die Methoden Run, Stop und Pause aufrufen. Keine davon erwartet irgendwelche Parameter.

5.12.3.2 Abspielcursor setzen

Wer seine Musik oder sein Video vor- und zurückspulen möchte, benötigt noch eine weitere Schnittstelle: IMediaSeeking. Man erhält sie auf demselben Weg wie IMediaControl – nämlich mit QueryInterface. Nun kann man die Methode SetPositions die aktuelle Position des Wiedergabecursors und die der Stoppmarke setzen (also die Stelle, an welcher der Graph aufhört zu spielen). Die Positionen werden jeweils mit LONGLONG-Werten angegeben (das sind 64-Bit-Integer), und das Format ist standardmäßig 100 Nanosekunden (1 Sekunde entspricht einer Million Nanosekunden). Parameter 1 und 3 sind Zeiger auf LONGLONG-Werte: Der erste Parameter gibt die neue Position des Abspielcursors an und der dritte die der Stoppmarke. Parameter 2 und 4 geben an, ob diese Positionen relativ (AM_SEEKING_RelativePositioning) oder absolut (also relativ zum Anfang) (AM_SEEKING_AbsolutePositioning) gemeint sind – AM_SEEKING_NoPositioning, um die Position nicht zu verändern. Der zweite Parameter gibt dies für die Position des Abspielcursors an und der vierte für die der Stoppmarke. Beispiel:

```
IGraphBuilder* pGraph;
IMediaSeeking* pMediaSeeking;

// Den Graph initialisieren
// ...

// IMediaSeeking-Schnittstelle abfragen
pGraph->QueryInterface(IID_IMediaSeeking, (void**)(&pMediaSeeking));

LONGLONG llPlay;
LONGLONG llStop;

// Position des Abspielcursors und der Stoppmarke setzen
llPlay = 15012313;
llStop = 33131289;
pMediaSeeking->SetPositions(&llPlay, AM_SEEKING_AbsolutePositioning,
                            &llStop, AM_SEEKING_AbsolutePositioning);

// Jetzt wollen wir nur die Position des Abspielcursors verändern.
llPlay = 21241234;
pMediaSeeking->SetPositions(&llPlay, AM_SEEKING_AbsolutePositioning,
                            NULL, AM_SEEKING_NoPositioning);
```

Listing 5.26 Setzen des Abspielcursors und der Stoppmarke

Um eine Zeitangabe in Millisekunden (was viel gebräuchlicher ist) in die 100-Nanosekunden-Einheit umzuwandeln, multiplizieren wir mit 10000.

5.12.3.3 Abspielgeschwindigkeit

IMediaSeeking ist sogar imstande, die Abspielgeschwindigkeit des Filtergraphen zu verändern. Das geschieht durch die Methode IMediaSeeking::SetRate. Erwartet wird lediglich ein double-Wert, der die relative Geschwindigkeit angibt. 1 entspricht dabei der Normalgeschwindigkeit, 0.5 der halben, 2 der doppelten und so weiter. Abspielgeschwindigkeiten größer als 2 werden nur selten unterstützt.

5.12.3.4 Lautstärke und Balance

Die Lautstärke und die Balance, mit der die Audiodaten eines Filtergraphen wiedergegeben werden sollen, können wir mit der Schnittstelle IBasicAudio setzen (ebenfalls durch QueryInterface zu erhalten). Einfach die Methoden put_Volume und put_Balance aufrufen, um die neuen Werte zu übermitteln (die in denselben Einheiten angegeben werden wie bei den DirectSound-Buffern).

5.12.4 Die Klasse *tbMusic*

Mit der Klasse tbMusic soll es ganz einfach sein, eine beliebige Musikdatei abzuspielen, die Lautstärke, die Balance und die Geschwindigkeit zu verändern und so weiter.

5.12.4.1 Ablaufplan

1. Anlegen einer neuen tbMusic-Instanz
2. Durch Aufrufen der Methode tbMusic::Init wird der Filtergraph erstellt, und alle zugehörigen Schnittstellen werden abgefragt.
3. Mit der tbMusic::Play-Methode spielen wir die Musik ab. Ein BOOL-Parameter gibt an, ob die Musik in einer Endlosschleife laufen soll.
4. Wenn die Musik nicht mehr gebraucht wird, löscht man die Klasseninstanz mit TB_SAFE_DELETE.

5.12.4.2 Die Klassendefinition

Variablen

- Zeiger auf Schnittstellen vom Typ IGraphBuilder, IMediaControl, IMediaSeeking und IBasicAudio, um Kontrolle über die Musik zu erhalten (m_pGraph, m_pMediaControl, m_pMediaSeeking und m_pBasicAudio).
- BOOL m_bPlaying: wird von der Play-Methode auf TRUE gesetzt und von Stop auf FALSE – beinhaltet also den Status der Musik.
- BOOL m_bLooping: ist TRUE, wenn die Musik mit Looping abgespielt wird.
- DWORD m_dwDuration: beinhaltet die Dauer der Musik in Millisekunden.

Methoden

- Die Init-Methode initialisiert den Filtergraphen und alle Schnittstellen. Sie erwartet nur den Namen der abzuspielenden Datei als String (kein UNICODE). Abspielen aus einer virtuellen Datei, einem Speicherbereich oder einer Ressource ist nicht möglich.

5.12 Musik ins Spiel bringen 489

- Play spielt die Musik ab. Die Methode erwartet einen BOOL-Parameter, der angibt, ob mit oder ohne Looping wiedergegeben werden soll.
- Stop stoppt die Musik, Pause pausiert sie.
- IsPlaying fragt den Status der Musik ab (TRUE: Musik läuft; FALSE: Musik läuft nicht).
- SetCurrentPosition setzt die Position des Abspielcursors, GetCurrentPosition fragt sie ab.
- SetPlaybackRate und GetPlaybackRate (mit float- anstatt double-Werten)
- Verschiedene andere Kapselungs- und Inline-Methoden: SetVolume, GetVolume, SetPan, GetPan, SetLooping, GetLooping, GetDuration ...

5.12.4.3 Laden der Musik

tbMusic::Init erstellt zuerst mit CoCreateInstance die IGraphBuilder-Schnittstelle, bevor sie RenderFile aufruft, um den Filtergraph für die Datei erstellen zu lassen. Anschließend kommt QueryInterface zum Einsatz, um die drei anderen Schnittstellen IMediaControl, IMediaSeeking und IBasicAudio zu erhalten.

Anschließend wird noch mit IMediaSeeking::GetDuration die Dauer der Musik abgefragt, in Millisekunden umgewandelt und in m_dwDuration gespeichert.

```
// Lädt die Musik aus einer Datei
tbResult tbMusic::Init(char* pcFilename)
{
    HRESULT   hResult;
    LONGLONG  llDuration;
    WCHAR     awcFilename[256];

    // Graph erstellen
    hResult = CoCreateInstance(CLSID_FilterGraph,
                               NULL,
                               CLSCTX_INPROC_SERVER,
                               IID_IGraphBuilder,
                               (void**)&m_pGraph);
    if(FAILED(hResult))
    {
        // Fehler!
        TB_ERROR_DIRECTX("CoCreateInstance", hResult, TB_ERROR);
    }

    // Graph für die Datei erstellen
    MultiByteToWideChar(CP_ACP, 0, pcFilename, -1, awcFilename, 256);
    if(FAILED(hResult = m_pGraph->RenderFile(awcFilename, NULL)))
    {
        // Fehler!
        TB_ERROR_DIRECTX("m_pGraph->RenderFile", hResult, TB_ERROR);
    }

    // Die drei Schnittstellen für die Kontrolle der Musik abfragen
    m_pGraph->QueryInterface(IID_IMediaControl, (void**)(&m_pMediaControl));
    m_pGraph->QueryInterface(IID_IMediaSeeking, (void**)(&m_pMediaSeeking));
    m_pGraph->QueryInterface(IID_IBasicAudio, (void**)(&m_pBasicAudio));
    if(!m_pMediaControl ||
       !m_pMediaSeeking ||
       !m_pBasicAudio)
    {
        // Fehler!
        TB_ERROR("Fehler beim Abfragen der DirectShow-Musikschnittstellen!",
                 TB_ERROR);
    }
```

```
    // Die Länge der Musik abfragen
    m_pMediaSeeking->GetDuration(&llDuration);
    m_dwDuration = (DWORD)(llDuration / 10000);

    return TB_OK;
}
```

Listing 5.27 Initialisierung der Musik

Fast alle restlichen Methoden der Klasse sind praktisch nur Kapselungen (mit der Ausnahme, dass `Play` zunächst noch den Abspielcursor an den Anfang zurücksetzt). So ruft beispielsweise `SetPlaybackRate` ganz einfach nur `SetRate` auf der `IMediaSeeking`-Schnittstelle auf.

5.12.4.4 Looping

DirectShow unterstützt von sich aus kein Looping, das heißt, dass wir selbst dafür sorgen müssen, dass Musikstücke wieder von vorne anfangen, wenn sie ihr Ende erreicht haben (falls der Benutzer – also der Programmierer – es gerne so hätte).

Um das zu schaffen, führen wir noch eine Methode namens `Process` ein, die möglichst oft aufgerufen werden sollte (vielleicht einmal pro Frame). In dieser Methode prüfen wir dann als Erstes, ob die Variablen `m_bLooping` und `m_bPlaying` gesetzt sind.

Als Nächstes fragen wir mit `GetCurrentPosition` die aktuelle Position des Abspielcursors ab. Diese wird mit `m_dwDuration` – also mit der Länge der Musik – verglichen. Wenn beide gleich sind, dann hat die Musik ihr Ende erreicht.

Wenn nun also `m_bPlaying` und `m_bLooping` TRUE sind und `GetCurrentPosition()` >= `m_dwDuration`, ruft die Process-Methode ganz einfach wieder `Play` auf.

```
// Verarbeitet die Musik
tbResult tbMusic::Process()
{
    if(m_bPlaying)
    {
        if(GetCurrentPosition() >= (int)(m_dwDuration)) {
            if(m_bLooping)
            {
                // Wenn Looping eingeschaltet ist und die Musik zu Ende ist, dann
                // spielen wir sie erneut ab.
                return Play(TRUE);
            }
            else
            {
                // Das Stück ist zu Ende!
                m_bPlaying = FALSE;
            }
        }
    }

    return TB_OK;
}
```

Listing 5.28 Die Methode `tbMusic::Process`

5.12.5 Das Beispielprogramm

Im folgenden Programm werden die drei neuen TriBase-Klassen `tbDirectSound`, `tbSound` und `tbMusic` demonstriert. Alles basiert auf den vorherigen beiden Beispielprogrammen (*3D-Sound*

5.12 Musik ins Spiel bringen

und *Effekte*), in denen die geheimnisvollen Lautsprecher herumfliegen. Hier sehen Sie, wie alles initialisiert wird:

```cpp
// DirectSound initialisieren
tbDirectSound& DS = tbDirectSound::Instance();
if(DS.Init(&g_Config))
{
    // Fehler!
    MessageBox(NULL, "Fehler bei der DirectSound-Initialisierung!", "Fehler",
               MB_OK | MB_ICONEXCLAMATION);
    CleanUp();
    return 1;
}

// Die vier Sounds laden
for(DWORD s = 0; s < 4; s++)
{
    sprintf(acFilename, "Sound%d.wav", s + 1);

    g_apSound[s] = new tbSound;
    if(g_apSound[s]->Init(acFilename, DSBCAPS_CTRL3D | DSBCAPS_LOCDEFER))
    {
        // Fehler!
        MessageBox(NULL, "Fehler beim Laden der Sounds!", "Fehler",
                   MB_OK | MB_ICONEXCLAMATION);
        CleanUp();
        return 1;
    }
}

// Musik laden und abspielen
g_pMusic = new tbMusic;
if(g_pMusic->Init("Music.mp3"))
{
    // Fehler!
    MessageBox(NULL, "Fehler beim Laden der Musik!", "Fehler",
               MB_OK | MB_ICONEXCLAMATION);
    CleanUp();
    return 1;
}

g_pMusic->Play(TRUE);
g_pMusic->SetVolume(-500);

// Alle Sounds mit Looping abspielen und Parameter setzen
for(s = 0; s < 4; s++)
{
    g_apSound[s]->SetDistances(50.0f, 1000.0f);
    g_apSound[s]->Play(0, 0, DSBPLAY_LOOPING);
}
```

Listing 5.29 Initialisierung von DirectSound und Laden der Sounds und der Musik

Einmal pro Frame werden dann die Positionen der Lautsprecher und die Ausrichtung des Hörers aktualisiert. Die Engine übernimmt dabei die Berechnung des Geschwindigkeitsvektors für uns.

```
// Den Hörer anpassen
g_pDSound->SetListener(g_vCameraPos, tbVector3(0.0f, 1.0f, 0.0f), vCameraDir);

// Die drei Sounds anpassen
for(s = 0; s < 4; s++) g_apSound[s]->SetPosition(0, g_avSoundPos[s]);

// Musik verarbeiten (Looping)
g_pMusic->Process();
```

Listing 5.30 Die Engine kümmert sich um alles!

5.13 Ausblick

Nun haben Sie die meisten Komponenten von DirectX kennen gelernt: *Direct3D*, *DirectInput*, *DirectSound* und *DirectShow*. Das ist genug, um endlich mit der Programmierung eines Spiels anzufangen! Doch ein Spiel will gut geplant sein, und es gibt viele Fallen, in die man leicht tappen kann. Im nächsten Kapitel geht es daher um den theoretischen Teil der Spieleprogrammierung.

6

Theorie der Spieleprogrammierung

6 Theorie der Spieleprogrammierung

6.1 Was Sie in diesem Kapitel erwartet

In diesem recht kurzen Kapitel finden Sie viele wichtige Tipps, die Sie beim Kreieren Ihres ersten eigenen Computerspiels beachten sollten. Erst einmal geht es darum, wie man seinem Kopf ein wenig auf die Sprünge helfen kann, wenn er einfach keine Idee für ein neues Spiel hervorbringen will, und wie man solch eine Idee festhalten und anderen vermitteln kann.

Wo findet man eventuelle Teammitglieder? Wie lassen sich Konflikte im Team vermeiden? Wie holt man das meiste aus allen heraus? Wann ist ein Spiel zu schwer, und wie sollten Levels aufgebaut werden? Welche Faktoren beeinflussen die Atmosphäre eines Spiels?

Sind diese Fragen geklärt, geht es weiter mit dem Testen eines fertigen Spiels – wie erleichtert man sich die Fehlersuche? Diese Tipps werden Ihnen in Zukunft die Arbeit sicherlich noch erleichtern können.

6.2 Warum Planung wichtig ist

Ich weiß aus eigener Erfahrung, dass ein Spieleprogrammierer gerne dazu neigt, ein Spiel „mal eben so" anzufangen, ohne dass dahinter eine größere Planung steckt. Bei kleineren Spielen wie *Tic Tac Toe* mag das ja funktionieren, aber bei größeren Spielen wird es immer unsicherer, dass das Projekt wirklich fertig gestellt wird. Die Gründe dafür reichen von „*Keine Lust mehr!*" bis zu „*Oh, das Problem habe ich nicht vorausgesehen – das kriege ich nicht mehr hin!*". Schade, denn dabei hätte man den zweiten Grund wahrscheinlich voraussehen können, wenn man das gesamte Spiel schon vorher, mit Papier und Bleistift exakt geplant – völlig auseinander gepflückt hätte.

Stellen Sie sich den Job des Spieleprogrammierers so vor wie den des Architekten. Er muss ein hochkomplexes Kunstwerk schaffen. Ein falsch platzierter Stützpfeiler oder eine falsche Berechnung kann das Aus bedeuten. Natürlich hat der Programmierer die Möglichkeit, einen Fehler zu korrigieren, während das Haus des Architekten bereits eingestürzt ist. Es gilt, schwere (Denk-) Fehler zu verhindern, die durch schlechte Planung entstanden sind.

Natürlich plant der Architekt sein Bauwerk genauestens auf Millimeterpapier. Hier hat er noch viel mehr Spielraum als später beim Bau. Wenn eine Wand stört, wird sie einfach wegradiert. Später könnte das nicht mehr so einfach gemacht werden – das ist klar –, und entweder müsste die Wand drin bleiben oder das Gebäude mehr oder weniger wieder abgerissen werden.

Kurz: Planung mag den Prinzipien des einen oder anderen Spieleprogrammierers widerstreben, doch sie lohnt sich in jedem Fall, da mögliche Probleme so viel früher erkannt werden können.

6.3 Am Anfang steht die Idee

Ganz zu Beginn der Entwicklung eines Spiels steht immer eine *Idee*. Diese Idee kann vage, aber auch schon recht detailliert sein – ohne sie sollte man nicht versuchen, ein Spiel zu programmieren, denn einfach „ziellos drauflos" zu schreiben wird sicherlich keine guten Ergebnisse mit sich bringen. Auch in heutigen Zeiten, wo deutlich mehr Wert auf „Oberflächlichkeiten" wie Grafik und Sound eines Spiels gelegt wird als früher, darf man sich nicht nur auf gute Grafik oder Soundeffekte stützen.

Das wichtigste Element eines Spiels ist nach wie vor die Idee. Ein Spiel mit einer schlechten Idee kann eine noch so gute Grafik auf den Bildschirm zaubern – viel besser als seine Idee wird es dadurch nicht. Andererseits können Spiele mit einer hervorragenden Idee auch dann noch unglaublich viel Spaß machen, wenn sie auf verstaubter EGA-Grafik basieren oder gar nur im Textmodus arbeiten (*Text-Adventures*) – oft ist es die Einfachheit, die es ausmacht. Wer kennt nicht diese unbeschreibliche Atmosphäre, die ein Spiel hat, wenn es auf einem uralten PC mit 16 Farben oder weniger läuft? Man hat es also als Programmierer viel einfacher, wenn man eine entsprechend gute Spielidee entwickelt hat; ein totaler Reinfall kann das Spiel dadurch schon kaum noch werden.

Denken Sie immer daran, dass Ihre Spielidee etwas ganz Persönliches ist – Ihr „geistiges Eigentum". Achten Sie daher besonders gut auf sie, und passen Sie auf, dass sie stets genau das verkörpert, was Ihnen zusagt. Es ist sehr wichtig, dass Sie 100%ig von der Idee überzeugt sind – sie sollte Ihnen am besten sogar schlaflose Nächte bereiten, und niemals sollten Sie nur auf Grund einer Stimmungsschwankung an ihr zweifeln.

6.3.1 Inspiration

Beschäftigen wir uns erst einmal damit, wie man einer guten Spielidee auf die Sprünge helfen kann. Normalerweise kommt eine Idee „einfach so" – ohne Vorwarnung erstürmt sie das Programmierergehirn und nimmt einen großen Teil davon für sich alleine ein. Doch oft genug ist es auch so, dass man als Programmierer gerade sein letztes Projekt fertig programmiert hat und einem nun keine Idee mehr für ein neues Projekt kommt. Ein unglaublich gutes und noch nie da gewesenes Spielprinzip entsteht nicht einfach so. Dann muss man auf eine Inspiration hoffen. Doch woher kann die kommen?

- Schauen Sie sich andere Computerspiele an. Finden Sie eines, von deren Idee Sie fasziniert sind, finden Sie heraus, woran das ganz genau liegt. Damit können Sie mit Leichtigkeit eine neue Spielidee entwickeln.
- Suchen Sie sich zwei oder mehr bereits vorhandene Spielideen, und versuchen Sie, diese miteinander zu vereinen. Dadurch können interessante Kombinationen entstehen, die oft besser sind als die Originale. So wurden beispielsweise bei einem Spieleprogrammierwettbewerb einfach die Spiele *Tetris* und *Breakout* kombiniert, und es kam ein hervorragendes neues Spiel dabei heraus.
- Sehen Sie fern, hören Sie (leise) Musik, lesen Sie ein Buch, oder gehen Sie spazieren. Entspannung hilft Ihnen dabei, eine neue Idee zu finden.
- Natürlich können Sie auch Freunde oder Bekannte fragen. Es ist jedoch recht unwahrscheinlich, dass Ihnen deren Ideen komplett zusagen – trotzdem könnten Sie Teile davon für Ihre Idee verwenden.
- Kennen Sie eine gute Story, die man vielleicht in ein Spiel packen könnte? Es muss nicht so sein, dass zuerst das Spielprinzip und dann die Story entworfen wird – entscheidend ist, worauf Sie mehr Wert legen. Lässt sich die Story gut in ein Spiel verwandeln, so machen Sie sich Gedanken darüber, welchen der Charaktere der Spieler steuert (vielleicht sogar mehrere?) und wie das Spiel generell ablaufen soll. Eventuell können Sie die Story aus einem Film oder einem Buch nehmen und dann das *Spiel zum Film*, das *Spiel zum Buch* oder das *Spiel zur Tütensuppe* schreiben.

Seien Sie aber gewarnt: Wer sich durch Musik, Fernsehen oder andere äußere Einflüsse *allzu sehr* beeinflussen lässt, wird später sein blaues Wunder erleben. Die genannten Dinge haben die Fähigkeit, den Verstand eines Menschen ganz gezielt in eine bestimmte Richtung zu lenken, in die er normalerweise vielleicht nie käme und die er – oftmals tragisch – ohne sie vielleicht wieder für völlig schwachsinnig halten würde. Ein Beispiel: Ein Spieledesigner hört gerade Techno-Musik und denkt sich: "*Jetzt habe ich richtig Lust, einen hochmodernen Weltraumflugsimulator mit cooler Musik zu machen!*" Er plant die halbe Nacht lang. Am nächsten Morgen schaut er sich das vollgekritzelte und mit Cola, Eistee oder Kaffee befleckte Blatt Papier noch einmal an und fragt sich, wie er überhaupt auf so etwas gekommen ist.

Die Antwort: Die Stimmung, in welche ihn die Musik versetzt hat und die nicht seine normale Stimmung ist, brachte ihn auf all diese nun absurd erscheinenden Ideen. Damit das nicht passiert, ist es wichtig, sich nicht zu sehr beeinflussen zu lassen, während man ein Spiel plant (zumindest bei den grundlegenden Dingen). Im fortgeschrittenen Stadium des *Level-Designs* ist oftmals sehr wichtig für ein Spiel, dass jeder Level eine andere Atmosphäre verkörpert. Hier kann es nicht schaden, äußere Einflüsse auf sich wirken zu lassen.

Sie sollten außerdem nicht krampfhaft versuchen, sich eine Spielidee auszudenken – meistens kommt sie von ganz allein. Gute Einfälle kann man nicht einfach erzwingen.

6.3.2 Auf Ideen vorbereitet sein

Gute Ideen kommen meistens genau dann, wenn Sie nicht damit rechnen. Deshalb sollte man immer einen Zettel und einen Stift mit sich tragen, damit eine gute Idee nicht Ihrer (rein hypothetischen) Vergesslichkeit zum Opfer fallen kann, denn das wäre schade. Dabei sollten Sie ähnlich wie beim *Brainstorming* vorgehen – bewerten Sie die eigene Idee nicht gleich, sondern schreiben Sie sie erst einmal auf. Auch Ideen, die zuerst ungeeignet erscheinen, sollten notiert werden. Der Sortiervorgang findet erst später statt.

Häufig kommt es zu ganzen *Ideenketten* – eine Idee löst die nächste aus. Zum Beispiel: „*Abenteuerspiel → ein Koch als Spielfigur → Ziel des Spiels: alle Zutaten für den „goldenen Hamburger" sammeln → die Zutaten sind in 10 Welten verstreut → jede Welt hat ihr eigenes Themengebiet → Käsewelt → Tomatenwelt ...*". Versuchen Sie so, all Ihre Gedankengänge auf Papier zu bringen, um sie später genau analysieren und bewerten zu können.

Sie sollten außerdem immer Ausschau nach einem guten Namen für das Spiel halten. Wenigstens ein Arbeitsname sollte festgelegt werden, unter dem das Spiel entwickelt wird. Ob dieser dann nachher stehen bleibt, ist eine andere Frage.

6.3.3 Aussortieren

Sind Sie an dem Punkt angelangt, an dem schon einige Ideen gesammelt wurden, und Sie glauben, dass Sie damit die wesentlichen Umrisse des noch nur in Ihrer Fantasie existierenden Spiels beschrieben haben, wird es Zeit zum Aussortieren. Unter den vielen Ideen finden sich bestimmt welche, die nicht zum Rest des Spiels passen, da sich dieses vielleicht in eine andere Richtung entwickelt hat, als vorher geplant. Einige Ideen würden es vielleicht auch unnötig kompliziert machen, und manche sind wahrscheinlich schlicht und einfach nicht realisierbar.

Legen Sie so erst einmal lediglich das Grundkonzept des Spiels fest. Technische Details werden später noch detailliert beschrieben. Alles, was bis jetzt geplant wurde, haben Sie als Spieledesigner ganz alleine getan – Besprechungen mit den eventuell vorhandenen anderen Teammitgliedern finden später statt. Es ist erst einmal wichtig, dass *Sie* ein recht detailliertes Bild des Spiels im Kopf parat haben.

6.3.4 Storydesign

Bei vielen Spielen stehen vor allem farbenfrohe und optisch brillante Effekte oder glasklarer Sound im Vordergrund, während die Story eher unwichtig ist. Das muss nicht negativ sein, denn in einem Rennspiel hat eine Story beispielsweise meistens nichts zu suchen. Legen Sie mehr Wert auf die Story, so entwerfen Sie diese zuerst, und passen Sie dann den Rest des Spiels genau auf diese Story an. Der umgekehrte Fall: Erst wird das Spielprinzip festgelegt, und die Story muss sich diesem unterwerfen.

Es folgen einige Kriterien, die eine gute Story ausmachen:

- Humor kommt in Spielen meistens sehr gut an und lockert die Atmosphäre auf – bei kleineren Schwächen des Spiels drückt der Spieler dann meistens gerne ein Auge zu. Eine humorvolle Story kann daher nie schaden – ist aber auf keinen Fall eine Voraussetzung. Auch spannende oder traurige Storys haben ihren Reiz. Wofür Sie sich entscheiden, liegt natürlich ganz bei Ihnen.

  Auch ist es oft lustig, ein Spiel zu spielen, das sich selbst nicht ernst nimmt (wenn der Hauptcharakter zum Beispiel *weiß*, dass er nur eine Ansammlung von Pixeln ist, oder wenn er sich über andere Spiele lustig macht).

- Es sollte einen „*ultimativen Bösewicht*" geben. Über ihn erfährt der Spieler meist zuerst nur durch indirekte Erzählungen, und die endgültige (vernichtende?) Konfrontation rückt im Verlauf des Spiels immer näher. Hat der Bösewicht eine persönliche Abneigung gegen den Hauptcharakter, oder ist er einfach nur von Grund auf böse und möchte *a)* die Welt vernichten *b)* die Menschheit versklaven oder *c)* den atlantischen Ozean austrinken? Auch daran sollte gedacht werden. Auch eine entführte Prinzessin oder eine sonstige dem Hauptcharakter sehr nahe stehende Figur macht sich gut. So wird der Expolizist *Max Payne* im gleichnamigen Spiel zum vielfachen Mörder, weil man ihm seine Frau und auch noch sein Kind genommen hat. Dadurch versteht der Spieler besser, *warum* die Spielfigur dieses oder jenes tut, und hinterfragt es weniger – die Story wird glaubhafter (was bei einer realistischen Story natürlich ein Muss ist). Der Bösewicht eignet sich auch dafür, die Herkunft der vielen dem Spieler gestellten Aufgaben und Hindernisse zu erklären. Beim klassischen Spiel „*Prince Of Persia*" hätten die Kletter- und Hangelaktionen des Prinzen auch nur wenig Sinn gemacht, hätte es da nicht den üblen Sultan *Jaffar* gegeben, der seine geliebte Prinzessin heiraten will.

- Wenn das Ziel des Spiels klar erkennbar ist, hilft das dem Spieler enorm. Er weiß jederzeit, worauf er hinarbeiten muss. Das heißt aber nicht, dass die Story dadurch transparent wird – in einem Detektivspiel weiß man zu Beginn auch nur, dass man „*den Fall lösen*" muss, hat aber noch keine Ahnung, *wie* das angestellt werden soll.

- Vermeiden Sie eine überkomplizierte Story mit Hunderten Verschwörungen, Lügen und Intrigen, übermäßig viele Charaktere mit schwer zu merkenden Namen. Sie stiften nur Verwirrung und man muss auch damit rechnen, dass der Spieler einmal für eine längere Zeit nicht mehr weiter spielt und dann all die für die Story so wichtigen Dinge schon vergessen haben könnte. Charaktere mit einzigartigem Aussehen, Namen oder Verhalten prägen sich beim Spieler am besten ein.

- Eine Story mit vielen unerwarteten Wendungen kann Wunder wirken. Der Spieler könnte so (scheinbar) kurz vor seinem Ziel stehen, den Bösewicht endlich zu schnappen, doch da stellt sich heraus, dass er lediglich einen Doppelgänger gefasst hat. Alles beginnt nun von neuem.

- Hervorragend – aber leider sehr schwer umzusetzen – ist eine *dynamische Story*. Eine dynamische Story zeichnet sich dadurch aus, dass sie noch nicht festgelegt ist und durch die Handlungsweise des Spielers noch während des Spiels geschrieben wird. In Wirklichkeit gibt es natürlich nur mehrere vordefinierte Wege, welche der Spieler einschlagen kann, und nicht *jede* seiner Aktionen hat Auswirkungen auf die Story. So hat das Spiel eine größere Chance, gleich mehrfach gespielt zu werden. Ein Beispiel dafür ist das Abenteuerspiel/Actionspiel *Blade Runner* – auch dort passt sich die Story während des Spiels an („*Erschieße ich nun den Koch, oder lasse ich ihn laufen?*" – die Entscheidung wirkt sich auf die Story aus!). Dem Spieler wird so nicht das Gefühl vermittelt, dass er nur stur einem bestimmten vorgegebenen Pfad folgen muss, um ans Ziel zu kommen. Er muss selbst entscheiden und die Auswirkungen kalkulieren – das ist wahre *Interaktivität*.

- Die Story sollte jedem der darin enthaltenen Charaktere genügend Raum bieten, um während des Spielverlaufs eine Entwicklung zu durchlaufen. Der zu Beginn zwielichtig erscheinende Leuchtturmwächter könnte am Ende des Spiels noch einmal auftauchen, um dem Spieler das Leben zu retten. Ebenfalls lohnt es sich, vor dem Entwurf der eigentlichen Story jeden Charakter genauestens beschrieben zu haben. Oberflächliche Charaktere wirken in einem Spiel nicht sehr realistisch. Jeder muss eine eigene Identität haben – Ängste, Vorlieben, Träume und so weiter.

6.3.5 Entwicklung eines Ablaufschemas

Ein Spiel besteht eigentlich immer aus einer Folge von bestimmten Bildschirmen beziehungsweise Spielabschnitten (Hauptmenü, Optionsmenü, Spielfeld …). Mit Hilfe eines Ablaufschemas sollte man genau skizzieren, wie diese Spielabschnitte zusammenhängen. Vom Hauptmenü gehen zum Beispiel Pfeile in alle Richtungen, weil es sozusagen das Zentrum des Spiels darstellt.

6.4 Suche nach Teammitgliedern

Wenn Sie Ihr Spiel nicht ganz alleine entwickeln möchten, müssen Sie sich nach potenziellen Teammitgliedern umsehen. Schreiben Sie Beiträge in Programmierforen oder Newsgroups, in denen Sie eine *kurze* Beschreibung des Spiels präsentieren, welche die wesentlichen Aspekte des Spielkonzepts beinhaltet. Geben Sie vor allem Ihre Erwartungen an einen eventuellen Grafiker, Musiker oder Programmierer an. Das Ganze seriös verpackt (guter Ausdruck und möglichst keine Rechtschreibfehler) wird sicherlich die Aufmerksamkeit vieler Menschen wecken, die auf der Suche nach einem neuen Projekt sind.

Wenn sich genügend Leute gemeldet haben, wird es wieder Zeit zum Selektieren – wer wäre wohl am besten für das Projekt geeignet? Fordern Sie von jedem Bewerber Demonstrationen seiner Fähigkeiten – zum Beispiel eine kleine Demo (*mit Quellcode!*) bei einem Programmierer, einige selbst hergestellte Bilder oder Animationen bei einem Grafiker und bei einem Musiker natürlich ein kleines Musikstück. Sehr wichtig ist natürlich Teamfähigkeit – ein Grafiker, der seine Arbeit mit niemandem abspricht und alles so macht, wie *er* es gerne hätte, mag zwar ein guter Einzelgrafiker sein, aber er ist eben nicht für ein Team geeignet. Welche Bewerber Sie nun letztendlich einstellen, liegt natürlich ganz bei Ihnen.

Für größere Projekte ist es nicht sehr gesund, wenn sich die Teammitglieder lediglich über das Internet unterhalten können. Ein „reales Treffen" ist viel effektiver, und Sie lernen sich besser kennen.

6.5 Vermitteln des Spiels und gemeinsame Analyse

Dieser Punkt ist nur dann relevant, wenn Sie im Team arbeiten und die Rolle des Spieledesigners übernommen haben. In einem „Ein-Mann-Team" sind der Designer, der Programmierer, der Grafiker, der Musiker und der Sounddesigner *ein und dieselbe Person*.

6.5.1 Die Absichten klarmachen

Es geht nun darum, Ihren Mitarbeitern klarzumachen, wie Sie sich das Spiel vorstellen. Fertigen Sie ein *Designdokument* an, in dem Sie eine möglichst komplette Beschreibung des Spiels liefern (Spielprinzip, Charaktere, Story, Atmosphäre …), und verteilen Sie es. Geben Sie jedem die Möglichkeit, Fragen zu stellen, um eventuelle Unklarheiten auszuräumen.

Ihre Hauptaufgabe ist es, das in Ihrem Kopf befindliche Bild des Spiels in die Köpfe der anderen Teammitglieder zu transferieren. Es ist leicht verständlich, dass eine reibungsfreie, produktive Zusammenarbeit mit einem hochqualitativen Ergebnis nur dann zustande kommen kann, wenn *jeder* auf *das gleiche Ziel* hinaus arbeitet. Wenn der Grafiker das Spiel eher als Komödie versteht, wird er sicherlich bunte, lustige Grafiken entwerfen. Der Musiker könnte das Spiel jedoch ein wenig ernster nehmen, und das Ergebnis wäre ein Spiel, das zweigeteilt ist und dessen Hälften nicht recht zueinander passen wollen.

Der Spieledesigner (also Sie) ist auch nur ein Mensch, und auch *er* kann Fehler machen. Anstelle von exakten Anweisungen ("*Die Höhle muss eine dunkelbraune Textur haben!*") sollte man lieber die Absichten und Begründungen, die dahinter stehen, bekannt geben ("*Die Höhle soll unheimlich wirken!*"). Es ist sehr wichtig, einem Menschen Freiraum für seine Kreativität zu lassen – in diesem Falle dem Grafiker oder Musiker. Wenn diese einfach nur strikt nach den 100%ig durchgeplanten Anweisungen des Designers arbeiten, dann gibt es keinen Spielraum mehr für sie, etwas Eigenes einzubringen – ihre Kreativität wird nicht ausgereizt, und das ist einer der größten Fehler, den man machen kann. Kennen die Mitarbeiter jedoch die Idee, die *Absicht*, die hinter einer bestimmten Anweisung steht, so wird es oft vorkommen, dass jemand eine Idee hat, wie man das Ziel noch viel besser, schneller und einfacher erreichen kann. Hinzu kommt noch die Tatsache, dass es viel unwahrscheinlicher ist, dass ein wichtiger Aspekt des Spiels auf Grund einer "Laune" eines der Teammitglieder verändert wird – denn das Team weiß genau, worauf der Designer Wert legt und wie er sich das Ergebnis vorstellt. Ein Mitarbeiter, der weiß, dass er viel Freiraum hat, wird diesen auch ausnutzen und dadurch viel Positives zur Qualität des Endprodukts beitragen!

6.5.2 Machbarkeitsanalyse

Als Nächstes sollten Sie jede Idee gemeinsam mit dem Rest des Teams kategorisieren und ihr eine *Machbarkeitsstufe* zuordnen. Geben Sie den Mitarbeitern auch die Möglichkeit, eigene Ideen einzubringen. Was die Machbarkeit angeht, darf man nicht zu optimistisch sein und lieber ein wenig zu hart urteilen als zu sanft, denn sonst wird es vorkommen, dass man fest mit einer Idee im Hinterkopf auf ein Ziel zuarbeitet und dann erst kurz vor Schluss feststellt, dass eine wichtige Idee so gut wie nicht umsetzbar ist!

Ideen, die nahezu nicht machbar sind oder zu viel Zeit erfordern würden (vor allem bei kommerziellen Projekten, deren Fertigstellung innerhalb eines mehr oder weniger vorgegebenen Zeitrahmens erfolgen muss), sollten gnadenlos verworfen werden. Natürlich kann es auch so noch vorkommen, dass Ideen, die vorher als durchaus machbar eingestuft wurden, sich später als unmöglich herausstellen. In dem Fall ist es lebensrettend, wenn man sich vorher Gedanken über Alternativen zu den wichtigsten Punkten, die das Spiel stützen, gemacht hat. Man kann dann sozusagen „auf Plan B umschalten". Ein Beispiel: In einem Spiel soll es eine außerordentlich realistische Physik-Engine geben. Aus technischen und zeitlichen Gründen wird diese Idee dann später verworfen, und man gibt sich mit „üblicher" Physik zufrieden, wie man sie in den meisten Spielen findet.

Bei der Machbarkeitsanalyse sollten Sie sich 100%ig auf die Mitarbeiter verlassen können. Ein Programmierer, der zu jedem Problem „Klar – kein Problem!" sagt, ist sicherlich nicht ehrlich und wird sein Wort später höchstwahrscheinlich nicht halten können. Eine bessere Antwort ist da schon „Mit einem zusätzlichen Monat an Zeit ist es machbar!". Niemand sollte zu stolz sein, zuzugeben, dass ein bestimmtes Feature eben seine Kompetenzen übersteigt.

6.5.3 Tipps

- Es ist sehr wichtig, stets die Motivation aller Mitarbeiter aufrechtzuerhalten. Geht sie einmal verloren, ist es nicht so einfach, sie wiederherzustellen.
- Längere Entwicklungspausen sollte man unbedingt vermeiden, da sie meistens nur das erste Anzeichen dafür sind, dass das Projekt abgebrochen wird.
- Die Struktur des Quellcodes und der exakte Aufgabenbereich jedes Moduls müssen viel genauer definiert werden, als wenn man alleine entwickelt, denn Ungenauigkeiten in der Aufgabenverteilung führen zu Missverständnissen, und die Programmierer programmieren „aneinander vorbei".
- Machen Sie sich mit den Prinzipien der Quellcodeversionskontrolle vertraut. Wenn ein Mitarbeiter ein Stückchen Quellcode ändert, ist es wichtig, dass diese Änderungen auch den anderen Teammitgliedern mitgeteilt werden. Mit den entsprechenden Programmen funktioniert das schon fast ganz von alleine.
- Zur Quellcodeversionskontrolle gehören auch Aufzeichnungen, die exakt dokumentieren, durch *wen*, *wann* und *warum* irgendwelche Änderungen am Code durchgeführt wurden.

```
// Methode zum Zeichnen einer Currywurst
// ÄNDERUNGEN:
// 11. 10. 2002 (David): Die Funktion zeichnet jetzt auch die Zipfel der Wurst.
// 14. 11. 2002 (Hans):  Rotierende Würste werden jetzt auch unterstützt. Ein Bug wurde
//                       beseitigt, der das Programm abstürzen ließ, wenn die Wurst mit
//                       Currysoße gerendert wurde.
// 22. 11. 2002 (Fred):  Neues Wurst-Design
tbResult CFrittenbude::DrawSausage(float fLength,   // Länge der Wurst
                                   BOOL bWithSauce) // Mit Soße?
{
    // (Hans): Diese Stelle hier gefällt mir noch nicht so ganz, geht das nicht schneller?
    //         Ich denke, dass hier ein paar Render-States unnötig sind! (...)
```

Listing 6.1 Beispielhafte Aufzeichnungen der Änderungen im Quellcode

6.6 Ausarbeitung der Details

Nun ist es so weit, dass das Spiel fein detailliert beschrieben werden kann. Dazu gehören:
- Exakte Ausarbeitung der Story (Story-Board mit Zeichnungen, Dialoge, Zwischensequenzen, Introfilm und so weiter)

- Detaillierte Beschreibung der Charaktere (Eigenschaften, Stärken, Schwächen, Persönlichkeit, Vergangenheit, Herkunft …) und der Spielobjekte
- Genaue Beschreibung der Orte, an denen das Spiel spielt, so dass Grafiker (und Musiker) sich an die Arbeit machen können
- Layout für die Menüs (*Welche Schriftart? Eher bunt und fröhlich oder zweckmäßig?*)
- Aktionen, die man ausführen kann, und Steuerungsmöglichkeiten

6.7 Einteilung in Module

Nun stehen die Details des Spiels mehr oder weniger fest, und es ist bekannt, welche Fähigkeiten die Engine haben muss, um mit den geplanten Welten und Spielabläufen klarzukommen.

Es geht jetzt darum, das Spiel sinnvoll in einzelne *Module* aufzuteilen, die wiederum aus verschiedenen Quellcode- und Header-Dateien bestehen. Zum Beispiel würde man wohl alle Funktionen und Klassen, die etwas mit künstlicher Intelligenz zu tun haben, in ein Modul namens *AI* oder *KI* stecken. Der Zweck aller Funktionen, Klassen und Strukturen muss gut geplant werden, um eventuelle spätere Schwierigkeiten so weit wie möglich zu vermeiden. Die Module müssen auch die Möglichkeit haben, miteinander zu kommunizieren. Das geschieht mit Hilfe von Schnittstellen, die zum Beispiel Zugriff auf wichtige Variablen ermöglichen.

Beachten Sie, dass zu viele Module die Programmierung eher komplizierter machen als einfacher. Die grundlegendsten Teile des Spiels sollte man ganz am Anfang programmieren und sie mit einfachen Testlevels testen. Dazu braucht man nicht einmal einen Level-Editor – oft ist es auch möglich, einfache Szenarien direkt mit in den Programmcode einzubauen.

Achten Sie auch auf einen guten und einheitlichen Programmierstil. Das ist vor allem dann wichtig, wenn Sie im Team arbeiten. Jeder weiß, wie schwer es ist, den Quellcode eines anderen Programmierers zu verstehen. Falls Sie es noch nicht wissen: Laden Sie sich einfach den veröffentlichten Quellcode eines beliebigen Spiels der bekannten Firma *ID-Software* unter ftp://ftp.idsoftware.com/idstuff/source herunter. Deren Quellcode ist für die meisten Programmierer ein Buch mit sieben Siegeln.

6.8 Level-Design und Atmosphäre

Die Levels eines Spiels machen das eigentliche Spiel aus – ein Spiel kann nicht von einem toll aussehenden gerenderten Vorspannfilm leben. Wie man Levels entwerfen sollte, hängt natürlich stark vom Genre des Spiels ab. Vergessen wir erst einmal das Problem „*Wie schreibe ich einen Level-Editor?*".

6.8.1 Abenteuer-, Action- und Rollenspiele

In einem Abenteuer- oder Rollenspiel sollten die Levels sich so gut wie möglich aneinander reihen – wenn man hier überhaupt von Levels reden kann. Angebrachter ist es, von *Schauplätzen* zu reden, denn der Begriff *Level* legt nahe, dass der Spielverlauf linear ist, dass man also einen Schauplatz einmal besuchen kann, dort seine Aufgabe erfüllen muss und sofort weitergeht – ohne die Möglichkeit, jemals wieder zurückzukehren.

Die Spielatmosphäre wird durch die Schauplätze und die Musik vermittelt. Auf einem Friedhof macht sich ein stark bewölkter und dunkler Himmel mit Gewitter sehr gut. Man hört nur das laute Prasseln des Regens und einen immer präsenten tiefen Bass, der unheimliche Melodien spielt.

Die ersten paar Schauplätze eines Abenteuerspiels benutzt man meistens dazu, den Spieler mit dem Spiel bekannt zu machen. Man zeigt ihm seine Möglichkeiten und seine Grenzen auf und lässt ihm genügend Freiraum, um alle von Anfang an verfügbaren Aktionen (zum Beispiel Kämpfen oder Springen) zu trainieren.

Wie die Schauplätze an sich aussehen und welche Bedeutung sie für den Spielverlauf haben, hängt selbstverständlich von der Story ab.

6.8.2 Puzzlespiele

Unter einem *Puzzlespiel* versteht man solche Spiele, bei denen der Spieler eine gute Kombinationsgabe benötigt, um die vom Spiel gestellte Aufgabe zu meistern. Es kommt hier meistens nicht besonders auf Action an. Ein klassisches Puzzlespiel ist das Spiel „*Laser*", in dem man Laserstrahlen durch geschicktes Platzieren einer bestimmten Anzahl von Objekten wie Spiegel, Verstärker oder Strahlteiler auf Zielfelder lenken muss. Auch die „*Block-Schiebe-Spiele*" zählen zum Genre der Puzzlespiele.

Bei dieser Art von Spielen werden die Levels nach und nach immer schwerer. Alle paar Levels werden neue Spielelemente (Objekte oder Gegenstände) eingeführt, die man für die Lösung der Aufgabe kombinieren muss. Jedes neue Spielelement wird in einem meistens recht einfachen Level vorgestellt und dann nach und nach mit den anderen in Verbindung gebracht. Die letzten Levels kombinieren dann die Elemente des gesamten Spiels.

6.8.3 Simulatoren

Ein Spiel wie ein Flugsimulator vermittelt seine Atmosphäre vor allem durch den gebotenen Realismus. Wenn das Cockpit eines F-16-Kampfflugzeugs mitsamt des Bordcomputersystems so exakt nachgemacht wurde, dass kaum noch zwischen virtueller und reeller Welt unterschieden werden kann, ist man dem Ziel, dem Spieler das Gefühl zu geben, wirklich in einer F-16 zu sitzen, schon einen großen Schritt näher gekommen.

Bei einem Weltraum-Shooter sieht die Sache schon anders aus: Hier sollte es mit dem Realismus nicht übertrieben werden. Heutige Raumschiffe wären kaum in der Lage, die aus allen möglichen Weltraumspielen bekannten Flugmanöver durchzuführen, und an ein derartig reiches Arsenal an Bordwaffensystemen ist auch gar nicht erst zu denken. Bedenkt man außerdem die recht geringe Geschwindigkeit, die heutige Raumschiffe erreichen können, würde sich ein Flug zu einem benachbarten Planeten oder gar zu einem anderen Sonnensystem über Jahre oder Jahrmillionen hinweg erstrecken – so lange will natürlich niemand vor dem Computer sitzen. Außerdem müsste man bei einer realistischen Weltraumsimulation weitgehend auf Sound verzichten, da sich im Vakuum keine Schallwellen ausbreiten können.

Was die Missionen selbst angeht, so legt man meistens die ersten paar so an, dass der Spieler genug Zeit hat, um sich an sein neues Weltraumfahrzeug zu gewöhnen. Einfache Aufträge wie *„Folgen Sie den Wegpunkten bis hin zum Asteroiden, und zerstören Sie ihn mit Ihren Laserkanonen!"* sind hier an der Tagesordnung. Nach und nach konfrontiert man dann den Weltraumkadetten mit feindlichen Schiffen, die er zuerst vielleicht nur ausspionieren muss, bevor er sie dann später attackiert. Der Schwierigkeitsgrad sollte mehr oder weniger mit jeder neuen Mission steigen, und hier darf man natürlich niemals vergessen, dass *Abwechslung im Missionsdesign* eine sehr große Rolle spielt – was natürlich auf alle anderen Spieletypen übertragbar ist.

6.8.4 Wann eine Aufgabe zu schwer ist

Oft kann es vorkommen, dass ein Spiel nicht mehr gespielt wird, weil der Spieler an einer bestimmten Stelle festhängt, an der er einfach nicht weiter kommt. Irgendetwas fehlt ihm, oder er schafft es einfach nicht, auf die vielleicht sehr komplizierte Lösung des Problems zu kommen. In dem Moment, wo das Spiel die Geduld des Spielers zu sehr strapaziert und anstelle von Spaß – was es eigentlich sollte – Ärger, Frustration und Aggressivität hervorruft, ist es einfach *zu schwer* gewesen.

6.8.4.1 Einstellbarer Schwierigkeitsgrad

Bei manchen Spielen bietet es sich an, den Spieler (meistens zu Beginn) entscheiden zu lassen, wie schwer es ihm gemacht werden soll. Bei solchen Spielen würde ein frustrierter Spieler wahrscheinlich einfach auf einen niedrigeren Schwierigkeitsgrad umschalten und es dann erneut versuchen. Das funktioniert aber meistens nur bei Geschicklichkeits- oder reinen Actionspielen. Je nach Schwierigkeitsgrad hat der Spieler dann mehr Zeit, die gestellte Aufgabe zu lösen, oder ein Treffer durch den Gegner wird nicht so hoch gewertet wie normalerweise.

6.8.4.2 Tipps geben

Die oben genannte Möglichkeit des einstellbaren Schwierigkeitsgrades ist bei sehr vielen Spielen nicht realisierbar. Bei einem Abenteuerspiel müsste man mehr oder weniger für jede Stufe eine andere Story entwerfen, was natürlich nicht akzeptabel ist.

Eine andere Methode ist es, dem Spieler Tipps zu geben, wenn er lange Zeit nicht mehr weitergekommen ist. Nehmen wir einmal das Beispiel *Indiana Jones und der letzte Kreuzzug* – ein klassisches Klick-Abenteuerspiel (so wie auch *Zak*, *Maniac Mansion* und natürlich *Monkey Island*), in dem man den Helden mit Befehlen wie *Gehe zu*, *Lies*, *Benutze X mit Y*, *Nimm*, *Gib* und so weiter durch das Spiel lenkt. Dort gibt es einige Stellen, bei denen man von alleine nicht so leicht auf die Lösung kommt. Nach einiger Zeit dreht sich dann der Held zum Bildschirm hin und sagt etwas wie „*Vielleicht schaffe ich es ja, meine Peitsche als Enterhaken zu benutzen!*".

In einem Puzzlespiel könnte man auch die Anzahl der fehlgeschlagenen Versuche des Spielers in einem Level speichern und an einem gewissen Punkt einen Lösungshinweis geben (nachdem der Spieler gefragt wurde, ob man ihm helfen darf).

6.8.5 Tipps für das Level-Design

Unabhängig von dem von Ihnen verwendeten Programm zum Erstellen von Levels gibt es einige wichtige Dinge, die Sie unbedingt beachten sollten. Diese Tipps stammen von erfahrenen Level-Designern, die viel zu dem Erfolg vieler Spiele beigetragen haben.

- Ein Level sollte immer eine in sich abgeschlossene Mission beinhalten. Diese Mission kann zum Beispiel darin bestehen, in eine feindliche Basis einzudringen (womöglich ohne entdeckt zu werden), irgendetwas zu sabotieren und wieder gesund zu entkommen (sehr wichtig). Viele Spiele vergessen, dass der Spieler nach erfolgreicher Mission auch noch den anstrengenden und gefährlichen Rückweg vor sich hat. Der Spieler sollte die Mission genauestens kennen und sie sich nicht selbst zusammenreimen (ein *Briefing* – eine Missionsbesprechung eignet sich dafür sehr gut).

- Vermeiden Sie es, einen Level unübersichtlich zu gestalten. Endlos lange Korridore, die sich letztendlich als Sackgasse entpuppen, sorgen beim Spieler nur für Frustration – und das kommt natürlich nicht gut an. Der Spaß sollte auch hier immer im Vordergrund stehen.

- Beginnen Sie immer mit einem Trainingslevel im Spiel, in dem der Spieler sich frei bewegen und seine Fähigkeiten trainieren kann. Dort sollten Sie ihn nur mit schwachen Gegnern und nicht mit zu vielen Extras konfrontieren.

- Packen Sie nicht gleich alle Monster, Waffen und sonstige Objekte in einen einzigen Level, sondern sparen Sie ein wenig. Ansonsten geht die Steigerung verloren, die letztendlich dafür sorgt, dass das Spiel nicht gleich am ersten Tag komplett durchgespielt wird. Sie erleichtern sich damit auch selbst die Arbeit, weil Sie nicht für jeden Level Unmengen von neuen Features implementieren müssen.

- Bauen Sie in einen Level – wenn es möglich ist – immer einen „Geheimbereich" ein, den Sie mit ein paar Extras (eine gute Waffe oder Munition) füllen. So einen Geheimbereich könnte der Spieler zum Beispiel betreten, indem er einfach durch eine bestimmte Wand läuft (die sich vielleicht irgendwie von den übrigen Wänden unterscheidet) oder einen versteckten Schalter drückt, der dann eine Tür öffnet.

- Seien Sie nicht zu großzügig mit dem Spieler. Mit anderen Worten: Sparen Sie nicht mit Gegnern und gemeinen Fallen, und – sehr wichtig – spielen Sie mit der Angst des Spielers. Ein dunkler – scheinbar friedlicher – Raum, der sich plötzlich in ein flammendes Inferno mit Furcht erregenden Monstern verwandelt, kann für den entscheidenden Adrenalinstoß sorgen. Seien Sie auch vorsichtig, nicht zu viel Munition im Level zu verteilen, denn sonst wird das Ganze für den Spieler zu einfach. Optimal ist es, wenn er immer noch gerade genug Munition hat, um den nächsten Gegner zur Strecke zu bringen, und sich dann über die herumliegende Patronenschachtel freut (das gilt auch für Verbandskästen, die für die Gesundheit sorgen). Verteilen Sie zu wenig Munition, muss sich der Spieler mit seinen Fäusten oder einer Eisenstange wehren. Einmal kann man ihm das ruhig zumuten – aber nicht zu oft. Die optimale Mischung finden Sie heraus, indem Sie den Level mehrere Male selbst spielen oder ihn von anderen Personen spielen lassen. Wie immer darf der Spaß nicht zu kurz kommen!

- Belohnen Sie den Spieler des Öfteren, wenn er einen besonders hartnäckigen Gegner besiegt oder einen Geheimraum gefunden hat. Das wird ihn dazu motivieren, den Level genauer zu durchforsten, und das eine oder andere mühevoll ausgearbeitete architektonische Detail wird doch noch gesehen und bewundert.

- Wenn Sie wieder einmal eine fiese Falle in Ihren Level einbauen, dann sollte der Spieler die Möglichkeit haben, der Falle auch schon beim ersten Mal zu entgehen, also ohne (s)ein Leben zu verlieren. Warnen Sie ihn irgendwie vor der Falle – sei es durch andere Spielfiguren, die in die Falle getappt sind, Blutspuren oder Warnschilder („*Vorsicht – Hochspannung!*").

- Ein Level besteht im Optimalfall immer aus vielen unterschiedlichen kleinen Missionen, die der Spieler erfüllen muss, um den Level letzten Endes zu bewältigen. So eine *Mini-Mission* kann sein, unbeschadet über eine wackelige Hängebrücke zu gelangen oder einen besonders klugen und starken Gegner zu bezwingen (*Mini-Boss*). Dies bringt mehr Abwechslung in das Spiel.

- Halten Sie in einem Level stets den gleichen „Baustil" und das gleiche Themengebiet ein. Diese müssen nicht im ganzen Spiel gleich sein (Abwechslung!), aber es schadet einem Level meistens, wenn seine Elemente zu unterschiedliche Stilrichtungen aufweisen.

- Ein guter Level ist unverkennbar. Er bietet einige Stellen, die den Spieler das Staunen lehren, wenn er sie zum ersten Mal sieht. Das kann zum Beispiel ein riesiger hoch detaillierter Turm sein, der in der Mitte des Levels bis über die Wolken ragt.
- Achten Sie immer auf die Beleuchtung des Levels! Stellen, an denen der Spieler wirklich nur noch im Dunklen herumtappt und gar nicht sieht, dass er die ganze Zeit gegen eine Wand läuft oder plötzlich in ein Loch fällt, das er gar nicht gesehen haben konnte, sind nicht wünschenswert. Leuchten Sie daher die Levels immer genügend aus, was auch für eine dramatischere Atmosphäre sorgt (Kontraste zwischen Licht und Schatten). Vergessen Sie auch nicht, dass Lichter nicht immer nur weiß sein müssen! In einem dunklen Bergwerk, das nur durch Fackeln aufgehellt wird, würde man beispielsweise mit orangefarbenen flackernden Lichtquellen arbeiten und in einem Sumpf mit einer tristen Mischung zwischen Dunkelgrün und Grau.
- Skizzieren Sie den Level, bevor Sie ihn letztendlich fertig stellen. Sie müssen nicht den ganzen Level zeichnen, sondern es reicht, sich über die entscheidenden Stellen im Klaren zu sein.
- Beim Bau des Levels im Level-Editor fangen Sie am besten immer erst mit einem kleinen Stück des Levels an, das Sie dann mit vielen kleinen Details füllen. Es scheint zwar zuerst einfacher, zuerst den ganzen Level im Groben zu bauen, doch umso mehr Arbeit haben Sie hinterher, diesem riesigen Level die Leere zu nehmen.
- Wenn Sie gleichzeitig als Programmierer und als Level-Designer arbeiten, dann kennen Sie die Fähigkeiten und vor allem die Beschränkungen der von Ihrem Spiel verwendeten Engine sehr gut. Der Level-Designer sollte genau wissen, wie viele Details er in den Level integrieren kann, ohne die Engine damit zu überlasten. Wenn nötig können Sie auch ein Limit für sichtbare Dreiecke festlegen. In einem Bereich des Levels, in dem es oft zu Kämpfen kommt (in denen also schnell gehandelt werden muss), wird der Spieler verärgert sein, wenn die Bildrate zu sehr in den Keller geht, weil der Designer auf seine zusätzlichen und möglicherweise überflüssigen Details nicht verzichten konnte.

6.8.6 Allgemeine Tipps für eine bessere Spielatmosphäre

Die Atmosphäre ist ein sehr wichtiger Bestandteil jedes Spiels. Sie kann Gefühle wie Angst, Freude oder Trauer beim Spieler hervorrufen und ihn so in den Bann des Spiels ziehen, dass er irgendwann vergisst, dass er eigentlich nur vor einem Computerbildschirm sitzt.

Es werden nun ein paar allgemeine Tipps gegeben, die auf fast jedes Spiel angewandt werden können. Diese Tipps gehen fast nahtlos in die Level-Design-Tipps über.

- Lassen Sie die Welt, in welcher der Spieler sich aufhält, viel größer erscheinen, als sie es tatsächlich ist. Zeigen Sie ihm Orte, an die er niemals gelangen kann. In einer Landschaftsszene könnte man zum Beispiel sehr weit entfernte Berge oder geheimnisvolle Gebäude zeigen, die aber „unendlich weit weg" sind. Auch Risse in Wänden oder Sonstiges können den Spieler vermuten lassen, dass „dahinter noch etwas sein muss".
- Geben Sie dem Spieler – wenn es möglich ist – immer mehrere Möglichkeiten, ein Problem zu lösen. Wenn er immer nur einem vorbestimmten Pfad folgen kann und andere an sich plausibel klingende Möglichkeiten nicht zum Erfolg führen, nur weil der Spieledesigner diese Möglichkeit eben nicht explizit eingebaut hat, wird er das sehr schnell herausfinden und es Ihnen übel nehmen. Die Freiheit des Spielers ist in allen Spielen ein sehr wichtiger Faktor, der die Atmosphäre maßgebend beeinflussen kann.
- Machen Sie die Welt des Spiels so groß wie möglich, und verstecken Sie hier und dort einen kleinen Schatz, oder bauen Sie ein kleines Rätsel ein. Der Spieler wird zwischendurch

– wenn er gerade mal keine Lust hat, auf das eigentliche Ziel des Spiels hinzuarbeiten (zum Beispiel die berühmte Aufgabe, die schöne Prinzessin aus den Klauen des Bösewichts zu befreien) – auf diese Abwechslung gerne eingehen. Ein sehr gutes Beispiel dafür sind die Spiele der *Zelda*-Reihe, denen *Nintendo* viel zu verdanken hat, in meinen Augen die besten Spiele aller Zeiten. Überall findet man ein kleines Rätsel oder kann versuchen, einem der vielen Geheimnisse des Spiels auf die Spur zu kommen – ohne dem eigentlichen Spielziel auch nur einen Schritt näher zu kommen. Doch gerade diese Dinge machen viel aus, denn sie runden das Spiel harmonisch ab und machen es abwechslungsreicher. Die Atmosphäre des Spiels wird dadurch extrem verbessert – der Spieler wird stets eine Art *Entdeckerfreude* spüren, denn eine riesige Welt voller unentdeckter Geheimnisse liegt vor ihm.

- Eine sehr wichtige Rolle spielt die Musik. Sie muss sich stets der aktuellen Spielsituation und dem Ort des Geschehens anpassen. Eine spaßige Jazzmusik ist in einem dunklen Verlies voller Zombies sicherlich sehr unangebracht, ebenso wie staubige Kirchenlieder in einem Ego-Shooter.

- Sparen Sie nicht an Details! Wenn der Spieler in einem Weltraumflugsimulator einen unschuldigen Frachter überfällt, möchte er sicherlich auch sehen, wie seine Außenhülle Stück für Stück zerstört und mit Einschlaglöchern übersät wird. Auch bestimmte technische Details sind hier nicht fehl am Platze. Überlegen Sie sich ruhig zu jedem Waffensystem einige Sätze, die ihre Funktionsweise erläutern. Beispiel:

  „*Die Ionenkanone ICX-2780 ist eine Weiterentwicklung der im Aldorianischen Krieg verwendeten ‚Hammerheadkanone'. Sie beschleunigt elektrisch geladene Materiepartikel mit Hilfe eines extrem starken Magnetfelds auf die halbe Lichtgeschwindigkeit. Durch das große Gewicht der Kanone eignet sie sich vor allem für schwere Kampfschiffe. Eine leichtere Version ist auch für Jäger geeignet. Die Stärke der Waffe liegt vor allem darin, die Hülle eines Schiffs zu zerreißen – bei Schutzschilden lässt die Wirkung zu wünschen übrig.*"

  Diese Erklärungen sollten wenigstens ein klein wenig mit der Realität zu tun haben, sonst kann sich ihre Wirkung auch umkehren. Präsentieren Sie dem Spieler auch Angaben wie Stärke, Reichweite, Genauigkeit, Geschwindigkeit oder Nachladezeit.

- Durch künstliche Intelligenz gibt man dem Spieler den Eindruck, dass er es mit wirklichen Lebewesen zu tun hat und nicht nur mit einem „dummen Computer". Leider ist die Entwicklung auf diesem Gebiet noch lange nicht so weit fortgeschritten, dass man menschliche Reaktionen auch nur annähernd realistisch simulieren könnte, wissen wir doch immer noch nicht genau, wie die Steuerzentrale – das Gehirn – eines Menschen überhaupt funktioniert.

- Zeigen Sie dem Spieler Dinge, die in der Realität nicht möglich wären (es sei denn, Sie haben es sich zum Ziel gemacht, ein extrem realistisches Spiel zu programmieren). Lassen Sie ihn in Welten voller fantastischer Lebewesen und Orte eintauchen, die er sich niemals erträumt hätte. Dadurch wird die Atmosphäre viel geheimnisvoller und aufregender. Die Gesetze der Physik können in dieser Welt völlig anders sein, als sie es bei uns sind – es sind Ihrer Kreativität keinerlei Grenzen gesetzt.

- Integrieren Sie humorvolle Szenen, Situationen oder Charaktere in das Spiel. Sie lockern es auf und bringen ebenfalls mehr Abwechslung hinein. Wer möchte schon ein Spiel spielen, das andauernd nur so vor sich her trauert?

- Spielen Sie mit der Angst des Spielers. Nehmen wir einmal das Beispiel des indizierten Spiels *Return To Castle Wolfenstein*. Dort gibt es mehrere Spielabschnitte, in denen man es mit Untoten in einer unterirdischen Grabungsstätte bei einer uralten Kirche zu tun bekommt. Zu Beginn sieht man einige Deutsche (dem Spieler feindlich gesonnen), die sich unterhalten. Plötzlich vernimmt man gequälte menschliche Schreie aus irgendeinem der vielen Gänge und seltsame unidentifizierbare Geräusche. Die Szene endet hier, und man beginnt, die Grabungsstätte zu untersuchen. Überall enge Gänge, die ständig einstürzen könnten, Spinnweben und flackernde Fackeln an den Wänden. Ein staubiger Nebel liegt in der Luft, und die Musik, die hauptsächlich aus tiefen Tönen besteht, untermalt das Ganze hervorragend. Man wandert eine ganze Zeit lang durch verschiedene Gänge und fragt sich, welche Kreaturen diese Katakomben beherbergen könnten ... Der „erste Kontakt" mit dem Furcht einflößenden Gegner wird auf diese Weise geschickt hinausgezögert, was natürlich die Spannung enorm erhöht. Wenn es dann irgendwann dazu kommt, dass ein Zombie (nachdem man ein unheimliches Klopfen und Kratzen wahrnimmt, das nur aus einer der Wände kommen kann) aus einer Mauer bricht und auf den Spieler losstürmt, ist ein Höhepunkt erreicht. Dies ist ein hervorragendes Beispiel dafür, wie man Angst im Spieler erwecken kann, so dass dieser hinter jeder Ecke ein weiteres Monster befürchtet. Angst entsteht *im Kopf*, und das grauenhafteste Ungetüm kann nicht das überbieten, was sich der Spieler im Kopf mit Hilfe einiger vom Spiel gegebenen Hinweise (zum Beispiel Fußspuren) zusammengebastelt hat.

- Sorgen Sie für abwechslungsreiche Aufgaben oder Missionen. Ein Spiel, das nur aus zweifelhaften Aufträgen wie „*Töten Sie alles und jeden!*", „*Sorgen Sie dafür, dass alle sterben!*", „*Erschießen Sie die Putzfrau und den Zirkusclown!*", „*Die Stadtbewohner müssen dran glauben!*" oder aber auch „*Vergiften Sie das Grundwasser!*" besteht, wird sicherlich nicht sehr gut ankommen. Es wird Ihnen als Missionsdesigner auch mehr Spaß machen, verschiedene Ansätze auszuprobieren, anstatt immer wieder die gleichen Dinge zu tun.

6.9 Tipps zum Programmieren

6.9.1 Planung und Standard

Es ist sehr wichtig, dass Sie jede wichtige Datei, jedes wichtige Modul, jede Klasse und jede Funktion, die das Spiel enthalten wird, genau durchgeplant haben. *Wofür ist sie da? Wie ruft man sie auf? Was genau tut sie und wie tut sie es?* Programmieren Sie also nicht „einfach drauflos" – das wird Ihnen sonst später bestimmt noch unerwartete Probleme machen.

Wenn man sich lange genug mit einem Problem beschäftigt, ohne auch nur eine einzige Codezeile einzutippen, baut sich das Programm sozusagen von selbst im Kopf auf und kann nachher mehr oder weniger von selbst in den Computer übertragen werden.

Halten Sie sich an einen Programmierstandard, und zwar durch das gesamte Projekt hindurch. Unter Programmierstandard versteht sich:

- Verteilen von Variablennamen (*Deutsch oder Englisch? Präfix oder nicht?*) – vermeiden sollten Sie so weit wie möglich Variablennamen, die nur aus *einem* Buchstaben bestehen. Es gibt selbstverständlich Ausnahmen, bei denen die Bedeutung einer Variablen so klar ist, dass es keines erklärenden Namens mehr bedarf.
- Design von Abfragefunktionen (*Daten per Rückgabe oder durch Ausfüllen eines angegebenen Zeigers oder beides?*)
- Benutzen von Klammern und Tabulatoren
- Kommentieren des Quellcodes. Optimal: Jede Datei beginnt mit einer kleinen Beschreibung, die Dateiname, Zweck, Autor und – vor allem, wenn man im Team arbeitet – eine Liste der zuletzt durchgeführten Änderungen enthält. Auch vor Funktionen, Klassen,

Strukturen und sonstigen Elementen sollten eine oder mehrere den Zweck erläuternde Kommentarzeilen stehen.

Sie machen es sich selbst damit einfacher, Ihren Quelltext nach längeren Pausen wieder zu verstehen, und falls Sie planen, ihn irgendwann einmal zu veröffentlichen, hagelt es nicht so viele „*Ich verstehe das nicht!*"-E-Mails ...

6.9.2 Implementierung neuer Features

Ein Programmierer ist in seinem Spiel an einem Punkt angelangt, in dem ein komplett neues Feature integriert werden muss – beispielsweise ein dynamisches Beleuchtungssystem. Nun gibt er sich direkt an die Arbeit und schreibt 1500 Zeilen Code. Das ganze Beleuchtungssystem ist jetzt fertig gestellt – glaubt er zumindest. Er startet nun die neue Version seines Spiels und stellt fest, dass ...

a) ... der Bildschirm schwarz bleibt oder alles wie immer aussieht, nur ohne das neue Beleuchtungssystem.

b) ... das Spiel durch schwere Ausnahmefehler direkt am Start oder bei der ersten Verwendung des neuen Features abgewürgt wird.

c) ... das neue Beleuchtungssystem nicht richtig funktioniert und alles nun pinkfarben ist.

d) ... alles funktioniert, wie er es gehofft hat!

Trifft Punkt d) zu, hat der Programmierer Glück gehabt. Ich kann nach eigener Erfahrung sagen, dass es unklug ist, ein Feature immer direkt komplett implementieren zu wollen. Zu gerne macht man dabei ein paar dumme Fehler, die sich später kaum aufspüren lassen. Es gibt da zwei unterschiedliche Ansätze, wie man an die Implementierung neuer Features herangehen kann:

6.9.2.1 Schritt für Schritt – aber richtig

Das neue Feature wird Schritt für Schritt – wobei ein Schritt sehr klein ist – implementiert und nach jedem neuen Schritt ausgiebig getestet. Erst wenn dieser Teil hundertprozentig zufrieden stellend funktioniert, wird der nächste in Angriff genommen. Diese Technik hat den Vorteil, dass man sich mit einem Teil immer nur *einmal* befassen muss – danach ist er abgehakt.

6.9.2.2 Gerüstbau

Bei dieser Methode implementiert man zuerst nur das gesamte Gerüst, das dann immer weiter verfeinert wird, um das Ergebnis zu perfektionieren. Diese Technik hat den Vorteil, dass sich das Gesamtergebnis nach jedem Schritt überprüfen lässt, da im Prinzip schon alles steht. Natürlich muss das Projekt dann auch entsprechend detailliert geplant worden sein.

6.9.2.3 Optimierungen haben Zeit!

Klar – auch während des Entwicklungsprozesses sollte man unnötig langsame Algorithmen vermeiden. Es ist aber eine Tatsache, dass die meisten Optimierungen von Quellcode für höhere Performance negative Auswirkungen auf die Lesbarkeit des Codes haben. Ein Beispiel: Man könnte dazu tendieren, besonders zeitkritische Operationen in *Inline-Assembler*, also direkt per Maschinensprache, zu schreiben, um eine optimale Ausführgeschwindigkeit zu garantieren (insbesondere dann, wenn man den Optimiermechanismen des verwendeten Compilers nicht vertraut). Assembler-Code ist jedoch sehr viel schwerer zu lesen und zu debuggen.

Daher drückt der erfahrene Programmierer während der Entwicklungsphase gerne mal ein Auge zu und fügt eben mal eine zusätzliche Schleife oder sonstiges ein, um die Wartbarkeit des Codes zu verbessern. Denn bis zum endgültigen Release des Programms kann noch *viel* passieren! Ein kleiner Kommentar wie „*Optimierung wäre hier noch durch ... möglich!*" hilft da schon.

Erst ganz am Ende sollte man sich dann viel Zeit nehmen, um den einen oder anderen Prozess zu beschleunigen. Am besten geht man dabei wie folgt vor: Die Ausführzeit jedes Programmteils sollte exakt gestoppt werden. Das können Sie entweder „per Hand" machen (zum Beispiel mit den hochauflösenden Timer-Funktionen der WinAPI) oder mit einem so genannten *Profiler-Programm*, welches imstande ist, die Ausführungszeit jedes Programmteils exakt zu bestimmen.

Der rechenintensivste Teil benötigt dann den größten Teil Ihrer Aufmerksamkeit. Der nahezu notwendige Wechsel in die Release-Version (anstatt Debug-Version) am Ende der Entwicklung beschleunigt das Programm auch noch enorm – mit einer Verdopplung der Geschwindigkeit ist den meisten Fällen zu rechnen.

6.9.3 Die Liebe zum Detail

Kleine Details können ein Spiel wirklich liebenswert machen. Was wäre zum Beispiel *Roller Coaster Tycoon* ohne die detailliert modellierten Parkbesucher, denen man sogar ansieht, wenn die Achterbahn, auf der sie gerade waren, ein bisschen zu rasant für sie war? Solche Details sind für jedermann sichtbar, und man sollte darum auch damit nicht sparen.

Andere Dinge hingegen nimmt meistens nur ein geschultes Programmiererauge wahr! Wenn jemand ein Spiel spielt, der selbst ebenfalls Spiele programmiert, wird er gewisse Kleinigkeiten sofort bemerken – zum Beispiel dass die Hintergründe in den meisten 3D-Spielen nur aus Sky-Boxes bestehen. Möchte man nun sein eigenes Spiel so gut machen, dass man diese Kleinigkeiten *nicht* mehr bemerkt, dann sollte man sich fragen: „*Für wen programmiere ich eigentlich – wer ist meine Zielgruppe?*"

Wenn ich jemanden, der nicht selbst programmiert, auf solche Dinge aufmerksam mache, dann wird es ihn in aller Regel nicht interessieren. Es ist ihm egal, ob der Himmel eine Sky-Box ist oder ob die Wolken aus einem aufwändig animierten Partikelsystem bestehen, das eine bahnbrechende Neuerung im Bereich der 3D-Grafik darstellt. Für den typischen Spieler ist die Hauptsache, dass es erstens schön aussieht und zweitens flüssig läuft und nicht ruckelt.

Wer das berücksichtigt, wird sich eine Menge Arbeit sparen, die später von den meisten Spielern sowieso gar nicht bemerkt würde.

6.10 Testen Ihres Spiels

6.10.1 Testen während des Entwicklungsprozesses

Während das Spiel noch entwickelt wird, ist das Testen sehr wichtig. Hier können frühe Fehler erkannt werden, die sich, wenn sie unerkannt blieben, durch das gesamte Programm hindurch ziehen und Ihnen viel Arbeit bereiten könnten. Viele erfahrene Programmierer empfehlen, die Zeit zwischen einem Kompiliervorgang und dem nächsten so kurz wie nur möglich zu halten.

Warum? Ganz einfach: Wenn wenig neuer Code hinzukommt, kommen auch wenige neue Fehler hinzu, und Sie haben im Falle eines Fehlers eine klarere Vorstellung davon, wo er sich versteckt haben könnte.

6.10.2 Testen des fertigen Spiels

Wenn Ihr Spiel endlich fertig zu sein scheint, ist es das meistens aber noch nicht, da sich in den allermeisten Fällen noch viele Fehler darin verbergen. Ob es sich dabei um große Mängel oder kleine Macken handelt, sei dahingestellt. So gut wie keine Software kann mit dem ersten Versuch perfekt sein.

Um einen Schritt hin zur Perfektion zu machen, sollten Sie Ihr Spiel unbedingt ausgiebig testen lassen. Verteilen Sie die Testversion (Betaversion) an Freunde oder Bekannte, damit diese es spielen können. Man selbst findet meistens nicht alle Fehler, weil man das Spiel eben auf seine ganz eigene Weise spielt. Andere Spieler gehen vielleicht einen anderen Weg und probieren andere Dinge aus.

Machen Sie sich vorher Gedanken darüber, an welchen Stellen des Spiels sich noch Fehler verbergen könnten, und teilen Sie dann jedem Testspieler eine davon zu, die er untersuchen soll. Als Tester sollte man mit allen Mitteln versuchen, irgendeinen Fehler hervorzurufen. Ob das nun durch Drücken von 100 Tasten gleichzeitig geschieht oder durch Entfernen der lebenswichtigen Spiel-CD-ROM während des laufenden Spiels, ist egal. Auf „fiese Tricks" wie das Verändern der EXE-Datei oder der Levels sollte man jedoch verzichten.

Wurde dann ein Fehler gefunden, ist es wichtig, dass der Tester alle Schritte aufschreibt, die er gemacht hat, bevor der Fehler auftrat, so dass Sie den Fehler reproduzieren können. Auch Kenntnisse über das verwendete Betriebssystem, den Computer (Grafikkarte, Arbeitsspeicher, Prozessor, freier Festplattenspeicher und so weiter) sind bei dem anschließenden Suchvorgang sehr hilfreich.

6.10.2.1 Abstürze

Fehler, bei denen das Spiel abstürzt (sich einfach von selbst beendet oder das ganze System neu hochgefahren werden muss), sind von sehr hoher Priorität. In den meisten Fällen werden sie durch Zugriffsfehler verursacht, also zum Beispiel wenn das Spiel versucht, in einen Speicherbereich zu schreiben, auf den kein Zugriff erlaubt ist. Der Debug-Modus von Visual C++ hilft hier sehr gut weiter, da man dort immer die Möglichkeit hat, das Programm beim Auftreten des Fehlers anzuhalten und den aktuellen Inhalt aller Variablen einzusehen. Entdeckt man dann zum Beispiel einen Nullzeiger, der eigentlich nicht null sein dürfte, hat man den Fehler schon fast gefunden. Zurückverfolgen von Funktionsaufrufen ist dann der nächste Schritt.

6.10.2.2 Logische Fehler

Wenn der Spieler in einem Puzzlespiel bemerkt, dass er an einer bestimmten Stelle nicht mehr weiterkommt, weil der Level unmöglich zu lösen ist, ist das ein *logischer Fehler* des Spiels. Auch wenn der Spieler in einem Rennspiel feststellt, dass sein Fahrzeug gegen eine unsichtbare Wand fährt und sofort explodiert, fällt das in diese Kategorie. Derartige Fehler bringen natürlich nicht den PC zum Absturz, trotzdem ist ihre Vermeidung extrem wichtig. Sie sind meistens recht leicht zu beheben, oft reicht es schon, zum Beispiel einen Abgrund ein wenig kürzer zu machen, so dass er für den Spieler wieder überwindbar wird.

6.10.2.3 Unschönheiten und „Kosmetik"

Nicht nur solche Fehler, die Auswirkungen wie einen Programmabsturz haben, sind wichtig. Ein Spiel wird auch dadurch gut, dass es dem Spieler genau klarmacht, wie er zum Beispiel die Spielfigur oder das Fahrzeug steuern kann. Versäumt man es, genaue Anweisungen zu geben, kann das eine Menge Frustration seitens der Spieler mit sich bringen. Als Programmierer darf man nicht erwarten, dass derjenige, der das Spiel später spielt, genauso viel Erfahrung mit Computern hat wie man selbst – das Spiel könnte auch von einem Fünfjährigen in Angriff genommen werden, der noch jede Taste auf der Tastatur suchen muss.

Unter die Kategorie *Kosmetik* fällt die Beseitigung kleinerer äußerer Unschönheiten. Dazu gehören zum Beispiel:

- Rechtschreibfehler in den Menüs, Dialogen oder sonstigen Texten (und natürlich auch schlechter Ausdruck oder Stil à la *„Neuen spiel stachten!?"*, *„Hei-Scorre ankukken"* oder *„gespeichernten spiel LaDEn!!?"*)
- Auch sollte man es vermeiden, den Spieler in irgendeiner Weise zu beleidigen (zum Beispiel mit *„Kann man denn wirklich sooo blöd sein?!"*, wenn der erste Level nach zehn Versuchen immer noch nicht geschafft wurde).
- Unsaubere Grafiken wie zum Beispiel Texturen, die sich nicht korrekt aneinander reihen oder nur von schlechter Bildqualität sind auf Grund einer zu hohen Komprimierung bei verlustbasierten Bilddateiformaten (zum Beispiel JPEG).
- Zu ungenaue Kollisionsabfragen – Beispiel: Der Spieler verliert Energie, obwohl er dem herannahenden Energiegeschoss eigentlich *ausgewichen* war.
- Unnötig lange Ladezeiten oder zu viele „Ruckler" während des Spiels

6.11 Ausblick

Im nächsten Kapitel werden wir nun endlich unser erstes Spiel programmieren! Das nötige Wissen dazu sollten Sie jetzt haben – wie man 3D-Grafik erzeugt, wie man die Eingaben des Benutzers abfragt, wie man wohlklingende Geräusche und Musik ertönen lässt und welche grundlegenden Dinge es beim Programmieren eines Spiels zu beachten gibt. Ich wünsche Ihnen noch viel Lesevergnügen!

7

Das erste Spiel

7 Das erste Spiel

7.1 Was Sie in diesem Kapitel erwartet

Nun ist es endlich so weit, wir werden unser *erstes Spiel* mit der TriBase-Engine und DirectX 9 programmieren! Dieses Kapitel soll Ihnen zeigen, auf welche Art und Weise man die Programmierung eines einfachen Spiels angehen *kann* – ob Sie später genauso arbeiten, ist natürlich Ihnen selbst überlassen.

Zuerst wird es eine detaillierte Planung des Spiels geben: Was ist das Spielprinzip, wie verwalten wir die verschiedenen Spielzustände, wie soll das Hauptmenü aussehen?

Die Planung sollte selbst bei einem sehr kleinen Spiel nicht unterschätzt werden!

7.2 Planung

7.2.1 Das Spielprinzip und der Name des Spiels

Für den Anfang eignen sich einfache Spiele, wie sie jeder kennt. Eines dieser Spiele ist *Arkanoid* oder auch *Breakout*. Bei diesen Spielen geht es darum, mit einem „Schläger" einen oder mehrere herumfliegende Bälle so umzulenken, dass sie das Spielfeld, das aus verschiedenfarbigen Blöcken besteht, abräumen.

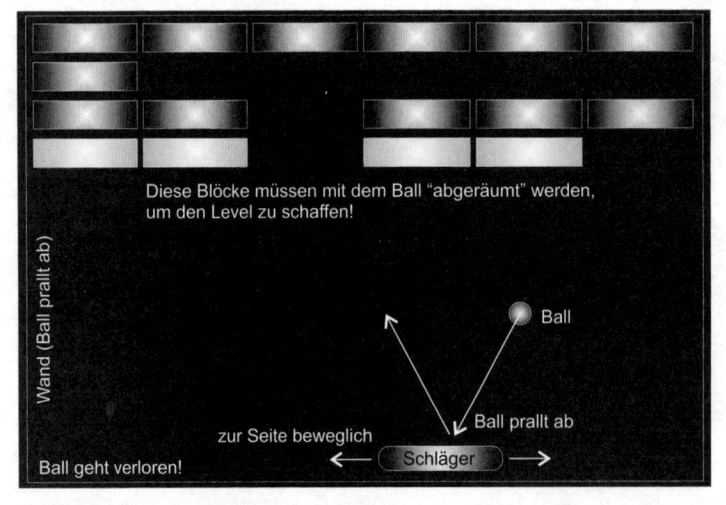

Abbildung 7.1 Jeder kennt dieses Spiel!

Sind alle Blöcke abgeräumt, gelangt man zum nächsten Level, der dann noch schwieriger zu bewältigen ist.

Der Ball prallt an Wänden, Blöcken und am Schläger ab. Indem man den Schläger zum Zeitpunkt der Kollision mit dem Ball seitlich bewegt, kann man seine Flugrichtung ändern. Wenn der Ball am Schläger vorbei nach unten fliegt, ist er verloren. Sobald kein Ball mehr im Spiel ist, wird dem Spieler ein Versuch beziehungsweise ein „Leben" abgezogen. Ganz zu Beginn oder wenn ein neuer Ball ins Spiel kommt, „klebt" er am Schläger, und der Spieler kann ihn per Mausknopf abfeuern. Die Flugrichtung ist dann zufällig.

Es gibt verschiedene Blocktypen (verschiedene Farben oder Texturen). Sie unterscheiden sich darin, wie oft man sie mit dem Ball treffen muss, damit sie verschwinden.

Im Originalspiel fallen gelegentlich *Extras* herunter, wenn man einen Block abgeräumt hat. Wir wollen uns hier mit nur einem einzigen Extra begnügen: dem *Multi-Ball* – es kommt dann ein weiterer Ball ins Spiel.

Als Spielname habe ich mich für *Breakanoid* entschieden – eine elegante Mischung zwischen *Arkanoid* und *Breakout*! ☺

7.2.2 Die Darstellung

Die meisten Arkanoid-Spiele verwenden 2D-Grafik – man schaut also direkt „von oben" auf das Geschehen. Breakanoid soll da ein wenig anders werden: Wir werden 3D-Grafik verwenden! Die Bewegung findet allerdings – wie im Original – nur in *zwei Richtungen* statt, also auf einer *Ebene*. Das wird bei uns die *xz*-Ebene sein, also bewegen sich die Objekte nur in *x*- und *z*-Richtung. Die Kamera soll stets hinter dem Schläger stehen, sich also mit ihm zusammen bewegen, und ihr Blick soll immer auf das Spielfeld gerichtet sein, so dass möglichst immer alle Bälle sichtbar sind.

Man spricht auch von *2.5D-Grafik*: Bewegungen sind zweidimensional, die Grafik ist allerdings dreidimensional.

7.2.3 Die Spielzustände

Wie bereits im ersten Kapitel gezeigt, ist es sinnvoll, ein Spiel in verschiedene Spielzustände aufzuteilen, was wir nun auch tun werden. Wir legen uns auch eine enum-Aufzählung namens EGameState an, die einen Wert für jeden Spielzustand enthält.

7.2.3.1 Das „Intro"

Das Intro sollte eigentlich ein kleines Video oder etwas Vergleichbares sein, aber so weit wollen wir hier noch nicht gehen – ein kleines Titelbild mit der Aufforderung, eine bestimmte Taste zu drücken, um zum *Hauptmenü* zu gelangen, reicht hier völlig aus.
Wert für EGameState: GS_INTRO

7.2.3.2 Das Hauptmenü

Das Hauptmenü besteht wieder aus einem Hintergrundbild. Im Vordergrund stehen dem Benutzer drei Möglichkeiten zur Auswahl: *Spiel starten*, *Hilfe anzeigen* und *Spiel beenden*. Mit den Pfeiltasten kann er den gewünschten Menüeintrag anwählen. Der Wert für EGameState: GS_MAIN_MENU.

7.2.3.3 Das Spiel

Das Spiel ist natürlich der wichtigste Spielzustand und auch der, dessen Quellcode am größten werden wird. Der Wert der EGameState-Aufzählung heißt GS_GAME.

7.2.4 Das Spielgerüst

7.2.4.1 Die *CBreakanoid*-Klasse

Das Gerüst des Spiels bildet eine Klasse namens CBreakanoid. Sie wird alles enthalten, was für das gesamte Spiel wichtig ist. In der WinMain-Funktion wird eine Instanz dieser Klasse erzeugt, dann wird eine Methode aufgerufen, um das Spiel zu starten, und am Ende löschen wir die Instanz wieder.

Einen Zeiger auf diese CBreakanoid-Klasseninstanz speichern wir als globale Variable namens g_pBreakanoid. Dadurch wird sichergestellt, dass auch wirklich alle Spielkomponenten auf diese Klasse zugreifen können.

7.2.4.2 Die Spielzustandsklassen

Auch für jeden Spielzustand werden wir eine eigene Klasse erzeugen. Diese Klassen heißen CIntro, CMainMenu und CGame. Zeiger auf Instanzen dieser Klassen werden in CBreakanoid gespeichert und von dort aus auch erstellt.

7.2.4.3 *Load* und *Unload*

Sowohl die CBreakanoid-Klasse als auch die Spielzustandsklassen besitzen zwei Methoden namens Load und Unload. Während Load dafür sorgt, dass alle Daten, die entweder für das gesamte Spiel wichtig sind (CBreakanoid::Load) oder nur für einen bestimmten Spielzustand (CIntro::Load, CMainMenu::Load, CGame::Load) geladen werden, ist Unload für das Herunterfahren verantwortlich.

Unter „Laden von Daten" ist in diesem Fall nicht nur gemeint, dass man zum Beispiel Texturen aus Dateien lädt, sondern auch beispielsweise die Initialisierung der DirectX-Schnittstellen (das wird in CBreakanoid::Load erledigt).

Sie werden später noch sehen, warum es so wichtig ist, direkt mit einem Schlag gewisse Daten entladen zu können.

7.2.4.4 *Init* und *Exit*

Init und Exit werden ebenfalls von CBreakanoid und allen Spielzustandsklassen implementiert. Init sorgt für die komplette Initialisierung des Spiels (bei CBreakanoid::Init) oder eines Spielzustands, wozu auch *das Aufrufen der* Load-*Methode* zählt.

Die Exit-Methode ruft unter anderem Unload auf.

Bei Init und Exit kommen die ersten spieltechnischen Dinge hinzu, die erledigt werden müssen. CGame::Init setzt zum Beispiel die Punktzahl des Spielers auf null und lädt den ersten Level.

Und was passiert in CBreakanoid::Init? Hier werden unter anderem auch die Instanzen der CIntro-, CMainMenu- und der CGame-Klassen erstellt. Außerdem setzt die Methode auch den aktuellen Spielzustand auf GS_INTRO (denn das Spiel soll natürlich beim Intro anfangen).

7.2.4.5 Verwaltung der Spielzustände

Um den Spielzustand zu ändern, werden wir die Methode `CBreakanoid::SetGameState` implementieren. Man übergibt ihr einfach den Wert des neuen Spielzustands. Zuerst wird dann der aktuelle Spielzustand verlassen. Das heißt: Wenn der momentane Zustand zum Beispiel `GS_INTRO` ist, dann wird `CIntro::Exit` aufgerufen.

Anschließend wird dann der neue Spielzustand durch seine `Init`-Methode initialisiert. Wenn also der momentane Spielzustand `GS_INTRO` ist und man der `SetGameState`-Methode den Wert `GS_MAIN_MENU` übergibt (wie es später auch sein wird – denn nach dem Intro geht es direkt zum Hauptmenü), dann werden nacheinander `CIntro::Exit` und `CMainMenu::Init` aufgerufen. Ein Spielzustand verabschiedet sich, während ein neuer seine Arbeit antritt.

Ganz zu Beginn ist der Spielzustand übrigens `GS_NONE` („kein Spielzustand"), damit beim ersten Aufruf von `SetGameState` erkannt wird, dass es unnötig ist, irgendeine `Exit`-Methode aufzurufen. Dementsprechend setzen wir den Spielzustand ganz am Ende des Spiels ebenfalls auf `GS_NONE`. Dadurch verlässt das Programm dann den aktuellen Spielzustand, betritt aber keinen neuen mehr.

7.3 Die Grundklasse *CBreakanoid*

Wofür `CBreakanoid` zuständig sein soll, haben wir nun schon besprochen: hauptsächlich um die verschiedenen Spielzustände zu verwalten. Die Implementierung der Klasse bringen wir in der Datei BREAKANOID.CPP unter. Dort befindet sich auch die Hauptfunktion `WinMain`. In BREAKANOID.H wird die Klasse vordeklariert, ebenfalls `EGameState`.

7.3.1 Variablen

Die `CBreakanoid`-Klasse enthält nur solche Daten, die wirklich für jeden Teil des Spiels wichtig sind und daher nicht immer wieder mit dem Laden eines Spielzustands in den Speicher geholt werden müssen. Dazu zählt hier nur die `tbConfig`-Struktur, welche die Konfiguration der TriBase-Engine enthält. Es ist sinnvoll, sie stets parat zu haben.

Weiterhin benötigen wir Instanzen der Spielzustandsklassen `CIntro`, `CMainMenu` und `CGame` – Zeiger auf diese werden ebenfalls in `CBreakanoid` gespeichert. Dann brauchen wir natürlich auch noch einen `EGameState`-Wert, der stets den aktuellen Spielzustand enthält (zum Beispiel `GS_GAME` für das Spiel).

Anschließend deklarieren wir noch eine `float`-Variable namens `m_fTime`, welche die Funktion einer Stoppuhr übernimmt. Sie soll stets mitzählen, wie viele Sekunden der aktuelle Spielzustand schon aktiv ist. Das können wir später gut für Animationen gebrauchen. Vorerst wäre es das auch schon, und so sieht dann die Variablendeklaration der Klasse aus:

```
// CBreakanoid-Klasse
class CBreakanoid
{
public:
    // Variablen
    // DirectX
    tbConfig    m_Config;       // Konfiguration

    // Die Spielzustände
    CIntro*     m_pIntro;       // Intro
    CMainMenu*  m_pMainMenu;    // Hauptmenü
```

```
CGame*      m_pGame;        // Spiel
EGameState  m_GameState;    // Aktueller Spielzustand
float       m_fTime;        // Stoppuhr

// ...
```
Listing 7.1 Die Member-Variablen von CBreakanoid

Außerdem gibt es noch drei globale Variablen:
- Wie bereits besprochen: ein CBreakanoid-Zeiger (g_pBreakanoid)
- Ein dynamisches Array von float-Werten: float* g_pfButtons. Diesen Speicherbereich werden wir zum Abfragen der Eingabegeräte verwenden (dort wird dann der Zustand jedes analogen Knopfs gespeichert).
- Noch ein Array, aber diesmal mit BOOL-Werten: BOOL* g_pbButtons. Dieses brauchen wir für die digitalen Werte der Knöpfe.

7.3.2 Methoden

Auf die Erklärung des Konstruktors und des Destruktors können wir hier wieder verzichten: dort passiert nämlich nichts. Gehen wir daher direkt zu den Methoden von CBreakanoid ...

7.3.2.1 Setzen eines Spielstatus

Eine der wichtigsten Aufgaben der Klasse ist es, die Spielzustände zu verwalten. Dann brauchen wir natürlich auch eine Methode, die den aktuellen Spielzustand setzt, um den Spieler beispielsweise zum Hauptmenü zu schicken. Ich habe diese Methode einfach SetGameState genannt. Sie erwartet einen EGameState-Wert.

Nun, was muss diese Methode alles tun? Wir hatten bereits gesagt, dass sie erst einmal den alten Spielzustand herunterfahren muss, was geschieht, indem man die Exit-Methode der jeweiligen Klasse (CIntro, CMainMenu oder CGame – je nach Spielzustand) aufruft. Zeiger auf diese Klassen besitzt CBreakanoid ja (wie die initialisiert werden, sehen wir uns später noch an). Und den aktuellen (also den „alten") Spielzustand haben wir in der Member-Variablen m_GameState gespeichert.

Außerdem setzt SetGameState die Stoppuhr m_fTime auf null zurück – denn diese soll messen, wie lange der aktuelle Spielstatus schon aktiv ist.

```
// Setzt einen neuen Spielzustand
tbResult CBreakanoid::SetGameState(EGameState NewGameState)
{
    // Alten Spielzustand entladen
    switch(m_GameState)
    {
    case GS_INTRO:      m_pIntro->Exit();    break;
    case GS_MAIN_MENU:  m_pMainMenu->Exit(); break;
    case GS_GAME:       m_pGame->Exit();     break;
    }

    // Zeit zurücksetzen
    m_fTime = 0.0f;
```
Listing 7.2 Der Anfang von CBreakanoid::SetGameState

7.3 Die Grundklasse CBreakanoid

In dem Fall, dass `SetGameState` zum ersten Mal aufgerufen wird, passiert gar nichts, denn `m_GameState` wird ganz zu Beginn auf `GS_NONE` gesetzt, und `GS_NONE` wird – wie Sie sehen – von der `switch`-Konstruktion nicht abgefangen.

Als Nächstes gilt es, den neuen Spielzustand zu initialisieren. Wir dürfen auch nicht vergessen, die `m_GameState`-Variable auf ihren neuen Wert zu setzen!

```
    tbResult r = TB_OK;

    // Neuen Spielzustand laden
    m_GameState = NewGameState;
    switch(m_GameState)
    {
    case GS_INTRO:      r = m_pIntro->Init();    break;
    case GS_MAIN_MENU:  r = m_pMainMenu->Init(); break;
    case GS_GAME:       r = m_pGame->Init();     break;
    }

    // Eventuelle Fehler abfangen
    if(r) TB_ERROR("Fehler beim Laden des Spielzustands!", TB_ERROR);

    return TB_OK;
}
```
Listing 7.3 Das Ende von `SetGameState`

Die einzelnen `Init`-Methoden der Spielzustandsklassen werden natürlich später noch besprochen. Wie Sie sehen, wird `GS_NONE` auch hier nicht abgefangen. Das heißt also: Wenn man `GS_NONE` als Parameter für `SetGameState` angibt, wird zwar der aktuelle Spielzustand *ent*laden, aber es wird kein neuer *ge*laden – wie es auch richtig ist.

7.3.2.2 CBreakanoid::Load

Die Load-Methode von `CBreakanoid` lädt alle Daten, die für das gesamte Spiel von Wichtigkeit sind. Zu dieser Aufgabe zählen wir erst einmal nur die Initialisierung der DirectX-Klassen der TriBase-Engine. Den Konfigurationsdialog der Engine brauchen wir hier nicht mehr aufzurufen, das wurde bereits vorher erledigt, und alle Einstellungen liegen in `m_Config`.

```
// Lädt das Spiel
tbResult CBreakanoid::Load()
{
    // Direct3D initialisieren
    if(tbDirect3D::Instance().Init(&m_Config, "Breakanoid",
                                   NULL, LoadIcon(GetModuleHandle(NULL),
                                   MAKEINTRESOURCE(IDI_ICON1))))
    {
        // Fehler!
        TB_ERROR("Fehler beim Initialisieren von Direct3D!", TB_ERROR);
    }

    // Texturmanager initialisieren
    if(tbTextureManager::Instance().Init())
    {
        // Fehler!
        TB_ERROR("Texturmanager konnte nicht initialisiert werden!", TB_ERROR);
    }
```

```
    // DirectInput initialisieren
    if(tbDirectInput::Instance().Init())
    {
        // Fehler!
        TB_ERROR("DirectInput konnte nicht initialisiert werden!", TB_ERROR);
    }

    // Speicher für die analogen Knöpfe reservieren
    g_pfButtons = new float[tbDirectInput::Instance().GetNumButtons()];
    g_pbButtons = new BOOL[tbDirectInput::Instance().GetNumButtons()];

    // Und nun noch DirectSound ...
    if(tbDirectSound::Instance().Init(&m_Config, NULL, DSSCL_PRIORITY, FALSE))
    {
        // Fehler!
        TB_ERROR("DirectSound konnte nicht initialisiert werden!", TB_ERROR);
    }

    return TB_OK;
}
```

Listing 7.4 Laden des Spiels

IDI_ICON1 ist eine Ressource, die das Icon des Spiels enthält (eine Spielszene von Arkanoid gepackt auf 32 x 32 Pixel). Wie Sie sehen, wird nach der Initialisierung von DirectInput auch Speicher für die beiden globalen dynamischen Arrays g_pfButtons und g_pbButtons reserviert: und zwar genau so viel, dass Platz für alle analogen Knöpfe ist. Wir verzichten hier in diesem Spiel auf 3D-Sound, deshalb ist der letzte Parameter von tbDirectSound::Init auch FALSE.

Was die CBreakanoid::Unload-Methode macht, kann man sich nun leicht vorstellen: ein Haufen voller TB_SAFE_DELETE-Aufrufen, die alle Klassen und Speicherbereiche wieder löschen.

7.3.2.3 Komplette Initialisierung mit *Init*

Die Init-Methode von CBreakanoid sorgt für die Initialisierung des gesamten Spiels. Dazu werden auch die beiden bisher schon besprochenen Methoden SetGameState und Load benötigt. Diese Init-Methode, die wir nun schreiben, wird später dann auch direkt in der WinMain-Funktion aufgerufen.

Init muss die folgenden Dinge erledigen:

1. Zur Sicherheit: Zurücksetzen der gesamten Klasse mit ZeroMemory
2. Initialisierung der TriBase-Engine
3. Den Konfigurationsdialog aufrufen (tbDoConfigDialog) und die Einstellungen in der Variable m_Config speichern
4. Laden der wichtigen Spieldaten und Initialisierung von DirectX mit Load
5. Instanzen der drei Spielzustandsklassen CIntro, CMainMenu und CGame erstellen (ganz einfach mit new)
6. Den Spielzustand mit Hilfe von SetGameState auf das Titelbild setzen (GS_INTRO)

```
// Initialisiert das Spiel komplett
tbResult CBreakanoid::Init()
{
    tbResult r;

    // Alles zurücksetzen
    ZeroMemory(this, sizeof(CBreakanoid));
```

7.3 Die Grundklasse CBreakanoid

```
    // Die TriBase-Engine initialisieren und den Konfigurationsdialog aufrufen
    if(tbInit()) return TB_ERROR;
    r = tbDoConfigDialog(&m_Config);
    if(r == TB_CANCELED) return TB_CANCELED;
    else if(r) TB_ERROR("Engine konnte nicht initialisiert werden!", r);

    // Laden ...
    if(Load()) TB_ERROR("Fehler beim Laden des Spiels!", TB_ERROR);

    // Klassen für alle Spielzustände erstellen
    m_pIntro    = new CIntro;
    m_pMainMenu = new CMainMenu;
    m_pGame     = new CGame;

    // Wir beginnen beim Intro!
    SetGameState(GS_INTRO);

    return TB_OK;
}
```

Listing 7.5 Komplette Initialisierung des Spiels

Falls Sie sich fragen, was dieses TB_CANCELED zu bedeuten hat: TB_CANCELED wird von tbDoConfigDialog zurückgeliefert, wenn der Benutzer auf den ABBRECHEN-Knopf im Konfigurationsdialog geklickt hat. In diesem Fall liefert Init auch TB_CANCELED zurück, um zu signalisieren, dass die Aktion abgebrochen wurde. Das ist natürlich nicht als Fehler zu werten, weshalb auch nicht TB_ERROR geliefert wird.

Übrigens: Die Exit-Methode von CBreakanoid macht alles wieder „rückgängig", was hier in der Init-Methode passiert ist: also SetGameState(GS_NONE), TB_SAFE_DELETE auf m_pIntro, m_pMainMenu und m_pGame und Aufruf von tbExit(). Unload wird dort natürlich ebenfalls aufgerufen.

7.3.2.4 Rendern und Bewegen

Einmal pro Frame müssen wir – wie in jedem unserer bisherigen Programme – die Render- und die Move-Funktion aufrufen. Move bewegt das Spiel, und Render zeichnet alles. Zu diesem Zweck erstellen wir zwei Methoden CBreakanoid::Move und CBreakanoid::Render. Beide erwarten einen float-Parameter, der die seit dem letzten Frame vergangene Zeit in Sekunden beinhaltet (was wichtig ist, damit das Spiel auf jedem PC gleich schnell läuft – die vergangene Zeit dient als Faktor für alle Bewegungen).

Move und Render tun im Prinzip nicht viel mehr als die Move- beziehungsweise Render-Methode der Klasse des gerade aktiven Spielzustands aufzurufen (CIntro::Move, CIntro::Render, CMainMenu::Move...). CGame::Move ist beispielsweise dafür zuständig, das Spiel fortzubewegen. In diesen Aufgabenbereich fällt auch immer die Auswertung der vom Benutzer gemachten Eingaben (zum Beispiel das Drücken einer Taste).

Move fragt zuvor jedoch noch alle Eingabegeräte mit Hilfe der GetState-Methode der tbDirectInput-Klasse ab und speichert die Daten in g_pfButtons (analog) beziehungsweise g_pbButtons (digital). Am Ende wird außerdem die „Stoppuhr" (m_fTime) aktualisiert, indem die seit dem letzten Frame vergangene Zeit addiert wird.

CBreakanoid::Render nimmt uns zusätzlich noch die Arbeit ab, die Present-Methode der tbDirect3D-Klasse selbst aufzurufen, um den Inhalt des Bildpuffers sichtbar zu machen. In den Render-Methoden der Spielzustandsklassen brauchen wir das dann also nicht mehr zu tun.

```
// Bewegt das Spiel
tbResult CBreakanoid::Move(float fTime)
{
    tbResult r = TB_OK;

    // Alle Eingabegeräte abfragen
    tbDirectInput::Instance().GetState(g_pfButtons, g_pbButtons);

    // Aktuellen Spielzustand bewegen
    switch(m_GameState)
    {
    case GS_INTRO:     r = m_pIntro->Move(fTime);    break;
    case GS_MAIN_MENU: r = m_pMainMenu->Move(fTime); break;
    case GS_GAME:      r = m_pGame->Move(fTime);     break;
    }

    // Eventuelle Fehler abfangen
    if(r) TB_ERROR("Fehler beim Bewegen des Spielzustands!", TB_ERROR);

    // Zeit addieren
    m_fTime += fTime;

    return TB_OK;
}

// Rendert das Spiel
tbResult CBreakanoid::Render(float fTime)
{
    tbResult r = TB_OK;

    // Aktuellen Spielzustand rendern
    switch(m_GameState)
    {
    case GS_INTRO:     r = m_pIntro->Render(fTime);    break;
    case GS_MAIN_MENU: r = m_pMainMenu->Render(fTime); break;
    case GS_GAME:      r = m_pGame->Render(fTime);     break;
    }

    // Eventuelle Fehler abfangen
    if(r) TB_ERROR("Fehler beim Rendern des Spielzustands!", TB_ERROR);

    // Bildpuffer anzeigen
    if(tbDirect3D::Instance().Present())
    {
        // Anzeigen ist fehlgeschlagen!
        TB_ERROR("Fehler beim Anzeigen des Bildpuffers!", TB_ERROR);
    }

    return TB_OK;
}
```

Listing 7.6 Die Move- und die Render-Methode von CBreakanoid

7.3.2.5 Das Spiel laufen lassen

Nun liegen uns alle CBreakanoid-Methoden vor, die den Spielfluss kontrollieren (Initialisierung, Spielzustand setzen, Bewegen und Rendern), und wir können das Spiel endlich laufen lassen. Das soll in einer Methode namens CBreakanoid::Run geschehen. Dazu rufen wir ganz einfach tbDoMessageLoop auf: Diese Funktion kümmert sich dann um die Nachrichtenschleife und ruft die Render- und die Move-Funktion in jedem Frame auf.

Da es Probleme gibt, wenn man als Rückruffunktion eine Methode der CBreakanoid-Klasse angibt, habe ich kurzerhand zwei „normale" Funktionen namens Move und Render erstellt, die aber nichts weiter tun, als die entsprechenden CBreakanoid-Methoden aufzurufen:

7.3 Die Grundklasse CBreakanoid

```cpp
// Move- und Render-Funktion (Kapselung)
tbResult Move(float fTime)   {return g_pBreakanoid->Move(fTime);}
tbResult Render(float fTime) {return g_pBreakanoid->Render(fTime);}

// Lässt das Spiel laufen
tbResult CBreakanoid::Run()
{
    // Nachrichtenschleife betreten
    if(tbDoMessageLoop(::Move, ::Render))
    {
        // Fehler!
        TB_ERROR("Fehler in der Nachrichtenschleife!", TB_ERROR);
    }

    return TB_OK;
}
```

Listing 7.7 Der Abschluss von CBreakanoid

7.3.3 Die *WinMain*-Funktion für Breakanoid

Jetzt haben wir schon das komplette Spielgerüst vorliegen, das nur noch darauf wartet, eingesetzt zu werden: Das geschieht in der Hauptfunktion des Spiels (WinMain). Folgendes Listing sollte selbsterklärend sein:

```cpp
// Globale Variablen
CBreakanoid* g_pBreakanoid = NULL;
float*       g_pfButtons = NULL;
BOOL*        g_pbButtons = NULL;

// Windows-Hauptfunktion
int WINAPI WinMain(HINSTANCE hInstance,
                   HINSTANCE hPrevInstance,
                   char* pcCommandLine,
                   int iShowCommand)
{
    // Spiel initialisieren
    g_pBreakanoid = new CBreakanoid;
    tbResult r = g_pBreakanoid->Init();
    if(r == TB_CANCELED)
    {
        // Der Konfigurationsdialog wurde abgebrochen!
        // Das Programm "leise" verlassen.
        TB_SAFE_DELETE(g_pBreakanoid); return 0;
    }
    else if(r)
    {
        g_pBreakanoid->Exit();
        TB_SAFE_DELETE(g_pBreakanoid);
        MessageBox(NULL, "Fehler beim Initialisieren des Spiels!",
                   "Fehler", MB_OK | MB_ICONEXCLAMATION);
        return 1;
    }

    // Spiel laufen lassen
    if(g_pBreakanoid->Run())
    {
        g_pBreakanoid->Exit();
        TB_SAFE_DELETE(g_pBreakanoid);
        MessageBox(NULL, "Fehler im Spiel!",
                   "Fehler", MB_OK | MB_ICONEXCLAMATION);
        return 1;
    }
```

```
    // Spiel verlassen
    g_pBreakanoid->Exit();
    TB_SAFE_DELETE(g_pBreakanoid);

    return 0;
}
```

Listing 7.8 Globale Variablen und `WinMain` – die Hauptfunktion des Spiels

7.4 Das Titelbild

Wir werden nun den ersten Spielzustand – das Titelbild oder auch `GS_INTRO` – implementieren. Der Name der Klasse ist `CIntro`. Wie alle Spielzustandsklassen gibt es hier die Methoden `Init` (Betreten des Spielzustands), `Exit` (Verlassen), `Load` (Laden aller Daten), `Unload` (Entladen), `Move` (Bewegen des Spielzustands) und `Render` (Rendern des Spielzustands).

7.4.1 Planung des Titelbilds

Der Spielzustand des Titelbilds soll eigentlich nur daraus bestehen, dass ein schönes Bild mit dem Namen des Spiels (Breakanoid) angezeigt wird – zusammen mit einem Text, der den Benutzer auffordert, sich doch bitte zu bemühen, eine Taste zu drücken. Hat er dies dann getan, gehen wir sofort weiter zum Hauptmenü.

Die Datei des Titelbilds befindet sich wie alle anderen Daten im Unterordner DATA. Der Dateiname lautet TITLE.JPG. Ich habe mich hier für eine Auflösung von 512 x 512 Pixeln entschieden. Natürlich entspricht das nicht dem Seitenverhältnis eines gewöhnlichen Videomodus wie zum Beispiel 800 x 600 oder 1024 x 768 – aber wie bereits im zweiten Kapitel erwähnt: Die meisten Karten kommen mit quadratischen Texturen, deren Dimensionen auch noch durch eine ganzzahlige 2er-Potenz (2^0, 2^1, 2^2, 2^3 ...) ausgedrückt werden können, am besten zurecht. Also gehen wir lieber auf Nummer sicher (falls Sie noch eine alte *Voodoo*-Karte besitzen, sollten Sie die Textur auf 256 x 256 ändern, weil das auf solchen Karten die maximale Texturgröße ist).

Variablen der Klasse

Die `CIntro`-Klasse benötigt nur eine einzige Variable: nämlich die Textur, die das Titelbild beinhaltet (`LPDIRECT3DTEXTURE9 m_pTitle`).

7.4.2 Die Schriftarten

Nun stellen Sie sich vielleicht die Frage: *Was ist mit der Schriftart, die wir benötigen, um den Text im Titelbild („Bitte eine Taste drücken") zu rendern?* Nun ja, wir könnten der `CIntro`-Klasse dazu ganz einfach noch eine `tbFont*`-Variable hinzufügen und die Schriftart dann in der `Load`-Methode laden.

In diesem Fall lohnt es sich aber, alle vom Spiel verwendeten Schriftarten nur *ein einziges Mal* zu laden und sie einfach zu einem Teil der `CBreakanoid`-Klasse zu machen. Das Spiel verwendet zwei verschiedene Schriftarten (eine für größere, dekorative Texte und eine für Punktzahlen und Ähnliches), die wir in den Variablen `m_pFont1` und `m_pFont2` der `CBreakanoid`-Klasse speichern (beide vom Typ `tbFont*`). Die Dateien heißen `Font1.tbf`, `Font1.tga`, `Font2.tbf` und

7.4 Das Titelbild

Font2.tga (Sie erinnern sich: eine Schriftart besteht immer aus *zwei* Dateien) und liegen ebenfalls im Ordner Data.

Also müssen wir nun die Load-Methode von CBreakanoid ein wenig erweitern:

```
// Schriftarten laden
m_pFont1 = new tbFont;
if(m_pFont1->Init("Data\\Font1.tga", "Data\\Font1.tbf"))
{
    // Fehler!
    TB_ERROR("Fehler beim Laden der Schriftart Data\\Font1!", TB_ERROR);
}

m_pFont2 = new tbFont;
if(m_pFont2->Init("Data\\Font2.tga", "Data\\Font2.tbf"))
{
    // Fehler!
    TB_ERROR("Fehler beim Laden der Schriftart Data\\Font2!", TB_ERROR);
}
```

Listing 7.9 Hier laden wir die beiden Schriftarten des Spiels.

Die doppelten Back-Slashes („\") sind hier wichtig, da der C++-Compiler den Back-Slash normalerweise als Beginn eines Escape-Codes – wie zum Beispiel „\n" für eine neue Zeile – interpretiert.

Es darf natürlich nicht vergessen werden, die beiden Schriftarten in der Unload-Methode mit TB_SAFE_DELETE wieder zu löschen.

7.4.3 Initialisieren, Laden und Entladen des Titelbilds

Die Init-Methode der CIntro-Klasse tut hier nichts weiter, als einfach die Methode zum Laden – nämlich Load – aufzurufen. Die Init-Methode ist eigentlich dafür gedacht, bestimmte spieltechnische Dinge in Gang zu setzen – wie bereits erwähnt wird es in CGame::Init eine der Aufgaben sein, die Punktzahl des Spielers zurückzusetzen. Aber so etwas gibt es beim Titelbild nicht.

Gehen wir darum direkt zur Load-Methode weiter. Was haben wir hier zu tun? Nicht viel – nur das besagte Titelbild will geladen werden, wofür wir den Texturmanager in der globalen CBreakanoid-Instanz verwenden.

Wenn wir gerade schon mal dabei sind, gehen wir auch gleich noch auf die Exit- und die Unload-Methode ein. Exit ruft Unload auf, und Unload löscht einzig und allein die Titelbildtextur mit der ReleaseTexture-Methode des Texturmanagers.

```
// Initialisiert den Spielzustand
tbResult CIntro::Init()
{
    // Laden ...
    if(Load()) TB_ERROR("Fehler beim Laden des Spielzustands!", TB_ERROR);

    return TB_OK;
}
```

```
// Fährt den Spielzustand herunter
tbResult CIntro::Exit()
{
    // Entladen ...
    Unload();

    return TB_OK;
}

// Lädt den Spielzustand
tbResult CIntro::Load()
{
    // Titelbild laden
    m_pTitle = tbTextureManager::Instance().GetTexture("Data\\Title.jpg");
    if(!m_pTitle) TB_ERROR("Fehler beim Laden des Titelbilds!", TB_ERROR);

    return TB_OK;
}

// Entlädt den Spielzustand
tbResult CIntro::Unload()
{
    // Die Textur löschen
    tbTextureManager::Instance().ReleaseTexture(m_pTitle);

    return TB_OK;
}
```

Listing 7.10 Viel Wind um nichts: `Init`, `Exit`, `Load` und `Unload` der `CIntro`-Klasse

7.4.4 Rendern des Titelbilds

Nun wollen wir die `Render`-Methode von `CIntro` implementieren, in der das Titelbild gerendert werden soll. Dazu eignet sich am besten ein großes Rechteck, das wir mit der Textur des Bildes überziehen. Das schreit natürlich geradezu nach *transformierten Vertizes*: für jede Bildschirmecke ein Vertex. Mit einer Dreiecksfolge (`D3DPT_TRIANGLESTRIP`) zeichnen wir dann das Rechteck, wie es auch schon mal im Stencil-Buffer-Beispielprogramm getan wurde. Um dem Ganzen einen kleinen „Pepp" zu geben, werden wir das Titelbild ein wenig animieren – und zwar mit einer einfachen, aber effektvollen Methode: Wir ändern einfach in jedem Frame die Texturkoordinaten der Vertizes ein wenig (anhand einer Sinus- beziehungsweise Kosinusfunktion und der „Stoppuhr" in `CBreakanoid::m_fTime`):

```
// Vertizes für das Titelbild
#define TITLE_FVF (D3DFVF_XYZRHW | D3DFVF_DIFFUSE | D3DFVF_TEX1)
struct STitleVertex
{
    tbVector3 vPosition;
    float     fRHW;
    D3DCOLOR  Color;
    tbVector2 vTex0;
};

// Rendert den Spielzustand
tbResult CIntro::Render(float fTime)
{
    STitleVertex aVertex[4];

    // Puffer leeren und Szene beginnen
    tbDirect3D& D3D = tbDirect3D::Instance();
    D3D->Clear(0, NULL, D3DCLEAR_TARGET | D3DCLEAR_ZBUFFER,
               tbColor(0.0f, 0.0f, 0.0f), 1.0f, 0);
```

7.4 Das Titelbild

```
D3D->BeginScene();

// ----------------------------------------------------------------

// Vertexformat und Titelbildtextur setzen, Z-Buffer aus
D3D.SetFVF(TITLE_FVF);
D3D.SetTexture(0, m_pTitle);
D3D.SetRS(D3DRS_ZENABLE, D3DZB_FALSE);

// Die vier Vertizes des Titelbilds erstellen (Rechteck)
// Links unten
aVertex[0].vPosition = tbVector3(0.0f, D3D.GetScreenSize().y, 0.5f);
aVertex[0].fRHW = 1.0f;
aVertex[0].Color = tbColor(1.0f, 0.8f, 0.8f);
aVertex[0].vTex0 = tbVector2(0.0f, 1.0f);

// Links oben
aVertex[1].vPosition = tbVector3(0.0f, 0.0f, 0.0f);
aVertex[1].fRHW = 1.0f;
aVertex[1].Color = tbColor(0.8f, 1.0f, 0.8f);
aVertex[1].vTex0 = tbVector2(0.0f, 0.0f);

// Rechts unten
aVertex[2].vPosition = tbVector3(D3D.GetScreenSize().x,
                                 D3D.GetScreenSize().y, 0.5f);
aVertex[2].fRHW = 1.0f;
aVertex[2].Color = tbColor(0.8f, 0.8f, 1.0f);
aVertex[2].vTex0 = tbVector2(1.0f, 1.0f);

// Rechts oben
aVertex[3].vPosition = tbVector3(D3D.GetScreenSize().x, 0.0f, 0.5f);
aVertex[3].fRHW = 1.0f;
aVertex[3].Color = tbColor(1.0f, 1.0f, 0.8f);
aVertex[3].vTex0 = tbVector2(1.0f, 0.0f);

// Texturkoordinaten sinusförmig verschieben ("wabbeln")
for(DWORD dwVertex = 0; dwVertex < 4; dwVertex++)
{
    aVertex[dwVertex].vTex0.x += sinf(g_pBreakanoid->m_fTime+(float)(dwVertex))*0.01f;
    aVertex[dwVertex].vTex0.y += cosf(g_pBreakanoid->m_fTime+(float)(dwVertex))*0.01f;
}

// Als Dreiecksfolge zeichnen
D3D->DrawPrimitiveUP(D3DPT_TRIANGLESTRIP, 2, aVertex, sizeof(STitleVertex));
```

Listing 7.11 Rendern des „wabbelnden" Titelbilds

Nun wollten wir noch einen kleinen Text anzeigen à la *„Drücken Sie Enter!"*:

```
// Kleinen Text anzeigen
g_pBreakanoid->m_pFont2->Begin();
g_pBreakanoid->m_pFont2->DrawText(tbVector2(0.5f,0.8f),"- Drücken Sie Enter -",
                                  TB_FF_ALIGN_HCENTER | TB_FF_ALIGN_VCENTER |
                                  TB_FF_RELATIVE | TB_FF_RELATIVESCALING);
g_pBreakanoid->m_pFont2->DrawText(tbVector2(0.5f, 0.7f), "Powered by TriBase",
                                  TB_FF_ALIGN_HCENTER | TB_FF_ALIGN_VCENTER |
                                  TB_FF_RELATIVE | TB_FF_RELATIVESCALING);
g_pBreakanoid->m_pFont2->End();

// ----------------------------------------------------------------
```

```
        // Szene beenden
        D3D->EndScene();

        return TB_OK;
    }
```

Listing 7.12 „Drücken Sie Enter" – am Ende müssen wir hier nicht die Present-Methode von tbDirect3D aufrufen, weil das schon in tbDoMessageLoop getan wird.

Abbildung 7.2 Das Titelbild von *Breakanoid*

7.4.5 Bewegung des Titelbilds

Unter der „Bewegung des Titelbilds" dürfen Sie nicht die tatsächliche Bewegung des Bildes verstehen – die wurde schon in der Render-Methode durchgeführt, sondern die Bewegung des *Spielzustands* in der Move-Methode. Dazu gehört in diesem Fall einfach nur, dass wir prüfen, ob die [Enter]-Taste gerade gedrückt ist. Falls ja, dann geht es weiter zum Hauptmenü. Aus Großzügigkeit akzeptiert das Spiel auch die [Leertaste] und den ersten oder zweiten Mausknopf. Bevor es zum Hauptmenü geht, wird eine kleine Verzögerung von 100 Millisekunden mit Hilfe von tbDelay eingebaut: damit der Tastendruck nicht auch gleich noch im Hauptmenü verwertet wird:

```
// Bewegt den Spielzustand
tbResult CIntro::Move(float fTime)
{
    // Wenn eine der typischen Tasten gedrückt wurde: zum Hauptmenü!
    if(g_pbButtons[TB_KEY_NUMPADENTER] || g_pbButtons[TB_KEY_RETURN] ||
       g_pbButtons[TB_KEY_SPACE] || g_pbButtons[TB_MOUSE_BUTTON(0)] ||
       g_pbButtons[TB_MOUSE_BUTTON(1)])
    {
        tbDelay(100); g_pBreakanoid->SetGameState(GS_MAIN_MENU);
    }

    return TB_OK;
}
```

Listing 7.13 Warten auf einen Tastendruck

7.5 Das Hauptmenü

7.5.1 Planung des Hauptmenüs

Das Hauptmenü – GS_MAIN_MENU mit der Klasse CMainMenu – verbindet die einzelnen Spielteile untereinander. Der Spieler gelangt dorthin, wenn er das Titelbild „weggeklickt" hat, und gelangt ebenfalls wieder hin, wenn er das laufende Spiel (GS_GAME) abbricht.
Der Benutzer hat die Wahl zwischen drei Punkten im Hauptmenü:

1. **Spiel starten:** Geht zu GS_GAME über.
2. **Hilfe anzeigen:** Zeigt einen kleinen Text an, der dem Spieler sagt, was er zu tun hat.
3. **Spiel beenden:** Raten Sie mal!

Diese drei Texte werden untereinander auf dem Bildschirm dargestellt, wobei wir im Hintergrund wieder ein sich leicht bewegendes Bildchen haben – ähnlich wie das Titelbild (aber diesmal steht dort „Hauptmenü").

Mit den Pfeiltasten können die verschiedenen Einträge angewählt werden. Der angewählte Beitrag wird hervorgehoben (er bewegt sich und hat eine andere Farbe). Mit [Return] oder einer ähnlichen Taste aktiviert der Spieler dann den gewählten Punkt.

Wenn das der Punkt Nummer zwei ist, wird so lange der Hilfetext angezeigt, bis erneut eine Taste gedrückt wurde.

Variablen der Klasse

Die Textur des Hintergrundbilds wird in LPDIRECT3DTEXTURE9 m_pBackground gespeichert. Dann müssen wir uns noch merken, *welchen* der drei Einträge der Benutzer gerade ausgewählt hat, das wird in der Variablen int m_iCursor festgehalten. 0 entspricht dabei dem ersten Eintrag, also *„Spiel starten"*.

Die letzte Variable ist vom Typ BOOL und heißt m_bShowingHelp. Wir setzen sie auf TRUE, wenn der Hilfetext angezeigt werden soll. In dem Fall verschwinden dann die drei Menüeinträge und das Programm wartet nur noch auf einen Tastendruck, um der Variablen wieder den Wert FALSE zuzuweisen und so den Hilfetext wieder auszublenden.

7.5.2 Laden, Entladen, Betreten und Verlassen

In der Methode CMainMenu::Load wird praktisch genau das getan, was Sie schon von der alten Methode CIntro::Load kennen – das Programm lädt dort die Textur des Hintergrundbilds (DATA\MAINMENU.JPG). In Unload wird die Textur schließlich wieder freigegeben.

Während CIntro::Init nichts weiter getan hat, als die Lademethode Load aufzurufen, ist das bei CMainMenu::Init ein wenig anders – hier gibt es tatsächlich etwas zu tun: Wir setzen nämlich dort den Cursor für das Hauptmenü auf null zurück. Exit tut allerdings auch hier nichts, außer Unload aufzurufen:

```
// Initialisiert den Spielzustand
tbResult CMainMenu::Init()
{
    // Laden ...
    if(Load()) TB_ERROR("Fehler beim Laden des Spielzustands!", TB_ERROR);
```

```
    // Menücursor auf 0 setzen
    m_iCursor = 0;

    return TB_OK;
}
// Fährt den Spielzustand herunter
tbResult CMainMenu::Exit()
{
    // Entladen ...
    Unload();

    return TB_OK;
}
```
Listing 7.14 Betreten und Verlassen des Hauptmenüs

7.5.3 Rendern

Der erste Teil von `CMainMenu::Render` sieht genau so aus wie der von `CIntro::Render`: Auch hier werden transformierte Vertizes benutzt, um das „wabbelnde" Hintergrundbild zu rendern.

Neu ist aber nun, wie wir die drei Menüeinträge zeichnen. Dazu legen wir uns erst einmal ein Array von drei `char*`-Variablen an, das den Text für jeden Eintrag beinhaltet:

```
char* apcMenuEntry[3] = {"Spiel starten",
                         "Hilfe anzeigen",
                         "Spiel beenden"};
```
Listing 7.15 Der Text jedes Menüeintrags

7.5.3.1 Die Menüeinträge rendern

Als Nächstes gehen wir jeden Eintrag mit einer for-Schleife durch. Jeder Text wird nun gerendert (mit der Schriftart `g_pBreakanoid->m_pFont1`, wobei natürlich vorher die `tbFont::Begin`-Methode aufgerufen wird). Für die Positionsangabe der `DrawText`-Methode verwenden wir relative und zentrierte Koordinaten und Größen (das entspricht folgender Kombination von Flags: `TB_FF_ALIGN_HCENTER | TB_FF_ALIGN_VCENTER | TB_FF_RELATIVE | TB_FF_RELATIVESCALING`).

Die Position des ersten Menüeintrags liegt bei (0.5, 0.4) – also fast die Bildmitte, und jeden folgenden schieben wir um 0.125 relative Einheiten nach unten (y-Koordinate wird größer). Wenn der aktuell zu rendernde Menüeintrag jedoch dem entspricht, den der Benutzer gerade ausgewählt hat, dann verwenden wir einfach eine Sinusfunktion, um den Text hin und her schaukeln zu lassen.

Der ausgewählte Eintrag unterscheidet sich auch von der Farbe her durch die nicht ausgewählten: Die Standardfarbe ist (0.3, 0.3, 0.9, 0.75) – also ein zu 25% transparentes helles Blau. Ein ausgewählter Eintrag hat die Farbe (0.5, 0.5, 1, 1) – ist also noch ein wenig heller und gar nicht mehr transparent. Ein Farbübergang ergibt sich, indem wir für den zweiten `tbColor`-Parameter der `DrawText`-Methode eine leicht abgewandelte Farbe angeben.

Für alle Texte gibt das Programm eine Skalierung von 1.5 an. Das alles gilt natürlich nur, wenn die Variable `m_bShowingHelp` auf `FALSE` gesetzt ist – anderenfalls zeigen wir den Hilfetext an und nicht die Menüeinträge:

7.5 Das Hauptmenü

```cpp
    tbVector2 vPosition;
    tbColor   Color;

    if(!m_bShowingHelp)
    {
        g_pBreakanoid->m_pFont1->Begin();

        // Die Menüeinträge zeichnen
        for(int iEntry = 0; iEntry < 3; iEntry++)
        {
            // Die Position für den Text dieses Eintrags berechnen
            vPosition.x = 0.5f;
            vPosition.y = 0.4f + (float)(iEntry) * 0.125f;

            // Wenn der Cursor auf diesem Eintrag liegt, dann schwingt
            // er sinusförmig hin und her.
            if(m_iCursor==iEntry) vPosition.x += 0.05f * sinf(g_pBreakanoid->m_fTime);

            // Die Farbe berechnen.
            // Normalerweise ist ein Eintrag dunkelblau.
            // Wenn der Cursor aber darauf liegt, dann ist er heller.
            if(m_iCursor != iEntry) Color = tbColor(0.3f, 0.3f, 0.9f, 0.75f);
            else Color = tbColor(0.5f, 0.5f, 1.0f, 1.0f);

            // Den Text zeichnen
            g_pBreakanoid->m_pFont1->DrawText(vPosition, apcMenuEntry[iEntry],
                                    TB_FF_ALIGN_HCENTER|TB_FF_ALIGN_HCENTER|
                                    TB_FF_RELATIVE|TB_FF_RELATIVESCALING,
                                    -1, Color, Color + tbColor(-0.3,0.4,0),
                                    tbVector2(1.5f, 1.5f));
        }

        g_pBreakanoid->m_pFont1->End();
    }
    else
    {
        // Hilfe anzeigen
        // ...
    }
```

Listing 7.16 Rendern des Hauptmenüs

7.5.3.2 Der Hilfetext

Wenn m_bShowingHelp gleich TRUE ist, zeigt das Programm mit folgendem Code einen kleinen Hilfetext an:

```cpp
#define FORMAT (TB_FF_ALIGN_HCENTER | TB_FF_ALIGN_VCENTER | TB_FF_RELATIVE |
                TB_FF_RELATIVESCALING)

// Hilfe anzeigen
tbFont* pFont = g_pBreakanoid->m_pFont2;
pFont->Begin();
pFont->DrawText(tbVector2(0.5f, 0.55f), "Räumen Sie alle Blöcke ab.", FORMAT);
pFont->DrawText(tbVector2(0.5f, 0.6f), "Steuern des Schlägers mit Pfeiltasten!", FORMAT);
pFont->DrawText(tbVector2(0.5f, 0.65f), "Bälle mit Leertaste abfeuern.", FORMAT);
pFont->DrawText(tbVector2(0.5f, 0.7f), "Je schneller, desto mehr Punkte!", FORMAT);
pFont->DrawText(tbVector2(0.5f, 0.8f), "Viel Glück!", FORMAT);
pFont->End();
```

Listing 7.17 Die Spielanleitung kurz und knapp

7.5.4 Bewegen des Hauptmenüs

Auch hier muss wieder unterschieden werden: Wenn m_bShowingHelp gleich FALSE ist, dann muss das Programm auf die Pfeiltasten reagieren und die m_iCursor-Variable entsprechend verändern ([Pfeil runter]: Cursor erhöhen).

Im Falle, dass [Return] oder eine der anderen „Bestätigungstasten" gedrückt wurde, wird unterschieden: Wird der Hilfetext gerade angezeigt, so wird er abgeschaltet. Anderenfalls hängt es vom Wert von m_iCursor ab, was geschehen soll:

```
// Bewegt den Spielzustand
tbResult CMainMenu::Move(float fTime)
{
    if(!m_bShowingHelp)
    {
        // Wenn die Taste nach unten/oben gedrückt wurde, muss der Cursor
        // des Hauptmenüs bewegt werden.
        if(g_pbButtons[TB_KEY_UP])
        {
            m_iCursor--;
            tbDelay(80);
        }
        if(g_pbButtons[TB_KEY_DOWN])
        {
            m_iCursor++;
            tbDelay(80);
        }

        // Cursor in die Grenzen weisen
        if(m_iCursor < 0) m_iCursor = 2;
        if(m_iCursor > 2) m_iCursor = 0;
    }

    // Wenn die Enter-, Leer- oder Return-Taste gedrückt wurde,
    // dann möchte der Benutzer einen Eintrag auswählen oder
    // den Hilfetext wieder ausblenden.
    if(g_pbButtons[TB_KEY_RETURN] ||
       g_pbButtons[TB_KEY_NUMPADENTER] ||
       g_pbButtons[TB_KEY_SPACE])
    {
        if(!m_bShowingHelp)
        {
            // Nun kommt es darauf an, was gerade ausgewählt ist!
            switch(m_iCursor)
            {
            case 0: // Spiel starten
                // Spielzustand auf GS_GAME setzen
                g_pBreakanoid->SetGameState(GS_GAME);
                break;

            case 1: // Hilfe anzeigen
                m_bShowingHelp = TRUE;
                tbDelay(100);
                break;

            case 2: // Spiel beenden
                PostQuitMessage(0);
                break;
            }
        }
```

```
        else
        {
            // Die Hilfe wieder deaktivieren
            m_bShowingHelp = FALSE;
            tbDelay(100);
        }
    }

    return TB_OK;
}
```

Listing 7.18 Bewegen des Hauptmenüs – mit `tbDelay` werden nach jeder Aktion kleinere Verzögerungen eingebaut, um zu verhindern, dass ein Tastendruck gleich mehrfach ausgewertet wird (dem Spieler bleibt so genügend Zeit, die Taste wieder loszulassen).

7.5.5 Sound für das Hauptmenü!

Es wäre doch schön, wenn bei jeder Bewegung des Cursors und beim Drücken der Bestätigungstaste ein kurzer Sound ertönen würde – für die Initialisierung der `tbDirectSound`-Klasse wurde bereits gesorgt.

Breakanoid besitzt insgesamt zwölf verschiedene Soundeffekte. Es würde sich kaum lohnen, in jedem Spielzustand nur die Sounds zu laden, die man wirklich braucht, also laden wir gleich alle in der Lademethode des Spiels (`CBreakanoid::Load`). Dazu fügen wir der CBreakanoid-Klasse ein Array von `tbSound*`-Variablen mit zwölf Elementen hinzu: `tbSound* m_apSound[12]`. Sehen Sie hier, wie das Programm die Sounds lädt:

```
char acFilename[256];

// Sounds laden
for(DWORD s = 0; s < 12; s++)
{
    sprintf(acFilename, "Data\\Sound%d.wav", s + 1);
    m_apSound[s] = new tbSound;
    m_apSound[s]->Init(acFilename, DSBCAPS_STATIC|DSBCAPS_LOCDEFER|DSBCAPS_CTRLFREQUENCY));
}
```

Listing 7.19 Laden aller Sounds (SOUND1.WAV bis SOUND12.WAV im DATA-Ordner)

Die neue Move-Methode des Hauptmenüs spielt nun auch Sounds ab (Sound Nr. 1 beim Drücken der Pfeiltasten und Sound Nr. 2 bei der Auswahl des aktuell markierten Menüeintrags) – dazu verwendet sie einfach die `PlayNextBuffer`-Methode von `tbSound`:

```
// Bewegt den Spielzustand
tbResult CMainMenu::Move(float fTime)
{
    if(!m_bShowingHelp)
    {
        if(g_pbButtons[TB_KEY_UP]) {
            g_pBreakanoid->m_apSound[0]->PlayNextBuffer();
            // ...
        }
        if(g_pbButtons[TB_KEY_DOWN]) {
            g_pBreakanoid->m_apSound[0]->PlayNextBuffer();
            // ...
        }

        // ...
    }
```

```
        if(g_pbButtons[TB_KEY_RETURN] ||
           g_pbButtons[TB_KEY_NUMPADENTER] ||
           g_pbButtons[TB_KEY_SPACE])
        {
            // Signalsound abspielen
            g_pBreakanoid->m_apSound[1]->PlayNextBuffer();

            // ...
        }

        return TB_OK;
    }
```

Listing 7.20 Die neue Move-Methode spielt nun auch Sounds ab (Quellcode gekürzt).

Abbildung 7.3 Das Hauptmenü mit m_bShowingHelp = FALSE (*links*) und TRUE (*rechts*)

7.6 Das Spiel

Wenden wir uns nun dem wichtigsten Spielzustand zu: dem Spiel selbst – GS_GAME und CGame. Anders als die beiden anderen Spielzustände besteht dieser hier nicht nur aus einer einzigen Klasse und Datei, sondern es kommen gleich mehrere hinzu.

7.6.1 Planung des Spiels

7.6.1.1 Allgemeines

Hier soll noch einmal kurz wiederholt werden, was das Spiel eigentlich ausmacht. Ziel eines jeden Levels ist es, einen hin und her fliegenden Ball mit einem Schläger so umzulenken, dass er in möglichst kurzer Zeit alle im Level befindlichen farbigen Blöcke trifft und sie dadurch zerstört. Der Ball prallt an Blöcken, den Wänden und am Schläger ab und darf diesen am unteren Spielfeldrand nicht passieren, ansonsten ist der Ball verloren. Ist kein Ball mehr im Spiel, wird dem Spieler ein Versuch abgezogen. Beim Abräumen eines Blocks besteht die Möglichkeit, dass ein zusätzlicher Ball ins Spiel gelangt (per „Zufall" gesteuert). Punkte gibt es beim Treffen und Zerstören eines Blocks und wenn der Spieler einen Level geschafft hat, wobei es umso mehr Punkte gibt, je weniger Zeit benötigt wurde.

7.6 Das Spiel

Der Spieler steuert den Schläger mit den Pfeiltasten nach links und rechts und kann den ersten Ball, der zu Beginn immer am Schläger „festklebt", mit der Leertaste nach oben abfeuern (die seitliche Richtung ist zufällig).

7.6.1.2 Die Modelle

Folgende Abbildung zeigt alle Modelle, die vom Spiel benötigt werden. Einmal haben wir da das Levelmodell, das den Rahmen des Spielfelds darstellt. Dann gibt es vier verschiedene Typen von Blöcken (man muss sie ein bis vier Mal treffen, um sie zu zerstören), das Schlägermodell und natürlich den Ball.

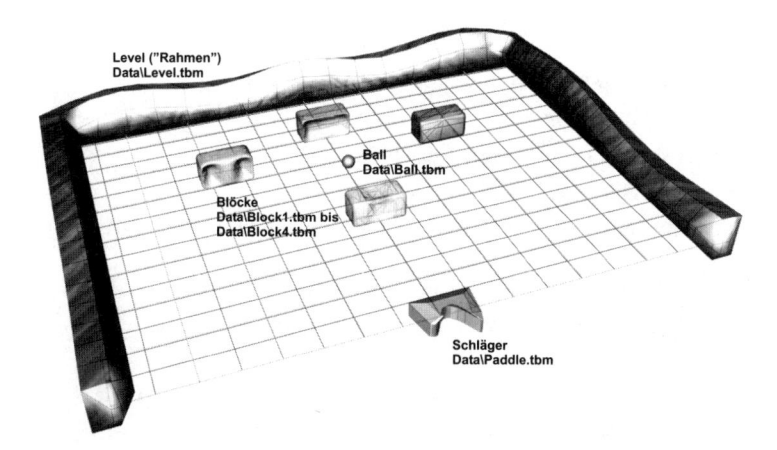

Abbildung 7.4 Alle Modelle des Spiels *Breakanoid*

7.6.1.3 Die Unterklassen

Eine einzige Klasse CGame reicht hier nicht mehr aus – natürlich könnte man dort zwar alles unterbringen, aber nur sehr schwer, ohne die Übersichtlichkeit darunter leiden zu lassen. Wir teilen das Spiel in folgende Klassen auf:

- CGame: allgemeine Spielfunktionen
- CBall: für jeden der umherfliegenden Bälle legen wir eine Instanz dieser Klasse an.
- CBlock: die Blöcke bekommen ebenfalls ihre eigene Klasse.
- Eine „Schlägerklasse" à la CPaddle brauchen wir nicht unbedingt, da es sowieso immer nur einen Schläger gibt – seinen Zustand kann man mit ein paar einfachen Variablen in der CGame-Klasse unterbringen.

CGame wird jeweils eine Liste (ein Array) von CBall- und CBlock-Klassen besitzen. So kann es zum Beispiel maximal 16 Bälle geben und maximal 64 Blöcke. Das ist zwar nicht die eleganteste Lösung, aber sie ist einfach zu implementieren.

CBall und CBlock benötigen demnach auch eine Variable, an der man erkennen kann, ob das Objekt überhaupt existiert (meistens führt man dazu eine Variable BOOL m_bExists ein oder eine Variable, welche die *Energie* des Objekts speichert, was bei den Blöcken der Fall wäre; existiert zum Beispiel der Block Nr. 63 im Array der CGame-Klasse nicht, dann ist seine Energievariable auf null gesetzt).

7.6.2 Schritt 1: die *CGame*-Klasse

Wir werden uns nun um das Spielgerüst – die CGame-Klasse – kümmern und später die Spielfunktionalität schrittweise ausbauen.

7.6.2.1 Grundlegende Variablen

- Wir benötigen einige tbModel*-Variablen, in denen wir alle Spielmodelle (Level, Schläger, Blöcke, Ball) speichern können:

  ```
  tbModel* m_pLevelModel;       // Modell des Levels
  tbModel* m_pPaddleModel;      // Modell des Schlägers ("Paddle")
  tbModel* m_pBallModel;        // Modell des Balls
  tbModel* m_apBlockModel[4];   // Modelle aller vier Blocktypen
  ```

- Die Variable BOOL m_bPaused beinhaltet den Status des Spiels: Pausiert es gerade (durch Drücken von [Pause]) oder nicht?
- Die Punktzahl des Spielers speichern wir in der Variablen int m_iScore.
- In welchem Level sich der Spieler gerade befindet, steht in int m_iLevel.
- Für die Anzahl der restlichen Versuche (maximal 5) legen wir die Variable int m_iTriesLeft an.

Es kommen später natürlich noch einige weitere Variablen ins Spiel, aber diese hier sind die grundlegendsten.

7.6.2.2 Initialisierung und Herunterfahren

Die Initialisierung des Spielzustands GS_GAME findet in CGame::Init statt. Zuerst wird natürlich – wie auch schon bei CIntro und CMainMenu – die eigene Load-Methode aufgerufen, um alle wichtigen Daten zu laden. Anschließend erledigt Init noch Folgendes: Um dafür zu sorgen, dass der Spieler nicht gleich mit einer gewissen Anzahl von Punkten startet, wird m_iScore auf null gesetzt. m_iTriesLeft erhält den Wert 5.

CGame::Exit tut nichts weiter, als Unload aufzurufen.

7.6.2.3 Laden und Entladen

Die Hauptaufgabe von CGame::Load ist es, die sieben Modelle zu laden, die sich im Unterordner DATA befinden.

```
// Lädt den Spielzustand
tbResult CGame::Load()
{
    char acFilename[256];

    // Levelmodell laden
    m_pLevelModel = new tbModel;
    if(m_pLevelModel->Init("Data\\Level.tbm", "Data\\"))
    {
        // Fehler!
        TB_ERROR("Fehler beim Laden des Levelmodells!", TB_ERROR);
    }

    // Schlägermodell laden
    m_pPaddleModel = new tbModel;
    if(m_pPaddleModel->Init("Data\\Paddle.tbm", "Data\\")) {/* Fehler! ...*/};
```

7.6 Das Spiel

```
    // Ballmodell laden
    m_pBallModel = new tbModel;
    if(m_pBallModel->Init("Data\\Ball.tbm", "Data\\")) {/* Fehler! ...*/};

    // Die Blockmodelle laden
    for(DWORD b = 0; b < 4; b++)
    {
        sprintf(acFilename, "Data\\Block%d.tbm", b + 1);
        m_apBlockModel[b] = new tbModel;
        if(m_apBlockModel[b]->Init(acFilename, "Data\\")) {/* Fehler! ...*/};
    }

    return TB_OK;
}
```

Listing 7.21 Laden der Spielmodelle

Hier zahlt es sich aus, dass wir der Init-Methode von tbModel einen Parameter für den Pfad zu den Texturen, die von den Modellen verwendet werden, verpasst haben. Das Programm gibt hier natürlich „Data\\" an, da sich die Texturen ebenfalls in diesem Ordner befinden.

Was Unload macht, können Sie sich nun denken!

7.6.3 Schritt 2: Anzeigen des Levelmodells

Nun wollen wir eine erste Version der CGame::Render-Methode entwerfen, welche die üblichen Dinge erledigt (Puffer leeren, Szene beginnen ...) und anschließend das Levelmodell aus der Datei DATA\\LEVEL.TBM zeichnet – gespeichert in m_pLevelModel. Außerdem können wir auch schon das kleine Wörtchen „Pause" in der Mitte des Bildschirms anzeigen, wenn das Spiel pausiert, also wenn m_bPaused TRUE ist.

```
// Rendert den Spielzustand
tbResult CGame::Render(float fTime)
{
    tbMatrix mWorld;

    // Puffer leeren und Szene beginnen
    tbDirect3D& D3D = tbDirect3D::Instance();
    D3D->Clear(0, NULL, D3DCLEAR_TARGET | D3DCLEAR_ZBUFFER,
               tbColor(0.0f, 0.0f, 0.0f), 1.0f, 0);
    D3D->BeginScene();

    // Level rendern
    mWorld = tbMatrixIdentity();
    D3D.SetTransform(D3DTS_WORLD, mWorld);
    m_pLevelModel->Render();

    // ----------------------------------------------------------------

    // Wenn das Spiel pausiert, wird "Pause" in der Bildmitte angezeigt.
    if(m_bPaused)
    {
        g_pBreakanoid->m_pFont1->Begin();
        g_pBreakanoid->m_pFont1->DrawText(tbVector2(0.5f, 0.5f), "Pause",
                                TB_FF_ALIGN_HCENTER | TB_FF_ALIGN_VCENTER |
                                TB_FF_RELATIVE | TB_FF_RELATIVESCALING);
        g_pBreakanoid->m_pFont1->End();
    }

    // ----------------------------------------------------------------
```

```
    // Szene beenden
    D3D->EndScene();

    return TB_OK;
}
```

Listing 7.22 Die erste Version von CGame::Render

Aber halt! Da fehlt noch etwas:
- Der Bildschirm wird schwarz bleiben, weil wir noch keine Beleuchtung haben!
- Es wurde noch keine Projektionsmatrix festgelegt!
- Die Kameramatrix fehlt ebenfalls noch ...

Die Projektionsmatrix anzulegen ist kein Problem – dafür wird tbMatrixProjection verwendet, und mit tbDirect3D::SetTransform setzen wir sie für D3DTS_PROJECTION ein.

Die *Kamera* soll sich später immer hinter dem Schläger befinden. Noch haben wir aber gar keinen Schläger, also nehmen wir für die Kamera einfach eine feste Position von (0, 10, –10) an. Den Blickpunkt setzen wir auf (0, 0, 0) – die Kamera wird also schräg von oben aufs Spielfeld schauen.

Fehlt nur noch die Beleuchtung! Ein Richtungslicht mit der Richtung der Kamera ist immer gut – also füllen wir eine D3DLIGHT9-Struktur mit dem Typ D3DLIGHT_DIRECTIONAL aus. Den Richtungsvektor berechnen wir ganz einfach aus der Vektordifferenz zwischen Blickpunkt und Position der Kamera. Liegt der Blickpunkt zum Beispiel bei (10, 0, 0) und die Kamera steht bei (0, 0, 0), dann ist die Blickrichtung die Differenz zwischen (10, 0, 0) und (0, 0, 0), also (10, 0, 0) – die Kamera schaut nach rechts.

Mit dem Render-State D3DRS_AMBIENT fügen wir außerdem noch eine schwache grüne Hintergrundbeleuchtung ein, die dann auch solche Objekte noch leicht erhellt, die vom Richtungslicht abgewandt sind:

```
// Rendert den Spielzustand
tbResult CGame::Render(float fTime)
{
    tbMatrix   mProjection;      // Projektionsmatrix
    tbMatrix   mCamera;          // Kameramatrix
    tbVector3  vCameraPos;       // Kameraposition
    tbVector3  vCameraLookAt;    // Blickpunkt der Kamera
    tbMatrix   mWorld;           // Weltmatrix
    D3DLIGHT9  CamLight;         // Kamerarichtungslicht

    // Puffer leeren und Szene beginnen
    tbDirect3D& D3D = tbDirect3D::Instance();
    D3D->Clear(0, NULL, D3DCLEAR_TARGET | D3DCLEAR_ZBUFFER,
               tbColor(0.0f, 0.0f, 0.0f), 1.0f, 0);
    D3D->BeginScene();

    // Projektionsmatrix erstellen und aktivieren
    mProjection = tbMatrixProjection(TB_DEG_TO_RAD(70.0f), D3D.GetAspect(), 0.1f, 50.0f);
    D3D->SetTransform(D3DTS_PROJECTION, mProjection);

    // Kameramatrix erstellen und aktivieren
    vCameraPos = tbVector3(0.0f, 10.0f, -10.0f);
    vCameraLookAt = tbVector3(0.0f, 0.0f, 0.0f);
    mCamera = tbMatrixCamera(vCameraPos, vCameraLookAt);
    D3D.SetTransform(D3DTS_VIEW, mCamera);

    // --------------------------------------------------------------------
```

7.6 Das Spiel 539

```
// Richtungslicht mit der Richtung der Kamera erstellen und aktivieren
ZeroMemory(&CamLight, sizeof(D3DLIGHT9));
CamLight.Type = D3DLIGHT_DIRECTIONAL;
CamLight.Diffuse = tbColor(1.0f, 1.0f, 1.0f);
CamLight.Specular = tbColor(1.0f, 1.0f, 1.0f);
CamLight.Direction = vCameraLookAt - vCameraPos;
D3D->SetLight(0, &CamLight);
D3D->LightEnable(0, TRUE);

// Schwache grünliche Hintergrundbeleuchtung
D3D.SetRS(D3DRS_AMBIENT, tbColor(0.1f, 0.25f, 0.1f));

// ------------------------------------------------------------------
// Level rendern
// ...

return TB_OK;
}
```

Listing 7.23 Nun wird der Level sichtbar!

7.6.4 Schritt 3: Her mit dem Schläger!

Jetzt soll der Spieler in der Lage sein, den Schläger am unteren Bildschirmrand zu bewegen. Damit wird es nun nötig, auch die CGame::Move-Methode zu implementieren. Dort werden dann zum Beispiel die Pfeiltasten abgefragt.

7.6.4.1 Neue Variablen

Das Modell des Schlägers haben wir bereits in m_pPaddleModel. Aber das reicht natürlich noch nicht!

Erst einmal müssen wir in der Lage sein, die *Position des Schlägers* zu speichern. Dafür eignet sich eine tbVector3-Variable gut, die wir m_vPaddlePos nennen wollen. Der Spieler wird aber nur eine Komponente – nämlich die *x*-Komponente – durch die Pfeiltasten beeinflussen können.

Für die Bewegung des Schlägers ist eine weitere tbVector3-Variable sinnvoll: der *Bewegungs-* oder *Geschwindigkeitsvektor*. Vielleicht fragen Sie sich jetzt, wieso man die Schlägerbewegung nicht ganz einfach nach folgendem Muster machen könnte:

```
tbResult CGame::Move(float fTime)
{
    // Wenn die Pfeiltaste nach links gedrückt ist: Schläger nach links bewegen!
    if(g_abButtons[TB_KEY_LEFT])
    {
        // Bewegung: fünf Einheiten pro Sekunde!
        m_vPaddlePos.x -= 5.0f * fTime;
    }

    // Wenn die Pfeiltaste nach rechts gedrückt ist: Schläger nach rechts bewegen!
    // Analog, aber mit TB_KEY_RIGHT und += 5.0f * fTime...

    return TB_OK;
}
```

Listing 7.24 Soll so die Bewegungsmethode CGame::Move funktionieren?

Auf diese Weise ist es natürlich möglich, es würde auch funktionieren. Aber wäre es nicht viel besser, wenn der Schläger „weiche" Bewegungen durchführen würde? Wenn er eine gewisse Zeit brauchen würde, um zu beschleunigen, und er auch nicht gleich stoppt, wenn der Spieler keine Taste mehr drückt?

> Genau dafür benötigt man dann den Geschwindigkeitsvektor, den wir mal m_vPaddleVel (*Velocity*: Geschwindigkeit) nennen wollen. In ihm wird dann zu jeder Zeit die aktuelle Geschwindigkeit des Schlägers gespeichert. Ist der Vektor zum Beispiel (–1, 0, 0), dann heißt das, dass der Schläger momentan mit einer Geschwindigkeit von *einer Einheit pro Sekunde nach links* (negatives Vorzeichen) fliegt. Einmal pro Frame wird dieser Vektor dann zum Positionsvektor des Schlägers addiert – nachdem er mit der vergangenen Zeit seit dem letzten Frame, die in fTime übergeben wird, multipliziert wurde. So stellen wir sicher, dass die Einheiten wirklich *pro Sekunde* angegeben sind und die Bewegungen auf jedem PC gleich schnell ablaufen.

7.6.4.2 Die *Move*-Methode

Nun können wir mit Hilfe der neuen Variablen m_vPaddleVel die Schlägerbewegung viel besser beschreiben. Drückt der Spieler nun die Pfeiltaste nach links, wird *nicht* direkt die Schlägerposition verändert, sondern nur sein Geschwindigkeitsvektor. Um eine Beschleunigung zu simulieren, wird der Geschwindigkeitsvektor auch nur *schrittweise* erhöht und *nicht* zum Beispiel direkt auf (–1, 0, 0) gesetzt, wenn die Taste nach links gedrückt wurde. Als angemessen hat sich Folgendes erwiesen:

```
// Auf die Pfeiltasten reagieren (m_vPaddleVel ändern)
m_vPaddleVel.x += g_pfButtons[TB_KEY_RIGHT] * 50.0f * fTime;
m_vPaddleVel.x -= g_pfButtons[TB_KEY_LEFT] * 50.0f * fTime;

// Den Schläger fortbewegen
m_vPaddlePos += m_vPaddleVel * fTime;
```

Also: Drückt der Spieler genau eine Sekunde lang auf die Pfeiltaste nach links, wird der Geschwindigkeitsvektor danach einen Wert von (–50, 0, 0) haben, denn in jedem Frame wird seine *x*-Komponente ein wenig kleiner gemacht (mit dem „-="-Operator).

Aber ist (–50, 0, 0) nicht viel zu viel? Doch! Es fehlt auch noch ein wichtiges Stück – der Schläger würde im Moment noch gar nicht wieder anhalten, er würde immer weiter fliegen, bis wir ihn durch Gegensteuern anhalten. Es ist also nötig, den Geschwindigkeitsvektor in jedem Frame leicht „abzuschwächen", damit der Schläger auch irgendwann wieder anhält. Wie könnte man das erreichen? So?

```
// Bewegung abschwächen
m_vPaddlePos *= 0.95f;
```

So würde die Bewegung in jedem Frame um 5% reduziert ... Aber diese Methode nimmt keine Rücksicht auf die vergangene Zeit seit dem letzten Frame – also geht das schon mal nicht. Ein PC, der 1000 Frames pro Sekunde schafft, würde den Schläger dann viel schneller anhalten lassen als ein langsamerer.

7.6 Das Spiel

Hier darf die vergangene Zeit seit dem letzten Frame nicht mehr als *Faktor* erscheinen – wie es bei der Bewegung der Fall war, sondern wir müssen eine Ebene höher gehen und ihn als *Exponent* einsetzen.

Als Basis wird der Faktor verwendet, mit dem der Geschwindigkeitsvektor *in einer Sekunde* multipliziert werden soll. 80% Geschwindigkeitsverlust pro Sekunde haben sich zusammen mit den oben gezeigten Werten als brauchbar erwiesen – das bedeutet einen Faktor von 0.8. Die Gleichung für die neue Geschwindigkeit *v'* lautet dann (Δ*t* ist die vergangene Zeit):

$$v' = v \cdot 0.8^{\Delta t}$$

Exponentialrechnungen können mit der Standardfunktion pow durchgeführt werden (die float-Version, die für uns in Frage kommt, heißt powf).

Bevor wir nun die neue Move-Methode angeben, machen wir uns noch kurz Gedanken über die Möglichkeit des Spielers, das Spiel zu pausieren. Er soll dies entweder mit [Pause] oder mit [P] tun können. Also fragen wir diese beiden Tasten einfach in der Move-Methode ab. Wurde eine davon gedrückt, dann wird der Wert der m_bPaused-Variable geändert: War sie vorher TRUE, wird sie nun FALSE und umgekehrt.

Im Falle, dass das Spiel angehalten ist, darf der Schläger natürlich nicht mehr bewegt werden: Dann brechen wir die Methode einfach durch return TB_OK vorzeitig ab.

```
// Bewegt den Spielzustand
tbResult CGame::Move(float fTime)
{
    // P oder Pause hält das Spiel an oder setzt es fort.
    if(g_pbButtons[TB_KEY_P] || g_pbButtons[TB_KEY_PAUSE])
    {
        m_bPaused = !m_bPaused;
        tbDelay(100);
    }

    // Wenn das Spiel pausiert, gibt es nichts mehr zu tun.
    if(m_bPaused) return TB_OK;

    // ------------------------------------------------------------------

    // Auf die Pfeiltasten reagieren (m_vPaddleVel ändern)
    m_vPaddleVel.x += g_pfButtons[TB_KEY_RIGHT] * 50.0f * fTime;
    m_vPaddleVel.x -= g_pfButtons[TB_KEY_LEFT] * 50.0f * fTime;

    // Den Schläger fortbewegen
    m_vPaddlePos += m_vPaddleVel * fTime;

    // Die Bewegung abschwächen (80% Verlust pro Sekunde)
    m_vPaddleVel *= powf(0.2f, fTime);

    return TB_OK;
}
```

Listing 7.25 Die neue Move-Methode mit Bewegungsabschwächung und Pausenfunktion

7.6.4.3 Rendern des Schlägers

Die Render-Methode wird nun so erweitert, dass sie auch den Schläger rendert. Als Transformation benötigen wir hier lediglich eine Translation, also eine Verschiebung mit dem Positionsvektor des Schlägers. Nun können wir auch die Kameraposition dem Schläger anpassen, so dass sie sich immer hinter und über ihm befindet. Um vCameraPos zu erhalten, addieren wir daher einfach den Vektor (0, 10, –5) zur Schlägerposition: Damit befindet sich die Kamera zehn Einheiten *über* und fünf Einheiten *hinter* dem Schläger.

```
tbResult CGame::Render(float fTime)
{
    // ...
    // Die Kamera steht hinter und über dem Schläger.
    vCameraPos = m_vPaddlePos + tbVector3(0.0f, 10.0f, -5.0f);

    // Kameramatrix erstellen und aktivieren
    mCamera = tbMatrixCamera(vCameraPos, vCameraLookAt);
    D3D.SetTransform(D3DTS_VIEW, mCamera);

    // ...
    // Level rendern ...
    // Schläger rendern
    mWorld = tbMatrixTranslation(m_vPaddlePos);
    D3D.SetTransform(D3DTS_WORLD, mWorld);
    m_pPaddleModel->Render();

    // ...
    return TB_OK;
}
```

Listing 7.26 Die automatisch angepasste Kamera und Rendern des Schlägers

7.6.4.4 Abprallen

Bei der Schlägerbewegung in der Move-Methode wurde bislang noch eine wichtige Sache vernachlässigt: Sollte der Schläger nicht abprallen, wenn er gegen die linke oder die rechte Wand stößt? Glücklicherweise ist das sehr einfach zu bewältigen. Schauen Sie sich die folgende Abbildung an, welche einige wichtige Zahlen wie die *x*-Koordinate der linken und rechten Wand oder die Breite des Schlägers zeigt:

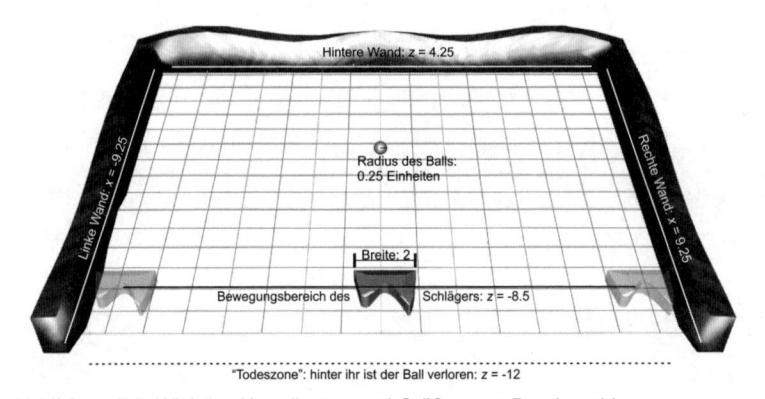

Abbildung 7.5 Wichtige Koordinaten und Größen von Breakanoid

Wie aus der Abbildung ersichtlich, ist die Breite des Schlägers zwei Einheiten. Für die Kollision kommen nur die beiden seitlichen Wände in Frage, die bei $x = -9.25$ beziehungsweise $x = +9.25$ liegen.

Vom Mittelpunkt des Schlägers aus – dessen Position auch in m_vPaddlePos gespeichert wird – muss man also 1 addieren oder 1 subtrahieren, um zum linken oder rechten Schlägerrand zu gelangen. Wenn also nun gilt: m_vPaddlePos.x + 1 ≥ 9.25, dann kollidiert der Schläger mit der rechten Wand.

Bei einer Kollision wird Folgendes getan: Die *x*-Komponente des Geschwindigkeitsvektors wird mit –0.5 multipliziert, wodurch die Bewegungsrichtung umgekehrt und um 50% abge-

7.6 Das Spiel

schwächt wird. Außerdem korrigiert das Programm die Position des Schlägers, so dass er sich genau an der Wand befindet, mit der er zusammengestoßen ist. Anderenfalls könnte es durch unregelmäßige Framerates dazu kommen, dass der Schläger in der Wand „gefangen" bleibt, weil er einmal „zu weit hinein" gerutscht ist.

```
// Auf die Pfeiltasten reagieren (m_vPaddleVel ändern)
m_vPaddleVel.x += g_pfButtons[TB_KEY_RIGHT] * 50.0f * fTime;
m_vPaddleVel.x -= g_pfButtons[TB_KEY_LEFT] * 50.0f * fTime;

// Den Schläger fortbewegen
m_vPaddlePos += m_vPaddleVel * fTime;

// Wenn der Schläger die linke oder rechte Wand berührt, prallt er ab.
if(m_vPaddlePos.x - 1.0f <= -9.25f) {m_vPaddleVel.x*= -0.5f; m_vPaddlePos.x = -8.25f;}
if(m_vPaddlePos.x + 1.0f >=  9.25f) {m_vPaddleVel.x*= -0.5f; m_vPaddlePos.x =  8.25f;}

// Die Bewegung abschwächen (80% Verlust pro Sekunde)
m_vPaddleVel *= powf(0.2f, fTime);
```

Listing 7.27 Der neue Code in der Move-Methode

Um die neuen Funktionen zu testen, können Sie die Schlägerposition zu Beginn per Hand auf (0, 0, –8.5) setzen, denn dort, bei $z = -8.5$, ist die Bewegungslinie des Schlägers.

7.6.5 Schritt 4: Ein Levelsystem

Die Änderungen, die nun noch am Spiel gemacht werden müssen, benötigen erst einmal ein *Levelsystem*. Das bedeutet vor allem, dass wir eine Methode benötigen, die einen bestimmten Level initialisiert, wozu auch das Zurücksetzen verschiedener Variablen und der Aufbau des Spielfelds zählen. Eine Variable zum Speichern des aktuellen Levels haben wir bereits: int CGame::m_iLevel. Noch haben wir aber nichts damit angefangen, was sich nun ändern soll.

Erinnern Sie sich an die Methode CGame::Init? Dort wurde die Punktzahl des Spielers zurückgesetzt und die Anzahl der restlichen Versuche auf fünf festgelegt. Da wäre nun auch ein guter Platz, um den ersten Level zu initialisieren – wofür wir die Methode CGame::InitLevel erstellen werden. Als Parameter erwartet sie die Nummer des zu betretenden Levels. Dann rufen wir in CGame::Init einfach InitLevel(1) auf. InitLevel hat folgende Aufgaben:

- m_iLevel auf den im Parameter angegebenen Level setzen
- m_bPaused auf FALSE setzen
- Zurücksetzen des Schlägers: Position und Geschwindigkeitsvektor

```
// Initialisiert einen Level
tbResult CGame::InitLevel(int iLevel)
{
    // Neuen Level setzen
    m_iLevel = iLevel; m_bPaused = FALSE;

    // Schläger zurücksetzen
    m_vPaddlePos = tbVector3(0.0f, 0.0f, -8.5f);
    m_vPaddleVel = tbVector3(0.0f);
    return TB_OK;
}
```

Listing 7.28 Die erste Version von InitLevel

Natürlich war es das noch nicht; später werden wir die Methode noch stark erweitern, so dass sie auch die Blöcke für das Spielfeld generiert.

7.6.6 Schritt 5: Bälle hinzufügen

7.6.6.1 Planung von *CBall*

Das Spiel ist nun so weit, dass wir die Spielbälle hinzufügen können. Wie schon angekündigt, werden wir dafür eine Klasse CBall erstellen und CGame ein Array von 16 CBall-Variablen hinzufügen. Welche Variablen benötigt CBall?

- BOOL m_bExists bestimmt, ob der Ball überhaupt existiert oder nicht.
- tbVector3 m_vPosition: die Position des Balls
- tbVector3 m_vVelocity: sein Geschwindigkeitsvektor
- BOOL m_bGrabbed: Wenn der Ball gerade am Schläger „klebt", ist diese Variable TRUE, andernfalls FALSE. Angeklebte Bälle werden später mit der Leertaste abgefeuert.
- CGame* m_pGame: Kopie auf die CGame-Instanz des Spiels

Natürlich braucht CBall auch ein paar Methoden:
- tbResult Move(float fTime): Bewegt den Ball und rechnet Kollisionen aus.
- tbResult Render(float fTime): Rendert den Ball (CGame::m_pBallModel).
- tbVector3 GetAbsPosition(): Liefert die absolute Position des Balls. *Angeklebte* Bälle verwenden nämlich *keine absoluten Koordinaten*, sondern sie sind immer *relativ zum Schläger* – was auch sinnvoll ist, wenn sie sich mit ihm bewegen sollen. Frei fliegende Bälle verwenden hingegen absolute Koordinaten. GetAbsPosition unterscheidet dann zwischen m_bGrabbed == TRUE und m_bGrabbed == FALSE. Bei angeklebten Bällen wird dann einfach noch die Schlägerposition hinzuaddiert.

7.6.6.2 Bewegung

Beim Bewegen eines Balls durch die Methode CBall::Move müssen vorerst folgende Dinge erledigt werden:
- Verändern der Ballposition
- Berechnung einer eventueller Kollision mit einer Wand und …
- … mit dem Schläger

Fortbewegung des Balls

Wir bewegen einen Ball fort, indem wir einfach seinen Geschwindigkeitsvektor m_vVelocity multipliziert mit der vergangenen Zeit seit dem letzten Frame, die CBall::Move als Parameter erhält, auf den Positionsvektor m_vPosition addieren – also nichts Neues!

Ball trifft Wand

Der Radius des Ballmodells beträgt 0.25 Einheiten. Der Ball kollidiert also mit der rechten Wand, wenn die *x*-Koordinate seines Positionsvektors plus 0.25 in oder hinter der rechten Wand liegt, die bei $x = 9.25$ ist. Analog verfahren wir bei der linken Wand: Hier werden die 0.25 Einheiten natürlich *abgezogen*, und das Ergebnis wird mit –9.25 verglichen.

7.6 Das Spiel

Bei der hinteren Wand gehen wir ebenso vor: hier addieren wir 0.25 Einheiten zur z-Koordinate des Balls und vergleichen das Ergebnis mit 4.25 (siehe Abbildung oben).

Findet nun eine Kollision mit einer der beiden seitlichen Wände statt, multiplizieren wir die x-Komponente des Geschwindigkeitsvektors mit -1, so dass der Ball seine horizontale Richtung ändert. Bei der hinteren Wand wird entsprechend die z-Komponente umgekehrt. Auf einen Geschwindigkeitsverlust (zum Beispiel durch Multiplikation mit nur -0.8 anstatt -1) verzichten wir hier, weil der Ball sonst zu schnell langsamer würde.

In jedem Fall wird aber noch die x- beziehungsweise z-Koordinate des Balls nach einer Kollision so angepasst, dass er sich wieder exakt vor der Wand befindet. So stellen wir sicher, dass er – wie auch schon beim Schläger – beim Abprallen auch wirklich wieder ins Spielfeld springt und nicht in der Wand hängen bleibt.

Ball trifft Schläger

Bei der Kollision zwischen Ball und Schläger reicht es diesmal nicht aus, nur eine einzige Komponente des Positionsvektors zu überprüfen: Hier müssen x- *und* z-Koordinate stimmen. Der Ball muss in einem *Kollisionsrechteck* liegen, das um den Schläger herum liegt:

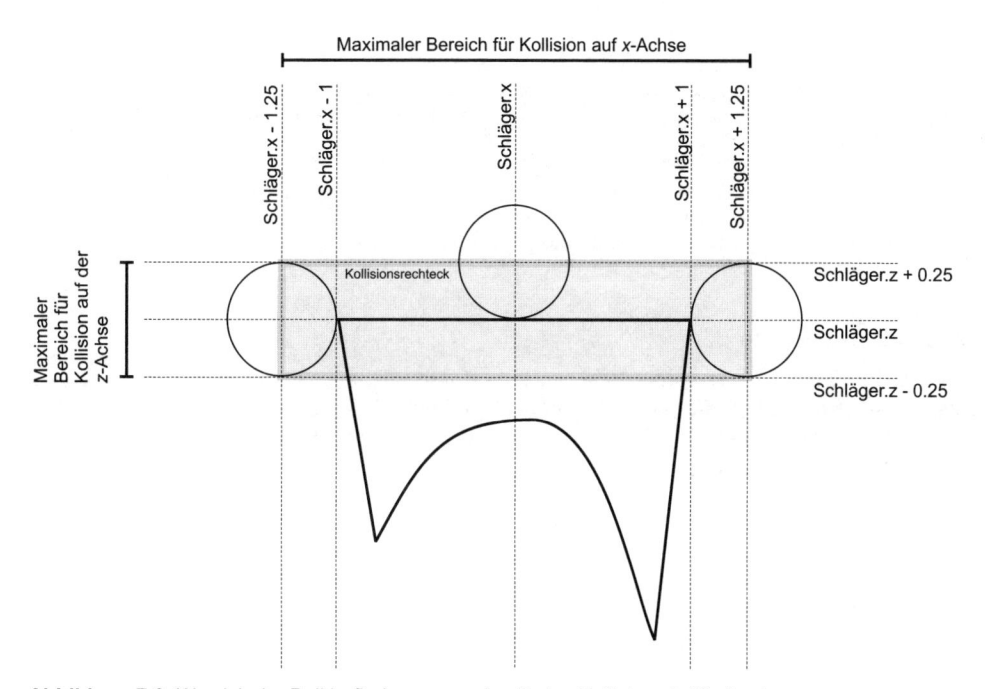

Abbildung 7.6 Wo sich der Ball befinden muss, damit eine Kollision stattfinden kann

Bei einer Kollision muss also folgende Bedingung erfüllt sein:

$$x_{Ball} \geq x_{Schläger} - 1.25 \wedge x_{Ball} \leq x_{Schläger} + 1.25 \wedge$$
$$z_{Ball} \geq z_{Schläger} - 0.25 \wedge z_{Ball} \leq z_{Schläger} + 0.25$$

Ist die Bedingung erfüllt, liegt eine Kollision vor. Die z-Koordinate des Balls wird – wie auch bei der Kollision mit der Wand – „korrigiert" und auf $z_{Schläger}$ + 0.25 gesetzt. Die z-Komponente des Geschwindigkeitsvektors wird umgekehrt, damit der Ball abprallt.

Es gibt aber ein Problem mit dieser Lösung: Bei stärkeren „Rucklern" kann es vorkommen, dass der Ball einfach durch den Schläger hindurchfliegt. Im einen Frame ist er noch *vor* dem Schläger, und im nächsten ist er schon dahinter. Das können wir jedoch recht leicht verhindern. Wir prüfen, ob $z_{Ball} \leq z_{Schläger}$ + 0.25 wahr ist. Dann prüfen wir noch, ob der Ball im *vorherigen Frame* noch *vor* dem Schläger war. Die ehemalige z-Position finden wir heraus, indem wir die z-Geschwindigkeit des Balls multipliziert mit der vergangenen Zeit von seiner aktuellen z-Position *abziehen* (wir machen praktisch seine Bewegung in Gedanken rückgängig).

Lenkung des Balls

Das Spiel würde nicht viel Sinn machen, wenn der Spieler nicht in irgendeiner Weise die Flugbahn des Balls beeinflussen könnte. Deshalb muss bei der Kollision zwischen Ball und Schläger auch die x-Komponente des Geschwindigkeitsvektors verändert werden. Das hängt von der horizontalen Schlägerbewegung, also von `CGame::m_vPaddleVel.x` ab.

> Wenn der Schläger sich gerade nach links bewegt, während er den Ball trifft, erhält der Ball einen Drall, der seine Flugbahn nach rechts ablenkt. Bewegt sich der Schläger nach *rechts*, fliegt der Ball mehr nach *links*, als er es täte, wenn der Schläger in Ruhe wäre. Wie stark die horizontale Komponente des Geschwindigkeitsvektors von der des Schlägers beeinflusst wird, hängt in Wirklichkeit von der Kontaktzeit und den auftretenden Reibungskräften ab.
>
> Ich habe mich für einen Faktor von 0.5 entschieden. Wenn der Ball also einen Geschwindigkeitsvektor von (–1, 0, –5) hat und der des Schlägers (2, 0, 0) ist, dann ist die neue x-Komponente des Bewegungsvektors –1 – (2 × 0.5), also –2. Durch die Schlägerbewegung nach rechts (*x* positiv) wurde der Ball nach *links* abgelenkt.

Betreten der Todeszone

Wenn der Ball am Schläger vorbeifliegt, ist er verloren. Genauer gesagt: Erst dann, wenn er die *Todeszone* erreicht hat, die – wie man in der Abbildung erkennen konnte – bei z = –12 beginnt. Ist also `m_vPosition.z` kleiner oder gleich –12, dann geht der Ball verloren. Wir setzen dann einfach die Variable `m_bExists` auf `FALSE`.

Klebende Bälle

Ein Ball, der am Schläger klebt und erst noch „abgefeuert" werden muss, braucht von uns nicht bewegt zu werden. Wenn also `m_bGrabbed` `TRUE` ist, brechen wir die Move-Methode sofort ab.

Damit haben wir alle Dinge, die relevant für die Methode `CBall::Move` sind, abgehakt. Hier sehen Sie, wie die Methode aussieht:

```
// Bewegt einen Ball
tbResult CBall::Move(float fTime)
{
    // Wenn der Ball klebt: abbrechen!
    if(m_bGrabbed) return TB_OK;

    // Position verändern
    m_vPosition += m_vVelocity * fTime;
```

7.6 Das Spiel

```
    // Wenn der Ball eine Wand berührt, prallt er ab.
    if(m_vPosition.x - 0.25 <= -9.25) {m_vVelocity.x *= -1.0; m_vPosition.x = -9.0;}
    if(m_vPosition.x + 0.25 >=  9.25) {m_vVelocity.x *= -1.0; m_vPosition.x =  9.0;}
    if(m_vPosition.z + 0.25 >=  4.25) {m_vVelocity.z *= -1.0; m_vPosition.z =  4.0;}

    // Auch am Schläger prallt er ab (natürlich!).
    if(m_vPosition.x >= m_pGame->m_vPaddlePos.x - 1.25f &&
       m_vPosition.x <= m_pGame->m_vPaddlePos.x + 1.25f &&
       m_vPosition.z <= m_pGame->m_vPaddlePos.z + 0.25f &&
       m_vPosition.z - m_vVelocity.z * fTime >= m_pGame->m_vPaddlePos.z + 0.25f)
    {
        // Kollision! Wir kehren die z-Komponente des Bewegungsvektors um.
        m_vVelocity.z *= -1.0f;

        // Die x-Komponente des Bewegungsvektors wird entgegengesetzt zum
        // Bewegungsvektor des Schlägers verändert.
        m_vVelocity.x -= m_pGame->m_vPaddleVel.x * 0.5f;

        // Die z-Koordinate des Balls korrigieren
        m_vPosition.z = m_pGame->m_vPaddlePos.z + 0.25f;
    }

    // Wenn der Ball am Schläger vorbeifliegt, ist er verloren.
    if(m_vPosition.z < -12.0f)
    {
        // Und tschüss!
        m_bExists = FALSE;
    }

    return TB_OK;
}
```

Listing 7.29 Wie der Ball bewegt wird

7.6.6.3 Rendern

Nun wollen wir die Methode CBall::Render implementieren. Was muss diese Methode tun? – Zuerst erstellt sie eine Translationsmatrix, die das Ballmodell an die richtige Stelle verschiebt. Es wird dann nach dem Einsetzen der Matrix durch CGame::m_pBallModel->Render gerendert. Für die Translationsmatrix brauchen wir nur die Position des Balls. Die nehmen wir aber nicht etwa einfach aus der Variablen m_vPosition, denn wenn der Ball klebt, ist diese Position nur *relativ zum Schläger*. Die Methode CBall::GetAbsPosition liefert hingegen *immer* die *absolute Position* des Balls (*Schlägerposition + Ballposition*, wenn m_bGrabbed TRUE ist, ansonsten nur m_vPosition).

```
// Rendert einen Ball
tbResult CBall::Render(float fTime)
{
    tbMatrix mWorld;

    // Ball rendern
    mWorld = tbMatrixTranslation(GetAbsPosition());
    tbDirect3D::Instance().SetTransform(D3DTS_WORLD, mWorld);
    m_pGame->m_pBallModel->Render();

    return TB_OK;
}
```

```
// Liefert die absolute Ballposition
tbVector3 CBall::GetAbsPosition()
{
    // Wenn der Ball klebt, dann müssen wir zu seiner Position
    // noch die Schlägerposition addieren.
    if(m_bGrabbed) return m_vPosition + m_pGame->m_vPaddlePos;
    else return m_vPosition;
}
```

Listing 7.30 Die beiden Methoden `CBall::Render` und `CBall::GetAbsPosition`

7.6.6.4 Die Ballliste

Ein Array

Um alle umherfliegenden Bälle zu „verwalten", benötigen wir eine Liste von `CBall`-Variablen. Damit es schön einfach bleibt, führen wir diese Liste in Form eines Arrays mit 16 Elementen (so viele Bälle kommen sowieso nie ins Spiel) ein: `CGame::m_aBall`. Anhand des `m_bExists`-Elements von `CBall` können wir dann auch prüfen, ob ein Ball existiert oder nicht.

Bewegen und Rendern aller Bälle

In `CGame::Move` gehen wir nun alle 16 Elemente von `m_aBall` durch, prüfen, ob der gegebene Ball existiert, und rufen dann in dem Fall seine Move-Methode auf. Beim Rendern in `CGame::Render` geht Breakanoid genauso vor: alle Elemente des Arrays durchgehen und gegebenenfalls `CBall::Render` aufrufen.

Erstellung eines Balls

Um einen Ball zu erstellen, implementieren wir die Methode `CGame::CreateBall`. Als Parameter erwartet sie die *Position*, den *Geschwindigkeitsvektor* und den *Zustand* (angeklebt oder nicht?) des Balls. Sie geht alle 16 Elemente von `m_aBall` durch, und wenn sie einen freien Eintrag gefunden hat (einen, dessen `m_bExists`-Variable `FALSE` ist), füllt sie den Ball mit den angegebenen Daten aus. Den Index des neuen Balls im Array liefert sie dann als Rückgabewert zurück oder –1, wenn nichts mehr frei war.

```
// Erstellt einen neuen Ball
int CGame::CreateBall(tbVector3 vPosition,
                      tbVector3 vVelocity,
                      BOOL bGrabbed)
{
    // Freien Ball suchen
    for(int iBall = 0; iBall < 16; iBall++) {
        if(!m_aBall[iBall].m_bExists) {
            // Freier Ball gefunden! Ausfüllen!
            m_aBall[iBall].m_bExists = TRUE;
            m_aBall[iBall].m_pGame = this;
            m_aBall[iBall].m_bGrabbed = bGrabbed;
            m_aBall[iBall].m_vPosition = vPosition;
            m_aBall[iBall].m_vVelocity = vVelocity;
            return iBall; // Index des neuen Balls liefern
        }
    }
    return -1; // Kein Platz mehr!
}
```

Listing 7.31 `CGame::CreateBall` erzeugt einen neuen Ball.

7.6.6.5 Der erste Ball

Den ersten Ball erstellen wir dann, wenn der Spieler einen Level betritt – also in
CGame::InitLevel. Der Ball erhält dann die zum Schläger relative Position (0, 0, 0.25), einen
Geschwindigkeitsvektor von (0, 0, 0), außerdem ist er angeklebt. Zuvor wird mit ZeroMemory
das gesamte m_aBall-Array geleert.

```
// Initialisiert einen Level
tbResult CGame::InitLevel(int iLevel)
{
    // ...

    // Bälle zurücksetzen
    ZeroMemory(m_aBall, 16 * sizeof(CBall));

    // Einen Ball erstellen
    CreateBall(tbVector3(0.0f, 0.0f, 0.25f), tbVector3(0.0f), TRUE);

    // ...
}
```

Listing 7.32 Erstellung des ersten Balls

7.6.6.6 Abfeuern mit der Leertaste

Noch klebt der Ball unweigerlich am Schläger, und wir haben keine Möglichkeit, ihn loszuwerden und ihn auf die Reise zu schicken, damit er möglichst viele Blöcke (die es auch noch nicht gibt ...) zerstört. Diese Möglichkeit wollen wir nun in CGame::Move einbauen. Dort prüfen wir einfach, ob die Leertaste gerade gedrückt ist. Falls sie es ist und die m_bGrabbed-Variable des ersten Balls TRUE ist, wird sie auf FALSE gesetzt. Außerdem muss die Position des Balls, die noch *relativ* ist, in eine *absolute* umgerechnet werden – einfach die Schlägerposition addieren! Der Geschwindigkeitsvektor des Balls setzt sich aus zwei Dingen zusammen: aus dem Geschwindigkeitsvektor des Schlägers (m_vPaddleVel) und aus einem zufälligen Vektor, den wir mit tbFloatRandom berechnen.

```
// Wenn die Leertaste gedrückt wurde, wird der klebende Ball
// abgeworfen.
if(g_pbButtons[TB_KEY_SPACE] && m_aBall[0].m_bExists && m_aBall[0].m_bGrabbed)
{
    // Ball abfeuern!
    m_aBall[0].m_bGrabbed = FALSE;

    // Die Position eines klebenden Balls ist immer relativ
    // zum Schläger. Wir wandeln sie nun in eine absolute Position um.
    m_aBall[0].m_vPosition += m_vPaddlePos;

    // Den Bewegungsvektor des Balls berechnen wir zufällig.
    m_aBall[0].m_vVelocity.x = tbFloatRandom(-4.0f, 4.0f);
    m_aBall[0].m_vVelocity.y = 0.0f;
    m_aBall[0].m_vVelocity.z = tbFloatRandom(8.0f, 10.0f);

    // Den Bewegungsvektor des Schlägers addieren
    m_aBall[0].m_vVelocity += m_vPaddleVel;

    // Dem Ball einen kleinen "Schubs" nach vorne geben
    m_aBall[0].m_vPosition.z += 0.1f;
}
```

Listing 7.33 Abfeuern des angeklebten Balls

7.6.6.7 Eine neue Kamera

Wenn nun so viele Bälle im Spiel sein können, haben wir auch die Möglichkeit, ein wenig mit der Kameraperspektive herumzuspielen. Ich habe mich dafür entschieden, den Blickpunkt der Kamera aus dem Mittelwert aller Ballpositionen und der Schlägerposition zu berechnen. Eine anschließende Multiplikation mit 0.5 sorgt dafür, dass dieser Blickpunkt nicht allzu stark schwankt und dem Spieler schwindelig wird. Daher nun folgender neuer Code in der Methode CGame::Render:

```
tbVector3 vCameraPos;
tbVector3 vCameraLookAt;
DWORD     dwNumVectors;  // Anzahl der Vektoren, die zum Mittelwert beitragen
tbMatrix  mCamera;


// Die Kamera steht hinter und über dem Schläger.
vCameraPos = m_vPaddlePos + tbVector3(0.0f, 10.0f, -5.0f);

// Der Blickpunkt der Kamera ist der Mittelwert aus allen Ballpositionen
// und der Schlägerposition.
dwNumVectors = 1;
vCameraLookAt = m_vPaddlePos;
for(DWORD dwBall = 0; dwBall < 16; dwBall++) {
    if(m_aBall[dwBall].m_bExists) {
        dwNumVectors++;
        vCameraLookAt += m_aBall[dwBall].GetAbsPosition();
    }
}

// Mittelwert bilden
vCameraLookAt /= (float)(dwNumVectors);

// Der Blickpunkt soll zur Mitte (0, 0, 0) hin tendieren.
vCameraLookAt *= 0.5f;

// Kameramatrix erstellen und aktivieren
mCamera = tbMatrixCamera(vCameraPos, vCameraLookAt);
tbDirect3D::Instance().SetTransform(D3DTS_VIEW, mCamera);
```

Listing 7.34 Eine schwankende Perspektive

7.6.7 Schritt 6: Die Blöcke

7.6.7.1 Die *CBlock*-Klasse

Nun fehlen uns nur noch die Blöcke, und das Spiel ist bereits spielbar. Für die Blöcke führen wir wieder eine neue Klasse namens CBlock ein. Sie benötigt nur eine einzige Methode: Render. Außerdem besitzt sie folgende Variablen:

- int m_iEnergy: die Energie des Blocks. Bei jedem Treffer durch einen Ball wird ein Energiepunkt abgezogen. Nicht existierende Blöcke haben eine Energie von null.
- int m_iType: bestimmt den Typ des Blocks. Dieser Wert ist identisch mit dem *Startwert* von m_iEnergy. Der Blocktyp mit der Nummer 1 (blauer Block) hat nur *einen* Energiepunkt. Blocktyp 2 ist orange und hat entsprechend auch zwei Energiepunkte. Es folgen noch ein grüner Block mit drei Punkten und ein gelber mit vier.
- tbVector3 m_vPosition: die Position des Blocks auf dem Spielfeld
- CGame* m_pGame: Kopie des CGame-Zeigers

7.6 Das Spiel

Rendern eines Blocks

Beim Rendern gibt es nicht viel zu beachten: die `m_iType`-Variable bestimmt, welches der vier Blockmodelle gerendert wird – erinnern Sie sich an das `CGame::m_aBlockModel`-Array mit vier Elementen? Durch eine Translationsmatrix wird der Block an die richtige Stelle geschoben:

```
// Rendert einen Block
tbResult CBlock::Render(float fTime)
{
    tbMatrix mWorld;

    // Block rendern
    mWorld = tbMatrixTranslation(m_vPosition);
    tbDirect3D::Instance().SetTransform(D3DTS_WORLD, mWorld);
    m_pGame->m_apBlockModel[m_iType - 1]->Render();

    return TB_OK;
}
```

Listing 7.35 Rendern eines Blocks

Das Array der Blöcke

Wie auch schon bei den Bällen verpassen wir der `CGame`-Klasse nun ein Array mit 64 `CBlock`-Elementen: `CGame::m_aBlock`. Jedes Element steht für einen Block.

7.6.7.2 Erstellen mehrerer Blöcke

Wenn der Spieler einen neuen Level betritt, werden zuerst alle Blöcke mit `ZeroMemory` zurückgesetzt. Anschließend wird dann das Spielfeld – je nachdem, um welchen Level es sich handelt – aus Blöcken generiert. Da stellt sich erst einmal die Frage: *Wie speichern wir die Levels des Spiels ab?* Einen Leveleditor zu programmieren wäre wohl für so ein simples Spiel leicht übertrieben ...

> Dazu teilen wir jeden Level in „Zeilen" auf, die aus einem einfachen String bestehen. Jedes Zeichen im String steht für ein anderes Feld – in unserem Fall für einen anderen Blocktyp. Die Zeile „111 2 111" soll unser Spiel später so interpretieren, dass anschließend drei Blöcke vom Typ 1 erstellt werden, dann ein Freiraum, dann ein Block vom Typ 2, wieder ein Freiraum und schließlich wieder drei Blöcke vom Typ 1.
>
> Mehrere Zeilen mit jeweils neun Zeichen (so viele Blöcke passen nebeneinander) ergeben dann den kompletten Level.

Nun benötigt das Spiel nur noch eine Funktion zum Erstellen einer kompletten Blockreihe. Dazu wird die Methode `CGame::CreateBlockRow` implementiert. Sie erwartet zuerst einen String, der die einzelnen Blöcke der Zeile beinhaltet, und dann den *Startvektor*. Der Startvektor ist die Position des ersten zu erstellenden Blocks. Alle weiteren Blöcke befinden sich dann *rechts* von diesem Punkt. Schauen Sie sich einmal den Quellcode der Methode an.

```cpp
// Erstellt eine Reihe von Blöcken
tbResult CGame::CreateBlockRow(char* pcBlocks,
                               tbVector3 vStartPos)
{
    int iType;

    // Alle Zeichen im String durchgehen
    for(DWORD dwChar = 0; dwChar < strlen(pcBlocks); dwChar++)
    {
        if(pcBlocks[dwChar] != ' ') // Wenn das Zeichen kein Leerzeichen ist ...
        {
            // Freien Block suchen
            for(DWORD dwBlock = 0; dwBlock < 64; dwBlock++)
            {
                if(m_aBlock[dwBlock].m_iEnergy <= 0)
                {
                    // Freier Block gefunden - ausfüllen!
                    // Zeichen im String in einen Blocktyp umwandeln.
                    iType = 0;
                    if(pcBlocks[dwChar] == '1') iType = 1;
                    else if(pcBlocks[dwChar] == '2') iType = 2;
                    else if(pcBlocks[dwChar] == '3') iType = 3;
                    else if(pcBlocks[dwChar] == '4') iType = 4;

                    if(iType != 0)
                    {
                        m_aBlock[dwBlock].m_iEnergy = iType;
                        m_aBlock[dwBlock].m_pGame = this;
                        m_aBlock[dwBlock].m_iType = iType;
                        m_aBlock[dwBlock].m_vPosition = vStartPos;
                    }
                    break;
                }
            }
        }

        vStartPos.x += 2.0f; // Position verändern (für nächsten Block)
    }

    return TB_OK;
}
```

Listing 7.36 Erstellen einer Blockzeile

Die Methode geht also in einer for-Schleife alle Zeichen des angegebenen Strings pcBlocks durch und sucht dann für jedes ein freies Element im CBlock-Array der CGame-Klasse – natürlich nur dann, wenn das Zeichen kein Leerzeichen ist, denn dort soll kein Block hingesetzt werden. Wurde dann ein freies Element gefunden, wird der Block entsprechend ausgefüllt – die Methode wandelt das Zeichen in einen Blocktyp um („1": Blocktyp 1, „2": Blocktyp 2 und so weiter). Nachdem ein Block erstellt wurde, wird der Startvektor verschoben – um genau *zwei Einheiten nach rechts*. Warum? Weil die Blockmodelle genau zwei Einheiten breit sind (wie auch der Schläger)!

7.6 Das Spiel

Die Levels von Breakanoid

Hier sehen Sie, wie in der InitLevel-Methode die Blöcke aufgestellt werden:

```
// Blöcke zurücksetzen
ZeroMemory(m_aBlock, 64 * sizeof(CBlock));

// Je nach Level die Blöcke erstellen
switch(iLevel)
{
case 1: CreateBlockRow(" 1   1   1 ", tbVector3(-8.0f, 0.0f, 2.0f));
        CreateBlockRow("12 111 21",    tbVector3(-8.0f, 0.0f, 1.0f));
        CreateBlockRow("12       21",  tbVector3(-8.0f, 0.0f, 0.0f));
        CreateBlockRow(" 112 211 ",    tbVector3(-8.0f, 0.0f, -1.0f));
        break;

case 2: CreateBlockRow("   222   ",    tbVector3(-8.0f, 0.0f, 1.0f));
        CreateBlockRow("  2 3 2  ",    tbVector3(-8.0f, 0.0f, 0.0f));
        CreateBlockRow(" 2 333 2 ",    tbVector3(-8.0f, 0.0f, -1.0f));
        CreateBlockRow("111111111",    tbVector3(-8.0f, 0.0f, -2.0f));
        break;

case 3: CreateBlockRow("33   2   33", tbVector3(-8.0f, 0.0f, 1.0f));
        CreateBlockRow("    131    ", tbVector3(-8.0f, 0.0f, 0.0f));
        CreateBlockRow("1 12121 1",    tbVector3(-8.0f, 0.0f, -1.0f));
        CreateBlockRow("212 2 212",    tbVector3(-8.0f, 0.0f, -2.0f));
        break;

case 4: CreateBlockRow("111111111",   tbVector3(-8.0f, 0.0f, 1.0f));
        CreateBlockRow("1   2   1",   tbVector3(-8.0f, 0.0f, 0.0f));
        CreateBlockRow("1 2 2 2 1",   tbVector3(-8.0f, 0.0f, -1.0f));
        CreateBlockRow("1 2 3 2 1",   tbVector3(-8.0f, 0.0f, -2.0f));
        CreateBlockRow("333   333",   tbVector3(-8.0f, 0.0f, -3.0f));
        break;

case 5: CreateBlockRow("1   3   1",   tbVector3(-8.0f, 0.0f, 1.0f));
        CreateBlockRow(" 1 343 1 ",   tbVector3(-8.0f, 0.0f, 0.0f));
        CreateBlockRow("  23 32  ",   tbVector3(-8.0f, 0.0f, -1.0f));
        CreateBlockRow("  22122  ",   tbVector3(-8.0f, 0.0f, -2.0f));
        break;

case 6: CreateBlockRow("2   111   2", tbVector3(-8.0f, 0.0f, 1.0f));
        CreateBlockRow("2 14441 2",   tbVector3(-8.0f, 0.0f, 0.0f));
        CreateBlockRow("1  333  1",   tbVector3(-8.0f, 0.0f, -1.0f));
        CreateBlockRow("11     11",   tbVector3(-8.0f, 0.0f, -2.0f));
        break;

case 7: CreateBlockRow("1 2 2 2 1",   tbVector3(-8.0f, 0.0f, 1.0f));
        CreateBlockRow("1       1",   tbVector3(-8.0f, 0.0f, 0.0f));
        CreateBlockRow("13 3 3 31",   tbVector3(-8.0f, 0.0f, -1.0f));
        CreateBlockRow("1       1",   tbVector3(-8.0f, 0.0f, -2.0f));
        CreateBlockRow("4 4 4 4 4",   tbVector3(-8.0f, 0.0f, -3.0f));
        break;

case 8: CreateBlockRow("112222211",   tbVector3(-8.0f, 0.0f, 0.0f));
        CreateBlockRow("1   3   1",   tbVector3(-8.0f, 0.0f, -1.0f));
        CreateBlockRow("1 2 4 2 1",   tbVector3(-8.0f, 0.0f, -2.0f));
        CreateBlockRow("1 23332 1",   tbVector3(-8.0f, 0.0f, -3.0f));
        CreateBlockRow("1  2 2  1",   tbVector3(-8.0f, 0.0f, -4.0f));
        break;
}
```

Listing 7.37 Aufbau der acht Levels von Breakanoid

Wie Sie sehen, ist die *x*-Koordinate des ersten Blocks immer –8. Der Block befindet sich dann sehr nah an der linken Wand, die bei –9.25 beginnt. Der neunte und letzte Block einer Reihe hat dann eine *x*-Koordinate von +8. Alle Blöcke sind ungefähr eine Einheit „tief", darum verkleinert sich die *z*-Koordinate des Startvektors auch bei jeder Reihe um 1.

7.6.7.3 Kollision zwischen Ball und Block

Wir werden nun die Bewegungsmethode des Balls (CBall::Move) so erweitern, dass geprüft wird, ob der Ball mit einem der Blöcke kollidiert. Wenn das passiert, wird dem Block ein Energiepunkt abgezogen, und der Ball prallt natürlich ab. Und genau dort liegt auch schon das erste Problem: Bei einer Wand wussten wir genau, wie wir die Flugrichtung des Balls zu verändern hatten. Aber einen Block kann man sich aus vier „Wänden" zusammengesetzt denken, und je nachdem, welche davon getroffen wird, muss entweder die *x*- (vertikale Wand) oder die *z*-Komponente (horizontale Wand) des Geschwindigkeitsvektors des Balls umgekehrt werden.

In der neuen CBall::Move-Methode gehen wir also (mit einer for-Schleife) alle Blöcke durch und prüfen, ob sie mit dem Ball kollidieren. Bevor aber überhaupt irgendetwas anderes getan wird, sollten wir aber bestimmen, ob der Ball überhaupt mit dem Block zusammenstoßen *kann*. Auch hier kann ein „Kollisionsrechteck" bestimmt werden – wie auch schon beim Schläger. Das Rechteck ist hier nur ein wenig höher. Die notwendige Bedingung für die Kollision:

$$x_{Ball} \geq x_{Block} - 1.25 \wedge x_{Ball} \leq x_{Block} + 1.25 \wedge z_{Ball} \geq z_{Block} - 0.75 \wedge z_{Ball} \leq z_{Block} + 0.75$$

Ist die Bedingung erfüllt, können wir weitergehen und die *Entfernung des Balls zu jeder der vier möglichen Kollisionsseiten des Blocks* berechnen – das sind die linke, die rechte, die vordere und die hintere Blockseite. Ist dann eine der Entfernungen sehr klein, dann haben wir die Seite gefunden, wo der Ball abprallen muss.

Doch wie berechnet man nun die Entfernung zwischen dem Ball und einer Seite? Ganz einfach. Nehmen wir als Beispiel die linke Blockwand. Da die Blöcke jeweils zwei Einheiten breit sind, liegt diese Wand bei $x_{Block} - 1$. Der Ball kann nur mit seiner *rechten* Seite auf die *linke* Blockseite treffen. Die rechte Seite das Balls befindet sich bei $x_{Ball} + 0.25$. Jetzt brauchen wir nur noch den Betrag der Differenz zwischen $x_{Block} - 1$ und $x_{Ball} + 0.25$ zu berechnen, und schon haben wir die Entfernung! Analog verfährt man mit den drei anderen Seiten.

Gut, jetzt haben wir die Distanz zu allen vier Seiten berechnet. Als Nächstes verwendet das Programm das Makro TB_MIN, um die kleinste aller Entfernungen zu finden. Dort kollidiert der Ball dann mit dem Block. Danach vergleichen wir das Minimum wieder mit den Distanzen zu den einzelnen Seiten, um herauszufinden, *wo* die Kollision denn nun genau sein muss. Ist es die linke oder die rechte Wand, kehren wir die *x*-Komponente des Geschwindigkeitsvektors vom Ball um, anderenfalls muss die *z*-Komponente ihr Vorzeichen wechseln. Dem Ball geben wir nach der Kollision auch noch einen kleinen Schubs in die richtige Richtung – aus den schon benannten Gründen. Sehen Sie hier den Quellcode der Kollisionserkennung:

```
// Kollision mit den Blöcken berechnen
for(DWORD dwBlock = 0; dwBlock < 64; dwBlock++)
{
    if(m_pGame->m_aBlock[dwBlock].m_iEnergy > 0)
    {
        // Blockposition kopieren
        tbVector3 vBlock(m_pGame->m_aBlock[dwBlock].m_vPosition);

        // Befindet sich der Ball im Kollisionsbereich?
        if(m_vPosition.x + 0.25f >= vBlock.x - 1.0f &&
           m_vPosition.x - 0.25f <= vBlock.x + 1.0f &&
```

7.6 Das Spiel _____ **555**

```
                    m_vPosition.z + 0.25f >= vBlock.z - 0.5f &&
                    m_vPosition.z - 0.25f <= vBlock.z + 0.5f)
                {
                    // Entfernung des Balls von allen Blockseiten berechnen
                    float fDistLeft   = fabsf(m_vPosition.x + 0.25f - (vBlock.x - 1.0f));
                    float fDistRight  = fabsf(m_vPosition.x - 0.25f - (vBlock.x + 1.0f));
                    float fDistTop    = fabsf(m_vPosition.z - 0.25f - (vBlock.z + 0.5f));
                    float fDistBottom = fabsf(m_vPosition.z + 0.25f - (vBlock.z - 0.5f));

                    // Minimale Distanz berechnen
                    float fMinDist =
                        TB_MIN(fDistLeft,TB_MIN(fDistRight,TB_MIN(fDistTop,fDistBottom)));

                    // Wenn die Distanz zur linken oder rechten Seite am kleinsten ist ...
                    if(fMinDist == fDistLeft || fMinDist == fDistRight)
                    {
                        // Ball an der z-Achse abprallen lassen
                        m_vVelocity.x *= -1.0f;

                        // Dem Ball einen kleinen "Schubs" geben
                        if(fMinDist == fDistLeft) m_vPosition.x -= 0.1f;
                        else m_vPosition.x += 0.1f;
                    }
                    else
                    {
                        // Ball an der x-Achse abprallen lassen
                        m_vVelocity.z *= -1.0f;

                        // Dem Ball einen kleinen "Schubs" geben
                        if(fMinDist == fDistTop) m_vPosition.z += 0.1f;
                        else m_vPosition.z -= 0.1f;
                    }

                    // Dem Block einen Energiepunkt abziehen
                    m_pGame->m_aBlock[dwBlock].m_iEnergy--;

                    // Kollision ist immer nur mit einem einzigen Block möglich!
                    break;
                }
        }
    }
```

Listing 7.38 Kollision zwischen Ball und Blöcken

7.6.7.4 Multiball

Damit das Spiel auch eine kleine Herausforderung für den Spieler mit sich bringt, werden wir nun das Multiball-Feature integrieren. Es soll wie folgt funktionieren: Immer dann, wenn ein Block zerstört, also seine Energie null wird, besteht eine Wahrscheinlichkeit von 1 zu 14, dass ein zusätzlicher Ball ins Spiel kommt. Dazu werfen wir den Zufallszahlengenerator an und lassen uns von der Funktion tbIntRandom eine Zufallszahl zwischen 0 und 14 erzeugen. Wenn diese dann 7 ist, kommt ein neuer Ball ins Spiel. Das ginge natürlich auch mit jeder anderen Zahl zwischen 0 und 14.

```
// Dem Block einen Energiepunkt abziehen
m_pGame->m_aBlock[dwBlock].m_iEnergy--;

// Wenn der Block zerstört wurde ...
if(m_pGame->m_aBlock[dwBlock].m_iEnergy <= 0)
{
```

```
            // Bei einem von fünfzehn Blöcken gibt es einen Extraball!
            if(tbIntRandom(0, 14) == 7)
            {
                // Neuen Ball erstellen, zufällige Flugrichtung nach unten
                m_pGame->CreateBall(m_vPosition,
                                    tbVector3(tbFloatRandom(-4.0f, 4.0f), 0.0f,
                                              -tbFloatRandom(8.0f, 10.0f)),
                                    FALSE);
            }
    }
}
```

Listing 7.39 Per Zufall kommen neue Bälle ins Spiel.

7.6.7.5 Wenn alle Blöcke weg sind …

… ist der Level geschafft! Dazu zählen wir in der `CGame::Move`-Methode, wie viele Blöcke noch da sind, also wie viele Einträge aus dem `m_aBlock`-Array noch einen Energiewert größer als eins haben. Kommt null dabei heraus, wird der nächste Level aktiviert. Dazu erhöhen wir ganz einfach die `m_iLevel`-Variable und rufen `InitLevel` auf. Und was passiert, wenn der Spieler den letzten Level (Nr. 8) geschafft hat? In dem Fall setzen wir `m_iLevel` wieder auf eins, und der Spieler darf wieder von vorne anfangen (so macht man das, wenn man keine Lust hat, einen „*Herzlichen Glückwunsch!*"-Bildschirm zu programmieren …).

```
DWORD dwNumBlocks;

// Verbleibende Blöcke zählen
dwNumBlocks = 0;
for(DWORD dwBlock = 0; dwBlock < 64; dwBlock++)
{
    if(m_aBlock[dwBlock].m_iEnergy > 0) dwNumBlocks++;
}

// Keine Blöcke mehr: neuer Level!
if(dwNumBlocks == 0)
{
    // Nächster Level!
    m_iLevel++;

    // Das Spiel hat kein Ende: Nach Level 8 geht's wieder bei 1 los.
    if(m_iLevel > 8) m_iLevel = 1;

    InitLevel(m_iLevel);
    tbDelay(100);
}
```

Listing 7.40 So leicht kann man es sich machen!

7.6.8 Schritt 7: Versuche

Erinnern Sie sich noch an die Variable `CGame::m_iNumTries`? Sie beinhaltet die Anzahl der restlichen Versuche, die dem Spieler bleiben. Bisher haben wir nichts weiter mit ihr getan, als sie zu Beginn des Spiels auf 5 zu setzen, was sich nun ändern soll.

7.6.8.1 Ballverlust

Sobald alle Bälle weg sind, ziehen wir dem Spieler einen Versuch ab und erzeugen anschließend mit `CreateBall` einen neuen am Schläger klebenden Ball. Das Zählen der Bälle fügen wir

7.6 Das Spiel

direkt in die for-Schleife in der `CGame::Move`-Methode ein, die auch für deren Bewegung zuständig ist:

```
DWORD dwNumBalls;

// Die Bälle bewegen und zählen
dwNumBalls = 0;
for(DWORD dwBall = 0; dwBall < 16; dwBall++)
{
    // Den Ball bewegen und zählen, wenn er existiert
    if(m_aBall[dwBall].m_bExists)
    {
        m_aBall[dwBall].Move(fTime);
        dwNumBalls++;
    }
}

// Wenn kein Ball mehr im Spiel ist ...
if(dwNumBalls == 0)
{
    // Einen Versuch abziehen
    m_iTriesLeft--;

    // Wieder einen Ball ins Spiel bringen
    CreateBall(tbVector3(0.0f, 0.0f, 0.25f), tbVector3(0.0f), TRUE);
}
```

Listing 7.41 Ein Versuch weniger und ein neuer Ball

7.6.8.2 Anzeigen

Natürlich soll der Spieler auch irgendwo sehen können, wie viele Versuche ihm noch bleiben. Dafür eignet sich die linke obere Bildschirmecke ganz gut. Gleichzeitig zeigen wir auch noch die Nummer des aktuellen Levels an. Beide Anzeigen verwenden die zweite Schriftart (`CBreakanoid::m_pFont2`). Für die Generierung der anzuzeigenden Texte verwenden wir die Funktion `sprintf`. In der neuen Version der `CGame::Render`-Methode finden sich daher folgende Zeilen:

```
char acText[256];

g_pBreakanoid->m_pFont2->Begin();

// Levelnummer
sprintf(acText, "Level %d", m_iLevel);
g_pBreakanoid->m_pFont2->DrawText(tbVector2(0.05f, 0.05f), acText,
                                  TB_FF_RELATIVE | TB_FF_RELATIVESCALING, -1,
                                  tbColor(1.0f), tbColor(1.0f, 0.25f, 0.25f));
// Restliche Versuche
sprintf(acText, "Versuche: %d", m_iTriesLeft);
g_pBreakanoid->m_pFont2->DrawText(tbVector2(0.05f, 0.1f), acText,
                                  TB_FF_RELATIVE | TB_FF_RELATIVESCALING, -1,
                                  tbColor(1.0f), tbColor(0.25f, 1.0f, 0.25f));

g_pBreakanoid->m_pFont2->End();
```

Listing 7.42 Rendern der Anzeigen für die Levelnummer und die restlichen Versuche

7.6.8.3 Game Over!

Bisher kann der Spieler so viele Bälle verlieren, wie er will – der Wert für die restlichen Versuche wird dann einfach negativ. So weit soll es natürlich nicht kommen – vielmehr wollen wir dem Spieler ein großes rotes „*Game Over!*" präsentieren, das ihn über sein Scheitern informiert. Dazu fügen wir der CGame-Klasse eine neue Variable hinzu: BOOL m_bGameOver. Wenn sie TRUE ist, dann wird in der Render-Methode eine große rote Schrift angezeigt. Und wann wird sie TRUE? Wenn der Spieler wieder einmal alle Bälle verloren hat und die Anzahl der restlichen Versuche null beträgt. Ein neuer Ball kommt dann natürlich auch nicht mehr ins Spiel:

```
// Wenn kein Ball mehr im Spiel ist ...
if(dwNumBalls == 0)
{
    // Wenn keine Versuche mehr übrig sind ...
    if(m_iTriesLeft == 0)
    {
        // Game Over!
        m_bGameOver = TRUE;
    }
    else
    {
        // Einen Versuch abziehen
        m_iTriesLeft--;

        // Wieder einen Ball ins Spiel bringen
        CreateBall(tbVector3(0.0f, 0.0f, 0.25f), tbVector3(0.0f), TRUE);
    }
}
```

Listing 7.43 Keine Versuche mehr übrig: Spiel vorbei!

Gerendert wird die große rote Schrift dann in CGame::Render. Das Programm zeigt die Schrift gleich zweimal an: zuerst grün und dann darüber noch einmal rot. Dadurch, dass eine der beiden Schriften immer leicht versetzt ist – durch eine Sinusfunktion, entsteht ein schöner Effekt.

```
// Game Over?
if(m_bGameOver)
{
    g_pBreakanoid->m_pFont2->DrawText(tbVector2(0.5f + sinf(m_fLevelTime) * 0.01f,
                                      0.5f + cosf(m_fLevelTime) * 0.01f),
                                      "Game Over!",
                                      TB_FF_ALIGN_HCENTER | TB_FF_ALIGN_VCENTER |
                                      TB_FF_RELATIVE | TB_FF_RELATIVESCALING,
                                      -1, tbColor(0.25f, 1.0f, 0.25f, 0.5f),
                                      tbColor(0.0f, 1.0f, 0.0f, 0.5f),
                                      tbVector2(4.0f, 4.0f));

    g_pBreakanoid->m_pFont2->DrawText(tbVector2(0.5f, 0.5f), "Game Over!",
                                      TB_FF_ALIGN_HCENTER | TB_FF_ALIGN_VCENTER |
                                      TB_FF_RELATIVE | TB_FF_RELATIVESCALING,
                                      -1, tbColor(1.0f, 0.25f, 0.25f),
                                      tbColor(1.0f, 0.0f, 0.0f),
                                      tbVector2(4.0f, 4.0f));
}
```

Listing 7.44 Anzeigen der „*Game Over!*"-Schrift

7.6.9 Schritt 8: Punkte

Was wäre ein Spiel ohne Punkte? Auf jeden Fall wäre es nicht so spannend, weil man keine Rekorde aufstellen könnte. Um die Punktzahl zu speichern, hatten wir bereits eine Variable CGame::m_iScore eingeführt.

7.6.9.1 Punkte für einen absolvierten Level

Je weniger Zeit der Spieler zum Absolvieren eines Levels braucht, desto mehr Punkte sollte er bekommen. Dazu benötigt man erst einmal eine Variable, in der man die vergangene Zeit seit Levelbeginn speichert – wir nennen sie CGame::m_fLevelTime (Typ: float). In der InitLevel-Methode wird sie auf null gesetzt, und in der Move-Methode wird sie um die seit dem letzten Frame vergangene Zeit erhöht – wenn das Spiel nicht gerade pausiert. Wurde nun ein Level geschafft, wird die Anzahl der Punkte wie folgt berechnet: Benötigt der Spieler beispielsweise 100 Sekunden, dann bekommt er 1/100 von einer Million Punkten. Bräuchte er nur eine Sekunde, was natürlich nicht möglich ist, bekäme er die ganze Million.

Zusätzlich zu diesem Bonus gibt es aber auch noch einen „Pauschalbetrag", der von der Levelnummer abhängig ist. Je höher der Level, desto mehr Punkte. Level 1 bringt 10000 Punkte, Level 2 bringt schon 20000 Punkte und so weiter:

```
// Keine Blöcke mehr: Extrapunkte und neuer Level!
if(dwNumBlocks == 0)
{
    // Level 1 bringt 10000 Punkte, Level 2 20000 Punkte usw..
    m_iScore += m_iLevel * 10000;

    // Je weniger Zeit man gebraucht hat, desto mehr Extrapunkte gibt's.
    // Bei x benötigten Sekunden gibt es den x-ten Teil von 1000000 Punkten.
    m_iScore += (DWORD)(1000000.0f * (1.0f / m_fLevelTime));

    // Nächster Level!
    m_iLevel++;

    // Das Spiel hat kein Ende: Nach Level 8 geht's wieder bei 1 los.
    if(m_iLevel > 8) m_iLevel = 1;

    InitLevel(m_iLevel);
    tbDelay(100);
}
```

Listing 7.45 Bonuspunkte am Ende eines Levels

7.6.9.2 Weitere Belohnungen

Folgende Aktionen werden ebenso mit Zusatzpunkten belohnt:
- Treffen eines Blocks (100 Punkte)
- Zerstörung eines Blocks (1000 bis 4000 Punkte – je nach Blocktyp)

7.6.9.3 Anzeigen der Punktzahl

In der CGame::Render-Methode rendern wir nun auch noch den aktuellen Punktestand des Spielers – ganz nach dem Muster, wie es vorhin auch schon getan wurde.

```
// Punkte
sprintf(acText, "Punkte: %d", m_iScore);
g_pBreakanoid->m_pFont2->DrawText(tbVector2(0.05f, 0.15f), acText,
                    TB_FF_RELATIVE | TB_FF_RELATIVESCALING, -1,
                    tbColor(1.0f), tbColor(0.25f, 0.25f, 1.0f));
```

Listing 7.46 Rendern des Punktestands

7.6.10 Schritt 9: Sound für das Spiel

Jetzt fehlt nur noch der Sound im Spiel (im Hauptmenü wurde er ja bereits integriert), und wir sind fertig. Die zwölf Sounds des Spiels wurden schon ganz zu Beginn geladen – wir müssen uns also nur noch um das Abspielen kümmern. Hier die Sounds, die für das Spiel gebraucht werden:

- CBreakanoid::m_apSound[2]: neuen Level betreten
- CBreakanoid::m_apSound[3]: Ball abfeuern (mit Leertaste)
- CBreakanoid::m_apSound[4]: Ball geht verloren
- CBreakanoid::m_apSound[5]: Ball trifft den Schläger
- CBreakanoid::m_apSound[6]: Extraball-Sound
- CBreakanoid::m_apSound[7]: Ball prallt an der Wand ab
- CBreakanoid::m_apSound[8 bis 11]: verschiedene glockenspielartige Musikinstrumente, von denen zufällig ein Sound abgespielt wird, wenn der Ball einen Block trifft

Ich möchte hier nur auf ein einziges Beispiel eingehen, denn die Art, wie man einen Sound abspielt, ist praktisch immer gleich: einfach `PlayNextBuffer` auf der `tbSound`-Klasse aufrufen.

Einen kleinen Unterschied gibt es aber, wenn der Ball gegen einen Block fliegt: Erst einmal soll per Zufallsgenerator eines der vier Musikinstrumente bestimmt werden. Der abgespielte Sound wird dann auch noch in seiner *Frequenz* verändert, so dass immer zufällige Töne gespielt werden. In dem Fall dürfen wir den Rückgabewert der Methode `PlayNextBuffer` nicht einfach ignorieren, denn wir benötigen ihn noch, um die neue Abspielfrequenz zu setzen (die 44100 Hz ± 5000 Hz beträgt):

```
int iBuffer;

// Befindet sich der Ball im Kollisionsbereich?
if(m_vPosition.x + 0.25f >= vBlock.x - 1.0f &&
   m_vPosition.x - 0.25f <= vBlock.x + 1.0f &&
   m_vPosition.z + 0.25f >= vBlock.z - 0.5f &&
   m_vPosition.z - 0.25f <= vBlock.z + 0.5f)
{
    // Zufälligen "Pling"-Sound abspielen
    iSound = tbIntRandom(8, 11);
    iBuffer = g_pBreakanoid->m_apSound[iSound]->PlayNextBuffer();
    if(iBuffer != -1)
    {
        // Frequenz zufällig setzen
        g_pBreakanoid->m_apSound[iSound]->SetFrequency(iBuffer,
                                       44100 + tbIntRandom(-5000, 5000));
    }
}
```

Listing 7.47 Abspielen eines zufälligen Sounds mit zufälliger Frequenz

Mit ein wenig Glück kann man sogar recht schöne Melodien hören, während man das Spiel spielt. Eine interessante Idee wäre es auch, die Frequenzen, also die Töne, *nicht* zufällig zu wählen, sondern sie nach einem vorher gespeicherten Muster ablaufen zu lassen ...

7.6.11 Schritt 10: Hier spielt die Musik!

Ein letzter Schritt noch, und *Breakanoid* ist fertig – die Musik fehlt noch. Sie liegt in Form einer MP3-Datei im Ordner DATA vor – der Dateiname ist MUSIC.MP3. Da die Musik (für die ich mich herzlich bei meinem Vater bedanke!) sich während des gesamten Spiels nicht verändern soll, legen wir die für sie nötige tbMusic*-Variable in der CBreakanoid-Klasse ab (tbMusic* m_pMusic). Geladen wird sie in CBreakanoid::Load und dort auch gleich abgespielt:

```
// Lädt das Spiel
tbResult CBreakanoid::Load()
{
    // ...

    // Musik laden und gleich abspielen
    m_pMusic = new tbMusic;
    if(m_pMusic->Init("Data\\Music.mp3"))
    {
        // Fehler!
        TB_ERROR("Fehler beim Laden der Musik!", TB_ERROR);
    }

    m_pMusic->Play();

    return TB_OK;
}
```

Listing 7.48 Laden und Abspielen der Musik

7.7 Minimieren im Vollbildmodus

7.7.1 Das Problem

Es gibt noch ein gravierendes Problem mit *Breakanoid*, das auch auf alle bisherigen Beispielprogramme, die Direct3D verwendeten, zutrifft: Läuft das Programm im Vollbildmodus und man wechselt mit [Alt+Tab] zu einem anderen Programm und anschließend wieder zurück, erwartet einen nicht mehr als ein schwarzer Bildschirm oder eine Fehlermeldung.

Das liegt daran, dass viele der von DirectX verwendeten Ressourcen (Direct3D: *Texturen, Vertex-Buffer, Index-Buffer*; DirectSound: *Soundpuffer* ...) verloren gehen können. Sie wiederherzustellen ist manchmal nicht ganz einfach.

7.7.2 Die Lösung

7.7.2.1 Ganz oder gar nicht!

Mein Ansatz zur Lösung des Problems ist daher: Wurde das im Vollbildmodus laufende Spiel minimiert und später wieder maximiert, wird es einfach *komplett* neu geladen. Das heißt: zuerst alle Daten freigeben und sie anschließend wieder neu laden (Texturen, Sounds, Musik, Modelle ...) beziehungsweise neu generieren (Schnittstellen).

Jetzt macht sich der Aufbau unseres Spiels mit den immer wieder vorkommenden Methoden Init, Exit, Load und Unload bezahlt! Denn es ist jetzt sehr einfach für uns, das Spiel mit einigen wenigen Methoden komplett neu zu laden.

7.7.2.2 Erkennung

Doch wie erkennen wir nun, dass es nötig ist, diesen ganzen Entlade- und Ladezirkus zu veranstalten? Direct3D ist wohl die anfälligste DirectX-Komponente: Wechselt man zu einem im Vollbildmodus laufenden Programm, wird es meist nicht mehr korrekt arbeiten. Das merkt man zum Beispiel daran, dass IDirect3DDevice9::Present, wodurch der Bildpuffer sichtbar gemacht wird, fehlschlägt.

Schauen Sie sich nun einmal die neue Version von CBreakanoid::Render an:

```
// Rendert das Spiel
tbResult CBreakanoid::Render(float fTime)
{
    tbResult r = TB_OK;

    // Aktuellen Spielzustand rendern
    switch(m_GameState)
    {
    case GS_INTRO:     r = m_pIntro->Render(fTime);    break;
    case GS_MAIN_MENU: r = m_pMainMenu->Render(fTime); break;
    case GS_GAME:      r = m_pGame->Render(fTime);     break;
    }

    // Eventuelle Fehler abfangen
    if(r) TB_ERROR("Fehler beim Rendern des Spielzustands!", TB_ERROR);

    // Bildpuffer anzeigen
    if(tbDirect3D::Instance().GetPresentResult())
    {
        // Anzeigen ist fehlgeschlagen!
        // Wahrscheinlich läuft das Programm im Vollbildmodus, und es wurde
        // zwischenzeitlich minimiert. Wir initialisieren das Spiel komplett neu.

        // Aktuellen Spielzustand entladen
        switch(m_GameState)
        {
        case GS_INTRO:     m_pIntro->Unload();    break;
        case GS_MAIN_MENU: m_pMainMenu->Unload(); break;
        case GS_GAME:      m_pGame->Unload();     break;
        }

        // Das ganze Spiel entladen und dann wieder neu laden
        Unload();
        Load();

        // Aktuellen Spielstatus neu laden
        switch(m_GameState)
        {
        case GS_INTRO:     m_pIntro->Load();    break;
        case GS_MAIN_MENU: m_pMainMenu->Load(); break;
        case GS_GAME:      m_pGame->Load();     break;
        }
    }

    return TB_OK;
}
```

Listing 7.49 Nun funktioniert auch das Minimieren und anschließende Maximieren im Vollbildmodus!

Die Methode tbDirect3D::GetPresentResult liefert TB_OK, wenn der letzte Aufruf von IDirect3DDevice9::Present erfolgreich war, ansonsten TB_ERROR. Dafür, dass das Spiel nicht weiterläuft, während es minimiert wird, sorgt bereits die vorgefertigte Fensterklasse, die in der Direct3D-Komponente der TriBase-Engine steckt (sie fängt die Nachrichten zur Aktivierung

7.8 Motion-Blurring

beziehungsweise Deaktivierung des Programms ab, und wenn das Programm deaktiviert ist, werden die Render- und Move-Funktionen ganz einfach nicht mehr aufgerufen).

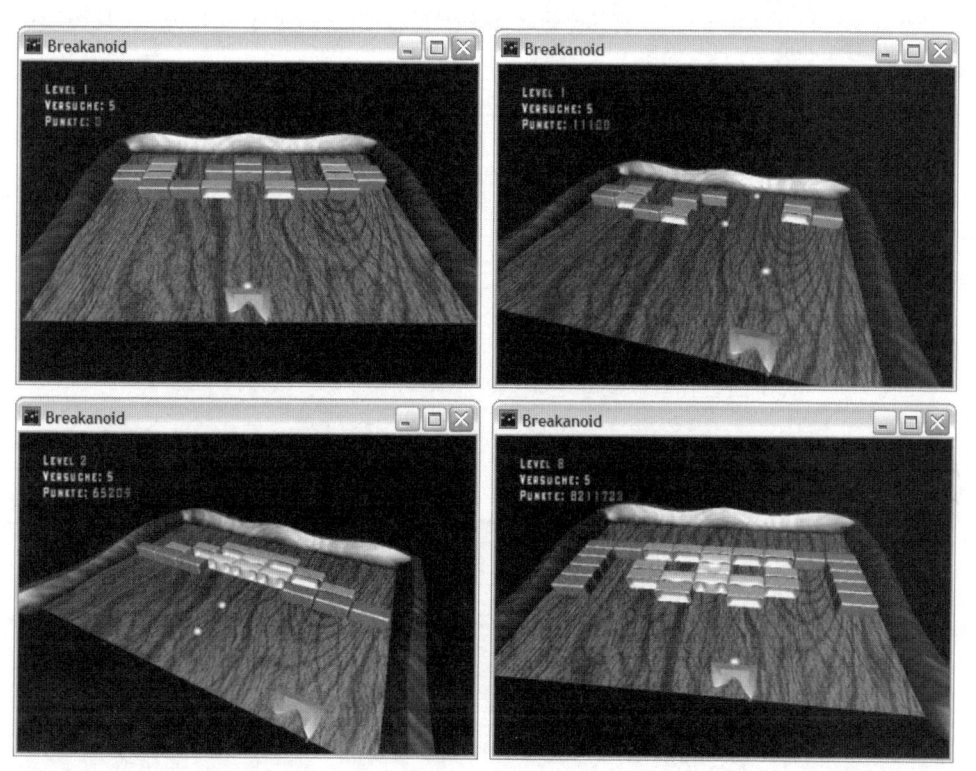

Abbildung 7.7 Vier repräsentative Screenshots von *Breakanoid*. Die hohen Punktzahlen kamen übrigens nur durch „Schummeln" zustande, nachdem ich einen *Level-überspringen-Cheat* eingebaut hatte.

7.8 Motion-Blurring

Eine kleine Spielerei wollen wir noch in *Breakanoid* einbauen, bevor das Spiel wirklich fertig ist, nämlich *Motion-Blurring*. Hierbei handelt es sich um eine Technik, die man anwendet, um Objekte so zu rendern, dass der Betrachter ihre Geschwindigkeit „sieht". Es sieht dann so aus, als würde man beispielsweise ein Foto von einem sehr schnell fliegenden Ball machen. Bei normaler Belichtungszeit sähe man später eine Spur, die der Ball hinterlässt.

Genau das wollen wir auch in unser Spiel einbauen, und zwar sowohl beim Ball als auch beim Schläger. Nun, wie kann man das anstellen?

> Motion-Blurring zu erzeugen ist im Prinzip gar nicht schwer. Wir können Alpha-Blending benutzen, um das Objekt mehrfach zu rendern, und zwar jedes Mal ein bisschen transparenter, und jedes Mal rechnen wir seine Position ein Stückchen „zurück". Das bedeutet, dass wir den Bewegungsvektor vom Positionsvektor *abziehen*, um die frühere Position des Objekts zu erhalten. Das ist so zwar nicht hundertprozentig korrekt, aber das Ergebnis ist optisch sehr ansprechend.

Nun brauchen wir die Möglichkeit, die Transparenz des Objekts genau einstellen zu können. Eine Lösung wäre, sich Zugriff auf das D3DMATERIAL9 des Modells zu verschaffen und dessen Streufarbe (genauer gesagt: die Alphakomponente) zu verändern. Aber es gibt noch eine einfachere und schönere Lösung! Wie Sie sich vielleicht noch erinnern, unterstützt Direct3D beim Alpha-Blending Modi namens D3DBLEND_BLENDFACTOR und D3DBLEND_INVBLENDFACTOR. Wählt man diesen Modus, dann nimmt Direct3D die Blendfaktoren direkt aus einem Render-State (D3DRS_BLENDFACTOR) anstatt aus der Streufarbe oder aus der Textur.

Der Blendfaktor, den wir über D3DRS_BLENDFACTOR setzen, ist ein DWORD-Wert, hat also 32 Bits. Die ersten 8 Bits setzen wir auf 1, also ist das erste Byte 255 (0xFF). Nun folgt der Blendfaktor für den roten Farbkanal, dann der für den grünen und am Ende der für den blauen. Wir setzen jeweils dieselben Werte ein.

Schauen Sie sich nun die neue Methode CBall::Render an. Sie prüft zuerst auch, ob das Feature (D3DBLEND_BLENDFACTOR und D3DBLEND_INVBLENDFACTOR) überhaupt verfügbar ist:

```
// Rendert einen Ball
tbResult CBall::Render(float fTime)
{
    tbMatrix mWorld;

    // Ball rendern
    tbDirect3D& D3D = tbDirect3D::Instance();
    D3D.Instance().SetTransform(D3DTS_WORLD, tbMatrixTranslation(GetAbsPosition()));
    m_pGame->m_pBallModel->Render();

    // Motion-Blurring
    if(!m_bGrabbed && D3D.GetCaps().SrcBlendCaps & D3DPBLENDCAPS_BLENDFACTOR)
    {
        // Alpha-Blending aktivieren und verhindern, dass in den Z-Buffer geschrieben wird
        D3D.SetRS(D3DRS_ZWRITEENABLE, FALSE);
        D3D.SetRS(D3DRS_ALPHABLENDENABLE, TRUE);
        D3D.SetRS(D3DRS_SRCBLEND, D3DBLEND_BLENDFACTOR);
        D3D.SetRS(D3DRS_DESTBLEND, D3DBLEND_INVBLENDFACTOR);

        // 9 Samples
        for(float f = 0.1f; f <= 1.0f; f += 0.1f)
        {
            // Blendfaktor (Opazität) dieses Samples bestimmen (von 0 bis 63)
            DWORD dwFactor = (DWORD)((1.0f - f) * 63.0f);

            // Blendfaktor setzen. Wir kopieren den Wert auf alle Farbkanäle.
            D3D.SetRS(D3DRS_BLENDFACTOR, 0xFF000000 |
                                        dwFactor |
                                        (dwFactor << 8) |
                                        (dwFactor << 16));

            // Position zurückrechnen und Ball rendern
            D3D.Instance().SetTransform(D3DTS_WORLD,
                    tbMatrixTranslation(GetAbsPosition() - f * m_vVelocity * 0.1f));
            m_pGame->m_pBallModel->Render();
        }

        // Render-States zurücksetzen
        D3D.SetRS(D3DRS_ZWRITEENABLE, TRUE);
        D3D.SetRS(D3DRS_ALPHABLENDENABLE, FALSE);
    }

    return TB_OK;
}
```

Listing 7.50 Diese Render-Methode rendert den Ball mit Motion-Blurring!

7.9 Erweiterungsvorschläge

Besonders wichtig ist, dass der Schreibzugriff auf den Z-Buffer abgeschaltet wird, denn die Spuren sollen sich nicht gegenseitig oder gar andere Objekte verdecken.

Beim Rendern des Schlägers gehen wir genauso vor, und am Ende haben wir einen schönen kleinen „Spezialeffekt" ins Spiel eingebaut.

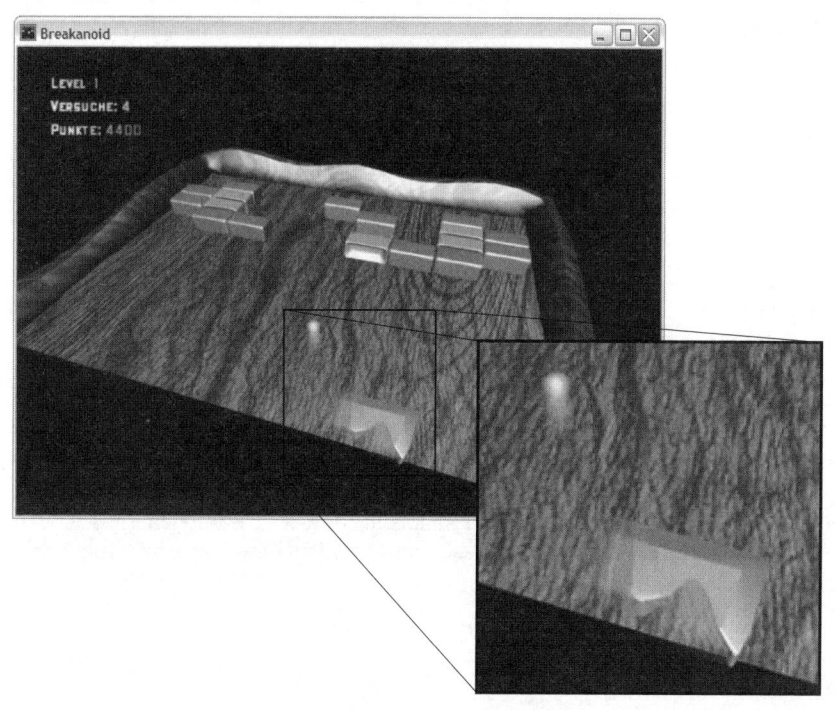

Abbildung 7.8 Motion-Blurring beim Ball und beim Schläger

7.9 Erweiterungsvorschläge

Damit ist unser erstes Spiel *Breakanoid* fertig gestellt! Gerade weil es das *erste* ist, kann es natürlich nicht allzu komplex werden. Hier ein paar Vorschläge, wie Sie das Spiel vielleicht noch ein wenig erweitern könnten:

- Verschiedene Musikstücke für Titelbildschirm, Hauptmenü und Spiel
- Steuerung des Schlägers auch per Maus und Joystick
- Herunterfallende Extras, die beim „Einsammeln" den Schläger vergrößern/verkleinern, schneller machen/verlangsamen, ihn schießen lassen (um Blöcke schneller abräumen zu können), alle Bälle langsamer/schneller fliegen lassen, die Flugbahn der Bälle per Zufallsgenerator beeinflussen (sie würden dann unberechenbar), einen Extraversuch bringen, alle Bälle am Schläger kleben lassen, alle Bälle direkt durch die Blöcke durchfliegen lassen und so weiter. Diese Extras wären dann jeweils nur für kurze Zeit aktiv.
- Der Schläger kann auch nach vorne und hinten bewegt werden, um die Schlagkraft beeinflussbar zu machen.
- Eine Sky-Box (vielleicht ein Ausblick aus dem Weltall mit Sternen, Galaxien, Nebeln …) mit Environment-Mapping einbauen, um die Objekte spiegelglatt erscheinen zu lassen.

- Optionen zur Kontrolle der Lautstärke von Soundeffekten und Musik
- Mehr Levels und mehr Blocktypen (die Originaldateien aller Modelle des Spiels finden Sie übrigens im Ordner DATA\PROJEKTDATEIEN).
- Eine Highscore-Liste
- Eine virtuelle Basisklasse für einen Spielzustand erstellen und davon `CIntro`, `CMainMenu` und `CGame` ableiten (mit den Methoden `Init`, `Exit`, `Load`, `Unload`, `Render` und `Move`; siehe dazu auch Kapitel 9).

Wenn Sie das Spiel erweitert haben und finden, dass es gut gelungen ist – zögern Sie nicht, es mir zu schicken, und vielleicht werden Sie es bald auf http://www.scherfgen-software.net wiederfinden.

7.10 Ausblick

Nun haben wir unser erstes Spiel programmiert, und ich hoffe, dass es Ihnen gefallen hat. Natürlich wäre *Breakanoid* nicht unbedingt der Kassenschlager in den Kaufhäusern, aber als erstes Spiel ist es mit seiner Grafik, dem Sound und der Musik doch schon recht ansehnlich. Sie haben nun auch gelernt, wie man das Gerüst eines Spiels aufbaut und wie man es von dort aus Schritt für Schritt erweitern kann.

Machen Sie sich nun auf unser nächstes Spiel gefasst, das in Sachen Physik, Steuerung, Grafik und Sound um einiges komplexer sein wird als *Breakanoid*. Sie werden hier auch einige Spezialeffekte kennen lernen!

8

Das zweite Spiel

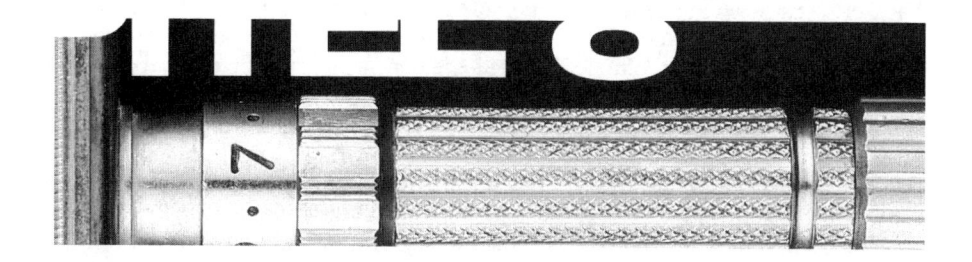

8 Das zweite Spiel

8.1 Was Sie in diesem Kapitel erwartet

In diesem Kapitel werden wir die Programmierung eines weitaus komplexeren Spiels als *Breakanoid* aus dem vorherigen Kapitel angehen – ein *Weltraum-Shooter*! Und ich kann Ihnen bereits jetzt versprechen, dass sich das fertige Spiel wirklich sehen lassen kann!

Nun, warum eignen sich solche Spiele so gut, um sie in einem Buch als exemplarisches Projekt zu programmieren? Einmal wäre da sicherlich die Tatsache, dass es bei einem Weltraum-Shooter so gut wie nie irgendwelche komplexeren Umgebungen gibt, wie das bei den vielfach indizierten Indoor-Shootern der Fall ist. Die modernsten Weltraum-Shooter bilden da allerdings eine Ausnahme, indem sie Asteroidenfelder, schwarze Löcher, Nebel oder die Atmosphäre eines Planeten zur Spielumgebung machen. Entscheidend ist aber, dass man bei einem Weltraum-Shooter solche Dinge nicht wirklich *braucht*, was uns die Sache natürlich leichter macht. Trotzdem eignen sich Weltraum-Shooter hervorragend zur Demonstrierung vieler häufig auch in anderen Spieletypen auftretenden Effekte und Algorithmen. So werden zum Beispiel grundlegende physikalische Berechnungen benötigt (Geschwindigkeit, Beschleunigung, Rotation, Wirkung von Kräften), und man kann sich gut im Erzeugen von Explosionen mit Hilfe von Partikelsystemen und im Rendern der verschiedensten Geschosse üben. Die Kollisionserkennung darf – und wird – natürlich auch nicht fehlen, ebenso wenig wie der 3D-Sound (obwohl man im Weltraum eigentlich kaum etwas hören dürfte). Letzten Endes bedarf es selbstverständlich auch einiger Ansätze zur Programmierung einer künstlichen Intelligenz, um einen Weltraum-Shooter zu vollenden.

8.2 Planung

8.2.1 Das Spielprinzip und der Name des Spiels

In unserem Spiel, das ich kurzerhand *Galactica* getauft habe, wird der Spieler erst einmal aufgefordert werden, zwei oder mehr Teams von Raumschiffen aufzustellen, die dann später gegeneinander antreten werden, wobei der Spieler natürlich eines dieser Schiffe steuert. Daraus werden Sie jetzt wohl auch schon erahnen können, dass es keine Missionen wie „*Kapern Sie den Frachter, Alpha Eins!*" oder „*Geben Sie der U.S.S. Crazy Horse Geleitschutz bis zum Raladaria-Sektor, und achten Sie auf angreifende Borg-Schiffe!*" geben wird. Unsere „Mission" wird sich darauf beschränken, die feindlichen Teams auszulöschen – erbarmungslos. Man stelle sich einfach vor, es handele sich bei den feindlichen Schiffen um rücksichtslose Piraten, deren intergalaktischer Raubzug nun ein Ende finden muss.

Das Spielprinzip wäre damit also schon klar – bleibt nur noch die Frage, inwiefern wir uns an die physikalischen Gesetze halten wollen, die bei Weltraum-Shootern ja geradezu traditionell gebrochen werden. Erst einmal möchte ich dazu sagen, dass ein in physikalischer Hinsicht vollkommen realistisches Spiel nicht nur einen Supercomputer benötigen würde, um überhaupt erst spielbar zu sein – nein, man würde dann wahrscheinlich gar nicht mehr von einem *Spiel* reden können, sondern eher von einer *Simulation*. Intention eines Spiels ist es bekanntlich, Spaß zu machen, und Ziel einer Simulation ist es, die Realität möglichst getreu wiederzugeben – sie eben zu *simulieren*.

8.2 Planung 569

Hier sollten wir also klare Grenzen setzen und uns an bestimmten Stellen mit einfacheren Lösungen zufrieden geben – zu Gunsten des Spielspaßes. Ein Beispiel dafür wäre die Trägheit der Schiffe. Sie fliegen ein Raumschiff, der Antrieb läuft mit voller Leistung. Nun möchten Sie die Geschwindigkeit reduzieren. Instinktiv würde wohl jeder denken, es würde reichen, den Antrieb einfach abzuschalten, da wir das von der Erde so gewohnt sind. Doch ohne störende Einflüsse wie die Gravitation und verschiedene Reibungskräfte bewegen und drehen sich Körper ganz einfach weiter, bis wir sie durch eine entsprechende Gegenkraft zum Anhalten bringen. In einem Weltraum-Shooter würde das dazu führen, dass man sich heiße Verfolgungsjagden mit den gegnerischen Schiffen förmlich an den Hut stecken könnte. Es wäre praktisch unmöglich, eine scharfe Kurve zu fliegen, da das Raumschiff nur seine Orientierung, also seine Blickrichtung verändert und nicht seine tatsächliche Flugrichtung. Andauerndes Gegenlenken wäre angesagt, und sich gleichzeitig auch noch auf den Kampf zu konzentrieren, wäre wohl ein wenig zu viel verlangt. Von außen kommende Geräusche jeglicher Art (zum Beispiel die Antriebsgeräusche anderer Schiffe) dürfte man ebenfalls nicht einbauen, wenn man es mit der Realität zu genau nähme. Wer hat schon mal einen Laserstrahl gesehen, den man beim Fliegen beobachten kann? Niemand! Aber könnte man einem realistischen Laserstrahl überhaupt ausweichen?

Sie sehen schon, worauf ich hinaus möchte. All das heißt aber keineswegs, dass *Galactica* ein total simples Spiel werden wird, bei dem jedes Raumschiff einfach nur eine Variable namens m_fEnergy hat, die man bei jedem Treffer verringert und, wenn sie null ist, man das Schiff explodieren oder einfach nur verschwinden lassen wird. An diesen Stellen sollte man durchaus nicht mit Realismus sparen. Darum wird jedes Raumschiff eine Fülle von Eigenarten haben: Wie viel Schaden seine Hülle verkraftet, wie schnell sie wieder repariert wird, wie stark die Schutzschilde sind, wo deren Generator liegt, wie viel Beschleunigung der Antrieb liefert, wo die Sensoren angebracht sind und so weiter.

8.2.2 Die Spielzustände

Wie schon in *Breakanoid* wird es drei verschiedene Klassen geben, welche die drei Zustände des Spiels repräsentieren: CIntro, CMainMenu und CGame. Formal gibt es hier nichts Neues – dieses System reicht für unser Spiel vollkommen aus. Eine globale Klasse namens CGalactica steuert das gesamte Spiel – übernimmt also exakt die gleichen Aufgaben, die vorher der CBreakanoid-Klasse zufielen.

8.2.3 Die Schiffe

Bevor wir uns an weitere Einzelheiten begeben, sollen Sie einmal ein Bild vor Augen haben, mit welchen Schiffen wir es später zu tun bekommen werden. Werfen Sie einen Blick auf die nächste Abbildung, die alle Schiffe präsentiert.

Der Goliath-Frachter
Er ist das größte aller Schiffe, aber auch das älteste. Seine enorme Masse lässt ihn nur sehr langsam vorwärts kommen und nur schlecht manövrieren. Trotz der rostigen Hülle hat er aber noch einige interessante Waffen auf Lager!

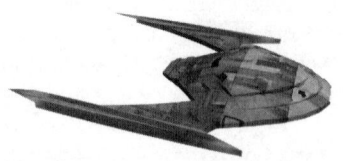

Miranda
Die Miranda ist ein kleines Schiff, dessen Auftrag es ursprünglich war, den Orion-Nebel zu erforschen. Später wurde es mit zwei Gaslaserkanonen und Argonraketen bewaffnet. Die Miranda ist schnell und kann gut manövrieren.

Cassiopeia
Die Cassiopeia ist ein echtes Kriegsschiff. Ausgestattet mit modernsten Antriebs-, Schild- und Waffensystemen ist sie der Angstgegner eines jeden Schiffes.
Unter ihrer Größe leidet aber die Beschleunigung und die Manövrierfähigkeit.

Sharky
Sharky schreckt schon durch sein Äußeres ab: Er wurde voll und ganz nach dem Modell eines Haifisches gebaut.
Er ist sehr klein, sehr schnell und sehr manövrierfähig, was ihn zu einem schwer anvisierbaren Ziel macht. Vier Gaslaserkanonen sind an seinen Flügeln montiert.

Devanicus
Der Devanicus ist ein extrem kleiner und schneller Aufklärer, ausgestattet mit einem Mikrofusionsantrieb, der sonst nur in größeren Raumschiffen zum Einsatz kommt. Er ist mit mächtigen Photonentorpedos bewaffnet.

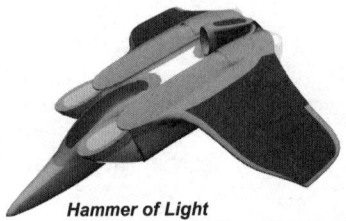

Hammer of Light
Ein sehr schneller Jäger, der hervorragend manövrieren kann. Er ist das einzige Schiff, das gleich mit zwei Raketenwerfern ausgestattet ist.
Danke an Ingmar Baum für das Modell!

Abbildung 8.1 Wem diese sechs Schiffe nicht ausreichen, der kann natürlich noch weitere hinzufügen oder die Eigenschaften der hier gezeigten verändern.

8.2.4 Die Waffensysteme

Natürlich gibt es auch verschiedene Waffensysteme, mit denen die oben gezeigten Schiffe ausgerüstet sind:

- **HE-Pulslaser:** Diese Kanone erzeugt einen hochenergetischen Laserstrahl, der nur für Bruchteile einer Sekunde anhält. Dabei wird enorm viel Energie freigesetzt. Um den Strahl zusätzlich zu stärken, wird er mit einem Impuls von Gammastrahlen kombiniert. Der HE-Pulslaser unterstützt *Auto-Aiming* – er kann sein Ziel selbstständig anvisieren und hat eine

8.2 Planung

recht hohe Trefferquote. Sein Energieverbrauch und seine Nachladezeit sind ebenfalls hoch.

- **Radix-Raketen:** Hierbei handelt es sich um zielsuchende Raketen, die mit einem neuartigen Impulsantrieb ausgestattet sind. Ihr Sprengkopf beinhaltet eine kleine Menge an ionisiertem Titaniumstaub, der auf die Schutzschilde des Zielschiffs eine zerstörerische Wirkung hat. Ein kleiner Zielcomputer an Bord der Rakete ist imstande, die Position des Ziels sehr genau vorauszuberechnen, und macht die Rakete so zu einer tödlichen Waffe.

- **Argonraketen:** Diese Raketen sind kleiner, schneller und wendiger als die großen Radix-Raketen, haben aber bei weitem nicht eine solch verheerende Wirkung. Ein Raumschiff kann maximal 60 von ihnen mit sich tragen. Der Zielsuchalgorithmus der Argonraketen ist nicht so ausgereift wie jener der Radix-Raketen.

- **XeNe-Gaslaser:** Ein Xenon-Neon-Gasgemisch wird durch Beschuss mit Neutronen zur Ausstrahlung eines extrem heißen und hochenergetischen Laserpulses gebracht. Da die Kanone recht klein ist, eignet sie sich besonders gut für leichtere Schiffe.

- **Plasmawerfer:** Eine brodelnde Ladung ionisierten Plasmas wird durch ein magnetisches Feld um einen Metallkern herum angesammelt, der dann durch eine Hochdruckkanone auf das Ziel gefeuert wird, wo das Geschoss dann enormen Schaden an den Schilden und an der Hülle anrichtet. Der Plasmawerfer unterstützt Auto-Aiming. Seine Nachladezeit ist recht lang, deshalb sollten größere Schiffe neben ihm auch immer noch ein paar Laserkanonen an Bord haben.

- **Photonentorpedos:** Photonentorpedos tragen eine geringe Menge Materie und Antimaterie mit sich, die durch ein Kraftfeld voneinander getrennt werden. Beim Einschlag wird das Kraftfeld ausgeschaltet, und Materie und Antimaterie vernichten sich gegenseitig, wobei eine große Menge an Energie frei wird. Jeweils 200 Gramm Materie und Antimaterie liefern so viel Energie wie ein Kraftwerk in einem ganzen Jahr. Photonentorpedos unterstützen Auto-Aiming.

8.2.5 Speicherung der Informationen

Die 3D-Modelle und Texturen jedes Schiffs und jedes Waffensystems (jedes Waffensystem besitzt mindestens ein Modell: das für die Kanone und eventuell noch ein Modell für das Geschoss – aber nur bei Raketen) werden wir in separaten Dateien ablegen – wieder in einem Unterordner namens DATA.

Nun stellt sich die Frage, wo die Informationen über die Schiffe und die Waffensysteme lagern sollen. Zu diesen Informationen zählen beispielsweise Name, Dateiname des 3D-Modells, Anzahl der Waffen, maximaler Hüllenschaden (bei Schiffen) oder die Nachladezeit bei Waffensystemen. Natürlich könnte man sich einen eigenen Editor schreiben, in dem man dann die Eigenarten jedes Schiffs und jedes Waffensystems komfortabel per Maus bearbeiten kann. Doch einen Editor sollte man erst dann schreiben, wenn es wirklich nötig ist – und das ist es hier noch nicht.

Sicherlich haben Sie schon einmal von INI-Dateien gehört. Es gibt zum Beispiel die Datei WIN.INI oder SYSTEM.INI. INI-Dateien speichern Informationen in einem für uns Menschen leserlichen Format – also nicht binär. Man kann sie mit der Registrierung von Windows vergleichen: Es gibt verschiedene *Sektionen* und *Schlüssel*, die dann die Informationen beinhalten.

```
[Firma1]
Name                = "Ascargotti Kaugummi GmbH & Co. KG und Söhne"
Geschaeftsfuehrer   = "Bruno von Windelberg"
Ort                 = "Schwafelsberg"
AnzahlMitarbeiter   = 35
DavonGewalttaetig   = 34
NeuestesProdukt     = "Blubble Blobble Gum"
Umsatz              = 5000000

[Firma2]
Name                = "Chingua Chai Wahn, Inc."
Geschaeftsfuehrer   = "Horst Müller"
Ort                 = "Grottentümpelhausen"
...
```

Listing 8.1 Beispiel für eine INI-Datei mit unsinnigem Inhalt. Firma1 und Firma2 sind *Sektionen* (in eckigen Klammern angegeben) und Name, Geschaeftsfuehrer, Ort und so weiter sind *Schlüssel*, denen verschiedene Werte zugewiesen werden können.

Zum Glück lassen sich solche INI-Dateien mit Hilfe einer WinAPI-Funktion namens GetPrivateProfileString recht leicht lesen, und eine Funktion zum Schreiben gibt es ebenfalls – man könnte also zusätzlich immer noch einen einfachen Editor für Schiffe und Waffensysteme entwickeln. Wichtig ist aber auch die Möglichkeit, diese INI-Dateien *per Hand*, also per NOTEPAD.EXE bearbeiten zu können.

Die Datei für unser Spiel heißt GALACTICA.INI und befindet sich ebenfalls im DATA-Ordner. Es wird für jedes Schiff und jedes Waffensystem eine eigene Sektion geben und eine allgemeine Sektion, in der die Anzahl der Schiffe und Waffensysteme vermerkt ist.

8.2.6 Die Schiffssysteme

Jedes Schiffssystem – dazu zählen *Hülle*, *Antrieb*, *Schildgenerator*, *Sensoren* und *Waffen* – arbeitet individuell. Jedes von ihnen kann bei einem Treffer oder bei einer Kollision Schaden abbekommen und wird anschließend langsam wieder repariert – vorausgesetzt, es wurde nicht völlig zerstört. Eins minus das Verhältnis zwischen dem Schaden eines Systems und dem maximalen Schaden nennen wir die *Effizienz des Systems*. Hat ein System also einen Schaden von 0, dann ist seine Effizienz 1. Ist es zur Hälfte beschädigt, ist die Effizienz 0.5. Damit bietet sich die Effizienz hervorragend als *Faktor* für bestimmte Abläufe an. Ein Beispiel: Wenn das Schiff beschleunigt, multiplizieren wir die Beschleunigung mit der Effizienz des Antriebs. Ist der Antrieb dann schwer beschädigt, kommt das Schiff kaum von der Stelle. Ähnliches gilt für die anderen Schiffssysteme.

Neben dem *maximalen Schaden* und der *Reparierungsrate* (wie viele Schadenspunkte pro Sekunde durch Reparatur wieder abgezogen werden können) teilen wir jedem Schiffssystem eine *relative Position zum Schiff* zu. Hat der Antrieb beispielsweise die relative Position (0, 10, –50), dann bedeutet das, dass er sich 50 Einheiten *hinter* dem Mittelpunkt des Schiffs und 10 Einheiten *über* ihm befindet. Durch diese Positionsangabe können wir später genau berechnen, wie stark ein System durch einen Treffer in Mitleidenschaft gezogen wird – je geringer die Distanz zwischen Einschlagpunkt des Geschosses und der Position des Systems, desto größer wird der Schaden sein. Das Schiffssystem „Hülle" bekommt bei jedem Treffer den größten Teil des Schadens ab. Da es der Zweck der Hülle ist, das Schiff zusammenzuhalten, führt ihre Zerstörung auch automatisch zur Zerstörung des gesamten Schiffs (da helfen dann auch keine Kraftfelder zur Verstärkung der Hüllenintegrität mehr).

Die Waffensysteme und der Schildgenerator sind nicht „gewöhnliche" Systeme wie Hülle, Antrieb oder Sensoren: Sie besitzen zusätzlich noch einen Energievorrat. So hat beispielsweise jedes Schiff eine gewisse Menge an Energie, die nur für die Waffen gebraucht wird. Diese Energie lädt sich mit einer gewissen Geschwindigkeit wieder auf – wie auch die Waffen selbst. Bei jedem Schuss wird ein Teil dieser Energie verbraucht.

Der Schildgenerator greift auf die *Schildenergie* zu. Jeder Treffer führt zum Verlust eines Teils dieser Energie. Auch sie lädt sich mit der Zeit wieder auf, und ist keine mehr da, so dringen die Geschosse bis zur Schiffshülle durch und verursachen dort Schaden an allen Systemen. Ist der Schildgenerator beschädigt, so lädt sich die Schildenergie langsamer auf.

8.3 Schiffs- und Waffentypen

8.3.1 Die Struktur *SShipType*

Wir beginnen damit, Strukturen für Schiffs- und Waffentypen herzustellen. Die Struktur für einen Schiffstyp nennen wir SShipType. Sie beschreibt lediglich den *Typ* eines Schiffs, nicht das Schiff selbst. In dieser Struktur legen wir also Daten ab wie den Namen des Schiffs, den Dateinamen des 3D-Modells, einen Zeiger auf dieses Modell (tbModel*), die maximale Beschleunigung, die der Antrieb liefern kann, den maximalen Schaden und die Reparierungsrate der verschiedenen Systeme und so weiter. Nicht zu vergessen natürlich auch die Waffen: Wie viele besitzt der Schiffstyp, welche sind es (einen Waffentyp beschreiben wir einfach nur durch eine Nummer), wo sind die Waffen angebracht, wie viel Waffenenergie steht zur Verfügung, und wie schnell lädt sie sich wieder auf?

```
// Struktur für einen Schiffstyp
struct SShipType
{
    char        acName[256];            // Name des Schiffstyps
    char        acDesc[1024];           // Beschreibungstext
    char        acModel[256];           // Name der Modelldatei
    tbModel*    pModel;                 // Modell des Schiffstyps

    float       fMass;                  // Masse
    float       fMovementFriction;      // Reibung bei der Bewegung
    float       fRotationFriction;      // Reibung bei der Rotation

    float       fMaxHullDamage;         // Schadenskapazität der Hülle
    float       fHullRepairRate;        // Reparierungsrate der Hülle

    float       fMaxAccel;              // Maximale Beschleunigung
    float       fMaxAngularAccel;       // Maximale Drehbeschleunigung
    float       fMaxEngineDamage;       // Schadenskapazität des Antriebs
    float       fEngineRepairRate;      // Reparierungsrate des Antriebs
    tbVector3   vEnginePos;             // Relative Position des Antriebs

    float       fMaxShieldEnergy;       // Maximale Schildenergie
    float       fMaxShieldReloadRate;   // Wiederaufladrate
    float       fMaxShieldDamage;       // Schadenskapazität des Schildgenerators
    float       fShieldRepairRate;      // Reparierungsrate des Schildgenerators
    tbVector3   vShieldPos;             // Rel. Position des Schildgenerators

    float       fMaxSensorsDamage;      // Schadenskapazität der Sensoren
    float       fSensorsRepairRate;     // Reparierungsrate der Sensoren
    tbVector3   vSensorsPos;            // Relative Position der Sensoren
```

```
    int          iNumWeapons;              // Anzahl der Waffensysteme
    int          aiWeaponType[8];          // Waffentypen (für jede Waffe eine Zahl)
    tbVector3    avWeaponPos[8];           // Relative Positionen der Waffensysteme
    SWeaponType* apWeaponType[8];          // Zeiger auf die Waffentypen
    float        fMaxWeaponEnergy;         // Maximale Waffenenergie
    float        fWeaponEnergyReloadRate;  // Max. Wiederaufladrate d. Waffenenergie

    tbVector3    vCockpitPos;              // Position des Cockpits
};
```
Listing 8.2 Die erste Version von SShipType

Wie die Listing-Unterschrift vermuten lässt, ist die SShipType-Struktur damit noch nicht fertig. In der Tat wird sie während des Entwicklungsvorgangs noch mehrere Male erweitert werden.

Wenn Sie den Quelltext genau gelesen haben, dann ist Ihnen wahrscheinlich aufgefallen, dass SShipType acht Zeiger vom Typ SWeaponType* speichert. SWeaponType ist die Struktur, in der wir Informationen über einen *Waffentyp* speichern werden.

Vielleicht sind Ihnen auch schon die drei Variablen fMass, fMovementFriction und fRotationFriction aufgefallen. Sie dienen physikalischen Zwecken, wobei der Sinn von fMass klar sein sollte: Diese Variable speichert ganz einfach nur die Masse des Schiffstyps. Der Goliath-Frachter ist zum Beispiel das schwerste Schiff – es hat die größte Masse.

fMovementFriction (*Bewegungsreibung*) setzen wir ein, um festzulegen, wie stark die Bewegungen des Schiffs abgebremst werden. Sie haben damit schon Erfahrungen im Spiel *Breakanoid* gemacht: Dort haben wir die Bewegung des Schlägers gebremst, und zwar durch Multiplikation mit einer Exponentialfunktion (die Basis bestimmt das Maß der Abbremsung, und der Exponent ist die vergangene Zeit). Hier wird das nicht anders sein, und die Basis dieser Exponentialfunktion ist eben fMovementFriction. Wie bereits angesprochen – ein Weltraum-Shooter würde nicht viel Spaß machen, wenn das Schiff ewig weiter driften würde, nachdem man einmal den Antrieb gezündet hat. fRotationFriction erfüllt einen ähnlichen Zweck – nur dass wir diese Variable einsetzen, um die *Rotation* des Schiffs zu bremsen.

8.3.2 Die Struktur *SWeaponType*

Kommen wir nun zur bereits angekündigten Struktur SWeaponType, in der wir Informationen über einen Waffentyp speichern. Nun, welche Merkmale könnte ein Waffensystem haben?

- Da wir grundsätzlich zwischen *Laser*- und *Raketenwaffen* unterscheiden, müssen wir natürlich speichern, worum es sich denn handelt: BOOL bIsLaserWeapon.
- Weiterhin speichern wir den Namen des Waffensystems in char acName[256]. Die Variable char acLauncherModel[256] enthält den Dateinamen des *Kanonenmodells* (dieses Modell wird man später am Schiff sehen). char acProjectileModel[256] enthält entsprechend den Dateinamen des *Projektilmodells* – also des Modells für das Geschoss. Bei Laserwaffen ist kein Projektilmodell nötig, aber bei Raketen schon. Die beiden Zeiger tbModel* pLauncherModel und tbModel* pProjectileModel enthalten dann die geladenen Modelle.
- Wie bei allen Schiffssystemen speichern wir den *maximalen Schaden* (float fMaxDamage) und die *Reparierungsrate* (float fRepairRate).
- In Wirklichkeit würde ein Geschoss, einmal abgefeuert, endlos durch den Raum driften, was wir natürlich nicht simulieren können, weil die Menge der zu bewegenden und zu rendernden Objekte dadurch immer größer würde. In der float-Variablen fProjectileLifetime speichern wie die *Lebenszeit* eines Projektils in Sekunden. Laserstrahlen verschwinden nach Ablauf dieser Zeit, und Raketen explodieren.

8.3 Schiffs- und Waffentypen

- Der „Austrittsort" des Geschosses muss ebenfalls bekannt sein. Bei einem besonders langen Lasergeschütz wäre es nicht richtig, einen abgefeuerten Laserstrahl einfach in der Mitte der Kanone zu erzeugen. Die Variable tbVector3 vProjectileStartPos beinhaltet die zum Schiff und zur Kanone relative Startposition für abgefeuerte Geschosse. (0, 0, 10) bedeutet also, dass das Geschoss zehn Einheiten *vor* dem Mittelpunkt der Kanone generiert werden soll.

- Eine Laserkanone sollte natürlich schneller feuerbereit sein als ein Raketenwerfer. Darum sollten wir auch noch die *minimale Nachladezeit* des Waffensystems festlegen. Aber warum die *minimale*? Einfach: weil die Nachladezeit auch vom Schaden an dem Waffensystem abhängen soll – bei beschädigten Waffen muss der Spieler also länger warten, bis er endlich wieder feuern kann. Außerdem speichern wir noch die Energiemenge, die pro Schuss benötigt wird (diese wird von der verfügbaren Waffenenergie des Schiffs abgezogen). Die Variablen heißen fMinReloadTime und fEnergyPerShot.

- Eine wichtige Angabe ist, welchen Schaden die unterschiedlichen Waffensysteme an den *Schilden* und an der *Hülle* anrichten. Von einer Laserwaffe erwartet man, dass sie schädlicher für die Schilde als für die Hülle (und alle Schiffssysteme) sind – umgekehrt ist es bei Raketen. Also fügen wir der SWeaponType-Struktur noch zwei weitere Variablen namens fDamageToShields und fDamageToHull hinzu.

- Besonders schön ist es, wenn ein Schiff richtig „wegdriftet", wenn ein Geschoss die Schilde durchdringt und in die Hülle einschlägt. Wie stark dieses Wegdriften und Wegdrehen ist, hängt von der *Einschlagkraft* der Waffe ab. Dafür legen wir eine Variable namens fHitForce an.

8.3.3 Laden aus der INI-Datei

Wenn das Spiel initialisiert wird (in CGame::Init), ist es eine unserer ersten Aufgaben, alle Schiffs- und Waffendaten aus der GALACTICA.INI-Datei zu laden. Dazu legen wir die beiden Methoden CGame::LoadShipTypes und CGame::LoadWeaponTypes an. Ob hier nur die Informationen oder auch schon die Modelle, Texturen und Sounds geladen werden sollen, wird durch den Parameter BOOL bFullLoad angegeben. Im Hauptmenü werden wir nämlich später auch schon gewisse Schiffsinformationen benötigen, aber nur Angaben wie Name, Beschreibung, Masse, Beschleunigung und so weiter, aber nicht die Modelle.

Wohin sollen all diese Daten überhaupt gelesen werden? Am besten in Arrays von SShipType- und SWeaponType-Strukturen. Dazu erweitern wir die CGame-Klasse um SShipType m_aShipType[256] und SWeaponType m_aWeaponType[256] – also haben wir Platz für maximal 256 Schiffs- und Waffentypen, was wohl reichen dürfte.

Bevor wir mit dem Einlesen beginnen, müssen wir wissen, mit wie vielen Schiffs- und Waffentypen wir zu rechnen haben. Diese Angaben sind in den Schlüsseln NumShipTypes und NumWeaponTypes unter der Sektion Ships and weapons in GALACTICA.INI gespeichert. Wir lesen diese Werte ein und gehen danach einfach alle Schiffs- beziehungsweise Waffentypen per for-Schleife durch.

Zum Lesen eines Schlüssels aus einer INI-Datei habe ich Methoden von CGame namens ReadINIString, ReadINIInt, ReadINIFloat, ReadINIVector3 und ReadINIColor angefertigt. Wie diese genau funktionieren, ist nicht so wichtig – sie basieren aber alle auf der WinAPI-Funktion GetPrivateProfileString und wandeln diesen String dann in einen int-, char*-, float-, tbVector3- beziehungsweise tbColor-Wert um. Schauen Sie sich einmal die Methode CGame::LoadShipTypes an:

```cpp
// Lädt die Schiffstypen
tbResult CGame::LoadShipTypes(BOOL bFullLoad)
{
    char        acSection[256];
    char        acKey[256];
    SShipType*  pType;

    // Anzahl der Schiffstypen lesen
    m_iNumShipTypes = ReadINIInt("Ships and weapons", "NumShipTypes");

    // Jeden Schiffstyp durchgehen. Die Sektionen heißen "Ship1", "Ship2" usw.
    for(int iType = 0; iType < m_iNumShipTypes; iType++)
    {
        // Namen der Sektion der Daten dieses Schiffs generieren
        sprintf(acSection, "Ship%d", iType + 1); pType = &m_aShipType[iType];

        // Name, Beschreibung und Modelldateiname lesen
        ReadINIString(acSection, "Name", pType->acName, 256);
        ReadINIString(acSection, "Desc", pType->acDesc, 1024);
        ReadINIString(acSection, "Model", pType->acModel, 256);

        if(bFullLoad)
        {
            // Modell laden
            pType->pModel = new tbModel;
            pType->pModel->Init(pType->acModel, "Data\\");
        }

        // Alle restlichen Schiffsparameter laden
        pType->fMass                    = ReadINIFloat(acSection, "Mass");
        pType->fMovementFriction        = ReadINIFloat(acSection, "MovementFriction");
        pType->fRotationFriction        = ReadINIFloat(acSection, "RotationFriction");
        pType->fMaxHullDamage           = ReadINIFloat(acSection, "MaxHullDamage");
        pType->fHullRepairRate          = ReadINIFloat(acSection, "HullRepairRate");
        pType->fMaxAccel                = ReadINIFloat(acSection, "MaxAccel");
        pType->fMaxAngularAccel         = ReadINIFloat(acSection, "MaxAngularAccel");
        pType->fMaxEngineDamage         = ReadINIFloat(acSection, "MaxEngineDamage");
        pType->fEngineRepairRate        = ReadINIFloat(acSection, "EngineRepairRate");
        pType->vEnginePos               = ReadINIVector3(acSection, "EnginePos");
        pType->fMaxShieldEnergy         = ReadINIFloat(acSection, "MaxShieldEnergy");
        pType->fMaxShieldReloadRate     = ReadINIFloat(acSection,"MaxShieldReloadRate");
        pType->fMaxShieldDamage         = ReadINIFloat(acSection, "MaxShieldDamage");
        pType->fShieldRepairRate        = ReadINIFloat(acSection, "ShieldRepairRate");
        pType->vShieldPos               = ReadINIVector3(acSection, "ShieldPos");
        pType->fMaxSensorsDamage        = ReadINIFloat(acSection, "MaxSensorsDamage");
        pType->fSensorsRepairRate       = ReadINIFloat(acSection, "SensorsRepairRate");
        pType->vSensorsPos              = ReadINIVector3(acSection, "SensorsPos");
        pType->iNumWeapons              = ReadINIInt(acSection, "NumWeapons");
        pType->fMaxWeaponEnergy         = ReadINIFloat(acSection,"MaxWeaponEnergy");
        pType->fWeaponEnergyReloadRate  = ReadINIFloat(…,"WeaponEnergyReloadRate");

        // Die einzelnen Waffen des Schiffstyps lesen
        for(int iWeapon = 0; iWeapon < pType->iNumWeapons; iWeapon++)
        {
            // Typ der Waffe lesen.
            // ACHTUNG:In der INI-Datei ist 1 die erste Waffe, im Programm ist's 0!
            sprintf(acKey, "Weapon%dType", iWeapon + 1);
            pType->aiWeaponType[iWeapon] = ReadINIInt(acSection, acKey) - 1;

            // Position der Waffe lesen
            sprintf(acKey, "Weapon%dPos", iWeapon + 1);
            pType->avWeaponPos[iWeapon] = ReadINIVector3(acSection, acKey);

            // Zeiger auf den Waffentyp speichern
            pType->apWeaponType[iWeapon] = &m_aWeaponType[pType->aiWeaponType[iWeapon]];
        }
```

8.4 Die Klasse tbObject

```
            // Cockpitposition lesen
            pType->vCockpitPos = ReadINIVector3(acSection, "CockpitPos");
    }

    return TB_OK;
}
```

Listing 8.3 Einlesen der Schiffsinformationen in `CGame::LoadShipTypes`

In der Methode `CGame::LoadWeaponTypes` sieht es nicht viel anders aus. Ich verzichte hier aus Platzgründen auf ein weiteres Listing – es ist einfach nur eine lange Auflistung von Aufrufen der `ReadINI`-Methoden.

8.4 Die Klasse *tbObject*

Bevor es mit dem eigentlichen Spiel losgeht, müssen wir uns unbedingt Gedanken darüber machen, in welcher Form wir die Position und vor allem die Rotation der Schiffe speichern wollen. Das klingt zuerst banal – ist es aber nicht, denn gerade hier treten oft schwere Probleme auf.

8.4.1 Unser bisheriger Ansatz

In den Beispielprogrammen der vorherigen Kapitel haben wir Rotationen von Objekten ganz einfach nur mit Hilfe von drei Werten ausgedrückt: mit der Rotation um die x-, um die y- und um die z-Achse. Wie würde man damit ein Steuerungssystem für ein Raumschiff konstruieren? Wahrscheinlich so: Wenn der Spieler die Pfeiltaste nach links drückt, verringern wir einfach den Wert für die Rotation um die y-Achse (Drehung nach links). Umgekehrtes gilt für die Pfeiltaste nach rechts. Drückt der Spieler die Pfeiltaste nach oben oder nach unten, drehen wir um die x-Achse. Das klingt einleuchtend, oder? Aber nun kommt die große Frage: *Um welche Achse drehen wir dabei?* Die Antwort lautet: Wir drehen um die *absoluten Koordinatenachsen*. Doch ist dieser Ansatz nicht falsch? Dass es so tatsächlich *nicht* funktioniert, wird ganz schnell klar. In Gedanken drehen wir das Raumschiff um 90° um die x-Achse, so dass es nach unten schaut. Drückt der Spieler nun die Pfeiltaste nach links oder rechts, so erwartet er eigentlich, dass das Raumschiff zur Seite schwenkt – was es aber nicht tun wird. Stattdessen wird es sich um die *absolute y-Achse* drehen, die nun direkt *durch das Schiff hindurch* verläuft! Die Drehung wäre also völlig unsinnig und für den Spieler, der im Raumschiff sitzt, gar nicht nachzuvollziehen.

8.4.2 Das neue Prinzip

Um diesem Problem aus dem Weg zu gehen, müssen wir die Drehungen des Raumschiffs stets *um seine eigenen relativen* Achsen durchführen und nicht um die *absoluten* Achsen des Koordinatensystems. Dreht sich das Raumschiff dann, so drehen sich seine Achsen natürlich mit. Das eben angesprochene Beispiel mit dem nach unten zeigenden Raumschiff würde dann korrekt funktionieren.

Rotationsangaben wie 3° um die x-Achse, −56° um die y-Achse und 323° um die z-Achse werden durch die Einführung von relativen Rotationsachsen überflüssig. Die Rotation eines Objekts ist nämlich nun bereits eindeutig beschrieben, wenn uns diese drei Achsen in Form von Richtungsvektoren vorliegen. Streng genommen reichen sogar zwei Achsen, denn die dritte ergibt sich aus dem Kreuzprodukt der ersten beiden (die Achsen stehen senkrecht aufeinander) – das Objekt bildet praktisch sein eigenes Koordinatensystem. Wir können also die Orientierung eines Raumschiffs beschreiben, indem wir seine Achsen angeben – zum Beispiel (0.1, 0.75, –0.4) für die x-Achse und (0.5, –0.25, 0.6) für die y-Achse. Die z-Achse ergibt sich dann automatisch. Diese Richtungsvektoren sollten natürlich noch normalisiert, also auf die Länge 1 gebracht werden.

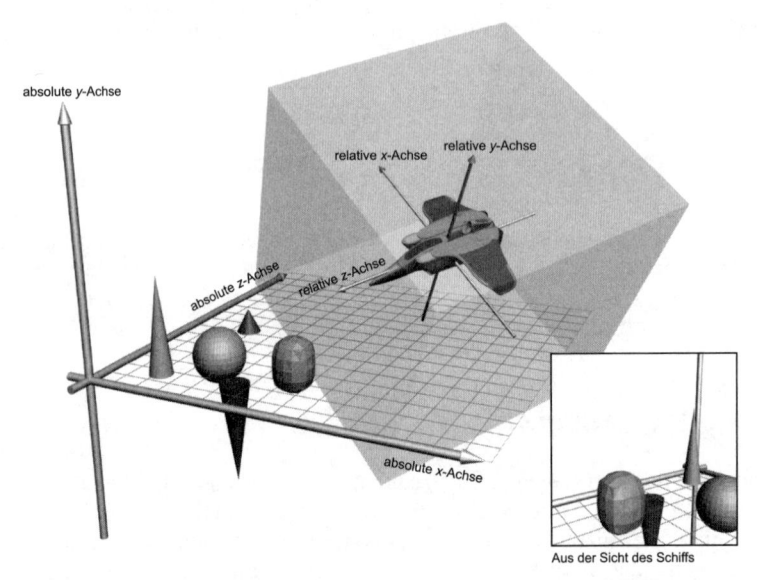

Abbildung 8.2 Ein Raumschiff und sein eigenes relatives Koordinatensystem

8.4.3 Position und Skalierung

Allein durch die drei Achsenvektoren eines Objekts können wir natürlich nur dessen *Orientierung* beschreiben, also wie es im Raum ausgerichtet ist. Da fehlen noch eine wichtige und eine weniger wichtige Angabe: die *Position* und die *Skalierung*. Beide können wir jeweils mit einem einzigen 3D-Vektor ausdrücken. Die Position ist natürlich auf das *absolute* Koordinatensystem bezogen – im objekteigenen Koordinatensystem hätte das Objekt auch stets die Position (0, 0, 0), da es selbst den Ursprung des Koordinatensystems bildet.

8.4.4 Ein Fall für die Matrix!

Damit all die Angaben des Objekts – also seine drei Achsen, seine Position und seine Skalierung – später überhaupt sinnvoll genutzt werden können (um zum Beispiel etwas mit Direct3D zu rendern), sollten sie alle durch eine einzige Transformationsmatrix kombiniert werden.

Im zweiten Kapitel haben wir bereits eine Matrix kennen gelernt, die ich damals als *Achsenmatrix* bezeichnet habe. In die erste Zeile der Matrix tragen wir einfach die Komponenten des x-Achsenvektors ein, die y-Achse kommt in die zweite Zeile und die z-Achse schließlich in die dritte. Damit können wir bereits die Orientierung eines Objekts in die Form einer Matrix brin-

8.4 Die Klasse tbObject

gen. Die entsprechende Funktion dafür heißt übrigens `tbMatrixAxes` – sie erwartet die Achsen in Form von drei `tbVector3`-Werten.

Die Position in die Form einer Matrix zu bringen ist nicht sonderlich schwer – wir brauchen dazu nur eine *Translationsmatrix*, die wir durch `tbMatrixTranslation` erhalten. Nun fehlt noch die *Skalierungsmatrix*, für welche die `tbMatrixScaling`-Funktion zuständig ist.

Alle drei zusammen – wohlgemerkt in der richtigen Reihenfolge – ergeben miteinander multipliziert eine einzige Matrix, die alle Angaben in sich vereint. Die Reihenfolge lautet: *Skalierungsmatrix × Rotationsmatrix × Translationsmatrix* (siehe Kapitel 2).

Setzt man nun diese kombinierte Transformationsmatrix als Weltmatrix in Direct3D ein und rendert dann ein Objekt, so erscheint es exakt auf der angegebenen Position mit der angegebenen Orientierung und Skalierung.

8.4.5 Relativ zu absolut – und zurück

Die Transformationsmatrix eines Objekts hat ungeahnte Fähigkeiten: Wer dachte, wir würden sie nur brauchen, um Direct3D mitzuteilen, wie wir denn gerne unser Objekt ausgerichtet hätten, der irrt sich. Die Macht der Matrix wäre damit bei weitem nicht ausgeschöpft!

> **Beispiel**
>
> Nehmen wir uns wieder einmal als Beispiel ein Raumschiff. Es ist beliebig im Raum ausgerichtet – aber seine Achsen stimmen nicht mit denen des absoluten Koordinatensystems überein. Nun wissen wir, dass die Laserkanone des Schiffs die *relative* Position (0, 1, 10) hat – sie ist also am Bug (vorne). Jetzt drückt der Spieler den Feuerknopf, und ein Laserstrahl wird erstellt.
>
> Nun ist es Ihre Aufgabe, die *absolute* Position des Laserstrahls auszurechnen. Wir können seine Position keinesfalls in einem Koordinatensystem *relativ zum Schiff* angeben, da er sich dann auch mit dem Schiff mit bewegen und drehen würde.

Eine nicht ganz einfache Aufgabe! Aber um sie zu lösen, benötigen wir nur eine einzige Angabe: nämlich die Transformationsmatrix des Objekts. Wir transformieren nun ganz einfach den zum Objekt *relativen* Positionsvektor der Laserkanone von (0, 1, 10) mit ihr. Und was kommt dabei heraus? Ja, richtig: die *absolute* Position des Laserstrahls! Denn genau *das* ist es, was eine Transformationsmatrix tut: Sie wandelt *relative* Koordinaten in *absolute* um. Wenn wir die Vertizes eines Objekts erstellen, so geben wir ihre Koordinaten auch immer *relativ* zum Objekt an! Ein Vertex mit der Position (0, 0, 0) soll später im Allgemeinen nicht wirklich an der Stelle (0, 0, 0) erscheinen, sondern in diesem Fall genau auf der Position des Objekts – die Transformation mit der Matrix bewirkt diese Verschiebung.

Mit Richtungsvektoren geht das übrigens genauso: Aber bei der Implementierung müssen wir hier aufpassen, dass wir auch wirklich die Funktion `tbVector3TransformNormal` verwenden und nicht `tbVector3TransformCoords` – denn die Transformation eines *Richtungs*vektors funktioniert anders als die eines *Positions*vektors.

Die Überschrift dieses Abschnitts lässt vermuten, dass wir nicht nur relative Koordinaten in absolute Koordinaten umrechnen können, sondern diesen Weg auch zurückgehen können! Als Beispiel nehmen wir diesmal *zwei* Raumschiffe. Das eine möchte wissen, wie es zu steuern hat, um das andere abzufangen. Was braucht es dazu? Richtig: Es braucht natürlich seine *Position* – aber nicht die *absolute*, sondern am besten die *relative*. Der Pilot muss also sagen können: „*Das Raumschiff befindet sich 150 Meter vor mir, 5 Meter unter mir und 23 Meter links von mir!*" Dann die zum Abfangen erforderlichen Manöver zu berechnen ist einfach: Ist das

Raumschiff rechts, *drehen* wir uns einfach nach rechts – das gilt natürlich auch für die anderen Richtungen.

Wie kann man diese „Rücktransformation" nun mathematisch durchführen? Hierfür kommt natürlich auch wieder nur eine *Transformationsmatrix* in Frage – aber welche? Erinnern Sie sich noch an die *inverse Matrix*? Wenn M^{-1} die inverse (umgekehrte) Matrix von M ist, dann hat eine Transformation mit M^{-1} genau die *umgekehrte* Wirkung wie eine Transformation mit M. Wenn M also beispielsweise eine Verschiebung um den Vektor (–10, +50, +23) durchführt, dann macht sie M^{-1} durch eine Verschiebung um (+10, –50, –23) wieder *rückgängig*. Das geht nicht nur mit Verschiebungen so, sondern auch mit den allermeisten anderen Transformationen.

Also transformieren wir einen *absoluten* Positionsvektor mit der *inversen Transformationsmatrix*, um ihn in eine Position *relativ* zum Koordinatensystem, das durch die Originalmatrix beschrieben wird, umzurechnen. Auch hier funktioniert das natürlich auch mit *Richtungs*vektoren. Es liegt also nahe, zusätzlich zur Transformationsmatrix auch immer noch die *inverse* Transformationsmatrix eines Objekts zu speichern. Sie werden sehen, dass uns dieser Ansatz noch bei der Lösung vieler Probleme enorm behilflich sein wird!

Rechnungen, wie sie bei der Kollisionserkennung anfallen, erfordern natürlich immer, dass man für beide Objekte ein gemeinsames Koordinatensystem verwendet. Mit verschiedenen Koordinatensystemen zu arbeiten wäre Unsinn, wie folgendes Beispiel zeigt.

Zwei Geheimagenten wollen sich zum Informationsaustausch im verlassenen Teil einer Stadt treffen. Sie unterhalten sich per Funk.

Agent 1: Froschaugenjohnnie an Wilder Marder! Wo sind Sie?

Agent 2: Ich befinde mich 10 Meter östlich, 25 Meter südlich vom Turm!

Agent 1: Ich stehe 9 Meter östlich und 26 Meter südlich von dem gelben Turm! Sie müssten direkt neben mir stehen, ich sehe Sie aber nicht!

Agent 2: Gelber Turm? Meiner ist rot! Wir meinen verschiedene Türme!

Agent 1: Ah. Warten Sie, ich übermittle Ihnen meine Transformationsmatrix. Eins Komma null zwo, minus fünf komma acht drei, ...

Agent 2: Danke. Warten Sie, ich muss Ihre Matrix invertieren ... (*nach einer gewissen Zeit*) Fertig! Jetzt transformiere ich meine Position erst mit meiner Matrix und dann mit der Inversen Ihrer Matrix. Dann weiß ich, wo ich mich befinde, auf Ihren Turm bezogen.

Agent 1: Welch ein grandioser Lösungsansatz!

8.4.6 Die Physik kommt hinzu

Die Klasse `tbObject`, die all die oben genannten Dinge beinhalten soll, kann bisher nur statisch arbeiten. Wir können eine *Position* angeben, aber keine *Geschwindigkeit*. Das soll sich nun ändern.

Als Erstes führen wir zwei neue Vektoren ein: den *Bewegungsvektor* und den *Rotationsvektor*. Die Funktion des Bewegungsvektors ist klar, aber wie genau ist der Rotationsvektor zu sehen? Eigentlich ist er kein Vektor im Sinn einer Richtungsangabe oder einer Positionsangabe, sondern wir betrachten seine Komponenten (x, y und z) *einzeln*. Jede Komponente steht für die Rotation des Objekts um diese Achse. Ist die z-Komponente des Rotationsvektors beispielsweise 5, dann bedeutet das, dass sich das Objekt *pro Sekunde* um 5 Einheiten (Rad) um seine *eigene* z-Achse dreht.

8.4 Die Klasse tbObject

Ein physikalisches Objekt braucht neben einer Geschwindigkeit und einer Rotation auch eine *Masse* – hierfür reicht ein einfacher float-Wert. Masse ist *träge*, das heißt: Um ein Objekt mit großer Masse in Bewegung zu setzen, ist entsprechend viel *Kraft* notwendig.

Unabhängig von der Masse führen wir noch zwei weitere Werte ein: die *Reibung* für die *Bewegung* und die Reibung für die *Rotation*. Diese beiden Faktoren schwächen die Bewegung und die Rotation eines Objekts ab. Wenn der Reibungsfaktor für die Bewegung beispielsweise 0.8 beträgt, dann heißt das, dass das Objekt innerhalb von *einer Sekunde* genau *20%* seiner Geschwindigkeit verliert, also nur noch *80%* übrig bleiben. Wir implementieren das – wie bereits zuvor besprochen – durch Multiplikation des Bewegungsvektors mit einer Potenz, deren Basis der Reibungsfaktor ist und deren Exponent die vergangene Zeit seit dem letzten Frame ist. Gleiches gilt für die Rotation. Gewiss ist es physikalisch nicht korrekt, die Reibung so zu handhaben, aber es ist einfacher, und letzten Endes wird es der Spieler kaum merken.

Die letzte Größe ist der *Radius* des Objekts. Wir brauchen ihn später, um die Wirkung einer Kraft auf ein Objekt berechnen zu können.

8.4.7 Implementierung von *tbObject*

All die besprochenen Dinge sollen nun in der Klasse tbObject vereint werden. Den Quellcode finden Sie übrigens auch in den Dateien TBOBJECT.CPP und TBOBJECT.H der TriBase-Engine.

8.4.7.1 Variablen

- Fünf Vektoren (tbVector3), die den *momentanen Zustand* eines Objekts beschreiben: die *Position* (m_vPosition), die drei *Achsen* (m_vXAxis, m_vYAxis und m_vZAxis) sowie die *Skalierung* (m_vScaling).
- Ein *Bewegungsvektor*: tbVector3 m_vVelocity. Er beinhaltet die absolute Bewegungsrichtung und die Geschwindigkeit (Vektorlänge!) des Objekts.
- Der *Rotationsvektor*: tbVector3 m_vRotation. Er beinhaltet die Rotationsgeschwindigkeit (angegeben in Rad, nicht in Grad) um alle drei Achsen *des Objekts*.
- Vier float-Werte: m_fMass (Masse), m_fRadius (der Radius des Objekts – kann aus der tbModel-Klasse abgefragt werden), m_fMovementFriction (Reibungsfaktor für die Bewegung) und m_fRotationFriction (Reibungsfaktor für die Rotation).
- Abschließend braucht unsere Objektklasse noch die *Transformationsmatrix* – tbMatrix m_mMatrix. Die invertierte Version speichern wir in m_mInvMatrix.

8.4.7.2 Methoden

- In der Methode tbObject::Update implementieren wir die *Aktualisierung* der Transformationsmatrix und deren Inverser.
- Vier wichtige Methoden sollen die Umrechnung von absoluten Koordinaten in relative Koordinaten übernehmen und umgekehrt – das Gleiche noch für *Richtungsangaben*. Diese Methoden nennen wir AbsToRelPos, RelToAbsPos, AbsToRelDir (für Richtungen) und RelToAbsDir.
- Weiterhin brauchen wir Methoden zum Setzen oder Verändern der Position, des Bewegungsvektors, der Rotation und der Skalierung. Bei einigen davon werden wir zwei Versionen erzeugen: eine *relative* und eine *absolute*. Beispiel: Die Methode TranslateAbs verschiebt das Objekt um den angegebenen *absoluten* Richtungsvektor. TranslateRel interpretiert den angegebenen Vektor als *relativ zum Objekt*. Ruft man beispielsweise

TranslateRel(tbVector3(0.0f, 0.0f, 5.0f)) auf, dann wird das Objekt fünf Einheiten entlang *seiner* z-Achse verschoben.

- Die wichtigste Methode ist die Methode zum *Bewegen* des Objekts. Wir nennen sie tbObject::Move. Als Parameter erwartet sie – wie immer – die Zeit, um die das Objekt fortbewegt werden soll, also in den meisten Fällen die seit dem letzten Frame vergangene Zeit.
- Möchte man sein Objekt entlang einer bestimmten Achse *ausrichten*, dann muss das auch irgendwie möglich sein. Deshalb wird es eine Methode namens Align geben, die zwei Vektoren – nämlich zwei Achsen des Objekts – erwartet, durch welche die Orientierung eindeutig beschrieben wird. Ebenso soll es möglich sein, durch die Methode tbObejct::LookAt ein Objekt ein anderes Objekt „anschauen" zu lassen, was auch nur auf der entsprechenden Ausrichtung beruht.
- Am Ende wird es noch eine Methode namens ApplyForce geben. Mit ihrer Hilfe soll die Wirkung einer auf das Objekt ausgeübten *Kraft* simuliert werden. Wird ein Raumschiff zum Beispiel von einer Rakete getroffen, dann soll es *wegdriften* und sich vielleicht – je nach Einschlagpunkt und Einschlagwinkel – ein bisschen *drehen*.

8.4.7.3 Berechnung der Matrizen

Wir beginnen mit der Implementierung von tbObject::Update. Diese Methode hat nun eine Reihe von Informationen über das Objekt – nämlich *Position*, *Ausrichtung* (durch die drei Achsen) und *Skalierung* – und soll daraus eine entsprechende Transformationsmatrix erstellen. Zum Glück ist das nicht sehr schwer, denn alle dafür nötigen Funktionen wurden bereits besprochen. Die Update-Methode ist dementsprechend unspektakulär.

```
// Berechnung der Matrizen
void tbObject::Update()
{
    // Matrix = Skalierung * Rotation * Translation
    m_mMatrix = tbMatrixScaling(m_vScaling) *
                tbMatrixAxes(m_vXAxis, m_vYAxis, m_vZAxis) *
                tbMatrixTranslation(m_vPosition);

    // Inverse Matrix berechnen, die zum Beispiel gebraucht wird, um
    // eine absolute in eine zum Objekt relative Position oder Richtung
    // umzurechnen
    m_mInvMatrix = tbMatrixInvert(m_mMatrix);
}
```

Listing 8.4 Wir berechnen die Transformationsmatrizen für ein Objekt

8.4.7.4 Umrechnung von Positionen und Richtungen

Widmen wir uns als Nächstes den Methoden AbsToRelPos, RelToAbsPos, AbsToRelDir und RelToAbsDir. Auch diese beinhalten nichts Unerwartetes: Bei der Umrechnung von relativen in absolute Koordinaten beziehungsweise Richtungen transformieren wir mit der *normalen* Transformationsmatrix, und wenn absolute in relative Angaben verwandelt werden müssen, dann nehmen wir die *inverse* Matrix:

```
tbVector3 AbsToRelPos(const tbVector3& v)
{
    // Absolute in relative Position umrechnen
    return tbVector3TransformCoords(v, m_mInvMatrix);
}
```

8.4 Die Klasse tbObject

```cpp
tbVector3 RelToAbsPos(const tbVector3& v)
{
    // Relative in absolute Position umrechnen
    return tbVector3TransformCoords(v, m_mMatrix);
}

tbVector3 AbsToRelDir(const tbVector3& v)
{
    // Absolute in relative Richtung umrechnen
    return tbVector3TransformNormal(v, m_mInvMatrix);
}

tbVector3 RelToAbsDir(const tbVector3& v)
{
    // Relative in absolute Richtung umrechnen
    return tbVector3TransformNormal(v, m_mMatrix);
}
```

Listing 8.5 Vier kleine, aber wichtige Methoden

8.4.7.5 Rotation

Mit der Methode `tbObject::RotateRel` soll man ein Objekt drehen können. Als Parameter dient hier ein Rotationsvektor, der die Drehung um jede einzelne Achse des Objekts beinhaltet – wie schon besprochen. Was muss diese `RotateRel`-Methode nun tun? Wir lassen sie ganz einfach drei Rotationen hintereinander durchführen: zuerst um die x-Achse des Objekts, dann um die y-Achse und am Ende um die z-Achse. Die Achsen liegen uns vor, und mit Hilfe der TriBase-Funktion `tbMatrixRotationAxis` können wir eine Drehung um eine *beliebige Achse* – also auch um eine relative Achse des Objekts – durchführen. Aber was genau soll hier eigentlich rotiert werden? Richtig: *Nur die Achsen selbst können wir rotieren!* Wenn dann beim nächsten Mal die Transformationsmatrix neu berechnet wird, bemerken wir die Auswirkungen der Drehung – die Ausrichtung des Objekts hat sich nämlich entsprechend geändert.

Also erzeugen wir zuerst eine Rotationsmatrix um die x-Achse des Objekts. Den Winkel nehmen wir aus der x-Komponente des Rotationsvektors, der als Parameter übergeben wurde. Dann transformieren wir die Achsen mit dieser Matrix. Genauso geht man dann für die Rotation um die y- und um die z-Achse vor. Hier sind auch einige Optimierungen möglich: Es ist zum Beispiel Unsinn, die x-Achse des Objekts mit der Rotationsmatrix um eben diese Achse zu transformieren – das hätte gar keine Wirkung. Die zweite Optimierung: Die dritte Achse kann jeweils durch das Kreuzprodukt der beiden anderen errechnet werden.

```cpp
// Rotieren des Objekts (relativ)
void tbObject::RotateRel(const tbVector3& vRotation)
{
    // Rotation um die x-Achse des Objekts
    tbMatrix mRotation = tbMatrixRotationAxis(m_vXAxis, vRotation.x);
    m_vYAxis = tbVector3TransformNormal(m_vYAxis, mRotation);
    m_vZAxis = tbVector3Cross(m_vXAxis, m_vYAxis);

    // Rotation um die y-Achse des Objekts
    mRotation = tbMatrixRotationAxis(m_vYAxis, vRotation.y);
    m_vXAxis = tbVector3TransformNormal(m_vXAxis, mRotation);
    m_vZAxis = tbVector3Cross(m_vXAxis, m_vYAxis);

    // Rotation um die z-Achse des Objekts
    mRotation = tbMatrixRotationAxis(m_vZAxis, vRotation.z);
    m_vXAxis = tbVector3TransformNormal(m_vXAxis, mRotation);
    m_vYAxis = tbVector3TransformNormal(m_vYAxis, mRotation);
```

```
    // Matrizen aktualisieren
    Update();
}
```
Listing 8.6 Korrekte Rotation um die objekteigenen Achsen

Nun werden Sie sicherlich vermuten, dass neben `RotateRel` auch `RotateAbs` existiert. Das stimmt auch – diese Methode führt eine *absolute* Drehung des Objekts durch. Das bedeutet: Die Drehungsachsen sind nicht die des Objekts, sondern die des absoluten Koordinatensystems – ansonsten ändert sich gar nichts.

8.4.7.6 Bewegung ins Spiel bringen

Nun soll das Objekt *bewegt* werden. Welche Aufgaben muss jetzt die Move-Methode erledigen? Einmal muss sie natürlich die Objektposition verändern – durch Addition des Bewegungsvektors, der wiederum mit der vergangenen Zeit multipliziert wird. Als Nächstes muss das Objekt *rotiert* werden. Zu diesem Zweck haben wir eben schon die Methode `tbObject::RotateRel` implementiert. Nachdem die Rotation abgehakt ist, kommen die Reibungsfaktoren ins Spiel (wenn sie nicht 1 sind):

```
// Bewegen des Objekts
void tbObject::Move(const float fTime)
{
    // Objekt verschieben
    m_vPosition += m_vVelocity * fTime;

    // Objekt rotieren
    RotateRel(m_vRotation * fTime);

    // Bewegungs- und Rotationsreibung anwenden
    if(m_fMovementFriction!=1.0f) m_vVelocity *= powf(m_fMovementFriction, fTime);
    if(m_fRotationFriction!=1.0f) m_vRotation *= powf(m_fRotationFriction, fTime);

    // Matrizen aktualisieren
    Update();
}
```
Listing 8.7 Bewegen eines Objekts

8.4.7.7 Die Wirkung einer Kraft

Wir kommen nun zu einem Problem, über das ich mir sehr lange Zeit Gedanken gemacht habe. Schließlich kam ich zu dem Schluss, dass es sich hier wohl lohnt, die völlig korrekte Simulation der physikalischen Gesetze zu Gunsten der Implementierbarkeit zu vernachlässigen. Es geht um folgende Situation: Eine gerichtete Kraft *F* wirkt im Punkt *A* auf ein Objekt. Nun soll die Wirkung der Kraft berechnet werden: Welcher Anteil der Kraft wird zu einer *Beschleunigung* des Objekts führen (also zu einem „Wegdriften") und welcher zu einer *Rotation*?

8.4 Die Klasse tbObject

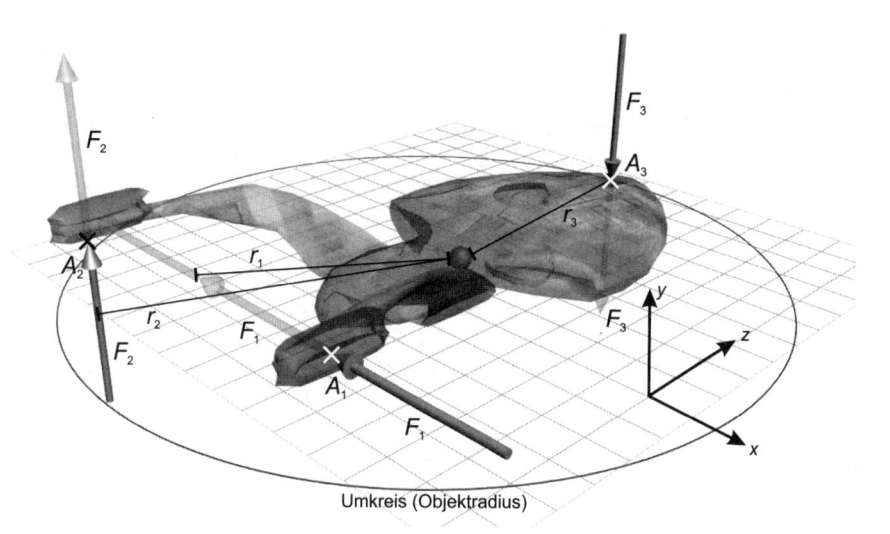

Abbildung 8.3 Drei auf das Raumschiff wirkende Kräfte – wie schnell dreht es sich, und wie stark wird es danach wegdriften?

Zwei Faktoren

Als Erstes stellen wir uns die Frage: *Wie findet man die Verteilung der Kraft auf Wegdriften und Wegdrehen des Objekts heraus?* Wir brauchen also einen Faktor zwischen 0 und 1, der angibt, welcher Anteil der Kraft zu einer *Beschleunigung* des Objekts führt (diesen nennen wir den *Bewegungsfaktor*). Ziehen wir diesen Faktor dann von 1 ab, so müssten wir den Faktor erhalten, der angibt, wie stark sich die Kraft in Form einer *Rotation* auswirkt. Also ist die Summe der beiden Faktoren – Bewegungsfaktor und Rotationsfaktor – genau 1.

Nach einigen Überlegungen kommt man darauf, die Kraftpfeile in Gedanken zu verlängern (siehe transparente Pfeile in der Abbildung). Dann sucht man den *kürzesten Weg* zwischen dem beliebig – auch nach hinten – verlängerten Kraftpfeil und dem *Mittelpunkt* des Objekts (hier als Kugel dargestellt). Logisch ist: *Je kürzer dieser Weg ist, desto weniger dreht sich das Objekt*. Entsprechend: Je *länger* der Weg ist, desto *mehr* dreht es sich, das ist das Prinzip des Hebels. In der Abbildung sind diese Wege als r_1, r_2 und r_3 eingezeichnet. Es hat sich herausgestellt, dass man am besten nicht mit der eigentlichen Weglänge arbeitet, sondern mit ihrem *Quadrat*.

Wenn ein Objekt an seinem äußersten Rand von einer Kraft „getroffen" wird, dann sollte der Rotationsfaktor, also der Faktor für die Objektrotation, 1 sein. Der Bewegungsfaktor wäre dann minimal, also null. Das heißt: Die gesamte Kraft wird in eine Rotation umgewandelt. Doch wo genau ist dieser *äußere Rand*? Dazu brauchen wir den *Objektradius*:

$$Rotationsfaktor = \frac{r^2}{Objektradius^2} = 1 - Bewegungsfaktor$$

Rotationen

Gehen wir nun einmal die drei eingezeichneten Kräfte durch. F_1 wirkt nach links und greift sehr weit hinten an. Jeder wüsste sofort, dass dies eine Drehung um die *y*-Achse des Raumschiffs zur Folge hätte. F_2 wirkt ebenfalls hinten, aber nach oben, was eine Drehung um die *x*-Achse mit sich bringen sollte, so dass sich der Bug des Raumschiffs nach unten neigt. Die dritte Kraft F_3 müsste ebenfalls zu einer Rotation um die x-Achse führen. Das sagt uns der „gesunde Menschenverstand" – aber wie bringen wir dem Rechner bei, ein Urteil über die Rotationsachse zu fällen?

Vielleicht ist der Ansatz der *Suche nach einer Rotationsachse* auch falsch. Es gibt ja nur drei Achsen. Einfacher wäre es wahrscheinlich, jede Achse durchzugehen und irgendwie zu berechnen, wie schnell sich das Objekt durch die Kraft um diese Achse dreht. Aber wie finden wir diese Rotations*geschwindigkeit* heraus?

Nehmen wir als Beispiel die Rotation um die x-Achse. Es gilt: Je weiter **vorne/hinten** die Kraft angreift und je stärker sie nach **oben/unten** gerichtet ist, desto stärker ist die Rotation. Außerdem: Je weiter **oben** sie angreift und je stärker sie nach **vorne/hinten** gerichtet ist, desto stärker ist die Rotation. Man kann sich das leicht vor Augen führen: Die Rotation eines Segelschiffs um seine x-Achse kann man herbeiführen, indem man auf den Bug oder auf das Heck eine Kraft nach oben oder unten wirken lässt oder indem man den Mast ganz oben nach vorne oder nach hinten drückt. Ähnliche Überlegungen kann man auch für die beiden anderen Achsen anstellen – das Prinzip ist immer das gleiche. Wichtig ist, dass man immer den zum Objekt *relativen* Angriffspunkt betrachtet und ebenso die *relative* Richtung der Kraft.

Die Rolle der Masse

Die Masse des Objekts macht sich hier durch ihre *Trägheit* bemerkbar. Das bedeutet, dass wir alle Bewegungen und Rotationen durch die Masse *dividieren*: Je größer sie ist, desto langsamer bewegt beziehungsweise dreht sich das Objekt.

Übertreibungen

Mit den oben gezeigten Überlegungen kann man schon ein recht realistisches Verhalten der Objekte simulieren. Wird ein Raumschiff an einer bestimmten Stelle von einer Rakete getroffen, dann rotiert und driftet es, wie man es von ihm erwarten würde. In Computerspielen reicht die Realität aber meistens nicht aus, und so übertreibt man diesen Effekt recht gerne. Dazu führen wir noch zwei „Übertreibungsfaktoren" ein (einen für die Bewegung und einen für die Rotation).

Implementierung

Schauen Sie sich nun einmal die fertige Methode tbObject::ApplyForce an. Der erste Parameter vForce ist die Richtung und die Stärke der Kraft. vAttack ist der Angriffspunkt (beides sind absolute Angaben), fMovementExaggeration und fRotationExaggeration sind die beiden „Übertreibungsfaktoren":

```
// Kraft einwirken lassen
void tbObject::ApplyForce(const tbVector3& vAttack,
                          const tbVector3& vForce,
                          const float fMovementExaggeration, // = 1.0f
                          const float fRotationExaggeration) // = 1.0f
{
    // Diese Funktion stellt den Kern der gesamten Physikeinheit dar.
    // Sie berechnet die Wirkungen der Kraft mit der Richtung und
    // Stärke vForce, die am Punkt vAttack angreift.
    // Beides sind absolute Angaben.

    // Rotations- und Bewegungsfaktor werden berechnet.
    // Sie bestimmen, welcher Anteil der Kraft in eine Rotation und welcher in eine
    // Bewegung umgewandelt wird. Ihre Summe ergibt immer 1, daher braucht man nur einen
    // der beiden Faktoren zu berechnen.
```

8.5 Der Umgang mit Schiffen

```
        // Der Rotationsfaktor ist das Verhältnis zwischen dem Quadrat der kürzesten Distanz
        // zwischen dem Schwerpunkt und der Linie mit der Richtung der Kraft, die durch den
        // Angriffspunkt geht, und dem Quadrat des Radius.
        float r = tbPointLineDistance(m_vPosition,
                                      vAttack - (10000.0f * vForce),
                                      vAttack + (10000.0f * vForce));
        float fRotationFactor = (r * r) / (m_fRadius * m_fRadius);
        if(fRotationFactor > 1.0f) fRotationFactor = 1.0f;

        // Der Bewegungsfaktor kann nun ganz leicht berechnet werden.
        float fMovementFactor = 1.0f - fRotationFactor;

        if(fMovementFactor >= 0.0001f)
        {
            // Dem Objekt Bewegung hinzufügen. Man erhält sie, indem man die Richtung der Kraft
            // mit dem Bewegungsfaktor multipliziert und das Produkt durch die Masse des
            // Objekts teilt. Alles wird noch mit einem bestimmten Faktor multipliziert,
            // um den Effekt ein wenig zu übertreiben.
            AddVelocityAbs(fMovementFactor * fMovementExaggeration * vForce / m_fMass);
        }

        if(fRotationFactor >= 0.0001f)
        {
            // Rotation hinzufügen. Erst rechnen wir die relative Position des
            // Angriffspunkts aus und teilen sie durch den Radius. Die Richtung der
            // Kraft wird ebenfalls in eine relative Richtung umgerechnet.
            tbVector3 vRelAttack(AbsToRelPos(vAttack) / m_fRadius);
            tbVector3 vRelForce(AbsToRelDir(vForce));

            // Rotation um die x-Achse
            AddRotationRel(tbVector3(vRelAttack.z*-vRelForce.y / m_fMass, 0.0f, 0.0f));
            AddRotationRel(tbVector3(vRelAttack.y*vRelForce.z / m_fMass, 0.0f, 0.0f));

            // Rotation um die y-Achse
            AddRotationRel(tbVector3(0.0f, vRelAttack.x*vRelForce.z / m_fMass, 0.0f));
            AddRotationRel(tbVector3(0.0f, vRelAttack.z*vRelForce.x / m_fMass, 0.0f));

            // Rotation um die z-Achse
            AddRotationRel(tbVector3(0.0f, 0.0f, vRelAttack.x*-vRelForce.y / m_fMass));
            AddRotationRel(tbVector3(0.0f, 0.0f, vRelAttack.y*vRelForce.x / m_fMass));
        }
    }
```

Listing 8.8 Berechnen der Wirkung einer Kraft

Die Methode `AddVelocityAbs` tut nichts weiter, als den Bewegungsvektor `m_vVelocity` um den angegebenen Wert zu erhöhen. Ähnliches gilt für `AddRotationRel`: Hier wird jedoch `m_vRotation` verändert.

8.5 Der Umgang mit Schiffen

8.5.1 Die *CShip*-Klasse

In unserem Spiel soll es eine Klasse namens `CShip` geben. Wie man nur sehr schwer erraten kann, repräsentiert sie ein einzelnes Schiff (*nicht* einen Schiffs*typ*). Da ein Schiff ein typisches physikalisches Objekt ist, werden wir die `CShip`-Klasse von der `tbObject`-Klasse, die wir eben besprochen haben, *ableiten*. Das heißt: `CShip` hat unter anderem exakt dieselben Variablen und Methoden wie `tbObject`.

8.5.1.1 Variablen

Dadurch, dass CShip von tbObject abgeleitet ist, brauchen wir zu dieser Klasse keine Dinge wie Position, Geschwindigkeit oder Rotation mehr hinzuzufügen, diese Sache ist nun abgehakt. Welche Variablen braucht die Schiffsklasse denn sonst noch?

- Aus Bequemlichkeitsgründen speichert jedes Schiff einen Zeiger auf die CGame-Klasse – wie das auch schon bei *Breakanoid* der Fall war.
- Eine BOOL-Variable namens m_bExists gibt an, ob das Schiff existiert (TRUE) oder nicht (FALSE). Das ist nötig, weil wir wieder mit einer statischen Liste arbeiten werden, also einem Array für die Schiffe. Dann speichern wir auch gleich noch den *Index* des Schiffs in dieser Liste mit: int m_iIndex. 0 ist – wie immer – der erste Eintrag.
- Jedes Schiff braucht eine Nummer, die sein *Team* repräsentiert: int m_iTeam. Schiffe mit unterschiedlichen Teamnummern greifen sich gegenseitig an.
- Da wir all die Eigenschaften eines Schiffs*typs* nicht mit in die Schiffsklasse speichern sollten, fügen wir einen *Zeiger* auf die Schiffsklasse zu CShip hinzu: SShipType* m_pType. So kann ein Schiff zu jeder Zeit statistische Informationen über sich selbst abfragen (zum Beispiel die Schadenskapazität der Sensoren).
- Um ein Schiff zu *steuern*, brauchen wir zwei Angaben: einmal den Schub des Antriebs (float m_fThrottle; kann zwischen –0.5 (halbe Kraft zurück) und +1 liegen (volle Kraft voraus)) und die *Lenkung*. Die Lenkung drücken wir in Form eines 3D-Vektors aus, der die „Lenkrotation" des Schiffs um alle drei Achsen angibt: tbVector3 m_vSteering. Wenn dieser Vektor beispielsweise den Wert (0, 1, 0) hat, dann bedeutet das, dass das Schiff so stark wie möglich nach *rechts* lenkt (Rotation um die *y*-Achse). Die Werte der Vektorkomponenten sind also *relativ* und liegen zwischen –1 und +1. Sie beziehen sich auf die maximale Winkelbeschleunigung des Schiffstyps (SShipType::fMaxAngularAccel).
- Ganz wichtig ist es, den *Schaden* jedes einzelnen Systems zu speichern: float m_fHullDamage, m_fEngineDamage, m_fShieldDamage (Schaden am Schild*generator*), m_fSensorsDamage und m_afWeaponDamage[8] für den Schaden an den maximal acht Waffensystemen. Parallel zum Schaden speichern wir auch gleich noch die *Effizienz* jedes Schiffssystems (zur Erinnerung: 1 – (Schaden / Maximaler Schaden)). Das sind float m_fHullEfficiency, m_fEngineEfficiency, m_fShieldEfficiency, m_fSensorsEfficiency und m_afWeaponEfficiency[8].
- Wichtig ist auch die *Schildenergie*, die das Schiff noch hat: float m_fShieldEnergy. Analog dazu speichern wir in m_fWeaponEnergy die *Waffenenergie*.
- Nicht zu vergessen: der *Munitionsvorrat* jeder Waffe (sofern sie denn eine Raketenwaffe ist – denn Laserwaffen haben unendlich viel „Munition"): int m_aiWeaponAmmo[8]. Als Letztes speichern wir dann auch noch den *Aufladestatus* jeder Waffe, also die verbleibende Zeit, bis wieder geschossen werden kann (diese Werte ändern sich natürlich dauernd und werden nach einem Schuss wieder auf das Maximum zurückgesetzt). Das ist die Variable float m_afWeaponReload[8]. Möchte der Spieler also seine dritte Waffe abfeuern und m_afWeaponReload[2] hat den Wert 0.5, dann muss er noch eine halbe Sekunde warten.

8.5.1.2 Methoden

Unter anderem sind folgende Methoden Bestandteil von CShip:
- tbResult MoveShip(float fTime): bewegt das Schiff. Falls Sie sich fragen, warum ich hier nicht einfach den Namen Move gewählt habe: CShip hat bereits eine solche Methode, da die Klasse von tbObject abgeleitet ist. Würden wir jetzt die Schiffsbewegungsmethode eben-

8.5 Der Umgang mit Schiffen

falls `Move` nennen, dann würden wir die Originalmethode überladen, und wir könnten nicht mehr richtig auf die Funktionalität von `tbObject` zurückgreifen.

- `tbResult RenderShip(float fTime)`: rendert das Schiff mit Direct3D.
- `tbResult Fire(int iWeapon)`: feuert eine Waffe ab.
- `tbResult Control(float fTime)`: kontrolliert das Schiff. Wenn es sich um das Schiff des Spielers handelt, dann werden die Tastatur- beziehungsweise Joystickbefehle angenommen und verarbeitet. Handelt es sich um ein computergesteuertes Schiff, so kommt hier die „künstliche Intelligenz" zum Einsatz.

Wir werden die Methodenliste im Verlauf des Projekts noch ein wenig erweitern und jede Methode Schritt für Schritt – wenn sie gebraucht wird – implementieren.

8.5.2 Integrierung in *CGame*

8.5.2.1 Die Listen und das Schiff des Spielers

Wie bereits angesprochen werden wir ein Array benutzen, um die Liste der Schiffe zu speichern. Dieses Array von `CShip`-Variablen nennen wir `m_aShip`, geben ihm 32 Elemente (32 Schiffe sollten doch reichen!) und fügen es zur `CGame`-Klasse hinzu.

Um uns zu merken, welches Schiff der Spieler kontrolliert, verpassen wir CGame auch noch einen `CShip*`-Zeiger, den wir `m_pPlayer` nennen. Er zeigt immer auf das vom Spieler gesteuerte Schiff im Listen-Array.

8.5.2.2 Erstellung eines Schiffs

Es bietet sich an, zur Erstellung eines Schiffs eine separate Methode zu schreiben: `CGame::CreateShip`. Dieser Methode übergibt man lediglich die Teamnummer des Schiffs und seinen Typ (als Nummer – denn alle Schiffstypen sind schon im Array `CGame::m_aShipType` gespeichert, nachdem sie aus der GALACTICA.INI-Datei gelesen wurden). `CreateShip` sucht dann nach einem freien Eintrag im Array und füllt ihn entsprechend aus. Anschließend liefert die Methode den Index des neuen Schiffs zurück, so dass man ihm zum Beispiel eine Position und eine Orientierung zuweisen kann.

Nun, welche Aufgaben hat `CreateShip` zu erledigen, nachdem es einen freien Eintrag im Array gefunden hat – wie muss dieser Eintrag nun vorbereitet werden?

- Zuerst wird der Speicher der ganzen Klasse mit `ZeroMemory` gelöscht.
- Der Zeiger auf die Spielklasse `CGame` des Schiffs muss gesetzt werden.
- `CShip::m_bExists` auf `TRUE` setzen und den Index (`CShip::m_iIndex`) eintragen
- Team des Schiffs eintragen und den Zeiger auf den Schiffstyp erstellen
- Die Masse des Schiffs (`m_fMass` – von `tbObject` geerbt) auf die im Schiffstyp angegebene Masse setzen. Gleiches gilt für die Bewegungs- und die Rotationsreibung und den Radius (den finden wir in `SShipType::pModel`).
- Schild- und Waffenenergie auf das Maximum setzen
- Munition aller Waffen auf den Höchstwert und die verbleibende Nachladezeit auf null
- Schub (`m_fThrottle`) auf 0.5, also 50% Kraft voraus setzen

```cpp
// Erstellt ein Schiff
int CGame::CreateShip(int iTeam,
                      int iType)
{
    // Freies Schiff suchen
    for(int iShip = 0; iShip < 32; iShip++)
    {
        CShip* pShip = &m_aShip[iShip];
        if(!pShip->m_bExists)
        {
            // Freies Schiff gefunden!
            // Speicherbereich zurücksetzen.
            ZeroMemory(pShip, sizeof(CShip));

            // Standardwerte eintragen
            pShip->m_pGame = this;
            pShip->m_bExists = TRUE;
            pShip->m_iIndex = iShip;

            // Team und Typ kopieren
            pShip->m_iTeam = iTeam;
            pShip->m_pType = &m_aShipType[iType];

            // Objektsteuerung zurücksetzen.
            // Masse, Reibung und Radius übertragen.
            pShip->Reset();
            pShip->m_fMass = pShip->m_pType->fMass;
            pShip->m_fMovementFriction = pShip->m_pType->fMovementFriction;
            pShip->m_fRotationFriction = pShip->m_pType->fRotationFriction;
            pShip->m_fRadius = pShip->m_pType->pModel->GetBoundingSphereRadius();

            // Schub auf 0 setzen
            pShip->m_fThrottle = 0.0f;

            // Schild- und Waffenenergie auf Maximum
            pShip->m_fShieldEnergy = pShip->m_pType->fMaxShieldEnergy;
            pShip->m_fWeaponEnergy = pShip->m_pType->fMaxWeaponEnergy;

            // Wiederaufladung und Munition der Waffen auf 100%
            for(int iWeapon = 0; iWeapon < pShip->m_pType->iNumWeapons; iWeapon++)
            {
                pShip->m_afWeaponReload[iWeapon] = 0.0f;
                pShip->m_aiWeaponAmmo[iWeapon]
                            = pShip->m_pType->apWeaponType[iWeapon]->iMaxAmmo;
            }

            // Index des Schiffs liefern
            return iShip;
        }
    }

    // Kein Platz mehr!
    return -1;
}
```

Listing 8.9 Erstellung eines Schiffs

8.5.3 Bewegen der Schiffe

8.5.3.1 Ein einzelnes Schiff bewegen

Mit der Methode `CShip::MoveShip` wird ein einzelnes Schiff bewegt. Unter den Begriff „bewegen" fällt aber hier nicht nur der physikalische Aspekt, sondern es müssen auch andere Dinge erledigt werden:

8.5 Der Umgang mit Schiffen

- Effizienz aller Schiffssysteme berechnen
- Sicher stellen, dass Schub (m_fThrottle) und Lenkung (m_vSteering) innerhalb der erlaubten Grenzen liegen ([–0.5; +1] beim Schub und [–1; +1] bei der Lenkung auf jeder Achse)
- Durchführen von Reparaturen an den Schiffssystemen: Wir verringern den Schaden jedes Systems um die maximale Reparierungsrate multipliziert mit der vergangenen Zeit seit dem letzten Frame.
- Waffen aufladen sowie die Schild- und Waffenenergie – wie schnell das gehen soll, steht in den SShipType- beziehungsweise SWeaponType-Strukturen
- Steuerung des Schiffs durch Aufruf der Control-Methode

```
// Bewegt ein Schiff
tbResult CShip::MoveShip(float fTime)
{
    // Effizienz der Systeme berechnen: 1 - (Schaden / Maximaler Schaden)
    m_fHullEfficiency    = 1.0f - (m_fHullDamage    / m_pType->fMaxHullDamage);
    m_fEngineEfficiency  = 1.0f - (m_fEngineDamage  / m_pType->fMaxEngineDamage);
    m_fShieldEfficiency  = 1.0f - (m_fShieldDamage  / m_pType->fMaxShieldDamage);
    m_fSensorsEfficiency = 1.0f - (m_fSensorsDamage / m_pType->fMaxSensorsDamage);

    // Schub und Lenkung begrenzen
         if(m_fThrottle   < -0.5f) m_fThrottle   = -0.5f;
    else if(m_fThrottle   >  1.0f) m_fThrottle   =  1.0f;
         if(m_vSteering.x < -1.0f) m_vSteering.x = -1.0f;
    else if(m_vSteering.x >  1.0f) m_vSteering.x =  1.0f;
         if(m_vSteering.y < -1.0f) m_vSteering.y = -1.0f;
    else if(m_vSteering.y >  1.0f) m_vSteering.y =  1.0f;
         if(m_vSteering.z < -1.0f) m_vSteering.z = -1.0f;
    else if(m_vSteering.z >  1.0f) m_vSteering.z =  1.0f;

    // ----------------------------------------------------------------

    // Reparaturen durchführen
    if(m_fHullDamage < m_pType->fMaxHullDamage)
        m_fHullDamage -= m_pType->fHullRepairRate * fTime;
    if(m_fEngineDamage < m_pType->fMaxEngineDamage)
        m_fEngineDamage -= m_pType->fEngineRepairRate * fTime;
    if(m_fShieldDamage < m_pType->fMaxShieldDamage)
        m_fShieldDamage -= m_pType->fShieldRepairRate * fTime;
    if(m_fSensorsDamage < m_pType->fMaxSensorsDamage)
        m_fSensorsDamage -= m_pType->fSensorsRepairRate * fTime;

    // Schaden begrenzen - nach unten und nach oben hin
    if(m_fHullDamage    < 0.0f) m_fHullDamage    = 0.0f;
    if(m_fEngineDamage  < 0.0f) m_fEngineDamage  = 0.0f;
    if(m_fShieldDamage  < 0.0f) m_fShieldDamage  = 0.0f;
    if(m_fSensorsDamage < 0.0f) m_fSensorsDamage = 0.0f;
    if(m_fHullDamage > m_pType->fMaxHullDamage) m_fHullDamage = m_pType->fMaxHullDamage;
    if(m_fEngineDamage > m_pType->fMaxEngineDamage)
        m_fEngineDamage = m_pType->fMaxEngineDamage;
    if(m_fShieldDamage > m_pType->fMaxShieldDamage)
        m_fShieldDamage = m_pType->fMaxShieldDamage;
    if(m_fSensorsDamage > m_pType->fMaxSensorsDamage)
        m_fSensorsDamage = m_pType->fMaxSensorsDamage;

    // ----------------------------------------------------------------

    // Waffen aufladen und reparieren
    for(int iWeapon = 0; iWeapon < m_pType->iNumWeapons; iWeapon++)
    {
```

```
            // Waffeneffizienz berechnen
            m_afWeaponEfficiency[iWeapon] = 1.0f -
                (m_afWeaponDamage[iWeapon] / m_pType->apWeaponType[iWeapon]->fMaxDamage);

            if(m_afWeaponEfficiency[iWeapon] > 0.0f)
            {
                // Waffe aufladen
                m_afWeaponReload[iWeapon] -= fTime * m_afWeaponEfficiency[iWeapon];
                if(m_afWeaponReload[iWeapon] < 0.0f) m_afWeaponReload[iWeapon] = 0.0f;

                // Waffe reparieren
                m_afWeaponDamage[iWeapon]
                            -= m_pType->apWeaponType[iWeapon]->fRepairRate * fTime;
            }

            // Den Waffenschaden begrenzen
            if(m_afWeaponDamage[iWeapon] < 0.0f) m_afWeaponDamage[iWeapon] = 0.0f;
            if(m_afWeaponDamage[iWeapon] > m_pType->apWeaponType[iWeapon]->fMaxDamage)
                m_afWeaponDamage[iWeapon] = m_pType->apWeaponType[iWeapon]->fMaxDamage;
        }

        // Waffenenergie aufladen
        m_fWeaponEnergy += m_pType->fWeaponEnergyReloadRate * fTime;
        if(m_fWeaponEnergy > m_pType->fMaxWeaponEnergy)
                                    m_fWeaponEnergy = m_pType->fMaxWeaponEnergy;

        // Schilde laden
        m_fShieldEnergy += m_fShieldEfficiency * m_pType->fMaxShieldReloadRate * fTime;
        if(m_fShieldEnergy < 0.0f) m_fShieldEnergy = 0.0f;
        if(m_fShieldEnergy >= m_pType->fMaxShieldEnergy)
                                    m_fShieldEnergy = m_pType->fMaxShieldEnergy;
        // ----------------------------------------------------------------

        // Schiff steuern (lassen)
        Control(fTime);

        return TB_OK;
    }
```

Listing 8.10 Bewegen eines Schiffs

Und wie werden die physikalischen Dinge verarbeitet? Kümmern wir uns erst einmal um den Schub. Auf jeden Fall soll das Schiff entlang seiner *z*-Achse beschleunigt werden – die Methode tbObject::AddVelocityRel eignet sich dafür hervorragend. Sie erhöht den Bewegungsvektor um den angegebenen *relativen* Vektor. Das heißt: Wenn wir (0, 0, 10) übergeben, dann wird sich das Schiff danach zehn Einheiten pro Sekunde schneller nach vorne bewegen als vorher.

Wovon hängt nun ab, wie stark das Schiff beschleunigt werden soll? Einmal natürlich vom *Schub*, m_fThrottle. Weiterhin hängt der Schub vom *maximalen Schub* dieses Schiffs ab – den finden wir in der Schiffstypstruktur SShipType als fMaxAccel. Wenn der Antrieb beschädigt ist, soll er weniger Leistung bringen – deshalb ist die *Antriebseffizienz* ein weiterer Faktor. Zuletzt kommt noch die Zeit seit dem letzten Frame hinzu – denn alle Angaben sind *pro Sekunde*. Multiplizieren wir all diese Werte miteinander, so erhalten wir den korrekten Faktor für die Beschleunigung:

```
// Antriebskraft nach vorne wirken lassen
AddVelocityRel(tbVector3(0.0f, 0.0f, m_fThrottle * m_pType->fMaxAccel *
                    m_fEngineEfficiency * fTime));
```

Listing 8.11 Den Schub verarbeiten

8.5 Der Umgang mit Schiffen

Nun zur Lenkung ... m_vSteering enthält jetzt bereits die Drehung, die das Schiff um jede Achse durchführen „möchte" (entweder weil der Spieler die entsprechende Taste gedrückt hat oder weil die künstliche Intelligenz es für richtig hielt). Natürlich gibt es auch hier eine Reihe von Faktoren: die maximale Winkelbeschleunigung (SShipType::fMaxAngularAccel), dann wieder die Antriebseffizienz (mit zerstörtem Antrieb kann ein Schiff nicht mehr lenken) und natürlich die vergangene Zeit. Zum Schluss wird noch die Move-Methode des Schiffs aufgerufen, die es von der tbObject-Klasse geerbt hat, damit sich das Schiff bewegt und dreht:

```
// Schiff drehen
AddRotationRel(m_vSteering *
               TB_DEG_TO_RAD(m_pType->fMaxAngularAccel) *
               m_fEngineEfficiency *
               fTime);

// Bewegungen durchführen (tbObject)
Move(fTime);
```
Listing 8.12 Drehen und Bewegen des ganzen Objekts

8.5.3.2 Alle Schiffe bewegen

Nun können wir mit CShip::MoveShip ein einzelnes Schiff bewegen, aber diese Methode wird bisher noch nirgendwo aufgerufen. Dazu werden wir nun eine Methode CGame::MoveShips erstellen, die dann von CGame::Move (diese Methode bewegt das *gesamte* Spiel) aufgerufen wird:

```
// Bewegt alle Schiffe
tbResult CGame::MoveShips(float fTime)
{
    // Jedes Schiff durchgehen
    for(int iShip = 0; iShip < 32; iShip++)
    {
        // Existiert das Schiff?
        if(m_aShip[iShip].m_bExists)
        {
            // Bewegen!
            m_aShip[iShip].MoveShip(fTime);
        }
    }

    return TB_OK;
}

// Bewegt den Spielzustand
tbResult CGame::Move(float fTime)
{
    // Pause-Taste abfragen
    if(WasButtonPressed(TB_KEY_PAUSE)) m_bPaused = !m_bPaused;
    if(m_bPaused) return TB_OK;

    // ------------------------------------------------------------------

    // Schiffe bewegen
    MoveShips(fTime);

    // Stoppuhr aktualisieren
    m_fTime += fTime;

    // ------------------------------------------------------------------
```

```cpp
        // Wenn die Escape-Taste gedrückt wird, geht's zurück ins Hauptmenü.
        if(g_pbButtons[TB_KEY_ESCAPE]) g_pGalactica->SetGameState(GS_MAIN_MENU);

        return TB_OK;
    }
```

Listing 8.13 CGame::MoveShips und die erste Version von CGame::Move

In CGame::Move finden Sie einen Großteil der Dinge wieder, die auch schon in *Breakanoid* getan wurden: Die Stoppuhr und das Abfragen der [Pause]- und der [Esc]-Taste. Einige Worte noch zu der hier verwendeten Funktion WasButtonPressed: Sie überprüft, ob ein bestimmter analoger Knopf im letzten Frame noch *nicht* gedrückt war, es jetzt aber ist. Dementsprechend speichert das Spiel den Zustand aller Knöpfe auch *zweimal* (einmal für das letzte Frame und einmal für das aktuelle).

```cpp
// Bewegt das Spiel
tbResult CGalactica::Move(float fTime)
{
    tbResult r = TB_OK;

    // Eingabegeräte abfragen, alten Status kopieren
    tbDirectInput& DI = tbDirectInput::Instance();
    memcpy(g_pbOldButtons, g_pbButtons, DI.GetNumButtons() * sizeof(BOOL));
    memcpy(g_pfOldButtons, g_pfButtons, DI.GetNumButtons() * sizeof(float));
    DI.GetState(g_pfButtons, g_pbButtons);

    // Aktuellen Spielzustand bewegen
    switch(m_GameState)
    {
    case GS_INTRO:     r = m_pIntro->Move(fTime);    break;
    case GS_MAIN_MENU: r = m_pMainMenu->Move(fTime); break;
    case GS_GAME:      r = m_pGame->Move(fTime);     break;
    }

    // Eventuelle Fehler abfangen
    if(r) TB_ERROR("Fehler beim Bewegen des Spielzustands!", TB_ERROR);

    // Zeit addieren
    m_fTime += fTime;

    return TB_OK;
}

// Globale Funktionen
BOOL WasButtonPressed(int iButton)
{
    // War der Knopf im letzten Frame nicht gedrückt, ist es aber jetzt?
    return !g_pbOldButtons[iButton] &&
            pbButtons[iButton];
}

BOOL WasButtonReleased(int iButton)
{
    // War der Knopf im letzten Frame gedrückt, ist es aber jetzt nicht mehr?
    return g_pbOldButtons[iButton] &&
           !g_pbButtons[iButton];
}
```

Listing 8.14 Ein paar kleine Tricks ...

Das Ganze hat den Vorteil, dass ein einziger Tastendruck auch nur *einmal* verarbeitet wird. In *Breakanoid* haben wir mit kurzen Zeitverzögerungen gearbeitet (tbDelay), in der Hoffnung, dass der Spieler die Taste danach wieder losgelassen haben wird, damit sie nicht erneut vom Spiel verarbeitet wird.

8.5.4 Kontrolle eines Schiffs

Nun werden wir uns der Methode CShip::Control widmen, aber nur einen Teil davon implementieren: nämlich nur die Steuerung des Spielerschiffs – die künstliche Intelligenz wird später eingebaut werden. Vorerst verwenden wir folgende Knopfbelegung:

Tabelle 8.1 Die Knopfbelegung

Aktion	Taste
Lenkung nach links/rechts	TB_JOY_X_NEG(0) / TB_JOY_X_POS(0)
Lenkung nach oben/unten	TB_JOY_Y_POS(0) / TB_JOY_Y_NEG(0)
Drehung um die z-Achse	TB_JOY_RZ_NEG(0) / TB_JOY_RZ_POS(0)
Absolute Schubkontrolle	TB_JOY_SLIDER_ABS(0, 0)
Relative Schubkontrolle (mehr/weniger Schub)	TB_KEY_ADD / TB_KEY_SUBTRACT ([+]/[–])
Voller Stopp	TB_KEY_BACK ([Rücktaste])
Feuern aller Laserwaffen	TB_JOY_BUTTON(0, 0) (1. Joystickknopf)
Feuern aller Raketenwaffen	TB_JOY_BUTTON(0, 1) (2. Joystickknopf)

Beginnen wir mit der absoluten Schubkontrolle: Wenn der Spieler den Schieberegler des Joysticks *bewegt*, soll dieser Wert sofort für den Schub (m_fThrottle) eingesetzt werden. Dazu bilden wir die absolute Differenz zwischen dem aktuellen Status des Schiebereglers und dem aus dem letzten Frame. Ist sie größer als ein gewisser sehr kleiner Wert, dann wurde der Regler bewegt, und wir setzen anschließend die Variable m_fThrottle auf den Wert von g_pfButtons[TB_JOY_SLIDER_ABS(0, 0)].

Bei der relativen Schubkontrolle haben wir es auch nicht sehr schwer: Der Schub wird einfach um den Wert des Knopfes TB_KEY_ADD multipliziert mit der Änderungsgeschwindigkeit für den Schub und der vergangenen Zeit *erhöht*. Anschließend um den Wert von TB_KEY_SUBTRACT multipliziert mit der Änderungsgeschwindigkeit und der vergangenen Zeit *verringert*. Als Änderungsgeschwindigkeit nehmen wir hier 0.5. Das heißt: Der Spieler muss zwei Sekunden lang auf den Knopf zum Erhöhen des Schubs drücken, um „von null auf hundert" zu kommen. Und wenn der Knopf für den vollen Stopp gedrückt wurde, setzen wir m_fThrottle ganz einfach auf null.

```
// Steuert das Schiff
tbResult CShip::Control(float fTime)
{
    // Spieler oder Computer?
    if(m_pGame->m_pPlayer == this)
    {
        // Absolute Schubkontrolle
        if(fabsf(g_pfOldButtons[TB_JOY_SLIDER_ABS(0, 0)] -
                 g_pfButtons[TB_JOY_SLIDER_ABS(0, 0)]) > 0.005f)
        {
            // Der Schieberegler wurde verändert.
            // Wir setzen den Schub nun absolut.
            m_fThrottle = g_pfButtons[TB_JOY_SLIDER_ABS(0, 0)];
        }
```

```
// Relative Schubkontrolle
m_fThrottle += g_pfButtons[TB_KEY_ADD] * 0.5f * fTime;
m_fThrottle -= g_pfButtons[TB_KEY_SUBTRACT] * 0.5f * fTime;
if(g_pbButtons[TB_KEY_BACK]) m_fThrottle = 0.0f;
```

Listing 8.15 Der erste Teil von CShip::Control

Fahren wir damit fort, die Lenkung nach links und rechts zu verarbeiten, also die Drehung um die *y*-Achse (m_vSteering.y). Dazu ziehen wir einfach den Wert des analogen Knopfes TB_JOY_X_POS(0) vom Wert von TB_JOY_X_NEG(0) ab. Drückt der Spieler dann den Joystick ganz nach links, erhalten wir den Wert +1 – das entspricht einer Drehung nach links. Umgekehrt erhalten wir –1, wenn der Joystick ganz nach rechts gedrückt ist. Analog dazu verfahren wir mit den beiden anderen Drehungsachsen:

```
// Lenkung
m_vSteering.x = g_pfButtons[TB_JOY_Y_NEG(0)] - g_pfButtons[TB_JOY_Y_POS(0)];
m_vSteering.y = g_pfButtons[TB_JOY_X_POS(0)] - g_pfButtons[TB_JOY_X_NEG(0)];
m_vSteering.z = g_pfButtons[TB_JOY_RZ_NEG(0)] - g_pfButtons[TB_JOY_RZ_POS(0)];
```

Listing 8.16 Lenkung des Schiffs

Da bleibt nur noch das Abfeuern der Waffen: Mit dem ersten Knopf sollen alle Laserwaffen schießen und mit dem zweiten Knopf alle Raketenwaffen. Dazu gehen wir einfach die Liste der Waffen durch und prüfen, ob es sich um eine Laser- oder eine Raketenwaffe handelt. Wenn der entsprechende Knopf gedrückt ist, ruft das Programm dann die (noch nicht implementierte) Methode CShip::Fire auf.

```
        // Waffen
        if(g_pbButtons[TB_JOY_BUTTON(0, 0)]) {
            // Alle Laserwaffen abfeuern
            for(int w = 0; w < m_pType->iNumWeapons; w++) {
                if(m_pType->apWeaponType[w]->bIsLaserWeapon)
                {
                    // Feuer!
                    Fire(w);
                }
            }
        }

        if(g_pbButtons[TB_JOY_BUTTON(0, 1)]) {
            // Raketenwaffen abfeuern
            for(int w = 0; w < m_pType->iNumWeapons; w++) {
                if(!m_pType->apWeaponType[w]->bIsLaserWeapon)
                {
                    // Feuer!
                    Fire(w);
                }
            }
        }
    }
    else {
        // Hier kommt später der Code der künstlichen Intelligenz hin!
        // ...
    }

    return TB_OK;
}
```

Listing 8.17 Das vorläufige Ende von CShip::Control

8.5.5 Rendern der Schiffe

Nach all der trockenen Vorarbeit wird es jetzt endlich einmal etwas zu sehen geben! Wir gehen die Sache genauso an wie beim Bewegen der Schiffe: Es wird eine Methode `CShip::Render` geben und eine Methode `CGame::RenderShips`, die innerhalb von `CGame::Render` aufgerufen wird.

Ein einzelnes Schiff zu rendern ist nicht sehr schwer. Die Transformationsmatrix ist gegeben: Wir rufen zur Sicherheit vorher noch einmal `tbObject::Update` auf. Dann setzen wir sie als Weltmatrix ein und rendern das Modell des Schiffs, das wir in `SShipType` finden.

Anschließend rendern wir noch die Waffen des Schiffs – man soll die großen Laserkanonen und Raketenwerfer schließlich auch sehen können! Aber wie finden wir die Transformationsmatrix einer Waffe heraus? Nun, wir kennen ihre zum Schiff *relative* Position – die Waffenpositionen sind in `SShipType::avWeaponPos` gespeichert. Also erstellen wir zuerst eine entsprechende Translationsmatrix mit `tbMatrixTranslation`. Diese multiplizieren wir dann ganz einfach mit der Matrix des Schiffs, und die Waffe wird an der richtigen Stelle erscheinen.

```
// Rendert ein Schiff
tbResult CShip::Render(float fTime)
{
    // Transformationsmatrix abfragen und einsetzen
    Update();
    tbDirect3D::Instance().SetTransform(D3DTS_WORLD, m_mMatrix);

    // Das Schiffsmodell rendern
    m_pType->pModel->Render();

    // ----------------------------------------------------------------

    // Alle Waffensysteme durchgehen und rendern
    for(int iWeapon = 0; iWeapon < m_pType->iNumWeapons; iWeapon++)
    {
        if(m_pType->apWeaponType[iWeapon]->pLauncherModel)
        {
            // Transformationsmatrix erstellen und einsetzen
            tbMatrix mWeapon(tbMatrixTranslation(m_pType->avWeaponPos[iWeapon])*m_mMatrix);
            tbDirect3D::Instance().SetTransform(D3DTS_WORLD, mWeapon);

            // Waffenmodell rendern
            m_pType->apWeaponType[iWeapon]->pLauncherModel->Render();
        }
    }

    return TB_OK;
}
```

Listing 8.18 Rendern des Schiffs und seiner Waffensysteme

Integriert in den Spielfluss sieht es dann so aus:

```
// Rendert alle Schiffe
tbResult CGame::RenderShips(float fTime)
{
    for(int iShip = 0; iShip < 32; iShip++)    // Jedes Schiff durchgehen
    {
        if(m_aShip[iShip].m_bExists)           // Existiert das Schiff?
        {
            m_aShip[iShip].Render(fTime);      // Rendern!
        }
    }
}
```

```
        return TB_OK;
}

// Rendert den Spielzustand
tbResult CGame::Render(float fTime)
{
    // Puffer leeren und Szene beginnen
    tbDirect3D& D3D = tbDirect3D::Instance();
    D3D->Clear(0, NULL, D3DCLEAR_TARGET | D3DCLEAR_ZBUFFER, 0, 1.0f, 0);
    D3D->BeginScene();

    // Nebel einstellen (damit weit entfernte Objekte dunkler werden, bevor sie aus
    // dem Sichtbereich kommen)
    D3D.SetRS(D3DRS_FOGENABLE, TRUE);
    D3D.SetRS(D3DRS_FOGVERTEXMODE, D3DFOG_LINEAR);
    D3D.SetRS(D3DRS_FOGCOLOR, tbColor(0.0f, 0.0f, 0.0f));
    D3D.SetRSF(D3DRS_FOGSTART, 4000.0f);
    D3D.SetRSF(D3DRS_FOGEND, 5000.0f);

    // Schiffe rendern
    RenderShips(fTime);

    // Nebel wieder ausschalten
    D3D.SetRS(D3DRS_FOGENABLE, FALSE);

    // Szene beenden
    D3D->EndScene();

    return TB_OK;
}
```

Listing 8.19 Rendern der Schiffe und die erste Version von CGame::Render

8.5.6 Aufschalten von Zielen

Bevor wir nun als Nächstes das Abfeuern der Waffen implementieren, sollten wir uns mit dem *Aufschalten von Zielen* befassen. Eine Rakete schießt man nicht einfach so ab und hofft, dass sie zufällig trifft, sondern man feuert sie auf das gerade erfasste Ziel. Die Raumschiffe in Form der CShip-Klasse benötigen also eine weitere Variable: Wir nennen sie m_iTarget. Sie enthält den *Index* des gerade erfassten Schiffs oder –1, falls kein Ziel erfasst sein sollte.

Wenn der Spieler die Taste zum Erfassen eines neuen Ziels drückt oder das aktuelle Ziel zerstört wurde, soll automatisch ein neues gesucht werden. Dazu implementieren wir nun die Methode CShip::FindNextTarget. Sie liefert automatisch das nächste Ziel, das dem als Parameter angegebenen Team *nicht* angehört. Man gibt also seine eigene Teamnummer an, um einen Gegner zu erfassen. Ein weiterer Parameter – int iStart – bestimmt, ab welchem Schiff die Suche gestartet werden soll. Dort gibt man normalerweise die Nummer des gerade erfassten Schiffs an, um eben das *nächste* zu finden (nicht im Sinne der Entfernung, sondern im Sinne des Index in der Liste).

Angenommen, dass ein Schiff gerade das Schiff mit dem Index 2 erfasst hat. Durch einen dummen Zufall wird dieses jedoch zerstört, und das Schiff muss sich ein neues Ziel suchen – dazu wird dann FindNextTarget aufgerufen. Wie sollte diese Methode nun vorgehen?

1. Alle Schiffe von 3 (2 + 1) bis 31 (das letzte) durchgehen. Bei jedem prüfen wir, ob es *existiert*, ob es *nicht das eigene Schiff ist* und ob es *dem angegebenen Team nicht angehört*. Erfüllt ein Schiff alle Kriterien, wird sein Index zurückgeliefert.
2. Wenn noch keins gefunden wurde, gehen wir alle Schiffe von 0 bis 1 (2 – 1) durch. Es gelten wieder die oben genannten Kriterien.

8.5 Der Umgang mit Schiffen

3. Wurde immer noch kein Schiff gefunden, dann liefern wir –1 zurück. Das Schiff wird dann kein Ziel mehr haben.

Die Implementierung ist nicht besonders schwierig:

```cpp
// Findet nächstes Ziel
int CShip::FindNextTarget(int iStart,
                          int iTeam)
{
    // Nächstes Schiff in der Liste suchen
    for(int s = iStart + 1; s < 32; s++)
    {
        // Das Schiff muss existieren, es darf nicht das eigene Schiff sein,
        // und es darf dem angegebenen Team NICHT angehören.
        if(m_pGame->m_aShip[s].m_bExists &&
           &m_pGame->m_aShip[s] != this &&
           m_pGame->m_aShip[s].m_iTeam != iTeam)
        {
            // Dieses Schiff ist das neue Ziel!
            return s;
        }
    }

    // Kein Schiff gefunden? Noch mal von vorne suchen.
    for(s = 0; s < 32; s++)
    {
        if(m_pGame->m_aShip[s].m_bExists &&
           &m_pGame->m_aShip[s] != this &&
           m_pGame->m_aShip[s].m_iTeam != iTeam)
        {
            // Dieses Schiff ist das neue Ziel!
            return s;
        }
    }

    // Immer noch keins? Dann gibt es keins.
    return -1;
}
```

Listing 8.20 Suchen des nächsten Ziels

Nun brauchen wir noch einen Platz, wo diese Methode *aufgerufen* wird. Einmal tun wir das in CShip::Control: Wenn ein Schiff ein ungültiges Ziel hat (entweder *gar keins*, das *eigene Schiff* oder das gerade erfasste Ziel ist nicht mehr existent), dann wird ein neues gesucht:

```cpp
// Steuert das Schiff
tbResult CShip::Control(float fTime)
{
    // Wenn das Ziel des Schiffs ungültig ist oder zerstört wurde,
    // wird ein neues gewählt.
    if(m_iTarget == -1 || m_iTarget == m_iIndex)
        m_iTarget = FindNextTarget(m_iTarget, m_iTeam);

    else if(!m_pGame->m_aShip[m_iTarget].m_bExists)
        m_iTarget = FindNextTarget(m_iTarget, m_iTeam);

    // ...
```

Listing 8.21 Automatisches Erfassen eines neuen Ziels

Der Spieler soll natürlich nicht so lange warten müssen, bis sein aktuelles Ziel zerstört wurde, bevor er ein neues angreifen kann. Also verändern wir die Control-Methode nochmals – mit dem dritten Joystickknopf soll ein neues Ziel erfasst werden können. Als Startindex für die Suche nach Schiffen geben wir auch hier einfach das aktuelle Ziel an, also `m_iTarget`. Aber für `m_iTeam` setzen wir -1, dadurch kann der Spieler nicht nur gegnerische, sondern auch verbündete Schiffe erfassen:

```
// Zielerfassung
if(WasButtonPressed(TB_JOY_BUTTON(0, 2)))
{
    // Nächstes Schiff in der Liste suchen (beliebiges Team)
    m_iTarget = FindNextTarget(m_iTarget, -1);
}
```

Listing 8.22 Zielerfassung

8.6 Alle Waffen abfeuern!

8.6.1 Die *CProjectile*-Klasse

Im Folgenden wird nun eine Klasse namens `CProjectile` implementiert. Der Begriff *Projektil* steht hier sowohl für Raketen als auch für Laserstrahlen, also für alles, was irgendwie abgefeuert wird. `CProjectile` wird – wie `CShip` – von `tbObject` abgeleitet.

8.6.1.1 Variablen

Glücklicherweise ist `CProjectile` eine recht kleine Klasse – viele Variablen müssen daher nicht besprochen werden.

- Bei Schiffen gab es eine Variable `BOOL m_bExists`, die besagte, ob das Schiff existiert oder nicht. Wir könnten es hier genauso machen, aber da ein Projektil sowieso nur eine begrenzte Lebenszeit hat, kombinieren wir beides. Die Variable `float m_fLifetime` enthält die verbleibende Lebenszeit des Projektils. Ein nicht existierendes Projektil hat daher einfach die Lebenszeit null oder einen negativen Wert.
- Damit ein Projektil „weiß", zu welcher Waffe es gehört, speichern wir einen Zeiger auf die entsprechende Waffentypstruktur: `SWeaponType* m_pType`.
- Wenn eine Rakete abgefeuert wird, dann passiert es sehr häufig, dass sie kurz das eigene Schiff berührt. In dem Fall soll sie einfach durchfliegen – wofür wir also eine Variable benötigen, die das Schiff speichert, von dem das Projektil abgefeuert wurde: `int m_iFiredBy`. Es handelt sich dabei um den *Index* des Schiffs.
- Für Raketen brauchen wir noch einen Zeiger auf das Zielschiff: `SShip* m_pTarget`.

8.6.1.2 Methoden

Hier brauchen wir nur zwei Methoden: `MoveProjectile` (Move ist schon durch die Erbung der `tbObject`-Methoden belegt) und `Render`. Was beide zu erledigen haben, dürfte klar sein.

8.6.1.3 Integration in *CGame*

Ähnlich wie bei den Schiffen werden wir auch hier ein Array als Liste der Projektile verwenden: `CProjectile CGame::m_aProjectile[256]`. 256 Elemente dürften wohl ausreichen, wenn man bedenkt, dass die meisten Projektile – vor allem Laserstrahlen – nur eine recht kurze Lebenszeit haben, da sie so schnell fliegen.

8.6.2 Feuern

Wir beginnen mit dem Abfeuern eines Projektils, wofür die bisher noch nicht implementierte Methode CShip::Fire zuständig ist. Diese werden wir uns nun genauer ansehen. Was muss alles erledigt werden?

- Überprüfen, ob die Waffe voll aufgeladen ist (das Element von CShip::m_afWeaponReload für diese Waffe muss null sein)
- Sicherstellen, dass die Waffe noch genügend Munition hat (falls sie überhaupt welche braucht) und dass das Schiff noch genug Waffenenergie hat
- Das Projektil erzeugen
- Den Munitionszähler der Waffe verringern
- Aufladestatus der Waffe zurücksetzen und die Waffenenergie des Schiffs verringern

Nur der dritte Punkt birgt hier etwas Neues, alle anderen Dinge sind innerhalb weniger Programmzeilen erledigt. Wie erzeugen wir also ein Projektil? Da ein Array als Liste verwendet wird, werden wir wohl wieder mit einer for-Schleife alle Elemente durchgehen und nach einem freien Projektil suchen – *the same procedure*!

Ausfüllen der *tbObject*-Eigenschaften

Ist ein freies Projektil gefunden, setzt die Fire-Methode erst einmal die Variablen des Projektils, die es von tbObject geerbt hat. Dazu zählen die Position, die Skalierung, die Rotation, die Geschwindigkeit, die Masse, die Reibungsfaktoren und der Radius. Dabei müssen wir bei einigen Punkten unterscheiden, ob es sich bei der Waffe um eine Laserwaffe oder eine Raketenwaffe handelt:

Tabelle 8.2 Laser- und Raketenwaffen müssen unterschiedlich behandelt werden!

Eigenschaft	Bei Laserstrahlen	Bei Raketen
Position	Die zum Schiff relative Position jeder Waffe ist in SShipType::avWeaponPos gespeichert. Wir rechnen sie mit RelToAbsPos um.	← wie bei Laser
Achsen	Die Achsen werden vom feuernden Raumschiff übernommen.	← wie bei Laser
Skalierung	Die Skalierung wird ebenfalls vom Raumschiff übernommen.	← wie bei Laser
Rotation	Die Rotation wird auf null gesetzt.	← wie bei Laser
Bewegungsvektor	Der Bewegungsvektor ist die z-Achse des Projektils multipliziert mit der Geschwindigkeit des Laserstrahls, die in SWeaponType::fLaserSpeed gespeichert ist.	Die relative *Startrichtung* einer Rakete ist in SWeaponType::vMissileStart-Vector gespeichert und die Geschwindigkeit in fMissileStart-Speed. Nach der Umrechnung werden beide multipliziert. Außerdem wird noch der Bewegungsvektor des Schiffs hinzuaddiert.
Masse	Laserstrahlen haben keine Masse.	Die Masse der Rakete ist in SWeaponType::fMissileMass gespeichert.

Eigenschaft	Bei Laserstrahlen	Bei Raketen
Reibungsfaktoren	Reibung gibt es bei Laserstrahlen nicht.	Reibungsfaktoren aus fMissileMovementFriction und fMissileRotationFriction (in SWeaponType) kopieren
Radius	Der Radius wird auf null gesetzt.	← wie bei Laser

Nachdem all diese Dinge gesetzt wurden, müssen wir – wenn es sich um eine Rakete handelt – noch das m_iFiredBy-Element setzen. Wir dürfen auch nicht vergessen, die Lebenszeit des Projektils auf die in SWeaponType::fProjectileLifetime angegebene Zeit zu stellen. Dann kopieren wir außerdem noch das Zielschiff: m_pTarget zeigt also dann auf das Schiff, das zur Abschusszeit gerade erfasst war, oder auf NULL, wenn das feuernde Schiff gerade kein Ziel hatte. Als kleines Extra verändern wir nach dem Abfeuern noch den Bewegungsvektor des Projektils zufällig – je nachdem, wie stark die Waffe beschädigt ist (beschädigte Waffen sind also nicht so genau).

```
// Feuert eine Waffe des Schiffs ab
tbResult CShip::Fire(int iWeapon)
{
    // Ist die Waffe voll aufgeladen?
    // Ist noch genug Munition da (nur bei Raketen)?
    // Ist noch genug Waffenenergie da?
    if(m_afWeaponReload[iWeapon] > 0.0f) return TB_OK;
    if(!m_pType->apWeaponType[iWeapon]->bIsLaserWeapon &&
        m_aiWeaponAmmo[iWeapon] <= 0) return TB_OK;
    if(m_fWeaponEnergy<m_pType->apWeaponType[iWeapon]->fEnergyPerShot)return TB_OK;

    // Nach einem freien Projektil suchen
    for(int p = 0; p < 256; p++)
    {
        // Frei?
        CProjectile* pProj = &m_pGame->m_aProjectile[p];
        if(pProj->m_fLifetime > 0.0f) continue;

        // Ausfüllen!
        pProj->m_fLifetime = m_pType->apWeaponType[iWeapon]->fProjectileLifetime;
        pProj->m_pType = m_pType->apWeaponType[iWeapon];
        pProj->m_iFiredBy = m_iIndex;
        if(m_iTarget!=-1)pProj->m_pTarget=g_pGalactica->m_pGame->m_aShip+m_iTarget;
        else pProj->m_pTarget = NULL;

        // Die Objektklasse ausfüllen.
        // Position, Skalierung und Achsen vom Schiff kopieren.
        pProj->Reset();
        pProj->m_vPosition = m_vPosition;
        pProj->m_vScaling = m_vScaling;
        pProj->m_vXAxis = m_vXAxis;
        pProj->m_vYAxis = m_vYAxis;
        pProj->m_vZAxis = m_vZAxis;
        pProj->Update();

        // Masse und und Rotation setzen, Radius auf null setzen
        pProj->m_fMass = m_pType->apWeaponType[iWeapon]->fMissileMass;
        pProj->m_vRotation = tbVector3(0.0f);
        pProj->m_fRadius = 0.0f;
```

8.6 Alle Waffen abfeuern! 603

```
            if(!m_pType->apWeaponType[iWeapon]->bIsLaserWeapon)
            {
                // Reibung gibt es nur bei Raketen.
                pProj->m_fMovementFriction = m_pType->apWeaponType[iWeapon]->
                                             fMissileMovementFriction;
                pProj->m_fRotationFriction = m_pType->apWeaponType[iWeapon]->
                                             fMissileRotationFriction;
            }
            else
            {
                // Laser fliegen ungebremst.
                pProj->m_fMovementFriction = 1.0f;
                pProj->m_fRotationFriction = 1.0f;
            }

            // Das Geschoss an seine Position (Waffenposition) bringen
            pProj->TranslateRel(m_pType->avWeaponPos[iWeapon]);

            if(m_pType->apWeaponType[iWeapon]->bIsLaserWeapon)
            {
                // Für Laserstrahlen:
                // Den Startgeschwindigkeitsvektor setzen
                pProj->m_vVelocity = pProj->m_vZAxis *
                                     m_pType->apWeaponType[iWeapon]->fLaserSpeed;
            }
            else
            {
                // Für Raketen:
                // Den Startgeschwindigkeitsvektor setzen
                pProj->m_vVelocity = m_vVelocity +
                                    (m_pType->apWeaponType[iWeapon]->vMissileStartVector *
                                     m_pType->apWeaponType[iWeapon]->fMissileStartSpeed);

                // Die Rakete wird entlang ihres Abschussvektors ausgerichtet -
                // relativ zum Schiff.
                pProj->Align(RelToAbsDir(pProj->m_pType->vMissileStartVector));
            }

            // Je nach Schaden an der Waffe wird der Bewegungsvektor leicht verändert.
            pProj->m_vVelocity += tbVector3Random() *
                                  tbFloatRandom(0.0f,
                                                1.0f - m_afWeaponEfficiency[iWeapon]);

            // Waffenaufladung zurücksetzen und Munition verringern
            m_afWeaponReload[iWeapon] = m_pType->apWeaponType[iWeapon]->fMinReloadTime;
            m_aiWeaponAmmo[iWeapon]--;

            // Waffenenergie abziehen
            m_fWeaponEnergy -= m_pType->apWeaponType[iWeapon]->fEnergyPerShot;

            // Fertig!
            return TB_OK;
        }

    return TB_OK;
}
```

Listing 8.23 Feuer!

8.6.3 Bewegen

8.6.3.1 Bewegen einer Rakete – Zielsuche

Einen Laserstrahl zu bewegen ist nicht besonders schwer, denn er fliegt einfach nur geradeaus. Es reicht also, die von tbObject geerbte Move-Methode aufzurufen. Außerdem – und das gilt für alle Arten von Projektilen – verringern wir m_fLifetime um die seit dem letzten Frame vergangene Zeit. Was aber wirklich interessant ist, ist die Frage: *Wie findet die Rakete ihr Ziel?*

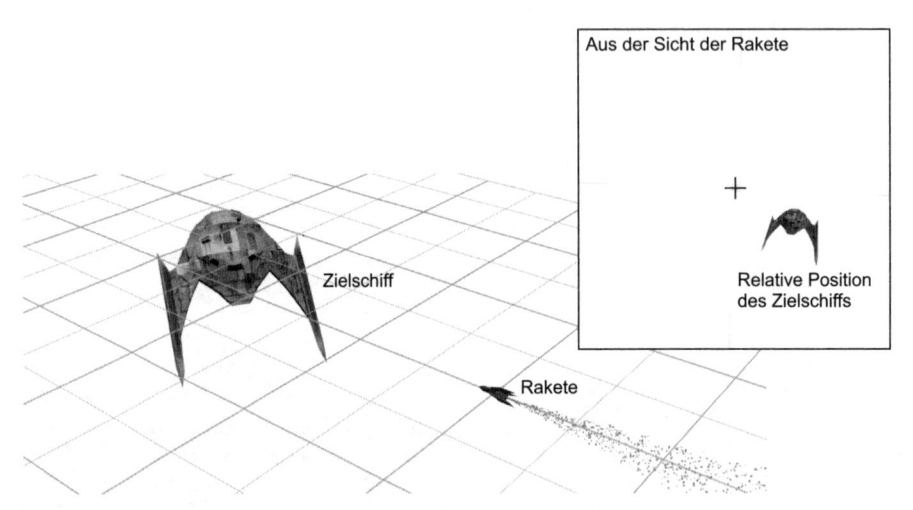

Abbildung 8.4 Ein Ansatz, um die Rakete zu ihrem Ziel zu bringen

Wenn man also die *zur Rakete relative Position* des Zielschiffs kennt – wie rechts im Kasten gezeigt, dann müsste es doch recht einfach sein, die Rakete richtig zu lenken! Wenn die *x*-Komponente der relativen Position des Zielschiffs *größer* als null ist, dann ist das Ziel *rechts* von der Rakete, was dann erfordert, dass die Rakete auch nach *rechts* lenkt. Mit links, oben und unten tun wir es genauso. Um die absolute Zielschiffposition in eine zur Rakete relative Position umzurechnen, verwenden wir die Methode AbsToRelPos der CProjectile-Klasse, die sie von tbObject geerbt hat. Wie schnell sich die Rakete drehen kann, ist in der entsprechenden SWeaponType-Struktur gespeichert (in der Variablen m_fMissileAngularAccel). Und was den Schub angeht: Wir lassen die Rakete einfach immer weiter Vollgas geben – ansonsten würde es auch zu schwer, einer Rakete auszuweichen.

Die Lenkung einer Rakete ist noch nicht ganz abgeschlossen: Wir werden noch zwei weitere Kleinigkeiten hinzufügen:

- Die Raketen sollen sich ganz langsam um ihre eigene *z*-Achse drehen. Das sieht schöner aus und verbessert die Flugbahn ein wenig.
- Eine Rakete soll erst eine halbe Sekunde nach ihrem Abschuss Kurs auf ihr Ziel nehmen. Auch das sieht schöner aus, die Rakete fliegt dann kurz geradlinig und dreht dann plötzlich ab – und erleichtert das Ausweichen.

8.6 Alle Waffen abfeuern! 605

```
// Bewegt ein Projektil
tbResult CProjectile::MoveProjectile(float fTime)
{
    // Rakete? Wenn ja, dann steuern!
    if(!m_pType->bIsLaserWeapon)
    {
        // Die Rakete nach vorne beschleunigen
        AddVelocityRel(tbVector3(0.0f, 0.0f, 1.0f) *
                       m_pType->fMissileAccel * fTime);

        // Rakete langsam um ihre eigene z-Achse drehen
        m_vRotation.z = TB_DEG_TO_RAD(22.5f);


        // Wenn die Rakete ein Ziel hat, steuert sie darauf zu.
        // Außerdem fängt sie erst nach einer halben Sekunde an zu lenken.
        if(m_pTarget &&
           m_fLifetime <= m_pType->fProjectileLifetime - 0.5f)
        {
            // Die Position des Ziels in Koordinaten relativ zur Rakete umrechnen
            tbVector3 vTarget(AbsToRelPos(m_pTarget->m_vPosition));

            // Ist das Ziel links von der Rakete, lenkt sie nach links.
            if(vTarget.x < -0.5f) AddRotationRel(
                tbVector3(0.0f, -m_pType->fMissileAngularAccel * fTime, 0.0f));
            else if(vTarget.x > 0.5f) AddRotationRel(
                tbVector3(0.0f, m_pType->fMissileAngularAccel * fTime, 0.0f));

            // Gleiches für hoch/runter
            if(vTarget.y < -0.5f) AddRotationRel(
                 tbVector3(m_pType->fMissileAngularAccel * fTime, 0.0f, 0.0f));
            else if(vTarget.y > 0.5f) AddRotationRel(
                tbVector3(-m_pType->fMissileAngularAccel * fTime, 0.0f, 0.0f));
        }
    }

    // Bewegungen durchführen (tbObject)
    Move(fTime);

    return TB_OK;
}
```

Listing 8.24 Steuerung einer Rakete

8.6.3.2 Bewegen aller Projektile

Um das Bewegen der Projektile mit in den Spielfluss einzugliedern, gibt es die Methode `CGame::MoveProjectiles`, die in `CGame::Move` aufgerufen wird. Sie geht – wie Sie das schon kennen – einfach die gesamte Projektilliste durch und ruft `CProjectile::Move` für jedes existierende Geschoss auf.

8.6.4 Rendern

Eine Rakete zu rendern ist erst einmal nicht weiter schwierig: Wir rendern ganz einfach das Modell des Projektils, das in `SWeaponType::pProjectileModel` gespeichert ist. Aber wie sieht das mit Laserstrahlen aus? Dazu müssen Sie jetzt erst einmal mit einer weit verbreiteten Technik zur Darstellung verschiedener Objekte, die man schlecht als 3D-Polygonmodell rendern kann, vertraut gemacht werden ...

8.7 Sprites

8.7.1 Was sind Sprites?

Sprites – manchmal auch *Billboards* genannt – sind kleine zweidimensionale Bilder (Texturen), die man im 3D-Raum rendert. Sie sollen dem Betrachter ein echtes 3D-Modell vortäuschen. Frühere 3D-Ego-Shooter verwendeten Sprites zur Darstellung der Spielfiguren. Heute würde man das natürlich nicht mehr tun, denn man hat genug Rechenpower, um die Spielfiguren als komplexe 3D-Polygonmodelle zu rendern. Die Vorteile von Sprites liegen klar auf der Hand: Sie sind sehr schnell und einfach zu handhaben. Wer nun meint, dass Sprites in heutigen Programmen keine Rolle mehr spielen, der irrt sich – es gibt praktisch kein Spiel, das ohne sie auskommt. Sprites werden vor allem für *Partikelsysteme* gebraucht, um zum Beispiel Rauch, Feuer oder Explosionen zu simulieren. Man verwendet sie aber auch für sehr kleine Objekte, bei denen man sowieso nicht merkt, ob es sich um ein echtes 3D-Modell handelt oder nicht.

Wer *Super Mario 64* kennt und beim ersten Endgegner einmal genau hinsieht, der erkennt, dass die Kugeln, aus denen er besteht, ebenfalls nur Sprites sind. Kugeln lassen sich sehr gut mit Hilfe von Sprites darstellen, da sie von jeder Ansicht gleich aussehen. Ein Sprite kann man nie „von hinten" sehen – es zeigt der Kamera immer nur *eine* Seite (es hat auch nur eine einzige). Daher sollte man sich von Sprites auch nicht zu viel erhoffen, wenn man sie für größere Spielobjekte einsetzt.

8.7.2 Missbrauch der Kameraachsen

Da ein Sprite nie als Quadrat oder Rechteck erkennbar sein darf, muss es stets zur Kamera gewandt sein. Intern benötigt man theoretisch für die Speicherung eines Sprites lediglich die *Position des Mittelpunkts*. Daraus muss aber nun beim Rendern ein Viereck erzeugt werden, das der Kamera immer nur eine Seite zeigt. Wie kann man das anstellen?

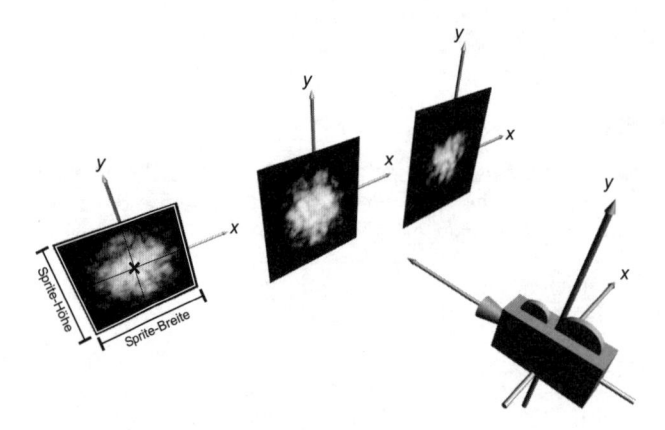

Abbildung 8.5 Wie man an die Achsen kommt

Wie die Überschrift sagt und die Abbildung zeigt, verwenden wir ganz einfach die x- und die y-Achse der Kamera auch für die Sprites. So wird sichergestellt, dass immer nur eine Seite sichtbar ist und dass der Betrachter nicht erkennen kann, dass es sich lediglich um simple Rechtecke handelt.

8.7.3 Die TriBase-Sprite-Engine

Die Darstellung von Sprites fällt eindeutig in den Bereich einer 3D-Engine, also habe ich der TriBase-Engine eine entsprechende Einheit zu deren Unterstützung hinzugefügt: Die Sprite-Engine befindet sich in den Dateien TBSPRITEENGINE.CPP und TBSPRITEENGINE.H. Definiert wird dort eine Klasse namens tbSpriteEngine. Ich möchte hier nicht auf ihren vollständigen Quellcode eingehen, aber auf die wichtigsten Dinge werden wir einmal einen Blick werfen!

8.7.3.1 Initialisierung der Sprite-Engine

Zuerst ist es nötig, mit new eine neue Instanz der tbSpriteEngine-Klasse zu erzeugen – *nachdem* Direct3D initialisiert wurde. Anschließend folgt ein Aufruf der Init-Methode. Es muss lediglich die maximale Anzahl der Sprites angegeben werden, damit die Engine einen entsprechend großen Vertex-Buffer anfertigt. In ihm werden dann alle Sprites gespeichert und später mit einem Schlag gerendert.

8.7.3.2 Sprite-Typen

Es ist üblich, all seine Sprites in einer einzigen Textur aufzubewahren. In einer Textur der Größe 256 x 256 lassen sich beispielsweise schon 64 Sprites mit einer Größe von jeweils 32 x 32 Pixel unterbringen. Natürlich wären auch größere/kleinere Texturen/Sprites denkbar. Wichtig ist nur, dass später *alle Sprites auf einmal* gerendert werden können – ohne zwischendurch anzuhalten und SetTexture aufzurufen, denn das spart Zeit und Mühe. Um einen Sprite-Typ, also ein spezielles Sprite auf einer Textur, zu beschreiben, bedarf es dann zweier Angaben: Wie lauten die Koordinaten der linken oberen Ecke des Sprites auf der Textur (*Texturkoordinaten!*) und wie breit und wie hoch ist das Sprite auf der Textur? Später beim Erstellen der Sprites wäre es nicht sinnvoll, diese beiden Angaben jedes Mal zu machen – da ist es doch besser, wenn sich die Sprite-Engine eine *Liste* aller Sprite-Typen anlegt. Ein Sprite-Typ kann dann durch eine einfache Nummer identifiziert werden, und die Engine schaut einfach in dem entsprechenden Listeneintrag nach, um sich mit den nötigen Informationen – Koordinaten der linken oberen Ecke und Größe – zu versorgen.

Mit der Methode tbSpriteEngine::CreateSpriteType wird ein Sprite-Typ initialisiert. Der erste Parameter ist dessen Nummer, der zweite ist ein 2D-Vektor, der die Texturkoordinaten der linken oberen Ecke des Sprites angibt, und der dritte ist die Breite und die Höhe auf dieser Textur – ebenfalls in *Texturkoordinaten* anzugeben ((0.5, 0.5) bedeutet also, dass das Sprite eine Breite beziehungsweise Höhe von der Hälfte der Textur hat, nicht etwa von jeweils 0.5 Pixel). Um einen freien Sprite-Typ zu finden, benutzt man die Methode FindFreeSpriteType der tbSpriteEngine-Klasse (freie Nummer als Rückgabewert). Intern speichert die Engine nicht nur die linke obere Ecke, sondern auch gleich noch die rechte obere, die linke untere und die rechte untere – damit diese Vektoren später nicht andauernd neu berechnet werden müssen.

8.7.3.3 Die Sprite-Engine starten

Bevor Sprites gerendert werden können, müssen wir die Sprite-Engine starten, was mit der Methode tbSpriteEngine::Begin geht. Diese Methode erwartet als Parameter einmal die *Ka-*

meramatrix und die *Position der Kamera*. Aus der Matrix werden wir später die drei Kameraachsen ablesen.

8.7.3.4 Hinzufügen eines Sprites

Die Methode `tbSpriteEngine::AddSprite` fügt ein Sprite zum Vertex-Buffer hinzu (es werden sechs Vertizes erzeugt, die dann ein Viereck bilden). Um die Positionen der Vertizes zu berechnen, führen wir zwei Hilfsvektoren ein, die `vSizeX` und `vSizeY` heißen. `vSizeX` ist der Richtungsvektor, der vom Mittelpunkt des Sprites bis zu seinem rechten Rand zeigt, und `vSizeY` zeigt vom Mittelpunkt gerade bis zum oberen Rand. Die Positionsvektoren für die Vertizes können dann einfach durch Addition beziehungsweise Subtraktion dieser beiden Vektoren von der Sprite-Position gewonnen werden.

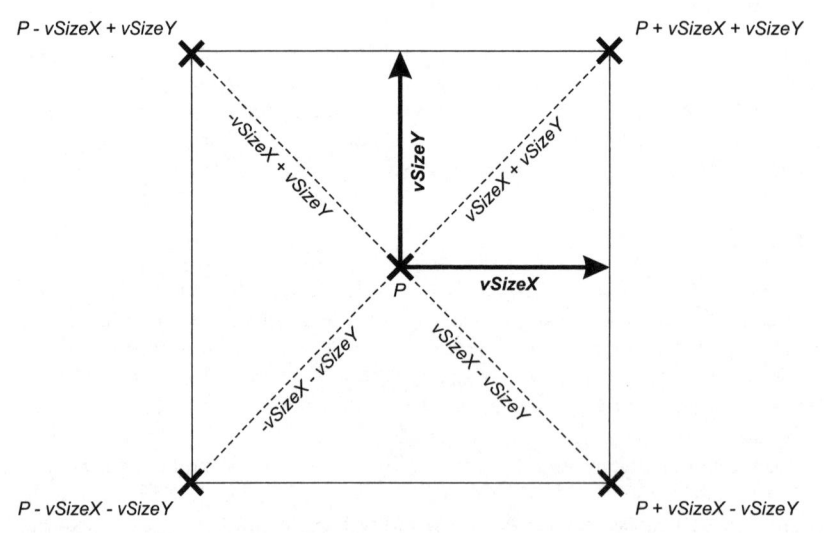

Abbildung 8.6 Wie man die Lage der Eckpunkte bestimmen kann

Da bleibt also nur noch die Frage, wie wir denn die Vektoren `vSizeX` und `vSizeY` berechnen können. Zuerst fällt einem ein, für `vSizeX` einfach die *x*-Achse der Kamera multipliziert mit der halben Breite des Sprites zu benutzen und für `vSizeY` analog zu verfahren. Das funktioniert auch, aber wir wollen auch noch die *Rotation* eines Sprites angeben, nicht nur seine Position und seine Größe. Ganz zu Beginn des zweiten Kapitels steht eine Formel, die einen Punkt (*x*, *y*) um einen bestimmten Winkel α dreht:

$$x' = (x \cdot \cos \alpha) + (y \cdot (-\sin \alpha))$$
$$y' = (x \cdot \sin \alpha) + (y \cdot \cos \alpha)$$

Jetzt fragen Sie sich vielleicht, inwiefern uns das hier weiter bringt, da wir uns doch im *dreidimensionalen* Raum befinden und die Gleichungen offensichtlich nur mit *zwei* Dimensionen funktionieren. Aber wenn man einmal genauer darüber nachdenkt, befinden wir uns nicht mehr im 3D-Raum, sondern wir arbeiten auf einer *Ebene*, die durch die beiden Vektoren `vSizeX` und `vSizeY` oder durch die *x*- und *y*-Achse der Kamera im Raum „aufgespannt" wird. Nun können wir die exakte Berechnung der beiden gesuchten Vektoren angeben:

8.7 Sprites

$$vSizeX = \tfrac{1}{2} \cdot SpriteBreite \left(KamXAchse \cdot \cos\alpha - KamYAchse \cdot \sin\alpha \right)$$
$$vSizeY = \tfrac{1}{2} \cdot SpriteHöhe \left(KamXAchse \cdot \sin\alpha + KamYAchse \cdot \cos\alpha \right)$$

Neben Position, Größe und Rotation des Sprites übergibt man der AddSprite-Methode auch noch die *Farbe* und den *Sprite-Typ*.

```
// Fügt ein Sprite hinzu
int tbSpriteEngine::AddSprite(const int iType,
                              const tbVector3& vPosition,
                              const tbColor& Color,      // = tbColor(1.0f)
                              const tbVector2& vScaling, // = tbVector2(1.0f)
                              const float fRotation)     // = 0.0f
{
    // Ist noch Platz?
    if(m_dwNumSprites >= m_dwMaxSprites) return -1;

    // Die Achsen des Sprite-Rechtecks entsprechen ganz einfach denen der Kamera -
    // bevor die Rotation per Sinus und Kosinus eingerechnet wird.
    // Die beiden Größenvektoren vSizeX und vSizeY berechnen.
    tbVector3 vSizeX(( m_vCamXAxis * cosf(fRotation)
                     - m_vCamYAxis * sinf(fRotation)) * vScaling.x * 0.5f);

    tbVector3 vSizeY(( m_vCamXAxis * sinf(fRotation)
                     + m_vCamYAxis * cosf(fRotation)) * vScaling.y * 0.5f);

    // Positionsangaben eintragen
    tbSpriteVertex aVertex[4];
    aVertex[0].vPosition = vPosition - vSizeX + vSizeY; // Links oben
    aVertex[1].vPosition = vPosition + vSizeX + vSizeY; // Rechts oben
    aVertex[2].vPosition = vPosition + vSizeX - vSizeY; // Rechts unten
    aVertex[3].vPosition = vPosition - vSizeX - vSizeY; // Links unten

    // Farben und Texturkoordinaten eintragen
    aVertex[0].Color = aVertex[1].Color = aVertex[2].Color = aVertex[3].Color = Color;
    aVertex[0].vTexture = m_aSpriteType[iType].vTopLeft;
    aVertex[1].vTexture = m_aSpriteType[iType].vTopRight;
    aVertex[2].vTexture = m_aSpriteType[iType].vBottomRight;
    aVertex[3].vTexture = m_aSpriteType[iType].vBottomLeft;

    // Die Vertizes zum Vertex-Buffer hinzufügen
    m_pVB->AddVertex(&aVertex[0]);
    m_pVB->AddVertex(&aVertex[1]);
    m_pVB->AddVertex(&aVertex[2]);
    m_pVB->AddVertex(&aVertex[0]);
    m_pVB->AddVertex(&aVertex[2]);
    m_pVB->AddVertex(&aVertex[3]);

    // Zähler erhöhen
    m_dwNumSprites++;

    // Index des neuen Sprites zurückliefern
    return (int)(m_dwNumSprites - 1);
}
```

Listing 8.25 Hinzufügen eines Sprites

tbSpriteEngine::m_aSpriteType ist die Liste der Sprite-Typen. Aus ihr nimmt sich die Engine die Texturkoordinaten für die Vertizes. Die Variable m_pVB ist der Vertex-Buffer (tbVertexBuffer*), und in m_vCamXAxis und m_vCamYAxis sind die beiden Kameraachsen gespeichert. Sie wurden in der Methode tbSpriteEngine::Begin aus der Kameramatrix extrahiert. tbSpriteVertex ist die Struktur für die Sprite-Vertizes, die *Position*, *Farbe* und *Texturkoordinaten* enthält.

8.7.3.5 Rendern eines Laser-Sprites

Fein – nun können wir schon „normale" Sprites rendern, mit denen man Explosionen oder ähnliche Effekte darstellen kann. Für einen Laserstrahl brauchen wir jetzt aber noch eine neue Art von Sprite: ein *Laser-Sprite*! Einen Laserstrahl möglichst gut in den 3D-Raum zu integrieren war schon immer eine große Schwierigkeit. Einige Spiele wie zum Beispiel *Star Trek: Klingon Academy* rendern einen Laser- oder Phaserstrahl mit Hilfe von zwei um 90° zueinander stehende schnell rotierende Rechtecke. Richtig angewandt sieht das dann aus wie ein echter Laserstrahl.

Mir gefiel dieser Ansatz mit den sich drehenden Rechtecken nicht so gut, da man ihn manchmal sehr leicht entlarven kann. Daher habe ich mir Gedanken über eine andere Methode gemacht, bei der man mit *einem einzigen* Rechteck auskommt. Ein Laserstrahl ist durch seinen Start-, seinen Endpunkt und durch seinen *Radius* bestimmt (also wie dick der Strahl ist):

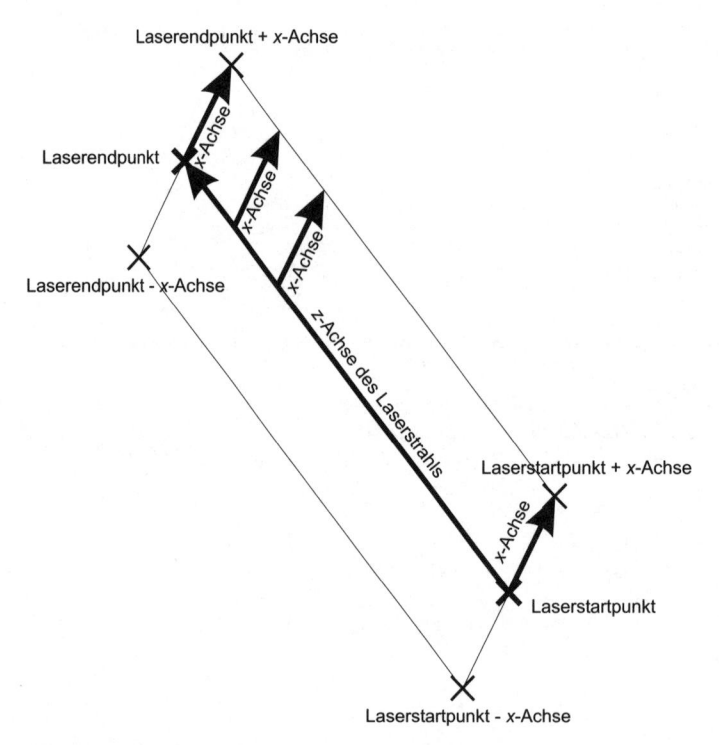

Abbildung 8.7 Der Aufbau eines Laserstrahls

Wie man sieht, benötigen wir lediglich die *x*-Achse des Laserstrahls, um die Positionsvektoren aller vier Vertizes zu berechnen. Die *z*-Achse ergibt sich aus der normalisierten Vektordifferenz zwischen dem End- und dem Startpunkt.

Da bleibt nur noch eine einzige Frage: Wie finden wir die *x*-Achse des Lasers? Dazu muss man sich einmal überlegen, welchen Zweck das Laser-Sprite erfüllen soll. Der Betrachter soll in keinem Fall merken, dass er den Laserstrahl nur durch ein einfaches Rechteck vorgegaukelt bekommt. Das bedeutet also: Die *x*-Achse des Lasers muss senkrecht zur Verbindungslinie

8.7 Sprites

zwischen der Kamera und dem Laserstrahl stehen. Denn nur so schaut die Kamera immer im rechten Winkel „auf" den Laserstrahl und erkennt ihn nicht als Rechteck – die richtige Textur für das Laser-Sprite vorausgesetzt. Damit hätten wir schon einmal eine Bedingung für die x-Achse des Laserstrahls. Die zweite Bedingung ist, dass die x-Achse (natürlich) senkrecht auf der z-Achse stehen muss, und die ist bekannt. Die gesuchte Achse steht also senkrecht auf *zwei bekannten* Vektoren – da kommt nur das Kreuzprodukt in Frage. Die x-Achse ist also das Kreuzprodukt aus der z-Achse und dem normalisierten Verbindungsvektor zwischen Kamera und der Mitte des Laserstrahls. Das Ergebnis multiplizieren wir dann noch mit dem *Radius* des Strahls.

Die TriBase-Sprite-Engine besitzt eine Methode namens AddLaserSprite, die ein Laser-Sprite zum Vertex-Buffer hinzufügt. Man übergibt ihr den *Sprite-Typ* (int), den Start- und den Endpunkt des Strahls, den Radius (float) und die *Farben* für den Anfang und das Ende des Strahls (tbColor):

```cpp
// Fügt ein Laser-Sprite zur Liste hinzu
int tbSpriteEngine::AddLaserSprite(const int iType,
                                   const tbVector3& vLaserStart,
                                   const tbVector3& vLaserEnd,
                                   const float fRadius,        // = 0.25f
                                   const tbColor& StartColor,  // = tbColor(1.0f)
                                   const tbColor& EndColor)    // = tbColor(1.0f)
{
    // Ist noch Platz?
    if(m_dwNumSprites >= m_dwMaxSprites) return -1;

    // Verbindungslinie von der Kamera zur Mitte des Laserstrahls berechnen
    tbVector3 vCamToLaser(tbVector3Normalize((vLaserStart + vLaserEnd)*0.5f - m_vCamPos));

    // Die z-Achse des Laserstrahls berechnen (Endpunkt - Startpunkt)
    tbVector3 vLaserZAxis(tbVector3Normalize(vLaserEnd - vLaserStart));

    // Die x-Achse des Laserstrahls, also des Rechtecks, muss folgende
    // Bedingungen erfüllen:
    // - Sie muss senkrecht auf der z-Achse des Laserstrahls stehen.
    // - Sie muss senkrecht auf der Verbindungslinie zwischen Kamera und Laser
    //   stehen, damit der stets "von oben" gesehen wird.
    // In Frage kommt also nur das Kreuzprodukt:
    tbVector3 vLaserXAxis(tbVector3Normalize(tbVector3Cross(vLaserZAxis, vCamToLaser)));

    // Die x-Achse mit dem Radius des Strahls multiplizieren
    vLaserXAxis *= fRadius;

    // Linker Vertex am Strahlende
    tbSpriteVertex aVertex[4];
    aVertex[0].vPosition = vLaserEnd - vLaserXAxis;
    aVertex[0].Color = EndColor;
    aVertex[0].vTexture = m_aSpriteType[iType].vTopLeft;

    // Rechter Vertex am Strahlende
    aVertex[1].vPosition = vLaserEnd + vLaserXAxis;
    aVertex[1].Color = EndColor;
    aVertex[1].vTexture = m_aSpriteType[iType].vTopRight;

    // Rechter Vertex am Strahlbeginn
    aVertex[2].vPosition = vLaserStart + vLaserXAxis;
    aVertex[2].Color = StartColor;
    aVertex[2].vTexture = m_aSpriteType[iType].vBottomRight;

    // Linker Vertex am Strahlbeginn
    aVertex[3].vPosition = vLaserStart - vLaserXAxis;
    aVertex[3].Color = StartColor;
    aVertex[3].vTexture = m_aSpriteType[iType].vBottomLeft;
```

```
    // Die Vertizes zum Vertex-Buffer hinzufügen
    m_pVB->AddVertex(&aVertex[0]);
    m_pVB->AddVertex(&aVertex[1]);
    m_pVB->AddVertex(&aVertex[2]);
    m_pVB->AddVertex(&aVertex[0]);
    m_pVB->AddVertex(&aVertex[2]);
    m_pVB->AddVertex(&aVertex[3]);

    // Zähler erhöhen
    m_dwNumSprites++;

    // Index des Sprites zurückliefern
    return (int)(m_dwNumSprites - 1);
}
```

Listing 8.26 Erstellung eines Laser-Sprites

8.7.3.6 Engine stoppen und alle Sprites rendern

Wurden alle Sprites hinzugefügt, ruft man erst einmal tbSpriteEngine::End auf (nachdem die Begin-Methode zu Beginn aufgerufen wurde). Die Methode veranlasst die Aktualisierung des Vertex-Buffers.

Der nächste Schritt ist dann das *Rendern* der Sprites durch die Render-Methode. Sie hat zwei optionale Parameter: int iFrom und int iTo. Es werden alle Sprites von iFrom bis iTo gerendert. Den Index eines Sprites erfährt man durch den Rückgabewert der AddSprite- beziehungsweise AddLaserSprite-Methode. Wenn man einem Parameter den Wert –1 gibt (was auch der Standardwert ist, falls man gar nichts angibt), dann bedeutet das, dass iFrom 0 wird und iTo auf das allerletzte Sprite zeigt. Standardmäßig werden also *alle* Sprites gerendert.

```
// Rendert die Sprites
tbResult tbSpriteEngine::Render(int iFrom,   // = -1
                                int iTo)     // = -1
{
    // Parameter anpassen
    if(iFrom == -1) iFrom = 0;
    if(iTo == -1) iTo = (int)(m_dwNumSprites) - 1;
    if(iTo <= -1) return TB_OK;

    // Vertex-Buffer als Datenquelle einsetzen
    tbDirect3D::Instance()->SetStreamSource(0, m_pVB->GetVB(), 0,
                                            sizeof(tbSpriteVertex));

    // Vertexformat setzen
    tbDirect3D::Instance().SetFVF(TB_SPRITE_FVF);

    // Vertizes als Dreiecksliste rendern
    tbDirect3D::Instance()->DrawPrimitive(D3DPT_TRIANGLELIST,
                                          iFrom * 6, (iTo - iFrom + 1) * 2);

    return TB_OK;
}
```

Listing 8.27 Rendern der Sprites

Der Startvertex (zweiter Parameter von DrawPrimitive) ist ganz einfach der Index des ersten zu rendernden Sprites multipliziert mit 6, da jedes Sprite als Rechteck genau sechs Vertizes braucht (Dreiecksliste!). Der dritte Parameter – die Anzahl der Primitiven, also die Anzahl der Dreiecke – ist die Anzahl der zu rendernden Sprites multipliziert mit 2, da jedes Sprite aus zwei Dreiecken besteht.

8.7.4 Zurück zum Spiel: Rendern der Laser

Kommen wir nun zurück zum Ausgangspunkt unserer kleinen Tour durch die Welt der Sprites. Wir waren bei der Methode `CProjectile::Render` stehen geblieben, und zwar an der Stelle, wo die Laser gerendert werden sollten. Mit der Sprite-Engine sollte das jetzt kein Problem mehr sein.

8.7.4.1 Die Sprite-Engine ins Spiel integrieren

Als Erstes fügen wir der `CGame`-Klasse einen Zeiger auf eine `tbSpriteEngine`-Klasse hinzu (`m_pSprites`). In `CGame::Load` wird die Sprite-Engine dann mit Platz für 10000 Sprites initialisiert. Außerdem benötigen wir noch eine Textur mit allen Sprites: `CGame::m_pSpritesTex`. Die Quelldatei heißt SPRITES.BMP und ist im Ordner DATA. Die Textur wird ebenfalls in `CGame::Load` geladen. Nun fehlt nur noch eines: nämlich ein *Effekt* für die Sprites. Dieser ist in DATA\SPRITES.FX:

```
TEXTURE Texture;

TECHNIQUE T1
{
    PASS P1
    {
        Texture[0]       = <Texture>;
        ZEnable          = True;
        ZWriteEnable     = False;

        ColorOp[0]       = Modulate;
        ColorArg1[0]     = Texture;
        ColorArg2[0]     = Current;
        AlphaOp[0]       = Modulate;
        AlphaArg1[0]     = Texture;
        AlphaArg2[0]     = Current;
        ColorOp[1]       = Disable;

        AlphaBlendEnable = True;
        SrcBlend         = SrcAlpha;
        DestBlend        = One;
        AlphaTestEnable  = True;
        AlphaFunc        = Greater;
        AlphaRef         = 7;

        Lighting         = False;
        ColorVertex      = True;
        CullMode         = None;
    }
}
```

Listing 8.28 Der Quellcode des Effekts für die Sprites

Der Effekt setzt eine Textur (die Variable `<Texture>` setzen wir auf die Sprites-Textur), schaltet die Schreiberlaubnis für den Z-Buffer aus (weil die Sprites transparent sind und daher nichts vollständig verdecken können), setzt verschiedene Multi-Texturing-Parameter, aktiviert Alpha-Blending (Transparenz) und schaltet Beleuchtung und Culling aus. Dies sind die typischen Einstellungen für das Rendern von Sprites.

In `CGame::Render` werden zum Schluss alle Sprites gerendert:

```
// Zuvor wurde m_pSprites::Begin aufgerufen, und alle zu rendernden Sprites
// wurden mit AddSprite oder AddLaserSprites hinzugefügt.

// Sprites rendern
m_pSprites->End();
m_pSpritesEffect->Begin();
m_pSpritesEffect->BeginPass(0);
tbDirect3D::Instance().SetTransform(D3DTS_WORLD, tbMatrixIdentity());
m_pSprites->Render();
m_pSpritesEffect->EndPass();
m_pSpritesEffect->End();
```

Listing 8.29 Rendern der Sprites: Wichtig ist, dass hier die Transformationsmatrix zurückgesetzt wird!

8.7.4.2 Sprite-Typen

Nun wird es in unserem Spiel recht viele Sprite-Typen geben: welche für Laserstrahlen, für Flammen aus dem Antrieb und aus einer Rakete, für Explosionen, für Trümmer und so weiter. Diese direkt im Quellcode des Spiels zu initialisieren ist keine gute Idee. Besser ist es, die Definition jedes Sprite-Typs mit in die Datei GALACTICA.INI zu packen, denn dort kann der Benutzer später auch noch Änderungen vornehmen. Die Sprite-Typen liegen in folgendem Format vor:

```
[Sprite types]
SpriteType0 = 0, 0, 32, 32
SpriteType1 = 32, 0, 32, 32
SpriteType2 = 64, 0, 32, 32
SpriteType3 = 96, 0, 32, 32
SpriteType4 = 128, 0, 32, 32
SpriteType5 = 160, 0, 32, 32
SpriteType6 = 192, 0, 32, 32
SpriteType7 = 224, 0, 32, 32
...
```

Listing 8.30 Auszug aus GALACTICA.INI

Die ersten beiden Zahlen stehen für die Pixelkoordinaten der linken oberen Ecke des Sprite-Typs auf der Sprite-Textur, die 256 x 256 Pixel groß ist. Die letzten beiden Zahlen stehen für die Größe – hier sind alle Sprite-Typen 32 x 32 Pixel groß.

Die Methode `CGame::LoadSpriteTypes` lädt alle Sprite-Typen aus der INI-Datei und fügt sie durch `tbSpriteEngine::CreateSpriteType` zur Sprite-Engine hinzu:

```
// Lädt die Sprite-Typen
tbResult CGame::LoadSpriteTypes()
{
    // Jeden Typ durchgehen
    for(int iType = 0; iType < 1024; iType++) {
        // Daten lesen und Sprite erzeugen
        char acKey[256];
        sprintf(acKey, "SpriteType%d", iType);
        tbColor Sprite = ReadINIColor("Sprite types", acKey);
        m_pSprites->CreateSpriteType(iType, tbVector2(Sprite.r, Sprite.g),
                                     tbVector2(Sprite.b, Sprite.a));
    }

    return TB_OK;
}
```

Listing 8.31 Laden der Sprite-Typen

8.7 Sprites

Zum Speichern der vier Zahlen, die einen Sprite-Typ ausmachen, verwenden wir einfach eine tbColor-Variable, denn diese besitzt ebenfalls *vier* Angaben. So können wir einfach die ReadINIColor-Methode benutzen, um die Informationen des Sprite-Typs zu lesen. Die Rot- und Grün-Komponente ergeben dann die Koordinaten der linken oberen Ecke, und Blau und Alpha beinhalten die Größe des Sprite-Typs.

Sie haben wahrscheinlich schon bemerkt, dass wir hier mit *Pixelkoordinaten* (0 bis 255) und nicht mit *Texturkoordinaten* (0 bis 1) arbeiten. Die Umrechnung erfolgt gleich nach dem Laden der Sprite-Typen. Dabei werden erst die Koordinaten ein wenig nach *innen* geschoben, weil es sonst an den Ecken der Sprites zu Darstellungsfehlern kommen kann (man sieht dann Teile von auf der Textur benachbarten Sprite-Typen), dann erfolgt die Division durch 255, um aus den Pixelkoordinaten Texturkoordinaten zu machen:

```
for(int iType = 0; iType < 1024; iType++)
{
    // Texturkoordinaten leicht nach innen schieben
    m_pSprites->m_aSpriteType[iType].vTopLeft     += tbVector2(0.9f, 0.9f);
    m_pSprites->m_aSpriteType[iType].vTopRight    += tbVector2(-0.9f, 0.9f);
    m_pSprites->m_aSpriteType[iType].vBottomRight += tbVector2(-0.9f, -0.9f);
    m_pSprites->m_aSpriteType[iType].vBottomLeft  += tbVector2(0.9f, -0.9f);

    // Texturkoordinaten an die Texturgröße anpassen
    m_pSprites->m_aSpriteType[iType].vTopLeft     /= tbVector2(255.0f, 255.0f);
    m_pSprites->m_aSpriteType[iType].vTopRight    /= tbVector2(255.0f, 255.0f);
    m_pSprites->m_aSpriteType[iType].vBottomRight /= tbVector2(255.0f, 255.0f);
    m_pSprites->m_aSpriteType[iType].vBottomLeft  /= tbVector2(255.0f, 255.0f);
}
```

Listing 8.32 Die Texturkoordinaten der Sprite-Typen werden in CGame::Load angepasst

8.7.4.3 Die neue *CProjectile::Render*-Methode

Nun können wir auch die Laserstrahlen rendern:

```
// Rendert ein Projektil
tbResult CProjectile::Render(float fTime)
{
    if(m_pType->bIsLaserWeapon) {
        // Es ist ein Laserstrahl! Wir fügen nun das Laser-Sprite zur Sprite-Engine hinzu.
        g_pGalactica->m_pGame->m_pSprites->AddLaserSprite(
                                m_pType->iLaserSprite,
                                m_vPosition,
                                m_vPosition + m_vZAxis * m_pType->fLaserLength,
                                m_pType->fLaserRadius,
                                m_pType->LaserStartColor,
                                m_pType->LaserEndColor);
    }
    else {
        // Es ist kein Laserstrahl, hat also ein Modell! Matrix abfragen und einsetzen.
        Update();
        tbDirect3D::Instance().SetTransform(D3DTS_WORLD, m_mMatrix);

        // Das Modell rendern
        m_pType->pProjectileModel->Render();
    }

    return TB_OK;
}
```

Listing 8.33 Jetzt werden auch Laserstrahlen berücksichtigt!

Alle Angaben, die wir zum Erstellen des Laser-Sprites brauchen, können wir entweder ganz leicht berechnen (zum Beispiel den Endpunkt des Laserstrahls: Er ist der Startpunkt plus die z-Achse multipliziert mit der Laserlänge) oder aus der `SWeaponType`-Struktur abfragen – wie zum Beispiel den Sprite-Typ, den Laserradius oder die beiden Farben für Start und Ende.

8.8 Kollisionserkennung

8.8.1 Rückblick: Umgebungskugel und Umgebungsquader

In diesem Abschnitt erwartet Sie einiges an Mathematik. Viel davon dreht sich um Kugeln und Quader. Im dritten Kapitel, als es um das Laden von Modellen ging, wurde der Zweck von *Umgebungskugeln* und *Umgebungsquadern* bereits angesprochen.

Eine Umgebungskugel ist durch ihren *Radius* definiert – ihr Mittelpunkt ist einfach der Mittelpunkt des Modells. Ein Umgebungsquader benötigt *zwei* Angaben: den minimalen und den maximalen Vektor. Der minimale Vektor ist sozusagen die linke hintere untere Ecke des Quaders und der maximale Vektor ist die rechte obere vordere Ecke. Man errechnet diese Vektoren indem man die kleinste beziehungsweise größte x-, y- und z-Koordinate sucht, die im *gesamten Modell* vorkommt. Umgebungskugel und Umgebungsquader schließen ein Modell *vollständig* ein.

Wenn wir ein Modell mit der `tbModel`-Klasse laden, dann liegen all diese Angaben bereits vor: `m_fBoundingSphereRadius`, `m_vBoundingBoxMin` und `m_vBoundingBoxMax`.

8.8.2 Das Prinzip der Kollisionserkennung

Bei unserem ersten Spiel *Breakanoid* war die Berechnung von Kollisionen recht einfach, da wir es nur mit simplen Formen zu tun hatten: hauptsächlich mit Kugeln, Quadern und Ebenen. Aber die Kollision zwischen einer Rakete und einem Raumschiff lässt sich nicht so leicht berechnen.

Wie man eine Umgebungskugel (*Bounding-Sphere*) oder einen Umgebungsquader (*Bounding-Box*) – also die Kugel oder den Quader, der alle Vertizes eines 3D-Modells einschließt – berechnet, wurde bereits besprochen. Nun werden wir diese anwenden, um Kollisionsberechnungen durchzuführen. Aber die Modelle sind doch nicht kugel- oder quaderförmig, wieso rechnen wir dann damit herum?

> Stellen Sie sich die folgende Situation vor: Es gilt, die Kollision zwischen einem Laserstrahl und einem riesigen Raumschiff mit mehreren tausend Dreiecken zu berechnen. Würde man nun direkt die Kollision zwischen dem Strahl und *jedem einzelnen* Dreieck testen, wäre das eine Katastrophe – eine ungeheure Rechenzeitverschwendung. Es gilt: Wenn der Strahl das Schiff trifft, dann trifft er auch mit Sicherheit die Umgebungskugel oder den Umgebungsquader des Schiffs. Daher ist es klüger, erst zu testen, ob der Strahl die „Hülle" trifft – diese Tests sind wesentlich unkomplizierter und daher schneller. Erst wenn hier eine Kollision vorliegt, stellt man genauere Berechnungen an. Man geht also vom „Groben" ins Detail, Schritt für Schritt – in der Hoffnung, sich aufwändige Berechnungen sparen zu können.

Mit den Funktionen, die wir in diesem Abschnitt herleiten werden, wird die „Utils"-Komponente der TriBase-Engine (TBUTILS.CPP, TBUTILS.H) erweitert. Die Hauptschwierigkeit liegt bei diesen Funktionen in der dahinter steckenden Mathematik und in der Optimierung.

8.8.3 Kugel – Kugel

Wenn es darum geht, die Kollision zwischen zwei Objekten zu bestimmen, die groß genug sind, nicht mehr als punktförmig betrachtet zu werden (zum Beispiel zwei Raumschiffe), prüft man zuerst, ob sich deren Umgebungskugeln schneiden.

Möchte man herausfinden, ob sich zwei Kugeln treffen (wozu auch zählt, dass die eine komplett innerhalb der anderen ist, die Kugeln sind in diesem Fall nicht hohl, sondern werden als solide Körper betrachtet), kann man in derselben Weise vorgehen wie beim Kollisionstest zweier Kreise.

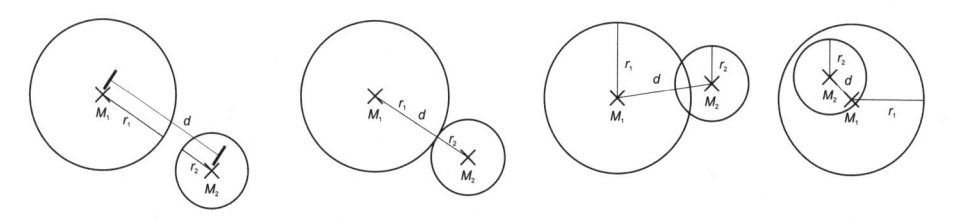

A) Keine Kollision; $d > r_1 + r_2$ B) Berührung; $d = r_1 + r_2$ C) Schnitt; $d < r_1 + r_2$ D) Einschließung; $d <= r_1 - r_2$

Abbildung 8.8 Vier Möglichkeiten der Lage zweier Kreise

Möglichkeiten B) bis D) zählen wir als Kollision. Es gilt also: Wenn die Distanz d zwischen den beiden Kreismittelpunkten M_1 und M_2 kleiner oder gleich der Summe der Radien r_1 und r_2 ist, kollidieren die beiden Kreise an mindestens einer Stelle.

Bei Kugeln im dreidimensionalen Raum gilt exakt das Gleiche – nur dass die Berechnung von d ein wenig anders ist (Vektorlängenberechnung). Schreiben wir damit nun die Hilfsfunktion tbSphereHitsSphere, welche für zwei Kugeln jeweils einen Vektor (Mittelpunkt) und eine Fließkommazahl (Radius) erwartet und TRUE bei einer Kollision und ansonsten FALSE zurückliefert.

```
TRIBASE_API BOOL tbSphereHitsSphere(const tbVector3& vSphereA,
                                    const float fRadiusA,
                                    const tbVector3& vSphereB,
                                    const float fRadiusB)
{
    // Quadrat der Entfernung berechnen und entscheiden, ob eine Kollision vorliegt
    return tbVector3Length(vSphereA - vSphereB) <= (fRadiusA + fRadiusB);
}
```

Listing 8.34 Die Funktion tbSphereHitsSphere bestimmt, ob zwei Kugeln kollidieren.

Eine wirklich simple Funktion – doch sie lässt sich noch ein wenig optimieren. Bedenken Sie, dass die Funktion tbVector3Length mit dem Ziehen einer Wurzel verbunden ist, was man – falls möglich – vermeiden sollte. Wenn die Distanz kleiner oder gleich der Summe der Radien ist, dann gilt sicherlich auch, dass das *Quadrat der Distanz* (das sich viel schneller berechnen lässt) kleiner oder gleich dem *Quadrat der Summe der Radien ist*. Den Fall, dass die Distanz negativ wird, können wir ausschließen, das wird durch das Quadrieren beim Berechnen der Vektorlänge nicht passieren. Wir benennen also die Variable fDistance in fDistanceSq um (für *Square – Quadrat*) und verwenden die Funktion tbVector3LengthSq. Die neue Funktion:

```
// Kollision zweier Kugeln berechnen
TRIBASE_API BOOL tbSphereHitsSphere(const tbVector3& vSphereA,
```

```
                          const float fRadiusA,
                          const tbVector3& vSphereB,
                          const float fRadiusB)
{
    // Quadrat der Entfernung berechnen und entscheiden, ob eine Kollision vorliegt
    return tbVector3LengthSq(vSphereA - vSphereB) <= (fRadiusA + fRadiusB) *
                                                    (fRadiusA + fRadiusB);
}
```

Listing 8.35 Die Funktion `tbSphereHitsSphere`

8.8.4 Linie – Kugel

Stellen Sie sich vor, ein Torpedo in unserem Spiel, der klein genug ist, um ihn betreffende Berechnungen lediglich mit Hilfe eines *Punkts* (keine Kugel) durchzuführen, fliegt auf das kugelförmige Schutzschild eines gegnerischen Schiffs zu. Nun ist der Computer nicht der allerschnellste, und das Spiel läuft so ruckartig, dass der Torpedo in einem Bild noch weit vor dem Schild war und im neuen schon weit dahinter. Man wird natürlich dann feststellen, *dass* er das Schild passiert hat, aber eben nicht *wo*. Den Ort sollte man beim Erzeugen einer Explosion schon kennen!

Man erzeugt eine Linie, welche die alte Position des Torpedos mit seiner neuen verbindet. Nun prüft man, *ob* und, falls ja, *wo* die Linie die Kugel des Schutzschilds schneidet.

Das hört sich zwar ganz einfach an – es steckt aber viel Mathematik dahinter! Um dieses Problem zu lösen, ist es nötig, Gleichungen für die Kugel und für die Linie aufzustellen. Die Linie wird als „begrenzte Gerade" betrachtet – eine Gerade hat eine unendliche Ausdehnung.

8.8.4.1 Die Kugelgleichung

Wenn Sie aus der Schule noch die *Kreisgleichung* kennen, dann wird dies für Sie nicht viel Neues sein. Die Kreisgleichung legt die Menge der Punkte fest, die auf einem Kreis mit bekanntem Mittelpunkt und Radius liegen. Ein Punkt (x, y) liegt genau dann auf dem Kreis mit dem Mittelpunkt M und dem Radius r, wenn seine Koordinaten die Kreisgleichung erfüllen:

$$(x - x_M)^2 + (y - y_M)^2 = r^2$$
$$\sqrt{(x - x_M)^2 + (y - y_M)^2} = r$$

Es wird also die Entfernung des Punkts (x, y) zum Mittelpunkt mit dem Kreisradius verglichen, und nur wenn beide Werte gleich sind, liegt der Punkt auf dem Kreis. Die erste Variante ist schneller und einfacher, da sie keine Wurzel enthält.

Nun halten Sie sich fest, denn hier kommt die total überraschende Kugelgleichung:

$$(x - x_M)^2 + (y - y_M)^2 + (z - z_M)^2 = r^2$$
$$\sqrt{(x - x_M)^2 + (y - y_M)^2 + (z - z_M)^2} = r$$

Allgemein drückt man die Kugelgleichung jedoch eher so aus, da sie sich dann nicht nur auf drei Dimensionen beschränkt:

8.8 Kollisionserkennung

$$|\vec{x} - \vec{m}| = r$$
$$(\vec{x} - \vec{m})^2 = r^2$$

Ein Punkt mit dem Ortsvektor $\vec{x}$ auf der Kugel hat eine Entfernung zum Kugelmittelpunkt $\vec{m}$, die identisch mit dem Kugelradius r ist. Die zweite Gleichung ist angenehmer, da hier mit dem Quadrat der Entfernung und mit dem Quadrat des Radius gerechnet wird – in der Praxis entfällt dadurch eine Wurzel.

Wahrscheinlich sehen Sie hier zum ersten Mal die „Quadrierung" eines Vektors (in der Gleichung oben wird die Klammer, die ja ein Vektor ist, quadriert). Damit ist gemeint, dass der Vektor mit sich selbst durch das Punktprodukt multipliziert wird. Heraus kommt das Quadrat der Vektorlänge.

Nun haben wir also die Möglichkeit herauszufinden, ob ein bestimmter Punkt auf einer Kugel liegt oder nicht, indem wir seinen Abstand zum Kugelmittelpunkt berechnen und ihn mit dem Radius vergleichen.

> Würde man eine Funktion implementieren, die prüft, ob ein bestimmter Punkt *auf* (nicht innerhalb) einer bestimmten Kugel liegt, dürfte man auf Grund der endlichen Genauigkeit von Fließkommazahlen keinen exakten Vergleich zwischen der Distanz zum Mittelpunkt und dem Radius machen – ein Toleranzbereich von ±0.0001 oder mehr ist dort angebracht. Das gilt für die meisten Berechnungen, die eigentlich glatt aufgehen sollten.

8.8.4.2 Die Geradengleichung

Wenn man eine Gerade mit Hilfe von Vektoren darstellen möchte, dann braucht man zuerst *irgendeinen* beliebigen Punkt auf der Geraden. Der Vektor, der zu diesem Punkt führt, wird *Stützvektor* $\vec{p}$ genannt. Weiterhin benötigen wir einen *Richtungsvektor* $\vec{u}$, der die Richtung der Geraden angibt. Mit diesen beiden Vektoren kann man nun *jeden* Punkt auf der Geraden erreichen – mit einem Parameter s. Die Geradengleichung sieht dann so aus:

$$\vec{x} = \vec{p} + s \cdot \vec{u}$$

Mit Hilfe des s-Parameters bewegen wir uns vom Stützvektor aus gesehen entlang des Richtungsvektors über die Gerade. Gibt man für s einen negativen Wert an, dann wandert man sozusagen rückwärts auf der Geraden. Wichtig ist, dass jeder mögliche Wert für s zu einem bestimmten Punkt führt, ein Punkt der Geraden kann also durch seinen s-Wert angegeben werden.

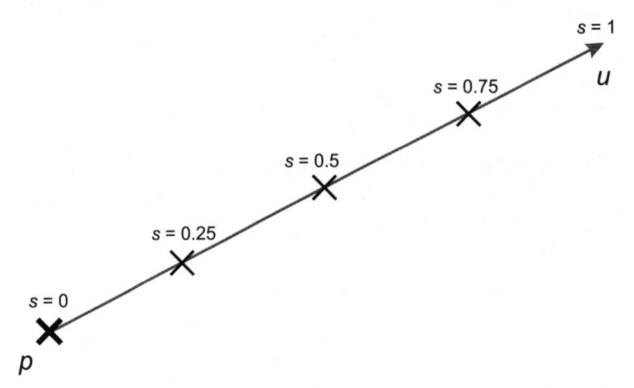

Abbildung 8.9 Zuordnung der Punkte entlang der Gerade durch die Geradengleichung

Und was ist mit einer Linie?

Eine Linie, die – anders als ein Strahl – zu *beiden* Seiten hin begrenzt ist, kann fast genauso beschrieben werden wie eine Gerade. Durch den gegebenen Start- und Endpunkt berechnet man die Richtung der Linie. Der Richtungsvektor hat dann die Länge der Linie.

Nun darf der Parameter s ganz einfach nicht kleiner als null (das wäre „hinter" der Linie) und nicht größer als 1 sein (das wäre schon zu weit gewandert).

8.8.4.3 Geraden- und Kugelgleichung kombinieren

Nun ist es unser Ziel, die maximal zwei Schnittpunkte eines Strahls beziehungsweise einer Linie mit einer Kugel herauszufinden. Dazu betrachten wir das Problem wie folgt:

Wir suchen nach einem s, das – eingesetzt in die Geradengleichung – einen Punkt liefert, der die Kugelgleichung erfüllt. Setzen wir also die Geradengleichung in die Kugelgleichung ein. Das $\vec{x}$ in der Kugelfunktion wird durch $\vec{p} + s \cdot \vec{u}$ ersetzt:

Unsere beiden Gleichungen:

$$g : \vec{x} = \vec{p} + s \cdot \vec{u}$$

$$k : (\vec{x} - \vec{m})^2 = r^2$$

Auflösung der binomischen Formel in der Kugelgleichung:

$$k : \vec{x}^2 - 2 \cdot \vec{x} \cdot \vec{m} + \vec{m}^2 = r^2$$

Nun setzen wir g in k ein:

$$g \cap k : (\vec{p} + s \cdot \vec{u})^2 - 2 \cdot (\vec{p} + s \cdot \vec{u}) \cdot \vec{m} + \vec{m}^2 = r^2$$

Damit sind wir schon ein Stückchen weiter. Als Nächstes lösen wir die linke binomische Formel auf (ja, das funktioniert auch mit Vektoren) und multiplizieren rechts die 2 und den $\vec{m}$-Vektor mit in die Klammer ein. Außerdem ziehen wir das r^2 auf die linke Seite (Sie ahnen vielleicht schon, warum):

8.8 Kollisionserkennung

$$\vec{p}^2 + 2 \cdot s \cdot \vec{p} \cdot \vec{u} + s^2 \cdot \vec{u}^2 - (2 \cdot \vec{p} - 2 \cdot s \cdot \vec{u}) \cdot \vec{m} + \vec{m}^2 = r^2$$

$$\vec{p}^2 + 2 \cdot s \cdot \vec{p} \cdot \vec{u} + s^2 \cdot \vec{u}^2 - 2 \cdot \vec{p} \cdot \vec{m} - 2 \cdot s \cdot \vec{u} \cdot \vec{m} + \vec{m}^2 - r^2 = 0$$

Wie Sie sehen, kommt die *s*-Variable, deren Wert wir gerne hätten, einmal linear und einmal quadratisch (s^2) vor. Das riecht doch nach der *pq*-Formel, nicht wahr? Dazu müssen wir s^2 und *s* ausklammern:

$$s^2 \cdot \vec{u}^2 + s \cdot (2 \cdot (\vec{u} \cdot \vec{p} - \vec{u} \cdot \vec{m})) + (\vec{p}^2 - 2 \cdot \vec{p} \cdot \vec{m} + \vec{m}^2 - r^2) = 0$$

$$s^2 \cdot \vec{u}^2 + s \cdot (2 \cdot \vec{u} \cdot (\vec{p} - \vec{m})) + ((\vec{p} - \vec{m})^2 - r^2) = 0$$

Nun stört aber noch das $\vec{u}^2$ vor dem s^2, denn bei der *pq*-Formel darf kein Faktor außer der Eins vor dem quadratischen Term stehen. Darum dividieren wir durch $\vec{u}^2$ und können dann die Lösungen der quadratischen Gleichung angeben:

$$s^2 + s \cdot \frac{2 \cdot \vec{u} \cdot (\vec{p} - \vec{m})}{\vec{u}^2} + \frac{(\vec{p} - \vec{m})^2 - r^2}{\vec{u}^2} = 0$$

$$s_{1,2} = \frac{-\vec{u} \cdot (\vec{p} - \vec{m})}{\vec{u}^2} \pm \sqrt{\frac{(\vec{u} \cdot (\vec{p} - \vec{m}))^2}{\vec{u}^4} - \frac{(\vec{p} - \vec{m})^2 - r^2}{\vec{u}^2}}$$

$$s_{1,2} = \frac{-\vec{u} \cdot (\vec{p} - \vec{m})}{\vec{u}^2} \pm \sqrt{\frac{(\vec{u} \cdot (\vec{p} - \vec{m}))^2}{\vec{u}^4} - \frac{\vec{u}^2 \cdot ((\vec{p} - \vec{m})^2 - r^2)}{\vec{u}^4}}$$

$$s_{1,2} = \frac{-\vec{u} \cdot (\vec{p} - \vec{m}) \pm \sqrt{(\vec{u} \cdot (\vec{p} - \vec{m}))^2 - \vec{u}^2 \cdot ((\vec{p} - \vec{m})^2 - r^2)}}{\vec{u}^2}$$

Das sieht vielleicht auf den ersten Blick ein wenig erschreckend aus, aber so schlimm ist es nicht. Hier gibt es nämlich einige Terme, die mehrfach vorkommen und die man daher später im Programmcode nur einmal berechnen muss.

Welche Bedeutung hat die Wurzel? Nun, die Diskriminante, also der Term unter der Wurzel, entscheidet, wie viele Schnittpunkte es gibt:

- **Diskriminante > 0:** Es gibt zwei Schnittpunkte, da die *pq*-Formel uns zwei verschiedene Lösungen liefert.
- **Diskriminante = 0:** Es gibt nur eine Lösung und damit auch nur einen Schnittpunkt. Die Gerade *berührt* die Kugel.
- **Diskriminante < 0:** Wenn etwas Negatives unter der Wurzel steht, heißt das, dass es keinen Schnittpunkt gibt – die Gerade läuft an der Kugel vorbei.

Für den Fall, dass die Diskriminante größer als null ist – welche Lösung wollen wir dann berechnen? Am besten die mit dem *kleineren* Wert, also mit dem Minuszeichen vor der Wurzel. Denn dieser Schnittpunkt liegt dann am nächsten am Startpunkt der Linie.

8.8.4.4 Die Funktion *tbLineHitsSphere*

Das alles soll nun in eine Funktion namens tbLineHitsSphere gepackt werden. Als Parameter erwartet sie zuerst den Linienstart- und Endpunkt als tbVector3, dann den Kugelmittelpunkt und den Kugelradius. Der letzte Parameter ist ein tbVector3-Zeiger, der mit dem eventuellen Schnittpunkt gefüllt wird. Die Funktion liefert TRUE, falls es einen Schnittpunkt gibt, ansonsten FALSE.

```
// Schnittpunkt zwischen einer Linie und einer Kugel berechnen
TRIBASE_API BOOL tbLineHitsSphere(const tbVector3& vLineA,
                                  const tbVector3& vLineB,
                                  const tbVector3& vSphereCenter,
                                  const float fRadius,
                                  tbVector3* pvOut) // = NULL
{
    // r² vorberechnen
    const float fRadiusSq = fRadius * fRadius;

    // (p - m) vorberechnen
    const tbVector3 vPMinusM(vLineA - vSphereCenter);

    // Wenn der Startpunkt der Linie schon in der Kugel liegt, dann brechen wir sofort ab.
    if(tbVector3LengthSq(vPMinusM) <= fRadiusSq)
    {
        // Als Schnittpunkt nehmen wir einfach den Startpunkt der Linie.
        if(pvOut) *pvOut = vLineA;
        return TRUE;
    }

    // Richtungsvektor der Linie berechnen (u)
    const tbVector3 vLineDir(vLineB - vLineA);

    // u * (p - m) vorberechnen (Punktprodukt)
    const float fUDotPMinusM = tbVector3Dot(vLineDir, vPMinusM);

    // u² vorberechnen
    const float fLineDirSq = tbVector3LengthSq(vLineDir);

    // Die Diskriminante berechnen:
    //   (u * (p - m))²
    // - (u² * ((p - m)² - r²))
    const float d =   fUDotPMinusM * fUDotPMinusM
                    - fLineDirSq * (tbVector3LengthSq(vPMinusM) - fRadiusSq);

    // Ist die Diskriminante negativ, null oder positiv?
    if(d < 0.0f) return FALSE;
    else if(d < 0.0001f)
    {
        // Die Diskriminante ist (ungefähr) null.
        // Die gesamte Wurzel entfällt, und die Lösung ist (-u * (p - m)) / u².
        // Wir müssen nur noch prüfen, ob der Wert im korrekten Bereich [0; 1] liegt.
        const float s = -fUDotPMinusM / fLineDirSq;
        if(s < 0.0f || s > 1.0f) return false;
        else
        {
            // Berührungspunkt!
            if(pvOut) *pvOut = vLineA + s * vLineDir;
            return true;
        }
    }
    else
    {
```

8.8 Kollisionserkennung

```
            // Die Gerade schneidet den Kreis zweimal.
            // Uns interessiert nur die kleinere Lösung für s, denn das ist die Stelle, wo die
            // Linie den Kreis "zum ersten Mal" schneidet. Diese Lösung berechnen wir nun.
            const float s = (-fUDotPMinusM - sqrtf(d)) / fLineDirSq;
            if(s < 0.0f || s > 1.0f) return false;
            else
            {
                if(pvOut) *pvOut = vLineA + s * vLineDir;
                return true;
            }
        }
    }
```

Listing 8.36 Die Funktion tbLineHitsSphere berechnet einen eventuellen Schnittpunkt zwischen einer Linie und einer Kugel, die durch ihren Mittelpunkt und ihren Radius angegeben wird.

8.8.5 Linie – Dreieck

Wenn der Kollisionstest zwischen einer Linie und einer Kugel, die ein 3D-Modell umfasst, positiv ausgefallen ist, kann man nun einen Schritt weitergehen, und die Kollision zwischen der Linie und den einzelnen Dreiecken berechnen.

8.8.5.1 Linie – Ebene

> Möchte man bestimmen, ob eine Linie ein Dreieck schneidet, so sollte man erst einmal testen, ob die Linie die *Ebene*, in der das Dreieck liegt, trifft. Wenn das nicht der Fall ist, hat man sich viele kompliziertere Berechnungen gespart.

Wie man mit Ebenen umgeht, haben Sie bereits im zweiten Kapitel gelernt. Man erstellt also mit der Funktion tbPlaneFromPoints eine Ebene und versucht dann, deren Schnittpunkt mit der Linie zu bestimmen, das ist nämlich viel einfacher, als den Schnittpunkt mit dem Dreieck direkt zu berechnen. Trifft die Linie die Ebene *nicht*, so kann sie auch das Dreieck nicht treffen, und wir sind mit unseren Berechnungen fertig. Andernfalls muss geprüft werden, ob sich der Schnittpunkt auf der Ebene innerhalb des Dreiecks befindet.

Dazu gehen wir ähnlich wie bei der Kugel vor, aber kein Grund zur Sorge: Dieses Mal wird die Gleichung nicht so riesig werden. Es gilt, ein *s*, das – eingesetzt in die Geradengleichung – einen Punkt liefert, der auch die Ebenengleichung erfüllt, zu finden.

$$g : \vec{x} = \vec{p} + s \cdot \vec{u}$$
$$E : \vec{n} \cdot \vec{x} + d = 0$$

$$g \cap E :$$
$$\vec{n} \cdot (\vec{p} + s \cdot \vec{u}) + d = 0$$
$$\vec{n} \cdot \vec{p} + s \cdot \vec{n} \cdot \vec{u} + d = 0$$
$$\vec{n} \cdot \vec{p} + d = -s \cdot \vec{n} \cdot \vec{u}$$
$$s = -\frac{\vec{n} \cdot \vec{p} + d}{\vec{n} \cdot \vec{u}}$$

Es werden also im Prinzip zwei Punktprodukte durcheinander dividiert. Um herauszufinden, ob es einen Schnittpunkt zwischen der Linie und der Ebene gibt, testet man, ob der Nenner des Bruchs nicht null ist. Außerdem muss *s* im Intervall [0; 1] liegen. Der Nenner des Bruchs wird nur dann null, wenn die Linie parallel zur Ebene verläuft. In dem Fall gibt es entweder keinen oder unendlich viele Schnittpunkte.

Das finden wir heraus, indem wir einfach den Startpunkt der Linie in die Ebenengleichung einsetzen und prüfen, ob sie erfüllt wird. Falls ja, liegt die gesamte Strecke auf der Ebene. Falls nicht, gibt es überhaupt keinen Schnittpunkt.

Hier also nun die Implementierung der Funktion tbLineHitsPlane:

```
// Schnittpunkt zwischen einer Linie und einer Ebene berechnen
TRIBASE_API BOOL tbLineHitsPlane(const tbVector3& vLineA,
                                 const tbVector3& vLineB,
                                 const tbPlane& Plane,
                                 tbVector3* pvOut) // = NULL
{
    // Richtungsvektor der Linie berechnen
    const tbVector3 vLineDir(vLineB - vLineA);

    // Nenner des Bruchs für s berechnen. Falls dieser gleich null ist, sind Linie
    // und Ebene parallel, und es gibt entweder keinen oder unendlich viele Schnittpunkte.
    // Der Nenner ist das Punktprodukt aus Linienrichtung und Normalenvektor der Ebenen.
    // Kommt hier ein sehr kleiner Wert heraus, dann sind Linie und Ebene parallel.
    const float fDenominator = tbVector3Dot(Plane.n, vLineDir);

    if(fabsf(fDenominator) < 0.0001f)
    {
        // Linie und Ebene sind parallel!
        // Liegt der Startpunkt der Strecke in der Ebene? Wenn ja, dann liegt die
        // gesamte Strecke in ihr. Als Kollisionsort nehmen wir dann den Startpunkt.
        if(fabsf(tbVector3Dot(Plane.n, vLineA) + Plane.d) < 0.0001f)
        {
            // Strecke liegt komplett auf der Ebene!
            if(pvOut) *pvOut = vLineA;
            return TRUE;
        }
        else
        {
            // Linie und Ebene sind parallel - keine Kollision!
            return FALSE;
        }
    }

    // Streckenabschnitt des Schnittpunkts des Strahls berechnen
    const float s = -(tbVector3Dot(Plane.n, vLineA) + Plane.d) / fDenominator;

    // Liegt der Streckenabschnitt außerhalb von [0; 1], dann gibt es keinen Schnittpunkt,
    // da der Punkt außerhalb der Linie liegt.
    if(s < 0.0f || s > 1.0f) return FALSE;

    // Es gibt einen Schnittpunkt!
    if(pvOut) *pvOut = vLineA + (s * vLineDir);
    return TRUE;
}
```

Listing 8.37 Eine einfache Methode, den Schnittpunkt zwischen Linie und Ebene zu bestimmen

8.8 Kollisionserkennung

Eine schnellere Methode

Es gibt noch eine andere Möglichkeit, zu bestimmen, *ob* eine Linie eine Ebene schneidet, die schneller ist als die oben gezeigte. Allerdings findet man den Schnittpunkt auf diese Weise nicht heraus – sondern nur, *ob* es einen gibt oder nicht.

Es funktioniert wie folgt: Man setzt den Start- und den Endvektor der Linie in die Ebenengleichung ein. Das Ergebnis gibt uns Auskunft über die Lage des Punkts zur Ebene. Haben beide Werte verschiedene Vorzeichen, dann liegen die beiden Punkte auf verschiedenen Seiten der Ebene, was bedeutet, dass sich Linie und Ebene schneiden. Haben sie die gleichen Vorzeichen, liegen sie auf der gleichen Seite und können die Ebene nicht schneiden. Sind sie beide null, liegt die Linie auf der Ebene und schneidet sie damit in jedem Punkt. Die Funktion tbLineHitsPlaneFast funktioniert exakt nach diesem Prinzip:

```
TRIBASE_API BOOL tbLineHitsPlaneFast(const tbVector3& vLineA,
                                     const tbVector3& vLineB,
                                     const tbPlane& Plane)
{
    // Es wird kein exakter Schnittpunkt verlangt - daher kann eine
    // schnellere Methode angewandt werden.

    // Punktprodukte zwischen den Linienpunkten und der Ebene bilden
    const float d1 = tbPlaneDotCoords(Plane, vLineA);
    const float d2 = tbPlaneDotCoords(Plane, vLineB);

    // Liegen die beiden Linienpunkte auf verschiedenen Seiten oder beide
    // direkt auf der Ebene? Falls ja, gibt es einen Schnittpunkt.
    if(d1 <= 0.0f && d2 >= 0.0f) return TRUE;
    if(d1 >= 0.0f && d2 <= 0.0f) return TRUE;

    // Kein Schnittpunkt!
    return FALSE;
}
```

Listing 8.38 Schneidet die Linie die Ebene?

Man kann diese Funktion als Ausgangspunkt für andere Funktionen nutzen, in denen es um den Schnittpunkt mit einer Linie geht, und so erst einmal schnell testen, ob eine bestimmte Ebene geschnitten wird, was vielleicht Voraussetzung für eine Kollision mit einem anderen Objekt sein könnte.

8.8.5.2 Liegt der Schnittpunkt im Dreieck?

Genau um diese Frage geht es jetzt – und die ist gar nicht so leicht zu beantworten, wie man zuerst glaubt. Ein Mensch sieht natürlich sofort, ob ein Punkt in einem Dreieck liegt oder nicht – aber wie bringt man diese Entscheidung einem Computer bei?

Wir wissen nun also, dass der Strahl oder die Linie *die Ebene des Dreiecks* schneidet, und auch der genaue Ort des Schnittpunkts ist uns bekannt. Im Prinzip handelt es sich jetzt nur noch um eine zweidimensionale Angelegenheit, weil sich alles nur noch auf dieser Ebene abspielt.

Die 360°-Lösung

Was unterscheidet einen in einem Dreieck liegenden Punkt von einem, der außerhalb eines Dreiecks liegt? Sehen Sie selbst!

Winkelsumme = 360°   **Winkelsumme < 360°**

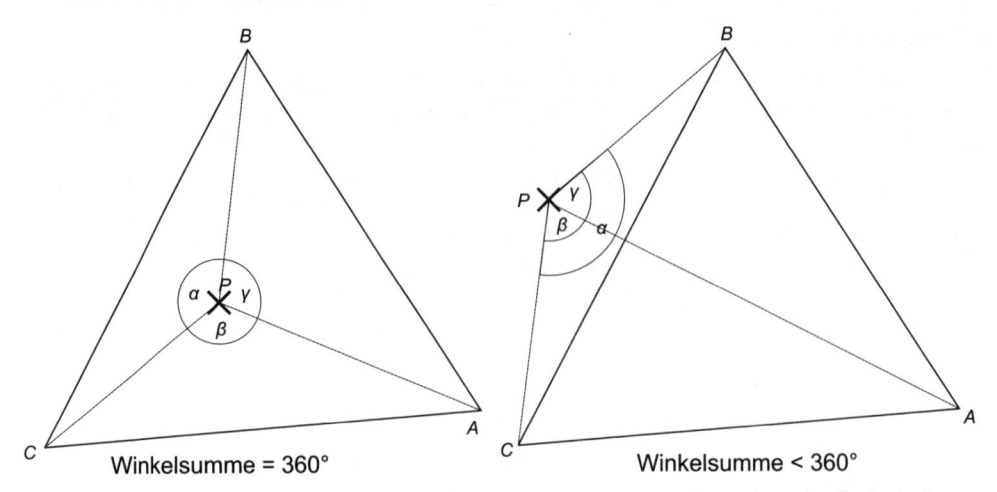

Abbildung 8.10 Die drei Winkel ergeben zusammen genau 360°, wenn P innerhalb des Dreiecks liegt.

Es werden Verbindungsvektoren zwischen P und allen drei Punkten des Dreiecks gebildet. Anschließend werden sie normalisiert und man bildet das Punktprodukt aus ihnen (aus $\overline{PA}$ und $\overline{PB}$, aus $\overline{PB}$ und $\overline{PC}$ und dann schließlich noch aus $\overline{PC}$ und $\overline{PA}$. Mit der Funktion acosf können die Kosinuswerte, die das Punktprodukt liefert, wieder in Winkel verwandelt werden. Diese addiert man und prüft, ob die Summe ungefähr 360° entspricht (die 360° müssen vorher noch in Rad umgewandelt werden – ein Fall für TB_DEG_TO_RAD).

So hat man eine einfache und immer funktionierende Lösung. Allerdings hat sie einen großen Nachteil: die Geschwindigkeit oder besser gesagt die *Langsamkeit*. Erstens müssen drei Vektoren normalisiert werden, was dreimal Wurzelziehen bedeutet (*sehr langsam*), und zweitens wird noch dreimal acosf aufgerufen – was auch nicht gerade eine der schnellsten Funktionen ist.

Noch einmal: Ebenen

Nach kurzer Überlegung kommt man auf den Gedanken, dass die Fläche eines Dreiecks durch *drei Ebenen* begrenzt ist, die sich entlang den Kanten erstrecken und einen Normalenvektor senkrecht zu den Kanten haben. Durch diese drei Ebenen würde in Wirklichkeit zwar ein unendlich hohes dreiseitiges Prisma beschrieben, aber wir haben bereits sichergestellt, dass sich der zu testende Punkt auf einer bestimmten Ebene befindet und damit seine „Höhe" in diesem Prisma festgelegt ist. Man verfährt wie folgt, um zu testen, ob sich der Punkt im Dreieck befindet:

- Generieren einer Ebene entlang der Kante $\overline{AB}$ des Dreiecks und Einsetzen des Punkts in die Ebenengleichung. Kommt ein Wert kleiner als null heraus, dann ist der Punkt *hinter* der Ebene und kann sich daher nicht im Dreieck befinden! Ist der Wert ungefähr gleich null, liegt der Punkt auf der Ebene und damit auch im Dreieck – weitere Tests sind dann nicht mehr nötig. Da das aber eher selten der Fall ist, spart man sich die Zeit, die für diesen zusätzlichen Vergleich nötig wäre.
- Das Gleiche für die Kanten $\overline{BC}$ und $\overline{CA}$ tun.
- Waren alle Ergebnisse größer oder gleich null, liegt der Punkt *vor allen* oder *auf einer* der drei begrenzenden Ebenen und damit hundertprozentig im Dreieck.

8.8 Kollisionserkennung

Die Normalenvektoren der drei begrenzenden Ebenen erhält man durch das Kreuzprodukt aus der zu prüfenden Dreieckskante und dem Normalenvektor der Dreiecksebene. Wir verwenden die Funktion tbPlaneFromPointNormal, um die Ebene zu erzeugen. Als Punkt wird ein beliebiger Punkt der Kante angegeben, und den Normalenvektor kennen wir nun. Das alles ist in der Funktion tbLineHitsTriangle vereint:

```
TRIBASE_API BOOL tbLineHitsTriangle(const tbVector3& vLineA,
                                    const tbVector3& vLineB,
                                    const tbVector3& vTriangleA,
                                    const tbVector3& vTriangleB,
                                    const tbVector3& vTriangleC,
                                    tbVector3* pvOut)
{
    // Die Ebene dieses Dreiecks berechnen
    tbPlane Plane(tbPlaneFromPoints(vTriangleA, vTriangleB, vTriangleC));

    // Schneidet die Linie die Ebene nicht?
    tbVector3 vIntersection;
    if(!tbLineHitsPlane(vLineA, vLineB, Plane, &vIntersection))
    {
        // Sie schneidet die Ebene nicht - dann kann sie das Dreieck auch nicht schneiden.
        return FALSE;
    }

    // Erstellen der ersten Ebene entlang den Punkten A und B und
    // Einsetzen des Punkts in die Gleichung. Falls das Ergebnis kleiner
    // als null ist, liegt der Punkt hinter der Ebene und damit nicht im
    // Dreieck.
    tbVector3 vNormal(Plane.n);
    tbVector3 vTemp(tbVector3Cross(vTriangleA - vTriangleB, vNormal));
    Plane = tbPlaneFromPointNormal(vTriangleA, vTemp);
    if(tbPlaneDotCoords(Plane, vIntersection) < 0.0f) return FALSE;

    // Test mit der zweiten Ebene entlang den Punkten B und C
    vTemp = tbVector3Cross(vTriangleB - vTriangleC, vNormal);
    Plane = tbPlaneFromPointNormal(vTriangleB, vTemp);
    if(tbPlaneDotCoords(Plane, vIntersection) < 0.0f) return FALSE;

    // Test mit der dritten Ebene entlang den Punkten C und A
    vTemp = tbVector3Cross(vTriangleC - vTriangleA, vNormal);
    Plane = tbPlaneFromPointNormal(vTriangleC, vTemp);
    if(tbPlaneDotCoords(Plane, vIntersection) < 0.0f) return FALSE;

    // Der Punkt liegt im Dreieck, da er vor allen drei Ebenen liegt!
    // Schnittpunkt einsetzen.
    *pvOut = vIntersection;
    return TRUE;
}
```

Listing 8.39 Die neue Testmethode für *Linie schneidet Dreieck*

Das ist gewiss nicht die optimale Methode – aber sie ist mit Sicherheit schneller als der vorherige Ansatz und auch genauso einfach zu verstehen. Der erste Ansatz benötigte *drei Wurzeln* und *drei Arcus-Kosinus-Funktionen*, die absoluten *Performance-Killer*. Der neue Ansatz hingegen zieht keine einzige Wurzel und kommt mehr oder weniger nur mit Additionen und Multiplikationen aus.

Die Funktion bringt es auf einem AMD Athlon 1400 immerhin auf fast *3 Millionen Tests pro Sekunde*, wobei alle Tests *positiv* ausfallen – das heißt, dass die Funktion bei jedem Mal *komplett* durchlaufen wird. Bricht sie schon früh ab, beispielsweise weil die Linie nicht einmal die Ebene des Dreiecks schneidet, sind es ungefähr *dreimal* so viele Tests pro Sekunde, das dürfte wohl für die meisten Spiele genügen! Es gibt weitaus effizientere Algorithmen, aber diese herzuleiten, ist sehr kompliziert und würde das Buch um hundert Seiten dicker machen.

8.8.5.3 Ein anderer Ansatz

Ich möchte in diesem Zusammenhang noch eine weitere Testmethode besprechen. Diese Methode ist vielleicht nicht so anschaulich wie die mit den Ebenen, jedoch ist sie mathematisch gesehen leichter zu implementieren.

Wir beginnen wieder damit, den Schnittpunkt zwischen Linie und Ebene des Dreiecks zu berechnen. Das können wir wieder mit der Funktion tbLineHitsPlane tun. Und ab jetzt unterscheidet sich diese Methode von der vorherigen.

Es wird ein neues Koordinatensystem gebildet, dessen Ursprung einer der drei Punkte des Dreiecks ist und dessen Achsen entlang der Dreiecksseiten von diesem Punkt aus sind. Die Achsen sind in diesem Koordinatensystem nicht mehr rechtwinklig.

Nun gilt es, die Position des Schnittpunkts in dieses Koordinatensystem umzurechnen. Die zu berechnenden Koordinaten werden auch *baryzentrische Koordinaten* genannt. Anhand dieser Koordinaten können wir dann sofort bestimmen, ob der Punkt im Dreieck liegt oder nicht. Es gilt nämlich:

1. Ist die „*x*"-Koordinate kleiner als null, liegt der Punkt nicht im Dreieck.
2. Ist die „*y*"-Koordinate kleiner als null, liegt der Punkt ebenfalls nicht im Dreieck.
3. Ist die Summe der „*x*"- und der „*y*"-Koordinate größer als 1, liegt er auch nicht im Dreieck.

Die einzige Schwierigkeit ist nun, den Schnittpunkt zwischen Linie und Ebene in das neue Koordinatensystem umzurechnen. Nehmen wir einmal an, dass der Ursprungspunkt des Koordinatensystems der Punkt A des Dreiecks sei. Der Verbindungsvektor $\overrightarrow{AB}$ ist dann die eine Achse, und $\overrightarrow{AC}$ ist die andere. Wir können dann also den Schnittpunkt mit dem Ortsvektor $\vec{p}$ wie folgt ausdrücken:

$$\vec{p} = \vec{a} + s \cdot \overrightarrow{AB} + t \cdot \overrightarrow{AC}$$

Wobei $\vec{a}$ der Ortsvektor von Punkt A ist.

Substitution: $\vec{u} := \overrightarrow{AB}, \vec{v} := \overrightarrow{AC}$:
$$\vec{p} = \vec{a} + s \cdot \vec{u} + t \cdot \vec{v}$$
$$\vec{p} - \vec{a} = s \cdot \vec{u} + t \cdot \vec{v}$$

Substitution: $\vec{q} := \vec{p} - \vec{a}$:
$$\vec{q} = s \cdot \vec{u} + t \cdot \vec{v}$$

s und *t* sind nun also die baryzentrischen Koordinaten des Punkts. Falls Sie sich wundern, warum es nur *zwei* Werte sind: Der Punkt liegt auf einer Ebenen, und die ist *zweidimensional*! Darum reichen auch zwei Koordinaten. Doch wie berechnen wir nun diese Koordinaten? Wir haben lediglich eine Gleichung, möchten aber den Wert von zwei Variablen herausfinden. Geht das überhaupt? Ja, in diesem Fall geht es!

8.8 Kollisionserkennung

Als Erstes müssen wir einen Vektor finden, der senkrecht auf der Ebene des Dreiecks (mit dem Normalenvektor $\vec{n}$) und senkrecht auf $\vec{v}$ steht. Diesen Vektor wollen wir $\vec{v}\,'$ nennen. Wir können ihn wie folgt durch das Kreuzprodukt berechnen:

$$\vec{v}\,' = \vec{n} \times \vec{v}$$

Jetzt multiplizieren wir in unserer Vektorgleichung beide Seiten mit $\vec{v}\,'$, und zwar durch das Punktprodukt:

$$\vec{q} \cdot \vec{v}\,' = s \cdot \vec{u} \cdot \vec{v}\,' + t \cdot \vec{v} \cdot \vec{v}\,'$$

Da $\vec{v}\,'$ senkrecht auf $\vec{v}$ steht, gilt: $\vec{v} \cdot \vec{v}\,' = 0$

$$\vec{q} \cdot \vec{v}\,' = s \cdot \vec{u} \cdot \vec{v}\,'$$

$$s = \frac{\vec{q} \cdot \vec{v}\,'}{\vec{u} \cdot \vec{v}\,'}$$

Jetzt können wir also die *s*-Variable berechnen! Um nun auch noch *t* herauszukriegen, bilden wir einen weiteren Vektor, der nun aber senkrecht zu $\vec{u}$ und $\vec{n}$ ist. Diesen nennen wir $\vec{u}\,'$, und wir berechnen ihn durch $\vec{n} \times \vec{u}$. Dann wieder das gleiche Spielchen wie zuvor, und wir bekommen *t* heraus:

$$\vec{q} \cdot \vec{u}\,' = s \cdot \vec{u} \cdot \vec{u}\,' + t \cdot \vec{v} \cdot \vec{u}\,'$$

$$\vec{q} \cdot \vec{u}\,' = t \cdot \vec{v} \cdot \vec{u}\,'$$

$$t = \frac{\vec{q} \cdot \vec{u}\,'}{\vec{v} \cdot \vec{u}\,'}$$

Anschließend müssen wir nur noch prüfen, ob *s* und *t* die zuvor genannten drei Bedingungen erfüllen. Falls ja, dann liegt der Punkt im Dreieck. Genau nach diesem Prinzip arbeitet die Funktion tbLineHitsTriangle2, die auf Wunsch sogar die baryzentrischen Koordinaten liefert:

```
// Schnittpunkt zwischen einer Linie und einem Dreieck berechnen
TRIBASE_API BOOL tbLineHitsTriangle2(const tbVector3& vLineA,
                                    const tbVector3& vLineB,
                                    const tbVector3& vTriangleA,
                                    const tbVector3& vTriangleB,
                                    const tbVector3& vTriangleC,
                                    tbVector3* pvOut,              // = NULL
                                    tbVector2* pvOutBaryCentric)   // = NULL
{
    // Die Ebene dieses Dreiecks berechnen
    const tbPlane Plane(tbPlaneFromPoints(vTriangleA, vTriangleB, vTriangleC));

    // Schnittpunkt der Linie mit der Ebene bestimmen
    tbVector3 vIntersection;
    if(!tbLineHitsPlane(vLineA, vLineB, Plane, &vIntersection))
    {
        // Sie schneidet die Ebene nicht - dann kann sie das Dreieck
        // erst recht nicht schneiden.
        return FALSE;
    }

    // q, u und v berechnen
    const tbVector3 q(vIntersection - vTriangleA);
    const tbVector3 u(vTriangleB - vTriangleA);
```

```
            const tbVector3 v(vTriangleC - vTriangleA);

            // v' berechnen
            tbVector3 vTemp(tbVector3Cross(Plane.n, v));

            // Den s-Wert berechnen
            const float s = tbVector3Dot(q, vTemp) / tbVector3Dot(u, vTemp);

            // Wenn s kleiner als null ist, dann kann der Punkt nicht im Dreieck liegen.
            if(s < 0.0f) return FALSE;

            // u' und t berechnen
            vTemp = tbVector3Cross(Plane.n, u);
            const float t = tbVector3Dot(q, vTemp) / tbVector3Dot(v, vTemp);
            if(t < 0.0f) return FALSE;

            // Testen, ob die Summe kleiner größer als 1 ist
            if(s + t > 1.0f) return FALSE;

            // Der Punkt liegt im Dreieck! Auf Wunsch tragen wir die Koordinaten ein.
            if(pvOut) *pvOut = vIntersection;
            if(pvOutBaryCentric) *pvOutBaryCentric = tbVector2(s, t);

            return TRUE;
        }
```

Listing 8.40 Linie schneidet Dreieck – eine andere Methode

Eines ließe sich hier in jedem Fall noch optimieren: Beim Berechnen der Ebene des Dreiecks kommen die Terme vTriangleB - vTriangleA und vTriangleC - vTriangleA schon vor und müssten hier in der Funktion nicht noch einmal berechnet werden.

8.8.6 Dreieck – Dreieck

Angenommen unser Spiel hat nun viele Tests mit Umgebungskugeln und Strahlen durchgeführt, die alle positiv ausfielen, um in Erfahrung zu bringen, ob sich zwei Raumschiffe irgendwo treffen, um ihnen dann entsprechenden Schaden zukommen zu lassen. Nun sind wir an dem Punkt angelangt, an dem wir uns nicht länger davor drücken können, es muss nun getestet werden, ob sich die Dreiecke der Modelle untereinander schneiden.

8.8.6.1 Vorausscheidungen

Nach Schnittpunkten zweier Dreiecke zu suchen ist eine komplexe Angelegenheit, die viel Rechenzeit erfordert. Deshalb ist es vor allem hier wichtig, Ergebnisse so weit wie möglich vorher ohne großen Rechenaufwand absehen und die Rechnerei so früh wie möglich abbrechen zu können, wenn es klar ist, dass es kein Ergebnis gibt.

In diesem Fall berechnet man erst die Ebene, in der Dreieck 2 liegt. Dann geht man einen Punkt von Dreieck 1 nach dem anderen durch und prüft dessen Lage zur Ebene. Wenn alle Punkte auf der gleichen Seite liegen, können sich die Dreiecke nicht schneiden.

Anschließend berechnet man auch die Ebenengleichung für Dreieck 1 und führt die gleichen Tests durch. Zuerst könnte man meinen, das wäre überflüssig, aber nur, weil alle Punkte von Dreieck 1 auf der gleichen Seite von Dreieck 2 liegen, heißt das noch lange nicht, dass auch alle Punkte von Dreieck 2 auf der gleichen Seite von Dreieck 1 liegen – stellen Sie sich zum Beispiel zwei rechtwinklig zueinander angeordnete Dreiecke vor, wobei das eine direkt mittig vor dem anderen liegt (ohne es zu schneiden).

8.8 Kollisionserkennung

Beim Berechnen der Lagen der Punkte merkt man sich auch gleich, welche Punkte ganz alleine auf ihrer Ebenenseite liegen (bei beiden Dreiecken).

Durch die Berechnung der Ebenen haben wir auch gleichzeitig schon die Normalenvektoren N_1 und N_2 der Dreiecke berechnet – sie sind nichts anderes als die a-, b- und c-Variablen der Ebenengleichungen.

8.8.6.2 Wie geht es weiter?

Wenn sich zwei Dreiecke schneiden, dann tun sie das meist nicht in einem Punkt, sondern in einer Linie – diese nennen wir die *Schnittlinie L*. Sie ist das, wonach wir suchen.

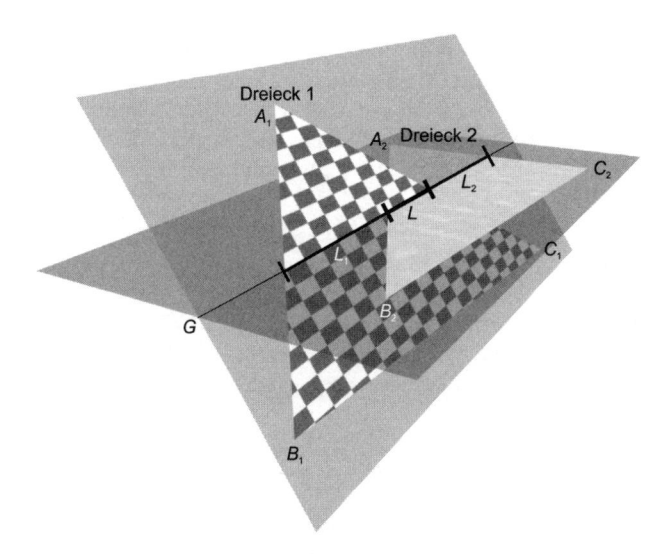

Abbildung 8.11 Das Prinzip der Dreieckskollision

Wie man sieht, ist L nur ein winzig kleiner Teil der Schnittgeraden G (unendlich lang) der beiden Dreiecksebenen. Die einzelnen Dreiecke schneiden G und damit die beiden Ebenen in den Schnittlinien L_1 und L_2. L ist die Schnittmenge aus L_1 und L_2 – sie enthält also nur die Punkte, die in L_1 *und* in L_2 vorhanden sind, also der Bereich, in dem sich die beiden Dreiecke schneiden.

Berechnen wir also zuerst L_1 und L_2 – also die Linien, in denen Dreieck 1 die Ebene von Dreieck 2 schneidet und umgekehrt. Anschließend müssen wir den Bereich finden, in dem sich L_1 und L_2 überlappen, was dann das gesuchte L ist.

8.8.6.3 Berechnen der Schnittlinien

Kommen wir als Erstes zur Berechnung von L_1 und L_2. Diese beiden Linien werden in Form von einem Start- und einem Endpunkt gespeichert. Diese zwei Punkte erhält man, indem man zwei Strahlen von dem Dreieckspunkt, der alleine auf seiner Ebenenseite ist, zu den anderen beiden schießt und deren Schnittpunkt mit der Ebene des anderen Dreiecks (und damit auch mit G) berechnet. In der Beispielabbildung würde man also einen Strahl von A_1 nach B_1 und einen von A_1 nach C_1 schießen und die in jedem Fall vorhandenen Schnittpunkte mit der Ebene des zweiten Dreiecks bestimmen und sie speichern.

Der Punkt, der alleine auf einer Ebenenseite ist, unterscheidet sich von den anderen durch das Vorzeichen, wenn man ihn in die Ebenengleichung einsetzt, was man am Anfang schon mit allen Punkten gemacht hat. Hier sind also keine zusätzlichen Berechnungen notwendig.

8.8.6.4 Finden der *s*-Werte

Nun kennen wir L_1 und L_2 – die Schnittlinien der Dreiecke mit den beiden Ebenen und damit auch mit G. Wir sind jetzt bereits kurz vor unserem Ziel und müssen nur noch herausfinden, ob sich L_1 und L_2 irgendwo überlappen. Wenn man für jeden Linienpunkt, also für Anfangs- und Endpunkt von L_1 und L_2 einen *s*-Wert, der ihre Lage auf dieser Achse (die Bewegung auf dieser Achse ist nur *eindimensional*) wie bei einem Strahl beschrieben, finden könnte, wäre ein Vergleich der beiden Linien sehr einfach.

Dazu brauchen wir erst einmal einen *Ausgangspositionsvektor* – $\vec{p}$. Wir verwenden dafür ganz einfach den Startpunkt von L_1. Die anderen drei Punkte wären genauso möglich – es ist nur wichtig, dass man irgendeinen Ausgangspunkt hat, mit dem man die anderen Punkte vergleichen kann. Außerdem hat man sich damit bereits eine Berechnung gespart, denn der *s*-Wert vom Startpunkt von L_1 ist damit in jedem Fall null – relativ zu sich selbst ist das jeder Wert.

Als Nächstes ist die Richtung von G gefragt (der Vektor $\vec{u}$). Diese erhält man ganz einfach durch die Subtraktion zweier bekannter Schnittpunkte, die wir schon ausgerechnet haben. Wir bilden dadurch also den Verbindungsvektor zwischen zwei Schnittpunkten, die auf derselben Ebene liegen. Wir nehmen den Start- und den Endpunkt von L_1. Der Richtungsvektor $\vec{u}$ ist dann also genauso lang wie die Schnittlinie L_1. Das bringt uns einen weiteren Vorteil ein, denn wir müssen nun auch nicht mehr den *s*-Wert des Endpunkts von L_1 bestimmen, denn der ist auf jeden Fall gleich 1. Es bleiben also nur noch *zwei* *s*-Werte zu berechnen, nämlich nur noch die für den Start- und den Endpunkt von L_2.

Die Geradengleichung lautet nun:

$$\vec{x} = \vec{p} + s \cdot \vec{u}$$

Für einen beliebigen Punkt $\vec{x}$ mit dem Abschnitt s auf dem Strahl, der entlang G läuft und bei $\vec{p}$ beginnt ($\vec{p}$ ist der Ortsvektor des Startpunkts von L_1). Wir müssen es nun schaffen, diese Vektorgleichung irgendwie nach *s* umzuformen. Dann würde es uns gelingen, zu den Schnittpunkten auf der Gerade die passenden *s*-Werte zu finden.

$$\vec{x} = \vec{p} + s \cdot \vec{u}$$
$$\vec{x} - \vec{p} = s \cdot \vec{u}$$

Wir multiplizieren beide Seiten mit $\vec{u}$ (Punktprodukt):

$$\vec{u} \cdot (\vec{x} - \vec{p}) = s \cdot \vec{u}^2$$
$$s = \frac{\vec{u} \cdot (\vec{x} - \vec{p})}{\vec{u}^2}$$

Jetzt müssen wir nur noch die Schnittpunkte für $\vec{x}$ einsetzen, um deren *s*-Werte berechnen zu können. Damit sind wir bereits ein großes Stück weiter.

8.8 Kollisionserkennung 633

8.8.6.5 Intervallüberlappung

Endlich ist es so weit: Man kennt die Linienabschnitte (*s*-Werte) der Start- und Endpunkte von L_1 und L_2. Diese beiden werden nun erst einmal für jede Schnittlinie sortiert, so dass man weiß, welcher Wert das Minimum ist und welcher das Maximum. Minimum und Maximum jeder Schnittlinie bilden jeweils ein Intervall. Die Intervallüberlappung beider Linien muss gefunden werden.

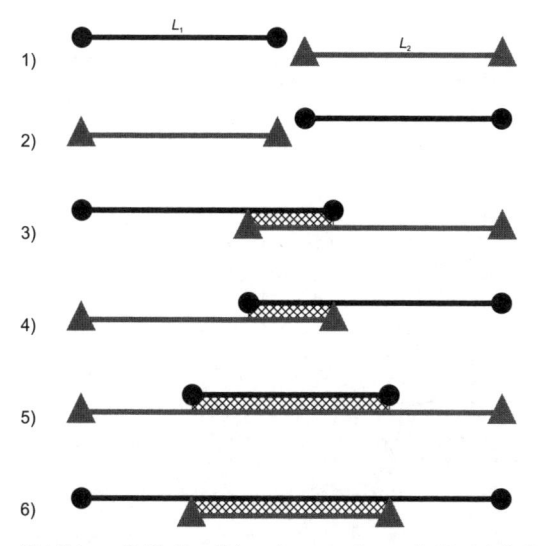

Abbildung 8.12 Es gibt sechs grundlegende Konstellationen.

Bei Fall 1 und 2 gibt es keine Überschneidung, bei den Fällen 3 bis 6 jedoch schon. Genau diese Fälle gilt es nun zu erkennen.

8.8.6.6 Implementierung

Die Funktion `tbTriangleHitsTriangle` erwartet acht Parameter: Die ersten drei sind die Vektoren des ersten Dreiecks, danach folgen die Vektoren des zweiten Dreiecks und am Ende noch zwei `tbVector3`-Zeiger, welche die Funktion mit den Start- und Endpunkten der Schnittlinie *L* füllt. Sind beide Punkte gleich, schneiden sich die Dreiecke nur in einem Punkt. Der Fall, dass beide Dreiecke auf derselben Ebene liegen, wird nicht berücksichtigt, da er extrem selten ist.

```
TRIBASE_API BOOL tbTriangleHitsTriangle(const tbVector3& v1A,
                                        const tbVector3& v1B,
                                        const tbVector3& v1C,
                                        const tbVector3& v2A,
                                        const tbVector3& v2B,
                                        const tbVector3& v2C,
                                        tbVector3* pvHitStart,
                                        tbVector3* pvHitEnd)
{
    // Ebene des zweiten Dreiecks berechnen
    const tbPlane Plane2(tbPlaneFromPoints(v2A, v2B, v2C));
```

```cpp
// Alle Punkte des ersten Dreiecks in die Ebenengleichung einsetzen
const float fDot1A = v1A.x * Plane2.a + v1A.y * Plane2.b + v1A.z * Plane2.c + Plane2.d;
const float fDot1B = v1B.x * Plane2.a + v1B.y * Plane2.b + v1B.z * Plane2.c + Plane2.d;
const float fDot1C = v1C.x * Plane2.a + v1C.y * Plane2.b + v1C.z * Plane2.c + Plane2.d;

// Liegen alle (ungefähr) auf der gleichen Seite?
// Wenn ja, dann können wir abbrechen!
if(fDot1A >  0.0001f && fDot1B >  0.0001f && fDot1C >  0.0001f) return FALSE;
if(fDot1A < -0.0001f && fDot1B < -0.0001f && fDot1C < -0.0001f) return FALSE;

// Nun tun wir das Gleiche mit dem anderen Dreieck.
const tbPlane Plane1(tbPlaneFromPoints(v1A, v1B, v1C));
const float fDot2A = v2A.x * Plane1.a + v2A.y * Plane1.b + v2A.z * Plane1.c + Plane1.d;
const float fDot2B = v2B.x * Plane1.a + v2B.y * Plane1.b + v2B.z * Plane1.c + Plane1.d;
const float fDot2C = v2C.x * Plane1.a + v2C.y * Plane1.b + v2C.z * Plane1.c + Plane1.d;
if(fDot2A >  0.0001f && fDot2B >  0.0001f && fDot2C >  0.0001f) return FALSE;
if(fDot2A < -0.0001f && fDot2B < -0.0001f && fDot2C < -0.0001f) return FALSE;

// Den alleine liegenden Punkt beider Dreiecke bestimmen
int iTop1 = 0; // Nummer des alleine liegenden Punkts vom ersten Dreieck
int iTop2 = 0; // Vom zweiten Dreieck
if(fDot2B <= -0.0001f && fDot2C <= -0.0001f) iTop1 = 1;
else if(fDot2A >= 0.0001f && fDot2B >= 0.0001f) iTop1 = 3;
else if(fDot2A >= 0.0001f && fDot2C >= 0.0001f) iTop1 = 2;
else if(fDot2B >= 0.0001f && fDot2C >= 0.0001f) iTop1 = 1;
else if(fDot2A <= -0.0001f && fDot2B <= -0.0001f) iTop1 = 3;
else iTop1 = 2;
if(fDot1B <= -0.0001f && fDot1C <= -0.0001f) iTop2 = 1;
else if(fDot1A >= 0.0001f && fDot1B >= 0.0001f) iTop2 = 3;
else if(fDot1A >= 0.0001f && fDot1C >= 0.0001f) iTop2 = 2;
else if(fDot1B >= 0.0001f && fDot1C >= 0.0001f) iTop2 = 1;
else if(fDot1A <= -0.0001f && fDot1B <= -0.0001f) iTop2 = 3;
else iTop2 = 2;

// L1 berechnen
tbVector3 vL1A; // Startpunkt von L1
tbVector3 vL1B; // Endpunkt von L1

// Nun kommt es darauf an, welcher Punkt alleine liegt!
switch(iTop1)
{
case 1: vL1A = tbLineHitsPlaneFastEx(v1A, v1B, Plane2);
        vL1B = tbLineHitsPlaneFastEx(v1A, v1C, Plane2);
        break;

case 2: vL1A = tbLineHitsPlaneFastEx(v1B, v1A, Plane2);
        vL1B = tbLineHitsPlaneFastEx(v1B, v1C, Plane2);
        break;

default: vL1A = tbLineHitsPlaneFastEx(v1C, v1A, Plane2);
         vL1B = tbLineHitsPlaneFastEx(v1C, v1B, Plane2);
         break;
}

// L2 berechnen
tbVector3 vL2A; // Startpunkt von L2
tbVector3 vL2B; // Endpunkt von L2

switch(iTop2)
{
case 1: vL2A = tbLineHitsPlaneFastEx(v2A, v2B, Plane1);
        vL2B = tbLineHitsPlaneFastEx(v2A, v2C, Plane1);
        break;

case 2: vL2A = tbLineHitsPlaneFastEx(v2B, v2A, Plane1);
        vL2B = tbLineHitsPlaneFastEx(v2B, v2C, Plane1);
        break;
```

8.8 Kollisionserkennung

```cpp
        default: vL2A = tbLineHitsPlaneFastEx(v2C, v2A, Plane1);
                 vL2B = tbLineHitsPlaneFastEx(v2C, v2B, Plane1);
                 break;
    }

    // Richtungsvektor der Geraden berechnen
    const tbVector3 vDir(vL1B - vL1A);

    // Quadrat der Länge des Richtungsvektors vorberechnen
    const float fDirSq = tbVector3LengthSq(vDir);

    // Jetzt berechnen wir die s-Werte von L2A und L2B.
    // Der s-Wert von L1A ist in jedem Fall null,
    // und der von L1B ist in jedem Fall eins.
    float fL2A = tbVector3Dot(vDir, vL2A - vL1A) / fDirSq;
    float fL2B = tbVector3Dot(vDir, vL2B - vL1A) / fDirSq;

    // fL2B soll der größere der beiden Werte sein.
    // Wenn das nicht so ist: tauschen!
    if(fL2B < fL2A) {const float fTemp = fL2A; fL2A = fL2B; fL2B = fTemp;}

    // Überlappen sich die beiden Schnittlinien?
    if(fL2A > 1.0f) {
        // fL2B muss jetzt ebenfalls größer als 1 sein, da fL2B > fL2A.
        // Fall 1 - keine Kollision!
        return FALSE;
    }
    else if(fL2B < 0.0f) {
        // fL2A muss jetzt ebenfalls kleiner als null sein, da fL2B > fL2A.
        // Es liegt Fall 2 vor - keine Kollision!
        return FALSE;
    }
    else if(fL2A <= 1.0f && fL2B >= 1.0f && fL2A >= 0.0f) {
        // Fall 3!
        if(pvHitStart) *pvHitStart = vL2A;
        if(pvHitEnd) *pvHitEnd = vL1B;
        return TRUE;
    }
    else if(fL2A <= 0.0f && fL2B >= 0.0f && fL2B <= 1.0f) {
        // Fall 4!
        if(pvHitStart) *pvHitStart = vL1A;
        if(pvHitEnd) *pvHitEnd = vL2B;
        return TRUE;
    }
    else if(fL2A <= 0.0f && fL2B >= 1.0f) {
        // Fall 5!
        if(pvHitStart) *pvHitStart = vL1A;
        if(pvHitEnd) *pvHitEnd = vL1B;
        return TRUE;
    }
    else if(fL2A >= 0.0f && fL2B <= 1.0f) {
        // Fall 6!
        if(pvHitStart) *pvHitStart = vL2A;
        if(pvHitEnd) *pvHitEnd = vL2B;
    }
    else {
        // Hierhin sollte das Programm eigentlich nie gelangen!
        TB_WARNING("Unerwartete Situation!");
    }

    // Keine Kollision!
    return FALSE;
}
```

Listing 8.41 Die Funktion tbTriangleHitsTriangle

> Die hier verwendete Funktion namens `tbLineHitsPlaneFastEx` ist eine Spezialversion der gewöhnlichen `tbLineHitsPlane`-Funktion. Sie prüft nicht, *ob* die Linie die Ebene schneidet, sondern nur *wo*, das heißt, dass nur *s* berechnet wird. Ob *s* innerhalb der erlaubten Grenzen liegt, ist der Funktion egal. Aber hier ist es von vornherein klar, dass die Linie die Ebene schneidet.

Die hier gezeigte Methode ist recht effizient, sie erkennt auf einem AMD Athlon 1400 mehrere Millionen Dreieckskollisionen pro Sekunde. Natürlich ist die Methode am schnellsten, wenn keine Kollision vorliegt und wenn diese Tatsache recht schnell erkannt wird.

Interessant ist auch, dass hier der Geschwindigkeitsunterschied zwischen Debug- und Release-Version noch größer ist als bei den meisten anderen Funktionen: Die Release-Version ist *rund 7 Mal so schnell*!

8.8.7 Linie – Quader

Bisher haben wir nur mit Umgebungs*kugeln* gearbeitet. Im Allgemeinen sind jedoch Umgebungs*quader* (Bounding-Boxes) besser für Kollisionstests geeignet als Umgebungskugeln. Warum? Ganz einfach: Sie verschwenden nicht so viel Platz wie ihre kugelförmigen Kollegen. Es kommt also häufiger vor, dass sich zwei Umgebungskugeln schneiden, nicht jedoch ihr Inhalt (die Modelle in Form von Dreiecken). Dafür haben die Kugeln aber den Vorteil, dass sie mathematisch leichter auszudrücken sind und eine Drehung ihre Form nicht verändert.

Wie ein Umgebungsquader berechnet wird, wurde im dritten Kapitel besprochen. Erinnern Sie sich? Wir brauchen nur zwei Angaben für den Quader: die linke untere vordere Ecke und die rechte obere hintere in Vektorform (zum Beispiel (0, 0, 0) und (1, –1, 10)). Diese beiden Eckvektoren kann man auch als Minimum und Maximum des Quaders auf jeder Achse sehen.

Erst einmal arbeiten wir mit *achsenausgerichteten* Umgebungsquadern (*Axis-Aligned Bounding-Boxes*). „Achsenausgerichtet" bedeutet, dass der Quader an den *x*-, *y*- und *z*-Achsen des Koordinatensystems ausgerichtet ist. Dadurch werden die Berechnungen um einiges vereinfacht. Später steigen wir dann auf die frei drehbare Version um, die ihre Drehung und Verschiebung in einer Transformationsmatrix anlegt.

8.8.7.1 Der Quader in Form von sechs Ebenen

Leider gibt es keine „Quadergleichung", die man ähnlich wie die Kugelgleichung anwenden könnte, um sie dann mit der Strahlgleichung gleichzusetzen und schließlich den Schnittpunkt zu erhalten. Darum muss ein anderer Ansatz her, und wir sollten auch im Auge behalten, dass dieser Ansatz nach Möglichkeit auch für frei drehbare Quader funktioniert!

> Wir stellen uns den Umgebungsquader einfach als einen abgeschlossenen Raum vor, der durch sechs Ebenen (links, rechts, oben, unten, vorne und hinten) abgegrenzt wird. Jeder Punkt, der im Quader liegt, liegt auf der *Hinterseite* jeder der Ebenen (sie zeigen also alle nach außen).

8.8.7.2 Bedingungen für eine Kollision

Wir müssen also nur sechs Ebenen für den Quader erstellen und dann die Schnittpunkte zwischen ihnen und dem zu testenden Strahl berechnen. Doch es reicht nicht, wenn der Strahl nur eine der sechs Ebenen schneidet: die Ebenen sind unendlich groß. Eine gute Idee ist es, bei jeder Kollision zwischen Strahl und Ebenen zu prüfen, ob dieser Schnittpunkt *innerhalb* (oder genau auf der Grenze) des Quaders liegt. Wenn das der Fall ist, dann liegt eine Kollision vor.

8.8 Kollisionserkennung

Wenn wir nun noch den tatsächlichen Schnittpunkt zwischen Strahl und Quader benötigen (wovon es eigentlich meistens zwei gibt; uns reicht aber der am nächsten gelegene), suchen wir uns einfach denjenigen mit der kürzesten Distanz zum Strahlanfangspunkt aus.

8.8.7.3 Wie sieht es bei frei drehbaren Quadern aus?

Die Antwort auf diese Frage lautet glücklicherweise: *Nicht viel anders!* Alles, was sich ändert, sind die Ebenen des Quaders. Wir berechnen sie mit Hilfe der acht Eckpunkte des Quaders. Wenn wir diese nun einfach *vor* der Erstellung der Ebenen (drei Punkte ergeben eine Ebene) *transformieren*, ist das Problem bereits gelöst. Zum Transformieren wird natürlich die Transformationsmatrix (die im Normalfall jedoch lediglich eine Translation und Rotation durchführt) des Objekts benutzt, zu dem der Quader gehört (zum Beispiel ein Raumschiff). Nun können wir den Fall der *achsenausgerichteten* Quader als Sonderfall betrachten: Hier gibt man einfach die Identitätsmatrix als Transformationsmatrix an.

8.8.7.4 Berechnung der Ebenen eines Quaders

Die Ebenen des Quaders benötigen wir, um die Kollision mit einem Quader genau ausrechnen zu können. Das gilt für Kollisionen mit Punkten, Linien und allen anderen geometrischen Figuren. Nun schreiben wir eine Funktion namens `tbComputeBoxPlanes`, die uns für einen gegebenen Quader (Minimum- und Maximumvektor und Transformationsmatrix) die sechs Ebenen berechnet.

Das Prinzip ist sehr einfach: Wir generieren erst einmal die Ebenen so, als wäre der Quader nicht gedreht. Dann kennen wir bereits die Normalenvektoren der ganzen Ebenen: Sie sind alle parallel zu einer der Koordinatensystemachsen (*x*, *y* oder *z*). Den Normalenvektor werfen wir zusammen mit einem Punkt, von dem wir wissen, dass er auf der Ebene liegt (entweder der Minimum- oder der Maximumvektor des Quaders) in die Funktion `tbPlaneFromPointNormal`. Nachdem die sechs Ebenen nun erzeugt wurden, transformieren wir sie nacheinander mit der Transformationsmatrix des Quaders.

Damit die Funktion ihre Arbeit korrekt erledigen kann, muss der `pOut`-Parameter natürlich auf einen Speicherbereich zeigen, der für mindestens sechs Ebenen (`tbPlane`) Platz hat.

8.8.7.5 Punkt im Quader

Nur noch eine Sache, dann sind wir so weit und können die Kollision zwischen einer Linie und einem frei drehbaren Quader berechnen – wie findet man heraus, ob ein Punkt in einem Quader liegt oder nicht? Bei einem achsenausgerichteten Quader wäre das kein großes Problem: Wenn die Koordinaten des Punkts auf allen drei Achsen zwischen dem Minimum und dem Maximum des Quaders auf dieser Achse liegen, dann liegt der Punkt im Quader. Bei einem drehbaren Quader geht das nicht mehr so einfach, weil seine Achsen nicht mehr mit den Koordinatenachsen übereinstimmen müssen. Doch wir haben noch die Ebenen des Quaders ...

> Man setzt den Punkt nacheinander in die Gleichungen aller sechs Ebenen des Quaders ein. Nach unserer vorherigen Definition muss der Punkt auf der Rückseite (oder direkt auf) jeder Ebene liegen, wenn er sich im Quader befindet, da alle Ebenen nach außen zeigen. Das heißt: Sobald wir den Punkt in eine Ebenengleichung einsetzen und ein positives Ergebnis herausbekommen, kann der Punkt nicht mehr im Quader liegen. Stellen Sie es sich bildlich vor, und Sie werden sehen, dass es stimmt.

Genau nach diesem Prinzip arbeitet die Funktion `tbPointHitsBox`. Es gibt sie in zwei Versionen: Eine erwartet den Quader direkt in Form von sechs Ebenen und die andere in Form von zwei Vektoren (Minimum und Maximum) und einer Transformationsmatrix (diese verwendet dann `tbComputeBoxPlanes`, um die Ebenen zu erhalten):

```
// Liegt ein Punkt in einem frei drehbaren Quader?
TRIBASE_API BOOL tbPointHitsBox(const tbVector3& vPoint,
                                const tbVector3& vBoxMin,
                                const tbVector3& vBoxMax,
                                const tbMatrix& mBoxTransformation)
{
    // Die sechs Ebenen berechnen
    tbPlane aBoxPlane[6];
    tbComputeBoxPlanes(vBoxMin, vBoxMax, mBoxTransformation, aBoxPlane);

    // Sobald der Punkt auf der Vorderseite auch nur einer einzigen der sechs
    // Ebenen des Quaders liegt, liegt er nicht mehr innerhalb des Quaders.
    // Es gibt eine kleine Toleranzgrenze.
    if(tbPlaneDotCoords(aBoxPlane[0], vPoint) > 0.0001f) return FALSE;
    if(tbPlaneDotCoords(aBoxPlans[1], vPoint) > 0.0001f) return FALSE;
    if(tbPlaneDotCoords(aBoxPlane[2], vPoint) > 0.0001f) return FALSE;
    if(tbPlaneDotCoords(aBoxPlane[3], vPoint) > 0.0001f) return FALSE;
    if(tbPlaneDotCoords(aBoxPlane[4], vPoint) > 0.0001f) return FALSE;
    if(tbPlaneDotCoords(aBoxPlane[5], vPoint) > 0.0001f) return FALSE;

    return TRUE; // Der Punkt liegt im Quader!
}
```

Listing 8.42 Liegt der Punkt im Quader?

Ein anderer Ansatz

Eine andere Idee ist es, den Quader so zu lassen, wie er ist (keine Ebenen berechnen und keine Transformation durchführen), sondern den *Punkt* zu transformieren – allerdings mit der *invertierten* Transformationsmatrix des Quaders. So verwandelt man die absoluten Koordinaten des Punkts sozusagen in quaderrelative Koordinaten, und anschließend lässt sich viel leichter testen, ob der Punkt drinnen liegt oder nicht: Seine *x*-Koordinate muss zum Beispiel zwischen dem minimalen und dem maximalen *x*-Wert des Würfels liegen. Das gilt für alle drei Achsen. Die Frage ist, welches Verfahren aufwändiger ist. In jedem Fall ist das Invertieren einer Matrix kein Kinderspiel – viele, viele Multiplikationen (die aber auch bei der Berechnung des Schnittpunkts zwischen Linie und Ebene nötig sind) ... Es steht Ihnen natürlich frei, herumzuexperimentieren. Hier ist die andere Funktion, die also die invertierte Matrix verwendet, um den Punkt in das Koordinatensystem des Quaders zu transformieren! `tbPointHitsBox2`:

```
// Liegt ein Punkt in einem frei drehbaren Quader?
// Diese Funktion verwendet die invertierte Matrix, um das herauszufinden.
TRIBASE_API BOOL tbPointHitsBox2(const tbVector3& vPoint,
                                 const tbVector3& vBoxMin,
                                 const tbVector3& vBoxMax,
                                 const tbMatrix& mBoxMatrix)
{
    // Punkt mit der invertierten Matrix transformieren
    const tbVector3 vNewPoint(tbVector3TransformCoords(vPoint,
                                                       tbMatrixInvert(mBoxMatrix)));
    // Liegt der Punkt im Quader?
    return vNewPoint.x >= vBoxMin.x && vNewPoint.x <= vBoxMax.x &&
           vNewPoint.y >= vBoxMin.y && vNewPoint.y <= vBoxMax.y &&
           vNewPoint.z >= vBoxMin.z && vNewPoint.z <= vBoxMax.z;
}
```

Listing 8.43 Ein anderer Ansatz

8.8 Kollisionserkennung   **639**

Wenn der Quader nicht bereits in Form von sechs Ebenen vorliegt (von vorherigen Berechnungen), dann ist diese Funktion wohl die bessere Wahl.

> Hat man vor, gleich mehrere Punkte mit demselben Quader zu testen, so ist diese Funktion ein wenig verschwenderisch – denn sie berechnet jedes Mal von Neuem die invertierte Matrix, und dieser Vorgang ist recht komplex. Daher gibt es zusätzlich noch die Funktion tbPointHitsBox2_Inv, welche die invertierte Matrix direkt als Parameter erwartet. Das Programm kann diese dann ein einziges Mal berechnen und immer wieder anwenden. Das gilt für alle Funktionen, die intern die invertierte Matrix berechnen! Hängen Sie einfach ein „_Inv" an den Originalfunktionsnamen. Ausnahmen bilden die beiden Funktionen tbVector2TransformNormal und tbVector3TransformNormal. Bei ihnen wird ein „_TranspInv" angehängt, weil die transponierte invertierte Matrix erwartet wird.

8.8.7.6 Die Funktion *tbLineHitsBox*

Nun ist es so weit: Wir implementieren eine Funktion, die den Schnittpunkt zwischen einem Strahl und einem frei drehbaren Umgebungsquader berechnet. Als Parameter benötigt man:

- Start- und Endpunkt der Linie
- Die beiden Eckvektoren des Umgebungsquaders (*linke untere vordere* und *rechte obere hintere Ecke*; also Minimum und Maximum auf jeder Achse) in untransformierter Form
- Die Transformationsmatrix für den Umgebungsquader, der normalerweise identisch mit der Transformationsmatrix des Objekts ist, um dessen Umgebungsquader es sich handelt (dadurch befindet sich der Quader immer genau dort, wo auch das Objekt ist, und dreht sich auch genauso).
- Einen tbVector3-Zeiger, welcher mit dem eventuellen Schnittpunkt gefüllt wird. Wenn es mehrere gibt, was so gut wie immer der Fall ist, wird der mit der geringsten Distanz zum Linienstartpunkt gespeichert.

Der Rückgabewert der Funktion ist BOOL. TRUE bei einer Kollision, ansonsten FALSE.

In dieser Funktion brauchen wir eine weitere neue Funktion zur Berechnung des Schnittpunkts zwischen einer Linie und einer Ebene. Die Funktion tbLineHitsPlane eignet sich hier nicht so gut, weil sie uns immer einen Vektor liefert. Was wir hier aber brauchen, ist der Linienabschnitt *s* (zwischen 0 und 1), bei dem die Kollision auftrat. Denn wenn es darum geht, den Schnittpunkt zu finden, der am nächsten beim Linienstartpunkt liegt, ist es einfacher, die Streckenabschnitte der Schnittpunkte zu vergleichen anstatt die Punkte selbst (man müsste jedes Mal die Entfernung neu berechnen). Die Funktion tbLineHitsPlaneS ist aufgebaut wie tbLineHitsPlane, aber sie hat den Rückgabetyp float und erwartet keinen Vektorzeiger. Wenn es keine Kollision gibt, liefert die Funktion –1 zurück.

tbLineHitsBox berechnet zuerst die sechs Ebenen des Quaders und die Linienrichtung. Anschließend wird der Schnittpunkt zwischen der Linie und jeder Ebene berechnet und verwertet. Nur solche Schnittpunkte, die auch innerhalb des Quaders liegen, gelten als Kandidaten für die am nächsten liegenden Schnittpunkte. In zwei funktionsinternen Variablen speichern wir ständig die Koordinaten und den Linienabschnitt des Schnittpunkts mit der geringsten Entfernung zum Linienstartpunkt. Diese zwei Variablen werden dann beim Berechnen des Schnittpunkts mit jeder Ebene laufend aktualisiert, und am Ende liefert die Funktion die Koordinaten des nächsten („nächsten" ist hier im Sinne von „mit der geringsten Entfernung" zu verstehen) Schnittpunkts zurück:

```cpp
// Schnittpunkt zwischen Linie und frei drehbarem Quader berechnen
TRIBASE_API BOOL tbLineHitsBox(const tbVector3& vLineA,
                               const tbVector3& vLineB,
                               const tbPlane* pBoxPlanes,
                               tbVector3* pvOut) // = NULL
{
    // Wenn der Linienstartpunkt im Quader liegt, setzen wir
    // den Schnittpunkt einfach auf den Linienstartpunkt.
    if(tbPointHitsBox(vLineA, pBoxPlanes)) {
        if(pvOut) *pvOut = vLineA;
        return TRUE;
    }

    // Linienrichtung berechnen
    const tbVector3 vLineDir(vLineB - vLineA);

    float       fNearestIntersection = 100000.0f;
    float       fIntersection;
    tbVector3   vIntersection;          // Schnittpunktkoordinaten
    tbVector3   vNearestIntersection;   // Koordinaten des nächsten Schnittpunkts

    // Jede Ebene durchgehen und prüfen, ob sie von der Linie geschnitten wird.
    // Es wird der nächste Schnittpunkt (niedrigster Linienabschnitt) gesucht.
    for(int iPlane = 0; iPlane < 6; iPlane++) {
        fIntersection = tbLineHitsPlaneS(vLineA, vLineB, pBoxPlanes[iPlane]);
        if(fIntersection >= 0.0f)
        {
            // Die Ebene wurde von der Linie geschnitten!
            // Wenn der Linienabschnitt des Schnittpunkts kleiner ist als
            // der aktuelle Minimumwert, dann rechnen wir weiter. Ansonsten
            // lassen wir es sein, da dieser Schnittpunkt sowieso nicht
            // derjenige mit der kleinsten Entfernung zum Linienstartpunkt
            // sein kann.
            if(fIntersection < fNearestIntersection)
            {
                // Dieser Schnittpunkt ist ein guter Kandidat!
                // Nun prüfen wir, ob der Schnittpunkt im Quader liegt.
                vIntersection = vLineA + vLineDir * fIntersection;
                if(tbPointHitsBox(vIntersection, pBoxPlanes))
                {
                    // Aha! Der Schnittpunkt liegt im Quader.
                    // Damit haben wir einen neuen nächsten Schnittpunkt gefunden.
                    // Wenn der Schnittpunkt unwichtig ist, können wir hier abbrechen.
                    if(!pvOut) return TRUE;

                    // Der Schnittpunkt ist erwünscht!
                    // Wir speichern seine Koordinaten und seinen Linienabschnitt.
                    vNearestIntersection = vIntersection;
                    fNearestIntersection = fIntersection;
                }
            }
        }
    }

    // Wenn der nächste Schnittpunkt immer noch 100000 ist (so wurde er am Anfang
    // gesetzt), dann gab es keine Kollision.
    if(fNearestIntersection == 100000.0f) return FALSE;

    // Ansonsten liefern wir nun die Koordinaten des am nächsten liegenden
    // Schnittpunkts zurück.
    if(pvOut) *pvOut = vNearestIntersection;
    return TRUE;
}
```

Listing 8.44 Berechnung des Schnittpunkts zwischen Linie und Quader

Auch diese Funktion gibt es in einer zweiten Version (mit dem gleichen Namen), die anstelle von `vBoxMin`, `vBoxMax` und `mBoxTransformation` direkt die sechs Ebenen des Quaders erwartet (als Zeiger). Diese ist natürlich ein wenig schneller, zumal der Aufruf von `tbComputeBoxPlanes` entfällt.

8.8.8 Quader – Quader

Es war so schön einfach, die Kollision zwischen zwei Kugeln zu berechnen – bei zwei frei drehbaren Quadern ist das leider nicht mehr so. Auf den ersten Blick könnte man Folgendes behaupten: *Zwei Quader kollidieren genau dann, wenn sich mindestens ein Eckpunkt des einen Quaders innerhalb des anderen befindet.* Doch leider stimmt das so nicht. Stellen wir uns beispielsweise zwei Quader (oder Rechtecke) vor, die in der Form eines Kreuzes angeordnet sind. Sie schneiden sich sehr wohl, aber kein Eckpunkt des einen Quaders liegt innerhalb des Anderen. Kein *Eck*punkt – aber bei *beliebigen* Punkten stimmt die Aussage! Zwei Quader kollidieren genau dann, wenn sich mindestens ein Punkt des einen Quaders innerhalb des anderen befindet. Das klingt gut – man vergisst aber schnell, dass ein Quader aus unendlich vielen Punkten besteht (es liegen unendlich viele Punkte in *jedem* Körper, der nicht punktförmig ist).

Aber dieser Ansatz ist in Ordnung. Alles, was wir tun müssen, ist einen der beiden Quader zu „verfeinern". Wir prüfen nicht nur, ob seine *Eck*punkte innerhalb des anderen Quaders liegen, sondern durchlaufen den *gesamten* Quader Punkt für Punkt in einer bestimmten Schrittweite. Je kleiner die Schrittweite, desto genauer ist die Kollisionserkennung, und desto mehr Punkte werden geprüft. Auf diese Weise arbeitet auch die Funktion `tbBoxHitsBox`. Der letzte Parameter bestimmt, in wie viele „Teile" der erste Quader auf jeder Achse eingeteilt wird. 2 ist hier das Minimum (das sind dann nur die Eckpunkte). Bei 3 sind es die Eckpunkte und der Mittelpunkt auf jeder Achse. Sobald ein Punkt gefunden wurde, der innerhalb des zweiten Quaders liegt, liefert die Funktion `TRUE` zurück, um keine weitere Rechenzeit zu beanspruchen. Danach wird der Spieß umgedreht, und der zweite Quader wird Punkt für Punkt durchlaufen.

```
// Kollision zwischen zwei Quadern berechnen
TRIBASE_API BOOL tbBoxHitsBox(const tbVector3& vBox1Min,
                              const tbVector3& vBox1Max,
                              const tbMatrix& mBox1Transformation,
                              const tbVector3& vBox2Min,
                              const tbVector3& vBox2Max,
                              const tbMatrix& mBox2Transformation,
                              const int iNumSamples)
{
    tbPlane aBoxPlanes[6]; // Die sechs Ebenen

    // Die Ebenen des zweiten Quaders berechnen
    tbComputeBoxPlanes(vBox2Min, vBox2Max, mBox2Transformation, aBoxPlanes);

    // Schrittweiten berechnen
    float fStepX = (vBox1Max.x - vBox1Min.x) / (float)(iNumSamples);
    float fStepY = (vBox1Max.y - vBox1Min.y) / (float)(iNumSamples);
    float fStepZ = (vBox1Max.z - vBox1Min.z) / (float)(iNumSamples);

    // Am Anfang ist der zu testende Punkt beim Minimum des ersten Quaders.
    tbVector3 vPoint(vBox1Min);

    // Den ersten Quader durchlaufen
    for(int x = 0; x < iNumSamples; x++)
    {
        // y- und z-Koordinate zurücksetzen
        vPoint.y = vBox1Min.y;
        vPoint.z = vBox1Min.z;
```

```
            for(int y = 0; y < iNumSamples; y++)
            {
                // z-Koordinate zurücksetzen
                vPoint.z = vBox1Min.z;
                for(int z = 0; z < iNumSamples; z++)
                {
                    // Wenn sich der aktuelle Punkt transformiert innerhalb von
                    // Quader 2 befindet, dann liegt eine Kollision vor.
                    if(tbPointHitsBox(tbVector3TransformCoords(vPoint,
                                                               mBox1Transformation),
                                      aBoxPlanes))
                    {
                        // Kollision!
                        return TRUE;
                    }

                    // Nächster Punkt
                    vPoint.z += fStepZ;
                }

                // Nächster Punkt
                vPoint.y += fStepY;
            }

            // Nächster Punkt
            vPoint.x += fStepX;
        }

        // Nun machen wir das Ganze noch einmal, aber diesmal durchwandern wir
        // den zweiten Quader und nicht den ersten.
        tbComputeBoxPlanes(vBox1Min, vBox1Max, mBox1Transformation, aBoxPlanes);
        fStepX = (vBox2Max.x - vBox2Min.x) / (float)(iNumSamples);
        fStepY = (vBox2Max.y - vBox2Min.y) / (float)(iNumSamples);
        fStepZ = (vBox2Max.z - vBox2Min.z) / (float)(iNumSamples);
        vPoint = vBox2Min;

        for(x = 0; x < iNumSamples; x++)
        {
            vPoint.y = vBox2Min.y; vPoint.z = vBox2Min.z;
            for(int y = 0; y < iNumSamples; y++)
            {
                vPoint.z = vBox2Min.z;
                for(int z = 0; z < iNumSamples; z++)
                {
                    if(tbPointHitsBox(tbVector3TransformCoords(vPoint,
                                                               mBox2Transformation),
                                      aBoxPlanes)) return TRUE;
                    vPoint.z += fStepZ;
                }

                vPoint.y += fStepY;
            }

            vPoint.x += fStepX;
        }

        // Keine Kollision!
        return FALSE;
    }
```

Listing 8.45 Die Funktion tbBoxHitsBox prüft, ob sich zwei frei drehbare Quader schneiden.

Doch diese Lösung ist nicht perfekt. Bei kreuzförmigen Konstellationen kann es leicht passieren, dass die Kollision übersehen wird. Es gibt einen genaueren und schnelleren Algorithmus,

8.8 Kollisionserkennung _____ 643

der aber leider zu kompliziert ist, um ihn hier herzuleiten. Implementiert ist er in der Funktion tbBoxHitsBox2. Sie erwartet die gleichen Parameter wie tbBoxHitsBox außer iNumSamples. Auf http://www.gamasutra.com gibt es einen Artikel, der diesen Algorithmus erläutert.

8.8.9 Wie wir mit Modellen umgehen

Jetzt wissen Sie, wie man die Kollision zwischen den verschiedensten primitiven Objekten wie Kugeln, Quadern, Ebenen, Dreiecken und Linien berechnet. In einem Spiel ist das aber nur der erste Schritt – irgendwann muss man die Kollision zwischen einem *Modell* und einem anderen Objekt berechnen können. Wie könnte man das nun anstellen? Die erste Idee, auf die man kommt, ist, das Modell einfach Dreieck für Dreieck durchzugehen und dann die Tests durchzuführen. Richtig – das funktioniert auch, aber es ist sehr langsam. Wer will schon, dass das Spiel anfängt zu ruckeln, wenn man sich in der Nähe eines gegnerischen Raumschiffs befindet? Und was ist, wenn man die Kollision zwischen *zwei Modellen* berechnen möchte? Sollte man da etwa die Kollision zwischen *jedem* Dreieck von Modell A mit *jedem* Dreieck von Modell B einzeln berechnen? Das kann doch so wirklich nicht funktionieren. Daher werden wir das Verfahren Schritt für Schritt optimieren.

8.8.9.1   1. Optimierung: Bereitstellen der Vektoren und Indizes

In einem Modell (tbModel) liegen die einzelnen Vertizes und Indizes in *Vertex*- beziehungsweise *Index-Buffern* vor. Bei Kollisionsberechnungen müssen diese Daten stets schnell griffbereit sein, was sie in dieser Form aber nicht sind. Auch wenn tbVertexBuffer und tbIndexBuffer schon eine Kopie ihrer Daten im *Systemspeicher* halten, wie kommt man beispielsweise an den Positionsvektor jedes Vertex? Da das Vertexformat vorher nicht bekannt ist, erfordert das einige umständliche Aktionen. Gleiches gilt für die Indizes, die auch bei der Kollision eine große Rolle spielen, da sie die eigentlichen Dreiecke formen.

Also sollten wir alle Positionsvektoren und Indizes bereits direkt nach dem Laden des Modells aus dem Vertex- und Index-Buffer extrahieren und speichern, so dass wir später leichter darauf zugreifen können.

8.8.9.2   2. Optimierung: Vorberechnen der Dreiecksebenen

Erinnern Sie sich noch daran, wie wir die Kollision zwischen einer Linie und einem Dreieck berechnet haben? Erst den Schnittpunkt zwischen der Linie und der *Ebene des Dreiecks* herausfinden und dann prüfen, ob sich dieser Punkt im Dreieck befindet. Dazu haben wir drei weitere Ebenen erstellt, die entlang der Seiten des Dreiecks verlaufen. Nur wenn der Punkt sich *vor* allen drei Ebenen befindet, liegt er im Dreieck.

Wollen wir nun die Kollision zwischen einer Linie und einem *Modell* prüfen, dann wäre es doch wunderbar, wenn wir die vier Ebenen jedes Dreiecks schon im Voraus berechnet hätten – also die Ebene, in der das Dreieck liegt und die vier seitlichen Ebenen. Später bräuchte man dann nur noch eine Schnittpunktberechnung pro Dreieck, und man müsste den Schnittpunkt noch in drei Ebenengleichungen einsetzen – mehr nicht. Das mühsame Erstellen der Ebenen entfällt. Das bringt natürlich einen enormen Geschwindigkeitsvorteil mit sich. Ein netter Seiteneffekt ist übrigens, dass wir mit der ersten Ebene eines Dreiecks auch gleich noch dessen Normalenvektor haben.

8.8.9.3 3. Optimierung: Octrees

Wir werden außerdem für ein Modell einen *Octree* erstellen. Ein Octree ist eine baumartige Struktur, ähnlich wie der *BSP-Baum* (BSP: *Binary Space Partition*), der von vielen Spielen benutzt wird. Ein Modell wird dabei in kleinere Stücke aufgeteilt, und diese Stücke werden wiederum aufgeteilt, bis eine bestimmte Tiefe erreicht ist oder die einzelnen Stücke nur noch aus sehr wenigen Dreiecken bestehen. Beim Octree wird jedes Stück in *acht* kleinere Stücke aufgeteilt, wie ein quaderförmiges Stück Holz, das man einmal längs, einmal seitlich und einmal quer durchsägt.

Aber was hat man nun davon? Ganz einfach: Man spart sich bei Kollisionsberechnungen eine Menge Zeit. Nehmen wir als Beispiel einmal einen BSP-Baum. Bei einem BSP-Baum wird jedes Stück nur in *zwei* Teilstücke aufgeteilt. Angenommen, das ganze Modell ist in der Mitte geteilt. Die rechte und die linke Hälfte sind natürlich wieder weiter aufgeteilt, diese Teilstücke ebenfalls und so weiter. Nun möchte man die Kollision zwischen einer Linie und diesem Modell berechnen. Wenn die Linie jetzt nur durch den linken Teil des Modells geht, kann man sich die Berechnungen für den rechten Teil glatt sparen – sie könnte dort sowieso nichts treffen. Ob die Linie jedoch ein *Stück* des Baums trifft, ist einfach zu bestimmen, da man sich für jedes Stück eine *Bounding-Box* anfertigt, also einen umgebenden Quader. Nun testet man weiter: erst, ob die Linie den ersten Teil der linken Hälfte des Modells trifft, und dann, ob sie den zweiten trifft. So geht das dann immer weiter – bis man schließlich am „Ende" des Baums angelangt ist. Das Ende eines Baums ist nicht mehr weiter aufgeteilt, sondern es beinhaltet die eigentlichen Dreiecke. Die anderen Stücke nennt man *Knoten* (Node). Ein Knoten beinhaltet selbst niemals Dreiecke, sondern nur Zeiger auf seine Unterknoten. Den allerersten Knoten, der das gesamte Modell umgibt, wird *Wurzelknoten* (Root Node) genannt, und die Knoten am Ende sind die *Endknoten*.

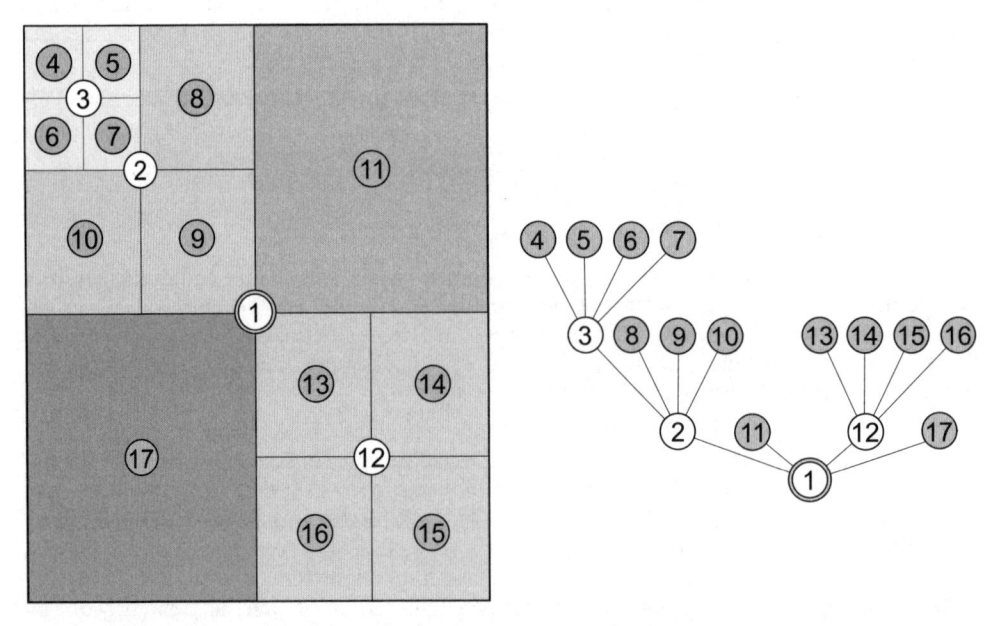

Abbildung 8.13 Wie man sich einen Baum vorstellen kann – hier anhand des *Quadtrees*, bei dem ein Knoten in *vier* rechteckige Unterknoten aufgeteilt wird

Bäume spielen nicht nur bei der Kollisionserkennung, sondern auch beim Rendern von großen Welten eine sehr wichtige Rolle. Nehmen wir als Beispiel den oben gezeigten Baum. Wenn der Spieler nun den gesamten Knoten 2 nicht sehen kann, dann braucht man die Endknoten 4, 5, 6, 7, 8, 9 und 10 auch gar nicht zu rendern – sie *müssen* dementsprechend auch unsichtbar sein. Ist der Knoten 2 hingegen sichtbar, so testet man weiter: Sind die Knoten 3, 8, 9 und 10 sichtbar? Immer wenn ein Knoten unsichtbar ist, bricht man ab, und wenn er *sichtbar* ist, prüft man seine Unterknoten. Hat er keine Unterknoten mehr, dann ist er ein Endknoten, und man rendert seine Dreiecke. So kann man sich und der Grafikkarte sehr viele unnötige Rechenoperationen ersparen.

Bei der Kollision funktioniert das genauso. Trifft eine Linie beispielsweise nur den Knoten 12, also seinen Umgebungsquader, dann brauchen wir auch *nur* die Knoten 13, 14, 15 und 16 weiter zu prüfen. Schneidet die Linie dann zum Beispiel Knoten 15, dann – und wirklich erst dann – prüfen wir die Kollision zwischen der Linie und den Dreiecken dieses Knotens.

8.8.10 Vorberechnungen

Wir beginnen damit, die Positionsvektoren jedes Vertex und alle Indizes in der `tbModel`-Klasse bereitzustellen. Diese Daten und alle anderen, die der schnelleren Berechnung von Kollisionen und Ähnlichem dienen, nennen wir *Extradaten*. Die `Init`-Methoden von `tbModel` erhalten noch zwei weitere Parameter: erstens ein `BOOL`-Wert, der bestimmt, *ob* Extradaten generiert werden sollen, und zweitens noch ein `BOOL`-Wert, der sagt, ob *nur* Extradaten erwünscht sind. In dem Fall werden dann Vertex-Buffer, Index-Buffer, Effekte, Lichter und Texturen nach dem Laden wieder gelöscht. Das ist für Modelle nützlich, die ausschließlich der Kollisionserkennung dienen und gar nicht gerendert werden (weil man zum Rendern ein detailliertes Modell verwendet). Diese beiden Parameter heißen `bGenerateExtraData` und `bExtraDataOnly`. `tbModel` erhält dann noch zwei Variablen namens `m_bExtraData` und `m_bExtraDataOnly`, deren Werte von den Parametern kopiert werden (damit man später noch weiß, ob Extradaten generiert wurden oder nicht).

8.8.10.1 Speichern von Positionsvektoren und Indizes

Die Positionsvektoren der Vertizes stecken wir in `tbVector3* tbModel::m_pvVectors` und die Indizes in `DWORD* tbModel::m_pdwIndices`.

Speicher reservieren

Der erste Schritt ist natürlich, entsprechend viel Speicher dafür zu reservieren. Das geschieht, nachdem alle Daten aus der Modelldatei geladen wurden, also in `tbModel::Init`:

```
if(m_bExtraData)
{
    // Speicher für die Positionsvektoren reservieren
    m_pvVectors = (tbVector3*)(tbMemAlloc(m_dwNumVertices * sizeof(tbVector3)));
    if(!m_pvVectors) TB_ERROR_OUT_OF_MEMORY(TB_ERROR);

    // Nun für die Indizes
    m_pdwIndices = (DWORD*)(tbMemAlloc(m_dwNumIndices * sizeof(DWORD)));
    if(!m_pdwIndices) TB_ERROR_OUT_OF_MEMORY(TB_ERROR);

    // Die Extradaten berechnen
    UpdateExtraData();
}
```

```
// Die anderen Daten - falls nicht erwünscht - wieder löschen
if(m_bExtraDataOnly)
{
    // Puffer löschen
    TB_SAFE_DELETE(m_pVertexBuffer);
    TB_SAFE_DELETE(m_pIndexBuffer);
}
```

Listing 8.46 Speicherreservierung für die Vektoren und Indizes

Wie Sie sehen, wird anschließend die Methode `tbModel::UpdateExtraData` aufgerufen. Dort findet die eigentliche Berechnung der Extradaten statt, und diese Methode werden wir uns auch als Nächstes vornehmen.

Kopieren der Positionsvektoren

Alle Vertizes liegen im Vertex-Buffer des Modells vor. Wie Sie aber wissen, besteht ein Vertex so gut wie nie nur aus einem Positionsvektor: ein Normalenvektor, eine Farbe und Texturkoordinaten gehören meistens noch mit dazu. Wir möchten aber nur den Positionsvektor haben – wie kann man das erreichen? Dazu nutzen wir aus, dass der Positionsvektor *immer an erster Stelle* in einem Vertexformat steht. Und da wir auch die Größe eines einzelnen Vertex kennen (sie ist im Element m_dwVertexSize von tbVertexBuffer gespeichert), ist das ganze Unterfangen gar kein Problem mehr: Wir erstellen einen BYTE-Zeiger, der zuerst genau auf den Anfang der Vertex-Buffer-Daten zeigt. Dort liegt dann auch schon der Positionsvektor des ersten Vertex, den wir einfach herauskopieren. Anschließend erhöhen wir den Zeiger um die Vertexgröße, um automatisch am Anfang des nächsten Vertex zu landen:

```
// Berechnet die Extradaten des Modells
tbResult tbModel::UpdateExtraData()
{
    // Vertex- und Indexgröße ermitteln
    DWORD dwVertexSize = m_pVertexBuffer->m_dwVertexSize;
    DWORD dwIndexSize = m_pIndexBuffer->m_dwIndexSize;

    // Die Positionsvektoren kopieren
    BYTE* pVector = (BYTE*)(m_pVertexBuffer->m_pBuffer);
    for(DWORD i = 0; i < m_dwNumVertices; i++)
    {
        // Die Positionsangabe ist immer der erste Teil eines Vertex.
        m_pvVectors[i] = *((tbVector3*)(pVector));
        pVector += dwVertexSize;
    }
```

Listing 8.47 Kopieren der Positionsvektoren

Kopieren der Indizes

Hier sieht es nicht viel anders aus: Wir arbeiten ebenfalls mit einem BYTE-Zeiger, den wir zuerst auf den Anfang der Indexdaten setzen und dann jedes Mal um die Indexgröße erhöhen. Allerdings muss man hier aufpassen, dass man die Daten auch richtig interpretiert: Wenn das Indexformat `D3DFMT_INDEX16` ist, dann ist ein Index als WORD-Wert zu sehen, und bei `D3DFMT_INDEX32` als DWORD:

8.8 Kollisionserkennung

```
// Die Indizes kopieren
BYTE* pIndex = (BYTE*)(m_pIndexBuffer->m_pBuffer);
for(i = 0; i < m_dwNumIndices; i++)
{
    // Index herausfinden
    if(m_pIndexBuffer->m_IndexFormat == D3DFMT_INDEX16)
    {
        // 16-Bit-Indizes
        m_pdwIndices[i] = *((WORD*)(pIndex));
    }
    else if(m_pIndexBuffer->m_IndexFormat == D3DFMT_INDEX32)
    {
        // 32-Bit-Indizes
        m_pdwIndices[i] = *((DWORD*)(pIndex));
    }

    pIndex += dwIndexSize;
}
```

Listing 8.48 Kopieren der Indizes

8.8.10.2 Berechnung der vier Ebenen jedes Dreiecks

Nun wollen wir für jedes Dreieck vier Ebenen berechnen: Die erste ist die, in der das Dreieck liegt, und die drei anderen sind die Ebenen, die senkrecht entlang der Dreiecksseiten verlaufen – wie das bereits bei der Implementierung der Funktion tbLineHitsTriangle gemacht wurde.

Speicher reservieren

Direkt nachdem Speicher für die Positionsvektoren und die Indizes reserviert wurde, tun wir das auch für die vier Ebenen jedes Dreiecks. Der Zeiger auf die Liste heißt tbPlane* tbModel::m_pTrianglePlanes:

```
// Speicher für die Ebenen der Dreiecke reservieren
m_pTrianglePlanes = (tbPlane*)(tbMemAlloc(m_dwNumIndices/3 * 4 * sizeof(tbPlane)));
if(!m_pTrianglePlanes) TB_ERROR_OUT_OF_MEMORY(TB_ERROR);
```

Listing 8.49 Speicherreservierung für die Ebenen

m_dwNumIndices dividiert durch drei ergibt die Anzahl der Dreiecke, die das Modell besitzt. Multipliziert mit vier ergibt das die Gesamtanzahl der Ebenen (weil es *vier* Ebenen pro Dreieck sind). Als Nächstes berechnen wir dann alle Ebenen in UpdateExtraData. Dazu gehen wir jedes Dreieck durch und finden die Positionsvektoren seiner drei Vertizes heraus. Dann können die Ebenen mit den Funktionen tbPlaneFromPoints und tbPlaneFromPointNormal wie in tbLineHitsTriangle berechnet werden:

```
tbVector3 vTriA;  // 1. Vektor des Dreiecks
tbVector3 vTriB;  // 2. Vektor des Dreiecks
tbVector3 vTriC;  // 3. Vektor des Dreiecks
tbVector3 vTemp;

// Jeweils vier Ebenen pro Dreieck berechnen
for(i = 0; i < m_dwNumIndices / 3; i++)
{
    // Die drei Vektoren des Dreiecks kopieren
    vTriA = m_pvVectors[m_pdwIndices[i * 3]];
    vTriB = m_pvVectors[m_pdwIndices[i * 3 + 1]];
    vTriC = m_pvVectors[m_pdwIndices[i * 3 + 2]];
```

```
        // Ebene des Dreiecks berechnen
        m_pTrianglePlanes[i * 4] = tbPlaneFromPoints(vTriA, vTriB, vTriC);

        // Die drei Seitenebenen berechnen
        vTemp = tbVector3Normalize(tbVector3Cross(vTriA - vTriB, m_pTrianglePlanes[i * 4].n));
        m_pTrianglePlanes[i * 4 + 1] = tbPlaneFromPointNormal(vTriA, vTemp);

        vTemp=tbVector3Normalize(tbVector3Cross(vTriB - vTriC, m_pTrianglePlanes[i * 4].n));
        m_pTrianglePlanes[i * 4 + 2] = tbPlaneFromPointNormal(vTriB, vTemp);

        vTemp=tbVector3Normalize(tbVector3Cross(vTriC - vTriA, m_pTrianglePlanes[i * 4].n));
        m_pTrianglePlanes[i * 4 + 3] = tbPlaneFromPointNormal(vTriC, vTemp);
    }
```

Listing 8.50 Berechnung der vier Ebenen für jedes Dreieck

Wenn n also die Nummer des Dreiecks ist, dann finden wir unter dem Index $4n$ in der Liste m_pTrianglePlanes die Ebene, in der das Dreieck liegt, und unter $4n + 1$, $4n + 2$ und $4n + 3$ finden wir die drei seitlichen Ebenen.

8.8.10.3 Der Octree

Struktur für einen Knoten

Als Erstes benötigen wir eine Struktur für einen Octree-Knoten. Nun, welche Daten benötigt ein solcher Knoten?

- Eine BOOL-Variable, die bestimmt, ob dieser Knoten ein Endknoten ist oder nicht
- **Für normale Knoten:** 8 Zeiger auf die untergeordneten Knoten dieses Knotens (*Child Nodes*). Endknoten haben natürlich *keine* untergeordneten Knoten mehr.
- **Für Endknoten:** die Anzahl der Dreiecke, die dieser Knoten beinhaltet
- **Für Endknoten:** eine Liste mit den enthaltenen Dreiecken. Ein Dreieck wird ganz einfach durch seine *Nummer* gespeichert. Die Indizes des Dreiecks mit der Nummer 37 befinden sich beispielsweise an den Stellen 3×37, $3 \times 37 + 1$ und $3 \times 37 + 2$ in der Indexliste.
- Für alle Knoten speichern wir den Quader, der diesen Knoten und alle untergeordneten Knoten umgibt, also die *Bounding-Box*. Dazu sind – wie immer – zwei Vektoren nötig: der minimale und der maximale Vektor. Gleich dazu speichern wir noch die sechs Ebenen, die den Umgebungsquader begrenzen. Wir erhalten sie durch tbComputeBoxPlanes.

```
// Struktur für einen Octree-Knoten
struct TRIBASE_API tbModelOctreeNode
{
    BOOL                bIsLeaf;          // Ist es ein Endknoten?
    tbModelOctreeNode*  apChild[8];       // Untergeordnete Knoten
    DWORD               dwNumTriangles;   // Anzahl der Dreiecke dieses Knotens
    DWORD*              pdwTriangles;     // Die Dreiecke
    tbVector3           vBoundingBoxMin;  // Minimum des Umgebungsquaders
    tbVector3           vBoundingBoxMax;  // Maximum des Umgebungsquaders
    tbPlane             aPlane[6];        // Die sechs Ebenen des Umgebungsquaders
};
```

Listing 8.51 Die Struktur tbModelOctreeNode speichert Informationen über einen Octree-Knoten.

Einrichten des Wurzelknotens

Ein Octree besteht meistens aus einer großen Anzahl von Knoten. Man könnte denken, dass wir deshalb eine *Liste* von tbModelOctreeNode-Strukturen in der tbModel-Klasse speichern würden. Aber das ist nicht richtig, denn es reicht völlig aus, nur einen Zeiger auf den *Wurzel-*

8.8 Kollisionserkennung

knoten zu speichern. Dieser enthält dann acht Zeiger auf die untergeordneten Knoten, die wiederum acht Zeiger beinhalten, und so weiter. Wir nennen den Zeiger m_pRootNode.

In UpdateExtraData wird dieser Wurzelknoten initialisiert. Zuerst handelt es sich bei ihm um einen Endknoten, da er (noch) nicht aufgeteilt wurde. Also setzen wir bIsLeaf auf TRUE. Die Anzahl der von ihm beinhalteten Dreiecke entspricht der Anzahl der Dreiecke des gesamten Modells. Dementsprechend ist auch die Dreiecksliste sehr einfach zu generieren, da *jedes* Dreieck darin vorkommt. Für die Bounding-Box kopieren wir die Werte, die in tbModel gespeichert sind:

```
// Wurzelknoten für Octree erstellen
m_pRootNode = (tbModelOctreeNode*)(tbMemAlloc(sizeof(tbModelOctreeNode)));
m_pRootNode->bIsLeaf = TRUE;
m_pRootNode->dwNumTriangles = m_dwNumIndices / 3;
m_pRootNode->vBoundingBoxMin = GetBoundingBoxMin();
m_pRootNode->vBoundingBoxMax = GetBoundingBoxMax();
tbComputeBoxPlanes(m_pRootNode->vBoundingBoxMin, m_pRootNode->vBoundingBoxMax,
            tbMatrixIdentity(), m_pRootNode->aPlane);

// Diesem Knoten werden erst einmal alle Dreiecke zugewiesen.
m_pRootNode->pdwTriangles= tbMemAlloc(m_pRootNode->dwNumTriangles*sizeof(DWORD)));
for(i = 0; i < m_pRootNode->dwNumTriangles; i++)
{
    // Dreieck dem Knoten zuteilen
    m_pRootNode->pdwTriangles[i] = i;
}
```

Listing 8.52 Einrichten des Wurzelknotens

Rekursives Aufteilen eines Knotens

Jetzt soll der Wurzelknoten in acht Unterknoten aufgeteilt werden, die dann wieder aufgeteilt werden sollen, und so weiter. Hier bietet sich das Verfahren der *Rekursion* an. Eine *rekursive Funktion* zeichnet sich dadurch aus, dass sie sich selbst wieder aufruft, bis eine bestimmte Abbruchbedingung wahr wird (ansonsten würde das nie enden). Die rekursive Funktion hat bei uns die Aufgabe, einen Knoten in acht Unterknoten aufzuteilen. Dann ruft sie sich selbst wieder auf, um diese neuen Knoten wieder zu unterteilen. Abgebrochen wird, wenn ...

- ... eine bestimmte maximale Unterteilungstiefe erreicht ist (zum Beispiel 4)
- ... ein Knoten nur noch sehr wenige Dreiecke besitzt und es sich deshalb nicht mehr lohnt, ihn noch weiter zu unterteilen (zum Beispiel bei weniger als 32 Dreiecken)

Wir nennen diese rekursive Methode tbModel::SplitNode. Als Parameter übergeben wir ihr zuerst einen Zeiger auf den zu unterteilenden Knoten (tbModelOctreeNode*) und dann einen int-Wert, der die maximale Unterteilungstiefe enthält. Wenn die Methode sich am Ende wieder selbst aufruft, wird dieser Wert um eins verringert, und wenn er irgendwann null erreicht, dann wird nicht mehr weiter unterteilt – denn dann sind wir bei der maximalen Tiefe angekommen. Gleiches gilt für den Fall, dass die Anzahl der Dreiecke des Knotens kleiner als 32 ist.

Der gesamte Prozess wird gestartet, wenn – nachdem der Wurzelknoten eingerichtet wurde – folgender kleiner, unscheinbarer Aufruf stattfindet: SplitNode(m_pRootNode).

Schritt 1: Festlegen der Bounding-Box jedes neuen Knotens

Die Methode tbModel::SplitNode geht zuerst in einer for-Schleife alle acht Unterknoten durch und reserviert Speicher für sie. Anschließend wird die Bounding-Box jedes neuen Unterknotens festgelegt. Das ist wichtig, da wir sie später brauchen, um zu bestimmen, welche Dreiecke zu diesem neuen Knoten gehören werden und welche nicht. Der zu unterteilende Knoten wird *exakt in der Mitte* aufgeteilt. Diese Mitte – der Mittelwert aus dem minimalen und dem maximalen Vektor der Bounding-Box – speichern wir in einer temporären Variablen vCenter.

Der erste Unterknoten soll links unten und vorne liegen. Dann können wir den minimalen Vektor von dessen Bounding-Box einfach vom zu unterteilenden Knoten kopieren. Als maximaler Vektor für die neue Bounding-Box kommt hier nur die Mitte, also vCenter, in Frage. Bei den meisten anderen Unterknoten geht das aber nicht so einfach ...

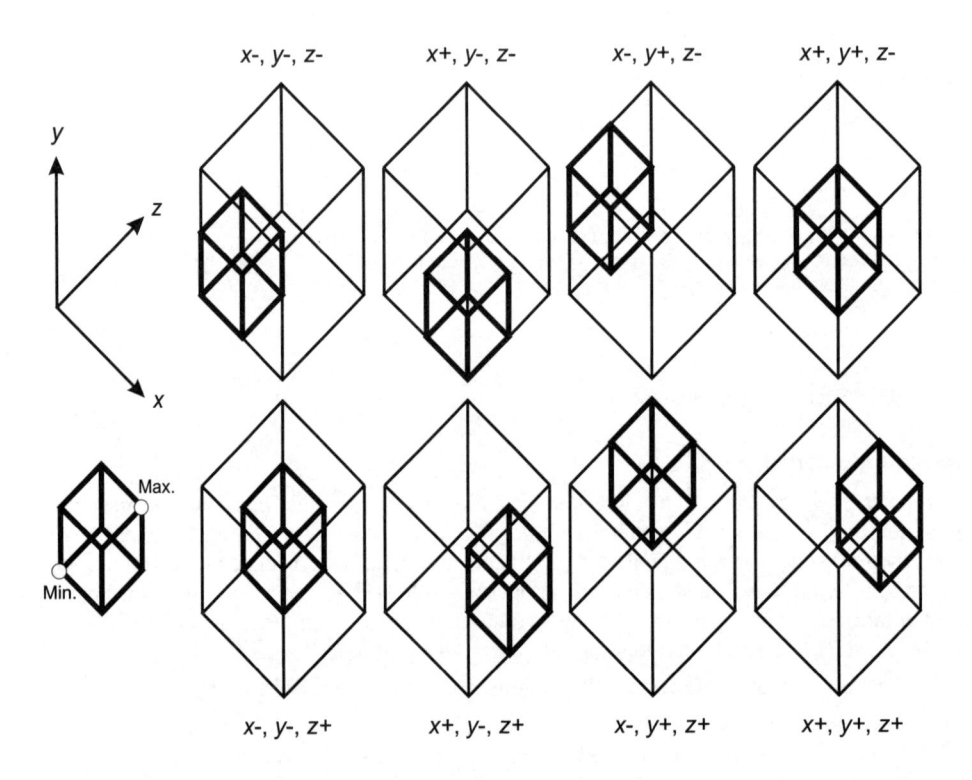

Abbildung 8.14 Wo die Bounding-Boxes der acht Unterknoten liegen – der Punkt vCenter liegt exakt in der Mitte des großen Quaders.

Wir erstellen die Unterknoten genau in der Reihenfolge wie in der Abbildung:

```
// Teilt einen Octree-Knoten rekursiv auf
tbResult tbModel::SplitNode(tbModelOctreeNode* pNode,
                            int iMaxDepth)
{
    // Wenn die Tiefe null erreicht hat, wird abgebrochen.
    if(iMaxDepth <= 0) return TB_OK;

    // Ab 32 Dreiecken abwärts wird ebenfalls nicht mehr weiter unterteilt.
    if(pNode->dwNumTriangles <= 32) return TB_OK;

    // Mittelpunkt dieses Knotens berechnen
    tbVector3 vCenter(0.5f * (pNode->vBoundingBoxMin + pNode->vBoundingBoxMax));
```

8.8 Kollisionserkennung

```cpp
// acht untergeordnete Knoten erstellen
for(DWORD i = 0; i < 8; i++)
{
    // Speicher für diesen Knoten reservieren
    pNode->apChild[i] = tbMemAlloc(sizeof(tbModelOctreeNode));

    // Den Umgebungsquader für diesen Knoten festlegen
    switch(i)
    {
    case 0: // x-, y-, z-
        pNode->apChild[i]->vBoundingBoxMin = pNode->vBoundingBoxMin;
        pNode->apChild[i]->vBoundingBoxMax = vCenter;
        break;

    case 1: // x+, y-, z-
        pNode->apChild[i]->vBoundingBoxMin = pNode->vBoundingBoxMin;
        pNode->apChild[i]->vBoundingBoxMin.x = vCenter.x;
        pNode->apChild[i]->vBoundingBoxMax = vCenter;
        pNode->apChild[i]->vBoundingBoxMax.x = pNode->vBoundingBoxMax.x;
        break;

    case 2: // x-, y+, z-
        pNode->apChild[i]->vBoundingBoxMin = pNode->vBoundingBoxMin;
        pNode->apChild[i]->vBoundingBoxMin.y = vCenter.y;
        pNode->apChild[i]->vBoundingBoxMax = vCenter;
        pNode->apChild[i]->vBoundingBoxMax.y = pNode->vBoundingBoxMax.y;
        break;

    case 3: // x+, y+, z-
        pNode->apChild[i]->vBoundingBoxMin = pNode->vBoundingBoxMin;
        pNode->apChild[i]->vBoundingBoxMin.x = vCenter.x;
        pNode->apChild[i]->vBoundingBoxMin.y = vCenter.y;
        pNode->apChild[i]->vBoundingBoxMax = vCenter;
        pNode->apChild[i]->vBoundingBoxMax.x = pNode->vBoundingBoxMax.x;
        pNode->apChild[i]->vBoundingBoxMax.y = pNode->vBoundingBoxMax.y;
        break;

    case 4: // x-, y-, z+
        pNode->apChild[i]->vBoundingBoxMin = pNode->vBoundingBoxMin;
        pNode->apChild[i]->vBoundingBoxMin.z = vCenter.z;
        pNode->apChild[i]->vBoundingBoxMax = vCenter;
        pNode->apChild[i]->vBoundingBoxMax.z = pNode->vBoundingBoxMax.z;
        break;

    case 5: // x+, y-, z+
        pNode->apChild[i]->vBoundingBoxMin = pNode->vBoundingBoxMin;
        pNode->apChild[i]->vBoundingBoxMin.x = vCenter.x;
        pNode->apChild[i]->vBoundingBoxMin.z = vCenter.z;
        pNode->apChild[i]->vBoundingBoxMax = vCenter;
        pNode->apChild[i]->vBoundingBoxMax.x = pNode->vBoundingBoxMax.x;
        pNode->apChild[i]->vBoundingBoxMax.z = pNode->vBoundingBoxMax.z;
        break;

    case 6: // x-, y+, z+
        pNode->apChild[i]->vBoundingBoxMin = pNode->vBoundingBoxMin;
        pNode->apChild[i]->vBoundingBoxMin.y = vCenter.y;
        pNode->apChild[i]->vBoundingBoxMin.z = vCenter.z;
        pNode->apChild[i]->vBoundingBoxMax = vCenter;
        pNode->apChild[i]->vBoundingBoxMax.y = pNode->vBoundingBoxMax.y;
        pNode->apChild[i]->vBoundingBoxMax.z = pNode->vBoundingBoxMax.z;
        break;

    case 7: // x+, y+, z+
        pNode->apChild[i]->vBoundingBoxMin = vCenter;
        pNode->apChild[i]->vBoundingBoxMax = pNode->vBoundingBoxMax;
        break;
    }
}
```

```
            // Ebenen der Bounding-Box berechnen
            tbComputeBoxPlanes(pNode->apChild[i]->vBoundingBoxMin,
                               pNode->apChild[i]->vBoundingBoxMax,
                               tbMatrixIdentity(),
                               pNode->apChild[i]->aPlane);
```

Listing 8.53 Sehr viel Schreibarbeit ...

Schritt 2: Zuordnen der Dreiecke

Nun haben wir also schon die Bounding-Box für jeden neuen Unterknoten. Als Nächstes werden wir bestimmen, welcher Knoten welche Dreiecke zugeteilt bekommt. Dabei muss mindestens eine der folgenden Bedingungen erfüllt sein, damit ein Dreieck einem Knoten zugeteilt wird:

- Mindestens ein Vertex des Dreiecks befindet sich in der Bounding-Box.
- Mindestens eine Seite des Dreiecks schneidet die Bounding-Box.
- Mindestens eine Seitenhalbierende des Dreiecks schneidet die Bounding-Box.

Ersteres lässt sich mit `tbPointHitsBox` feststellen und die beiden anderen Bedingungen mit `tbLineHitsBox` – das ist nichts Neues. Interessant ist die Tatsache, dass ein Dreieck mit dieser Methode durchaus auch zu *mehreren* Knoten gehören kann, wenn es zum Beispiel genau an der Grenze zwischen zwei Endknoten liegt. Bei Bäumen, die zum *Rendern* benutzt werden, tendiert man dazu, solche Dreiecke einfach *aufzuteilen*: Ein Teil kommt in den einen Knoten und der andere in den anderen Knoten. Beim Rendern könnte es nämlich sonst Schwierigkeiten geben, wenn ein Dreieck doppelt auftaucht: Ist es zum Beispiel transparent, dann würde das sein Aussehen verändern. Aber bei der Kollisionserkennung lohnt es sich nicht, diese Aufteilungen vorzunehmen. Man braucht so nur unnötig viel Speicher, und der Funktion `tbLineHitsTriangle` ist es außerdem egal, wie groß das Dreieck ist (was beim Rendern nicht der Fall ist, da größere Dreiecke auch mehr Zeit brauchen).

Als Erstes erstellen wir eine temporäre Liste mit `DWORD`-Werten. Diese Liste ist genau so groß, dass alle Dreiecke des aufzuteilenden Knotens darin Platz finden (wie gesagt: Wir geben ein Dreieck einfach durch seine *Nummer* an und wissen dann, an welcher Stelle wir die Indizes zu suchen haben). Nun geht man alle Dreiecke des aufzuteilenden Knotens durch und prüft, ob sie eine der beiden oben genannten Bedingungen erfüllen. Wenn ein Dreieck das tut, dann wird dieses Dreieck in die temporäre Liste aufgenommen. Eine Zählervariable zählt, wie viele Dreiecke sich schon in der Liste befinden. Nachdem wir mit allen Dreiecken fertig sind, wird die eigentliche Dreiecksliste des neuen Unterknotens erstellt. Wie viele Dreiecke darin Platz haben müssen, entnehmen wir der Zählervariablen. Die Daten aus der temporären Liste, die wir danach nicht mehr brauchen, werden nun in die endgültige Dreiecksliste kopiert.

Zum Schluss setzen wir noch die `bIsLeaf`-Variable des neuen Knotens auf `TRUE`, denn er ist nun ein Endknoten (bis er eventuell noch einmal aufgeteilt wird). Der aufgeteilte Knoten ist natürlich jetzt *kein* Endknoten mehr, darum setzen wir seine `bIsLeaf`-Variable auf `FALSE`. Außerdem können wir seine Dreiecksliste löschen.

```
DWORD*     pdwTemp;     // Temporäre Dreiecksliste
DWORD      dwCounter;   // Zählervariable
tbVector3  vTriA;
tbVector3  vTriB;
tbVector3  vTriC;

// acht untergeordnete Knoten erstellen
for(DWORD i = 0; i < 8; i++)
{
```

8.8 Kollisionserkennung

```
// Siehe vorheriges Listing!
// ...

// Temporäre Dreiecksliste erstellen
pdwTemp = new DWORD[pNode->dwNumTriangles];
dwCounter = 0;

// Alle Dreiecke durchgehen und prüfen, ob sie im Bereich dieses
// untergeordneten Knotens liegen
for(DWORD j = 0; j < pNode->dwNumTriangles; j++)
{
    // Vektoren dieses Dreiecks herausfinden
    vTriA = m_pvVectors[m_pdwIndices[pNode->pdwTriangles[j] * 3]];
    vTriB = m_pvVectors[m_pdwIndices[pNode->pdwTriangles[j] * 3 + 1]];
    vTriC = m_pvVectors[m_pdwIndices[pNode->pdwTriangles[j] * 3 + 2]];

    // Wenn auch nur einer der Vektoren innerhalb der Bounding-Box
    // liegt, dann wird das Dreieck zu diesem untergeordneten Knoten gehören.
    // Gleiches gilt auch, wenn eine Seite oder eine Seitenhalbierende des Dreiecks die
    // Bounding-Box schneidet.
    if(// Erste Bedingung
       tbPointHitsBox(vTriA, pNode->apChild[i]->aPlane) ||
       tbPointHitsBox(vTriB, pNode->apChild[i]->aPlane) ||
       tbPointHitsBox(vTriC, pNode->apChild[i]->aPlane) ||

       // Zweite Bedingung
       tbLineHitsBox(vTriA, vTriB, pNode->apChild[i]->aPlane) ||
       tbLineHitsBox(vTriB, vTriC, pNode->apChild[i]->aPlane) ||
       tbLineHitsBox(vTriC, vTriA, pNode->apChild[i]->aPlane) ||

       // Dritte Bedingung
       tbLineHitsBox(vTriA, 0.5f * (vTriB + vTriC), pNode->apChild[i]->aPlane) ||
       tbLineHitsBox(vTriB, 0.5f * (vTriA + vTriC), pNode->apChild[i]->aPlane) ||
       tbLineHitsBox(vTriC, 0.5f * (vTriA + vTriB), pNode->apChild[i]->aPlane))
    {
        // Dieses Dreieck zur temporären Liste hinzufügen
        pdwTemp[dwCounter] = pNode->pdwTriangles[j];
        dwCounter++;
    }
}

// Die temporäre Liste zum untergeordneten Knoten kopieren
pNode->apChild[i]->pdwTriangles= (DWORD*)(tbMemAlloc(dwCounter*sizeof(DWORD)));
memcpy(pNode->apChild[i]->pdwTriangles, pdwTemp, dwCounter * sizeof(DWORD));
pNode->apChild[i]->dwNumTriangles = dwCounter;

// Temporäre Liste wieder freigeben
TB_SAFE_DELETE_ARRAY(pdwTemp);

// Dieser Knoten ist nun ein Endknoten!
pNode->apChild[i]->bIsLeaf = TRUE;
```

Listing 8.54 Jeder neue Unterknoten bekommt seine Dreiecke zugeteilt.

Schritt 3: Die Rekursion

Nun fehlt nur noch ein Schritt, und der Octree kann generiert werden! Nachdem ein neuer Unterknoten erstellt wurde, muss dieser natürlich wieder weiter unterteilt werden. Der Parameter, der die maximale Unterteilungstiefe angibt, wird um eins verringert. Wie Sie oben gesehen haben, bricht SplitNode ab, sobald dieser Parameter den Wert null erreicht.

```
// Diesen Unterknoten rekursiv unterteilen
SplitNode(pNode->apChild[i], iMaxDepth - 1);
```

Listing 8.55 Der Schritt zur Rekursion

Löschen des Octrees

Um einen Octree zu löschen, sollte man ebenfalls rekursiv vorgehen. Wir schreiben uns eine Methode namens DeleteNode. Man ruft sie einmal auf den *Wurzelknoten* auf, und dann sollte sich alles von alleine erledigen: DeleteNode löscht zuerst eine eventuell vorhandene Dreiecksliste, löscht dann rekursiv die acht Unterknoten (ebenfalls mit DeleteNode – falls es denn Unterknoten gibt) und schließlich den eigenen Knoten:

```
// Löscht einen Octree-Knoten rekursiv
tbResult tbModel::DeleteNode(tbModelOctreeNode* pNode)
{
    // Ist es ein Endknoten? Wenn ja, werden seine Dreiecke gelöscht.
    if(pNode->bIsLeaf) TB_SAFE_MEMFREE(pNode->pdwTriangles)
    else
    {
        // Die acht untergeordneten Knoten rekursiv löschen
        for(DWORD i = 0; i < 8; i++) DeleteNode(pNode->apChild[i]);
    }

    // Den Knoten selbst löschen
    TB_SAFE_MEMFREE(pNode);

    return TB_OK;
}
```

Listing 8.56 Rekursives Löschen eines Octree-Knotens

8.8.11 Linien und Modelle

Nun werden wir den Octree und die anderen vorberechneten Extradaten anwenden, um die Berechnungen für die Kollision zwischen einer Linie und einem Modell enorm zu beschleunigen: Die Funktion tbLineHitsModel wird implementiert.

8.8.11.1 Transformation der Linie

Bei einem Modell ist immer noch eine Transformationsmatrix mit im Spiel, die bestimmt, wie es im Raum ausgerichtet ist und welche Position es hat. Nun könnte man meinen, es sei notwendig, das gesamte Modell zuerst mit seiner Transformationsmatrix zu transformieren, um die Position jedes Vertex in *Weltkoordinaten* (*absolute Koordinaten*) zu erhalten – denn die Linie ist ebenfalls in Weltkoordinaten angegeben.

> Das komplette Modell zu transformieren wäre nicht sehr sinnvoll. Stattdessen tun wir etwas anderes: Wir transformieren nicht das Modell, sondern die *Linie*! Und zwar mit der *inversen Transformationsmatrix* des Modells! Dann liegt die Linie nicht mehr in Weltkoordinaten vor, sondern im Koordinatensystem des Modells. Hier müssen wir also nur *zwei* Punkte transformieren – Linienstart- und Endpunkt – anstatt mehrere tausend.

8.8.11.2 Das rekursive Prinzip

Bevor wir tatsächlich die Kollision zwischen der Linie und den einzelnen Dreiecken des Modells prüfen, können noch einige Optimierungen durchgeführt werden, die mit dem Octree zusammenhängen. Auch hier kommt wieder eine rekursive Funktion zum Einsatz. Wir übergeben ihr die Linie (bereits transformiert), das Modell und den *Octree-Knoten*, der auf Kollision geprüft werden soll. Die rekursive Funktion wird natürlich zuerst mit dem *Wurzelknoten* aufgerufen. Dann passiert Folgendes:

1. Die Funktion prüft, ob die Linie die *Bounding-Box* des Octree-Knotens trifft. Falls sie es nicht tut, können wir hier schon abbrechen.
2. Wenn der Knoten ein *Endknoten* ist, dann führen wir nun den Kollisionstest Dreieck für Dreieck durch.
3. Wenn der Knoten *kein* Endknoten ist, dann wird die rekursive Funktion für alle seine Unterknoten aufgerufen.

Sie sehen: Bis es zum eigentlichen Kollisionstest kommt, kann sehr viel passieren. Unnötige Rechnerei spart man sich so fast komplett, und die Kollision zwischen einer Bounding-Box und einer Linie zu überprüfen ist nicht sehr aufwändig.

8.8.11.3 Der Test mit den Dreiecken

Kommt es nun tatsächlich dazu, dass wir Dreieck für Dreieck durchgehen und die Kollision mit der Linie berechnen müssen, dann ist das auch kein Drama. Denn hierfür haben wir schon vorher die Extradaten berechnet, hier helfen uns die *Ebenen der Dreiecke*. Zuerst wird geprüft, ob die Linie die Ebene schneidet, in der das Dreieck liegt. Falls sie es nicht tut, dann kann sie das Dreieck auch nicht schneiden. Gibt es einen Schnittpunkt, so wird geprüft, ob dieser im Dreieck liegt. Dazu brauchen wir die drei anderen Dreiecksebenen, die entlang der Seiten verlaufen. Nur wenn der Punkt *vor* allen drei Ebenen liegt – also wenn die Funktion tbPlaneDotCoords (die den Punkt in die Ebenengleichung einsetzt) einen *positiven* Wert liefert, dann ist er im Dreieck. Das heißt: Sobald einmal etwas Negatives zurückgeliefert wurde, können wir den Test wieder abbrechen.

Schauen Sie sich nun die Implementierung einer vereinfachten Version dieser Funktion an: Tatsächlich sind es *zwei* Funktionen, von denen eine rekursiv ist und die andere nicht. Die nicht rekursive ruft die rekursive auf und übergibt ihr den Wurzelknoten des Octrees, nachdem sie die Linie transformiert hat. Achten Sie darauf, wie die gesamte Funktion sofort abbricht, sobald ein Schnittpunkt gefunden wurde:

```
// Berechnung der Kollision zwischen Linie und Modell (rekursiv)
TRIBASE_API BOOL tbLineHitsModelRec(const tbVector3& vLineA,
                                    const tbVector3& vLineB,
                                    const tbModel* pModel,
                                    const tbModelOctreeNode* pNode)
{
    // Prüfen, ob die Linie den Umgebungsquader des Knotens trifft.
    // Falls nicht, können wir sofort abbrechen
    if(!tbLineHitsBox(vLineA, vLineB, pNode->aPlane))
    {
        // Abbruch!
        return FALSE;
    }

    // Ist dieser Knoten ein Endknoten? Falls ja, dann testen wir die
    // Kollision jetzt auf Dreiecksebene.
    if(pNode->bIsLeaf) {
```

```cpp
            float    fCollision;  // Linienabschnitt des Schnittpunkts
            tbVector3 vCollision; // Position des Schnittpunkts

            // Nun jedes Dreieck dieses Knotens durchgehen und
            // nach einer Kollision suchen
            for(DWORD t = 0; t < pNode->dwNumTriangles; t++)
            {
                // Schneidet die Linie das Dreieck?
                // Dazu berechnen wir zuerst den Schnittpunkt zwischen Linie und der
                // ersten Ebene des Dreiecks.
                fCollision = tbLineHitsPlaneS(vLineA, vLineB,
                                 pModel->m_pTrianglePlanes[pNode->pdwTriangles[t] * 4]);

                if(fCollision >= 0.0f)
                {
                    // Die erste Ebene wird geschnitten.
                    // Der Schnittpunkt muss nun auf der Vorderseite der drei anderen
                    // Ebenen des Dreiecks liegen, damit eine Kollision vorliegt.
                    vCollision = vLineA + (vLineB - vLineA) * fCollision;
                    if(tbPlaneDotCoords(pModel->m_pTrianglePlanes[
                        pNode->pdwTriangles[t] * 4 + 1], vCollision) < 0.0f) continue;
                    if(tbPlaneDotCoords(pModel->m_pTrianglePlanes[
                        pNode->pdwTriangles[t] * 4 + 2], vCollision) < 0.0f) continue;
                    if(tbPlaneDotCoords(pModel->m_pTrianglePlanes[
                        pNode->pdwTriangles[t] * 4 + 3], vCollision) < 0.0f) continue;

                    // Kollision! Abbruch der Funktion.
                    return TRUE;
                }
            }
        }
        else
        {
            // Dieser Knoten ist kein Endknoten.
            // Wir gehen seine Unterknoten durch und testen diese.
            for(DWORD i = 0; i < 8; i++) {
                if(tbLineHitsModelRec(vLineA, vLineB, pModel, pNode->apChild[i])) {
                    // Dort gab es eine Kollision! Dann brechen wir jetzt ab.
                    return TRUE;
                }
            }
        }

        // Keine Kollision!
        return FALSE;
    }

    // Berechnung der Kollision zwischen Linie und Modell
    TRIBASE_API BOOL tbLineHitsModel(tbVector3 vLineA,
                                     tbVector3 vLineB,
                                     const tbModel* pModel,
                                     const tbMatrix& mMatrix,
                                     const tbMatrix& mInvMatrix)
    {
        // Erst einmal transformieren wir die Linie mit der inversen
        // Transformationsmatrix, um sie in "Model-Space" umzurechnen. Dann müssen wir
        // später die Modellvertizes nicht transformieren, sparen also viel Rechenzeit.
        const tbVector3 vNewLineA(tbVector3TransformCoords(vLineA, mInvMatrix));
        const tbVector3 vNewLineB(tbVector3TransformCoords(vLineB, mInvMatrix));

        // Rekursive Funktion mit dem Wurzelknoten aufrufen und deren Wert liefern
        return tbLineHitsModelRec(vNewLineA, vNewLineB, pModel, pModel->m_pRootNode);
    }
```

Listing 8.57 Effiziente Berechnung der Kollision zwischen einer Linie und einem Modell

8.8.11.4 Eine erweiterte Version

Die oben gezeigten Funktionen brechen sofort ab, sobald *irgendwo* eine Kollision entdeckt wurde. In den meisten Fällen schneidet eine Linie ein Modell nicht nur einmal, sondern mehrmals. Dann möchte man wohl lieber auch den *Ort* der Kollision kennen, und zwar den Ort der *nächsten* Kollision, also den mit dem kleinsten Linienabschnitt. Ich möchte hier jetzt nicht detaillierter darauf eingehen, wie man das genau implementieren kann. Wenn es Sie interessiert, dann schauen Sie sich die Datei TBUTILS.CPP an, und suchen Sie nach den Funktionen tbLineHitsModel und tbLineHitsModelRec.

Tabelle 8.3 Die Parameter der Funktion tbLineHitsModel

Parameter	Beschreibung
const tbVector3& vLineA, const tbVector3& vLineB	Start- und Endpunkt der Linie in Weltkoordinaten
const tbModel* pModel	Zeiger auf das Modell
const tbMatrix& mMatrix	Transformationsmatrix des Modells
const tbMatrix& mInvMatrix	Inverse Transformationsmatrix
const float fTolerance = 0.0f	Toleranz bei der Kollisionsüberprüfung. Bei einem Toleranzwert von 1 wird die Linie in beide Richtungen – nach hinten und nach vorne – um eine Einheit verlängert.
tbVector3* pvOutPos = NULL	Wenn der Ort der (am nächsten liegenden) Kollision von Relevanz ist, dann übergibt man hier den Zeiger auf einen Vektor, der dann mit dem Ort der nächsten Kollision ausgefüllt wird, ansonsten NULL. Die Funktion läuft dann natürlich langsamer, da sie *alle* Kollisionen überprüfen muss und nicht nach der ersten mit der Suche aufhören kann.
tbVector3* pvOutNormal = NULL	Wenn der *Normalenvektor* des getroffenen Dreiecks wichtig ist, dann übergibt man hier den Zeiger auf einen Vektor, der von der Funktion ausgefüllt wird. Den Normalenvektor kann man zum Beispiel benutzen, um die *Reflexion* eines Strahls an einem Modell zu berechnen.
int* piOutTriangle = NULL	Hier hinein schreibt die Funktion die *Nummer* des getroffenen Dreiecks.

Der Parameter fTolerance ist vor allem dann interessant, wenn man – wie wir es später tun werden – mit *Schutzschilden* arbeitet. Wenn ein Raumschiff noch ein Schutzschild hat, dann gibt man hier einen großen Wert an, damit die Laserstrahlen einige Meter von der Hülle entfernt aufgehalten werden und nicht erst, wenn sie sie wirklich erreicht haben.

8.8.12 Kollision zwischen zwei Modellen

Jetzt brauchen wir nur noch die Kollisionserkennung für zwei Modelle, und dann kann es endlich mit dem Spiel weitergehen!

8.8.12.1 Die rekursive Funktion

Wir können auch hier *rekursiv* vorgehen. Die rekursive Funktion trägt den Namen tbModelHitsModelRec. Man übergibt ihr beide Modelle, die Matrix jedes Modells, zusätzlich auch die inverse Matrix und dann den Octree-Knoten, der getestet werden soll (zuerst ist das wie immer der Wurzelknoten). Der Rückgabewert ist BOOL: TRUE, wenn es eine Kollision gab, ansonsten FALSE.

1. Schritt: Schneiden sich die Bounding-Boxes?

Bevor man weiter testet, prüft man am besten erst einmal, ob sich die Bounding-Boxes der beiden Octree-Knoten der Modelle schneiden. Falls sie es nicht tun, können wir direkt FALSE zurückliefern, da dann gar keine Kollision möglich ist.

```
// Kollision zwischen zwei Modellen berechnen (rekursiv)
TRIBASE_API BOOL tbModelHitsModelRec(const tbModel* pModelA,
                                     const tbMatrix& mMatrixA,
                                     const tbMatrix& mInvMatrixA,
                                     const tbModelOctreeNode* pNodeA,
                                     const tbModel* pModelB,
                                     const tbMatrix& mMatrixB,
                                     const tbMatrix& mInvMatrixB,
                                     const tbModelOctreeNode* pNodeB)
{
    // Schneiden sich die Umgebungsquader der beiden Knoten?
    // Falls sie es nicht tun, kann es hier keine Kollision geben.
    if(!tbBoxHitsBox2(pNodeA->vBoundingBoxMin, pNodeA->vBoundingBoxMax, mMatrixA,
                      pNodeB->vBoundingBoxMin, pNodeB->vBoundingBoxMax, mMatrixB))
    {
        // Zurück!
        return FALSE;
    }
```

Listing 8.58 Frühes Ausscheiden durch den Bounding-Box-Test

2. Schritt: Fallunterscheidung

Wenn sich die Bounding-Boxes schneiden, dann müssen wir zwischen einem der vier folgenden Fälle unterscheiden:

1. Beide Knoten sind Endknoten.
2. Knoten A ist ein Endknoten, Knoten B aber nicht.
3. Knoten B ist ein Endknoten, Knoten A aber nicht.
4. Beide Knoten sind *keine* Endknoten, haben also noch Unterknoten.

Fall 1

Wenn beide Knoten Endknoten sind, dann testen wir die Kollision zwischen den einzelnen zu Knoten A und zu Knoten B gehörenden Dreiecken. Hier taucht erst mal ein kleines Problem auf: Alle Vertizes sind nicht in *Weltkoordinaten*, sondern in *Modellkoordinaten* angegeben, also *relativ*. Bei der Kollision zwischen einer Linie und einem Modell konnten wir uns elegant aus der Affäre ziehen, indem wir einfach die *Linie* und nicht das Modell transformiert haben. Das geht nun nicht mehr. Aber anstatt *beide* Modelle in das Weltkoordinatensystem zu transformieren, transformieren wir das eine Modell in das Koordinatensystem des anderen. Die dazu gehörige Matrix ist das *Produkt* aus der Matrix des zu transformierenden Modells (um es in Weltkoordinaten umzurechnen) und der inversen Matrix des anderen Modells (um es in das andere Modellkoordinatensystem umzurechnen).

Es muss also nur *ein* Modell beziehungsweise *ein* Octree-Endknoten transformiert werden. Um Rechenzeit zu sparen, wählen wir uns da natürlich den aus, der die wenigsten Dreiecke hat. Wir legen fest, dass Knoten B transformiert werden muss und Knoten A nicht. Wenn also Knoten B weniger Dreiecke hat als Knoten A, dann ist alles in Ordnung. Andernfalls rufen wir die rekursive Funktion einfach erneut auf – *vertauschen* aber in den Parametern Knoten A und B.

8.8 Kollisionserkennung

Sind die Knoten dann in der richtigen Reihenfolge, so kann der Dreieckstest losgehen. Wir durchwandern mit einer for-Schleife alle Dreiecke von Knoten B. Nun kommt die Transformation dieser Vektoren mit der zuvor errechneten Matrix. Die neuen Vektoren werden in vTriA, vTriB und vTriC gespeichert. In einer weiteren for-Schleife werden alle Dreiecke von Knoten A durchlaufen. Mit der Funktion tbTriangleHitsTriangle wird dann die Kollision zwischen den beiden Dreiecken getestet. Sobald eine gefunden wurde, brechen wir die Funktion durch return TRUE ab:

```
// Die Umgebungsquader schneiden sich.
// Wenn beide Knoten Endknoten sind, können wir die Kollision der Dreiecke prüfen.
if(pNodeA->bIsLeaf && pNodeB->bIsLeaf)
{
    // Einer der beiden Knoten muss in jedem Fall transformiert werden.
    // Wir nehmen dafür Knoten B. Hat Knoten B mehr Dreiecke als Knoten A,
    // wird getauscht.
    if(pNodeB->dwNumTriangles > pNodeA->dwNumTriangles)
    {
        // Tauschen!
        return tbModelHitsModelRec(pModelB, mMatrixB, mInvMatrixB, pNodeB,
                                   pModelA, mMatrixA, mInvMatrixA, pNodeA);
    }

    // Die Vektoren von Knoten B werden später beim Test transformiert.
    // Sie sollen zuerst absolut und dann relativ zu Modell A umgerechnet werden.
    // Es ist also die Transformation mit der Matrix von Modell B und anschließend
    // mit der inversen Matrix von Modell A nötig.
    tbMatrix mTransformation = mMatrixB * mInvMatrixA;

    tbVector3 vTriA;
    tbVector3 vTriB;
    tbVector3 vTriC;

    // Alle Dreiecke von Knoten B durchgehen
    for(DWORD tb = 0; tb < pNodeB->dwNumTriangles; tb++)
    {
        // Die drei Vektoren dieses Dreiecks transformieren
        vTriA = tbVector3TransformCoords(pModelB->m_pvVectors[
            pModelB->m_pdwIndices[pNodeB->pdwTriangles[tb]*3]], mTransformation);

        vTriB = tbVector3TransformCoords(pModelB->m_pvVectors[
            pModelB->m_pdwIndices[pNodeB->pdwTriangles[tb]*3 + 1]], mTransformation);

        vTriC = tbVector3TransformCoords(pModelB->m_pvVectors[
            pModelB->m_pdwIndices[pNodeB->pdwTriangles[tb]*3 + 2]], mTransformation);

        // Alle Dreiecke von Knoten A durchgehen
        for(DWORD ta = 0; ta < pNodeA->dwNumTriangles; ta++)
        {
            // Kollidieren diese beiden Dreiecke?
            if(tbTriangleHitsTriangle(
            pModelA->m_pvVectors[pModelA->m_pdwIndices[pNodeA->pdwTriangles[ta]*3]],
            pModelA->m_pvVectors[pModelA->m_pdwIndices[pNodeA->pdwTriangles[ta]*3+1]],
            pModelA->m_pvVectors[pModelA->m_pdwIndices[pNodeA->pdwTriangles[ta]*3+2]],
            vTriA, vTriB, vTriC, NULL, NULL))
            {
                // Sofort abbrechen!
                return TRUE;
            }
        }
    }
}
```

Listing 8.59 Kollisionen zwischen den Dreiecken werden geprüft.

Fall 2 und Fall 3

Wenn Knoten A ein Endknoten ist und Knoten B nicht (Fall 2), dann gehen wir einfach jeden Unterknoten von Knoten B durch und testen ihn auf Kollision mit Knoten A durch einen rekursiven Funktionsaufruf:

```
else if(pNodeA->bIsLeaf && !pNodeB->bIsLeaf)
{
    // Knoten A ist ein Endknoten, Knoten B aber nicht.
    // Wir rufen die Funktion für jeden untergeordneten Knoten von B erneut auf.
    for(int i = 0; i < 8; i++)
    {
        if(tbModelHitsModelRec(pModelA, mMatrixA, mInvMatrixA, pNodeA,
                               pModelB, mMatrixB, mInvMatrixB, pNodeB->apChild[i]))
        {
            // Es gab eine Kollision! Sofort abbrechen.
            return TRUE;
        }
    }
}
```

Listing 8.60 Wenn Knoten A ein Endknoten ist und Knoten B nicht

Entweder kommt es dann beim nächsten Mal zu Fall 1 (beide Knoten sind Endknoten) oder erneut zu Fall 2. Am Ende liegt jedoch *immer* Fall 1 vor. Wenn es genau umgekehrt ist, also Knoten B ein Endknoten ist und Knoten A nicht (Fall 3), dann gehen wir alle Unterknoten von Knoten A durch – analog zum oben gezeigten Verfahren.

Fall 4

Wenn beide Knoten *keine* Endknoten sind, verfahren wir genauso wie in Fall 2: Alle Unterknoten von Knoten A durchgehen und auf Kollision mit Knoten B testen. Irgendwann wird dann wieder Fall 1 vorliegen.

```
else if(!pNodeA->bIsLeaf && pNodeB->bIsLeaf)
{
    // Knoten B ist ein Endknoten, Knoten A aber nicht.
    // Wir rufen die Funktion erneut auf, für jeden untergeordneten Knoten von A.
    // ...
}
else
{
    // Beide Knoten sind keine Endknoten!
    // Wir testen nun Knoten A mit allen Unterknoten von Knoten B.
    for(int i = 0; i < 8; i++)
    {
        if(tbModelHitsModelRec(pModelA, mMatrixA, mInvMatrixA, pNodeA,
                               pModelB, mMatrixB, mInvMatrixB, pNodeB->apChild[i]))
        {
            // Es gab eine Kollision! Sofort abbrechen.
            return TRUE;
        }
    }

    // Keine Kollision!
    return FALSE;
}
```

Listing 8.61 Das Ende der rekursiven Funktion tbModelHitsModelRec

8.8.12.2 Der Bounding-Sphere-Test

Nun haben wir die rekursive Funktion tbModelHitsModelRec implementiert, aber es fehlt noch die nicht rekursive Funktion tbModelHitsModel, welche die andere dann mit den Wurzelknoten der beiden Octrees aufruft. Bevor sie das tut, fügen wir noch einen anderen Test ein: nämlich den *Bounding-Sphere-Test*! Nur wenn sich die umgebenden Kugeln der beiden Modelle schneiden, können sich auch die Modelle selbst schneiden, und die Kollision zwischen zwei Kugeln zu prüfen, ist bekanntlich sehr leicht. Die Funktion tbSphereHitsSphere benötigt die *Position* beider Kugeln und deren *Radius*. Den Radius kennen wir – aber die Position nicht! Kein Problem, denn die können wir direkt aus der Transformationsmatrix jedes Modells ablesen: Der Positionsvektor ist ganz einfach die unterste Zeile der Matrix (*Translationsmatrix!*):

```
// Kollision zwischen zwei Modellen berechnen
TRIBASE_API BOOL tbModelHitsModel(const tbModel* pModelA,
                                  const tbMatrix& mMatrixA,
                                  const tbMatrix& mInvMatrixA,
                                  const tbModel* pModelB,
                                  const tbMatrix& mMatrixB,
                                  const tbMatrix& mInvMatrixB)
{
    // Die Positionen der beiden Modelle aus den Matrizen ablesen
    tbVector3 vModelA(mMatrixA.m41, mMatrixA.m42, mMatrixA.m43);
    tbVector3 vModelB(mMatrixB.m41, mMatrixB.m42, mMatrixB.m43);

    // Prüfen, ob sich die Umgebungskugeln der beiden Modelle schneiden.
    // Falls sie es nicht tun, brauchen wir gar nicht weiter zu testen.
    if(!tbSphereHitsSphere(vModelA,pModelA->GetBoundingSphereRadius(),
                           vModelB,pModelB->GetBoundingSphereRadius())) return FALSE;

    // Die rekursive Funktion aufrufen, mit den Wurzelknoten beider Modelle
    return tbModelHitsModelRec(pModelA,mMatrixA,mInvMatrixA, pModelA->m_pRootNode,
                               pModelB,mMatrixB,mInvMatrixB, pModelB->m_pRootNode);
}
```

Listing 8.62 Hier nimmt die Rekursion ihren Lauf.

8.8.12.3 Eine erweiterte Version

Auch hier habe ich nicht die vollständige Version der beiden Funktionen gezeigt, sondern nur eine (leicht) vereinfachte. Die Version, die in der Engine steckt, liefert noch – falls gewünscht – den *Ort* der Kollision, die Normalenvektoren der beiden kollidierenden Dreiecke und auch noch deren Nummern:

```
// Kollision zwischen zwei Modellen berechnen
TRIBASE_API BOOL tbModelHitsModel(const tbModel* pModelA,
                                  const tbMatrix& mMatrixA,
                                  const tbMatrix& mInvMatrixA,
                                  const tbModel* pModelB,
                                  const tbMatrix& mMatrixB,
                                  const tbMatrix& mInvMatrixB,
                                  tbVector3* pvOutPos,     // = NULL
                                  tbVector3* pvOutNormalA, // = NULL
                                  tbVector3* pvOutNormalB, // = NULL
                                  int* piOutTriA,          // = NULL
                                  int* piOutTriB)          // = NULL
```

Listing 8.63 Die Definition der endgültigen Version

Übrigens machen sich hier die Vorteile eines Octrees sehr stark bemerkbar: Bevor ich die Octree-Unterstützung hinzugefügt habe, gab es noch eine alte Version von tbModelHitsModel, die *alle* Dreiecke testete. Wie Sie sich denken können, war sie unglaublich langsam, so dass man sie praktisch gar nicht benutzen konnte („*Bitte warten – das nächste Frame wird gleich geliefert!*").

8.8.12.4 Achtung, Skalierung!

Die hier vorgestellten Methoden zur Kollisionserkennung berücksichtigen teilweise keine Skalierungen, die in den Transformationsmatrizen angegeben sein könnten. Durch eine Skalierung ändert sich der Radius der Umgebungskugel. Nicht-uniforme Skalierungen können die Umgebungskugel außerdem stauchen und sie zu einem Ellipsoiden machen.

8.8.13 Hardcore-Kollisionserkennung

Die Firma *Magic Software* bietet auf ihrer Internetseite unter der URL http://www.magic-software.com/Intersection3D.html eine sehr umfangreiche Kollisionserkennungsbibliothek zum Herunterladen an. Es werden sowohl die üblichen Objekte wie Strahlen, Linien, Ebenen, Kugeln, Quader und Dreiecke unterstützt als auch Tetraeder, Ellipsoiden, Zylinder, Kegel und noch mehr. Aber das ganz Besondere daran ist, dass die Kollisionserkennung *dynamisch* ist. Man kann den meisten Objekten eine *Bewegung und eine Drehung* zuweisen. Bei unseren Funktionen für Kollisionserkennung kann es zum Beispiel passieren, dass zwei Objekte durcheinander fliegen, weil es eben kein Frame gab, in dem sie kollidiert sind – weil das Programm vielleicht zu „ruckelig" läuft. Im einen Frame ist das Objekt *vor* der Wand und im nächsten schon *hinter* ihr. Da kann man sich nur mit Linien behelfen, welche die alte mit der neuen Position verbinden. Mit der von *Magic Software* angebotenen Bibliothek kann das nicht passieren. Übrigens gibt es dort noch viele weitere nützliche Funktionen aus dem gesamten 2D- und 3D-Grafikbereich. Außerdem gibt es zu fast jedem Thema eine komplette PDF-Datei, welche die gesamte *Herleitung* enthält! Eine wirklich empfehlenswerte Internetseite!

Weitere Stichwörter, nach denen Sie im Internet einmal suchen sollten, sind *RAPID*, *ODE*, *Tokamak* und *Opcode*. Es handelt sich bei allen um sehr leistungsfähige Kollisions- und Physikbibliotheken, die kostenlos genutzt werden dürfen.

8.8.14 Volltreffer!

Bisher können die Raumschiffe zwar schießen, aber die Projektile fliegen einfach durch den Gegner hindurch. Mit dem kürzlich erworbenen Wissen über Kollisionserkennung soll sich das aber nun ändern. Dazu muss die Methode CProjectile::Move erweitert werden. Dort soll nun die Kollision zwischen diesem Projektil und allen Schiffen – außer dem Schiff, welches das Projektil abgefeuert hat – getestet werden.

8.8.14.1 Die Kollisionserkennung

Da die Projektile im Vergleich zu den Raumschiffen so klein und dünn sind, betrachten wir sie nicht als Modelle, sondern als *Linien*. Der Startpunkt der Linie ist die Position des Projektils *vor* dem Bewegen, und der Endpunkt ist die Position *nach* dem Bewegen. So verhindern wir, dass ein Projektil einfach durch ein Schiff hindurch fliegt, weil das Spiel nicht flüssig genug läuft. Bei einem Laserstrahl müssen wir auch noch seine eigene *Länge* einrechnen und addie-

8.8 Kollisionserkennung

ren daher auf den Endpunkt noch die z-Achse des Strahls multipliziert mit seiner Länge. Raketen sind so verhältnismäßig kurz, dass das bei ihnen nicht nötig ist.

Jetzt kennen wir Start- und Endpunkt der Rakete und können per for-Schleife alle Schiffe durchgehen. Mit tbLineHitsModel finden wir dann heraus, ob ein Schiff einen Treffer einstecken muss oder nicht. Die *Toleranz* für die Kollisionserkennung hängt davon ab, ob das Schiff noch genug Schutzschildenergie hat, um den Schuss abzuwehren. Das ist der Fall, wenn die fDamageToShields-Variable des Waffentyps kleiner ist als die verbleibende Schutzschildenergie des Schiffs. Dann wird die Toleranz auf 2 gesetzt (die Schüsse werden also zwei Einheiten vor der Schiffshülle abgefangen).

8.8.14.2 Die Wirkung eines Treffers

Fand eine Kollision statt, so setzen wir auf jeden Fall schon einmal die m_fLifetime-Variable des Projektils auf null, denn es verschwindet jetzt. Anschließend testen wir, ob die Schutzschildenergie des getroffenen Schiffs ausreicht, um den Schuss abzuwehren (*siehe oben*). Wir verringern dann die Schildenergie entsprechend.

Anderenfalls dringt der Schuss durch die Schilde hindurch und beschädigt die Hülle und die anderen Schiffssysteme. In dem Fall lassen wir eine Kraft auf das getroffene Schiff wirken. Deren Richtung ist gleich der Flugrichtung des Projektils, und die Stärke lesen wir aus dem Element fHitForce der Waffentypstruktur ab. Als Angriffspunkt der Kraft nehmen wir den Ort der Kollision, der durch tbLineHitsModel bestimmt wurde.

Der Schaden, der durch einen Hüllentreffer entsteht, wird in der separaten Methode CShip::DoDamage hinzugefügt. Als Parameter übergibt man den Ort des Treffers (tbVector3) und die *Trefferstärke* (float). Für die Trefferstärke geben wir das fDamageToHull-Element der Waffentypstruktur an, multipliziert mit einem Zufallswert zwischen 0.9 und 1.1:

```
// Bewegt ein Projektil
tbResult CProjectile::MoveProjectile(float fTime)
{
    CGame* pGame = g_pGalactica->m_pGame;

    // Falls es eine Rakete ist: zum Ziel hin lenken!
    // ...

    // Bewegungen durchführen (tbObject), alte Position speichern
    tbVector3 vOldPos(m_vPosition);
    Move(fTime);

    // Kollision mit Schiffen überprüfen
    CShip* pShip;
    float fTolerance;
    tbVector3 vCollisionEnd;
    tbVector3 vCollision;

    for(int s = 0; s < 32; s++)
    {
        pShip = &pGame->m_aShip[s];

        // Existiert das Schiff, und ist es nicht das Schiff, das die Rakete
        // abgefeuert hat?
        if(!pShip->m_bExists || s == m_iFiredBy) continue;

        // Prüfen, ob die Linie zwischen alter und neuer Position das Modell des Schiffs
        // schneidet. Die Toleranz hängt davon ab, ob die Waffe eine Laserwaffe ist oder
        // nicht und ob das Schiff noch genug Schutzschildenergie hat.
        if(pShip->m_fShieldEnergy >= m_pType->fDamageToShields) fTolerance = 2.0f;
        else fTolerance = 0.0f;
```

```
                vCollisionEnd = m_vPosition;
                if(m_pType->bIsLaserWeapon) vCollisionEnd += m_vZAxis * m_pType->fLaserLength;

                // Trifft die Linie das Schiff?
                if(tbLineHitsModel(vOldPos, vCollisionEnd,
                                   pShip->m_pType->pModel,
                                   pShip->m_mMatrix,
                                   pShip->m_mInvMatrix,
                                   fTolerance,
                                   &vCollision))
                {
                    // Ja, es gab eine Kollision!
                    // Das Projektil muss nun verschwinden bzw. explodieren.
                    m_fLifetime = 0.0f;

                    // Hat das Schiff noch genug Schildenergie?
                    if(pShip->m_fShieldEnergy >= m_pType->fDamageToShields)
                    {
                        // Die Schildenergie verringern
                        pShip->m_fShieldEnergy -= m_pType->fDamageToShields;
                    }
                    else
                    {
                        // Der Schuss trifft die Hülle!
                        // Es wirkt nun Kraft auf das Schiff.
                        // Wir übertreiben ihre Bewegungswirkung mit dem Faktor 30,
                        // da man es sonst überhaupt nicht merken würde (wg. der Reibung,
                        // die die Schiffe gleich wieder zum Stillstand bringen würde).
                        pShip->ApplyForce(vCollision,
                                          tbVector3NormalizeEx(m_vVelocity) * m_pType->fHitForce,
                                          30.0f, 10.0f);

                        // Dem Schiff Schaden hinzufügen
                        pShip->DoDamage(vCollision,
                                        m_pType->fDamageToHull * tbFloatRandom(0.9f, 1.1f));
                    }

                    // Nach weiteren Schiffen, die im Weg des Projektils sein könnten,
                    // muss nicht mehr gesucht werden.
                    break;
                }
        }
```

Listing 8.64 Trifft das Projektil irgendein Schiff?

8.8.14.3 Hüllenbrüche und defekte Systeme

Es fehlt noch die Implementierung der DoDamage-Methode. Ihre Aufgabe ist es, den Schiffssystemen Schaden hinzuzufügen – abhängig von der Stelle, an der das Schiff getroffen wurde, und natürlich von der Härte des Treffers. Das Erste, was wir tun, ist, die Trefferposition in eine Position *relativ* zum Schiff umzuwandeln, denn mit absoluten Koordinaten können wir hier nicht viel anfangen. Dann braucht man eigentlich nur noch System für System durchzugehen – Antrieb, Schildgenerator, Sensoren, Waffen – und die Distanz zwischen der Trefferposition und der Position dieses Schiffssystems zu berechnen. Entsprechend werden dann die Schadenswerte (m_fEngineDamage, m_fShieldDamage ...) erhöht. Dabei rechnen wir mit dem Verhältnis zwischen der Entfernung und dem Radius des Schiffs (multipliziert mit 4 – das hat sich als die beste Lösung herausgestellt). Die Kraft des Treffers dividieren wir dann durch diesen Wert: Je größer also die Entfernung zwischen Schiffssystem und Einschlagpunkt, desto geringer ist die Wirkung. Die Hülle (m_fHullDamage) bildet da die Ausnahme: Sie bekommt *immer* den vollen Schadensanteil ab. Auch hier multiplizieren wir hin und wieder mit Zufallswerten zwischen 0.9 und 1.1 – in Wirklichkeit hat ein Treffer auch nicht immer die gleiche Wirkung.

8.8 Kollisionserkennung

```cpp
// Fügt dem Schiff Schaden zu
void CShip::DoDamage(tbVector3 vHit,
                    float fPower)
{
    // Die Trefferposition in das Koordinatensystem des Schiffs umrechnen
    vHit = AbsToRelPos(vHit);

    // Dem Schiff Schaden hinzufügen.
    // Die Hülle bekommt den vollen Anteil ab.
    m_fHullDamage += tbFloatRandom(0.9f, 1.1f) * fPower;

    // Bei den anderen Systemen kommt es auf die Distanz zum Trefferpunkt an.
    // Erst nehmen wir uns den Antrieb vor.
    float fDistance = tbVector3Length(vHit - m_pType->vEnginePos) / m_fRadius * 4.0f;
    if(fDistance < 1.0f) fDistance = 1.0f;
    m_fEngineDamage += tbFloatRandom(0.9f, 1.1f) * (fPower / fDistance);

    // Schildgenerator
    fDistance = tbVector3Length(vHit - m_pType->vShieldPos) / m_fRadius * 4.0f;
    if(fDistance < 1.0f) fDistance = 1.0f;
    m_fShieldDamage += tbFloatRandom(0.9f, 1.1f) * (fPower / fDistance);

    // Sensoren
    fDistance = tbVector3Length(vHit - m_pType->vSensorsPos) / m_fRadius * 4.0f;
    if(fDistance < 1.0f) fDistance = 1.0f;
    m_fSensorsDamage += tbFloatRandom(0.9f, 1.1f) * (fPower / fDistance);

    // Nun noch alle Waffensysteme
    for(int w = 0; w < m_pType->iNumWeapons; w++)
    {
        fDistance = tbVector3Length(vHit-m_pType->avWeaponPos[w]) / m_fRadius*4.0f;
        if(fDistance < 1.0f) fDistance = 1.0f;
        m_afWeaponDamage[w] += tbFloatRandom(0.9f, 1.1f) * (fPower / fDistance);
    }
}
```

Listing 8.65 Die Schadenswirkung eines direkten Treffers

8.8.15 Zusammenstoß zweier Schiffe

8.8.15.1 Der Test

Das ist nun wirklich das letzte Mal, dass wir uns mit Kollisionen herumärgern müssen – versprochen! Nun werden wir die Methode `CShip::Move` so umändern, dass sie in jedem Frame prüft, ob das Schiff nicht mit irgendeinem anderen Schiff kollidiert. Dank der Funktion `tbModelHitsModel` ist das zum Glück nicht sehr kompliziert. Hier sehen Sie schon einmal die Kollisionsabfrage:

```cpp
// Prüft, ob zwei Schiffe kollidieren
BOOL CGame::ShipHitsShip(CShip* pShipA,
                        CShip* pShipB,
                        tbVector3* pvOut)
{
    // Prüfen, ob die Kollisionsmodelle der Schiffe sich schneiden
    return tbModelHitsModel(
              pShipA->m_pType->pModel, pShipA->m_mMatrix, pShipA->m_mInvMatrix,
              pShipB->m_pType->pModel, pShipB->m_mMatrix, pShipB->m_mInvMatrix,
              pvOut);
}

// Bewegt ein Schiff
tbResult CShip::MoveShip(float fTime) {
```

```cpp
        tbVector3 vCollision;
        CShip*    pShip;

        // Kollisionen mit anderen Schiffen prüfen
        for(int s = 0; s < 32; s++)
        {
            pShip = &m_pGame->m_aShip[s];
            if(pShip->m_bExists &&
               pShip != this)
            {
                // Kollision?
                if(!m_pGame->ShipHitsShip(this, pShip, &vCollision)) continue;

                // Ja, es gibt eine Kollision!
                // ...
            }
        }
```

Listing 8.66 Kollision zwischen Schiffen prüfen – mit der Hilfsmethode `CGame::ShipHitsShip`

Aber was nun? Falls eine Kollision vorliegt, wissen wir, *welche* beiden Schiffe es sind und an welcher Stelle sie zusammenstoßen (vCollision). Doch jetzt soll irgendwas passieren – die Schiffe sollten voneinander *abprallen* und Schaden nehmen.

8.8.15.2 Schaden bei einer Kollision

Widmen wir uns zuerst dem Schaden, denn dies ist das am einfachsten zu lösende Problem. Die Methode `CShip::DoDamage` erwartet zwei Parameter: einmal die Stelle, an der das Geschoss einschlägt (in diesem Fall ist das Geschoss das andere Schiff), und die *Stärke*. Für den ersten Parameter nehmen wir einfach den Ort der Kollision – vCollision. Und was ist mit der Stärke des Schadens? Er hängt ab von ...

- ... der Differenz zwischen den Bewegungsvektoren der beiden Schiffe (je schneller das eine Schiff auf das andere prallt, desto mehr Schaden gibt es).
- ... dem Verhältnis der Massen der Schiffe (stößt ein kleiner Jäger mit einem riesigen Frachter zusammen, dann leidet er mehr darunter als der Frachter).

Um nicht allzu streng zu sein und dem Spieler den Spaß an Zusammenstößen im Weltraum zu nehmen, multiplizieren wir die Stärke des Schadens mit 0.4:

```cpp
// Beiden Schiffen Schaden zufügen. Er hängt von der Differenz der beiden
// Geschwindigkeiten ab. Schiffe mit mehr Masse bekommen außerdem weniger
// Schaden ab.
DoDamage(vCollision, tbVector3Length(m_vVelocity - pShip->m_vVelocity) *
                     (pShip->m_fMass / m_fMass) * 0.4f);

pShip->DoDamage(vCollision, tbVector3Length(m_vVelocity - pShip->m_vVelocity) *
                            (m_fMass / pShip->m_fMass) * 0.4f);
```

Listing 8.67 Beide Schiffe – this und pShip – bekommen Schaden ab.

8.8.15.3 Abprallen der Raumschiffe

Ich habe mir sehr lange Zeit Gedanken darüber gemacht, wie man dieses Problem lösen könnte, und bin zu dem Schluss gekommen, dass man hier die Physik einfach überrumpeln und gar nicht erst versuchen sollte, die Kollision zwischen zwei Schiffen realistisch zu simulieren.

8.8 Kollisionserkennung

Schauen wir uns einmal an, wie man die Wirkung einer Kollision zwischen zwei Kugeln mit gleicher Masse berechnen kann (vollkommen elastischer Stoß – dort geht keine Energie „verloren"). Man verbindet dazu beide Kugelmittelpunkte im Moment der Kollision. Dann teilt man die Geschwindigkeitsvektoren beider Kugeln auf: in jeweils eine Komponente *senkrecht* zur Verbindungslinie und eine Komponente *parallel* dazu. Beide Kugeln *tauschen* nun ihre Bewegungen *parallel* zu dieser Linie:

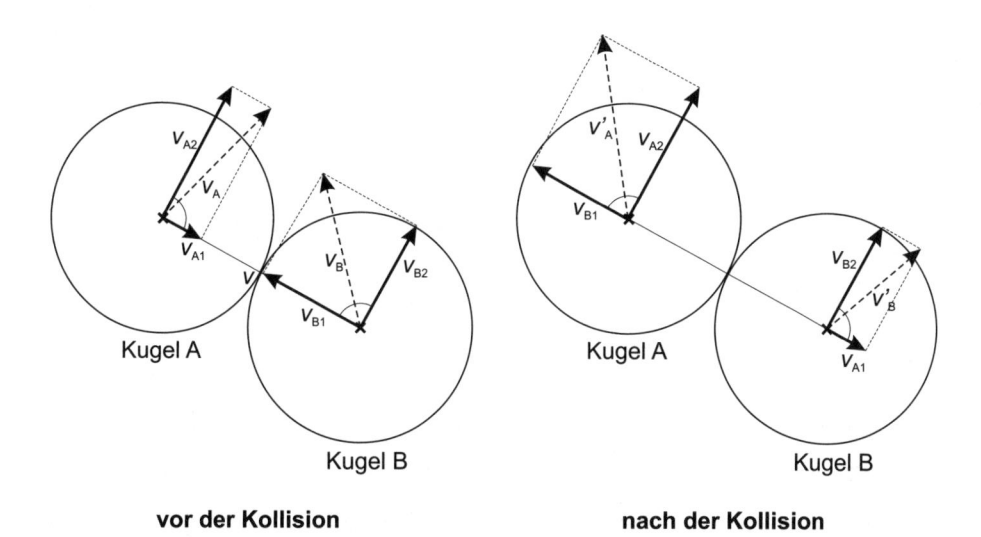

vor der Kollision **nach der Kollision**

Abbildung 8.15 Zwei Kugeln mit gleicher Masse beim vollkommen elastischen Stoß

v_A ist die Geschwindigkeit von Kugel A. v_{A1} ist deren Komponente *parallel* zur Verbindungslinie v. v_{A2} ist die senkrechte Komponente. Es gilt: $v_A = v_{A1} + v_{A2}$ und $v_B = v_{B1} + v_{B2}$.

Die neuen Geschwindigkeiten v'_A und v'_B ergeben sich, indem man die *parallelen* Komponenten vertauscht: $v'_A = v_{B1} + v_{A2}$ und $v'_B = v_{A1} + v_{B2}$. Die Vektoraddition wurde in der Abbildung durch die gestrichelten Linien deutlich gemacht.

Dass die beiden Kugeln diese Geschwindigkeitskomponente *tauschen*, liegt daran, dass sie die gleiche Masse haben. Korrekt berechnet man die neuen Geschwindigkeitskomponenten v'_{A1} und v'_{B1} *parallel* zur Verbindungslinie nach dem Gesetz für den vollkommen elastischen Stoß wie folgt:

$$v'_{A1} = \frac{2 \cdot m_B \cdot v_{B1} + (m_A - m_B) \cdot v_{A1}}{m_A + m_B} \qquad v'_{B1} = \frac{2 \cdot m_A \cdot v_{A1} + (m_B - m_A) \cdot v_{B1}}{m_A + m_B}$$

Setzt man die beiden Massen m_A und m_B gleich (m), so erhält man:

$$v'_{A1} = \frac{2 \cdot m \cdot v_{B1}}{2 \cdot m} = v_{B1} \qquad v'_{B1} = \frac{2 \cdot m \cdot v_{A1}}{2 \cdot m} = v_{A1}$$

Hier sieht man den Tauschvorgang. Die Komponenten *senkrecht* zu v bleiben erhalten. In unserem Spiel tun wir nun einfach so, als seien die Raumschiffe Kugeln (natürlich keine Kugeln mit gleicher Masse). Das Hauptproblem ist es, einen Geschwindigkeitsvektor in zwei Komponenten aufzuteilen. Dabei reicht es, wenn wir nur *eine* der beiden Komponenten berechnen, denn wir wissen, dass beide zusammen wieder den Originalvektor ergeben. Darum kann die zweite Komponente dann aus der Differenz zwischen dem Originalvektor und der bereits bekannten Komponente errechnet werden.

Wir berechnen nun die Komponente des Geschwindigkeitsvektors, die *parallel* zum Verbindungsvektor *v* steht. Dabei gilt: Die parallele Komponente ist gleich dem normalisierten Verbindungsvektor multipliziert mit einem bestimmten Faktor. Diesen Faktor erhalten wir durch das *Punktprodukt* aus dem Verbindungsvektor und dem Geschwindigkeitsvektor. Die zweite Komponente zu berechnen ist dann nicht mehr schwer. Mit dem Stoßgesetz „tauschen" die Raumschiffe dann ihre zu *v* parallelen Geschwindigkeitskomponenten:

```
// Der Vektor v ist der normalisierte Verbindunsvektor zwischen den
// beiden Schiffsmittelpunkten.
tbVector3 v(tbVector3NormalizeEx(pShip->m_vPosition - m_vPosition));

// Den Geschwindigkeitsvektor dieses Schiffs (this) in eine Komponente
// parallel zu v und eine Komponente senkrecht zu v zerlegen.
// vOldVelA1 + vOldVelA2 ergeben zusammen wieder die ursprüngliche
// Geschwindigkeit.
tbVector3 vOldVelA1(v * tbVector3Dot(v, m_vVelocity));
tbVector3 vOldVelA2(m_vVelocity - vOldVelA1);

// Jetzt das Gleiche mit dem anderen Schiff tun
tbVector3 vOldVelB1(v * tbVector3Dot(v, pShip->m_vVelocity));
tbVector3 vOldVelB2(pShip->m_vVelocity - vOldVelB1);

// Die Schiffe "tauschen" nun ihre Geschwindigkeitskomponenten parallel zu v.
// Das wird mit dem Stoßgesetz berechnet.
tbVector3 vNewVelA((((2.0f * pShip->m_fMass * vOldVelB1) +
                    (m_fMass - pShip->m_fMass) * vOldVelA1) / (m_fMass + pShip->m_fMass))
                    + vOldVelA2);

tbVector3 vNewVelB((((2.0f * m_fMass * vOldVelA1) +
                    (pShip->m_fMass - m_fMass) * vOldVelB1) / (m_fMass + pShip->m_fMass))
                    + vOldVelB2);

// Den Schiffen die neue Geschwindigkeit zuweisen
m_vVelocity = vNewVelA;
pShip->m_vVelocity = vNewVelB;
```

Listing 8.68 Die beiden Schiffe prallen voneinander ab.

8.9 Auto-Aiming

8.9.1 Definition

Wie bereits angesprochen, gibt es einige Waffensysteme, die *Auto-Aiming* unterstützen. Das bedeutet, dass der Computer automatisch berechnet, wie das Projektil abgefeuert werden muss, damit es das Ziel trifft – wenn es keine zu drastischen Kursänderungen durchführt. Wenn Auto-Aiming von einer Waffe unterstützt wird, ist das Element BOOL bAutoAim in der SWeaponType-Struktur auf TRUE gesetzt. Auto-Aiming funktioniert nur, wenn der Winkel zwischen der z-Achse des eigenen Schiffs und der Verbindungslinie zum Zielpunkt nicht zu groß ist. Wie groß der Winkel maximal sein darf, steht im Element fMaxAutoAimAngle. Es ist außerdem möglich, Auto-Aiming an- und auszuschalten (durch Drücken der [A]-Taste). Ob ein

8.9 Auto-Aiming

Schiff Auto-Aiming eingeschaltet hat, erfahren wir durch das Element m_bAutoAim in der CShip-Klasse.

8.9.2 Der mathematische Hintergrund

Wir werden nun die Methode CShip::Fire erweitern, so dass sich Waffen mit Auto-Aiming – wenn die Voraussetzungen erfüllt sind – automatisch auf ihr Ziel ausrichten. Das erste große Problem ist aber: *Wie berechnet man den Punkt, auf den man zielen muss, um ein sich gleichmäßig bewegendes Ziel zu treffen?* Schauen wir uns das erst einmal im *zweidimensionalen Raum* an.

Gegeben sind die Position der beiden Schiffe, der Bewegungsvektor des anvisierten Schiffs und die Geschwindigkeit, mit der sich das Projektil bewegt. Der Punkt, auf den wir zielen müssen, kann ja nun nur auf der Bewegungslinie des Zielschiffs liegen. Also suchen wir gar nicht nach einem *Punkt*, sondern nach einer *Zeit* – nach dem Zeitpunkt t, wo das Projektil das Ziel trifft.

Die Punkte, die das Projektil innerhalb der Zeit t erreichen kann, liegen im zweidimensionalen Raum *kreisförmig* um die Position des feuernden Schiffs herum, und die Flugbahn des Ziels ist eine Gerade:

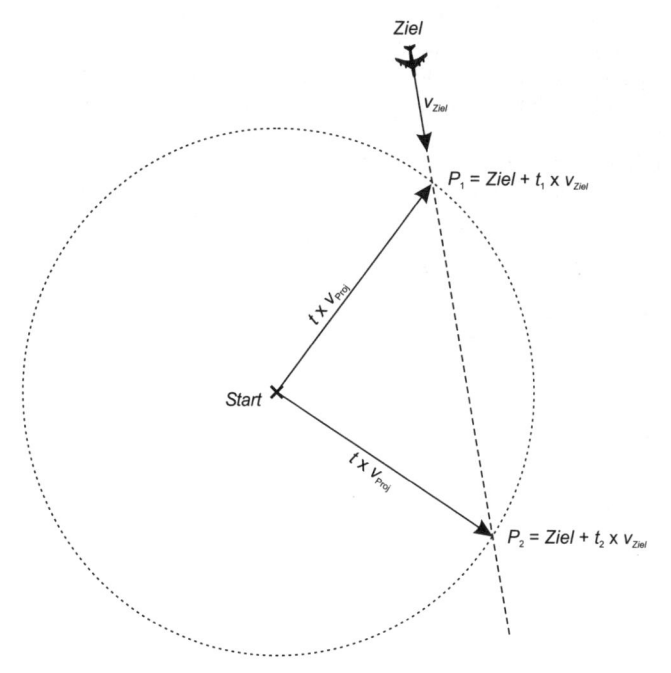

Abbildung 8.16 Der Kreis hat den Radius t multipliziert mit der Projektilgeschwindigkeit. Die Gerade stellt die Flugbahn des Zielschiffs dar.

Nun gilt es, die Schnittpunkte zwischen dem Kreis und der Geraden zu finden, wobei uns aber sowieso nur der erste interessiert (die kleinere Lösung für t, also t_1, wie in der Abbildung erkennbar). Im dreidimensionalen Raum ändert sich zum Glück nicht viel: Der Kreis ist eine Kugel, und die Gerade bleibt eine Gerade (genauer gesagt ist sie ein *Strahl*).

Durch folgende Gleichung lässt sich die Zeit t_1 bestimmen:

$$t_1 = \frac{\sqrt{\vec{v}_{\text{Projektil}}^2 \times |Start - Ziel|^2 - |(Start - Ziel) \times \vec{v}_{Ziel}|^2} + (Start - Ziel) \cdot \vec{v}_{Ziel}}{\vec{v}_{\text{Projektil}}^2 - |\vec{v}_{Ziel}|^2}$$

$$P_1 = Ziel + t_1 \cdot \vec{v}_{Ziel}$$

Achten Sie darauf, dass hier sowohl das Kreuz- als auch das Punktprodukt verwendet werden. Die Funktion tbComputeAimingVector berechnet den Punkt P_1. Zuerst rechnet sie nur die Diskriminante aus, also den Term unter dem Wurzelzeichen. Wenn diese nämlich negativ ist, dann gibt es keine Lösung. Das kann eigentlich nur dann passieren, wenn das Projektil langsamer als das Zielraumschiff ist.

8.9.3 Die neue *CShip::Fire*-Methode

Als Erstes muss geprüft werden, ob die feuernde Waffe überhaupt Auto-Aiming unterstützt und ob es das Schiff überhaupt eingeschaltet hat. Wenn beides der Fall ist, brauchen wir den Winkel zum Ziel, denn dieser muss innerhalb gewisser Grenzen liegen. Um den Winkel herauszubekommen, können wir ganz einfach das Punktprodukt zwischen der z-Achse des Raumschiffs und der normalisierten Linie zum Zielpunkt (den wir mit tbComputeAimingVector erhalten) berechnen und das Ergebnis dann in die *arccos*-Funktion einsetzen – oder wir verwenden direkt die Funktion tbVector3Angle. Der maximale Auto-Aiming-Winkel ist in *Grad* angegeben, tbVector3Angle liefert uns aber einen Winkel im *Bogenmaß* (*Rad*), also kommt eines der beiden Winkelumrechnungsmakros zum Einsatz. Wenn alle Voraussetzungen erfüllt sind, genügt ein kleiner Methodenaufruf, um das Projektil auf die richtige Bahn zu bringen: Wir rufen einfach die LookAt-Methode auf, die auf Grund der Vererbung von tbObject Teil von CProjectile ist. Als Punkt, auf den das Projektil „schauen" soll, geben wir den errechneten Zielpunkt an. Dieser wird übrigens ein wenig variiert, wenn die Sensoren beschädigt sind:

```
// Wenn Auto-Aim eingeschaltet ist und die Waffe es unterstützt, wird
// das Projektil auf das Ziel ausgerichtet.
if(m_bAutoAim && m_pType->apWeaponType[iWeapon]->bAutoAim) {
    if(m_iTarget != -1) {
        // Zielpunkt berechnen
        tbVector3 vAimAt(tbComputeAimingVector(m_vPosition,
                                 m_pGame->m_aShip[m_iTarget].m_vPosition,
                                 m_pGame->m_aShip[m_iTarget].m_vVelocity,
                                 m_pType->apWeaponType[iWeapon]->fLaserSpeed));
        // Je nach Sensorenschaden wird diese Position leicht geändert.
        vAimAt += tbVector3Random() *
                  tbFloatRandom(0.0f, 100.0f * (1.0f - m_fSensorsEfficiency));

        // Den Winkel zwischen der z-Achse des Schiffs und dem Zielpunkt berechnen
        float fAngle = tbVector3Angle(tbVector3Normalize(vAimAt-m_vPosition), m_vZAxis);

        // Wenn der Winkel zu groß ist, funktioniert Auto-Aim nicht.
        if(fabsf(fAngle)<= TB_DEG_TO_RAD(m_pType->apWeaponType[iWeapon]->fMaxAutoAimAngle))
        {
            // Den Laserstrahl auf den neuen Zielpunkt ausrichten
            pProjectile->LookAt(vAimAt);
        }
    }
}
```

Listing 8.69 Auto-Aiming

Im Spiel unterstützen übrigens nur die schwereren Waffen das Auto-Aiming. Dazu zählen der *HE-Pulslaser* und der *Plasmawerfer*.

8.10 „Künstliche Intelligenz"

Wir kommen nun zu einem Punkt, der sehr wichtig für ein Spiel ist und der auch immer viele Probleme bereitet: die *künstliche Intelligenz*. Ein Spiel mit extrem dummen Gegnern macht nicht sehr lange Spaß – vor allem, wenn die Gegner Hauptbestandteil des Spiels sind. Bei *Super Mario* sind die Gegner zwar auch dumm, aber es gibt noch andere Spielelemente. Bei *Galactica* geht es aber nun ausschließlich darum, die gegnerischen Schiffe auszuschalten.

Eine künstliche Intelligenz für ein Spiel wie *Schach*, *Vier gewinnt* oder *Dame* zu programmieren, ist nicht sehr schwer. Es gibt immer eine recht begrenzte Anzahl von möglichen Zügen, die man alle durchspielen und bewerten kann – am Ende wird dann der beste gefundene Zug ausgeführt. Bei einem Weltraum-Shooter geht das leider nicht so einfach, und wir kommen hier auch mit *neuronalen Netzwerken* (wie sie in Ego-Shootern zur Steuerung der Gegner angewendet werden) nicht viel weiter, und außerdem ist dieses Thema viel zu kompliziert, um es in diesem Buch zu behandeln.

8.10.1 Das Verhalten eines Schiffs

Als Erstes definieren wir, wie sich ein gegnerisches Schiff verhalten soll.

1. Es soll immer Kurs auf sein aktuelles Ziel nehmen. Auf eine „Flucht" bei zu schweren Schäden verzichten wir aus folgendem Grund: Wenn das flüchtende Schiff schneller als man selbst ist, kann man es nie einholen. Irgendwann kommt es dann wieder zurück, bekommt Schäden ab und flüchtet wieder, und so geht das immer weiter.
2. Ein Schiff soll sofort feuern, wenn seine Distanz zum Zielschiff und der Winkel zum Zielpunkt klein genug sind. Raketen werden grundsätzlich immer abgefeuert, aber erst ab einer Distanz von 300 Einheiten.
3. Ein Schiff soll Ausweichmanöver durchführen, wenn es getroffen wurde, damit es nicht noch einmal getroffen wird.
4. Ausweichmanöver sollen auch dann durchgeführt werden, wenn eine Kollision mit einem anderen Schiff bevorsteht.
5. Wenn ein Schiff von einem anderen Schiff beschossen wird, dann soll es dieses Schiff mit einer gewissen Wahrscheinlichkeit zu seinem neuen Ziel machen, es also angreifen.

8.10.2 Schritt 1: Kurs auf das Ziel nehmen

Bisher war die Methode `CShip::Control` nur so weit implementiert, dass sie die Eingaben des Spielers verarbeitet hat. Jetzt soll sie auch eine ansatzweise intelligente Steuerung der anderen Schiffe durchführen. Wir beginnen damit, ein Schiff immer zu seinem Ziel hinfliegen zu lassen. Genauer gesagt: Es fliegt nicht zum Ziel selbst hin, sondern zum Ziel*punkt*. Dies ist der Punkt, auf den das Schiff mit seinen Waffen zielen muss, um einigermaßen gut zu treffen.

Da ein Schiff aber nun immer mehrere an verschiedenen Stellen angebrachte Waffensysteme hat, deren Projektile unterschiedlich schnell sind, müssen wir erst den Mittelwert aus allen Projektilgeschwindigkeiten und den Waffenpositionen bilden. Mit diesen Mittelwerten können wir dann durch die Funktion tbComputeAimingVector den Zielpunkt bestimmen, auf den das Schiff Kurs nehmen soll. Zum Mittelwert tragen aber nur Laserwaffen bei, die *kein* Auto-Aiming unterstützen, denn mit Auto-Aiming-Waffen muss man sowieso nicht so genau zielen. Wenn ein Raumschiff *nur* Auto-Aiming-Waffen besitzt, dann werden eben diese für die Mittelwertberechnung verwendet.

```cpp
// Zeiger auf das aktuelle Zielschiff bestimmen.
// Ist kein Ziel ausgewählt, so kreist das Schiff.
if(m_iTarget == -1)
{
    m_vSteering = tbVector3(0.0f, 0.1f, 0.0f);
    m_fThrottle = 0.25f;

    return TB_OK;
}

// Zeiger auf das Zielschiff speichern
CShip* pTarget = &m_pGame->m_aShip[m_iTarget];

// Mittelwert der Waffenpositionen berechnen, außerdem den
// Mittelwert der Geschossgeschwindigkeiten
tbVector3 vWeapons(0.0f);      // Mittelwert der relativen Waffenpositionen
float     fWeaponSpeed = 0.0f; // Mittelwert der Projektilgeschwindigkeiten
int       iNumWeapons = 0;     // Anzahl der Waffen

for(int i = 0; i < m_pType->iNumWeapons; i++)
{
    if(m_pType->apWeaponType[i]->bIsLaserWeapon &&
       !m_pType->apWeaponType[i]->bAutoAim)
    {
        vWeapons += m_pType->avWeaponPos[i];
        fWeaponSpeed += m_pType->apWeaponType[i]->fLaserSpeed;
        iNumWeapons++;
    }
}

// Keine Waffen gefunden?
if(iNumWeapons == 0)
{
    for(int i = 0; i < m_pType->iNumWeapons; i++)
    {
        // Wir beziehen jetzt alle Auto-Aiming-Waffen ein
        if(m_pType->apWeaponType[i]->bAutoAim)
        {
            vWeapons += m_pType->avWeaponPos[i];
            fWeaponSpeed += m_pType->apWeaponType[i]->fLaserSpeed;
            iNumWeapons++;
        }
    }
}

// Mittelwerte berechnen
vWeapons /= (float)(iNumWeapons);
fWeaponSpeed /= (float)(iNumWeapons);

// Punkt berechnen, auf den gezielt werden muss, um das gegnerische
// Schiff treffen zu können
tbVector3 vAimAt(tbComputeAimingVector(RelToAbsPos(vWeapons),
                                       pTarget->m_vPosition, pTarget->m_vVelocity,
                                       fWeaponSpeed));

// Die Position der Waffen mit einrechnen.
// Bei einem Waffensystem, das unten am Schiff angebracht ist, muss man höher zielen.
vAimAt -= RelToAbsDir(vWeapons);
```

8.10 „Künstliche Intelligenz"

```
// Schaden an den Sensoren führen zu einem ungenauen Zielpunkt.
vAimAt += tbVector3Random() *
         tbFloatRandom(0.0f, 100.0f * (1.0f - m_fSensorsEfficiency));
```

Listing 8.70 Berechnung des Zielpunkts

Als Nächstes muss das Schiff Kurs auf diesen Zielpunkt nehmen. Hier gehen wir wie bei der Steuerung einer zielsuchenden Rakete vor. Das Prinzip: Der Zielpunkt wird in einen Punkt relativ zum Schiff umgerechnet. Dann kann man ganz einfach ablesen, in welche Richtung gelenkt werden muss, also wie die m_vSteering-Variable (welche die Lenkung des Schiffs beinhaltet) gesetzt werden muss:

```
// Relative Position des Zielpunkts bestimmen
tbVector3 vAimAtRel(AbsToRelPos(vAimAt));

// Lenkung ...
m_vSteering = tbVector3(0.0f);
if(vAimAtRel.x < 0.0f) m_vSteering.y = -1.0f;
if(vAimAtRel.x > 0.0f) m_vSteering.y = 1.0f;
if(vAimAtRel.y < 0.0f) m_vSteering.x = 1.0f;
if(vAimAtRel.y > 0.0f) m_vSteering.x = -1.0f;
```

Listing 8.71 Die Lenkung eines Schiffs

Nun fehlt uns nur noch der Schub. Es soll so ablaufen: Wenn der Winkel zum Zielschiff sehr groß ist, soll der Schub sehr klein werden, damit das Schiff eine bessere Kurve fliegen kann. Hier hilft uns wieder das Punktprodukt weiter: Wir können es direkt als Schub verwenden. Denn wenn sich das Zielschiff direkt vor einem befindet, ist das Punktprodukt aus der z-Achse und der Verbindungslinie zum Schiff gleich 1. Und das als Wert für den Schub (m_fThrottle) bedeutet eine maximale Beschleunigung. Das Ganze gilt aber erst innerhalb einer Distanz von 1000 Einheiten zum Zielpunkt, denn wenn das Schiff weiter weg ist, ist es egal, wie eng die Kurve nun ist:

```
// Kosinus des Winkels zum Zielpunkt bestimmen
// (Winkel zwischen Verbindungslinie zum Gegner und z-Achse des Schiffs)
float fDot = tbVector3Dot(tbVector3Normalize(vAimAt - m_vPosition), m_vZAxis);
float fAngle = acosf(fDot);

// Der Schub hängt vom Winkel zwischen diesem Schiff und dem Ziel ab.
// Ist das Ziel direkt voraus, gibt es vollen Schub.
// Ab einer gewissen Entfernung ebenso.
m_fThrottle = fDot;
fDistance = tbVector3Length(vAimAt - m_vPosition);
if(fDistance > 1000.0f) m_fThrottle = 1.0f;
```

Listing 8.72 Die Schubkontrolle

Wenn man es so macht wie oben gezeigt, wird man feststellen, dass die Schiffe sich manchmal sehr seltsam verhalten: Sie kreisen immer weiter umeinander herum, stoßen dauernd zusammen und kommen kaum von der Stelle. Darum habe ich noch eine weitere kleine Feinheit eingebaut, die das verhindern soll: Wenn der Winkel zum Zielpunkt zu groß ist (größer als 90°), dann fliegt das Schiff so lange geradeaus, bis es eine Distanz von 1500 Einheiten hat. Erst dann wendet es und startet einen neuen Angriff:

```
// Verhindern, dass die Raumschiffe sich nicht mehr von der Stelle bewegen
// und nur noch umeinander herumfliegen
if(fabsf(fAngle) > TB_DEG_TO_RAD(90.0f) &&
   fDistance < 1500.0f)
{
    m_vSteering = tbVector3(0.0f);
    m_fThrottle = 1.0f;
}
```

Listing 8.73 Verbesserung der Kampftaktik

8.10.3 Schritt 2: Feuern

Ein Schiff beginnt erst dann mit dem Feuern, wenn die Distanz zum Zielpunkt kleiner oder gleich 2500 Einheiten ist. Dann gehen wir jedes Waffensystem durch und unterscheiden, ob es sich um eine Laser- oder eine Raketenwaffe handelt.

- **Für Laserwaffen gilt:** Wenn der Winkel zum Ziel klein genug ist, wird gefeuert. Wenn die Waffe Auto-Aiming unterstützt und das Schiff es auch aktiviert hat, dann muss der Winkel kleiner oder gleich dem maximalen Auto-Aiming-Winkel sein (das ist die Variable fMaxAutoAimAngle in der SWeaponType-Struktur). Andernfalls muss der Winkel kleiner als 10° sein.
- **Für Raketenwaffen gilt:** Es muss eine Mindestentfernung von 300 Einheiten vorliegen, da die Rakete auch nicht direkt mit dem Lenken beginnt (eine halbe Sekunde Verzögerung). Aber wenn der Winkel klein genug ist (kleiner gleich 10°), dann wird trotzdem gefeuert – in der Hoffnung, dass die Rakete gar nicht erst lenken muss und direkt trifft.

```
// Ab 2000 Einheiten fängt das Schiff mit dem Feuern an.
// Aber wenn das Ziel gerade schon explodiert, ist das natürlich nicht mehr nötig.
fDistance = tbVector3Length(vAimAt - m_vPosition);

if(fDistance <= 2500.0f &&
   pTarget->m_fExplosionCountDown == -1.0f)
{
    // Jede Waffe durchgehen ...
    for(int w = 0; w < m_pType->iNumWeapons; w++)
    {
        if(m_pType->apWeaponType[w]->bIsLaserWeapon)
        {
            // Unterstützt die Waffe Auto-Aiming und ist der Winkel klein genug?
            // Bei normalen Waffen muss der Winkel schon ein wenig kleiner sein.
            // Wenn er klein genug ist: Feuern!
            if((m_pType->apWeaponType[w]->bAutoAim &&
                m_bAutoAim &&
                fabsf(fAngle) <=
                    TB_DEG_TO_RAD(m_pType->apWeaponType[w]->fMaxAutoAimAngle)) ||

               (!m_pType->apWeaponType[w]->bAutoAim && fabsf(fAngle) <=
                    TB_DEG_TO_RAD(10.0f)))
            {
                // Feuer!
                Fire(w);
            }
        }
```

```
        else
        {
            // Raketen werden abgefeuert, wenn das Ziel eine Mindestentfernung
            // von 300 Einheiten hat oder der Winkel sehr klein ist.
            if(fDistance > 300.0f || fabsf(fAngle) <= TB_DEG_TO_RAD(10.0f)) Fire(w);
        }
    }
}
```

Listing 8.74 Wie die Schiffe feuern

8.10.4 Schritt 3: Ausweichmanöver bei Treffer

Ausweichmanöver sollen immer für eine gewisse Zeit durchgeführt werden, beispielsweise drei Sekunden lang. Dazu fügen wir der CShip-Klasse eine neue Variable namens m_fEvasiveManeuvers hinzu. Diese Variable ist als Countdown zu verstehen. Normalerweise hat sie den Wert 0, was bedeutet, dass das Schiff keine Ausweichmanöver durchführt. Wenn sie einen Wert größer als 0 hat, dann lenkt das Schiff wild herum (dazu spielen wir wieder ein wenig mit unseren Freunden Sinus und Kosinus herum), und gleichzeitig wird die Variable um die Zeit, die seit dem letzten Frame vergangen ist, verringert, damit der Countdown abläuft:

```
// Wenn das Schiff Ausweichmanöver durchführt, lenkt es wild.
if(m_fEvasiveManeuvers > 0.0f)
{
    m_vSteering.x += 2.0f*sinf(m_pGame->m_fTime*0.25f + tbFloatRandom(-0.1f,0.1f));
    m_vSteering.y += 2.0f*cosf(m_pGame->m_fTime*0.25f + tbFloatRandom(-0.1f,0.1f));
    m_vSteering.z += tbFloatRandom(-1.0f, 1.0f);
    m_fThrottle = sinf(m_pGame->m_fTime);

    // Countdown ...
    m_fEvasiveManeuvers -= fTime;
}
```

Listing 8.75 Ausweichmanöver

Alles, was wir jetzt noch tun müssen, um ein Schiff ausweichen zu lassen, ist, dessen m_fEvasiveManeuvers-Variable auf die Dauer der Ausweichmanöver zu setzen. Das tun wir nun, und zwar wenn das Schiff von einem Projektil getroffen wurde (in der Methode CProjectile::MoveProjectile). Wenn die Schutzschilde noch genug Energie haben, ist die Dauer sehr kurz, aber wenn schon die Hülle getroffen wurde, soll das Schiff auch längere Manöver durchführen.

8.10.5 Schritt 4: Ausweichmanöver bei drohender Kollision

Um herauszufinden, ob eine Kollision bevorsteht, gehen wir jedes andere Schiff durch und berechnen die aktuelle Entfernung zu ihm. Anschließend bewegen wir beide Schiffe – in Gedanken – um zwei Sekunden weiter und berechnen erneut die Entfernung. Wenn die neue Entfernung geringer ist als die aktuelle und auch geringer als die Summe der Radien der beiden Bounding-Spheres (multipliziert mit 2 als Sicherheitsfaktor), dann ist es wahrscheinlich, dass die beiden Schiffe kollidieren. In diesem Fall setzen wir die m_fEvasiveManeuvers-Variable auf einen Zufallswert zwischen 2 und 3:

```
        float fNextDistance; // Distanz in zwei Sekunden

    // Kollisionen vermeiden
    for(int iShip = 0; iShip < 32; iShip++)
    {
        pShip = &m_pGame->m_aShip[iShip];
        if(!pShip->m_bExists) continue;
        if(pShip == this) continue;

        // Die aktuelle Distanz zum Schiff und die in zwei Sekunden berechnen
        fDistance = tbVector3Length(pShip->m_vPosition - m_vPosition);
        fNextDistance = tbVector3Length((pShip->m_vPosition+ pShip->m_vVelocity*2.0f) -
                                        (m_vPosition + m_vVelocity*2.0f));

        // Wenn die Distanz zu klein ist und die Distanz in einer kurzen
        // Zeit kleiner ist als die jetzige, dann besteht die Gefahr einer
        // Kollision.
        if(fNextDistance < (m_pType->pModel->GetBoundingSphereRadius() +
                            pShip->m_pType->pModel->GetBoundingSphereRadius()) * 2.0f
           && fNextDistance < fDistance)
        {
            // Ausweichmanöver!
            m_fEvasiveManeuvers = tbFloatRandom(2.0f, 3.0f);
        }
    }
}
```

Listing 8.76 Das Vermeiden von Kollisionen

8.10.6 Schritt 5: Wechseln des Ziels

Nun nur noch eine Sache, und unsere „künstliche Intelligenz" ist fertig: Wenn ein Schiff beschossen wird, dann soll es mit einer gewissen Wahrscheinlichkeit sein Ziel auf das Schiff wechseln, von dem das Projektil stammt. Wie gut, dass die CProjectile-Klasse eine Variable namens m_iFiredBy besitzt! Im Falle eines Treffers erzeugen wir einen Zufallswert zwischen 0 und 20 (wenn das Schutzschild getroffen wurde) beziehungsweise zwischen 0 und 10 (bei einem Hüllentreffer), und wenn dieser Wert größer gleich 5 ist, wird das Ziel gewechselt.

8.11 Partikel

8.11.1 Was Partikel sind

Haben Sie sich schon einmal gefragt, wie man es schafft, in einem Echtzeit-3D-Spiel Dinge wie Flammen, Explosionen oder Rauch realistisch darzustellen?

In der Echtzeit-3D-Grafik basiert praktisch alles auf *Dreiecken*. Doch wie kann man solche Dinge mit Dreiecken darstellen? Man kennt ja nicht einmal die wirkliche „Form" einer Flamme oder einer Explosion. Die Lösung für dieses Problem heißt *Partikel*. Es ist möglich, Flammen, Explosionen und Rauch mit Hilfe von einzelnen kleinen *Sprites* darzustellen. Jedes Sprite ist ein Bild, das aussieht wie ein kleiner Teil von dem, was dargestellt werden soll. Alle Sprites sind größtenteils transparent, so dass man sie kaum als einzelne Objekte wahrnehmen kann (*Alpha-Blending!*). Wenn sich die Partikel dann noch individuell bewegen und ihre Größe, Farbe und Rotation ändern (hier sollte viel Zufall im Spiel sein), dann ist die Illusion nahezu perfekt. Eine ganze Ansammlung von Partikeln und entsprechende Verwaltungsfunktionen nennt man ein *Partikelsystem*.

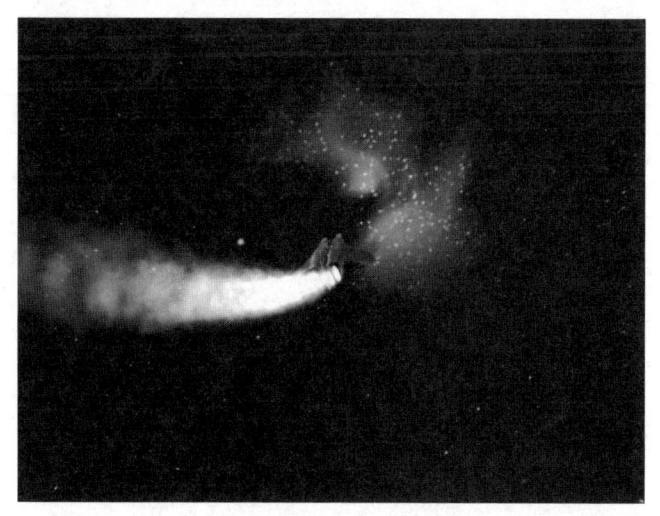

Abbildung 8.17 Das Partikelsystem im Einsatz (*Screenshot vom fertigen Spiel*)

8.11.2 Das Partikelsystem der TriBase-Engine

Die TriBase-Engine besitzt eine Klasse namens `tbParticleSystem`, die dem Programmierer ein komplettes Partikelsystem bietet. Die Funktionsweise der Klasse ist schnell erklärt: Intern hält sie sich eine Liste von `tbParticle`-Strukturen, die jeweils für einen Partikel stehen. Jeder Partikel wird durch folgende Angaben beschrieben:

- Lebenszeit
- Start-Sprite-Typ und End-Sprite-Typ (für animierte Partikel, die zu Beginn ihres „Lebens" anders aussehen als am Ende)
- Position und Bewegungsvektor sowie ein *Reibungsfaktor* (1 bedeutet keine Reibung, also auch keine Abschwächung der Bewegung)
- Start- und Endgröße
- Start- und Endfarbe (Partikel können „verglühen", indem man ihnen eine rote oder weiße Endfarbe verpasst; außerdem sollte die Alpha-Komponente der Endfarbe null sein, damit die Partikel langsam durchsichtig werden)
- Startrotation und Endrotation (rotierende Partikel können viele Effekte noch verschönern)

Anstatt nun jeweils Start- und Endwerte zu speichern und dann immer wieder – wenn gerendert wird – eine Interpolation durchzuführen, speichert die Engine jeweils nur die *Änderungsrate* von Sprite-Typ (Nummer), Größe, Farbe und Rotation. Bei jedem Mal wird dann beispielsweise die Größe um das Produkt aus der Änderungsrate der Größe und der Zeit, die seit dem letzten Frame vergangen ist, erhöht. Beachten Sie, dass der Sprite-Typ hier auch als `float`-Wert gespeichert wird (obwohl Sprite-Typen eigentlich `int`-Werte sind), damit eine richtige Interpolation möglich ist.

Sobald die Lebenszeit eines Partikels abgelaufen ist, verschwindet er, und sein Listeneintrag ist wieder frei. Die Liste ist zwar statisch, aber trotzdem werden freie Listeneinträge extrem schnell gefunden.

Zuerst legt man eine neue Instanz von `tbParticleSystem` an und initialisiert sie mit der Init-Methode, der man die maximale Anzahl der Partikel übergibt. *Galactica* verwendet hier einen Wert von 10000.

In jedem Frame wird dann zuerst die Move-Methode aufgerufen, die alle Partikel bewegt. Um sie zu rendern, übergibt man der Methode `AddToSpriteEngine` einen Zeiger auf die Klasse der Sprite-Engine (`tbSpriteEngine` und `tbParticleSystem` arbeiten zusammen). Einen Partikel fügt man mit der `AddParticle`-Methode hinzu:

```
// Fügt einen Partikel hinzu
int tbParticleSystem::AddParticle(const float fLifeTime,
                                  const float fStartType,
                                  const float fEndType,
                                  const tbVector3& vPosition,
                                  const tbVector3& vVelocity,
                                  const float fFriction,        // = 1.0f
                                  const float fStartSize,       // = 1.0f
                                  const float fEndSize,         // = 0.0f
                                  const tbColor& StartColor,    // = tbColor(1.0f)
                                  const tbColor& EndColor,      // = tbColor(0.0f)
                                  const float fStartRotation,   // = 0.0f
                                  const float fEndRotation)     // = 0.0f
```

Listing 8.77 Der Kopf der `AddParticle`-Methode

Das Partikelsystem funktioniert wirklich auf eine sehr einfache Art. Hier sehen Sie die Methode `tbParticleSystem::Move`. Sie werden vieles wieder erkennen, wie zum Beispiel das Rechnen mit dem Reibungsfaktor `fFriction`.

```
// Bewegt alle Partikel
tbResult tbParticleSystem::Move(const float fTime)
{
    tbParticle* pParticle = m_pParticles;

    // Alle Partikel durchgehen
    for(dwParticle = 0; dwParticle <= m_dwHighestIndex; dwParticle++)
    {
        // Existiert der Partikel?
        if(pParticle->fLifeTime > 0.0f)
        {
            pParticle->fLifeTime -= fTime; // Lebenszeit verringern
            pParticle->vPosition += pParticle->vVelocity * fTime; // Partikel bewegen

            if(pParticle->fFriction != 1.0f) {
                pParticle->vVelocity *= powf(pParticle->fFriction, fTime); // Abbremsen
            }

            // Partikel animieren
            pParticle->fType += pParticle->fDeltaType * fTime;
            pParticle->fSize += pParticle->fDeltaSize * fTime;
            pParticle->Color += pParticle->DeltaColor * fTime;
            pParticle->fRotation += pParticle->fDeltaRotation * fTime;
        }

        pParticle++; // Auf zum nächsten Partikel!
    }

    return TB_OK;
}
```

Listing 8.78 Bewegen aller Partikel

Die Methode `AddToSpriteEngine` funktioniert ähnlich, nur dass hier nicht jeder Partikel *bewegt*, sondern durch `tbSpriteEngine::AddSprite` zum Vertex-Buffer der Sprite-Engine hinzugefügt wird.

Übrigens: *Galactica* speichert den Zeiger auf das Partikelsystem in der CGame-Klasse (`tbParticleSystem* CGame::m_pPSystem`).

8.11.3 Antriebs- und Raketenflammen

Unseren Raumschiffen sollen jetzt ein paar anständige Flammen aus dem Antrieb schießen! Dazu erzeugen wir in jedem Frame an gewissen Stellen des Schiffs einen Flammenpartikel (das ist ein animierter Partikel, der wie eine Explosion aussieht und der sich auch hervorragend für Feuer eignet). Diese Stellen sind natürlich genau dort, wo sich der Antrieb des Schiffs befindet. Wie viele Stellen es gibt, steht in `SShipType::iNumFlames`. Deren Positionen sind in `SShipType::avFlamePos` gespeichert. Weiterhin gibt es noch Variablen namens `fFlameLifetime`, `fFlameStartSprite`, `fFlameEndSprite`, `fFlameStartSize`, `fFlameEndSize`, `fFlameStartColor` und `fFlameEndColor`. Alle Informationen werden aus der Datei GALACTICA.INI geladen. Wie Sie sehen, kann man so wirklich sehr individuelle Schiffe gestalten, da sich jede Kleinigkeit einzeln ändern lässt. In der Methode `CShip::Render` werden die Partikel dann erstellt. Ein bisschen Zufall ist mit im Spiel: Je stärker der Antrieb beschädigt ist und je schwächer der Schub eingestellt ist, desto geringer ist die Wahrscheinlichkeit, dass ein Partikel erzeugt wird. Außerdem variieren wir Partikelgröße, die Farbe, die Rotation und die Lebenszeit:

```
if(m_fThrottle > 0.0f)
{
    // Alle Flammen durchgehen
    for(int iFlame = 0; iFlame < m_pType->iNumFlames; iFlame++)
    {
        // Flamme aus Antrieb schießen lassen - je nach Schub und Antriebsschaden
        fRandom = tbFloatRandom(m_fThrottle * m_fEngineEfficiency, 2.0f);
        if(fRandom > 1.0f)
        {
            m_pGame->m_pPSystem->AddParticle(
                m_pType->fFlameLifetime + tbFloatRandom(-0.5f, 0.5f),
                (float)(m_pType->iFlameStartSprite),
                (float)(m_pType->iFlameEndSprite),
                RelToAbsPos(m_pType->avFlamePos[iFlame]),
                RelToAbsDir((tbVector3(0.0f, 0.0f, -1.0f) *
                    m_fThrottle * m_fEngineEfficiency * m_pType->fFlameSpeed) +
                    (tbVector3Random() * tbFloatRandom(0.0f, 0.1f))),
                1.0f,
                m_pType->fFlameStartSize + tbFloatRandom(-0.25f, 0.25f),
                m_pType->fFlameEndSize + tbFloatRandom(-0.25f, 0.25f),
                m_pType->FlameStartColor + (tbColorRandom(-1.0f) * 0.1f),
                m_pType->FlameEndColor + (tbColorRandom(-1.0f) * 0.1f),
                tbFloatRandom(0.0f, 2.0f), tbFloatRandom(0.0f, 2.0f));
        }
    }
}
```

Listing 8.79 Flammen aus dem Antrieb schießen lassen

Beachten Sie, wie die *Richtung*, also der Bewegungsvektor der Partikel bestimmt wird: Da die Flamme immer nach hinten fliegt, nehmen wir erst einmal den *relativen* Vektor (0, 0, –1) und wandeln ihn in einen *absoluten* Richtungsvektor um – dann noch eine Multiplikation mit der Antriebseffizienz und dem Schub, und am Ende addieren wir noch einen Zufallsvektor, damit die Flamme ein wenig breiter wird. Übrigens ist die Endgröße der Partikel immer viel höher als die Startgröße (dadurch wirken Flammen realistischer).

Bei Raketenflammen gehen wir praktisch genauso vor. Alle benötigten Daten sind in der Struktur SWeaponType enthalten:

```
tbVector3  vMissileSmokeTrailPos;           // Position der Rauchfahne
int        iMissileSmokeTrailStartSprite;   // Startsprite für die Rauchfahne
int        iMissileSmokeTrailEndSprite;     // Endsprite für die Rauchfahne
float      fMissileSmokeTrailSpeed;         // Geschwindigkeit der Rauchpartikel
float      fMissileSmokeTrailLifetime;      // Lebenszeit der Rauchpartikel
float      fMissileSmokeTrailStartSize;     // Startgröße der Rauchfahne
float      fMissileSmokeTrailEndSize;       // Endgröße der Rauchfahne
tbColor    MissileSmokeTrailStartColor;     // Startfarbe der Rauchfahne
tbColor    MissileSmokeTrailEndColor;       // Endfarbe der Rauchfahne
```

Listing 8.80 Informationen über die Rauchfahne einer Rakete in SWeaponType

8.11.4 Explosionen

Eine Explosion zu simulieren gehört mit zu den einfachsten Dingen, die man mit Partikelsystemen anstellen kann. Man nehme sich einen bestimmten Punkt und lasse von dort ganz einfach einige Partikel in alle Richtungen schießen (am besten per Zufall). Wenn die Partikel dann selbst noch animiert sind und wie kleine Explosionen aussehen – so wie das bei uns der Fall ist –, dann wirkt das Ganze besonders echt.

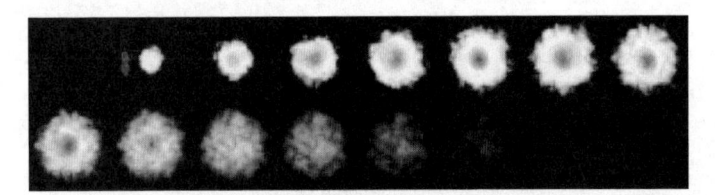

Abbildung 8.18 Die Explosions-Sprites (aus SPRITES.BMP)

8.11.4.1 Explodierende Raketen

Beginnen wir mit den Raketen. Sobald die Lebenszeit einer Rakete null erreicht hat, soll sie sich mit einer schönen großen Explosion verabschieden. Erinnern Sie sich noch, was passiert, wenn eine Rakete ihr Ziel trifft? Richtig, wir haben ihre Lebenszeitvariable auf null gesetzt. Und wenn die Rakete zu lange fliegt, erreicht diese Variable ebenfalls null – genau dort müssen wir dann mit unserer Explosion ansetzen: in CProjectile::Move. Alle Informationen über die Explosion stehen auch hier in der SWeaponType-Struktur:

```
// Wenn die Lebenszeit kleiner gleich null ist und wir es mit einer
// Rakete zu tun haben, dann gibt es eine schöne Explosion.
if(m_fLifetime <= 0.0f &&
   !m_pType->bIsLaserWeapon)
{
    // Fünf zufällige Explosionen erzeugen
    for(int i = 0; i < 5; i++)
    {
        pGame->m_pPSystem->AddParticle(
            m_pType->fMissileExplosionLifetime + tbFloatRandom(-0.25f, 0.25f),
            m_pType->fMissileExplosionStartSprite,
            m_pType->fMissileExplosionEndSprite,
```

8.11 Partikel

```
            m_vPosition + tbVector3Random() * tbFloatRandom(0.0f, 20.0f),
            m_vVelocity + tbVector3Random() * tbFloatRandom(0.0f, 5.0f),
            1.0f,
            m_pType->fMissileExplosionStartSize + tbFloatRandom(-5.0f, 5.0f),
            m_pType->fMissileExplosionEndSize + tbFloatRandom(-5.0f, 5.0f),
            m_pType->MissileExplosionStartColor +
                tbColorRandom(-1.0f) * tbFloatRandom(0.0f, 0.5f),
            m_pType->MissileExplosionEndColor +
                tbColorRandom(-1.0f) * tbFloatRandom(0.0f, 0.5f),
            tbFloatRandom(0.0f, 2.0f),
            tbFloatRandom(0.0f, 2.0f));
    }
}
```

Listing 8.81 Eine Rakete explodiert.

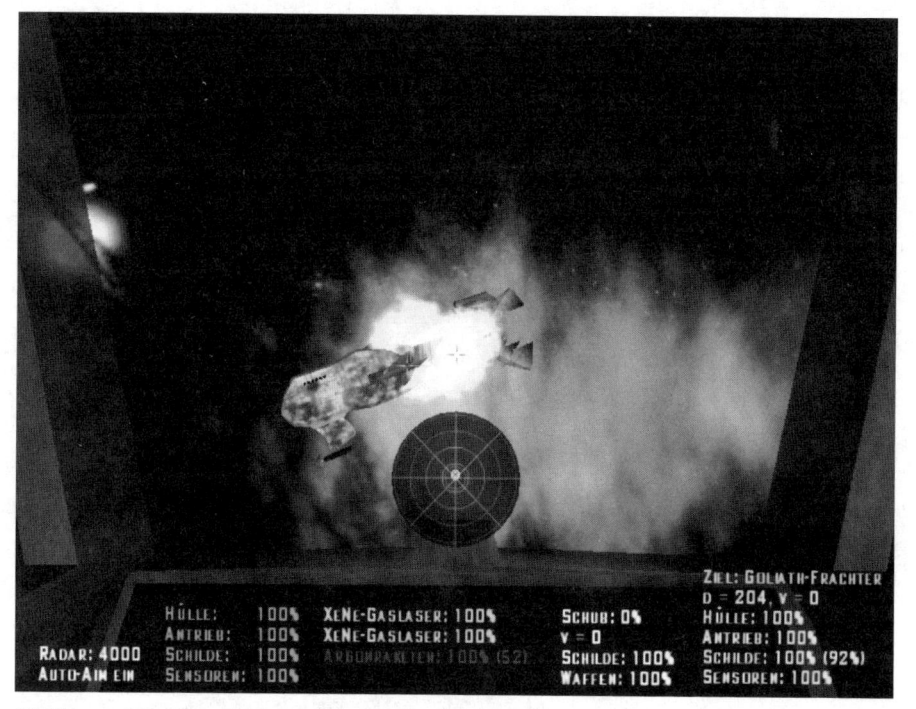

Abbildung 8.19 Eine Raketenexplosion im fertigen Spiel

8.11.4.2 Explosionen bei direkten Treffern

Wenn ein Schiff direkt von einem Projektil getroffen wurde, also kein Schutzschild mehr dazwischen ist, gibt es ebenfalls eine kleine Explosion. Sie besteht jedoch nur aus einem einzigen Partikel.

8.11.4.3 Explodierende Schiffe

Bisher haben wir noch nicht festgelegt, was passieren soll, wenn die Hüllenintegrität eines Schiffs auf null fällt. Es ist unrealistisch, das Schiff direkt explodieren zu lassen. Es sieht nämlich viel schöner aus, wenn das Schiff erst einmal ein paar Sekunden lang an bestimmten (zufälligen) Stellen explodiert, dabei herumgeschleudert, und erst später in einer viel größeren

Explosion völlig zerstört wird. Dazu bauen wir einen *Explosions-Countdown* ein: float CShip::m_fExplosionCountDown. Sobald das Schiff zu stark beschädigt ist, setzen wir diesen Countdown auf die Anzahl der Sekunden, für die das Schiff driften und teilweise explodieren soll. Das Programm verringert dann den Countdown, und wenn er wieder null erreicht, gibt es eine sehr große Explosion. Solange das Schiff noch in Ordnung ist, hat der Countdown den Wert null. Das alles findet in CShip::MoveShip statt.

Die Dauer der Gesamtexplosion hängt vom *Radius* des Schiffs ab.

```
// Wenn die Hülle zerstört ist, beginnt die Explosion des Schiffs.
// Deren Länge ist von der Größe des Schiffs abhängig.
if(m_fHullDamage >= m_pType->fMaxHullDamage &&
   m_fExplosionCountDown == 0.0f)
{
    // Countdown beginnen!
    m_fExplosionCountDown = 4.0f + (m_fRadius / 10.0f);
}
```

Listing 8.82 Beginn des Countdowns

Während der Countdown herunterzählt, gibt es immer wieder kleinere Explosionen, und es wirkt eine Kraft auf das Schiff, damit es herumgeschleudert wird. Das aber nur, solange der Countdown noch einen Wert größer als 2 hat, denn in den letzten zwei Sekunden soll gar nichts passieren („die Ruhe vor dem Sturm"), um die anschließende große Explosion besser wirken zu lassen:

```
tbVector3 vExplosion;

if(m_fExplosionCountDown > 0.0f)
{
    // Explosions-Countdown aktualisieren
    m_fExplosionCountDown -= fTime;

    if(m_fExplosionCountDown > 2.0f)
    {
        if(tbFloatRandom(0.0f, 1.0f + fTime) > 0.99f)
        {
            // Einige zufällige kleine Explosionen erzeugen
            for(int i = 0; i < tbIntRandom(4, 6); i++)
            {
                // Zufällige Position in der Umgebungskugel des Schiffs
                vExplosion = m_vPosition +
                             tbVector3Random() * tbFloatRandom(0.0f, m_fRadius);

                // Sprites Nummer 8 bis 23 sind die Explosions-Sprites.
                m_pGame->m_pPSystem->AddParticle(
                    tbFloatRandom(0.5f, 1.5f),
                    8.0f, 23.0f,
                    vExplosion,
                    m_vVelocity + tbVector3Random() * tbFloatRandom(0.0f, 5.0f),
                    1.0f,
                    tbFloatRandom(20.0f, 50.0f),
                    tbFloatRandom(60.0f, 120.0f),
                    tbColor(1.0f, 1.0f, 1.0f, tbFloatRandom(0.5f, 1.0f)),
                    tbColor(1.0f, 1.0f, 1.0f, 0.0f),
                    tbFloatRandom(0.0f, 2.0f),
                    tbFloatRandom(0.0f, 2.0f));
            }
```

8.11 Partikel

```
            // Kraft auf das Schiff wirken lassen
            ApplyForce(vExplosion, tbVector3Random() * tbFloatRandom(1.0f, 400.0f),
                       30.0f, 10.0f);
        }
    }
}
```

Listing 8.83 Mehrere kleinere Explosionen

Bei der endgültigen Explosion sieht es ähnlich aus, nur dass hier die Werte allgemein viel größer sind. Ist Ihnen die Zeile `if(tbFloatRandom(0.0f, 1.0f + fTime) > 0.99f)` aufgefallen? Sie soll bewirken, dass die Explosionen nicht zu oft stattfinden (durchschnittlich ungefähr zweimal pro Sekunde). Die Variable `fTime` ist mit im Spiel, um zu verhindern, dass auf schnelleren Rechnern mehr Explosionen stattfinden als bei langsameren (weil dieser Zufallsausdruck dann mehr „Chancen" hat, wahr zu sein, weil er öfter berechnet wird).

8.11.5 Aufleuchten des Schutzschilds

Beim Rendern eines aufleuchtenden Schutzschilds kann man eigentlich nicht viel falsch machen – weil es so etwas in Wirklichkeit (noch) gar nicht gibt und der Betrachter nicht sagen kann „*Das sieht aber unrealistisch aus!*". Aber man kann sich an die Vorgaben halten, die einem beispielsweise von *Star Trek* gegeben werden. Kraftfelder sind dort immer nur dann sichtbar, wenn sie berührt werden, und zeigen sich als eine Art schimmernder Partikelstrom. Genau so sollen unsere Schutzschilde auch aussehen.

Für gewöhnlich würde man ein eigenes Modell für die Schutzschilde erstellen und dann mit veränderlichen Vertexfarben arbeiten, um zu kontrollieren, welcher Teil des Schutzschilds wie stark aufleuchtet.

Das ist aber eine ganze Menge Arbeit, darum habe ich nach einer anderen Lösung gesucht und bin auf folgende Idee gekommen: Man könnte das *Partikelsystem* benutzen! Immer wenn etwas das Schutzschild trifft, erzeugt man an dieser Stelle einen „Schutzschildpartikel". Diese Partikel sind animiert und beinhalten eigentlich nur einen Kreis, der mit „Pixelrauschen" (zufällige schwarze und weiße Pixel) gefüllt ist. Man stellt diese Partikel so ein, dass sie *wachsen*, damit der Eindruck entsteht, dass die Energie des Treffers irgendwie verteilt und abgeleitet wird. Die Schutzschildpartikel werden durch folgende neue Variablen in der `SShipType`-Struktur beschrieben:

```
float    fShieldGlowStartSprite;   // Start-Sprite für Schildleuchten
float    fShieldGlowEndSprite;     // End-Sprite für Schildleuchten
float    fShieldGlowLifetime;      // Lebenszeit für Schildleuchten
float    fShieldGlowStartSize;     // Startgröße für Schildleuchten
float    fShieldGlowEndSize;       // Endgröße für Schildleuchten
tbColor  ShieldGlowStartColor;     // Startfarbe für Schildleuchten
tbColor  ShieldGlowEndColor;       // Endfarbe für Schildleuchten
```

Listing 8.84 Diese Variablen bestimmen das Aussehen der Schutzschilde.

Zu zeigen, wie die Partikel jetzt mit `tbParticleSystem::AddParticle` erzeugt werden, spare ich mir – dafür sehen Sie in der nächsten Abbildung das Ergebnis.

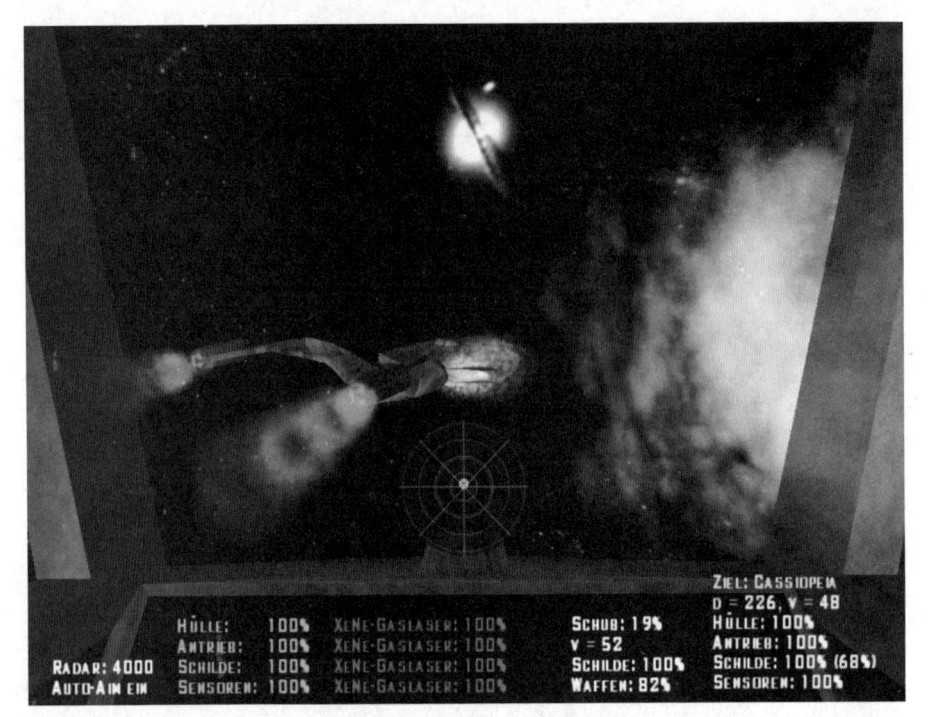

Abbildung 8.20 Das aufleuchtende Schutzschild – die Farbe wechselt von Rot nach Grün!

8.11.6 Trümmer

Ist es nicht schön anzusehen, wenn eine Rakete durch die Schilde eines (feindlichen) Schiffs dringt und auf der Außenhülle einschlägt? Nun ja, bisher wohl noch nicht, denn alles, was wir sehen, ist eine Explosion. Fehlt da nicht etwas? Vielleicht ein paar herumfliegende Trümmerteile?

Trümmer kann man entweder durch einfache kleine Modelle (zum Beispiel Dreiecke) darstellen oder ebenfalls durch *Partikel* (das Spiel *Max Payne* tut dies zum Beispiel). Da unser Spiel nicht unnötig kompliziert werden soll, nehmen wir die zweite Lösung. Um die Bewegung der Trümmerteile und deren Verschwinden braucht man sich dann gar nicht mehr zu kümmern, da dies alles vom Partikelsystem übernommen wird.

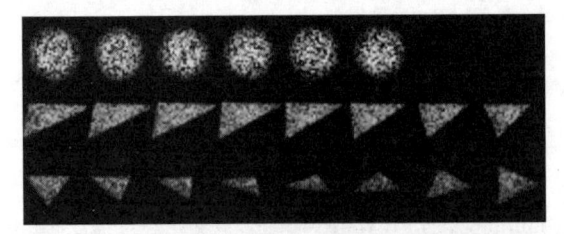

Abbildung 8.21 Die Sprites für das aufleuchtende Schutzschild und für die Trümmerteile

Trümmer werden bei getroffenen und explodierenden Schiffen erzeugt und natürlich auch bei Kollisionen. Jeder Schiffstyp bekommt nun noch eine Variable namens `DebrisColor`, in der wir die Farbe der Trümmerteile speichern. Es sähe nicht schön aus, wenn die Trümmer eines grünlichen Raumschiffs auf einmal pink wären. Das folgende Listing zeigt die Trümmererstellung bei einem direkten Treffer (CProjectile::MoveProjectile). Beachten Sie, dass die Anzahl der Trümmer davon abhängt, ob das Schiff von einem Laserstrahl oder einer Rakete getroffen wurde:

```
// Trümmerpartikel erzeugen
for(int i = 0;
    i < (m_pType->bIsLaserWeapon ? tbIntRandom(5, 10) :
                                   tbIntRandom(20, 40));
    i++)
{
    pGame->m_pPSystem->AddParticle(tbFloatRandom(0.5f, 1.0f),
                                   tbFloatRandom(32.0f, 47.0f),
                                   tbFloatRandom(32.0f, 47.0f),
                                   vCollision,
                                   pShip->m_vVelocity +
                                     tbVector3Random() * tbFloatRandom(0.0f, 50.0f),
                                   1.0f,
                                   tbFloatRandom(1.0f, 2.5f),
                                   tbFloatRandom(1.0f, 2.5f),
                                   pShipType->DebrisColor +
                                     tbColorRandom(-1.0f) * 0.1f,
                                   tbColor(0.0f),
                                   tbFloatRandom(0.0f, 2.0f),
                                   tbFloatRandom(0.0f, 2.0f));
}
```

Listing 8.85 Erzeugung der Trümmerteile (Sprite-Typen 32 bis 47)

8.12 Weitere optische Verfeinerungen

Bei einem Weltraum-Shooter ist die Optik ein sehr wichtiger Bestandteil, und darum sollten wir uns alle Mühe geben, diesen Teil des Spiels so gut wie nur möglich auszuarbeiten. In diesem Abschnitt werden noch einige zusätzliche Dinge eingebaut, die das Spiel besser aussehen lassen.

8.12.1 Sky-Box, Licht und Nebel

Bisher ist der Hintergrund immer nur schwarz gewesen. Klar: Es müssen Sterne und atemberaubende Galaxien und Nebel her! Da es nicht so einfach ist, eine Galaxie zu entwerfen, habe ich einfach ein paar echte Aufnahmen von fernen Galaxien und Sternenfeldern genommen (vom *HST*, dem *Hubble Space Telescope*) und diese dreidimensional in einer Szene angeordnet. Zusätzlich wurden noch zwei künstliche Nebel, die Sonne und einige unserer Planeten erstellt. Das alles habe ich dann in sechs Perspektiven gerendert, um eine *Cube-Map* (Würfeltextur) daraus zu machen. So haben wir später im Spiel einen echten 3D-360°-Blick ins Universum.

Eine weitere lebenswichtige Erweiterung ist die *Beleuchtung*. Bisher hatten wir nämlich noch keine Lichtquelle erstellt, so dass nicht gerade viel auf dem Bildschirm zu sehen gewesen wäre. Auf der Cube-Map der Sky-Box befindet sich auch die Sonne, und zwar ist sie in der Mitte auf der linken Seite. Das heißt: Wenn wir die Sonne als Richtungslicht darstellen (was sich empfiehlt), dann hat dieses die Richtung (1, 0, 0) – denn sie scheint *von* links *nach* rechts.

8.12.1.1 Die Sky-Box

Im dritten Kapitel gab es schon mehrere Beispielprogramme, die Sky-Boxes verwendeten. Dort wurden dann jedes Mal ein Vertex-Buffer, ein Index-Buffer und ein Effekt für die Sky-Box erstellt. Das wird nun einfacher werden, da es die Klasse tbSkyBox gibt. Es ist wirklich kinderleicht, mit dieser Klasse umzugehen: Erst lädt man die Cube-Map, die man für die Sky-Box verwenden möchte, und ruft dann die Init-Methode einer mit new erzeugten tbSkyBox-Instanz auf (die Textur wird als Parameter übergeben). Anschließend bedarf es nur noch eines Aufrufs der Render-Methode, um die Sky-Box rendern zu lassen. Dieser Methode übergibt man die *Kameraposition* als Parameter (tbVector3). Sie erinnern sich: Die Sky-Box muss immer zusammen mit der Kamera verschoben werden, damit der Betrachter nicht bemerkt, dass die Hintergrundlandschaft, die er sieht, in Wirklichkeit nur ein simpler „Würfel mit bemalten Wänden" ist.

Die Sky-Box von Galactica wird in tbSkyBox* CGame::m_pSkyBox gespeichert und die dazugehörige Cube-Map in PDIRECT3DCUBETEXTURE9 CGame::m_pSkyBoxTex. Der Name der Cube-Map-Datei ist SKYBOX.DDS (im DATA-Ordner).

8.12.1.2 Licht und Nebel

In CGame::Render wird das Richtungslicht der Sonne erstellt und eingesetzt. Anschließend werden noch einige Render-States für *Nebel* gesetzt. Dieser Nebel lässt weit entfernte Schiffe dunkler erscheinen, bevor sie den Sichtbereich verlassen (also hinter die ferne Clipping-Ebene rücken). Wichtig ist, dass die Sky-Box noch *ohne* Nebel gerendert wird:

```
D3DLIGHT9 SunLight;
tbDirect3D& D3D = tbDirect3D::Instance();

// Sonnenrichtungslicht (von links) erstellen
ZeroMemory(&SunLight, sizeof(D3DLIGHT9));
SunLight.Type = D3DLIGHT_DIRECTIONAL;
SunLight.Diffuse = tbColor(1.0f, 0.75f, 0.1f);
SunLight.Ambient = tbColor(0.25f, 0.25f, 0.25f);
SunLight.Specular = tbColor(0.5f, 0.5f, 0.5f);
SunLight.Direction = tbVector3(1.0f, 0.0f, 0.0f);
D3D->SetLight(0, &SunLight);
D3D->LightEnable(0, TRUE);

// Sky-Box rendern
m_pSkyBox->Render(m_vCameraPos);

// Nebel einstellen (damit weit entfernte Objekte dunkler werden, bevor sie aus
// dem Sichtbereich geraten)
D3D.SetRS(D3DRS_FOGENABLE, TRUE);
D3D.SetRS(D3DRS_FOGVERTEXMODE, D3DFOG_LINEAR);
D3D.SetRS(D3DRS_FOGCOLOR, tbColor(0.0f, 0.0f, 0.0f));
D3D.SetRSF(D3DRS_FOGSTART, 4000.0f);
D3D.SetRSF(D3DRS_FOGEND, 5000.0f);

// Schiffe und Projektile rendern
RenderShips(fTime);
RenderProjectiles(fTime);

// Partikel und Sprites rendern
m_pPSystem->AddToSpriteEngine(m_pSprites);
m_pSprites->End();
m_pSpritesEffect->Begin();
m_pSpritesEffect->BeginPass(0);
D3D.SetTransform(D3DTS_WORLD, tbMatrixIdentity());
m_pSprites->Render();
```

8.12 Weitere optische Verfeinerungen

```
m_pSpritesEffect->EndPass();
m_pSpritesEffect->End();

// Nebel wieder ausschalten
D3D.SetRS(D3DRS_FOGENABLE, FALSE);
```

Listing 8.86 Hier wird (fast) alles gerendert.

8.12.1.3 Blenden der Sonne

Wenn die Kamera direkt in die Sonne schaut, sollte man ordentlich geblendet werden. Die meisten Spiele rendern auch noch so genannte *Lens-Flares*. Das sind kleine Kreise, welche die Linsenreflexion der Kamera darstellen sollen. Ich verzichte hier darauf und wende lieber eine andere Methode an, in der das gesamte Bild einfach etwas heller gemacht wird, wenn man in die Sonne schaut. Dazu zeichnet man ein großes Rechteck (am einfachsten geht das mit *transformierten Vertizes*, also solche mit dem Flag D3DFVF_XYZRHW) über das gesamte Bild. Dieses Rechteck erhält die Farbe der Sonne. Die Alphakomponente der Farbe bestimmt, wie opak (undurchsichtig) das Rechteck wird. Wir müssen also nur diese Alphakomponente berechnen, und der Rest wird automatisch durch Alpha-Blending erledigt. Bei einem kleinen Alphawert wird das Bild nur wenig heller, und bei einem Alphawert von 1 ist es am hellsten.

Klar ist auf jeden Fall, dass die Helligkeit vom Winkel zwischen der *z*-Achse der Kamera und dem Vektor (–1, 0, 0) abhängig ist (denn die Sonne scheint von *links*). Auch hier hilft uns wieder unser „Freund", das *Punktprodukt*! Wenn die Kamera-*z*-Achse genau nach links zeigt – also genau auf die Sonne – dann ist der Winkel 0° und das Punktprodukt entsprechend der Kosinus von 0°, also 1. Wenn wir ein negatives Ergebnis erhalten, dann zeigt die Kamera von der Sonne weg, und wir brauchen gar nichts zu tun.

Wenn man es nun genau so machen würde, wie oben beschrieben, würde man praktisch die halbe Zeit extrem von der Sonne geblendet, was dem Spieler natürlich nach einiger Zeit stark auf die Nerven ginge. Aber wenn man folgende Formel für die Helligkeit, also den Alphawert des Rechtecks, verwendet, wird es besser, da die Kurve stärker abfällt:

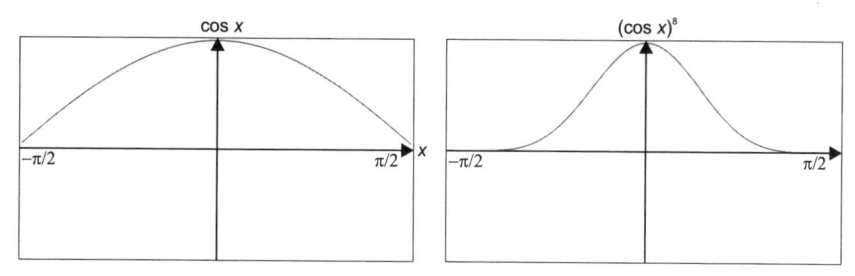

Abbildung 8.22 Der Kosinus mit 8 potenziert ergibt eine „extremere" Kurve.

Gerendert wird dieses große Rechteck in der Methode CGame::RenderSunFlares. Dort wird ein Vertexformat benutzt, dessen Struktur SHUDVertex heißt (FVF-Bezeichner: HUD_FVF). *HUD* steht für *Head Up Display* und bezeichnet die Anzeigen, die ein Pilot an die Glasscheibe des Cockpits projiziert bekommt. Dies hier hat damit zwar eigentlich nichts zu tun, aber dieses Vertexformat wird später noch einmal benutzt werden – und warum zwei verschiedene Strukturen mit gleichem Inhalt anlegen?

```cpp
// Rendert das Blenden der Sonne
tbResult CGame::RenderSunFlares(float fTime)
{
    tbDirect3D& D3D = tbDirect3D::Instance();

    // Punktprodukt aus Kamera-z-Achse und Linie von Kamera zur Sonne berechnen.
    // Dieses wird dann direkt verwendet, um die Helligkeit zu beschreiben.
    float fBrightness = tbVector3Dot(tbVector3Normalize(m_vCameraLookAt - m_vCameraPos),
                                     tbVector3(-1.0f, 0.0f, 0.0f));
    // Winkelbereich begrenzen
    if(fBrightness <= 0.0f) return TB_OK;

    // Helligkeit potenzieren, um einen stärkeren Verfall zu erhalten
    fBrightness = powf(fBrightness, 8.0f);

    // Vertizes für ein Rechteck über den ganzen Bildschirm erstellen
    // Links unten
    SHUDVertex aVertex[4];
    aVertex[0].vPosition = tbVector3(0.0f, D3D.GetScreenSize().y, 0.5f);
    aVertex[0].fRHW = 1.0f;
    aVertex[0].Color = tbColor(1.0f, 1.0f, 0.9f, fBrightness);

    // Links oben
    aVertex[1].vPosition = tbVector3(0.0f, 0.0f, 0.0f);
    aVertex[1].fRHW = 1.0f;
    aVertex[1].Color = tbColor(1.0f, 1.0f, 0.9f, fBrightness);

    // Rechts unten
    aVertex[2].vPosition = tbVector3(D3D.GetScreenSize().x,
                                     D3D.GetScreenSize().y, 0.5f);
    aVertex[2].fRHW = 1.0f;
    aVertex[2].Color = tbColor(1.0f, 1.0f, 0.9f, fBrightness);

    // Rechts oben
    aVertex[3].vPosition = tbVector3(D3D.GetScreenSize().x, 0.0f, 0.5f);
    aVertex[3].fRHW = 1.0f;
    aVertex[3].Color = tbColor(1.0f, 1.0f, 0.9f, fBrightness);

    // Vertexformat und Render-States setzen
    D3D.SetTexture(0, NULL);
    D3D.SetRS(D3DRS_ALPHABLENDENABLE, TRUE);
    D3D.SetRS(D3DRS_SRCBLEND, D3DBLEND_SRCALPHA);
    D3D.SetRS(D3DRS_DESTBLEND, D3DBLEND_ONE);
    D3D.SetRS(D3DRS_ZENABLE, FALSE);
    D3D.SetRS(D3DRS_ZWRITEENABLE, FALSE);
    D3D.SetFVF(HUD_FVF);

    // Rechteck zeichnen (als Dreiecksfolge)
    D3D->DrawPrimitiveUP(D3DPT_TRIANGLESTRIP, 2, aVertex, sizeof(SHUDVertex));

    // Z-Buffer wieder einschalten, Alpha-Blending aus
    D3D.SetRS(D3DRS_ZENABLE, TRUE);
    D3D.SetRS(D3DRS_ZWRITEENABLE, TRUE);
    D3D.SetRS(D3DRS_ALPHABLENDENABLE, FALSE);

    return TB_OK;
}
```

Listing 8.87 Ein mit Alpha-Blending gerendertes Rechteck simuliert das Blenden der Sonne.

8.12.2 Ein „Sternenfeld"

In den meisten Weltraum-Shootern sieht man sofort die Sterne an sich vorbeifliegen, wenn man sich durch den Raum bewegt. Das ist natürlich absoluter Schwachsinn, denn die Sterne

8.12 Weitere optische Verfeinerungen

sind so unglaublich weit weg, dass man kaum eine Veränderung ihrer relativen Position feststellen kann, solange man sich nicht gerade mit Lichtgeschwindigkeit bewegt. Solche Sterne erinnern dann eher an einen Schwarm von intergalaktischen Mücken. Doch ein Sternenfeld hat durchaus einen Sinn: Es zeigt dem Spieler, wie schnell und in welche Richtung er fliegt. Anhand der Sky-Box ist die Bewegung nicht feststellbar, da diese sich mit der Kamera bewegt. Wenn dann auch keine anderen Schiffe sichtbar sind, an denen man sich orientieren kann, ist das sehr ungünstig – der Spieler soll das Gefühl bekommen, dass er wirklich durch den Weltraum jagt. Also sagen wir einfach, dass die kleinen Punkte (die wir am besten mit verwaschenen, transparenten Sprites darstellen) ganz einfach kleine Teilchen von Weltraumschrott sind oder auch kleinere Gesteinsbrocken.

Okay, damit ist Problem Nummer 1 gelöst. Problem Nummer 2 ist: Wie viele solcher Teilchen müssen erzeugt werden, und wo sollte man sie positionieren? Man könnte natürlich eine feste Anzahl von Teilchen erzeugen und diese über einen recht großen Bereich verstreuen. Irgendwann würde man diesen Bereich jedoch verlassen, und das war's dann. Man könnte sich auch eine dynamische Liste anlegen und immer, wenn ein Teilchen nicht mehr sichtbar ist, ein neues erzeugen – irgendwo vor der Kamera. Aber auch diese Lösung ist nicht perfekt, da man sie leicht entlarven kann (da die Teilchen einfach *verschwinden* und auch nicht mehr da sind, wenn man sich zu ihnen zurückdreht).

Ich habe mir hier eine andere Lösung einfallen lassen. Es ist möglich, dass sie bisher von noch keinem anderen Spiel verwendet wurde. Man stellt sich den Weltraum einfach so vor, als wäre er mit unendlich vielen Kugeln gefüllt, die alle eng aneinander liegen. Jede dieser Kugeln beinhaltet einige Teilchen, und jede Kugel besitzt einen *Zufallswert*. Wird nun der Inhalt einer solchen Kugel gerendert, also die Teilchen, dann startet man den Zufallsgenerator mit dem Zufallswert der Kugel (das funktioniert mit der Funktion tbSRand, die intern die Funktion srand aufruft). Anschließend benutzt man den Zufallsgenerator, um die zur Kugel relative Position jedes einzelnen Teilchens (wie viele das sind, ist egal) zu erhalten. Da wir nur einen *Pseudo*zufallsgenerator haben, wirft er bei dem gleichen Startwert auch immer die gleiche Zahlenfolge aus (darum startet man ihn meistens mit der aktuellen „Uhrzeit", um sich wiederholende Zufallsfolgen zu vermeiden).

Im Spiel finden wir dann erst einmal heraus, in welcher Kugel sich die Kamera gerade befindet. Eine Kugel wird einfach durch ihre *Position* beschrieben – hierzu reichen int-Werte aus. Anhand der Koordinaten der Kugel (*x*, *y*, *z*) berechnen wir dann deren Zufallswert (mit einer mehr oder weniger willkürlichen Formel), mit dem der Zufallsgenerator gestartet wird. Auf diese Weise ist also überhaupt keine Liste oder Ähnliches erforderlich, und die Teilchen verschwinden auch nicht einfach so, sondern bleiben an einem festen Punkt im Raum auch immer gleich. Nun zeichnen wir aber nicht nur die *eine* Kugel, in der sich die Kamera gerade *befindet*, sondern auch noch eine Kugel in jede Richtung darum herum, so dass wir insgesamt dann auf 3^3 = 27 Kugeln kommen. Die Kameraposition ist in der Variablen tbVector3 CGame::m_vCameraPos gespeichert:

```
// Rendert das "Sternenfeld"
tbResult CGame::RenderStarfield(float fTime)
{
    // Kameraposition auf 1000er runden (in int-Wert konvertieren und zurück).
    // Nur bleiben die Kugeln immer an den gleichen Stellen.
    tbVector3 vCameraPos;
    vCameraPos.x = (float)((int)(m_vCameraPos.x / 1000.0f) * 1000);
    vCameraPos.y = (float)((int)(m_vCameraPos.y / 1000.0f) * 1000);
    vCameraPos.z = (float)((int)(m_vCameraPos.z / 1000.0f) * 1000);
```

```
            // Die 27 die Kamera umgebenden Kugeln durchgehen
            for(float x = vCameraPos.x- 1000.0f; x <= vCameraPos.x + 1000.0f; x += 1000.0f)
            {
                for(float y = vCameraPos.y - 1000.0f; y <= vCameraPos.y + 1000.0f;
                    y += 1000.0f)
                {
                    for(float z = vCameraPos.z - 1000.0f; z <= vCameraPos.z + 1000.0f;
                        z += 1000.0f)
                    {
                        // Zufallsgenerator für diese Kugel initialisieren
                        // (durch eine willkürliche Formel)
                        int iSeed = (int)(x + 10.0f * y + 100.0f * z);
                        srand(iSeed);

                        // 200 "Sterne" in Form von Sprites erzeugen.
                        // Es gibt drei verschiedene Typen mit den Nummern 2 bis 4
                        // (das sind verschwommene weiße Flecken).
                        for(int i = 0; i < 200; i++)
                        {
                            m_pSprites->AddSprite(
                                    tbIntRandom(2, 4),
                                    tbVector3(x, y, z) +
                                      tbVector3Random() * tbFloatRandom(0.0f, 1500.0f),
                                    tbColor(1.0f, 1.0f, 1.0f, tbFloatRandom(0.05f, 0.4f)),
                                    tbVector2(tbFloatRandom(1.0f, 5.0f)),
                                    tbFloatRandom(0.0f, TB_PI));
                        }
                    }
                }
            }

            // Zufallsgenerator mit der aktuellen Zeit initialisieren
            tbSRand((int)(g_pGalactica->m_fTime * 10000.0f) % 10000);

            return TB_OK;
}
```

Listing 8.88 Rendern eines perfekten „Sternenfelds"

Wenn Sie Sich jetzt wundern, warum tatsächlich alle 27 Kugeln gerendert werden, obwohl mit Sicherheit mehr als die Hälfte gar nicht sichtbar ist: In Wirklichkeit führt das Spiel hier noch einen Sichtbarkeitstest durch, der aber bisher noch nicht erläutert wurde (der kommt später!).

8.12.3 Glühen von Projektilen

Wenn man sich die Laserstrahlen und die anderen Geschosse einmal so anschaut, wie sie bisher sind, dann stellt man fest, dass noch irgendetwas fehlt. Von einem Laserstrahl ist man es gewohnt, dass er *leuchtet*, und von den meisten anderen Geschossen ebenfalls. Nun wäre es aber ganz und gar unmachbar, für jedes Geschoss eine eigene Lichtquelle in Direct3D zu erzeugen. Darum benutzen wir einen einfachen Trick: Wir rendern ein „Leucht-Sprite" genau an der Position des Projektils. Dieses Leucht-Sprite beinhaltet einen Kreis, der außen schwarz und innen weiß ist – dazwischen ein weicher Übergang. Verpasst man diesem Sprite nun die Farbe, mit der das Projektil leuchten soll, und man aktiviert Alpha-Blending, so sieht das Ergebnis beeindruckend aus. Viele Spiele greifen auf diesen einfachen Trick zurück, wenn sie Szenen mit sehr vielen Lichtquellen darzustellen haben.

Also benötigt die SWeaponType-Struktur noch drei weitere Elemente:

- int iGlowSprite: Nummer des Sprites, das zum Leuchten benutzt werden soll
- tbColor GlowColor: Farbe des Leuchtens

- `float fGlowSize`: wie groß das Sprite sein soll (bei einem Laser sicherlich größer als bei einer Rakete, da er viel länger ist)

Dann können wir folgenden Code zur `CProjectile::Render`-Methode hinzufügen:

```
tbVector3 vGlowPosition; // Position des Leucht-Sprites

// Position berechnen
if(m_pType->m_bIsLaserWeapon)
{
    // Hier müssen wir die Strahllänge berücksichtigen.
    vGlowPosition = 0.5f * (m_vPosition +
                            m_vPosition + m_vZAxis * m_pType->fLaserLength);
}
else
{
    // Bei Raketen ist die Sprite-Position gleich der Projektilposition.
    vGlowPosition = m_vPosition;
}

// Leucht-Sprite zeichnen
g_pGalactica->m_pGame->m_pSprites->AddSprite(m_pType->iGlowSprite,
                                             vGlowPosition,
                                             m_pType->GlowColor,
                                             tbVector2(m_pType->fGlowSize));
```

Listing 8.89 Dieser Code lässt die Projektile leuchten.

8.13 Die Kamera

Galactica hat bisher noch keine Kameraführung, was sich nun ändern soll. Wir werden verschiedene *Kameramodi* implementieren, von denen der einfachste die *Cockpitkamera* ist. Der Spieler soll die Sichten mit den Tasten [F1] bis [F9] steuern. Für die Kameramodi fertigen wir eine Aufzählung (enum) an:

```
enum ECameraMode // Kameramodi
{
    CM_COCKPIT,       // Sicht aus dem Cockpit
    CM_CHASE,         // Jagdkamera
    CM_FREECHASE,     // Freie Jagdkamera
    CM_FRONTCHASE,    // Jagdkamera von vorne
    CM_FLYBY,         // "Fly-by"-Kamera
    CM_PADLOCK,       // Padlock-Kamera
    CM_MISSILE,       // Raketenkamera
    CM_MISSILECHASE,  // Jagdraketenkamera
    CM_MISSILEFLYBY   // "Fly-By"-Raketenkamera
};
```

Listing 8.90 Die Kameramodi

Eine *Jagdkamera* befindet sich hinter dem beobachteten Objekt (bei `CM_FRONTCHASE` ist sie *vor* dem Objekt). Die freie Jagdkamera dreht sich nicht mit, wenn sich das Objekt dreht. Eine *Fly-by-Kamera* ist stationär und immer auf das beobachtete Objekt gerichtet – es fliegt an ihr vorbei. Ist eine bestimmte Entfernung überschritten, dann wird die Kamera neu positioniert, und zwar *vor* dem Objekt, so dass es in der nächsten Szene wieder an ihr vorbeifliegt. Zu guter

Letzt noch die *Padlock-Kamera*: Sie filmt so, dass sowohl das Schiff des Spielers als auch das aktuell erfasste Zielschiff sichtbar sind.

Die CGame-Klasse erhält nun eine ECameraMode-Variable namens m_CameraMode, die wir zu Beginn auf CM_COCKPIT setzen. Dort wird immer der aktuelle Kameramodus gespeichert. Bevor irgendetwas gerendert wird, wird einmal pro Frame die neue Methode CGame::SetupCamera aufgerufen. Dort finden nun alle Berechnungen bezüglich der Kamera statt: Die *Position* (m_vCameraPos), der *Blickpunkt* (m_vCameraLookAt), die *y-Achse der Kamera* (m_vCameraUp) und das *Blickfeld* (m_fFOV) werden gesetzt und anschließend für die Erzeugung der Kamera- und Projektionsmatrix verwendet.

Wir beginnen mit der Grundstruktur der SetupCamera-Methode und der Implementierung der Cockpitkamera (CM_COCKPIT):

```
// Setzt die Kamera
tbResult CGame::SetupCamera()
{
    tbMatrix mCamera;
    tbMatrix mProjection;


    // Position, Blickpunkt, Nach-oben-Vektor und Blickfeld setzen
    switch(m_CameraMode)
    {
    case CM_COCKPIT:
        // Die Kamera befindet sich im Cockpit.
        // Wo das liegt (relativ zum Schiff), ist in der Variablen vCockpitPos
        // der SShipType-Struktur gespeichert.
        m_vCameraPos = m_pPlayer->RelToAbsPos(m_pPlayer->m_pType->vCockpitPos);
        m_vCameraLookAt = m_vCameraPos + m_pPlayer->m_vZAxis;
        m_vCameraUp = m_pPlayer->m_vYAxis;
        m_fFOV = TB_DEG_TO_RAD(70.0f);
        break;
    }

    // Kameramatrix erstellen und einsetzen
    mCamera = tbMatrixCamera(m_vCameraPos, m_vCameraLookAt, m_vCameraUp);
    tbDirect3D::Instance().SetTransform(D3DTS_VIEW, mCamera);

    // Projektionsmatrix erstellen und einsetzen
    mProjection = tbMatrixProjection(
                        m_fFOV,
                        tbDirect3D::Instance().GetAspect(),
                        5.0f, 5000.0f);
    tbDirect3D::Instance().SetTransform(D3DTS_PROJECTION, mProjection);

    return TB_OK;
}
```

Listing 8.91 Steuerung der Kamera

Die Kameraposition wird also auf die in absolute Koordinaten umgerechnete *Cockpitposition* des Raumschiffs gesetzt (eine neue Variable in der SShipType-Struktur). Der Blickpunkt muss natürlich in der gleichen Richtung liegen wie die z-Achse des Schiffs, denn sonst würde die Kamera nicht nach vorne zeigen, sondern irgendwo anders hin. Das Blickfeld setzen wir auf 70°, denn das hat sich als ein guter Wert für die Cockpitkamera erwiesen.

Aus Platzgründen kann ich hier nicht alle Kameramodi besprechen – wir greifen uns noch die *Raketenkamera* (CM_MISSILE) heraus. Bei diesem Kameramodus müssen wir erst einmal diejenige Rakete mit der größten verbleibenden Lebenszeit suchen, die vom Spieler abgeschossen wurde. So schlüpft die Kamera stets in die zuletzt abgefeuerte Rakete.

```
CProjectile* pMissile; // Rakete, in deren Sicht die Kamera schlüpft

case CM_MISSILE:
    // Die Rakete mit der größten verbleibenden Lebenszeit suchen,
    // die vom Spieler abgefeuert wurde
    for(int m = 0; m < 256; m++)
    {
        if(m_aProjectile[m].m_fLifetime > 0.0f &&
           !m_aProjectile[m].m_pType->bIsLaserWeapon &&
           m_aProjectile[m].m_iFiredBy == m_pPlayer->m_iIndex)
        {
            if(!pMissile) pMissile = &m_aProjectile[m];
            else
            {
                // Bricht die Rakete den Rekord?
                if(m_aProjectile[m].m_fLifetime > pMissile->m_fLifetime)
                {
                    // Ja - den Zeiger nun auf diese Rakete setzen
                    pMissile = &m_aProjectile[m];
                }
            }
        }
    }
```

Listing 8.92 Wir suchen die letzte vom Spieler abgefeuerte Rakete.

Als Nächstes geht man ähnlich vor wie schon bei der Cockpitkamera: die Variablen m_vCameraPos, m_vCameraLookAt, m_vCameraUp und m_fFOV werden ausgefüllt:

```
// Die Kamera 2.5 Einheiten vor die Rakete setzen
m_vCameraPos = pMissile->RelToAbsPos(tbVector3(0.0f, 0.0f, 2.5f));
m_vCameraLookAt = m_vCameraPos + pMissile->m_vZAxis;
m_vCameraUp = pMissile->m_vYAxis;
m_fFOV = TB_DEG_TO_RAD(80.0f);
```

Listing 8.93 Setzen der Raketenkamera

8.14 Das Cockpit

Das Ziel, dem Spieler eine möglichst detaillierte Spielwelt zu präsentieren, rückt noch ein Stückchen näher, wenn wir ihm in unserem Spiel ein richtiges Cockpit präsentieren. Wichtig: Es sollte die Sicht nicht blockieren, und der Spieler sollte nicht mit unnützen Informationen überschüttet werden.

8.14.1 Das Cockpitmodell

Viele ältere Weltraum-Shooter benutzten zur Darstellung des Cockpits ein Bitmap mit einer transparenten Farbe, also ein einfaches Bild. Bei uns wird das Cockpit ein richtiges 3D-Modell sein. Das hat den großen Vorteil, dass die Beleuchtung sich auch auf das Cockpit auswirkt und nicht nur auf die Umgebung, was den Realismus erhöht.

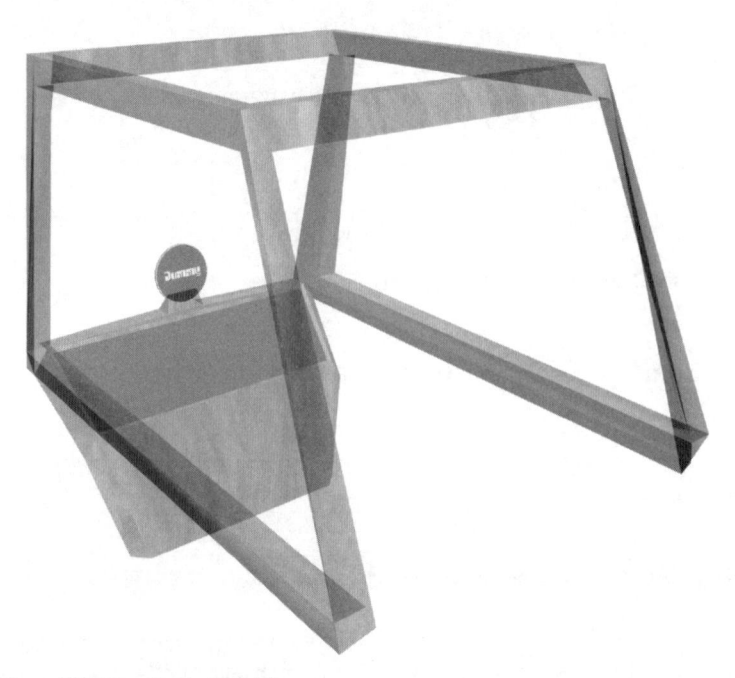

Abbildung 8.23 Das Cockpitmodell

Die Scheibe in der Mitte, auf der das Wort *Dummy* steht, wird uns später noch als Radar dienen (machen Sie sich auf einen sehr interessanten Teil dieses Kapitels gefasst!). Das Modell befindet sich in der Datei DATA\COCKPIT.TBM. Diese Datei wird in CGame::Load geladen, und zwar in die Variable tbModel* CGame::m_pCockpitModel. Wenn Sie genau hinsehen, erkennen Sie, dass das Cockpit *transparent* ist. Der Grund dafür ist, dass ein völlig opakes Cockpit dem Spieler die Sicht zu stark einengt.

Das Cockpit wird in der neuen Methode CGame::RenderCockpit gerendert. Allerdings kommt es dazu natürlich nur, wenn der Kameramodus auch auf CM_COCKPIT gesetzt ist. An welcher Position das Cockpit gerendert werden muss, erfahren wir durch die Umrechnung der relativen Cockpitposition (SShipType::vCockpitPos) in absolute Koordinaten.

```
// Rendert das Cockpit
tbResult CGame::RenderCockpit(float fTime)
{
    // Wenn das Schiff des Spielers zerstört ist, wird kein Cockpit mehr gerendert.
    if(!m_pPlayer->m_bExists) return TB_OK;

    // Cockpitmodell rendern
    tbDirect3D::Instance().SetTransform(D3DTS_WORLD,
                                        tbMatrixTranslation(m_pPlayer->m_pType->vCockpitPos) *
                                        m_pPlayer->m_mMatrix);
    m_pCockpitModel->Render();
```

Listing 8.94 Rendern des Cockpitmodells

8.14.2 Die Anzeigen

Am unteren Bildrand sollen folgende Informationen über das vom Spieler gesteuerte und das als Ziel erfasste Schiff angezeigt werden:

- Status des Auto-Aimings (ein/aus; *nur bei eigenem Schiff*)
- Schaden aller Systeme
- Aufladung und Munitionsvorrat der Waffen (*nur bei eigenem Schiff*)
- Schub (*nur bei eigenem Schiff*)
- Geschwindigkeit beider Schiffe und Entfernung zum Zielschiff
- Schildenergie
- Waffenenergie (*nur bei eigenem Schiff*)

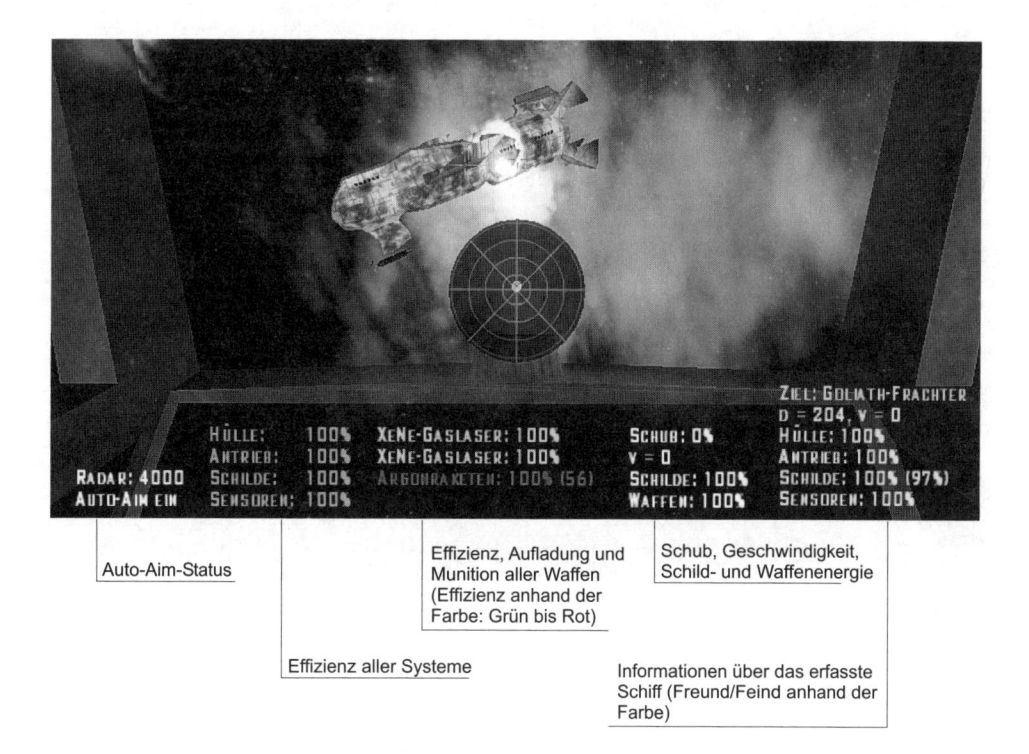

Abbildung 8.24 Welche Informationen wo angezeigt werden

Das Anzeigen der Informationen besteht eigentlich nur daraus, dass die Methode `tbFont::DrawText` sehr oft aufgerufen wird, wie das nächste Listing zeigt. Bei den Waffen geht man einfach jedes Waffensystem mit einer for-Schleife durch und erhöht die y-Koordinate des Informationstextes bei jedem Mal, damit die Waffen alle in einer Art von Liste aufgereiht werden. Bei der Effizienzanzeige für Hülle, Antrieb, Schilde und Sensoren (*links*) verändern wir auch die Farbe des Textes, um Schaden deutlich zu machen. Dazu führt man eine einfache Interpolation zwischen Grün (kein Schaden) und Rot (System völlig zerstört) durch. Der *Grünanteil* der Farbe entspricht daher der Systemeffizienz (0 bis 1), und der *Rotanteil* ist 1 − *Systemeffizienz*.

```cpp
#define STANDARD (TB_FF_RELATIVE | TB_FF_RELATIVESCALING)

char    acText[256];
tbColor Color;
float   fReload;
CShip*  pTarget;

g_pGalactica->m_pFont2->Begin();

// Auto-Aim-Status anzeigen
sprintf(acText, m_pPlayer->m_bAutoAim ? "Auto-Aim ein" : "Auto-Aim aus");
g_pGalactica->m_pFont2->DrawText(tbVector2(0.025f, 0.95f), acText, STANDARD);

// Status aller Systeme anzeigen:
// Hülle
sprintf(acText, "Hülle:\t\t%.0f%%", m_pPlayer->m_fHullEfficiency * 100.0f);
Color= tbColor(1.0f-m_pPlayer->m_fHullEfficiency, m_pPlayer->m_fHullEfficiency, 0);
g_pGalactica->m_pFont2->DrawText(tbVector2(0.17f, 0.86f), acText, STANDARD, -1,
                                 Color, Color);

// Antrieb
sprintf(acText, "Antrieb:\t%.0f%%", m_pPlayer->m_fEngineEfficiency * 100.0f);
Color = tbColor(1.0f - m_pPlayer->m_fEngineEfficiency,
                m_pPlayer->m_fEngineEfficiency, 0.0f);
g_pGalactica->m_pFont2->DrawText(tbVector2(0.17f, 0.89f), acText, STANDARD, -1,
                                 Color, Color);

// Schildgenerator
sprintf(acText, "Schilde:\t%.0f%%", m_pPlayer->m_fShieldEfficiency * 100.0f);
Color = tbColor(1.0f - m_pPlayer->m_fShieldEfficiency,
                m_pPlayer->m_fShieldEfficiency, 0.0f);
g_pGalactica->m_pFont2->DrawText(tbVector2(0.17f, 0.92f), acText, STANDARD, -1,
                                 Color, Color);

// Sensoren
sprintf(acText, "Sensoren:\t%.0f%%", m_pPlayer->m_fSensorsEfficiency * 100.0f);
Color = tbColor(1.0f - m_pPlayer->m_fSensorsEfficiency,
                m_pPlayer->m_fSensorsEfficiency, 0.0f);
g_pGalactica->m_pFont2->DrawText(tbVector2(0.17f, 0.95f), acText, STANDARD, -1,
                                 Color, Color);

// Alle Waffen durchgehen
for(int iWeapon = 0; iWeapon < m_pPlayer->m_pType->iNumWeapons; iWeapon++)
{
    // Text mit Name der Waffe und Schadenszustand generieren
    sprintf(acText, "%s: %.0f%%",
            m_pPlayer->m_pType->apWeaponType[iWeapon]->acName,
            m_pPlayer->m_afWeaponEfficiency[iWeapon] * 100.0f);


    if(!m_pPlayer->m_pType->apWeaponType[iWeapon]->bIsLaserWeapon)
    {
        // Bei Raketen wird zusätzlich noch die Munition angezeigt.
        sprintf(acText, "%s (%d)", acText, m_pPlayer->m_aiWeaponAmmo[iWeapon]);
    }

    // Die Farbe deutet die verbleibende Nachladezeit an.
    if(m_pPlayer->m_afWeaponReload[iWeapon]<=0.0f) Color = tbColor(0.5f,1.0f,0.5f);
    else
    {
        // Nachladezustand berechnen (0: gar nicht aufgeladen; 1: voll aufgeladen)
        fReload = 1.0f-(m_pPlayer->m_afWeaponReload[iWeapon] /
                        m_pPlayer->m_pType->apWeaponType[iWeapon]->fMinReloadTime);
        Color = tbColor(0.25f, 0.25f + fReload * 0.25f, 0.25f);
    }
```

8.14 Das Cockpit

```cpp
            // Text rendern (Start-y-Koordinate: 0.86, 0.03 Einheiten Zeilenhöhe)
            g_pGalactica->m_pFont2->DrawText(tbVector2(0.35f, 0.86f + 0.03f * iWeapon),
                                    acText, STANDARD, -1, Color, Color);
        }

        // Schub anzeigen
        sprintf(acText, "Schub: %.0f%%", m_pPlayer->m_fThrottle * 100.0f);
        g_pGalactica->m_pFont2->DrawText(tbVector2(0.62f, 0.86f), acText, STANDARD);

        // Geschwindigkeit anzeigen
        sprintf(acText, "v = %.0f", tbVector3Length(m_pPlayer->m_vVelocity));
        g_pGalactica->m_pFont2->DrawText(tbVector2(0.62f, 0.89f), acText, STANDARD);

        // Schildenergie anzeigen
        sprintf(acText, "Schilde: %.0f%%",
                (m_pPlayer->m_fShieldEnergy / m_pPlayer->m_pType->fMaxShieldEnergy) * 100);
        g_pGalactica->m_pFont2->DrawText(tbVector2(0.62f, 0.92f), acText, STANDARD);

        // Waffenenergie anzeigen
        sprintf(acText, "Waffen: %.0f%%",
                (m_pPlayer->m_fWeaponEnergy / m_pPlayer->m_pType->fMaxWeaponEnergy) * 100);
        g_pGalactica->m_pFont2->DrawText(tbVector2(0.62f, 0.95f), acText, STANDARD);

        // ----------------------------------------------------------------

        if(m_pPlayer->m_iTarget != -1)
        {
            pTarget = &m_aShip[m_pPlayer->m_iTarget];

            // Zieldaten anzeigen.
            // Die Farbe des Textes hängt davon ab, ob das Ziel zum eigenen Team
            // gehört oder zu einem gegnerischen.

            // Name des Zielschiffs anzeigen
            sprintf(acText, "Ziel: %s", pTarget->m_pType->acName);
            if(pTarget->m_iTeam != m_pPlayer->m_iTeam) Color = tbColor(1.0f, 0.5f, 0.5f);
            else Color = tbColor(0.5f, 1.0f, 0.5f);
            g_pGalactica->m_pFont2->DrawText(tbVector2(0.78f, 0.8f), acText, STANDARD, -1,
                                    Color, Color);

            // Genauere Informationen anzeigen
            sprintf(acText, "d = %.0f, v = %.0f\nHülle: %.0f%%\nAntrieb: %.0f%%\n"
                            "Schilde: %.0f%% (%.0f%%)\nSensoren: %.0f%%",
                    m_pPlayer->GetDistance(pTarget->m_vPosition),
                    tbVector3Length(pTarget->m_vVelocity),
                    pTarget->m_fHullEfficiency * 100.0f,
                    pTarget->m_fEngineEfficiency * 100.0f,
                    pTarget->m_fShieldEfficiency * 100.0f,
                    (pTarget->m_fShieldEnergy / pTarget->m_pType->fMaxShieldEnergy) * 100,
                    pTarget->m_fSensorsEfficiency * 100.0f);

            if(pTarget->m_iTeam != m_pPlayer->m_iTeam) Color = tbColor(1.0f, 0.75f, 0.75f);
            else Color = tbColor(0.75f, 1.0f, 0.75f);
            g_pGalactica->m_pFont2->DrawText(tbVector2(0.78f, 0.83f), acText, STANDARD,
                                    -1, Color, Color, tbVector2(1.0f), -2.0f,
                                    0.25f, -8.0f);
        }

        g_pGalactica->m_pFont2->End();
```

Listing 8.95 Hier werden die Anzeigen im Cockpit gerendert.

8.14.3 Das HUD

Bei unserem Spiel wird das HUD nur aus zwei Anzeigen bestehen: Das gerade erfasste Schiff soll durch ein Fadenkreuz markiert werden. Ein weiteres Fadenkreuz soll auf die Stelle zeigen, auf die man zielen muss, um das Zielschiff auch ohne Auto-Aiming zu treffen (wenn es seinen derzeitigen Kurs beibehält).

8.14.3.1 Zielmarkierung

Das Hauptproblem besteht darin, dass wir nur die *dreidimensionale* Position des Ziels kennen, wir aber zum Rendern eines Fadenkreuzes mit transformierten Vertizes (Struktur: SHUDVertex, FVF-Bezeichner: HUD_FVF) die *zweidimensionale* Position, also die Bildschirmkoordinaten, benötigen.

> Mit ein wenig Matrizenrechnung ist dieses Problem ganz einfach zu lösen. Wir tun genau das, was auch Direct3D tut, um die 2D-Bildschirmkoordinaten eines Punkts herauszufinden: Transformation mit der *Weltmatrix*, der *Sichtmatrix* (Kameramatrix) und der *Projektionsmatrix*. Die Transformation mit der Weltmatrix können wir uns hier allerdings sparen, da wir lediglich einen *Punkt* transformieren möchten, der sich sowieso nur *verschieben* kann (er kann sich nicht drehen, und er kann auch nicht skaliert werden). Es reicht also, den Punkt mit dem Produkt aus Sicht- und Projektionsmatrix zu transformieren.

Nun kennt man die exakten Bildschirmkoordinaten des Ziels. Doch sie sind noch in einem anderen „Format" – der Punkt in der Bildschirmmitte hat nämlich die Koordinaten (0, 0) und nicht etwa (400, 300) bei einer Auflösung von 800 x 600 Pixeln. Darum ist eine Umrechnung notwendig:

$$x' = \tfrac{1}{2} \cdot Bildschirmbreite + \left(x \cdot \tfrac{1}{2} \cdot Bildschirmbreite \right)$$
$$y' = \tfrac{1}{2} \cdot Bildschirmhöhe - \left(y \cdot \tfrac{1}{2} \cdot Bildschirmhöhe \right)$$

Vorsicht: Man muss auch unbedingt noch darauf achten, dass das Schiff auch wirklich *sichtbar* ist! Befindet es sich zum Beispiel *hinter* der Kamera, so kann man seine Koordinaten trotzdem transformieren und bekommt am Ende auch Bildschirmkoordinaten heraus – aber dort ist kein Schiff zu sehen, und es wäre dementsprechend sinnlos, ein Zielfadenkreuz an dieser Stelle zu rendern. Darum sollte man prüfen, ob die z-Koordinate des transformierten Vektors (nach Welt- und Sichttransformation) *positiv* ist.

Aus Platzgründen möchte ich hier nicht weiter auf das Rendern des Zielfadenkreuzes eingehen – es besteht lediglich aus ein paar Linien, die durch ein Array von SHUDVertex-Strukturen und die IDirect3DDevice9::DrawPrimitiveUP-Methode sichtbar gemacht werden.

8.14.3.2 Vorhaltemarkierung

Die 3D-Position der Vorhaltemarkierung wird ähnlich berechnet wie die Stelle, auf welche die Waffen beim Auto-Aiming ausgerichtet werden (tbComputeAimingVector ist hier gefragt). Dann erfolgt wieder die Transformation mit Sichtmatrix und Projektionsmatrix, um letztendlich die 2D-Position herauszufinden.

8.14.4 Radar

Im Modell für das Cockpit war auch Platz für einen kleinen Radarschirm. Für diesen wird eine separate Textur benutzt. Unser Spiel soll jetzt einmal pro Frame das Radar zeichnen. Doch wie macht man das? Am besten geht es, indem man einfach *auf die Textur des Radarschirms* zeichnet!

8.14.4.1 Mit *tbDraw2D* auf Texturen zeichnen

Wie man auf Texturen zugreifen kann

Direct3D unterstützt sowohl das *Rendern auf Texturen* (wie das Rendern in den Back-Buffer) als auch das *Sperren von Texturen*. Entscheidet man sich für die erste Möglichkeit, so hat man mehr Freiheiten, muss aber alle seine Zeichnungen mit Hilfe von Primitiven, also Dreiecken, Linien und Punkten darstellen. Wenn man jedoch eine Textur *sperrt*, kann man sich die Textur wie einen gesperrten Vertex- oder Index-Buffer vorstellen: Man erhält einen Zeiger auf die Daten (in dem Fall sind das die einzelnen Texel) und kann so viel verändern, wie man möchte, sprich auf die einzelnen Texel zugreifen.

Die Klasse tbDraw2D, die Teil der TriBase-Engine ist, erleichtert das direkte Zeichnen auf Texturen aller Art. Sie bietet Methoden zum Zeichnen von Pixeln, Linien, Rechtecken und Kreisen und kann auch Teile von einer Oberfläche auf eine andere kopieren (*Bit Block Transfer*). Wichtig ist, dass man sich vorher entscheiden muss, auf welche *MIP-Map-Ebene* der Textur gezeichnet werden soll. Hier nimmt man am besten immer die erste und lässt DirectX dann anschließend automatisch durch die Funktion D3DXFilterTexture die darunter liegenden MIP-Map-Ebenen neu berechnen (denn sie zeigen zuerst noch das „alte" Bild). DirectX 9 bietet übrigens auch die Möglichkeit, die Grafikkarte das Neuberechnen der MIP-Maps automatisch übernehmen zu lassen. Schlagen Sie dazu in der Dokumentation unter D3DUSAGE und D3DUSAGE_AUTOGENMIPMAP nach.

Da es eine ganze Weile dauert, bis die komplette Kette von MIP-Maps neu berechnet wurde, sollte man am besten bei Texturen, auf die man später zeichnen möchte, ganz auf sie verzichten, also die Textur nur mit einer einzigen Ebene erzeugen oder schlicht und einfach das MIP-Mapping abschalten.

Arbeiten mit *tbDraw2D*

Zuerst erstellt man eine neue Instanz von tbDraw2D. Anschließend wird eine der vielen Init-Methoden aufgerufen. Um beispielsweise eine tbDraw2D-Klasse zum Zeichnen auf eine gewöhnliche 2D-Textur einzurichten, übergibt man der Init-Methode zuerst den Zeiger auf die Textur (PDIRECT3DTEXURE9) und dann die Nummer der MIP-Map-Ebene (0 ist die erste).

tbDraw2D besitzt eine Liste von *Funktionszeigern* zum Zeichnen von Pixeln, Linien, Rechtecken und Kreisen und zum Mischen von Farben (RGB). Diese Funktionszeiger werden bei der Initialisierung automatisch auf die passenden Implementierungen gesetzt. Beispielsweise gibt es eine Funktion zum Zeichnen eines Pixels für 16-Bit-Texturen ohne Alpha, eine für 16-Bit-Texturen mit Alpha und eine für 32-Bit-Texturen. So wird das Problem der verschiedenen Oberflächenformate auf sehr elegante Weise gelöst.

Bevor gezeichnet werden kann, muss die Methode tbDraw2D::BeginDraw aufgerufen werden. Hier findet das eigentliche Sperren der Textur statt. Als Parameter übergibt man zuerst einen Zeiger auf das zu sperrende Rechteck auf der Textur (Zeiger auf RECT-Struktur oder NULL für die gesamte Oberfläche) und anschließend noch ein Flag, das angibt, wie Direct3D die Textur sperren soll (für gewöhnlich einfach 0 oder D3DLOCK_DISCARD, wenn es eine dynamische Textur ist und man sie komplett überschreiben wird).

Anschließend können folgende Methoden zum Zeichnen verwendet werden:

Tabelle 8.4 Methoden zum Zeichnen auf Oberflächen

Funktion	Beschreibung	Parameter
MakeRGB, MakeRGBA	Mischt eine RGB-Farbe (mit oder ohne Alpha) für das Format dieser Oberfläche zusammen. Rückgabewert: D3DCOLOR (DWORD)	Drei beziehungsweise vier DWORD-Werte für Rot, Grün, Blau und Alpha (zwischen 0 und 255)
GetR, GetG, GetB, GetA	Fragt die Rot-, Grün-, Blau- oder Alpha-Komponente einer Farbe dieses Oberflächenformats ab (Rückgabewert: DWORD; zwischen 0 und 255)	Die Farbe (D3DCOLOR), deren Komponente abgefragt werden soll
SetPixel	Setzt einen Pixel	Koordinaten (x, y, wobei links oben (0, 0) ist) und die Farbe des Pixels (D3DCOLOR)
GetPixel	Fragt die Farbe eines Pixels ab (Rückgabewert: D3DCOLOR)	Koordinaten des abzufragenden Pixels
DrawLine	Zeichnet eine Linie	Start- und Endkoordinaten sowie die Farbe der Linie
DrawRect, DrawFilledRect	Zeichnet ein (gefülltes) Rechteck	Koordinaten der linken oberen und rechten unteren Ecke und die Farbe
DrawCircle, DrawFilledCircle	Zeichnet einen (gefüllten) Kreis	Koordinaten des Mittelpunkts, den Radius und die Farbe
Blt	Kopiert einen rechteckigen Teil dieser Oberfläche auf eine andere (tbDraw2D)	Zeiger auf die Zieloberfläche (tbDraw2D*), Koordinaten der linken oberen Ecke des kopierten Rechtecks auf der Zieloberfläche (*wohin kopieren?*), linke obere Ecke des zu kopierenden Rechtecks auf der eigenen Oberfläche sowie die Breite und Höhe.

Schauen Sie sich das folgende Listing an, um zu sehen, wie man all diese neuen Methoden anwendet:

```
PDIRECT3DTEXTURE9 pTexture1;    // Erste Textur
PDIRECT3DTEXTURE9 pTexture2;    // Zweite Textur
tbDraw2D*         pDraw1;       // Erste Zeichenklasse
tbDraw2D*         pDraw2;       // Zweite Zeichenklasse

// Texturen laden
// ...

// Zeichenklassen für beide Texturen erstellen
pDraw1 = new tbDraw2D; pDraw1->Init(pTexture1, 0);
pDraw2 = new tbDraw2D; pDraw2->Init(pTexture2, 0);

// Zeichenvorgang beginnen (gesamte Oberfläche)
pDraw1->BeginDraw(NULL, 0);
pDraw2->BeginDraw(NULL, 0);

// ----------------------------------------------------------------

// Ein paar Pixel in Rot, Grün, Blau und Violett auf Textur 1 zeichnen
pDraw1->SetPixel(10, 10, pDraw1->MakeRGB(255, 0, 0));     // Roter Pixel
pDraw1->SetPixel(30, 50, pDraw1->MakeRGB(0, 255, 0));     // Grüner Pixel
pDraw1->SetPixel(80, 20, pDraw1->MakeRGB(0, 0, 255));     // Blauer Pixel
pDraw1->SetPixel(110, 80, pDraw1->MakeRGB(255, 0, 255));  // Violetter Pixel
```

8.14 Das Cockpit

```
// Eine diagonale Linie, zwei Rechtecke und zwei Kreise zeichnen
pDraw1->DrawLine(0, 0, 100, 100, pDraw1->MakeRGB(255, 255, 255)); // Weiße Linie
pDraw1->DrawRect(10, 10, 20, 20, pDraw1->MakeRGB(127, 0, 0));     // Rotes Quadrat
pDraw1->DrawFilledRect(11, 11, 21, 21, pDraw1->MakeRGB(255,0,0)); // Rotes Quadrat
pDraw1->DrawCircle(50, 50, 40, pDraw1->MakeRGB(0, 0, 255));       // Blauer Kreis
pDraw1->DrawFilledCircle(60, 60, 30, pDraw1->MakeRGB(0, 0, 0));   // Schw. Kreis

// Nun wollen wir das Rechteck mit der linken oberen Ecke bei (10, 20),
// einer Breite von 100 Pixeln und einer Höhe von 80 Pixeln von Textur 1 nach
// Textur 2 kopieren, und zwar an die Stelle (0, 0).
pDraw1->Blt(pDraw2,      // Auf welchen Zeichenbereich kopieren?
            0, 0,        // An welche Koordinaten kopieren?
            10, 20,      // Linke obere Ecke des zu kopierenden Rechtecks (Quelle)
            100, 80);    // Breite und Höhe

// ------------------------------------------------------------------

// Zeichenvorgang beenden
pDraw1->EndDraw();
pDraw2->EndDraw();
```

Listing 8.96 Einfaches Zeichnen auf zwei Texturen

Beachten Sie, dass all diese Methoden *kein Clipping* durchführen (aus Geschwindigkeitsgründen). Das bedeutet, dass fehlerhafte Koordinaten (zum Beispiel (130, 10) wenn die Oberfläche aber nur 128 x 128 Pixel groß ist) unvorhersehbare Folgen haben.

Übrigens können Sie mit tbDraw2D nicht nur auf Texturen zeichnen, sondern auch direkt auf den Bildpuffer! Dessen IDirect3DSurface9-Schnittstelle können Sie mit Hilfe der Methode IDirect3DDevice9::GetBackBuffer abfragen. Beachten Sie aber, dass die Direct3D-Geräteschnittstelle dazu mit dem Flag D3DPRESENTFLAG_LOCKABLE_BACKBUFFER erstellt worden sein muss, denn ansonsten kann der Bildpuffer nicht gesperrt werden. Achten Sie auch darauf, die abgefragte Schnittstelle später wieder freizugeben!

Ist die Zeichenphase abgelaufen, entsperrt man die Oberfläche durch EndDraw. Diese Methode erwartet keine Parameter.

8.14.4.2 Zeichnen des Radars

Erstellung der *tbDraw2D*-Klasseninstanz

Die tbDraw2D-Klasseninstanz, die wir zum Zeichnen auf die Radartextur verwenden werden, wird in tbDraw2D* CGame::m_pRadar gespeichert. In CGame::Init wird diese Instanz erstellt, nachdem das Cockpitmodell geladen wurde:

```
// Cockpitmodell laden
m_pCockpitModel = new tbModel;
m_pCockpitModel->Init("Data\\Cockpit.tbm", "Data\\");

// Zeichenklasse für die Radartextur erstellen.
// Die Radartextur gehört zum dritten Effekt des Modells (Index 2).
m_pRadar = new tbDraw2D;
if(m_pRadar->Init((PDIRECT3DTEXTURE9)(m_pCockpitModel->m_pEffects[2].apTexture[0]),
                  0))
{
    // Fehler!
    TB_ERROR("Fehler beim Initialisieren des Radars!", TB_ERROR);
}
```

Listing 8.97 Wir erstellen eine Instanz der Zeichenklasse tbDraw2D für die Radartextur.

Wie man ein Radar darstellen kann

Der Radarschirm soll jedes größere Objekt – dazu zählen wir jetzt *Schiffe* und *Raketen* – darstellen. Da kommt die Frage auf, wie man hier die nötige Umrechnung von 3D-Koordinaten in 2D-Radarbildschirmkoordinaten durchführt. Zuerst einmal ist klar, dass wir die zum eigenen Schiff *relative* Position eines anzuzeigenden Objekts kennen müssen. Dann kann man so vorgehen (was sehr viele Spiele auch tun): Zum Darstellen der Markierung auf dem Radarschirm verwendet man nur die (relative) x- und z-Koordinate. Erst einmal gibt das Radar dann also keine Auskunft darüber, ob sich ein Objekt über oder unter dem eigenen Schiff aufhält. Die y-Koordinate wird aber nicht ganz vernachlässigt: Man zeichnet nun eine senkrechte Linie an dieser Markierung auf dem Radarschirm. Wenn das Objekt *unter* einem ist, lässt man die Linie nach *oben* laufen und ansonsten nach unten.

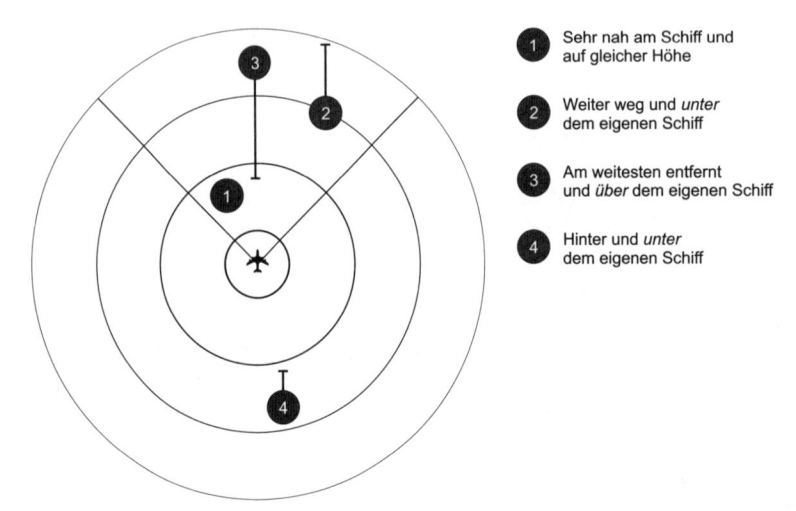

Abbildung 8.25 Wie man die dreidimensionale Position eines Objekts auf dem Radarschirm darstellt

Die Radarreichweite

Es ist immer gut, wenn das Radar flexibel, also auf verschiedene Entfernungen einsetzbar ist. Ganz zu Beginn sind die Raumschiffe weit voneinander entfernt, und später finden meistens Nahkämpfe statt. Da ist es klar, dass man nicht für beide Situationen ein und dieselbe Radareinstellung verwenden kann – im Nahkampf würden alle Schiffe praktisch auf demselben Punkt des Schirms dargestellt. Darum führen wir die *Radarreichweite* ein. Wenn sie beispielsweise 4000 Einheiten beträgt, ist ein Schiff mit einer Entfernung von 4000 Einheiten gerade noch auf dem Schirm sichtbar. Die Radarreichweite wird in der Variablen float CGame::m_fRadarRange gespeichert, und der Benutzer kann sie mit den Tasten [Bild auf] und [Bild ab] verändern.

Zeichnen des Hintergrunds

In der Methode CGame::RenderRadar wird der gesamte Radarschirm gerendert. Wir sollten erst einmal damit beginnen, die Textur zu leeren – das kann man durch das Zeichnen eines großen schwarzen Rechtecks erreichen. Die Textur hat übrigens eine Auflösung von 128 x 128 Texeln. Nach dem Leeren zeichnen wir ein paar konzentrische grüne Kreise und ein paar Linien ein, wie sie in der Abbildung zu sehen sind. In die Mitte kommt zum Schluss noch ein kleines Kreuzchen, wodurch das eigene Schiff dargestellt wird, und zu den festen Kreisen gesellt sich

8.14 Das Cockpit _____ **703**

noch ein „pulsierender" Kreis (einer, dessen Radius dauernd von 0 bis 63 wandert – nur eine kleine grafische Spielerei):

```
// Rendert das Radar
tbResult CGame::RenderRadar(float fTime)
{
    m_pRadar->BeginDraw(NULL, D3DLOCK_DISCARD);

    // Das Bild leeren
    m_pRadar->DrawFilledRect(0, 0, 127, 127, 0);

    // Einen pulsierenden Kreis zeichnen
    DWORD dwRadius = (DWORD)(m_fTime * 63.0f) % 64;
    DWORD dwColor = m_pRadar->MakeRGB(31, 127 - dwRadius * 2, 31);
    m_pRadar->DrawCircle(63, 63, dwRadius, dwColor);

    // Mehrere feste Kreise zeichnen
    m_pRadar->DrawCircle(63, 63, 13, m_pRadar->MakeRGB(0, 191, 0));
    m_pRadar->DrawCircle(63, 63, 29, m_pRadar->MakeRGB(0, 159, 0));
    m_pRadar->DrawCircle(63, 63, 45, m_pRadar->MakeRGB(0, 127, 0));
    m_pRadar->DrawCircle(63, 63, 61, m_pRadar->MakeRGB(0, 91, 0));

    // Hilfslinien einzeichnen
    m_pRadar->DrawLine(0, 0, 127, 127, m_pRadar->MakeRGB(0, 255, 0));
    m_pRadar->DrawLine(127, 0, 0, 127, m_pRadar->MakeRGB(0, 255, 0));
    m_pRadar->DrawLine(0, 63, 127, 63, m_pRadar->MakeRGB(0, 191, 0));
    m_pRadar->DrawLine(63, 0, 63, 127, m_pRadar->MakeRGB(0, 191, 0));

    // Ein Kreuz in der Mitte zeichnen (eigenes Schiff)
    m_pRadar->DrawLine(61, 63, 65, 63, m_pRadar->MakeRGB(255, 255, 255));
    m_pRadar->DrawLine(63, 61, 63, 65, m_pRadar->MakeRGB(255, 255, 255));
```

Listing 8.98 Der erste Schritt beim Zeichnen des Radarschirms

Anzeigen der Raumschiffe

Nun gehen wir alle Raumschiffe durch und berechnen durch `CShip::AbsToRelPos` ihre Position relativ zum Spieler. Nun könnte man fast schon die *x*- und *z*-Koordinaten verwenden, um dann die Markierung auf dem Radarschirm zu zeichnen – aber eines fehlt noch: die Radarreichweite. Durch sie dividieren wir einfach die relative Position, denn wenn die Reichweite höher ist, rücken automatisch alle Markierungen näher zum Mittelpunkt des Radars (der hier auf der Textur bei (63, 63) liegt). Kennen wir nun die Koordinaten der Markierung auf der Textur, dann prüfen wir als Nächstes, ob diese Koordinaten überhaupt gültig sind. Sie erinnern sich: Die Zeichenfunktionen von `tbDraw2D` führen kein Clipping durch, und deshalb müssen wir unbedingt dafür sorgen, dass keine Markierung außerhalb der Grenzen 0 und 127 auf beiden Achsen gezeichnet wird. Da die Markierung selbst natürlich auch eine gewisse Größe hat, müssen die Grenzen noch um ein paar Texel eingeengt werden. Die Markierung selbst zeichnen wir einfach durch einen kleinen Kreis und einen Punkt, deren Farbe davon abhängt, ob es ein feindliches oder freundliches Schiff ist. Wenn das Schiff gerade vom Spieler erfasst ist, werden noch zwei zusätzliche weiße Kreise zur Hervorhebung gezeichnet:

```
// Jedes Schiff durchgehen
for(DWORD s = 0; s < 32; s++)
{
    if(m_aShip[s].m_bExists && &m_aShip[s] != m_pPlayer)
    {
        // Relative Position dieses Schiffs zum Spieler berechnen
        tbVector3 vRelPos(m_pPlayer->AbsToRelPos(m_aShip[s].m_vPosition));
```

```
        // Schaden an den Sensoren bringt Störungen
        vRelPos += tbVector3Random() * tbFloatRandom(0.0f, 100.0f *
                                     (1.0f - m_pPlayer->m_fSensorsEfficiency));

        // Daraus errechnen wir nun die Position auf dem Radar.
        // Je weiter das Schiff auf der z-Achse entfernt ist, desto weiter
        // oben erscheint das Schiff auf dem Radar.
        // Die x-Achse bleibt gleich.
        DWORD x = 63 + (DWORD)(vRelPos.x / m_fRadarRange * 63.0f);
        DWORD y = 63 - (DWORD)(vRelPos.z / m_fRadarRange * 63.0f);

        // Diese Position muss innerhalb gewisser Grenzen liegen, damit
        // wir nicht außerhalb des Radars zeichnen.
        if(x < 4 || x > 123 || y < 4 || y > 123) continue;

        // Die Farbe des Schiffs auf dem Radar und der Linie bestimmen.
        // Beide hängen davon ab, ob das Schiff im selben Team ist wie der
        // Spieler.
        DWORD dwColor;
        if(m_aShip[s].m_iTeam == m_pPlayer->m_iTeam)
        {
            // Freund - Grün!
            dwColor = m_pRadar->MakeRGB(0, 255, 0);
        }
        else
        {
            // Feind - Rot!
            dwColor = m_pRadar->MakeRGB(255, 0, 0);
        }

        // Das Schiff als kleinen Kreis zeichnen, mit einem Punkt in der Mitte
        m_pRadar->DrawCircle(x, y, 3, dwColor);
        m_pRadar->SetPixel(x, y, dwColor);

        // Wenn das Schiff das aktuell erfasste Ziel ist, wird das durch zwei
        // zusätzliche Kreise hervorgehoben.
        if((int)(s) == m_pPlayer->m_iTarget)
        {
            // Weiße Kreise zeichnen
            m_pRadar->DrawCircle(x, y, 2, m_pRadar->MakeRGB(255, 255, 255));
            m_pRadar->DrawCircle(x, y, 4, m_pRadar->MakeRGB(255, 255, 255));
        }
```

Listing 8.99 Die Markierungen für die Schiffe werden gezeichnet.

Nun fehlen uns noch die senkrechten Linien zur Darstellung der relativen Höhe eines Schiffs. Einen Punkt dieser Linie kennen wir bereits: das ist der Punkt, an dem auch die Schiffsmarkierung gezeichnet wurde. Die y-Koordinate des zweiten Punkts (DWORD y2) hängt von vRelPos.y ab. Auch hier dividieren wir durch die Radarreichweite, und es ist wichtig, darauf zu achten, dass auch die Linie den Zeichenbereich nicht verlässt!

```
        // Jetzt berechnen wir den Endpunkt der Linie, die unterhalb bzw. überhalb
        // des Schiffs auf dem Radar erscheint. Dieser hängt von der relativen
        // y-Position des Schiffs ab.
        DWORD y2 = y + (DWORD)(vRelPos.y / m_fRadarRange * 63.0f);

        // Die Linie zurechtschneiden
        if(y2 < 4) y2 = 4;
        if(y2 > 123) y2 = 123;
```

```
// Die Linie zeichnen
m_pRadar->DrawLine(x, y, x, y2, dwColor);

// Das Schiff als kleinen Kreis zeichnen, mit einem Punkt in der Mitte
// ...
```

Listing 8.100 Die „Höhenlinie" zeichnen wir noch vor den Kreisen.

8.15 Der Sound

Nun verlassen wir den visuellen Bereich und konzentrieren uns auf den Sound im Spiel. Natürlich verwenden wir auch hier wieder die TriBase-Klassen tbDirectSound und tbSound – wie auch schon in *Breakanoid*. Beachten Sie, dass ich hier nicht die Integrierung *jedes* Sounds durchgehe.

8.15.1 Schüsse

Der Sound, der beim Feuern abgespielt wird, hängt natürlich davon ab, *welche* Waffe es ist. Das heißt, dass wir den Sound einer Waffe am besten zu einem Teil der SWeaponType-Struktur machen: tbSound* SWeaponType::pLauncherSound. Der Name der WAV-Datei befindet sich in GALACTICA.INI. Geladen werden alle Sounds in der Methode CGame::LoadWeaponTypes, in der auch das Laden der Modelle stattfindet. Wichtig ist auch, dass wir die *minimale und die maximale Distanz* des 3D-Sounds angeben. Sie erinnern sich: Die minimale Distanz und maximale Distanz eines Sounds bestimmen, wie schnell seine Lautstärke mit zunehmender Entfernung abnimmt. Wir erstellen 16 Kopien des Soundpuffers, damit immer genügend davon frei zum Abspielen sind:

```
// Lädt die Waffentypen
tbResult CGame::LoadWeaponTypes(BOOL bFullLoad)
{
    // Anzahl der Waffentypen lesen
    m_iNumWeaponTypes = ReadINIInt("Ships and weapons", "NumWeaponTypes");

    // Jeden Waffentyp durchgehen.
    // Die Sektionen heißen "Weapon1", "Weapon2" usw..
    for(int iType = 0; iType < m_iNumWeaponTypes; iType++)
    {
        char acSection[256];
        sprintf(acSection, "Weapon%d", iType + 1);
        SWeaponType* pType = &m_aWeaponType[iType];

        // Name und Modell- und Sounddateinamen lesen
        ReadINIString(acSection, "Name", pType->acName, 256);
        ReadINIString(acSection, "LauncherModel", pType->acLauncherModel, 256);
        ReadINIString(acSection, "ProjectileModel", pType->acProjectileModel, 256);
        ReadINIString(acSection, "LauncherSound", pType->acLauncherSound, 256);

        if(bFullLoad)
        {
            // ...

            // Abschusssound laden
            pType->pLauncherSound = new tbSound;
            if(pType->pLauncherSound->Init(pType->acLauncherSound,
                                           DSBCAPS_STATIC | DSBCAPS_LOCDEFER |
                                           DSBCAPS_CTRL3D | DSBCAPS_CTRLFREQUENCY |
```

```
                        DSBCAPS_MUTE3DATMAXDISTANCE,
                        DS3DALG_HRTF_FULL, 16))
{
    // Fehler beim Laden!
    TB_ERROR("Fehler beim Laden eines Sounds!", TB_ERROR);
}

// Minimale und maximale Distanzen setzen
pType->pLauncherSound->SetDistances(200.0f, 2000.0f);
```

Listing 8.101 Laden des Abschusssounds einer Waffe

Beim Abfeuern einer Waffe in `CShip::Fire` spielen wir dann den Sound ab. Da es 3D-Sounds sind, können wir auch eine exakte Position für die Schallquelle angeben. Dazu nehmen wir dann einfach die Position des gerade erzeugten Projektils. Die Abspielfrequenz des Sounds wird zufällig gesetzt. Das lässt ihn nicht so eintönig erklingen (jeder Schuss hört sich dann anders an):

```
// Abschusssound abspielen
int iSound = pProjectile->m_pType->pLauncherSound->PlayNextBuffer();
if(iSound != -1)
{
    // Frequenz zufällig setzen
    pProjectile->m_pType->pLauncherSound->SetFrequency((DWORD)(iSound),
                                    tbIntRandom(36100, 44100));

    // 3D-Position setzen.
    // Der Sound wird ein Stück nach vorne versetzt, damit er nicht
    // gedämpft wird, wenn das Cockpit vor den Kanonen ist.
    pProjectile->m_pType->pLauncherSound->SetPosition((DWORD)(iSound),
                            pProjectile->m_vPosition + m_vZAxis * 30.0f);
}
```

Listing 8.102 Abspielen des Abschusssounds in `CShip::Fire`

Das Abspielen funktioniert bei den anderen Sounds – Explosionen, Kollisionen und so weiter – praktisch genauso. Immer spielen wir zuerst einen Soundpuffer mit `PlayNextBuffer` ab und setzen dann seine Eigenschaften (Position und Frequenz).

8.15.2 Antriebssounds

Der Sound des Antriebs eines Schiffs unterscheidet sich vor allem in einem Punkt von den anderen Sounds: Er muss *andauernd* abgespielt werden (also mit *Looping*), und er verändert seine Position. Als wir den Sound beim Abfeuern einer Waffe abgespielt haben, brauchten wir die Nummer des abgespielten Soundpuffers später nicht mehr – nur ein einziges Mal zum Setzen der 3D-Position und der Frequenz des Sounds. Anschließend wird er nicht mehr geändert. Der Antriebssound muss aber sehr wohl geändert werden, denn sonst würden wir gar keinen schönen Dopplereffekt hören, wenn ein Schiff schnell an der Kamera vorbeifliegt. Viele Spiele verzichten hier auf richtigen 3D-Sound und spielen dann einfach vorgefertigte „Fly-by-Sounds" (*Wwwuuuush!*) ab. So tief wollen wir nicht sinken und machen es korrekt, also mit dynamischen 3D-Sounds.

Der Antriebssound eines Schiffs ist Teil von `SShipType: tbSound* pEngineSound`. Den Soundpuffer, also die Nummer der Soundpufferkopie, des Antriebs eines Schiffs speichern wir in der

8.15 Der Sound

Variablen int `CShip::m_iEngineSound`. Diesen Wert erhalten wir durch die Methode `tbSound::PlayNextBuffer` beim ersten Abspielen des Sounds.

Einmal pro Frame prüft das Spiel in der Methode `CShip::UpdateSound`, ob der Antriebssound eventuell gestoppt oder noch gar nicht abgespielt wurde. In dem Fall korrigieren wir das. Außerdem setzt diese Methode die *Position* des Antriebssounds. An welcher Stelle der Antrieb sitzt, ist in der `SShipType`-Struktur gespeichert (`vEnginePos`).

Die *Frequenz* des Antriebssounds ist nicht zufällig, sondern hängt einerseits von der Antriebseffizienz und andererseits vom eingestellten Schub (`CShip::m_fThrottle`) ab:

```
// Aktualisiert den Sound des Schiffs
tbResult CShip::UpdateSound(float fTime)
{
    // Sicherstellen, dass der Antriebssound läuft
    if(m_iEngineSound == -1)
    {
        // -1 ist der Wert, der in CreateShip eingetragen wurde. Das heißt, dass der
        // Antriebssound noch gar nicht gestartet wurde. Sound abspielen (mit Looping).
        m_iEngineSound = m_pType->pEngineSound->PlayNextBuffer(0, DSBPLAY_LOOPING);
    }

    // Aktuelle Position des Sounds setzen
    m_pType->pEngineSound->SetPosition((DWORD)(m_iEngineSound),
                                       RelToAbsPos(m_pType->vEnginePos));
    // Die Frequenz hängt von der Stärke und der Effizienz des Antriebs ab.
    m_pType->pEngineSound->SetFrequency((DWORD)(m_iEngineSound),
                    22050 + (DWORD)(m_fThrottle * m_fEngineEfficiency * 22050.0f));
    return TB_OK;
}
```

Listing 8.103 Hier steuern wir den Antriebssound der Schiffe.

Es ist übrigens erstaunlich, wie leicht sich ein Antriebssound herstellen lässt. In einem meiner älteren Spiele *Missile*, in dem man eine Rakete auf eine feindliche Kommandobasis lenken muss, habe ich beispielsweise einfach ins Mikrofon gepustet. Ein bisschen Nachbearbeitung – Sound verlangsamen und ein wenig dämpfen – und fertig ist ein wirklich authentisch klingender Antriebssound!

8.15.3 Der Hörer

3D-Sound erfordert nicht nur, dass man regelmäßig die Position der Sounds aktualisiert, sondern das müssen wir auch noch mit dem *Hörer* tun. Eine kurze Auffrischung: Der Hörer wird in DirectSound durch seine *Position*, seine *Orientierung* (Ausrichtung) und durch seine *Geschwindigkeit* bestimmt. Was wäre ein besserer Ort als die Methode `CGame::SetupCamera`, um all das zu erledigen? Es ist lediglich ein einziger Aufruf der Methode `tbDirectSound::SetListener` notwendig, und die Orientierung der Kamera kann ganz einfach aus der Kameramatrix „abgelesen" werden – das Ganze ist also ein Kinderspiel!

```
// DirectSound-Hörer setzen
tbDirectSound::Instance().SetListener(m_vCameraPos,
                        tbVector3(mCamera.m12, mCamera.m22, mCamera.m32), // y-Achse
                        tbVector3(mCamera.m13, mCamera.m23, mCamera.m33), // z-Achse
                        1.0f);
```

Listing 8.104 Hier aktualisieren wir die Position und die Orientierung des Hörers.

8.16 Die Benutzeroberfläche

Galactica ist jetzt schon fast fertig, aber eine wichtige Sache fehlt noch! Würde man das Spiel jetzt laufen lassen, würde man feststellen, dass es gar keine Schiffe gibt. Kein Wunder, denn wir haben auch noch keine erstellt! Da es nicht gut wäre, die Schiffe einfach zufällig zu erzeugen, sollten wir dem Spieler ein schönes *Hauptmenü* bieten. Diesmal ist das aber eine viel kompliziertere Aufgabe als noch bei *Breakanoid*. Darum ist dieser Abschnitt auch ein wenig länger. Sie werden nun lernen, wie man mit der von der TriBase-Engine angebotenen *Benutzeroberfläche* umgeht.

8.16.1 Die TriBase-Benutzeroberfläche

8.16.1.1 Was genau ist eine Benutzeroberfläche?

Unter einer *grafischen Benutzeroberfläche* versteht man eigentlich genau das, was Sie vor sich sehen, wenn Sie ein modernes Betriebssystem wie Windows starten. Die wichtigsten Bestandteile der Benutzeroberfläche sind *Fenster*, *Knöpfe* (*Buttons*), *Listen*, *Texte*, *Eingabefelder*, *Check-Boxes* (die Kästchen, die man ankreuzen kann) und *Radio-Boxes* (das sind die Kästchen, von denen immer nur eines in einer Gruppe ausgewählt werden kann). Auch der Mauszeiger gehört dazu.

8.16.1.2 Die Windows-Benutzeroberfläche für Spiele?

Wenn man ein Spiel programmiert, ist man praktisch immer auf eine – wenn auch sehr primitive – Benutzeroberfläche angewiesen. Irgendwie muss der Spieler Einstellungen vornehmen oder das Spiel starten, beenden, einen Spielstand laden oder speichern und so weiter.

Da kommt die Frage auf, ob man nicht einfach gewöhnliche Dialoge verwenden sollte, wie man sie von Windows-Programmen her kennt. Bei Spielen, die im Fenstermodus laufen (wie zum Beispiel die meisten Brettspiele), ist das auch gar kein Problem – sehr wohl aber beim *Vollbildmodus*. Dialoge können dann nicht mehr ohne weiteres angezeigt werden, und – seien wir mal ehrlich – die gewöhnlichen Windows-Dialoge passen auch nicht unbedingt zu einem actiongeladenen Shooter, oder?

Aus diesem Grund haben die meisten professionellen Spiele ihre eigene Benutzeroberfläche. Das hat den großen Vorteil, dass man wirklich hundertprozentige Kontrolle über das Verhalten und vor allem über das *Aussehen* der Bedienelemente (Fenster, Knöpfe, Listen ...) hat.

Die Programmierung einer soliden Benutzeroberfläche ist ein sehr fortgeschrittenes Thema und mit viel wirklich nicht sehr angenehmer Arbeit verbunden. Darum werde ich Ihnen gleich nur zeigen, wie Sie mit der Benutzeroberfläche der TriBase-Engine *umgehen* und nicht wie sie programmiert wurde. Wenn Sie Sich ein wenig mit Windows auskennen, wird es kein Problem für Sie sein, die Funktionsweise der TriBase-Benutzeroberfläche zu verstehen.

8.16.1.3 Die *tbGUI*-Klasse

Die Benutzeroberfläche wird durch die Klasse tbGUI repräsentiert. *GUI* steht für *Graphical User Interface*, also für *grafische Benutzeroberfläche* (genauer: *Benutzerschnittstelle*). Ein Spiel wird normalerweise immer nur *eine* Instanz dieser Klasse benötigen. Nachdem sie durch den new-Operator erzeugt wurde, erfolgt die Initialisierung durch die Init-Methode.

8.16 Die Benutzeroberfläche

Tabelle 8.5 Die Parameter der Methode `tbGUI::Init`

Parameter	Beschreibung
tbGUISkin* pSkin	Zeiger auf eine `tbGUISkin`-Struktur. Dort werden Informationen über das Aussehen (*Skin*) der Benutzeroberfläche gespeichert (alles ist frei festlegbar).
void* pMsgProc	Zeiger auf die *Nachrichtenfunktion* für die Benutzeroberfläche. Diese Funktion wird zum Beispiel aufgerufen, wenn der Benutzer auf einen Knopf geklickt hat. Dieser Parameter wird später besprochen.
tbVector2 vSize	Größe der Benutzeroberfläche (Größe des „Desktops")
tbVector2 vScaling	Skalierung der Benutzeroberfläche. Wenn man `vSize` konstant wählt, also beispielsweise *immer* (800, 600) – egal, welche Auflösung gewählt wurde, kann man die Skalierung entsprechend anpassen, damit die Benutzeroberfläche trotzdem den gesamten Bildschirm ausfüllt.

Der Skin

Der Skin der Benutzeroberfläche bestimmt deren Aussehen. Alle Parameter sind in der Struktur `tbGUISkin` gespeichert.

Tabelle 8.6 Die Elemente der Struktur `tbGUISkin`

Element	Beschreibung
PDIRECT3DTEXTURE9 pSkinTexture	Zeiger auf die Textur, in der das Aussehen aller Bedienelemente (Knöpfe, Listen …) gespeichert ist (*siehe unten*)
tbEffect* pEffect	Effekt, der zum Zeichnen der Benutzeroberfläche verwendet werden soll (keine Beleuchtung, Alpha-Blending …)
tbFont* pFont	Zu verwendende Schriftart
tbVector2 vCursorSize	Größe des Mauszeigers (zum Beispiel (32, 32))
tbColor CursorColor1, CursorColor2	Die Farben des Cursors – normale Farbe und „Klickfarbe". Diese Farbe nimmt der Cursor an, wenn gerade geklickt wird.
tbVector2 vCursorHotSpot	Position des *Hot Spots* des Cursors. Das ist der Punkt, an dem der Klick ausgelöst wird. Wenn die Spitze des Zeigers bei (5, 5) liegt, dann gibt man hier (5, 5) an.
float fCursorSpeed	Mauszeigergeschwindigkeit – 300 ist ein guter Wert.
tbColor EnabledColor, DisabledColor, HighlightColor	Die drei Farben für Bedienelemente (Knöpfe, Listen …): normale Farbe (`EnabledColor`), Farbe für deaktivierte Elemente (`DisabledColor`) und die Farbe für hervorgehobene (gerade angeklickte) Elemente (`HighlightColor`)
tbVector2 vTextSize	Größe des Textes für Knöpfe, Eingabefelder, Listen …
tbColor EnabledTextColor, DisabledTextColor, HighlightTextColor	Die drei Textfarben: normale Farbe, Farbe für die Texte von deaktivierten Elementen und für die Texte von hervorgehobenen Elementen

Bis auf die Textur sollten eigentlich alle Elemente der `tbGUISkin`-Struktur verständlich sein. Die folgende Abbildung zeigt, wie Sie das Aussehen aller Bedienelemente in einer 256x256-Textur speichern.

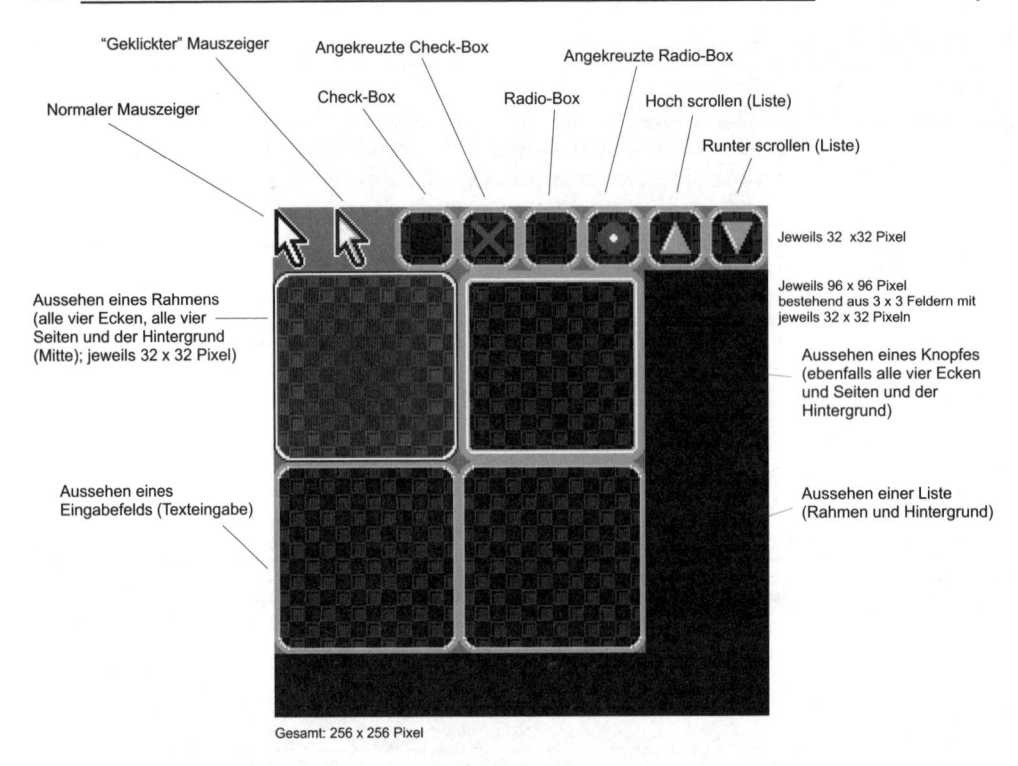

Abbildung 8.26 In dieser 256x256-Textur wird das Aussehen aller Bedienelemente festgelegt.

Die graue Hintergrundfarbe, die Sie in der oberen Zeile und an den Rändern sehen, dient beim Laden der Textur als *Color-Key*. Das bedeutet, dass diese Farbe (es ist Magenta („Pink"), also RGB(255, 0, 255)) später völlig transparent sein wird. So erscheinen die Bedienelemente rund und nicht eckig.

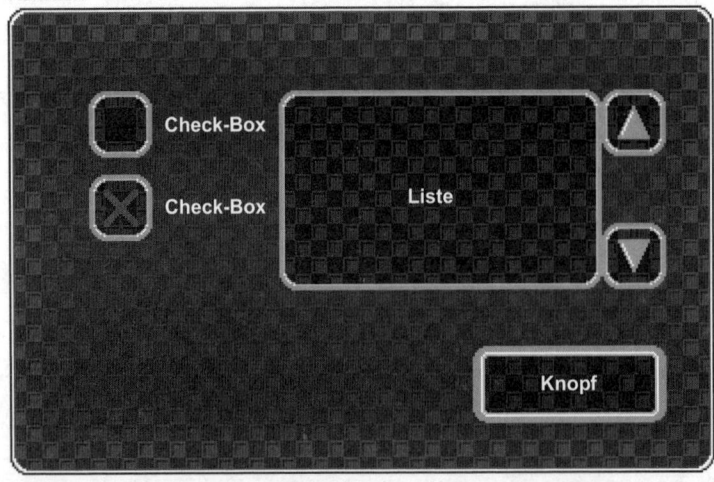

Abbildung 8.27 Ein paar Beispiele für das Aussehen von Bedienelementen

8.16.1.4 Bedienelemente

Bedienelemente – also Rahmen, Knöpfe, Listen, Check-Boxes, Radio-Boxes, Texte, Bilder und Eingabefelder – werden immer durch ihre *ID* angesprochen. Dies ist ein einfacher `int`-Wert wie zum Beispiel 100. Alle Typen von Bedienelementen haben eigene Klassen, die alle von der Basisklasse `tbGUIElement` abgeleitet sind. `tbGUIElement` definiert Dinge, die bei *allen* Typen von Bedienelementen vorhanden sind. Dazu gehören die *ID*, die *Position*, die *Größe* (Breite und Höhe), die *Sichtbarkeit* und der *Aktivierungszustand*. Deaktivierte Elemente haben eine andere Farbe und können vom Benutzer nicht angeklickt werden (wie die grauen Felder bei der Windows-Benutzeroberfläche).

Tabelle 8.7 Die verschiedenen Klassen der Bedienelemente (abgeleitet von `tbGUIElement`)

Klasse	Bedienelement
`tbGUIFrame`	Rahmen (kann auch für ein „Fenster" verwendet werden)
`tbGUIText`	Ein einfacher Text
`tbGUIImage`	Ein Bild (Textur)
`tbGUIButton`	Knopf mit Beschriftung
`tbGUICheckBox`	Check-Box mit Beschriftung
`tbGUIRadioBox`	Radio-Box mit Beschriftung
`tbGUIInput`	Eingabefeld (Texteingabe per Tastatur)
`tbGUIList`	Listenfeld (mit zwei Knöpfen zum Scrollen)

8.16.1.5 Seiten

Eine weitere Eigenschaft, die ein Element auszeichnet, ist die *Seite*, auf der es sich befindet. Eine Benutzeroberfläche kann aus beliebig vielen Seiten bestehen, die alle verschiedene Elemente beinhalten. In einem Hauptmenü würde man beispielsweise eine Seite für die Optionen erstellen, eine für das Laden eines Spiels, eine für die Hilfe und so weiter. Es ist immer nur eine Seite sichtbar, diese kann aber zu jeder Zeit gewechselt werden. Das geht mit der Methode `tbGUI::SetCurrentPage`.

8.16.1.6 Rahmen

Ein Rahmen wird mit der Methode `tbGUI::CreateFrame` erstellt. Diese Methode erwartet folgende Parameter:

- `int iID`: ID des zu erstellenden Rahmens
- `int iPage`: Nummer der Seite, auf welcher der Rahmen erzeugt werden soll
- `tbVector2 vPosition`: Position der linken oberen Ecke des Rahmens
- `tbVector2 vSize`: Breite und Höhe des Rahmens

Beachten Sie, dass die Elemente am Ende in der Reihenfolge gezeichnet werden, in der sie auch erstellt wurden. Rahmen sollten daher immer zuallererst erstellt werden, damit sie später die anderen Elemente nicht verdecken.

8.16.1.7 Texte

Ein Text wird mit der Methode `tbGUI::CreateText` erstellt, die folgende Parameter erwartet:
- Standard: `int iID`, `int iPage` und `tbVector2 vPosition`
- `char* pcText`: darzustellender Text
- `tbColor Color`: Farbe des Textes
- `tbVector2 vTextSize`: Größe des Textes
- `DWORD dwTextFlags`: Flags, die beim Aufruf von `tbFont::DrawText` verwendet werden sollen. Das Flag `TB_FF_RELATIVESCALING` sollte hier auf jeden Fall vertreten sein. Mehrere Flags können – wie immer – mit dem „|"-Operator kombiniert werden.

8.16.1.8 Bilder

Die Methode `tbGUI::CreateImage` erzeugt ein Bild. Ihre Parameter:
- Standard: `int iID`, `int iPage` und `tbVector2 vPosition`
- `tbVector2 vSize`: Größe des Bildes
- `PDIRECT3DTEXTURE9 pTexture`: Textur, aus der das Bild stammt
- `tbVector2 vTopLeftTex` und `tbVector2 vBottomRightTex`: Texturkoordinaten für die linke obere und rechte untere Ecke des Bilds. Wenn das Bild die gesamte Textur sein soll, dann gibt man hier einfach (0, 0) und (1, 1) an. Es ist auch interessant, die Texturkoordinaten nachträglich noch zu verändern (animiert), was mit den beiden Methoden `tbGUIImage::SetTopLeftTex` und `SetBottomRightTex` funktioniert.
- `tbColor Color`: Farbe des Bilds

8.16.1.9 Knöpfe

Sie erzeugen einen Knopf mit Hilfe der Methode `tbGUI::CreateButton`. Außer den gewöhnlichen Parametern – ID, Seite, Position und Größe – brauchen Sie nur noch den Beschriftungstext anzugeben (zum Beispiel *„Festplatte formatieren"*).

8.16.1.10 Check-Boxes

Eine Check-Box ist ein kleines Feld, das der Benutzer durch Klicken ankreuzen kann. Mit einem weiteren Klick wird das Kreuzchen wieder entfernt – wie man es von Windows kennt. Die Methode `tbGUI::CreateCheckBox` erwartet die gleichen Parameter wie `tbGUI::CreateButton`, aber zusätzlich noch einen BOOL-Wert, der bestimmt, ob das Feld zu Beginn angekreuzt (TRUE) oder nicht angekreuzt (FALSE) ist.

Ob eine Check-Box angekreuzt ist oder nicht, kann man durch die Methode `tbGUICheckBox::IsChecked` abfragen. Das Kreuzchen kann mit `Check` gesetzt oder entfernt werden (BOOL-Parameter). `Check(TRUE)` kreuzt die Check-Box dann also an, und `Check(FALSE)` entfernt das Kreuzchen.

8.16.1.11 Radio-Boxes

Eine Radio-Box ist einer Check-Box sehr ähnlich, doch es gibt einen markanten Unterschied: Radio-Boxes liegen immer in *Gruppen* vor, und immer nur eine Radio-Box innerhalb einer Gruppe kann angekreuzt sein. Eine Gruppe wird hier einfach durch einen `int`-Wert bestimmt. Radio-Boxes, welche dieselbe Gruppen-ID haben, gehören derselben Gruppe an. Die Methode `tbGUI::CreateRadioBox` erwartet die gleichen Parameter wie `tbGUI::CreateCheckBox`, aber vor

8.16.1.12 Eingabefelder

Sie erzeugen ein Eingabefeld mit Hilfe der Methode tbGUI::CreateInput. Außer den Standardparametern wird hier noch ein char*-Parameter erwartet, der den Starttext des Felds beinhaltet (zum Beispiel „Bitte geben Sie hier Ihren Namen an."). Es folgen noch zwei weitere Parameter:

- BOOL bPassword: TRUE, wenn dies ein Passworteingabefeld sein soll. In diesem Fall wird nicht der richtige Text angezeigt, sondern immer nur ein bestimmtes Zeichen (zum Beispiel ein Sternchen für jeden Buchstaben).
- char PasswordChar: bestimmt das Zeichen, das anstelle der Buchstaben im Text angezeigt werden soll. Geben Sie hier zum Beispiel '*' an.

Der eingegebene Text kann später mit GetText abgefragt werden. SetText setzt den Text, und durch GetCursor und SetCursor haben Sie auch die Kontrolle über die Position des blinkenden Cursors für die Texteingabe. SetCursor(1) setzt den Cursor beispielsweise hinter den ersten Buchstaben des Textes. Wenn der Text nicht mehr ganz sichtbar ist, ist sogar Scrolling möglich!

8.16.1.13 Listenfelder

Das Listenfeld ist das komplexeste Bedienelement. Seine Erstellung ist jedoch ziemlich einfach: tbGUI::CreateList erwartet nur die Standardparameter und einen float-Wert, der die Höhe einer einzelnen Zeile der Liste angibt.

Listeneinträge

Ein Listeneintrag wird durch seine ID angesprochen. Die ID erhält man, wenn man einen neuen Listeneintrag erzeugt. Neben einem *Text* kann ein Listeneintrag auch noch *Daten* beinhalten (in Form eines void*-Zeigers). Das ist wichtig, wenn man bestimmte Daten mit einem Listeneintrag assoziieren möchte. Zum Beispiel würde man wohl in einem Chatprogramm jedem Eintrag in der Liste der Chatteilnehmer einen Zeiger auf eine Struktur, die weitere Daten über ihn beinhaltet (Name, Alter, Wohnort ...), zuweisen.

```
// Struktur für einen Listeneintrag
struct TRIBASE_API tbGUIListEntry
{
    int    iID;             // ID dieses Eintrags
    char   acText[256];     // Text
    void*  pData;           // Daten
};
```

Listing 8.105 Die Struktur tbGUIListEntry beinhaltet alle Daten eines Listeneintrags.

Einen Eintrag hinzufügen

Sie fügen einen Listeneintrag mit der Methode tbGUIList::AddEntry hinzu. Diese Methode erwartet zwei Parameter: den Text des neuen Eintrags (char*) und seinen Datenzeiger (void*). Der Rückgabewert von AddEntry ist die ID des neu angelegten Eintrags.

Einen Eintrag anhand der ID finden

Hat man die ID eines Eintrags und möchte nun an die zugehörige tbGUIListEntry-Struktur gelangen, um den Text oder den Datenzeiger abzufragen, so verwendet man dazu die Methode tbGUIList::GetEntry. Der einzige Parameter ist die ID des gesuchten Eintrags, und der Rückgabewert ist ein Zeiger auf die tbGUIListEntry-Struktur.

Einen Eintrag anhand seiner Position finden

Wenn man nun beispielsweise den dritten Eintrag in der Liste finden möchte, dann kann man dafür nicht tbGUIList::GetEntry verwenden, denn man kennt nicht die ID des dritten Eintrags. Hierfür gibt es eine weitere Methode namens GetEntryByOrder. Sie liefert den Zeiger auf den Eintrag an der durch einen int-Parameter angegebenen Stelle (0 ist der erste Eintrag, 1 der zweite und so weiter).

Löschen eines Eintrags

Ein Eintrag kann mit Hilfe der Methode tbGUIList::DeleteEntry gelöscht werden. Der einzige Parameter ist die ID des zu löschenden Eintrags.

Cursor und ausgewählter Eintrag

Der *Cursor*, der mit GetCursor abgefragt und mit SetCursor gesetzt werden kann, ist ganz einfach die *ID* des gerade ausgewählten Listeneintrags. Möchte man nun die entsprechende tbGUIListEntry-Struktur des Eintrags haben, dann kann man entweder GetEntry(GetCursor()) verwenden oder – kürzer – die Methode GetSelectedEntry.

8.16.1.14 Elemente finden

Beim Erzeugen eines Bedienelements muss immer dessen ID gleich mit angegeben werden. Wenn man nun irgendwelche Änderungen oder das Abfragen von Daten vornehmen möchte, braucht man natürlich einen Zeiger auf die Klasseninstanz (tbGUIElement*) des Bedienelements. Das funktioniert mit tbGUI::GetElement. GetElement(100) liefert beispielsweise einen tbGUIElement-Zeiger auf das Element mit der ID 100 (oder NULL, wenn es kein Element mit der ID 100 gibt).

Wenn das Element beispielsweise eine Liste ist, dann ist etwa das Hinzufügen eines neuen Listeneintrags noch nicht möglich. Die Methode AddEntry muss auf tbGUIList und nicht auf der Basisklasse tbGUIElement aufgerufen werden. In diesem Fall reicht ein einfaches Zeiger-Casting von tbGUIElement* nach tbGUIList* aus. Das folgende Listing zeigt, wie man eine Liste erstellt und ihr anschließend einige Einträge hinzufügt:

```
tbGUI* pGUI;
// pGUI muss auf eine initialisierte tbGUI-Klasseninstanz zeigen!

// Eine Liste erzeugen (mit der ID 100).
// Sie soll die Position (50, 50), die Größe (300,200) und die Zeilenhöhe 20 haben.
pGUI->CreateList(100, 0, tbVector2(50.0f, 50.0f), tbVector2(300.0f,200.0f), 20.0f);

// Nun holen wir uns den Zeiger auf die neu erstellte Liste (tbGUIElement*).
tbGUIElement* pElement = pGUI->GetElement(100);

// Jetzt verwandeln wir diesen Zeiger in einen tbGUIList-Zeiger.
// Das ginge natürlich auch ohne die Zwischenvariable pElement.
tbGUIList* pList = (tbGUIList*)(pElement);
```

8.16 Die Benutzeroberfläche

```
// Einige Einträge hinzufügen
pList->AddEntry("Pommes Frittes", NULL);
pList->AddEntry("Schokoladenauflauf mit Käse überbacken", NULL);
pList->AddEntry("Maxi-Menü mit 2 Cheeseburgern und Coca Cola", NULL);
pList->AddEntry("Pizza Funghi ohne Pilze", NULL);
```

Listing 8.106 Erzeugen und Füllen einer Liste

Ein Bedienelement kann übrigens mit der Methode tbGUI::DeleteElement wieder gelöscht werden.

8.16.1.15 Sichtbarkeit und Aktivierung eines Elements

Normalerweise ist ein Bedienelement *sichtbar* und *aktiviert*. In diesem Zustand wird es ganz normal angezeigt. Deaktivierte Elemente haben eine andere Farbe und sind nicht anklickbar. Unsichtbare Elemente werden logischerweise gar nicht erst angezeigt und sind natürlich auch nicht anklickbar. Die Methoden tbGUIElement::Enable (BOOL-Parameter: TRUE: aktivieren; FALSE: deaktivieren) und tbGUIElement::Show (ebenfalls BOOL-Parameter) kontrollieren diese Zustände.

8.16.1.16 Die Benutzeroberfläche bewegen und rendern

Beim Bewegen und Rendern der Benutzeroberfläche gibt es glücklicherweise nicht viel zu beachten. Alles, was wir tun müssen, ist, die Methoden Move und Render der tbGUI-Klasse in der Move- und Render-Funktion des Programms aufzurufen.

tbGUI::Move erwartet zuerst die vergangene Zeit seit dem letzten Frame, dann einen BOOL-Zeiger, der den digitalen Status aller analogen Knöpfe enthält. Es folgt noch ein float-Zeiger für die analogen Werte der Knöpfe.

Nun fragen Sie sich vielleicht, was genau denn da in Move *bewegt* werden muss. In der Tat handelt es sich hier nicht unbedingt um Animationen, sondern die Move-Methode ist praktisch der Kern der Benutzeroberfläche. Hier verarbeitet die Engine Klicks und Tastendrücke.

8.16.1.17 Nachrichten

Die TriBase-Benutzeroberfläche basiert – genau wie auch Windows – auf *Nachrichten* (*Messages*). Nachrichten sind kleine Datenpakete, die an die einzelnen Bedienelemente geschickt werden, wenn irgendetwas passiert. Zum Beispiel wird eine spezielle Nachricht an einen Knopf geschickt, wenn der Benutzer ihn angeklickt hat. Auch gibt es Nachrichten, die ein Bedienelement auffordern, sich zu rendern oder zu bewegen. Eine Nachricht wird durch die Struktur tbGUIMessage definiert. Sie enthält neben dem *Typ der Nachricht* drei verschiedene Arrays, die mit beliebigen Daten gefüllt werden können, um der Nachricht etwas „anzuhängen" (zum Beispiel die Koordinaten des Mauszeigers beim Klick).

```
// Struktur für eine Nachricht
struct TRIBASE_API tbGUIMessage
{
    tbGUIMessageType Type;        // Typ der Nachricht
    int              aiInt[8];    // 8 Integer
    float            afFloat[8];  // 8 Fließkommazahlen
    void*            apPointer[8]; // 8 Zeiger
};
```

Listing 8.107 Die Struktur tbGUIMessage enthält Daten über eine Nachricht.

tbGUIMessageType ist eine Aufzählung, die verschiedene Nachrichtentypen definiert.

Tabelle 8.8 Die verschiedenen Nachrichtentypen

Nachrichtentyp	Beschreibung und Daten
TB_GMT_CREATE	Diese Nachricht wird an ein Element geschickt, wenn es gerade erstellt wurde. Sie enthält keine Daten, die drei Arrays sind also unbenutzt.
TB_GMT_DELETE	TB_GMT_DELETE wird geschickt, wenn ein Element gelöscht wird. Ein Listenfeld reagiert auf diese Nachricht, indem es seine Liste leert und den Speicher freigibt.
TB_GMT_ENTERPAGE	Diese Nachricht wird geschickt, wenn eine neue Seite betreten wird (durch tbGUI::SetCurrentPage). aiInt[0]: Nummer der Seite, die betreten wird aiInt[1]: Nummer der Seite, die verlassen wird
TB_GMT_MOVE, TB_GMT_RENDER	Diese Nachrichten werden an ein Element geschickt, wenn es sich bewegen (TB_GMT_MOVE) beziehungsweise rendern (TB_GMT_RENDER) soll. afFloat[0]: Vergangene Zeit seit dem letzten Frame aiInt[0]: Renderdurchgang (0 bis 2); im ersten Durchgang wird der Hintergrund jedes Elements gezeichnet, im zweiten der Text und im dritten eventuelle andere Effekte.
TB_GMT_ELEMENTCLICKED	Wenn der Benutzer ein Element anklickt, also den linken Mausknopf auf ihm drückt und auch wieder loslässt, wird diese Nachricht gesendet. afFloat[0]: x-Koordinate des Mauszeigers afFloat[1]: y-Koordinate des Mauszeigers afFloat[2]: relative x-Koordinate des Mauszeigers afFloat[3]: relative y-Koordinate des Mauszeigers Relativ bedeutet, dass die Koordinaten von der Position des Elements aus gesehen sind. Klickt der Benutzer also genau auf die linke obere Ecke des Elements, dann haben afFloat[2] und afFloat[3] den Wert 0.
TB_GMT_LBUTTONDOWN, TB_GMT_LBUTTONUP, TB_GMT_RBUTTONDOWN, TB_GMT_RBUTTONUP	tbGUI sendet diese Nachrichten, wenn der Benutzer den linken/rechten Mausknopf drückt beziehungsweise loslässt. afFloat[0]: x-Koordinate des Mauszeigers afFloat[1]: y-Koordinate des Mauszeigers
TB_GMT_KEYDOWN, TB_GMT_KEYUP, TB_GMT_KEYREPEAT	TB_GMT_KEYDOWN wird geschickt, wenn eine Taste auf der Tastatur gedrückt wurde. Wenn der Benutzer die Taste wieder loslässt, wird TB_GMT_KEYUP gesendet. Bleibt die Taste lange genug gedrückt, wird TB_GMT_KEYREPEAT gesendet. Sie kennen das von der Texteingabe: Drückt man zum Beispiel die Taste [A] lange genug, kommt „aaaaaaaaaaa" dabei heraus, ohne die Taste jedes Mal neu zu drücken. aiInt[0]: Nummer der gedrückten Taste (TB_KEY_...) aiInt[1]: TRUE, wenn gleichzeitig [Shift] gedrückt ist aiInt[2]: TRUE, wenn gleichzeitig [Alt Gr] gedrückt ist
TB_GMT_SELECTION	Diese Nachricht spielt nur bei Listen eine Rolle. Wenn der Benutzer einen Listeneintrag anklickt, wird sie gesendet. aiInt[0]: ID des neuen ausgewählten Listeneintrags aiInt[1]: ID des Listeneintrags, der vorher ausgewählt war

8.16.1.18 Die Nachrichtenfunktion

Jede Bedienelementklasse – also tbGUIFrame, tbGUIButton und so weiter – besitzt eine Methode, die für die Verarbeitung der Nachrichten sorgt, die an sie gesendet wurden. Das wichtigste ist, dass die Nachricht TB_GMT_RENDER verarbeitet wird, denn sonst würde man später nichts sehen.

8.16 Die Benutzeroberfläche

Aber wie erfährt man nun als Programmierer, ob beispielsweise ein Knopf angeklickt wurde? Dazu gab es in der Methode `tbGUI::Init` den Parameter `void* pMsgProc`. Dies ist ein Zeiger auf eine Funktion mit folgendem Rumpf:

```
tbResult MsgProc(int iID,
                 tbGUIMessage* pMsg,
                 tbGUI* pGUI)
```

Listing 8.108 Der Rumpf der Nachrichtenfunktion

`tbGUI` ruft diese Funktion jedes Mal auf, wenn irgendeine Nachricht geschickt wurde. `iID` gibt die ID des Elements an, an das die Nachricht gerichtet ist. `pMsg` ist ein Zeiger auf die Nachrichtenstruktur, und `pGUI` ist ein Zeiger auf die `tbGUI`-Klasseninstanz (damit man nicht solche umständlichen Dinge wie `g_pGalactica->m_pMainMenu->m_pGUI` schreiben muss, sondern den Zeiger direkt vorliegen hat).

Diese Nachrichtenfunktion ist der Nachrichtenfunktion, die unter Windows für Fenster und Dialoge verwendet wird, sehr ähnlich. Das folgende Listing zeigt, wie man einen Klick auf ein Element abfängt. In diesem Beispiel ist das Element mit der ID 100 ein Knopf, und das mit der ID 200 ist eine Liste. Drückt der Benutzer auf den Knopf, wird ein Eintrag zur Liste hinzugefügt.

```
// Nachrichtenfunktion für die Benutzeroberfläche
tbResult MsgProc(int iID,
                 tbGUIMessage* pMsg,
                 tbGUI* pGUI)
{
    // Was für ein Nachrichtentyp ist es?
    switch(pMsg->Type)
    {
    case TB_GMT_ELEMENTCLICKED:
        // Ein Element wurde angeklickt! Welches war es?
        switch(iID)
        {
        case 100:
            {
                // Der Knopf wurde angeklickt (ID 100)!
                // Jetzt fügen wir einen Eintrag zur Liste mit der ID 200 hinzu.
                tbGUIList* pList = (tbGUIList*)(pGUI->GetElement(200));
                pList->AddEntry("Katzeklo, Katzeklo, ja das macht die Katze froh!", NULL);
            }
            break;
        }
        break;
    }
    return TB_OK;
}
```

Listing 8.109 Abfangen von Nachrichten

8.16.2 Erstellung des Hauptmenüs

Ich hoffe, dass Ihnen dieser kleine Ausflug in die Welt der TriBase-Benutzeroberfläche gefallen hat. Sie wird sich Ihnen mit Sicherheit noch als sehr hilfreich erweisen! Jetzt werden wir sie verwenden, um *Galactica* ein anständiges Menü zu verpassen. Das Menü dient im Wesentlichen der Auswahl der Schiffe und Teams.

8.16.2.1 Erstellen der Elemente

In `CMainMenu::Load` wird erst einmal eine Instanz der `tbGUI`-Klasse erstellt und initialisiert. Die Skin-Datei heißt GUI.BMP und befindet sich im DATA-Ordner. Es handelt sich dabei um den Skin, der hier auch schon in zwei Abbildungen zu sehen war (übrigens: alles wurde per Hand mit *Paint* erstellt!). Dann werden alle Bedienelemente erstellt, wie die nächste Abbildung zeigt.

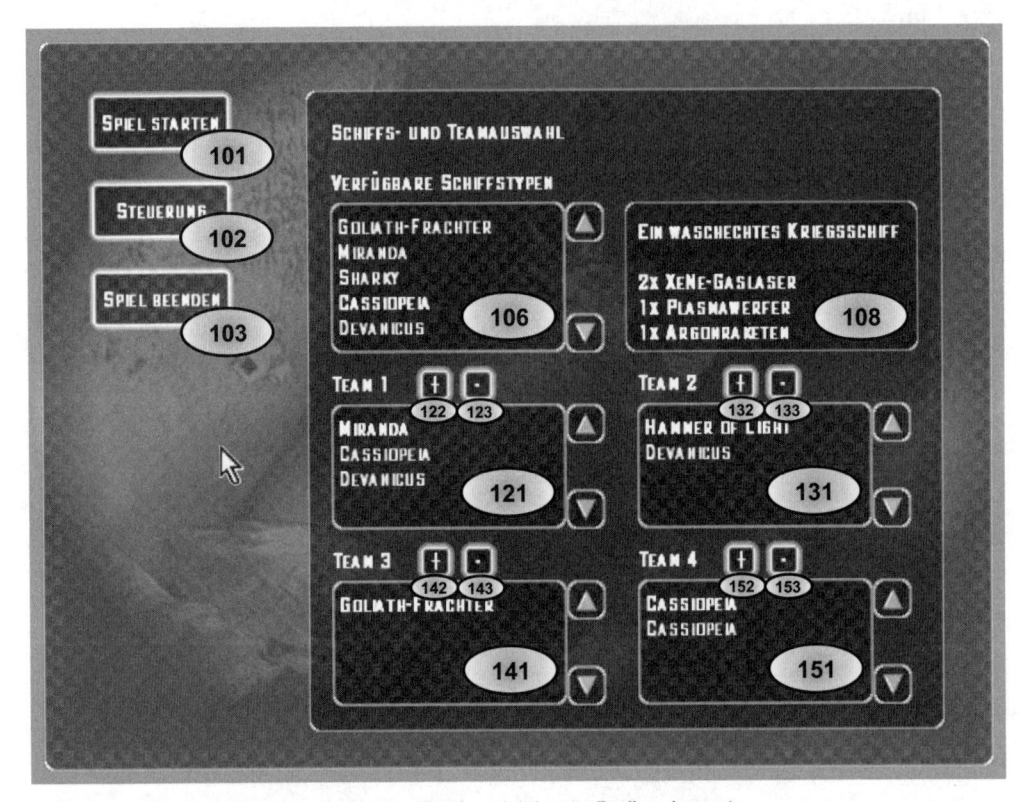

Abbildung 8.28 Das Hauptmenü und die IDs der wichtigsten Bedienelemente

Der Knopf STEUERUNG führt zu Seite 1 (das Hauptmenü ist auf Seite 0). Auf Seite 1 befindet sich lediglich ein Text, der zeigt, wie man das Spiel kontrolliert. Fängt die Nachrichtenfunktion also einen Klick auf das Element 102 ab, wird `SetCurrentPage(1)` aufgerufen. Auf Seite 1 gibt es dann wieder einen Knopf, der die Rückkehr zu Seite 0 ermöglicht. Damit wollen wir uns aber jetzt nicht weiter beschäftigen: Viel wichtiger sind die Elemente auf Seite 0.

8.16.2.2 Die Liste der Schiffstypen

Das Element 106 ist die Liste aller verfügbaren Schiffstypen. Diese Liste auszufüllen ist nicht besonders schwer – dazu gehen wir einfach alle Schiffstypen durch und erstellen für jeden einen neuen Eintrag. Als Eintragstext nehmen wir den Namen des Schiffstyps und als Datenzeiger einen Zeiger auf dessen `SShipType`-Struktur:

8.16 Die Benutzeroberfläche

```
// Erzeugen der Liste für die Schiffstypen
m_pGUI->CreateText(105, 0, tbVector2(250.0f, 110.0f), "Verfügbare Schiffstypen");
m_pGUI->CreateList(106, 0, tbVector2(250.0f,140.0f), tbVector2(192.0f,120.0f), 20);
for(int i = 0; i < pGame->m_iNumShipTypes; i++)
{
    ((tbGUIList*)(m_pGUI->GetElement(106)))->AddEntry(pGame->m_aShipType[i].acName,
                                                       &pGame->m_aShipType[i]);
}
```

Listing 8.110 Die Liste mit den Schiffstypen wird erzeugt und ausgefüllt.

Wird die Nachricht TB_GMT_SELECTION für die Liste abgefangen, dann bedeutet das, dass der Benutzer einen neuen Eintrag ausgewählt hat. Dann zeigen wir rechts – ID 108 – den Beschreibungstext des ausgewählten Schiffstyps an. Dieser Text befindet sich in der SShipType-Struktur (char acDesc[1024]). Einen Zeiger auf die SShipType-Struktur erhalten wir einfach, indem wir den Datenzeiger des ausgewählten Listeneintrags abfragen.

8.16.2.3 Die Teamlisten

Die Teamlisten (121, 131, 141 und 151) bestimmen, aus welchen Schiffen jedes der maximal vier Teams besteht. Der Spieler steuert dabei immer das erste Schiff des ersten Teams. Alle Listen sind zu Beginn leer. Die „+"-Knöpfe (122, 132, 142 und 152) erlauben das Hinzufügen eines Schiffs zu diesem Team. Dabei wird genau das Schiff hinzugefügt, das gerade in der Liste der Schiffstypen ausgewählt ist. Der „–"-Knopf entfernt das ausgewählte Schiff aus dem Team:

```
// Nachrichtenfunktion für das Hauptmenü
tbResult MainMenuMsgProc(int iID,
                         tbGUIMessage* pMsg,
                         tbGUI* pGUI)
{
    switch(pMsg->Type)
    {
    case TB_GMT_ELEMENTCLICKED:
        switch(iID)
        {
        case 122: // Schiff zu einem Team hinzufügen
        case 132:
        case 142:
        case 152:
            {
                // Zeiger auf die Schiffs- und die Teamliste abfragen.
                tbGUIList* pShipList = (tbGUIList*)(pGUI->GetElement(106));

                // Wenn die ID des angeklickten Knopfes 122 ist, dann ist
                // die ID der Schiffsliste dieses Teams 121.
                tbGUIList* pTeamList = (tbGUIList*)(pGUI->GetElement(iID - 1));

                // Zeiger auf den gewählten Schiffstyp in der Schiffsliste abfragen
                SShipType* pShipType = (SShipType*)(pShipList->GetSelectedEntry()->pData);

                // Dieses Schiff zum Team hinzufügen
                pTeamList->AddEntry(pShipType->acName, pShipType);
            }
            break;
```

```
            case 123:  // Schiff aus einem Team löschen
            case 133:
            case 143:
            case 153:
                {
                    // Wenn die ID des angeklickten Knopfes 123 ist, dann ist
                    // die ID der Schiffsliste dieses Teams 121.
                    tbGUIList* pTeamList = (tbGUIList*)(pGUI->GetElement(iID - 2));

                    // Ausgewähltes Schiff aus der Liste löschen
                    pTeamList->DeleteEntry(pTeamList->GetCursor());
                }
                break;
```

Listing 8.111 Schiffe zu den Teamlisten hinzufügen

8.16.2.4 Zwischenspeichern der Teams

Klickt man nun auf SPIEL STARTEN, dann müssen wir alle vier Teams speichern, damit später – bei der Initialisierung von CGame – alle Schiffe mit CGame::CreateShip erzeugt werden können. Dort können wir dann nicht mehr auf die Listen zugreifen, da die Benutzeroberfläche beim Verlassen des Hauptmenüs gelöscht wird. Darum deklarieren wir einfach ein globales Array, das den Typ jedes Schiffs in allen Teams speichert (als Index im Array der Schiffstypen, also wäre 0 der *Goliath-Frachter*). Das Array: int g_aiTeam[4][32]. Damit können also maximal 32 Schiffe pro Team gespeichert werden. Wird ein Klick auf den Knopf SPIEL STARTEN abgefangen, füllen wir also dieses Array aus:

```
int iNumShips = 0;

// Team-Array leeren (-1 steht für "kein Schiff")
for(int t = 0; t < 4; t++) for(int s = 0; s < 32; s++) g_aiTeam[t][s] = -1;

// Team 1
tbGUIList* pTeamList = (tbGUIList*)(pGUI->GetElement(121));
for(int i = 0; i < pTeamList->GetNumEntries() && i < 32; i++)
{
    // Schiff hinzufügen
    g_aiTeam[0][i] = ((SShipType*)(pTeamList->GetEntryByOrder(i)->pData))->iIndex;
    iNumShips++;
}

// Team 2
pTeamList = (tbGUIList*)(pGUI->GetElement(131));
for(i = 0; i < pTeamList->GetNumEntries() && i < 32; i++)
{
    // Schiff hinzufügen
    g_aiTeam[1][i] = ((SShipType*)(pTeamList->GetEntryByOrder(i)->pData))->iIndex;
    iNumShips++;
}

// Team 3
pTeamList = (tbGUIList*)(pGUI->GetElement(141));
for(i = 0; i < pTeamList->GetNumEntries() && i < 32; i++)
{
    // Schiff hinzufügen
    g_aiTeam[2][i] = ((SShipType*)(pTeamList->GetEntryByOrder(i)->pData))->iIndex;
    iNumShips++;
}
```

8.16 Die Benutzeroberfläche

```
// Team 4
pTeamList = (tbGUIList*)(pGUI->GetElement(151));
for(i = 0; i < pTeamList->GetNumEntries() && i < 32; i++)
{
    // Schiff hinzufügen
    g_aiTeam[3][i] = ((SShipType*)(pTeamList->GetEntryByOrder(i)->pData))->iIndex;
    iNumShips++;
}

// Wenn mindestens ein Schiff erstellt wurde, geht's jetzt los!
if(iNumShips > 0) pGUI->SetCurrentPage(2);
```

Listing 8.112 Zwischenspeichern der Teams in das globale int-Array g_aiTeam

8.16.2.5 Der Ladebildschirm

Im vorherigen Listing wird am Ende die Seite 2 aktiviert. Auf dieser Seite befindet sich lediglich ein großer Text, der den Spieler darüber informiert, dass es möglicherweise eine Zeit dauern kann, bis alle Daten des Spiels geladen wurden.

8.16.2.6 Achtung bei *SetGameState*!

Sofort nachdem der Ladebildschirm einmal angezeigt wurde, wechselt der Spielzustand vom Hauptmenü (GS_MAIN_MENU) zum eigentlichen Spiel (GS_GAME). Doch hier muss man höllisch aufpassen: Wenn man innerhalb der Nachrichtenfunktion des Hauptmenüs einfach so SetGameState(GS_GAME) aufruft, wird das zu einem Fehler führen. Denn dadurch wird das Hauptmenü heruntergefahren und die Benutzeroberfläche gelöscht. Zu dem Zeitpunkt, wo die Nachrichtenfunktion aufgerufen wird, ist die tbGUI-Klasse aber noch mitten bei der Verarbeitung der Eingaben, und sie dann einfach zu löschen, wäre ein fataler Fehler.

Die Lösung ist zum Glück recht einfach: Wir erzeugen eine globale Variable int g_iStartGame, die normalerweise den Wert null hat. Dann fangen wir die TB_GMT_RENDER-Nachricht ab, und wenn die aktive Seite die Seite 2, also der Ladebildschirm ist, erhöhen wir g_iStartGame. Erst, wenn g_iStartGame einen gewissen Wert erreicht hat (ich habe 10 genommen) – nämlich im nächsten Aufruf von CMainMenu::Move –, wird SetGameState(GS_GAME) aufgerufen. Zu diesem Zeitpunkt kann die tbGUI-Klasseninstanz nämlich gefahrlos gelöscht werden, und wir stellen sicher, dass der Ladebildschirm mindestens einmal gerendert wird.

```
int g_iStartGame = 0;

// Nachrichtenfunktion für das Hauptmenü
tbResult MainMenuMsgProc(int iID,
                         tbGUIMessage* pMsg,
                         tbGUI* pGUI)
{
    switch(pMsg->Type)
    {
    case TB_GMT_ELEMENTCLICKED:
        switch(iID)
        {
        case 101: // Spiel starten
            // Ausfüllen des Team-Arrays
            // ...

            // Wenn mindestens ein Schiff erstellt wurde, geht's jetzt los!
            if(iNumShips > 0) pGUI->SetCurrentPage(2);
            break;
        }
```

```cpp
            break;

        // ...

        case TB_GMT_RENDER:
            if(pGUI->m_iCurrentPage == 2)
            {
                // Aha - der Ladebildschirm wird angezeigt! Jetzt erhöhen wir
                // g_iStartGame, damit das Spiel gleich gestartet werden kann.
                g_iStartGame++;
            }
            break;
    }

    return TB_OK;
}

// Bewegt den Spielzustand
tbResult CMainMenu::Move(float fTime)
{
    // Benutzeroberfläche bewegen
    m_pGUI->Move(fTime, g_pbButtons, g_pfButtons);

    if(g_iStartGame > 10)
    {
        // Spiel starten
        g_pGalactica->SetGameState(GS_GAME);
    }

    return TB_OK;
}
```

Listing 8.113 Der Wechsel vom Hauptmenü zum Spiel – die wichtigen Stellen sind hervorgehoben.

8.16.2.7 Erzeugen der Schiffe in *CGame::Init*

In `CGame::Init` greifen wir nun auf die zwischengespeicherten Teams zu und erstellen alle Schiffe. Außerdem setzen wir den Zeiger auf das Schiff des Spielers auf das erste Element der Schiffsliste. Bei der Ausrichtung und Positionierung der Teams ist auch noch ein wenig Zufall mit im Spiel. Außerdem wird jedem Schiff ein zufälliges Ziel zugewiesen:

```cpp
// Initialisiert den Spielzustand
tbResult CGame::Init()
{
    // Laden ...
    if(Load()) TB_ERROR("Fehler beim Laden des Spielzustands!", TB_ERROR);

    // Kameramodus: Cockpit, Radarreichweite: 4000
    m_CameraMode = CM_COCKPIT;
    m_vCameraPos = tbVector3(0.0f);
    m_fRadarRange = 4000.0f;

    // Schiffe erstellen
    // Team 1
    int iShip;
    for(int i = 0; i < 32; i++)
    {
        if(g_aiTeam[0][i] == -1) break;
        iShip = CreateShip(0, g_aiTeam[0][i]);
        m_aShip[iShip].SetPosition(tbVector3((float)(i) * 100.0f, 0.0f, -2500.0f) +
                                   tbVector3Random() * 20.0f);
        m_aShip[iShip].Align(tbVector3(0.0f, 0.0f, 1.0f)+ tbVector3Random()*0.25f);
    }
    // Team 2
```

8.16 Die Benutzeroberfläche

```
        for(i = 0; i < 32; i++)
        {
            if(g_aiTeam[1][i] == -1) break;
            iShip = CreateShip(1, g_aiTeam[1][i]);
            m_aShip[iShip].SetPosition(tbVector3((float)(i) * 100.0f, 0.0f, 2500.0f) +
                                      tbVector3Random() * 20.0f);
            m_aShip[iShip].Align(tbVector3(0.0f, 0.0f,-1.0f)+ tbVector3Random()*0.25f);
        }

        // Team 3
        for(i = 0; i < 32; i++)
        {
            if(g_aiTeam[2][i] == -1) break;
            iShip = CreateShip(2, g_aiTeam[2][i]);
            m_aShip[iShip].SetPosition(tbVector3(-2500.0f, 0.0f, (float)(i) * 100.0f) +
                                      tbVector3Random() * 20.0f);
            m_aShip[iShip].Align(tbVector3(1.0f, 0.0f, 0.0f)+ tbVector3Random()*0.25f);
        }

        // Team 4
        for(i = 0; i < 32; i++)
        {
            if(g_aiTeam[3][i] == -1) break;
            iShip = CreateShip(3, g_aiTeam[3][i]);
            m_aShip[iShip].SetPosition(tbVector3(2500.0f, 0.0f, (float)(i) * 100.0f) +
                                      tbVector3Random() * 20.0f);
            m_aShip[iShip].Align(tbVector3(-1.0f, 0.0f,0.0f)+ tbVector3Random()*0.25f);
        }

        // Der Spieler spielt immer das erste Schiff.
        m_pPlayer = &m_aShip[0];

        // Allen Schiffen zufällige Ziele zuweisen
        for(int s = 0; s <= iShip; s++) m_aShip[s].m_iTarget = tbIntRandom(0, iShip);

        m_fTime = 0.0f;

        return TB_OK;
    }
```

Listing 8.114 Endlich: das Erzeugen der Schiffe

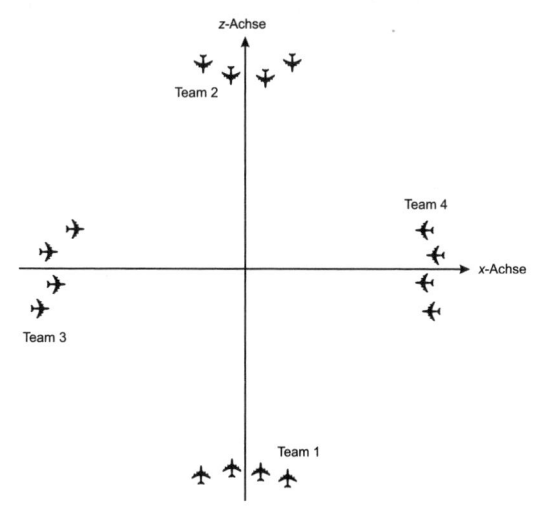

Abbildung 8.29 Die Startpositionen der Schiffe

Damit ist das Spiel so gut wie fertig! Im folgenden Abschnitt werden nur noch ein paar kleinere Dinge erledigt, die vor allem der Geschwindigkeitsoptimierung dienen.

8.17 Optimierungen und der Feinschliff

8.17.1 Sichtbarkeit eines Objekts

Unser bisheriger Ansatz beim Rendern der Raumschiffe war, ganz einfach *alles* zu rendern. Ob das Raumschiff überhaupt sichtbar ist, haben wir nicht geprüft. Das bedeutet, dass hier eine Menge Zeit verschwendet wird, denn die Grafikkarte muss erst jedes Dreieck komplett transformieren, bevor sie dann feststellt, dass es jenseits des sichtbaren Bereiches liegt. Auch die Erzeugung von Partikeln aus dem Antrieb nicht sichtbarer Raumschiffe kostet eine Menge Zeit und ist völlig unnötig.

8.17.1.1 Das View-Frustum

Aber wie können wir nun herausfinden, ob ein Objekt sichtbar ist oder nicht? Der Ansatz ist recht einfach: Man erzeugt *sechs Ebenen* – genannt *View-Frustum* –, die den kompletten Sichtbereich der Kamera beschreiben. In der Tat handelt es sich dabei um die *Clipping-Ebenen*. Es gibt eine nahe, eine ferne, eine linke, rechte, obere und untere Clipping-Ebene. Sie formen eine abgestumpfte Pyramide, die in die Tiefe breiter wird (*siehe Kapitel 2*).

Jetzt wollen wir erst einmal herausfinden, ob ein *Punkt* sichtbar ist. Dazu setzen wir ihn der Reihe nach in die Gleichungen sechs Clipping-Ebenen ein (mit tbPlaneDotCoords). Alle Ebenen zeigen nach *außen*. Das heißt: Wenn wir einen *positiven* Wert herausbekommen, dann liegt der Punkt *außerhalb* des View-Frustums und ist so nicht sichtbar.

8.17.1.2 Achsenausgerichtete Quader

Ein Raumschiff besteht nicht aus einem einzelnen Punkt – das ist klar. Aber es ist zum Glück auch nicht viel schwieriger, die Sichtbarkeit eines *Quaders* (des Umgebungsquaders vom Raumschiff) zu testen. Dazu müssen wir die Lage eines Quaders zu einer *Ebene* bestimmen. Dieser Klassifizierungstest kann drei Ergebnisse liefern:

1. Der Quader liegt vollständig auf der Vorderseite der Ebene.
2. Der Quader liegt vollständig auf der Rückseite der Ebene.
3. Die Ebene teilt den Quader.

Hier gibt es einen sehr guten Trick, wie man diesen Test beschleunigen kann (normalerweise würde man wohl dazu tendieren, einfach alle acht Eckpunkte in die Ebenengleichung einzusetzen). Allerdings funktioniert dieser Trick erst einmal nur mit *achsenausgerichteten Quadern*. Das sind Quader, deren Seiten parallel zu den Achsen des Koordinatensystems sind. Mit ihnen lässt es sich einfacher rechnen, da man keine Transformationsmatrix benötigt. Anhand der Ausrichtung der Ebene bestimmt man zwei Punkte auf dem Quader: einen, der in die Ebenengleichung eingesetzt einen möglichst kleinen (also negativen) Wert liefert, und einen, der einen möglichst großen Wert liefert. Wenn sich die Ergebnisse vom Vorzeichen her unterscheiden, dann liegt ein Teil des Quaders *vor* und ein Teil *hinter* der Ebene. Sind beide positiv, liegt der gesamte Quader vor der Ebene, und sind beide negativ, liegt er komplett hinter

8.17 Optimierungen und der Feinschliff 725

ihr. Dieser Test wird durch die TriBase-Funktion tbClassifyAABox durchgeführt („AA" steht für *Axis Aligned* oder *achsenausgerichtet*).

```
// Diese Funktion liefert:
//  1, wenn der Quader vollständig vor der Ebene liegt,
//  -1, wenn er vollständig hinter der Ebene liegt und
//  0, wenn der Quader die Ebene schneidet.
//
// ACHTUNG: Diese Funktion arbeitet mit achsenausgerichteten Quadern!
//          Diese Quader haben keine Transformationsmatrix!
TRIBASE_API int tbClassifyAABox(const tbVector3& vBoxMin,
                                const tbVector3& vBoxMax,
                                const tbPlane& Plane)
{
    // Nächsten und fernsten Punkt berechnen
    tbVector3 vNearPoint(vBoxMax);
    tbVector3 vFarPoint(vBoxMin);
    if(Plane.a > 0.0f) {vNearPoint.x = vBoxMin.x; vFarPoint.x = vBoxMax.x;}
    if(Plane.b > 0.0f) {vNearPoint.y = vBoxMin.y; vFarPoint.y = vBoxMax.y;}
    if(Plane.c > 0.0f) {vNearPoint.z = vBoxMin.z; vFarPoint.z = vBoxMax.z;}

    // Prüfen, ob der nächste Punkt vor der Ebene liegt.
    // Falls ja, liegt der ganze Quader vor ihr.
    if(tbPlaneDotCoords(Plane, vNearPoint) > 0.0f) return 1;

    // Prüfen, ob der fernste Punkt vor der Ebene liegt.
    // Falls ja, dann wird der Quader von der Ebene geteilt.
    if(tbPlaneDotCoords(Plane, vFarPoint) > 0.0f) return 0;

    // Der Quader befindet sich hinter der Ebene.
    return -1;
}
```

Listing 8.115 Klassifizieren eines achsenausgerichteten Quaders

8.17.1.3 Frei drehbare Quader

Es wäre doch schön, wenn wir diesen einfachen Trick auch für frei drehbare Quader – also solche mit einer Transformationsmatrix – anwenden könnten ...

> Der oben gezeigte Trick funktioniert nur dann, wenn sich die Ebene und der Quader im selben Koordinatensystem befinden. Bei einem achsenausgerichteten Quader ist das der Fall, aber bei einem frei drehbaren Quader nicht (dafür hat er seine Transformationsmatrix). Anstatt nun den Quader zu transformieren, transformieren wir ganz einfach die *Ebene* – und zwar mit der *inversen Transformationsmatrix*! Dann befinden sich beide im selben Koordinatensystem, und der Test funktioniert.

Genau nach diesem Prinzip arbeitet die Funktion tbClassifyBox. Diese Funktion sieht praktisch genauso aus wie tbClassifyAABox, nur dass sie zuerst noch die Ebene transformiert:

```
// Klassifizierung eines frei drehbaren Quaders
TRIBASE_API int tbClassifyBox(const tbVector3& vBoxMin,
                              const tbVector3& vBoxMax,
                              const tbMatrix& mBoxTransformation,
                              const tbPlane& Plane)
{
    // Ebene transformieren
    tbPlane NewPlane = tbPlaneTransform(Plane, tbMatrixInvert(mBoxTransformation));
```

```
        // Nächsten und fernsten Punkt berechnen
        tbVector3 vNearPoint(vBoxMax);
        tbVector3 vFarPoint(vBoxMin);
        if(NewPlane.a > 0.0f) {vNearPoint.x = vBoxMin.x; vFarPoint.x = vBoxMax.x;}
        if(NewPlane.b > 0.0f) {vNearPoint.y = vBoxMin.y; vFarPoint.y = vBoxMax.y;}
        if(NewPlane.c > 0.0f) {vNearPoint.z = vBoxMin.z; vFarPoint.z = vBoxMax.z;}

        // Prüfen, ob der nächste Punkt vor der Ebene liegt.
        // Falls ja, liegt der ganze Quader vor ihr.
        if(tbPlaneDotCoords(NewPlane, vNearPoint) > 0.0f) return 1;

        // Prüfen, ob der fernste Punkt vor der Ebene liegt.
        // Falls ja, dann wird der Quader von der Ebene geteilt.
        if(tbPlaneDotCoords(NewPlane, vFarPoint) > 0.0f) return 0;

        // Der Quader befindet sich hinter der Ebene.
        return -1;
    }
```

Listing 8.116 So funktioniert der Trick auch mit frei drehbaren Quadern!

Weiterhin gibt es noch die Funktion tbClassifyBox_Inv. Sie erwartet als Parameter direkt die *inverse* Transformationsmatrix. Falls man sie schon kennt (wie das bei *Galactica* der Fall ist), dann wäre es unsinnig, sie noch einmal zu berechnen.

8.17.1.4 Berechnung des View-Frustums

Nun können wir also bestimmen, ob ein Quader vor oder hinter einer Ebene liegt oder von ihr geteilt wird. Jetzt brauchen wir nur noch die sechs Ebenen des View-Frustums. Auch hier gibt es wieder einen Trick, wie man diese Ebenen sehr schnell berechnen kann. Man benötigt dazu die Sicht- und die Projektionsmatrix (oder deren Produkt). Es ist nicht wichtig, den Algorithmus zu verstehen. Er hat sich mittlerweile stark verbreitet, und ich bezweifle, dass es viele gibt, die wirklich verstehen, warum er funktioniert (inklusive mir selbst):

```
    // Berechnen des View-Frustums anhand der Projektionsmatrix und der Sichtmatrix
    TRIBASE_API tbResult tbComputeClipPlanes(const tbMatrix& mView,
                                             const tbMatrix& mProjection,
                                             tbPlane* pOut)
    {
        // Sichtmatrix mit der Projektionsmatrix multiplizieren
        tbMatrix mTemp = mView * mProjection;

        // Linke Clipping-Ebene
        pOut[0].a = -(mTemp.m14 + mTemp.m11);
        pOut[0].b = -(mTemp.m24 + mTemp.m21);
        pOut[0].c = -(mTemp.m34 + mTemp.m31);
        pOut[0].d = -(mTemp.m44 + mTemp.m41);

        // Rechte Clipping-Ebene
        pOut[1].a = -(mTemp.m14 - mTemp.m11);
        pOut[1].b = -(mTemp.m24 - mTemp.m21);
        pOut[1].c = -(mTemp.m34 - mTemp.m31);
        pOut[1].d = -(mTemp.m44 - mTemp.m41);

        // Obere Clipping-Ebene
        pOut[2].a = -(mTemp.m14 - mTemp.m12);
        pOut[2].b = -(mTemp.m24 - mTemp.m22);
        pOut[2].c = -(mTemp.m34 - mTemp.m32);
        pOut[2].d = -(mTemp.m44 - mTemp.m42);
```

8.17 Optimierungen und der Feinschliff

```
    // Untere Clipping-Ebene
    pOut[3].a = -(mTemp.m14 + mTemp.m12);
    pOut[3].b = -(mTemp.m24 + mTemp.m22);
    pOut[3].c = -(mTemp.m34 + mTemp.m32);
    pOut[3].d = -(mTemp.m44 + mTemp.m42);

    // Nahe Clipping-Ebene
    pOut[4].a = -(mTemp.m14 + mTemp.m13);
    pOut[4].b = -(mTemp.m24 + mTemp.m23);
    pOut[4].c = -(mTemp.m34 + mTemp.m33);
    pOut[4].d = -(mTemp.m44 + mTemp.m43);

    // Ferne Clipping-Ebene
    pOut[5].a = -(mTemp.m14 - mTemp.m13);
    pOut[5].b = -(mTemp.m24 - mTemp.m23);
    pOut[5].c = -(mTemp.m34 - mTemp.m33);
    pOut[5].d = -(mTemp.m44 - mTemp.m43);

    return TB_OK;
}
```

Listing 8.117 Es funktioniert wirklich!

Mit der Funktion `tbComputeClipPlanes` können wir nun also die sechs Clipping-Ebenen abfragen, indem wir ihr als dritten Parameter einfach ein `tbPlane`-Array mit sechs Elementen übergeben (ein Array wird praktisch wie ein Zeiger behandelt).

8.17.1.5 Der Sichtbarkeitstest

Es folgt der abschließende Sichtbarkeitstest eines frei drehbaren Quaders, der zum Glück sehr einfach ist. Wir testen dazu den Quader der Reihe nach mit allen sechs Ebenen (mit `tbClassifyBox`). Sobald einmal 1 herauskommt, liegt der Quader komplett vor einer der Ebenen (die alle nach *außen* zeigen) und ist damit in jedem Fall unsichtbar. Der Test kann dann abgebrochen werden:

```
// Sichtbarkeit eines Quaders prüfen
TRIBASE_API BOOL tbBoxVisible(const tbVector3& vBoxMin,
                              const tbVector3& vBoxMax,
                              const tbMatrix& mBoxTransformation,
                              const tbPlane* pClipPlanes)
{
    // Matrix invertieren
    tbMatrix mInvMatrix = tbMatrixInvert(mBoxTransformation);

    // Wenn der Quader auf der Vorderseite einer Ebene liegt, ist er unsichtbar.
    if(tbClassifyBox_Inv(vBoxMin,vBoxMax, mInvMatrix, pClipPlanes[0])==1) return 0;
    if(tbClassifyBox_Inv(vBoxMin,vBoxMax, mInvMatrix, pClipPlanes[1])==1) return 0;
    if(tbClassifyBox_Inv(vBoxMin,vBoxMax, mInvMatrix, pClipPlanes[2])==1) return 0;
    if(tbClassifyBox_Inv(vBoxMin,vBoxMax, mInvMatrix, pClipPlanes[3])==1) return 0;
    if(tbClassifyBox_Inv(vBoxMin,vBoxMax, mInvMatrix, pClipPlanes[4])==1) return 0;
    return tbClassifyBox_Inv(vBoxMin, vBoxMax, mInvMatrix, pClipPlanes[5]) != 1;
}
```

Listing 8.118 Diese Funktion prüft auf einfache Weise, ob ein Quader sichtbar ist oder nicht.

8.17.1.6 Die Anwendung in *Galactica*

Im Spiel wenden wir den Sichtbarkeitstest vor dem Rendern an. Unsichtbare Schiffe werden dann nur bewegt, aber nicht gezeichnet. Außerdem erzeugen unsichtbare Schiffe dann auch keine Partikel mehr.

8.17.2 Render-Modell und Kollisionsmodell

Es gibt noch eine Optimierung, die wir einführen können, um das Spiel „flüssiger" laufen zu lassen. Die exakte Kollisionserkennung beansprucht gerade bei Modellen mit vielen Dreiecken recht viel Rechenzeit. Um dem entgegenzuwirken, kann man die Modelle weniger detailliert gestalten – dann sehen sie aber auch schlechter aus. Doch, halt! Könnte man nicht ein weniger detailliertes Modell für die Kollisionserkennung benutzen und beim Rendern auf das normale Modell zurückgreifen? Ob das Modell, das zur Kollisionserkennung herangezogen wird, nun aus 1000 oder 100 Dreiecken besteht, merkt man kaum. Ein Laserstrahl wird dann vielleicht einen halben Meter früher gegen die Hülle knallen, aber das kann man in Kauf nehmen, wenn dafür die Framerate steigt.

Die Kollisionsmodelle sind in den Dateien SHIP1C.TBM, SHIP2C.TBM und so weiter im Ordner DATA gespeichert. *Galactica* lädt sie so, dass *nur* die Extradaten – die man für die Kollisionserkennung braucht – berechnet werden. Sie haben dementsprechend auch keine Effekte, Texturen oder Vertex- und Index-Buffer. Bei den Render-Modellen kann dann auf die Extradaten verzichtet werden.

Wollte man das Spiel noch mehr optimieren, dann könnte man auch für das Render-Modell verschiedene Versionen unterschiedlichen Detailgrades erstellen. Ist ein Objekt weiter entfernt, schaltet man einfach auf ein weniger detailliertes Modell um – der Spieler wird es gar nicht bemerken, wenn die Entfernung richtig gewählt ist. Mittlerweile ist es auch recht einfach möglich, die Übergänge von einem detaillierten Modell zu einem weniger detaillierten weicher zu gestalten (*Progressive Meshes*). Das Programm kann dann in Laufzeit festlegen, aus wie vielen Dreiecken oder Vertizes das zu rendernde Modell bestehen soll. Bei der Wahl der richtigen Detailstufe sollte aber nicht nur die Entfernung des Objekts von der Kamera (auf der *z*-Achse), sondern vielmehr die tatsächliche projizierte Größe auf dem Bildschirm ins Gewicht fallen.

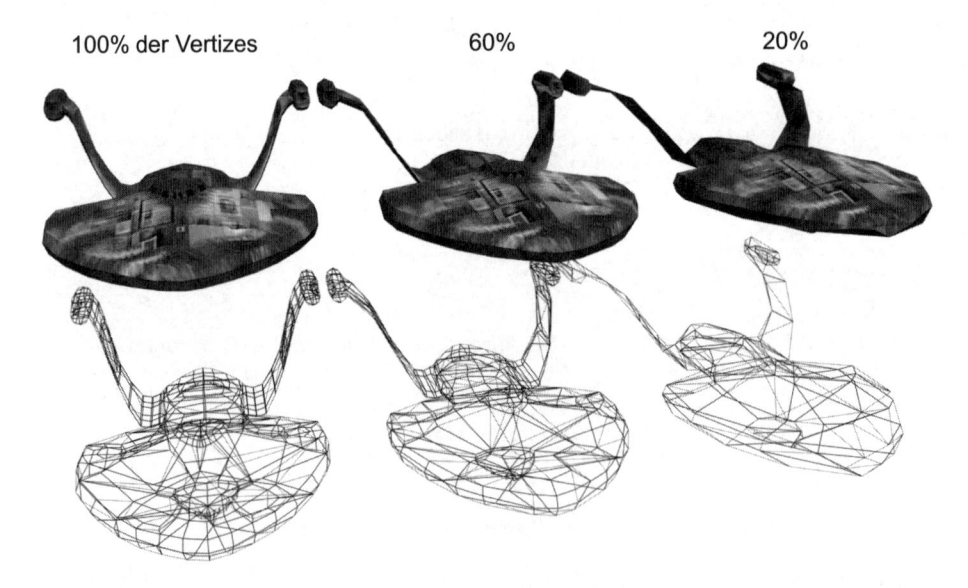

Abbildung 8.30 Das gleiche Modell in verschiedenen Detailstufen

8.17 Optimierungen und der Feinschliff

8.17.3 Musik

Die musikalische Untermalung funktioniert hier praktisch genau wie bei *Breakanoid*. Der einzige Unterschied ist, dass wir hier *zwei* Musikstücke haben (BRIEFING.MP3 für Intro und Hauptmenü und ACTION.MP3 für das eigentliche Spiel). Es wird auch hier die Klasse tbMusic verwendet. An dieser Stelle noch einmal vielen Dank an Ingmar Baum für das Komponieren der Musikstücke und die Erstellung der meisten Sounds des Spiels.

8.17.4 Wackelndes Cockpit

Wird das Schiff des Spielers getroffen oder stößt es mit einem anderen Schiff zusammen, dann sollte man das auch in der Cockpitperspektive merken. Darum wurde der CShip-Klasse eine Variable float m_fCockpitShaking hinzugefügt. Wenn es anfangen soll zu wackeln, setzt man diese Variable auf einen zufälligen Wert, zum Beispiel auf 2. Beim Rendern des Cockpits wird dieses dann zufällig verschoben. m_fCockpitShaking wird verringert, bis die Variable wieder null erreicht hat und es nicht mehr wackelt. Übrigens wackelt es auch, wenn man den Antrieb auf vollen Schub stellt.

8.17.5 Screenshots schießen

Oft funktioniert das Schießen von Screenshots in Vollbildspielen, die Direct3D verwenden, nicht. Dadurch, dass das Bild nur in die Zwischenablage kopiert würde, könnte man immer nur einen einzigen Screenshot machen und müsste das Spiel wieder verlassen, um ihn zu speichern.

Da ist es besser, wenn das Spiel gleich eine eingebaute Screenshot-Funktion hat, die nicht die Zwischenablage, sondern Dateien benutzt. Man spielt das Spiel, macht so viele Screenshots, wie man will, und kann sie sich nachher in Ruhe ansehen (in den Dateien SCREENSHOT1.BMP, SCREENSHOT2.BMP ...).

Glücklicherweise gibt es eine D3DX-Funktion namens D3DXSaveSurfaceToFile, die den Inhalt einer Direct3D-Oberfläche in eine Datei speichert.

Tabelle 8.9 Die Parameter der Funktion D3DXSaveSurfaceToFile

Parameter	Beschreibung
LPCTSTR pDestFile	String, der den Namen der Zieldatei enthält
D3DXIMAGE_FILEFORMAT DestFormat	Format der zu speichernden Datei. Zur Auswahl stehen D3DXIFF_BMP (Windows-Bitmap-Datei), D3DXIFF_DDS (das etwas flexiblere Texturdateiformat) und D3DXIFF_DIB (*Device Independent Bitmap*). Da BMP-Dateien am einfachsten zu öffnen sind, empfehle ich D3DXIFF_BMP.
PDIRECT3DSURFACE9 pSrcSurface	Zeiger auf die Direct3D-Oberfläche, die gespeichert werden soll. Das kann zum Beispiel der Bildpuffer sein oder auch eine MIP-Map-Ebene einer Textur.
const PALETTEENTRY* pSrcPalette	Palette – nur für 8-Bit-Formate von Bedeutung (einfach NULL angeben)
const RECT* pSrcRect	Zeiger auf eine RECT-Struktur, die das zu speichernde Rechteck in der Oberfläche angibt oder NULL für die gesamte Oberfläche.

Nun erweitern wir die Methode CGalactica::Move, so dass sie prüft, ob [SysRq] ([Print Screen]) gedrückt wurde. Wenn das der Fall ist, dann wird nach einem freien Screenshot-Dateinamen gesucht. Dann holen wir uns mit IDirect3DDevice9::GetBackBuffer einen Zeiger auf die Bildpufferoberfläche und speichern sie mit D3DXSaveSurfaceToFile in die Screenshot-Datei. Nicht vergessen: Die IDirect3DSurface9-Schnittstelle des Bildpuffers muss nach der Verwendung durch Release wieder freigegeben werden!

```
// Bewegt das Spiel
tbResult CGalactica::Move(float fTime)
{
    PDIRECT3DSURFACE9 pBackBuffer;
    char              acFilename[256] = "";
    tbResult          r = TB_OK;

    // Eingabegeräte abfragen, alten Status kopieren
    tbDirectInput& DI = tbDirectInput::Instance();
    memcpy(g_pbOldButtons, g_pbButtons, DI.GetNumButtons() * sizeof(BOOL));
    memcpy(g_pfOldButtons, g_pfButtons, DI.GetNumButtons() * sizeof(float));
    DI.GetState(g_pfButtons, g_pbButtons);

    // Screenshots werden mit PrintScreen/SysRq gemacht.
    if(WasButtonPressed(TB_KEY_SYSRQ))
    {
        // Freien Screenshot suchen
        for(int iShot = 1; iShot < 100000; iShot++)
        {
            // Existiert dieser Screenshot schon?
            sprintf(acFilename, "Screenshot%d.bmp", iShot);
            if(!tbFileExists(acFilename)) break;
        }

        // Bildpuffer abfragen und in Datei speichern
        tbDirect3D::Instance()->GetBackBuffer(0, 0, D3DBACKBUFFER_TYPE_MONO, &pBackBuffer);
        D3DXSaveSurfaceToFile(acFilename, D3DXIFF_BMP, pBackBuffer, NULL, NULL);
        pBackBuffer->Release();
    }

    // Aktuellen Spielzustand bewegen
    // ...

    return TB_OK;
}
```

Listing 8.119 Screenshots schießen

Dadurch, dass dieser Code direkt in CGalactica::Move platziert wird, können Screenshots nicht nur vom eigentlichen Spiel, sondern auch vom Hauptmenü oder vom Titelbild gemacht werden.

8.18 Erweiterungsvorschläge

Damit ist die Entwicklung von *Galactica* abgeschlossen! Natürlich könnte man das Spiel noch in vielerlei Hinsicht erweitern, was Sie auch gerne tun dürfen (bitte schicken Sie mir dann eine Kopie davon, damit ich das Spiel dann auch veröffentlichen kann).

- Eine benutzerdefinierte Steuerung wäre eigentlich gar nicht viel Arbeit. Die Grundlagen dazu liefert das letzte Beispielprogramm des vierten Kapitels. Im Grunde müsste man nur die TB_KEY_...- und TB_JOY_...-Ausdrücke im Spiel durch Variablen ersetzen, die zu Beginn

aus einer Konfigurationsdatei gelesen werden. Ein kleines Extraprogramm lässt den Benutzer dann jeder Aktion einen analogen Knopf zuweisen.
- Intelligentere Gegner!
- Ein Kommunikationssystem: Hat man gerade einen Feind im Nacken, kann man einen seiner Teamkameraden rufen, damit er zu Hilfe eilt.
- Eine Multi-Player-Version dieses Spiels wäre sicherlich nicht schlecht ...
- Mehr Schiffe und Waffen
- Richtige Planeten (Gravitation!), Nebel (in die man hineinfliegen kann und die dann zum Beispiel die Sensoren oder die Schutzschilde stören könnten), Asteroiden, schwarze Löcher (noch mehr Gravitation!) ...

8.19 Ausblick

Jetzt haben wir schon zwei komplette Spiele entwickelt, und man wird zugeben müssen, dass *Galactica* für das zweite Spiel wirklich einiges zu bieten hat! Einiges zu bieten hat auch das nächste Kapitel, in dem es um einige fortgeschrittene und wirklich interessante Techniken gehen wird, die in den beiden Spielen nicht zum Einsatz kamen.

9

Fortgeschrittene Techniken

9 Fortgeschrittene Techniken

9.1 Was Sie in diesem Kapitel erwartet

In diesem Kapitel werde ich einige fortgeschrittene Techniken – vor allem den Bereich der 3D-Grafik betreffend – vorstellen, die in unseren beiden Spielen *Breakanoid* und *Galactica* noch nicht zur Anwendung kamen. Die hier gezeigten Dinge sind eine Voraussetzung für wirklich „moderne" Spieleprogrammierung.

Außerdem beinhaltet dieses Kapitel viele kleine „Denkanstöße" (das heißt: nicht immer komplette Quellcodes, sondern vielmehr Ideen und Anregungen). Ich kann Ihnen versprechen, dass es interessant wird!

9.2 Schatten mit dem Stencil-Buffer

9.2.1 Schatten in der 3D-Grafik

Wenn wir einen Screenshot eines 3D-Spiels betrachten, dann fällt es meistens nicht schwer, diesen von einem realen Foto zu unterscheiden. Einerseits mag das vielleicht an zu wenig detaillierten Modellen liegen, aber der hauptsächliche Grund ist in den meisten Fällen die unrealistische Beleuchtung. Wie bereits im zweiten Kapitel angesprochen, ist eine realistische Beleuchtung in Echtzeit-3D-Polygongrafik kaum zu realisieren. Vor allem *Schatten* lassen sich mit dem Prinzip, jeden Vertex einzeln zu beleuchten, kaum simulieren. Da Schatten aber für den Realismus und vor allem für die Atmosphäre eines Spiels sehr wichtig sind, darf man an dieser Stelle nicht aufgeben, sondern sollte nach anderen Methoden zur Schattenberechnung Ausschau halten.

9.2.2 Ansätze

Schatten können auf vielerlei Arten berechnet werden. Die beiden am häufigsten benutzten Methoden sind *Shadow Mapping* und *Shadow Volume Rendering*.

9.2.2.1 Shadow Mapping

Beim *Shadow Mapping* versetzt man sich in die Sicht der Lichtquelle und rendert die gesamte Szene von dort aus – und zwar nicht in den Bildpuffer, sondern in eine eigens dafür angefertigte *Textur* (die so genannte *Shadow Map*). Dabei handelt es sich um eine *Tiefentextur* – das heißt, dass diese Textur nur die *Tiefe* jedes gerenderten Pixels speichert und nicht die Farbe (wie der Z-Buffer). Das Prinzip ist nun folgendes: Wenn ein Objekt aus der Sicht der Lichtquelle durch ein anderes Objekt verdeckt wird, dann wird es im Schatten liegen – die Lichtstrahlen können es nicht direkt erreichen.

Shadow Mapping funktioniert auf *Pixelebene*, und die Qualität der Schatten hängt vor allem von der Größe der Shadow Map ab. Zu kleine Shadow Maps führen zu „eckigen" Schatten, bei denen man jeden Texel einzeln erkennen kann, und zu große Shadow Maps sind beim

Rendern zu langsam. Dafür sind die Schatten aber auch angenehm „weich", wie sie es in der Realität meistens ebenfalls sind.

Leider gibt es Probleme, wenn man Shadow Mapping mit *punktförmigen* Lichtquellen anwenden will, denn in welche Richtung soll das Licht dann zeigen? Diese Richtung muss bekannt sein, um sich in die Sicht der Lichtquelle zu versetzen. Man bräuchte eine 360°-Sicht der Szene und müsste wahrscheinlich alles 6 x rendern: nach vorne, hinten, links, rechts oben und unten. Unter Direct3D ist Shadow Mapping leider nur recht schwer zu implementieren, und die Hardwareanforderungen liegen bei einer GeForce3 (während es mit OpenGL auch mit älteren Grafikkarten funktioniert).

9.2.2.2 Shadow Volume Rendering

Beim *Shadow Volume Rendering* arbeitet man *objektbasiert* – Schatten werden für einzelne Objekte und nicht für die gesamte Szene berechnet. Auch hier versetzt man sich in die Sicht der Lichtquelle und erstellt anhand der Silhouette des Objekts ein *Schattenvolumen*. Das ist der Bereich, der von dem Objekt abgedunkelt wird. Mit einem cleveren Trick nutzt man dann den Stencil-Buffer, um den Bereich auf dem Bild zu finden, der später – um den Schatten darzustellen – verdunkelt werden muss. Diese Schatten sind auf den Pixel genau und sehr scharf.

Weil *Shadow Volume Rendering* recht leicht zu implementieren ist, habe ich mich für diese Methode entschieden.

9.2.3 Das Prinzip

9.2.3.1 Die Silhouette für das Schattenvolumen

Der Umriss (Silhouette) des Schattenvolumens, also des Bereiches, der im Schatten liegt, ist gleich der Silhouette des Objekts aus der Sicht der Lichtquelle.

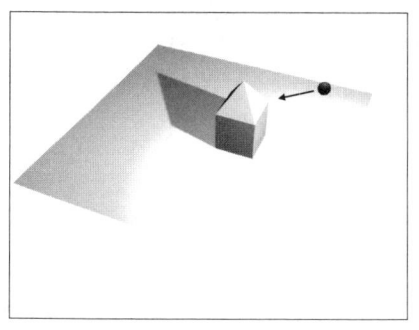

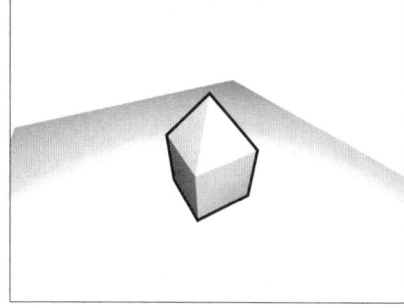

Abbildung 9.1 *Links*: das Objekt wirft einen Schatten; *Rechts*: die Silhouette des Objekts aus der Sicht der Lichtquelle

Schauen Sie Sich die rechte Abbildung an, und stellen Sie sich vor, die Silhouette (die dicken Linien) in die Tiefe zu ziehen. Genau so entsteht das Schattenvolumen!

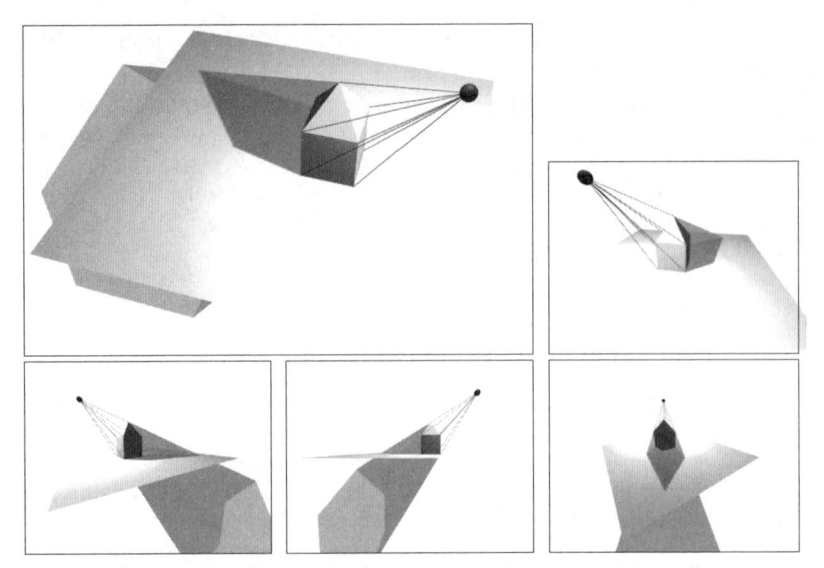

Abbildung 9.2 Man verlängert die Verbindungslinie zwischen den Vertizes und der Lichtquelle, um das Schattenvolumen zu erhalten. Dort, wo es die Ebene schneidet, ist Schatten.

In Ordnung – wir brauchen also „nur" die Silhouette des Objekts aus der Sicht der Lichtquelle. Das ist aber nicht so einfach, wie es vielleicht auf den ersten Blick aussieht, denn wir müssen genau die Dreiecksseiten herausfiltern, die *nicht* zur Silhouette gehören.

Hier hilft folgende Überlegung weiter:

Eine Dreiecksseite gehört normalerweise zu einem oder zu zwei verbundenen Dreiecken. Sie gehört genau dann zur Silhouette, wenn *eines* der beiden Dreiecke *sichtbar* ist und das andere nicht oder wenn sie nur zu einem einzigen Dreieck gehört.

Oder anders gesagt: Wenn innerhalb der Menge der für das Licht *sichtbaren* Dreiecke eine Seite *zweimal* vorkommt, dann gehört sie *nicht* zur Silhouette, weil sie dann zu *zwei* Dreiecken gehört, die beide sichtbar sind.

Also können wir nach folgendem Prinzip vorgehen:
- Wir durchlaufen alle Dreiecke des Modells.
- Wenn ein Dreieck sichtbar ist, fügen wir seine drei Seiten zu einer Liste hinzu.
- Wenn wir bemerken, dass sich eine Seite bereits in der Liste befindet, dann entfernen wir sie, weil sie doppelt vorkommt und daher nicht zur Silhouette gehört. Eine Seite wird anhand ihrer beiden Vertizes identifiziert.

Die Liste enthält nur noch die Dreiecksseiten, die zur Silhouette gehören, und wir wären nun schon in der Lage, das Schattenvolumen zu erstellen. Aber erst einmal werden wir uns um den zeichentechnischen Aspekt kümmern.

9.2.3.2 Der Trick mit dem Stencil-Buffer

Auf der Abbildung konnte man das Schattenvolumen *sehen*. Das wird später natürlich nicht mehr der Fall sein (obwohl es kombiniert mit Alpha-Blending sicherlich auch ein schöner Effekt wäre ...). Irgendwie müssen wir jetzt diejenigen Pixel markieren, die später wirklich ver-

9.2 Schatten mit dem Stencil-Buffer

dunkelt werden sollen. Mit geometrischen Ansätzen kommt man hier nicht weit, aber eine große Hilfe wird uns durch den *Stencil-Buffer* geboten. Wie Sie hoffentlich noch wissen, ist der Stencil-Buffer ein Teil des Z-Buffers (beide zusammen heißen dann Z-Stencil-Buffer). Der Stencil-Buffer speichert für jeden Pixel einen ganzzahligen Wert, der für die Markierung oder Maskierung einzelner Pixel oder ganzer Bereiche verwendet werden kann.

Zu Beginn der Szene wird der Stencil-Buffer auf null zurückgesetzt. Man zeichnet dann zuerst nur die *Vorderseite* des Schattenvolumens. Das heißt mit anderen Worten, dass alle Dreiecke, deren Vertizes gegen den Uhrzeigersinn angeordnet sind, wegfallen (D3DRS_CULLMODE auf D3DCULL_CCW setzen). Den Stencil-Buffer stellt man so ein, dass der Stencil-Wert bei jedem gezeichneten Pixel um eins *erhöht* wird.

Anschließend zeichnen wir nur die *Rückseiten* des Schattenvolumens (D3DCULL_CW) und stellen den Stencil-Buffer so ein, dass die Stencil-Werte um eins *verringert* werden.

Jetzt haben die Pixel, wo sich Vorder- und Rückseite überlappen, einen Stencil-Wert von null (einmal erhöhen und einmal verringern). Aber dort, wo nachher der Schatten sichtbar sein soll, sind die Stencil-Werte nicht gleich null! Das sind die Stellen, an denen die Rückseite des Schattenvolumens zum Beispiel schon in den Boden eindringt und damit unsichtbar wird. Damit haben wir genau die richtigen Pixel markiert.

Vor dem Rendern sorgen wir dafür, dass das Schattenvolumen im Bildpuffer nicht sichtbar wird – es soll seine Spuren nur im Stencil-Buffer hinterlassen. Das kann man durch Alpha-Blending erreichen (D3DRS_SRCBLEND auf D3DBLEND_ZERO setzen und D3DRS_DESTBLEND auf D3DBLEND_ONE). Besser ist es, das Render-State D3DRS_COLORWRITEENABLE auf null zu setzen.

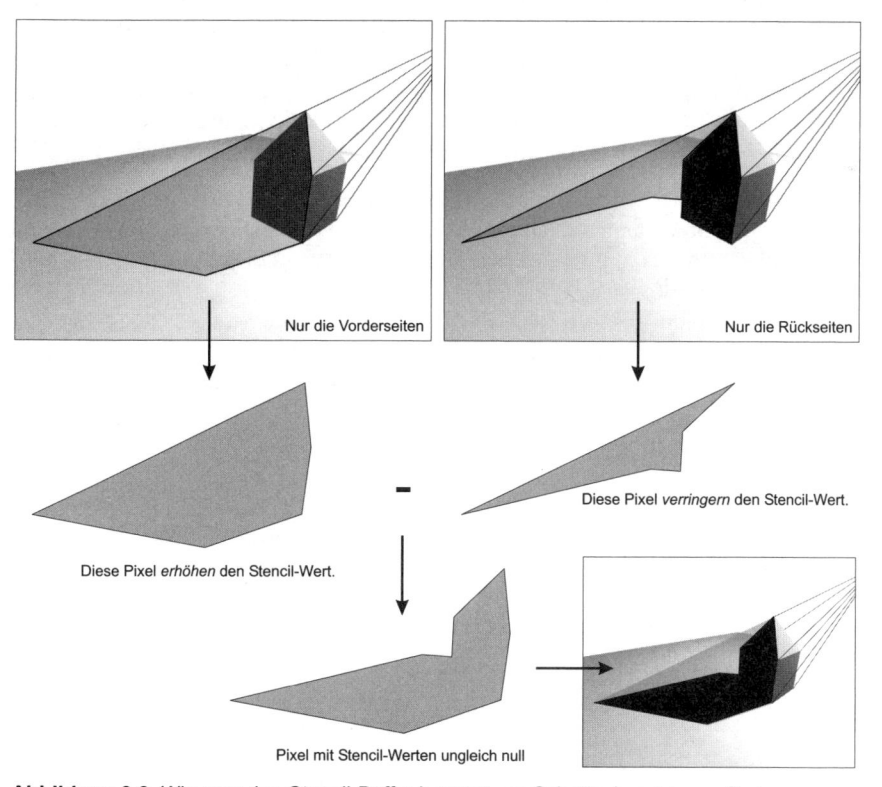

Abbildung 9.3 Wie man den Stencil-Buffer benutzt, um Schattenbereiche zu finden

Nun sind also alle Pixel, die im Schatten liegen, durch einen Stencil-Wert ungleich null markiert. Jetzt ist es ein Leichtes, diese Pixel zu verdunkeln. Dazu zeichnen wir einfach ein großes Rechteck in der Farbe des Schattens (mit Alpha-Blending) über den ganzen Bildschirm. Den Stencil-Test stellen wir so ein, dass nur dort Pixel gezeichnet werden, wo der Stencil-Wert ungleich null ist.

9.2.3.3 Sichtbarkeit eines Dreiecks

Bevor wir nun im nächsten Schritt besprechen, wie wir die Vertizes für das Schattenvolumen erzeugen, ist es noch wichtig zu wissen, wie man die Sichtbarkeit eines Dreiecks bestimmen kann. Denn wir dürfen nur die Seiten von *sichtbaren* Dreiecken zur Liste hinzufügen, die am Ende die Silhouette enthalten soll. Dazu machen wir es Direct3D nach: *Culling* heißt das Zauberwort! Wir müssen nur das Punktprodukt aus dem Normalenvektor des Dreiecks und der Richtung vom Licht zum Dreieck hin bestimmen. Wenn das Ergebnis positiv ist, dann ist das Dreieck sichtbar, weil es uns seine Vorderseite zuwendet, und bei einem negativen Punktprodukt ist es unsichtbar.

Wie man nun diesen Richtungsvektor vom Licht zum Dreieck bestimmt, hängt ganz vom Typ der Lichtquelle ab:

- Bei dem Typ D3DLIGHT_POINT, wo die Lichtquelle eine *Position* hat, nehmen wir den Verbindungsvektor von der Lichtposition zu Mittelpunkt des Dreiecks (den wir hier einfach durch den Mittelwert der Positionsvektoren der drei Vertizes berechnen).
- *Richtungslichter* (D3DLIGHT_DIRECTIONAL) kann man sich so weit entfernt vorstellen, dass die Verbindungsvektoren zu allen Dreiecken gleich sind (die Lichtstrahlen kommen praktisch parallel an). Also brauchen wir hier auch keinen Mittelpunkt oder Sonstiges – als Richtungsvektor nehmen wir die Lichtrichtung (D3DVECTOR D3DLIGHT9::Direction).
- Spotlichter (D3DLIGHT_SPOT) können wir wie Punktlichter behandeln, da diese auch eine *Position* besitzen. Allerdings kann der spezielle Charakter des Spotlichts hier nicht so leicht berücksichtigt werden (was mit Light-Mapping jedoch kein Problem wäre).

Eine einfache Punktproduktrechnung verrät uns also, ob die Lichtquelle das Dreieck sehen kann, und damit verrät sie uns auch, ob wir dieses Dreieck bei der Erzeugung des Schattenvolumens beziehungsweise der Silhouette berücksichtigen müssen.

Es geht hier übrigens nicht nur um eine „kleine Optimierung" (je weniger Dreiecke wir zu verarbeiten haben, desto besser), sondern die Technik des Shadow-Volume-Renderings würde gar nicht funktionieren, wenn man ganz einfach *jedes* Dreieck verarbeitet.

9.2.3.4 Generieren der Vertizes

Vor dem Rendern des Schattenvolumens erzeugen wir aus jeder Seite, die zur Silhouette gehört, genau sechs Vertizes: Wenn man eine Seite extrudiert, wird sie zu einem Viereck, das wiederum aus zwei Dreiecken besteht.

9.2 Schatten mit dem Stencil-Buffer

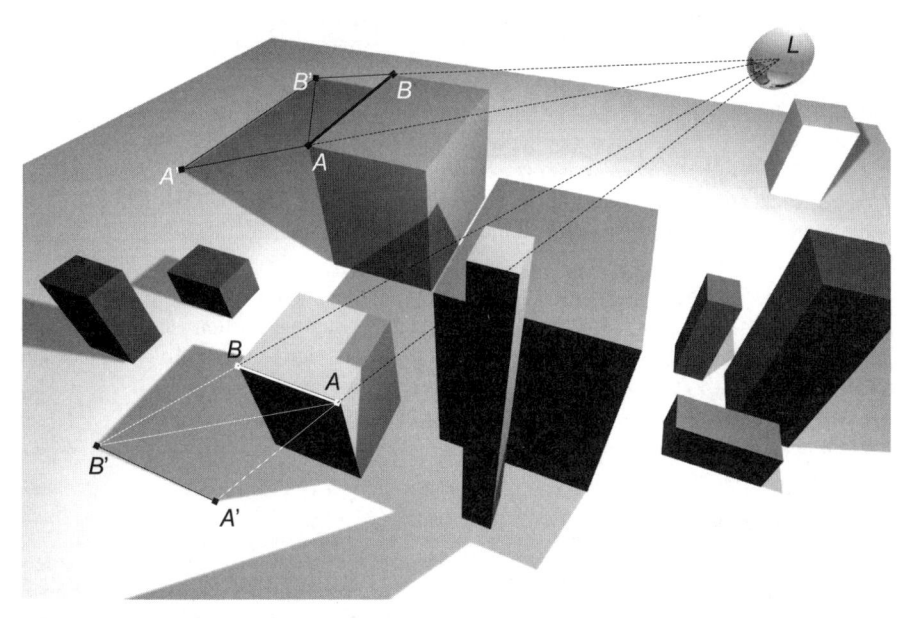

Abbildung 9.4 Extrusion einiger Seiten, die zur Silhouette eines Objekts gehören. A, A' und B' sowie A, B' und B bilden jeweils ein Dreieck.

Punkt A und B kennen wir – das sind die Positionen der beiden Vertizes, die zu der Dreiecksseite gehören. A' und B' sind dann einfach die Verlängerungen von L aus gesehen:

$$A' = A + \|A - L\| \cdot \text{Länge}$$
$$B' = B + \|B - L\| \cdot \text{Länge}$$

Bei einem Richtungslicht ist es einfacher – das langsame Normalisieren des Vektors entfällt, da die Richtung zum Licht für jeden Vertex gleich ist.

$$A' = A + \text{Lichtrichtung} \cdot \text{Länge}$$
$$B' = B + \text{Lichtrichtung} \cdot \text{Länge}$$

Die Abbildung könnte den falschen Eindruck erwecken, dass A' und B' zwangsweise immer auf der Ebene, also auf dem Objekt, das den Schatten empfängt, liegen. In Wirklichkeit achtet man aber gar nicht auf irgendwelche Objekte, sondern man verlängert die Linie zum Beispiel einfach um 1000 Einheiten (das ist die Variable *Länge* in den vorherigen Gleichungen). Alles, was sich noch weiter weg befindet, kann dann keinen Schatten mehr empfangen. Die Länge des Schattenvolumens sollte nicht übertrieben groß gewählt werden, da es sonst zu Ungenauigkeiten kommen könnte, die man später als flimmernde Pixel wahrnimmt.

9.2.3.5 Probleme mit der Kamera

Leider funktioniert das Shadow Volume Rendering in der hier gezeigten Form nicht mehr richtig, wenn die Kamera selbst sich im Schattenvolumen befindet. Allerdings gibt es auch für dieses Problem eine Lösung. Der Stencil-Buffer wird dann zu Beginn der Szene nicht auf *null* gesetzt, sondern auf *eins*.

Damit es dann funktioniert, müssen die Befehle *Stencil-Wert erhöhen* und *Stencil-Wert verringern* vertauscht werden. Also muss der Stencil-Wert dann bei den *Rückseiten* erhöht und bei den *Vorderseiten* verringert werden. Wenn sich die Kamera außerhalb des Schattenvolumens befindet, hat diese Änderung normalerweise keine sichtbaren Folgen. Es reicht also, die Befehle *immer* zu vertauschen und – je nach Lage der Kamera – den Stencil-Buffer zu Beginn auf null oder eins zu setzen.

Ob sich die Kamera im Schattenvolumen befindet, lässt sich sehr leicht prüfen: Wir brauchen dazu nur eine Linie von der Kameraposition bis zur Lichtquelle zu erstellen (oder bei einem Richtungslicht bis zu einem sehr weit entfernten Punkt entgegen der Lichtrichtung). Dann testen wir mit tbLineHitsModel, ob diese Linie unterwegs irgendwo das Modell schneidet, das den Schatten wirft. Falls ja, dann befindet sich die Kamera im Schattenvolumen, da sie von den Lichtstrahlen nicht erreicht werden kann.

9.2.3.6 Weitere Informationen

Mittlerweile existieren andere Schattenvolumenalgorithmen, die auch von der Vertex-Shader-Fähigkeit moderner Grafikkarten Gebrauch machen. In *Game Programming Gems 4* finden Sie einen solchen Algorithmus, der auch in anderer Hinsicht dem hier Vorgestellten überlegen ist.

9.2.4 Die Klasse *tbShadowVolume*

Wir werden nun die Klasse tbShadowVolume implementieren, die uns das Zeichnen von Schatten mit dem Stencil-Buffer abnehmen wird.

9.2.4.1 Die Klassendefinition

Variablen

- Ein tbModel-Zeiger auf das Modell, dessen Schatten gerendert wird
- Ein dynamisches tbVector3-Array, das die Mittelpunkte aller Dreiecke enthält (die brauchen wir für punktförmige Lichtquellen)
- Eine Liste mit den Dreiecksseiten (dafür gibt es die Struktur tbEdge, die lediglich zwei DWORD-Variablen dwPointA und dwPointB enthält) und die Anzahl der Einträge
- Zwei Effekte (tbEffect): einen für das Rendern des Schattenvolumens und einen für das spätere Rendern des eigentlichen Schattens (in Form eines großen Rechtecks)
- Eine weitere Liste, die alle Vertizes des Schattenvolumens enthält. Da Dinge wie Farbe, Texturkoordinaten und Normalenvektor für diese Vertizes keine Bedeutung haben (man sieht das Schattenvolumen sowieso nicht), reicht hier ein einfacher tbVector3-Vektor als einziges Element des Vertexformats aus. Wir speichern auch die Anzahl der Vertizes.

9.2 Schatten mit dem Stencil-Buffer

Methoden

- Wie immer brauchen wir natürlich eine Init-Methode. Sie wird hier nur einen einzigen Parameter haben, und zwar einen Zeiger auf das Modell, dessen Schatten berechnet werden soll.
- Exit fährt die Klasseninstanz herunter.
- Eine Methode AddEdge fügt eine durch zwei Vertizes (DWORD) angegebene Dreiecksseite zur Liste hinzu. Existiert diese Seite bereits, dann wird sie aus der Liste gelöscht. Vielleicht werden Sie sich fragen, wie man denn einen Vertex als DWORD-Wert darstellen kann! Ganz einfach: In diesem Fall bezieht sich der DWORD-Wert auf die *Nummer* des Vertex in der Vertexliste des Modells (tbVector3* tbModel::m_pvVectors).
- Die Methode tbShadowVolume::ComputeVolume berechnet das Schattenvolumen. Als Parameter brauchen wir hier die Lichtquelle (D3DLIGHT9), die inverse Transformationsmatrix des Objekts, die Länge des Schattenvolumens und einen BOOL-Wert, der bestimmt, ob im Falle eines punktförmigen Lichts eine Normalisierung der Verbindungsvektoren durchgeführt werden soll (was langsamer ist). ComputeVolume wird dann alle Dreiecke des Modells durchgehen und auf Sichtbarkeit überprüfen. Die drei Seiten jedes sichtbaren Dreiecks werden durch AddEdge zur Liste hinzugefügt. Anschließend erzeugen wir hier mit den verbleibenden Dreiecksseiten das eigentliche Schattenvolumen.
- Das Schattenvolumen wird in tbShadowVolume::RenderVolume gerendert. Wir setzen dazu einen Effekt ein, der sich um die richtigen Stencil-Buffer-Einstellungen kümmert. Als Parameter benötigen wir hier lediglich die Transformationsmatrix des Modells.
- Am Ende wird man tbShadowVolume::RenderShadow aufrufen. Hier zeichnen wir das große Rechteck über den gesamten Bildschirm (mit Alpha-Blending), um die zuvor maskierten Pixel abzudunkeln. Die Farbe des Rechtecks, also die Schattenfarbe, soll per Parameter angegeben werden können.

Code

```cpp
// Klasse für ein Schattenvolumen
class TRIBASE_API tbShadowVolume
{
private:
    // Variablen
    tbModel*    m_pModel;                   // Das Modell
    tbVector3*  m_pvTriangleCenters;        // Mittelpunkte der Dreiecke
    tbEdge*     m_pEdges;                   // Liste der Dreiecksseiten
    DWORD       m_dwNumEdges;               // Anzahl der Dreiecksseiten
    tbEffect*   m_pShadowVolumeEffect;      // Effekt zum Rendern des Schattenvolumens
    tbEffect*   m_pShadowEffect;            // Effekt zum Rendern des Schattens
    tbVector3*  m_pvVertices;               // Die Vertizes für das Schattenvolumen
    DWORD       m_dwNumVertices;            // Anzahl der Vertizes

public:
    // Konstruktor und Destruktor
    tbShadowVolume();
    ~tbShadowVolume() {Exit();}

    // Methoden
    tbResult Init(tbModel* pModel);                                     // Initialisierung
    tbResult Exit();                                                    // Herunterfahren
    void     AddEdge(const DWORD dwPointA, const DWORD dwPointB);       // Neue Seite
    tbResult RenderVolume(const tbMatrix& mModelMatrix);                // Volumen rendern
    tbResult RenderShadow(const tbColor& ShadowColor);                  // Schatten rendern
```

```
    // Berechnung des Schattenvolumens
    tbResult ComputeVolume(const tbMatrix& mInvModelMatrix,
                           const D3DLIGHT9& Light,
                           const float fLength = 1000.0f,
                           const BOOL bNormalize = FALSE);
};
```

Listing 9.1 Die Definition der `tbShadowVolume`-Klasse

9.2.4.2 Die Initialisierung

In der Initialisierungsmethode `tbShadowVolume::Init` müssen wir folgende Dinge erledigen:

- Kopieren des Zeigers auf das Modell (`m_pModel`)
- Erstellen der beiden Effekte
- Genug Speicherplatz für die Dreiecksseiten, die Dreiecksmittelpunkte und die Vertizes reservieren. Bei den Dreiecksseiten und den Vertizes können wir vorher nicht wissen, wie viele es sein werden (und es hängt auch davon ab, wie die Lichtquelle zu dem Modell steht), darum rechnen wir mit der maximalen Anzahl. Das bedeutet: Wenn das Modell aus 300 Indizes besteht (100 Dreiecke), dann reservieren wir Speicherplatz für 300 Dreiecksseiten (3 pro Dreieck) und für 1800 Vertizes (6 pro Dreiecksseite).

Achten Sie besonders auf den Effektquellcode! Wie im zweiten Kapitel angesprochen, gibt es in DirectX 9 die Möglichkeit, für Vorder- und Rückseiten *verschiedene* Stencil-Buffer-Befehle einzustellen. Dafür erzeugen wir dann einfach eine eigene Technik. Wenn sie von der Grafikkarte nicht unterstützt wird, wird automatisch die andere verwendet, die mit zwei Durchgängen (*Passes*) arbeitet: Einer zeichnet nur die *Vorderseiten* und *verringert* die Stencil-Werte und einer zeichnet nur die *Rückseiten* und *erhöht* die Stencil-Werte. Für die Stencil-Buffer-Masken setzen wir die Standardwerte 0xFFFFFFFF ein, so dass *alle* Bits berücksichtigt werden. Der Stencil-Test entfällt beim Effekt für das Schattenvolumen, da *alle* Pixel gezeichnet werden sollen – also wird `D3DRS_STENCILFUNC` auf `D3DCMP_ALWAYS` gesetzt. Anders hingegen ist das beim Effekt für den *Schatten* (das große Rechteck), denn hier sollen nur solche Pixel gezeichnet werden, deren Stencil-Wert ungleich null ist (`D3DRS_STENCILFUNC` auf `D3DCMP_NOTEQUAL` und `D3DRS_STENCILREF` auf 0 setzen).

```
// Initialisiert das Schattenvolumen
tbResult tbShadowVolume::Init(tbModel* pModel)
{
    // Die Klasseninstanz zurücksetzen.
    // Damit wird ermöglicht, dass der Init-Aufruf mehrere Male mit
    // derselben Instanz funktioniert.
    Exit();

    // Parameter prüfen
    if(!pModel)              TB_ERROR_NULL_POINTER("pModel", TB_ERROR);
    if(!pModel->ExtraData()) TB_ERROR("Keine Extradaten vorhanden!", TB_ERROR);

    // Zeiger auf das Modell kopieren
    m_pModel = pModel;

    // Effekt für das Schattenvolumen erstellen
    m_pShadowVolumeEffect = new tbEffect;
    if(m_pShadowVolumeEffect->Init("TECHNIQUE T1\n"
                                   "{\n"
                                   "    PASS P1\n"
                                   "    {\n"
                                   "        Texture[0]        = Null;\n"
                                   "        ZEnable           = True;\n"
```

9.2 Schatten mit dem Stencil-Buffer

```
"            ZWriteEnable       = False;\n"
"            ShadeMode          = Flat;\n"
"            FogEnable          = False;\n"
"            ColorOp[0]         = SelectArg1;\n"
"            ColorArg1[0]       = Current;\n"
"            ColorOp[1]         = Disable;\n"
"            Lighting           = False;\n"
"            StencilEnable      = True;\n"
"            StencilFunc        = Always;\n"
"            StencilFail        = Keep;\n"
"            StencilZFail       = Keep;\n"
"            StencilPass        = Decr;\n"
"            StencilMask        = 0xFFFFFFFF;\n"
"            StencilWriteMask   = 0xFFFFFFFF;\n"
"            TwoSidedStencilMode = True;\n"
"            CCW_StencilFunc    = Always;\n"
"            CCW_StencilFail    = Keep;\n"
"            CCW_StencilZFail   = Keep;\n"
"            CCW_StencilPass    = Incr;\n"
"            CullMode           = None;\n"
"            ColorWriteEnable   = 0;\n"
"        }\n"
"}\n"
"\n"
"TECHNIQUE T2\n"
"{\n"
"    PASS P1\n"
"    {\n"
"            Texture[0]         = Null;\n"
"            ZEnable            = True;\n"
"            ZWriteEnable       = False;\n"
"            ShadeMode          = Flat;\n"
"            FogEnable          = False;\n"
"            ColorOp[0]         = SelectArg1;\n"
"            ColorArg1[0]       = Current;\n"
"            ColorOp[1]         = Disable;\n"
"            Lighting           = False;\n"
"            StencilEnable      = True;\n"
"            StencilFunc        = Always;\n"
"            StencilFail        = Keep;\n"
"            StencilZFail       = Keep;\n"
"            StencilPass        = Decr;\n"
"            StencilMask        = 0xFFFFFFFF;\n"
"            StencilWriteMask   = 0xFFFFFFFF;\n"
"            CullMode           = CCW;\n"
"            ColorWriteEnable   = 0;\n"
"    }\n"
"\n"
"    PASS P2\n"
"    {\n"
"            StencilPass = Incr;\n"
"            CullMode    = CW;\n"
"    }\n"
"}\n", -1))
{
    // Fehler!
    TB_ERROR("Fehler beim Erstellen des Effekts für das Schattenvolumen!",
             TB_ERROR);
}

// Effekt für den Schatten erstellen
m_pShadowEffect = new tbEffect;
if(m_pShadowEffect->Init("TECHNIQUE T1\n"
                         "{\n"
                         "    PASS P1\n"
                         "    {\n"
                         "            Texture[0]         = Null;\n"
```

```
"               ZEnable          = False;\n"
"               ZWriteEnable     = False;\n"
"               StencilEnable    = True;\n"
"               StencilFunc      = NotEqual;\n"
"               StencilRef       = 0;\n"
"               StencilFail      = Keep;\n"
"               StencilZFail     = Keep;\n"
"               StencilPass      = Keep;\n"
"               StencilMask      = 0xFFFFFFFF;\n"
"               ShadeMode        = Flat;\n"
"               FogEnable        = False;\n"
"               ColorOp[0]       = SelectArg1;\n"
"               ColorArg1[0]     = Current;\n"
"               ColorOp[1]       = Disable;\n"
"               Lighting         = False;\n"
"               ColorVertex      = True;\n"
"               AlphaBlendEnable = True;\n"
"               SrcBlend         = SrcAlpha;\n"
"               DestBlend        = InvSrcAlpha;\n"
"           }\n"
"}\n", -1))
{
    // Fehler!
    TB_ERROR("Fehler beim Erstellen des Effekts für den Schatten!", TB_ERROR);
}

// Speicher für die Dreiecksseiten reservieren
m_pEdges = (tbEdge*)(tbMemAlloc(m_pModel->GetNumIndices() * sizeof(tbEdge)));

// Speicher für die Mittelpunkte der Dreiecke reservieren
m_pvTriangleCenters = (tbVector3*)(tbMemAlloc(m_pModel->GetNumIndices() / 3 *
                                    sizeof(tbVector3)));

// Speicher für die Vertizes des Schattenvolumens reservieren
m_pvVertices = (tbVector3*)(tbMemAlloc(m_pModel->GetNumIndices() * 6 *
                            sizeof(tbVector3)));

// ------------------------------------------------------------------

// Die Mittelpunkte aller Dreiecke berechnen
for(DWORD t = 0; t < m_pModel->GetNumIndices() / 3; t++)
{
    // Mittelwert aus den drei Vektoren dieses Dreiecks berechnen
    m_pvTriangleCenters[t] =
                    (m_pModel->m_pvVectors[m_pModel->m_pdwIndices[t * 3]] +
                     m_pModel->m_pvVectors[m_pModel->m_pdwIndices[t * 3 + 1]] +
                     m_pModel->m_pvVectors[m_pModel->m_pdwIndices[t * 3 + 2]]) / 3.0f;
}

return TB_OK;
}
```

Listing 9.2 Initialisierung des Schattenvolumens

9.2.4.3 Hinzufügen einer Dreiecksseite

Als Nächstes nehmen wir uns die Methode AddEdge vor, denn wir brauchen sie, um die Silhouette des Modells zu berechnen. AddEdge erwartet zwei DWORD-Parameter, welche die Nummern der beiden Vertizes beinhalten, aus denen die hinzuzufügende Dreiecksseite besteht. Die Anzahl der in der Liste gespeicherten Seiten steht in DWORD tbShadowVolume::m_dwNumEdges.

Wir gehen also erst einmal diese Anzahl von Seiten in der Liste durch, um nachzuschauen, ob diese Seite vielleicht schon existiert. Dabei spielt es *keine* Rolle, ob die Reihenfolge der beiden Vertizes vertauscht ist. Wenn diese Seite gefunden wurde, dann müssen wir sie löschen.

Das funktioniert ganz einfach: Wir kopieren den *letzten* Listeneintrag, und der Eintrag mit der doppelten Seite wird durch ihn ersetzt. Danach verringern wir m_dwNumEdges. So kann man einen Eintrag in einem normalen Array löschen, ohne irgendwelche Verschiebungsaktionen im Speicher zu starten. Aus einer Liste *ABCDEFGHIJK* wird also nach dem Löschen des Elements *E* die Liste *ABCDKFGHIJK*.

Wurde die Seite noch nicht gefunden, dann tragen wir sie hinten in die Liste ein und erhöhen den Zähler m_dwNumEdges.

```
// Hinzufügen einer Dreiecksseite
void tbShadowVolume::AddEdge(const DWORD dwPointA,
                             const DWORD dwPointB)
{
    // Gibt es vielleicht schon eine Seite mit diesen beiden Punkten?
    for(DWORD dwEdge = 0; dwEdge < m_dwNumEdges; dwEdge++)
    {
        if((m_pEdges[dwEdge].dwPointA==dwPointA && m_pEdges[dwEdge].dwPointB==dwPointB) ||
           (m_pEdges[dwEdge].dwPointA==dwPointB && m_pEdges[dwEdge].dwPointB==dwPointA))
        {
            // Ja! Dann muss diese Seite entfernt werden.
            if(m_dwNumEdges > 1) m_pEdges[dwEdge] = m_pEdges[m_dwNumEdges - 1];
            m_dwNumEdges--;
            return;
        }
    }

    // Diese Seite existiert noch nicht!
    // Wir fertigen einen neuen Listeneintrag an.
    m_pEdges[m_dwNumEdges].dwPointA = dwPointA;
    m_pEdges[m_dwNumEdges].dwPointB = dwPointB;
    m_dwNumEdges++;
}
```

Listing 9.3 Diese Methode ist wichtig, um die Silhouette des Modells zu generieren.

9.2.4.4 Das Herzstück: *ComputeVolume*

Wir kommen leider nicht drum herum, diese Methode zu implementieren. ComputeVolume bekommt folgende Angaben als Parameter:

- const tbMatrix& mInvModelMatrix: die inverse Matrix des Objekts
- const D3DLIGHT9& Light: die Lichtquelle
- const float fLength: die Länge des Schattenvolumens
- const BOOL bNormalize: nur interessant für Punktlichtquellen (*siehe unten*)

Gehen wir erst einmal das Szenario für *Richtungslichtquellen* durch, also für solche Lichter, bei denen Light.Type gleich D3DLIGHT_DIRECTIONAL ist.

1. Zurücksetzen der Zähler m_dwNumEdges und m_dwNumVertices
2. Wir gehen jedes Dreieck durch und bestimmen anhand des Punktprodukts, ob es sichtbar ist. Die drei Seiten jedes *sichtbaren* Dreiecks werden mit AddEdge zur Liste hinzugefügt.
3. Alle verbliebenen Seiten durchgehen und jeweils sechs Vertizes erzeugen (zwei Dreiecke, die zusammen ein Viereck ergeben, das die Seite verlängert)

Sichtbarkeit der Dreiecke und Hinzufügen der Seiten

Wie bereits erwähnt, werden wir das Punktprodukt aus dem Normalenvektor jedes Dreiecks und dem Richtungsvektor der Lichtquelle berechnen. Wenn es positiv ist, dann zeigt das Dreieck dem Licht seine Vorderseite, und es ist sichtbar, ansonsten ist es das nicht. Doch da gibt es ein Problem: Die vorberechneten Normalenvektoren der Dreiecke, die Teil der tbModel-Extradaten sind, sind im *Modellkoordinatensystem* und nicht im *absoluten* Koordinatensystem, wo sich ja der Richtungsvektor der Lichtquelle befindet.

> Wie immer könnte man natürlich jeden einzelnen Dreiecksnormalenvektor mit der Transformationsmatrix des Modells transformieren, um ihn in das absolute Koordinatensystem umzurechnen. Das ist aber viel zu aufwändig!
>
> Einfacher ist es, einfach die *Richtung der Lichtquelle* zu transformieren – und zwar in das Koordinatensystem des Modells. Dazu ist wieder einmal die Transformation mit der inversen Matrix nötig, die wir auch als Parameter von ComputeVolume erhalten.

Das Hinzufügen der drei Seiten sollte danach kein Problem mehr sein – die drei Indizes jedes Dreiecks sind in der tbModel-Klasse als Extradaten gespeichert. Damit können wir schon den ersten Teil der ComputeVolume-Methode hinschreiben:

```
// Berechnung des Schattenvolumens
tbResult tbShadowVolume::ComputeVolume(const tbMatrix& mInvModelMatrix,
                                       const D3DLIGHT9& Light,
                                       const float fLength,      // = 1000.0f
                                       const BOOL bNormalize)    // = FALSE
{
    if(Light.Type == D3DLIGHT_DIRECTIONAL)
    {
        // Ein Richtungslicht kann gesondert behandelt werden.
        // Erst transformieren wir die Richtung des Lichts mit der
        // inversen Transformationsmatrix des Modells.
        tbVector3 vDir(tbVector3TransformNormal(tbVector3Normalize(Light.Direction),
                                                mInvModelMatrix));

        // Alle Dreiecke durchgehen und das Punktprodukt aus dem
        // Dreiecksnormalenvektor und vDir berechnen. Nur wenn ein Wert größer
        // gleich null herauskommt, ist das Dreieck aus der Sicht des
        // Lichts sichtbar (Culling!).
        m_dwNumEdges = 0;
        for(DWORD t = 0; t < m_pModel->GetNumIndices() / 3; t++)
        {
            // Punktprodukt berechnen und daraus die Sichtbarkeit bestimmen
            if(tbVector3Dot(m_pModel->m_pTrianglePlanes[t * 4].n, vDir) >= 0.0f)
            {
                // Die drei Seiten dieses Dreiecks hinzufügen
                AddEdge(m_pModel->m_pdwIndices[t*3], m_pModel->m_pdwIndices[t*3+1]);
                AddEdge(m_pModel->m_pdwIndices[t*3+1], m_pModel->m_pdwIndices[t*3+2]);
                AddEdge(m_pModel->m_pdwIndices[t*3+2], m_pModel->m_pdwIndices[t*3]);
            }
        }
```

Listing 9.4 Der erste Teil von tbShadowVolume::ComputeVolume

Erstellen der Vertizes

Jetzt befinden sich in m_pEdges also nur noch die Dreiecksseiten, die zur Silhouette des Objekts aus der Sicht der Lichtquelle gehören. Nun gehen wir alle nacheinander durch und erzeugen jeweils sechs Vertizes. Die Punkte *A* und *B* einer Seite kennen wir, wir müssen nur noch *A'* und *B'* berechnen (im Programm heißen diese Punkte *D* und *C*). Dann fügen wir sechs

9.2 Schatten mit dem Stencil-Buffer

Vertizes in die Vertexliste `m_pvVertices` ein. Farben oder Texturkoordinaten werden hier nicht benötigt, da das Vertexformat einfach nur `D3DFVF_XYZ` ist.

```
tbEdge* pEdge;
tbVector3 vPointA, vPointB, vPointC, vPointD;

// Die verbliebenen Seiten durchgehen
for(tbEdge* pEdge = m_pEdges; pEdge < m_pEdges + m_dwNumEdges; pEdge++)
{
    // Jetzt fügen wir sechs Vertizes zur Vertexliste hinzu,
    // um die Seite zu verlängern.
    vPointA = m_pModel->m_pvVectors[pEdge->dwPointA];
    vPointB = m_pModel->m_pvVectors[pEdge->dwPointB];
    vPointC = vPointB + vDir;
    vPointD = vPointA + vDir;
    *(pVertex++) = vPointA;
    *(pVertex++) = vPointD;
    *(pVertex++) = vPointC;
    *(pVertex++) = vPointA;
    *(pVertex++) = vPointC;
    *(pVertex++) = vPointB;
}
```

Listing 9.5 Erstellen der Vertizes

Für Punkt- und Spotlichtquellen ...

... müssen wir zum Glück nicht sehr viel ändern. Beim Sichtbarkeitstest müssen wir uns die Richtung zur Lichtquelle selbst berechnen (eventuell normalisierte Vektordifferenz zwischen Dreiecksmittelpunkt und Position der Lichtquelle) und ebenso die Richtung, in die ein Vertex verlängert werden muss.

9.2.4.5 Rendern des Schattenvolumens

Das Schattenvolumen ist nun berechnet, und es fehlen nur noch zwei kleine Schritte, bis wir es endlich in Aktion bewundern dürfen. Das Rendern gestaltet sich zum Glück sehr einfach:

```
// Rendern des Schattenvolumens
tbResult tbShadowVolume::RenderVolume(const tbMatrix& mModelMatrix)
{
    if(m_dwNumVertices == 0) return TB_OK;

    // Vertexformat setzen
    tbDirect3D& D3D = tbDirect3D::Instance();
    D3D.SetFVF(D3DFVF_XYZ);

    // Transformationsmatrix setzen
    D3D.SetTransform(D3DTS_WORLD, mModelMatrix);

    // Schattenvolumen rendern
    int iNumPasses = m_pShadowVolumeEffect->Begin();
    for(int iPass = 0; iPass < iNumPasses; iPass++)
    {
        m_pShadowVolumeEffect->Pass(iPass);

        // Primitiven rendern
        D3D->DrawPrimitiveUP(D3DPT_TRIANGLELIST, m_dwNumVertices / 3,
                             m_pvVertices, sizeof(tbVector3));
    }
```

```cpp
    // Effekt beenden
    m_pShadowVolumeEffect->End();

    return TB_OK;
}
```

Listing 9.6 Rendern des Schattenvolumens

9.2.4.6 Den Schatten rendern

Die letzte anstehende Aufgabe ist es, die maskierten Pixel sichtbar zu machen, indem wir mit dem Effekt tbShadowVolume::m_pShadowEffect ein großes Rechteck über den ganzen Bildschirm zeichnen. Die Stencil-Buffer-Einstellungen werden durch diesen Effekt automatisch vorgenommen, so dass Direct3D nur die Pixel rendert, deren Stencil-Wert nicht null ist. Für das große Rechteck wird das Vertexformat tbShadowVertex verwendet. Es besteht aus einer transformierten Positions- und einer Farbangabe (D3DFVF_XYZRHW | D3DFVF_DIFFUSE).

```cpp
// Rendern des Schattens
tbResult tbShadowVolume::RenderShadow(const tbColor& ShadowColor)
{
    tbShadowVertex aVertex[4];
    tbDirect3D& D3D = tbDirect3D::Instance();

    // Die vier Vertizes erstellen (Rechteck)
    // Links unten
    aVertex[0].vPosition = tbVector3(0.0f, D3D.GetScreenSize().y, 0.5f);
    aVertex[0].fRHW = 1.0f;
    aVertex[0].Color = ShadowColor;

    // Links oben
    aVertex[1].vPosition = tbVector3(0.0f, 0.0f, 0.5f);
    aVertex[1].fRHW = 1.0f;
    aVertex[1].Color = ShadowColor;

    // Rechts unten
    aVertex[2].vPosition = tbVector3(D3D.GetScreenSize().x,
                                     D3D.GetScreenSize(), 0.5f);
    aVertex[2].fRHW = 1.0f;
    aVertex[2].Color = ShadowColor;

    // Rechts oben
    aVertex[3].vPosition = tbVector3(D3D.GetScreenSize().x, 0.0f, 0.5f);
    aVertex[3].fRHW = 1.0f;
    aVertex[3].Color = ShadowColor;

    // Vertexformat setzen (D3DFVF_XYZRHW | D3DFVF_DIFFUSE)
    tbDirect3D::SetFVF(tbShadowVertex::dwFVF);

    // Als Dreiecksfolge zeichnen
    int iNumPasses = m_pShadowEffect->Begin();
    for(int iPass = 0; iPass < iNumPasses; iPass++)
    {
        m_pShadowEffect->Pass(iPass);
        D3D->DrawPrimitiveUP(D3DPT_TRIANGLESTRIP, 2,
                             aVertex, sizeof(tbShadowVertex));
    }

    m_pShadowEffect->End();
    return TB_OK;
}
```

Listing 9.7 Verändern der durch den Stencil-Buffer markierten Pixel

9.2.5 Das Beispielprogramm

Das Beispielprogramm zum Thema *Schattenvolumen* finden Sie im Verzeichnis TRIBA-SE\BEISPIELE\KAPITEL 09\01 – SCHATTEN. Dort wird ein recht komplexes Modell geladen, das so eine Art von Stadt aus seltsam geformten Bauklötzchen darstellt. Mit den Pfeiltasten und [Bild auf] und [Bild ab] können Sie eine punktförmige Lichtquelle steuern und beobachten, wie sich die Schatten verändern. Bis auf wenige Ausnahmen funktioniert das Programm auch dann noch gut, wenn sich die Kamera selbst im Schattenvolumen befindet.

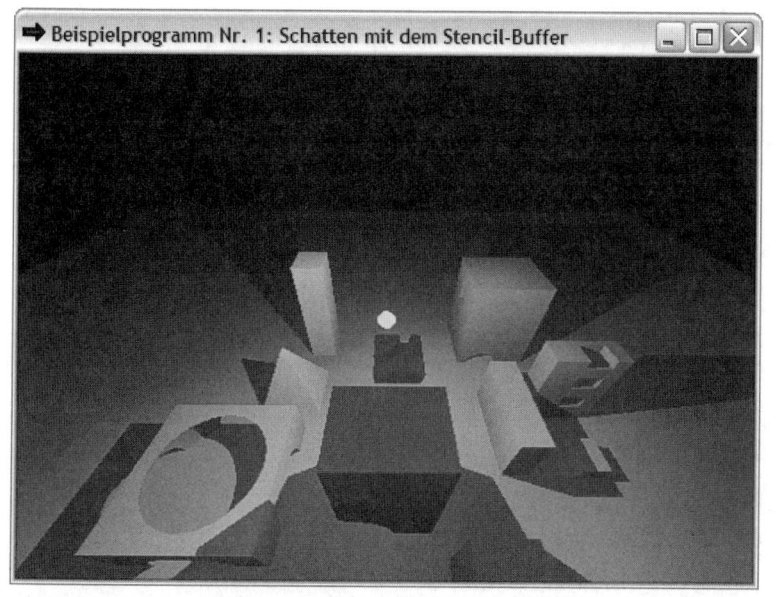

Abbildung 9.5 Das Beispielprogramm für Echtzeitschatten mit dem Stencil-Buffer

9.3 Videos abspielen

In diesem Abschnitt werden wir einer sehr wichtigen Frage nachgehen, die praktisch jeder schon einmal gestellt, auf die er jedoch selten eine brauchbare Antwort bekommen hat: *Wie spielt man mit DirectX ein Video ab?* Die Antwort darauf lautet: *mit DirectShow!* DirectShow haben wir im fünften Kapitel auch schon benutzt, um beliebige Musikdateien abzuspielen.

9.3.1 Zielsetzung

Man kann Videos auf viele Arten abspielen: zum Beispiel in einem Intro, bevor das eigentliche Spiel startet. Aber wie sieht es mit einem Video aus, das beispielsweise eine Explosion zeigt und das *im Spiel* eingesetzt werden soll?

Es gibt eine universelle Lösung, die sich für beide Anwendungsgebiete eignet: *Man spielt das Video auf einer Textur ab.* Der Programmierer kann dann selbst entscheiden, was er mit dieser Textur anfangen möchte. Will er ein Video im Vollbild abspielen, dann zeichnet er einfach ein großes Rechteck und legt darüber die Videotextur. Soll das Video hingegen als Spielelement dienen, so ist das dann auch kein Problem. Wie bereits gesagt könnte man ein Video für größere Explosionen erstellen und die Videotextur dann über ein Sprite legen. Das Anwendungsgebiet ist praktisch unbegrenzt: Man könnte wunderschöne animierte Texturen erstellen wie zum Beispiel eine realistische Wasseroberfläche, blinkende Computerbildschirme (in einem Raumschiff) oder sich bewegender Schleim an den Wänden.

9.3.2 Schreiben eines eigenen Filters

9.3.2.1 Warum ein eigener Filter?

Wie Sie noch wissen (sollten), basiert DirectShow auf *Filtern*. Ein Filter kann Daten liefern (zum Beispiel aus einer Videodatei), ein anderer Filter teilt das Video in Bild und Ton auf, die nächsten Filter dekomprimieren beides, und am Ende sorgen weitere Filter dafür, dass wir etwas zu sehen beziehungsweise zu hören bekommen. Diese Verbindung von Filtern nennt sich *Filtergraph*.

Der normale DirectShow-Video-Renderer (das ist der Filter, der für die Darstellung eines Videos zuständig ist) arbeitet normalerweise nur im Fenstermodus (es öffnet sich dann automatisch ein neues Fenster, in dem das Video abgespielt wird). Daher eignet er sich nicht für unsere Zwecke.

Wohl oder übel bedeutet das für uns, dass wir einen eigenen Video-Renderer schreiben müssen: nämlich einen, der die Videodaten in eine Textur speichert. Glücklicherweise stellt uns Microsoft eine Menge von Klassen zur Verfügung, die bei der Erstellung eines eigenen Filters sehr hilfreich sind, und es gibt sogar ein DirectX-SDK-Beispielprogramm, das zeigt, wie man ein Video auf eine Textur bekommt. Allerdings ist dieses Programm nicht gerade sehr übersichtlich. Die hier im Buch gezeigte Methode basiert auf diesem SDK-Beispielprogramm, führt aber noch einige Verbesserungen ein.

9.3.2.2 Die Basisklasse *CBaseVideoRenderer*

Wie ich schon erwähnt habe, bietet Microsoft den Entwicklern neuer DirectShow-Filter viele Hilfestellungen. In unserem Fall ist das die Klasse `CBaseVideoRenderer`. Diese Klasse ist sozusagen der Ansatzpunkt beim Programmieren eines eigenen Video-Renderers: Sie erledigt alle grundsätzlichen Arbeiten, die so anfallen, und wir brauchen nur noch unsere eigene Filterklasse von `CBaseVideoRenderer` *abzuleiten* und einige Methoden zu überladen: zum Beispiel die Methode, die für die Verarbeitung der ankommenden Videodaten zuständig ist. Wir wollen die Klasse für unseren eigenen Video-Renderer `tbVideoRenderer` nennen (ja, ja, wieder einmal sehr einfallsreich!).

9.3.2.3 *CheckMediaType* prüft das Datenformat

Die erste Methode, die wir für unseren Filter implementieren müssen, heißt `CheckMediaType`. Wenn der Filter später an einen Filtergraphen „angeschlossen" wird, sucht DirectShow nach einem passenden Datenformat. Bei einem Video verstehen wir unter einem Datenformat hauptsächlich das Format der Bilddaten – ob zum Beispiel 24 oder 32 Bits pro Pixel verwendet werden. `CheckMediaType` erhält als Parameter einen Zeiger auf eine `CMediaType`-Instanz. Diese Klasse liefert uns genaue Informationen über das zu testende Datenformat. `CheckMediaType` muss `S_OK` zurückliefern, wenn das angegebene Datenformat in Ordnung ist, anderenfalls `E_INVALIDARG`. Schauen Sie sich nun einfach einmal die Implementierung von `tbVideoRenderer::CheckMediaType` an – die verwendeten Funktionsnamen sprechen eigentlich für sich.

9.3 Videos abspielen

Wir implementieren unsere `CheckMediaType`-Methode so, dass sie praktisch jedes Pixelformat annimmt. Dann wird sofort geprüft, ob Direct3D eine Textur mit diesem Format erzeugen kann. Dazu erzeugen wir eine kleine temporäre Textur, die nach ihrer Erzeugung gleich wieder gelöscht wird.

```cpp
// Überprüfen eines Formats
HRESULT tbVideoRenderer::CheckMediaType(const CMediaType* pMediaType)
{
    int         iNumFormats = 0;
    D3DFORMAT   aFormat[4];

    // Es muss ein Videoformat sein!
    if(*(pMediaType->FormatType()) != FORMAT_VideoInfo) return E_INVALIDARG;

    // Wir akzeptieren nur bestimmte Videoformate.
    // Wir erzeugen nun anhand des vorgeschlagenen Videodatenformats eine Liste von
    // Direct3D-Texturformaten, die dazu kompatibel sind.
    if(IsEqualGUID(*(pMediaType->Type()), MEDIATYPE_Video))
    {
        // RGB-16-565-Format
        if(IsEqualGUID(*(pMediaType->Subtype()), MEDIASUBTYPE_RGB565))
        {
            aFormat[0] = D3DFMT_R5G6B5;
            iNumFormats = 1;
        }
        // RGB-16-555-Formate
        else if(IsEqualGUID(*(pMediaType->Subtype()), MEDIASUBTYPE_RGB555) ||
                IsEqualGUID(*(pMediaType->Subtype()), MEDIASUBTYPE_ARGB1555))
        {
            aFormat[0] = D3DFMT_X1R5G5B5;
            aFormat[1] = D3DFMT_A1R5G5B5;
            iNumFormats = 2;
        }
        // RGB-24-Format
        else if(IsEqualGUID(*(pMediaType->Subtype()), MEDIASUBTYPE_RGB24))
        {
            aFormat[0] = D3DFMT_R8G8B8;
            iNumFormats = 1;
        }
        // RGB-32-Formate
        else if(IsEqualGUID(*(pMediaType->Subtype()), MEDIASUBTYPE_RGB32) ||
                IsEqualGUID(*(pMediaType->Subtype()), MEDIASUBTYPE_ARGB32))
        {
            aFormat[0] = D3DFMT_X8R8G8B8;
            aFormat[1] = D3DFMT_A8R8G8B8;
            iNumFormats = 2;
        }
        else return E_INVALIDARG;

        // Es muss mindestens eines der passenden Formate unterstützt werden!
        for(int i = 0; i < iNumFormats; i++)
        {
            // Versuchen, eine Textur zu erstellen
            PDIRECT3DTEXTURE9 pTemp = NULL;
            tbDirect3D::Instance()->CreateTexture(32, 32, 1,
                                                  0, aFormat[i], D3DPOOL_MANAGED,
                                                  &pTemp, NULL);
            if(!pTemp)
            {
                // Nicht unterstütztes Format!
                // Weiter ...
            }
```

```
                else
                {
                    // Format wird unterstützt!
                    pTemp->Release();
                    return S_OK;
                }
            }
        }

        return E_INVALIDARG;
    }
```

Listing 9.8 Das Format der Videodaten wird geprüft.

9.3.2.4 *SetMediaType* – das Format wurde festgelegt

Die Methode SetMediaType wird aufgerufen, wenn sich DirectShow für ein Datenformat entschieden hat (das zuvor von CheckMediaType genehmigt wurde). Auch hier erhalten wir wieder einen Zeiger auf eine CMediaType-Variable, die das gewählte Format beinhaltet.

Nachtrag: Variablen der *tbVideoRenderer*-Klasse

Bisher haben wir noch nicht besprochen, welche Variablen die tbVideoRenderer-Klasse überhaupt erhalten soll, was aber jetzt nachgeholt wird.

- Zuerst brauchen wir natürlich einen Zeiger auf die *Textur*, auf der das Video abgespielt werden soll: PDIRECT3DTEXTURE9 m_pTexture.
- Wir erzeugen noch eine zweite Textur (m_pBuffer), die als eine Art von Back-Buffer für das Video dient. Der Video-Renderer rendert das Video auf die eine Textur, während das Spiel noch die andere zum Rendern verwendet. Sobald ein Video-Frame fertig ist, vertauschen wir die Zeiger auf die beiden Texturen. Somit wird verhindert, dass das Spiel auf die Textur zugreift, während das Video-Frame gerade darauf gerendert wird.
- Angenommen unser Video läuft mit 30 Frames pro Sekunde. Unser Spiel verwendet nun das Video als Textur. Da es in dieser Szene aber gerade sehr ruckelig ist, ist die Spiel-Framerate nur 15 Frames pro Sekunde, also genau die Hälfte. Das hieße also, dass pro Spiel-Frame die Videotextur *zweimal* verändert werden müsste. Das wäre natürlich überflüssige Rechenarbeit. Von daher machen wir es wie folgt: Die tbVideoRenderer-Klasse erhält eine BOOL-Variable namens m_bDirty. Das Spiel setzt diese Variable zu Beginn jedes Spiel-Frames auf TRUE. Das bedeutet, dass von nun an wieder neue Video-Frames auf die Textur gerendert werden dürfen. Sobald das erfolgt ist, wird sie wieder auf FALSE gesetzt. Genau so verhindern wir, dass mehrere Video-Frames in einem einzigen Spiel-Frame gerendert werden.
- D3DSURFACE_DESC m_TexDesc speichert die Größe, das Format, den Direct3D-Pool und den Verwendungszweck der Textur.
- VIDEOINFO m_VideoInfo beinhaltet Informationen über das Video. Für uns ist hier eigentlich nur die BITMAPHEADER-Struktur bmiHeader, die ein Element von VIDEOINFO ist, wichtig. BITMAPHEADER enthält zum Beispiel die beiden Variablen biWidth und biHeight, wodurch die Größe des Videos (Breite und Höhe) beschrieben wird.

Speichern der Videoinformationen

Das Erste, was wir in tbVideoRenderer::SetMediaType tun, ist, die Videoinformationen abzufragen und sie in m_VideoInfo zu speichern. Dazu wird die Methode CMediaType::Format ver-

9.3 Videos abspielen

wendet. Die Videobreite und die Höhe speichern wir separat noch in zwei lokalen Variablen, weil wir diese Angaben noch häufig brauchen werden:

```
// Format wurde festgelegt
HRESULT tbVideoRenderer::SetMediaType(const CMediaType* pMediaType)
{
    int iVideoWidth;
    int iVideoHeight;

    // Videoinfos kopieren
    m_VideoInfo = *((VIDEOINFO*)(pMediaType->Format()));

    // Breite und Höhe des Videos kopieren
    iVideoWidth = m_VideoInfo.bmiHeader.biWidth;
    iVideoHeight = m_VideoInfo.bmiHeader.biHeight;
```

Listing 9.9 Abfragen der Videoinformationen

Erstellen der Texturen

Der nächste Schritt ist die Erstellung der Texturen für das Video (Textur + Back-Buffer). Dafür werden wir die Methode `CreateTexture` der `IDirect3DDevice9`-Schnittstelle verwenden.

Tabelle 9.1 Die Parameter der Methode `IDirect3DDevice9::CreateTexture`

Parameter	Beschreibung
UINT Width, Height	Breite und Höhe der zu erstellenden Textur
UINT Levels	Anzahl der MIP-Map-Ebenen. In unserem Fall geben wir hier 1 an, da eine Videotextur mit MIP-Maps nicht sehr sinnvoll wäre (diese müssten nämlich dann in Laufzeit nach jedem Frame des Videos neu berechnet werden).
DWORD Usage	Verwendungszweck der Textur. Zur Auswahl steht unter anderem D3DUSAGE_DYNAMIC für eine dynamische Textur (für eine Videotextur sehr zu empfehlen!).
D3DFORMAT Format	Oberflächenformat der Textur – zum Beispiel D3DFMT_A8R8G8B8 für eine Textur mit 8 Bits für jeden Farbkanal und 8 Bits für Alpha.
D3DPOOL Pool	Speicherklasse für die Textur: D3DPOOL_DEFAULT (für dynamische Texturen), D3DPOOL_MANAGED, D3DPOOL_SYSTEMMEM und D3DPOOL_SCRATCH stehen zur Auswahl. Dynamische Texturen funktionieren *nur* mit D3DPOOL_DEFAULT, und für alles andere empfiehlt sich D3DPOOL_MANAGED.
IDirect3DTexture9** ppTexture	Adresse eines PDIRECT3DTEXTURE9-Zeigers, den die Methode ausfüllt
HANDLE* pSharedHandle	Dieser Parameter ist unwichtig, und wir werden immer NULL angeben.

Als Erstes stellt sich hier die Frage nach der *Texturgröße*. Bisher hatten unsere Texturen immer solche Dimensionen wie 128 x 128 oder 256 x 256, die den meisten Grafikkarten „am liebsten" sind. Videos haben aber meistens nicht solche Dimensionen, sondern eher 400 x 300 oder 640 x 480. Es wäre möglich, das Video in Echtzeit zu verkleinern, aber darunter würde natürlich sowohl die Framerate als auch die Bildqualität leiden.

Es gibt zwei *mögliche* Einschränkungen für die Größe einer Textur:

- Breite und Höhe der Textur müssen eine Zweierpotenz sein, also 1, 2, 4, 8, 16, 32, 64, 128, 256 und so weiter. Ob diese Einschränkung gilt, erfahren wir durch die D3DCAPS9-Struktur. Wenn dort im Element TextureCaps das Flag D3DPTEXTURECAPS_NONPOW2CONDITIONAL gesetzt ist, dann haben wir Glück und können praktisch jede beliebige Texturgröße verwenden, also für Breite und Höhe auch Zahlen wie 503 oder 147 verwenden.

- Texturen müssen quadratisch sein, was bedeutet, dass Breite und Höhe identisch sein müssen. Das ist der Fall, wenn D3DCAPS9::TextureCaps das Flag D3DPTEXTURECAPS_SQUAREONLY besitzt.

Wenn die erste Einschränkung gilt, dann machen wir zum Beispiel aus einer Breite oder Höhe von 100 eine 128, aus 129 wird 256, aus 427 wird 512 und so weiter. Und wenn dann auch noch die *zweite* Einschränkung gilt, dann setzen wir Breite *und* Höhe auf das Maximum der beiden. Aus 512x256 wird dann also 512x512.

Die passende Texturbreite und Höhe speichern wir temporär in den beiden Variablen iTexWidth und iTexHeight:

```
D3DCAPS9 D3DCaps;
int      iTexWidth;
int      iTexHeight;

// Die Caps der Direct3D-Geräteschnittstelle abfragen
D3DCaps = tbDirect3D::Instance().GetCaps();

// Unterstützt das Gerät Texturen, deren Breite und Höhe keine 2er-Potenzen sind?
if(D3DCaps.TextureCaps & D3DPTEXTURECAPS_NONPOW2CONDITIONAL) {
    // Ja! Dann setzen wir Breite und Höhe auf die Dimensionen des Videos.
    iTexWidth = iVideoWidth;
    iTexHeight = iVideoHeight;
}
else {
    // Breite und Höhe müssen 2er-Potenzen sein. Wir suchen jeweils die nächste.
    if(iVideoWidth < 1024) iTexWidth = 1024;
    if(iVideoWidth < 512) iTexWidth = 512;
    if(iVideoWidth < 256) iTexWidth = 256;
    if(iVideoWidth < 128) iTexWidth = 128;
    if(iVideoWidth < 64) iTexWidth = 64;
    if(iVideoWidth < 32) iTexWidth = 32;
    if(iVideoWidth < 16) iTexWidth = 16;
    if(iVideoWidth < 8) iTexWidth = 8;
    if(iVideoWidth < 4) iTexWidth = 4;
    if(iVideoHeight < 1024) iTexHeight = 1024;
    if(iVideoHeight < 512) iTexHeight = 512;
    if(iVideoHeight < 256) iTexHeight = 256;
    if(iVideoHeight < 128) iTexHeight = 128;
    if(iVideoHeight < 64) iTexHeight = 64;
    if(iVideoHeight < 32) iTexHeight = 32;
    if(iVideoHeight < 16) iTexHeight = 16;
    if(iVideoHeight < 8) iTexHeight = 8;
    if(iVideoHeight < 4) iTexHeight = 4;
}

// Müssen alle Texturen quadratisch sein? Falls ja, dann setzen wir Breite
// und Höhe auf das Maximum. 256 x 512 wird dann zum Beispiel zu 512 x 512.
if(D3DCaps.TextureCaps & D3DPTEXTURECAPS_SQUAREONLY)
{
    iTexWidth = TB_MAX(iTexWidth, iTexHeight);
    iTexHeight = iTexWidth;
}
```

Listing 9.10 Wir suchen uns die am besten passende Texturgröße heraus.

Wenn es möglich ist, werden wir eine dynamische Textur erstellen, da auf solche Texturen später schneller zugegriffen werden kann. Ob dynamische Texturen unterstützt werden, erfahren wir – wieder einmal – durch die D3DCAPS9-Struktur. Wenn im Element Caps2 das Flag

9.3 Videos abspielen

D3DCAPS2_DYNAMICTEXTURES gesetzt ist, dann haben wir Unterstützung für dynamische Texturen.

Jetzt wissen wir also schon die Größe und den Verwendungszweck der Textur (0 oder D3DUSAGE_DYNAMIC). Die Speicherklasse (Direct3D-Pool) steht damit auch automatisch fest. Was fehlt uns also noch? Richtig – das *Oberflächenformat*. Das verwendete Texturformat muss natürlich zum Videoformat passen (ansonsten wären „teure" Formatkonvertierungen notwendig). Folgende Texturformate kommen in Frage:

- D3DFMT_X8R8G8B8 und D3DFMT_A8R8G8B8 (32 Bits)
- D3DFMT_R8G8B8 (24 Bits)
- D3DFMT_R5G6B5, D3DFMT_X1R5G5B5 und D3DFMT_A1R5G5B5 (16 Bits)

Wir erzeugen nun anhand des Videoformats wieder eine kleine Liste von in Frage kommenden Direct3D-Texturformaten, die wir dann durchgehen. Wird ein passendes Format gefunden, so erzeugen wir die beiden Texturen (die normale Textur und den Back-Buffer):

```
HRESULT   r;
int       iNumFormats = 0;
D3DFORMAT aFormat[4];

// Wir erzeugen nun anhand des Formats der Videodaten eine Liste
// von Direct3D-Texturformaten, die dazu kompatibel sind.

// RGB-32-Formate
if(IsEqualGUID(*(pMediaType->Subtype()), MEDIASUBTYPE_RGB32) ||
   IsEqualGUID(*(pMediaType->Subtype()), MEDIASUBTYPE_ARGB32))
{
    aFormat[0] = D3DFMT_X8R8G8B8;
    aFormat[1] = D3DFMT_A8R8G8B8;
    iNumFormats = 2;
}
// RGB-24-Format
else if(IsEqualGUID(*(pMediaType->Subtype()), MEDIASUBTYPE_RGB24))
{
    aFormat[0] = D3DFMT_R8G8B8;
    iNumFormats = 1;
}
// RGB-16-555-Formate
else if(IsEqualGUID(*(pMediaType->Subtype()), MEDIASUBTYPE_RGB555) ||
        IsEqualGUID(*(pMediaType->Subtype()), MEDIASUBTYPE_ARGB1555))
{
    aFormat[0] = D3DFMT_X1R5G5B5;
    aFormat[1] = D3DFMT_A1R5G5B5;
    iNumFormats = 2;
}
// RGB-16-565-Format
else if(IsEqualGUID(*(pMediaType->Subtype()), MEDIASUBTYPE_RGB565))
{
    aFormat[0] = D3DFMT_R5G6B5;
    iNumFormats = 1;
}

// Alle Formate durchgehen und ausprobieren
for(int i = 0; i < iNumFormats; i++)
{
    // Texturen erstellen. Wenn möglich, eine dynamische.
    if(D3DCaps.Caps2 & D3DCAPS2_DYNAMICTEXTURES)
    {
        // Dynamische Texturen erstellen
```

```
            D3D->CreateTexture(iTexWidth, iTexHeight, 1, D3DUSAGE_DYNAMIC, aFormat[i],
                               D3DPOOL_DEFAULT, &m_pTexture, NULL);
        r = D3D->CreateTexture(iTexWidth, iTexHeight, 1, D3DUSAGE_DYNAMIC, aFormat[i],
                               D3DPOOL_DEFAULT, &m_pBuffer, NULL);
        if(FAILED(r))
        {
            // Dynamisch geht nicht - statische Texturen probieren
            D3D->CreateTexture(iTexWidth, iTexHeight, 1, 0, aFormat[i], D3DPOOL_MANAGED,
                               &m_pTexture, NULL);
            r = D3D->CreateTexture(iTexWidth, iTexHeight, 1, 0, aFormat[i],
                                   D3DPOOL_MANAGED, &m_pBuffer, NULL);
        }
    }
    else
    {
        // Statische Texturen erstellen
        D3D->CreateTexture(iTexWidth, iTexHeight, 1, 0, aFormat[i], D3DPOOL_MANAGED,
                           &m_pTexture, NULL);
        r = D3D->CreateTexture(iTexWidth, iTexHeight, 1, 0, aFormat[i], D3DPOOL_MANAGED,
                               &m_pBuffer, NULL);
    }

    // Hat es funktioniert?
    if(SUCCEEDED(r))
    {
        // Ja! Abbrechen.
        break;
    }
}

// Gab es einen Fehler?
if(FAILED(r))
{
    // Ja! Es wurde kein Texturformat gefunden.
    TB_ERROR("Es wurde kein unterstütztes Texturformat gefunden!", E_FAIL);
}

// Beschreibung der Textur abfragen
m_pTexture->GetLevelDesc(0, &m_TexDesc);
```

Listing 9.11 Erzeugung der beiden Texturen

Berechnung der Hilfstexturkoordinaten

Dadurch, dass die Größe der Textur nicht unbedingt mit der Größe des Videos übereinstimmen muss, entsteht ein Problem ...

Programmierer: Hallo Grafiker!

Grafiker: Hallo Programmierer! Ich habe das Vorspannvideo fertig! Bei mir funktioniert es wunderbar. Warte, ich schicke es Dir mal rüber ...

Programmierer: Hmm, ... warum hast Du das Video denn so klein gemacht? Ich sehe das Video nur links oben, und der Rest des Bildschirms ist schwarz!

Grafiker: Bei mir nicht! Ich sehe das Video auf dem ganzen Bildschirm. Übrigens hat das Video eine Auflösung von 513 x 257.

Programmierer: Was ist denn das für eine komische Auflösung?! Ich glaube, dass der der Grund ist! Meine Grafikkarte kann nur Texturen erstellen, deren Breite und Höhe einer Zweierpotenz ist. Also wird intern eine 1024 x 512-Textur benutzt, und die ist natürlich größtenteils leer.

Grafiker: Aha! Interessant! Woher weißt Du das?

9.3 Videos abspielen

Programmierer: Das habe ich in so einem Spieleprogrammierbuch gelesen von einem Kerl namens David Scherfgen oder so ähnlich. Aber egal ... ich weiß, wie wir das Problem lösen können!

Wissen *Sie* es auch? Es ist eigentlich ganz einfach: Wir müssen der tbVideoRenderer-Klasse lediglich eine tbVector2-Variable hinzufügen, in der wir die Texturkoordinaten der *rechten unteren Ecke des Videos auf der Textur* speichern. Dieser Variablen habe ich den Namen m_vBottomRightTex gegeben, und sie berechnet sich ganz einfach:

```
// Texturkoordinaten für die rechte untere Ecke des Videos berechnen
m_vBottomRightTex.x = (float)(m_TexDesc.Width) / (float)(iVideoWidth);
m_vBottomRightTex.y = (float)(m_TexDesc.Height) / (float)(iVideoHeight);
```

Listing 9.12 Wir berechnen die Texturkoordinaten der rechten unteren Ecke des Videos

Die Texturkoordinaten der drei anderen Ecken ergeben sich dadurch von selbst. Links oben ist sowieso immer (0, 0), rechts oben ist dann (m_vBottomRightTex.x, 0) und links unten ist (0, m_vBottomRightTex.y).

9.3.2.5 *DoRenderSample* – ein Bild kommt an

Die letzte Methode, die wir für unsere tbVideoRenderer-Klasse implementieren müssen, heißt DoRenderSample. Sie wird immer dann aufgerufen, wenn ein neues Sample des Videos – also ein Bild – vom Videodecoder verarbeitet wurde. Auf die Bilddaten können wir durch den per Parameter übergebenen IMediaSample-Zeiger zugreifen. Dazu ruft man die Methode GetPointer auf und übergibt ihr die Adresse eines BYTE-Zeigers, der dann auf die Daten des Samples zeigen soll.

Die Aufgabe unserer DoRenderSample-Methode ist, die Textur zu sperren und die Videodaten hineinzukopieren. Im Übrigen können wir die Verarbeitung sofort abbrechen, wenn die m_bDirty-Variable noch auf FALSE gesetzt ist, denn dann braucht das Spiel noch kein neues Video-Frame.

Sperren einer Textur

Das Sperren einer Textur ist vergleichbar mit dem Sperren eines Vertex- oder Index-Buffers. Dazu braucht man die Methode IDirect3DTexture9::LockRect.

Tabelle 9.2 Die Parameter der Methode IDirect3DTexture9::LockRect

Parameter	Beschreibung
UINT Level	MIP-Map-Ebene, die gesperrt werden soll (zum Beispiel null)
D3DLOCKED_RECT* pLockedRect	Zeiger auf eine D3DLOCKED_RECT-Struktur, die von der LockRect-Methode ausgefüllt wird (*siehe unten*).
RECT* pRect	Zeiger auf die RECT-Struktur, die das zu sperrende Rechteck auf der Textur beschreibt, oder NULL, um die *gesamte* Textur zu sperren.
DWORD Flags	Flags zum Sperren: Hier können Sie einige der üblichen Sperrflags angeben oder null. D3DLOCK_DISCARD ist besonders schnell, funktioniert aber nur mit *dynamischen* Texturen und auch nur dann, wenn für pRects der Wert NULL angegeben wird.

Und wie kommt man nun an den Speicherbereich, der die Daten der Textur beinhaltet? Dazu gibt es die D3DLOCKED_RECT-Struktur. Sie besitzt einen Zeiger namens pBits, der auf diesen

Speicherbereich zeigt. Nachdem die Veränderungen abgeschlossen wurden, ruft man `UnlockRect` auf und übergibt noch einmal die MIP-Map-Ebene, die zuvor mit `LockRect` gesperrt wurde.

Nun ist noch zu klären, wie die Daten eigentlich in einer Textur gespeichert sind. Das ist recht einfach: Die Pixeldaten sind *von oben nach unten*, also *zeilenweise*, und *von links nach rechts* gespeichert. Bei einer 32-Bit-Textur ist das erste `DWORD` also der linke obere Pixel (des gesperrten Rechtecks), und das zweite `DWORD` ist der zweite Pixel in der ersten Zeile. Wenn das gesperrte Rechteck nun zum Beispiel 32 Pixel breit ist, dann könnte man meinen, dass das 33. `DWORD` der erste Pixel in der *zweiten* Zeile ist. Das muss aber nicht so sein – vor allem dann nicht, wenn das gesperrte Rechteck nur ein *Teil* der Textur ist.

Man benötigt also noch eine Angabe – nämlich den *Zeilenabstand*. Dieser Wert besagt, um wie viele Bytes ein Zeiger erhöht werden muss, um von der einen Zeile der Textur in die nächste zu gelangen. Bei einer 32-Bit-Textur, die 256 Pixel breit ist, könnte der Zeilenabstand zum Beispiel 1024 Bytes (4 Bytes für jeden der 64 Pixel) sein. Wie der Wert letzten Endes wirklich ist, hängt von der Grafikkarte ab. Der Zeilenabstand wird auch *Pitch* genannt und im Element `DWORD Pitch` der `D3DLOCKED_RECT`-Struktur gespeichert.

Sperren der Videotextur

Beim Sperren der Textur schauen wir uns erst einmal an, ob sie *dynamisch* ist. Wenn das der Fall ist, dann können wir der Methode `IDirect3DTexture9::LockRect`, die bekanntlich ein Rechteck auf der Textur sperrt, das Flag `D3DLOCK_DISCARD` übergeben. In dem Fall muss außerdem auch die *gesamte* Textur gesperrt werden, was bedeutet, dass wir für den `RECT`-Zeiger `NULL` angeben.

Die Videodaten

Leider sind die Videodaten nicht genau so angeordnet wie die Daten in der Textur. Die Zeilen sind *von unten nach oben* angeordnet (der erste Wert ist dann der erste Pixel in der *letzten* Zeile). Ein zeilenweises Kopieren der Videodaten in die Textur ist also nötig.

```
// Videodaten kommen an und müssen verarbeitet werden.
HRESULT tbVideoRenderer::DoRenderSample(IMediaSample* pSample)
{
    HRESULT r;

    // Wenn noch kein neues Frame gebraucht wird, können wir sofort abbrechen.
    if(!m_bDirty) return S_OK;

    // Zeiger auf die Videodaten holen
    if(!pSample) return E_FAIL;
    BYTE* pTemp;
    pSample->GetPointer(&pTemp); if(!pTemp) return E_FAIL;

    // Breite und Höhe des Videos kopieren
    DWORD dwVideoWidth = m_VideoInfo.bmiHeader.biWidth;
    DWORD dwVideoHeight = m_VideoInfo.bmiHeader.biHeight;

    // Rechteck zum Sperren berechnen
    RECT Rect;
    Rect.left = 0;
    Rect.top = 0;
    Rect.right = dwVideoWidth - 1;
    Rect.bottom = dwVideoHeight - 1;
    // Können wir D3DLOCK_DISCARD verwenden?
    BOOL bDiscard = m_TexDesc.Usage & D3DUSAGE_DYNAMIC;
```

9.3 Videos abspielen   759

```cpp
D3DLOCKED_RECT LockedRect;
PDIRECT3DTEXTURE9 pDest = m_pBuffer;

// Die Textur sperren
if(FAILED(r = pDest->LockRect(0, &LockedRect, bDiscard ? NULL : &Rect,
                              bDiscard ? D3DLOCK_DISCARD : 0)))
{
    // Fehler beim Sperren!
    TB_ERROR_DIRECTX("m_pTexture->LockRect", r, E_FAIL);
}

// Daten kopieren.
// 32-Bit-Formate
if(m_TexDesc.Format == D3DFMT_X8R8G8B8 ||
   m_TexDesc.Format == D3DFMT_A8R8G8B8)
{
    DWORD* pdwVideo;
    pSample->GetPointer((BYTE**)(&pdwVideo));
    pdwVideo += dwVideoWidth * (dwVideoHeight - 1);
    DWORD* pdwTexture = (DWORD*)(LockedRect.pBits);
    DWORD dwPitch = LockedRect.Pitch / 4;

    for(DWORD y = 0; y < dwVideoHeight; y++)
    {
        memcpy(pdwTexture, pdwVideo, dwVideoWidth * 4);
        pdwTexture += dwPitch;
        pdwVideo -= dwVideoWidth;
    }
}
// 24-Bit-Format
else if(m_TexDesc.Format == D3DFMT_R8G8B8)
{
    BYTE* pVideo;
    pSample->GetPointer(&pVideo);
    pVideo += dwVideoWidth * (dwVideoHeight - 1) * 3;
    BYTE* pTexture = (BYTE*)(LockedRect.pBits);
    DWORD dwPitch = LockedRect.Pitch / 4;

    for(DWORD y = 0; y < dwVideoHeight; y++)
    {
        memcpy(pTexture, pVideo, dwVideoWidth * 3);
        pTexture += dwPitch * 3;
        pVideo -= dwVideoWidth * 3;
    }
}
// 16-Bit-Formate
else if(m_TexDesc.Format == D3DFMT_R5G6B5 ||
        m_TexDesc.Format == D3DFMT_X1R5G5B5 ||
        m_TexDesc.Format == D3DFMT_A1R5G5B5)
{
    WORD* pwVideo;
    pSample->GetPointer((BYTE**)(&pwVideo));
    pwVideo += dwVideoWidth * (dwVideoHeight - 1);
    WORD* pwTexture = (WORD*)(LockedRect.pBits);
    DWORD dwPitch = LockedRect.Pitch / 2;

    for(DWORD y = 0; y < dwVideoHeight; y++)
    {
        memcpy(pwTexture, pwVideo, dwVideoWidth * 2);
        pwTexture += dwPitch;
        pwVideo -= dwVideoWidth;
    }
}

// Entsperren
pDest->UnlockRect(0);
```

```
    m_bDirty = FALSE;

    return S_OK;
}
```

Listing 9.13 Die DoRenderSample-Methode des Video-Renderers

9.3.3 Verwenden des Filters

Nun haben wir unseren Video-Renderer-Filter implementiert, aber allein dadurch ist es noch nicht möglich, ein Video abzuspielen. Nun ist es wichtig, den Filter in einen Filtergraphen einzubauen, damit er von DirectShow angesprochen werden kann. Das ist eigentlich gar nicht so schwer:

1. Erzeugen einer IGraphBuilder-Schnittstelle
2. Eine neue Instanz von tbVideoRenderer erzeugen und diesen Filter zum Filtergraphen hinzufügen
3. Hinzufügen eines Quellfilters. Diesem Quellfilter übergeben wir den Dateinamen der abzuspielenden Videodatei.
4. Jetzt fragen wir den *Ausgangspin* des Quellfilters ab (Schnittstelle IPin), über den die gelesenen Daten aus der Videodatei laufen.
5. Am Ende braucht man nur noch die Methode Render des Ausgangspins aufzurufen. DirectShow sorgt dann dafür, dass dieser Pin irgendwie verbunden wird. Da sich bereits unser Video-Renderer im Filtergraphen befindet, wird dieser dann auch für das Rendern der Videodaten ausgewählt werden. Falls das Video noch eine Audiospur haben sollte, wird DirectShow auch automatisch dafür sorgen, dass sie ebenfalls abgespielt wird.

Die TriBase-Engine besitzt für all dies eine Klasse namens tbVideo. Diese Klasse ist fast identisch mit tbMusic, aber hier wird eben ein selbst geschriebener Filter verwendet (tbMusic überließ die Auswahl der Filter DirectShow). Sehen Sie hier, was in der Methode tbVideo::Init geschieht (dort wird das Video aus einer Datei initialisiert):

```
// Initialisiert das Video aus einer Datei
tbResult tbVideo::Init(char* pcFilename)
{
    // Graph erstellen
    HRESULT r;
    if(FAILED(r = CoCreateInstance(CLSID_FilterGraph,
                                   NULL,
                                   CLSCTX_INPROC_SERVER,
                                   IID_IGraphBuilder,
                                   (void**)&m_pGraph)))
    {
        // Fehler!
        TB_ERROR_DIRECTX("CoCreateInstance", r, TB_ERROR);
    }

    // Neuen Video-Renderer erstellen
    m_pRenderer = new tbVideoRenderer(NULL, &r);
    if(FAILED(r)) {
        // Fehler!
        TB_ERROR("Fehler beim Erzeugen des Video-Renderers!", TB_ERROR);
    }
    // Den Video-Renderer hinzufügen
    if(FAILED(r = m_pGraph->AddFilter(m_pRenderer, L"Renderer")))
    {
```

9.3 Videos abspielen

```
        // Fehler!
        TB_ERROR_DIRECTX("m_pGraph->AddFilter", r, TB_ERROR);
    }

    // Quellfilter hinzufügen
    WCHAR awcFilename[256];
    MultiByteToWideChar(CP_ACP, 0, pcFilename, -1, awcFilename, 256);
    IBaseFilter* pSrcFilter;
    if(FAILED(r = m_pGraph->AddSourceFilter(awcFilename, L"Source", &pSrcFilter)))
    {
        // Fehler!
        TB_ERROR_DIRECTX("m_pGraph->AddSourceFilter", r, TB_ERROR);
    }

    // Den Ausgangspin des Quellfilters abfragen
    IBaseFilter* pSrcFilter;
    if(FAILED(r = pSrcFilter->FindPin(L"Output", &pSrcFilterOut)))
    {
        // Fehler!
        pSrcFilter->Release();
        TB_ERROR_DIRECTX("pSrcFilter->FindPin", r, TB_ERROR);
    }

    // Den Ausgangspin rendern. DirectShow wird unseren Video-Renderer
    // finden und ihn verwenden. Außerdem wird DirectShow - wenn nötig -
    // automatisch für das Abspielen der Audiodaten sorgen.
    if(FAILED(r = m_pGraph->Render(pSrcFilterOut)))
    {
        // Fehler!
        pSrcFilter->Release();
        pSrcFilterOut->Release();
        TB_ERROR_DIRECTX("m_pGraph->Render", r, TB_ERROR);
    }

    // Die Schnittstellen des Quellfilters freigeben
    pSrcFilter->Release();
    pSrcFilterOut->Release();

    // ...

    return TB_OK;
}
```

Listing 9.14 Wie unser Video-Renderer zum Einsatz kommt

Der Rest der tbVideo-Klasse funktioniert genauso wie tbMusic. Das bedeutet: Wir brauchen nur eine neue Instanz dieser Klasse anzufertigen, Init aufzurufen und können anschließend mit Play das Video starten. Auch andere Spielereien wie das Verändern der Abspielgeschwindigkeit oder der Lautstärke/Balance sind möglich. Damit das Looping funktioniert, muss einmal pro Frame die Process-Methode aufgerufen werden. Mit GetRenderer fragen wir die tbVideoRenderer-Klasse ab, und GetTexture und GetBottomRightTex (beide gehören zu tbVideoRenderer) liefern uns die Videotextur beziehungsweise die Hilfstexturkoordinaten.

9.3.4 Der Back-Buffer-Mechanismus

Nun brauchen wir noch eine Methode für tbVideoRenderer, welche die m_bDirty-Variable auf TRUE setzt und die beiden Zeiger m_pTexture und m_pBuffer tauscht. Diese Methode wollen wir NextFrame nennen. Die Anwendung muss diese Methode also einmal pro Frame (nicht pro Video-Frame, sondern pro Spiel-Frame) aufrufen.

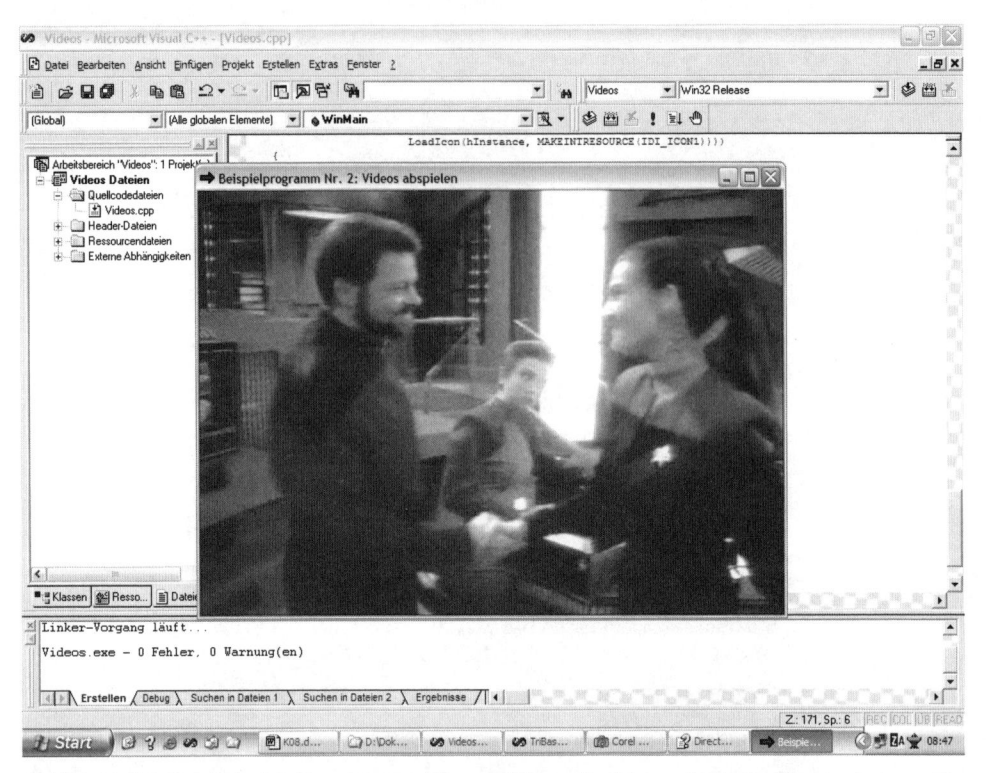

Abbildung 9.6 Das Beispielprogramm zum Thema *Videos abspielen* – als Media-Player missbraucht

9.3.5 Videos in den Speicher laden

Oft ist das Abspielen von Videos direkt von der Festplatte oder von einer CD-ROM sehr langsam. DirectShow greift dann seltsamerweise immer wieder auf das Medium zu, anstatt das Video zumindest teilweise im Voraus zu laden. Die tbVideo-Klasse bietet die Möglichkeit, ein Video direkt komplett in den Speicher zu laden und es dann von dort aus abspielen zu lassen. Dazu gibt es einen zweiten Parameter in der tbVideo::Init-Funktion. Es ist ein BOOL-Wert, den Sie auf TRUE setzen, wenn das Video aus dem Speicher abgespielt werden soll, ansonsten auf FALSE.

9.4 Stereo-3D-Grafik

Auch wenn man andauernd von 3D-Grafik redet – wirklich dreidimensional sind die Bilder, die Direct3D uns liefert, natürlich nicht, denn der Bildschirm ist und bleibt relativ flach. Es gibt aber eine Möglichkeit, das menschliche Auge und das Gehirn zu täuschen, ihnen also wirkliche dreidimensionale Objekte vorgaukelt: die *Stereo-3D-Grafik*.

9.4 Stereo-3D-Grafik

9.4.1 Das räumliche Sehen

Um zu verstehen, wie die Stereo-3D-Grafik funktioniert, sollte man sich erst einmal ein wenig damit befassen, wie denn überhaupt das räumliche Sehen zustande kommt. Man sagt, dass Menschen, die nur noch ein Auge haben (oder sich das andere zuhalten), *Tiefen* beziehungsweise *Entfernungen* schlechter abschätzen können. Das stimmt auch, denn nur durch *beide* Augen, die ja leicht versetzt sind, erhalten wir einen räumlichen Eindruck. Dadurch, dass dem Gehirn *zwei* Bilder derselben Umgebung, aber aus verschiedenen Blickwinkeln zur Verfügung stehen, kann es daraus die Tiefe „berechnen". Das funktioniert zwar auch dadurch, dass Punkte mit unterschiedlicher Tiefe auch unterschiedlich scharf beziehungsweise unscharf abgebildet werden, aber hauptsächlich durch die „Verschiebungen", die zwischen dem Bild des linken und des rechten Auges zu erkennen sind.

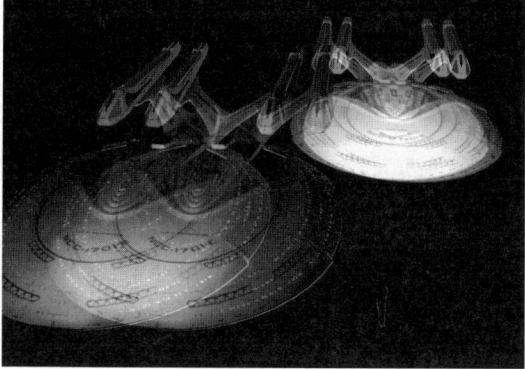

Abbildung 9.7 Welche *Enterprise* ist größer?

Auf dem oberen Bild lässt sich nicht erkennen, welches Schiff größer ist. Aber das untere zeigt die Szene aus zwei Perspektiven: einmal von links und einmal von rechts (*Stereo-3D-Grafik*). Die Kamera ist auf eine Stelle zwischen den Schiffen gerichtet. Das linke Schiff erfährt dabei die größeren Verschiebungen zwischen den beiden Bildern – es ist also näher an der Kamera. Das andere Schiff ist demnach weiter weg, hat aber auf dem Bild ungefähr die gleiche Größe. In Wirklichkeit ist es aber viermal so groß wie das vordere.

Abbildung 9.8 Hier mit Tiefenschärfe: Die Kamera ist auf das linke Schiff gerichtet. Das rechte Schiff ist weiter weg und wird dadurch unscharf.

Beide Effekte – Stereo-3D-Grafik und Tiefenschärfe – erhöhen den Realismus enorm. Die Stereo-3D-Grafik kann man ohne großen Aufwand in praktisch jedes 3D-Spiel einbauen, während die Tiefenschärfe schon ein fortgeschrittener Effekt ist (im DirectX-SDK gibt es ein Beispielprogramm dafür).

9.4.2 Trennen der Bilder

Es sollte klar sein, dass wir bei der Stereo-3D-Grafik immer *zwei* Bilder rendern müssen: eins von links und eins von rechts. Aber irgendwie muss dafür gesorgt werden, dass jedes Auge auch nur genau das sieht, was für es bestimmt ist. Das linke Auge darf nur das Bild von links sehen und das rechte nur das von rechts. Es gibt verschiedene Ansätze, das zu erreichen.

9.4.2.1 VR-Helme

VR-Helme (*Virtual Reality*) kann man sich wie eine Brille vorstellen, die anstelle der Gläser zwei kleine Displays eingebaut hat. Diese Displays werden separat angesteuert, so dass jedes ein anderes Bild anzeigt. So sieht jedes Auge immer nur *ein* Bild. Das ist sicherlich von der Qualität her die beste Lösung, da man außer dem Spielgeschehen wohl gar nichts anderes mehr sehen kann und weil die beiden Bilder hundertprozentig getrennt werden. Der Nachteil ist, dass die Grafikkarte einen solchen Helm unterstützen muss und dass er natürlich auch eine Menge Geld kostet. Ein weiterer Nachteil: Die Grafikkarte muss jedes Frame doppelt rendern, was die Framerate verringert.

9.4.2.2 3D-Shutter-Brillen

Eine andere Möglichkeit: Der Spieler setzt sich eine Brille auf, die abwechselnd das linke und das rechte Glas *verdunkelt*, so dass immer nur ein Auge etwas sehen kann. Der Monitor zeigt abwechselnd die Sicht von links und von rechts – da ist natürlich exaktes Timing erforderlich. Vorteil: recht günstige Lösung und gute Bildtrennung. Nachteile: Nicht jede Grafikkarte unterstützt solche Brillen; 50% der Helligkeit geht verloren, da ein Auge immer schwarz sieht; die Bildwiederholfrequenz muss verdoppelt werden.

9.4.2.3 Die 3D-Kino-Lösung

Im 3D-Kino arbeitet man mit *zwei* Projektoren, die den Film einmal aus der Sicht von links und einmal aus der Sicht von rechts an die Wand strahlen. Das Licht der beiden Projektoren unterscheidet sich durch seine *Polarisation* (das Licht ist verschieden „gedreht"). Das Auge erkennt da keinen Unterschied, aber die beiden Filter in den 3D-Brillen lassen jeweils nur einen Typ von Licht durch. Diese Technik lässt sich aber für Computerspiele kaum verwenden – höchstens mit zwei LCD-Projektoren, vor die man jeweils einen Polarisationsfilter stellt.

9.4.2.4 Rot-Blau/Rot-Grün

Anstatt das Licht zu polarisieren, kann man auch für das linke Auge nur rotes und für das rechte Auge nur blaues Licht verwenden (das funktioniert auch mit Rot und Grün). Auf dem Bildschirm kann man entweder abwechselnd ein Bild von links in Rot und ein Bild von rechts in Blau rendern (was zwar schnell ist, aber sehr flackert) oder immer zwei Bilder mit Rot und Blau kombinieren. Die Brille hat auf der einen Seite einen roten und auf der anderen Seite einen blauen Filter. Vorteile: Diese Lösung kostet praktisch nichts und funktioniert so gut wie auf jeder Grafikkarte, und sie ist einfach zu implementieren. Der größte Nachteil ist jedoch, dass eine Farbe komplett verloren geht: Bei Rot-Blau wäre das Grün, und bei Rot-Grün wäre es Blau.

9.4.2.5 Stereografie

Wer kennt sie nicht, diese Bilder, die auf den ersten Blick nur nach einer wirren Aneinanderreihung von seltsamen Mustern aussehen und die ihren Inhalt erst dann zeigen, wenn man seine Augen ein wenig verstellt? Hierbei handelt es sich um *Stereografie*. Man benötigt nur ein einziges Bild, bei dem man die Tiefe jedes Pixels kennt. Anschließend wird daraus ein stereografisches Bild berechnet, das eine erstaunlich räumliche Wirkung auf den Betrachter hat.

Interessant wäre auch folgender Ansatz: Warum nicht ein Spiel entwickeln, das mit Stereografie arbeitet (natürlich in Echtzeit)? Es wäre mit Direct3D nicht einmal nötig, den Z-Buffer zu sperren (was sowieso kaum machbar ist) – direkter Zugriff auf den Bildpuffer reicht aus. Wenn man nämlich mit Nebel arbeitet, kann man die Farbe eines Pixels von seiner Tiefe abhängig machen.

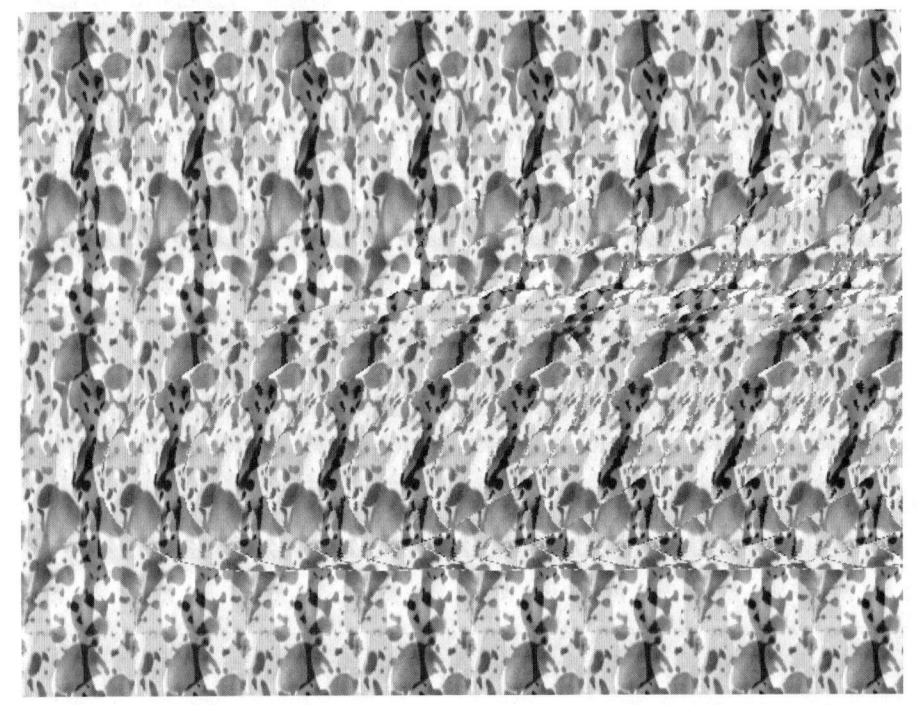

Abbildung 9.9 Aus dem Tiefenbild (*oben*) wird das stereografische Bild (*unten*). Stellen Sie die Augen auf *fern*, um die Enterprise in 3D zu entdecken.

9.4.3 Implementierung

Trotz des Nachteils halte ich die Lösung *Rot-Blau* beziehungsweise *Rot-Grün* (nicht politisch gemeint) für am besten geeignet, um sie hier in diesem Buch zu implementieren. Vielleicht erinnern Sie sich noch an das Render-State D3DRS_COLORWRITEENABLE. Je nachdem, wie man es einstellt, kann man dadurch kontrollieren, welche Farbkanäle beim Rendern geschrieben werden und welche nicht. Setzt man es zum Beispiel auf D3DCOLORWRITEENABLE_RED | D3DCOLORWRITEENABLE_GREEN, dann wird Direct3D nur auf den roten und den grünen Farbkanal schreiben. Dieses Render-State ist bei der Stereo-3D-Grafik enorm hilfreich. Und so funktioniert es:

1. Szene beginnen und alle Puffer leeren
2. D3DRS_COLORWRITEENABLE auf D3DCOLORWRITEENABLE_RED setzen

3. Die Szene von links rendern (Kamera leicht entlang ihrer *x*-Achse verschieben). Im Bildpuffer haben wir jetzt das Bild aus der Sicht des linken Auges, und zwar ausschließlich in roter Farbe.
4. Z- und Stencil-Buffer leeren, *nicht* den Bildpuffer!
5. D3DRS_COLORWRITEENABLE auf D3DCOLORWRITEENABLE_BLUE setzen
6. Die Szene von rechts rendern. Im Bildpuffer befinden sich nun beide Ansichten.
7. Szene beenden und den Bildpuffer sichtbar machen

Wie weit die Kamera nach links beziehungsweise nach rechts verschoben werden muss (*Augenabstand*), hängt vom Spiel ab. Hier gilt: *Probieren geht über Studieren!*

Eine weitere Sache, die unbedingt beachtet werden muss, ist der *Blickpunkt der Kamera*. Bei gewöhnlicher 3D-Grafik kann man ihn beliebig entlang der Blickrichtung der Kamera in die Tiefe verschieben, ohne einen Unterschied zu bemerken. Bei Stereo-3D-Grafik wird es aber sehr wohl einen Unterschied geben, wie man sich leicht vorstellen kann! Der Blickpunkt sollte sich am besten immer bei dem Objekt befinden, was gerade in der Bildschirmmitte zu sehen ist – dann hat die Kamera es „im Fokus".

9.4.4 Beispielprogramme

Im fünften Kapitel (Sound und Musik) wurde bereits darauf hingewiesen, dass eines dieser Beispielprogramme auch Grafik für 3D-Brillen generieren kann. Dort ist es allerdings so, dass abwechselnd Frames von links und von rechts gerendert werden, wodurch das Bild flimmert.

Aber auch das Spiel *Galactica* unterstützt 3D-Brillen. Alles, was Sie tun müssen, ist die Zeile #define _3D_GLASSES oben in die Datei GAME.CPP zu schreiben. Achten Sie auf die beiden Methoden CGame::SetupCamera und CGame::Render.

9.5 Raumaufteilung

Bisher haben wir nur solche Spiele programmiert, in denen die Spielfiguren beziehungsweise die beweglichen Objekte im Mittelpunkt standen. Bei vielen anderen Spieletypen ist es aber so, dass ein großer Teil der Szene durch ein statisches Objekt – die Welt oder den „Level" – eingenommen wird. Solche Objekte besitzen normalerweise viel mehr Dreiecke als jedes andere Objekt. Wie geht man also damit um?

Dieser Abschnitt ist nicht als komplette Lösung gedacht. Er soll Ihnen lediglich einen Weg aufzeigen, wie man mit solchen Problemen fertig wird.

9.5.1 Rekursives Rendern

Dadurch, dass die Levels meistens wirklich statisch sind, lassen sich hier viele Optimierungen vornehmen. Sie kennen das schon von der Kollisionserkennung: Man teilt das Modell auf und rendert später nur die Teile, die wirklich sichtbar sind. Dazu eignen sich zum Beispiel die Techniken BSP (Binary Space Partition) und das Generieren eines Octrees, wie wir es schon gemacht haben. Das Grundprinzip ist praktisch immer Folgendes: Man hat den Level rekursiv unterteilt, und man kennt die Bounding-Box oder die Bounding-Sphere jedes einzelnen Teils (Knotens). Das Rendern erfolgt nun ebenfalls rekursiv.

Zuerst rendert man den Wurzelknoten. Die rekursive Render-Funktion prüft nun, ob die Bounding-Box des Wurzelknotens (der den gesamten Level enthält) sichtbar ist (zum Beispiel mit tbBoxVisible). Wenn das der Fall ist, dann gehen wir alle untergeordneten Knoten (*Child Nodes*) durch und rufen die Render-Funktion wieder auf. Erst wenn wir bei einem sichtbaren Endknoten angekommen sind, wird tatsächlich etwas gerendert. Hier ist das Ganze in Pseudo-Code:

```
void RenderNode(Node* pNode)
{
    // Ist der Knoten sichtbar?
    if(tbBoxVisible(pNode, g_aViewFrustum))
    {
        // Ja, er ist sichtbar!
        // Wenn es ein Endknoten ist, rendern wir seine Dreiecke.
        if(pNode->bIsLeaf)
        {
            // Effekt starten
            // ...

            // Rendern
            g_pD3D->SetStreamSource(...);
            g_pD3D->SetIndices(...);
            g_pD3D->DrawPrimitive(...);
        }
        else
        {
            // Es ist kein Endknoten!
            // Nun rufen wir rekursiv die Unterknoten auf.
            for(int i = 0; i < pNode->iNumChilds; i++)
            {
                // Unterknoten rendern
                RenderNode(pNode->apChild[i]);
            }
        }
    }
}
```

Listing 9.15 Rekursives Rendern

Nach diesem Prinzip funktionieren viele Raumaufteilungsalgorithmen, auch BSP-Trees und Octrees. Die Aufteilung an sich erfolgt ähnlich wie wir sie schon bei der Kollisionserkennung durchgeführt haben. Allerdings wäre es hier vielleicht wirklich nicht schlecht, ein Dreieck, das sich in zwei verschiedenen Knoten befindet, zu teilen anstatt es in beiden Knoten zu lassen. Dies würde dann der BSP- beziehungsweise der *Octree-Compiler* erledigen. Das ist ein separates Programm, dem man eine Modelldatei gibt, die es dann in einen BSP-Tree oder einen Octree verwandelt. Bei größeren Levels kann das durchaus schon mal eine Stunde dauern – je nach dem, welche Berechnungen noch durchgeführt werden.

9.5.2 PVS und Portale

Auch mit BSP-Trees oder Octrees muss die Grafikkarte immer noch viele „überflüssige" Dreiecke rendern (also solche, die später von anderen Dreiecken sowieso wieder verdeckt werden). Die Funktion tbBoxVisible prüft lediglich, ob ein Quader innerhalb des Sichtbereichs liegt, der die Form einer abgestumpften Pyramide hat. Ob sich davor noch irgendein anderes Objekt befindet, bleibt offen.

Hier hilft die Generierung eines *PVS* – eines *Potencially Visible Sets*. Dies ist grob gesehen eine Liste, die alle Knoten eines Baums enthält, die potenziell sichtbar sind. Das Wort, das im Zusammenhang mit PVS immer fällt, ist der Begriff des *Portals*. PVS funktioniert eigentlich nur bei Indoor-Levels (also keine Landschaften). Diese bestehen meistens aus einzelnen Räumen, die durch Türen („Löcher in den Wänden") verbunden sind. Diese Löcher nennen wir dann *Portale*.

Stellen Sie sich folgende Situation vor: Der Spieler steht in einem langen Gang, der rechts und links viele Türen (Portale) besitzt, die alle offen sind. Man kann also teilweise in die anderen Räume hineinsehen. Doch sichtbar ist natürlich immer nur ein ganz kleiner Teil jedes Raums, und genau der lässt sich mit dem PVS-Verfahren bestimmen. Praktisch erstellt man nun einen neuen Sichtbereich – ein neues *View-Frustum*, das genau durch das Portal geht und auch dessen Form hat. Kommt man nun zum Rendern der teilweise sichtbaren Räume, so prüft man vor dem Rendern eines Knotens, ob er sich in diesem neu generierten Sichtbereich befindet. Bei Portalen, deren Form konvex ist, geht das nach dem gleichen Prinzip, wie es auch die tbPointVisible-Funktion macht: Ein sichtbarer Punkt befindet sich auf der Vorder- beziehungsweise Rückseite aller Ebenen, die den Sichtbereich formen. So kann man nicht nur große Teile des Levels „weg-cullen", sondern sich auch das Rendern dynamischer Objekte sparen, die eben nicht innerhalb des Sichtbereichs, der durch das Portal verläuft, liegen.

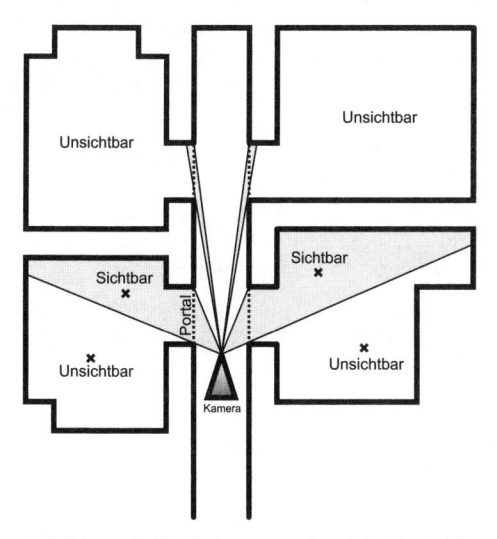

Abbildung 9.10 Jeder graue Bereich ist ein View-Frustum, das durch die Kameraposition und ein Portal zustande kommt.

9.5.3 Light-Mapping

Bei großen Modellen wie einem ganzen Level gibt es nicht nur Probleme mit dem Rendern selbst, sondern auch mit der Beleuchtung. Solange man nur zwei oder drei Lichtquellen verwendet, ist es wohl noch kein Problem, aber sobald es mehr werden, sollte man sich ernsthafte Gedanken darüber machen, wie man die Lichtanzahl reduzieren kann.

Nehmen wir als Beispiel einmal einen Level, der eine Stadt bei Nacht darstellt. Irgendwo steht eine Straßenlaterne mit einer Lichtquelle. Da alles statisch ist, könnte man doch auch schon die Wirkung der Lichtquelle auf den Rest des Levels vorberechnen. So kann man mit allen statischen Lichtquellen umgehen.

Diese Vorberechnungen kann man auf Vertexbasis durchführen, aber das ist bekanntlich optisch nicht so ansprechend. Stattdessen verwendet man lieber eine so genannte *Light-Map*. Eine Light-Map ist eine Textur, die lediglich die *Beleuchtung* eines Dreiecks darstellt. Nehmen wir einmal an, dass die Straße unter der Laterne nur aus zwei riesigen Dreiecken besteht. Die Light-Map dieser Dreiecke würde dann nachher dort, wo die Laterne steht, einen weißen Fleck aufweisen. Dort, wo kein Licht hinkommt, ist sie schwarz. Beim Rendern weist man diesen Dreiecken dann zwei Texturen zu: einmal ihre gewöhnliche Textur (Straßenbelag) und einmal die Light-Map. Die beiden verknüpft man meistens mit dem Operator D3DTOP_MODULATE, so dass die Light-Map mit der normalen Textur multipliziert wird. So sind auch farbige Lichter möglich!

Das Light-Mapping an sich ist nicht sehr schwierig – aber das Generieren der Light-Maps will gekonnt sein! Am besten geht man jedes Dreieck des Modells durch und schaut erst einmal nach, ob es sich überhaupt lohnt, dafür eine Light-Map anzufertigen. Bei der Straße lohnt es sich beispielsweise, da die Dreiecke an der Stelle des Lichtflecks gar keine Vertizes besitzen – dann muss eine Light-Map her. Bei sehr kleinen Dreiecken reicht hingegen auch die Beleuchtung auf Vertexbasis vollkommen aus.

Nach der Aussortierung legt man die Größe der Light-Map für jedes Dreieck fest. Faustregel: Je größer das Dreieck, desto größer die Light-Map. Nun durchwandert man jeden einzelnen Light-Map-Texel und berechnet dessen Beleuchtung. Dabei empfiehlt es sich, *Ray-Tracing* anzuwenden. Man schießt sozusagen einen Strahl von jeder Lichtquelle zu der Stelle des Texels auf dem Dreieck und prüft, ob dieser Strahl noch irgendein anderes Dreieck schneidet. Falls ja, dann sollte man diesen Texel dunkel machen, denn es kommt dort kein Licht hin. Bei mehreren Lichtquellen addieren sich die Farben der Texel. Wenn also ein Texel von der ersten Lichtquelle nicht beleuchtet wird (0) und von der zweiten hundertprozentig (255), dann ist das Ergebnis 255.

Beim Ray-Tracing kann man auch noch einen Schritt weitergehen und noch mit Reflexionen arbeiten. Das nennt sich dann *Radiosity*. Auch wenn ein Texel nicht direkt beleuchtet wird, kann er immer noch Licht empfangen, das von einem anderen Dreieck reflektiert wurde.

Wenn das alles erledigt ist, sollte man versuchen, mehrere Light-Maps in einer großen Textur unterzubringen. Dann braucht man später beim Rendern nicht so oft SetTexture aufzurufen. Es ist hier natürlich wichtig, dass die Vertizes der Dreiecke jeweils zwei Texturkoordinatenpaare haben: einmal für ihre normale Textur und einmal für die Light-Map. Mit dieser Technik arbeiten die meisten professionellen 3D-Engines und erzeugen so sehr realistisch wirkende Lichter und Schatten.

9.5 Raumaufteilung

Abbildung 9.11 Diese Szene wäre ohne Light-Maps kaum zu rendern.

9.5.4 Die TriBase-Klasse *tbOctree*

Auch wenn in diesem Buch leider nicht genug Platz ist, um das Octree-Rendering genau zu besprechen, soll das Sie nicht daran hindern, mit Octrees zu arbeiten – beispielsweise bei der Programmierung eines einfachen Ego-Shooters. Um Ihnen den Einstieg so einfach wie möglich zu machen, habe ich der TriBase-Engine noch eine Klasse namens `tbOctree` hinzugefügt.

Octree-Dateien (Dateierweiterung: TBO) können Sie mit dem TriBase-Tool *OctreeCompiler* erstellen, welches Sie im Verzeichnis TRIBASE\TOOLS\BIN\OCTREECOMPILER finden. Rufen Sie das Programm ohne Parameter auf, um die Syntax erklärt zu bekommen (es handelt sich um ein Kommandozeilenprogramm).

Wenn Sie nun aus einer TBM-Modelldatei eine Octree-Datei erzeugt haben, können Sie die `tbOctree`-Klasse zum Rendern des Octrees verwenden. Erzeugen Sie zunächst eine neue Klasseninstanz, und rufen Sie die Methode `Init` auf. Sie erwartet praktisch die gleichen Parameter wie `tbModel::Init`. Die Methode `tbOctree::Render` rendert den Octree.

Tabelle 9.3 Die Parameter der Methode `tbOctree::Render`

Parameter	Beschreibung
`tbPlane* pViewFrustum`	Zeiger auf die sechs Clipping-Ebenen des Sichtbereichs. Benutzen Sie die Funktion `tbComputeClipPlanes`, um diese Ebenen zu erhalten.
`tbVector3 vCamera`	Position der Kamera

Parameter	Beschreibung
int iFrom, int iTo	Die Render-Methode rendert der Reihe nach alle Dreiecke mit den Effektnummern von iFrom bis iTo. Geben Sie –1 an, um alle Effekte rendern zu lassen.
BOOL bRenderOpaque	TRUE, um opake Effekte zu rendern
BOOL bRenderAlphaBlended	TRUE, um transparente Effekte zu rendern
BOOL bDepthSort	Gibt an, ob die sichtbaren Knoten des Octrees vor dem Rendern von hinten nach vorne sortiert werden sollen, damit Transparenzeffekte richtig dargestellt werden

Schauen Sie sich das Beispielprogramm zu dem Thema an, um zu sehen, wie man mit der tbOctree-Klasse genau umgeht. Kollisionserkennung ist übrigens ebenfalls möglich: tbLineHitsOctree bestimmt die Kollision zwischen einer Linie und einem Octree. Weiterhin gibt es tbModelHitsOctree. Zu tbLineHitsOctree finden Sie auch etwas im oben erwähnten Beispielprogramm. Dort kann der Benutzer die Kamera per Tastatur oder Joystick durch eine kleine Welt fliegen. Stößt man gegen eine Wand, gleitet die Kamera an ihr entlang. Wie das funktioniert, wird im Beispielprogramm in einem Kommentar erläutert.

Ich möchte noch erwähnen, dass die tbOctree-Klasse nicht hundertprozentig ausgereift ist – es wäre in jedem Fall besser (vor allem für das Verständnis), eine eigene Klasse zu schreiben.

9.6 Terrain-Rendering

Wenn man eine große Landschaft rendern möchte – beispielsweise für ein Außengelände in einem Abenteuerspiel oder für einen Flugsimulator – dann kommt man mit der Technik, das Modell für das Terrain in Form von Dreiecken in einer Datei zu speichern, nicht mehr sehr weit. BSP-Trees, Octrees und PVS scheitern hier kläglich.

9.6.1 Repräsentierung eines Terrains

Ein Terrain kann man sich wie eine große Ebene vorstellen, die man dann später nach oben und unten verformt, um Berge und Täler zu erzeugen. Da also alles im Prinzip nur zweidimensional ist, ist es am einfachsten, das Terrain in Form einer so genannten *Height-Map* zu speichern. Eine Height-Map ist ein Bild, das die Höhe des Terrains an jeder Stelle angibt. Meistens handelt es sich dabei um ein Graustufenbild, wobei Schwarz die geringste Höhe ist und Weiß die größte.

9.6.2 Unterteilung des Terrains

Wie generiert man nun aus der Height-Map die Dreiecke? Die einfachste Lösung ist, einfach eine Art von *Gitter aus Dreiecken* zu erzeugen. Die Höhe jedes Vertex wird dann durch den Graustufenwert des Height-Map-Texels an dieser Stelle bestimmt. Aber welche „Auflösung" soll das Gitter haben? Wenn es zu fein ist, dauert das Rendern zu lange, und wenn es zu grob ist, sieht es nicht schön aus.

Der Ansatz, die Feinheit des Gitters überall gleich zu machen, ist scheinbar nicht so gut. Stellen, die weiter entfernt sind, können ohne Bedenken sehr grob gehalten werden – man wird es sowieso nicht bemerken. Wirklich fein muss das Gitter nur in der unmittelbaren Umgebung

9.6 Terrain-Rendering

des Betrachters sein. Aber es kommt nicht nur auf die Entfernung an: Solche Stellen, an denen es sehr „hubbelig" ist, sollten allgemein feiner ausgearbeitet werden. Auf der anderen Seite ist es auch nicht nötig, einen flachen Bereich des Terrains immer wieder in noch feinere Strukturen zu unterteilen.

Beim Unterteilen der Landschaft verwendet man meistens einen so genannten *Quad-Tree*. Ein Quad-Tree ist ähnlich wie ein Octree, aber er ist für *zweidimensionale* Objekte ausgelegt – wie ein Terrain es im Grunde auch ist. Bei einem Quad-Tree hat ein Knoten nicht die Form eines *Würfels*, sondern eines *Rechtecks* oder eines *Quadrats*. Ein Knoten kann daher auch nur *vier anstatt acht* Unterknoten besitzen.

Und wie hilft uns das bei einem Terrain weiter? Ganz einfach: Zuerst erzeugen wir nur ein *einziges* Quadrat, das sich über das *gesamte* Terrain erstreckt. Dieses wird nun mit einem rekursiven Algorithmus in vier neue Quadrate aufgeteilt. Diese werden wieder aufgeteilt und so weiter. Wenn die gewünschte Detailstufe bei einem Quadrat erreicht ist, bricht man die Unterteilung ab. Bei einem weit entfernten Quadrat wird das in der Regel früher der Fall sein als bei einem, das sich nur wenige Meter von der Kamera entfernt befindet. Quadrate, die sich nicht innerhalb des Sichtbereichs der Kamera befinden, werden ebenfalls nicht mehr weiter unterteilt.

Aber soll man diesen ganzen Vorgang nun wirklich in *jedem* Frame *komplett* neu starten? Nein! Das Terrain muss eigentlich nur dann neu generiert werden, wenn sich die Kamera bedeutend dreht oder bewegt. Doch selbst dann wäre es wahrscheinlich noch zu langsam. Mein Vorschlag ist daher, eine Art von „Grundgitter" zu erzeugen, das dann in jedem Frame als Ausgangspunkt für die weitere Unterteilung genommen wird. Dieses Grundgitter ist natürlich noch recht grob, aber es nimmt uns die Unterteilungen ab, die am Anfang praktisch immer erforderlich sind (es wird zum Beispiel wohl kaum einmal vorkommen, dass der Wurzelknoten überhaupt nicht unterteilt werden muss – also unterteilen wir ihn von vornherein).

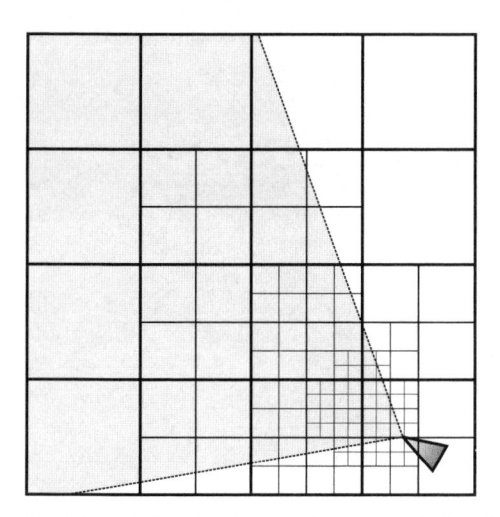

Abbildung 9.12 Das Terrain wird unterschiedlich fein unterteilt.

9.6.3 Erzeugen der Dreiecke

Nun hat man also einen Baum mit vielen, vielen Vierecken. Da sollte es doch eigentlich ein Kinderspiel sein, daraus die Dreiecke zu erzeugen, oder? Jedes Viereck besteht aus zwei Dreiecken. Leider ist das nicht ganz so einfach, denn an Stellen, wo ein kleines Viereck an ein großes stößt, kommt es zum so genannten *Cracking*, wie die nächste Abbildung zeigt.

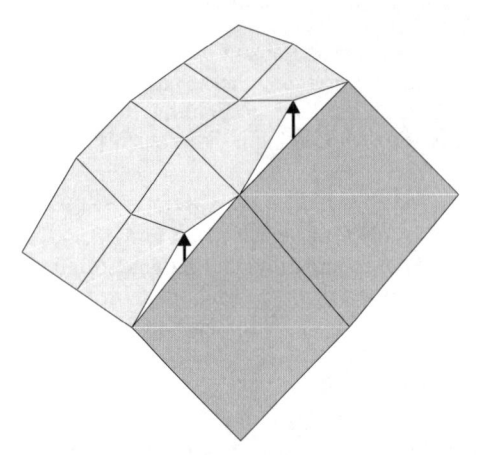

Abbildung 9.13 Die dunkleren, großen Vierecke „überspringen" die Erhöhung, die jedoch von den kleineren Vierecken eingehalten werden.

Eine Möglichkeit ist es, die kleineren Vierecke so anzupassen, dass ihre Seiten parallel zur Seite des großen Vierecks verlaufen. Das wäre allerdings nicht sehr sinnvoll, da man kleinere Vierecke verwendet, *gerade um* solche feineren Höhenunterschiede darstellen zu können.

Es geht auch anders: nämlich indem man die großen Vierecke, die an kleinere grenzen, nicht aus *zwei* Dreiecken zusammenbaut, sondern aus mehreren:

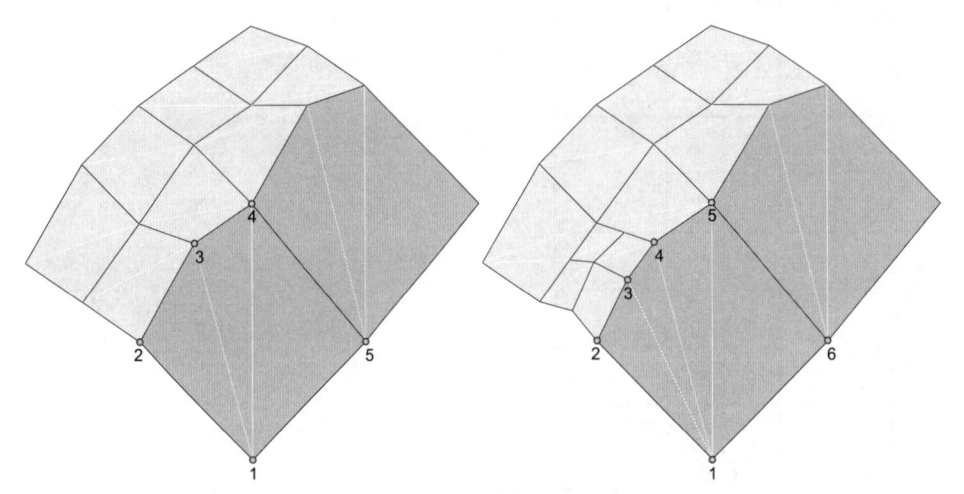

Abbildung 9.14 Wenn man die Dreiecke in Form eines „Fächers" (wie bei D3DPT_TRIANGLEFAN) aufbaut, ist das Problem recht leicht zu lösen.

9.6.4 Terrain-Rückruffunktion

Wenn man ein Terrain wirklich dynamisch machen möchte, also so, dass es sich in jedem Frame ändern könnte (das kann man zum Beispiel für eine bewegte Wasseroberfläche gebrau-

9.6 Terrain-Rendering _____

chen), dann empfehle ich folgenden Ansatz: Der Programmierer stellt eine *Rückruffunktion* bereit, die der Terrain-Engine für jeden Punkt auf dem Terrain Folgendes liefern kann:

- die Höhe an dieser Stelle (könnte aus der Height-Map genommen oder durch eine mathematische Formel berechnet werden) oder direkt den kompletten 3D-Vektor
- den Normalenvektor
- Texturkoordinaten (durch deren Veränderung lassen sich bewegte Oberflächen ebenfalls sehr gut darstellen)
- die Farbe des Terrains an dieser Stelle

Mit anderen Worten: Die Rückruffunktion liefert einen kompletten Vertex des Terrains. Dies ist eine „Universallösung", da man hier zum Beispiel sowohl mit einer Height-Map als auch mit (in Echtzeit) mathematisch berechneten Höhendaten arbeiten kann.

9.6.5 Geo-MIP-Mapping

Wenn man seine Dreiecke nicht in praktisch jedem Frame neu generieren möchte und das Terrain wirklich statisch ist (eine sich bewegende Wasseroberfläche könnte nämlich auch als Terrain realisiert werden …), dann ist eine Technik namens *Geo-MIP-Mapping* interessant. Der Name zielt auf gewöhnliche Textur-MIP-Maps ab. Analog erzeugt man beim Geo-MIP-Mapping verschiedene Versionen (in unterschiedlichen Detailstufen) von einzelnen Terrainblöcken. Diese Arbeit lässt sich bereits im Voraus erledigen. In der Laufzeit ist es dann nur noch erforderlich, die richtige Detailstufe für jeden Terrainblock auszuwählen.

9.6.6 Texturierung

Beim Texturieren von Terrains gibt es viele Ansätze, wovon ich hier zwei vorstellen möchte. Das Problem ist, dass ein Terrain gewöhnlich sehr groß ist. Jede Textur würde darauf nur noch „verwaschen" und unscharf aussehen, und wenn man sie zu stark kachelt, ist das auch nicht sehr schön.

9.6.6.1 Color-Map und Detail-Map

Die erste Möglichkeit ist es, mit *zwei* Texturen zu arbeiten. Die *Color-Map* wird über das *gesamte* Terrain *ohne Kachelung* gelegt. Sie beinhaltet die grobe Farbgebung der einzelnen Regionen (hoher Berg: weiß; Tal: grün …). Diese Textur alleine würde natürlich noch kein Terrain ausmachen. Darum kommt noch eine zweite Textur hinzu: die *Detail-Map*. Dies ist eine Textur, auf der ein feines Muster abgebildet wird (normalerweise nimmt man ein „Rauschen"). Die Detail-Map wird über das gesamte Terrain *vielfach gekachelt*. Nun kann man Color-Map und Detail-Map mit verschiedenen Operatoren kombinieren (`D3DTOP_MODULATE(2X/4X)`, `D3DTOP_ADD` und `D3DTOP_ADDSIGNED` bieten sich an).

Es ist sogar möglich, *nur* mit der Detail-Map zu arbeiten, indem man die grobe Farbgebung in die Vertexfarbe (`D3DFVF_DIFFUSE`) packt. Das dürfte ein wenig schneller sein als die Multi-Texturing-Lösung.

Wie auch immer – der Nachteil dieser Lösung ist, dass das Terrain auf die Dauer vielleicht ein wenig eintönig wirkt, da sich die Detail-Map nicht ändert. Das kann man nur durch mehrere Detail-Maps oder durch eine sehr hoch auflösende Color-Map, die dann selbst auch schon feinere Muster enthält, lösen.

9.6.6.2 Splatting

Mit der Zeit ist eine andere Lösung namens *Splatting* sehr beliebt geworden. Hier hat man die verschiedenen „Schichten" des Terrains (Sand, Gras, Schnee ...) direkt und in vollem Detail als einzelne Texturen vorliegen. Betrachten wir als Beispiel einmal eine Landschaft, die nur aus Gras und Felsen besteht. In den höheren Regionen herrscht der Felsen und unten das Gras.

Beim Rendern setzt man nun *beide* Texturen und *interpoliert* zwischen ihnen. Das geht mit den Multi-Texturing-Operatoren D3DTOP_BLEND.... Als Interpolationsfaktor – also als Wert, der bestimmt, ob es eher Gras (0) oder Felsen (255) sein soll, kann man hier den *Alphawert* der Vertexfarbe benutzen. Da Terrains meistens sowieso nicht transparent sind, ist das kein Problem. Vertizes, die höher liegen, verpasst man dann (im Voraus) einen höheren Alpha-Wert. Wenn man noch einen gewissen Zufallswert hinzuaddiert, ist dies eine optisch sehr ansprechende Lösung.

OK – mit zwei Texturen scheint es nicht so schwer zu sein. Aber wie sieht es mit dreien oder vieren aus? Alle Texturen gleichzeitig zu setzen wäre nicht ratsam. Hier muss man das Terrain *aufteilen*: in eine Schicht, die zwischen der ersten und zweiten Textur interpoliert, eine für die zweite und dritte und eine für die dritte und vierte. Jede Schicht rendert man einzeln und setzt vorher die beiden entsprechenden Texturen ein.

Ein Problem tritt auch dann auf, wenn ein Viereck so groß ist, dass es mehr als zwei Höhenschichten überschreitet. Am besten macht man daraus eine Bedingung für die Unterteilung des Terrains: Ein solches Viereck würde dann einfach so lange geteilt, bis wieder alles in Ordnung ist.

Der Vorteil des Splattings ist, dass man seine Höhenschichten wirklich einzigartig gestalten kann und sie nicht – wie bei der anderen Lösung – alle im Prinzip gleich aussehen.

9.6.6.3 Volumentexturen

Wie bereits im 3D-Grafik-Kapitel angesprochen, könnte man auch Volumentexturen verwenden, um Terrains darzustellen. Jede „Scheibe" der Volumentextur repräsentiert dabei eine andere Höhenschicht. Um zu bestimmen, zu welcher Höhenschicht ein Vertex gehört, muss man also einfach nur dessen *w*-Texturkoordinate entsprechend setzen.

Terrains mit Volumentexturen haben einen großen Vorteil: Es sind keine Vorberechnungen notwendig, wie das bei den beiden anderen Verfahren der Fall ist (einmal muss die Color-Map berechnet werden, und beim zweiten Verfahren müssen die Dreiecke nach Höhenschicht sortiert vorliegen). Die Höhendaten können so ganz leicht auch in Echtzeit verändert werden.

Der Nachteil ist, dass viele Grafikkarten keine Unterstützung für Volumentexturen haben. Optimal wäre eine Terrain-Engine, die mit allen drei Techniken klarkommt und sich je nach Situation für eine davon entscheidet.

9.6.7 Beleuchtung

Wie sieht es mit der Beleuchtung eines Terrains aus? Wenn man eine Sonne einbauen möchte, die auch ihre Position ändert, dann sollte man einfach die gewöhnlichen Direct3D-Beleuchtungsfunktionen benutzen.

Ist die Beleuchtung allerdings *statisch*, dann kann man sie im Voraus berechnen, um später wertvolle Zeit zu sparen und die Bildqualität zu verbessern. Das Zauberwort heißt auch hier wieder *Light-Mapping*! Man erzeugt eine Light-Map, welche die gesamte Beleuchtung des Terrains beinhaltet. Dazu durchlaufen wir jeden Texel und schießen einen Strahl von der Lichtquelle dorthin – *Ray-Tracing*! Wenn die Höhe des Strahls an irgendeiner Stelle geringer ist als die Terrainhöhe, dann schneidet er das Terrain, und der Texel sollte dunkel werden, weil er im Schatten liegt.

Für die Beleuchtung auf Basis eines Normalenvektors kann man sich eine *Normal-Map* anfertigen. Das ist praktisch ein Bild, das den Normalenvektor des Terrains an jeder Stelle speichert. Die x-Komponente kann man im Rotanteil der Farbe speichern, y in Grün und z in Blau (so ist übrigens auch *Dot3-Bump-Mapping* möglich). Anhand des Punktprodukts aus Normalenvektor und Richtungsvektor zur Lichtquelle lässt sich so die Beleuchtung ermitteln. Zusammen mit der oben erwähnten Ray-Tracing-Technik bekommt man wirklich schöne Ergebnisse.

9.6.8 Das TriBase-Tool *TerrainEditor*

Die TriBase-Engine hat zwar (noch) keine Klasse für Terrains, aber ich habe vorsorglich trotzdem schon einen kleinen Terrain-Editor geschrieben, der sich durchaus sehen lassen kann!

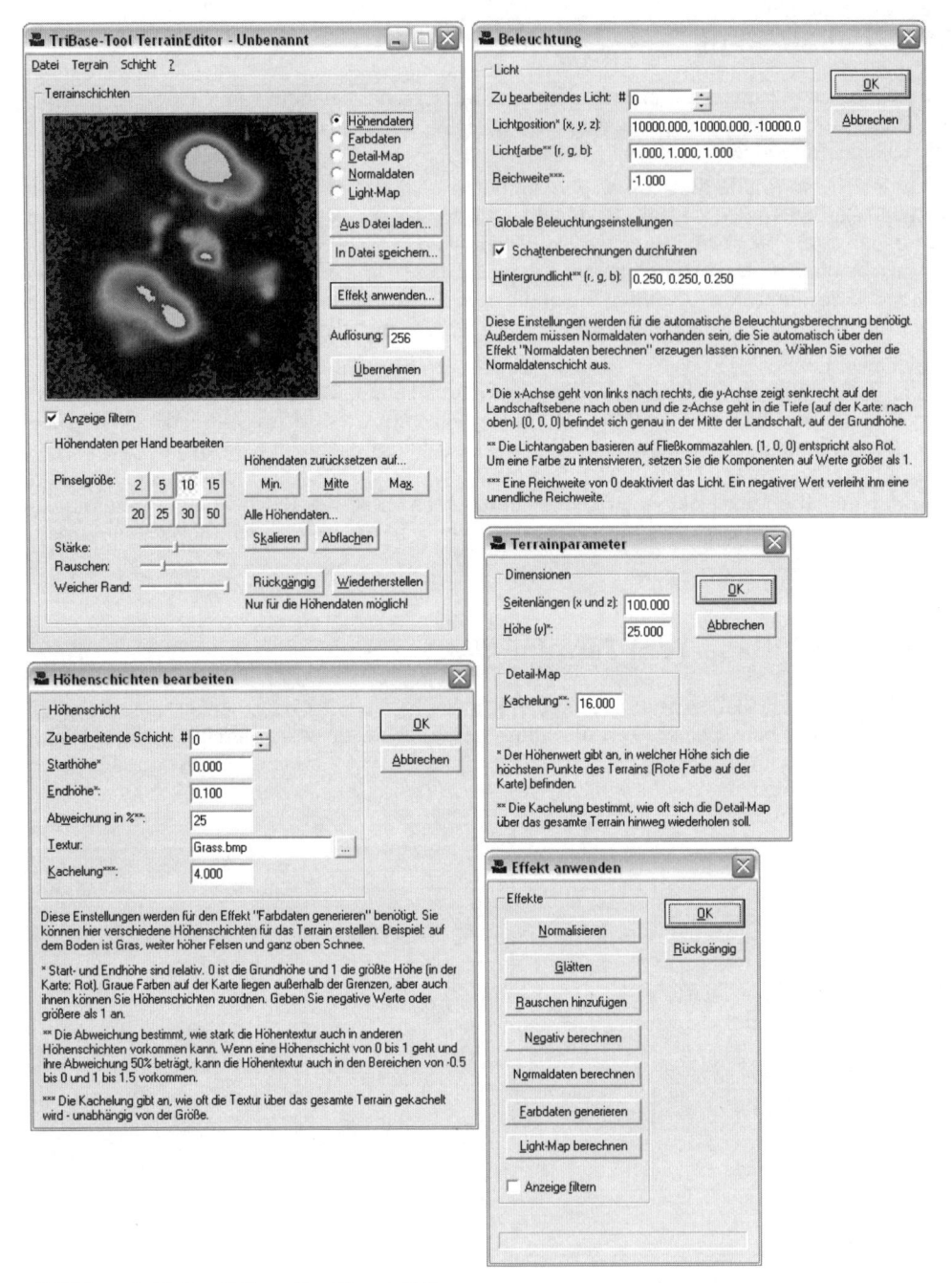

Abbildung 9.15 Das TriBase-Tool *TerrainEditor*

Das linke obere Fenster ist das Hauptfenster. Rechts können Sie dort die verschiedenen Maps auswählen: Höhendaten (*Height-Map*), Farbdaten (*Color-Map*), *Detail-Map*, Normaldaten (*Normal-Map*) und die *Light-Map*, die dann im Hauptfenster bearbeitet werden können. Mit der Maus können Sie die Höhendaten zeichnen (der rechte Mausknopf erhöht das Terrain, und der linke flacht es ab). Links unten verändern Sie die Pinseleinstellungen.

Im Beleuchtungsfenster können Sie Lichtquellen platzieren und bearbeiten. Außerdem können Sie festlegen, ob später beim Berechnen der Light-Map Schatten geworfen werden sollen oder nicht.

Das Fenster HÖHENSCHICHTEN BEARBEITEN lässt Sie die einzelnen Höhenschichten des Terrains definieren: welche Textur verwendet wird, in welchem Höhenbereich sie vorzufinden ist, wie stark sie gekachelt werden soll und wie hoch die Abweichung nach oben oder unten ist. Bei einer geringen Abweichung erfolgt die Trennung der Höhenschichten „schärfer", und bei einer hohen Abweichung gehen die Schichten weich ineinander über.

Im Fenster EFFEKT ANWENDEN können Sie unter anderem die Normal-Map, die Color-Map (aus den einzelnen Höhenschichten) und die Light-Map berechnen lassen.

Wenn Sie Interesse am Format der Dateien haben, die von diesem Tool beim Speichern generiert werden, können Sie sich einfach den Quellcode anschauen, oder schreiben Sie mir eine E-Mail an david_scherfgen@scherfgen-software.net.

9.7 Einführung in Vertex- und Pixel-Shader

9.7.1 Was ein Shader ist

Bei dem Wort *Shader* könnte man erst einmal an *Shading*, also an das Schattieren – beispielsweise von Dreiecken – denken. Das ist aber hier irreführend. In OpenGL wird anstelle von *Shader* das Wort *Program* gebraucht, was die Sache viel besser trifft.

Ein Shader ist ein meistens relativ kleines Programm, das einmal pro Vertex (Vertex-Shader) beziehungsweise einmal pro Pixel (Pixel-Shader) aufgerufen wird. Das Besondere an diesen kleinen Programmen ist, dass sie nicht vom Hauptprozessor, sondern von der Grafikkarte selbst ausgeführt werden. Dadurch sind sie sehr schnell (Grafikkartenprozessoren sind dafür optimiert worden) und fallen nicht dem Hauptprozessor zur Last.

Shader werden in speziellen Shader-Assembler-Sprachen geschrieben, also direkt in Maschinensprache. Seit DirectX 9 ist es aber sogar möglich, Shader in gewöhnlicher C-Syntax zu schreiben – nämlich innerhalb einer Effektdatei. Die D3DX-Bibliothek kann diesen C-Code dann direkt in Shader-Maschinensprache übersetzen, was ich persönlich für eine großartige Neuerung halte. Sogar die Programmierer von *Half Life 2* haben Gebrauch von der *High Level Shader Language* (HLSL) gemacht. Sie sollten sich darum unbedingt einmal das Direct3D-Programm *Effect Edit* aus dem DirectX-SDK anschauen. Es handelt sich dabei um einen Editor für Shader, der das Ergebnis in Echtzeit anzeigt. Mitgeliefert werden außerdem einige Beispielprogramme, die den Einstieg erleichtern.

Vertex-Shader können auf jede Komponente eines Vertex zugreifen und sie verändern, bevor es weiter zum Rasterizer geht. Bei Pixel-Shadern ist es ähnlich, nur dass man hier auf Pixelbasis arbeitet.

9.7.2 Einsatzgebiete

Shader werden hauptsächlich für aufwändige Spezialeffekte gebraucht. Mit einem Vertex-Shader lässt sich zum Beispiel Charakteranimation implementieren. Auch die Simulation von Wind ist kein Problem – der Vertex-Shader verschiebt dann einfach die Vertizes durch eine Sinusfunktion. Mit Pixel-Shadern kann man ebenfalls erstaunliche Effekte generieren – wie zum Beispiel *Tiefenschärfe* oder Beleuchtung auf Pixelbasis.

9.7.3 Die fixe und die programmierbare Rendering-Pipeline

Ohne Vertex- oder Pixel-Shader ist der Weg eines jeden Vertex und eines jeden Pixels fest definiert – Transformation, Beleuchtung, Nebel, und dann kommt der Rasterizer. Auch dort ist festgelegt, was Direct3D genau tut – zum Beispiel zwei Texturen durch Addition zu kombinieren. In gewissen Maßen lässt sich all dies ändern (genannt die *fixe Rendering-Pipeline*) – durch Render-States, Texturschicht-States und Sampler-States.

Mit Shadern können wir die Rendering-Pipeline selbst definieren. Vertex-Shader müssen die Vertizes selbst mit den Matrizen transformieren und die Beleuchtung selbst durchführen, und Pixel-Shader müssen selbst die Texturen kombinieren.

Das bedeutet also: Man hat ein wenig mehr Arbeit, aber die Möglichkeiten, die sich einem durch Shader auftun, sind unglaublich.

9.7.4 Ein einfacher Vertex-Shader

Ein Vertex-Shader erwartet einen Vertex als Eingabe, tut dann irgendetwas mit ihm (üblicherweise transformiert und beleuchtet er ihn und kümmert sich um verschiedene Effekte) und liefert der Rendering-Pipeline dann einen „fertigen" projizierten Vertex zurück, der direkt an den Rasterizer übergeben werden kann. In unserem einfachen Beispiel soll sich der Vertex-Shader um die Position des Vertex, seine Texturkoordinaten und seine Streufarbe (die Farbe mit dem Index 0 in Direct3D) kümmern. In der High Level Shader Language können wir ganz einfach wie in C oder C++ Strukturen definieren:

```
// Vertexstruktur
struct SVertexShaderOutput
{
    float4 Position : POSITION;
    float2 Texture  : TEXCOORD0;
    float4 Diffuse  : COLOR0;
};
```

Listing 9.16 Struktur eines Vertex in HLSL

In solch einer Struktur wird nun also ein vom Vertex-Shader bearbeiteter Vertex gespeichert. Beachten Sie, dass jedem Element der Struktur hinter dem Doppelpunkt eine „Funktion" zugewiesen wird, denn der Rasterizer muss wissen, welches Element wir für die Position vorgesehen haben, welches für die Texturkoordinaten und so weiter. Nun können wir den eigentlichen Shader implementieren, der in HLSL in Form einer Funktion vorliegt: Die Funktion nimmt einen Vertex als Parameter an und liefert einen fertigen Vertex zurück.

```
// Der Vertex-Shader
SVertexShaderOutput VertexShaderProc(float4 InPosition : POSITION,
                                     float3 InNormal   : NORMAL,
                                     float2 InTexture  : TEXCOORD0,
                                     float4 InDiffuse  : COLOR0)
{
    // Den Vertex verarbeiten
    // ...
}
```

Listing 9.17 Der Rumpf einer Vertex-Shader-Funktion in HLSL

9.7 Einführung in Vertex- und Pixel-Shader

Nun sollte der Shader natürlich irgendetwas mit dem Vertex anstellen. Im einfachsten Fall tun wir Folgendes: Wir transformieren den Vertex mit der Welt- und Kameramatrix und projizieren ihn dann mit Hilfe der Projektionsmatrix. Wenn man keine Beleuchtung durchführen möchte, dann lässt man die Streufarbe einfach so, wie sie ist. Die Texturkoordinaten lassen wir erst auch einmal unverändert. Natürlich könnte man hier allerhand Spielereien einbauen, sie zum Beispiel mit Hilfe von Sinusfunktionen abhängig von der Zeit (die man als globale Variable aus dem Programm heraus in jedem Frame dem Shader übermittelt) hin und her schwingen lassen.

```
// Globale Variablen: Das Produkt aus Welt- und Sichtmatrix und die Projektionsmatrix.
// Diese Variablen müssen von der Anwendung auf die entsprechenden Matrizen gesetzt werden.
float4x4 WorldView;
float4x4 Projection;

// Der Vertex-Shader
SVertexShaderOutput VertexShaderProc(float4 InPosition : POSITION,
                                     float3 InNormal   : NORMAL,
                                     float2 InTexture  : TEXCOORD0,
                                     float4 InDiffuse  : COLOR0)
{
    SVertexShaderOutput Output = (SVertexShaderOutput)(0);

    // Den Positionsvektor mit der Welt- und Sichtmatrix multiplizieren
    float3 Pos = mul(InPosition, (float4x3)(WorldView));

    // Normalenvektor transformieren
    float3 Normal = mul(InNormal, (float3x3)(WorldView));
    Output.Normal = Normal;

    // Nun multiplizieren wir den Positionsvektor noch mit der Projektionsmatrix.
    // Damit die Projektion funktioniert, brauchen wir einen 4D-Vektor.
    // Den resultierenden Vektor schreiben wir in die Ausgabevertexstruktur.
    Output.Position = mul(float4(Pos, 1.0f), Projection);

    // Die Texturkoordinaten lassen wir unverändert.
    Output.Texture = InTexture;

    // Bei der Streufarbe implementieren wir ein einfaches Beleuchtungssystem.
    // Den Normalenvektor des Vertex hat die Funktion als Parameter erhalten.
    // Wir nehmen an, dass es ein Richtungslicht mit der Richtung (0, 0, 1) gibt.
    // Das Punktprodukt liefert uns dann den Beleuchtungsfaktor. Die max-Funktion der HLSL-
    // Sprache benutzen wir hier, um den Beleuchtungsfaktor nicht negativ werden zu lassen.
    float Lighting = max(0.0f, dot(InNormal, -float3(0.0f, 0.0f, 1.0f)));

    // Nun multiplizieren wir die Streufarbe mit dem Beleuchtungsfaktor.
    Output.Diffuse = InDiffuse * Lighting;

    // Jetzt müssen wir nur noch die Vertexstruktur zurückliefern.
    return Output;
}
```

Listing 9.18 Ein simpler Vertex-Shader

Wie Sie sehen, lässt sich in HLSL praktisch genau wie in C oder C++ programmieren. Vielleicht erahnen Sie jetzt schon, welches enorme Potenzial solch ein Shader hat. Wir haben fast unbegrenzte Möglichkeiten, die nur von der maximal erlaubten Länge der Shader begrenzt werden. Wir könnten neue Beleuchtungssysteme implementieren, Skinning durchführen, Wind- oder Glow-Effekte in unsere Spiele einbauen und vieles mehr, sogar Schattenvolumen kann man in Form eines Vertex-Shaders programmieren. Der Vorteil ist klar: Die Berechnungen übernimmt der Grafikprozessor, und der Hauptprozessor hat mehr Zeit für die Spielphysik, künstliche Intelligenz oder Ähnliches.

Als konkretes Beispiel möchte ich den Glow-Effekt besprechen. Der Glow-Effekt lässt Objekte so aussehen, als ob sie „glühen" würden. Dazu rendert man das Objekt zuerst ganz normal und anschließend noch einmal mit einem Vertex-Shader. Dieser Shader „bläht" das Objekt von innen auf, so dass eine Art von Hülle entsteht. Diese Hülle rendert man mit Alpha-Blending und gibt ihr die Farbe, in der das Objekt glühen soll. Ohne Vertex-Shader wäre es nötig, den Vertex-Buffer des Modells zu sperren und jeden einzelnen Vertex manuell zu verschieben. Dass dies die Performance beeinträchtigt, muss nicht gesagt werden. Ein Vertex-Shader löst das Problem viel eleganter. Man verschiebt jeden Vertex entlang seines Normalenvektors um einen bestimmten Betrag. Das könnte beispielsweise so aussehen:

```
float4 GlowColor     = float4(0.5f, 0.2f, 0.2f, 1.0f); // Glühfarbe
float  GlowThickness = 0.15f;                          // Dicke der glühenden Hülle

// Vertexstruktur
struct SVertexShaderOutput
{
    float4 Position : POSITION;
    float4 Diffuse  : COLOR0;
};

// Vertex-Shader für einen Glow-Effekt
SVertexShaderOutput VertexShaderProc(float4 InPosition : POSITION,
                                     float3 InNormal   : NORMAL)
{
    SVertexShaderOutput Output = (SVertexShaderOutput)(0);

    // Den Vertex entlang seines Normalenvektors verschieben, bevor wir ihn transformieren.
    // Die Länge des Verschiebungsvektors ist in GlowThickness gespeichert.
    float3 Pos = mul(InPosition + GlowThickness * InNormal, (float4x3)(WorldView));

    // Projektion
    Output.Position = mul(float4(Pos, 1.0f), Projection);

    // Glühfarbe unverändert kopieren
    Output.Diffuse = GlowColor;

    return Output;
}
```

Listing 9.19 Ein Vertex-Shader für einen einfachen Glow-Effekt

Nun bleibt noch die Frage offen, wie wir diesen Shader nun tatsächlich verwenden können. Auch das funktioniert mit Hilfe der D3DX-Effektsprache. Den oben gezeigten Code schreiben wir ganz einfach in eine Effektdatei, und zwar vor die Definition der einzelnen Techniken und Durchgänge. In den Techniken selbst können wir nun angeben, welchen Vertex-Shader Direct3D benutzen soll:

```
float4x4 WorldView;
float4x4 Projection;

// Vertexstruktur
struct SVertexShaderOutput
{
    float4 Position : POSITION;
    float2 Texture  : TEXCOORD0;
    float4 Diffuse  : COLOR0;
};
```

9.7 Einführung in Vertex- und Pixel-Shader

```
// Der Vertex-Shader
SVertexShaderOutput VertexShaderProc(float4 InPosition : POSITION,
                                     float3 InNormal   : NORMAL,
                                     float2 InTexture  : TEXCOORD0,
                                     float4 InDiffuse  : COLOR0)
{
    // ...
}

TECHNIQUE T1
{
    PASS P1
    {
        // Irgendwelche Einstellungen vornehmen
        // ...

        // Für diesen Durchgang hätten wir gerne den Vertex-Shader "VertexShaderProc".
        // D3DX soll ihn für Vertex-Shader-Version 1.1 kompilieren.
        VertexShader = compile vs_1_1 VertexShaderProc();
    }
}
```

Listing 9.20 Verwendung des Vertex-Shaders

Sie sehen, wie einfach das ist! Aber was hat es mit der Vertex-Shader-Version auf sich? D3DX kompiliert den HLSL-Code und erzeugt daraus Code in der „echten" Shader-Sprache, die mit Assembler vergleichbar ist. Im Laufe der Zeit wurden verschiedene Versionen dieser Shader-Sprache definiert. Angefangen hat es bei 1.0. Die meisten Grafikkarten, die 1.0 unterstützen, unterstützen auch 1.1. Mittlerweile ist man schon bei Version 3 angelangt. Mit jeder neuen Version wird die Shader-Sprache um neue Befehle erweitert, und die Shader erhalten mehr Kontrolle und Möglichkeiten wie zum Beispiel die bedingte Ausführung eines Befehls (if) oder Schleifen (while). Die High Level Shader Language schirmt uns von der gesamten Problematik ab. Wir schreiben ganz einfach unseren Code, und der Compiler wird versuchen, ihn möglichst gut für die angegebene Zielversion (in unserem Beispiel 1.1) umzusetzen. Dabei kann es auch vorkommen, dass der HLSL-Code mit der Zielversion inkompatibel ist, beispielsweise wenn er Schleifen einsetzt, obwohl diese in der Zielversion nicht vorgesehen sind.

9.7.5 Ein einfacher Pixel-Shader

Bei Pixel-Shadern sieht die Sache nicht viel anders aus als bei Vertex-Shadern. Der Unterschied ist, dass Pixel-Shader meistens wesentlich kleiner sind, da sie auch viel öfter aufgerufen werden. Während man für Skinning, Wind oder Glow-Effekte auf Vertex-Shader zurückgreift, sind Pixel-Shader besonders für Per-Pixel-Beleuchtung (mit Bump-Mapping) und für die Darstellung spezieller Oberflächen (Wasser, Metalle, Holz, Haut) interessant.

Sehen wir uns einmal einen einfachen Pixel-Shader an, der eine Textur sampelt und die Farbe mit der Streufarbe multipliziert (das ist das, was Direct3D normalerweise tut):

```
// Textur (sollte von der Anwendung gesetzt werden)
TEXTURE SomeTexture;

// Ein Sampler ist praktisch eine Ansammlung von Sampler-States.
// Er definiert, wie der Pixel-Shader Farben aus Texturen sampelt, also welche Textur-
// filter und welche Adressierungsmodi angewandt werden.
sampler LinearSampler = sampler_state
{
    Texture = <SomeTexture>;
    AddressU = Wrap; // Tiling auf u-Achse
    AddressV = Wrap; // Tiling auf v-Achse
    MIPFilter = Linear;
    MinFilter = Linear;
    MagFilter = Linear;
};

// Die Pixel-Shader-Funktion erwartet als Parameter das, was der Vertex-Shader zurück-
// geliefert hat (falls es einen gab), also das, was dem Rasterizer geliefert wird.
// Dazu zählen Farben, Texturkoordinaten etc.
// Als Rückgabewert haben Pixel-Shader einfach nur eine Farbe, nämlich einen float4.
// Die Farbe, die der Shader zurückliefert, wird als Pixel in den Back-Buffer geschrieben,
// und zwar ohne irgendwelche weiteren Veränderungen.
// Die vierte Komponente ist wie üblich die Alpha-Komponente.
float4 PixelShaderProc(float2 Texture : TEXCOORD0,
                       float4 Diffuse : COLOR0) : COLOR
{
    // Die Textur mit dem oben definierten Sampler und den Texturkoordinaten sampeln,
    // dann mit der Streufarbe multiplizieren.
    return tex2D(LinearSampler, Texture) * Diffuse;
}
```

Listing 9.21 Simpler Pixel-Shader, der die Texturfarbe mit der Streufarbe multipliziert

Die tex2D-Funktion sampelt eine 2D-Textur. Es existieren noch weitere Funktionen wie zum Beispiel tex3D für Volumentexturen oder tex2Dproj für projizierte Texturen.

Die Einbindung eines Pixel-Shaders in einer Effektdatei erfolgt analog zu der eines Vertex-Shaders:

```
TECHNIQUE T1
{
    PASS P1
    {
        // Irgendwelche Einstellungen vornehmen
        // ...

        // Für diesen Durchgang hätten wir gerne den Pixel-Shader "PixelShaderProc".
        // D3DX soll ihn für Pixel-Shader-Version 1.1 kompilieren.
        PixelShader = compile ps_1_1 PixelShaderProc();
    }
}
```

Listing 9.22 Einbindung eines Pixel-Shaders

Wie Sie sehen, muss man praktisch nur das Wort „Vertex" durch „Pixel" ersetzen und eine Pixel-Shader-Version angeben. Pixel-Shader können entweder alleine oder kombiniert mit einem Vertex-Shader eingesetzt werden.

Auch hier bieten sich einem enorme Möglichkeiten. Man hat beispielsweise schon einen Pixel-Shader entwickelt, der Realtime-Raytracing durchführt, indem er für jeden Pixel einen Strahl „abschießt" und prüft, ob er ein Objekt trifft. Pixel-Shader setzt man außerdem gerne für Tiefenschärfeeffekte ein. Ein entsprechendes Beispiel ist im DirectX-SDK enthalten.

9.7.6 Weiterführende Quellen und Referenz

Sie wissen jetzt einige wesentliche Dinge über Vertex- und Pixel-Shader sowie die High Level Shader Language. Im DirectX-SDK befinden sich einige Artikel und Tutorials, die fortgeschrittene Techniken (spezielle Beleuchtungsalgorithmen, Bump-Mapping) behandeln. Starten Sie dazu den DirectX-SDK-Sample-Browser, der einen guten Überblick über alle Beispielprogramme und Artikel liefert. Auch ein Blick auf die MSDN-Homepage unter http://msdn.microsoft.com kann nicht schaden, da dort regelmäßig weiterführende Workshops erscheinen.

In der DirectX-Dokumentation selbst finden Sie tonnenweise Informationen über Shader, die HLSL und alle eingebauten Funktionen (`mul`, `normalize`, `sqrt` ...) und Datentypen (`float`, `float2`, `float3`, `float4`, `float3x4`, `float4x4` ...) und die Features aller Vertex- und Pixel-Shader-Versionen.

9.8 Charakteranimation

In diesem Buch ist leider nicht genug Platz, um das Thema *Charakteranimation* ausführlich zu besprechen. Trotzdem möchte ich Ihnen hier ein paar Anregungen geben, mit dem Ziel, dass Sie zumindest das Grundprinzip verstehen und es vielleicht später in Ihre eigene Engine integrieren können.

Charakteranimation bedeutet, ein Modell, wie zum Beispiel eine menschliche Figur, im Spiel zu animieren, und das möglichst realistisch. Es gibt viele verschiedene Ansätze, wie man das erreichen kann, und einen davon möchte ich hier vorstellen: nämlich das *Skinning*.

9.8.1 Das Grundprinzip

Beim Skinning betrachtet man das eigentliche Modell als *Skin*, also als *Haut*. Unter der Haut befinden sich die *Bones*, also die *Knochen*. Die Knochen sind hierarchisch angeordnet und bilden zusammen ein Skelett. Um den Begriff *hierarchisch* in diesem Zusammenhang zu klären: beispielsweise sind die Knochen der Hand denen im Arm untergeordnet, denn wenn man den Arm bewegt, bewegt man automatisch auch die Hand mit.

Die eigentliche Animation besteht nun aus verschiedenen Momentaufnahmen, auch *Key-Frames* genannt. Ein Key-Frame beschreibt die Drehung jedes einzelnen Knochens, und zwar in Form einer Matrix (in der Praxis verwendet man hier eher so genannte *Quaternions*). Nun interpoliert man zwischen den verschiedenen Key-Frames, um eine weiche Animation zu erhalten.

Damit kann man schon das Skelett bewegen, aber was ist mit dem Skin, also dem Modell? Die Knochen sind unsichtbare Objekte. Sie haben jedoch eine Wirkung auf den Skin, sie *verformen* ihn nämlich. Dazu berechnet man für jeden Vertex, wie stark dieser von jedem Bone, also von jedem Knochen, beeinflusst wird (dieser Faktor im Bereich [0; 1] nennt sich *Bone-Weight*). Dabei sollte gelten: Je näher ein Vertex an einem Bone liegt, desto stärker sollte er von ihm beeinflusst werden.

Die Summe der Bone-Weights jedes Vertex sollte immer 1 ergeben. Wenn es dann also einen Bone gibt, der den Vertex zu 100% beeinflusst (Faktor = 1), dann müssen die Faktoren für die anderen Bones alle null sein.

Bei Hunderten von Bones wäre es natürlich sehr rechen- und speicherintensiv, wenn man dann jedem Vertex wirklich 100 Bone-Weights zuweisen würde. Daher sucht man sich nur eine begrenzte Anzahl von Bones heraus, nämlich diejenigen, die den Vertex am meisten beeinflussen, und speichert deren Index noch mit.

Und wie transformiert man nun einen Vertex, um das fertig verformte Modell zu erhalten? Jeder Vertex wird mit der Matrix der Bones transformiert, die ihn beeinflussen. Dabei sollen die Matrizen der Bones mit einem höheren Bone-Weight-Faktor einen stärkeren Einfluss auf den Vertex haben. Daher wird jede Matrix mit dem Faktor multipliziert.

Das heißt: Wir benötigen eigentlich nur eine Transformation. Wir können nämlich einfach die *Summe* der einzelnen Matrizen (jede multipliziert mit ihrem Faktor) bilden und erhalten dann eine Matrix, die alle in sich vereint.

Folgender Pseudo-Code möge das klar machen:

```cpp
// Struktur für einen Vertex
struct SVertex
{
    tbVector3 vPosition; // Position
    tbVector3 vNormal;   // Normalenvektor

    // Weitere Angaben ...

    // In diesem Beispiel soll jeder Vertex von maximal vier Bones beeinflusst werden.
    // Wir speichern also vier Bone-Weights und die Indizes der vier Bones, auf die sie
    // sich beziehen.
    float afBoneWeight[4];
    int aiBoneIndex[4];
};

// Funktion zum Transformieren eines Vertex zu einem bestimmten Zeitpunkt (Animation!)
SVertex TransformVertex(const SVertex& Vertex,
                        const float fTime)
{
    tbMatrix amBoneMatrix[4];

    // Die folgende Funktion soll die Matrix eines Bones zu einem gewissen Zeitpunkt in
    // der Animation liefern. Dabei müssen auch hierarchische Beziehungen im Skelett
    // beachtet werden.
    for(int i = 0; i < 4; i++)
    {
        // Fertige Matrix dieses Bones abfragen
        amBoneMatrix[i] = GetBoneMatrix(Vertex.aiBoneIndex[i], fTime);
    }

    // Nun haben wir die Matrizen der vier Bones, die den Vertex beeinflussen.
    // Jede Matrix wird mit dem dazugehörigen Bone-Weight-Faktor multipliziert.
    // Danach addieren wir alle Matrizen.
    tbMatrix mTranformation = amBoneMatrix[0] * Vertex.afBoneWeight[0] +
                              amBoneMatrix[1] * Vertex.afBoneWeight[1] +
                              amBoneMatrix[2] * Vertex.afBoneWeight[2] +
                              amBoneMatrix[3] * Vertex.afBoneWeight[3];

    // Vertex transformieren
    SVertex Result = Vertex;
    Result.vPosition = tbVector3TransformCoords(Vertex.vPosition, mTranformation);
    Result.vNormal = tbVector3TransformNormal(Vertex.vNormal, mTranformation);

    return Result;
}
```

Listing 9.23 Das Grundprinzip des Skinnings

9.8 Charakteranimation

In der Praxis würde man übrigens sogar mit nur *drei* Bone-Weight-Faktoren auskommen. Denn wenn man festlegt, dass die Summe aller Faktoren immer genau 1 sein muss, dann lässt sich der letzte Wert ganz einfach durch *1 minus die Summe der anderen Werte* berechnen.

9.8.2 Skinning in Hardware

Beim Skinning fallen je nach Komplexität des Skeletts und des Modells schon eine Menge von Berechnungen an. Sie alle mit purem C++-Code zu erledigen, könnte schon zu langsam sein. Doch glücklicherweise gibt es die Möglichkeit, die Hardware, also die Grafikkarte, all diese Berechnungen übernehmen zu lassen, wenn sie es unterstützt:

- Mit einem Vertex-Shader: Hier müssen Sie sich mit dem Schreiben von Vertex-Shadern auskennen, was nicht immer leicht ist. Dafür ist diese Variante die flexibelste.
- Direct3D unterstützt *Geometry-Blending*. Dabei kann man bis zu 256 verschiedene Weltmatrizen angeben (anstatt D3DTS_WORLD gibt man zum Beispiel D3DTS_WORLDMATRIX(4) für die fünfte (!) Weltmatrix an).

Jeder Vertex erhält in seiner Struktur und seinem FVF-Bezeichner bis zu fünf Blending-Weight-Faktoren (damit können maximal sechs Matrizen verwendet werden). Das geht mit den Bezeichnern D3DFVF_XYZB1 (ein Blending-Weight-Faktor) bis D3DFVF_XYZB5 (fünf Blending-Weight-Faktoren).

Zusätzlich ist es auch möglich, jedem Vertex bis zu vier Matrixindizes mitzugeben (gibt man D3DFVF_LASTBETA_UBYTE4 an, wird der letzte Blending-Weight-Faktor durch einen DWORD-Wert ersetzt, der die vier jeweils ein Byte großen Matrixindizes für diesen Vertex beinhaltet). Damit ist Skinning ein Kinderspiel!

Die beiden Render-States D3DRS_VERTEXBLEND und D3DRS_INDEXEDVERTEXBLENDENABLE sind hier sehr wichtig. Schauen Sie in der DirectX-Dokumentation unter den Themen *Geometry Blending* und *Indexed Vertex Blending* nach.

9.8.3 Skinning mit D3DX

Die D3DX-Library bietet mittlerweile eine komplette Schnittstellensammlung zum Thema Charakteranimation an. Die gesamte Handhabung ist meiner Meinung jedoch viel zu kompliziert. Wenn Sie sich trotzdem an dieses Thema wagen wollen, dann sollte das Direct3D-Beispielprogramm *SkinnedMesh* interessant für Sie sein.

9.8.4 Weitere Informationen

Auf der Buch-CD-ROM befindet sich der von mir entwickelte *EMM-Exporter*. EMM ist ein Dateiformat, das ich für das Exportieren von Szenen aus dem Programm *3ds max* entworfen habe. Das Besondere dabei ist, dass auch Animationen und Skinning-Informationen exportiert und relativ leicht geladen werden können. Sie finden auf der CD auch einen Loader für das Format, der auf Direct3D basiert, ebenso zwei Beispielprogramme und eine kurze Einführung. Der Loader unterstützt sogar das Mischen mehrerer Animationen (um beispielsweise einen Übergang zwischen *gehen* und *rennen* zu erzeugen).

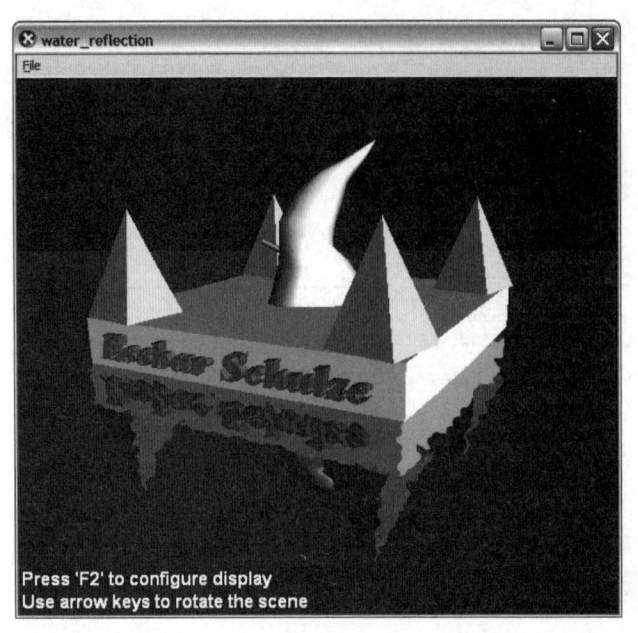

Abbildung 9.16 Das Beispielprogramm zum EMM-Loader demonstriert Skinning und Wasserreflexionen.

9.9 PlugIns schreiben und laden

Viele Spiele und Programme sind vor allem aus einem Grund sehr interessant: nämlich dass sie dynamisch durch *PlugIns* erweiterbar sind. Ein PlugIn kann zum Beispiel eine DLL-Datei sein: Sie beinhaltet Funktionen, Variablen, Klassen und Methoden. PlugIns können aber normalerweise nicht alleine gestartet werden, sondern sie werden von dem Programm, zu dem sie gehören, aufgerufen.

9.9.1 DLL-Dateien explizit laden

Praktisch jedes Windows-Programm verwendet DLL-Dateien wie zum Beispiel KERNEL32.DLL, USER32.DLL oder GDI32.DLL (diese drei Dateien beinhalten den „Kern" von Windows). Wir selber merken von diesem Ladevorgang allerdings nichts (es sei denn, eine wichtige DLL-Datei fehlt, und es gibt eine Fehlermeldung), denn das Programm lädt diese Dateien von alleine. Beim Kompilieren des Programms hat der Compiler schon gewusst, welche DLL-Dateien später benötigt werden würden.

Ein Programm, das durch PlugIns erweitert werden soll, weiß natürlich zur Kompilierzeit nichts von diesen PlugIns. Darum benötigen wir eine Methode, wie wir DLL-Dateien – also dynamische „Bibliotheken" – in Laufzeit explizit laden können.

Dafür gibt es die WinAPI-Funktion LoadLibrary. Man übergibt ihr einen String, der den Namen der DLL-Datei enthält. Wenn kein Pfad angegeben wird, sucht Windows im aktuellen Verzeichnis und im SYSTEM- und SYSTEM32-Ordner. LoadLibrary liefert uns dann einen HMODULE-Wert, durch den wir die geladene DLL-Datei ab sofort identifizieren können. Ein Rückgabewert von NULL steht für einen Fehler. Später geben wir die Datei mit FreeLibrary wieder frei.

9.9 Plugins schreiben und laden

```cpp
// DLL-Datei von Direct3D 9 laden
HMODULE hDLL = LoadLibrary("D3D9.dll");
if(!hDLL)
{
    // Fehler!
    // Wahrscheinlich ist DirectX 9 nicht installiert ...
    // ...
}

// ...

// DLL-Datei wieder freigeben
FreeLibrary(hDLL);
```

Listing 9.24 Explizites Laden und Freigeben einer DLL-Datei. Übrigens ist es tatsächlich möglich, Direct3D auf diese Weise zu initialisieren (ohne irgendwelche LIB-Dateien) – der nächste Schritt wäre, sich die Funktion `Direct3DCreate9` aus der DLL zu besorgen ...

9.9.2 Adresse einer Funktion abfragen

Wenn wir jetzt eine DLL-Datei geladen haben und ihren `HMODULE`-Wert kennen, können wir *Zeiger* auf die Funktionen in dieser DLL-Datei abfragen. Das geht mit der Funktion `GetProcAddress`. Wir übergeben ihr zuerst den `HMODULE`-Wert und dann einen String mit dem Namen der Funktion. Der Rückgabewert ist dann der Zeiger auf diese Funktion oder `NULL` bei einem Fehler. Das folgende Listing lädt die Datei WINMM.DLL und lädt die darin befindliche Funktion `sndPlaySoundA` zum Abspielen einer WAV-Datei. `sndPlaySoundA` erwartet einen String (`LPCSTR`) und einen `UINT`-Wert. Der Rückgabetyp ist `BOOL`.

```cpp
// DLL-Datei "WinMM.dll" laden
HMODULE hDLL = LoadLibrary("WinMM.dll");
if(!hDLL) {
    // Fehler!
    // ...
}

// Die Funktion "sndPlaySoundA" aus der DLL-Datei laden
BOOL (__stdcall* pFunc)(LPCSTR, UINT);
pFunc = (BOOL (__stdcall*)(LPCSTR, UINT))(GetProcAddress(hDLL, "sndPlaySoundA"));
if(!pFunc) {
    // Fehler!
    // ...
}

// Jetzt rufen wir die geladene Funktion auf.
pFunc("C:\\Windows\\Media\\Ding.wav", SND_SYNC);

// DLL-Datei wieder freigeben
FreeLibrary(hDLL);
```

Listing 9.25 Laden einer Funktion aus einer DLL-Datei

Der Bezeichner `__stdcall` (oder `WINAPI`) ist hier sehr wichtig, da es sonst nach dem Aufruf der geladenen Funktion zu einem Registerfehler kommt. Eine Funktion „per Hand" aus einer DLL-Datei zu laden ist auch dann nützlich, wenn man nicht direkt auf eine bestimmte Funktion zugreifen möchte, die nur in bestimmten Versionen des Betriebssystems vorhanden sind (es würde sonst beim Programmstart eine Fehlermeldung geben).

9.9.3 DLL-Dateien erzeugen

Jeder moderne Windows-Compiler sollte in der Lage sein, eine DLL-Datei zu kompilieren. In *Visual C++* erzeugen Sie einfach ein neues Projekt, und wählen Sie WIN32 DYNAMIC LINK LIBRARY als Projekttyp.

9.9.3.1 Die Funktion *DllMain*

So wie Windows-Programme eine Funktion `WinMain` haben, besitzen DLL-Dateien eine Funktion namens `DllMain`. `DllMain` wird unter anderem dann aufgerufen, wenn die DLL geladen oder entladen wurde. Die Funktion muss nicht unbedingt irgendetwas tun:

```
// DLL-Hauptfunktion
BOOL APIENTRY DllMain(HMODULE hModule,
                      DWORD dwReasonForCall,
                      LPVOID pvReserved)
{
    switch(dwReasonForCall)
    {
        case DLL_PROCESS_ATTACH:
            // Die DLL-Datei wird geladen und einem Prozess zugewiesen.
            break;

        case DLL_PROCESS_DETACH:
            // Die DLL-Datei wird entladen.
            break;
    }

    return TRUE;
}
```

Listing 9.26 In den beiden `case`-Marken könnte man zum Beispiel eine Message-Box anzeigen.

9.9.3.2 Funktionen und Klassen

Grundsätzlich müssen alle Funktionen, die in die DLL exportiert werden sollen, mit `__declspec(dllexport)` deklariert werden: `__declspec(dllexport) void Test();`

Wenn Sie nun eine Funktion namens `Test` in einem DLL-Projekt schreiben und diese Funktion später mit `GetProcAddress` laden möchten, dann werden Sie sich wohl wundern, warum das nicht funktioniert. In C++ ist es erlaubt, verschiedene Funktionen mit gleichem Namen, aber unterschiedlichen Parametern zu implementieren. So könnte es beispielsweise fünf verschiedene `Test`-Funktionen geben. Da wird klar, dass da irgendwas nicht funktionieren kann – denn woher soll `GetProcAddress` denn wissen, *welche* Funktion genau gemeint ist?

Tatsächlich werden diese fünf `Test`-Funktionen in der DLL-Datei nicht den Namen `Test` haben, sondern Namen wie `?Test@@YA?AW4void@@XZ`. Das ist nötig, damit auch wirklich alle Versionen dieser Funktion in der DLL-Datei Platz finden und sich nicht um den einen Namen `Test` streiten.

Hier wird es natürlich sehr unangenehm, was das Laden dieser Funktion aus der DLL-Datei betrifft. Darum verzichten wir auf das C++-Feature des Überladens von Funktionen mit verschiedenen Parametern. Das funktioniert, indem man einen großen `extern "C"`-Block um alle Funktionen herum schreibt. `Test` behält dann den Namen `Test` und wird nicht verunstaltet.

Wenn Sie ein wenig herumexperimentieren möchten, dann können Sie auch die Win-API-Funktion `UnDecorateSymbolName` verwenden. Diese macht dann aus dem unkenntlichen Namen einen String wie „*void Funktion(int, float, char*)*".

```
extern "C"
{
    // Erste Version ohne Parameter
    __declspec(dllexport) void Test()
    {
        MessageBox(NULL, "Hallo! Ich bin Test ohne Parameter!", "Hallo", MB_OK);
    }

    // Zweite Version mit einem int-Parameter
    __declspec(dllexport) void Test(int i)
    {
        MessageBox(NULL, "Hallo! Ich bin aber auch Test, mit Parameter!", "Hallo", MB_OK);
    }
}
```

Listing 9.27 Das geht jetzt *nicht* mehr!

Klassen können nach folgendem Prinzip aus einer DLL geladen werden: Die Anwendung definiert eine Basisklasse, zum Beispiel CRenderer. Die Methoden dieser Klasse sind virtuell, also mit `virtual` deklariert. In der DLL wird nun eine davon abgeleitete Klasse CDirect3DRenderer implementiert, von der die Anwendung erst einmal nichts mitbekommt. Eine Instanz dieser Klasse wird dann von einer „Fabrikfunktion" innerhalb der DLL generiert und an die Anwendung geliefert.

9.9.3.3 Variablen

Möchte man auf eine Variable innerhalb einer DLL zugreifen, dann macht man es am besten wie folgt: In der DLL wird eine Funktion implementiert, die für das Ausliefern der gewünschten Variable zuständig ist. Das Programm lädt die Funktion, ruft sie auf und erhält dann die Variable (oder besser: einen *Zeiger* darauf, damit Veränderungen gemacht werden können).

```
int g_iTest = 19850903;

extern "C"
{
    // Funktion zum Liefern der Variablen g_iTest
    __declspec(dllexport) int* GetTest()
    {
        return &g_iTest;
    }
}
```

Listing 9.28 So kann das Programm auf eine Variable der DLL zugreifen.

9.9.4 Die Kommunikation zwischen Anwendung und PlugIn

Wie das Programm und das PlugIn Daten (also Variablen) austauschen können, wurde bereits besprochen. Aber wie könnte der grobe Ablauf des gesamten Unterfangens aussehen?

1. Wenn das Programm startet, durchsucht es den PLUGINS-Ordner nach DLLs. Das geht zum Beispiel mit den Win-API-Funktionen `FindFirstFile` und `FindNextFile`.
2. Jede gefundene DLL wird mit `LoadLibrary` geladen. Das Programm speichert die HMODULE-Werte in einer globalen Tabelle.

3. Jedes PlugIn muss mehrere Funktionen mit festem Namen definieren. Zum Beispiel:
    - `Init` für die Initialisierung
    - `Exit` für das Herunterfahren
    - `GetInfo`, um Informationen wie Name, Autor und Version abzufragen (das Programm könnte diese Angaben in einer Informations-Message-Box anzeigen). Außerdem kann das PlugIn hier angeben, inwiefern es das Programm erweitert (neuer Eintrag in die Menüleiste, neuer Button, neues Icon, neues unterstütztes Dateiformat, neuer Gegner, neues Objekt im Spiel …).
    - `Setup`, um dem PlugIn wichtige Variablen des Programms mitzuteilen, wie zum Beispiel den Handle des Fensters und Zeiger auf wichtige Funktionen des Programms. Das PlugIn könnte hier zum Beispiel einen neuen Menüeintrag erzeugen.

    Das Programm lädt jedes PlugIn und ruft `Init` und `Setup` auf, um die Initialisierung zu komplettieren. Wenn es einen Fehler gibt, wird das PlugIn nicht in die PlugIn-Liste eingetragen.
4. Wenn das PlugIn beispielsweise einen neuen Menüeintrag erzeugt hat, muss das Programm einen Klick darauf an das PlugIn weiterleiten.
5. Am Ende werden alle DLLs entladen, nachdem `Exit` aufgerufen wurde.

9.9.5 Das Beispielprogramm

Das Beispielprogramm dieses Abschnitts finden Sie im Ordner TRIBASE\BEISPIELE\KAPITEL 09\04 – DLLS. Es besteht aus zwei DLL-Projekten und einem „Loader". Zu Beginn wird der Benutzer aufgefordert, eine DLL-Datei auszuwählen, die der Loader dann versucht zu laden. Die PlugIns zeigen dann eine Message-Box an.

9.10 Arbeiten mit Threads

9.10.1 Prozesse im Betriebssystem

Wie schafft es ein modernes Betriebssystem, dass mehrere Programme *gleichzeitig* ihre Arbeit auf dem Computer erledigen können? In Wirklichkeit laufen Programme nicht gleichzeitig (es sei denn, man hat mehrere Prozessoren), sondern das Betriebssystem teilt einem Programm nach dem anderen immer wieder kurze „Berechtigungen" zu, den Prozessor des Systems nutzen zu dürfen. Die übrigen Programme werden währenddessen angehalten und müssen auf ihr nächstes Signal warten. Beim Wechsel vom einen Prozess zum anderen werden alle Prozessorregister gesichert und bei der Rückkehr zu diesem Thread wiederhergestellt.

Die Programme bezeichnet man dabei als *Prozesse*. Besonders wichtige Prozesse können vom Betriebssystem bevorzugt behandelt werden, so dass sie mehr Rechenzeit erhalten als die anderen. Dann gibt es noch solche Prozesse, die nur die „Reste" abbekommen, die so genannte *Idle-Zeit*. Wenn die anderen Prozesse nicht die gesamte Rechenzeit ausnutzen können, wird sie den Idle-Prozessen zugeteilt. Das Programm *SETI@Home* ist ein gutes Beispiel für ein Programm dieser Art: Es möchte dem System keine wichtige Rechenzeit wegnehmen und nur unauffällig im Hintergrund laufen. All dies wird durch die *Priorität* des Prozesses festgelegt. Hohe Prioritäten werden bei der Verteilung der Rechenzeit bevorzugt behandelt.

9.10 Arbeiten mit Threads

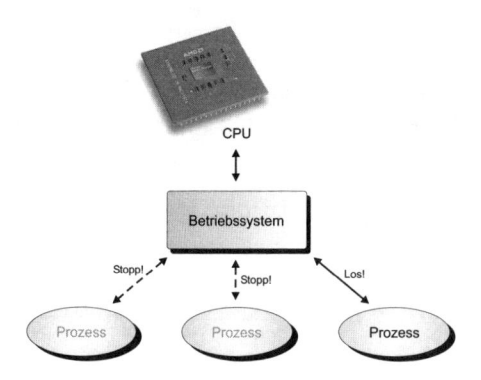

Abbildung 9.17 Das Betriebssystem verteilt die Rechenzeit an die laufenden Prozesse.

In der Abbildung müssen die ersten beiden Prozesse warten, während der dritte gerade rechnen darf. Einige Millisekunden später wird der nächste Prozess an der Reihe sein. Durch diese kurzen Zeitintervalle hat es den Anschein, dass die Prozesse gleichzeitig laufen.

Wirklich gleichzeitig laufen zwei Prozesse nur auf einem System mit mehreren Prozessoren ab. Prozessoren, welche die *Hyper-Threading*-Technologie unterstützen, zählen auch dazu.

9.10.2 Was ist ein Thread?

Ähnlich wie das Betriebssystem verschiedene Prozesse verwaltet, kann man auch eine *Anwendung* weiter in kleinere Bereiche oder Teilaufgaben aufteilen, die „gleichzeitig" ablaufen. Diese werden *Threads* genannt.

Threads können überall zum Einsatz kommen, wo gewisse Dinge gleichzeitig, also parallel, ablaufen sollen. Besonders in der Spieleprogrammierung können sie sehr hilfreich sein. Beispielsweise könnte man sein Spiel in mehrere Threads aufteilen, wovon einer die ganze Zeit nur die künstliche Intelligenz steuert. Ein anderer Thread könnte für das Rendern zuständig sein und wieder ein anderer für das Bewegen des Spiels. Im Hintergrund könnte auch noch ein Netzwerk-Thread laufen, der eingehende Netzwerknachrichten von anderen Spielern empfängt und verarbeitet. So ist es nicht schlimm, wenn eine der Spielroutinen auch mal etwas länger braucht – im Hintergrund läuft trotzdem alles flüssig weiter.

Mit Threads ist beispielsweise auch das Laden von Ressourcen *während des Spiels* möglich. Ein Thread lädt die erforderlichen Daten (zum Beispiel Modelldateien oder Texturen), während die anderen Threads das Spiel laufen lassen.

Der Programmierer muss jedoch auch dafür sorgen, dass sich die verschiedenen Threads nicht gegenseitig in die Quere kommen. Es könnte zum Beispiel sein, dass der Render-Thread gerade die Transformationsmatrix für ein Objekt erzeugt, während der Move-Thread das Objekt bewegt. Wenn dann einer der Threads mitten in seiner Arbeit unterbrochen wird, damit der nächste Thread an die Reihe kommt, könnte es zu Schwierigkeiten kommen. Jedoch bietet Windows einige Schutzmechanismen an, um so etwas zu verhindern.

9.10.3 Die Thread-Funktion

Ein Thread läuft in einer *einzigen* Funktion ab, die extra für ihn geschrieben wird. Man kann diese Thread-Funktion wie eine zweite (Win)Main-Funktion betrachten. Nach Verlassen der Thread-Funktion gilt der Thread automatisch als beendet.

Unter Windows ist die Thread-Funktion vom Typ `DWORD WINAPI`. Sie erwartet einen Parameter vom Typ `LPVOID`. Dies ist ein Zeiger auf eventuelle Parameter, die der Benutzer dem Thread übergeben möchte. Man kann diesen Parameter mit den Parametern vergleichen, die auch die `WinMain`-Funktion zu Beginn des Programms erhält.

```
DWORD WINAPI Thread1(LPVOID pParameter) // Beispiel-Thread 1
{
    for(int i = 0; i <= 10000; i++) printf("Thread 1 sagt: %d\n", i); // 0-10000 anzeigen

    // Thread beenden. Der Rückgabewert gibt normalerweise Aufschluss darüber, ob ein
    // Fehler auftrat. 0 steht für "Alles OK".
    return 0;
}

DWORD WINAPI Thread2(LPVOID pParameter) // Beispiel-Thread 2
{
    for(int i = 0; i < 10000; i++) printf("Thread 2 sagt: %d\n", i);
    return 0;
}
```

Listing 9.29 Beispiel für zwei Thread-Funktionen

9.10.4 Erzeugen eines Threads

Kommen wir nun endlich dazu, wie man einen Thread eigentlich erstellt. Dazu gibt es die Funktion `CreateThread` aus der Win-API.

Tabelle 9.4 Die Parameter der Funktion `CreateThread`

Parameter	Beschreibung
`LPSECURITY_ATTRIBUTES lpThreadAttributes`	Dieser Parameter soll für uns nicht weiter wichtig sein. Wir können hier ruhigen Gewissens NULL angeben.
`SIZE_T dwStackSize`	Gibt die Größe des Stacks für den neuen Thread an. Ist dieser Wert null, so wird die Standardgröße verwendet. Ein großer Stack ist zum Beispiel wichtig, wenn sehr tiefe Rekursionen durchgeführt werden.
`LPTHREAD_START_ROUTINE lpStartAddress`	Hier geben wir die Thread-Funktion an. LPTHREAD_START_ROUTINE ist definiert als ein Funktionszeiger auf eine Funktion vom Typ DWORD WINAPI.
`LPVOID lpParameter`	Der hier angegebene Wert wird der Thread-Funktion in ihrem Parameter übergeben. Man kann natürlich auch NULL verwenden.
`DWORD dwCreationFlags`	Normalerweise gibt man hier null an. Dann ist der neu erstellte Thread von Anfang an aktiv. Wenn der Thread zu Beginn angehalten („eingefroren") sein soll, dann gibt man hier CREATE_SUSPENDED an. Der Thread muss dann durch einen anderen Funktionsaufruf manuell aktiviert werden.
`LPDWORD lpThreadId`	Hier gibt man einen Zeiger auf einen DWORD-Wert an, der die ID-Nummer des neuen Threads erhalten soll. Auch wenn man diese Nummer nicht benötigt, sollte man nicht NULL angeben, da dies unter Windows 95/98/Me nicht erlaubt ist.

Der Rückgabewert vom Typ HANDLE liefert uns den Handle des neuen Threads. Der Handle wird in allen folgenden Funktionen, die den Thread betreffen, verwendet, um ihn eindeutig zu identifizieren. Er ist also sozusagen der „Name" des Threads.

```
HANDLE hThread1, hThread2;
DWORD dwThread1, dwThread2;

// Zwei Threads erzeugen
hThread1 = CreateThread(NULL, 0, Thread1, NULL, 0, &dwThread1);
hThread2 = CreateThread(NULL, 0, Thread2, NULL, 0, &dwThread2);
```

Listing 9.30 Erzeugen zweier Threads mit den Thread-Funktionen Thread1 und Thread2

9.10.5 Verwaltungsfunktionen

9.10.5.1 Einen Thread beenden

Ein Thread kann entweder durch die Thread-Funktion selbst beendet werden – indem sie ganz einfach verlassen wird – oder aber auch von außen. Dafür verwendet man dann die Funktion TerminateThread. Man übergibt ihr zuerst den Handle des zu beendenden Threads (HANDLE) und danach den so genannten *Exit-Code* (ein DWORD-Wert). Es wird dann so getan, als hätte die Thread-Funktion sich selbst beendet und genau diesen Wert zurückgeliefert. Er kann nach Beenden des Threads mit der Funktion GetExitCodeThread abgefragt werden.

Wenn der beendete Thread der letzte (oder der einzige) Thread des laufenden Programms (Prozesses) war, dann wird der Prozess automatisch beendet.

9.10.5.2 Anhalten und Fortsetzen

Es wurde bereits gesagt, dass Threads komplett „eingefroren" werden können. Eingefrorene Threads verschlingen keinerlei Rechenzeit. Ein Thread kann durch die Funktion SuspendThread angehalten werden. Man muss ihr nur dessen Handle übergeben. Fortsetzen des Threads ist durch die Funktion ResumeThread möglich.

9.10.5.3 „Schlafen"

Nehmen wir einmal an, wir hätten ein netzwerkfähiges Spiel geschrieben. Es gibt einen eigenen Thread für das Empfangen von Netzwerknachrichten vom Server oder von den anderen Spielern. Dieser Thread bestünde dann wohl am ehesten aus einer großen Schleife, die immer wieder prüft, ob neue Nachrichten angekommen sind.

Wenn es nun keine neuen Nachrichten gibt, dann ist auch nicht anzunehmen, dass sich das innerhalb der nächsten paar Millisekunden ändert. Es ist dann sinnvoll für den Thread, sich „schlafen zu legen". Das bedeutet, dass er seine zugeteilte Rechenzeit vorzeitig an den nächsten wartenden Thread abgibt, da hier sowieso nichts Wichtiges mehr passieren wird.

Ein Thread kann sich durch Aufruf der Funktion Sleep selbst schlafen legen. Dieser Funktion übergibt man einen DWORD-Wert, der die Dauer des Schlafes in Millisekunden (ein kurzer Schlaf!) angibt. Gibt man beispielsweise 1000 an, dann bricht der Thread ab, und das Betriebssystem teilt ihm während der nächsten Sekunde keine Rechenzeit mehr zu – erst danach wieder. Gibt man den Wert null an, so bedeutet das, dass der Thread seine momentan zugeteilte Rechenzeit nicht ausnutzt. Es kommt dann sofort der nächste Thread an die Reihe, und der ursprüngliche Thread erhält erst in der nächsten Runde wieder seine Rechenzeit.

Sleep hat den Vorteil, dass man eine Pause einbauen kann, während der die anderen Threads in Ruhe weiter arbeiten können. Es wird also keine Rechenzeit verschwendet.

Setzen der Thread-Priorität

Die Priorität eines Threads bestimmt, wie viel Rechenzeit er vom Betriebssystem zugeteilt bekommt. Mit der Funktion SetThreadPriority kann sie gesetzt werden. Als Erstes wird der Handle des Threads erwartet (wenn man diese Funktion aus dem Thread selbst heraus aufrufen möchte, kann man mit GetCurrentThread den Handle des eigenen Threads in Erfahrung bringen). Der zweite Parameter legt die Priorität fest. Es gibt folgende Möglichkeiten (absteigend geordnet):

- THREAD_PRIORITY_TIME_CRITICAL
- THREAD_PRIORITY_HIGHEST
- THREAD_PRIORITY_ABOVE_NORMAL
- THREAD_PRIORITY_NORMAL
- THREAD_PRIORITY_BELOW_NORMAL
- THREAD_PRIORITY_LOWEST
- THREAD_PRIORITY_IDLE

Mit den zwei höchsten Prioritätsstufen sollte man jedoch sehr vorsichtig umgehen. Hat ein Thread eine zu hohe Priorität, dann verschlingt er so viel Rechenzeit, dass andere Threads so gut wie nichts mehr abbekommen. In einem Spiel könnte beispielsweise die Musik stocken, oder der Mauszeiger würde sich nicht mehr richtig bewegen.

9.10.6 Thread-Synchronisierung

In vielen Situationen darf es nicht passieren, dass zwei Threads gleichzeitig auf dieselben Daten zugreifen. Manchmal muss ein Thread auch warten, bis ein anderer Thread seine Arbeit erledigt hat. Nehmen wir hier als Beispiel einen Thread in einem Spiel, der für das dynamische Laden von Ressourcen zuständig ist. Wird nun eine neue Textur benötigt, so wäre es vielleicht noch denkbar, die Szene so lange ohne diese neue Textur zu rendern, bis sie fertig geladen ist. Bei anderen Arten von Ressourcen ist das aber nicht möglich, zum Beispiel wenn es sich um ein 3D-Modell handelt. Der Render-Thread müsste dann so lange warten, bis das Modell geladen wurde. Es ist also nötig, dass Threads Signale von sich geben, auf die andere Threads dann reagieren.

9.10.6.1 Kritische Sektionen

Das Problem

Wie bereits gesagt, ist es oft unerwünscht, dass mehrere Threads „gleichzeitig" auf dieselben Daten zugreifen können. Wir wollen nun ein beispielhaftes Szenario erstellen, in dem es mehrere Variablen gibt, auf die zwei Threads zugreifen:

9.10 Arbeiten mit Threads

```
// Spielerstruktur
struct SPlayer
{
    tbVector3 vPosition;  // Position des Spielers
    float     fEnergy;    // Lebensenergie
    tbModel*  pModel;     // Modell
};

// Variablen
SPlayer* pPlayer = new SPlayer;

// Thread zum Rendern des Spielers
DWORD WINAPI RenderThread(LPVOID pParameter)
{
    while(true) {
        if(pPlayer) {
            // Transformationsmatrix erzeugen und rendern
            tbMatrix mMatrix = tbMatrixTranslation(pPlayer->vPosition);
            tbDirect3D::Instance().SetTransform(D3DTS_WORLD, mMatrix);
            pPlayer->pModel->Render();
        }
    }

    return 0;
}

// Thread zum Bewegen des Spielers
DWORD WINAPI MoveThread(LPVOID pParameter)
{
    while(true) {
        if(pPlayer) {
            // Spieler fällt herunter
            pPlayer->vPosition.y -= 0.1f;

            // Wenn der Spieler zu tief gefallen ist, wird er gelöscht.
            if(pPlayer->vPosition.y < -100.0f) {
                delete pPlayer;
                pPlayer = NULL;
            }
        }
    }

    return 0;
}
```

Listing 9.31 Hier droht Gefahr!

Was die Threads genau tun, ist unwichtig. Die Hauptsache ist, dass sie beide auf die Variable pPlayer zugreifen. Der Thread zum Rendern verändert nichts an ihr, jedoch ist der zweite Thread sogar imstande, das Objekt komplett zu löschen! Beim Löschen wird der Zeiger auf NULL gesetzt.

Der Render-Thread prüft extra vor Beginn noch, ob die Variable nicht NULL ist, nur dann wird wirklich gerendert. Aber reicht das schon? Nein! Denn was wäre, wenn der Render-Thread *innerhalb* des if-Blocks abgebrochen wird? Nun käme der Move-Thread an die Reihe und könnte das Objekt möglicherweise löschen und auf NULL zurücksetzen. Dadurch wäre die Schutzmaßnahme im Render-Thread unwirksam gemacht, und es würde auf einen Nullzeiger zugegriffen.

Man muss hier immer damit rechnen, dass eine Variable vom einen auf den nächsten Moment vom anderen Thread verändert wird, und das kann ungeahnte Folgen haben!

Die Lösung

Die Lösung dieses Problems liegt in der Errichtung einer so genannten *kritischen Sektion* (*Critical Section*). Eine kritische Sektion kann man sich wie einen Käfig um gewisse „kritische" Daten vorstellen (in unserem Beispiel wäre das die pPlayer-Variable). Immer nur ein Thread bekommt den Schlüssel zu diesem Käfig und darf die darin enthaltenen Variablen verändern. Man sagt dann, der Thread *besitzt* die kritische Sektion.

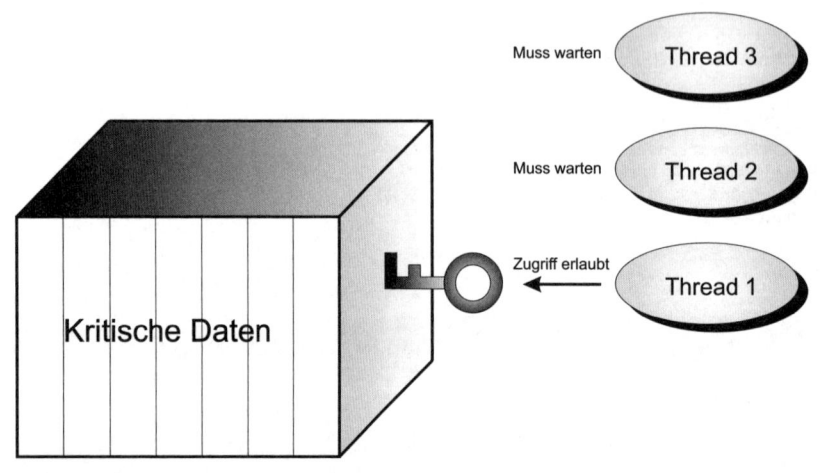

Abbildung 9.18 Nur ein Thread besitzt den Schlüssel zur kritischen Sektion!

Der Ablauf

Eine kritische Sektion wird durch eine Variable vom Typ CRITICAL_SECTION beschrieben. Das Hauptprogramm erstellt eine kritische Sektion mit der Funktion InitializeCriticalSection. Es wird nur ein Zeiger auf eine kritische Sektion erwartet – keine weiteren Parameter. Die kritische Sektion ist damit initialisiert und kann verwendet werden.

Immer, wenn ein Thread auf die geschützten Daten zugreift, muss er dann die Funktion EnterCriticalSection aufrufen und ihr einen Zeiger auf das CRITICAL_SECTION-Objekt übergeben.

Nun kann er nach Herzenslust die Daten verändern.

Wenn der Thread damit fertig ist, ruft er LeaveCriticalSection auf. Diese Funktion erwartet ebenfalls nur einen CRITICAL_SECTION-Zeiger.

Nun kommt der Clou: Beim Betreten der kritischen Sektion durch EnterCriticalSection kann es passieren, dass sie schon einem anderen Thread gehört. In diesem Fall muss der Thread, der EnterCriticalSection aufruft, so lange warten, bis die kritische Sektion vom anderen Thread wieder freigegeben wird. Das „Schlafenlegen" des Threads wird automatisch vom Betriebssystem erledigt, und es wird währenddessen keine Rechenzeit verschwendet.

Unser Beispielprogramm von eben sähe nun angepasst so aus (Änderungen sind durch fette Schrift hervorgehoben):

9.10 Arbeiten mit Threads

```
// Diese Variable muss vorher durch InitializeCriticalSection initialisiert worden sein:
CRITICAL_SECTION CS;

// Thread zum Rendern des Spielers
DWORD WINAPI RenderThread(LPVOID pParameter)
{
    while(true)
    {
        // Kritische Sektion betreten! Wird sie vom anderen Thread besetzt, so müssen
        // wir warten, bis er sie wieder freigibt.
        EnterCriticalSection(&CS);

        if(pPlayer)
        {
            // Transformationsmatrix erzeugen und rendern
            tbMatrix mMatrix = tbMatrixTranslation(pPlayer->vPosition);
            tbDirect3D::Instance().SetTransform(D3DTS_WORLD, mMatrix);
            pPlayer->pModel->Render();
        }

        // Wir sind fertig!
        LeaveCriticalSection(&CS);
    }

    return 0;
}

// Thread zum Bewegen des Spielers
DWORD WINAPI MoveThread(LPVOID pParameter)
{
    while(true)
    {
        EnterCriticalSection(&CS);

        if(pPlayer)
        {
            // Spieler fällt herunter
            pPlayer->vPosition.y -= 0.1f;

            // Wenn der Spieler zu tief gefallen ist, wird er gelöscht.
            if(pPlayer->vPosition.y < -100.0f)
            {
                delete pPlayer;
                pPlayer = NULL;
            }
        }

        LeaveCriticalSection(&CS);
    }

    return 0;
}
```

Listing 9.32 Jetzt kann nichts mehr passieren!

Am Ende muss eine kritische Sektion mit Hilfe der Funktion DeleteCriticalSection wieder gelöscht werden.

9.10.6.2 Events

Die Funktionsweise

Oft muss ein Thread warten, bis ein anderer Thread eine bestimmte Sache erledigt hat. Wie bereits erwähnt, wäre es möglich, einen Ressourcen-Thread zu erstellen, der Aufträge wie

„*Lade Textur SKIN512.BMP!*" von den anderen Threads entgegennimmt und für das dynamische Laden von Ressourcen während des laufenden Spiels zuständig ist. Dann könnte es passieren, dass eine bestimmte Ressource unbedingt geladen werden *muss*, bevor das Spiel weitergehen kann. Der Ressourcen-Thread benötigt also irgendeine Möglichkeit, den anderen Threads zu signalisieren, dass er fertig ist. Das könnte man theoretisch mit einer Variablen anstellen, die man dem Ressourcen-Thread übergibt, und die er dann ausfüllt, wenn er fertig ist, aber es gibt eine elegantere Möglichkeit: *Events*!

Ein Event-Objekt kann entweder signalisiert sein oder nicht. In unserem Fall würde man ein Event für „*Ich bin fertig mit dem Laden der Ressource!*" erzeugen. Der Ressourcen-Thread würde das Event dann signalisieren, wenn er fertig ist.

Bisher hätte diese Methode keine gravierenden Vorteile gegenüber einer Variablen. Der eigentliche Vorteil kommt erst jetzt: Windows bietet uns eine Funktion an, um einen Thread so lange schlafen zu legen, bis ein bestimmtes Event signalisiert wird. Der Thread des Spiels könnte nun diese Funktion aufrufen und würde keine Rechenzeit mehr in Anspruch nehmen, bis der Ressourcen-Thread seine Arbeit erledigt hat.

Umgekehrt könnte man auch ein Event für „*Es gibt neue Ressourcen zu laden!*" erzeugen, auf das dann der Ressourcen-Thread wartet. So würde er ebenfalls keine Rechenzeit verschwenden, während er auf neue Ladeanforderungen wartet.

Erzeugen und Löschen eines Events

Ein Event wird wie ein Thread durch eine HANDLE-Variable beschrieben. Die Funktion CreateEvent erzeugt ein Event und liefert dessen Handle.

Tabelle 9.5 Die Parameter der Funktion CreateEvent

Parameter	Beschreibung
LPSECURITY_ATTRIBUTES lpEventAttributes	Dieser Parameter ist – wie schon bei CreateThread – für uns nicht weiter wichtig, und wir geben einfach NULL an.
BOOL bManualReset	Wenn ein Event signalisiert wird und es einen Thread gibt, der darauf gewartet hat, dann wird das Event normalerweise automatisch zurückgesetzt. Gibt man für diesen Parameter jedoch TRUE anstatt FALSE an, dann muss das Event manuell zurückgesetzt werden (durch die Funktion ResetEvent).
BOOL bInitialState	Gibt den ursprünglichen Status des Events an: TRUE für signalisiert oder FALSE für nicht signalisiert (für gewöhnlich verwendet man FALSE).
LPCTSTR lpName	Name des Events oder NULL, wenn kein Name benötigt wird. Der Handle eines Events *mit* einem Namen kann später mit Hilfe der Funktion OpenEvent wieder abgefragt werden, was gewisse Vorteile mit sich bringt.

Nachdem ein Event nicht mehr gebraucht wird, kann es durch CloseHandle gelöscht werden. Der einzige erwartete Parameter ist der Handle des Events.

Signalisieren eines Events

In unserem Beispiel mit dem Ressourcen-Thread müsste dieser das „*Ich bin fertig!*"-Event nach Abschluss des Ladevorgangs signalisieren. Das funktioniert mit der Funktion SetEvent. Sie erwartet nur den Handle des Events. Alle Threads, die bis dahin auf das Event gewartet hatten, können dann ihre Arbeit fortsetzen. Je nach Typ des Events wird sein Status danach automatisch wieder auf *nicht signalisiert* gesetzt (siehe Parameter von CreateEvent).

Auf ein Event warten

Die Funktion `WaitForSingleObject` hält den aktuellen Thread so lange an, bis ein bestimmtes Event signalisiert wurde. Im ersten Parameter wird dessen Handle übergeben. Der zweite Parameter bestimmt die maximale Wartedauer, bevor die Funktion abgebrochen und der Thread fortgesetzt wird – auch wenn das Event bis dahin nicht signalisiert wurde. Die Zeitangabe erfolgt in Millisekunden. Alternativ kann auch der Wert `INFINITE` angegeben werden. In dem Fall wartet die Funktion so lange, bis das Event signalisiert wurde.

Es gibt auch die Möglichkeit, auf mehrere Events zu warten. Schauen Sie sich dazu die Funktion `WaitForMultipleObjects` in der Platform-SDK-Dokumentation an (oder im Internet unter http://msdn.microsoft.com).

9.10.7 Zusammenfassung

Die wenigsten modernen Spiele kommen ohne Threads aus, denn sie erlauben es, auf einfache Weise mehrere Dinge „parallel" durchzuführen – beispielsweise die Eingaben des Benutzers zu verarbeiten und gleichzeitig die künstliche Intelligenz zu steuern.

Probleme gibt es nur, wenn mehrere Threads gleichzeitig dieselben Daten verändern möchten, doch hier hilft der Einsatz von kritischen Sektionen. Nur ein Thread erlangt dann jeweils den Zugriff auf diese Daten.

Durch Events können Threads miteinander kommunizieren, und man kann eine Menge Rechenzeit einsparen, indem man einen Thread auf ein bestimmtes Event warten lässt, das signalisiert, dass er fortfahren darf. Das Betriebssystem legt den Thread dann „schlafen", so dass er den Prozessor nicht belastet.

9.11 Eine einfache Skriptsprache

9.11.1 Einsatzgebiet von Skriptsprachen

Praktisch jeder kennt Skriptsprachen aus dem Internet: beispielsweise *JavaScript*. Eine Skriptsprache ist eine kleine Programmiersprache, bei der es nicht unbedingt auf Geschwindigkeit ankommt. Skripte sind auch nicht ohne weiteres lauffähig: Sie benötigen einen *Interpreter*, der die Programme Zeile für Zeile analysiert und das durchführt, was sie beschreiben.

In der Spieleprogrammierung spielen Skripte eine sehr große Rolle beim Level-Design. Angenommen es gibt einen Hebel in einem Level, den der Spieler betätigen kann. Dann könnte man diesem Hebel ein kleines Skript zuweisen, das genau in diesem Moment der Betätigung ausgeführt wird und bestimmte Dinge veranlasst: beispielsweise dass sich eine Tür öffnet oder dass der Spieler eine Torte ins Gesicht geworfen bekommt.

Der Vorteil liegt hier vor allem darin, dass das Skript direkt *in die Level-Datei* mit eingebaut werden kann. Ohne eine solche Skriptsprache wäre das viel komplizierter, und man müsste diese Abläufe möglicherweise direkt in den Spielquellcode mit einbinden, was selbstverständlich sehr unflexibel ist.

Durch Skripte wird das Spielgeschehen also aus dem Programmcode stärker nach außen in die Level-Dateien verlagert, was das Spiel später viel einfacher veränderbar macht. Eine Änderung im Level kann gemacht werden, ohne dass das Spiel anschließend neu kompiliert werden muss, und auch dem Endbenutzer wird es erleichtert, Levels nach seinen eigenen Vorstellungen zu konstruieren. Was wären moderne Ego-Shooter, wenn sie nicht durch *Mods* und *Skripte* erweitert werden könnten?

Wie Sie sehen werden, funktionieren Skripte auch sehr gut mit *Threads* zusammen.

9.11.2 Ein Skript als Liste von Befehlen

Ich werde hier nur auf sehr einfache Skripte eingehen. Die meisten professionellen Spiele besitzen Skriptsprachen, die fast so komplex wie C oder C++ sind. Unsere Skripte werden sich mehr oder weniger darauf beschränken, eine bestimmte Liste von Befehlen der Reihe nach abzuarbeiten.

Dass das funktioniert, weiß ich, seit ich mein Spiel *Blocks 2001* geschrieben habe (es befindet sich auch auf der Begleit-CD). Ein Skript besteht dort auch nur aus einer einfachen Befehlsliste und wird zu bestimmten Ereignissen aufgerufen, zum Beispiel wenn der Spieler einen Schalter betätigt.

Beispiel für ein Skript:

```
# Setze Feldtyp 10 bei den Koordinaten (5, 2, 1) bis (8, 2, 1)
SetField 5 2 1 10
SetField 6 2 1 10
SetField 7 2 1 10
SetField 8 2 1 10

# Warte eine Sekunde
Wait 1000

# Weitere Felder setzen
SetField 5 3 1 10
SetField 6 3 1 10
SetField 7 3 1 10
SetField 8 3 1 10

# Sound Nr. 20 abspielen
PlaySound 20

# Kamera setzen (Position, Blickpunkt)
SetCamera 0.5  10.0  5.25   0.0  0.0  1.0
```

Listing 9.33 Ein einfaches Skript

Wie Sie sehen, kommen in diesem Skript *keine Variablen* zum Einsatz, sondern nur konkrete Werte. Der Einsatz von Variablen in Skriptsprachen ist ein wenig komplizierter. In vielen Situationen kommt man aber auch mit solchen einfachen Skripte zurecht. Als Nächstes wollen wir uns ansehen, wie man einen *Interpreter* für diese kleine Skriptsprache basteln kann.

9.11.3 Der Trick mit den Funktionszeigern

Um unsere Skriptsprache von der Auswahl der Befehle her so flexibel wie möglich zu machen, werden wir einen besonderen Trick anwenden. Die Liste der unterstützten Befehle soll von außen erzeugt werden. In der Skriptklasse speichern wir eine Liste, die für jeden unterstützten Befehl Folgendes enthält:

- den Namen des Befehls als String
- einen Zeiger auf die Funktion, die diesen Befehl ausführt, also einen Funktionszeiger

Das bedeutet also: Wenn im Skript irgendein Befehl auftaucht, dann muss erst einmal in der Befehlsliste danach gesucht werden, durch Vergleich der Befehlsnamen. Ist der passende Befehl dann gefunden, greifen wir auf den ihm zugewiesenen Funktionszeiger zu und rufen die Funktion auf.

Möchte man zum Beispiel einen Befehl namens Wait benutzen, so muss man die entsprechende C++-Funktion dafür selbst implementieren und dem Skript mitteilen, dass diese Funktion für die Ausführung des Wait-Befehls zuständig ist.

9.11.4 Übergabe von Parametern

Es stellt sich die Frage, wie die Übergabe von Parametern an die Funktionen realisiert werden kann. Wir brauchen in jedem Fall *einheitliche* Funktionszeiger. Man könnte zum Beispiel jede Funktion „zwingen", eine gewisse Anzahl von Parametern verschiedener Art zu erwarten, wovon dann je nach Befehl nur einige benutzt werden.

Im Prinzip tun wir genau das. Jede Funktion erwartet genau *einen* Parameter, nämlich einen Zeiger auf eine spezielle *Parameterstruktur*. Diese Parameterstruktur bietet Platz für maximal 16 int- und 16 float-Variablen. Es ist die Aufgabe des Skripts, diese Struktur auszufüllen und sie der Funktion zu übergeben.

Weiterhin beinhaltet die Struktur die Anzahl der tatsächlich im Skript angegebenen Parameter und einen Zeiger auf die Skriptklasse (die wird später besprochen):

```
class CScript;

// Struktur für die Parameterübergabe an eine Funktion
struct SParameters
{
    int     iNumParameters; // Anzahl der Parameter
    int     aiInteger[16];  // Maximal 16 int-Parameter
    float   afFloat[16];    // Maximal 16 float-Parameter
    CScript* pScript;       // Zeiger auf das Skript
};
```

Listing 9.34 Durch diese Struktur übergeben wir den Funktionen ihre Parameter.

Die Struktur für einen Eintrag in der Befehlsliste (speichert Name und Funktionszeiger für jeden Befehl) sieht dann wie folgt aus:

```
// Struktur für einen Skriptbefehl
struct SCommand
{
    char acName[256];                    // Name des Befehls
    void (* pFunction)(SParameters&);    // Funktionszeiger
};
```

Listing 9.35 Wir speichern den Namen und den Funktionszeiger jedes Befehls.

9.11.5 Einen Thread verwenden

Wie bereits erwähnt, eignen sich Threads auch gut im Zusammenhang mit der Ausführung von Skripten, denn diese sollen möglichst *parallel* zum Spiel laufen und es nicht anhalten. Wenn unsere Skriptklasse also den Befehl erhält, ein Skript auszuführen, dann erstellt sie einen Thread für das Skript. Dieser Thread tut die ganze Zeit über nichts anderes, als Zeile für Zeile des Skripts durchzugehen und die entsprechenden Befehle aufzurufen.

Auf diese Weise lassen sich einige Dinge sehr leicht realisieren:

- Wenn das Skript zum Beispiel eine Sekunde warten soll, dann reicht es, einfach die Sleep-Funktion der Win-API aufzurufen. Der Thread braucht dann für die angegebene Zeit keine Rechenzeit mehr.
- Soll das Skript angehalten werden, kann die Skriptklasse einfach SuspendThread aufrufen. Beim Fortsetzen verwendet sie dann ResumeThread. Klar ist natürlich, dass die Skriptklasse die HANDLE-Variable des von ihr erzeugten Threads speichert.
- Wir können die Thread-Priorität auf *niedrig* stellen, damit das Skript das Spiel so wenig wie möglich durch „Stehlen" wichtiger Rechenzeit stört.

9.11.6 Die Klasse *CScript*

Wir werden die gesamte Funktionalität in eine Klasse namens CScript packen. Diese Klasse soll es erlauben, ein Skript aus einer Datei zu laden und es dann auszuführen.

9.11.6.1 Das Grundgerüst

Hier erst einmal das Grundgerüst der Klasse:

```
// Skriptklasse
class CScript
{
private:
    HANDLE   m_hThread;            // Skript-Thread
    char*    m_pcScript;           // Der gesamte Skriptquellcode
    int      m_iScriptSize;        // Größe des Skripts
    SCommand m_aCommand[1024];     // Befehlsliste: maximal 1024 Befehle
    int      m_iNumCommands;       // Anzahl der eingetragenen Befehle
public:
    // Konstruktor und Destruktor
    CScript(char* pcFilename, BOOL bSuspended = FALSE);
    ~CScript();

    // Methoden
    void Halt();                              // Anhalten
    void Continue();                          // Fortsetzen
    void Restart(BOOL bSuspended = FALSE);    // Neu starten
    // Fügt einen Befehl zur Befehlstabelle hinzu
    void AddCommand(char* pcName,
                    void (* pFunction)(SParameters&));

    // Sucht nach einem Befehl
    SCommand* FindCommand(char* pcName);

    // Inline-Methoden
    HANDLE GetThread()       {return m_hThread;}
    char*  GetScript()       {return m_pcScript;}
    int    GetScriptSize()   {return m_iScriptSize;}
};
```

Listing 9.36 Die Deklaration der CScript-Klasse

9.11 Eine einfache Skriptsprache

Der BOOL-Parameter des Konstruktors (und auch derjenige der Restart-Methode) gibt an, ob das Skript direkt laufen oder ob es zu Beginn pausieren soll. Im zweiten Fall muss dann die Methode Continue aufgerufen werden.

9.11.6.2 *AddCommand* und *FindCommand*

Lassen Sie uns mit den simplen Methoden AddCommand und FindCommand beginnen. AddCommand fügt einen Befehl zur Befehlsliste hinzu – mit seinem Namen und dem Funktionszeiger –, und FindCommand soll uns einen Zeiger auf die SCommand-Struktur eines gesuchten Befehls zurückliefern. Beide Methoden sind ziemlich simpel aufgebaut:

```
// Neuen Befehl hinzufügen
void CScript::AddCommand(char* pcName,
                         void (* pFunction)(SParameters&))
{
    if(!pcName || !pFunction || m_iNumCommands >= 1024) return;

    // Eintrag in die Befehlsliste
    strcpy(m_aCommand[m_iNumCommands].acName, pcName);
    m_aCommand[m_iNumCommands].pFunction = pFunction;

    // Anzahl der Befehle erhöhen
    m_iNumCommands++;
}
```

Listing 9.37 AddCommand fügt der Befehlsliste einen neuen Eintrag hinzu.

Bei FindCommand sind wir erst einmal streng und achten genau auf die Groß- und Kleinschreibung der Befehle (wie es auch bei C/C++ ist). Wird dann nichts gefunden, versuchen wir es noch einmal, aber dann soll der Methode die Schreibweise egal sein:

```
// Sucht einen Befehl
SCommand* CScript::FindCommand(char* pcName)
{
    if(!pcName) return NULL;

    // Suchen (Schreibweise muss genau übereinstimmen)
    for(int i = 0; i < m_iNumCommands; i++) {
        if(!strcmp(pcName, m_aCommand[i].acName)) {
            // Gefunden!
            return &m_aCommand[i];
        }
    }

    // Den Befehl gibt es nicht!
    // Wir versuchen es jetzt ohne Unterscheidung der Groß-/Kleinschreibung.
    for(i = 0; i < m_iNumCommands; i++) {
        if(!stricmp(pcName, m_aCommand[i].acName)) {
            // Gefunden!
            return &m_aCommand[i];
        }
    }

    // Auch hier Fehlanzeige!
    return NULL;
}
```

Listing 9.38 Die Suche nach einem Befehl

9.11.6.3 Der Konstruktor

Der CScript-Konstruktor erledigt das Öffnen der Skriptdatei, das Einlesen in ein Array (m_pcScript) und das Erstellen des Threads für die Ausführung des Skripts. Dessen Priorität wird – wie schon gesagt – niedrig gesetzt, damit das Skript nicht zu viel Rechenzeit verbraucht.

```
// Konstruktor der Klasse
CScript::CScript(char* pcFilename,
                 BOOL bSuspended /* = FALSE*/) : m_pcScript(NULL),
                                                  m_iScriptSize(0),
                                                  m_iNumCommands(0)
{
    if(!pcFilename) return;

    // Die Datei öffnen
    FILE* pFile = fopen(pcFilename, "rb");
    if(pFile)
    {
        // Dateigröße abfragen und entsprechend viel Speicher reservieren
        DWORD dwFileSize = GetFileSize(pcFilename);
        m_pcScript = new char[dwFileSize];
        ZeroMemory(m_pcScript, dwFileSize);

        // Die Datei komplett lesen und dann schließen
        fread(m_pcScript, 1, dwFileSize, pFile);
        fclose(pFile);

        // Thread erstellen
        DWORD dwID;
        m_hThread = CreateThread(NULL, 0, ScriptThread, this,
                                 bSuspended ? CREATE_SUSPENDED : 0, &dwID);
        SetThreadPriority(m_hThread, THREAD_PRIORITY_BELOW_NORMAL);

        // Größe des Skripts eintragen
        m_iScriptSize = (int)(dwFileSize);
    }
}
```

Listing 9.39 Der Konstruktor der CScript-Klasse

Die Funktion GetFileSize ermittelt die Größe einer Datei (durch die Funktion filelength), und die Funktion ScriptThread (angegeben bei CreateThread) wird später unsere Thread-Funktion sein, die dafür sorgt, dass das Skript überhaupt funktionieren kann.

Wie Sie sehen, übergeben wir der Thread-Funktion als benutzerdefinierten Parameter einen Zeiger auf die eigene Skriptklasse (this). So kann der Thread später herausfinden, zu welcher CScript-Instanz er überhaupt gehört. Er benötigt Zugriff auf diese Klasse, um zum Beispiel die Liste der Befehle abzufragen.

9.11.6.4 Pausieren, fortfahren und neu starten

Kommen wir nun zu den Methoden Halt (anhalten), Continue (fortsetzen) und Restart (Skript neu starten). Es ist nicht sehr schwer, sie zu implementieren. Lediglich bei Restart brauchen wir einen kleinen Trick: Wir erzeugen für das Neustarten des Skripts einfach einen neuen Thread und brechen vorher den alten ab.

9.11 Eine einfache Skriptsprache

```
// Skript anhalten
void CScript::Halt()
{
    // Thread anhalten
    SuspendThread(m_hThread);
}

// Skript fortsetzen
void CScript::Continue()
{
    // Thread fortsetzen
    ResumeThread(m_hThread);
}

// Skript neu starten
void CScript::Restart(BOOL bSuspended) // = FALSE
{
    // Thread abbrechen
    TerminateThread(m_hThread, 0);

    // Jetzt neu erstellen
    DWORD dwID;
    m_hThread = CreateThread(NULL, 0, ScriptThread, this,
                    bSuspended ? CREATE_SUSPENDED : 0, &dwID);
    SetThreadPriority(m_hThread, THREAD_PRIORITY_BELOW_NORMAL);
}
```

Listing 9.40 Anhalten, fortsetzen und Neustart

9.11.6.5 Die Thread-Funktion

Nun geht's ans Eingemachte! Die Thread-Funktion (DWORD WINAPI ScriptThread) ist das Herz unseres kleinen Skriptprojekts. Nun, was ist die Aufgabe dieser Funktion?

- Erzeugen eines Zeigers auf die CScript-Instanz, zu welcher der Thread gehört. Den Zeiger erhält die Thread-Funktion als Parameter.
- Das gesamte Skript (m_pcScript) durchlaufen und ...
  - jeweils eine Zeile des Skriptquellcodes in einen neuen String kopieren
  - die Zeile nach einem Befehl und eventuellen Parametern durchsuchen (mit sscanf)
  - den Befehl in der Befehlsliste suchen
  - die Parameterstruktur zusammenbauen und die dem Befehl zugeordnete Funktion aufrufen (per Funktionszeiger), dabei die Parameterstruktur übergeben

Darüber hinaus sollen auch Kommentare im Skriptquellcode möglich sein. Diese sollen mit der Raute („#") beginnen. Wird eine solche Zeile entdeckt, so ignorieren wir sie einfach und gehen zu nächsten über.

Ist das Ende des Skripts erreicht, so bricht die Thread-Funktion ab. Der Thread wird somit automatisch beendet.

Hier das Grundgerüst der Thread-Funktion:

```
// Thread-Funktion für das Skript
DWORD WINAPI ScriptThread(LPVOID pParameter)
{
    // Zeiger auf das Skript erstellen
    CScript* pScript = (CScript*)(pParameter);

    // Der Cursor-Zeiger zeigt immer auf das erste Zeichen
    // der nächsten auszuführenden Zeile. Wir beginnen ganz am Anfang des Skripts.
```

```
        int iCursor = 0;

        while(iCursor < pScript->GetScriptSize())
        {
            char acCurrentLine[1024];
            ZeroMemory(acCurrentLine, 1024);

            // Das Ende der aktuellen Zeile suchen und alles bis dahin in
            // einen Extrapuffer kopieren.
            char* pScriptCode = pScript->GetScript();
            int i = 0;
            for(; iCursor < pScript->GetScriptSize(); iCursor++)
            {
                acCurrentLine[i++] = pScriptCode[iCursor];

                // Abbruch, wenn neue Zeile oder Ende der Datei
                if(pScriptCode[iCursor] == 0x0D) {
                    iCursor += 2;
                    break;
                }
                else if(pScriptCode[iCursor] == 0) {
                    iCursor++;
                    break;
                }
            }

            // Die aktuelle Zeile des Skripts ist nun in acCurrentLine,
            // und iCursor zeigt schon auf die nächste Zeile.

            // Leere Zeile? Weiter!
            if(strlen(acCurrentLine) <= 1) continue;

            // Kommentare beginnen mit "#". Wenn das erste Zeichen "#" ist,
            // überspringen wir die Zeile ebenfalls.
            if(acCurrentLine[0] == '#') continue;

            // ************************************
            // ** Auswertung der aktuellen Zeile **
            // ************************************
            // ...
        }

        return 0;
    }
```

Listing 9.41 Das Grundgerüst der Thread-Funktion

Auswertung einer Zeile

Die Schleife ist damit natürlich noch nicht abgeschlossen. Am Ende liegt uns nun die aktuelle Zeile im acCurrentLine-String vor. Diesen gilt es nun zu analysieren. Er könnte beispielsweise „*Wait 5000*" sein. Dann müssen wir „*Wait*" als Befehlsnamen erkennen und die 5000 als Parameter.

Das geht recht einfach, wenn man mit der Funktion sscanf arbeitet. Wir unterstützen maximal 16 Parameter.

Als Nächstes gilt es, die 17 Strings (Befehl + 16 Parameter), die uns sscanf geliefert hat, auszuwerten. Wir suchen den Befehl in der Befehlsliste und bauen die Parameterstruktur zusammen, die wir dann der Funktion für den Befehl als Parameter übergeben.

9.11 Eine einfache Skriptsprache

```cpp
// Wir werten nun die aktuelle Zeile mit maximal 16 Parametern aus.
char acCommand[256];
char acParam[16][64];
ZeroMemory(acCommand, 256);
ZeroMemory(acParam, 16 * 64);

// Sehr simples Parsing ...
int n = sscanf(acCurrentLine, "%s %s %s %s %s %s %s %s %s %s %s %s %s %s %s %s %s",
               acCommand,
               acParam[0], acParam[1], acParam[2], acParam[3],
               acParam[4], acParam[5], acParam[6], acParam[7],
               acParam[8], acParam[9], acParam[10], acParam[11],
               acParam[12], acParam[13], acParam[14], acParam[15]);

// n beinhaltet jetzt die Anzahl der Parameter + 1, denn der erste %s-String
// beinhaltet ja den Befehlsnamen. Darum ziehen wir eins ab.
n--;

// acCommand beinhaltet jetzt das erste Wort der Zeile, also den Befehlsnamen.
// Wir suchen den Befehl in der Befehlstabelle.
SCommand* pCommand = pScript->FindCommand(acCommand);

// Wenn es die Funktion nicht gibt: Weiter!
if(!pCommand) continue;

// Wir bauen jetzt die Parameterstruktur zusammen.
SParameters Params;
ZeroMemory(&Params, sizeof(SParameters));
Params.iNumParameters = n;
Params.pScript = pScript;

// Die maximal 16 Parameter in int und float umwandeln.
for(int p = 0; p < n; p++)
{
    Params.aiInteger[p] = atoi(acParam[p]);
    Params.afFloat[p] = (float)(atof(acParam[p]));
}

// Die Funktion aufrufen und ihr die Parameter übergeben
pCommand->pFunction(Params);
```

Listing 9.42 Auswertung einer Zeile im Skript

Looping

Ein Aspekt fehlt noch: Wie könnte man ein Skript schreiben, das sich selbstständig immer wieder neu startet? Dafür führen wir einen neuen Befehl namens Loop ein. Dabei handelt es sich um einen (beziehungsweise den *einzigen*) fest integrierten Befehl unserer Skriptsprache. Wenn dieser Befehl entdeckt wird, setzen wir die iCursor-Variable einfach wieder auf null, wodurch das Skript von vorne beginnt:

```cpp
// acCommand beinhaltet jetzt das erste Wort der Zeile, also den Befehlsnamen.

// Heißt der Befehl "Loop"?
// Dies ist eine interne Skriptfunktion, die das Skript wieder
// von vorne beginnen lässt (iCursor auf null setzen).
// Falls nicht, gehen wir weiter.
if(!stricmp(acCommand, "Loop")) iCursor = 0;

// Wir suchen den Befehl in der Befehlstabelle.
// ...
```

Listing 9.43 Der Loop-Befehl startet das Skript von vorne.

9.11.7 Das Beispielprogramm

Das Beispielprogramm zu diesem Thema ist ein kleiner Skript-Loader, der mit zwei Beispielskripten und einer kleinen Bibliothek an Befehlen kommt (Sie finden sie in der Datei REPERTOIRE.CPP). Das Programm stellt den Befehlen eine Oberfläche zum Zeichnen zur Verfügung. Das zweite Beispielskript zeigt, wie man dann Grafiken in das Fenster zeichnen kann.

```
# Programm zur Demonstration von Grafik

# Bildschirm leeren
ClearScreen

# Mehrere Linien zeichnen
DrawLine 150, 100,   300, 180,   63, 0, 0
Wait 100
DrawLine 150, 110,   290, 180,  127, 0, 0
Wait 100
DrawLine 150, 120,   280, 180,  191, 0, 0

Wait 500

# Rechtecke zeichnen
DrawRect 50, 50,   100, 100,  63, 63, 63, 1
Wait 100
DrawRect 51, 51,   99, 99,   127, 127, 127, 1
Wait 100
DrawRect 52, 52,   98, 98,   191, 191, 191, 1

Wait 500

# Und nun ein paar Ellipsen
DrawEllipse 50, 50,   100, 100,  0, 63, 0, 1
Wait 100
DrawEllipse 51, 51,   99, 99,   0, 127, 0, 1
Wait 100
DrawEllipse 52, 52,   98, 98,   0, 191, 0, 1

Wait 1000

# Der Loop-Befehl startet das Skript neu.
Loop
```

Listing 9.44 Gekürzte Version des zweiten Beispielskripts

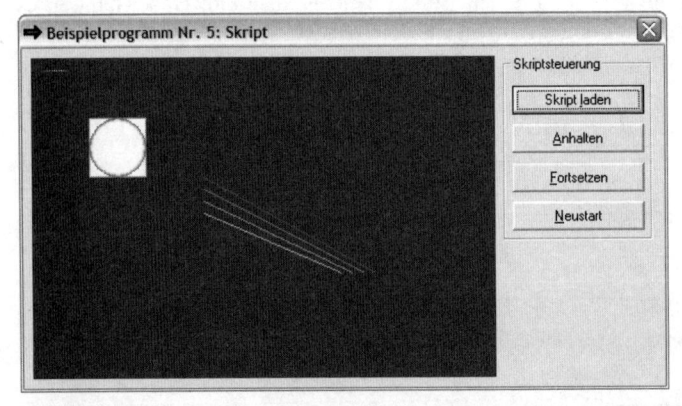

Abbildung 9.19 Das zweite Skriptbeispielprogramm demonstriert einige Grafikbefehle.

9.11.8 Fortgeschrittenere Skriptsprachen

Unsere Beispielskriptsprache kann natürlich streng gesehen gar nicht als Programmiersprache angesehen werden, sie wäre eher mit MS-DOS-Batchdateien vergleichbar. Um eine „richtige" Skriptsprache zu entwickeln, die auch die Definition von Funktionen, Klassen und so weiter unterstützt, muss man schon bedeutend mehr Arbeit investieren. Glücklicherweise gibt es einige kostenlos verfügbare Tools im Internet, mit denen die Programmierung eines Skript-Compilers beziehungsweise eines Skript-Interpreters enorm vereinfacht werden. Sie sollten im Internet einmal nach *YACC*, *Bison* und *Flex* suchen. Mit Hilfe dieser Tools lassen sich auch komplexere Skriptsprachen und echte Compiler schreiben.

9.12 Interpolationen

9.12.1 Nachteil linearer Interpolationen

Wir haben in diesem Buch schon viel mit Interpolationen gearbeitet. Zum Beispiel haben wir beim Partikelsystem die Farbe der Partikel zwischen zwei gegebenen Farben interpoliert. Bei einer Interpolation möchte man immer von einem bestimmten Wert zu einem anderen Wert gelangen, und das mit einer gewissen Geschwindigkeit. Bei der linearen Interpolation ist diese Geschwindigkeit immer gleich. Doch das ist nicht immer das, was man sich wünscht.

Folgende Situation angenommen: Es ist uns eine bestimmte Menge an Werten gegeben, und wir sollen sie irgendwie verbinden. Mit linearer Interpolation würde das zum Beispiel so aussehen:

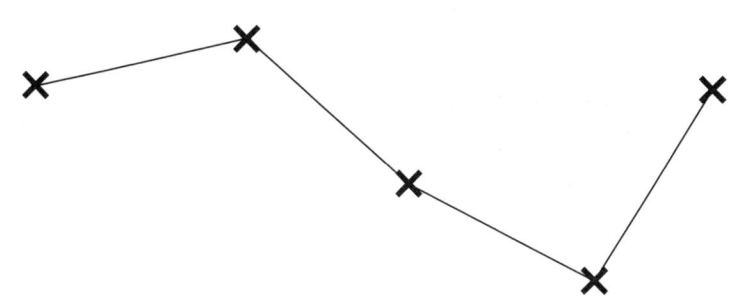

Abbildung 9.20 Lineare Interpolation zwischen den Werten

9.12.2 Hermite-Interpolation mit Tangenten

Es muss doch noch einen anderen Weg geben, als die Punkte so „zackig" zu verbinden. Was wäre denn, wenn wir die Punkte durch eine schöne weiche Kurve verbinden wollten? Wie ginge das? Müsste man noch Hunderte weiterer Punkte einfügen, um die Strecke immer weiter zu unterteilen? Nein, es geht auch eleganter!

Wir betrachten eine Interpolation immer nur zwischen *zwei* Werten. Eine gesamte Kurve kann aus kleineren Teilstücken zusammengesetzt werden, die jeweils zwischen zwei Werten interpolieren. Man kann nun jedem Wert eine *Tangente* zuweisen. Die Tangente ist einfach ein Wert, der die Steigung der Kurve in diesem Punkt bestimmt. Dann könnte die Kurve, die man auch *Spline* nennt, beispielsweise so aussehen:

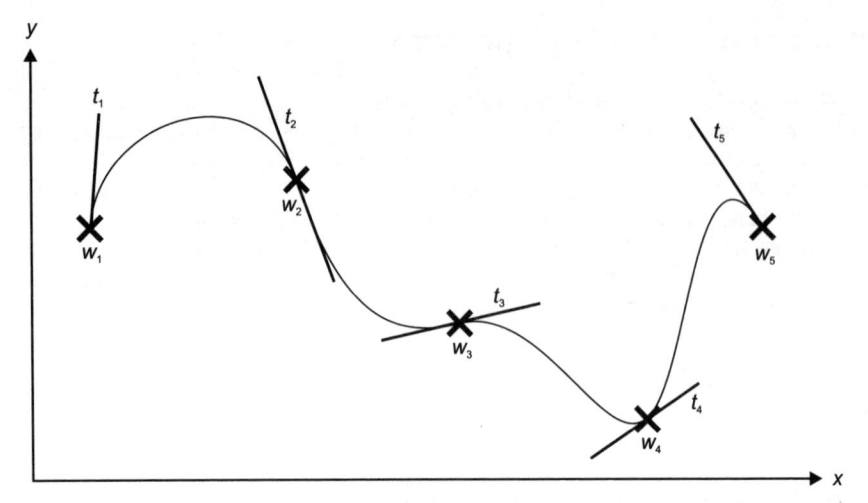

Abbildung 9.21 Jeder Wert bekommt nun noch eine Tangente, und es entsteht eine Kurve.

9.12.2.1 Die Mathematik kommt ins Spiel

Unser Ziel soll es nun sein, eine mathematische Funktion zu entwickeln, die zwischen zwei Werten mit Tangenten interpoliert. Wir geben dieser Funktion als Parameter einen Interpolationswert zwischen 0 und 1. Bei 0 soll der erste Wert herauskommen und bei 1 der zweite. Es gilt also:

$$f(0) = w_1$$
$$f(1) = w_2$$

Als Nächstes verarbeiten wir die Tangenten. Die Steigung der Funktion an der Stelle $x = 0$ muss der ersten Tangente entsprechen, und die Steigung bei $x = 1$ muss der zweiten Tangente entsprechen. Also:

$$f'(0) = t_1$$
$$f'(1) = t_2$$

Wie findet man jetzt eine Funktionsgleichung, die diese Bedingungen erfüllt? Nun, man könnte eine Funktion dritten Grades (eine *kubische* Funktion) in Betracht ziehen:

$$f(x) = Ax^3 + Bx^2 + Cx + D$$
$$f'(x) = 3Ax^2 + 2Bx + C$$

Was wir jetzt noch tun müssen, ist, die Koeffizienten A, B, C und D herauszubekommen. Diese Werte bestimmen das Aussehen der Kurve. Dazu setzen wir einfach die oben aufgestellten Bedingungen ein:

9.12 Interpolationen

$$f(0) = w_1 \Leftrightarrow A \cdot 0^3 + B \cdot 0^2 + C \cdot 0 + D = w_1 \Leftrightarrow D = w_1$$
$$f(1) = w_2 \Leftrightarrow A \cdot 1^3 + B \cdot 1^2 + C \cdot 1 + D = w_2 \Leftrightarrow A + B + C + D = w_2$$
$$f'(0) = t_1 \Leftrightarrow 3A \cdot 0^2 + 2B \cdot 0 + C = t_1 \Leftrightarrow C = t_1$$
$$f'(1) = t_2 \Leftrightarrow 3A \cdot 1^2 + 2B \cdot 1 + C = t_2 \Leftrightarrow 3A + 2B + C = t_2$$

Aus jeder dieser vier Bedingungen gewinnen wir also eine Gleichung. Aus der ersten und der dritten Bedingung können wir direkt den Wert von D und C ablesen. Dann lassen sich ganz leicht auch noch A und B ermitteln. Das Ergebnis:

$$A = 2w_1 - 2w_2 + t_1 + t_2$$
$$B = 3w_2 - 3w_1 - 2t_1 - t_2$$
$$C = t_1$$
$$D = w_1$$
$$f(x) = (2w_1 - 2w_2 + t_1 + t_2) \cdot x^3 + (3w_2 - 3w_1 - 2t_1 - t_2) \cdot x^2 + t_1 \cdot x + w_1$$

Diese Funktion, die dort am Ende steht, ist also in der Lage, zwischen zwei Werten unter Berücksichtigung der angegebenen Tangenten an die Kurve zu interpolieren. Das Verfahren nennt sich übrigens *Hermite-Interpolation*.

9.12.2.2 Hermite-Interpolation auch bei Vektoren

Nun wissen Sie, wie man zwischen zwei Werten mit der Hermite-Interpolation interpolieren kann. Doch wie sieht es mit Vektoren aus? Zum Beispiel wäre es toll, die Position der Kamera entlang eines Pfades zu interpolieren, um eine schöne weiche Kamerafahrt zu erhalten.

Glücklicherweise ist das sehr simpel: Man muss die Rechnung nur für jede Vektorkomponente *einzeln* durchführen.

9.12.2.3 Implementierung als Template-Funktion

Da sich diese Interpolation nicht nur auf einfache Zahlen anwenden lässt, wollen wir bei der Implementierung so allgemein wie möglich bleiben. Das Ziel soll sein, dass man mit einer einzigen Funktion alle möglichen Objekte interpolieren kann, wenn sie die Operatoren „+" und „-" (mit einem anderen Objekt vom selben Typ) und „*" (mit einem `float`-Wert) definieren. Das trifft zum Beispiel auf `tbVector2`, `tbVector3`, `tbMatrix` und `tbColor` zu. Um nicht für jede dieser Klassen eine eigene Funktion schreiben zu müssen, schreiben wir einfach eine Template-Funktion:

```
// Template-Funktion für Hermite-Interpolation
template <typename Type> Type tbInterpolateHermite(const Type& Value1,
                                                   const Type& Tangent1,
                                                   const Type& Value2,
                                                   const Type& Tangent2,
                                                   const float x)
{
    // Die Koeffizienten A und B berechnen
    const Type A(2.0f * Value1 - 2.0f * Value2 + Tangent1 + Tangent2);
    const Type B(3.0f * Value2 - 3.0f * Value1 - 2.0f * Tangent1 - Tangent2);
```

```
    // Interpolation durchführen
    return A * (x * x * x) + B * (x * x) + Tangent1 * (x) + Value1;
}

// Beispiel für Interpolation
tbVector3 w1(0.5f, 1.0f, 25.0f), t1(10.0f, 5.0f, -1.0f);
tbVector3 w2(10.0f, 5.0f, 0.0f), t2(0.0f, 25.0f, -5.0f);
tbVector3 vInterpolated(tbInterpolateHermite(w1, t1, w2, t2, 0.5f));
```

Listing 9.45 Eine sehr flexible Funktion für Hermite-Interpolation

tbInterpolateHermite ist übrigens in TBUTILS.H deklariert (Template-Funktionen werden in Header-Dateien deklariert). Dort gibt es auch noch eine weitere Template-Funktion namens tbInterpolateLinear, die eine einfache lineare Interpolation durchführt.

9.12.2.4 Anregungen für Key-Frame-Interpolation

Aufbauend auf der Fähigkeit, zwischen zwei Werten interpolieren zu können, kann man dies nun beliebig ausweiten. Bei der Key-Frame-Interpolation fügt man beliebig viele Werte zu einer Liste hinzu und verpasst jedem Wert einen Zeitindex und eventuell eine Tangente (falls Hermite-Interpolation erwünscht ist), das zusammen nennt sich dann Key-Frame. Möchte man dann den interpolierten Wert für einen bestimmten Zeitpunkt kennen, so muss man sich das nächste Key-Frame *vor* diesem Zeitpunkt suchen und das nächste *dahinter*. Nun interpoliert man zwischen diesen beiden Key-Frames.

Der folgende Code könnte Ihnen vielleicht dabei helfen, einen eigenen Key-Frame-Interpolator zu schreiben. Key-Frame-Interpolation ist vor allem bei Animationen sehr wichtig.

```
#include <list>  // Für die std::list-Klasse

// Struktur für ein einzelnes Key-Frame mit Hermite-Interpolation
template <typename Type> struct KeyFrame {
    Type  Value;    // Wert
    Type  Tangent;  // Tangente an die Kurve
    float fTime;    // Zeitindex
};

// Klasse für einen Key-Frame-Interpolator mit Hermite-Interpolation
template <typename Type> class KeyFrameInterpolator {
public:
    KeyFrameInterpolator() {}
    ~KeyFrameInterpolator() {}

    // Fügt ein Key-Frame hinzu
    void AddKeyFrame(const Type& Value, const Type& Tangent, const float fTime);

    // Findet das erste Key-Frame vor einem bestimmten Zeitpunkt
    KeyFrame<Type>* FindKeyFrameBefore(const float fTime);

    // Findet das erste Key-Frame nach einem bestimmten Zeitpunkt
    KeyFrame<Type>* FindKeyFrameAfter(const float fTime);

    Type Interpolate(const float fTime);  // Liefert einen interpolierten Wert

private:
    std::list<KeyFrame <Type> > m_KeyFrames;  // Liste der Key-Frames
};
```

Listing 9.46 Das Grundgerüst des Key-Frame-Interpolators

9.12 Interpolationen

Alle Methoden außer `Interpolate` sind ziemlich trivial, darum wollen wir uns auch nur die genauer ansehen.

```
// Liefert den interpolierten Wert
template <typename Type> Type KeyFrameInterpolator<Type>::Interpolate(const float fTime)
{
    // Finde Key-Frames vor und nach diesem Zeitpunkt
    KeyFrame<Type>* pBefore = FindKeyFrameBefore(fTime);
    KeyFrame<Type>* pAfter = FindKeyFrameAfter(fTime);

    // Achtung! Hier müsste man noch sicherstellen, dass pBefore und pAfter gültige Zeiger
    // sind. Denn FindKeyFrameBefore bzw. FindKeyFrameAfter können auch NULL liefern, wenn
    // es kein Key-Frame davor bzw. danach gibt. In dem Fall könnte man einen Standardwert
    // liefern, den der Benutzer der Klasse vorher übergeben hat.
    // ...

    // Interpolationsfaktor berechnen (0 bei Key-Frame davor, 1 bei Key-Frame danach)
    float fInterpolation = (fTime - pBefore->fTime) / (pAfter->fTime - pBefore->fTime);

    // Hermite-Interpolation durchführen
    return tbInterpolateHermite<Type>(pBefore->Value, pBefore->Tangent,
                                     pAfter->Value, pAfter->Tangent,
                                     fInterpolation);
}
```

Listing 9.47 Die Interpolationsmethode

Natürlich wäre es noch besser, wenn man bei jedem Key-Frame entscheiden könnte, welche Art von Interpolation durchgeführt wird. Zum Beispiel könnte man festlegen, dass die Kurve sich von links *linear* dem Wert nähert und sie ihn mit einer Hermite-Interpolation wieder verlässt.

9.12.3 In zwei Richtungen – die bilineare Interpolation

Im Zusammenhang mit Texturfiltern wurde bereits die bilineare Interpolation erwähnt. Die Situation: Man hat vier Werte A, B, C, D (anstatt nur zwei), zwischen denen man in zwei Richtungen interpolieren möchte, mit den Faktoren x und y:

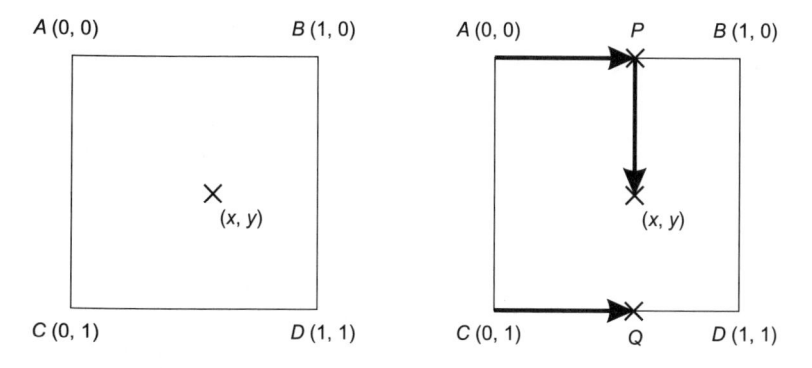

Abbildung 9.22 Die Strategie: dreimal linear interpolieren!

Man interpoliert erst zwischen A und B mit dem Faktor x, um den Zwischenwert P zu erhalten. Ebenfalls interpolieren wir zwischen C und D (auch mit x als Faktor), um Q zu erhalten. Nun hat sich das Problem enorm vereinfacht: Um nun den interpolierten Wert w zu erhalten, muss nur noch zwischen P und Q interpoliert werden, mit y als Faktor.

$$P = A + x \cdot (B - A)$$
$$Q = C + x \cdot (D - C)$$
$$w = P + y \cdot (Q - P)$$

Zu diesem Zweck habe ich die Template-Funktion `tbInterpolateBilinear` geschrieben:

```
// Template-Funktion für bilineare Interpolation
template <typename Type> Type tbInterpolateBilinear(const Type& A,
                                                    const Type& B,
                                                    const Type& C,
                                                    const Type& D,
                                                    const float x,
                                                    const float y)
{
    // Die Hilfswerte P und Q berechnen
    const Type P(A + x * (B - A));
    const Type Q(C + x * (D - C));

    // Zwischen P und Q interpolieren
    return P + y * (Q - P);
}
```

Listing 9.48 Bilineare Interpolation

Auf diese Weise funktioniert übrigens auch der lineare Texturfilter von Direct3D. A, B, C und D entsprechen dann den vier Pixeln um die zu sampelnde Texelposition herum.

9.13 Abstrakte Spiel- und Spielzustandsklassen

Ihnen ist sicher aufgefallen, dass die beiden Spiele und die Beispielprogramme in diesem Buch in Bezug auf objektorientierte Programmierung nicht gerade optimal sind. Wie man ein gesamtes Spiel als Objekt auffassen kann, soll dieser Abschnitt zeigen.

9.13.1 Die Spielzustandsklasse

Erst soll es uns darum gehen, eine Klasse für einen Spielzustand zu erstellen. Mit einem Spielzustand sind Spielabschnitte wie das Intro, das Hauptmenü und so weiter gemeint. Diese Klasse soll abstrakt sein, man soll also eine eigene Klasse davon ableiten müssen, um überhaupt etwas damit anfangen zu können.

Was muss ein Spielzustand alles können? Zuerst soll er sich initialisieren und herunterfahren können. Weiterhin dürfen die obligatorischen Methoden für das Bewegen und das Rendern nicht fehlen. Eigentlich war's das dann auch schon, und wir können eine ziemlich simple Klasse `CGameState` schreiben.

9.13 Abstrakte Spiel- und Spielzustandsklassen

```
class CGame;

// Abstrakte Klasse für einen Spielzustand
class CGameState
{
protected:
    CGame* m_pGame; // Zeiger auf die Spielklasse

public:
    CGameState(CGame* pTheGame) : m_pGame(pTheGame) {}
    virtual ~CGameState() {}

    virtual void Init(void* pInitializationData) {}  // Initialisieren
    virtual void Exit() {}                            // Herunterfahren
    virtual void Move(float fTime) {}                 // Bewegen
    virtual void Render(float fTime) {}               // Rendern
};
```

Listing 9.49 Einfache Klasse für einen Spielzustand

Alle Methoden dieser Klasse sind virtuell. Der Parameter void* pInitializationData der Methode Init soll dazu dienen, beim Betreten eines Spielzustands bestimmte spielrelevante Daten zu speichern. Beim Betreten des Spielzustands *Highscore* könnte man hier zum Beispiel eine Datenstruktur übergeben, in der die Nummer des gerade gespielten Levels enthalten ist, um gleich die richtige Liste anzuzeigen. Die Klasse CGame, auf die hier ein Zeiger gespeichert wird, leiten wir später her.

Und wie benutzt man diese Klasse nun? Ganz einfach – man leitet eine eigene Klasse von ihr ab. Hier ein kleines Beispiel:

```
// Klasse für das Hauptmenü von der Spielzustandsklasse ableiten
class CMainMenu : public CGameState
{
protected:
    int m_iCursor; // Cursor (Welcher Menüeintrag ist gerade hervorgehoben?)

public:
    CMainMenu(CGame* pTheGame) : CGameState(pTheGame)
    {
        // Hier können einmalige Initialisierungen stattfinden,
        // zum Beispiel Schriftarten laden etc.
        // ...
    }

    ~CMainMenu()
    {
        // Einmalig geladene Ressourcen freigeben
        // ...
    }

    void Init(void* pInitializationData)
    {
        // Cursor zurücksetzen
        m_iCursor = 0;
    }

    void Exit() {}

    void Move(float fTime)
    {
        // Eingaben des Benutzers verarbeiten
        if(UserPressedReturn())
        {
```

```
            switch(m_iCursor)
            {
            case 0: // 0 ist der Menüeintrag "Intro ansehen"
                    // Einen Spielzustandswechsel durchführen
                    m_pGame->SetGameState(2, NULL);
                    break;

            // ...
            }
        }
    }

    void Render(float fTime)
    {
        // Rendern
        // ...
    }
};
```

Listing 9.50 Von `CGameState` abgeleitete Beispielklasse `CMainMenu`

In der Move-Methode wird abgefragt, ob der Benutzer einen Eintrag im Hauptmenü gewählt hat. Ist das der Fall, dann wird der Spielstatus gewechselt. Darum ist es auch notwendig gewesen, einen Zeiger auf die Spielklasse zu speichern.

9.13.2 Die Spielklasse

Die Aufgabe der abstrakten Spielklasse `CGame` ist im Wesentlichen die Verwaltung der verschiedenen Spielzustände. Damit übernimmt sie die Rolle einer Zustandsmaschine (*State Machine*). Die Klasse besitzt einen Zeiger auf den aktuellen Spielzustand. Beim Bewegen und Rendern des Spiels wird dieser Zeiger dann benutzt, um die Befehle an den Spielzustand „weiterzuleiten". Das Spiel zu rendern bedeutet dann nichts anderes, als den momentanen Spielzustand zu rendern.

Die Spielklasse besitzt eine virtuelle Methode `GetGameStatePointer`, die einen Zeiger auf einen bestimmten Spielzustand anhand einer Zahl (eine ID-Nummer) liefert. Zum Beispiel könnte die Zahl 1 für das Hauptmenü stehen, 2 für das Intro und so weiter. Diese Methode muss von der abgeleiteten Klasse implementiert werden.

Mit der Methode `SetGameState` setzt man den aktuellen Spielzustand. Man übergibt ihr die ID des neuen Zustands und einen Zeiger auf die Initialisierungsdaten, die der `Init`-Methode übergeben werden sollen. Die Methode fährt zuerst den alten Spielzustand herunter und initialisiert dann den neuen.

```
// Abstrakte Klasse für ein Spiel
class CGame
{
protected:
    CGameState* m_pGameState;

public:
    CGame() : m_pGameState(NULL) {}

    virtual ~CGame() {
        // Aktuellen Spielzustand herunterfahren
        if(m_pGameState) m_pGameState->Exit();

        DeleteGameStates(); // Spielzustände löschen
    }
```

9.13 Abstrakte Spiel- und Spielzustandsklassen

```cpp
        // Löscht die Zeiger auf die Spielzustände
        virtual void DeleteGameStates() {}

        // Liefert den momentanen Spielzustand zurück
        CGameState* GetGameState() {return m_pGameState;}

        // Setzt einen neuen Spielzustand
        void SetGameState(int iNewGameState,
                          void* pInitializationData)
        {
            // Alten Spielzustand verlassen
            if(m_pGameState) m_pGameState->Exit();

            // Neuen Spielzustand initialisieren
            m_pGameState = GetGameStatePointer(iNewGameState);
            if(m_pGameState) m_pGameState->Init(pInitializationData);

            // Die Initialisierungsdaten freigeben
            delete pInitializationData;
        }
        // Liefert einen Zeiger auf einen Spielzustand
        // anhand einer Nummer (z.B. 1 = Hauptmenü, 2 = Intro etc.)
        virtual CGameState* GetGameStatePointer(int iGameState) {return NULL;}

        // Bewegt das Spiel
        void Move(float fTime)
        {
            // Spielzustand bewegen
            if(m_pGameState) m_pGameState->Move(fTime);
        }

        // Rendert das Spiel
        void Render(float fTime)
        {
            // Spielzustand rendern
            if(m_pGameState) m_pGameState->Render(fTime);
        }
};
```

Listing 9.51 Die abstrakte Klasse CGame

Schauen wir uns nun ein Beispiel für eine von CGame abgeleitete Klasse an.

```cpp
// Die Spielklasse ableiten
class CMyGame : public CGame
{
protected:
    // Die Spielzustände (in diesem Beispiel ist es nur ein einziger)
    CMainMenu* m_pMainMenu;
    // CIntro* m_pIntro;
    // CHighscore* m_pHighscore;
    // CTheGame* m_pTheGame;
    // CCredits* m_pCredits;
    // CAnnoyingBuyTheFullVersionMessage* m_pAnnoyingBuyTheFullVersionMessage;

public:
    CMyGame()
    {
        // Spielzustände erzeugen
        m_pMainMenu = new CMainMenu(this);

        // Startspielzustand setzen (1 = Hauptmenü)
        SetGameState(1, NULL);
    }
```

```cpp
        ~CMyGame() {}

        // Spielzustände löschen
        void DeleteGameStates()
        {
            delete m_pMainMenu;
            // delete m_pIntro;
            // ...
        }

        // Liefert einen Zeiger auf einen Spielzustand
        // anhand einer Nummer (z.B. 1 = Hauptmenü, 2 = Intro etc.)
        CGameState* GetGameStatePointer(int iGameState)
        {
            switch(iGameState)
            {
            case 1: return m_pMainMenu;
            // case 2: return m_pIntro;
            // ...
            }

            return NULL;
        }
};
```

Listing 9.52 Beispiel für eine von CGame abgeleitete Spielklasse

Die abgeleitete Klasse speichert also eine Liste von Zeigern auf die verschiedenen Spielzustände, die im Konstruktor initialisiert werden. In DeleteGameStates werden sie wieder gelöscht. DeleteGameStates wird von CGame automatisch bei der Zerstörung des Objekts aufgerufen. Es ist auch möglich, ein Singleton für die einzelnen Spielzustände zu benutzen. Die wichtigste Methode ist hier GetGameStatePointer, die den verschiedenen ID-Nummern Spielzustände zuordnet.

9.13.3 Die Anwendung

Wie setzt man diese Klassen nun ein? Das geht eigentlich relativ einfach. Als Erstes erzeugt man eine Instanz der abgeleiteten Spielklasse. Es folgt die normale Nachrichtenschleife. Bei jedem Durchlauf rufen wir Render und Move auf. Wir verlassen die Schleife, wenn der Spielzustand NULL ist. Wird im Hauptmenü beispielsweise der Eintrag „*Spiel beenden*" gewählt, dann würde SetGameState(0, NULL) aufgerufen. Der ID-Nummer 0 ist kein Spielzustand zugeordnet, was dazu führt, dass der aktuelle Spielzustand heruntergefahren wird und der Spielzustandszeiger den Wert NULL erhält. Damit ist die Abbruchbedingung für die Schleife erfüllt.

```cpp
CMyGame MyGame;
while(MyGame.GetGameState()) {
    // Windows-Nachrichten verarbeiten ...

    // Rendern und bewegen
    MyGame.Render(fNumSecsPassed);
    MyGame.Move(fNumSecsPassed);

    // Back-Buffer anzeigen
    pD3DDevice->Present(NULL, NULL, NULL, NULL);
}
```

Listing 9.53 Anwendung der abgeleiteten Spielklasse

9.14 Online-Highscores und Versionskontrolle

9.14.1 Die Möglichkeiten

Viele Spiele werden erst dadurch interessant, dass man sich in irgendeiner Form mit anderen Spielern messen kann. Im Idealfall ist das natürlich ein Mehrspielermodus für Spiele über das Internet oder ein Netzwerk. Doch es gibt Spiele, bei denen ein Mehrspielermodus nicht viel Sinn macht. In dem Fall kann man den Spielspaß auf andere Weise erhöhen – nämlich durch die Einführung von *Online-Highscores*. Der Spieler kann dann seine persönlichen Rekorde ins Internet laden und sich so mit anderen Spielern messen.

Eine andere Sache, die durch das Internet ermöglicht wird, ist eine *Online-Versionskontrolle*. Wahrscheinlich kennen Sie das Problem: Sie haben ein Spiel fertig programmiert, und nach einiger Zeit geben Sie ein Update zum Download frei. Doch wie informiert man nun die Spieler, dass es eine neue Version gibt? Hier hilft eine Online-Versionskontrolle. Das Spiel prüft bei jedem Start, ob eine Internetverbindung vorhanden ist, verbindet sich in dem Fall mit Ihrem Server und fragt dort nach der aktuellen Versionsnummer des Spiels. Diese wird dann mit der tatsächlichen Versionsnummer verglichen. Wenn die Versionsnummer kleiner ist als die aus dem Internet, dann ist ein Update möglich. Das Spiel könnte den Spieler dann fragen, ob er bereit dazu ist, und dann automatisch den Browser mit der Update-Seite öffnen. Noch eleganter ist es natürlich, wenn das Spiel von sich aus ein Update-Paket herunterlädt und es selbstständig installiert.

9.14.2 Die Realisierung

Nun stellt sich die Frage, wie man denn sein Programm dazu bringen soll, sich mit dem Server zu verbinden und mit ihm Informationen auszutauschen. Auf den ersten Blick klingt das so, als müsste man tatsächlich einen echten Server besitzen, auf dem man dann ein kleines Programm laufen lässt, das ständig auf eingehende Verbindungen wartet. Doch es geht viel einfacher!

Der gesamte Prozess lässt sich sehr leicht in ein Server-Skript integrieren. Im Beispiel wird die Skriptsprache PHP verwendet. PHP ist C++ sehr ähnlich, aber es läuft auf einem Server. Die meisten dynamischen Internetseiten verwenden diese Sprache, da sie sehr leicht zu erlernen und sehr vielseitig ist.

Nehmen wir einmal das Beispiel der Online-Versionskontrolle. Auf dem Server könnte folgendes PHP-Skript liegen:

```php
<?php
// get_version.php
// ---------------
// Liefert die aktuelle Version jedes unserer Softwareprodukte.
// Der Parameter "product" enthält den Produktnamen.

switch($product)
{
    case "metzgerei-simulator":   echo("1.0");  break;
    case "superstar-office xp":   echo("1.4");  break;
    case "ip-anzeigeprogramm":    echo("2.15"); break;
```

```
      default:
          // Das angeforderte Produkt gibt es nicht!
          echo("Produkt nicht gefunden!");
          break;
    }

    ?>
```

Listing 9.54 PHP-Skript zum Abfragen der aktuellen Version eines Programms

Dieses Skript könnte jetzt auch mit einem Web-Browser aufgerufen werden, und zwar zum Beispiel so:

www.software-firma.de/get_version.php?product=superstar-office xp

Die Ausgabe wäre in dem Fall dann schlicht und einfach „1.4".

Bei Online-Highscores ist es nicht viel anders. Bei meinem Spiel *Ricardo 2* arbeite ich mit zwei Skripten. Das eine ist für das Abfragen der Highscores eines bestimmten Levels zuständig, während das andere einen Eintrag in die Liste vornimmt. Zur Sicherheit werden alle Daten verschlüsselt und mit Prüfsummen versehen, damit eine Manipulation nicht so leicht möglich ist. Ohne diese Sicherheitsvorkehrungen würde der Ablauf so aussehen:

1. Bei Level 1 öffnet das Spiel die folgende URL:
   www.scherfgen-software.net/ricardo2/get_highscores.php?level=1
2. Das Skript sendet die 20 besten Spieler dieses Levels und die dazugehörigen Punktzahlen, zum Beispiel in folgender Form:

   ```
   1     Franz Meier              15273
   2     tröti                    14005
   3     Opa Hoppenstedt          13985
   4     der fleischhauer         13507
   ...
   ```

3. Das Spiel prüft, ob irgendein persönlicher Rekord des Spielers besser ist als einer aus dem Internet. Falls nicht, kann auch kein Online-Rekord hinzugefügt werden.
4. Nehmen wir an, der Spieler heißt *Guido Hallmackenreuter* und hat 16110 Punkte erreicht, dann wird das Spiel folgende URL aufrufen:
   http://www.scherfgen-software.net/ricardo2/add_highscore.php?name=Guido Hallmackenreuter&score=16110
5. Das Skript führt den Eintrag in die Liste durch, die in Form einer einfachen Textdatei (LEVEL1.TXT) auf dem Server liegt.

9.14.3 Internetseiten in einem C++-Programm abrufen

Damit hat sich das Problem darauf reduziert, in einem C++-Programm eine bestimmte URL aufzurufen. Glücklicherweise ist das ziemlich einfach, denn die Win-API bietet zahlreiche Funktionen, die den Zugriff auf das Internet vereinfachen.

Erst einmal ist es nötig, die beiden Dateien WININET.LIB und WININET.H zu linken beziehungsweise in den Quelltext einzubinden.

Alle Internetfunktionen arbeiten mit Handles vom Typ HINTERNET. Zu Beginn rufen wir die Funktion InternetOpen auf, die uns den ersten Handle liefert. Die Funktion erwartet einige Parameter über die Art des Internetzugriffs (auf direktem Wege oder über einen Proxy-Server). Hat man nun den ersten Handle, kann man mit InternetOpenUrl eine beliebige URL öffnen, beispielsweise ein PHP-Skript auf einem Server. Die Funktion liefert einen weiteren Handle, der wiederum für die Funktion `InternetReadFile` benötigt wird. Hier können wir den Inhalt der zuvor geöffneten URL einlesen.

Anschließend benutzt man `CloseHandle`, um alle Handles zu schließen. Im Folgenden sehen Sie eine Funktion, die all dies tut – sie erwartet als Parameter den Namen der URL und einen Zeiger, in den sie die Daten schreibt. Der Rückgabewert ist die Anzahl der gelesenen Bytes oder –1 im Falle eines Fehlers. Genauere Informationen zu den verwendeten Funktionen finden Sie in der MSDN-Library.

```
// Liest eine URL
int ReadURL(char* pcURL,
            BYTE* pData)
{
    // Internet-Handle anfordern
    HINTERNET hInternet = InternetOpen("Microsoft Internet Explorer",
                                       INTERNET_OPEN_TYPE_PRECONFIG,
                                       0, 0, 0);
    if(!hInternet) return -1;

    // URL öffnen
    HINTERNET hURL = InternetOpenUrl(hInternet, pcURL,
                                     0, 0, INTERNET_FLAG_RELOAD, 0);
    if(!hURL)
    {
        CloseHandle(hInternet);
        return -1;
    }

    // Daten einlesen (schrittweise)
    DWORD dwNumBytesRead;
    BYTE* pCursor = pData;
    do
    {
        InternetReadFile(hURL, pCursor, 50, &dwNumBytesRead);
        pCursor += dwNumBytesRead;
    } while(dwNumBytesRead);

    // Alles schließen
    CloseHandle(hURL);
    CloseHandle(hInternet);

    return (int)(dwNumBytesRead);
}
```

Listing 9.55 Lesen einer beliebigen URL aus dem Internet

9.15 Ausblick

Es ist so weit – das Buch neigt sich dem Ende zu. Ich hoffe, dass Ihnen dieses Kapitel Spaß gemacht und Ihnen vielleicht einige gute Ideen gebracht hat. Das zehnte und letzte Kapitel stellt die Programme auf der Begleit-CD-ROM vor und listet einige gute Internetseiten auf, wo Sie Ressourcen zum Thema Spiele- und Grafikprogrammierung finden können.

10

Internetseiten und CD-ROM

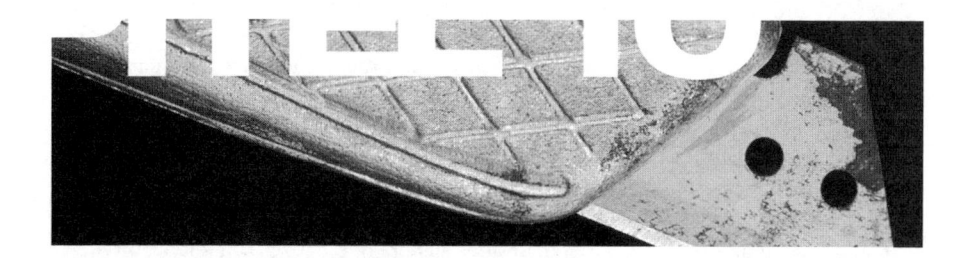

10 Internetseiten und CD-ROM

10.1 Interessante Internetseiten

Sicherlich kann es kein Buch geben, welches das *komplette* Wissen, das zur Spieleprogrammierung von Nutzen ist, vermittelt. Ich werde Ihnen nun einige Internetseiten vorstellen, die für Sie interessant sein könnten. Bitte beachten Sie, dass das Internet ein Medium ist, das ständigen Veränderungen unterliegt und daher die URLs jederzeit wechseln könnten.

- http://www.gamedev.net: ein riesiges Archiv voller Artikel zu allen Themenbereichen, die mit der Spieleprogrammierung etwas zu tun haben: von Grafik über Sound und Eingabe bis zur künstlichen Intelligenz, Story-Design, Musik und Vertrieb. Alle Artikel sind in englischer Sprache verfasst. Es gibt auch viele Foren, in denen Sie Fragen stellen können.
- http://www.developia.de: Dieses Portal ist ein erst vor kurzem entstandener Zusammenschluss der deutschen Untergrundspiele und Quellcodes.de. Dabei handelt es sich um die größte Anlaufstelle für Hobby- und Nachwuchsentwickler in Deutschland. Hier findet man ein gut strukturiertes Diskussionsforum, massenweise Tutorials, Artikel, Beispielquellcodes und Projektvorstellungen anderer Hobbyentwicklerteams. Ein Bild des Tages ist genauso vorhanden wie eine Übersicht über anstehende Events wie etwa Entwicklerstammtische, Partys und Messen. Diese URL sollte in keiner Linksammlung fehlen, und ein Besuch lohnt sich immer.
- http://www.gamasutra.com: vergleichbar mit *gamedev.net* – ebenfalls ein großes Archiv mit vielen interessanten (englischsprachigen) Artikeln
- http://www.flipcode.com: die dritte große Internetseite zum Thema – auch vergleichbar mit den beiden vorherigen
- http://www.gdse.com: eine Suchmaschine, die für Sie nach bestimmten Artikeln sucht – beispielsweise über 3D-Grafik oder künstliche Intelligenz.
- http://www.xenonaut.com: eine Plattform für eigene Projekte mit Forum und einer großen Datenbank voller Artikel und Tutorials über die Spieleprogrammierung.
- http://msdn.microsoft.com: Das MSDN (*Microsoft Developer Network*) ist eine riesige Online-Dokumentation, die komplette Referenzen vieler Programmiersprachen, der WinAPI, DirectX und vieler weiterer Dinge so wie Tutorials zu allen möglichen Themen. Möchte man zum Beispiel wissen, welche Parameter die Funktion `CreateWindow` erwartet, ist MSDN der richtige Ort zum Suchen.
- http://developer.nvidia.com: die Entwicklerseite von NVIDIA. Hier finden Sie großartige kostenlose Tools zur Entwicklung von Shader-Programmen (der *FX Composer* beinhaltet über 120 Beispiel-Shader, darunter auch ein Pixel-Shader für Realtime-Raytracing!), viele Artikel über Spezialeffekte und das NVIDIA-SDK.
- http://www.3dengines.net: eine große Datenbank mit den verschiedensten 3D-Engines (die meisten davon sind kostenlos und werden zusammen mit ihrem Quellcode zum Download angeboten) – ein Besuch lohnt sich auf jeden Fall, da Sie hier einen guten Einblick in die verschiedensten Techniken erhalten können!
- http://www.garagegames.com: Hier werden selbst gemachte Spiele verkauft, und es gibt eine Datenbank mit Links zu verschiedenen Artikeln und Büchern zur Spieleprogrammierung und verwandten Themen.

10.1 Interessante Internetseiten

- http://www.games-net.de: sozusagen das deutsche Pendant zu *gamedev.net*. Hier erwartet Sie eine Fülle von Artikeln über das gesamte Gebiet der Spieleprogrammierung.
- http://www.c-plusplus.de: Diese Seite ist vor allem für ihr gutes Forum bekannt – es gibt auch eines für Spiele- und Grafikprogrammierung!
- http://www.programmierer-board.de: Hier gibt es ebenfalls ein sehr umfangreiches Forum mit vielen Benutzern.
- http://www.zfx.info: die Seite meines Autorenkollegen Stefan Zerbst! Neben Infos zu seinen Büchern gibt es hier auch Tutorials und ein großes Forum, das sich praktisch nur mit der Spieleprogrammierung beschäftigt.
- http://www.allegro.cc: Allegro ist eine kostenlose Bibliothek für die Spieleprogrammierung und verwendet in der Windows-Version DirectX. Wem „pures" DirectX vielleicht ein wenig zu schwer ist, der sollte sich Allegro unbedingt einmal anschauen. Auf dieser Seite gibt es viele Spiele (auch welche mit Quellcode) und auch ein Forum.
- http://www.3dcafe.com: Hier finden Sie Sounds, Grafiken, Texturen und 3D-Modelle!
- http://www.codeguru.com: *codeguru.com* hilft Ihnen mit vielen Code-Schnipseln bei vielerlei kleineren „Problemchen" weiter – hauptsächlich im Bereich der Windows-Programmierung.
- http://esprit.campus.luth.se/~humus/: eine Seite, die Beispielprogramme und Artikel über einige hervorragende Spezialeffekte besitzt.
- http://www.wotsit.org: Hier gibt es Beschreibungen zu fast jedem Dateiformat.
- http://www.catch22.org.uk: eine Fundgrube für Tutorials und Artikel rund um die Programmierung mit der WinAPI.
- http://www.robsite.de: Tutorials rund um die Spieleprogrammierung.
- http://www.ode.org: die Homepage der Open-Source-Physikbibliothek ODE mit Downloads, Dokumentation und Beispielen (sehr empfehlenswert)
- http://www.scherfgen-software.net: zu guter Letzt meine eigene Seite! Hier sollten Sie nach Updates zum Buch, der TriBase-Engine und des EMM-Dateiformats inklusive Loader Ausschau halten ...

10.2 Die Programme auf der Begleit-CD-ROM

Auf der CD-ROM dieses Buches finden Sie neben dem bereits beschriebenen Programm *sTile* noch viele weitere Tools, die Ihnen bei der Erstellung Ihrer eigenen Spiele hilfreich sein könnten.

10.2.1 3Dografe

Mit diesem kleinen Programm können Sie aus einem Tiefen- und einem Musterbild ein stereografisches Bild generieren lassen, wie es in Kapitel 9 beschrieben wurde.

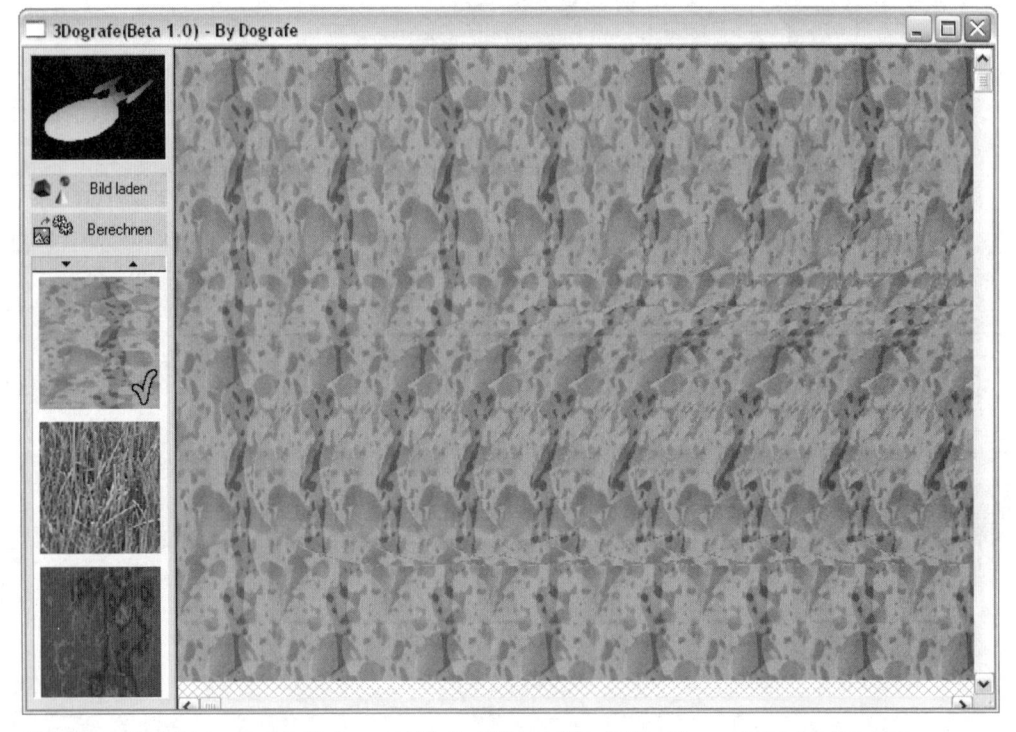

Abbildung 10.1 Links werden Tiefen- und Musterbild gewählt, und rechts erscheint das Ergebnis.

10.2.2 AC3D v4.08 Demo

AC3D gehört zu den wenigen 3D-Modellierungsprogrammen, die man sich als Normalsterblicher leisten kann, ohne gleich den Preis eines Kleinwagens zu bezahlen. *AC3D* hat eine übersichtliche Benutzeroberfläche und kann Modelldaten in vielen Dateiformaten lesen und schreiben. Selbstverständlich handelt es sich hierbei um die kostenlose Shareware-Version.

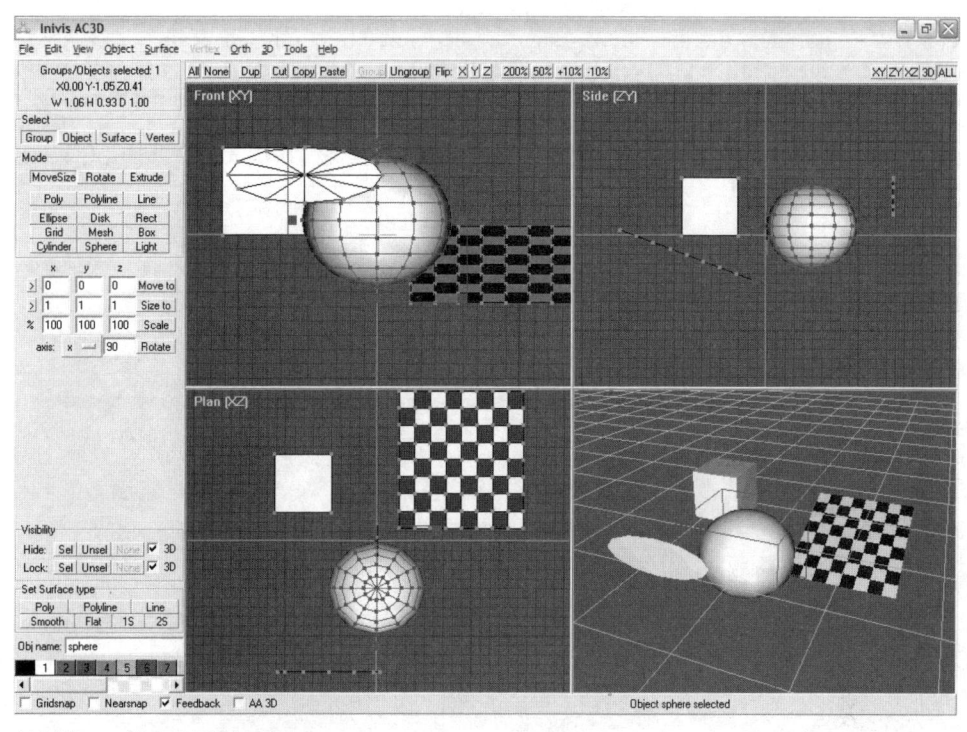

Abbildung 10.2 *AC3D* in Aktion

10.2.3 gmax v1.2

gmax kann man als „abgespeckte Version" von der berühmten (und sehr kostspieligen) 3D-Komplettlösung *3ds max* (oder *3D Studio Max*) bezeichnen. Diese Version wurde speziell für die Erstellung von Modellen für Spiele geschaffen. Darum fehlen viele Features, die in *3ds max* vorhanden sind – zum Beispiel der integrierte Renderer. *gmax* benutzt ein einzigartiges Modifikatorsystem, das es Ihnen erlaubt, Objekte „stufenweise" aufzubauen und später immer wieder noch Änderungen durchzuführen. Animationen sind natürlich ebenfalls möglich. Die Palette von Funktionen, die dieses Programm in sich vereint, ist einfach riesig. Trotzdem ist das Programm übersichtlich gehalten und auch sehr benutzerfreundlich. Auf der CD-ROM befinden sich auch die Dokumentation und einige Tutorials, die zeigen, wie man den Einstieg in *gmax* schaffen kann. Das Programm muss registriert werden, was jedoch kostenlos ist. Per E-Mail erhält man einen entsprechenden Freischaltcode. Achtung: Diese Mail landet oft versehentlich im Spam-Ordner!

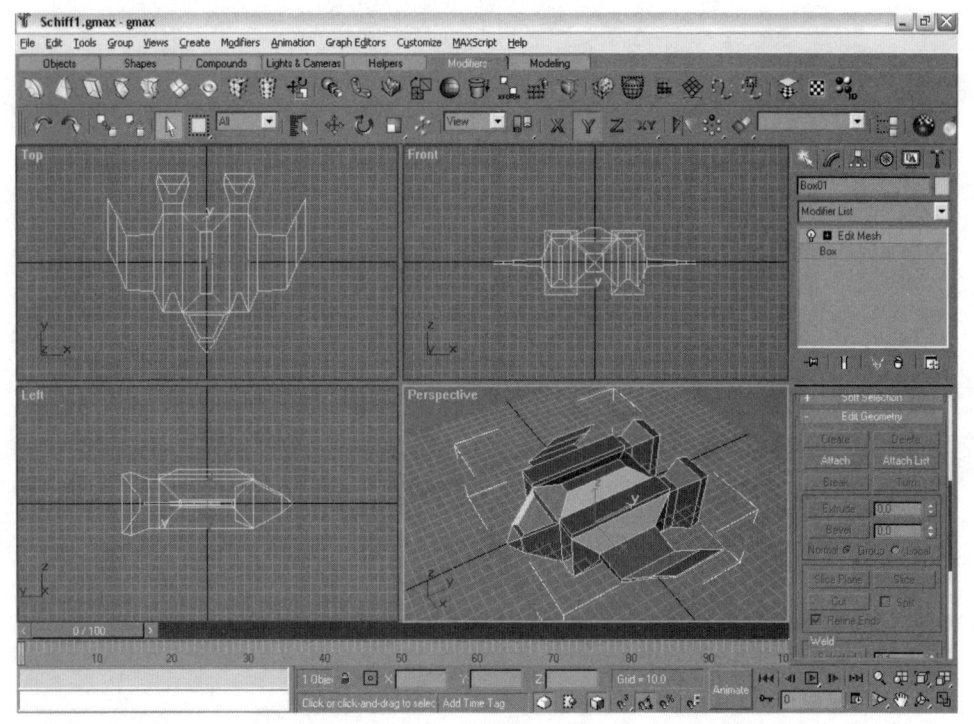

Abbildung 10.3 Solch ein Schiffsmodell kann man innerhalb weniger Minuten durch Extrusion der Flächen eines einzigen *Quaders* erzeugen. Im Modifikatorenfenster (*rechts*) sehen Sie, dass zu Beginn wirklich nur ein Quader da war (Box), der dann durch den Modifikator *Edit Mesh* verändert wurde.

10.2 Die Programme auf der Begleit-CD-ROM 831

10.2.4 MilkShape 3D v1.7 Demo

Aus technischer Sicht gehört *MilkShape 3D* sicherlich nicht zu den besten 3D-Modellierungsprogrammen. Allerdings kann es Modelldateiformate von sehr vielen berühmten 3D-FPS-Shootern lesen und schreiben. Außerdem ist die Vollversion auch für den „kleinen Hobbygrafiker" erschwinglich, was dieses Programm zu einem der Beliebtesten macht. Die Shareware-Version läuft auf zeitlicher Begrenzung.

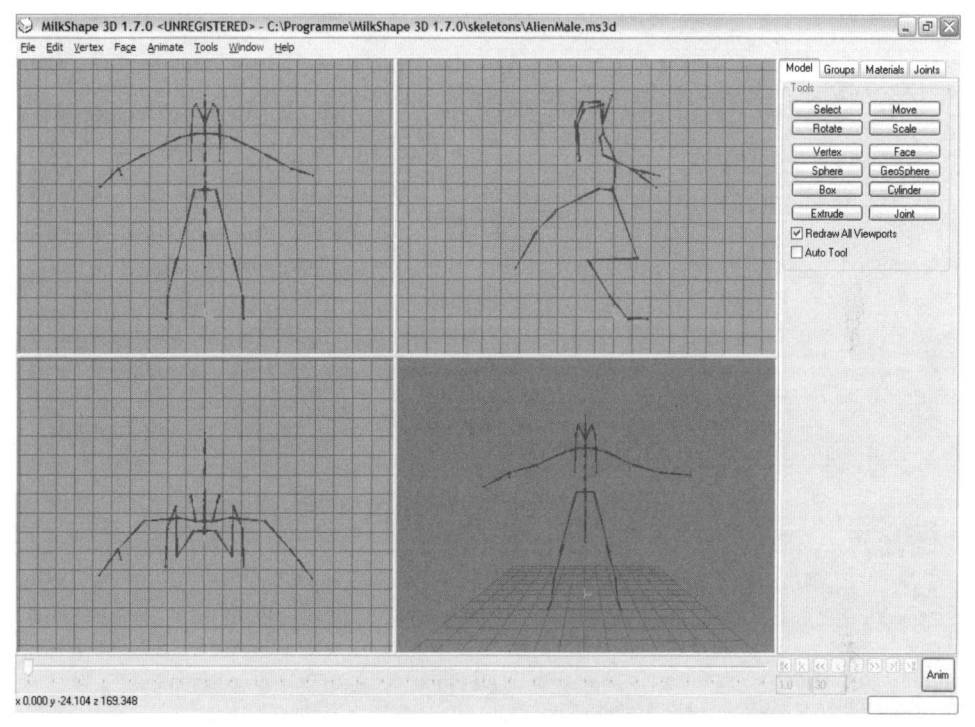

Abbildung 10.4 Auch *MilkShape 3D* kann einfache geometrische Objekte wie Kugeln, Quader und Zylinder erzeugen und präsentiert sich in der klassischen Vierfachansicht (von der Seite, von oben, von vorne und perspektivisch). In der Abbildung sehen Sie ein Skelett. *MilkShape 3D* ist in der Modeler-Szene ein sehr beliebtes Programm.

10.2.5 Paint Shop Pro 8.1 Demo

Paint Shop Pro ist ein Bildbearbeitungsprogramm mit allen Features, die ein solches Programm heutzutage bieten muss. Es ist einfach zu bedienen und kann viele Grafikdateiformate lesen und schreiben. Die Benutzeroberfläche ist schön gestaltet und übersichtlich.

Abbildung 10.5 *Paint Shop Pro* baut seine Grafiken aus verschiedenen Ebenen zusammen, die verschiedene Inhalte haben und übereinander gelegt werden.

10.2 Die Programme auf der Begleit-CD-ROM

10.2.6 POV-Ray v3.6

Hierbei handelt es sich um einen *Ray-Tracer*, der zum Rendern von fotorealistischen Bildern fähig ist. Bei einem Ray-Tracer wird prinzipiell für jeden Pixel des Bilds ein Strahl in den Raum abgeschossen. Trifft er ein Objekt, so weiß man, dass der Pixel „ausgefüllt" werden muss. Bei Reflexionen wird von der Schnittstelle aus ein weiterer Strahl abgeschossen. Ray-Tracer können Objekte exakter abbilden als Renderer, die auf Polygonen basieren. Außerdem lassen sich Spielereien mit Licht und Schatten viel besser simulieren. *POV-Ray* besitzt eine eigene Sprache, mit der man seine Szene beschreiben kann.

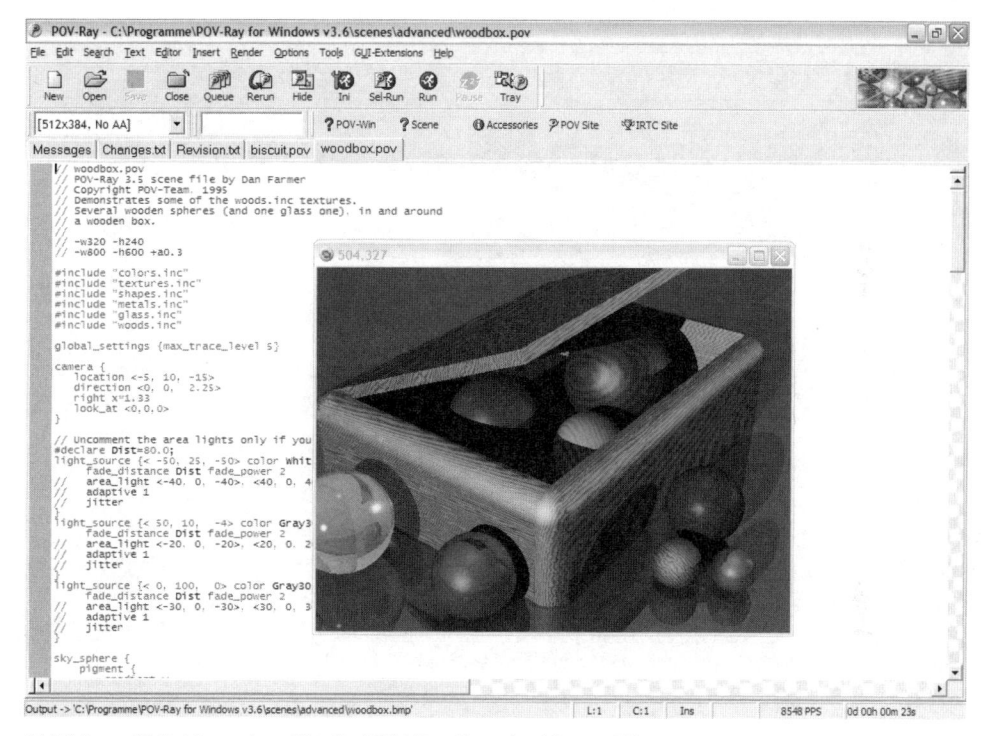

Abbildung 10.6 Hier sehen Sie die *POV-Ray*-Sprache (die an C/C++ erinnert) und rechts ein gerendertes Bild. Achten Sie auf die realistischen Reflexionen und Schattenwürfe.

10.2.7 Sound Forge 7 Demo

Sound Forge von Sony ist ein robustes und vielseitiges Audiobearbeitungsprogramm. Es unterstützt allerhand Effekte und Filter und besitzt einen integrierten *FM-Synthesizer*, mit dem sich einige nette Soundeffekte erzeugen lassen. Das Programm kann auch MP3-Dateien lesen und schreiben.

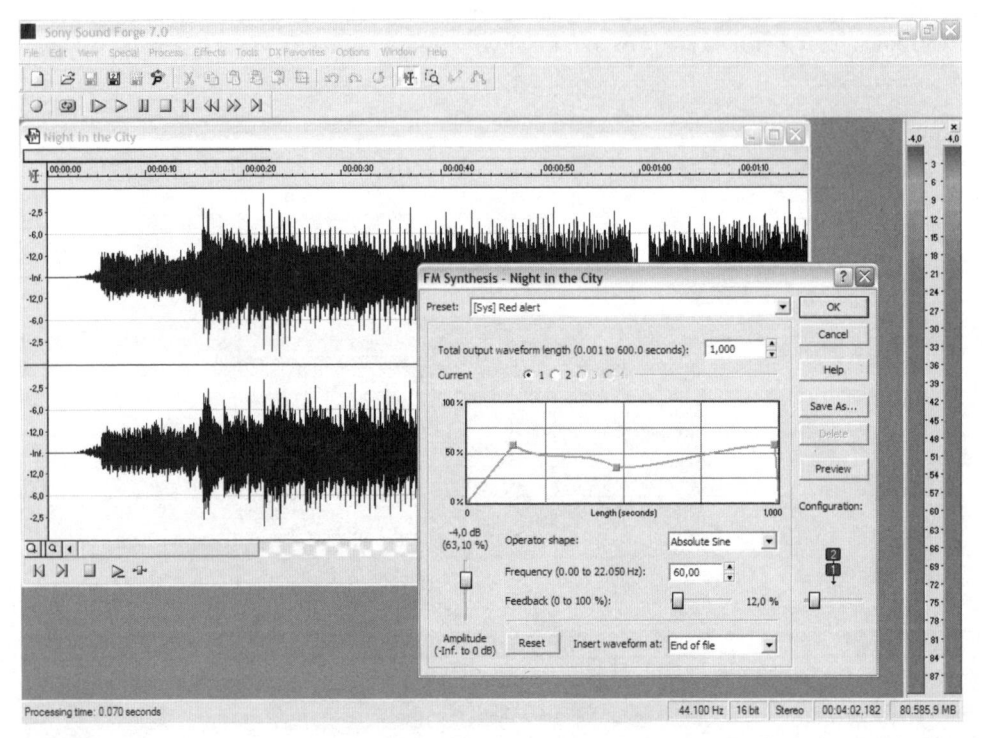

Abbildung 10.7 *Sound Forge* und der FM-Synthesizer – nur eins von vielen Tools in diesem Programm

10.2.8 Terragen

Wenn es um die Erzeugung und das Rendern von fotorealistischen Landschaften geht, ist *Terragen* genau das richtige Programm. Es kann Höhenprofile automatisch generieren, unterstützt eine Vielzahl von Effekten (Wolken, Nebel, Sonne, Wasser, ...). Mit *Terragen* können Sie auch Sky-Boxes erzeugen, indem Sie das Bild aus sechs Sichten mit einem Blickfeld von jeweils 90° rendern lassen.

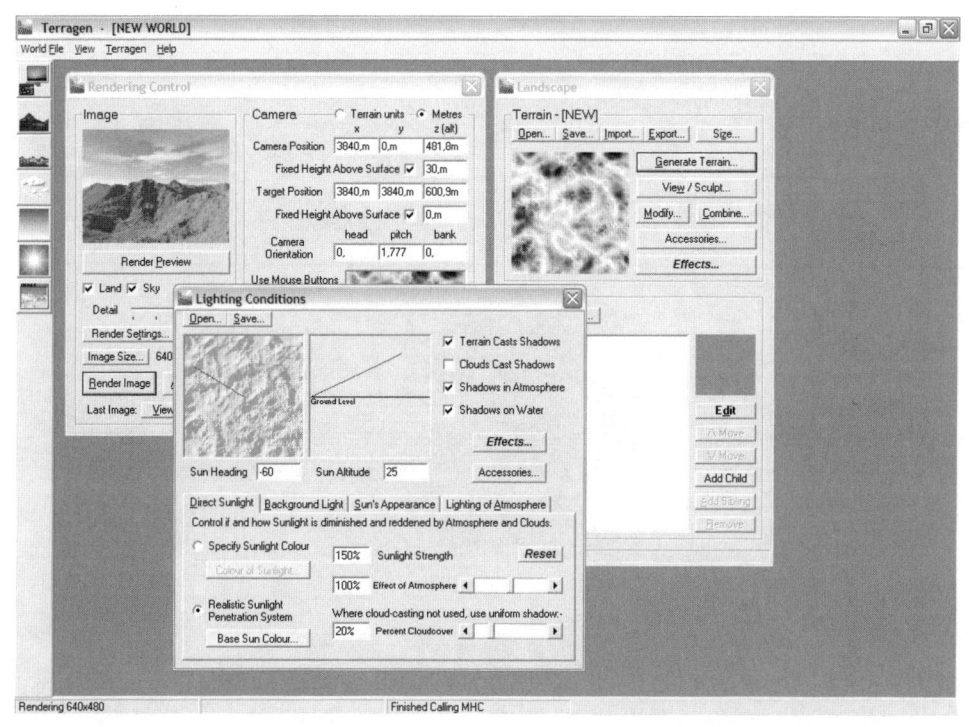

Abbildung 10.8 *Terragen* – das Programm, mit dem auch die Sky-Box für eines der Beispielprogramme in diesem Buch gemacht wurde

10.2.9 Texture Maker v2.7 Demo

Texture Maker (früher unter dem Namen *Infinity Textures*) ist ein wirklich herausragendes Bildbearbeitungsprogramm. Es hat so unglaublich viele Extras und PlugIns, dass man sie kaum alle aufzählen könnte. Auf der Abbildung sehen Sie beispielsweise den integrierten Partikel-Renderer. Weiterhin gibt es auch noch einen Landschaftsgenerator zur Erstellung wunderschöner Bilder und einen *genetischen Texturgenerator*. Das Programm besitzt auch die Fähigkeit, Texturen *kachelfähig* zu machen.

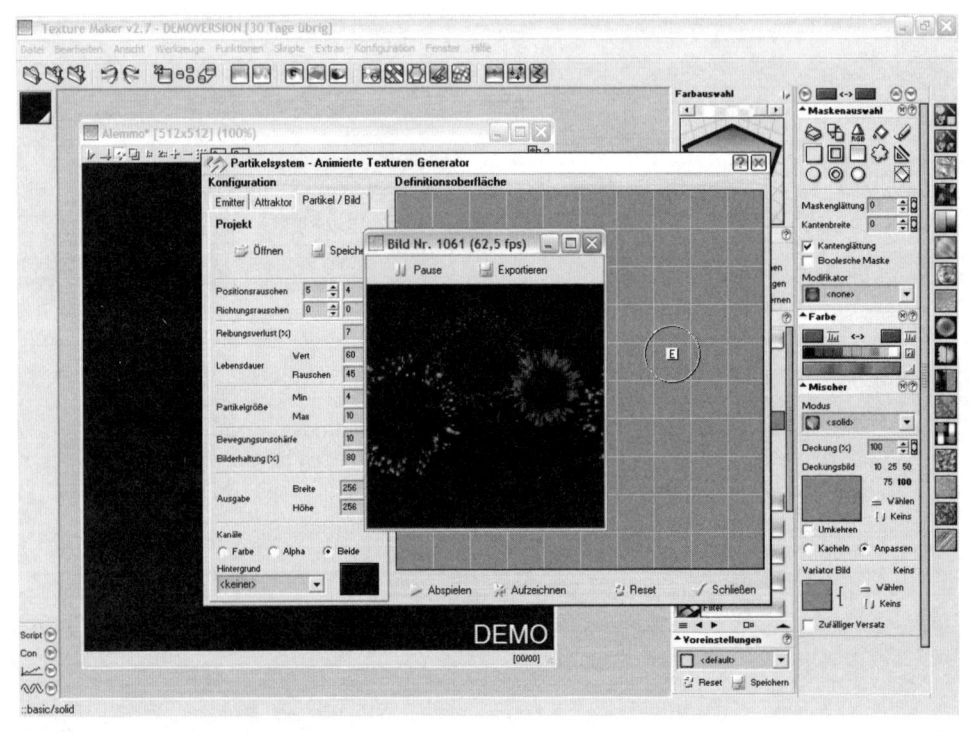

Abbildung 10.9 Auch die Benutzeroberfläche von *Texture Maker* kann überzeugen! Hier sehen Sie den integrierten Partikel-Renderer.

10.2.10 Visual Assist X Demo

Der *Visual Assist* macht seinem Namen alle Ehre. Es handelt sich dabei um ein PlugIn für Microsoft Visual C++ 6 und die .NET-Version. Es nimmt dem Programmierer viel Tipparbeit ab, indem es sich wichtige Wörter (Schlüsselwörter, Variablen, Funktionen, Klassen, Methoden ...) merkt und als Autovervollständigung anbietet. Oft reicht es, nur den Anfangsbuchstaben eines Worts anzugeben, und der *Visual Assist* weiß schon, was man schreiben möchte. Einmal auf [Return] gedrückt, und schon hat man Zeit gespart. Der *Visual Assist* erweitert auch das Syntax Highlighting (neue Farben für Variablen, Klassen, Strings, Zahlen ...) und das Intellisense-System von Visual C++. Ein wirklich sehr hilfreiches Tool!

10.3 Das Ende

Es ist so weit – Sie sind am Ende dieses Buches angelangt. Glückwunsch – es gehört schon eine Menge Ausdauer dazu, so lange „durchzuhalten". Ich hoffe, dass Ihnen dieses Buch den Einstieg in die 3D-Spieleprogrammierung erleichtern und Ihnen neue Ideen und neues Wissen vermitteln konnte.

Die Spieleprogrammierung ist ein Gebiet, das sich ebenso rasant weiterentwickelt wie der Rest der Computerwelt. Monatlich erscheinen neue Grafikkarten und Prozessoren, welche die Spieleentwickler geradezu herausfordern, ihre Spiele noch aufwändiger und komplexer zu gestalten. Da ist es kaum möglich, als Hobbyprogrammierer mitzuhalten. Für einige einfachere Projekte sollte Ihnen dieses Buch jedoch genügend Informationen vermittelt haben. Außerdem sollte es eine Basis für komplexere Themengebiete geschaffen haben.

Für Fragen, Anregungen und Kritik bin ich immer offen! Meine E-Mail-Adresse lautet david_scherfgen@scherfgen-software.net. Bei allgemeineren Fragen sollten Sie das Forum auf meiner Seite http://www.scherfgen-software.net benutzen.

Index

3
3D-Brille 762
3D-Objekte darstellen 47, 67
3D-Sound 456
    Algorithmen 457
    Distanzfaktor 460
    Dopplereffekt 456
    Dopplerfaktor 460
    Geschwindigkeit 458
    Hörer 456
    minimale/maximale Distanz 458
    Orientierung 459
    Position 458, 481
    Schallabschwächung 456, 460
    Theorie 456

A
Abenteuerspiele 501
Absolute Positionen 579
Abspielcursor 444
Achse 376, 390, 394, 403
    Sättigung 401
    Skalierung 399
    tote Zone 400
Achsenmodus 399
Achsenskalierung 399
Actionspiele 501
Adapter 104
    Anzahl 111
    Beschreibung 111
Akustik 438
    digitale Sounds 442, 445
    Frequenz 440
    Töne 438, 439
    Töne mischen 441, 442
    Wellenform 440
Alpha-Blending 209
    Alpha-Blending mit Direct3D 212

Alpha-Testing 214
Alphawerte 211
Alphawertquelle 213
Blendfaktoren 211, 212
Pixel kombinieren 210, 213
Rendern mit Alpha-Blending 213
Render-States 212
Alpha-Testing siehe Alpha-Blending 214
Amplitude 439
analoger Knopf 403, 405, 406
anisotropischer Filter siehe Textur 159
Atmosphäre 501, 505

B
Back-Buffer siehe Bildpuffer 106
Beleuchtung 136, 191
    auf Vertexbasis 196
    Beleuchtung mit Direct3D 199
    Eigenhelligkeit 196
    einfaches Beleuchtungssystem 191
    Farbquellen 200
    Glanz 195, 201
    Glättungsgruppen 197
    Hintergrundlicht 206
    Lichter aktivieren 202
    Materialien 199
    Prinzip 192
    Punktlichter 203
    realistische 192
    Render-States 201
    Richtungslichter 205
    Skalierungsprobleme 206
    Spotlichter 204
    Streufarbe 193
benutzerdefinierte Steuerung 423
Benutzeroberfläche 708
    Bedienelemente 711
    Bilder 712
    Check-Boxes 712

Eingabefelder 713
Knöpfe 712
Listenfelder 713
Nachrichten 715
Radio-Boxes 712
Rahmen 711
Seiten 711
Skin 709
Texte 712
Bildpuffer 106, 123, 125
anzeigen 123, 147
Format 124
Bilinearer Filter siehe Textur 154
Bitmap-Schriftarten 356
Blenden der Sonne 687
Blendfaktor siehe Alpha-Blending 211
Blitting 272
Bounding-Box siehe Umgebungsquader 341
Bounding-Sphere siehe Umgebungskugel 341
BSP-Baum 644
Bump-Mapping 245

C

Caps 116
Charakteranimation 785
Chorus 462
Clipping 103
Cockpit 693
Color-Keying 273
Color-Map 775
COM 18
Culling 137

D

D3DPOOL 161
D3DRS_ALPHABLENDENABLE 212
D3DRS_ALPHAFUNC 214
D3DRS_ALPHAREF 214
D3DRS_ALPHATESTENABLE 214
D3DRS_AMBIENT 206, 538
D3DRS_AMBIENTMATERIALSOURCE 200
D3DRS_BLENDFACTOR 212, 564
D3DRS_BLENDOP 213
D3DRS_CCW_STENCILFAIL 253
D3DRS_CCW_STENCILFUNC 253
D3DRS_CCW_STENCILPASS 253
D3DRS_CCW_STENCILZFAIL 253
D3DRS_COLORVERTEX 200, 201
D3DRS_COLORWRITEENABLE 259, 737, 766
D3DRS_CULLMODE 137, 214, 253, 737

D3DRS_DESTBLEND 212, 361
D3DRS_DIFFUSEMATERIALSOURCE 200
D3DRS_DITHERENABLE 139
D3DRS_EMISSIVEMATERIALSOURCE 200
D3DRS_FILLMODE 104, 137
D3DRS_FOGCOLOR 189
D3DRS_FOGDENSITY 189
D3DRS_FOGENABLE 189
D3DRS_FOGEND 189
D3DRS_FOGSTART 189
D3DRS_FOGTABLEMODE 189
D3DRS_FOGVERTEXMODE 189
D3DRS_INDEXEDVERTEXBLENDENABLE 787
D3DRS_LIGHTING 137, 201
D3DRS_NORMALIZENORMALS 206
D3DRS_RANGEFOGENABLE 189
D3DRS_SHADEMODE 137
D3DRS_SPECULARENABLE 201
D3DRS_SPECULARMATERIALSOURCE 200
D3DRS_SRCBLEND 212, 361
D3DRS_STENCILENABLE 251
D3DRS_STENCILFAIL 252
D3DRS_STENCILFUNC 742
D3DRS_STENCILPASS 252
D3DRS_STENCILREF 252, 742
D3DRS_STENCILZFAIL 252
D3DRS_TEXTUREFACTOR 223
D3DRS_TWOSIDEDSTENCILMODE 253
D3DRS_VERTEXBLEND 787
D3DRS_ZENABLE 138, 213, 361
D3DRS_ZFUNC 138
D3DRS_ZWRITEENABLE 139, 213, 361
D3DSAMP_ADDRESSU 159
D3DSAMP_ADDRESSV 159
D3DSAMP_MAGFILTER 156
D3DSAMP_MAXANISOTROPY 159
D3DSAMP_MINFILTER 156
D3DSAMP_MIPFILTER 158
D3DTSS_ALPHAARG0 223
D3DTSS_ALPHAARG1 223
D3DTSS_ALPHAARG2 223
D3DTSS_ALPHAOP 222
D3DTSS_BUMPENVLOFFSET 247
D3DTSS_BUMPENVLSCALE 247
D3DTSS_BUMPENVMAT00 246
D3DTSS_BUMPENVMAT01 246
D3DTSS_BUMPENVMAT10 246
D3DTSS_BUMPENVMAT11 246
D3DTSS_COLORARG0 223
D3DTSS_COLORARG1 223
D3DTSS_COLORARG2 223

Index

D3DTSS_COLOROP 222
D3DTSS_CONSTANT 224
D3DTSS_RESULTARG 224
D3DTSS_TCI_CAMERASPACEREFLECTIONVECTOR 247
D3DTSS_TEXCOORDINDEX 225, 238, 247
D3DTSS_TEXTURETRANSFORMFLAGS 226
D3DUSAGE 161
D3DX9D.dll 113
D3DXCreateCubeTextureFromFileEx 239
D3DXCreateEffect 321
D3DXCreateEffectFromFile 262
D3DXCreateRenderToSurface 277
D3DXCreateTextureFromFileEx 160
D3DXCreateTextureFromFileInMemoryEx 303
D3DXCreateVolumeTextureFromFileEx 234
D3DX-Effekt 258
    Durchgang 259, 264
    EffectEdit 268
    Effektdateien 259
    Effektpool 265, 319
    Klasse 319
    Laden 262
    Lichter setzen 261
    Materialien setzen 261
    Pass siehe Durchgang 259
    Rendern 262, 264
    States setzen 260
    Techniken 258, 262
    Transformationsmatrizen setzen 261
    Variablen 261, 264
Datenformat 382
Datenstrom siehe Vertex-/Index-Buffer 175
Debuggen 39, 377
Detail-Map 775
digitale Sounds 442, 445
Direct3D 101
    Direct3D mit C++ 109
    Herunterfahren 131
    Initialisieren 110
DirectDraw imitieren 272
DirectInput 374
    Debuggen 377
    DirectInput mit C++ 377
    Herunterfahren 384
    Initialisieren 377
    Probleme mit DirectInput 402
    Schnittstellen 376
DirectShow 483
    DirectShow mit C++ 485
    eigenen Filter schreiben 750
    Filter 484

    Filtergraph 484
    Filtergraphen laufen lassen 486
    Musikklasse 488
    Schnittstellen 485, 486, 487, 488, 757
    Videoklasse 760
DirectSound 428
    DirectSound mit C++ 430
    Initialisieren 430
    Schnittstellen 430, 463, 467, 468
DirectX 14
    COM siehe COM 18
    Debuggen 41
    DirectInput 15
    DirectPlay 16
    DirectSetup 16
    DirectShow 16
    DirectX Audio 15
    DirectX Graphics 15
    Komponenten 14
    SDK 16
direkte/gepufferte Daten 401
Distanz
    zwischen Punkt und Ebene 92
    zwischen zwei Punkten 54
Dithering 139
DLL-Datei 788
Dopplereffekt 456
Dreiecksfächer 145
Dreiecksfolge 144
Dreiecksliste 144

E

Ebene 91
    Berechnung aus Vorgaben 93
    Gleichung 91
    Hilfsfunktionen 97
    Klasse 94
    Lage zu einem Punkt 92
Echo 462, 466
Echtzeiteffekt 462, 463, 465
Effekt siehe D3DX-Effekt 258
Effektpool
    D3DX-Effekt 265
Eingabedaten abfragen 384
Eingabegerät 375, 405
    Datenformat 382
    gepufferte/direkte Daten 401
    Geräte abzählen 377, 379
    Kalibrierung 397
    Maus 389

Objekte abzählen 397
Tastatur 385, 392
Eingabegeräteklasse 375
Endknoten 644
Engine 21
TriBase-Engine siehe TriBase-Engine 22
Typen von Engines 21
Environmental Bump-Mapping 245
Environment-Mapping siehe Textur 235
Equalizer 462
Event 799
exklusiver Modus 391
Explosion 680

F
Farbe 97
Hilfsfunktionen 100
Klasse 99
Mischen 98
RGB-Farbsystem 97
Fenster erstellen 117
Flanger 462
Force-Feedback 393
Frequenz 440
Füllmodus 137

G
gedrückter Knopf 422
Geo-MIP-Mapping 775
gepufferte/direkte Daten 401
Gerätetyp 120, 124
Glättungsgruppe siehe Beleuchtung 197
Glow-Effekt 782
Glühen 690
GUIDs 375
Gurgeln 462

H
Hauptmenü 717
Hermite-Interpolation 811
High Level Shader Language 779
HLSL 779
Hörer 456
HUD 698

I
IBasicAudio 488
ID3DXEffect 258
ID3DXEffectPool 266

ID3DXRenderToEnvMap 277
ID3DXRenderToSurface 277
IDirect3D9 104, 110
IDirect3DBaseTexture9 153
IDirect3DCubeTexture9 239
IDirect3DDevice9 104, 119
IDirect3DIndexBuffer9 176
IDirect3DSurface9 105
IDirect3DTexture9 153
IDirect3DVertexBuffer9 171
IDirect3DVolumeTexture9 232
IDirectInput8 378
IDirectInputDevice8 376, 381
IDirectSound3DBuffer8 457, 468
IDirectSound3DListener8 459
IDirectSound8 431
IDirectSoundBuffer 436, 467
IDirectSoundBuffer8 436, 457, 468
IFilterGraph 485
IGraphBuilder 485
IMediaControl 486
IMediaSample 757
IMediaSeeking 487
Index-Buffer siehe Vertex-/Index-Buffer 171
INI-Dateien 575
Interpolation 811
bilineare 815
Hermite 811
zwischen Key-Frames 814

J
Joystick 392, 407, 420
Achsen siehe Achse 394
Datenformat 394
POV-Controler siehe POV-Controller 393
Schieberegler siehe Schieberegler 393

K
Kamerasteuerung 354, 691
Key-Frame-Interpolation 814
Knopf 376, 406
analoger 403
Kollisionserkennung 616, 662
Dreieck – Dreieck 630
Kollisionsmodell 728
Kugel - Kugel 617
Linie – Dreieck 623
Linie – Ebene 623
Linie – Kugel 618
Linie – Modell 654

Index

Linie – Quader 636
Modell – Modell 657
Punkt – Quader 637
Quader – Quader 641
Kompression 462
Konfigurationsdialog 127, 286, 470
Kooperationsebene 382, 432
Koordinatensystem 44
    2D 44
    3D 45
Kreuzprodukt 52
Kritische Sektion 796

L

Laser-Sprite 610
Level-Design 501, 503
Licht siehe Beleuchtung 191
Light-Mapping 277, 769
Linienfolge 146
Linienliste 145
Logbuchfunktionen 28
Luminanz 245

M

Material siehe Beleuchtung 191
Matrix 67
    als Koordinatensystem 76
    Identitätsmatrix 68
    inverse 70
    Kameramatrix 77
    Klasse 78
    Projektionsmatrix 77, 140
    Rechenoperationen 68
    Rotationsmatrix 73
    Skalierungsmatrix 72
    Transformation siehe Transformation 71
    Translationsmatrix 72
Maus 389, 406, 419
    Achsen 390
    Datenformat 390
    Knöpfe 391
MIP-Mapping 157
Mixer 429
Modell 332
    Beleuchtung 337
    Chunks 334
    Dateikonverter 338
    Effekte 336, 346
    Format der Modelldateien 333
    Indizes 336, 346
    Klasse 340
    Rendern 349
    Texturen 337, 348
    Vertizes 335, 345
Motion-Blurring 278, 563
Move-Funktion 7
Multi-Sampling 122, 126
Multi-Tasking 5
Multi-Texturing siehe Textur 217
Musik siehe DirectShow 483

N

Nachrichtenschleife 5, 6, 35
Nebel 185
    exponentieller 186
    linearer 186
    mathematischer Hintergrund 186
    Nebel mit Direct3D 188
    Render-States 189
    Tiefen-/Entfernungsnebel 188
    Vertex-/Pixelnebel 188

O

Oberfläche 105
Objektklasse 577
Octree 644, 771
Online
    Highscores 821
    Versionskontrolle 821
Optimierungen 508
Overdraw 254

P

Partikelsystem 676
Physik 580
    Kraft 581, 584, 663
    Masse 581, 586
    Reibung 581
    Trägheit 581
Pixel-Shader 783
Planung 494
PlugIn 788
Portal 768
Positionsvektor siehe Vektor 49
POV-Controller 393, 404, 421
Präsentationsparameter 121
Primitive 144
Projekt einrichten siehe TriBase-Engine 25
Projektion 46, 77, 103, 140

Prozess 792
Puffer leeren 143
Punktliste 146
Punktprodukt 51
Puzzlespiele 502
PVS 768

R
Radar 699
Rasterizer 103
Raumaufteilung 767
Raumklang 462
Raumklang siehe 3D-Sound 456
räumliches Sehen 763
Reflektion siehe Textur 235
Relative Achse 390
Relative Positionen 579
Render-Funktion 7
Render-State 104, 136, 139
Render-Target 275
Ressource 104
RGB siehe Farbe 97
Richtungsvektor 49
Rollenspiele 501

S
Sampler-State siehe Textur 154
Sättigung 401
Schadenssimulation 664
Schall 438
Schallabschwächung 456, 460
Schatten 734
Schattierung 137
Schieberegler 393, 404, 420
Schiffskollision 665
Schreibcursor 444
Schriftarten konvertieren 358
Schutzschild 683
Screenshots schießen 729
Shadow-Mapping 734
Shadow-Volume 735
Sichtbarkeit eines Objekts 724
Silhouette 735
Simulatoren 502
Singleton 282
Skinning 785
Skriptsprache 801
Sky-Box 235, 240
Soundpuffer 429
    Abspielcursor 444

abspielen 448, 482
Abspielfrequenz 450
Balance 450
dynamischer 433
Erstellen 432
Flags 434, 435
Format 435
Format des primären 437
Frühzeitiger Abbruch 449
Füllen 438
Klasse 475
klonen 468
Lautstärke 450
Looping 448
mit WAV-Datei füllen 452
primärer 429, 437
ringförmiger 444
Schreibcursor 444
sekundärer 429
Soundpufferliste 476
Sperren 443
statischer 433
Status 469
Speichermanager 29
Spielabschnitt siehe Spielstatus 13
Spielklasse 818
Spielstatus 13
Spielzustandsklasse 816
Splatting 776
Spline 811
Sprites 606
State Machine 818
Stencil-Buffer 107, 109, 250
    Bitmasken 252
    Format 124, 126
    Render-States 251, 252, 253
    Schatten 734
    Schreiben 251
    Stencil-Test 251
    zweiseitiger 253
Stereo-3D-Grafik 762
Sternenfeld 688
Stimmenverwaltung 433, 448
Storydesign 497
Surface siehe Oberfläche 105
Surround 457
Szene
    beenden 147
    beginnen 143

Index

T

Tabulator 365
Tastatur 385, 404, 406, 417
    Begrenzungen 389
    Codes 385
    Datenformat 385
Tastencodes 385
tbColor 99
tbDirect3D 282
tbDirectInput 405
tbDirectInput-Knopfcodes 406
tbDirectSound 470
tbDraw2D 699
tbEffect 319
tbFont 360
tbGUI 708
tbIndexBuffer 306, 319
tbMatrix 78
tbModel 340
tbMusic 488
tbObject 577
tbOctree 771
tbParticleSystem 677
tbPlane 94
tbShadowVolume 740
tbSkyBox 686
tbSound 475
tbSpriteEngine 607
tbTextureManager 293
tbVector2 67
tbVector3 55
tbVertexBuffer 306
tbVideoRenderer 750
Teammitglieder 498
Terrain 772
Testen eines Spiels 509
Text 356
    Ausrichtung 366
    Breite 362
    Farbe 367
    Klasse 360
    kursiver Text 364
    mehrere Zeilen 365
    Rendern 363
    Skalierung 366
    Tabulatoren 365
    TBF-Dateien 359
    transformierte Vertizes 358
    Zeichen speichern 356, 357
Textur 149
    abfragen 153
    Adressierungsmodus 159
    anisotropischer Filter 159
    Argumente 219, 223
    auf Texturen zeichnen 699
    automatische Texturkoordinatengenerierung 238
    bilinearer Filter 154
    Größe 152
    Informationen abfragen 162
    Kachelung 151, 168
    Laden mit D3DX 160
    MIP-Mapping 157
    mit Alphawerten 211, 221
    Multi-Texturing 217
    Oberflächen 163
    Operatoren 219, 222
    Register 219
    Rendern in eine Textur 275
    Sampler-State 154
    Schnittstellen 153
    Setzen 153
    Speicherklasse 152, 161
    Texturkoordinaten 152, 225
    Texturkoordinatenquelle 225
    Texturkoordinatentransformation 226
    Texturschicht-State 154
    Umgebungstexturen 235
    Verwaltung 281
    Verwendungszweck 161
    Zielregister 224
Texturkoordinaten 150
Texturmanager 293
Texturschicht-State siehe Textur 154
Thread 792
    Events 799
    Funktion 794
    kritische Sektionen 796
    Synchronisierung 796
    Verwaltung 795
Tiefenschärfe 763
Ton 439
Töne mischen 441, 442
tote Zone 400
Transformation 70, 74, 102
    Projektionstransformation 103
    Sichttransformation 102
    von Texturkoordinaten siehe Textur 226
    Welttransformation 102
Transformationspipeline 102, 140
TriBase-Engine
    Abfragefunktionen 23

Dateien 24
Debuggen 41
Hilfsmakros 35
Initialisieren und Herunterfahren 27
Namensgebung 23
Ordnerstruktur (CD-ROM) 24
Planung 22
Projekt einrichten 25
Rückgabewerte 23
TrueType-Schriftarten 356
Trümmer 684

U

Umgebungskugel 341, 616
Umgebungsquader 341, 616
Umgebungstextur siehe Textur 235
ungarische Notation 3

V

Vektor 48, 67
    Hilfsfunktionen 60, 65
    Klassen 55, 67
    Länge 53
    normalisierter 54
    Positionsvektor 49
    Rechenoperationen 50
    Richtungsvektor 49, 74
    Schreibweise 49
    Transformation siehe Transformation 71
Verbundene Dreiecke siehe Dreiecksfolge 144
Verbundene Linien siehe Linienfolge 146
verlorene Eingabe 383, 418
Vertex 134
    Format 135
    Normalenvektor 196, 200
    Struktur 135
    Texturkoordinaten 225
    transformierte 270
    transformierte Vertizes 358
Vertex-/Index-Buffer 171
    Datenstrom 175
    dynamischer 172
    Erzeugen 171, 176
    Füllen 173, 177
    Index-Buffer 175
    Index-Buffer aktivieren 178
    Indizes 175
    Informationen abfragen 172
    Klassen 306
    Rendern 174, 178
    Sperren 173
    Vertex-Buffer 171
    Verwendungszweck 172
Vertex-Buffer siehe Vertex-/Index-Buffer 171
Vertex-Shader 780
Vertikale Strahlsynchronisation 107
Verzerrung 462
Video siehe DirectShow 749
Videomodus 113
    aktueller 114
    Anzahl der Videomodi 114
    Beschreibung 114
View-Frustum 726
virtuelles Dateisystem 31
Visual C++ 3
Voice Management siehe Stimmenverwaltung 433
Volumentextur siehe Textur 231

W

WAV-Datei 452, 478
W-Buffer 138
Wellenform 440
Widerhall 462
Wiedergabegeräte abzählen 430
Wurzelknoten 644, 648

Z

Z-Buffer 107, 138
    Format 124, 126
    Render-States 138, 139
    Schreiberlaubnis 139
    Vergleichsfunktion 138
    W-Buffer 138
Zeitberücksichtigung 8
zielsuchende Rakete 604
Zielvektor 668
Zufallszahlen 34
Zugriff aktivieren/deaktivieren 383
Zustandsmaschine 818

HANSER

Lösungen für alle Programmierprobleme.

Scheibl
Visual C++.NET
1456 Seiten. Mit CD.
ISBN 3-446-22329-0

Dieses Buches vermittelt Ihnen das Rüstzeug, um mit Visual C++ rasch leistungsfähige Windows-Anwendungen zu erstellen. Es ist Lehrwerk für die Ausbildung, aber auch Nachschlagewerk für den Programmiereralltag.

Grundlagen zur Softwareentwicklung, Programmierung und OOP schaffen die Basis für die Programmierung unter Visual C++.NET, die der zweite Teil des Buches beschreibt. Die Kapitel sind dabei stets gleich aufgebaut: Den Grundlagen folgen Übungen, Aufgaben und Rezepte – veranschaulicht anhand von Beispielen der Umsetzung. Das Buch deckt alle wichtigen Sprachaspekte ab wie z.B. Operatoren, Attribute, Namespaces, Klassen und Strukturen sowie zentrale Elemente des .NET-Frameworks wie Klassenbibliotheken, Intermediate Language oder Unified Event Model.

Mehr Informationen zu diesem Buch und zu unserem Programm unter **www.hanser.de/computer**

DEVELOPIA.de

Developia.de - Mit kompetenter Hilfe Schritt für Schritt zum eigenen Computerspiel. Probleme lösen, Projekte präsentieren und Experten treffen auf Deutschlands größtem Internet-Portal für Entwickler. Wir freuen uns auf Deinen Besuch.

www.developia.de

HANSER

Muss man haben!

Kirmse
Game Programming Gems 4
ca. 750 Seiten. Mit CD.
ISBN 3-446-22944-2

„Game Programming Gems 4" deckt alle für die Spieleprogrammierung wichtigen Bereiche ab: Mathematik und Künstliche Intelligenz, Grafik-, Audio- und Netzwerkprogrammierung. Neu hinzugekommen ist die Physik. Die Beiträge erläutern dabei ganz neue Techniken und Tricks, um Spiele noch leistungsfähiger, realistischer, schneller und natürlicher zu gestalten. Verfaßt wurden sie von hochkarätigen Profis, die die Entwicklung bei Firmen wie z.B. Electronic Arts, Lucas Arts, Ubisoft, Sony oder Nintendo maßgeblich bestimmen.

Dieses Kultbuch ist ein absolutes Muss für jeden Spieleprogrammierer, der sich und seinem Spiel den letzten Schliff verpassen möchte!

Mehr Informationen zu diesem Buch und zu unserem Programm unter **www.hanser.de/computer**

HANSER

Kein Spiel ohne Regeln.

Brownlow
Goldene Regeln der Spieleprogrammierung
ca. 350 Seiten. Mit CD.
ISBN 3-446-22928-0

Mit diesem Buch liefert Martin Brownlow ein unverzichtbares Regelwerk, das zum Repertoire eines jeden Spieleprogrammierers zählen sollte.

Bestehend aus sich ergänzenden Regeln, vermittelt er Ihnen Techniken, mit denen Sie nicht nur Ihre eigene Arbeit optimieren. Indem Sie die Regeln anwenden, erleichtern Sie zugleich auch die Arbeit Ihres Teams. Die Vorteile liegen auf der Hand: Die so entwickelten Lösungen sind wiederverwendbar, der Prozess der Spieleentwicklung selbst wird optimiert, und das Team kann das Projekt schneller abschließen.

An Themen werden u.a. Binärbäume, Hashfunktionen, endliche Automaten, Prozess- und Datenoptimierung, Skripting sowie weitere C++-Besonderheiten behandelt.

Mehr Informationen zu diesem Buch und zu unserem Programm unter **www.hanser.de/computer**

HANSER

Vorteil C++!

Kalista
C++ für Spieleprogrammierer
ca. 350 Seiten. Mit CD.
ISBN 3-446-22678-8

Wer anspruchsvolle Computerspiele entwickeln möchte, kommt an C++ nicht vorbei. Dieses Buch macht Einsteiger mit den für die Spieleentwicklung relevanten C++-Komponenten vertraut.

Der Autor, selbst professioneller Spieleentwickler, liefert dazu eine praxisnahe Einführung in die Sprache, ihre Komponenten und das Prinzip der Objektorientierung. Anhand von Beispielen, die sich ausschließlich auf die Spieleentwicklung beziehen, zeigt er Ihnen sehr anschaulich, wie Sie Spiele effektiv programmieren. Dieser pragmatische Ansatz wird ergänzt durch zahlreiche Aufgaben und Fehlerquelltexten, mit denen Sie für die Programmierung eigener Spiele fit gemacht werden.

Die ideale Ergänzung zu Scherfgens „3D-Spieleprogrammierung"!

Mehr Informationen zu diesem Buch und zu unserem Programm unter **www.hanser.de/computer**